本書出版得到國家古籍整理出版專項經費資助

目　録

上册

下册

點校前言

《爾雅》是我國古代第一部按詞義系統和事物分類編排的詞典，在我國傳統語言文字學中占有重要地位。晉代郭璞在《爾雅注序》中高度評價了其作用，他説："夫《爾雅》者，所以通詁訓之指歸，敘詩人之興詠，總絶代之離詞，辯同實而殊號者也。誠九流之津涉，六藝之鈐鍵，學覽者之潭奥，摛翰者之華苑也。"《爾雅》不僅在閲讀先秦古籍、辨識名物方面具有重要作用，而且對中國歷代辭書編纂也産生了重要影響，開創了雅書的編著體例。

自《爾雅》問世以來，東漢起即有舍人、樊光、李巡、孫炎等爲之作注，之後歷代都有對《爾雅》進行修訂、補充、注釋、仿作和研究的著作出現。然漢魏舊注多已散佚，唯晉代郭璞《爾雅注》仍爲完璧。郭注取證豐富，説義審慎，旁徵方言，多引今語，歷來爲世所重，流傳至今。宋代邢昺的《爾雅疏》，向稱簡明，對郭注進行疏釋説解，闡述體例，校勘文字，既能補郭注之闕失，又知聲義之相通，明詞言之體例，"雖清儒有時遜之矣"（《黄侃論學雜著·爾雅略説》）。今《十三經注疏》之《爾雅注疏》即邢疏也。迨至清代，自戴震提出"儒者治經，宜自《爾雅》始"（《爾雅文字考序》）的宣言後，研治《爾雅》的著作，如雨後春筍般地涌現,爲其作新注、新疏、補正、輯佚、校勘、釋例者層出不窮,如戴震《爾雅文字考》、邵晉涵《爾雅正義》、郝懿行《爾雅義疏》、王闓運《爾雅集解》、盧文弨《爾雅音義考證》、臧庸《爾雅漢注》、董桂新《爾雅古注合存》、葉蕙心《爾雅古注斠》、嚴可均輯《爾雅一切注音》《郭璞爾雅圖贊》、錢坫《爾雅古義》、翟灝《爾雅補郭》、潘衍桐《爾雅正郭》、戴鎏《爾雅郭注補正》、周春《爾雅補注》、張宗泰《爾雅注疏本正誤》、嚴元照《爾雅匡名》、龍啟瑞《爾雅經注集證》、孫步陶《爾雅直音》、徐孚吉《爾雅詁》、江藩《爾雅小箋》、李拔式《爾雅蒙求》等等。其中邵晉涵《爾雅正義》和郝懿行《爾雅義疏》是清代疏證《爾雅》成就最高的兩部著作。

郝懿行(1757—1825),字恂九,一字尋韭,號蘭皋,山東棲霞人。清嘉慶四年(1799)進士,曾任户部主事,著名經學家、訓詁學家。據《清史稿·儒林傳》載,"懿行爲人謙退,訥若不出口,然自守廉介,不輕與人晉接。遇非素知者,相對竟日無一語,迨談論經義,則喋喋忘倦"。郝懿行長於名物訓詁及考據之學,學養深厚,著述宏富,著有《山海經箋疏》《易説》《書説》《春秋説略》《竹書紀年校正》《通俗文疏證》《證俗文》《蜂衙小記》等。郝懿行對《爾雅》研究尤深,《爾雅義疏》就是其代表作。

《爾雅義疏》是郝懿行花費時間最長、投入精力最多的著作,曾數易其稿。此書始撰於嘉慶十三年(1808),完成於道光二年(1822),也就是説一直到郝懿行臨終前兩年才全部完成,前後歷時十四年之久。定稿後,郝懿行曾請高郵王念孫爲之點閱,寄儀徵阮元刊行。

《爾雅義疏》比邵晉涵《爾雅正義》晚出近四十年。寫作此書的原因,主要是郝懿行對《爾雅正義》感到不滿意:一是郝懿行認爲"邵晉涵《爾雅正義》蒐輯較廣,然聲音訓詁之原,尚多壅閡,故鮮發明"(《清史稿·儒林傳》);二是于草木蟲魚"尤多影響"(郝懿行《曬書堂文集·與孫淵如觀察書》)。因此,郝懿行疏證《爾雅》時在這兩方面著力頗多。郝懿行自己對《義疏》也頗爲得意,云"即今《釋詁》一篇,經營未畢,其中佳處,已復不少"(《曬書堂文集·再奉雲臺先生論〈爾雅〉書》)。郝氏《義疏》一出,也得到諸多學者的普遍贊揚,如宋翔鳳在《爾雅義疏序》中説:《爾雅》一書,"至唐代,但用郭景純之注,而漢學不傳。至宋邢氏作疏,但取唐人《五經正義》綴緝而成,遂滋闕漏。乾隆閒,邵二雲學士作《爾雅正義》,翟晴江進士作《爾雅補郭》,然後郭注未詳未聞之説皆可疏通證明,而猶未至於旁皇周浹、窮深極遠也。迨嘉慶閒,棲霞郝户部蘭皋先生之《爾雅義疏》最後成書,其時南北學者知求於古字古言,於是通貫融會,諧聲、轉注、假藉,引端竟委,觸類旁通,豁然盡見。且薈萃古今,一字之異,一義之偏,罔不搜羅;分别是非,必及根原,鮮逞胸臆。蓋此書之大成,陵唐躒宋,追秦、漢而明周、孔者也"。李慈銘《越縵堂讀書記》云:"郝氏書以《爾雅義疏》爲最精,其用力亦最久,儒者推爲此書絶學,幾出邵氏《正義》之上。"胡樸安《中國訓詁學史》評價説:"其書視邵氏之《正義》爲善,足與王氏之《廣雅疏證》同其精博,爲治《爾雅》者必須研究之書也。"

《爾雅義疏》主要是對《爾雅》進行詞語疏證、考釋名物、闡明體例、校勘經注文字等等,其主要成就表現爲:(一)運用因聲求義的訓詁方法,博其旨趣,會其要歸,發前人所未發;(二)具有較爲先進的詞彙學理論,闡釋引申義、系聯同源詞等,多有創獲;(三)在解釋草木蟲魚鳥獸時,有與舊説不同者,郝氏善於采用目驗的方法。例如,僅在《釋草》一篇中,明標"今驗"字樣的就近二十處;(四)郝氏十分重視引用方言俗語來考辨名物,形象生動。《爾雅義疏》所徵引的方言遍及全國各地,主要有河北、順天、交趾、幽州、關西、江南、蜀等二十餘地域,而尤以山東乃至其家鄉方言爲多,計有九十五條。當然,《爾雅義疏》也存在一些不足,如疏於聲音而誤釋、誤引或誤解古籍文獻等等。

《爾雅義疏》版本頗多,流傳也較複雜,現有足本和删節本兩種。據王欣夫《蛾術軒篋存善本書録》記載:"蘭皋此書,初刻入阮氏《學海堂經解》,此(陸建瀛刻)爲第二刻,世所謂簡本也。咸豐乙卯(1855),高伯平得錢塘嚴鶴山鈔本,慫恿聊城楊至堂重刻,而胡心耘續成之,爲第三刻。同治丙寅(1866),蘭皋孫聯薇據以覆刻入《郝氏遺書》,爲第四刻。光緒閒,崇文書局又刻之,爲第五刻。世所謂足本也。"據此可知,阮元《皇清經解》收入的爲十九卷删節本,羅振玉在爲《爾雅郝注刊誤》撰寫的序中考證爲王念孫所删,當爲定論。後嘉興高伯平得原本,比經解本多四分之一,楊至堂刊之未成,咸豐六年(1856)由胡心耘續成。同治五年(1866),郝懿行之孫聯蓀、聯薇,得楊刊足本再印。《爾雅義疏》删節本現有道光六年至九年(1826—1829)阮元刻《皇清經解》本、道光三十年(1850)陸建瀛木犀香館刻本、咸豐十年(1860)勞崇光《皇清經解》補刻本。足本有咸豐六年(1856)胡珽刻本、同治四年(1865)郝氏家刻本、光緒十年(1884)黄茂等刻本、光緒十三年(1887)湖北崇文書局刻本等。

本書以上海圖書館藏同治四年郝氏家刻本《爾雅義疏》爲底本進行點校,以咸豐六年刻本、清阮元刻《皇清經解》所收本

(簡稱"經解本")爲參校本。《爾雅》經注文還參考了《十三經注疏·爾雅注疏》(中華書局1980年影印)、周祖謨《爾雅校箋》(雲南人民出版社2004年)、徐朝華《爾雅今注》(南開大學出版社1987年)等。

此次點校有幾點需要説明:

一、爲方便讀者閲讀,本書中的《爾雅》原文使用加黑宋體,緊跟的楷體字爲郭璞注,郝疏另行,使用宋體。序文及郝疏中的雙行小注都統一爲正文字號,外加括號以示區别。並據文意對原文做了分段處理,郝疏中原有一些具有區分文意作用的○號,此次整理仍予保留。

二、凡底本不誤而校本誤者,不出校記;底本誤而校本不誤者,改而出校記。

三、底本中的形近易訛字,如"己、已、巳""八、入、人""戍、戌""干、千""曰、日""束、朿""鳥、烏""古、占"等,徑改爲正字,不出校。避諱字及舊字形,亦徑改不出校。

四、底本中的異體字如"葢、矦、辟、篇、強、虗、竝"等,一般徑改爲通行字。行文涉及相關字形,需要保留者除外,如《釋詁》"揫、斂、屈、收、戢、蒐、裒、鳩、摟,聚也"條郝疏云"蒐者,'挍'之假借也""挍,隸變作'搜'",此處的"挍"即仍保留原字形。

五、根據通行用法,對底本中的一些書名、人名用字做了統一,如《荀子》的篇名"修身",有些地方作"脩身",整理時統一爲"修身";爲《素問》做注的王砯,底本中多作"王砯",整理時統一爲"王砯"。

六、《爾雅》有些條目的句讀與標點,目前學界尚存在不同的觀點，我們在標點時盡量以符合郝氏原意爲原則。如《釋詁》“貉縮綸也”條，有的標點作“貉、縮，綸也”，我們根據郝疏所言“貉縮，謂以縮牽連緜絡之也，聲轉爲‘莫縮’”，將此條標點作“貉縮，綸也”。

此次點校由張金霞、王其和、吴慶峰三人共同完成。張金霞負責點校《釋詁》，王其和負責點校《釋言》《釋訓》《釋親》《釋宮》《釋器》《釋樂》《釋天》《釋地》《釋丘》《釋山》，吴慶峰負責點校《釋水》《釋草》《釋木》《釋蟲》《釋魚》《釋鳥》《釋獸》《釋畜》。王其和主持了此次點校並校閲了全部書稿。

感謝中華書局語言文字編輯室秦淑華主任對此書整理的關心和支持。責編杜清雨認真負責，在編輯過程中提出了諸多修改意見和建議，大大提高了本書的點校質量，特致謝忱。

由於水平所限，錯謬之處在所難免，敬請方家批評指正。

王其和

2016 年 8 月

爾雅義疏序

學者有志治經，必先明古字古言。古字者，倉頡古文及籀文也。古言者，三代秦漢所讀之音與今不同也。自隸書行而古字漸亡，六朝以後之韵書出而古言漸亡。就晚近之心思耳目求往古之制度文教，以致微茫沈晦，殆逾千載。

恭逢盛世，經學昌明，則有傑出之士綜《易》《詩》《離騷》，凡漢以前有韵之文皆得本音，而别其部居，明其通假，日積月久，相與引申。復有通儒就許書所存之古籀，又博采自古鍾鼎遺文，以始一終亥之義，依類而編之，分合而辯之，俗儒以爲模黏影響而能一皆就理，悉合六書。有是二者，斯能訓故通而五經立。

《爾雅》二十篇（本《漢志》，今《爾雅》十九篇。愚意以爲《釋詁》文多，舊分二篇。又《詩》正義引《爾雅・序篇》云："《釋詁》《釋言》通古今之字，古與今異言也，《釋訓》言形貌也。"《詩》正義但疏詁訓二字之義，所引不全，則《爾雅》尚有序篇，今亡之矣），則訓故之淵海，五經之梯航也。然至唐代，但用郭景純之注，而漢學不傳。至宋邢氏作疏，但取唐人《五經正義》綴緝而成，遂滋闕漏。乾隆閒，邵二雲學士作《爾雅正義》，翟晴江進士作《爾雅補郭》，然後郭注未詳未聞之説皆可疏通證明，而猶未至於旁皇周浹、窮深極遠也。

迨嘉慶間,棲霞郝户部蘭皋先生之《爾雅義疏》最後成書,其時南北學者知求於古字古言,於是通貫融會,諧聲、轉注、假藉,引端竟委,觸類旁通,豁然盡見。且薈萃古今,一字之異,一義之偏,罔不搜羅;分别是非,必及根原,鮮逞胸臆。蓋此書之大成,陵唐躒宋,追秦、漢而明周、孔者也。翔鳳昔在嘉慶辛未,滯迹京邸,始識先生,時接言論,每致商榷,輒付掌録,不以前脩而輕後生。時所纂《山海經箋疏》不涉荒怪,而惟求實是,已行於世。《爾雅》則未卒業,一官不達,九原難起。

後於湘中得太傅阮公所輯《經解》,一再瀏覽,得其大端。後制府陸公單行其書,與阮本無異。嘉興高君又得足本,以校阮、陸兩本,多四之一。或云删去之文出高郵王石渠先生手,或云他人所删,而嫁名於王。夫説一經之文,必合衆家之議,前此者未必是,後此者未必非,惟在學者求其本根,不立門户,同歸康莊。是以河帥楊公得高君之本而爲流播,於時剞劂僅半,而河帥即世。兹胡君心耘始續成之,而後郝氏一家之言,遂有完書,誠盛事也。

咸豐六年八月,後學長洲宋翔鳳謹記

爾雅義疏跋

郝蘭皋先生《爾雅義疏》,儀徵阮文達刊入《皇清經解》。沔陽陸制府慮學者之未能家有是書也,復單刻之。惜其板旋遭兵燹,書未盛行。然兩刻者,或謂皆據高郵王懷祖(念孫)觀察節本,或又謂阮刻《經解》,錢唐嚴厚民(杰)明經實總其成,是書蓋厚民所節。傳聞異辭,無由審也。

歲乙卯,嘉興高伯平(均儒)文學得嚴鶴山(厚民之子)所鈔郝疏足本,以奉河帥楊至堂(以增)先生,讀而善之,郵書寄資,命爲校刻。功方過半,至堂先生遽歸道山,珽因益資以蕆事焉。預讐校者,元和徐稼甫(立方)徵君、吴縣葉調生(廷琯)、海鹽陳容齋(德大)兩明經,而用力尤多則金匱江彤甫(文煒)茂才也。光陰彈指,倏已經年,手民斁功,埘識緜緒,世之欲覩郝氏全本者,其諸亦有樂於是與?

時咸豐六年丙辰七月,仁和胡珽識於蘇城紓谿定慧里

爾雅郭注義疏上之一

釋詁弟一

釋者,《說文》云:"解也,从釆,取其分别物也。"《爾雅》之作,主於辨别文字、解釋形聲,故諸篇俱曰"釋"焉。

詁者,《說文》云:"訓故言也,从古聲。""古,故也。从十口,識前言者也。"釋文引張揖《雜字》云:"詁者,古今之異語也。"然則"詁"之爲言"故"也,"故"之爲言"古"也。詁,通作"故",亦通作"古"。釋文"詁"兼"古、故"二音,是也。又引樊光、李巡本"釋詁"作"釋故"。《詩·周南》釋文亦云:"樊、孫等《爾雅》本皆爲'釋故'。"《說文》言部引《詩》曰"詁訓",《漢書·藝文志》作"故訓",《詩·烝民》云"古訓是式",蓋"古訓"即"故訓","故訓"亦即"詁訓",並字異而義通矣。此篇自"始也"以下、"終也"以上,皆舉古言釋以今語,其閒文字重複、展轉相通,蓋有諸家增益,用廣異聞,《釋言》《釋訓》以下亦猶是焉。

初、哉、首、基、肇、祖、元、胎、俶、落、權輿,始也。《尚書》曰:"三月哉生魄。"《詩》曰:"令終有俶。"又曰:"俶載南畝。"又曰:"訪予落止。"又曰:"胡不承權輿?"胚胎未成,亦物之始也。其餘皆義之常行者耳。此所以釋古今之異言,通方俗之殊語。

此釋"始"之義也。《説文》云:"始,女之初也。"《釋名》云:"始,息也,言滋息也。"按:"始"與"治"通。《書》云"在治忽",《史記·夏紀》作"來始滑",《漢書·律曆志》作"七始詠",是"始、治"通也。初者,裁衣之始;哉者,草木之始;基者,築牆之始;肇者,開户之始;祖者,人之始;胎者,生之始也。每字皆有本義,但俱訓"始",例得兼通,不必與本義相關也。

"初"既訓"始",《覲禮》及《檀弓》注又訓"故"者,"故"亦古也,"古"亦始也。"始"與"治"通,故下文又云:"治,故也。"

哉者,"才"之假音。《説文》云:"才,艸木之初也。"經典通作"哉"。《尚書大傳》云"儀伯之樂舞鼚哉"、《詩》云"陳錫哉周",鄭俱以"哉"爲"始也"。郭注下文"茂,勉"引《大傳》"茂哉茂哉",釋文"或作'茂才'";《書》云"往哉汝諧",《張平子碑》作"往才汝諧";"哉生魄",《晉書·夏侯湛傳》作"才生魄"。是"才、哉"古字通。又通作"載"。"陳錫哉周",《左氏宣十五年傳》作"陳錫載周";《書》"載采采",《史記·夏紀》作"始事事";《詩》"載見辟王",傳亦云:"載,始也。"是"載、哉"通。《爾雅》釋文:"哉,亦作栽。"《中庸》"栽者培之",鄭注:"栽讀如文王初載之載。栽或爲兹。""兹、栽、哉"古皆音同字通也。

首者,與"鼻"同意。《方言》云:"鼻,始也。獸之初生謂之鼻,人之初生謂之首。"是"首、鼻"其義同。特言此者,人生之始,首、鼻居先也。

胎者,《一切經音義》一引《爾雅》舊注云:"胎,始養也。"《漢書·枚乘傳》云"福生有基,禍生有胎",服虔注:"基、胎皆始也。"通作"殆"。《詩》"殆及公子同歸",傳:"殆,始也。"釋文:"殆作迨,始也。"《爾雅》釋文:"胎,孫炎大才反,本或作台。"是

“台、迨、殆”俱“胎”之假音矣。

俶者,《説文》云:“始也。”又土部:“埱,一曰始也。”則其義同。《釋名》云:“荆豫人謂長婦曰孰。孰,祝也。祝,始也。”是“孰”與“俶”音義又同也。

落者,《詩》“訪予落止”、《逸周書·文酌》篇云“物無不落”,毛傳及孔晁注並云:“落,始也。”“落”本殞墜之義,故云“殂落”,此訓“始”者,始終代嬗,榮落互根,《易》之消長,《書》之治亂,其道胥然。愚者闇於當前,達人燭以遠覽,“落”之訓“死”又訓“始”,名若相反,而義實相通矣。

權輿者,《廣雅疏證》以爲“其萌蘿蕍”之假音,則與“才、落”義皆相近。《詩》“不承權輿”、《文酌》篇云“一榦勝權輿”、《周月》篇云“日月權輿”、《大戴禮·誥志》篇云“百草權輿”,皆以“權輿”連文。

古書多假借,今略爲標舉。如“基、肇、祖”三字俱訓爲“始”。《詩》“夙夜基命”,《禮·孔子閒居》“基命”作“其命”。《書》“丕丕基”,漢石經作“不不其”。《儀禮·士喪禮》注:“古文基作期。”是“期、其”通“基”也。“肇”乃“肁”之假音。《説文》:“肁,始開也。”《詩》“后稷肇祀”,《禮·表記》作“兆祀”,是“兆、肇”通“肁”也。祖,古金石文字作“且”。《書》“黎民阻飢”,《史記》集解據今文《尚書》作“祖飢”,索隱據古文作“阻飢”。《詩》“六月徂暑”,箋:“徂,猶始也。”是“徂、阻”通“祖”矣。凡聲同之字古多通用。

林、烝、天、帝、皇、王、后、辟、公、侯,君也。《詩》曰:“有壬有林。”又曰:“文王烝哉。”其餘義皆通見《詩》《書》。

《説文》云:“君,尊也。”《儀禮·喪服傳》云“君至尊也”,鄭

注:"天子諸侯及卿大夫有地者,皆曰君。"《逸周書·謚法》篇云:"賞慶刑威曰君,從之成羣曰君。"《白虎通》云:"君,羣也,羣下之所歸心也。"然則"君"之言"羣",凡羣衆所歸皆謂之"君"矣。

林、烝者,衆也,又訓"君"者,衆之所歸斯謂之"君",與"君、羣"義同也。

林者,《詩》"有壬有林",毛傳用《爾雅》。《楚辭·天問》篇云"伯林雉經",王逸注及《漢書·律曆志》並云:"林,君也。"

烝者,釋文云:"本又作蒸。""蒸、烝"古字通。《詩》"文王烝哉",毛傳:"烝,君也。"釋文引《韓詩》云:"烝,美也。""美"與"君"義亦近。凡臣子於君父,以美大之詞言之,故"皇"謂之大,亦謂之美,亦謂之君;"烝"謂之衆,亦謂之美,亦謂之君。凡有數義而皆通,斯《爾雅》諸文之例也,不明乎此,則窒矣。"林"亦盛大之詞,與"烝"同意,故《平都相蔣君碑》云"於穆林烝",以二字連文,其義與單文同也。

"天"與"帝"亦訓爲"君"者,"天、帝"俱尊大之極稱,故臣以目君焉。《易·説卦》云:"乾爲天,爲君。"《左氏宣四年傳》云:"君,天也。"《鶡冠子·道端》篇云:"君者,天也。"是皆以"君"爲"天"之證。古者稱君,或言"昊天",或言"天王",或言"天子",其名異,其實同也。

《説文》云:"帝,諦也,王天下之號也。"《風俗通》引《書大傳》云:"帝者任德設刑,以則象之,言其能行天道,舉錯審諦。"《謚法》篇云:"德象天地曰帝。"是"帝"本天之號,又爲王者之稱,故《詩》"上帝板板""上帝甚蹈",毛傳皆以"上帝"爲王矣。

皇者,《説文》云:"大也。从自。自,始也。始皇者,三皇大君也。"《謚法》篇云:"静民則法曰皇。"《詩》"有皇上帝",毛傳:"皇,君也。"凡《詩》之"皇尸""皇祖",《士昏禮》之"皇舅",《士虞禮記》之"皇祖",鄭皆以"皇"爲"君也"。

王者,《説文》云:"天下所歸往也。"《風俗通》引《書大傳》同。《謚法》篇云:"仁義所在曰王。"仁義所在,是即民所歸往也。"王"與"皇"同意,故《春秋繁露》云:"王者,皇也。"《書》"建用皇極",《洪範五行傳》作"建用王極","皇、王"其義同也。

后者,《説文》云:"繼體君也。"《周禮·量人》"營后宫"、《禮記·内則》"后王命冢宰",鄭注並云:"后,君也。"釋文引孫炎云:"后王,君王也。"

辟者,下文云:"法也。"此訓"君"者,君爲人所法也。人所法爲君,猶人所歸往爲王矣。《詩》内"辟"字,毛、鄭多訓爲"君",《書》馬、鄭注義亦同也。

公、侯者,列國之君也,故《釋名》云:"公,君也。君,尊稱也。"《周禮·牛人》"掌公牛"、《巾車》"掌公車",鄭注並云:"公猶官也。"《史記·孝文紀》索隱曰:"官猶公也。"然則"公"亦爲"官","官"亦爲"公",反覆相訓,義得兼通。"公、官"又一聲之轉,故《廣雅》云:"官,君也。"是"官"亦稱"君"矣。

侯者,《詩》云"洵直且侯""侯文王孫子""謹爾侯度",毛、鄭並云:"侯,君也。"《羔裘》釋文引《韓詩》云:"侯,美也。"又訓"美"者,與"烝"同義,故"烝、侯",毛傳並云"君",《韓詩》並云"美",臣子於君父以美大之詞言之,亦其證也。"公、侯"皆有本義,《白虎通》言"公者,公正無私""侯者,候逆順",皆其義。又訓"君"者,公、侯雖臣,於其國稱君也。然則伯、子、男亦列國之君,此不言者,舉尊以例卑,及卿大夫之有地者亦得兼包焉。

弘、廓、宏、溥、介、純、夏、幠、厖、墳、嘏、丕、奕、洪、誕、戎、駿、假、京、碩、濯、訏、宇、穹、壬、路、淫、甫、景、廢、壯、冢、簡、箌、昄、晊、將、業、席，大也。《詩》曰："我受命溥將。"又曰"亂如此幠""爲下國駿厖""湯孫奏假""王公伊濯""訏謨定命""有壬有林""厥聲載路""既有淫威""廢爲殘賊""爾土宇昄章""緇衣之蓆兮"。廓落、宇宙、穹隆、至極，亦爲大也。箌義未聞。《尸子》曰："此皆大，有十餘名而同一實。"

釋"君"之後繼以"大"者，"君"亦大也，故《老子》云："天大地大王亦大。"《説文》本之而云："天大地大人亦大。"《尸子》本此而云："天、帝、后、皇、辟、公，皆大也。"是皆"君"亦訓"大"之義。推此而言，"林、烝"亦有大意，"公、侯"亦兼大名，其義舉可見矣。

廓者，《方言》云："張小使大謂之廓。"《一切經音義》九引孫炎云："廓，張之大也。"《詩》云"憎其式廓"、《文選·西京賦》云"廓開九市"，毛傳及薛綜注並云："廓，大也。"《孟子》云"知皆擴而充之"，趙岐注："擴，廓也。"《釋名》云："郭，廓也，廓落在城外也。"《公羊文十五年傳》云："恢郭也。""恢郭"即"恢廓"，故《意林》引《風俗通》云："郭，大也。"《詩·皇矣》釋文："郭，本又作廓。"蓋正義本作"廓"，釋文本作"郭"，而音亦"苦霍反"，是"郭、廓"通"擴"，義亦同矣。

宏者，《説文》云："屋深響也。"《書》"用宏兹賁"，正義引樊光曰："《周禮》云：'其聲大而宏。'"《禮記·月令》"其器閎以奄"，《吕覽·孟冬紀》作"其器宏以弇"。《史記·司馬相如傳》云"必將崇論閎議"，《漢書》"閎"作"竑"。《一切經音義》十七云："宏，古文翃，同。"是"翃、閎"俱與"宏"通。《逸周書·皇門》篇之"闓",孔晁音"皇";《詩·執競》篇之"喤",徐邈又音"宏"。"宏、皇"聲轉,"皇"亦大也,是音義又通矣。

溥者,經典與"普"通。《詩》"溥天之下",《左氏昭七年傳》及《孟子》並作"普天之下"。《儀禮》鄭注:"普,大也。"是"普、溥"通。又通"鋪"與"敷"。《詩》"鋪敦淮濆",釋文引《韓詩》"鋪"作"敷",云:"大也。"《禮記·祭義》云"溥之而横乎四海",釋文:"溥,本亦作敷。"蓋"溥、鋪、敷"俱从甫聲,凡聲同者字亦通也。"溥、旁"聲轉。《説文》云:"旁,溥也。"聲轉爲"旁薄",又爲"旁魄",又爲"彭魄",又爲"旁勃",又爲"盤礴",並以聲爲義矣。

介者,"乔"之假借也。《説文》《方言》並云:"乔,大也。"經典通作"介"。《逸周書·武順》篇云"集固介德"、《離騷》云"彼堯舜之耿介",孔晁、王逸注並云:"介,大也。"

純者,"奄"之假借也。《説文》云:"奄,大也,讀若鶉。"經典通作"純"。《周語》云"俾莫不任肅純恪"、《文選·魯靈光殿賦》云"承蒼昊之純殷",韋昭及張載注並云:"純,大也。"又《方言》云:"純,好也。"《吕覽·士容》篇注:"純,美也。"《漢書》注:"純,善也。""純"又訓"善"者,與"介"同意,故"介"訓"善"又訓"大","純"訓"大"又訓"善"也。"好、美"皆善矣。純,通作"淳"。《鄭語》云"黎爲高辛氏火正,以淳燿惇大",韋昭注:"淳,大也。"是"淳、純"通矣。

夏者,《方言》云:"大也。"《樂記》同。《説文》以"夏"爲"中國之人",蓋有威儀備具之美。《周禮·染人》"秋染夏"及《夏采》,説者以"夏"爲五色之名,《爾雅》兼包二義,故訓爲"大"。《左傳》云"能夏則大",《書》云"羽畎夏翟",可知二義兼矣。

幠者,《説文》云:“覆也。”覆冒義亦爲大,故《方言》云:“幠,大也。”《詩》“亂如此幠”毛傳同。通作“膴”。《儀禮·公食大夫禮》及《周禮·腊人》鄭注並云:“膴,大也。”“膴”義與“廡”同。韋昭《晉語》注云:“廡,豐也。”“豐”亦大也。《説文》云:“無,豐也。”引《商書》曰:“庶草繁無。”今《書》“無”作“廡”,是聲義又同矣。“幠、荒”聲轉。《詩·天作》傳:“荒,大也。”凡聲同、聲近、聲轉之字,其義多存乎聲,皆此例也。

厖者,《説文》云:“石大也。”《方言》云:“深之大也。”“厖、朦”聲近,故《方言》又云“秦晉之閒凡大貌謂之朦,或謂之厖”矣。

墳者,《釋丘》云:“墳,大防。”《方言》云:“墳,地大也。青幽之閒凡土而高且大者謂之墳。”《詩》:“牂羊墳首。”《周禮·司烜》:“共墳燭。”通作“賁”。《詩》“賁鼓維鏞”、《書》“用宏茲賁”,“賁”皆大也。又通作“頒”。《説文》云:“頒,大頭也。”引《詩》“有頒其首”,正義據《釋詁》云:“頒與墳字雖異,音義同。”此説是也。但古書多假借,“頒首”之“頒”則“頒”爲正體,“墳”乃假借,《書》正義據樊光引《詩》作“有賁其首”,“賁”亦假借矣。

嘏者,《説文》云:“大遠也。”《郊特牲》云:“嘏,長也,大也。”長遠與大義近,故《方言》云:“嘏,大也。”通作“格”。《少牢饋食禮》云“以嘏于主人”,鄭注:“古文嘏爲格。”《士冠禮》云“孝友時格”,鄭注:“今文格爲嘏。”又通作“假”。《詩》“鬷假無言”,《左氏昭廿年傳》作“鬷嘏無言”。《士冠禮》及《禮運》釋文並云:“嘏,本或作假。”蓋“嘏”爲本字,“假”爲通借。“假、格”古音相轉,故其字俱通矣。“假”古讀若“鼓”,“夏”古讀若

“户”，故《鄉飲酒義》云“夏之爲言假也”，皆以聲近爲義也。

丕者，《書》云“三苗丕敘”，《史記·夏紀》作“三苗大序”。《漢書·郊祀志》引《大誓》曰“丕天之大律”，鄭注：“丕，大也。”張參《五經文字》云：“丕，石經作丕，見《春秋傳》。”按：《左傳》丕鄭父是也。《爾雅》本亦有作“丕”者，故釋文云：“丕，字又作丕。”通作“不”。戴氏震《毛鄭詩考正》云：“《書·立政》篇‘丕丕基’，漢石經作‘不不其’。凡《詩》中‘不顯’‘不承’‘不時’‘不寧’‘不康’，皆當讀爲‘丕’，《詩》之‘不顯’‘不承’即《書》之‘丕顯’‘丕承’也。”

奕者，《詩》之“奕奕”，毛俱訓“大”。《文選·秋懷詩》注引《韓詩章句》云：“奕奕，盛貌。”“盛、大”義亦近也。通作“亦”。《詩》“亦服爾耕”“亦有高廩”，鄭箋並云：“亦，大也。”“不顯亦世”，《後漢書·袁術傳》注及《魏書·禮志》作“不顯奕世”，是其字通矣。

洪者，水之大也，故《説文》云：“洪，洚水也。”“洚”與“洪”音義同。通作“鴻”。《書》之“洪水”，《史記》俱作“鴻水”。《文選·四子講德論》云“夫鴻均之世”，李善注：“鴻與洪古字通也。”

誕者，詞之大也。《詩》《書》“誕”皆訓“大”。“何誕之節兮”，毛傳：“誕，闊也。”“闊”亦大矣。

戎者，《詩·民勞》傳云：“大也。”《方言》云：“凡物盛多謂之寇。”盛多與大義亦近，是“寇、戎”其義同。

駿者，《玉篇》云：“馬之美稱也。”“美、大”義近，下文又云：“駿，長也。”“長、大”義亦近。通作“峻”。《詩》“駿命不易”“駿極于天”，《禮記·中庸》《大學》及《孔子閒居》並引作“峻”。又通作"浚"。《書》"夙夜浚明有家",釋文引馬融注:"浚,大也。"《詩·噫嘻》釋文:"浚,本亦作駿。"又通作"俊"。《夏小正》云"時有俊風""初俊羔",傳並云:"俊者,大也。"《説文》云:"俊,才過千人也。"然則人之俊者爲大,馬之駿者亦爲大,山之峻者亦爲大,水之浚者亦爲大,字雖異而音義同矣。

京者,丘之大也,與"墳"同意。《釋丘》云:"絶高爲之京。""高"亦大也,故《公羊桓九年傳》云:"京者何?大也。""京、景"聲義同,故《白虎通》云:"景者,大也。"經典"景"俱訓"大"而亦爲"明"。"景"从日,故訓"明",从京聲,故又訓"大"矣。

碩者,《説文》云:"頭大也。"與"頒"同意。《小爾雅》云:"碩,遠也。""遠"亦大也。通作"石"。《漢書·律曆志》云:"石者,大也。"《匈奴傳》云:"石畫之臣甚衆。"《文選·爲曹公作書與孫權》云"明棄碩交",李善注:"碩與石古字通。"

濯者,《方言》云:"大也。"《詩》"王公伊濯""濯征徐國",毛傳並云:"濯,大也。""王公伊濯"釋文引《韓詩》云:"濯,美也。""美"亦大也。《説文》"美"从大,與"善"同意,故《詩·桑柔》箋云:"善猶大也。""善"訓"大",知"美"亦訓"大"矣。

訏者,《詩》中"訏"字毛傳並訓爲"大"。通作"芋"。《方言》"訏、芋"並云"大也",郭注:"芋猶訏也。"又云:"訏亦作芋。"故《詩》云"君子攸芋",毛傳:"芋,大也。"又通作"盱"與"吁"。《詩·溱洧》釋文:"訏,《韓詩》作盱。"《斯干》釋文:"芋,或作吁。"《爾雅》釋文:"訏,本又作盱。"是皆以聲爲義也。凡从于之字多訓"大","于"亦訓"大",故《方言》云:"于,大也。"《檀弓》云"于則""于説"者,亦以爲廣大,是矣。

宇者,亦从于,與"訏"同。《説文》云:"宇,屋邊也。"蓋屋檐四垂,爲屋之四邊,天形象屋四垂,故曰“天宇”,亦曰“大宇”。《逸周書·寶典》篇云:“七寬弘,是謂寬宇。”《荀子·非十二子篇》云“矞宇嵬瑣”,楊倞注:“宇,大也。”《莊子·齊物論》篇釋文引《尸子》云:“天地四方曰宇。”然則“宇”之爲大可知矣。

穹者,與“宇”同意,故“穹隆、穹崇、穹蒼”,其義皆謂天也。《漢書·司馬相如傳》云“觸穹石”,張揖注:“穹石,大石也。”通作“空”。《詩》“在彼空谷”,毛傳:“空,大也。”《文選》注引《韓詩》作“在彼穹谷”,薛君曰:“穹谷,深谷也。”然則“穹”蓋深之大矣。

壬者,《詩》“有壬有林”,毛傳:“壬,大也。”通作“任”。“仲氏任只”,傳亦云:“任,大也。”《史記·律書》云:“壬之爲言任也。”是“任、壬”聲義同。《説文》云“壬,象人懷妊之形”,故訓爲“大”矣。

路者,《詩》“串夷載路”“厥聲載路”,傳並云:“路,大也。”經典凡言“路寢、路車、路馬”,義皆爲大。路本道路,可以通達,故謂之大。或借爲“輅”。《玉篇》云:“輅,大車。”《荀子·哀公問篇》注引舍人云:“輅,車之大也。”《後漢書·張湛傳》注引《曲禮》“式路馬”作“軾輅馬”,云:“輅,大也。”是“輅、路”通矣。

淫者,浸淫,又久雨也。“浸、久”有過度之意,故訓爲“過”,“過”有奓泰之意,故又爲大。《詩》“既有淫威”,毛傳:“淫,大也。”《文選·七發》云“血脈淫濯”,李善注:“淫濯,謂過度而且大也。”然則“淫、濯”俱訓“大”,本於《爾雅》也。

甫者,男子之美稱。“美、大”義近,故又爲大。《詩》之“甫田”“甫草”及“魴鱮甫甫”,傳並云:“大也。”《説文》云:“誧,大也。讀若逋。”《詩》“東有甫草”,《文選·東都賦》注引《韓詩》

作“東有圃草”,薛君曰:“圃,博也,有博大茂草也。”《後漢書·班彪傳》注引薛君傳作“甫,博也”。“博”與“圃、誧”俱从甫聲,故義皆爲大,而其字亦通矣。

廢者,“奔”之假音也。《説文》云:“奔,大也。”《玉篇》作“奰”,又作“㚕”,同。通作“佛”。《詩》云“佛時仔肩”,毛傳:“佛,大也。”孔穎達不知假借之義,故云:“佛之爲大,其義未聞。”又通作“廢”。郭引《詩》“廢爲殘賊”,釋文云:“廢,大也。”此王肅義。《列子·楊朱》篇云“廢虐之主”,張湛注:“廢,大也。”《逸周書·官人》篇云“華廢而誣”,是亦以“廢”爲大也。

壯者,與“奘”同,而聲近“將”,其義亦相通借。《禮記·射義》云“幼壯孝弟”,鄭注:“壯或爲將。”《詩》“鮮我方將”,毛傳:“將,壯也。”是二字義同字通。《廣雅》云:“將,美也。”又云:“將,長也。”“長、美”與“大”義亦近也。

冢者,與“墳”義同,與“京”義亦近。《説文》云:“冢,高墳也。”《方言》云:“冢,秦晉之閒謂之墳。”《書》正義引舍人曰:“冢,封之大也。”蓋“冢”本封土爲名,而凡大亦皆稱“冢”。《書》之“友邦冢君”,“冢”亦大也。然則大君謂之“冢君”,大宰謂之“冢宰”,大子謂之“冢子”,大祀謂之“冢祀”,不但《詩》之“冢土”獨擅“冢”名矣。

簡者,疏節闊目之意,故亦爲大。《論語》:“可也簡。”孔安國注以“簡”爲“大也”。《淮南·説山》篇云“周之簡圭,生於垢石”,高誘注:“簡圭,大圭也。”通作“閒”。《尚書大傳》云“閒尾倍其身上”,鄭注:“閒,大也。”又通作“閑”。《文選·魏都賦》注引薛君《韓詩章句》曰:“閑,大也,謂閑然大也。”又通作“蕑”。《詩·簡兮》釋文云:“簡,或作蕑。”是皆以聲爲義也。

菿者,釋文引《説文》云:"艸大也。"今《説文》本"菿"作"菿",蓋形近誤衍"菿"字,而於"菿"下又妄加"艸、木、到"三字,並誤矣。《玉篇》"菿"下引《韓詩》作"菿彼甫田",《詩》釋文引作"箌",从竹,亦非矣。《廣韵》四覺斲紐下引《説文》"菿"从艸,與《爾雅》釋文合,今據以訂正焉。通作"倬"。《詩》"倬彼甫田",《韓詩》作"菿",云:"菿,卓也。""卓"與"倬"同,《毛詩》作"倬"。《説文》云:"倬,箸大也。"引《詩》"倬彼雲漢",傳亦云:"倬,大也。"是"倬、菿"音義同。

昄者,《説文》及《詩·卷阿》傳並云:"昄,大也。"通作"反"。《詩》"威儀反反",釋文引《韓詩》作"昄昄",云:"善貌。""善"與"美"同意,"美、大"義近。"昄"之爲言"版"也,與"業"同意,故《釋名》云:"板,昄也。昄昄,平廣也。""廣、大"義又近,是《韓詩》之"威儀昄昄",本兼善、大二義,故《玉篇》云:"昄,大也,善也。"

晊者,古本作"郅"。《史記·司馬相如傳》云"爰周郅隆",索隱引樊光云:"郅,可見之大也。"是樊本作"郅"。通作"晊"。《玉篇》云:"晊,之日切,大也。聲近戴。"《説文》云:"戴,大也,讀若《詩》'戴戴大猷'。"《玉篇》"戴,雉慄切",與"晊"音同。釋文:"晊,本又作至。"蓋郭本即作"至",故云:"至極,亦爲大也。"至者,極也。極者,中也。屋之中極,至爲高大,故云至極亦大矣。

業者,《説文》云:"大版也。"《詩》傳同,俱本①《釋器》爲説也。"四牡業業",毛云:"業業然壯也。"又云:"業業,言高大

① 俱本 俱,此本誤"具"。據咸豐六年刻本、經解本改。

也。”“高、壯”亦皆爲大矣。

蓆者,《説文》云:“廣多也。”“廣、多”亦皆爲大,故《詩·緇衣》傳:“蓆,大也。”釋文引《韓詩》云:“蓆,儲也。”儲積與廣大義亦近也。通作“席”。《漢書·賈誼傳》云“非有仄室之勢以豫席之也”,應劭注:“席,大也。”郭引《尸子》曰:“此皆大,有十餘名而同一實。”邢疏引《尸子·廣澤》篇云:“天、帝、后、皇、辟、公、弘、廓、宏、溥、介、純、夏、幠、冢、晊、昄,皆大也,十有餘名而實一也。”今按:“大”字之訓,凡三十有九名,《尸子》所稱才止十一,又“天、帝、后、皇、辟、公”亦俱訓“大”,與今本異,證知《爾雅》諸文,後人多有增益及竄改者。古書茫昧,千載無聲,編簡叢殘,遺文散落,夫孰從而辨之?

幠、厖,有也。二者又爲有也。《詩》曰:“遂幠大東。”

“幠、厖”既訓“大”,又訓“有”者,“有、大”義近,故復爲“有”。“有”之爲言“又”也,亦言“富”也。《易·雜卦》云:“《大有》,衆也。”“有”與“大”皆豐厚之意,故其義相成矣。

幠者,覆也。覆者,撫而有之也。通作“撫”。《廣雅》云:“撫,有也。”《禮記·文王世子》云“君王其終撫諸”,鄭注:“撫猶有也。”《詩》“則無膴仕”,毛傳:“膴,厚也。”“膴、幠、厚、有”並聲義近。《詩》“遂荒大東”,郭引作“遂幠大東”,“幠、荒”聲轉也。

厖者,幪也。“幪”亦覆而有之也。《玉篇》云:“厖,有也,厚也。”《詩》“爲下國駿厖”,毛傳:“厖,厚也。”正義引“《釋詁》文”,是“厚、有”其義近。厖,通作“蒙”。《荀子·榮辱篇》引《詩》“爲下國駿蒙”,楊倞注:“蒙讀爲厖,厚也。”是其字通之證。

迄、臻、極、到、赴、來、弔、艐、格、戾、懷、摧、詹,至也。齊楚之會郊曰懷,宋曰屆。《詩》曰:“先祖于摧。”又曰:“六日不詹。”詹、摧皆楚語,《方言》云。

《説文》云:“至,鳥飛从高下至地也。从一,一猶地也。”《文選·長笛賦》注引《字林》曰:“至,到也。”《禮記》注:“至,來也。”《儀禮》及《國語》注並云:“至,極也。”互相訓也。至,通作“致”。《禮器》篇及《莊子·外物》篇釋文並云:“致,本作至。”又通作“砥”。《聘禮記》注:“今文至爲砥。”《詩·柏舟》傳:“之,至也。”《泮水》傳:“止,至也。”“止、之”與“至”並聲相轉也。

迄者,“訖”之假音也。《説文》云:“訖,止也。”“止”亦至也。通作“迄”。《書》“聲教訖于四海”,《漢書·藝文志》“訖”作“迄”。《詩》“以迄于今”“迄用有成”“迄用康年”及《楚辭·天問》云“吴獲迄古”,其義皆爲至也。又通作“汔”。《詩》“汔可小康”,《漢書·元帝紀》作“迄可小康”。

臻者,義詳下文“薦、摯,臻也”。

極者,《玉篇》云:“棟也,中也。又至也,盡也,遠也,高也。”按:“極”字凡有數義,皆緣棟而生。棟居屋之中,至爲高絶,故《爾雅》訓“至”。“極”又竟也,窮也,終也。終、窮、竟三義,又緣至而生也。《魯語》云“齊朝駕則夕極於魯國”,韋昭注:“極,至也。”《文選·東京賦》云“是廓是極”,薛綜注:“極,致也。”“致”亦至也。《漢書·成帝紀》注:“極,止也。”《詩·鴇羽》箋:“極,已也。”“已、止”亦俱爲至矣。

赴者,《説文》云:“趨也。”《儀禮》注云:“赴,走告也。”走趨相告,義皆爲至。通作“訃”。《聘禮》《既夕記》注並云:“今文赴作訃。”聲又與“傅”近。《詩》“亦傅于天”,鄭箋:“傅,至也。”《卷阿》箋:“傅猶戾也。”“戾”亦至矣。

來者,《釋名》云:“來,哀也,使來入己哀之,故其言之低頭以招之也。”《詩·采薇》傳:“來,至也。”《吕覽·不侵》篇注:“來猶致也。”通作“戾”。《公羊隱五年傳》“登來之”,《禮記·大學》篇注引作“登戾之”。“戾、來”聲同,故《詩》“魯侯戾止”,毛傳:“戾,來也。”“來”亦爲“戾”,“戾”亦爲“來”,二字古音同之證也。下文又云:“戾,止也。”“止”亦至矣。

弔者,“迅”之假音也。《説文》云:“迅,至也。”通作“弔”。《詩》“神之弔矣”“不弔昊天”“不弔不祥”,傳箋並云:“弔,至也。”《書》云“弔由靈”,《逸周書·祭公》篇云“予維敬省不弔”,其義皆爲至也。《詩》“不弔昊天”、《書》“無敢不弔”,鄭箋及注並云:“至猶善也。”《考工記·弓人》云:“覆之而角至。”鄭注以“至”爲“善”,是“至”有“善”義,故“弔”兼“善”訓矣。

艐者,《説文》云:“船著不行也。”《方言》云:“艐,至也。”《史記·司馬相如傳》云:“蹋以艐路兮。”徐廣注本《爾雅》“艐,至也”,《漢書》張揖注本《説文》“艐,著也”,“著”與“至”義亦近。郭本孫炎以“艐”爲“屆”,注竟作“屆”,“屆”字誤也。郭注據《方言》“宋曰艐”,今誤作“屆”,證以釋文“艐,郭音屆,孫云‘古屆字’”,可知孫、郭本並非改“艐”爲“屆”矣。《釋言》云:“屆,極也。”“極、至”義同。張參《五經文字》以爲“艐,《爾雅》或作屆”,蓋自唐本已誤矣。

格者,“假”之假音也。《説文》云:“假,至也。”通作“狢”。《方言》云“狢,至也”,郭注:“狢,古格字。”《爾雅》釋文亦云:“格,字或作狢。”又通作“假”。《説文》引《虞書》曰“假于上下”,今《書》作“格于上下”。凡《書》之“來格”“格王”“格人”“格于皇天”之“格”,《史記》《漢書》俱作“假”。《儀禮》又通作

“暇”。《士冠禮》注：“今文格爲暇。”又通作“恪”。《逸周書·小開武》篇云：“非時罔有恪言。”“恪”即古“格”字。“格”既訓“至”，《釋言》又云：“格，來也。”《小爾雅》又云：“格，止也。”“止、來”亦至矣。

懷者，下文云：“懷，止也。”《釋言》云：“懷，來也。”“來、止”義俱爲至。《釋名》云：“懷，回也，本有去意，回來就己也。亦言歸也，來歸己也。”“歸、回”義亦爲至矣。

摧者，《詩》“先祖于摧”、《文選·東京賦》云“五精帥而來摧”，毛傳及薛綜注並云：“摧，至也。”“摧”近“察”，又近“摵”，“摵”讀若“蹙”。《尚書大傳》云：“察者，至也。”《方言》云：“摵，到也。”“摧、察、摵”並一聲之轉也。

詹者，《方言》云：“至也。”《詩》“六日不詹”“魯邦所詹”，毛俱訓“至”。《文選·思玄賦》云“黄靈詹而訪命兮”，舊注：“詹，至也。”

如、適、之、嫁、徂、逝，往也。《方言》云：“自家而出謂之嫁，猶女出謂嫁。”

《釋名》云：“往，暀也，歸往於彼也，故其言之卬頭以指遠也。”《説文》云：“徃，之也。”互相訓也。通作“迋”。《説文》云：“迋，往也。”按：古文“徃”作“迬”，此“迋”即“迬”字之省，故《左氏襄廿八年傳》云“君使子展迋勞於東門之外”，《漢書·五行志》“迋”作“往”，是矣。

如者，《小爾雅》云：“如，適也。”亦互相訓也。《春秋經》凡書“如晉”“如齊”“如盟”“如會”之類，皆以“如”爲往也。通作“于”。《詩》言“于歸”“于仕”“于狩”“于邁”之類，皆以爲往也。

適者,之也。之者,適也。亦互相訓,其義又皆爲往也。

㛙者,《説文》云:"女適人也。"《儀禮·喪服》注云:"凡女行於大夫以上曰㛙,行於士庶人曰適人。"按:此亦對文耳,若散文則"㛙"亦爲"適","適"亦爲"㛙","㛙、適"俱訓爲"往",故《方言》云:"㛙,往也。"《列子·天瑞》篇云:"子列子居鄭圃,將㛙於衛。"《趙策》云:"韓之所以内趙者,欲㛙其禍也。"是皆以"㛙"爲往也。

徂者,《説文》云:"退,往也。或作徂。"《方言》云:"徂,往也。"通作"且"。《詩》"士曰既且",釋文云:"且,音徂,往也。"又同"䶂"。《説文》云:"䶂,且往也。"《玉篇》作"覻",同。是"覻、且"俱"徂"之假音矣。

逝者,之也,去也。通作"遰"。《説文》云:"遰,去也。"《夏小正》云"遰鴻鴈",傳云:"遰,往也。"《易·大有》釋文云:"晢,鄭本作遰,陸本作逝。"《史記·屈原賈生傳》云"鳳漂漂其高遰兮",索隱曰:"遰,音逝。"《漢書·賈誼傳》"遰"正作"逝",是"逝、遰"通。

賚、貢、錫、畀、予、貺,賜也。皆賜與也。

《説文》云:"賜,予也。"《周禮·大府》云:"幣餘之賦以待賜予。"此"賜、予"連文,若單文則"賜"亦爲"予","予"亦爲"賜","賜、予"互訓,其義俱通。"賜"之言"施"也,"施"亦"賜"也,"予"亦"與"也。

賚者,《説文》云:"賜也。"引《周書》曰:"賚爾秬鬯。"今《洛誥》作"予以秬鬯"。是"賚"爲"賜",又爲"予",故此云"賚,賜",下云"賚,予""予,賜",其義同也。賚,通作"來"。《詩》"賚我思成",鄭箋:"賚讀如往來之來。"《爾雅》釋文云:"賚,又力臺反。"此即"賚"讀爲"來"也。《少牢饋食禮》云"來女孝孫",鄭注:"來讀曰釐。釐,賜也。"按:"釐、來"古同聲,故"來"又通"釐"。《玉篇》引《蒼頡》曰:"釐,賜也。"《詩》"釐爾圭瓚"毛傳同。又通作"理"。《書》"予其大賚女",《史記·殷紀》作"予其大理女"。《書序》云"帝釐下土方",釋文引馬融注:"釐,賜也,理也。"是"理、釐、來"並音同字通。

貢者,"贛"之假音也。《説文》云:"贛,賜也。"《淮南·要略》篇云"一朝用三千鍾贛",高誘注:"贛,賜也。"按:古人名字多依雅訓,孔子弟子名"賜"字"子贛",亦其證也。通作"貢",今經典"贛"字多借作"貢"矣。

畀者,予也,"予"亦畀也,並見下文。

貺者,《詩》"中心貺之",毛傳及《儀禮》注並云:"貺,賜也。"通作"況"。《魯語》云"況使臣以大禮"、《晉語》云"閒父之愛而嘉其況",韋昭注並云:"況,賜也。"《漢書·武帝紀》云"遭天地況施"、《禮樂志》云"寒暑不忒況皇章",應劭及晉灼注並云:"況,賜也。"《左氏·僖十五年》釋文及《爾雅》釋文並云:"貺,本作況。"按:"況"从兄聲,古止作"兄"。漢尹翁歸字"子兄","兄"即"況"也。故《詩·常棣》《出車》篇作"況",而《桑柔》《召旻》篇作"兄",傳箋釋云:"兹也。"①"滋也。""滋、兹"皆訓"益","益"與"賜"義近,故經典古作"兄",通作"況",今作"貺",宜據《詩》之古文訂正焉。乃《常棣》釋文既云"況,或作兄"而又非之,蓋唐人陸德明已不知古音古義,故妄加非議,今爲辨正於此,説又見《釋言》"矧,況"下。

---

① 兹也　也,此本誤"者"。據經解本及《毛詩正義》改。

儀、若、祥、淑、鮮、省、臧、嘉、令、類、綝、彀、攻、穀、介、徽，善也。《詩》曰：“儀刑文王。”《左傳》曰：“禁禦不若。”《詩》曰“永錫爾類”“我車既攻”“介人維藩”“大姒嗣徽音”。省、綝、彀，未詳其義。餘皆常語。

《説文》云：“譱，吉也。从羊，與義、美同意。”《釋名》云：“善，演也，演盡物理也。”通作“繕”。《易略例》云“善邇而遠至”，釋文：“善，又作繕。”《詩·鄭風》箋及《周禮》注並云：“繕之言善也。”

儀者，“義”之假借也。《周禮·肆師》注云：“故書儀爲義。”鄭衆注：“義讀爲儀。”蓋古書“儀”作“義”，故《説文》云：“義，己之威儀也。”是“威儀”之“儀”正作“義”，經典通借作“儀”耳。《詩》“宣昭義問”，毛傳：“義，善也。”《禮·緇衣》云“章義癉惡”，釋文引皇侃亦云：“義，善也。”是皆古書“儀”作“義”之證，餘皆作“儀”。《詩》“無非無儀”“儀刑文王”及《逸周書·寶典》篇云“是謂四儀”，《王子晉》篇云“各得其所是之謂儀”，“儀”皆訓“善”。《寶典》篇注誤作“儀，言也”，“儀”無訓“言”之理，蓋篆文“善”作“譱”，从言，缺脱其上，因爲“言”矣。

若者，《釋言》云：“順也。”順理爲善，故《逸周書·武順》篇云：“禮義順祥曰吉。”是其義也。《漢書·禮樂志》云“神若宥之”、《韋玄成傳》“欽若稽古”，集注並云：“若，善也。”郭引《左傳》曰“禁禦不若”，惠氏棟《左傳補注》引《東京賦》云“禁禦不若”，“今《左傳》作‘不逢不若’，此晉以後傳寫之譌，當從張衡、郭璞本作‘禁禦不若’”，是矣。

祥者，《説文》云：“福也，一云善。”是“祥”兼福、善二義，故《左氏·成十六年》正義引李巡曰：“祥，福之善也。”經傳“祥”俱訓“善”。《士虞禮記》注:“祥,吉也。”“吉”亦善也。通作“詳”。《易》“視履考祥”,釋文:“祥,本亦作詳。”“不詳也”,釋文又引“鄭、王肅作祥”。《逸周書·皇門》篇云“作威不詳”,孔晁注:“詳,善也。”《左氏成十六年傳》“詳以事神”,正義曰:“詳者,祥也。古字同耳。”又通作“羊”。《説文》云:“羊,祥也。”蓋“美、善、義、祥”之字俱从羊,“羊、祥”俱訓“善”,二字既同義,又同聲,故《考工記·車人》云“羊車”,鄭注:“羊,善也。”《左氏昭十一年經》云“盟于祲祥”,《公羊》作“侵羊”,是其證。又《海内西經》“崐崘洋水”之“洋”,郭音“翔”,亦其例也。《爾雅》“洋、觀、裒、衆、那”,釋文云:“洋,音羊,讀羊者或爲詳,非。”蓋不知“羊、詳”古同音,故以“羊”讀“詳”者爲非耳。

淑者,“俶”之假音也。《説文》云:“俶,善也。”引《詩》“令終有俶。一曰始也”。“俶”既訓“始”又訓“善”者,始未有不善,終之爲難,故《詩》言“令終有俶”。以“俶”爲“善”,是必三家詩舊説,故許君依以爲釋,毛傳訓“俶”爲“始”,鄭箋訓“俶”爲“厚”,並與舊説異也。俶,通作“淑”。《詩》及《禮記》“淑”字,毛、鄭俱訓“善”。《聘禮》之“俶獻”,注:“古文俶作淑。”是皆“俶”之假借爲“淑”也。《爾雅》此文亦借爲“淑”,於是“俶,善”之訓僅存於《説文》矣。

鮮者,“鱻”之假音也。《説文》云:“鱻,新魚精也。”是“鱻”取生新爲義。凡鳥獸魚鼈之肉,皆新鱻者善,故訓“善”也。通作“鮮”。《方言》云:“鮮,好也。”“好”亦善也。《詩》“籧篨不鮮”“鮮我方將”“鮮我覯爾”“度其鮮原”,鄭箋並云:“鮮,善也。”《爾雅》釋文:“鮮,本或作誓。沈云:‘古斯字。’郭《音義》云:‘本或作尠,非古斯字。’案《字書》‘誓’先奚反,亦訓善。”

按:陸引《字書》"誓"訓"善",今無可考,以意求之,"誓"與"斯"音義同,"斯、鮮"古字通,故《詩》"有兔斯首",鄭箋讀"斯"爲"鮮",而云"鮮,齊魯之閒聲近斯",是"斯、鮮"音轉字通。沈旋以"誓"爲"斯"而訓"善"①,正得其義與其音,陸德明非之,謬矣。阮雲臺師曰:"《書》云'惠鮮鰥寡',又云'知恤鮮哉',《詩》云'鮮民之生',鮮皆斯字之假借,僞孔傳訓鮮爲少,毛傳訓鮮爲寡,皆非也。"金鶚云:"奚斯字子魚,斯亦鮮之假借也。小山别大山,鮮。鮮亦斯之假借也。"説見《釋山》下。

省者,察之善也。明察審視,故又訓"善"。《詩》云"帝省其山",《禮記·大傳》"大夫士有大事,省於其君",鄭箋及注並云:"省,善也。"

臧者,經典俱訓"善"。通作"藏"。"藏"古作"臧",故《易·繫辭》云"藏諸用",釋文:"藏,鄭作臧。""知以藏往",釋文:"藏,劉作臧。"並云"善也"。《詩》"中心藏之",鄭箋:"藏,善也。"是鄭本"藏"亦作"臧"。《莊子·應帝王》及《徐無鬼》篇釋文並云:"藏,本作臧。"皆其證矣。又通作"戕"。《詩》曰"予不戕",釋文:"戕,王作臧,孫毓《評》以鄭爲改字。"是鄭易"臧"爲"戕",今箋無此語,蓋脱去之。《説文》"臧"从戕聲,故此二字可以通借。"臧"聲又近"將",《廣雅》云:"將,美也。""美、善"其義同。

嘉者,下文云:"美也。""美"亦善。《漢書·郊祀志》云"故神降之嘉生",應劭注:"嘉,穀也。""穀"亦善矣。

令者,"靈"之假音也。《書》"弔由靈"及"丕靈承帝事""不

① 沈旋以誓爲斯而訓善　旋,此本誤"施",經解本不誤,據改。

克靈承于旅”，皆以“靈”爲善。《詩》“靈雨既零”，鄭箋：“靈，善也。”省作“霝”。董逌《廣川書跋》載《叔緐鼎銘》有“霝終”之文，《㝈鼎銘》亦曰“霝始霝終”，“霝”訓爲“善”，猶言善始善終也。通作“令”。《詩·既醉》箋：“令，善也。”又通作“泠”。《莊子·逍遥遊》篇云：“泠然善也。”是“泠、令”又同矣。

類者，法之善也。《方言》云：“類，法也。”“法”與“善”義近。《逸周書·芮良夫》篇云“后作類”、《荀子·儒效篇》云“其言有類”，孔晁及楊倞注並云：“類，善也。”“類”與“戾”同，故《廣雅》云：“戾，善也。”又與“賴”同，《孟子》云“富歲子弟多賴”，趙岐注：“賴，善也。”“賴、戾、類”並一聲之轉也。

彀者，張弓之善也。射必至於彀，猶學必至於善，故“彀”有善義。“彀、穀”古音同。《論語》云“不至於穀”，孔安國注：“穀，善也。”釋文“穀，公豆反”，則與“彀”同。《釋言》云：“穀，生也。”又云：“穀，禄也。”《廣雅》云：“禄，善也。”是展轉相訓，其義又同矣。

攻者，治之善也，又堅之善也。“攻”訓“堅”，又訓“治”，兼之爲善。《詩》“工祝致告”，毛傳：“善其事曰工。”是“工”與“攻”聲義同。

介者，“价”之假借也。《説文》云：“价，善也。”引《詩》“价人維藩”。通作“介”。郭注及《漢書》注引《詩》“价人”俱作“介”，“介”與“佳”同。《説文》及《廣雅》並云：“佳，善也。”“佳、介”又一聲之轉。

徽者，美也，善也。《書》之“慎徽”，馬融注：“徽，善也。”《詩》之“徽猷”“徽音”，傳箋並云：“徽，美也。”“美、善”義同。《禮器》云“不麾蚤”，鄭注：“齊人所善曰麾。”是“麾、徽”其義同。又近“禕”與“衛”，下文云：“禕，美也。”“衛，嘉也。”

舒、業、順，敘也。皆謂次敘。**舒、業、順、敘，緒也。**四者又爲端緒。

《説文》云：“敘，次弟也。”《書》“惇敘九族”，鄭注：“敘，次序也。”“序”即“敘”字，經典“敘”皆通作“序”也。

舒者，《釋言》云：“緩也。”舒緩與次弟義近。“舒”之言“徐”也，“徐”與“敘”聲義同，故《詩》毛傳：“舒，徐也。”《常武》釋文：“‘舒，序也’，一本作‘舒，徐也’。”是“徐、序”通，“序”即“敘”也。蓋陸德明本作“舒，序”，孔穎達本作“舒，徐”，陸據《爾雅》，其義爲長。正義乃據“舒，徐”之本而以定本作“舒，序”爲非，謬矣。舒，通作“荼”。《考工記・弓人》云“斲目必荼”，鄭衆注云：“荼讀爲舒。舒，徐也。”“徐”亦“敘”矣。

業者，大版，又篇卷也。版作鋸齒，捷業相承，篇有部居，後先相次，皆有敘義。《孟子》云“有業屨”，趙岐注：“業，次業也。”蓋謂作之有次敘矣。

順者，《説文》云：“理也。”《釋名》云：“順，循也，循其理也。”通作“循”。《大射儀》云“順左右隈”，鄭注：“今文順爲循。”又通作“訓”。《書》“于帝其訓”，《史記・宋世家》作“于帝其順”。《法言・問神》篇云：“事得其序之謂訓。”“訓”即“順”也。

○緒者，與“敘”聲義同。《説文》云：“緒，絲耑也。”蓋有耑緒，可以次敘，故“敘”又訓“緒”也。“緒、敘”古通用。《莊子・山木》篇云“食不敢先嘗，必取其緒”，釋文：“緒，次緒也。”“次緒”即“次敘”，是其字通矣。“舒、業、順”皆可以義求。下文云：“緒、業，事也。”“順、繹，陳也。”“繹”訓“抽絲”，與“緒”義相成,“緒、業”皆訓“事”,事有耑緒可陳敘,又與“敘”義合也。

怡、懌、悦、欣、衎、喜、愉、豫、愷、康、妣、般,樂也。皆見《詩》。**悦、懌、愉、釋、賓、協,服也。**皆謂喜而服從。

《釋名》云:“樂,樂也,使人好樂之也。”《一切經音義》二引《蒼頡篇》云:“樂,喜也。”“喜、樂”互相訓也。

怡者,“台”之假音也。《説文》云:“台,説也。”《書》“祗台德先”,鄭注:“敬悦天子之德既先。”《史記·自序》云“虞舜不台”,索隱曰:“台,音怡,悦也。”又“諸吕不台”,徐廣注:“台,怡懌也。”通作“怡”。《説文》云:“怡,和也。”“和、樂”義近,故《一切經音義》一引《爾雅》舊注曰:“怡,心之樂也。”《史記》集解徐廣引今文《尚書》作“舜讓于德不怡”,索隱引古文作“不嗣”,今文作“不怡”。“怡”與“夷”聲近。《釋言》云:“夷,悦也。”

懌者,《五帝紀》云“舜讓於德不懌”、《詩》“辭之懌矣”、《禮記·文王世子》云“其成也懌”,鄭注:“懌,悦懌。”《一切經音義》一引《爾雅》舊注曰:“懌,意解之樂也。”通作“繹”。《詩》“庶幾説懌”,釋文:“懌,本又作繹。”“辭之懌矣”,《説苑·善説》篇作“辭之繹矣”。

悦者,古作“説”。《説文》“説釋”,即“悦懌”也。經典“悦、説”通用,故《顔氏家訓·書證》篇云:“以説爲悦。”通作“兑”。《文王世子》《樂記》《緇衣》鄭注並云:“兑當爲説。”《書·説命》釋文:“説,本亦作兑。”是“兑、説”通。《易·説卦》云:“兑,説也。”蓋“兑”从台聲,與“説”相轉,此古音也,故古通用矣。

欣者,《説文》云:“笑喜也。”“喜”亦樂也。通作“訢”。《説文》云:“訢,喜也。”《樂記》云“天地訢合”,鄭注:“訢讀爲熹。”

釋文"訢,一讀依字,音欣",是也。又通作"忻"。《史記·周紀》云:"姜原見巨人跡,心忻然説,欲踐之。"《爾雅·釋獸》釋文:"欣,本或作忻。"

衎者,《説文》云:"衎,喜皃。"《廣雅》云:"衎衎,和也。""和、樂"義近。通作"侃"。《論語》云"侃侃如也",孔安國注:"侃侃,和樂貌也。"

喜者,通作"憙"。《説文》云:"憙,説也。"《史記》《漢書》"喜"多作"憙"。《地理志》"聞喜",《劉寬碑陰》作"聞憙"。又通作"僖"。《説文》云:"僖,樂也。"又通作"熙"。《書》"庶績咸熙",《文選·劇秦美新》作"庶績咸喜",李善注:"喜與熙古字通。"又通作"嫛"。《説文》云:"嫛,説樂也。"

愉者,通作"媮"。《詩》"他人是愉",《地理志》作"它人是媮"。《文選·諷諫詩》云"我王以媮",李善注:"媮與愉同,樂也。"又通作"俞"。《聘禮記》"愉愉",釋文作"俞俞"。《廣雅》云"喻喻,喜也",《莊子·天道》篇釋文引作"俞俞,喜也"。聲近"娱"。《説文》云:"娱,樂也。"又近"虞"。《白虎通》云:"虞者,樂也。"

豫者,《一切經音義》十三引《蒼頡篇》云:"豫,佚也。""佚"亦樂也。《易·雜卦》云"豫,怠也",釋文引虞翻作"豫,怡也"。通作"預"。《玉篇》云:"豫,或作預。"又通作"與"。《一切經音義》十九云:"豫,古文作與。"《儀禮》注云:"古文與作豫。"又通作"譽"。《吕覽·孝行》篇云"天下譽",高誘注:"譽,樂也。"

愷者,《説文》兩見,豈部云:"愷,康也。"心部云:"愷,樂也。"通作"凱"。《禮記》"凱弟君子",鄭注及《文選·吴都賦》注並云:"凱,樂也。"又通作"豈"。《詩》"孔燕豈弟""豈樂飲酒”，傳箋並云：“豈，樂也。”釋文俱云：“豈，本亦作愷。”《孔子閒居》及《表記》釋文：“凱，本亦作愷，又作豈。”

康者，《逸周書・謚法》篇云：“康，安也。”“安、樂”義相成，故又云：“豐年好樂曰康，安樂撫民曰康，令民安樂曰康。”通作“慷”。《文選・琴賦》云“心慷慨以忘歸”，李善注引《爾雅》作“愷慷，樂也”。按：慷，《説文》作“忼”，云：“忼，慨也。”《文選》注引《爾雅》借作“愷慷”，然則“慷慨”倒轉即“愷康”矣。

妉者，《説文》作“媅”，云：“樂也。”通作“妉”。《華嚴經音義》上云：“《聲類》媅作妉。”《一切經音義》四云：“媅，古文妉，同。”又通作“湛”。《方言》云：“湛，安也。”“安”亦樂也。《詩》“子孫其湛”“和樂且湛”，傳箋並云：“樂也。”《常棣》釋文引《韓詩》云：“湛，樂之甚也。”又通作“耽”。《一切經音義》二引《國語》注云：“耽，嗜也。”“嗜”亦樂。《詩》“無與士耽”、《中庸》引《詩》“和樂且耽”，毛、鄭並云：“耽，樂也。”《鹿鳴》《常棣》釋文並云：“湛，又作耽。”蓋“耽、湛”，陸俱“都南反”，“湛”亦音“沈”，“沈”亦音“耽”，並古音通轉，故《史記・陳涉世家》云“夥頤，涉之爲王沈沈者”，《文選・西京賦》及《魏都賦》並作“耽耽”，李善注：“沈與耽音義同。”《詩》“荒湛于酒”，《漢書・五行志》作“荒沈于酒”，皆其證也。

般者，“昪”之假音也。《説文》云：“昪，喜樂皃。”省作“弁”。《詩・小弁》傳：“弁，樂也。”通作“般”。《詩・般》箋：“般，樂也。”又通作“槃”。《考槃》傳：“槃，樂也。”又作“盤”。《書》“文王不敢盤于游田”，《文選・東都賦》及《鵩鵩賦》注並引《爾雅》作“盤，樂也”。

○“悦、懌、愉”既訓“樂”，又訓“服”者，“服”之言“伏”也，喜樂之至,轉爲屈伏,義相成也。下文云:“服,事也。”通作“伏事”,故《文選·吴王郎中時從梁陳詩》云“誰謂伏事淺”,李善注:“服與伏同,古字通。”是其證矣。“悦”訓“服”者,《孟子》所謂“中心悦而誠服”,是也。《詩》“我心則説”,毛傳:“説,服也。”“懌”則《詩》云“既夷既懌”,毛傳:“懌,服也。”“愉”之爲言“輸”也,又言“諭”也。輸寫其誠,諭其志意,皆爲屈伏之至,故“愉”訓“服”矣。

釋者,《説文》云:“解也。”解散與輸寫義近,“釋”訓“服”者,梅《書·大禹謨》及《左氏襄廿一年傳》並云:“釋茲在茲。”“釋”宜訓“服”,與“念茲”義近。僞孔訓“釋”爲“廢”,杜預訓“釋”爲“除”,並非也。且“念茲”“釋茲”與“名言”“允出”文俱匹對,義分淺深,何故“釋茲”獨訓“廢、除”?文義俱舛,證知“釋,服”之訓當從《爾雅》矣。

賓者,“嬪”之假音也。《説文》云:“嬪,服也。”《釋親》云:“嬪,婦也。”“婦”亦服,故《説文》云:“婦,服也。”通作“賓”。《周禮·太宰》注云:“嬪,故書作賓。”《説文》云:“賓,所敬也。”“敬、服”義亦相成,故《易集解》虞翻注引《詩》曰:“莫敢不來賓。”“賓”即訓“服”。《楚語》云“其不賓也久矣”,韋昭注:“賓,服也。”《史記·司馬相如傳》“故遣中郎將往賓之”,索隱引賈逵云:“賓,伏也。”“伏”亦服也。《樂記》“諸侯賓服”,注:“賓,協也。”“協”亦服矣。

協者,下文云:“和也。”“和、説”義近,故亦訓“服”。

遹、遵、率、循、由、從,自也。自猶從也。**遹、遵、率,循也。**三者又爲循行。

《説文》云:“自,始也。”又云:“鼻也。”“鼻”亦始也。人生從鼻始,百體由之,故借爲自此至彼之義。“自”訓“從”也,“由”也,“率”也。“從”亦爲“由”,“由”亦爲“率”,“率”亦爲“自”,展轉相訓,其義俱通也。

遹者,《釋言》云:“述也。”“述”與“率、循”義近,故皆訓“自”。釋文引孫炎云:“遹,古述字,讀聿,亦音橘。”按:“遹”有三音,音“橘”者今未聞。“橘、遹”並从矞聲,或古音讀同也。讀“聿”者,“聿、遹”古通用。《詩》“遹追來孝”,《禮記·禮器》作“聿追來孝”。又“聿來胥宇”,鄭箋:“聿,自也。”正義以爲《釋詁》文。是“聿、遹”通。又通作“欥”。《詩》“遹求厥寧”,《説文》引作“欥求厥寧”。“欥”从曰聲,“欥”又通“曰”,“曰”又通“聿”,故《詩》之“見晛曰消”,釋文引《韓詩》、劉向作“聿消”,是其證矣。孫炎以爲古“述”字者,蓋“遹”有“述”音。《匡謬正俗》引逸《禮記》曰“知天文者冠鷸”,“鷸字音聿,亦有術音,故禮之《衣服圖》及蔡邕《獨斷》謂爲術氏冠,亦因鷸音轉爲術字耳,非道術之謂也”。據顔此説,證以“鷸、遹”俱从矞聲,可知“遹”之音爲“述”,亦猶“鷸”之音爲“術”也。“遹”音爲“述”,其訓亦“述”,故《詩》“遹駿有聲”,鄭箋:“遹,述也。”“遹”音爲“聿”,“聿”亦訓“述”,故《詩》“聿修厥德”,毛傳:“聿,述也。”

率者,“達”之假音也。《説文》:“達,先道也。”通作“衛”。《玉篇》:“衛,循也,導也。”又通作“率”。《左氏宣十二年傳》“今鄭不率”,杜預注:“率,遵也。”“率”有“律”音,《釋言》:“律,述也。”《廣雅》:“率,述也。”是“率、律”音義同。“率”之音爲“律”,亦猶“遹”之音爲“聿”也;“率”之訓爲“述”,亦猶“遹”之訓爲“述”也。《方言》“鼃、律,始也”,《廣雅》作“鼃、葎,始也”,“葎、律、率”俱字異音義同。然則“率”訓“始”,又訓“自”者,

“自”亦始也,“始”亦自也,其義又通矣。

由者,《易》“由豫”“由頤”,虞翻注並云:“由,自從也。”“由”又用也,行也,“行、用”與“自”義亦近。

○“遹、遵、率”三者又俱爲“循”。循者,《説文》云:“行順也。”通作“順”。《詩·江漢》箋“循流而下”,釋文:“循流,本亦作順流。”又通作“修”。《易·繫辭》云“損德之修也”,釋文:“修,馬作循。”《莊子·大宗師》篇云“以德爲循”,釋文:“循,本亦作修。”“修、循”一聲之轉也。

遹者,通作“述”。《説文》云:“述,循也。”《詩》“報我不述”毛傳同。《漢書·藝文志》注及《後漢書·曹褎傳》注並云:“述,修也。”又通作“聿”。《後漢書·傅毅傳》注:“聿,循也。”

遵者,《説文》及《謚法》並云:“遵,循也。”《詩》“遵養時晦”,傳:“遵,率也。”“率”亦循也。

率者,《詩》《禮》内“率”訓“循”者非一,《書》“罔不率俾”,鄭注:“率,循也。”“率”又行也,用也。《詩》“帝命率育”,傳:“率,用也。”“用、行”義亦爲循。《易·繫辭》云“初率其辭”,集解引侯果曰:“率,循也。”“率”又音“律”,“律”訓爲“述”,“述”亦循矣。率,通作“帥”。《詩》“率時農夫”,《文選·東都賦》注引《韓詩》作“帥時農夫”。《周禮》注:“故書帥爲率。”《儀禮》注:“古文帥爲率。”《禮記》注:“帥,循也。”《漢書·循吏傳》注:“帥,遵也。”“遵”亦循矣。然則“由、從”二字亦當訓“循”,此不言者,可以意求之。“由”亦從也,“從”亦順也,“順”即循也,其義又通矣。

靖、惟、漠、圖、詢、度、咨、諏、究、如、慮、謨、猷、肈、基、訪,謀也。《國語》曰:“詢于八虞,咨于二虢,度于閎夭,謀于南宫，諏于蔡原，訪于辛尹。”通謂謀議耳。如、肇，所未詳。餘皆見《詩》。

《釋言》云“謀，心也”，郭注：“謀慮以心。”《説文》云：“慮難曰謀。”按：“難”讀“難易”之“難”，故《詩》毛傳云：“咨事之難易爲謀。”蓋本《左傳》之文而申釋其義也。“謀”本在心而从言者，凡事謀之於心、宣之於口，故《周禮·大卜》“四曰謀”，鄭衆注：“謀謂謀議也。”蓋亦以計議爲謀也。通作“謨”。“謨、謀”聲相轉也。

靖者，《方言》云：“思也。”靖思與謀心義近。下文又云：“靖，治也。”《説文》云：“靖，細皃。”精細、理治與謀義又近也。《詩》“靖共爾位”“俾予靖之”“實靖夷我邦”“日靖四方”，毛、鄭並云：“靖，謀也。”通作“静”。《書》“静言庸違”，《漢書·王尊傳》作“靖言庸違”。《管子·侈靡》篇云“曲静之言不可以爲道”，尹知章注：“静，謀也。”

惟者，下文云：“思也。”《魯語》注云：“陳也。”思慮、陳敘並與謀議義近。通作“維”。“維”訓“度”也，“念”也。“念”亦思也，“度”亦謀也。

漠者，“莫”之假音也。《詩》“聖人莫之”，毛傳：“莫，謀也。”“莫”訓“謀”者，“莫”本訓“無”，“無”古讀若“謨”，“謨”亦謀也。通作“漠”。釋文：“漠，孫音莫。舍人云：‘心之謀也。’”《詩·巧言》釋文：“莫，又作漠，一本作謨。”《抑》釋文：“謨，本亦作漠。”是“漠、謨”互通，“莫”之與“漠”又音同字通。《爾雅》多假借，《毛詩》本古文，此則《爾雅》之“漠”當依《毛詩》作“莫”矣。

圖者，畫之謀也。《説文》云：“圖，計畫難也。”《詩》“是究是圖”“我儀圖之”，其義皆爲謀也。“詢、度、咨、諏”四者並見《詩・皇皇者華》及《魯語》，毛傳俱本《左襄四年傳》而爲説。

詢者，毛傳云：“親戚之謀爲詢。”《書》“詢于四岳”，《史記・五帝紀》作“謀于四嶽”。

度者，毛傳云：“咨禮義所宜爲度。”《詩》“度其鮮原”、《禮・坊記》“度是鎬京”，箋注並云：“度，謀也。”

咨者，毛傳云：“訪問於善爲咨。”《説文》：“謀事曰咨。”《詩》“來咨來茹”、《周語》云“而咨於故實”、《晉語》云“而咨於二虢”，其義皆訓爲“謀”也。通作“諮”。“周爰咨諏”，釋文：“咨，本亦作諮。”《文選・魏都賦》注引《爾雅》亦作“諮謀”。按：“諮”从言，後人所加。《淮南・修務》篇云“周爰諮謨”，亦作“諮”者，蓋後人追改也。

諏者，《説文》云：“聚謀也。”毛傳“咨事爲諏”，《魯語》作“咨才爲諏”，韋昭注“才當爲事”，是也。通作“詛”。《特牲饋食禮》注：“今文諏皆爲詛。”

究者，《釋言》云：“窮也。”窮盡事理，與謀義近。《古微書》引《孝經援神契》云：“究者以明審爲義。”然則明審與謀畫之義又近也。《詩》“不舒究之”“爰究爰度”，傳箋並云：“究，謀也。”

如者，與“茹”同。《釋言》云：“茹，度也。”“度”亦謀也，“茹”亦如也。“如”與“猷”同意，故“猷”訓爲“謀”，亦訓爲“若”，“如”訓爲“謀”，亦訓爲“若”。“猷”通作“猶”，“如”通作“茹”，其意正同矣。

謨者，《説文》云：“議謀也。”《書》“謨明弼諧”，《史記・夏紀》作“謀明輔和”。《詩》“訏謨定命”，毛傳：“謨，謀也。”通作“謀”，又通作“漠”，並已見上。

猷者,《釋言》云:“圖也。”“圖”亦爲謀。通作“猶”。《詩》“王猶允塞”,毛傳:“猶,謀也。”又通作“由”。《易》“由豫”,釋文引馬作“猶”,云:“猶豫,疑也。”然則猶豫狐疑與謀義又近也。

肇者,《釋言》云:“敏也。”敏之謀也。《詩》“肇敏戎公”,傳:“肇,謀也。”“謀、敏”古音相近,故《中庸》云“人道敏政”,鄭注:“敏或爲謀。”是其證也。

基者,《釋言》云:“經也。”“設也。”經營、設造與謀義亦近。《書》“周公初基”,正義引鄭注:“基,謀也。”《孔子閒居》“夙夜基命宥密”,鄭注亦云:“基,謀也。”通作“諆”。《玉篇》《廣韵》並云:“諆,謀也。”又別作“諅”。《爾雅》釋文:“基,本或作諅。”蓋“基”爲本字,“諆”爲假音,“諅”爲或體耳。

訪者,《說文》:“汎謀曰訪。”借作“方”。《穀梁昭廿五年傳》“方公也”,范甯注:“方當爲訪。訪,謀也。”

典、彝、法、則、刑、範、矩、庸、恒、律、戛、職、秩,常也。 庸、戛、職、秩,義見《詩》《書》。餘皆謂常法耳。**柯、憲、刑、範、辟、律、矩、則,法也。**《詩》曰:“伐柯伐柯,其則不遠。”《論語》曰:“不踰矩。”

常,《說文》以爲“裳”本字,經典借爲久長字。蓋“尋、常”俱度長之名,因訓爲“長”。故《方言》云:“凡物長謂之尋。”是“尋”亦訓“長”。“常”與“長”音義同,故《詩・文王》箋:“長猶常也。”通作“嘗”。《閟宮》箋:“常,或作嘗。”《禮記・少儀》“馬不常秣”,釋文:“常,本亦作嘗。”常,本古“裳”字,又通作“商”。《說苑・修文》篇云:“商者,常也。”《韓策》云“西有宜陽常阪之塞”,《史記・蘇秦傳》“常”作“商”;《淮南・繆稱》篇云“老子學商容”,《說苑・敬慎》篇作“常樅”,皆其證矣。

典者,《釋言》云:"經也。""經"即"常",故《謚法》云:"典,常也。"《大宰》注云:"典,常也,經也,法也。"賈公彦疏引孫炎曰:"典禮之常也。"

彝者,《説文》云:"宗廟常器也。"《書》"彝倫攸斁",《史記·宋世家》作"常倫所斁";"我不知其彝倫攸敘",作"我不知其常倫所敘"。通作"夷"。《詩》"串夷載路""靡有夷届",毛傳並云:"夷,常也。""民之秉彝",《孟子》作"民之秉夷";《書》"是彝是訓",《宋世家》作"是夷是訓"。《明堂位》云"夏后氏以雞夷",即雞彝也。

法、則者,俱一定而不可變,是有常意,故訓"常"也。《管子·正》篇云:"當故不改曰法。"《七法》篇云:"而未嘗變也謂之則。"是皆"法、則"訓"常"之義也。"刑、範、矩"與"法、則"同意,説皆見下。

庸者,用之常也。《説文》"庸"从用从庚而訓"用",更迭用事亦有常義,故《中庸》注:"庸,常也。用中爲常道也。"通作"甬"。《廣雅》云:"甬,常也。"

恒者,心之常也。《説文》云:"恒,从心,从舟,在二之閒,上下一心,以舟施恒也。"《易·雜卦》云:"恒,久也。"《繫辭》云:"恒,德之固也。""固"與"久"其義皆爲常也。

律者,與"法、則"同意,故同訓,説亦見下。

戛者,《書》"不率大戛",正義曰:"戛猶楷也,言爲楷模之常,故戛爲常也。"按:"戛、楷"一聲之轉,其義相近。又"戛"之言"槩"也,槩所以爲平也,"平、常"義亦相近。《文選·海賦》注云:"戛猶槩也。""槩、戛"亦一聲之轉。《釋言》又云:"戛,禮也。"禮曰天秩,秩曰天常,亦其義也。《釋文》:"戛,居黠反,郭苦八反。"《説文》"戛"讀若"棘",云:"戟也。"按:戟於兵器最長,故曰"長戟","長"猶"常"也,其義亦通矣。

職者,下文云:"主也。""主"有常義。

秩者,《説文》云:"積也。""積"與"常"義亦近。

○既云"常"又云"法"者,法必有常,有常可以爲法也。《説文》作"灋",省作"法",云:"荆也。"《釋名》云:"法,逼也,人莫不欲從其志,逼正使有所限也。"《管子·禁藏》篇云:"法者,天下之儀也。"蓋"儀"訓"表",又訓"法"矣。

柯者,斧柄也,又訓"法"者,《詩》"伐柯伐柯,其則不遠","則"即"法"也。故《考工記·車人》云"半矩謂之宣,一宣有半謂之欘,一欘有半謂之柯,一柯有半謂之磬折",鄭注:"伐木之柯,柄長三尺。"鄭衆注引"《蒼頡篇》有柯欘",是柯與矩皆法之所從出,因亦訓"法"矣。"柯"與"括"同。《廣雅》云:"括,灋也。"《法言·修身》篇云"其爲外也肅括",李軌注:"括,法也。""括、柯"又一聲之轉。

憲者,《釋訓》云:"憲憲、泄泄,制法則也。"《詩·崧高》箋及《小司寇》注並云:"憲,表也。"蓋標表亦所以爲法矣。

荆者,"型"之假音也。《説文》:"型,鑄器之灋也。"經典俱借作"刑","刑"當作"荆"。《説文》:"荆,罰辠也。从刀,从井。"引《易》曰:"井,法也。"《一切經音義》廿引《易》曰:"荆,法也。井爲荆法也。"此即《説文》所引,又引《春秋元命苞》曰:"荆字從刀從井,井以飲人,人入井争水陷於泉,以刀守之,割其情,欲人畏慎以全命也。"通作"刑"。《詩》"刑于寡妻",釋文引《韓詩》云:"刑,正也。""正"亦法也。古文"法"作"佱",从古文"正"字,法所以正人,故《周禮》注:"刑,正人之法。"皆本古文爲説也。《楊信碑》云"追念義荆"、《平都相蔣君碑》云"秉□□之芳荆",皆以"荆"爲"型"也。又通作"形"。《易·鼎》云"其荆渥",集解:"今本荆作形。"《高彪碑》云"形不妄濫",亦以"形"爲"荆"也。

範者,"笵"之假音也。《説文》云:"笵,法也。从竹。竹,簡書也。古法有竹荆。"通作"範"。《一切經音義》二引《通俗文》云:"規模曰範。"《易》"範圍天地之化",鄭注:"範,法也。"又通作"范"。《禮運》云"范金合土",鄭注:"范,鑄作器用。"《荀子·彊國篇》云"荆范正",楊倞注:"范,法也。荆范,鑄劍規模之器也。"《爾雅》釋文:"範,字或作范。"不知"范、範"皆假借耳。

辟者,《説文》云:"法也。"《詩》"辟言不信""無自立辟""辟爾爲德"及《尚書大傳》"犧牲中辟",毛、鄭並云:"辟,法也。"《方言》云:"南楚凡罵庸賤謂之田儓,或謂之辟。辟,商人醜稱也。"按:"辟"與"庸"同意。故"庸"爲凡常之稱,"辟"亦凡庸之名;"庸"既訓"常",知"辟"亦當訓"常";"辟"既訓"法",知"庸"亦當訓"法"。推之,"典"既訓"常",亦當訓"法"。《爾雅》於"典、庸"不言"法",於"辟"不言"常",實則其義互相通也。辟,通作"𨐨"。《書》"我之弗辟",《説文》引作"我之不𨐨",云:"𨐨,治也。""治"與"法"義亦相成矣。

律者,《釋言》云:"銓也。"《漢書·律曆志》云:"律,法也,莫不取法焉。"通作"類"。《方言》云:"類,法也。"《樂記》云"律小大之稱",《史記·樂書》作"類小大之稱"。《釋名》云:"律,累也,累人心使不得放肆也。"是"累、類、律"並聲轉義同矣。

矩者,《説文》作"巨",或作"榘",經典相承省作"矩",閒有作"榘"與"巨"者。《大學》注云:"矩,或作巨。"《離騷》云"求榘矱之所同”,《淮南・氾論》篇亦作“榘”,餘皆作“矩”。《弟子職》云“居句如矩”,尹知章注:“矩,法也。”通作“距”。《考工記・輪人》注:“故書矩爲距。鄭司農云:‘當作矩,謂規矩也。’”又通作“萬”。《輪人》注:“故書萬作禹。鄭司農云:‘讀爲萬。書或作矩。’”然則“矩、萬、距”並以聲爲義也。

辜、辟、戾,辠也。皆刑罪。

辠,古“罪”字。《説文》云:“辠,犯法也。”《墨子・經上》篇云:“罪,犯禁也。”按:犯禁爲罪,加之刑罰亦爲罪,故《吕覽・仲秋》篇云“行罪無疑”,高誘注:“罪,罰也。”

辜者,《一切經音義》二引《爾雅》舊注云:“辜,禮義之罪也。”按:舊注非是。《書・微子》云:“凡有辜罪。”此“辜”必非禮義之罪,故《詩》“民之無辜”“何辜今之人”,鄭箋並云:“辜,罪也。”是“罪、辜”通名耳。《莊子・則陽》篇云:“至齊見辜人焉。”“辜人”即“罪人”也。通作“故”。《史記・屈原賈生傳》云“亦夫子之辜也”,索隱曰:“辜,《漢書》作故。”“故、辜”以聲爲義也。

辟者,法也,又訓“罪”者,出乎法即入乎罪,治其罪者亦罪也,故《説文》云:“辟从辛,節制其辠也。”《禮・王制》云“司寇正刑明辟”,謂正法明治其罪也。

戾者,曲也,乖也,貪也,暴也,皆與罪名相近,故爲罪也。《詩》“亦維斯戾”,《逸周書・大匡》篇云“刑罪之戾”,“戾”皆訓“罪”,“罪、戾”亦通名耳。《一切經音義》二引《漢書》云:“有其功無其意曰戾,有其功有其意曰罪戾。”是“戾”與“罪”異,亦非也。《左傳》云:“赦其不閑於教訓而免於罪戾。”“罪、戾”一耳。

黄髮、齯齒、鮐背、耇、老,壽也。黄髮,髮落更生黄者。齯齒,齒墮更生細者。鮐背,背皮如鮐魚。耇猶耆也。皆壽考之通稱。

《説文》云:"耇,久也。"隸變作"壽",故釋文云:"耇,本又作壽。"《春秋繁露》云:"壽之爲言猶讎也。"通作"讎"。《左氏文十三年傳》云"魏壽餘",《史記·秦紀》作"魏讎餘"。又通作"疇"。《書·酒誥》云"若疇圻父",《詩·祈父》正義引鄭注:"順𠷎萬民之圻父。"釋文:"𠷎,古疇字,本又作壽。馬、鄭音受。"按:"疇"無"受"音,馬、鄭本蓋作"壽"而音"受"也。《匡謬正俗》云:"年壽之字,北人讀作受音,南人則作授音。"證知馬、鄭本"若疇"作"若壽"而音"受",馬、鄭即北人也。

黄髮者,《詩·南山有臺》及《行葦》正義引舍人曰:"黄髮,老人髮白復黄也。"孫炎曰:"黄髮,髮落更生者。"郭注本孫炎。以今驗之,耋老耆人,秀眉宣髮,未蒙更生而華顛皓首,芸然變黄,誠有如舍人所云者矣。

齯齒者,《釋名》云:"齯齒,大齒落盡更生細者,如小兒齒也。"通作"兒"。《詩》"黄髮兒齒",鄭箋:"兒齒,亦壽徵。"《爾雅》釋文:"兒,本今皆作齯,五兮反。一音如字。"是陸本與《詩》同作"兒"。兒者,"齯"之假借也。

鮐背者,《説文》云:"鮐,海魚也。"《釋名》云:"九十曰鮐背,背有鮐文也。"《詩》正義引舍人曰:"老人氣衰,皮膚消瘠,背若鮐魚也。"通作"台"。"黄耇台背",毛傳:"台背,大老也。"鄭箋:"台之言鮐也。大老則背有鮐文。"以今驗之,鮐魚背有黑文,老人背亦發斑似此魚。然《詩》及《爾雅》釋文並云"鮐,一音夷",今登萊海上人呼此魚正如"臺",無音"夷"者,唯鯸鮐魚音"夷"耳。

耇者,《説文》云:"老人面凍梨若垢。"《釋名》云:"耇,垢也,皮色驪頳恒如有垢者也。或曰凍梨皮有斑點,如凍梨色也。"《行葦》箋云:"耇,凍棃也。"正義引孫炎曰:"面凍棃色似浮垢也。"《左氏・僖廿二年》正義引舍人曰:"耇,覯也,血氣精華覯竭,言色赤黑如狗矣。"是諸家説"耇"字互異。郭氏皆不從而云"耇猶耆也"者,"耆"訓"老"也。《詩》"遐不黄耇",毛傳:"耇,老也。"《書》"耇造德不降"鄭注及《方言》並與毛同,此皆郭所本也。

老者,《説文》云:"考也。七十曰老。"本《曲禮》文。《釋名》云:"老,朽也。"《獨斷》云:"老謂久也,舊也,壽也。"《白虎通》云:"老者,壽考也。"俱本《爾雅》爲説也。

此"黄髮、齯齒、鮐背"並二字連文爲義,實則"黄、齯、鮐"三字單舉於義亦通,故《南山有臺》傳及《行葦》箋並云:"黄,黄髮也。"是單言"黄"之證。《説文》:"齯,老人齒。"是單言"齯"之證。《方言》:"鮐,老也。"是單言"鮐"之證。至於"耇、老"二字,雖俱單文,亦有連語,"耇"稱"胡耇","老"稱"黎老"。"黎"亦"棃"也,"胡"猶"黄"也,"黄、胡"聲轉,"棃、黎"字通。

允、孚、亶、展、諶、誠、亮、詢,信也。《方言》曰:"荆吴淮汭之閒曰展,燕岱東齊曰諶,宋衛曰詢。"亦皆見《詩》。**展、諶、允、慎、亶,誠也。**轉相訓也。《詩》曰:"慎爾優游。"

《説文》云:"信,誠也。""誠,信也。"轉相訓也。《釋名》云:"信,申也,言以相申束使不相違也。"《墨子・經上》篇云:"信言合於意也。"《鶡冠子・學問》篇云:"所謂信者,無二響者也。"按:"信"訓"實",又訓"明審",故《周語》注云:"信,審也。"《鬼谷子・摩篇》云:"信者,明也。"蓋明與審皆所以爲精,精之至則誠矣。

允者,《説文》云:"信也。从儿,㠯聲。"按:儿,古文"人",

與“信”同意；㠯，从反巳，引“賈侍中説：巳，意巳實也”，是“㠯”有實義，“實”即“信”之訓也。《説文》㠯聲，蓋聲又兼義矣。

孚者，《説文》云：“孚，卵也。一曰信也。”①《繫傳》：“鳥之孚卵，皆如其期，不失信也。”《方言》云：“北燕朝鮮洌水之閒謂伏雞曰抱。”“抱”即“孚”也。“孚”有“抱”音，故《説文》云：“古文孚从杀。杀即古文保字。”又手部“捊”或从包作“抱”。《春秋隱八年經》“盟于浮來”，《公羊》作“包來”，皆其證也。《易·雜卦》云：“中孚，信也。”《書·吕刑》云“五辭簡孚”，《史記·周紀》作“五辭簡信”，“簡孚有衆”作“簡信有衆”。“孚”與“符”聲近。《説文》云：“符，信也。”《史記·律書》“言萬物剖符甲而出也”，索隱曰：“符甲猶孚甲也。”

亶者，下文云：“厚也。”“厚”與“信”義近。《詩》“亶其然乎”“亶侯多藏”，毛傳皆訓爲“信”。通作“單”。《詩》“俾爾單厚”，毛傳：“單，信也。”《書》“乃單文祖德”，馬融注：“單，信也。”又通作“誕”。《文選·大將軍讌會詩》云“誕隆駿命”，李善注引薛君《韓詩章句》云：“誕，信也。”

展者，與“亶”聲義俱近，故《禮記》“展衣”，其字作“襢”，从衣旁亶。《周禮·内司服》注：“展，字當爲襢。襢之言亶。”是“亶、展”聲近義同之證也。《方言》云：“展，信也。”《逸周書·大匡》篇云：“昭信非展。”《寶典》篇云：“展允于信。”蓋展也、允也，統言之俱訓“信”，細分之又微有别，故《楚語》云“展而不信”，是其不同之證也。“展”又伸也，“伸、信”之音又同矣。

① 孚卵也　此本誤“卵孚也”，咸豐六年刻本同，經解本不誤。據《説文》及經解本改。又郝疏於此釋“孚”不釋“卵”也。

諶者,“訦”之假音也。《方言》云:“訦,信也。”《説文》云:“燕代東齊謂信曰訦。”通作“諶”。郭引《方言》作“燕岱東齊曰諶”。又通作“忱”。《詩》“天難忱斯”,毛傳:“忱,信也。”《説文》引作“天難諶斯”,《爾雅》下文“棐,俌”注引《書》曰“天威棐諶”,釋文:“諶,今本作忱。”《文選·幽通賦》注:“諶與忱古字通也。”

亮者,“諒”之假借也。《説文》云:“諒,信也。”《方言》云:“衆信曰諒。”又云:“諒,知也。”是“諒”兼信、知二義,故《一切經音義》十七引《爾雅》舊注云:“諒,知之信也。”本《方言》爲説也。《詩》及《禮記》《論語》古文俱作“諒”。通作“涼”。《詩》“職涼善背”,鄭箋:“涼,信也。”正義引“《釋詁》文”。又通作“亮”。《詩》“涼彼武王”之“涼”,《韓詩》作“亮”。《玉篇》云:“亮,朗也。又信也。”“亮”之訓“朗”亦猶“諒”之訓“知”矣。《一切經音義》十七引《字詁》云:“諒,今作亮。”《書》“亮采有邦”“乃或亮陰”,馬融注並云:“亮,信也。”《詩》“不諒人只”,釋文:“亮,本亦作諒。”是“亮、諒”通矣。

詢者,“恂”之假音也。《説文》云:“恂,信心也。”《方言》云:“恂,信也。”《大戴禮·衛將軍文子》篇云“爲下國恂蒙”,盧辯注:“恂,信也。”通作“洵”。《詩》“洵有情兮”,毛傳:“洵,信也。”“洵訏且樂”,釋文引《韓詩》作“恂盱”,《漢書·地理志》亦引作“恂盱”。又“洵直且侯”,《韓詩外傳》亦引作“恂直”。是《毛詩》從假借作“洵”,《韓詩》依本字作“恂”。又通作“詢”。《詩》“洵美且異”及“于嗟洵兮”,釋文並云:“洵,本亦作詢。”

○既云“信”又云“誠”者,“誠”亦信也,故《賈子·道術》篇云:“期果言當謂之信,志操精果謂之誠。”《廣雅》云:“誠、信,敬也。”是“信、誠”其義同。又訓“敬”者，不敬則心不專一而不能信與誠。“誠、信”又訓“明”也，“審”也，不明審則心不精細而亦不能信與誠矣。故《禮記·經解》云“衡誠縣”“繩墨誠陳”“規矩誠設”，鄭注：“誠猶審也。”《論語》云“誠不以富”，《詩》作“成不以富”，是“成、誠”古字通。《中庸》云：“誠者，自成也。”蓋“成”亦實也，“實”亦信也，“信”亦誠也，展轉相訓，其義俱通矣。

展者，《詩》“展矣君子”“展如之人”“展我甥兮”“展也大成”及《楚語》“展而不信”，毛、鄭及韋昭並云：“展，誠也。”

諶者，《説文》云：“誠諦也。”《詩》“其命匪諶”，毛傳：“諶，誠也。”《説文》：“忱，誠也。”引《詩》作“天命匪忱”，《韓詩》作“其命匪訦”。

允者，《書》云“允蠢鰥寡”，《漢書·翟方進傳》作“誠動鰥寡”。

慎者，《詩》“慎爾優游”“予慎無罪”“慎爾言也”“考慎其相”，傳箋並云：“慎，誠也。”“慎”訓“誠”者，“慎”猶“真”也，以“真”爲誠，故以“慎”爲誠也。“慎”从真聲，《説文》：“假，非真也。”可知“真”訓“誠”矣。

亶者，《詩》“亶不聰”“不實于亶”“胡臭亶時”及《士冠禮》云“嘉薦亶時”，毛、鄭並云：“亶，誠也。”《周禮·内司服》注同。賈公彦疏引《爾雅》而申之云：“展者言之誠，亶者行之誠。”此二語似引《爾雅》舊注之文也。通作“單”。《書》“誕告用亶其有衆”，釋文：“亶，馬本作單，云誠也。”又通作“癉”。《士冠禮》注：“古文亶爲癉。”“癉、亶”以聲爲義也。

凡此訓“誠”之字，即訓“信”之文，其“孚、亮、詢”三字既訓

“信”,亦當訓“誠”,而此不言者,經傳無文,難以取證,於所不知,蓋闕如也。

謔浪笑敖,戲謔也。謂調戲也,見《詩》。

《説文》云:“謔,戲也。”引《詩》“善戲謔兮”。是《爾雅》此讀以“戲謔”相屬,而以“謔浪笑敖”四字爲句,本《詩·終風》篇文,毛傳言“戲謔不敬”,正本《爾雅》爲訓也。正義引舍人曰:“謔,戲謔也。浪,意萌也。笑,心樂也。敖,意舒也。戲笑,邪戲也。謔,笑之貌也。”郭氏不從舍人而以“調戲”詮釋,與毛傳合。舍人“意萌”,“萌”字誤,邢疏引作“朗”,是也。其“戲笑”,“笑”字蓋涉下句而誤衍耳。

謔者,《玉篇》云:“喜樂也。”《詩》“無然謔謔”,毛傳:“謔謔然喜樂。”

浪者,《終風》釋文引《韓詩》云:“起也。”蓋謂放蕩猖狂也。

笑者,《一切經音義》廿五引《蒼頡篇》云:“笑,喜弄也。”《釋名》云:“笑,鈔也,頰皮上鈔者也。”《素問·陰陽應象大論》云“在聲爲笑”,王砯注:“笑,喜聲也。”

敖者,“傲”之假音也。釋文:“敖,五報反。”則當作“傲”。《説文》:“傲,倨也。”通作“敖”。《釋言》云:“敖,傲也。”《釋訓》云:“敖敖,傲也。”經典“傲、敖”二字通用,故《離騷》云:“保厥美以驕敖兮。”“敖”即“傲”也。王逸注:“侮慢曰敖。”

粤、于、爰,曰也。《書》曰:“土爰稼穡。”《詩》曰“對越在天”“王于出征”。**爰、粤,于也。**轉相訓。

《説文》云:“曰,詞也。从口,乙聲。亦象口气出也。”《論語》皇侃疏引《説文》云“開口吐舌謂之爲曰”,與今本異也。

“曰”猶“言”也，“云”也。通作“聿”。《詩》“見晛曰消”①“曰喪厥國”，釋文引《韓詩》“曰”俱作“聿”。又通作“欥”。《漢書·敘傳》云“欥中龢爲庶幾兮”，集注：“欥，古聿字。聿，曰也。”《文選·幽通賦》“欥”正作“聿”。《説文》“欥”从曰聲，是“曰、欥”通也。

粵者，《説文》以爲“審慎之詞”，故訓“曰”也，引《周書》曰“粵三日丁亥”，今《書》作“越三日丁巳”。《漢書·楊雄傳》“越不可載已”，集注：“越，曰也。”

于者，語氣之舒也，故亦訓“曰”。《詩》“穀旦于差”“王于出征”“之子于苗”“我獨于罹”“於昭于天”，鄭箋並云：“于，曰也。”《左氏宣十二年傳》“于民生之不易”、《楊雄傳》“于胥德兮麗萬世”，注皆以“于”爲“曰”也。于，通作“乎”。《列子·周穆王》篇云“於于余一人”，釋文：“於于，音嗚呼。”又通作“吁”。“穀旦于差”，釋文引《韓詩》作“穀旦吁嗟”，《文選》注引薛君章句曰：“吁嗟，歎辭也。”然則“吁嗟”即“于差”，“於于”即“嗚呼”，是皆語之歎詞，詞即“曰”矣。

爰者，《説文》云：“引也。”按：“引”謂引气出聲，又爲詞之引起，兼玆二義，故又訓“曰”也。《詩》之“爰有寒泉”“爰得我所”“爰及矜人”之類，皆以“爰”爲引起下文之詞，鄭箋並以爲“曰”。郭引《書》“土爰稼穡”，《史記·宋世家》作“土曰稼穡”。

○“爰、粵”二字並从于，故又訓“于”也。爰者，《書》“綏爰有衆”、《詩》“亦集爰止”，鄭皆以爲“爰，于也”。

---

①　見晛曰消　晛，此本誤“睍”，咸豐六年刻本同，經解本不誤。今據經解本及《詩經·小雅·角弓》改。

粤者,《説文》云:"于也。"通作"越"。《書》云"越至于今",馬融注:"越,于也。""越其罔有黍稷",釋文:"越,本又作粤,音曰,于也。""爰、于"雙聲,"粤、曰"疊韵。

爰、粤、于、那、都、繇,於也。《左傳》曰:"棄甲則那。"那猶今人云那那也。《書》曰:"皋陶曰:都。"繇,辭,於乎,皆語之韵絶。

"於"與"于"同,亦語詞也。《詩》《書》俱古文作"于",經典假借作"於"。於,本古文"烏"字。《説文》引孔子曰:"烏,于呼也。取其助气,故以爲烏呼。"然則"烏呼"雙聲疊韵之字,許意蓋以經典凡言"烏呼"者,皆取引聲以助气,如《詩》云"於乎小子""於乎悠哉""於乎前王不忘"之類是也。若單言"於"者,則爲歎美之詞,如《詩》云"於粲洒埽""於穆清廟"之類是也。"於乎"即"烏呼",俗作"嗚呼",非也。"烏、于、呼"三字古皆同聲,故經典或借"於"爲"于",《詩》"於我乎夏屋渠渠"是也。《廣雅》云:"於,于也。"《説文》:"于,於也。"是皆以爲語辭。故《詩》"于沼于沚""遠送于野",毛傳並云:"于,於也。"《書·吕刑》"王曰吁",釋文引馬作"于","于,於也"。按:"於"之爲言相連相及之意,如《論語》云"君子之於天下""吾之於人",《孝經》云"通於神明""光於四海",皆爲由此達彼之詞,故《釋詁》又云:"於,代也。""代"之爲言亦相連及之義矣。

"爰"訓"於"者,《詩》之"爰采唐矣""周爰執事",《書》之"爰暨小人",《士冠禮》之"爰字孔嘉",毛傳、鄭注並云:"爰,於也。"

"粤"訓"於"者,《漢書·敘傳》云"尚粤其幾",應劭注:"粤,於也。"通作"越"。《詩》"越以鬷邁""對越在天",《書》

“越兹麗刑”，箋注並云：“越，於也。”“爰、粤”既訓“于”，又訓“於”，“於、于”聲義同也。

那者，《越語》云“吴人之那不穀”，韋昭注：“那，於也。”《廣韵》云：“那，何也，都也，於也。”“那”又訓“何”者，《左氏宣二年傳》云“棄甲則那”，杜預注：“那猶何也。”按：“何”猶言“柰何”，“柰何”即“那”之反音，但“那”雖爲“柰何”，而非“於”字之訓，郭注不引《越語》而援《左傳》，似失之矣。

都者，《孟子》云“謨蓋都君”、《史記·司馬相如傳》云“終都攸卒”，趙岐注及裴駰集解並云：“都，於也。”《書·皋陶謨》凡云“都”者，《史記·夏紀》俱作“於”，張守節正義以爲“於，音烏，歎美之辭”。然“烏、于”古同聲，“于、於”其義又同，《史記》以“於”釋“都”，正本《爾雅》爲訓，張守節音“於”爲“烏”，此强生分别耳。《爾雅》釋文亦云：“於，音烏，注同。”其失均矣。“都”與“諸”古同聲通用，“諸”猶“於”也。《鄉射禮》及《聘禮》注並云：“諸，於也。”然則“都”與“諸”同，“都”之訓“於”，其義尤明矣。

繇者，與“於”聲轉，通作“猷”。《書·大誥》云“王曰猷大誥爾多邦”，釋文引馬本作“大誥繇爾多邦”，正義引鄭本“猷”在“誥”下，與馬本同，是皆以“繇”爲“於”也。又通作“由”。《詩》云“無易由言”，鄭箋：“由，於也。”“繇”又同“摇”。摇動游移，亦有由此達彼之意，與“於”義又同矣。郭云“繇，辭”者，蓋以“繇”爲歎辭，與“於乎”同意，故云“皆語之韵絶”，是郭亦讀“於”爲“烏”，故有此解。釋文不察，乃云：“繇，除又反，注同。孫音由。”陸氏蓋不知孫、郭同音“由”，妄加“除又”一音，是其失也。邢疏因之，誤以“繇”爲“卦兆之辭”，但卦兆繇辭不與“於乎"同意,又非"語之韵絶"。"繇辭"之"繇",《説文》作"籀",云:"讀書也。"引《春秋傳》曰:"卜籀云。"

敆、郃、盇、翕、仇、偶、妃、匹、會,合也。皆謂對合也。**仇、讎、敵、妃、知、儀,匹也。**《詩》云"君子好仇""樂子之無知""實維我儀"。《國語》亦云:"丹朱馮身以儀之。"讎猶儔也。《廣雅》云:"讎,輩也。"**妃、合、會,對也。**皆相當對。**妃,媲也。**相偶媲也。

《説文》云:"合,亼口也。"《周禮》注:"合,同也。"《吕覽》注:"合,和也。"又云:"合,交也。"交、和、同,皆對合之義。《楚語》注:"合,會也。"《詩·大明》傳:"合,配也。"《離騷》注:"合,匹也。""匹、配、會"又與"合"互相訓也。

敆者,《説文》云:"合會也。"《玉篇》:"敆,公答切。"按:今人同爨共居謂之"敆火",本於《爾雅》也。通作"欱"。《太玄·玄告》云"下欱上欱",范望注:"欱猶合也。"

郃者,"佮"之假音也。《説文》云:"佮,合也。"通作"洽"。《詩》"洽比其鄰""民之洽矣""以洽百禮",傳箋並云:"洽,合也。"又通作"郃"。《詩》"在洽之陽",《説文》引作"在郃之陽"。又通作"祫"。《公羊文二年傳》云:"大祫者何?合祭也。"《禮·王制》云"祫禘",鄭注:"祫,合也。"《詩·豐年》釋文:"祫,本或作洽。"

盇者,《説文》作"盍",云:"覆也。"《玉篇》云:"盇、盍同。"按:"盇"訓"覆",覆蓋所以合之,故《士虞禮》注謂敦蓋爲"合",即此義也。《易·豫》云"朋盇簪",虞翻注:"盇,合也。""盇"與"嗑"同,故《序卦》云:"嗑者,合也。"通作"闔"。《一切經音義》十二引《説文》云:"闔,合也。"今《説文》無之。《莊子·天地》

篇云"夫子闔行邪",釋文:"闔,本亦作盍。"

翕者,《方言》云:"聚也。""聚"亦合也,故《玉篇》云:"翕,合也,斂也,聚也。"《詩》"兄弟既翕""載翕其舌""允猶翕河",毛傳並云:"翕,合也。"《夏小正》云:"翕也者,合也。"

仇者,"逑"之假音也。《説文》云:"逑,斂聚也。"又云:"怨匹曰逑。"本《左傳》文。《詩》"以爲民逑",毛傳:"逑,合也。"鄭箋:"合,聚也。"正義引"《釋詁》文"。通作"仇",説見下。

偶者,《釋言》云:"遇,偶也。"通作"耦"。《釋名》云:"耦,遇也。二人相對遇也。"經典"耦、偶"互通,故《一切經音義》二引《字林》云:"偶,合也。"《吕覽·季冬紀》注:"耦,合也。"《左氏桓二年傳》:"嘉耦曰妃,怨耦曰仇。"蓋"怨、嘉"雖異,"仇、妃"本同,對文則兩耦似分,散文即"仇、妃"俱合,故《詩》之"好仇"即"好合"矣。

"妃、匹"俱説見下。

會者,《説文》云:"合也。从亼。""亼"亦合也。《樂記》云"會守拊鼓",《史記·樂書》作"合守拊鼓"。按:《説文》:"徻,古文會。"《一切經音義》九云:"會,古文徻,同。"然則"徻"省彳爲"合","合"省口爲"會",古人文字相生,於斯可見。

○匹者,合也。合者,言有匹也,故《公羊宣三年傳》"無匹不行",何休注:"匹,合也。"《釋名》云:"匹,辟也。往相辟偶也。"《白虎通》云:"匹,偶也,與其妻爲偶,陰陽相成之義也。"按:"匹"與"正"字形相亂,故《禮器》云"匹士大牢而祭",釋文:"匹士,本或作正士。"《緇衣》云"唯君子能好其正,小人毒其正",鄭注:"正當爲匹,字之誤也。"蓋漢隸書"匹、正"形近,所以致誤,非古字通也。

仇者,《説文》云:“讎也。”“讎”猶“譍”也,譍當亦匹對也。《詩》“與子同仇”“詢爾仇方”,毛俱訓“匹”。鄭唯“賓載手仇”之“仇”讀“㪺”音“拘”,其餘俱本《左傳》“怨耦曰仇”。“仇”與“逑”通,故《詩·關雎》毛傳:“逑,匹也。”釋文:“逑,本亦作仇。”正義引孫炎云:“逑,相求之匹也。”《一切經音義》九引李巡曰:“仇,讎怨之匹也。”然則李、孫所據《爾雅》蓋有二本,以相求爲義,則知孫本作“逑”,以讎怨爲義,則知李本作“仇”。然《詩》“君子好逑”,《緇衣》引作“君子好仇”,是其字通之證,李、孫之説猶未免望文生訓矣。

讎者,《説文》云:“猶譍也。”“譍,以言對也。”故《一切經音義》一引《三蒼》云:“讎,對也。”《左氏僖五年傳》:“憂必讐焉。”“讐”亦對也。《表記》注云:“讎猶答也。”《廣雅》云:“讎,輩也。”郭云:“讎猶儔也。”儔、輩、答、對,其義亦皆爲匹也。“讎”與“仇”通,故《一切經音義》一引《三蒼》云“怨偶曰仇”,又引作“怨耦曰讎”,是“讎、仇”通。又通作“酬”。《書》“敢以王之讎民、百君子”,釋文:“讎,字或作酬。”《詩》“無言不讎”,《韓詩外傳》亦引作“酬”。又通作“疇”。《齊語》云“人與人相疇,家與家相疇”,《楚辭·疾世》篇云“居嵺廓兮尠疇”,王逸、韋昭注並云:“疇,匹也。”是“疇、讎”又通矣。

敵者,《説文》云:“仇也。”《方言》云:“匹也。”《左氏文六年傳》“敵惠敵怨”,杜預注:“敵猶對也。”《爾雅》下文云:“敵,當也。”“敵、當、對”俱一聲之轉。通作“適”。《玉藻》云“敵者不在”,釋文:“敵,本又作適。”《論語》云“無適也”,釋文:“適,鄭本作敵。”又與“嫡”同。《釋名》云:“嫡,敵也,與匹相敵也。”按:“敵”與“特”義近,“特”訓“獨”,又訓“匹”,故《詩》“實維我特",毛傳:"特,匹也。"《韓詩》作"直",云:"相當值也。"然則相當亦相匹矣。

妃者,《説文》云:"匹也。"《白虎通》云:"妃匹者何謂?相與爲偶也。"《釋名》云:"妃,輩也,一人獨處,一人往輩耦之也。"通作"配"。《楚辭·九思》篇云"配稷契兮恢唐功",注云:"配,匹也。"《詩·皇矣》釋文:"配,本亦作妃。"《大司樂》注"姜嫄無所妃",釋文:"妃,本亦作配。"經典"配、妃"通者非一,其餘皆可推也。

知者,《墨子·經上》篇云:"知,接也。"《莊子·庚桑楚》篇亦云:"知者,接也。"蓋"接"以交會對合爲義,故爲匹也。《詩》云"樂子之無知",鄭箋:"知,匹也。樂其無妃匹之意。"按:《詩》"文王初載",傳箋訓"載"爲"識"。識,知也。又云:"天作之合。"合,匹也。《詩》言文王始有識知,而天爲生配匹,是即"知"訓"匹"之證。古讀"載"如"兹",《詩》蓋借"載"爲"識",故毛、鄭因而通之,明其假借矣。

儀者,善也,善之匹也。《詩》"實維我儀""我儀圖之",傳箋並云:"儀,匹也。"《大司樂》疏引鄭注"鳳皇來儀",亦以"儀"爲"匹"也。通作"義"。《書》云"父義和",正義引鄭注:"讀義爲儀,儀、仇皆訓匹也,故名仇,字儀。"按:威儀之字,《説文》作"義",今作"儀",鄭讀合於古矣。

〇對者,《説文》云:"譍無方也。从口。"則與"讎"同意。漢文帝去"口"从"士",非矣。《廣雅》云:"對,當也。"《詩》"帝作邦作對""對越在天""哀時之對",毛、鄭並云:"對,配也。"《文選·東京賦》云"推光武以作配",薛綜注:"配,對也。"是"對"亦訓"配","配"亦訓"對"。

合者,答也。古答問之字直作“合”,故《左氏宣二年傳》“既合而來奔”,杜預注:“合猶答也。”按:《説文》云:“合,亼口也。”“亼口”即答之義,“答”即“對”也。凡物相對謂之“合”,四方上下謂之“六合”。《淮南·原道》篇注云:“孟春與孟秋爲合,仲春與仲秋爲合,季春與季秋爲合,孟夏與孟冬爲合,仲夏與仲冬爲合,季夏與季冬爲合,故曰六合。”是“合”皆取相對之意,“會”與“合”同意。

○媲者,《説文》云:“媲,妃也。”“妃,匹也。”以聲近聲轉爲義也。《詩》“天立厥配”,毛傳:“配,媲也。”正義引某氏作“天立厥妃”,是“妃、配”通。《文選·廣絶交論》注引《爾雅》作“媲,妃也”,今作“妃,媲也”。《爾雅》諸文展轉相訓,其義俱通,多此類也。

紹、胤、嗣、續、纂、緌、績、武、係,繼也。《詩》曰:“下武維周。”緌見《釋水》。餘皆常語。

繼者,相續不絶也,故《説文》云:“繼,續也。一曰反㡭爲繼。㡭,古文絶。”反絶,會意也。“繼”之言“繫”也,“繫、繼”音又同也。

紹者,《謚法》云:“疏遠繼位曰紹。”《一切經音義》八引《爾雅》注云:“紹,繼道也。”按:此舍人注,“道”謂以道承繼大統,蓋本《謚法》爲説也。

嗣者,古文作“孠”,从子,取繼世不絶之義也。古讀“嗣”如“詒”,故《詩》“子寧不嗣音”,釋文引《韓詩》作“詒音”;《書》“舜讓于德弗嗣”,《史記》集解引作“不怡”,皆其證也。《子衿》毛傳:“嗣,習也。”《既醉》毛傳:“胤,習也。”所以俱訓“習”者,“習”之言猶“續”也。“續、習”義近而聲轉,故毛云“嗣,習”,鄭云"嗣，續"，明其義同也。嗣，通作"似"，故《詩》"似續妣祖"，毛傳："似，嗣也。""以似以續"，毛傳亦云："嗣前歲，續往事。"是"似續"即"嗣續"，古字通用。又《斯干》箋："似讀如巳。""嗣"有"怡"音，亦其證矣。

纂者，"纘"之假音也。《説文》云："纘，繼也。"《詩》"載纘武功""纘女維莘"，毛傳並云："纘，繼也。"《崧高》箋及《中庸》注同。通作"纂"。《祭統》云"纂乃祖服"、《周語》云"纂修其緒"，鄭注及韋注並云："纂，繼也。"又通作"踐"。《詩》"王纘之事"，釋文："纘，《韓詩》作踐。"《中庸》"踐其位"，鄭注："踐或爲纘。"

緌者，《説文》云："系冠纓也。"《玉篇》作"繼冠纓也"。冠纓所以繼者，鄭注《士冠禮記》云："緌，纓飾。"蓋於纓上别加緌連綴爲飾，故云"繼"也。通作"蕤"。《漢書·律曆志》云："蕤，繼也。"《禮·雜記》云"大白冠、緇布之冠皆不蕤"，鄭注："不蕤，質無飾也。"《玉藻》云"緇布冠繢緌"，鄭注："緌，或作蕤。"又通作"綏"。《檀弓》云"喪冠不緌"，釋文："緌，本又作綏。"《周禮·夏采》注云："《士冠禮》及《玉藻》冠緌之字，故書亦多作綏者，今禮家定作蕤。"是"蕤、綏"俱"緌"之假借也。郭云"緌見《釋水》"者，《釋器》《釋水》並云"縭，緌也"，郭注俱云："緌，繫。"是"緌"訓爲"繫"，"繫"即"繼"矣。

績者，《説文》云："績，緝也。""緝，績也。"《詩·東門之池》箋："於池中柔麻，使可緝績作衣服。"釋文云："西州人謂績爲緝也。"是"緝、績"音義同。《詩》"授几有緝御"，箋云："緝猶續也。有相續代而侍者。""績"既訓"續"，亦通作"續"。《穀梁成五年傳》"伯尊其無績乎"，范甯注："績，或作續。"釋文亦云：

“績,本或作續。”蓋“績”之言“積”也,“積”即“續”矣。

武者,《詩·下武》傳:“武,繼也。”按:“武”之言“拇”也。足迹曰“武”,故《釋訓》云:“武,迹也。”《周語》云“不過步武尺寸之閒”,韋昭注:“六尺爲步,賈君以半步爲武。”按:冠卷亦曰“武”,故《玉藻》云“縞冠玄武”,鄭注:“武,冠卷也。”古者冠、卷殊,然則步之有武所以繼步也,冠之有卷亦所以繼冠矣。

係者,“系”之假借也。《説文》云:“系,繫也。”《釋名》云:“系,繫也,相聯繫也。”《後漢書·班彪傳》云:“系唐統。”李賢注引《爾雅》作“系,繼也”。通作“係”。《越語》注:“係,繫也。”《易·繫辭》釋文:“繫,系也。又續也。”又通作“繫”。《易·同人》及《兑》釋文並云:“繫,本或作係。”“係、繫”之音與“繼”同,亦通作“繼”。《易》“係用徽纆”,《穀梁·宣二年》注作“繼用徽纆”。《詩·何彼穠矣序》“不繫其夫”,釋文:“繫,本或作繼。”又《後漢書·李固傳》云:“羣下繼望。”“繼”亦“繫”也。“繫”之一字兼“系、繼”二音,故古通用。

忥、謐、溢、蟄、慎、貉、謐、顗、頠、密、寧,静也。忥、顗、頠,未聞其義。餘皆見《詩》傳。

静者,“竫”之假音。《説文》:“竫,亭安也。”經典俱通作“静”。“静”訓“審”,審諦者必安静,故《詩》傳箋並云:“静,安也。”《釋名》云:“静,整也。”《文選·神女賦》注引《韓詩》云:“静,貞也。”貞固者必安定,安定必寡言,故《楚辭·招魂》篇注“無聲曰静”,是也。通作“靖”。《説文》:“靖,立竫也。”“竫”與“靖”音義同。周宣王名“静”,亦作“靖”,是其證矣。

忥者,亦假借字。《説文》《玉篇》俱不訓“静”,唯《廣雅》云:“忥,息也。”蓋與下文“呬,息也”音義同。釋文:“忥,本或作氣，同，許氣反。”則與“餼、槩”音同而義絶異。《説文》“怎”訓“癡皃”，《爾雅》訓“静”，經典遂無其文，竟不知爲何字之假借也。

謚者，《謚法》篇云：“行之迹也。”《白虎通》云：“謚之爲言引也，引列行之迹也。”《廣韵》“謚”下曰：“易名，又申也。”“申”與“引”義近。《釋名》云：“謚，曳也。”“曳、引”亦聲轉義近也。“謚”訓“静”者，《詩·文王》篇釋文云：“謚，慎也，悉也。”“悉”與“審”義近。“静”既訓“審”，“慎”又訓“静”，“謚”兼審、慎二義，故亦訓“静”矣。謚，今本《説文》作“諡”，“从言兮皿，闕”。戴侗《六書故》云：“唐本無‘諡’，但有‘謚’，行之迹也。”《廣韵》雖有“諡”，而云“《説文》作謚”，是“諡”乃“謚”之俗體，後人所加，又於“謚”下別注“笑皃”，不知“謚”訓“笑皃”，本於吕忱，而非許君之説。證以張參《五經文字》言部無“諡”而有“謚、謚”二字，俱“常利反”，“上《説文》，下《字林》”，又云：“《字林》以謚爲笑聲，音呼益反，今用上字。”其説甚明，今宜據以訂正焉。

溢者，下文云：“慎也。”“慎”亦審也，與“謚”同意。通作“侐”。《説文》云：“侐，静也。”引《詩》曰“閟宫有侐”，毛傳：“侐，清静也。”又通作“恤”。《詩》“假以溢我”，《左氏襄廿七年傳》作“何以恤我”。《詩》釋文云：“溢，徐邈音謚。”是“謚、溢”音又同矣。

蟄者，《説文》云：“藏也。”《易·繫辭》云“龍蛇之蟄”，虞翻注：“蟄，潛藏也。”潛藏與安静義近。“蟄”與“宋”聲相轉，《方言》云：“宋、安，静也。”

慎者，“溢”之訓也。《説文》云：“謹也。”上文云：“誠也。”“誠、謹”俱安静之意。“慎”猶“順”也，凡恭慎而柔順者，其人必沈静,故《謚法》云:"柔德考衆曰静,恭己鮮言曰静。"《官人》篇云:"沈静而寡言,多稽而儉貌,曰質静者。"又云:"誠静必有可信之色。"然則"慎"訓"誠",又訓"静",皆其證矣。

貉者,下文云"定也",郭注:"静定。"通作"貊",又作"莫"。《詩》"貊其德音",毛傳:"貊,静也。"釋文:"貉,本又作貊,武伯反。《左傳》作莫,音同。"《荀子·非十二子篇》云"莫莫然",楊倞注:"莫讀爲貊。貊,静也,不言之貌。"又通作"嗼",亦作"嗼"。《廣雅》云:"嗼,静也。"《文選·西征賦》注引薛君《韓詩章句》云:"嗼,静也。"

謐者,《説文》云:"静語也。一曰無聲也。"《賈子·禮容》篇云:"謐者,寧也,億也。""億"訓"安",安寧亦静,故《素問》云"其化清謐",王砅注:"謐,静也。"通作"恤"。《書》"惟刑之恤哉",《史記·五帝紀》作"惟刑之静哉",集解:"徐廣曰:'今文云惟刑之謐哉。'"

顗者,釋文云:"魚豈反,又五愷反。"《説文》:"顗,謹莊皃。"謹莊與静義近,"謹"又"慎"字之訓,故《玉篇》云:"顗,静也。"

頠者,《説文》云:"頭閑習也。"《廣韵》作"頭也。一曰閑習"。疑今本"頭"下脱"也"字。閑習與静義亦相成,故《玉篇》引《爾雅》曰:"頠,静也。五罪、牛毁二切。"按:"頠"與"娓"音義同。《文選·神女賦》云"既娓嫿於幽静兮",李善注引《説文》曰:"娓,靖好貌,五累切。""靖"即"静"矣。釋文云:"頠,孫、郭五果反。""果"當作"累",字形之譌耳。

密者,"宓"之假音也。《説文》云:"宓,安也。""安,静也。"通作"密"。《詩》"止旅迺密",毛傳:"密,安也。""夙夜基命宥密”，毛傳：“密，寧也。”箋：“安，静也。”《考工記·廬人》注：“密，審也，正也。”“正”亦貞也，“貞、審”皆“静”之訓也。又通作“謐”。《賈子·禮容》篇引《詩》作“夙夜基命宥謐”。

隕、磒、湮、下、降、墜、摽、蘦，落也。磒猶隕也，方俗語有輕重耳。湮，沈落也。摽、蘦見《詩》。

《説文》云：“凡艸曰零，木曰落。”按：此亦對文耳，若散文則通，故《夏小正》云“栗零”，明零不必草也。《莊子·逍遥遊》篇云“瓠落”，明落不必木也。所以《離騷》云“惟草木之零落兮”，王逸注：“零、落皆墜也。”是其義俱通矣。

磒者，《説文》云：“落也。”引《春秋傳》曰：“磒石于宋五。”今《左氏》《穀梁》作“隕”，《公羊》作“賁”，俱“磒”之假音也。《爾雅》釋文：“磒，石落也。”此亦望文生訓，實則“磒、隕”字異而義同，故郭云：“磒猶隕也，方俗語有輕重耳。”

湮者，《説文》云：“没也。”謂沈没也。湮没、沈淪皆隕墜之意。釋文：“湮，郭音因，又音烟，又音翳。”按：“因”音“烟”，聲同，“因、翳”聲轉。《釋名》云：“殪，翳也，就隱翳也。”隱翳與零落義近。《史記·屈原賈生傳》云“獨湮鬱兮其誰語”，《漢書·賈誼傳》作“壹鬱”，“湮”有“翳”音，亦其證矣。

墜者，“隊”之或體也。《説文》云：“隊，從高隊也。”音義同“礈”，云：“礈，陊也。”“陊，落也。”經典“陊”通作“墮”，“隊”通作“墜”，故《爾雅》及《莊子》釋文並云：“墜，本又作隊。”《楚辭·國殤》篇云“矢交墜兮士争先”，王逸注：“墜，墮也。”又云“天時墜兮威靈怒”，王逸注：“墜，落也。”又通作“隧”。《荀子·儒效篇》云“至共頭而山隧”，楊倞注：“隧讀爲墜。”《淮南·説林》篇云“有時而隧”，高誘注：“隧，墮也。”

摽者,“𠬪”之假音也。《説文》云:“𠬪,物落上下相付也,讀若《詩》‘摽有梅’。”通作“芆”,或作“莩”。《孟子》“塗有餓莩”,趙岐注引《詩》云“莩有梅”,“莩,零落也”。《漢書·食貨志贊》引作“野有餓芆”,集注:“鄭氏曰:‘芆音蔈有梅之蔈。’芆,零落也。”顔師古曰:“芆,諸書或作殍字,音義亦同。”然則三書凡三引《詩》而各異,唯《説文》之“𠬪”乃本字。“芆”亦通用“摽、蔈”,俱假音,“莩、殍”亦借聲也。讀《毛詩》者便以“摽”爲本字,不知“摽”字《説文》訓“擊”,《柏舟》毛傳:“摽,拊心貌。”此乃“摽”之本義,其《爾雅》及“摽梅”之“摽”俱假借矣。

蘦者,亦假音也。《説文》云:“零,餘雨也。”按:零落宜用此字,故又云:“霝,雨零也。”“䨏,雨零也。”“䨏”亦通“落”,“霝”亦通“零”,故《詩》“靈雨既零”,毛傳:“零,落也。”“零雨其濛”,《説文》引作“霝雨其濛”。又通作“苓”。《禮·王制》及《月令》云“草木零落”,釋文:“零,本又作苓。”《爾雅》釋文:“蘦,字或作苓。”又通作“泠”。《樊敏碑》云:“士女涕泠。”《張公神碑》云:“天時和兮甘露泠。”是“零”爲正體,“霝”亦通用,“蘦、苓、泠”俱假音。

命、令、禧、畛、祈、請、謁、訊、誥,告也。禧,未聞。《禮記》曰:“畛於鬼神。”

《釋言》云:“告,請也。”《獨斷》云:“告,教也。”《釋名》云:“上敕下曰告。告,覺也,使覺悟知己意也。”按:以“告”爲“上敕下”,亦不必然。《廣韵》二沃梏紐下云:“告上曰告,發下曰誥。”是“告”乃上下通名耳。“告”有“古沃、古到”二音。《詩》“日月告凶”,《漢書·劉向傳》作“日月鞠凶”。《禮·文王世子》注:“告讀爲鞠。”是“告”音“古沃切”者也。《漢書·高帝紀》注:

"服虔曰:'告,音如嗥呼之嗥。'"是"告"音"古到切"者也,二讀皆古音矣。《爾雅》釋文於"誥"下列"羔報、古酷"二反,而於"告"下但云"古篤反",是其疏也。

禧者,《説文》云:"禮吉也。"邵氏晉涵《正義》據徐鍇本"禮吉"作"禮告",與此義合也。通作"釐"。《漢書·文帝紀》云"祠官祝釐",集注:"釐,本字作禧,假借用耳。"然則"祝釐"即"祝禧",謂祝致神意以告主人,《詩·楚茨》所謂"工祝致告"者也。

畛者,"眡"之假音也。《玉篇》《廣韵》並作"眡"。《玉篇》:"眡,之忍切。"引《埤蒼》云:"告也。"《禮記》曰:"眡於鬼神。"亦作"畛"。然則"眡"爲正文,"畛"乃假借。鄭注《曲禮》本《釋詁》《釋言》"畛,告""畛,致"二訓,而云:"畛,致也。祝告致於鬼神辭也。"因鄭此訓,又知《釋言》"畛,致"之"畛"亦當爲"眡",與《釋詁》同。而《曲禮》注又云:"畛或爲祇。"蓋"祇"即"眡"字形近而譌也,因又知張揖《埤蒼》之"眡"即本鄭君《曲禮》注而爲訓矣。

祈者,《説文》云:"求福也。"《玉篇》《廣韵》並云:"祈,告也。"《釋言》又云:"祈,叫也。""叫、告"義近。《一切經音義》九引孫炎曰:"祈,爲民求福叫告之詞也。""叫、告"連文,孫注蓋兼《釋詁》《釋言》而爲訓也。《詩》"以祈黄耇",毛傳:"祈,報也。"鄭箋:"祈,告也。""告、報"義同。通作"蘄"。《莊子·養生主》篇云"不蘄畜于樊中"、《荀子·儒效篇》云"跨天下而無蘄",郭象及楊倞注並云:"蘄,求也。"是"蘄、祈"通矣。

誶者,釋文云:"沈音粹,郭音碎,告也。"又云:"本作訊,音信。"《文選·思玄》及《幽通賦》注並引《爾雅》作"訊,告也",

《後漢書·張衡傳》注引作"誶,告也"。"誶、訊"二字,經典多通,故《離騷》注引《詩》"誶予不顧",《廣韵》引《詩》"歌以誶止",今作"歌以訊之""訊予不顧",毛傳:"訊,告也。"又"莫肯用訊",鄭箋:"訊,告也。"此二詩之"訊",依字皆當作"誶"。又《莊子·山木》篇云"虞人逐而誶之",釋文:"誶,本又作訊,音信,問也。"至於《詩》之"執訊"、《王制》之"訊馘"、《學記》之"多其訊",此三文本應作"訊",釋文又云:"訊,本作誶。"蓋"誶、訊"二字聲相轉,古多通用。近日戴氏震《毛鄭詩考正》及錢氏大昕《養新録》皆有辨證,王引之《經義述聞》又謂二字古音同,今依用其説也。

誥者,《説文》云:"告也。"《書序》云:"雅誥奥議。"亦通作"告"。《周禮·大祝》云"三曰誥",杜子春注:"誥當爲告。書亦或爲告。"《書序》云"作《帝告》",《史記·殷紀》"作《帝誥》",索隱曰:"一作佫(同嚳)。"又《大誥序》釋文云:"誥,本亦作弇。"

永、悠、迥、違、遐、逷、闊,遠也。《書》曰:"逷矣西土之人。"

永、悠、迥、遠,遐也。遐亦遠也。轉相訓。

《説文》云:"遠,遼也。""遼,遠也。""遠"有疏離之義,故《方言》云:"離,楚謂之越,或謂之遠。"《吕覽·知接》篇注:"遠猶疏也。"

永者,下文云:"長也。""長"亦遠也,虞翻《易》注以"乾"爲"遠","坤"爲"永","永、遠"義同耳。"永"與"脩"同意,"脩"亦訓"長",又訓"遠"也。《離騷》云"路曼曼其脩遠兮",王逸注:"脩,長也。""又重之以脩能",王逸注:"脩,遠也。"

悠者,與"脩"同意,"悠"亦訓"長",又訓"遠"也。《吴語》

云"今吾道路悠遠",韋昭注:"悠,長也。"《詩》云"於乎悠哉",毛傳:"悠,遠也。"《一切經音義》九引舍人曰:"悠,行之遠也。"通作"遥"。《詩》"悠悠我思",《説苑·辨物》篇作"遥遥我思","悠、遥"一聲之轉。

迥者,《説文》云:"遠也。"《史記·司馬相如傳》云:"迥闊泳沫。""迥、闊"皆遠也。通作"泂"。《詩·泂》"酌彼行潦",毛傳:"泂,遠也。"又通作"洵"。《詩》"于嗟洵兮",毛傳:"洵,遠也。"釋文:"洵,呼縣反。"又通作"敻"。釋文:"洵,《韓詩》作敻,況盛反。""敻"亦遠也,故《穀梁文十四年傳》云"敻入千乘之國",范甯注:"敻猶遠也。"

違者,《説文》云:"離也。"《詩·谷風》毛傳:"違,離也。"釋文引《韓詩》云:"違,張也。"開張、分離俱遠之之意。"違"古通"回",道路紆回,亦爲絶遠。"違、回"又聲相轉也。

遐者,《詩·汝墳》《棫樸》傳並云:"遐,遠也。"通作"瑕"。"不瑕有害",毛傳:"瑕,遠也。""遐不謂矣",《表記》作"瑕不謂矣"。《景北海碑陰》云"魂靈瑕顯",亦以"瑕"爲"遐"也。又通作"假"。《集韵》云:"遐,或作假。"《楊統碑》"文懷假冥",又"假爾莫不隕涕",《繁陽令楊君碑》"假爾僉服",皆以"假"爲"遐"也。又《庲長田君碑》以"遡"爲"遐",《侯成碑》以"遞"爲"遐",是又"假、假"二字之變體也。"假、假"俱有"遐"音,又俱訓"至","至"與"遠"義相成。然則《爾雅》及經典之"遐",亦"假、假"之借音矣。

逷者,《説文》作"逖",古文作"逷",云:"遠也。"經典"逷、逖"通用。《易》云:"渙其血,去逖出。"《詩》云:"用逷蠻方。"《書》云"逖矣西土之人",郭注引"逖"作"逷",《史記·周紀》作

“遠矣西土之人”。“逖”省作“狄”,“逷”省作“易”。《詩》“舍爾介狄”,毛傳:“狄,遠也。”《漢書·禮樂志》云:“假狄合處。”“假狄”即“遐逖”,集注以“假狄”爲“遠夷”,失之矣。《史記·殷紀》云:“母曰簡狄。”索隱引“舊本作易,又作逷”,《漢書·古今人表》作“簡逷”,《淮南·墬形》篇又作“簡翟”,亦“狄”之假音耳。

闊者,《説文》云:“疏也。”“疏”亦遠也,故《一切經音義》七引《字林》云:“闊,遠也。”《詩》“于嗟闊兮”,鄭箋以“闊”爲“離散相遠”。“闊”與“越”同。《小爾雅》云:“越,遠也。”《左氏襄十四年傳》云:“而越在他竟。”《晉語》云:“隱悼播越。”皆以“越”爲遠也。“闊、越”疊韵。

○“永、迥”疊韵,“悠、遠”雙聲,四字又俱訓“遐”。

虧、壞、圮、垝,毁也。《書》曰:“方命圮族。”《詩》曰:“乘彼垝垣。”虧,通語耳。

《説文》云:“毁,缺也。”《孝經》釋文引《蒼頡篇》云:“毁,破也。”

虧者,《説文》云:“气損也。”“損”訓“減少”,故爲缺毁。《詩·閟宫》箋:“虧、崩皆謂毁壞也。”

壞者,《説文》攴部云:“敹,毁也。”土部云:“壞,敗也。籀文作敹。”是“敹、壞”同①。釋文云:“壞,音怪。”引《字林》云:“壞,自敗也,下怪反。敹,毁也,公壞反。”此蓋漢以後人强生分别,古讀止有“下怪”一音。知者,“壞、敹”俱从褱聲,二字是一,且經典“敹”俱作“壞”,故《春秋文十三年經》云“大室屋壞”,此

① 是敹壞同　是,此本誤“易”,據經解本改。

即自敗之爲壞也;《史記·秦始皇紀》云"墮壞城郭",此即人毁之亦爲壞也。通作"瘣"。《詩》"譬彼壞木",《説文》引作"譬彼瘣木"。

圮者,《釋言》云:"覆也。"《説文》云:"毁也。"引《書》"方命圮族",《史記·五帝紀》作"負命毁族"。釋文云:"圮,孫房美反,岸毁也。"

垝者,《説文》云:"毁垣也。"引《詩》"乘彼垝垣",毛傳:"垝,毁也。"或作"陒"。《漢書·杜周傳贊》集注云:"陒,毁也。"

矢、雉、引、延、順、薦、劉、繹、尸、旅,陳也。《禮記》曰:"尸,陳也。"雉、順、劉,皆未詳。

陳者,"敶"之假音也。《説文》云:"敶,列也。"《楚辭·招魂》篇云:"敶鐘按鼓。"通作"陳"。古者"陳、田"聲同,其字通用。《史記·田敬仲完世家》云:"以陳字爲田氏。"《周禮·稍人》注:"甸讀與維禹敶之之敶同。"皆其證也。《説文》云:"田,陳也。"蓋田有行列,又以陳久爲良,故"畝"字从田从久,是"陳"又爲久矣。

矢者,下文云:"矢,弛也。""弛"與"施"同。《説文》:"施,一曰設也。"張設與陳列義近。《詩·大明》《皇矣》《卷阿》毛傳並云:"矢,陳也。"《書序》云:"皋陶矢厥謨。"《春秋隱五年經》"公矢魚于棠",傳云"遂往陳魚",是也。矢,或作"戻",故《爾雅》釋文:"戻,本作矢,同,失耳反。"《廣雅》云:"戻,陳也。""戻"蓋"矢"之異文也。

雉者,从矢聲,與"矢"義同。《方言》云:"雉,理也。"《古微書》引《春秋感精符》云:"雉之爲言弟也。"按:"弟"音"替",與

“夷”近,“夷”古音“稊”,與“雉”通。《周禮·序官·薙氏》注云“書薙或作夷”,釋文:“薙,字或作雉,同,他計反。”是“雉、薙、夷”俱聲義同,故《漢書·楊雄傳》注及《文選·甘泉賦》注並引服虔曰:“雉、夷聲相近。”《左氏·昭十七年》正義引樊光、服虔云:“雉者,夷也。夷,平也。”今按:“夷、陳”亦聲轉字通,故《春秋經》“夷儀”,《公羊》作“陳儀”。《喪大記》釋文云:“夷,尸也,陳也。”皆其證也。“雉”又牛鼻繩。漢人呼“雉”,《周禮》作“綒”,《説文》作“紖”,云:“牛系也,从引聲,讀若矤。”是“雉、引”古音又近。此義馬瑞辰爲余説之。然則“雉、引”同訓“陳”,此亦其證矣。

引、延,下文並云:“長也。”又訓“陳”者,引伸、延曼,俱與陳列義近。

順者,上文云:“敘也。”“緒也。”《説文》云:“理也。”物有條理耑緒,皆可陳敘,故又爲陳也。洪頤煊《讀書叢録》云:“《士冠禮》‘洗,有篚在西,南順’,鄭注以順爲陳;《特牲饋食禮》‘及兩鉶,芼設于豆南,南陳’,陳即順也;《鄉飲酒禮》‘篚在洗西,南肆’,肆亦陳也。”

薦者,藉也。下文云:“進也。”薦進與延引義近,薦藉與鋪陳義近,故又爲陳也。

劉者,與“搯”聲近義同。《説文》云:“搯,引也。或从由作抽。”訓“引”,故又爲陳,亦馬瑞辰説。按:“劉”與“膢”聲義又同。《漢書·武帝紀》注:“膢,音劉。”又“劉、膢”通。古讀“膢”如“臚”,“臚、旅”古字通,“旅”亦陳也。

繹者,《説文》云:“抽絲也。”《方言》云:“繹,理也。”抽繹、伸理俱與陳義近。《詩》“會同有繹”“徐方繹騷”“敷時繹思”,

傳並云:"繹,陳也。"

尸者,《説文》云:"陳也,象卧之形。"《詩》"有母之尸饔",傳:"尸,陳也。"郭引《禮記》者,《郊特牲》文。《左氏莊四年傳》"楚武王荆尸"、《宣十二年傳》"荆尸而舉尸",皆訓"陳",與"肆"義同。故《晉語》云"殺三郤而尸諸朝",《論語》云"肆諸市朝",是"尸"與"肆"同矣。

旅者,師旅也。人衆須有部列,與"陳"義近,故《詩》"殽核維旅""旅楹有閑",傳並云:"旅,陳也。"通作"臚"。《周禮·司儀》云"皆旅擯",鄭注:"旅讀爲鴻臚之臚。臚,陳之也。"《漢書·郊祀志》云"旅於泰山",《史記·六國表》云"而臚於郊祀",是"臚、旅"通。又與"魯"通。《説文》:"旅,古文作𣄴,以爲魯衛之魯。"故《書序》云"旅天子之命",《史記·周紀》作"魯天子之命"。

尸、職,主也。《左傳》曰:"殺老牛莫之敢尸。"《詩》曰:"誰其尸之?"又曰:"職爲亂階。"**尸,寀也。**謂寀地。**寀、寮,官也。**官地爲寀,同官爲寮。

《廣雅》云:"主,君也。"又云:"主,守也。"《曲禮》云"凡執主器",鄭注:"主,君也。"此"主"兼謂天子、諸侯也。《周禮·大宰》:"六曰主,以利得民。"此"主"謂公卿大夫也。《詩》云"侯主侯伯",毛傳:"主,家長也。"此"主"謂士庶人也,然則君主之稱通於上下矣。

尸者,"屍"之假音也。《説文》云:"屍,終主。"通作"尸"。上文"尸"訓"陳",此訓"主"者,《郊特牲》注:"尸或詁爲主,此尸神象,當從主訓之,言陳非也。"此鄭駁《郊特牲》"尸,陳也"之文,明施於所尊宜訓"主"也。《詩》云"誰其尸之"、《晉語》云"董伯爲尸”，毛傳及韋注並云：“尸，主也。”“尸”與“司”同，“司”亦主矣。

職者，上文云：“常也。”又訓“主”者，《易》云“後得主而有常”，是其義也。《詩》如“職思其居”“職競由人”之類，毛俱訓“主”，《周禮》如“職喪”“職方”“職金”之類，鄭俱訓“主”，“主”與“宰”同意。《天官·冢宰》釋文引鄭云：“宰，主也。”

○寀者，當爲“采”，下文云：“采，事也。”能其事者食其地，亦謂之“采”。《禮運》：“大夫有采以處其子孫。”《韓詩外傳》：“古者天子爲諸侯受封，謂之采地。”然則“尸”訓“寀”者，蓋爲此地之主，因食此土之毛，故《鄭語》云“主芣、騩而食溱、洧”，是其義也。釋文：“寀，李、孫、郭並七代反，樊七在反。”按：“七在”音是，今從樊光讀。

○官者，《説文》云：“吏事君也。”《古微書》引《春秋元命苞》云：“官之爲言宣也。”“寀”訓“官”者，“寀”亦當爲“采”，《漢書·刑法志》注引“寀”正作“采”。《樂記》注云：“官猶事也。”“事”即“采”之訓，故“采”又訓“官”矣。《書》“疇咨若予采”，馬融注：“采，官也。”《史記·司馬相如傳》云“以展采錯事”，集解亦云：“采，官也。”

寮者，釋文：“寮，字又作僚。”《詩》釋文：“僚，字又作寮。”是“寮、僚”同。《玉篇》宀部、人部分見二文，經傳通用，故《詩》“及爾同僚”，毛傳：“僚，官也。”《左氏文七年傳》“同官爲寮”、《昭七年傳》“隸臣僚”，正義引服虔云：“僚，勞也，共勞事也。”然則“同僚”謂同勞也，“同勞”謂同官也。同官不同勞，從事所以獨賢也；同勞不同官，《北門》所以交讁也。

績、緒、采、業、服、宜、貫、公，事也。《論語》曰：“仍舊貫。”

餘皆見《詩》《書》。

《説文》云:“事,職也。”《釋名》云:“事,傳也。傳,立也。凡所立之功也。”《秦策》注:“事,治也。”《樂記》注:“事猶爲也。”然則凡所營爲、作治、建立俱謂之“事”,故下文又云“事,勤”矣。

績者,上文云:“繼也。”下文云:“業也。”“功也。”“成也。”其義皆與“事”近。

緒者,敘也,業也,已詳上文。又訓“事”者,《詩》云“纘禹之緒”、《周語》云“纂修其緒”,鄭箋及韋注並云:“緒,事也。”

采者,上文云:“官也。”“官”亦事也。《詩·卷耳》傳:“采采,事采之也。”《芣苡》傳:“采采,非一辭也。”不同者,毛意蓋以“采采”同訓“事”,因是重文,故又云“非一辭”。若準以《爾雅》,則“采采”猶“事事”也,故《書》云“載采采”,《史記·夏紀》作“始事事”;又“亮采有邦”及“百里采”,馬融注並訓爲“事”。《逸周書·克殷》篇云“召公奭贊采”,孔晁注亦云:“采,事也。”蓋“采”从木爪,訓爲“捋取”,“捋取”亦勤事之意,故訓“事”矣。

業者,上文云:“敘也。”“緒也。”耑緒、次敘皆與事近,故《魯語》云“非故業也”,《史記·項羽紀》云“業已講解”,韋昭及索隱並云:“業,事也。”

服者,釋文:“服,本或作艆,又作般。”《荀子·賦篇》注:“服,本或作般。”按:二“般”字俱當爲“舣”,蓋“服”古作“舣”,形譌爲“般”耳。《詩》云“曾是在服”,傳:“服,服政事也。”《詩》内“服”字毛訓“事”者,止此一處,它如“寤寐思服”“共武之服”“昭哉嗣服”“我言維服”“亦服爾耕”,鄭箋並云:“服,事也。”又如《曲禮》云“孝子不服闇”、《祭統》云“纂乃祖服”,鄭注並云:

"服,事也。"通作"復"。《喪大記》云"君弔則復殯服",鄭注:"復,或爲服。"是"服、復"通。因知釋文"服,本或作艘",蓋"艘"即"復",字形相近,又因"服"古从舟,相涉而誤也。

宜者,《釋名》云:"儀,宜也,得事宜也。"然則"宜"訓"事"者,作事得宜,因謂之"宜",故《詩·鳧鷖》傳:"宜,宜其事也。"

貫者,下文云:"習也。""習"與"事"義亦近。《詩》"三歲貫女",傳:"貫,事也。"《職方氏》云"使同貫利"、《論語》云"仍舊貫",鄭注並云:"貫,事也。"通作"宦"。漢石經《詩》作"三歲宦女","宦"蓋與"官"同。宦,仕也。仕,事也。"官"亦事也。"官、貫"聲又同矣。

公者,與"功"同,亦假借也。《詩》"夙夜在公""于公先王""矇瞍奏公""王公伊濯""肇敏戎公""實維爾公允師",毛、鄭並云:"公,事也。""以奏膚公"傳又云:"公,功也。"明"公"與"功"同也,故"載纘武功""世執其功"傳並云:"功,事也。"通作"工"。《肆師》注:"故書功爲工。鄭司農工讀爲功。古者工與功同字。"按:"功、工"與"公"又通,故"矇瞍奏公",《楚辭·懷沙》篇注作"矇瞍奏工",《吕覽》注及《史記》集解並作"矇叟奏功"。

永、羕、引、延、融、駿,長也。宋衛荆吴之閒曰融。羕,所未詳。

《説文》云:"長,久遠也。"《廣雅》云:"長,常也。"《詩·文王》箋:"長猶常也。"按:八尺曰尋,倍尋曰常,常丈六尺,故以"常"訓"長"。"長"與"脩"同,故《方言》云:"脩,長也。"

永者,上文云:"遠也。"《説文》云:"長也。""長、遠"義近,故《詩·卷耳》《漢廣》《常棣》《文王》傳並云:"永,長也。"《白駒》箋:"永,久也。""久"亦長也。

羕者,與"永"同意。《説文》云:"羕,水長也。"引《詩》"江之羕矣","永"下引《詩》"江之永矣"。不同者,《文選·登樓賦》注引《韓詩》曰"江之漾矣",薛君曰:"漾,長也。""漾"即"羕",《説文》本《韓詩》也。通作"養"。《書》云"民養其勸弗救",《漢書·翟方進傳》作"民長其勸弗救"。《夏小正》云"執養宫事",又云"時有養日",傳並云:"養,長也。"引、延,上文並云:"陳也。""陳、長"義近。

引者,《釋名》云:"引,演也。""演"亦長也。《齊語》云:"是以國家不日引不月長。"《漢書·律曆志》云:"引者,信也。""信"與"伸"同,故《文選·典引》蔡邕注:"引者,伸也,長也。"按:樂歌皆有引,引聲長言之意,故《樂記》注:"長言之,引其聲也。"《詩·楚茨》《行葦》《卷阿》《召旻》傳並云:"引,長也。""引"與"矤"同。矤,古字作"弞"。《方言》云:"弞,長也。東齊曰弞。"按:今登萊閒人謂物卷者伸而長之爲"弞",音"辰"上聲。是"弞"即"引"也,方俗語音有輕重耳。

延者,《説文》云:"長行也。"《書》云"不少延",鄭注:"言害不少乃延長之。"《離騷》云"延佇乎吾將反",王逸注:"延,長也。""延"从木爲"梴",《説文》:"梴,長木也。"从手爲"挻",《説文》:"挻,長也。"是"挻、梴、延"聲義俱同矣。

融者,《白虎通》云:"融者,續也。""續"有長義。又《釋丘》云:"再成鋭上爲融丘。""鋭"有高義,故《左氏昭五年傳》"明而未融",服虔注:"融,高也。""高"與"長"近,故《詩》"昭明有融"、《周語》云"顯融昭明",毛傳及韋注並云:"融,長也。"《文選·笙賦》云"泓宏融裔",李善注:"融裔,聲長貌。"通作"肜"。《思玄賦》云"展洩洩以肜肜",李善注:"融與肜古字通。"按:

“肜、融”聲同,“肜、繹”義同。“肜、繹”皆祭之明日又祭之名,其義爲相尋不絶之意,故《方言》“肜、繹”俱云“長也”,因此知《笙賦》之“融裔”即“肜繹”。又《海賦》云“沖瀜沆瀁”,李善注:“深廣之貌。”按:“沖瀜沆瀁”俱字之疊韵,“瀜”即“融”,“瀁”即“羕”矣。“融、羕、永、引、延”又俱一聲之轉。

駿者,上文云:“大也。”“大”與“長”義近,故《詩・雨無正》及《清廟》傳並云:“駿,長也。”通作“峻”。《離騷》云“冀枝葉之峻茂兮”,王逸注:“峻,長也。”《淮南・本經》篇云“山無峻榦”,高誘注:“峻榦,長枝也。”《方言》云:“駿、融、延,長也。”並與此義合。

喬、嵩、崇,高也。皆高大貌。《左傳》曰:“師叔,楚之崇也。”

崇,充也。亦爲充盛。

《説文》云:“高,崇也。”《釋名》云:“高,皋也,最在上皋韜諸下也。”

喬者,《説文》云:“高而曲也。”必言“曲”者,“喬”从夭。夭,屈也,故《釋木》云:“句如羽喬。”又云:“上句曰喬。”舊注“喬,高曲”,是也。通作“橋”。《詩》“山有橋松”,釋文:“橋,本亦作喬。”“南有喬木”,釋文:“喬,本亦作橋。”又通作“嶠”。《釋山》云“山鋭而高,嶠”,《釋名》作“山鋭而高曰喬”,形似橋也。《史記・五帝紀》云“黄帝葬橋山”,正義引《爾雅》:“山鋭而高曰橋。”《御覽》引《史記》作“喬山”。又通作“僑”。《左氏文十一年傳》“獲長狄僑如”、《穀梁成二年傳》“叔孫僑如”,釋文並云:“僑,本亦作喬。”

嵩者,《釋名》云:“嵩,竦也,亦高稱也。”《白虎通》云:“嵩,言其高大也。”通作“崧”。《釋山》云:“山大而高,崧。”《釋名》

“崧”作“嵩”。《詩》“崧高維嶽”,《孔子閒居》引作“嵩高維嶽”。又通作“崇”。《周語》云“融降於崇山”,韋昭注:“崇,崇高山也。夏居陽城,崇高所近。”是“崇高”即“嵩高”也。又通作“密”。《考工記·總目》釋文云:“崇,本亦作古密字。”《漢書·郊祀志》及《地理志》並作“密高”,集注俱云:“密,古崇字。”然則“嵩”古通作“崇”,又作“密”,别作“崧”。《玉篇》以“崧”爲正體,“嵩”爲重文,固非,今人又以“嵩”字《説文》所無,而欲以“崇”代“嵩”,不知《爾雅》此文“嵩、崇”並見,經典相承,“嵩、崧”通用,不得謂“嵩”字後人所作。《後漢書·靈帝紀》:“熹平五年,復崇高山名爲嵩高山。”是“嵩、崇”非同字,與《爾雅》合矣。

崇者,《説文》云:“嵬高也。”通作“宗”。《書》云“是崇是長”,《漢書·谷永傳》作“是宗是長”。

○充者,《説文》云:“長也,高也。”“高”與“長”義近。“充”訓“長”者,《方言》云“度廣爲尋,幅廣爲充”,是也。“充”訓“高”者,即此文“崇”轉爲“充”是也。《釋名》云:“八達曰崇,期崇充也。道多所通,人充滿其上如共期也。”《鄉飲酒》及《鄉射禮》並云“崇酒”,又《樂記》云“六成復綴以崇”,鄭注並云:“崇,充也。”按:“充”之言“重”也。《爾雅》下云:“崇,重也。”重疊與充滿義相成。又言“終”也。《詩》“崇朝其雨”“曾不崇朝”,傳箋並云:“崇,終也。”終竟與充盈義亦相成。《書》云“其終出于不祥”,釋文:“終,馬本作崇,云:‘充也。’”蓋“充、崇、終”俱聲轉義同,故音訓可通。臧鏞堂《爾雅漢注》引舍人本,“崇疑作威”,然聲義俱不相應,俟考。

犯、奢、果、毅、尅、捷、功、肩、戡,勝也。陵犯、誇奢、果毅,皆得勝也。《左傳》曰:“殺敵爲果。”肩即㓦耳。《書》曰:“西伯戡黎。”**勝、肩、戡、劉、殺,克也。**轉相訓耳。《公羊傳》曰:“克之者何?殺之也。”**劉、獮、斬、刺,殺也。**《書》曰:“咸劉厥敵。”秋獵爲獮,應殺氣也。《公羊傳》曰:“刺之者何?殺之也。”

勝者,《説文》云:“任也。”《玉篇》云:“强也。”强與任材能過絶於人謂之爲“勝”。“勝”之言“盛”也,以盛氣蓋人。又言“乘”也,以氣乘人而上之,故《書序》云“周人乘黎”,傳云:“乘,勝也。”是其義也。

犯者,《説文》云:“侵也。”《小爾雅》云:“突也。”《玉篇》云:“抵觸也。”《曲禮》云:“介胄則有不可犯之色。”《左傳》云:“蒙皋比而先犯之。”皆謂以氣陵轢於人,故“犯”訓爲“勝”。《楚語》云“若防大川焉,潰而所犯必大矣”,韋昭注:“犯,敗也。”“犯”訓“勝”,又訓“敗”者,義相足成也。

奢者,《説文》云:“張也。”籀文作“奓”。《文選·西京賦》云:“心奓體忲。”“奓”即“奢”也。又云“麗美奢乎許、史”,薛綜注:“言被服過此二家。”然則“奢”訓爲“過”,“過”猶“勝”也,郭云“誇奢”當作“夸奢”,“夸奢”猶言“觰沙”(上陟加切),皆疊韵字也。

果者,“惈”之假音也。《一切經音義》九引《蒼頡篇》云:“惈,憨也。殺敵爲惈。”即引“《爾雅》‘惈,勝也’,孫炎曰‘惈,決之勝也’”,是《爾雅》古本作“惈”,故釋文:“惈,音果,本今作果。”“惈”訓“憨”者,“憨”亦敢也。通作“果”。《文選·魏都賦》云“風俗以韰果爲嫿”,李善注引《方言》曰“惈,勇也”,“惈與果古字通”。《謚法》云“猛以剛果曰威”,孔晁注:“果,敢行也。"然則凡言"果能"者即"敢能",言"不果"者即"不敢",亦即"不勝"矣。"果"聲同"過","過於人"即"勝於人"也。《吕覽·適威》篇云"以爲造父不過也",高誘注:"過猶勝也。"《莊子·至樂》篇釋文:"果,本作過。"是"過、果"通矣。

毅者,《説文》云:"有决也。"《左氏宣二年傳》:"殺敵爲果,致果爲毅。"《楚語》云"毅而不勇",韋昭注:"毅,果也。"是"毅"與"果"同,但義有淺深耳。凡臨敵制勝,必果毅兼資,故《周語》云"制戎以果毅",明果毅能制勝也。

剋者,"勊"之俗體也。《説文》:"勊,尤劇也。"《玉篇》云:"勊,勝也。"通作"剋",又作"尅",皆俗作也。《御覽·刑法部》十八引《尚書大傳》云:"弱而受刑謂之剋。"《淮南·兵略》篇云:"剋國不及其民。"是皆以"剋"爲"勝"也。依正文當作"克"。《説文》云:"克,肩也,象屋下刻木之形。"《釋言》云:"克,能也。""能"亦勝,故《書》云"剛克""柔克",鄭注:"克,能也。"馬注:"克,勝也。""克"與"刻"音義同,故《釋名》云:"克,刻也,刻物有定處,人所克念有常心也。"按:《爾雅》宋本此作"剋",下作"克",釋文無"剋"字,知陸本俱作"克",今宜據以訂正焉。

捷者,《説文》云:"獵也。"則與"獮"同意。又云:"軍獲得也。"則與"克"同意。《謚法》云:"捷,克也。""克"即"勝",故《詩》"一月三捷"、《周語》云"且獻楚捷"、《吴語》云"事若不捷",毛傳及韋注並云:"捷,勝也。"

功者,與"攻"同。《説文》云:"攻,擊也。"攻擊與戰勝義近,上文云:"攻,善也。""善、勝"亦聲轉義近。凡言"善於此"者,亦言"勝於此"也。通作"功"。《大司馬》云"若師有功",又云“若師不功”,鄭注:“功,勝也。”《漢書·董賢傳》云“賢第新成,功堅”,集注:“功,字或作攻。”是“攻”與“功”通。

肩者,《説文》以爲“克”之訓也。肩任負何、力能勝之謂之“克”。“克”既爲“肩”,知“肩”亦爲“克”,故郭云:“肩即剋耳。”《書》云“朕不肩好貨”,正義引舍人曰:“肩,强之勝也。”按:“肩”之爲言“堅”也。堅强與能勝義近,“堅”與“賢”聲近,“賢於人”即“勝於人”矣。

戡者,《書序》云“西伯戡黎”,正義引孫炎曰:“戡,强之勝也。”通作“戈”。《説文》引《書》“西伯戈黎”,邑部“𨞪”下又引作“戡”,是“戡、戈”通。又通作“龕”。《文選》詩注:“龕與戡音義同。”按:“龕”唯音同耳。“戡”訓“刺”,“戈”訓“殺”,二義皆與“勝”近,但其訓“勝”之字,經典俱借作“堪”。“堪”訓“任”,“任”即“勝”也,故《晉語》云“口弗堪也”、《列子·仲尼》篇云“堪秋蟬之翼”,韋昭及張湛注並云:“堪猶勝也。”《墨子·非攻》篇云:“往攻之,予必使汝大堪之。”亦以“堪”爲“勝”也。《藝文類聚》及《文選》注並引《墨子》“堪”作“戡”。

○“克”訓“勝”,又訓“殺”者,《書》“弗迓克奔”,馬、鄭本作“弗禦克奔”,鄭注:“克,殺也。不得暴殺紂師之奔走者。”郭引《公羊隱元年傳》曰:“克之者何?殺之也。”《穀梁傳》曰:“克者何?能也。何能也?能殺也。”是皆郭義所本也。

勝者,《聘義》云“用之於戰勝”,鄭注:“勝,克敵也。”《素問·金匱真言論》云“所謂得四時之勝者”,王砅注:“四時皆以所剋殺而爲勝也。”“勝”謂制剋之也。

肩者,下文云:“作也。”造作與克制義近。《詩》云“佛時仔肩”,毛傳:“仔肩,克也。”鄭箋:“仔肩,任也。”皆二字連文爲訓,其實單文亦通，故《説文》云："仔，克也。"明"仔、肩"俱訓"克"也。

戡者，勝也。"勝"亦爲克，故不勝言"弗克"，亦言"弗堪"，"堪、克"聲轉耳。

劉者，《逸周書·世俘》篇云"則咸劉商王紂"，孔晁注："劉，剋也。"

○殺者，《説文》云："戮也。"《釋名》云："竄也。埋竄之使不復見也。"通作"弒"。《大司寇》及《士冠禮》注並云"篡殺"，釋文並云："殺，本作弒。"

劉者，《説文》作"鎦"，云："殺也。"通作"劉"。《書》云"無盡劉"、《詩》"勝殷遏劉"，毛傳："劉，殺也。""劉"聲近"膢"。《漢書·武帝紀》注引《漢儀注》"立秋貙膢"，伏儼曰："膢，音劉。劉，殺也。"師古曰："《續漢書》作'貙劉'。膢、劉義各通。"然則"劉"又秋獵之名，與"獮"義同矣。

獮者，《説文》作"玃"，云："秋田也。"經典俱作"獮"。《釋天》云："秋獵爲獮。"《大司馬》注："秋田爲獮。獮，殺也。"

刺者，《司刺》注："刺，殺也。"郭引《公羊僖廿八年傳》："刺之者何？殺之也。"《説文》訓以"君殺大夫曰刺"，蓋據《春秋》書刺之文而壹施之，即實非也。《秋官》"三刺"下逮庶民，晉刺懷公，又非大夫，故《晉語》云"殺懷公於高梁"，又云"刺懷公于高梁"，證知"刺、殺"通名，亦猶"弒、殺"古通用矣。

亹亹、蠠没、孟、敦、勖、釗、茂、劭、勔，勉也。《詩》曰："亹亹文王。"蠠没猶黽勉。《書》曰："茂哉茂哉。"《方言》云："周鄭之閒相勸勉爲勔釗。"孟，未聞。

《説文》云："勉，彊也。"《小爾雅》云："勉，力也。""力"猶

“勸厲”,故《説文》又云:“勸,勉也。”借作“免”。《漢書·薛宣傳》:“宣因移書勞免之。”《谷永傳》“閔免遁樂”,集注:“閔免猶黽勉也。”《五行志》作“閔勉遯樂”。又借作“俛”。《表記》云“俛焉日有孳孳”,鄭注:“俛焉,勤勞之貌。”是“俛”即“勉”也。“俛”本“俯”字,亦音“免”,故借爲“勉”矣。又通作“勱”。《一切經音義》六云:“勉,古文勱,同。”又通作“邁”。《左氏莊八年傳》引《夏書》曰“皋陶邁種德”,杜預注:“邁,勉也。”是“邁”即“勱”矣。

亹者,《説文》無之,徐鉉謂當作“娓”,釋文“亹,字或作斖”,並非也。阮雲臺師曰:“亹讀若凫鷖在亹之亹,音門。”按:“亹”與“黽没、孟、勉”俱一聲之轉。“亹”訓“勉”者,李善《吴都賦》注引《韓詩》曰:“亹,水流進貌。”“進”即“勉”。《詩》“亹亹文王”“亹亹申伯”,傳箋並云:“亹亹,勉也。”“勉”字亦作重文,與“亹亹”相配,故《詩》“勉勉我王”,《荀子·富國篇》及《韓詩外傳》俱作“亹亹我王”。《禮器》注:“亹亹,勉勉也。”《易·繫辭》鄭注:“亹亹,没没也。”不同者,“没没”即“勉勉”聲之轉也。又轉爲“旼旼”。《大戴禮·五帝德》篇云“亹亹穆穆”,《文選·封禪文》作“旼旼穆穆”;又“亹亹文王”,《墨子·明鬼》篇引作“穆穆文王”,是“穆穆、旼旼”與“亹亹、勉勉”俱聲相轉也。“亹”與“釁”古音近。《周禮·鬯人》鄭衆注:“釁讀爲徽。”“徽”从微聲,“微”古讀若“眉”,故《春秋莊廿八年經》云“築郿”,《公羊》作“築微”,釋文:“《左氏》作麋。”“麋、郿”音同,是“微”古讀“眉”之證。故《玉篇》云:“亹,亡匪切。亹亹猶微微也。”《一切經音義》九引《周易》劉瓛注:“亹亹猶微微也。”是《玉篇》所本。《爾雅》釋文亦云:“亹,亡匪反。”徐鉉以“亹”作“娓”,“娓”與

“娓”同,《韓詩》以爲“誰侜予美”之“美”。然則“亹”讀爲“美”,與“亹”讀爲“門”,又俱聲相轉矣。

蠠没者,釋文:“蠠,彌畢反,又亡忍反,本或作蠠。”引《説文》曰:“蠠,古密字。”是“蠠”無正文,借聲爲之。“蠠没”聲轉爲“黽勉”,故郭云“蠠没猶黽勉”也。又轉爲“密勿”。《詩》云“黽勉同心”,《文選》注引《韓詩》作“密勿同心”。密勿,僶俛也。“僶俛”即“黽勉”。又“黽勉從事”,《漢書·劉向傳》作“密勿從事”。又“没”重文作“没没”,轉爲“勿勿”。《禮器》云“勿勿乎其欲其饗之也”、《大戴禮·曾子立事》篇云“君子終身守此勿勿也”,鄭注及盧辯注並云:“勿勿猶勉勉也。”“蠠没”又轉爲“懋慔”。《釋訓》云:“懋懋、慔慔,勉也。”又轉爲“侔莫”。《方言》云:“侔莫,强也。北燕之外郊,凡勞而相勉若言努力者,謂之侔莫。”又轉爲“文莫”。欒肇《論語駁》曰:“燕齊謂勉强爲文莫,是文莫即侔莫也。”又《方言》云“薄努猶勉努也”,《廣雅》作“薄怒,勉也”。又云“文農,勉也”,“文農”亦即“侔莫”,是皆古方俗之語音轉字變,而其義俱通者也。

孟者,“黽”之假音也。《後漢書·趙岐傳》云:“作《要子章句》。”“要”蓋“黽”字之誤。古文“要”作𡡓,與“黽”形近易譌,“黽”與“孟”聲近假借。《水經·清漳水》注“大黽谷”作“大要谷”矣(見劉攽《刊誤》及吴仁傑《補遺》)。胡承珙曰:“《趙岐傳》借黽爲孟,《爾雅》借孟作黽,故孟訓勉,即黽勉也。”其説是也。《文選·幽通賦》曹大家注及《漢書·敘傳》服虔注並云:“孟,勉也。”“孟”聲轉爲“薆”。錢氏大昕《養新録》云:“《洛誥》‘汝乃是不薆’,釋文引馬融注:‘薆,勉也。’古讀孟如芒。釋文:‘薆,莫剛反。’蓋馬、鄭舊音,則薆即孟矣。”又轉爲“明”,古讀

“明”亦如“芒”。王引之《經義述聞》云:“明、勉一聲之轉。”《書·盤庚》“明聽朕言”、《洛誥》“明作有功”“公明保予沖子”、《多方》“爾邑克明”、《顧命》“爾尚明時朕言”,皆當訓“勉”,重言之則曰“明明”。《詩·江漢》云“明明天子,令聞不已”,猶言“亹亹文王,令聞不已”也。《有駜》云“夙夜在公,在公明明”,言在公勉勉也,鄭箋“在于公之所明義明德”,失之矣。

敦者,《詩·北門》及《常武》釋文並引《韓詩》云:“敦,迫也。”迫促與勸勉義近。《漢書·楊雄傳》云“敦衆神使式道兮”、《文選·典引》云“靡號師矢敦奮撝之容”,集注及蔡邕注並云:“敦,勉也。”通作“惇”。下文云:“惇,厚也。”“厚”與“勉”義亦近。《文選·西都賦》注引《爾雅》作“惇,勉也”,是“惇、敦”通矣。

勖者,《説文》云:“勉也。”《詩》“以勖寡人”、《士昏禮》云“勖帥以敬先妣之嗣”,毛、鄭並云:“勖,勉也。”《書》云“迪見冒”,釋文:“冒,馬作勖,勉也。”雲臺師曰:“勖从冒聲,當讀與目同,今人讀若旭者,漢以後音之譌變。”按:《説文》:“木,冒也。”是“冒、木”聲同,此古音也。“勖”讀若“旭”者,《詩》“以勖寡人”,《坊記》引作“以畜寡人”,是“勖、畜”同音,其來已久。若从古音,則“勖”讀如“冒”。“冒、勉”亦一聲之轉矣。

釗者,《方言》云:“勉也。秦晉曰釗。”釋文:“釗,古堯反,又之遥反。”《方言》注作“居遼反”。“居遼”之合聲爲“教”,“教”亦勸勉也。“之遥”之合聲爲“招”,“招”亦勔釗也。

茂者,“懋”之假音也。《説文》云:“懋,勉也。”本《釋訓》文。又引《書》曰“惟時懋哉”,馬融注:“懋,美也。”“美、勉”義近。又“懋建大命”,漢石經“懋”作“勖”。“勖、懋”聲相轉也。

通作“茂”。《詩》“方茂爾惡”、《易》“先王以茂對時”，毛傳及馬融注並云：“茂，勉也。”《尚書大傳·大誓》云“茂哉茂哉”，《書·皋陶謨》作“懋哉懋哉”。《爾雅》釋文：“茂，字又作懋，亦作悉。”《文選·東京賦》注引《爾雅》作“懋，勉也”。云“亦作悉”者，悉，《説文》以爲“懋”字之省也。

劭者，釋文：“上照反，或上遥反。”《説文》云：“劭，勉也。讀若舜樂韶。”是“上遥”之音合於古讀也。《漢書·成帝紀》云“先帝劭農”，晉灼注：“劭，勸勉也。”《文選·豪士賦》注引《爾雅》注曰：“劭，美也。”《演連珠》注同，所引蓋《爾雅》舊注之文。“劭”又訓“美”者，“美、勉”聲轉義近也。

勔者，“愐”之假音也。《説文》云：“愐，勉也。”通作“勔”。《方言》“勔釗”，注云：“勔亦訓勉也。”《文選·思玄賦》云“勔自强而不息兮”，舊注：“勔，勉也。”又通作“僶”。《爾雅》釋文：“勔，字本作僶，又作黽，或音泯，又彌兗反。”按：“僶”即“黽”之或體，“泯”即“彌兗”之轉音。今從“彌兗反”者，《方言》注“勔，音沈湎”是也。

騺、務、昏、暋，强也。馳騺、事務皆自勉强。《書》曰“不昏作勞”“暋不畏死”。

“强”亦勉也。“强”有二義：“勉强”之“强”，《説文》作“勥”，云：“迫也。”“剛强”之“强”，《説文》作“彊”，云：“弓有力也。”然“彊、勥”二字，經典俱通作“强”。下文云：“强，勤也。”《一切經音義》六引《蒼頡篇》云：“强，健也。”《爾雅》此條則主强力而言，即《詩·載芟》傳云“彊，彊力也”。

騺者，“敄”之假音也。《説文》云：“敄，彊也。”通作“騺”。《説文》：“騺，亂馳也。”《穆天子傳》云：“天子西征騺行。”蓋馳鶩有并力進取之意,故爲强也。又通作"騖"。《淮南·主術》篇云"魚得水而騖",高誘注:"騖,疾也。"騖疾亦馳騖之意也。

務者,《説文》云:"趣也。"疾趣與馳騖同意。《淮南·修務》篇云:"名可務立,功可彊成。"又云:"名可彊立,功可彊成。"是"務"即"彊"矣,故《荀子·富國篇》云"僒然要時務民",楊倞注:"務,勉强也。"《公羊定二年傳》云"不務乎公室也",何休注:"務,勉也。"然則"務"又訓"勉","務、勉"聲轉,古讀"務"如"冒",聲轉爲"勱"。《一切經音義》引《埤蒼》云:"勱,强也,勉也,勤也。""勱"之爲"强"又爲"勉",亦如"務"之爲"勉"又爲"强"矣。

昏者,《書》云:"不昏作勞。"《文選·西京賦》云"何必昏於作勞",薛綜注:"昏,勉也。"《書·盤庚》正義引鄭注:"昏讀爲暋。暋,勉也。"又引孫炎曰:"昏,夙夜之强也。"通作"暋"。《書》釋文云:"昏,本或作暋,音敏。"《爾雅》"昏、暋"皆訓"强",故兩存,《周禮》釋文亦同。又通作"愍"。"不昏作勞",《大司寇》注作"民不愍作勞",釋文:"愍,本又作昏。"按:"昏"一从民聲,故从民之字俱音同字通矣。

暋者,"敃"之假音也。《説文》:"敃,彊也。"《玉篇》:"敃、暋同。"通作"忞"。《説文》:"忞,彊也。"引《周書》曰:"在受德忞。"今《書·立政》篇作"在受德暋"。《説文》:"散,冒也。"引《書》曰:"散不畏死。""散"訓"冒",與"强"義亦近。《孟子》引《康誥》作"閔不畏死",又《君奭》"予惟用閔于天越民",傳云:"閔,勉也。"是皆以聲爲義也。

卬、吾、台、予、朕、身、甫、余、言,我也。卬猶姎也,語之轉耳。《書》曰:"非台小子。"古者貴賤皆自稱朕。《禮記》云:"授政任功曰予一人，畛於鬼神曰有某甫。"言見《詩》。**朕、余、躬，身也。**今人亦自呼爲身。**台、朕、賚、畀、卜、陽，予也。**賚、卜、畀皆賜與也。與猶予也，因通其名耳。《魯詩》云："陽如之何？"今巴濮之人自呼阿陽。

《説文》云："我，施身自謂也。"按："我"从手，手，古"垂"字。施，垂下之貌，古人謙卑，凡自稱我必垂下其身，故云"施身自謂也"。虞翻《易》注"坤爲自我"，蓋"坤"亦卑順之義也。《易》云"觀我生"、《孟子》云"萬物皆備於我"，虞翻及趙岐注並云："我，身也。""身"訓"我"，"我"亦訓"身"，轉注之義也。"我"聲近"阿"，《木蘭詩》云"阿耶無大兒"，"阿耶"猶言"我父"也。《晉書·潘岳傳》云"負阿母"，"阿母"猶言"我母"也。

卬者，與"姎"同，故郭云："卬猶姎也。"《説文》："姎，女人自稱我也。"錢坫《説文斠詮》云："《後漢書》長沙武陵蠻相呼爲姎徒，姎徒猶我徒也。今伊犂、烏魯木齊等回民稱女曰姎哥。"按："姎、卬、我"並聲相轉。今方俗語謂"我"爲"俺"，"俺"亦聲轉，但《説文》"俺"訓"大"，於義又不當自謂也。《詩》中"卬"字三處，毛皆訓"我"。《書·大誥》云"不卬自恤"，《漢書·翟方進傳》作"不身自恤"，"身"即"我"矣。

吾者，《説文》云："我自稱也。"《士冠禮》云"願吾子之教之也"，鄭注："吾子，相親之辭。吾，我也。子，男子之美稱。"《管子·海王》篇云"吾子食鹽二升少半"，尹知章注："吾子謂小男小女。"按："吾子"猶言"我子"耳。

台者，與"儀"同。《詩》云"如食宜饇"，釋文："宜，本作儀。"引《韓詩》云："儀，我也。"按：《説文》云："義，己之威儀也。"蓋"威儀"之"儀"《説文》作"義"，"義"从我，因訓"我"，故云“己之威儀”,“己”即我也。《春秋繁露》云:“義者,謂宜在我者。”又云:“義者,我也。”是“義”訓“我”之證。然則訓“我”之“台”正當作“義”,假借作“台”,《韓詩》之“儀”即“義”之假音耳。

予者,《白虎通》云:“予亦我也。”《詩》“予又集于蓼”,毛傳:“予,我也。”《詩》内“予”字,傳訓止此一處,餘鄭箋與毛同。

朕者,《説文》云:“我也。”《白虎通》云:“或稱朕何? 亦王者之謙也。朕,我也。”蔡邕《獨斷》云:“朕,我也。古者尊卑共之,貴賤不嫌,則可同號之義也。”是“朕”爲通稱,上下所同,故《書》“皋陶曰‘朕言惠’”、《離騷》云“朕皇考曰伯庸”,是古尊卑同號之證也。秦以後乃爲天子自稱,而説者云“天子稱朕,但以聞聲”,斯言謬矣。彼謂“眹兆”之“眹”,而非“朕我”之“朕”也。

身者,郭云:“今人亦自呼爲身。”按:今時唯獄詞訟牒自呼爲“身”,“身”之爲言“人”也。《世説》載晉時有自稱“民”者,“民”亦“人”耳。今時平民自稱“民人”,市商自稱“商人”,亦其義也。然則自稱爲“人”,亦如自呼爲“身”矣。

甫者,《説文》以爲“男子美稱”,《禮記》鄭注以爲“某甫,且字”①,皆非《爾雅》之恉。訓“我”之“甫”,《詩·小雅·甫田》箋:“甫之言丈夫也。”是“甫”訓爲“夫”。《檀弓》注:“夫夫,猶言此丈夫。”即其義也。或言“老夫”者,猶言“老人”耳。《曲禮》云“自稱曰老夫”,鄭注“老夫,老人稱”,是也。或言“一夫”者,猶言“一人”耳。《白虎通》云:“王者自謂一人者,謙也,欲言己材能當一人耳。”然則“甫”之爲言“夫”也,“夫”之言“丈夫”,

① 且字　且,此本誤“但”,據《禮記》鄭注改。

丈夫,男子之通稱,猶蕭育自稱"杜陵男子"、張裔自稱"男子張君嗣",皆其比也。

余者,《説文》云:"語之舒也。"是"余"爲舒遲之"我"也。"余、予"古通用,故《論語》云:"百姓有過,在予一人。"《周語》引《湯誓》曰:"萬夫有罪,在余一人。"郭引《曲禮》云"授政任功曰予一人",鄭注引《覲禮》曰:"伯父寔來,余一人嘉之。"是"余、予"古字通之證,故鄭又云:"余、予古今字。"蓋言"予"古文作"余",《覲禮》"余一人"是也(今《覲禮》亦作"予",宜據《曲禮》注訂正)。今文作"予",《曲禮》"予一人"是也。必知古文作"余"者,《隸續》載魏三體石經《書·大誥》云:"余惟小子。"《晉姜鼎銘》云:"余惟嗣朕先姑君晉邦余不叚妄。"石經、鼎銘皆古文,作"余",即知作"予"者爲今文矣。是鄭君之意,乃因經傳"余、予"通用而别以古文、今文,非謂"余、予"同字。《匡謬正俗》誤會鄭意,乃云:"因鄭此説,學者遂皆讀予爲余。"又云:"歷觀詞賦,予無余音。"此駁非矣。今以聲義求之,"余、予"不妨同意,"余、予"不嫌非同字。據《玉篇》《廣韵》,予,以諸切,又餘佇切,本兼二音。《曲禮》釋文"予依字,音羊汝反",鄭云"余、予古今字",則同音"餘"。是陸德明誤讀鄭注,與顔師古同矣。

言者,《詩》内"言"字,傳箋並訓"我"。《莊子·山木》篇云:"言與之偕逝之謂也。"釋文亦云:"言,我也。"蓋"言"與"台、余"俱聲相轉,故其義同。

○"身"既訓"我","我"又稱"身",故轉相訓。《説文》云:"身,躳也,象人之身。"通作"信"。《大宗伯》云"侯執信圭,伯執躬圭",鄭注:"信當爲身,聲之誤也。身圭、躬圭,蓋皆象以人形,爲瑑飾,文有麤縟耳。欲其慎行以保身,圭皆長七寸。”又通作“伸”。《釋名》云:“身,伸也,可屈伸也。”《荀子·儒效篇》云“是猶傴伸而好升高也”,楊倞注:“伸讀爲身,字之誤也。”按:“身、伸、信”三字古同聲通用,此皆假借耳。鄭君及楊倞以爲字聲之誤,即實非矣。

“朕”又訓“身”者,“朕”之爲言“審”也,宜審慎者莫如身,“朕”之爲“審”,蓋與“帝”之爲“諦”其義同矣。

“余”又訓“身”者,“余”爲語之舒,舒緩亦詳審之意。《左氏僖九年傳》“小白余”,杜預注:“余,身也。”正義引舍人曰:“余,卑謙之身也。”孫炎曰:“余,舒遲之身也。”“舒”與“身”又聲轉義同矣。

躬者,《説文》作“躳”,云:“身也。”或从弓作“躬”。按:“躬”从身,亦訓爲“身”。《周禮》“身圭、躬圭”,其義同。故“躬”爲“身”,“身”亦爲“躬”,轉相訓也。

○“予”既訓“我”,又爲“賜與”,“與、予”聲同,故郭云:“與猶予也。”《説文》:“予,推予也,象相予之形。”然則“台、朕、陽”爲“予我”之“予”,“賚、畀、卜”爲“賜予”之“予”,一字兼包二義,故郭云:“因通其名耳。”賚、畀、予,上文並云:“賜也。”“賜”即“予”,故又爲“予”也。

賚者,《詩序》云:“賚,予也。”《方言》云:“予,賴也。”“賴、賚”聲同。《廣雅》云:“俚,賴也。”“俚、釐”聲同。《詩》“釐爾女士”,毛傳:“釐,予也。”

畀者,《説文》云:“相付與之,約在閣上也。”《詩》“何以畀之”,傳:“畀,予也。”《穀梁僖廿八年傳》:“畀,與也。”通作“俾”。《逸周書·祭公》篇云“付俾于四方”,孔晁注:“付與四方也。”又通作“埤”。《方言》云：“埤（音界），予也。”按：古人多名“畀我”，楚昭王之妹曰“季芈畀我”，《左氏襄廿三年經》云“邾畀我”，《公羊》及《春秋繁露》俱作“鼻我”。《説文》云：“鼻，引气自畀也。”是“畀、鼻”聲義同。

卜者，《詩》云“君曰卜爾”“卜爾百福”，傳箋並云：“卜，予也。”“秉畀炎火”，釋文：“秉，《韓詩》作卜。卜，報也。”按：“報”當讀爲“赴”（從《少儀》“毋報往”注），故《白虎通》云：“卜，赴也。”然則赴告亦相推予也。

陽者，《易·説卦》云：“爲妾爲羊。”《漢上易傳》引鄭本“羊”作“陽”，注云：“此陽謂爲養，無家女行賃炊爨，今時有之，賤於妾也。”然則“陽”之爲言“養”也。女之賤者稱“陽”，猶男之卑者呼“養”也。《毛詩》“傷如之何”，郭引《魯詩》作“陽如之何”，是鄭爲“陽”之説本於《魯詩》也。郭云“今巴濮之人自呼阿陽”者，“阿”即“我”也。《魏志·東夷傳》云：“東方人名我爲阿。”然則自呼“阿陽”，亦如自稱“廝養”矣。“陽、姎”義亦相近。

肅、延、誘、薦、餤、晉、寅、藎，進也。《禮記》曰：“主人肅客。”《詩》曰“亂是用餤”“王之藎臣”。《易》曰：“晉，進也。”寅，未詳。**羞、餞、迪、烝，進也。**皆見《詩》《禮》。

《説文》云：“進，登也。”《釋名》云：“進，引也，引而前也。”《詩·常武》箋及《儀禮》注並云：“進，前也。”《吕覽·論人》篇注：“進，薦也。”“薦、進”互訓，“引、前”義同。《淮南·要略》篇注：“楚人謂精進爲精摇。”此則方俗之異言矣。

肅者，下文云“疾也”“速也”，俱與“進”義近。《詩》“民有肅心”，鄭箋：“肅，進也。”通作“宿”。《士冠禮》云“乃宿賓”，鄭

注:“宿,進也。”《特牲饋食禮》云“乃宿尸”,鄭注:“宿讀爲肅。肅,進也。”又通作“速”。注又云:“凡宿或作速,《記》作肅,《周禮》亦作宿。”是“宿、速、肅”俱以聲爲義也。

延者,引之進也。《儀禮》“祝延尸”,注:“延,進也。”《曲禮》“主人延客祭”,注:“延,道也。”道引亦進之也,故“引”訓“長”,“延”亦訓“長”也;“引”訓“陳”,“延”亦訓“陳”也;“引”訓“進”,“延”又訓“進”也。明此二字聲義俱同矣。

誘者,《説文》作“𧦝”,云:“相詸呼也。”或作“誘”,古文作“羑”。羊部云:“羑,進善也。从羊,久聲。”是“羑”與“羞”同意。《玉篇》云:“羑,導也。”“導”與“道”通用,故《詩》“吉士誘之”,毛傳:“誘,道也。”《樂記》云“知誘於外”,鄭注:“誘猶道也,引也。”是皆以“道”爲“導”也。誘,通作“牖”。《詩》“天之牖民”,毛傳:“牖,道也。”“牖民孔易”,《韓詩外傳》及《樂記》俱作“誘民孔易”,鄭注:“誘,進也。”《易·坎》云“内約自牖”,釋文:“牖,陸本作誘。”按:“牖”爲窗牖,所以進明,與“誘”聲義俱同,是明之進矣。

薦者,上文云:“陳也。”陳之進也。“薦”又訓爲“薦藉”,是藉之進也。

餤者,《詩·巧言》傳:“餤,進也。”《龍龕手鑑》四引《爾雅》舊注云:“餤,甘之進也。”蓋本《詩》“盜言孔甘”而爲説。《史記·趙世家》云:“故以齊餤天下。”《趙策》“餤”作“餌”,是“餤”蓋以甘言誘敵之意。通作“啖”。故《史記·樂毅傳》云“令趙嚪秦以伐齊之利”,集解:“徐廣曰:‘嚪,進説之意。’”索隱曰:“嚪與啗同。”然則“嚪、啗”俱“啖”之或體,“啖、餤”皆誘進之意。又通作“鹽”。《爾雅》釋文:“餤,沈大甘反,徐仙民《詩》音閻,餘占反。”《表記》釋文:“餤,徐本作鹽,以占反。”是徐邈讀“餤”爲“鹽”,其字因亦作“鹽”。“鹽”之爲言“豔”也,“豔”猶“引”也,故《郊特牲》注:“鹽讀爲豔。”古樂府有“昔昔鹽”,“鹽”亦作“豔”。“昔昔豔”猶“昔昔引”也,“引”亦誘進之意也。“餤”聲又近“禫”。《喪大記》注:“禫,或皆作道。”《士虞禮記》注:“古文禫或爲導。”《説文》谷部亦云:“㐁讀若三年導服之導。”然則“禫”古字作“導”。“禫”之爲“導”,亦如“餤”之爲“啖”,並引而進之之意。“餤、啖、禫、導”俱聲轉而義同矣。

晉者,《釋文》:“本又作晉。”《説文》云:“晉,進也。日出萬物進。”《五經文字》云:“晉,石經作晉。”《易·序卦》云:“晉者,進也。”《雜卦》云:“晉,晝也。”“晝、晉”聲轉,又與日出物進之義合。《文選·幽通賦》云“盍孟晉以迨羣兮”,曹大家注:“晉,進也。”

寅者,《釋名》云:“演也,演生物也。”《漢書·律曆志》云:“引達於寅。”然則引導、演長俱進之意。通作“夤”。《玉篇》云:“夤,進也。”按:夤緣爲干進之言,義出於此。《説文》“夤”訓“敬惕”,下文云:“寅,敬也。”是“寅”又爲敬之進矣。

藎者,與“燼”同,釋文:“藎,本又作燼。”《詩·桑柔》釋文同,是“燼、藎”通。按:“燼”俗字,《説文》作“㶳”,云:“火餘也。”《方言》云:“藎,餘也。自關而西秦晉之閒,炊薪不盡曰藎。”然則“藎”之言“不盡”也。不盡者有餘,是“藎”爲有餘之進也,故《詩》“王之藎臣”、《逸周書·皇門》篇云“朕藎臣夫明爾德”,毛傳及孔晁注並云:“藎,進也。”

○羞者,《説文》云:“進獻也。”“羞、美”俱从羊,羊,善也,有美善可進獻也。故《周禮·籩人》注:“薦、羞皆進也。未食未飲曰薦,既食既飲曰羞。”《庖人》注:“備品物曰薦,致滋味乃爲羞。”然則“羞、薦”對文則别,散文則通,故云:“薦、羞皆進也。”又《月令》云“羣鳥養羞”、《夏小正》云“丹鳥羞白鳥”,傳云:“羞也者,進也,不盡食也。”是“羞”又爲進食之通名矣。

餞者,《説文》云:“送去也。”按:“餞”爲送行,“行”有進意,送而飲之酒,亦所以進之也。通作“踐”。踐履不倦,所謂精進也。《司尊彝》注:“故書踐作餞。”《士虞禮記》注:“古文餞爲踐。”是“踐、餞”通。

迪者,下文云:“作也。”“道也。”動作、導引義皆爲進。《詩》云“弗求弗迪”,毛傳:“迪,進也。”《漢書·禮樂志》云“百鬼迪嘗”、《敘傳》云“亦迪斯文”,皆以“迪”爲進也。通作“軸”。《詩》“碩人之軸”,毛傳:“軸,進也。”蓋“軸、迪”並从由聲。“迪”亦音“逐”,故與“軸”通矣。

烝者,《説文》云:“火气上行也。”《書》云“不蠲烝”,馬融注:“烝,升也。”然則“烝”蓋升之進也。《詩》“是烝是享”“烝我髦士”,傳俱訓“進”。《書》“烝烝乂”,《後漢書·和憙鄧皇后紀》注引孔安國注及《詩·泮水》箋並云:“烝烝猶進進也。”《釋天》“冬祭曰烝”,注云:“進品物也。”

詔、亮、左右、相,導也。皆謂教導之。**詔、相、導、左、右、助,勴也。**勴謂贊勉。**亮、介、尚,右也。**紹介、勸尚,皆相佑助。**左、右,亮也。**反覆相訓,以盡其義。

《説文》云:“導,導引也。”《釋名》云:“導,陶也,陶演己意也。”“陶演”即“導引”,聲之轉耳。通作“道”。《孝經》釋文:“導,本或作道。”《爾雅》釋文:“道,本或作導,注及下同。”是“導”陸本作“道”。“道”之爲言“教”也,教導之俾遵循於道,故

《淮南·繆稱》篇注:“道,教也。”“道、導、教”同義,故《論語》云“道之以德”,《鹽鐵論·授時》篇作“教之以德”矣。

詔者,《釋名》云:“詔,照也。人暗不見事宜則有所犯,以此照示之,使昭然知所由也。”《一切經音義》二引《三蒼》云:“詔,告也。”《玉篇》云:“告也,教也,導也。”按:“詔”與“召”義亦近。“召”爲呼召,“詔”亦口導,故《楚辭·招魂序》云:“以言曰召。”是“詔”爲言之導矣。經典“詔”皆訓“告”。《周禮》“詔”字屢見,又《儀禮》《禮記》《左傳》《國策》俱有“詔”字。蔡邕《獨斷》云“三代無其文,秦漢有之”者,謂制詔之名起於秦漢,非秦以前無“詔”字也。

亮者,與“諒”同。“諒”訓“信”已見上文,是“諒”爲信之導也。通作“涼”。《詩》“涼彼武王”,傳:“涼,佐也。”“佐”亦導也。釋文:“涼,本亦作諒。《韓詩》作亮,云相也。”“相”亦導也,是“亮”與“諒”同,經典通用。《書》“惟時亮天工”,《史記·五帝紀》作“惟時相天事”。

左右者,《釋文》:“音佐佑,下同。”蓋“佐佑”即“左右”之俗作也。經典雖亦相承通用,古書仍作“左右”。輔佐、啟佑皆所以爲教導也。

○勴者,“勴”字之省也。《説文》云:“勴,助也。”教導所以爲贊助,故又爲“勴”也。

詔者,从召,口之助也。《周禮·大宰》“以八柄詔王馭羣臣”,鄭注:“詔,告也,助也。”

相者,从目,視之助也。《書·吕刑》云“今天相民”,馬融注:“相,助也。”

導者,从寸,法度之助也。法度繩人,引以當道,故《孟子》

云:"得道者多助,失道者寡助。"是"導"訓"助"之義也。

左者,从手,手之助也。《説文》:"左,𠂇手相左也。"通作"佐"。《釋名》云:"佐,左也,在左右也。"《周禮·序官》"以佐王均邦國",鄭注:"佐猶助也。"

右者,从手口,手口之助也,故《説文》"右"字分二部:口部云:"助也。"又部云:"手口相助也。""右"皆訓"助"。《詩·彤弓》傳:"右,勸也。"勸勉亦相助也。通作"佑"。《詩》"保右命之",《中庸》作"保佑命之"。又通作"祐"。《説文》:"祐,助也。"《易·繫辭》云:"祐者,助也。"《无妄》云"天命不佑",釋文:"佑,本又作祐,馬本作右。"又通作"侑"。《繫辭》云"可與祐神",釋文:"祐,荀本作侑。"又"左、右"二字連文,其義亦同,故《詩》"左右流之""實左右商王",傳箋並云:"左右,助也。""左右"既訓"助",因而"詔、相"即訓"左右"。《周禮·大僕》注:"相,左右也。"《大行人》注:"詔相,左右教告之也。"《易·泰》集解引鄭注:"輔相,左右,助也。"是皆轉相訓而義俱通矣。

助者,《説文》云:"左也。"通作"佐"。故《小爾雅》云:"助,佐也。"《釋名》云:"助,乍也,乍往相助,非長久也。"按:"助"从且聲,"且"與"徂"同,故云"往相助"也,以"乍"爲訓則失之。

○既言"左右",又單言"右"者,舉"右"以包"左"也。"右"既訓"助",又兼尊也、上也二義,尊、上即所以爲助也。

亮者,既訓"信",又訓"右"者,信之右也。故《繫辭》云:"天之所助者順也,人之所助者信也。"即其義也。

介者,上文訓"大"、訓"善",又訓"右"者,大、善之右也。《詩》言"介壽""介福""介稷黍"之類,俱以右助兼大、善之義,故"攸介攸止"傳:"介,大也。"箋:"介,左右也。"亦二義相足成也。《詩》正義引孫炎曰:“介者,相助之義。”郭云“紹介,相佑助”,與孫義同也。

尚者,《一切經音義》廿五引《蒼頡訓詁》云:“尚,上也。”《文選·東京賦》注:“尚,高也。”“高、上”義相成,故《詩·蕩》云“人尚乎由行”,傳訓“尚”爲“上”;《抑》云“肆皇天弗尚”,箋訓“尚”爲“高”。按:“尚”俱當訓“右”。“人尚乎由行”,言小人佑助其行也;“肆皇天弗尚”,言天命不佑助也,傳箋義亦近也。郭云“勸尚”者,蓋以聲轉借“尚”爲“相”也。《易·象傳》云“君子以勞民勸相”,王弼注:“相猶助也。”是郭義所本。《楚辭·天問》篇云:“登立爲帝,孰道尚之?”“道”與“導”同,“道尚”即“導相”,猶“相導”也。王逸注訓爲“尊尚”亦近之。

○“左”訓“亮”者,《詩·大明》傳:“涼,佐也。”“右”訓“亮”者,即此上云:“亮,右也。”然則“亮”亦“相”也,“相”亦“左右”也,“左右”亦“助”也,是皆義訓之反覆相通者。

緝熙、烈、顯、昭、晧、熲,光也。《詩》曰:“學有緝熙于光明。”又曰:“休有烈光。”

《説文》云:“光,明也。从火在人上,光明意也。”《釋名》云:“光,晃也,晃晃然也。亦言廣也,所照廣遠也。”《詩·南山有臺》傳:“光,明也。”《敬之》傳:“光,廣也。”《皇矣》傳:“光,大也。”三訓不同者,按:《説文》“光”古文作“炗”,“廣”从黄聲,“黄”从炗聲,“庶”亦从炗,與“廣”同意,故“光”訓“廣”也。“廣”與“大”同,故訓“大”也。“光”與“桄”通,故《釋言》云:“桄,充也。”孫炎本“桄”作“光”。又與“横”通,故《書》“光被四表”,《後漢書·馮異傳》作“横被四表”,“横、廣”俱从黄聲也。

緝熙者,《詩》凡四見。《昊天有成命》云“於緝熙”,《周語》

引而釋之云:“緝,明也。熙,廣也。”毛傳用《國語》,鄭箋:“廣當爲光。”韋昭注:“熙,光大也。”與鄭義同。然“光、廣”古同音“廣”,即光也,是皆本《爾雅》爲訓。故《文王》毛傳云:“緝熙,光明也。”《維清》《敬之》鄭箋並與毛同。“光”即“廣”字之音,“明”即“緝”字之訓,無可疑矣。“熙”字从火,與“烈”同意。

烈者,火之光也。

顯者,下文云:“見也。”見之光也。《説文》:“顯,頭明飾也。从㬎聲。”“㬎,从日中視絲,古文以爲顯字。”是“顯”古作“㬎”。“日中視絲”,故訓“光”,又訓“見”,皆本古文爲説也。通作“憲”。《詩》“顯顯令德”,《中庸》作“憲憲令德”,蓋“憲”有表明之義。《小司寇》注:“憲,表也。”《朝士》注:“憲謂幡書以表明之。”皆其義也。

昭者,下文亦云:“見也。”《説文》:“日明也。”則與“顯”義同。通作“炤”。《中庸》云“昭昭之多”,又云“亦孔之昭”,釋文並云:“昭,本作炤。”又通作“照”。《穀梁僖廿七年經》云“齊侯昭卒”,釋文:“昭,或作照。”《老子》云“俗人昭昭”,釋文:“昭,一本作照。”《孫叔敖碑》云“處幽晤而照明”,《嚴訢碑》云“去斯照照”,俱以“照”爲“昭”也。

晧者,《説文》云:“日出皃。”又“暤”云:“晧旰也。”《楚辭·怨思》篇注:“晧旰,光也。”通作“昦”。《釋天》云“夏曰昊天”,釋文:“晧,本亦作昊。晧,光明也,日出也。”《荀子·賦篇》云“晧天不復,憂無疆也”,楊倞注:“晧與昊同。”又通作“顥”。《一切經音義》十八引《三蒼》云:“晧,古文顥,同。”《文選·古詩·李少卿與蘇武詩》云“晧首以爲期”,李善注:“晧與顥古字通。”按:商山“四顥”,書作“四晧”,亦其證矣。

熲者,《釋言》與“桄”俱訓“充”也。《説文》云:“火光也。”《詩》“不出于熲”,毛傳:“熲,光也。”通作“耿”。《説文》云:“杜林説:耿,光也。”《離騷》云“彼堯舜之耿介兮”,王逸注:“耿,光也。”又通作“炯”。《説文》云:“炯,光也。”《文選·登巴陵城樓詩》云“炯介在明淑”,李善注:“耿與炯同。”引《蒼頡篇》曰:“炯,明也。”

劼、鞏、堅、篤、掔、虔、膠,固也。劼、虔皆見《詩》《書》。《易》曰“鞏用黄牛之革”“固志也”。掔然,亦牢固之意。

《説文》云:“固,四塞也。”蓋其字从囗,四面閉塞,牢固難破也。通作“故”。《哀公問》注:“固猶故也。”《投壺》注:“固之言如故也。”《論語》云“固天縱之將聖”,《論衡·知實篇》作“故天縱之將聖”。又通作“錮”。《文選·求通親親表》云“禁固明時”,李善注:“固與錮通。”又通作“假”。《詩》“假哉天命”,毛傳:“假,固也。”“假”讀如“古”聲,借爲“固”矣。

劼者,“硈”之假音也。釋文:“劼,或作硈。”《説文》:“硈,石堅也。”《釋言》云:“硈,鞏也。”通作“劼”。《説文》:“劼,慎也。”“慎、固”義近。《書》云“汝劼毖殷獻臣”,傳云:“劼,固也。”義與“矻”同。《晉書音義》引《字林》云:“矻,堅也。”

鞏者,束之固也。《説文》:“鞏,以韋束也。”郭引《易》曰“鞏用黄牛之革”,《革》初九文。又曰“固志也”,《遯》六二《象》文,郭蓋以意引經也。《詩》“無不克鞏”,毛傳:“鞏,固也。”《楚辭·離世》篇云“心鞏鞏而不夷”,王逸注:“鞏鞏,拘攣貌也。”“拘攣”亦堅固之意。轉作“管”。《史記·平準書》云“欲擅管山海之貨”,集解引或曰:“管,固也。”“固、管、鞏”一聲之轉也。

篤者,下文云:“厚也。”“厚”與“固”義近。《釋名》云:“篤,築也,築堅實稱也。"《後漢書·班彪傳論》云"何其守道恬淡之篤也",李賢注:"篤,固也。"

掔者,下文亦云:"厚也。"與"篤"同意。《説文》:"掔,固也。从手,臤聲,讀若《詩》'赤舄掔掔'。"今《詩》作"赤舄几几",蓋"几、掔"聲轉字通,"掔掔"猶"急急"也,故《曲禮》云"急繕其怒",鄭注:"急猶堅也。繕讀曰勁。"然則"急繕"猶言"堅勁"。毛傳:"几几,絇貌。"蓋"絇"之言"拘","拘"亦堅固之意也。釋文:"掔,音牽,又卻閑反。"二音俱本《玉篇》,"掔"云"卻閑、去賢二切","去賢"之音爲"牽","卻閑"爲"堅"也。亦通作"堅",又通作"牽"。《易》"牽羊悔亡",子夏傳"牽"作"掔"。《公羊定十四年經》云"公會齊侯、衛侯于堅",釋文:"堅,本又作掔,左氏作牽。"是"牽、堅"與"掔"音同之證也。又轉爲"鋻"。《廣雅》云:"堅也。"《玉篇》:"鋻,口閒切。"又轉爲"硻"。《説文》:"硻,餘堅者。"《玉篇》:"硻,口耕切。"别作"硜"。《論語》皇侃疏:"硜硜,堅正難移之貌也。"

虔者,敬之固也。經典"虔"多訓"敬","敬、固"義近。《詩》"虔共爾位""有虔秉鉞",毛傳並云:"虔,固也。"《書》"奪攘矯虔",《漢書·武帝紀》注:"孟康曰:'虔,固也。矯稱上命以財賄用爲固。'顏師古曰:'妄託上命而堅固爲邪惡者也。'"

膠者,昵之固也。《説文》:"膠,昵也。""昵、䵒"同。《釋言》云:"䵒,膠也。"《詩》"德音孔膠",毛傳:"膠,固也。"《禮·王制》云"周人養國老於東膠",鄭注:"膠之言糾也。""膠"或作"絿"。按:"絿"訓"急"也,"急"亦堅也。"膠、糾"古音疊韵,故《楚辭·遠遊》篇云:"形蟉虯而逶迤。""蟉虯"與"膠糾"近。

疇、孰,誰也。《易》曰:"疇離祉。"

《釋名》云："誰，推也，有推擇，言不能一也。"《説文》云："誰，何也。"《吕覽·貴信》篇注："誰猶何也。"《史記·秦始皇紀》云："陳利兵而誰何?"《文選·過秦論》注："誰何，問之也。"

疇者，"𠷎"之假音也。《説文》："𠷎，誰也。从口𢏚，又聲。𢏚，古文疇。"又𠧪部云："𠷎，詞也。从𢏚聲。𢏚與疇同。"引《虞書》"帝曰：𠷎咨"。此二文經典俱通作"疇"，故《易·否》云"疇離祉"，釋文："疇，鄭作古𢏚字。"《詩·祈父》箋："若𠷎圻父。"釋文："𠷎，古疇字。"《爾雅》釋文："疇，本又作𠷎。"此三文蓋皆"𠷎"字之省也。《書》"疇咨若時登庸"，《史記·五帝紀》作"誰可順此事"；"疇若予工"，作"誰能馴予工"。又通作"詶"。《魏元丕碑》云"詶咨羣寮"、《劉寬碑》云"詶咨儒林"，並以"詶"爲"疇"也。又"通"作"譸"。《文選·西征賦》注引《聲類》曰："譸，亦疇字也。"引《爾雅》曰："疇，誰也。"《晉書音義》云："疇，一作詶，一作譸，又一作㽬。"是皆同聲假借之字也。

孰者，"熟"之本字。"孰、誰"聲轉字通，故《詩》"誰能執熱"，《墨子·尚賢》篇作"孰能執熱"。

暀暀、皇皇、藐藐、穆穆、休、嘉、珍、褘、懿、鑠，美也。自"穆穆"已上皆美盛之貌，其餘常語。

美，好也，善也，故《説文》云："美與善同意。"通作"媺"。《大司徒》云"一曰媺宫室"，鄭注："媺，善也。"釋文云："媺，音美。"《廣韵》云："媺、美同。"又通作"娓"。《詩》"誰侜予美"，釋文："美，《韓詩》作娓。"

暀者，《説文》云："光美也。"與"旺"同。《廣韵》云："旺，美光。暀、旺同。"又"王"云："盛也。"義亦相近。古讀"皇"聲如

“王”,“王”聲如“往”,故《詩·楚茨》箋:“皇,暀也。”《泮水》箋:“皇皇當作暀暀。暀暀猶往往也。”

皇者,《白虎通》云:“君也,美也,大也。”“君”義已見上文。又訓“美”者,《詩》“繼序其皇之”“上帝是皇”,毛傳並云:“皇,美也。”“烝烝皇皇”,毛傳:“皇皇,美也。”《聘禮記》云“賓入門皇”,鄭注:“皇,自莊盛也。”“莊盛”義亦爲美也。“皇”與“煌”同,故《詩·采芑》《斯干》傳箋並云:“皇猶煌煌也。”通作“王”。《聘禮記》注:“古文皇皆作王。”又通作“黄”。《吕覽·功名》篇云“缶醯黄蚋”,高誘注:“黄,美也。”《易·繫辭》云“黄帝”,《風俗通·聲音》篇作“皇帝”;《左氏宣十七年傳》“苗賁皇”,《説苑·善説》篇作“釁盆黄”,是“黄、皇”通。然則《詩》之“狐裘黄黄”,推其義亦即“皇皇”矣。

藐者,“懇”之假音也。《説文》:“懇,美也。”通作“藐”。《詩》“既成藐藐”,毛傳:“美貌。”又“藐藐昊天”,鄭箋:“美也。”毛傳以爲“大貌”。“美、大”義近也。《文選·西京賦》云:“眳藐流眄。”薛綜注以“藐”爲“好”。“好”亦美也。又通作“眇”。《楚辭·湘夫人》篇云“目眇眇兮愁予”,王逸注:“眇眇,好貌也。”又轉爲“岷”。《詩·岷》釋文引《韓詩》云:“岷,美貌。”“岷、藐”一聲之轉也。

穆者,敬而美也。《詩·清廟》傳:“穆,美也。”《文王》及《那》傳箋並云:“穆穆,美也。”《少儀》云“言語之美,穆穆皇皇”,鄭注:“美當爲儀。”然“儀”訓“善”,“善”亦美也。“穆”義與“茂”同。《漢書·武帝紀》云“茂才異等”,《後漢書·章帝紀》云“聖德淳茂”,皆以“茂”爲“美”也。“茂、穆”又一聲之轉矣。

休者,《易》"休否大人吉"、《詩》"亦孔之休""以爲王休",毛傳並云:"休,美也。"《江漢》《長發》鄭箋並同。又《釋言》云:"休,慶也。"《楚語》注:"休,嘉也。"《周語》注:"休,喜也。"《廣雅》:"休,善也。"善、喜、嘉、慶,其義亦俱爲美也。"休"與"烋"同。《玉篇》云:"烋,火虯切,美也,福禄也,慶善也。"是"烋、休"字異音義同。

嘉者,《説文》云:"美也。""美、善"同意,故上文云:"嘉,善也。""嘉、假"同音,故下文云:"假,嘉也。"聲轉爲"佳",故《淮南·説林》篇云"佳人不同體",高誘注:"佳,美也。"《廣雅》云:"佳,好也。"

珍者,寶之美也。《説文》云:"珍,寶也。"《華嚴經音義》上引《國語》賈逵注云:"珍,美也。"《禮·儒行》注:"珍,善也。"

禕者,《玉篇》云:"於宜切,美皃。又歎辭。"《文選·東京賦》云"漢帝之德侯其禕而",薛綜注:"禕,美也。"通作"委"。《釋訓》云"委委,美也",釋文:"委,諸儒本並作禕,於宜反,舍人云:'禕禕者心之美。'"引《詩》亦作"禕"。是"禕、禕"並與"委"通。又通"偉"與"瑋"。《莊子·大宗師》篇云"偉哉夫造物者",釋文引向秀注:"偉,美也。"《一切經音義》一云:"偉,《埤蒼》作瑋,同,于鬼反。"《文選·吴都賦》云"瑋其區域",劉逵注:"瑋,美也。"《易·泰》釋文引傅氏注云:"彙,古偉字,美也。"又通作"徽"。《禮·大傳》云"殊徽號",鄭注:"徽或作禕。"又"禕、猗"聲義同。《禮·大學》注:"猗猗,喻美盛。"然則"猗猗"又即"禕禕"矣。

懿者,《説文》云:"專久而美也。"《易·象傳》云:"君子以懿文德。"《詩·烝民》《時邁》傳箋並云:"懿,美也。"

鑠者,目之美也。《方言》云:“好目謂之順。黸瞳之子,宋衛韓鄭之閒曰鑠。”是“鑠”謂目好,流光鑠鑠也。《後漢書·馬援傳》云“矍鑠哉是翁”,意正如此。通作“爍”,故顔延之《宋文皇帝元皇后哀策文》云“圜精初爍”,《文選》注引郭《方言》注:“爍,言光明也。”是“爍、鑠”同。《詩》“於鑠王師”,毛傳:“鑠,美也。”《太玄·斷》云“乃後有鑠”,范望注亦云:“鑠,美也。”《史記·李斯傳》云:“鑠金百鎰。”索隱引《爾雅》,又“言百鎰之美”也。

諧、輯、協,和也。《書》曰:“八音克諧。”《左傳》曰:“百姓輯睦。”**關關、噰噰,音聲和也。**皆鳥鳴相和。**勰、燮,和也。**《書》曰:“燮友柔克。”

和者,調也,適也,不争也。《謚法》云:“和,會也。”《漢書》注:“和,合也。”《廣雅》云:“和,諧也。”通作“龢”。《説文》云:“調也。讀與和同。”又通作“盉”。《説文》云:“調味也。”按:“盉”爲調味,“龢”爲調聲,本皆字别爲義,經典俱假借作“和”。又通作“咼”。《淮南·説山》篇云“咼氏之璧”,高誘注:“咼,古和字。”又通作“堝”。《文選·覽古詩》注云:“堝,古和字。”

諧者,《説文》云:“詥也。”“詥”即“合”也,“合”亦和也。《書》“克諧以孝”,《史記·五帝紀》作“能和以孝”;“謨明弼諧”,《夏紀》作“謀明輔和”。通作“龤”。《説文》:“樂和龤也。”引《虞書》曰:“八音克龤。”今《書》作“諧”。

輯者,車之和也。《詩》“辭之輯矣”“輯柔爾顔”,毛傳並云:“輯,和也。”通作“揖”。《書》“輯五瑞”,《五帝紀》及《郊祀志》俱作“揖五瑞”。《詩·螽斯》釋文:“揖,子入、側立二反。”是“揖”有“輯”音也。又通作“緝”。《文選·褚淵碑文》云“衣冠未緝”,李善注引《爾雅》曰:“緝,和也。緝與輯同。”又通作“戢”。《詩》“思輯用光”,《孟子》作“思戢用光”。又通作“集”。“辭之輯矣”,《新序·雜事》篇作“辭之集矣”;《左氏·僖廿四年》注及《襄十九年傳》釋文並云:“輯,本作集。”又與“習”同。《詩·谷風》傳:“習習,和舒貌。”《文選·補亡詩》云“輯輯和風”,李善注:“輯輯,風聲和也。輯與習同。”是“習、輯”聲近義亦通矣。

協者,《説文》云:“衆之同和也。”《書》云“有衆率怠弗協”,《史記·殷紀》作“有衆率怠不和”;“相協厥居”,《宋世家》作“相和其居”。通作“叶”。《周禮·大史》云“與羣執事讀禮書而協事”,鄭注:“故書協作叶。杜子春云:‘叶,協也。’”《大行人》云“協辭命”,鄭注:“故書作叶詞命。”又通作“叶”。《書》“協用五極”,《五行志》作“叶用五紀”。按:“叶、叶”俱“協”之古文,見《説文》。又通作“汁”。《文選·西京賦》云:“五緯相汁以旅于東井。”《大行人》注引鄭司農云:“汁當爲叶。”《大史》注:“杜子春云:‘書亦或爲協,或爲汁。’”《方言》云:“協,汁也。自關而東曰協,關西曰汁。”按:“汁”本音“執”,又音“輯”,《方言》之“汁”當讀如“輯”,故《西京賦》注引《方言》曰“汁,叶也”下有“之十切”三字,爲今本所無,但“之十”音亦非。今按:《方言》之“協汁”當即《爾雅》之“協輯”也。蓋“汁”有“輯”音,亦有“協”音,故《大史》及《大行人》釋文並云:“汁,之十反,音執,又音協。劉子集反。”然則“子集”之音爲“輯”,劉昌宗讀“汁”爲“輯”,正合《爾雅》及《方言》之義:《爾雅》“協、輯”同訓爲“和”,《方言》“協、汁”亦同訓爲“和”也。

○因釋和義而及音聲之和也。《説文》:“咊,相譍也。”《大戴記·保傅》篇及《賈子·容經》篇並云:“聲曰和。”《周語》云:“聲應相保曰和。”是皆和之著之聲音者也。

關關、噰噰者,鳥聲之和也。《詩·關雎》傳:“關關,和聲也。”《匏有苦葉》傳:“雝雝,鴈聲和也。”按:《卷阿》鳳皇鳴亦曰“雝雝”,不獨鴈也。通作“雍”。《詩》“有來雝雝”,《漢書·劉向》及《韋玄成傳》並作“有來雍雍”。又通作“噰”。《詩》“和鸞雝雝”,《容經》篇作“和鸞噰噰”。又《南都賦》及《歸田賦》《笙賦》注並引“噰噰”作“嚶嚶”,疑因《釋訓》“丁丁嚶嚶”相涉而誤也。《天台山賦》注又引作“噫噫”,《四子講德論》注又作“邕邕”。《釋訓》云“廱廱,和也”,《樂記》又作“雝雝,和也”。以上諸文並皆假借,或從俗作。《說文》“雝”本鳥名,借爲鳥聲,作“雝”爲正。

○又申釋和義也。《說文》云:“勰,同思之和。”“恊,同心之和。”“恊”與“協”通。釋文:“勰,本又作協。”是“協、勰”又通矣。

燮者,《說文》云:“和也。”《詩》“燮伐大商”,毛傳:“燮,和也。”《東京賦》云“北燮丁令,南諧越裳”,薛綜注:“燮、諧皆和也。”《說文》云:“燮,讀若溼。”《左氏襄八年經》云“獲蔡公子燮”,《穀梁》作“公子溼”。

從、申、神、加、弼、崇,重也。隨從、弼輔、增崇,皆所以爲重疊。神,所未詳。

“重”有二音:“直隴切”者,《說文》云:“厚也。”《玉篇》云:“不輕也。”“直龍切”者,《廣雅》云:“再也。”《内則》注:“陪也。”二者義亦相成,故《詩·大車》箋:“重猶累也。”重累即加厚之意,二讀俱通,故《大車》及《大明》釋文皆兼二音,於義方備。

《爾雅》釋文但取"直龍"一音,失之矣。

從者,亦兼"疾龍、才用"二音。《説文》:"從,隨行也。""隨行"爲追陪之意,故訓爲"重",蓋二人立一人參焉曰"參",一人行一人從焉曰"重"。"參、參""從、重"俱聲義近。《顔氏家訓・書證》篇引延篤《戰國策音義》云:"從牛子。"然則子者身之陪貳,其義亦爲重矣。

申者,《書》云"天其申命用休",《史記・夏紀》作"天其重命用休"。《詩》"福禄申之""自天申之""申錫無疆",毛傳並云:"申,重也。""申"與"神"同,故《説文》:"申,神也。"可知"神"亦"申"矣。"神"與"伸、身"並音同字通。《釋名》云:"申,身也。""申"訓"身",與"申"訓"神"義亦同,故《説文》:"㑗,神也。""㑗"即"身"也。《詩》"大任有身",毛傳:"身,重也。"鄭箋:"重謂懷孕也。"然則身中復有一身,因訓爲"重"。故《素問・奇病論》云:"人有重身,九月而瘖。"是其義也。"身"訓"重",故《廣雅》云:"重,㑗也。"義本毛傳。是"㑗"即"身","身"亦"神",並古字通借。毛蓋借"身"爲"神",故訓爲"重",義本《爾雅》,郭意未了,故云:"未詳。""神"與"伸"俱从申聲,其義又同,故《古微書》引《禮含文嘉》云:"神者,信也。""信"即"伸"字,亦借爲"身"。《周禮》"信圭"即"身圭",可知"身、伸、神"三字古皆假借通用。《爾雅》"申、神"並訓爲"重",無可疑矣。

加者,增也,益也,故爲重。《禮・少儀》注:"加猶多也。"《内則》注:"加猶高也。"《周語》注:"加猶上也。"並與"重"義近。通作"駕"。《莊子・庚桑楚》篇釋文:"加,崔本作駕,云加也。"是"加、駕"同。

弼者,《説文》:"輔也,重也。"弼輔義見下文。又訓"重"

者,《方言》:"弼,高也。"《廣雅》:"弼,上也。""上、高"俱"加"字之訓,又與"崇"義同矣。

崇者,上文云:"高也。""充也。""充"與"高"義皆爲重。《詩》"福禄來崇"、《公羊僖卅一年傳》"不崇朝而徧雨乎天下",毛傳及何休注並云:"崇,重也。"《詩》"維王其崇之",鄭箋又云:"崇,厚也。""厚"即"重"字之訓。

㱿、悉、卒、泯、忽、滅、罄、空、畢、罊、殲、拔、殄,盡也。

㱿,今直語耳。忽然,盡貌。今江東呼厭極爲罊。餘皆見《詩》。

《説文》云:"盡,器中空也。"《墨子·經上》篇云:"盡,莫不然也。"凡言"盡"者,俱不出此二義。《小爾雅》云:"盡,止也。"《吕覽·明理》篇注:"盡,極也。""極、止"俱窮盡之義。"盡"之爲言"潐"也,"釂"也。《説文》云:"潐,盡也。"又云:"釂,飲酒盡也。""盡、釂、潐"俱一聲之轉也。

㱿者,《史記·秦始皇紀》云"雖監門之養不㱿於此",索隱曰:"㱿,音學,謂盡也。又古學反。"正義曰:"又苦角反。"引《爾雅》云:"㱿,盡也。"《李斯傳》集解:"徐廣曰:'㱿,一作觳。'"《特牲饋食禮記》注:"古文㱿皆作穀。"是"穀、觳、㱿"並音近字通。《管子·地員》篇云"剛而不㱿",尹知章注:"㱿,薄也。""薄"與"盡"義亦近。郭云"今直語",蓋當時方言耳。

悉者,心之盡也,"悉"从心、从采。《説文》云:"詳,盡也。"《尚書大傳》云:"乃汝其悉自學工。悉,盡也。"聲轉爲"洗"。《書》云"厥父母慶自洗腆",釋文引馬融注:"洗,盡也。"又轉爲"澌"。《方言》云:"澌,盡也。""澌、斯"同。《詩》"王赫斯怒",箋:"斯,盡也。""斯"音"賜",亦作"賜"。《文選·西征賦》云"若循環之無賜",李善注引《方言》曰:"賜,盡也。"又轉爲

“索”。《一切經音義》三引《蒼頡篇》云:“索,盡也,亦儩也。”“儩”即“賜”字。然則“賜、索、斯、洗”俱與“悉”同矣。

泯者,與“没”同義。“没”爲沈没,亦爲滅没,皆盡之意,故《詩》正義引李巡云:“泯,没之盡也。”《詩》“靡國不泯”、《左氏成十六年傳》“是大泯曹也”,毛傳及杜預注並云:“泯,滅也。”“泯、滅、没”又俱一聲之轉也。

忽者,《説文》云:“忘也。”是忘之盡也。“忘”與“芒”聲義近,故《方言》云:“忽,芒也。”“芒,滅也。”蓋“芒”之爲言“亡”也,“忽”之爲言“没”也,故“忽、芒”俱訓“滅”。《詩》“是絶是忽”,傳:“忽,滅也。”按:一蠶所吐爲“忽”,十忽爲“絲”,絲毫微杪,易於滅盡,故又爲“盡”也。“忽”有暴疾之義。《左氏莊十一年傳》“其亡也忽焉”、《文五年傳》“不祀忽諸”,是“忽”又爲猝暴之盡矣。

罄者,《説文》:“器中空也。”《詩》“罄無不宜”“瓶之罄矣”,傳並云:“罄,盡也。”《一切經音義》九引孫炎曰:“罄,竭之盡也。”通作“磬”。《樂記》注:“磬當爲罄。”《左氏僖廿六年傳》“室如縣罄”,《魯語》作“室如縣磬”。《淮南·覽冥》篇“磬龜無腹”,高誘注:“磬,空也。”又通作“窒”。《説文》缶部引《詩》“瓶之罄矣”,穴部引作“瓶之窒矣”,“窒,空也”。

畢者,“斁”之假音也。《説文》云:“斁,盡也。”通作“畢”。“畢”有止義,加“走”爲“趕”(與“蹕”同),所以止行也;加“糸”爲“縪”(鹿車縪),所以止車也,“止”即盡也。“畢”之爲言“必”也,“必”訓“極”,“極”亦盡也。

罊者,《説文》云:“器中盡也。”釋文:“罊,苦計反,本或作罄。”引《廣雅》云:“罄,勮也。”今《廣雅》作“罄,極也”。按:

“憝”與“㑀”同。《方言》：“㑀，倦也。”《説文》：“憝，憊也。”郭氏以“極”訓“盡”而欲借“憝”爲“罄”，非“罄”之本解。

殲者，《説文》云：“微盡也。”《詩·黄鳥》傳：“殲，盡也。”《春秋莊十七年經》云“齊人殲于遂”，正義及《書》正義並引舍人曰：“殲，衆之盡也。”“殲于遂”，《左》《穀》作“殲”，《公羊》作“瀸”，云“瀸積也”，何休注：“瀸之爲死積，死非一之辭，故曰瀸積。”釋文云：“積，本又作漬。”《曲禮》云“四足曰漬”，鄭注：“漬謂相瀸汙而死也。”①引《春秋傳》曰：“大災者何？大漬也。”《公羊莊廿年傳》“漬”作“瘠”，釋文：“瘠，一本作漬。”然則瀸漬衆多，故會意爲“盡”。“漬、積、瘠、殲”俱一聲之轉矣。

拔者，“蒲撥、蒲八”二音。“蒲八”之“拔”，猶言把絶也，陳根悉拔，故爲盡；“蒲撥”之“拔”，則《少儀》云“毋拔來，毋報往”，鄭注：“報讀爲赴疾之赴。”“拔、赴”皆疾也。然則“拔”之爲言“暴”也，與“卒（音猝）、忽”義近。又言“撥”也，與“絶、滅”義同。《詩》云“本實先撥”，鄭箋：“撥猶絶也。”又同“顛沛”之“沛”。毛傳訓“沛”爲“拔”，鄭箋“顛沛”即“顛拔”矣。

苞、蕪、茂，豐也。苞叢、繁蕪，皆豐盛。

豐，滿也，大也，皆見《説文》。《易》釋文云：“豐是腆厚光大之義。”鄭云：“豐之言腆，充滿意也。”又厚也，盛也，茂也。《詩》“在彼豐草”“茀厥豐草”，傳箋並云：“豐，茂也。”通作“寷”。《説文》云：“大屋也。”引《易》曰：“寷其屋。”又與“封”同，“封”亦大也，厚也。“厚、大”即“豐”字之訓矣。

---

① 漬謂相瀸汙而死也　漬，此本誤“瀆”，咸豐六年刻本同。《曲禮》鄭注作“漬”，據改。

苞者,《釋言》云:"稹也。"稹密即豐茂,故《詩·行葦》箋:"苞,茂也。"《長發》箋:"苞,豐也。"通作"枹"。《詩》"苞有三蘖",《廣韵》引作"枹有三枿"。"樸、枹"皆叢生茂密之言也。"苞"與"葆"聲義同。《説文》:"葆,艸盛皃。"《御覽》引《通俗文》云:"生茂曰葆,音保。"《吕覽·審時》篇云:"得時之稻,大本而莖葆。"《廣雅》云:"葆,茂也。"又云:"葆,本也。""本、茂"即"苞"字之訓,故《詩·下泉》《斯干》《生民》《常武》《長發》傳並云:"苞,本也。""本"即"本蓴"。《西京賦》云"苯蓴蓬茸","苯"與"本"同,"本、蓴"皆豐茂之狀。《曲禮》:"韭曰豐本。""本"亦茂也。《詩》之"實方實苞",箋云:"豐、苞亦茂也。方,齊等也。""齊等"亦即豐茂之意,"方、本、苞"俱雙聲,"苞、葆、茂"俱疊韵,故其字音義俱通矣。

蕪者,"霖"之假音也。《説文》云:"霖,豐也。"引《商書》曰:"庶艸繁霖。"隸變作"無",通作"蕪",故《爾雅》釋文云:"蕪,蕃滋生長也。古本作霖。"又通作"廡"。"庶草繁無",今《書》作"庶草繁廡",釋文:"廡,無甫反。"《爾雅》釋文亦云:"蕪或亡甫反。"此古音也。又轉爲"蔓"。《釋草》注"蕪菁屬",釋文:"蕪,本或作蔓。"蓋蔓延滋長即繁蕪之意。"蕪"古讀如"模","模、蔓"聲轉也。"茂"與"蕪"亦一聲之轉。

茂者,《説文》:"艸豐盛。"《素問·五運行大論》"其化爲茂"、《詩》"德音是茂",箋注並云:"茂,盛也。"《詩》"子之茂兮""種之黄茂",傳並云:"茂,美也。""美、盛"義同。通作"戊"。《戰國策》有"甘茂",《説苑·雜言》篇作"甘戊"。

揫、斂、屈、收、戢、蒐、裒、鳩、摟,聚也。《禮記》曰:"秋之言揫。揫,斂也。"春獵爲蒐。蒐者,以其聚人衆也。《詩》曰"屈此羣醜”“原隰裒矣”。《左傳》曰：“以鳩其民。”摟猶今言拘摟，聚也。

《説文》云：“聚，會也。邑落曰聚。”《方言》云：“萃、雜，集也。東齊曰聚。”是“聚”爲會集之意，“集、聚”聲亦相轉。通作“取”。《易·萃》云“聚以正”，釋文：“聚，荀本作取。”又通作“冣”。《樂記》云“會以聚衆”，鄭注：“聚，或爲冣。”《史記·周紀》集解：“徐廣曰：‘聚，一作冣。’”“冣”亦古之“聚”字，“冣”聲近“叢”。《説文》云：“叢，聚也。”《小爾雅》云：“冣、聚，叢也。”聲又近“撮”。《莊子·秋水》篇“鴟鵂夜撮蚤”，釋文：“撮，崔本作冣，《淮南》作聚。”蓋“聚、冣、叢”並从取聲，“撮”从最聲，三字俱聲轉義同也。

揫者，《説文》云：“束也。”引《詩》“百禄是揫”，又云：“𩌏，或作揫，收束也，讀若酋。”通作“揂”。《説文》：“揂，聚也。”又通作“遒”。《詩》“四國是遒”，箋：“遒，斂也。”“百禄是遒”，傳：“遒，聚也。”《鄉飲酒義》云：“秋之爲言愁也。”郭引“愁”作“揫”者，據鄭注“愁讀爲揫。揫，斂也”。《漢書·律曆志》云：“秋，𩌏也。”“𩌏”即“揫”字。此《説文》及鄭義所本。又《釋名》云：“秋，緧也，緧迫品物使時成也。”《周禮目録》云：“秋者，酋也。”《太玄·玄文》注云：“酋之言聚也。”是皆以聲爲義者也。

屈者，蟠屈有斂聚之意。《聘禮》云“屈繅”，鄭注：“屈繅者斂之。”《詩》“屈此羣醜”，傳：“屈，收也。”釋文引《韓詩》亦云：“屈，收也。”收斂得此衆聚。通作“詘”。《漢書·楊雄傳》音義引諸詮云：“詘，古屈字。”又通“闕”與“厥”，蓋“厥、屈”皆短尾之稱，故會意爲聚耳。

戢者，《説文》云：“藏兵也。”“藏”亦斂，故《詩·鴛鴦》《白華》箋並云："戢，斂也。""斂"亦聚，故《桑扈》《時邁》傳並云："戢，聚也。"通作"輯"。《書》"輯五瑞"，《史記》作"揖五瑞"，集解引馬融注："揖，斂也。"《詩・螽斯》傳："揖揖，會聚也。"釋文："揖，子入反。"又通作"集"。《文選・東京賦》云"總集瑞命"，薛綜注："集，聚也。"又通作"戠"。《易・豫》云"朋盍簪"，集解引虞翻作"朋盍戠"；"戠，聚會也"，釋文引作"戠，叢合也"，然則"叢"與"聚"、"合"與"會"並字異而義同矣。

蒐者，"搜"之假借也。《説文》："搜，衆意也。"本《詩・泮水》毛傳。蓋矢五十爲一束，故言衆意。"衆、聚"並从㐺，故其義同。搜，隸變作"搜"，通作"廋"。《公羊桓四年傳》"秋曰廋"，釋文："廋，本又作搜。"又通作"蒐"。《穀梁桓四年傳》"秋曰蒐"，釋文："蒐，麋氏本又作搜。"《公羊》釋文："廋，本亦作蒐。"《昭八年》《定十三年》釋文並與此同。《左氏・昭廿九年》釋文："搜，本又作蒐。"《郊特牲》釋文："搜，本又作廋。"是"廋、搜、蒐"古俱通用。若以聲義求之，則"蒐狩"之"蒐"，"搜"爲正體，"廋"爲假音，"蒐"爲譌字。"蒐"从鬼聲，於義又舛，但經典相承通用，説見《釋草》"茅蒐"下。又通作"獀"。《禮・祭義》云"而弟達乎獀狩矣"，鄭注："春獵爲獀。"《魏大饗碑》云"周成岐陽之獀"，亦作"獀"字。蓋"獀"即"搜"也，隸書手旁、犬旁形近易淆，俗師不曉，因致斯譌。然則"搜"變爲"獀"，與"搜"借爲"蒐"，其失正同矣。

裒者，"捊"之假音也。《説文》："捊，引取也。"《玉篇》引《説文》作"引聚也"，據《詩》"原隰捊矣"，捊，聚也。通作"裒"。《詩》"原隰裒矣""裒時之對""裒荊之旅"，毛傳並云："裒，聚也。"又通作"捊"。《玉篇》引《易》曰"君子以捊多益寡"，《易・

謙》釋文:"裒,鄭、荀、董、蜀才作捊,云:'取也。'《字書》作掊。"《詩》"曾是掊克",釋文:"掊,蒲侯反,聚斂也。"又通作"抱"。《説文》:"捊或从包。"《玉篇》云:"抱,《説文》同捊。"又通作"褎"。《禮·雜記》注"招用褎衣也",釋文作"裒",云:"裒,本又作褎。"《爾雅》釋文亦云:"裒,古字作褎,本或作捊。"按:"捊、褎"一聲之轉。"褎"之爲言"保"也,"保"有聚義,故都邑之城曰"保",村落之城曰"聚"。《莊子·列禦寇》篇云"人將保汝矣",郭象注:"保者,聚守之謂也。"是"保、褎"義同,"褎、裒"形近,疑"裒"即"褎"之或體矣。

鳩者,"勼"之假音也。《説文》:"勼,聚也,讀若鳩。"通作"鳩"。《書》"共工方鳩僝功",《史記·五帝紀》作"共工旁聚布功"。《左氏襄廿五年傳》"鳩藪澤",《昭十七年傳》"五鳩,鳩民者也",杜預注並云:"鳩,聚也。"《隱八年傳》"以鳩其民"、《襄十六年傳》"敢使魯無鳩乎",注並云:"鳩,集也。""集、聚"義同。又通作"逑"。《説文》:"逑,聚斂也。"引《虞書》曰:"旁逑孱功。"《爾雅·釋訓》云"惟逑鞫也",釋文引《字林》云:"逑,聚斂也。本亦作求。"按:求《方言》訓爲"搜略",是"求"有聚意。又通作"救"。《説文》人部引《虞書》曰:"旁救僝功。"按:《釋器》云"絇謂之救",郭注:"救絲以爲絇。"是"救"有糾聚之義也。

摟者,《説文》云:"曳聚也。"《玉篇》引《詩》"弗曳弗摟","摟"亦曳也。通作"婁"。《詩》"式居婁驕",鄭箋:"婁,斂也。"《荀子·非相篇》作"式居屢驕",楊倞注:"屢讀爲婁。婁,斂也。"又通作"蔞"。《檀弓》云"設蔞翣",鄭注:"蔞翣,棺之牆飾。"《周禮》"蔞"作"柳"。《縫人》職云"衣翣柳之材",鄭注:"柳之言聚,諸飾之所聚。"《釋名》云:"輿棺之車,其蓋曰柳。

柳,聚也,衆飾所聚,亦其形僂也。”按:《釋名》所謂“柳車”,即《漢書·季布傳》之“廣柳車”也,晉灼注亦訓“柳”爲“聚”。又通作“僂”。《莊子·達生》篇云“死得於腞楯之上,聚僂之中”,釋文引司馬彪云:“聚僂,器名也,今冢壙中注爲之。一云聚僂,棺椁也;一云聚當作菆,才官反,僂當作蔞,力久反,謂殯於菆塗蔞翣之中。”又與“蓼”同。《詩》“烝在栗薪”,釋文引《韓詩》作“蒸在蓼薪”,“蓼,力菊反,衆薪也”。是“蓼”與“婁、蔞、僂、柳”俱聲轉義同矣。郭云“摟猶今言拘摟聚”者(拘,古侯反),蓋當時方言以“拘摟”爲“聚”,猶今俗語以“牢搜”爲“聚”也。《後漢書·董卓傳》云:“剽虜資物謂之搜牢。”按:搜牢,今語轉作“牢搜”。“牢搜”猶“摟蒐”,皆斂聚之意。《方言》云:“搜、略,求也。就室曰搜,於道曰略。略,强取也。”然則《方言》之“搜略”,即《漢書》之“搜牢”,又即《爾雅》之“蒐摟”矣。“摟、牢、略”俱一聲之轉。

肅、齊、遄、速、亟、屢、數、迅,疾也。《詩》曰:“仲山甫徂齊。”**寁、駿、肅、亟、遄,速也。**《詩》曰:“不寁故也。”駿猶迅,速亦疾也。

《釋名》云:“疾,截也,有所越截也。”又云:“疾,疾也,客氣中人急疾也。”《詩》“旻天疾威”,箋:“疾猶急也。”《周語》云“高位實疾顛”、《齊語》云“深耕而疾耰之”,韋昭注並云:“疾,速也。”

肅者,上文云:“進也。”“進、疾”義近,故《詩·小星》傳:“肅肅,疾貌。”“肅”有嚴急之意,故《洪範五行傳》“側匿則侯王其肅”,鄭注:“肅,急也。”通作“夙”。夙,早敬也。早敬亦疾速,故《詩》“載震載夙”箋:“夙之言肅也。”是“肅、夙”聲義同。又通作“速”。《特牲饋食禮》注:“宿,或作速,《記》作肅。”是“肅、速”又通矣。

齊者,壯之疾也。《釋言》云:“齊,壯也。”《尚書大傳》云“多聞而齊給”、《荀子·臣道篇》云“齊給如響”、《性惡篇》云“齊給便敏而無類”,鄭注及楊倞注並云:“齊,疾也。”郭引《詩》“仲山甫徂齊”,以“齊”爲“疾”,蓋本三家《詩》説也。通作“資”。《説苑·敬慎》篇云“資給疾速”,“資給”即“齊給”也。又通作“齌”。《説文》云:“齌,炊餔疾也。”《離騷》云“反信讒而齌怒”,王逸注:“齌,疾也。”聲轉爲“捷”,故《淮南·説山》篇云“力貴齊,知貴捷”,高誘注:“齊、捷皆疾也。”“齊”訓“疾”,故衛太叔疾字齊,見《左傳》,亦其證矣。

遄者,《説文》云:“往來數也。”《詩》“遄臻于衛”“亂庶遄沮”“式遄其歸”,傳並云:“遄,疾也。”通作“顓”。《易》“已事遄往”,釋文:“遄,荀作顓。”

速者,《説文》云:“疾也。”通作“數”。《考工記·總目》注:“速,書或作數。”《弓人》注:“故書速或作數。”聲近“儵”,《説文》云:“儵,疾也。”《文選·東都賦》云“指顧儵忽”,李善注:“儵忽,疾也。”

亟者,《説文》云:“敏疾也。”通作“㥛”。《説文》云:“㥛,疾也。”又通作“極”。《易·説卦》云“爲亟心”,釋文:“亟,荀本作極。”《莊子·盜跖》篇云“亟去走歸”,釋文:“亟,本或作極。”《荀子·賦篇》云“出入甚極”,又云“反覆甚極”,楊倞注並云:“極讀爲亟,急也。”亦通作“茍”。《説文》:“茍,自急敕也。”《爾雅》釋文:“亟,字又作茍,同,居力反。”又通作“棘”。釋文:“亟,經典亦作棘。”按:《詩》“棘人欒欒”“玁狁孔棘”,“棘”即

“亟”也。“匪棘其欲”,釋文:“亟,或作棘。”又通作“革”。《檀弓》云“夫子之病革矣”,又云“若疾革”,釋文:“革,本又作亟。”是“亟、棘、革”音義俱同矣。

屢者,“婁”之俗體也。《釋言》云:“婁,亟也。”《説文》云:“婁,務也。”“務,趣也。”言趣赴於事,是急疾之義也。通作“僂”。《公羊莊廿三年傳》“夫人不僂”,何休注:“僂,疾也。”《荀子·儒效篇》云“雖有聖人之知,未能僂指也”,又云“賣之不可僂售也”,楊倞注並云:“僂,疾也。”又通作“屢”。《釋言》釋文:“婁,本又作屢。”《詩·賓之初筵》傳及《正月》《巧言》箋並云:“屢,數也。”《角弓》云“式居婁驕”,釋文:“婁,王力住反,數也。”是王肅讀“婁”爲“屢”也。

數者,與“屢”同意,今人言“數數”猶言“屢屢”也。“屢、數”有迫促之意,故同訓爲“疾”。《禮·祭義》云“其行也趨趨以數”,鄭注:“趨讀如促,數之言速也。”《樂記》云“衛音趨數煩志”,鄭注:“趨數讀爲促速。”《考工記·總目》云:“不微至無以爲戚速也。”“戚”與“蹙”同,“戚速”即“促速”也。是“數”訓爲“速”,亦通作“速”。《曾子問》云:“不知其已之遲數。”“數”即“速”也。《考工記》注:“速,書或作數。”是其字通矣。

迅者,《説文》云:“疾也。”《釋獸》云:“狼,絶有力迅。”《楚辭·招魂》篇云“多迅衆些”、《文選·西京賦》云“紛縱體而迅赴”,皆以“迅”爲“疾”也。通作“訊”。凡經典“振訊、奮訊”,俱“迅”之假借,故《詩·雄雉》箋:“奮訊其形貌。”《樂記》注:“奮,訊也。”《詩·七月》傳“莎雞羽成而振訊之”、《公羊·莊八年》注“故以振訊士衆言之”,釋文並云:“訊,本作迅。”又與“駿”同。《爾雅》釋文:“迅,信、峻二音。”是“駿、迅”音又同。凡音同者字通。

○寁者,《説文》云:“居之速也。”《詩·遵大路》傳:“寁,速也。”正義引舍人曰:“寁,意之速也。”通作“疌”。《爾雅》釋文:“寁,本或作疌,同,子感反。”又通作“簪”。《易》“朋盍簪”,釋文:“簪,徐側林反,子夏傳同,疾也。鄭云:‘速也。’《埤蒼》同。王肅又祖感反。京作撍,馬作臧,荀作宗,虞作戠。”然則王肅以“簪”爲“寁”,其“撍、臧、宗、戠”俱一聲之轉也。“撍”又轉爲“憯”。《墨子·明鬼》篇云:“鬼神之誅若此之憯速也。”是“憯、寁”又聲轉義同矣。

駿者,馬之速也。《詩》“駿發爾私”,箋:“駿,疾也。”通作“逡”。《禮·大傳》云“逡奔走”,鄭注:“逡,疾也。”又與“峻”同。

峻者,嚴急之意也。又與“侚”同。《説文》云:“侚,疾也。”《史記·五帝紀》云“幼而徇齊”,集解:“徇,疾。齊,速也。”《禮·大學》注:“恂,字或作峻,讀如嚴峻之峻。”是“峻、侚”聲義同。又與“迅”同,故郭云:“駿猶迅也。”《弟子職》云:“若有賓客弟子駿作。”注亦以“駿”爲“迅”矣。“肅、亟、遄”既訓“疾”,又訓“速”者,“速”亦“疾”也。

壑、阬阬、滕、徵、隍、漮,虚也。壑,谿壑也。阬阬,謂阬壍也。隍,城池無水者。《方言》云:“漮之言空也。”皆謂丘墟耳。滕、徵,未詳。

《玉篇》云:“虚,丘居切,大丘也。今作墟。又許魚切,空也。”是“虚”有二音二義,古無“墟”字,其“空虚、丘虚”並作“虚”,故《易》云“升虚邑”,釋文:“虚如字,空也。徐去餘反,馬云丘也。”《詩》:“升彼虚矣。”《爾雅·釋水》注:“虚,山下基也。”是皆以“虚”爲“墟”也。後人虚旁加“土”，以别於空虚，因而經典亦多改“虚”爲“墟”，故《文選·西征賦》注引《聲類》曰：“墟，故所居也。”“升彼虚矣”及《檀弓》“虚墓之閒”，釋文並云：“虚，本作墟。”是皆以“墟”爲“虚”也。《爾雅》之“虚”，本以空虚爲義，郭云“皆謂丘虚”，蓋失之矣。

壑者，釋文云：“本或作叡。”《説文》云：“叡，溝也。叡或从土。”《釋言》云“隍，壑也”，郭注：“城池空者爲壑。”《詩》“實墉實壑”，釋文：“壑，城池也。”《郊特牲》云“水歸其壑”，鄭注：“壑猶阬也。”是“壑”有二訓，《郊特牲》之“壑”謂阬谷也，《詩·韓奕》之“壑”謂隍池也。然二義皆謂空虚，郭云“壑，谿壑”者，《晉語》云“谿壑可盈”，“谿壑”即溝矣。

阬者，《説文》云：“閬也。”蓋“阬閬”猶“閌閬”，空虚貌也。“阬阬”重文，經典所無，鄭樵謂衍一字，恐是也。《後漢書·馬融傳》注引《蒼頡篇》曰：“阬，壑也。”俗作“坑”。《莊子·天運》篇云：“在谷滿谷，在坑滿坑。”通作“亢”。《史記·孫臏傳》云：“批亢擣虚。”蓋“亢”亦虚空之地，“亢”即“阬”矣。索隱以“相亢拒”爲解，失其義也。證以《釋名》云：“鹿兔之道曰亢，行不由正，亢陌山谷草野而過也。”是“亢”與“阬”同。郭云“阬壍也”者，《説文》作“塹”，云：“阬也。”《玉篇》引《左傳》注：“溝塹也。”又引《字書》云：“城隍也。”然則壑、隍、阬通謂之“塹”矣。

滕者，水之虚也。《説文》云：“滕，水超涌也。”《玉篇》引《詩》“百川沸滕”，水上涌也。《毛詩》“滕”作“騰”而訓“乘”，乘陵亦超涌之意。《易》云“滕口説也”，釋文：“滕，九家作乘。”然則口以滕説爲虚，水以滕涌爲虚，其義正同矣。

徵者，微之虚也。《説文》云：“徵从微省。”“微”訓爲“隱”，

“隱”與“虚”近。《莊子·天運》篇云“徵之以天”,釋文:“徵,古本多作徽。”按:“徽”亦从微省。下文云:“徽,止也。”説者謂“徽”亦當爲“徵”,“徵”有“止”音。然則“止”爲空盡之義,故亦爲虚。馬瑞辰曰:“徵與懲通。”《文選·思玄賦》云“懲淟涊而爲清”,舊注:“懲,騰也。”“懲”訓爲“騰”,則“徵”之訓“虚”與“滕”之訓“虚”,其義又同矣。

隍者,《説文》云:“城池也。有水曰池,無水曰隍。”引《易》“城復于隍”。《詩·韓奕》正義引鄭注云:“隍,壑也。”本《釋言》文,又引舍人曰:“隍,城池也。”李巡曰:“隍,城池壑也。”《一切經音義》四引《蒼頡篇》曰:“隍,城下阬。”《易·泰》釋文:“隍,城塹也。子夏作堭,姚作湟。”是“湟、堭、隍”通。

漮者,《説文》云:“水虚也。”“虚”上當脱“之”字,釋文引作“水之空也”,“空”當爲“虚”也。通作“穅”。《謚法》云:“穅,虚也。”省作“康”。《詩·生民》及《莊子·天運》篇釋文並云:“穅,字亦作康。”《賓之初筵》箋:“康,虚也。”正義云:“康,虚。《釋詁》文。”又通作“歞”。《説文》云:“飢虚也。”釋文:“漮,字又作歞。”又通作“㡃”。《説文》云:“屋㡃㝗也。”《方言》云“㡃,空也”,郭注:“㡃㝗,空貌。㡃或作歞虚字也。”又通作“槺”。《文選·長門賦》云“委參差以槺梁”,李善注:“㡃與槺同。”然則“槺梁”即“㡃㝗”矣。又通作“荒”。釋文引郭云:“漮,本或作荒。”“荒”亦丘墟之空無,此蓋引郭《音義》之文。“康、荒”古通用,故《易》“包荒”釋文:“荒,鄭讀爲康,云虚也。”《詩》“具贅卒荒”“我居圉卒荒”,傳箋並云:“荒,虚也。”正義云:“荒,虚。《釋詁》文。”又引某氏曰“《周禮》云‘野荒民散則削之’”,“唯某氏之本有荒字耳,其諸家《爾雅》則無之”。據正義此引則知郭云"漮,本作荒"者,正指某氏本而言,毛、鄭所見蓋亦此本,是"荒"即"漮"之異文,非"漮"外更有"荒"字。或疑郭本多一"阬"字,少一"荒"字,亦非也。"荒"依正文當作"㠩",《説文》:"㠩,虚無食也。"《玉篇》省作"㐬"。是"㠩"爲正體,"荒"乃假借。《易·泰》釋文:"荒,本亦作㐬。""㐬"亦假借也。

黎、庶、烝、多、醜、師、旅,衆也。皆見《詩》。**洋、觀、裒、衆、那,多也。**《詩》曰:"薄言觀者。"又曰:"受福不那。"洋溢,亦多貌。

《説文》云:"衆,多也,从㐺目,衆意。""㐺,从三人。"按:《周語》云:"人三爲衆。"《易·説卦》云:"坤爲衆。"夫陰象爲民,民庶萌也;地數爲耦,耦合同也。皆會衆意。"衆"通作"終","終"猶"充"也。充滿義亦爲"衆",故《雜卦》云"大有衆也",釋文:"衆,荀作終。"《士相見禮》注:"今文衆爲終。"又《釋草》"衆秫""貫衆"之"衆",古俱音"終",亦其證矣。

黎、庶者,民之衆也。《説文》云:"黔,黎也。秦謂民爲黔首,謂黑色也。周謂之黎民。"按:"黎民"見《堯典》,非起於周。民不皆黑色,舉其衆多而言也。《詩》"民靡有黎",毛傳:"黎,齊也。"鄭箋:"黎,不齊也。"不同者,"齊"與"不齊"皆會衆意也。黎,通作"莉"。《韓勑後碑》云:"□□莉民。"又通作"梨"。《桐柏廟碑》云:"梨庶賴祉。"又通作"犁"。《三公山碑》云:"羣犁百姓。"是皆以聲爲義也。

庶者,《説文》云:"屋下衆也。从炗。炗,古文光字。"按:"光"亦廣也。"光、廣"皆衆盛之意。《釋言》云:"庶,侈也。"奢侈亦衆多之意。庶,通作"卌"。《説文》云:"卌與庶同意。"《漢孔和碑》"庶"即作"卌"。按:"卌"本四十字,數之積也,故與

“庶”意又同矣。

烝者,气之衆也。《説文》云:“烝,火气上行也。”《春秋繁露》云:“畢熟故烝,烝言衆也。”是冬祭之“烝”亦訓爲“衆”。通作“蒸”。《詩》“天生烝民”,《孟子》作“天生蒸民”。又通作“媵”。《易·小過》注“則蒸而爲雨”,釋文:“蒸,字又作烝。或作媵。”按:“媵”訓“送女”,與“衆”義近。《廣韵》“烝、媵”同部,則音又近矣。

醜者,儔也,類也。儔輩、羣類皆以衆言之也。《詩》“戎醜攸行”“以謹醜厲”“屈此羣醜”,傳並云:“醜,衆也。”通作“媿”。武梁祠堂畫像云“無鹽媿女”,“媿”即“醜”也。按:“醜”與“媿”雖俱从鬼而聲不相應,“醜”訓“可惡”,因惡生媿,此則以義假借,不可以聲求者也。

師、旅者,人之衆也。《説文》云:“二千五百人爲師。从帀从自。自四帀,衆意也。”“軍之五百人爲旅。从㫃,从从。从,俱也。”《小司徒》云:“五卒爲旅,五旅爲師。”《夏官·序官》注:“軍、師、旅、卒、兩、伍,皆衆名也。”《釋言》云:“師,人也。”人者,槩乎衆之詞也。《廣雅》云:“師,官也。”“官”从自(音堆),“自”亦衆矣。“旅”之爲言“俱”也,“俱”亦衆意,故《樂記》云“進旅退旅”,鄭注:“旅猶俱也。”《詩》“旅力方剛”“殷商之旅”,傳並云:“旅,衆也。”“旅”又敘也,陳也。陳列、敘次,其義亦皆爲衆也。

○“多”既爲“衆”,“衆”又爲“多”,互相訓也。

洋者,《匡謬正俗》云:“今山東俗謂衆爲洋。”按:以“洋”爲多,古今通語,故《詩·閟宫》傳:“洋洋,衆多也。”《碩人》傳:“洋洋,盛大也。”《衡門》傳:“洋洋,廣大也。”《大明》傳:“洋洋,廣也。”“廣、盛、大”俱與“多”義近。通作“穰”。《執競》傳:“穰穰,衆也。”《文選·東京賦》注:“穰穰,衆多也。”“穰”聲同“壤”。《史記·滑稽傳》云“穰穰滿家”,《貨殖傳》云“天下壤壤,皆爲利往”,“壤壤”即“穰穰”也,聲轉爲“蠅蠅”。《尚書大傳》云“禾黍蠅蠅”,“蠅蠅”亦“洋洋”也。《方言》云“蠅,東齊謂之羊”,郭注:“此亦語轉耳。今江東人呼羊聲如蠅。”然則“蠅蠅”即“洋洋”矣。又轉爲“油油”。《文選·思舊賦》注引《大傳》作“禾黍油油”,《詩》“河水洋洋”,《楚辭·九歎》注引作“河水油油”。又轉爲“繩繩”。《漢書·伍被傳》張晏注作“黍苗之繩繩”,“繩繩”亦“蠅蠅”也。古讀“洋、詳”同音,故《穆天子傳》云“庚辰濟于洋水”,郭注:“洋,音詳。”《海内西經》注亦云:“洋音翔。”“洋”讀爲“詳”,則知“繩繩”亦“洋洋”之聲轉。《爾雅》釋文以讀“洋”爲“詳”者非,蓋未通於郭音矣。

觀者,郭引《詩》“薄言觀者”,又“適觀厥成”“奄觀銍艾”,箋並云:“觀,多也。”“永觀厥成”釋文亦云:“觀,多也。”聲同“灌”。灌,叢也。叢聚亦多也。釋文云:“觀,顧、謝音官,施古唤反。”“古唤反”者,讀如“觀兵”之“觀”。“觀”訓“示”也,示於人必多於人也,故訓“多”矣。

裒者,上文云:“聚也。”聚則多矣,故又爲多。《詩》“裒時之對”,鄭箋:“裒,衆也。”

那者,《詩》“受福不那”“猗與那與”,傳並云:“那,多也。”“有那其居”,釋文引王肅亦云:“那,多也。”通作“難”。“難、那”聲轉,故“難”有“那”音。“隰桑有阿,其葉有難”,“難”即音“那”,毛傳:“難然盛貌。”“盛、多”義近,是“阿難”即“阿那”也,俗加女旁爲“婀娜”矣。又通作“儺”。《詩》“猗儺其枝”,“猗儺”即“阿那”也。“受福不那”,《説文》鬼部作“受福不儺”,《周禮·占夢》注:“故書難或爲儺。”是“難、儺、那”古皆通用。又《詩》“猗儺其華”,《楚辭·九歎》注引作“旖旎其華”。釋文:“那,本或作㑚。”《廣雅》云:“㑚,多也。”“㑚”蓋“那”之或體耳。

流、差、柬,擇也。皆選擇,見《詩》。

《説文》云:“擇,柬選也。”《淮南·本經》篇云“是以不擇時日”,高誘注:“擇,選也。”《吕覽·簡選》篇云“與惡劍無擇”,高注:“擇,别也。”通作“澤”。《禮·射義》云:“天子將祭,必先擇射於澤。澤者,所以擇士也。”《曲禮》云“共飯不澤手”,鄭注:“澤謂挼莎也。澤或爲擇。”按:挼莎者,《詩·葛覃》釋文引阮孝緒《字略》云:“煩撋猶挼莎也。”然則“挼莎、煩撋”皆去垢污以取精潔,與“擇”義近,故其字通矣。

流者,《釋言》云:“求也。”“求、擇”義近。《詩》“左右流之”,“流”宜訓“擇”。毛傳“流”訓“求”、“芼”訓“擇”者,蓋以淺深爲義,實則二義亦相成也。《大戴禮·曾子立事》篇云“觀説之流”,盧辯注:“流謂部分。”《漢書·食貨志》云:“朱提銀重八兩爲一流。”“流”謂流别,蓋亦選擇之名,故分别人物謂之“品流”也。“流”之與“離”,俱以分别爲義,故“冕旒、衣裗”俱从流聲,其義亦近。通作“疏”。《左氏昭廿年傳》“出入周流”,釋文:“流,古本有作疏者。”“疏”有分離之義,“流”是區别之名,故於義得通矣。

差者,《詩》“穀旦于差”“既差我馬”,傳箋並云:“差,擇也。”《既夕記》云:“差盛之。”鄭注亦訓爲“擇”。《爾雅》釋文:“差,楚佳反。”《詩·關雎》釋文:“差,初宜、初佳二反。”“初宜反”者訓“次”也,“等”也,然等次與别擇亦近。“差”聲近“斯”,

《左氏襄十四年傳》"庾公差",《孟子》作"庾公斯"。《釋言》云:"斯,離也。"《説文》云:"斯,析也。"離析與别擇之義又近也。

柬者,《説文》云:"分别簡之也。从束从八。八,分别也。"《荀子·修身篇》云"安燕而血氣不惰柬理也",楊倞注:"柬與簡同,言柬擇其事理所宜。"通作"揀"。《一切經音義》五引《埤蒼》云:"揀,擇也。"《玉篇》云:"揀,力見反,擇也。又音簡。"亦通作"簡"。《詩·簡兮》箋:"簡,擇也。"《周禮·趣馬》云"簡其六節"、《禮·王制》云"簡不肖以絀惡",鄭注:"簡,差也,擇也。"《文選·東京賦》及《魏都賦》《長楊賦》注並引《爾雅》作"簡,擇也",是"簡、柬"通。《方言》云:"撟捎,選也(矯騷兩音)。自關而西秦晉之閒凡取物之上謂之撟捎。"按:"撟捎、簡選"聲亦相轉。

戰、慄、震、驚、戁、竦、恐、慴,懼也。《詩》曰:"不戁不竦。"慴即懾也。

《説文》云:"懼,恐也。"《方言》云:"懼,驚也。"通作"戄"。《莊子·天運》篇云"吾始聞之懼"、《庚桑楚》篇云"南榮趎懼然顧其後",釋文並云:"懼,本作戄。"蓋"戄、懼"並从瞿聲,"瞿"有驚遽之意也。

戰者,《廣雅》云:"憚也。"《白虎通》引《尚書大傳》曰:"戰者,憚驚之也。"《法言》云"見豺而戰",李軌注:"戰,悸也。"《詩》傳:"戰戰,恐也。"《孝經》注:"戰戰,恐懼。"《釋訓》云:"戰戰、蹌蹌,動也。""動"亦恐動也,與"顫"同。《玉篇》云:"顫,動也。"《廣韵》云:"顫,四支寒動。"《淮南·説山》篇云"故寒顫,懼者亦顫",高誘注:"顫讀天寒凍顫之顫。"是"顫、戰"聲義同,寒顫即寒戰矣。

慄者,“栗”之俗體,古止作“栗”。《説文》卤部引徐巡説“木至西方戰栗”,《論語》“使民戰栗”,是“栗”爲本字,通作“慄”。《廣雅》云:“慄,戰也。”《詩》“惴惴其慄”,傳:“慄慄,懼也。”《莊子·人閒世》篇云:“吾甚慄之。”《素問·瘧論》云“寒慄鼓頷”,王砯注:“慄謂戰慄。”《調經論》注:“慄謂振慄也。”按:“振慄”即“戰慄”。聲轉又通作“凓”。《説文》云:“凓,寒也。”《素問·氣交變大論》云“其變凓冽”,《詩》“二之日栗烈”,傳:“栗烈,寒氣也。”“栗烈”即“凓冽”矣。

震者,動之懼也。下文云:“震,動也。”《説文》云:“震,劈歷振物者。”蓋震霆疾威,故會意爲懼。《周語》云“玩則無震”,韋昭注:“震,懼也。”通作“振”。《書》“震驚朕師”,《史記·五帝紀》作“振驚朕衆”。又通作“祇”。《書》云“爾謂朕曷震動萬民以遷”,漢石經“震”作“祇”;“日嚴祇敬六德”,《史記·夏紀》“祇”作“振”;“治民祇懼”,《魯世家》作“治民震懼”。蓋震懼、祇敬其義相近,“震、祇”聲又相轉,故古字通矣。

驚者,《説文》云:“馬駭也。”《文選·西京賦》注:“驚、憚謂皆使駭怖也。”《羽獵賦》注引宋衷《春秋緯》注云:“驚,動也。”驚動與震動同意。“驚”之言猶“警”也,“警”訓“敬戒”,與恐懼義近,故《文選·歎逝賦》云“節循虚而警立”,李善注:“警猶驚也。”

戁者,下文云:“動也。”《説文》云:“敬也。”皆與“懼”義近,故《詩》“不戁不竦”傳云:“戁,恐也。”通作“赧”。“赧”訓“慙”,亦與“懼”近,故《楚語》云“否則赧”,韋昭注:“赧,懼也。”聲轉爲“鬉”。《説文》云:“鬉,見鬼驚聲,讀若《詩》‘受福不儺’。”蓋“戁”从難聲,“鬉”从難省聲,訓爲“驚懼”,其義又同矣。

竦者,“愯”之假音也。《説文》云:“愯,懼也。从雙省聲。”引《春秋傳》曰:“駟氏愯。”通作“慫”。《説文》云:“慫,驚也,讀若悚。”又通作“聳”。《方言》云:“聳,悚也。”《左氏昭六年傳》“聳之以行”,杜預注:“聳,懼也。”《漢書·刑法志》作“雙之以行”,晉灼注:“雙,古竦字也。”按:“雙”即“愯”字,从雙不省。“駟氏愯”,《左氏昭十九年傳》作“駟氏聳”,《文選·廣絶交論》注引《爾雅》亦作“聳,懼也”。又通作“竦”。《説文》云:“竦,敬也。”“竦”訓“敬”,與“戁”同意,故“不戁不竦”毛傳:“竦,懼也。”《後漢書·張綱傳》云“京師震竦”、《文選·長楊賦》云“整輿竦戎”,李善注:“竦與聳古字通。”又通作“悚”。“不戁不竦”,《家語·弟子行》篇作“不戁不悚”。《一切經音義》十三引《字林》云:“悚,惶遽也。”

恐者,《詩》云:“將恐將懼。”《素問·藏氣法時論》云:“善恐,如人將捕之,聲近供。”《廣雅》云:“供,懼也。”《方言》云:“蛩供,戰慄也(鞏恭兩音)。荆吴曰蛩供,蛩供又恐也。”按:“蛩、供”疊韵,合之爲“恐”,聲又近“兇”(許拱切)。《左氏僖廿八年傳》:“曹人兇懼。”然則“供、兇”合聲亦爲“恐”矣。

慴者,《説文》云:“懼也。讀若疊。”《莊子·達生》篇云:“是故遻物而不慴。”通作“懾”。《説文》云:“懾,失气也。”《逸周書·大戒》篇云:“大則驕,小則懾。”《曲禮》云“則志不懾”,鄭注:“懾猶怯惑。”《樂記》云“柔氣不懾”,鄭注:“懾猶恐懼也。”又通作“㦡”。《廣雅》云:“㦡,懼也。”《一切經音義》七云:“懾,《聲類》作㦡,同,止業反。”又通作“慹”。《説文》云:“慹,悑也。”《一切經音義》九云:“懾,古文慹,或作讋。”《説文》:

“讋,失气言。傅毅讀若慴。”按:“慴”古讀若“疊”,亦通作“疊”。《詩》“莫不震疊”,傳:“疊,懼也。”《吴都賦》云“鉦鼓疊山”,劉逵注:“疊,振疊也。”“振疊”即“震疊”,“震疊”又即“震慴”,俱聲同假借字也。

痡、瘏、虺頹、玄黄、劬勞、咎、顇、瘽、瘉、鰥、戮、癙、癵、瘇、痒、疷、疵①**、閔、逐、疚、痗、瘥、痱、擅、瘵、瘼、癠,病也。**虺頹、玄黄,皆人病之通名,而説者便謂之馬病,失其義也。《詩》曰:“生我劬勞。”《書》曰:“智藏瘝在。”相戮辱亦可恥病也。今江東呼病曰瘵,東齊曰瘼。《禮記》曰:“親癠,色容不盛。”戮、逐,未詳。餘皆見《詩》。

《説文》云:“疾,病也。”“病,疾加也。”《釋名》云:“疾,疾也,客氣中人急疾也。病,並也,與正氣並在膚體中也。”按:古人疾、病連言,病甚於疾,故《説文》訓爲“疾加”。《論語》鄭注“病謂疾益困也”,包咸注“疾甚曰病”,皆其義也。“病”與“秉”通,見《士冠禮》注;“秉”與“柄”通,見《周禮·鼓人》注;又與“炳”通,見《文選·與吴質書》注。蓋“炳、柄”俱从丙,“病”亦丙聲,凡聲同者字亦通也。

痡、瘏者,《説文》並云:“病也。”《詩·卷耳》及《鴟鴞》傳同。痡,通作“鋪”。《爾雅》釋文:“痡,《詩》作鋪。”《詩》釋文:“痡,本又作鋪。”“淮夷來鋪”“淪胥以鋪”,毛傳及王肅並云:“鋪,病也。”《後漢書·蔡邕傳》注引《韓詩》作“勳胥以痡”,云:“痡,病也。”是“痡、鋪”通。瘏,通作“屠”。《廣雅》云:“屠,壞

① 疵　此本誤“庛”,咸豐六年刻本同。經解本及《十三經注疏》本作“疵”,郝氏疏語亦作“疵”,據改。

也。”“壞”與“病”義近。《爾雅》釋文:“瘏,《詩》作屠。”《卷耳》及《鴟鴞》釋文:“瘏,本又作屠。”是“屠、瘏”通。《詩》正義引孫炎曰:“痡,人疲不能行之病。瘏,馬疲不能進之病也。”此蓋望文生訓。知不然者,《鴟鴞》詩言“予口卒瘏”,彼非馬病,故知此亦人病之通名耳。

虺頹者,《卷耳》傳云:“病也。”釋文:“虺,《説文》作瘣。”按:“瘣”字誤,《説文》作“瘣”,云:“病也。”引《詩》“譬彼瘣木”。《毛詩》“瘣”作“壞”,故傳云:“壞,瘣也。謂傷病也。”是“壞”當作“瘣”(胡罪反)。《詩》及《爾雅》之“虺”俱“瘣”之假音。頹,《詩》作“隤”,亦假音也。釋文:“隤,《説文》作頹。”按:《説文》作“穨”,云:“秃皃。”隸作“頹”,通作“隤”。《説文》:“隤,下隊也。”《釋名》:“陰腫曰隤,氣下隤也。”然則“虺隤”亦人病之通名。《詩》釋文引孫炎云“馬退不能升之病”,亦望文生訓耳,且“虺隤”二字俱爲假音。《漢書·景十三王傳》云“日崔隤”,集注:“崔隤猶言蹉跎也。”蓋“蹉跎”與“崔隤”聲轉,“崔隤”又與“虺隤”聲近,證知此等假借之字,皆以聲爲義也。隤,通作“退”,見《易·繫辭》釋文。

玄黄者,《卷耳》傳:“玄馬病則黄。”《爾雅》邢疏引孫炎曰:“玄黄,馬更黄色之病。”郭氏不從,以爲人病之通名是也。按:《易》云“其血玄黄”,《詩》云“何草不黄”“何草不玄”,明不獨馬病爲然,故《素問·五藏生成論》云:“黄如蟹腹者生,黑如烏羽者生。”《史記·扁鵲倉公傳》云:“望之殺然黄,察之如死青之兹。”又云:“胃氣黄,黄者土氣。”《左氏哀十三年傳》:“肉食者無墨。”是皆“玄黄”之義爲人病之通名矣。

劬勞者,力乏之病也。《詩·凱風》及《鴻鴈》傳並云:“劬勞,病苦也。"《楚辭·九歎》云:"躬劬勞而瘏悴。"劬者,《禮·內則》云"見於公宫則劬",鄭注:"劬,勞也。"《鴻鴈》釋文引《韓詩》云:"劬,數也。"頻數亦勞也。通作"瞿"。《素問·靈蘭秘典論》云"窘乎哉消者瞿瞿",王砅注:"瞿瞿,勤勤也。"又通作"懼"。《方言》云:"懼,病也。"是"懼、瞿、劬"並聲義同。勞者,下文云:"勤也。"《説文》云:"勮也。"《淮南·精神》篇云"好憎者使人之心勞",高誘注:"勞,病也。"又云"竭力而勞萬民",《氾論》篇云"以勞天下之民",高注並云:"勞,憂也。""憂"亦病。《詩》言"維憂用勞",蓋因憂思而成病矣。

咎者,《説文》云:"災也。""災"即病也,古人謂病曰"災",故《公羊莊廿年傳》"大災者何?大瘠也",何休注:"瘠,病也。齊人語也。"是傳注俱訓"災"爲"病"。今東齊人謂病爲"災",蓋古之遺言也。《詩》"或慘慘畏咎"與"劬劳盡瘁"句意相對,此即《爾雅》"咎"訓爲"病"之義。咎,通作"皋","皋陶"古作"咎繇"。"皋"有緩義,筋脈弛緩,亦人之病,故《左氏哀廿一年傳》云"魯人之皋",又云"以爲二國憂","皋"之爲病,又其證矣。

顇者,《説文》云:"顦顇也。"《荀子·王霸篇》云"勞苦秏顇莫甚焉",楊倞注:"顇,顦顇也。"通作"瘁"。《詩》"憯憯日瘁""邦國殄瘁",毛傳並云:"瘁,病也。"《文選·歎逝賦》注引《蒼頡篇》曰:"瘁,憂也。""憂"亦病也。又通作"悴"。《説文》云:"憂也。"《方言》云:"傷也。""傷"亦病也。釋文:"顇,字或作悴。"《歎逝賦》注:"瘁與悴古字通。"又通作"萃"。《詩·出車》及《四月》釋文並云:"瘁,本作萃。"《左氏成九年傳》作"蕉萃",《昭七年傳》作"憔悴",《一切經音義》六又作"燋悴",而云"《三蒼》作顴頯"。按:"顴"俗字,徐鉉所增,《説文》作"醮"爲正。《玉篇》引《楚辭》云"顔色醮頯",是矣。

瘽者,《説文》云:"病也。"通作"懃"。釋文:"瘽,字亦作懃。"按:"懃"即"勤"字,與"劬勞"同意,故訓"病"矣。

瘉者,《詩》"胡俾我瘉""交相爲瘉",毛傳並云:"瘉,病也。"通作"愉"。下文"愉,勞也","勞"亦病。《龍龕手鑑》四引《爾雅》舊注云:"瘉,勞病也。"是"瘉、愉"同。又通作"愈"。《詩》"憂心愈愈",《釋訓》作"瘐瘐",《漢書·宣帝紀》注"瘐或作瘉",是矣。《説文》"瘉"訓"病瘳",蓋小瘳而猶病,今以病瘳爲愈,可知《詩》之"愈愈"即"瘉瘉",傳訓爲"憂懼",似失之也。"愈、瘐"皆即"瘉"之或體字耳,"瘉"之聲轉爲"猶"。《詩》"無相猶矣""其德不猶",箋並云:"猶當作瘉。瘉,病也。"又轉爲"遏"。《詩》"無遏爾躬",釋文引《韓詩》云:"遏,病也。"

鰥者,亦假借字也。經典通作"矜"。《書》"有鰥在下",《史記·五帝紀》作"有矜在民閒"。《後漢書·和帝紀》云"朕寤寐恫矜",李賢注:"矜,病也。"别作"瘝"。《書》"智藏瘝在",正義引鄭注:"瘝,病也。""恫瘝乃身",鄭注:"刑罰及己爲痛病。"按:"瘝"字,字書所無,《玉篇》《廣韵》有"瘝"字,古頑切,云:"病也。"疑"瘝、瘝"形近而譌耳。

戮者,辱之病也。《周禮·序官·掌戮》注云:"戮猶辱也。"《廣雅》及《晉語》注並云:"戮,辱也。"《説文》云:"辱,恥也。从寸在辰下。失耕時,於封畺上戮之也。"是"戮"取恥辱爲義,訓爲"病"者,《士冠禮》云"恐不能共事以病吾子",鄭注:"病猶辱也。"是"戮"訓"病"之證,郭義所本,又云"戮未詳"者,疑未敢定也。

瘋者,“鼠”之假音也。《詩》“鼠思泣血”,箋:“鼠,憂也。”“憂”即病也。《淮南·説山》篇云:“貍頭愈鼠。”即今之鼠創病,高誘注以爲“鼠齧人創”,非矣。通作“瘋”。《詩》“瘋憂以痒”,傳:“瘋、痒皆病也。”《中山經》云“脱扈之山,有草名曰植楮,可以已瘋”,郭注:“瘋,病也。”《爾雅》釋文引舍人云:“瘋,心憂憊之病也。”孫炎云:“瘋者,畏之病也。”按:鼠貪而畏人,孫炎蓋取“鼠思”爲説,舍人則本“瘋憂”爲訓也。

癵者,“臠”之俗體也。《説文》云:“臠,臞也。”引《詩》“棘人臠臠兮”。通作“欒”。《詩·素冠》傳:“欒欒,瘠貌。”箋:“瘦瘠也。”又通作“癵”。《爾雅》釋文引舍人云:“癵,心憂憊之病也。”蓋積憂成病,骨體瘦臞,與毛、鄭義合。釋文又云:“癵,郭作拘攣,同,力專反。”蓋郭欲破“癵”爲“攣”。《文選·登徒子好色賦》注引《爾雅》即作“攣,病也”,又據郭義追改《爾雅》,此皆非矣。

痙者,“悝”之俗體也。《説文》云:“悝,病也。”下文云:“憂也。”“憂、病”義相成。通作“里”。《詩》“悠悠我里”,傳:“里,病也。”“云如何里”,箋:“里,憂也。”釋文引王肅云:“病也。”又通作“痙”。《爾雅》釋文引舍人云:“痙,心憂憊之病也。”《玉篇》引《詩》作“悠悠我痙”。《十月之交》釋文:“里,本或作痙,後人改也。”《雲漢》釋文:“里,本又作痙。《爾雅》作悝。”今按:《爾雅》憂、病二義,其字皆當作“悝”,陸德明知悝憂作“痙”爲後人改字,不知悝病作“痙”,亦後人改字也,宜據《説文》訂正焉。

痒者,《説文》云:“瘍也。”“瘍,頭創也。”《詩》“瘋憂以痒”“稼穡卒痒”,傳箋並云:“痒,病也。”《爾雅》釋文引舍人云:

“痒，心憂憊之病也。”按：“癙、癵、瘇、痒”四字，舍人義訓俱同，蓋憂思煎灼，氣血鬱蒸，故或蘊而爲瘍，或结而爲病，胥是道焉。《玉篇》“痒與癢同”，非也。癢字，《説文》作“蛘”，云：“搔蛘也。”或作“癢”，通作“養”，與“痒”聲同義别。《玉篇》謂“相通借”，謬矣。

疷者，《説文》云：“病也。”《玉篇》渠支、丁禮二切。釋文：“疷，又音支。”《詩》“祇自疷兮”“俾我疷兮”，傳並云：“疷，病也。”《爾雅》釋文引孫炎云：“疷，滯之病也。”通作“祇”。《詩》“俾我祇也”，傳：“祇，病也。”《易》“無祇悔”，鄭注亦云：“祇，病也。”又别作“疲”。《爾雅》釋文：“疷，本作疲。《字書》云：‘疲，病也。’《聲類》猶以爲疷字。”按此則《爾雅》復有作“疲”之本。《説文》云：“疲，勞也。”“勞”亦病。通作“罷”。《齊語》云“罷士無伍，罷女無家”，韋昭注：“罷，病也。”是“罷”即“疲”，“疲”亦病，《爾雅》古有作“疲”之本，亦其證矣。

疵者，《説文》云：“病也。”《禮運》云“是謂疵國”、《莊子·逍遥遊》篇云“使物不疵癘”，“疵”皆訓“病”。《書》云“知我國有疵”，馬融注：“疵，瑕也。”“瑕”亦病也。通作“呰”。《漢書·翟義傳》云“固知我國有呰災”，集注：“呰，病也。”又通作“訾”。《檀弓》云“亦非禮之訾也”，鄭注：“訾，病也。”又通作“疨”。《一切經音義》二云：“疵，古文疨，同。”《説文》云：“疨，瑕也。”瑕，《玉篇》作“瘕”，是“瘕、瑕”，“疵、疨”俱字異音義同。

閔者，《説文》云：“弔者在門也。”《玉篇》云：“閔，病也。傷痛爲閔。”是“閔”兼疾病、傷痛二義，《説文》唯主後義，《玉篇》爲長。經典亦二義互見，故《詩》“覯閔既多”“鬻子之閔斯”、《閔予小子》及《儒行》云“不閔有司”，毛、鄭並云：“閔，病也。”

是皆《玉篇》前義,本於《爾雅》也。《左氏宣十二年傳》"寡君少遭閔凶",《楚辭·天問》篇云"閔妃匹合",又云"舜閔在家",杜預及王逸注並云:"閔,憂也。""閔予小子",箋:"閔,悼傷之言也。"是皆《玉篇》後義,亦與前義相成也。通作"文"。《儒行》注:"閔或爲文。"又通作"憫"。《淮南·主術》篇云"年衰志憫",高誘注:"憫,憂也。"又通作"愍"。《説文》:"愍,痛也。"《一切經音義》三引《字詁》云:"古文愍今作閔。"《詩·載馳》及《儒行》釋文並云:"閔,本作愍。"又通作"湣"。《左傳》魯"閔公",《史記·世家》作"湣公"。又通作"惛"。《范雎蔡澤傳》云:"竊閔然不敏。"索隱引鄒誕生本作"惛"。《漢書·劉向傳》注:"惛,古閔字。"又通作"殙"。《廣雅》:"殙,病也。"又通作"痻"。《詩》"多我覯痻",箋:"痻,病也。"然則"覯痻"即"覯閔",古字通矣。

逐者,通作"軸"。《詩》"碩人之軸",箋:"軸,病也。"是"軸"即"逐",但"逐、軸"俱假音,未審孰爲本字也。《説文》:"疛,小腹痛。从肘省聲(陟柳切)。"《詩》"惄焉如擣",釋文:"擣,《韓詩》作疛。""疛、逐"聲轉,或古字通也。

疚者,"宊"之俗體也。《説文》:"宊,貧病也。"引《詩》"煢煢在宊"。通作"疚"。《釋名》云:"疚,久也,久在體中也。"《詩》"憂心孔疚""嬛嬛在疚",傳並云:"疚,病也。"又通作"究"。《雲漢》釋文:"疚,本或作宊。又作究。"《召旻》釋文亦云然也。

痗者,《詩》"使我心痗""亦孔之痗",傳並云:"痗,病也。"通作"悔"。《十月之交》釋文:"痗,本又作悔。"蓋"痗"有"悔"音,故亦通"悔"。《爾雅》釋文"痗兼昧、晦二音",是矣。

瘥者,《詩》"天方薦瘥"、《周語》云"無夭昏札瘥之憂",毛傳及韋昭注並云:"瘥,病也。"《左氏昭十九年傳》"札瘥夭昏",杜預及賈逵注並云:"小疫曰瘥。"通作"瘥"。《左氏》釋文:"瘥,《字林》作瘥。"《廣韵》云:"瘥,小疫病也。"

痱者,《説文》云:"風病也,从非聲。"釋文引《説文》"蒲愷反"者。按:陶注《本草》説"蝦蟇"云"此是腹大皮上多痱瘟者",是也。《一切經音義》廿五引《字略》云:"痱瘟,小腫也。"通作"腓"。《詩》"百卉具腓",毛傳:"腓,病也。"釋文引《韓詩》云:"變也。""變、病"義近,聲又相轉。《文選·戲馬臺詩》注引《毛詩》作"痱",今本作"腓",《玉篇》引《詩》正作"百卉具痱",可知"腓"古本作"痱"矣。

癉者,"癉"之或體也。《説文》:"癉,勞病也。"蓋據下文云"癉,勞也",因勞致病,故云"勞病"。《詩》"下民卒癉"、《史記·扁鵲倉公傳》云"風癉客脬",毛傳及索隱並云:"癉,病也。"《素問·瘧論》云"名曰癉瘧",王砅注:"癉,熱也。"通作"疸"。《説文》:"疸,黄病也。"《玉篇》:"疸亦作癉。"又通作"擅"。《禮·緇衣》云"章義擅惡",引《詩》"下民卒擅",鄭注並云:"擅,病也。"《詩·板》釋文:"癉,沈本作擅。"《爾雅》釋文引孫炎云:"擅,疫病也。"又通作"僤"。《詩·板》釋文:"僤,本又作癉。"《桑柔》釋文:"僤,本亦作亶。"《爾雅》釋文:"擅,又徒丹反。"是"擅"有"殫"音,亦通作"殫"。《淮南·覽冥》篇云"斬艾百姓殫盡大半",高誘注:"殫,病也。"又通作"亶"。《士冠禮》注:"古文亶爲癉。"《緇衣》釋文本作"下民卒亶",云:"亶,本亦作擅。"然則"擅"古作"亶",後人加"疒"爲"擅"耳。

瘵者,《説文》云:"病也。"《詩·菀柳》《瞻卬》傳同,郭云

“今江東呼病曰瘵,東齊曰瘼”者,《一切經音義》十引《三蒼》同,是郭所本也。通作“際”。《易》“天際翔也”,釋文引鄭注:“際當爲瘵。瘵,病也。”鄭讀“瘵”爲“際”,故《詩》“無自瘵焉”,箋云:“瘵,接也。”是亦讀爲“交際”之“際”。《爾雅》釋文:“瘵,側界反,《字林》側例反。”《詩》釋文亦兼二音。蓋“瘵”从祭聲,故二讀俱通矣。

瘼者,《詩》“亂離瘼矣”“瘼此下民”,傳並云:“瘼,病也。”《方言》及《説文》同。通作“莫”。《文選·關中詩》及《爲范尚書表》並云“亂離斯莫”,李善注引“《韓詩》作莫字,薛君曰‘莫,散也’”。又“求民之莫”,《文選·齊故安陸昭王碑》注引作“求民之瘼”,云:“班固《漢書》引《詩》而爲此瘼。”按:班所引亦必三家詩也。

癠者,《玉藻》云“親癠,色容不盛”,鄭注:“癠,病也。”通作“瘠”。《公羊·莊廿年》釋文:“瘠,病也。本或作癠。”《方言》云“凡物生而不長大謂之鮆,又曰癠”,郭注:“今俗呼小爲癠。”然則“瘠”亦瘦小,故其字通。《易·説卦》云“爲瘠”,釋文:“瘠,京、荀作柴。”按:“柴、癠”亦聲轉義同。

恙、寫、悝、盱、繇、慘、恤、罹,憂也。今人云無恙,謂無憂也。寫,有憂者思散寫也。《詩》曰“悠悠我悝”“云何盱矣”。繇役亦爲憂愁也。

憂者,“𢝊”之假音也。《説文》云:“𢝊,愁也。”通作“憂”。下文云:“憂,思也。”按:“憂”又患也,病也。“病”與“憂”相連,故《樂記》云“病不得其衆也”,鄭注:“病猶憂也。”《孟子》云“有采薪之憂”,趙岐注:“憂,病也。”《爾雅》“憂、病”相次,亦其義也。“憂”與“懮”同。《楚辭·抽思》篇云“傷余心之懮懮”,王逸注:“慢,痛貌也。”

恙者,《說文》云:“憂也。”《匡謬正俗》八引《爾雅》作“恙,憂心也”,此蓋《爾雅》舊注之文。又引《風俗通》云:“恙,噬人蟲也。善噬人心,人每患苦之。”《御覽》三百七十六引《風俗通》云:“恙,病也。凡人相見及通書問皆曰無恙。”是應劭以“無恙”爲“無病”,郭氏以爲“無憂”,義相成也。《玉篇》“恙”字亦兼憂、病二義。《楚辭·九辯》云:“還及君之無恙。”王逸注亦以“無恙”爲“無憂”矣。通作“養”。《詩》“中心養養”,傳箋並以“養養”爲憂也。

寫者,今未詳。《詩·泉水》傳:“寫,除也。”《蓼蕭》傳:“輸寫其心也。”郭注本此而云“有憂者思散寫”,蓋失其義矣。馬瑞辰曰:“《管子·白心》篇云‘卧名利者寫生危’,寫當訓憂,謂寢息於名利,必多危險,故憂生危。尹注訓寫爲除,非也。”

悝者,《說文》云:“病也。”“病”亦憂也。通作“里”,俗作“痙”,已詳上文。又通作“慈”。《說文》云:“楚潁之閒謂憂曰慈(力之、力置二音)。”《方言》“慈”作“愁”字,形之誤也。

盱者,“忬”之假音也。《說文》云:“忬,憂也,讀若吁。”釋文“盱,本或作忬”,是也。通作“吁”。《詩》“云何吁矣”,毛傳:“吁,憂也。”又通作“盱”。《詩》“云何其盱”“云何盱矣”,鄭箋並云:“盱,病也。”“病”與“憂”義亦同也。

繇者,亦假音也。《廣韵》引《詩》“我歌且繇”,“繇”蓋訓“憂”,郭云“繇役亦爲憂愁”,此望文生義耳。下文又云“繇,喜也”,二義相反。凡借聲之字不必借義,皆此例也。“繇”蓋“愮”之假借,《方言》云:“愮,憂也。”《釋訓》云:“愮愮,憂無告也。”通作“摇”。《詩》“中心摇摇”,毛傳:“摇摇,憂無所愬。”是“摇摇"即"愮愮",故《釋訓》釋文"愮,本又作摇"也。"摇"又通"繇",故《周禮・追師》釋文:"繇,本或作摇。"《明堂位》釋文:"摇,本又作繇。"又通作"陶","陶、繇"古音同。《廣雅》云:"陶,憂也。"《詩》"憂心且妯",《一切經音義》十二引《韓詩》作"憂心且陶",是"陶"訓"憂"之證。聲轉爲"悠"。《詩・十月之交》傳:"悠悠,憂也。"又轉爲"愈"。《詩・正月》傳:"愈愈,憂懼也。"

慘者,"懆"之假音也。《説文》云:"懆,愁不安也。"《詩》"念子懆懆",釋文:"懆,七感反,《説文》七倒反。"通作"慘"。《説文》云:"毒也。""毒"有傷痛之意。《釋訓》云:"慘慘,愠也。""愠、憂"義近,故李巡注以"憂怒"爲説也。《詩・正月》傳:"慘慘猶戚戚也。"《抑》傳:"慘慘,憂不樂也。"《北山》釋文:"慘,字亦作懆。"《白華》釋文:"懆懆,亦作慘慘。"是"慘、懆"通。戴氏震《毛鄭詩考正》云:"《詩》中慘慘皆懆懆之譌。"今按:"懆、慘"聲轉,古字通借,不必以爲譌也。又通作"慅"。《詩》"勞心慅兮",釋文:"慅,七老反,憂也。"《廣雅》同。又通作"憯"。《説文》云:"痛也。"《詩》"胡憯莫懲",釋文:"憯亦作慘。""慘不畏明",釋文:"慘,本亦作憯。"是"慘"又皆爲"憯"之假借矣。

恤者,與"卹"同,《説文》並云:"憂也。"經典亦"卹、恤"通。《一切經音義》九引孫炎曰:"恤,救之憂也。""恤"與"慎"同,又與"溼"同。《方言》並云:"憂也。宋衛或謂之慎,陳楚或曰溼。""溼、慎、恤"俱一聲之轉也。

罹者,《詩》"逢此百罹""無父母詒罹""我獨于罹",傳箋並云:"罹,憂也。"通作"離"。《兔爰》《斯干》釋文並云:"罹,本又作離。”“亂離瘼矣”傳亦云：“離，憂也。”《書》“不罹于咎”，《史記·宋世家》作“不離于咎”。又通作“羅”。《書》“罹其凶害”，釋文：“罹，本亦作羅。”《漢書·于定國傳》云“羅文法者，于公所決皆不恨”，集注：“羅，罹也。”“罹、離”聲同，“罹、羅”聲轉，故其字通。《方言》云：“羅謂之離，離謂之羅。”

倫、勩、邛、敕、勤、愉、庸、癉，勞也。《詩》曰“莫知我勩”“維王之邛”“哀我癉人”。《國語》曰：“無功庸者。”倫理事務以相約敕，亦爲勞。勞苦者多惰愉，今字或作窳，同。**勞、來、强、事、謂、翦、篲，勤也。**《詩》曰：“職勞不來。”自勉强者亦勤力者。由事事，故爲勤也。《詩》曰：“迨其謂之。”翦、篲，未詳。

勞者，《説文》云：“劇也。”上文云：“病也。”“病、劇”義相成。於《易》坎爲勞，卦流而不盈，行險而不失其信，可謂勞矣；於人自力爲勞，人勸勉之亦爲勞。《爾雅》之前“勞”爲自力，後“勞”爲人勉也。“勞”兼二義，亦兼二音，故《玉篇》“勞”兼“力刀、力到”二切。釋文“勞，力報反”，欲將二義并爲一音，失之矣。

倫者，郭以“倫理”爲訓，亦失之。“倫”蓋與“淪”同。《釋言》云“淪，率也”，郭云：“相率使。”然則牽率役使，其義亦爲勞也。洪頤煊《叢録》引《儀禮·既夕記》注“古文倫爲輪”，“《易·説卦》‘爲弓輪’，釋文：‘輪，本作倫。’倫、輪古字通用，輪轉則勞，故倫亦爲勞矣”。

勩者，《詩》“莫知我勩”，傳：“勩，勞也。”通作“肄”。肄習亦勤勞，故《詩》“既詒我肄”，毛傳：“肄，勞也。”正義引孫炎曰：“習事之勞也。”“莫知我勩”，《左氏昭十六年傳》作“莫知我肄”。又通作“肆”。肆力亦勤勞。“肆、肄”聲義俱近，經典多通。

邛者，《禮·緇衣》云“維王之邛”，鄭注：“邛，勞也。”《詩》

“亦孔之邛”“維王之邛”,傳箋並云:“邛,病也。”“病、勞”義亦近也。“邛”與“劬”同意,“劬”訓爲“勞”,“劬、勞”又俱訓“病”,“劬、邛”亦一聲之轉也。

敕者,《説文》云:“誡也。”教誡訓敕亦爲勞苦。通作“飭”。釋文:“敕,本又作飭。”《釋名》云:“敕,飭也,使自警飭不敢廢慢也。”經典“敕、勑、敇”三字相亂,“勑”本音“賚”而讀以爲“敕”,“敕”本从攴而强以从力,《廣韵》因之而云:“敕,今相承用勑。”又云:“勅與敕同。”《玉篇》亦云:“敕,今作勑。”然則其誤久矣。

勤者,《謚法》云:“勞也。”通作“廑”。《漢書·文帝紀》云“廑身從事”、《敘傳》云“賈廑從旅”,集注並云:“廑,古勤字。”《文選·長楊賦》云“其廑至矣”,李善注引《古今字詁》曰:“廑,今勤字也。”

愉者,蓋“瘉”之假音也。上文云:“瘉,病也。”病、勞二義相涉俱通,故“勞”訓“病”又訓“勤”,“癉”訓“病”又訓“勞”,“瘉”亦訓“病”又訓“勞”。通作“愉”,借作“窳”。《一切經音義》引《爾雅》云:“窳,勞也。”凡七見皆作“窳”,疑本郭注“愉或作窳”而生訓也。但“窳”字當作“㼌”。《説文》:“㼌,本不勝末,微弱也。讀若庾。”《玉篇》:“㼌,勞病也。”是病勞之訓生於微弱,郭以“勞苦者多惰愉”,蓋失之矣。

庸者,《説文》云:“用也,从用庚。庚,更事也。”用力者勞,更事者亦勞,故《釋訓》云:“庸庸,勞也。”《周禮·司勳》云:“民功曰庸。”“庸”亦勞也,故《荀子·大略篇》云“庸庸勞勞”,是其義也。《詩》“我生之初尚無庸”、《文選·思玄賦》云“庸織路於四裔兮”,鄭箋及舊注並云:“庸,勞也。”通作“用”。《書》“帝庸作歌”,《史記·夏紀》作“帝用此作歌”。按:今人言“不勞如是"作"不用如是","用"之訓"勞",亦其證矣。

癉者,上文云:"病也。"《説文》云:"勞病也。"通作"憚"。《詩》"哀我憚人""憚我不暇""我心憚暑",傳並云:"憚,勞也。"《雲漢》釋文引《韓詩》云:"憚,苦也。""苦"亦勞也。《大東》《小明》釋文並云:"憚,丁佐反,徐又音旦,字亦作癉。"《爾雅》釋文:"癉,丁賀反,本或作憚,音同。"

〇"勤"既訓"勞","勞"亦訓"勤",此"勞"讀爲"力報反",是矣。《一切經音義》九引舍人曰:"勞,力極也。""力極"即《説文》"勞"訓"劇"之意,以言"勞來",則非也。

勞者,謂敘其勤苦以慰勉之,故《詩序》云"《出車》以勞還,《杕杜》以勤歸",是其義也。《旱麓》云"神所勞矣"、《孔子閒居》云"奉三無私以勞天下",毛、鄭並云:"勞,勞來。"皆與《爾雅》合。

來者,"勑"之假音也。《説文》"勑"訓"勞",此"勑"訓"勤","勤、勞"一耳。通作"來"。《孟子》引"放勳曰勞之來之",此蓋古《尚書》文。《周禮·樂師》云"詔來瞽皋舞",鄭衆注:"來,勑也。"言"來"即"勑"字。《詩》"職勞不來""昭兹來許""遹追來孝""來旬來宣",傳箋並云:"來,勤也。"《一切經音義》十二引舍人曰:"來,强事也。"釋文:"來,本又作勑,力代反。本或作賚。"是"賚"又通矣。

强者,亦假音也,當作"勥"。《説文》"勥"訓"迫",蓋"迫"猶"勸"也,"勉"也。勸勉之者,所以作其勤也。《考工記·梓人》云"强飲强食"、《詩·泂酌》傳"樂以强教之",此皆"强"訓"勤"之意矣。

事者,《韓非·喻老》篇云:"爲也。"《小爾雅》云:"力也。"

用力作爲,其義俱爲勤也。“事”之爲言“剚”也,事其事者亦勤也。《禮·儒行》云“先勞而後禄”,鄭注:“勞猶事也。”“勞”訓“勤”則“事”亦訓“勤”矣。通作“士”,又通作“仕”,俱以聲爲義也。或疑“强事”二字經典無訓“勤”之文,邵氏晉涵《正義》因以“强事”本舍人注,傳寫溷入正文。今按:《詩》云:“偕偕士子。”偕,强也。士,事也。此即“强事”之義。《曲禮》云:“四十曰强仕。”“强仕”即“强事”,而云《爾雅》本無“强事”之文,過矣。

謂者,《釋名》云:“謂猶謂也,猶得敕不自安,謂謂然也。”《廣雅》云:“謂,使也。”役使義亦爲勤也。《詩》“迨其謂之”“謂之何哉”“遐不謂矣”,箋並云:“謂,勤也。”通作“彙”。《易·泰》釋文:“彙,古文作䔒,鄭云:‘勤也。’”

翦者,猶言“前”也,“進”也,“前、進”皆有勤意。

篲者,通作“肆”。《文選·東京賦》云“瞻仰二祖,厥庸孔肆”,薛綜注:“肆,勤也。”“肆、篲”一聲之轉。段氏玉裁説云:“翦”之言“盡”也,謂盡力之勤也,“篲”謂灑埽之勤也。

悠、傷、憂,思也。皆感思也。**懷、惟、慮、願、念、惄,思也。**《詩》曰:“惄如調飢。”

《説文》云:“恖,容也(容當爲睿)。从囟聲。”按:从囟聲兼意。囟,𡿺蓋也。人從囟至心,如絲相貫,心、囟二體,皆慧知所藏。人之思慮,生於心而屬於𡿺,故善記憶者謂爲“𡿺盛”,多思慮者或言“傷𡿺”焉。《釋名》云:“思,司也。凡有所司捕,必静,思忖亦然也。”按:“思”兼二義,心所蓄藏謂之“意思”,心所思存謂之“思念”。《爾雅》前一條爲“意思”,後一條爲“思念”,故郭於前條注云“皆感思”,釋文音“司嗣反”,而於後條不復加音,明讀如本音也。

悠者,《方言》云"鬱、悠,思也",郭注:"猶鬱陶也。"按:"鬱悠、鬱陶"俱雙聲字,"陶"讀如"遥"也。上文"悠"訓"遠",此訓"思"者,遠之思也,故《詩·關雎》傳:"悠,思也。"重文亦然,故《釋訓》云:"悠悠,思也。"凡言"悠"者,俱思而兼遠。通作"攸"。《詩》"悠悠我里",《爾雅》釋文作"攸攸我里"。又《司農劉夫人碑》云"極攸遠索",亦以"攸"爲"悠"也。又通作"遥"。《詩》"悠悠我思",《説苑·辨物》篇作"遥遥我思","悠、遥"聲轉,"遥"訓爲"遠","悠"爲遠之思,亦其證矣。

傷者,"慯"之假音也。《説文》云:"慯,憂也。"釋文"傷,《字書》作慯",是矣。通作"傷"。傷,創也,病也,與"憂"同意,故同訓。《詩·卷耳》及《澤陂》傳箋並云:"傷,思也。"聲轉爲"慎",又爲"溼"。《方言》並云:"憂也。"又云:"慎思也。"凡思之貌亦曰"慎"。"慎、溼、傷"俱一聲之轉也。

憂者,已見上文,又訓"思"者,《素問·五運行大論》云"其志爲憂",王砅注:"憂,慮也,思也。"聲轉爲"恁"(如深切)。《文選·典引》云"勤恁旅力",蔡邕注:"恁,思也。"

○《方言》云:"懷、惄、惟、慮、願、念,思也。惟,凡思也。慮,謀思也。願,欲思也。念,常思也。"《説文》亦同,俱本《爾雅》爲訓也。

懷者,《説文》云:"念思也。"《謚法》云:"思也。"《詩·卷耳》《野有死麕》《南山》《常棣》傳,"懷"俱訓"思",《終風》傳"懷"又訓"傷",《楚辭·悲回風》篇云"惟佳人之獨懷兮","懷"又訓"念","念"與"傷"亦俱爲思也。

惟者,《詩》"載謀載惟"、《淮南·精神》篇云"惟像無形",鄭箋及高誘注並云:"惟,思也。"通作"維"。《詩·維天之命》

釋文引《韓詩》云："維,念也。"《匡謬正俗》云："《古文尚書》皆爲惟字,《今文尚書》變爲維字。"是"維、惟"通。

慮者,上文與"惟"俱訓"謀",此又訓"思",故《方言》《説文》並云："慮,謀思也。"《釋名》云："慮,旅也。旅,衆也。《易》曰'一致百慮',慮及衆物,以一定之也。"《荀子・禮論篇》云："禮之中焉能思索,謂之能慮。"《正名篇》云："情然而心爲之擇謂之慮。"是皆以"慮"爲"思"也。

願者,假借字也。《説文》"願"不訓"思",而别出"愿"字訓"謹"。按:《謚法》云："思慮不爽曰愿。"是"愿"亦訓"思"①。"愿"與"慎"同意,《方言》"慎"亦訓"思"。《説文》"慎、愿"俱訓"謹",是"愿"爲謹慎之思也。通作"願"。《大戴禮・文王官人》篇云"言願以爲質",盧辯注："願當爲愿。"《詩・終風》箋："願,思也。"《二子乘舟》及《伯兮》箋又云："願,念也。""念"亦思矣。

惄者,《詩》"惄如調飢""惄焉如擣",傳箋並云："惄,思也。"《汝墳》正義引舍人曰："惄,志而不得之思也。"《説文》及《方言》訓"惄"爲"憂",《方言》又訓"惄"爲"傷",爲"痛",爲"悵",然則"惄"爲憂悵之思也,故舍人以爲"志而不得"矣。通作"愵"。《説文》云："憂皃。讀與惄同。"《汝墳》釋文："惄,《韓詩》作愵。"又通作"䘌"。《文選・洞簫賦》云"憤伊鬱而酷䘌",李善注引《蒼頡篇》曰："䘌,憂貌。"《玉篇》音"奴旳切",《一切經音義》十六云："愵,古文惄、䘌二形。"

---

① 是愿亦訓思　愿,此本誤"原",咸豐六年刻本同。按:依上下文當作"愿",據改。

禄、祉、履、戩、祓、禧、禠、祜,福也。《詩》曰"福履綏之""俾爾戩穀""祓禄康矣"。禠、禧,書傳不見,其義未詳。

《説文》云:"福,祜也。"《釋名》云:"福,富也,其中多品如富者也。"《郊特牲》云:"富也者,福也。"《祭統》云:"福者,備也。備者,百順之名也。無所不順者之謂備,言内盡於己而外順於道也。"故《荀子·天論篇》云"順其類者謂之福",《賈子·道德説》云"安利之謂福",皆無所不順之謂也。通作"富"。《詩》"何神不富",傳:"富,福也。"《易》云"福謙",釋文:"福,京本作富。"《劉脩碑》云:"鬼神富謙。"皆其證也。

禄者,《説文》云:"福也。"《古微書》引《孝經援神契》云:"禄者,録也。"《周禮·天府》注:"禄之言穀也。""穀"訓"善",故《廣雅》云:"禄,善也。"實則鄭注以"穀"訓"禄",即謂奉禄,故《大宰》注"禄,若今月奉",是也。又"福、禄"二字,若散文則"禄"即爲"福",故《詩》"天被爾禄"傳:"禄,福也。"若對文則"禄、福"義别,故《詩》"福禄如茨"箋:"爵命爲福,賞賜爲禄。""禄、福"聲近,其字亦通,故《少牢饋食禮》云"使女受禄于天",鄭注:"古文禄爲福也。"

祉者,《易》云"以祉元吉",又云"疇離祉",虞翻及九家注並云:"祉,福也。"《詩·六月》《巧言》《皇矣》傳箋同。《左氏哀九年傳》:"祉,禄也。""禄"亦福也。聲近"徵"(音止)。《漢書·律曆志》云:"徵,祉也。"又近"姒",《周語》云"賜姓曰姒,氏曰有夏,謂其能以嘉祉殷富生物也",韋昭注:"姒猶祉也。"

履者,《釋言》云:"禄也。"又云:"禮也。"《説文》云:"禮,履也,所以事神致福也。"然則"禮"亦訓"履","履"亦訓"禮"。《説文》訓"禮"爲"福",本於《釋詁》也;《釋言》訓"履"爲"禄",

亦本於《釋詁》也。履,通作“禮”,故《易·坤》釋文云:“履霜,鄭讀履爲禮。”《詩》“率履不越”,《韓詩》及《漢書·宣帝紀》《蕭望之傳》並作“率禮不越”。又通作“體”,《易·繫辭》云“知崇禮卑”,釋文:“禮,蜀才作體。”“行其典禮,姚作典體。”《詩》“無以下體”,《韓詩外傳》作“無以下禮”;“體無咎言”,《禮·坊記》作“履無咎言”,釋文:“體,《韓詩》作履。履,幸也。”按:幸者吉而免凶,是“幸”亦福也。

戩者,《方言》云:“福禄謂之祓戩。”《詩》“俾爾戩穀”,傳:“戩,福也。”《説文》引《詩》“實始戩商”,而云:“戩,滅也。”不同者,《毛詩》“戩”作“翦”,故傳箋云:“齊也。”“斷也。”《説文》雖作“戩”而義仍作“翦”,故云:“滅也。”但“翦、戩”二文,容可假借,“福、滅”二訓,理難兼通,疑不能明也。

祓者,《説文》云:“除惡祭也。”《玉篇》申之曰:“祓,除災求福也。孚物切,又方吠切,福也。”是訓“福”之“祓”音“廢”,本《方言》郭音也。通作“茀”。郭引《詩》曰“祓禄康矣”,《毛詩》“祓”作“茀”,而訓爲“小”,不若鄭箋訓“茀”爲“福”合於《雅》義也。又通作“弗”。《詩》“以弗無子”,箋:“弗之言祓也。”正義引孫炎曰:“祓除之福也。”

禧者,《説文》云:“禮吉也。”“吉”即“福”。目部“瞦”字下云:“讀若《爾雅》禧福。”是“禧”訓“福”也。通作“釐”。《説文》:“釐,家福也。”《漢書·文帝紀》云“祠官祝釐”、《禮樂志》云“媪神蕃釐”,集注並云:“釐,福也。釐讀曰禧。”《賈誼傳》云“受釐坐宣室”,集注:“釐,音禧。”又云:“借釐字爲之。”《文帝紀》注亦云:“釐,本字作禧,假借用耳。”又通作“僖”。“僖”字,《史記》《漢書》俱作“釐”。《文選·魯靈光殿賦序》注:“釐與僖同也。”

禠者，《説文》云：“福也。”釋文：“禠，音斯，郭常支、巨移二反。”《東京賦》云“祈禠禳災”、《思玄賦》云“蒙厖禠以拯民”，李善注並引《爾雅》曰：“禠，福也。”

祜者，《詩》云“受天之祜”，見於《信南山》《桑扈》《下武》；《禮》云“承天之祜”，見於《士冠禮》《禮運》，箋注並云：“祜，福也。”福稱“天”者，即《左傳》所謂“如天之福”，故《一切經音義》二引《爾雅》舊注云：“祜，天之福也。”臧鏞堂《爾雅漢注》云：“祜字从古，古字訓天，《周書·周祝解》‘天爲古’，鄭康成《堯典》注‘古，天也’，《玄鳥》箋‘古帝，天也’，故祜爲天之福。”今按：臧説是也。下文又云“祜，厚也”，舊注：“祜謂福厚也。”此皆因文詁義，依於《雅》訓也。

禋、祀、祠、蒸、嘗、禴，祭也。《書》曰：“禋于六宗。”餘者皆以爲四時祭名也。

《説文》云：“祭，祀也。”《春秋繁露》云：“祭之爲言際也與察也。”《説苑·權謀》篇云：“祭之爲言索也。索也者，盡也，乃孝子所以自盡於親也。”《御覽·禮儀部三》引《書大傳》云：“祭者，薦也。”《廣雅》云：“祭，薦也。”按：“薦、祭”義同而微別。故《穀梁·桓八年》范甯注：“無牲而祭曰薦，薦而加牲曰祭。”然則“祭”可以包“薦”，“薦”不可以包“祭”也。

禋者，《小爾雅》云：“禋，潔也。”《周語》云：“精意以享，禋也。”《説文》兼兹二義，故云：“禋，絜祀也。一曰精意以享爲禋。”《書·舜典》釋文引王肅主《説文》前義，馬融主《説文》後義，孫炎《爾雅》注兼主二義，故《書》正義引孫炎曰：“禋，絜敬之祭也。”《詩·維清》傳：“禋，祀也。”《書·洛誥》鄭注：“禋，芬芳之祭。"《大宗伯》"禋祀"注:"禋之言煙,周人尚臭,煙,氣之臭聞者。"《書》"禋于六宗"正義引鄭注,與《大宗伯》同。通作"煙"。《詩》釋文:"禋,徐又音烟。"《書大傳》云"煙于六宗",鄭注:"煙,祭也。字當爲禋。"《魏受禪表》云"煙于六宗"、《史晨奏銘》云"以供煙祀",是皆以"煙"爲"禋"也。

祀者,《一切經音義》二引舍人曰:"祀,地祭也。"《説文》云:"祭無已也。从巳聲。"按:"巳"古有二音,故《詩·維天之命》正義引《譜》云:"子思論《詩》'於穆不巳',仲子曰'於穆不似'。"《斯干》云"似續妣祖",鄭箋:"似讀如巳午之巳。巳續妣祖者,謂巳成其宫廟也。"證以《説文》:"巳,已也,四月陽氣已出,陰氣已藏。"《釋名》亦云:"巳,已也,陽氣畢布已也。"《漢書·律曆志》云:"已盛于巳。"《史記·律書》:"巳者,言陽氣之已盡也。"是皆"巳午"之"巳"讀爲"矣"音之證。孟仲子讀"巳"爲"似",鄭康成讀"似"爲"巳",因知古音"巳"亦爲"似","似"亦爲"巳",其讀俱通。後世"上巳"之"巳"讀"詳里切","終已"之"已"讀"于紀切",分而爲二,非古音也。古讀"巳"之與"祀","似"之與"以",其音皆同,而其字通。何以明之?《説文》"佀"从目聲,則"以、似"同音。故《易·明夷》云"文王以之",釋文引鄭、荀、向作"文王似之";《漢書·高帝紀》注:"如淳曰:'以或作似。'"是"似、以"通也。《説文》"祀"从巳聲,則"巳、祀"同音。故《詩》"於穆不巳",《文心雕龍·練字》篇作"於穆不祀";《易·損》云"巳事遄往",集解引虞翻作"祀事遄往",云:"祀,舊作巳。"是"巳、祀"通也。然音隨世變,讀從音轉,"祀"通作"祠","似"通作"嗣","似、祀"二字俱讀"詳里"一音。故《詩·斯干》《裳裳者華》《卷阿》《江漢》傳並云:"似,嗣也。"《荀子・賦篇》云"性得之則甚雅似者與",楊倞注:"似謂似續。"則亦以"似"爲"嗣",是"似、嗣"通矣。《詩・生民》釋文:"祠,本亦作祀。"是"祀、祠"通矣。此則"祀、似"俱讀"詳里切",蓋今音也。然據子思、仲子論《詩》,師、弟已有二讀,安知今音之非起於古哉?"祠、蒸、嘗、禴"四者,皆時祭之名,詳見《釋天》,而此又單訓祭者,蓋不獨時祭有此名,而凡祭亦被斯名也。知者,《小宗伯》云"大烖,及執事禱祠于上下神示",鄭注:"得求曰祠。"《女祝》云"凡内禱祠之事",鄭注:"祠,報福。"《大祝》云"一曰祠",鄭注:"祠者,交接之辭。"皆不以爲春時祭名。然則"祠"之爲言"詞"也,故《説文》云"品物少多文詞",是其義矣。必知凡祭通名"祠"者,《公羊莊八年經》云"祠兵"、《齊策》云"楚有祠者",釋文及高誘注並云:"祠,祭也。"《説文》"祉"字解云:"以豚祠司命。"引《漢律》曰:"祠祉司命。"《史記》《漢書》並云:"祠官祝釐。"《顔氏家訓・書證》篇云:"吴人呼祠祀爲鴟祀。"是皆以"祠"爲凡祭之通名。故《一切經音義》二及廿二、廿三並引舍人曰:"祀,地祭也。""祠,天祭也。"以"祠、祀"爲天地祭名,益知注《爾雅》者自郭以前,皆不以"祠"爲春祭之名矣。"蒸"與"烝"通。亦單訓"祭"者,《詩・信南山》及《賓之初筵》傳箋並云:"烝,進也。"《載芟》箋:"進予祖妣,謂祭先祖先妣也。"然則"烝"訓爲"進","進"訓爲"祭",亦不以爲冬時祭名。故《書・洛誥》云"王在新邑烝",《大宗伯》疏引鄭注云:"是非時而特假祖廟,故文武各特牛也。"然則鄭以《洛誥》之"烝"爲非時特祭,證以《楚辭・天問》篇云"何獻蒸肉之膏,而后帝不若",王逸注:"蒸,祭也,以其肉膏祭天帝。"是皆以"蒸"爲凡祭之通名也。"祠、蒸"二文既有明證,推此而言,"嘗、禴"二義亦當相準,而經典無文,莫可取證。《月令》"季秋,大饗帝,嘗",鄭注:"嘗者,謂嘗羣神也。天子親嘗帝,使有司祭於羣神。"然則鄭意亦以此"嘗"爲祭名,而不以爲時祭之嘗矣。唯"禴"未聞,可姑闕焉。郭以爲皆四時祭名,恐未然也。釋文"嘗,字又作常。禴,字又作礿",並古字通。

爾雅郭注義疏上之又一

儼、恪、祗、翼、諲、恭、欽、寅、熯，敬也。 儼然，敬貌。《書》曰："夙夜惟寅。"《詩》曰："我孔熯矣。"諲，未詳。

《釋名》云："敬，警也，恒自肅警也。"《謚法》云："夙夜警戒曰敬。"《文選·東京賦》薛綜注："敬，宜也。""敬"訓"宜"者，上文云："宜，事也。"《補亡詩》注引《蒼頡篇》曰："宜，得其所也。"是皆"敬"訓"宜"之義。通作"儆"。《詩》"既敬既戒"，《周禮·夏官·序官》注引作"既儆既戎"。

儼者，《詩》"碩大且儼"、《曲禮》云"儼若思"，毛、鄭並云："儼，矜莊貌。"《離騷》云"湯禹儼而求合兮"、《文選·思玄賦》云"僕夫儼其正策兮"，王逸注及舊注並云："儼，敬也。"通作"嚴"。《詩·柏舟》傳及《論語·子張》篇釋文並云："儼，本或作嚴。"按：《釋名》云："嚴，儼也，儼然人憚之也。"是"儼、嚴"聲義同。

恪者，"愙"之或體也。《説文》："愙，敬也。"引《春秋傳》曰："以陳備三愙。"通作"恪"。《詩》："執事有恪。"《周語》云："俾莫不任肅純恪也。"又通作"愘"。《魯峻碑》云："敬愘恭儉。"《帝堯碑》云："若不虔愘。"《魏修孔子廟碑》云："追存二代三愘之禮。"蓋"愘"即"愙"之異文，"恪"又"愘"之省文耳。

祇者,《説文》云:"敬也。"《書·金縢》云"罔不祇畏",《史記·魯世家》作"罔不敬畏";《費誓》云"祇復之",《魯世家》作"敬復之"。通作"振"。《書》"日嚴祇敬六德",《史記·夏紀》"祇敬"作"振敬"。《内則》云"祇見孺子",鄭注:"祇或作振。""振、祇"聲相轉也。

翼者,《詩》"有嚴有翼""以燕翼子""以引以翼",毛傳並云:"翼,敬也。"《常武》傳云:"翼翼,敬也。"《釋訓》云:"翼翼,恭也。""恭"亦敬,故《詩·文王》傳云:"翼翼,恭敬。"蓋兼用《詁》《訓》二文也。《逸周書·程典》篇云:"慎下必翼上。"《周語》云:"翼其上也。""翼"皆訓"敬"。通作"趩"。《論語》云"趨進翼如也",《説文》作"趨進趩如也"。又通作"翊"。《漢書·禮樂志》云"共翊翊",集注:"共讀曰恭。翊翊,敬也。"是"翊"即"翼"矣。

諲者,"禋"之假音也。《詩》"克禋克祀",毛傳:"禋,敬也。"本《爾雅》。《左氏桓六年傳》云"以致其禋祀",杜預注:"禋,絜敬也。"與孫炎義同,俱本毛傳爲訓也。通作"誾"。《廣雅》云:"誾誾,敬也。"又云:"訔訔,語也。"《一切經音義》十二云:"誾,古文訔,同。"又通作"言"。《玉藻》云"二爵而言言斯",鄭注:"言言,和敬貌。"是"言、誾、禋"俱聲義同。

恭者,《説文》與"敬"俱訓"肅也"。"恭、敬"義同,經典對文則《少儀》云"賓客主恭,祭祀主敬",鄭注:"恭在貌也,而敬又在心。"若散文則"敬"亦爲"恭","恭"亦爲"敬",故《謚法》云:"敬事供上曰恭,夙夜恭事曰敬。"是二義互相訓也。《釋名》云:"恭,拱也,自拱持也,亦言供給事人也。"亦二義相兼。通作"共"。《書》"愿而恭",《史記·夏紀》作"愿而共";《詩》"匪其止共”,《韓詩》作“匪其止恭”。經典“恭、共”通者非一,舉此二文,其餘皆可知也。又通作“龔”。《書》“象恭滔天”,《漢書·王尊傳》作“象龔滔天”;“恭行天之罰”,《梁元帝告四方檄》云“龔行天罰”。又通作“供”。《老子》注云“非唯恭其乏而已”,釋文:“恭,一作供。”《荀子·修身篇》云“行而供冀”,楊倞注:“供,恭也。”皆其證也。

欽者,《書》“欽若昊天”,《五帝紀》《藝文志》並作“敬順昊天”。《謚法》云:“威儀悉備曰欽。”《書·堯典》正義引鄭注云:“敬事節用謂之欽。”蓋撙節退讓與攝以威儀,斯皆恭敬之實也。

寅者,“夤”之假音也。《説文》云:“夤,敬惕也。”《漢書》集注引《書》曰:“夤亮天工。”《敘傳》云:“夤用刑名。”《文選·永明九年策秀才文》云“夤奉天命”,李善注引《爾雅》曰:“夤,敬也。”通作“寅”。《逸周書·祭公》篇云“寅哉寅哉”,孔晁注:“寅,敬也。”

熯者,“戁”之假音也。《説文》云:“戁,敬也。”本《爾雅》。通作“熯”。《詩》“我孔熯矣”,毛傳:“熯,敬也。”《説文》亦引此句,而云:“熯,乾皃。”“熯”無敬意,故徐鍇《繫傳》以“熯”爲“戁”,其説是也。蓋“戁”从難聲,“熯”从漢省,“漢”又从難省,故聲同字通。又通作“難”。《禮·儒行》云:“儒有居處齊難。”“難”即“戁”之省借,“齊難”猶言“莊敬”,鄭注以爲“齊莊可畏難也”,似失之矣。

朝、旦、夙、晨、晙,早也。晙亦明也。

《説文》云:“早,晨也。从日在甲上。”按:甲,木也,木之尤高者,日在其上,是早也。《詩》云“杲杲出日”,故日在木上曰“杲”,日在木下曰“杳”。杳,冥也。杲,明也。“杲”與“早”聲義近。《老子》云“是謂早服”,河上公注:“早,先也。”《齊策》云“早救之”,高誘注:“早,速也。”按:今人謂及早爲“即速”,“速”猶“夙”也,“夙”即“早”也。通作“蚤”。《士相見禮》云“問日之早晏”,鄭注:“古文早作蚤。”《詩》“四之日其蚤”,《王制》注作“四之日其早”。又“早起”,《孟子》書作“蚤起”,皆其證矣。

朝者,《説文》云:“旦也。从倝,舟聲。”虞翻《易·訟》注云:“日在甲上稱朝。”與《説文》訓“早”義合。鄭注《祭義》云:“朝,日出時也。”通作“調”。《詩》“惄如調飢”,毛傳:“調,朝也。”又通作“輖”。《汝墳》釋文:“調,張留反。又作輖,音同。”《説文》心部引《詩》正作“輖飢”。又通作“鼂”。《説文》:“鼂讀若朝。杜林以爲朝旦,非是。”《楚辭·哀郢》篇云“甲之鼂吾以行”,王逸注:“鼂,旦也。”《文選·上林賦》注及《漢書》注並云:“鼂,古朝字。”又通作“晁”。《漢書·景帝紀》注:“晁,古朝字。”《文選·羽獵賦》云“於是天子乃以陽晁”,李善注:“朝、晁古字同。”俱杜林所本也。

旦者,《説文》云:“明也,从日見一上。一,地也。”按:日出地上曰“旦”,日入氐下曰“昏”,二者意亦同也。《詩·葛生》《東門之枌》箋、《板》傳並云:“旦,明也。”經典或言“旦明”,或言“旦夕”。《少牢饋食禮》云“旦明行事”,鄭注:“旦明,旦日質明。”《管子·小匡》篇云“旦昔從事於此”,尹知章注:“旦昔猶朝夕也。”

夙者,“𡖟”之俗體也。《説文》云:“𡖟,早敬也。从丮。持事雖夕不休,早敬者也。”通作“夙”。《詩》《禮》内凡言“夙夜”“夙興”者非一,傳箋及注並云:“夙,早也。”又通作“宿”。《説文》:“𡖟,古文作㑛。宿从此。”故《逸周書·寤儆》篇云“戒惟宿”,孔晁注:“宿,古文夙。”蓋“宿”有久、舊二義,又有豫、先二義。然則久次舊故,皆人之早也;豫期先定,皆時之早也。又通作“肅”。《詩·生民》箋云:“夙之言肅也。”蓋“夙”與“速”聲義同。又“肅、速”,上文並訓“疾也”,“疾、速”亦皆爲早矣。

晨者,《説文》作“晨”,云:“早昧爽也。从臼从辰。辰,時也。辰亦聲。”丮夕爲“夙”,臼辰爲“晨”,皆同意。《釋名》云:“晨,伸也,旦而日光復伸見也。”《詩·庭燎》箋:“晨,明也。”《周禮·司寤》注:“晨,先明也。”《晉語》“丙之晨”,注:“晨,早朝也。”《漢書·律曆志》引《左氏僖五年傳》“丙之晨”作“丙子之辰”,蓋“辰”即“晨”耳。

晙者,“浚”之或體也。《書》“夙夜浚明有家”,《史記·夏紀》作“蚤夜翊明有家”。按:“翊、翌”同。《釋言》云:“翌,明也。”《史記》訓“浚”爲“翊”,是“翊、浚”俱訓“明”,後人淺俗,見“浚”訓“明”,因作日旁夋之字以別之。梅《書》僞孔傳訓“浚”爲“須”,尤乖《雅》義。此古訓不明之失也。浚,通作“駿”。上文云:“駿,速也。”“速”即早意。

頦、竢、替、戾、底、止、徯,待也。《書》曰:“徯我后。”今河北人語亦然。替、戾、底者,皆止也,止亦相待。

《説文》云:“待,竢也。从寺聲。”按:“待”从寺得聲,古讀當“祥吏切”,或“直里切”,今讀“徒改切”,非古音矣。知“待”讀“直里切”者,《説文》云:“偫,待也。”“偫”从待,其義與聲亦俱爲“待”。不獨“待”爲然,凡从寺之字,讀皆寺聲也。“偫”與“峙”同。下文云:“供、峙、共,具也。”“具”謂備具。“峙”既訓“具”,故“待”亦爲“具”。《周語》注:“待猶備也。”《齊策》注:“待猶共也。”《周禮·大府》《外府》注並云:“待猶給也。”“給、共、備”皆爲“具”,是“待”與“偫”聲義同之證也。知“待”讀“詳吏切”者,古讀“恃、侍、待”皆同聲也。《老子》云“萬物恃之而生”,河上公注:“恃,待也。”《吕覽・無義》篇云“不窮奚待”,高誘注:“待,恃也。”義既互訓,字亦互通。故《老子》釋文:“恃,河上本作待。”《吕覽・審時》篇注云:“恃或作待。”《禮・雜記》注:“待,或爲侍。”《儀禮・士昏禮》注云:“今文侍作待。”《莊子・田子方》及《漁父》篇釋文並云:“待或作侍。”是“侍”與“待”聲義同之證也。“待”又通“時”與“持”,見《易》釋文及《儀禮》注。然則古讀“待”不作“徒改切”明矣。

頾者,《説文》云:“待也。”通作“須”。《士昏禮》云“某敢不敬須”、《士喪禮》云“擯者出告須”,鄭注並云:“須,待也。”又通作“需”。《易・彖傳》云:“需,須也。”《莊子・大宗師》篇云“聶許聞之需役”,釋文引王云:“需,待也。”是“需、須”古字通。

竢者,《説文》云:“待也。”通作“俟”。釋文云:“竢,字又作俟。”《詩・静女》《相鼠》《著》毛傳及《儀禮》鄭注並云:“俟,待也。”又通作“妃”。《説文》:“竢,或从巳。”釋文云:“竢,亦作戺。”蓋“戺”即“妃”字之譌也。又通作“立”。《鄉射禮》及《大射儀》注並云:“今文俟爲立。”又通作“待”。《大射儀》注云:“今文俟作待。”又通作“傒”。《列子・楊朱》篇殷敬順釋文云:“俟,一本作傒。”

朁者,下文云:“止也。”《釋言》云:“廢也。”《説文》云:“廢,一偏下也。”隸變作“替”。毛、鄭亦皆作“替”而訓“廢”,蓋“廢”有止義,“止”有待義,故又訓“待”也。《説文》“朁”从囟聲,“囟”與“自”同。或从曰作“暜”,或从兟作“朁”,魏三體石經《書・大誥》云“不敢替”作“不敢朁”,本於《説文》也。又通作

“秩”,或作“載”。《少牢饋食禮》云“勿替引之”,鄭注:“古文替爲秩。秩或爲載。載、替聲相近。”按:替,今“他計切”。秩,直一切。載,他結切。則聲相近轉矣。今本《儀禮》“秩”作“袂”,字之誤也。戾、底,下文並云:“止也。”戾,上文云:“至也。”“至、止”聲近,“止、待”義同,故訓“止”之字又多訓“待”,“替、戾、底”皆是也。

戾者,止之待也。聲轉爲“吝”。《禮·大學》注:“戾,或爲吝。”吝,通作“遴”。《説文》口部引《易》曰“以往吝”,辵部引作“以往遴”,遴,行難也。然則“行難”與“止”義近,“止”即“待”矣。

底者,至之待也。《釋言》云:“底,致也。”“致”亦至也。

止者,息之待也。“止”訓“至”也,“居”也,“處”也,“留”也,皆休息之義。休息亦“待”之義,故《禮記·檀弓》云“吉事雖止不怠”,鄭注:“止,立俟事時也。”此即“止”訓“待”之意也。止,通作“戴”。《左氏僖五年經》云“會王世子于首止”,《公羊》《穀梁》作“首戴”。按:“戴”古讀如“菑”,故與“止”通矣。

徯者,《説文》云:“待也。”郭引《書》曰“徯我后”,《孟子》作“傒我后”,趙岐注:“傒,待也。”郭云“今河北人語亦然”者,據時驗也。今東齊人亦曰“徯待”。又今語謂“待”爲“等”,“等”即“待”聲之轉也。

噊、幾、烖、殆,危也。 幾猶殆也。噊、烖,未詳。**饑,汔也。** 謂相摩近。

《釋名》云:“危,阢也,阢阢不固之言也。”《説文》云:“危,在高而懼也,从厃(與檐同),自卪止之。”按:厃,屋梠也。故《喪大記》云“中屋履危”、《史記·魏世家》云“痤因上屋騎危”,鄭注及裴駰集解並云："危，棟上也。"然則"危"猶"畏"也，高而生懼，故女在宀下爲"安"，人在屋上爲"危"。危者，安之對也。危，通作"厄"，見《易·涣》釋文；又通作"佹"，見《左傳·僖廿八年》釋文；又通作"恑"，見《莊子·繕性》篇釋文，皆以聲爲義也。

噊者，《説文》云："危也。"《龍龕手鑑》二引《爾雅》舊注云："噊，事之危也。"釋文："噊，郭音聿，施音述。"今按："噊、遹"聲同，皆兼"聿、述"二音。然則"噊"之爲言"怵"也。"怵"以恐懼爲義，"懼"即"危"之訓也。《三蒼》云："詭，譎也。"《廣雅》云："譎，恑也。""恑"與"危"、"譎"與"噊"並以聲爲義也。

幾者，《説文》云："微也，殆也，从丝，从戍。戍，兵守也。丝而兵守者危也。"《詩》"維其幾矣"、《周語》云"而王幾頓乎"、《荀子·堯問篇》云"女以魯國驕人幾矣"，傳注並云："幾，危也。""幾"又訓"微"，"微"亦危也，故《荀子·解蔽篇》云："危微之幾。"是"幾"兼危、微二義。聲轉爲"近"。《易·中孚》釋文："幾，京作近。"又轉爲"矜"。《詩》"居以凶矜"，傳："矜，危也。""矜、近、幾"俱以雙聲爲義也。

烖者，與"灾、災"同。"災"訓"害"，與"危"義近，經典多通作"菑"。"菑、災"聲同也。《釋地》云"田一歲曰菑"，郭注："初耕地反草爲菑。"孫注："菑，音災。始災殺其草木也。"是"災、菑"音義同。"危"之爲言以相摩切、迫近爲義。然則"菑"从草、田，是田之危也；"灾"从火、宀，是宀之危也。"菑"與"廁、側"古書俱相通借，"廁、側"皆訓"邊"也，"近"也，則與"危"之義又同矣。"災"亦爲"菑"，"菑"亦爲"側"。《公羊昭廿五年傳》"以人爲菑"，何休注："菑，今太學辟雍作側字。"然則"菑、側"聲義同,此亦其證也。

殆者,《説文》云:“危也。”《禮記·大學》注及《論語》包咸注並云:“殆,危也。”《檀弓》云“夫子殆將病也”,又云“不殆於用殉乎哉”,鄭注並云:“殆,幾也。”“幾”亦近也。故《詩》“無小人殆”、《易·繫辭》云“其殆庶幾乎”,鄭箋及侯果注並云:“殆,近也。”

○“饑”即“幾”也。又訓“汔”者,汔,近也。《爾雅》蓋即“汔”之爲近以明“危”之亦爲近,故復申釋其義也。“饑”从幾聲,“饑、䰟”(巨依、巨迄二切),《玉篇》並云:“危也。”《説文》云:“饑,䰟也。訖事之樂也。”徐鉉以爲《説文》無“䰟”字,當是“訖”字之誤。今按:當爲“汔”字,作“訖”亦誤也。《説文》“訖”訓“止”,“汔”訓“水涸”,並从气聲,但“汔”兼涸、止二義,水涸盡則近於地,故“汔”又訓“近”也。《詩》“汔可小康”,毛傳:“汔,危也。”鄭箋:“汔,幾也。”正義引孫炎曰:“汔,近也。”不同者,《爾雅》下文云“幾,近也”,此云“幾,汔也”,知“汔”即“近”矣。毛訓“汔”爲“危”,義猶未顯,故鄭申之,訓“汔”爲“幾”,然後知“汔幾”即“饑汔”,又知《爾雅》之“饑”蓋“幾”之假借也。《漢書·元帝紀》引《詩》作“迄可小康”,“迄”亦“汔”之假借也。幾,通作“豈”。《孟子》云“其好惡與人相近也者幾希”,趙岐注:“幾,豈也。”《荀子·大略篇》注亦云:“幾讀爲豈。”《史記·黥布傳》云“幾是乎”,集解:“徐廣曰:‘幾,一作豈。’”索隱引《楚漢春秋》作“豈是乎”,是“豈、幾”通,“幾”皆音“祈”也。“幾、近、汔”俱雙聲。

治、肆、古,故也。治,未詳。肆、古見《詩》《書》。**肆、故,今也。**肆既爲故,又爲今。今亦爲故,故亦爲今。此義相反而兼通者,事例在下,而皆見《詩》。

《説文》云:“故,使爲之也。”《楚辭·招魂》篇注:“故,古也。”蓋“故”有二義,訓“古”者,今之對也;訓“使爲之”者,以人所有事也。《爾雅》之“故”亦兼二義,知者,《招魂》篇云“樂先故些”,王逸注:“故,舊也。”《穀梁襄九年傳》云“故宋也”,范甯注:“故猶先也。”“先、舊”義俱爲古也,是皆“故”訓“古”之證。《墨子·經上》篇云“故所得而後成也”,即《説文》“故,使爲之”之意。《公羊昭卅一年傳》云“習乎邾婁之故”、《周語》云“且無故而料民”,何休及韋昭注並云:“故,事也。”是皆“故”訓“事”之證。通作“固”。“固”之爲言猶“故”也,見《儀禮》《禮記》注。《論語》云“固天縱之將聖”,《論衡·知實篇》“固”作“故”;《周語》云“而咨於故實”,《史記·魯世家》“故”作“固”,皆其證也。

治者,值之故也。《釋名》云:“治,值也。”《玉篇》云:“修治也。除之、除冀二切。”《爾雅》之“治”亦兼二音,故釋文:“治,如字。施直吏反。”“治”與“事”聲義近,故《吕覽·論人》篇云“事心乎自然之塗”、《淮南·俶真》篇云“事其神者神去之”,高誘注並云:“事,治也。”“事”訓“治”,“治”亦訓“事”,“事”即“故”字之訓也。通作“始”。《孟子》云“始條理也”,孫奭音義云:“本亦作治。條,理也。”是“治、始”通。“始”訓“古”也,“先”也,“先、古”義俱爲故也。

肆者,陳之故也。“肆”訓“陳”,“陳”訓“久”也,“舊”也。“舊、久”義俱爲故也。郭云“見《詩》《書》”者,《詩》“肆其靖之”,毛傳“肆,固也”,鄭箋“固當爲故”,是也。《書》云“肆朕誕以爾東征”,《漢書·翟方進傳》作“故予大以爾東征”。“肆”訓爲“遂”,故《書》云“肆類于上帝”“肆覲東后”,《史記·五帝紀》

“肆”俱作“遂”。《楚辭·天問》篇云“遂古之初”，“遂”亦肆也。“肆”有申遂之義，故亦申事之詞。然則經典凡言“是故”者，即“肆故”也；或言“是以”者，即“遂以”也；又言“所以”者，亦“是以”也，皆申事之詞也。“肆、遂、是、所”俱一聲之轉也。

古者，《説文》云：“故也。从十口，識前言者也。”《玉篇》云：“古久之言也。”《詩》“逝不古處”“古訓是式”，傳並云：“古，故也。”《緜》傳又云：“古，言久也。”“久、舊”亦故也。《廣雅》云：“古，始也。”“始”亦治也，“治”亦故也。

○今者，《説文》云：“是時也。从亼从ㄋ。ㄋ，古文及。”按：今，不古也。已故爲古，及時爲今。亼會及時之意，故云“是時也”。《文選·南都賦》注引《蒼頡篇》曰：“今，時辭也。”《詩》“迨其今兮”，傳：“今，急辭也。”然則“今”爲急辭，即知“故”爲緩辭矣。

“肆”訓“故”，又訓“今”者，肆，遂也。“遂”有緩義，亦有急義，緩義爲“故”，急義爲“今”也。“肆”亦有緩、急二義，《書》“眚災肆赦”，“肆”訓“緩”也；《詩》“是伐是肆”，“肆”訓“疾”也。由斯以談，凡言“是故”者，舒緩之詞也；凡言“即今”者，急疾之詞也。字有二義，因有二訓。然則“肆”既爲“故”，又爲“今”，無足怪矣。《詩·緜》及《思齊》毛傳並云：“肆，故今也。”《大明》及《抑》鄭箋亦云：“肆，故今也。”俱“故今”二字連文，郭讀斷開，非毛、鄭意也。所謂“故今”者，即“肆今”也。“肆今”猶“肆古”也。“肆古”之聲變爲“是故”，“肆今”之聲亦變爲“斯今”，《詩》“匪今斯今”是也。“斯今”又聲變爲“自今”，《詩》“自今以始”是也。經典或言“迄今”，或言“及今”，或言“至今”，並字異而義同。郭云“事例在下”者，見下文“徂、在，存"注。

惇、亶、祜、篤、掔、仍、肶、埤、竺、腹,厚也。頻仍、埤益、肶輔,皆重厚。掔然,厚貌。餘皆見《詩》《書》。

《説文》云:"𣆪,山陵之厚也。从㫗(胡口切)。㫗,厚也。从反亯。"按:"亯"从高省,所亯在上也,故《易》曰:"公用亨于天子。""𣆪"从反亯,所厚在下也,故《易》曰:"上以厚下安宅。"然則"厚"者,上益下也。《易》曰:"損下益上曰損,損上益下曰益。"故"厚"爲增益之義也。至厚莫如地,《易》曰:"坤厚載物。"故《説文》云:"古文厚作垕。从后土。"后土即地矣。"厚"猶"多"也,又訓"重"也,重且多則大矣,故《墨子·經上》篇云:"厚,有所大也。"通作"後",見《莊子·列禦寇》篇釋文。按:《釋名》云:"厚,後也,有終後也。"是"後、厚"同。又通作"后"。"后"即"垕"字之省也。

惇者,《説文》作"㥫",云:"厚也。"《書》云"惇德",《史記·五帝紀》作"厚德";《禮記·内則》云"惇史",鄭注"惇史,史惇厚",是也。通作"敦"。《詩》"王事敦我"、《曲禮》云"敦善行而不怠"、《樂記》云"及夫敦樂而無憂",毛傳、鄭注並云:"敦,厚也。"

亶者,藏之厚也。《説文》云:"多穀也。"上文云:"信也。""誠也。"誠信與惇厚義近。《周語》引《詩》"亶厥心"而釋之云:"亶,厚也。"通作"單"。《詩》"單厥心"及"俾爾單厚",毛傳並云:"單,厚也。"《桑柔》正義引某氏曰:"《詩》云:'俾爾亶厚。'"又通作"僤"。"逢天僤怒",毛傳:"僤,厚也。"正義云:"僤、亶音相近,義亦同。"釋文云:"僤,本亦作亶。"《左傳》正義引樊光曰:"《詩》云:'逢天亶怒。'"又通作"燀"。《吕覽·重己》篇云

“衣不燀熱”,高誘注:“燀讀曰亶。亶,厚也。”

祜者,上文云:“福也。”“福”與“厚”義近,故《一切經音義》二引《爾雅》舊注云:“祜謂福厚也。”《賈子·容經》篇云:“祜,大福也。”“大”與“厚”義相成也。

篤者,“竺”之假音也。《説文》云:“竺,厚也。从竹聲。讀若篤。”經典通作“篤”。上文云:“篤,固也。”“固、厚”義近。《詩·椒聊》《大明》《皇矣》《公劉》傳箋並云:“篤,厚也。”通作“毒”。《書》“天毒降災荒殷邦”,《史記·宋世家》作“天篤下災亡殷國”。

掔者,上文云:“固也。”又訓“厚”者,“掔”之爲言“堅”也,又言“腆”也。“腆”訓“豐滿”,“堅”訓“密緻”,皆有厚意,故又訓“厚”矣。

仍者,“訒”之假音也。《説文》云:“訒,厚也。”通作“仍”。下文云:“仍,因也。”《廣雅》云:“仍,重也。”《小爾雅》云:“仍,再也。”《周語》注:“仍,數也。”《漢書》注云:“仍,頻也。”俱與“厚”義近。又通作“扔”。釋文:“仍,本或作扔。”又轉爲“仁”,“仁”亦厚也。《論語》云“仍舊貫”,釋文引鄭注:“魯讀仍爲仁,今從古。”

肶者,《説文》作“膍”,或作“肶”,云:“牛百葉也。”經典“膍、肶”通用。《詩》“福禄膍之”,毛傳:“膍,厚也。”釋文引《韓詩》作“肶”,義亦同。又通作“毗”。“天子是毗”,毛傳:“毗,厚也。”鄭箋:“毗,輔也。”“輔、厚”義亦相成也。

埤者,增之厚也。《説文》云:“埤,增也。”《詩》“政事一埤益我”,毛傳:“埤,厚也。”通作“裨”。《説文》云:“裨,益也。”《廣雅》云:“埤,益也。”是“埤、裨”通。又與“毗”通。《詩·節南山》釋文："毗，王肅作埤。"又與"裨"通。《鄭語》注："裨，益也。"《漢書》注："裨，助也。"《覲禮》"侯氏裨冕"，鄭注："裨之爲言埤也。"是"埤、裨"音義又同矣。

竺者，《説文》云："厚也。从竹聲。"《平輿令薛君碑》云："遘此竺旻。"通作"篤"。釋文："竺，字又作篤。"又通作"毒"。《後漢書·西域傳》云："天竺國，一名身毒。"《海内經》云"天毒，其人水居"，郭注"天毒，即天竺國"，是矣。

腹者，與"腹"同意。《説文》云："厚也。"《釋名》云："腹，複也，富也。""複、富"並與"厚"義近。《詩》"出入腹我"、《禮·月令》"水澤腹堅"，傳注並云："腹，厚也。"通作"複"。《月令》釋文云："腹，本又作複。"又通作"復"。"水澤腹堅"，《吕覽·季冬紀》作"水澤復"，高誘注："復亦盛也。復或作複。涷重累也。"又轉爲"阜"。《一切經音義》十三引《國語》賈逵注云："阜，厚也。"是"阜、腹"義又同也。

載、謨、食、詐，僞也。 載者，言而不信。謨者，謀而不忠。《書》曰："朕不食言。"

《説文》云："僞，詐也。从爲聲。"按："僞"之言"爲"也，故《廣雅》云："僞，爲也。"《荀子·性惡篇》云"人之性惡，其善者僞也"，楊倞注："僞，爲也，矯也，矯其本性也。"凡非天性而人作爲之者皆謂之僞，故"僞"字人旁爲，亦會意字也。《禮·曾子問》云"作僞主以行"，鄭注："僞猶假也。"然則"假"之爲言"詐"也，"詐"之爲言"作"也。"作"與"詐"、"僞"與"爲"古皆通用，故《釋言》云："作、造，爲也。"《詩》"尚無造"，毛傳："造，僞也。""小子有造"，傳又云："造，爲也。"是"爲、僞"通。《禮·月令》云"毋或作爲淫巧"，鄭注："今《月令》'作爲'爲'詐僞'。"是

“詐”亦通“作”,“僞”亦通“爲”。推此而言,《左氏成九年傳》“爲將改立君者”、《定十二年傳》“子爲不知”,釋文並云:“爲,本作僞。”是皆“僞、爲”通之證也。《爾雅》之“僞”義亦通“爲”,説者但謂詐僞,則失之矣。

載者,下文云:“行也。”“行”亦爲。《謚法》云:“載,事也。”“事”亦爲,故《大宗伯》云“大賓客則攝而載果”,鄭注:“載,爲也。”下文“載”又訓“言”,故郭云:“載者,言而不信。”上文“謨”已訓“謀”,故郭云:“謨者,謀而不忠。”今按:郭説“載,言”“謨,謀”是也,其云“不忠”“不信”非也,何以明之?“謨”之爲言“摹”也,規摹圖畫與作爲義近,與詐僞義遠。然則“載、謨”爲“作爲”之“爲”,“食、詐”爲“詐僞”之“僞”,而亦爲作爲,一字皆兼數義,《爾雅》此例甚多,“僞”之通“爲”,蓋無可疑矣。

食者,郭引《書·湯誓》云“朕不食言”,又《晉語》云“虢之會魯人食言”,《文選·思玄賦》云“疾防風之食言”,韋昭及舊注並云:“食,僞也。”《左氏僖廿八年傳》“背惠食言”、《成十六年傳》“瀆齊盟而食話言”、《法言·重黎》篇亦云“不食其言”,是經典俱“食、言”連文,故《湯誓》及《左傳》正義並引孫炎曰:“食,言之僞也。”此亦望文生義,實則“食”自訓“僞”,不必因言以見。知者,《逸周書·皇門》篇云“媚夫有邇無遠,乃食蓋善夫”,孔晁注:“食,爲也。”“爲”亦僞也,《書》意蓋言佞媚之人以飾詐作僞掩蓋善士。又《左氏哀元年傳》“後雖悔之不可食已”,此“食”亦當訓“爲”,猶言疾不可爲矣。是皆“食”自訓“僞”,不因言見之證。杜注訓“食”爲“消”、孔傳訓“食”爲“盡”,俱不合《爾雅》之詁,亦爲妄説矣。

詐者,《説文》云:“欺也。”《方言》云:“膠、譎,詐也。”《淮南·俶真》篇注:"巧言爲詐。"《荀子·修身篇》云:"匿行曰詐。"是"詐"兼言、行而言也。"詐"與"譌"同意,"譌"與"僞"同聲。《周禮·馮相氏》注"辯秩南譌",《漢書·王莽傳》作"以勸南僞",是"僞、譌"通,故《詩·沔水》及《正月》箋並云:"訛,譌也。"蓋言"訛"當作"譌","譌"亦僞也。造作語言,行其詐僞,故《論語》云"由之行詐也,無臣而爲有臣","爲"亦僞矣。僞所以爲欺,故曰:"吾誰欺?欺天乎?"《詩》云"人之爲言,苟亦無信","爲"亦僞也,釋文:"爲,本或作僞。"正義本即作"僞",故云"人之詐僞之言",又云"君能不受僞言,則人之僞言者,復何所得焉?"

話、猷、載、行、訛,言也。《詩》曰:"慎爾出話。"猷者,道。道亦言也。《周禮》曰:"作盟詛之載。"今江東通謂語爲行。世以妖言爲訛。

《釋名》云:"言,宣也,宣彼此之意也。"《墨子·經上》篇云:"言,口之利也。"《莊子·外物》篇云:"言者,所以在意。"《法言·問神》篇云:"言,心聲也。"按:"言、語"有别,故《詩·公劉》傳:"直言曰言,論難曰語。"《禮·哀公問》注又云:"言,語也。"《周禮·冢人》注亦云:"言猶語也。"是"言、語"二字對文則别,散則通也。《易》"笑言啞啞",釋文:"言,亦作語。"《一切經音義》六引《易》作"笑語啞啞",是"言、語"通矣。

話者,《説文》作"䛡",云:"合會善言也,从𠯑聲。籀文从會作譮。"通作"話"。經典或"話、言"連文,故《小爾雅》及《左傳》杜預注並云:"話,善也。"實則善言爲"話",非"話"即爲"善",故《詩·板》及《抑》傳並云:"話,善言也。"此爲"話"字本義。《抑》傳又云:"話言,古之善言也。"《書·立政》正義引舍人曰:

"話,政之善言也。"《盤庚》正義引孫炎曰:"話,善人之言也。"是皆緣詞生訓,非"話"之本義也。

猷者,下文及《釋宫》並云:"猷,道也。"郭云"道亦言"者,《詩·東門之池》傳:"言,道也。"《終風》箋:"今俗人嚏,云:'人道我。'"是皆以"道"爲"言"之證也。

載者,郭引《周禮·詛祝》云"作盟詛之載辭",又《司盟》云"掌盟載之灋",鄭注:"載,盟辭也。"是皆郭義所本,但"載"自訓"辭",非必盟辭,故《詩》"載馳載驅"傳:"載,辭也。"《左氏定三年傳》"載祀六百"、《孟子》引《詩》"載胥及溺",賈逵及趙岐注亦云:"載,辭也。"《詩》内如"載馳載陽""載考載飛",箋並云:"載之言則也。""載、則"聲相轉,亦皆語辭也,是皆"載"訓"言"之證也。"載"又訓"行","行"亦言矣。

行者,與"猷"同義同訓,故《釋宫》云:"行,道也。"《詩》内如"行露""周行"俱訓爲"道","道"亦言也。"行"古讀"户剛切",今"下庚切"。釋文"郭下孟切,注同",非也。彼"行"乃言之對,非"行道"之"行"也。

訛者,"譌"之假音也。《説文》云:"譌,言也。"《廣雅》云:"譌,譁也。"按:"譌"之言"爲"也,造作語言,讙譁動聽謂之"譌言"。通作"訛"。《説文》引《詩》"民之譌言",今《沔水》及《正月》並作"民之訛言";《史記·五帝紀》云"便程南譌",今《書》作"平秩南訛"。又通作"吪"。《廣雅》云:"吪,言也。"《詩》"尚寐無吪",釋文:"吪,本亦作訛。""四國是訛",釋文:"訛,又作吪。"《爾雅》釋文:"訛,字又作吪,亦作譌。"是"譌"爲正體,"吪"假借,"訛"或體也。郭云"世以妖言爲訛"者,《西山經》云"畢方見則其邑有譌火",郭注"譌亦妖譌字",是也。

遘、逢，遇也。謂相遘遇。**遘、逢、遇，逻也。**轉復爲相觸逻。**遘、逢、遇、逻，見也。**行而相值即見。

《説文》云："遇，逢也。"《釋言》云："遇，偶也。"《釋名》云："耦，遇也，二人相對遇也。"然則"遇"亦二人相對耦矣。遇謂之"遭"。《説文》云："遭，遇也。"亦謂之"會"，《穀梁隱八年傳》云"不期而會曰遇"，是也。亦謂之"合"。《秦策》注："遇，合也。"

遘者，《説文》云："遇也。"《書》："遘厲虐疾。"通作"覯"。《詩》"亦既覯止"，毛傳："覯，遇也"。又通作"冓"。《詩》"中冓之言"，釋文："冓，本又作遘。"又通作"構"。《文選·王粲七哀詩》云"豺虎方遘患"，李善注："遘與構同，古字通也。"又通作"逅"。《詩》"邂遘相遇"，釋文："遘，本亦作逅。"毛傳："邂逅，不期而會也。"又通作"姤"。《易·彖傳》及《雜卦傳》並云："姤，遇也。"釋文："姤，薛云'古文作遘'，鄭同也。"

逢者，《説文》云："遇也。"又云："迎，逢也。"《方言》云："逢，迎也。"是"逢、迎"互訓，其義則皆爲遇也，故《楚辭·天問》篇云"逢彼白雉"，王逸注："逢，迎也。"又云"而親以逢殆"，王逸注："逢，遇也。"按："逢"有"蓬"音，今人謂相遇曰"逢"，讀若"蓬"去聲。

〇逻者，《説文》云："相遇驚也。从咢，咢亦聲。"按："逻"音"五各、五故"二反。《説文》訓"遇驚"則音"五各"，《爾雅》直訓"遇"則音"五故"，實則二音相轉，俱通也。"逻"訓"驚"者，通作"愕"。《文選·西都賦》注引《字書》云："愕，驚也。"《廣雅》同。又作"咢"。《一切經音義》五引《字書》云"愕，或作咢，同，五各反"，是也。"逻"訓"遇"者，通作"遻"。《玉篇》云："遻，遇也。"又作"迕"。《玉篇》云："遻，同迕。"《爾雅》釋文亦云"遻,字又作迕,同,五故反",是也。又通作"晤"。《詩》"可與晤歌",傳:"晤,遇也。"又通作"逜"。《釋言》云"逜,寤也",郭注:"相干寤。"又通作"寤"。《漢書·敘傳》云"幼寤聖君",集注:"鄧展曰:'《爾雅》:寤、逢,遇也。'"又通作"午"。《荀子·富國篇》注:"午讀爲迕,遇也。"此皆"遻"訓"遇"之證也。《楚辭·懷沙》篇云"重華不可遻兮",王逸注:"遻,逢也。""逢"亦遇矣。

○見者,郭云"行而相值即見"也。值者,當也,兩人相對相當也。

"遘"訓"見"者,字當作"覯"。《説文》云:"覯,遇見也。"《詩》内"覯"字,傳箋並云:"見也。"

"逢"訓"見"者,《洪範五行傳》云"是離逢非沴",鄭注:"逢,見也。"按:今人行而相值謂之"逢見",不相值謂之"未逢見","逢"亦讀爲"蓬"去聲矣。

"遇"訓"見"者,《禮·檀弓》云"遇於一哀而出涕",又云"遇負杖入保者息",鄭注並云:"遇,見也。"《曲禮》云:"諸侯未及期相見曰遇。"《大宗伯》云:"冬見曰遇。"是皆以"遇"爲見也。

"遻"訓"見"者,《列子·黄帝》篇云"遻物而不慴",殷敬順釋文:"遻,一本作遌。"《龍龕手鑑》四引《爾雅》舊注云:"心不欲見而見曰遌。"是"遻"訓"見"也。"遻"與"晤"同。"可與晤歌",箋:"晤猶對也。"相對亦相值矣。

顯、昭、覲、釗、覿,見也。顯、昭,明見也。逸《書》曰:"釗我周王。"**監、瞻、臨、涖、頫、相,視也。**皆謂察視也。

《説文》云:"見,視也。"按:"見"有二音,"視"有二義。

“見”訓“看”者音“古電切”，訓“示”者音“胡電切”，《爾雅》之“見”實兼二音，釋文但主“賢徧”一音，失之矣。“視”訓“瞻”也，又與“示”同，見《詩》箋及《曲禮·士昏禮》注，然則“見”之言“看”也，又言“觀”(古亂切)也。“顯、昭”皆觀示之義，讀“賢徧”者是也；“覲、覿”皆看視之義，讀“古電”者是也，郭注亦二義兼矣。顯、昭，上文並云：“光也。”“光”與“見”義相成。

顯者，古文作“㬎”，从日中視絲，是有光明著見之義，故《詩》“天維顯思”，傳：“顯，見也。”《吴語》云“不敢顯然布幣行禮”，韋昭注：“顯猶公露也。”蓋公然顯露亦爲著見也。通作“憲”。上文“憲”訓“法”，法令亦所以示人也。

昭者，《詩》“文王時邁”，傳箋並云：“昭，見也。”《樂記》“蟄蟲昭蘇”，鄭注：“昭，曉也。”“曉”亦明見之意。通作“照”。“照”與“昭”同也。

覲者，《大宗伯》云：“秋見曰覲。”按：《爾雅》之覲與《周禮》異，凡見皆稱“覲”，非必朝王，非時皆可見，不必因秋，故《書》曰“覲四岳羣牧”，又云“肆覲東后在正月二月閒”，明覲不必秋矣。《詩》“韓侯入覲”、《左氏隱四年傳》“王覲爲可”，“覲”皆訓“見”，亦不必秋。又貴賤相見皆稱“覲”，故《左氏昭十六年傳》云：“宣子私覲於子産。”《華嚴經音義》上引《珠叢》云：“覲謂就見尊老也。”是凡見皆稱“覲”，明不獨施於至尊矣。

釗者，上文云：“勉也。”《方言》云：“遠也。”皆不訓“見”。郭引逸《書》曰“釗我周王”，梅《書》作“昭我周王”，《孟子》作“紹我周王”，趙岐注以爲“願見周王”，《孟子》所引必《書》之真古文，梅作“昭”，郭作“釗”，蓋皆“紹”之假借。“紹”有介紹之義，與“見”義近，故趙注：“謂願見周王。”是“紹”訓“見”，其義與《爾雅》合。或趙所據《爾雅》古本作“紹”，舊注以“顧見”爲説，而趙從之，均未可知。若從梅《書》作“昭”，“昭”已訓“見”，不當重出；若從郭引作“釗”，“釗”無訓“見”之文，必是假借。然則《爾雅》古本竊疑當從《孟子》作“紹”。“紹”訓爲“見”，當依趙注爲説。郭本作“釗”，或係聲借之字，而郭未詳，今注疑有缺脱，抑或郭引逸《書》即本梅《書》作“昭”，而轉寫者見正文有“釗”字注文，因誤作“釗”矣。

覿者，《公羊莊廿四年傳》：“覿者何？見也。”《左氏傳》“宗婦覿用幣”，《漢書·五行志》作“宗婦見用幣”。《聘禮》有“私覿”，謂賓私見也。然凡見皆稱“覿”，故《左氏昭十九年傳》“龍不我覿也”，《周語》云“武不可覿”，又云“火朝覿矣”，“覿”皆訓“見”。又貴賤相見皆稱“覿”，《文選·思玄賦》云“覿天皇于瓊宫”，《易》云“三歲不覿”，是“覿”又爲相見之通稱矣。

○“見”既訓“視”，“視”亦訓“見”，此“見”但爲“看見”之“見”，“視”亦但爲“瞻視”之“視”也，故《説文》云：“視，瞻也。”《釋名》云：“視，是也，察其是非也。”通作“眡”。《説文》“眎、眡”俱古文“視”字。《周禮·食醫》云“食齊眡春時”，《士昏禮》注作“食齊視春時”。又通作“示”。《周禮·卜師》云“眡高揚火”，《士喪禮》注作“示高揚火”。按：“視”亦有二音。《一切經音義》二引《字詁》云：“視，時旨、時至二反。”釋文無音，今唯取“時旨”一音，亦非也。

監者，“瞷”之假音。《説文》云：“瞷，視也。”通作“監”。《説文》：“臨下也。”《詩》“何用不監”、《吕覽·達鬱》篇云“王使衛巫監謗者”，毛傳及高誘注並云：“監，視也。”《方言》云：“監，察也。”《節南山》釋文引《韓詩》云：“監，領也。”“領、臨”聲轉，其義亦爲視矣。

瞻者,《詩》傳箋並云:“視也。”《説文》云:“臨視也。”通作“詹”。《詩》“魯邦所詹”,《説苑·雜言》篇作“魯侯是瞻”;《左氏莊十七年經》云“齊人執鄭詹”,《公羊》作“鄭瞻”。

臨者,《方言》云:“照也。”《詩》箋云:“視也。”《易·繫辭》云“如臨父母”,虞翻注:“臨,見也。”《晉語》云“臨長晉國者”,韋昭注:“臨,監也。”監、見、照,其義皆爲視也。《華嚴經音義》上引《國語》賈逵注:“臨,治也。”“臨”訓“治”與“監”訓“領”又同矣。

涖者,《説文》作“竦”,云:“臨也。”通作“涖”。《詩·采芑》傳:“涖,臨也。”《周禮·司市》及《大宗伯》注,鄭衆並云:“涖,視也。”《鄉師》注:“鄭衆云:‘涖謂臨視也。’”又通作“莅”。《士冠禮》及《文王世子》“涖”皆作“莅”。又通作“位”。《穀梁僖三年傳》:“涖者,位也。”《昭七年傳》:“涖,位也。”《周禮·肆師》注:“故書位爲涖。杜子春云:‘涖當爲位。書亦或爲位。’”又通作“立”。《鄉師》《司市》及《大宗伯》注並云:“故書涖作立。又鄭衆讀立俱爲涖。”按:“竦”字,經典所無,《小宗伯》注:“古者立、位同字。”蓋“涖、莅”从立、从位,故假借俱通矣。

覜者,《説文》云:“諸侯三年大相聘曰覜。覜,視也。”通作“頫”。頫,《説文》以爲俛仰字,經典借爲“覜”字。《考工記·玉人》云“以頫聘”、《齊語》云“以驟聘頫於諸侯”,鄭注及韋昭注並云:“頫,視也。”《典瑞》及《大行人》《小行人》“頫聘、頫省”字俱作“覜”。又通作“眺”。“以驟聘頫”之“頫”,宋本《國語》作“眺”。《文選·思玄賦》云:“流目眺夫衡阿兮。”《魏都賦》注引《爾雅》亦作“眺,視也”。

相者,《説文》:“省視也。”引《易》曰:“地可觀者,莫可觀於木。”又引《詩》曰:“相鼠有皮。”毛傳:“相,視也。”《大司徒》注:“相,占視也。”《考工記·矢人》注:“相猶擇也。”“擇”與“占”亦察視之意。

鞫、訩、溢,盈也。《詩》曰:“降此鞫訩。”

《説文》云:“盈,滿器也。从夃。”秦以市買多得爲“夃”,是“夃”有多益之意,與“滿”義近,故《墨子·經上》篇云:“盈莫不有也。”《詩·鵲巢》及《匏有苦葉》傳並云:“盈,滿也。”《禮·祭義》注:“盈猶溢也。”按:“盈”之言“贏”也,贏者有餘賈利也,是“贏、盈”聲同,又與“盈”从夃義近矣。通作“逞”。《穀梁昭廿三年經》云“沈子盈滅”,釋文:“盈,本亦作逞。”《左氏襄廿三年傳》云“晉欒盈”,《史記·晉世家》作“欒逞”。《齊世家》集解:“徐廣曰:‘盈,《史記》多作逞。’”《田完世家》索隱曰:“逞,音盈。”是“盈、逞”古字通。又《左氏昭四年傳》云“逞其心以厚其毒”,《新序·善謀》篇“逞”作“盈”,亦其證。杜預訓“逞”爲“盡”,義亦近矣。

鞫者,《詩》“曷又鞫止”“降此鞫訩”,箋傳並云:“鞫,盈也。”“鞫”訓“窮”,“窮”訓“極盡”,與盈滿義近。又“鞫”有“穹”音,《左氏宣十二年傳》“山鞫窮”,釋文:“鞫,起弓反。”是“鞫、窮”聲又近矣。

訩者,《説文》作“詾”,或作“訩”,又作“詉”,云:“訟也。”本《釋言》文。“降此鞫訩”,毛傳亦本《釋言》,蓋“訩”从匈聲,言語争訟,其聲匈匈,故又訓“盈”,所謂“發言盈廷”者也。《荀子·天論篇》云“君子不爲小人匈匈也輟行”,楊倞注:“匈匈,諠譁之聲,與訩同。”今按:“訩”與“詾”義亦同。《説文》云:“詾,膽气滿，聲在人上。”《玉篇》音“胡内、胡市”二切，然則“詯”之訓爲“滿”與“詾”之訓爲“盈”又同矣。

溢者，《説文》云：“器滿餘也（按：今本脱“餘”字，此从《華嚴經音義》引）。”《喪服傳》云“朝一溢米”，釋文引王肅、劉逵、袁準、孔倫、葛洪皆云：“滿手曰溢。”《小爾雅》云“一手之盛謂之溢”，宋咸注：“滿一手也。”又云“兩手謂之掬”，宋咸注：“半升也。”然則滿一手曰“溢”，滿兩手曰“匊”，“匊”與“鞠”聲同，《爾雅》之“鞠”又與“匊”義同矣。“匊”與“溢”皆有盈滿之意，故《詩》“假以溢我”箋：“溢，盈溢之言也。”《莊子·人閒世》篇云“夫兩喜必多溢義之言”、《文選·東京賦》云“規摹踰溢”，郭象及薛綜注並云：“溢，過也。”“過”亦盈滿意也。通作“泆”。《書》“溢爲滎”，《史記·夏紀》作“泆爲滎”。又通作“軼”。《漢書·地理志》作“軼爲滎”，集注：“軼與溢同。”

孔、魄、哉、延、虚、無、之、言，閒也。孔穴、延、魄、虚、無皆有閒隙。餘未詳。

《説文》云：“閒，隙也。”《墨子·經上》篇云：“有閒，中也。”《經説上》云：“閒謂夾者也。”然則中有閒隙，據兩邊夾者而言也。“閒”有中義，此注云“有閒隙”是也。“閒”亦有廁義，下文云“閒，代”，是也。蓋因有閒隙，故相雜廁，既相雜廁，因生閒代，其義相足成也。

孔者，通之閒也。《説文》：“孔，通也。”《老子》云“孔德之容”，王弼注：“孔，空也。”《淮南·精神》篇云：“夫孔竅者，精神之户牖也。”《詩》“如酌孔取”，箋以爲“凡器之孔”，正義申之云：“孔取，謂器中空虚受物之處。”通作“空”。《考工記·函人》云：“眂其鑽空。”賈公彦疏以“空”爲“孔”。《史記·五帝紀》云“舜穿井爲匿空旁出”,索隱亦云“空,音孔”矣。

魄者,體之閒也。人始生而體魄具,耳目口鼻皆開竅於陰而爲魄之所藏,故《白虎通》云:“魄者,猶迫然著人也。”又月之空缺陰映蔽光謂之爲“魄”。《書》“哉生魄”,亦其義也。

哉者,《説文》云:“言之閒也。”段氏玉裁曰:“有兩而後有閒,凡言哉,多起下文之詞。或無下文,亦語於此少歇,故云言之閒也。”按:“哉”字經典以爲語已之詞,又爲游衍之詞,是皆爲有閒矣。

延者,進之閒也。上文“延”訓“進也”,夤緣誘進,兩相延及,亦有閒意。

虚者,實之閒也。日中則昃,月盈則虧,當其空虚,是生閒隙,故《墨子·經上》篇云:“纑,閒虚也。”《經説上》云“纑虚也者,兩木之閒,謂其無木者也”,亦其義也。

無者,有之閒也。《素問·調經論》云①:“無者爲虚。”是“虚、無”互訓。《老子》云:“三十輻共一轂,當其無,有車之用;埏埴以爲器,當其無,有器之用;鑿户牖以爲室,當其無,有室之用。”是皆以“無”爲閒之義也。

之者,往之閒也。上文云:“之,往也。”段氏玉裁曰:“之訓閒者,自此往彼,故有閒也。行文以之爲上下聯屬,亦其義也。”按:文内“之”字,如《國策》云“南之威”、《莊子》云“麗之姬”,皆在當句之中者也;《易》云“知至至之,知終終之”,皆在當句之末者也,是皆有閒意也。

言者,意之閒也。《莊子》云:“言者,所以在意。”凡人意藏

① 素問調經論　素,此本誤“索”,咸豐六年刻本及經解本不誤,據改。

於中,非有閒也,意與事相際而言以出焉,人與人相交而言以宣焉,此則言爲人意之閒矣。

蓋凡言"閒"者,或兩而斷,或一而連。"離立者不出中閒",或往參焉,此一而連者也;兩山夾水爲澗,"澗"亦閒焉,此兩而斷者也。"言"與"延"通彼我之懷,是以連爲閒也;"哉"與"之"牽别離之緒,是以斷爲閒也。"虚、無"則以兩相對合爲閒,"孔、魄"又以内外區分爲閒也。此皆易了,不知郭氏何以未詳,乃其所詳,抑又疑焉。邢疏推本郭義,以"延"爲墓道,亦非蒙意所安。

瘞、幽、隱、匿、蔽、竄,微也。微謂逃藏也。《左傳》曰"其徒微之",是也。

《説文》云:"微,隱行也。"引《左氏哀十六年傳》"白公其徒微之"。又《襄十九年傳》"崔杼微逆光",服虔注:"微,隱匿也。"又《晉語》云"設微薄而觀之",韋昭注:"微,蔽也。""蔽、匿、隱"俱依《爾雅》爲訓也。"微"有幽隱薆昧之意,故言之隱者曰"微言",行之隱者曰"微行",衣服之隱者曰"微服",其義一也。通作"危"。《考工記·輪人》鄭衆注"微至,書或作危至",是矣。

瘞者,《釋言》云:"幽也。"《釋天》云:"祭地曰瘞薶。"《説文》本此二訓,故曰:"瘞,幽薶也。"《釋言》云:"薶,塞也。""塞"亦幽隱之義,故《詩·燕燕》傳:"塞,瘞也。""瘞"與"翳"聲義同。通作"殪"。《覲禮》云"祭地瘞",鄭注:"古文瘞作殪。"

幽者,《説文》云:"隱也。"又"幺"云:"微也。"是"幺"與"幽"同。《太玄·玄瑩》注:"幽謂陰也。""陰"與"隱"義亦同。《大戴禮·誥志》篇云:"幽,幼也。"《小爾雅》云:"幽,冥也。"《釋言》云:"冥,幼也。"釋文:"幼,本或作窈。"然則窈冥、幽昧皆隱微之義。"幽"猶"黝"也,"黝"訓"黑",黑色亦幽闇,故《詩》"其葉有幽"及《玉藻》"幽衡",毛傳、鄭注俱借"幽"爲"黝"矣。

隱者,《説文》云:"蔽也。"與"乚"同,《説文》云:"匿也,象迟曲隱蔽形,讀若隱。"《玉篇》即以"乚"爲古文"隱"字。"隱"之訓爲"微",故《史記·司馬相如傳》云"《春秋》推見至隱",索隱:"李奇曰:'隱猶微也。'"通作"殷"。《詩》"如有隱憂",《韓詩》作"如有殷憂"。《劉熊碑》云"勤恤民殷","殷"即"隱"也。又通作"依"。《説文》云:"衣,依也。"《白虎通》云:"衣者,隱也。"《書·無逸》云"則知小人之依",謂知小人之隱也。"衣、殷"古同聲,"隱"之通爲"依"猶"隱"之通爲"殷"也,此義馬瑞辰説。又聲轉爲"偃"。"偃"同"匽"。匽,匿也。《詩·魚麗》傳"士不隱塞",釋文:"隱,本又作偃。"《漢書·古今人表》"徐隱王",即"徐偃王"也。

匿者,《説文》云:"亡也。"《廣雅》云:"藏也,隱也。"《左氏·哀十六年》正義引舍人曰:"匿,藏之微也。"《御覽》七百五十六引《通俗文》云:"竹器邊緣曰匿。"此雖别義,蓋亦以"匿"爲藩蔽之意也。

蔽者,《説文》云:"蔽蔽,小艸也。"按:小草曰"蔽蔽",小葉曰"蔽芾",皆草木隱翳之貌也。《釋器》云:"輿竹後謂之蔽。"《廣雅》云:"蔽,障也。"又云:"隱也。"《論語》鄭注:"蔽,塞也。"包咸注:"蔽猶當也。"按:今人謂"遮蔽"爲"遮當",讀"當"聲如"黨"矣。《老子》云"故能蔽不新成",河上公注:"蔽者,匿光榮也。"王弼注:"蔽,覆蓋也。"通作"萆"。《史記·淮陰侯傳》云:"閒道萆山。"索隱以"萆"爲"蓋覆"也。又通作"獘"。《釋木》云:

“蔽者,翳。”《詩·皇矣》傳:“自斃爲翳。”是“斃”即“蔽”矣。

竄者,《説文》云:“匿也。从鼠在穴中。”《吕覽·首時》篇云“隱匿分竄”,高誘注:“竄,藏也。”“藏、匿”義皆爲微,故《晉語》云“敏能竄謀”,韋昭注:“竄,微也。”《書》“竄三苗”,《史記·五帝紀》作“遷三苗”,《説文》又引作“𥨍三苗”,云:“𥨍,塞也。”

訖、徽、妥、懷、安、按、替、戾、底、厎、尼、定、曷、遏,止也。

妥者,坐也。懷者,至也。按,抑。替、廢皆止住也。戾、厎,義見《詩》傳。《國語》曰:“戾久將底。”《孟子》曰:“行或尼之。”今以逆相止爲遏。徽,未詳。

止者,足也。“止、趾”古同字,《士昏禮》注“古文止作趾”,是也。因止足而生止息之義,故《詩·相鼠》傳:“止,所止息也。”又因止息而生止待之義,故上文云:“止,待也。”《鄭語》注:“止,留也。”《玉篇》云:“止,住也。”住、留、待則久矣,故《墨子·經上》篇云:“止,以久也。”蓋“止”之言“至”也,故《詩·抑》及《泮水》傳並云:“止,至也。”又言“節”也,故《相鼠》釋文引《韓詩》云:“止,節也。”又言“制”也,“執”也,故執獲謂之“止”,禁制亦謂之“止”。亦有訓爲語詞者,如云“亦既見止”“亦既覯止”之類,並居當句之末以定讀,亦即止住之義矣。

訖者,《説文》云:“止也。”《禮·祭統》云“防其邪物,訖其耆欲”,鄭注:“訖猶止也。”《穀梁僖九年傳》“毋訖糴”、《洪範五行傳》“禦言于訖衆”,“訖”俱訓“止”。《漢書》注又云:“訖,盡也,竟也。”“竟、盡”亦俱爲止也。通作“迄”。《書》“聲教訖于四海”,《漢書·藝文志》作“聲教迄于四海”,蓋“迄”訓“至”,“至”亦止矣。

徽者,微之止也。“徽”从微省聲,“微”有隱義,安隱與止息義近。《説文》以"徽"爲"三糾繩",《廣雅》云:"徽,束也。"《易》云:"繫用徽纆。"《文選·解嘲》云"徽以糾墨",李善注引服虔曰:"徽,縛束也。"是"徽"有縛止之義,故《文選·陸機挽歌》云"悲風徽行軌",李善注引《爾雅》"徽,止"爲證矣。通作"徵"。《莊子·天運》篇釋文云:"徵,古本多作徽。"《易》云"徵忿窒欲",釋文:"徵,止也。""徵"與"懲"同,今《易》作"懲忿窒欲"。"懲"亦止也,故《詩·沔水》《節南山》《十月之交》傳箋並云:"懲,止也。"是"懲、徵"與"徽"並字異而義同矣。

妥者,下文與"安"並云:"坐也。""安、坐"二字俱有止義。妥,古字作"綏",故《士相見禮》注:"古文妥爲綏。"《漢書·燕剌王旦傳》孟康注亦云:"妥,古綏字也。"《説文》有"綏"無"妥",但"綏"既从妥,"妥"訓"安",故"綏"亦訓"安";"安"訓"止",故"妥"亦訓"止",是"妥、綏"同義,亦當同聲,故《齊語》云"以勸綏謗言",韋昭注:"綏,止也。"是"綏、妥"聲義同之證。今讀"綏"息遺切,《爾雅》釋文:"妥,孫他果反,郭他回反,又他罪反。""妥"與"綏"始不同音矣。

懷者,思之止也。"懷"訓"思"而尤甚於思,裹藏不解,是有止義。《詩》"我之懷矣""懷哉懷哉",箋並云:"懷,安也。""安"亦止。上文云:"懷,至也。""至"亦止,故又訓"止"矣。

安者,《説文》云:"静也。"與"止"義近。下文云:"定也。""定"又訓"止",故《秦策》云"而安其兵",高誘注:"安,止也。"通作"案"。《荀子·王制篇》云"偃然案兵無動",是"案兵"即"安兵",故《勸學篇》注"安或作案",是也。今人施物於器曰"安",亦取其止而不動矣。

按者,抑也,《説文》云:"下也。""下"謂手抑下之,"抑"猶

“止”也,故《詩》“以按徂旅”、《吕覽·期賢》篇云“衛以十人者按趙之兵”,毛傳及高誘注並云:“按,止也。”通作“案”。《史記·司馬相如傳》云“案節未舒”,“案節”即“按節”,猶“弭節”也,“弭”亦止矣。聲轉爲“遏”。“以按徂旅”,《孟子》作“以遏徂莒”,《詩》釋文云“按,本又作遏”,是也。替、戾、底、止,上文並訓“待”,“待”亦止也。

替者,《釋言》云:“廢也。”“廢”亦止義,故郭云:“替、廢,止住也。”“住”同“逗”。《方言》郭注:“逗,即今住字也。”

戾者,上文云:“至也。”“至”亦止。《釋言》云:“疑、休,戾也。”疑立、休息亦止之意,故《詩》“亦是戾矣”、《文選·典引》云“乃降戾爰茲”,鄭箋及蔡邕注並云:“戾,止也。”《桑柔》《雲漢》《雨無正》傳並云:“戾,定也。”“定”亦止矣。

底者,《説文》云:“止尻也(止誤作山,从段本改)。一曰下也。”“下”即足,“足”亦止,故《晉語》云“戾久將底”,韋昭注:“底,止也。”又云:“底箸滯淫。”是“底”有滯箸之義,亦爲止矣。

厎者,與“底”皆从氐聲。“氐”訓“至”,“至”亦爲止。《釋言》云:“厎,致也。”“致”亦爲至。《書》“乃言厎可績”,馬融注:“厎,定也。”“定”亦爲止。《詩》“靡所厎止”“伊于胡厎”,傳箋並云:“厎,至也。”

尼者,下文云“定也”,郭注:“尼者,止也。”“止”亦定。此注引《孟子》“行或尼之”,今作“止或尼之”,《大荒北經》云“其所歍所尼即爲源澤”,趙岐注及郭注並云:“尼,止也。”通作“柅”。《易》“繫于金柅”,釋文:“柅,《廣雅》云:‘止也。’蜀才作‘尼’,止也。”

定者,《説文》云:“安也。”“安”訓“止”,故《詩·日月》《采薇》《節南山》傳箋並云:"定,止也。"

曷者,《釋言》云:"盍也。"《説文》云:"何也。"按:凡言"何"者,問人之詞。問人者須止住其人或止絶其言而問之,故邢疏云"俗以抑止爲曷",亦其義也。通作"害"。經典"害、曷"二字假借通用,故《詩·菀柳》《長發》傳並云:"曷,害也。"《葛覃》傳:"害,何也。"又通作"遏"。《詩》"則莫我敢曷",《漢書·刑法志》作"則莫我敢遏"。

遏者,《説文》云:"微止也。"蓋謂止之於微也。《一切經音義》引《蒼頡篇》云:"遏,遮也。"遮迾亦所以禦止之,故《書》"夏王率遏衆力",《史記·殷紀》作"夏王率止衆力"。"遏"又訓"絶","絶"亦止義。通作"閼"。《説文》云:"閼,遮攡也。"《一切經音義》一云:"遏,古文閼,同。"又通作"諁"。《詩》"無遏爾躬",釋文:"遏,或作諁。"《左氏襄廿五年經》云"吴子遏",《公羊》《穀梁》作"吴子諁"。又通作"藹"。《周憬功勳碑》云:"陬隅壅藹。""壅藹"即"壅遏"也。"遏、藹、諁"三字俱从曷得聲,"曷、遏"字通,亦其證。

豫、射,厭也。《詩》曰:"服之無斁。"豫,未詳。

厭者,"猒"之或體也。《説文》云:"猒,飽也。"通作"厭"。《書》"萬年厭于乃德",馬融注:"厭,飫也。"《周語》注:"猒,足也。"飫足與飽滿義同。《詩·還》釋文:"厭,止也。"《後漢書》注:"厭,倦也。"倦止與飫足義亦相成。又通作"懕"。《説文》云:"猒,安也。"《方言》云:"猒,安也。"安樂與倦怠義又相近。蓋因飫足生安樂,又因安樂生厭倦,始於歡豫,終於倦怠,故"厭"訓"安",又訓"倦",與"豫"訓"安"訓"樂"又訓"厭",其義正同矣。

豫者，上文云："樂也。"下文云："安也。"安樂極而厭斁生，故《易·雜卦》云："豫，怠也。"《楚辭·惜誦》篇云"行婞直而不豫兮"，王逸注："豫，厭也。"通作"序"。"序、豫"俱从予聲而近"射"，故《釋言》云："豫，敘也。""敘、序"同。《孟子》云："序者，射也。""射、序"聲又同，故《鄉射禮》云"豫則鉤楹内"，鄭注："豫讀如成周宣榭災之榭。《周禮》作序。今文豫爲序。"然則"序、豫、射"俱字異而音同。《説文》無"榭"，蓋"榭"即"射"矣。

射者，"斁"之假音也。射，古音"序"，又音"舍"，轉音"石"，又音"亦"，故"射、斁"二字經典假借通用。《説文》云："斁，猒也。"引《詩》"服之無斁"，"一曰終也，解也"。蓋懈怠於終，所以生猒，其義相足成也，故《白虎通》云："射者，終也。無射者，無厭也。"《易·説卦》云"水火不相射"，釋文："射，食亦反，虞、陸、董、姚、王肅音亦，云：'厭也。'""射"俱"斁"之假借，故《詩》"無射于人斯"，《禮大傳》作"無斁于人斯"；"服之無斁"，《禮·緇衣》作"服之無射"。《爾雅》釋文："射，羊石反，字又作斁，同。"《文選·月賦》注引《爾雅》即作"斁，厭也"，與釋文合。

烈、績，業也。謂功業也。**績、勳，功也。**謂功勞也。

上文云："業，事也。"又云："敘也。""緒也。"《釋名》云："業，捷也，事捷乃有功業也。"《曲禮》云"請業則起"，鄭注："業謂篇卷也。"《釋器》云"大版謂之業"，郭注："築牆版也。"然則築牆以版榦爲業，讀書以篇卷爲業，作事以次敘爲業，其義俱通矣。

烈者，上文云："光也。"有功業則光美，義相成也，故《謚法》云："有功安民曰烈。""秉德遵業曰烈。"《詩》"烈假不瑕""無競維烈"，傳並云："烈，業也。"《禮·祭法》《祭統》俱"功、烈"連言,《表記》又單言“烈”,云“后稷天下之爲烈也”,鄭注亦並云“烈,業”矣。

績者,上文云:“事也。”又云:“繼也。”謂事有次業可繼續也,故《詩》“維禹之績”傳:“績,業也。”通作“積”。《荀子·禮論篇》云“積厚者流澤廣,積薄者流澤狹也”,楊倞注:“積與績同,功業也。”《漢書·外戚傳》注:“績,字或作積。”又通作“迹”。《左氏哀元年傳》“復禹之績”,釋文:“績,一本作迹。”蓋“迹”或作“蹟”。“蹟、績”俱从責聲,故其字通。

○《釋名》云:“功,攻也,攻治之乃成也。”故下文云:“功,成也。”《説文》云:“功,以勞定國也。”通作“公”。上文云:“公,事也。”《詩》“以奏膚公”,傳:“公,功也。”是“功、公”聲義同。“績”既訓“業”,又訓“功”者,“功、業”義相成,故《詩》“維禹之績”,傳訓“績”爲“業”,箋訓“績”爲“功”,“功”之與“業”,其名異其實同耳。故《書》“庶績咸熙”,《史記·五帝紀》作“衆功皆興”,《漢書·律曆志》作“衆功皆美”。凡《書》言“績”者,《史記》俱作“功”矣。通作“勣”。《一切經音義》四引《聲類》云:“勣,功也。”十四又云:“績,古文作勣。”按:“勣”蓋“績”之或體耳,非古文也。

勳者,《説文》云:“能成王功也。”本《周禮·司勳》“王功曰勳”、《夏官·序官》鄭衆注“勳,功也”。通作“勛”。《説文》云:“勛,古文勳。”《司勳》注亦云:“故書勳作勛。”又通作“勲”。《袁良碑》云:“不問勲次。”又通作“薰”。《夏承碑》云:“策薰著于王家。”

功、績、質、登、平、明、考、就,成也。功、績皆有成。《詩》曰:“質爾民人。”《禮記》曰:“年穀不登。”《穀梁傳》曰:“平者,成也。”事有分明，亦成濟也。

《釋名》云：“成，盛也。”《説文》云：“成，就也。”《詩·樛木》傳同。《節南山》及《緜》傳又云：“成，平也。”《小司徒》注：“成猶定也。”“定”與“平”義相成。《詩·猗嗟》箋：“成猶備也。”《周禮·司書》注：“成猶畢也。”“畢、備”之義爲終，故《燕禮記》注：“三成猶三終也。”成，通作“盛”，又通作“誠”，並以聲爲義也。

功、績者，事業之成也，“事、業”已見上文。又“功”有攻堅之意，“績”取緝續之名，與成實之義又近也。

質者，信之成也。《説文》云：“質，以物相贅。”“贅，以物質錢。”是“質”有信義。“信”爲誠實，“誠”者物之所以自成，是即“質”訓“成”之義也。《詩》“民之質矣”“虞芮質厥成”“質爾人民”，傳並云：“質，成也。”《曲禮》云“疑事毋質”、《少儀》云“毋身質言語”，鄭注亦云：“質，成也。”“質爾人民”，《韓詩外傳》及《説苑·修文》篇並作“告爾人民”，《鹽鐵論·世務》篇作“誥爾人民”，誥誓與質盟義亦相近。通作“贄”。《尚書大傳》云“則君子不饗其質”，鄭注：“質亦贄也。”《荀子·大略篇》注：“質讀爲贄，古字通。”按：“策名委質”，“委質”即“委贄”，亦其證也。

登、平者，年穀之成也。古人重農貴穀，穀熟曰“登”，登者，成也。《曲禮》云“年穀不登”、《月令》云“蠶事既登”，又曰“農乃登麥”“登黍”“登穀”之類，“登”皆訓“成”。五穀歲一熟爲一登，故《漢書·食貨志》：“進業曰登，再登曰平，三登曰泰平。”是則“登、平”之義，本據穀熟爲言，經典則但借爲“成”也。《詩》“誕先登于岸”“登是南邦”，傳箋並訓“登”爲“成”。《周禮·鄉大夫》及《族師》注亦云：“登，成也，定也。”《遂人》注：“登，成也,猶定也。”“定”亦“成”之訓。《鄉飲酒禮》云“羹定”,“定”即成孰之義,與“登”同也。“登”與“升”古字通,“升”亦成也,故《樂記》云“男女無辨則亂升”,《史記·樂書》作“男女無別則亂登”;《儀禮·喪服》云“冠六升”,鄭注亦云“升字當爲登”矣。

平者,正也,定也。“正、定”義俱爲成。《穀梁·宣四年》及《十五年》《昭七年》傳並云:“平者,成也。”《公羊隱六年傳》:“輸平猶墮成也。”是皆訓“平”爲“成”之證也。通作“苹”。《書·堯典》釋文引馬融本“平作苹”,《周禮·車僕》注:“故書苹作平。”又通作“便”。《書》“平章百姓”,《史記·五帝紀》作“便章百姓”。又通作“辯”。《書》“平秩東作”,《周禮·馮相氏》注作“辯秩東作”。古讀“平”如“編”,故與“辯、便”俱通。又通作“凝”。《易》“正位凝命”、《書》“庶績其凝”,鄭注並云:“凝,成也。”《中庸》云“至道不凝”,注亦云:“凝猶成也。”按:凝,《説文》以爲俗“冰”字,“冰、平”聲轉,故其字通。“凝”又有堅定之義,是其義亦同矣。

明、考者,長老之成也。“明”古文从月从日,《史記·曆書》云:“日月成,故明也。明者,孟也。”是明以日月成爲義,故“明”訓“成”。孟者,長也,長大亦成就,故《淮南·説林》篇云“長而愈明”,高誘注:“明猶盛也。”“盛、成”聲義又同也。通作“孟”。《書》“被孟豬”,《史記·夏紀》作“被明都”。

考者,老也,與“孟”同意。“孟”爲長成,則“考”爲老成矣,故《謚法》云:“考,成也。”《書》“五曰考終命”及《詩序》“考室”“考牧”,其義並同。《春秋隱五年經》云:“考仲子之宫。”《穀梁傳》:“考者,成之也。”《楚辭·離世》篇注:“考猶終也。”《漢書·東方朔傳》注:“考,究也。”“究”與“終”其義亦俱爲成。

《士喪禮》云"考降無有近悔",鄭注:"考,登也。""登"亦成矣。通作"攷"。《周禮·大宰》云"設其攷",鄭注:"攷,成也。"

就者,終之成也。下文云:"就,終也。"《説文》云:"就,高也。""高"與"登"同意,故《古微書》引《孝經援神契》及《鉤命訣》注並云:"就之爲言成也。"《公羊昭廿五年傳》"餕饔未就",何休注:"未就,未成也。"《大行人》《典瑞》《弁師》《巾車》及《既夕禮》注並以"就"爲"成"。《既夕》注又云:"就猶善也。"《禮·檀弓》及《王制》《少儀》注並云:"成猶善也。"是"成、就"皆有善義,故又訓"善"。《謚法》云:"就,會也。""會"與"質"義近。《廣雅》云:"就,久也。""久"與"考"義近。

梏、梗、較、頲、庭、道,直也。梏、梗、較、頲皆正直也。《詩》曰:"既庭且碩。"頲道無所屈。

《説文》云:"直,正見也。"《易·繫辭》云"其動也直",韓康伯注:"直,剛正也。"蓋"直"對"曲"而言,《左氏襄七年傳》"正曲爲直",是直能正人之曲也。"直"又對"邪"而言,《史記·樂書》云"回邪曲直",是"直"爲"邪"之對也。無邪爲正,正則直,直者特然獨立之貌。"特"與"直"亦音近字通,故《詩》"實維我特",《韓詩》"特"作"直",云:"相當值也。"按:"相當值"之"值",古止作"直",《史記·匈奴傳》"直上谷"是也。"特"或作"犆",《禮·王制》"礿犆""禘犆"是也。然則《韓詩》之"直"或即"犆"字之省,古字假借通用,《郊特牲》注"直或爲犆",是其證也。"直"又語詞,故《詩》"非直也人",傳以"非直"爲"非徒"。今按:"非徒"亦曰"非獨",亦曰"非特","特、獨、徒"俱一聲之轉,而其義亦通矣。

梏者,《禮·緇衣》引《詩》"有梏德行",鄭注:"梏,大也,直也。”通作“鵠”。《詩·賓之初筵》釋文:“鵠者,覺也,直也。”《禮·射儀》注:“鵠之言梏也。梏,直也。”又通作“覺”。《詩》“有覺其楹”及“有覺德行”,箋傳並云:“覺,直也。”《爾雅》釋文:“梏,古沃反,郭音角。”是郭讀“梏”爲“覺”,本於毛、鄭也。

梗者,猶庚庚也。庚庚,堅强貌也。《楚辭·橘頌》篇云“梗其有理兮”,王逸注:“梗,强也。”“强”與“直”義近。“梗”本山榆有束者之名,故《方言》云:“凡草木棘人,自關而東或謂之梗。”“梗”訓“棘”,亦與“强、直”義近,故《方言》又云:“梗,覺也。”又云:“梗,略也。”梗槩、粗略與直率義又近也。通作“鯁”。《詩》“至今爲梗”,《後漢書·段熲傳》作“至今爲鯁”,李賢注:“鯁與梗同。”

較者,與“梏、鵠”聲近義同。《司裘》及《大射儀》注並云:“鵠之言較。較,直也。”《尚書大傳》云“覺兮較兮”,鄭注:“較兮,謂直道者也。”“較”與“覺”聲義同,故《楚辭·遠逝》篇云“服覺酷以殊俗兮”,王逸注:“覺,較也。”《左氏襄廿一年傳》“夫子覺者也”,杜預注:“覺,較然正直。”然則“較”之爲言“覺”也。“覺、較”俱訓“明”,故《史記·伯夷傳》云“此其尤大彰明較著者也”,《平津侯主父傳》云“較然著明”,皆以“較”爲“明”。“明”與“直”義近,即《説文》“直”訓“正見”之意也。“較”又辜較也,“較”與“榷”聲義同,“榷”爲率略取直之意,故《考工記·輿人》注:“故書較作榷。”《一切經音義》七云:“較,古文榷,同。”是“榷、較”古字通矣。

頲者,《説文》云:“狹頭頲也。”訓“直”者,頭容直也。通作“脡”。《曲禮》云“鮮魚曰脡祭”,鄭注:“脡,直也。”又通作“挺”。《士虞禮》云“脯四脡”,鄭注:“古文脡爲挺。”《考工記·

弓人》注："挺，直也。"《左氏襄五年傳》："周道挺挺。"注亦以"挺挺"爲"正直"也。又與"珽"同。《玉藻》注："珽之言挺然無所屈也。"《隋書》引許慎《五經異義》云："天子笏曰珽，挺直無所屈也。"又通作"侹"。《一切經音義》十三云："侹，古文作頲。"又引《通俗文》云："平直曰侹。"此皆字異而音義俱同也。

庭者，"廷"之假音也。《後漢書·郭太傳》注引《蒼頡篇》云："廷，直也。"又引《風俗通》云："廷，正也，言縣廷、郡廷、朝廷，皆取平均正直也。"通作"庭"。《詩·大田》《韓奕》《閔予小子》傳並云："庭，直也。""陟降庭止"，《漢書·匡衡傳》作"陟降廷止"。經典"廷、庭"通者非一，其餘皆可知也。

道者，與"廷"同意。廷者人所停，道者人所蹈，皆挺然正直，故《詩》云"周道如砥，其直如矢"，逸《詩》云"周道挺挺"，是皆"道"訓"直"之義也。"道"與"徑"同意。《史記·大宛傳》云"從蜀宜徑"、《文選·諫吴王書》云"徑而寡失"，集解及注並云："徑，直也。""徑"訓"直"，知"道"訓"直"矣。

密、康，静也。皆安静也。

静，見上文，"静"亦安也，《説文》作"竫"，云："亭安也。"通作"静"。《大學》云："静而后能安。"《逸周書·大匡》篇云"施舍静衆"，孔晁注："静，安也。"亦通作"靖"。《説文》："靖，立竫也。"是"竫、靖"音義同，故《書》"自作弗靖"，馬融注："靖，安也。"《詩》"靖共爾位"，《春秋繁露》作"静共爾位"，《漢書·敘傳》集注："靖，古静字。"又通作"靚"。《文選·甘泉賦》注："靚，即静字也。""密"訓"静"，見上文；"康"訓"安"，見下文。

豫、寧、綏、康、柔，安也。皆見《詩》《書》。

安者，上文云："止也。"下文云："定也。""定、止"義俱爲静,故《一切經音義》十五引《蒼頡篇》云:“安,静也。”《説文》云:“侒,宴也。”“宴,安也。”又云:“晏,安也。”“晏、宴、侒、安”並聲義同。宴安則喜樂,故《釋名》云:“安,晏也,晏晏然和喜無動懼也。”《淮南·氾論》篇注:“安,樂也。”《晉語》注:“安猶善也。”《少牢饋食禮》注:“安,平也。”平、善與樂義近,是“安”兼静、樂二義。《爾雅》“豫、康”爲“安樂”之“安”,“寧、綏、柔”爲“安静”之“安”。安,通作“晏”,“晏”从安聲也。

豫者,上文云:“樂也。”又云:“厭也。”俱與“安”義近。通作“譽”。《左氏昭二年傳》“季氏有嘉樹,宣子譽之”,服虔注:“譽,游也。”引夏諺曰:“一游一譽。”今《孟子》作“一游一豫”,趙岐注:“豫亦遊也,遊亦豫也。”引“宣子譽之”作“宣子豫焉”,是“豫、譽”古字通。“豫”訓“遊”者,“遊、豫”雙聲,從容遊閒亦爲安豫,故《文選·曲水詩序》注引《孫子兵法》曰:“雖優游暇譽,令猶行也。”“暇譽”即“暇豫”矣。

綏者,上文作“妥”,訓“止”,“止”亦安,故下文云:“妥,安也。”“妥、綏”古同字,故《謚法》云:“綏,安也。”《書》“綏爰有衆”,鄭注:“安隱於其衆也。”《廣雅》云:“綏,撫也。”又云:“綏,舒也。”“舒、撫”義亦爲安。妥,通作“退”。《檀弓》云“文子其中退然如不勝衣”,鄭注:“退,柔和貌。退或爲妥。”又通作“隤”。《易·繫辭》云“夫坤隤然示人簡矣”,集解:“虞翻注:‘隤,安也。’”釋文:“隤,馬、韓云:‘柔貌也。’孟作退,陸、董、姚作妥。”是“妥、退、隤”俱音轉字通。“綏、柔”俱訓“安”,其義亦見矣。

康者,上文云:“樂也。”與“豫”同訓,故《謚法》云:“康,安也。”經典内“康”訓“安”者非一,《易》云“康侯”,釋文引馬融、陸績注"康"俱訓"安",陸又云:"樂也。"鄭云:"尊也,廣也。"《淮南·天文》篇注:"康,盛也。"《逸周書·文政》篇注:"康,逸也。""逸、盛、尊、廣"又皆與"安樂"之義相近也。

柔者,和也,順也,猶言"優"也。優優和平與安静義近,故《詩·民勞》《抑》及《時邁》《絲衣》傳箋並云:"柔,安也。"《烝民》箋:"柔猶濡毳也。"《淮南·説山》篇注亦云:"柔,濡。"亦通作"濡"。《時邁》釋文:"柔,本亦作濡。"正義以爲《釋詁》文,"某氏引《詩》云'懷柔百神',定本作柔,《集注》作濡",是"濡、柔"通。"濡"讀"乳兖切",音"耎",與"輭"同。"耎、濡、柔"並一聲之轉。

平、均、夷、弟,易也。皆謂易直。

易者,"傷"之假音也。《説文》云:"傷,輕也。一曰交傷。"通作"易"。《論語·八佾》篇鄭注:"易,簡也。"《公羊宣六年傳》何休注:"易猶省也。"《考工記·玉人》注:"易行去煩苛。"是亦簡省之意,與輕易義近也。《詩·何人斯》傳:"易,説也。"《郊特牲》注:"易,和説也。"《論語》包咸注:"易,和易也。"《公羊莊十三年傳》注:"易猶佼易也,相親信無後患之辭。"今按:"佼易"亦和説之意,與"交易"義近也。通作"施"。《詩》"我心易也",釋文:"易,《韓詩》作施。施,善也。"按:"易"亦有善義,見《易·繫辭》釋文"施音以豉切"。是"施、易"聲義俱同矣。

平者,《墨子·經上》篇云:"平,同高也。"《詩·伐木》箋云:"平,齊等也。"按:"平"又訓"治","易"亦有治義。《詩》"禾易長畝"、《孟子》"易其田疇","易"皆訓"治"。又平不險陂,易不煩碎,亦兼和平樂易之意。"平"訓爲"易",皆其證也。通作"辯"。《詩·采菽》傳:"平平,辯治也。"《書》云"平秩",《大傳》作"辯秩",然則"辯、平"俱訓"治","易"又訓"治",故聲義俱通矣。

均者,《説文》云:"平徧也。"《詩》"秉國之均"、《周禮·大司徒》"以土均之灋","均"皆訓"平"。《詩·皇皇者華》傳:"均,調也。""調"亦平徧和易之義也。均,通作"鈞",又通作"旬",其義同。又與"傭"義同。《詩》"昊天不傭",傳本《釋言》云:"傭,均也。"釋文:"傭,《韓詩》作庸。庸,易也。"是"庸、傭"聲同,韓訓爲"易",毛訓爲"均",其義亦同。《説文》"傭"訓"均直",與易直之義亦近。上文"庸"訓"常也",庸常與平易義又近矣。

夷者,"徲"之假音也。《説文》云:"徲,行平易也。"通作"夷"。《説文》:"夷,平也。"《文選·封禪文》云"故軌迹夷易,易遵也",李善注:"夷、易皆平也。"經典"夷"或訓"平",或訓"易"。《詩·出車》《節南山》《桑柔》《召旻》傳及《草蟲》箋並云:"夷,平也。"《節南山》《天作》《有客》傳及《後漢書》注引《韓詩》薛君傳並云:"夷,易也。"夷,古音"弟",亦通作"弟"。《易》"匪夷所思",釋文:"夷,荀作弟。"又"夷于左股",釋文:"夷,子夏本作睇。"亦其例也。又通作"雉"。"雉"亦音"弟",故《左氏昭十七年傳》正義引樊光、服虔云:"雉者,夷也。夷,平也。"又《本草》"辛夷,一名辛雉",見《文選》注,皆其證也。

弟者,通作"悌"。《釋名》云:"悌,弟也。"經典作"弟",《孟子》作"悌",趙岐注:"悌,順也。"和順與説易義近。《詩·泂酌》云"豈弟君子",毛傳:"樂以强教之,易以説安之。"毛以"樂、易"釋"豈、弟",本《禮·表記》云:"凱以强教之,弟以説安之。"故知"凱"訓"樂","弟"訓"易"也。《孔子閒居》注亦云:

“凱弟,樂易也。”俱本《釋詁》文。

矢,弛也。弛,放。**弛,易也。**相延易。

弛者,“施”之假音也。矢者,上文云:“陳也。”此云:“弛也。”“弛”訓“弓解”,與“陳”義遠。《説文》云:“設,施陳也。”“設”與“陳”義近,知“弛”當爲“施”也。《詩》“矢其文德”,傳:“矢,施也。”以此可證。釋文:“矢,施如字,《爾雅》作弛,式氏反。”正義云:“矢,施也,謂施陳文德。”據此則知《爾雅》之“弛”亦當讀如“施”,斯音義兩得矣。“施”既通“弛”,“弛”亦通“矢”,故“矢其文德”,《孔子閒居》作“弛其文德”,鄭注:“弛,施也。”是“弛”即“矢”字假音,《爾雅》借“弛”爲“施”,《禮記》借“弛”爲“矢”,其例正同矣。經典“弛、施”二字多通用。《詩·卷阿》《雲漢》《泮水》釋文並云:“施,本又作弛。”《周禮·小宰》《禮記·曲禮》《左氏襄十八年傳》釋文並云:“弛,本又作施。”

○“弛”亦“施”之假音也。釋文“顧、謝本弛作施”,是也。《詩》“施于孫子”,箋:“施猶易也,延也。”此郭注所本。又《孔子閒居》“施于孫子”,注:“施,易也。”《論語》“君子不施其親”,孔注亦云:“施,易也。”《荀子·儒效篇》云“若夫充虚之相施易也”,《史記·萬石張叔傳》云“劍,人之所施易”,俱與此合,是知《爾雅》之“弛易”即“施易”矣,然不獨“弛”爲“施”之假借,“易”亦“移”之假借也。古讀“施”如“易”,亦讀如“移”。《詩》“我心易也”,《韓詩》作“我心施也”,是“施”讀如“易”之證也。《詩》“施于中谷”,傳:“施,移也。”《莊子·人閒世》篇云“哀樂不易施乎前”,釋文引崔注亦云:“施,移也。”是“施”讀如“移”之證也。又知《爾雅》之“施易”即“施移”,注“相延易”,亦即“延移”矣。“施”訓爲“延”,故《詩·皇矣》箋及《樂記》注並云:

"施,延也。"《漢書·衛綰傳》注:"施讀曰貤。貤,延也。""貤"亦移也。"移延"猶"延移"也。"施"既訓"延",亦通作"延",故《詩》"施于條枚",《吕覽·知分》篇及《後漢書·黄琬傳》,又《韓詩外傳》並作"延于條枚"。"延、施"一聲之轉,然則"延移"即"施移"矣。又作"旖施"。《説文》㫃部云:"旗旖施也。"又作"檹施"。木部云:"木檹施。"又作"倚移"。《考工記·總目》及《弓人》注:"鄭衆云:'地讀爲倚移從風之移。'"又作"旖旎"。《史記·司馬相如傳》作"旖旎從風",《漢書》作"椅柅從風",《廣韻》四紙作"猗狔,從風皃",是皆"施移"二字之展轉相通也。古書多假借,此條"矢,弛"注訓"弛放",郭既失之,邢疏亦非,邵氏《正義》未能訂正,其説"弛,易"抑又非是,唯臧氏琳《經義雜記》七説"施、弛古通",深合《雅》訓,今所依用。其有未備,仍復曲暢旁通,用祛未寤焉。

希、寡、鮮,罕也。罕亦希也。**鮮,寡也。**謂少。

罕者,《説文》本爲網罟之名。經典借爲希少之義,故《詩》"叔發罕忌"、《禮·少儀》云"罕見曰聞名"、《公羊桓六年傳》"蓋以罕書也"、《穀梁莊廿九年傳》"則功築罕",傳注並云:"罕,希也。"罕,古通作"軒",蓋以聲爲義耳。

希者,"稀"之假音也。《説文》云:"稀,疏也。"通作"希"。《説文》無"希"字,而云"稀从希聲",是古本有"希"字也。"希"皆訓"少",《吕覽·原亂》篇注:"希,鮮也。"《孟子·盡心上》篇注:"希,遠也。""遠"亦疏也,與鮮少義相成。又通作"絺"。《周禮·酒正》及《司服》釋文並云:"希,本又作絺。"蓋"絺"亦稀疏之意,从希聲又同也。

寡者,《説文》云:"少也。""寡"對"衆"之稱,故經典每言

“衆寡”,《孟子》注“王侯自稱孤寡”,其義俱訓“少”也。通作“宣”。《易·説卦》云“爲寡髮”,釋文:“寡,本又作宣。”《考工記·車人》注正作“巽爲宣髮”。按:“宣”蓋“鮮”之通借,“鮮、寡”義同,“鮮、宣”聲同,聲同者義亦同,故“鮮”訓“善”,“善”有少意。又“宣髮”爲白髮,“鮮首”亦爲白首,皆其義矣。

鮮者,“尟”之假音也。通作“鮮”。《禮·中庸》《表記》《大學》注並云:“鮮,罕也。”《易·繫辭上》釋文引師説云:“鮮,盡也。”“盡”與“罕”義亦近。

○“鮮”亦當作“尟”。《説文》云:“尟,是少也。”俗作“尠”。《文選·西京賦》云“慘則尠於驩”,李善注:“尠,少也。”《西征賦》注引《爾雅》作“尠,寡也”。又通作“鮮”。《易·乾》及《繫辭下》釋文並云:“尟,本亦作鮮。”《繫辭上》釋文云:“鮮,鄭作尟。”經典“尟”字止此數處,餘皆作“鮮”。“鮮”又訓“寡”者,《詩·蓼莪》傳及《揚之水》《蕩》箋並云:“鮮,寡也。”《論語·學而》篇鄭注及《華嚴經音義》上引《國語》賈注並云:“鮮,寡也。”

酬、酢、侑,報也。此通謂相報答,不主于飲酒。

《玉篇》云:“報,酬也,答也。”《喪服小記》注:“報猶合也。”“合”與“答”聲義近。《淮南·天文》篇注:“報,復也。”《穆天子傳》注:“報猶反也。”“反”與“復”義近。《樂記》及《祭義》並云“禮有報而樂有反”,是“反、報”義同。“報”又白也,如“報命、報罷”之“報”,俱訓“白”,又與“答”義近矣。

酬者,《説文》作“醻”,或作“酬”,通作“醻”。《詩·瓠葉》傳:“醻,道飲也。”《彤弓》箋:“醻猶厚也,勸也。”此皆主於飲酒而言也。《彤弓》云“一朝醻之”,傳:“醻,報也。”《周語》云“酬幣宴貨”、《吴語》云“剄於客前以酬客”,韋昭、賈逵、唐固注並云:"酬,報也。"此皆汎言酬答,不專爲飲酒而言也,故《易·繫辭》云"可與酬酢",集解引九家注:"陽往爲酬,陰來爲酢。"韓康伯注:"酬酢猶應對也。"又通作"詶"。《一切經音義》十八引《蒼頡篇》云:"酬作詶,同。"按:"詶"从言,故《廣韵》云:"以言答之。""答"即報矣。

酢者,《説文》作"醋",通作"酢"。《特牲饋食禮》注:"古文醋作酢。"《有司徹》注:"今文醋曰酢。"二注不同。《廣韵》引《蒼頡篇》云:"主答客曰酬,客報主人曰酢。"《蒼頡》多古字,是"醋"古文作"酢"也。經典"醋、酢"二字通,故《詩》"萬壽攸酢""酌言酢之",傳並云:"酢,報也。"《士虞禮》及《特牲饋食禮》注並云:"醋,報也。"是"醋、酢"古字通之證。又《司几筵》及《司尊彝》俱"酢"爲"昨",注云:"昨讀曰酢。"《禮少儀》注又云:"酢或爲作。"俱同聲假借字也。"醋"古文作"酢",亦其證矣。

侑者,《説文》作"姷",或作"侑",通作"祐"。《易·繫辭》云"可與祐神",對"可與酬酢"而言,是"酬、酢、祐"其義同。"祐"訓爲"報",故《易》釋文引馬融注:"祐,配也。"《説文》《廣雅》並云:"侑,耦也。"配耦與酬酢義近,陸德明訓"祐"爲"助",亦失其義矣。又《詩·楚茨》傳及《公食大夫》《特牲》《少牢饋食》注並云:"侑,勸也。"勸勉與報答義亦近,故《楚茨》正義云"已飲食而後勸之,亦是重報之義",其説是也。又"侑"通作"宥"。《爾雅》及《禮器》釋文並云:"侑,本或作宥。"《聘禮》及《有司徹》注並云:"古文侑皆作宥。"又通作"囿"。《禮器》云"詔侑武方",鄭注:"詔侑,或爲韶囿。"

毗劉,暴樂也。謂樹木葉缺落,蔭疏暴樂,見《詩》。**覭髳,茀離也。**謂草木之叢茸翳薈也。茀離即彌離,彌離猶蒙蘢耳。孫叔然字别爲義,失矣。

《方言》云:“毗,廢也。”“廢”與“暴樂”義近。通作“爆爍”。《詩》“捋采其劉”,毛傳:“劉,爆爍而希也。”鄭箋云:“捋采之則葉爆爍而疏。”釋文:“爆,本又作暴,同,音剥。爍,本又作樂,或作落,同,音洛。”《爾雅》釋文:“暴,本又作爆。樂,本又作爍。”《桑柔》正義引《爾雅》正作“爆爍”,又引舍人曰:“毗劉,爆爍之意也。木枝葉稀疏不均爲爆爍。”然則“爆爍”之爲言猶“剥落”也,亦言“蘀落”,《説文》云:“艸木凡皮葉落陊地爲蘀。”《詩·七月》《鶴鳴》傳並云:“蘀,落也。”或言“拓落”。《文選·解嘲》云:“何爲官之拓落也?”蓋“拓落”,疏薄之意,猶“落魄”也。又言“牢落”。《文選·上林賦》云“牢落陸離”,李善注:“牢落猶遼落也。”又言“留落”。《漢書·霍去病傳》云:“諸宿將常留落不耦。”然則“留落”之聲與“劉樂”同。“毗劉”之爲言猶“不留”也,音變爲“仳離”。《詩》“有女仳離”,“仳離”蓋分散之義,與“披離”同。《方言》云:“披,散也。”是“披離”猶“仳離”也。又變爲“劈歷”。《釋名》云:“辟歷,辟析也,所歷皆破析也。”又變爲“觱篥”。《廣韵》云:“觱篥,胡樂。”亦作“必栗”。《一切經音義》十九引《纂文》云:“必栗者,羌胡樂器名也。”蓋“必栗”猶言“别裂”,其聲激楚,聽之如欲破裂也,此皆“毗劉”一聲之轉也。釋文:“毗,樊光本作庇,云:‘蔭也。’”按:“庇、毗”聲同,古字通借,訓爲“庇蔭”,失其義也。毗劉、暴樂,蓋古方俗之語,不論其字,唯取其聲。今登萊閒人凡果實及木葉陊落謂之“毗劉杷拉”,“杷拉”亦即“暴樂”之聲轉。

○《説文》云:“覭,小見也。从冥聲。”引《爾雅》曰:“覭髳,弗離。”是“覭”當讀“莫經反”,釋文“郭亡革反”,則讀如“陌”,

二讀實一聲之轉也。《説文》"髳"即"鬏"重文之省，當讀如"矛"。釋文音"蒙"，"蒙、矛"亦一聲之轉也。"覭髳"音變爲"幕蒙"。《左氏昭十三年傳》"以幕蒙之"，按："幕蒙"亦覆蔽之意也。又變爲"溟沐"。《太玄·少》云："密雨溟沐。"蓋"溟沐"猶"霢霂"，爲細雨濛密之貌也。又變爲"蠛蠓"。蠛蠓者，小蟲亂飛之貌也。又變爲"緜蠻"。《詩》"緜蠻黄鳥"，"緜蠻"猶言"彌漫"，蓋文采縟密之貌。《文選·景福殿賦》注引《韓詩》薛君云"緜蠻，文貌"，是矣。毛、鄭訓"小"，失其義也。是皆"覭髳"一聲之轉，字雖異而義實同者也。

茀離，《説文》引作"弗離"，郭注"茀離即彌離，彌離猶蒙蘢"，亦皆一聲之轉也。"彌離"變爲"迷離"，《木蘭詩》云："雌兔眼迷離。"又變爲"幎歷"。《文選·射雉賦》云："幎歷乍見。""幎"音"覓"，"幎歷"猶"迷離"也。又變爲"冪歷"，《廣韵》云："冪歷，煙狀。"又變爲"冪羅"。《廣韵》云："冪羅，婦人所戴。"又變爲"幕絡"。《釋名》云："煮繭曰莫。莫，幕也，貧者箸衣，可以幕絡絮也。""蒙蘢"之聲同爲"朦朧"。《玉篇》云："朦，朦朧也。"又聲近爲"蒙戎"。《詩》"狐裘蒙戎"，毛傳："蒙戎，以言亂也。"亦作"尨茸"。《左氏僖五年傳》"狐裘尨茸"，杜預注："尨茸，亂貌也。""茀離"之爲言猶"紛綸"。《史記·司馬相如傳》云"紛綸葳蕤"，索隱："胡廣云：'紛亂也。'"是"紛綸"猶"紛亂"，又與"茀離"聲轉義近也。"覭、髳"雙聲，"茀、離"疊韵，亦古方俗之語，取其聲不論其字者。孫炎字别爲義，郭所以譏其失矣。

蠱、諂、貳，疑也。蠱惑、有貳心者皆疑也。《左傳》曰："天命不諂。"

《説文》云:“疑,惑也。”又云:“㲋,未定也。”是“㲋、疑”聲義同。《逸周書·王佩》篇云“時至而疑”,孔晁注:“疑,猶豫不果也。”《漢書》注:“疑,似也。”《士相見禮》注:“疑,度之。”《周禮·司服》注:“疑之言擬也。”然則擬也,度也,俱與“似”義近,皆疑惑不定之意也。通作“凝”。《易·坤》釋文云:“疑,荀、虞、姚信、蜀才本作凝。”《禮·中庸》釋文:“凝,本又作疑。”“疑、凝”一聲之轉也。

蠱者,《左氏昭元年傳》:“淫溺惑亂之所生也。於文,皿蟲爲蠱。穀之飛亦爲蠱。在《周易》,女惑男、風落山謂之蠱。皆同物也。”《説文》又以腹中蟲爲“蠱”,梟桀死之鬼亦爲“蠱”,其義皆爲疑惑也。《晉語》韋昭注:“蠱,化也。”“化、惑”聲轉。又“㲋”从匕,“匕”訓“變”①,變化與疑惑義近。通作“假”。《詩》“烈假不瑕”,《唐公房碑》作“厲蠱不瑕”,“蠱、假”音同,古讀“假”如“蠱”也。“蠱”又讀如“冶”,亦與“冶”通。馬融《廣成頌》云“田開古蠱”,即“古冶”也。《後漢書·張衡傳》注:“蠱,音野,謂妖麗也。”然則妖冶與惑亂之義又近矣。

謟者,郭引《左氏哀十七年傳》“天命不謟”,又《昭廿六年傳》“天道不謟”,杜預注並云:“謟,疑也。”《逸周書·酆謀》篇云“帝命不謟”,孔晁注:“謟,僭也。”“僭”訓“假”也,“儗”也,又“差”也,皆與“疑”義近。通作“慆”。《左氏昭廿七年傳》“天命不慆久矣”,杜注:“慆,疑也。”《爾雅》釋文:“謟,字或作慆。”又通作“滔”。《文選·西京賦》云“天命不滔”,李善注:“滔與謟音義同。”《左傳·哀十七年》釋文亦云:“謟,本又作滔。”皆聲同

① 匕訓變　匕,此本誤“巳”,據文意改。

假借字也。《爾雅》釋文又云:"謟,沈勑檢反。"按:"勑檢"乃"諂"字之音,"諂"从臽聲,與"謟"从舀聲迴别,沈旋音誤矣。

貳者,《説文》云:"副益也,从弍聲。弍,古文二。"按:二,不一也。有二心者,必生疑惑,故《晉語》云"不可以貳,貳無成命",韋昭注:"貳,疑也。"通作"二"。《吕覽·應言》篇云"令二輕臣也",高誘注:"二,疑也。"是"二、貳"通。又通作"忒"。《詩》"其儀不忒",毛傳:"忒,疑也。"《禮·緇衣》釋文:"忒,本或作貳。"《周語》云"平民無貳",《大射儀》注作"平民無忒"。又通作"貸"。《緇衣》云"衣服不貳",釋文:"貳,本或作貸。"《易·豫》釋文又云:"忒,京本作貸。""貸、忒"聲轉。"忒"又作"貣","貣、忒"俱从弋聲,"貳"亦从弋,"貳"與"忒"又俱訓"變","變"與"疑"義近,故古字俱通。

楨、翰、儀,榦也。《詩》曰:"維周之翰。"儀表亦體榦。

《説文》云:"榦,築牆耑木也。"《書》云"峙乃楨榦",馬融注:"楨、榦皆築具,楨在前,榦在兩傍。"按:兩邊立木所以榦正牆體,故"榦"又訓"正"。《易》"榦父之蠱"、《詩》"榦不庭方",虞翻注及《韓詩章句》並云:"榦,正也。"榦在兩旁,象人之脅,故又訓"脅"。《公羊莊元年傳》"搚榦而殺之",釋文:"榦,脅也。"脅所以正肢體,故又訓"體"。《楚辭·招魂》篇云"去君之恒榦",王逸注:"榦,體也。"因人肢體,又爲木之枝榦,故《一切經音義》二引《三蒼》云:"榦,枝榦也。"通作"幹",亦通作"翰",故釋文云:"榦,本又作幹,胡旦反。又作翰。"《漢書·郊祀志》注亦云:"榦或作翰。"按:"榦"本兼"公旦、胡旦"二音,《爾雅》及《費誓》釋文俱偏舉一音,亦未備也。又通作"干"。《鄭季宣碑陰》云"直事干",《司馬整碑陰》云"有諸曹干十三人",皆借

“干”爲“榦”也。又甲乙爲榦，亦書作“干”而音“榦”矣。

楨者，《書·費誓》傳：“題曰楨，旁曰榦。”正義云：“題謂當牆兩端者也，旁謂在牆兩邊者也。”又引舍人曰：“楨，正也，築牆所立兩木也。”按：“楨、榦”對文則别，散文則通。“楨”之言“貞”也。貞者，正也，正亦榦正，故《易·文言》云：“貞者，事之榦也。”明“楨、榦”其義同。《詩》云“維周之楨”，毛傳：“楨，榦也。”鄭箋以爲“榦事之臣”也。

翰者，“韓”之假者也。《説文》云：“韓，井垣也。”“井垣”與“榦”義近。通作“榦”。《莊子·秋水》篇云“吾跳梁乎井榦之上”，釋文：“井榦，司馬云：‘井欄也。’褚詮之音《西京賦》作韓音。”今按：《漢書·枚乘傳》云“單極之絋（綆同）斷幹”，晉灼注：“幹，井上四交之幹。”此“幹”亦當音“韓”。《郊祀志》“井幹樓”，注云：“幹或作韓。”然則“井幹”即“井韓”矣。又通作“翰”。《詩·桑扈》《文王有聲》《板》《崧高》傳並云：“翰，幹也。”《桑扈》及《費誓》正義並引舍人曰：“翰，所以當牆兩邊障土者也。”是舍人以“翰”爲“榦”，所言即“榦”之訓耳。

儀者，“檥”之假音也。《説文》云：“檥，榦也。”《玉篇》云：“檥，義奇、儀倚二切。”《史記·項羽紀》云“烏江亭長檥船待”，集解：“應劭曰：‘檥，正也。’如淳曰：‘南方人謂整船向岸曰檥。’”《文選·蜀都賦》云“檥輕舟”，劉逵注：“南方俗謂正船迴濟處爲檥。”然則“檥”亦爲“正”，“正”亦爲“榦”，與《爾雅》合矣。郭氏不知“儀”字假借，而云“儀表亦體榦”，經典無此訓，其義非也。《廣韵》四紙云：“檥，同艤。”“艤”字亦俗。

弼、棐、輔、比，俌也。《書》曰：“天威棐忱。”《易》曰：“比，輔也。”俌猶輔也。

《説文》云:"俌,輔也。讀若撫。"釋文:"俌,音輔,郭方輔反,《字林》音甫。"與《説文》合。

弼者,上文云:"重也。""重"與"輔"義近。《説文》亦兼輔、重二義,本於《爾雅》也。《書》"弼成五服",《史記·夏紀》作"輔成五服"。《荀子·臣道篇》注:"弼,所以輔正弓弩者也。"是"弼"有拂戾之義,故《越語》云"憎輔遠弼",韋昭注:"相導爲輔,矯過爲弼。"《漢書》注:"弼,戾也。"通作"拂"。《孝經》注"左輔右弼",釋文:"弼,本又作拂。"《大戴禮·保傅》篇云"弼者,拂天子之過者也",《賈子》作"拂者,拂天子之過者也"。《荀子·臣道篇》注云:"拂讀爲弼。"又通作"佛"。《詩》"佛時仔肩",鄭箋:"佛,輔也。"釋文:"佛,鄭音弼。"又通作"𠬝"。"弼成五服",《説文》引作"𠬝成五服",云:"𠬝,輔信也。"《玉篇》以"𠬝"爲古文"弼"字也。

棐者,《説文》云:"輔也。"《書·康誥》云"天威棐忱"、《大誥》云"天棐忱辭",又云"越天棐忱",《漢書·翟方進傳》"棐忱"俱作"輔誠"。通作"腓"。《詩》"小人所腓","腓"即"棐"也。鄭箋:"腓當作芘。"然"芘倚"亦比輔之意。牛羊"腓字之",亦即"輔字之"也。又通作"配"。《春秋繁露》云"使一大夫立於棐林",即"配林"也。配副義亦爲輔,"棐、配"音又相近也。

輔者,車之俌也。《詩》云:"其車既載,乃棄爾輔。"又云:"無棄爾輔,員于爾輻。"是輔所以助車,今人縛杖於輻以防傾側,此即車之輔也。《左氏僖五年傳》"輔車相依",正與《詩》合,此本義也。杜預注:"輔,頰輔。"服虔注:"輔,上頷車也,與牙相依。"《釋名》云:"頤或曰輔車,言其骨强所以輔持口也。"此則輔車亦本借車輔以爲名耳,非本義也。《説文》引傳"輔車相依",又以"頰車"訓"輔",義似未安。且"輔"在車部乃車之輔,其面部别有"酺"字訓"頰",乃是頰車之輔,故《易》"咸其輔",釋文云:"輔,虞作酺。"《玉篇》引《左傳》作"酺車相依",云"亦作輔",是"輔車"之"輔"正作"酺"。通作"輔"。《説文》"輔"訓"頰車",將義取通借,或文有脱略,疑不能明耳。

比者,親之俌也。《説文》云:"密也。二人爲从,反从爲比。"是比爲親密不苟从也,故《謚法》云:"擇善而從曰比。"《左氏昭廿八年傳》及《皇矣》詩傳並用其文。《易·彖傳》云:"比,輔也。"《詩》云"胡不比焉"、《齊語》云"足以比成事",鄭箋及韋昭注並云:"比,輔也。"通作"庇",又作"芘",見《詩·雲漢》及《莊子·人閒世》釋文。

疆、界、邊、衛、圉,垂也。疆埸①、境界、邊旁、營衛、守圉,皆在外垂也。《左傳》曰:"聊以固吾圉也。"

《説文》云:"埀,遠邊也。"通作"垂"。《史記·司馬相如傳》云"坐不垂堂"、《莊子·逍遥遊》篇云"其翼若垂天之雲",索隱及釋文並云:"垂,邊也。"又通作"陲"。《説文》云:"陲,危也。""危"有近邊之義,故稱"邊陲"。《廣韵》云:"陲,邊也。"《荀子·臣道篇》云"邊境之臣處則疆垂不喪",楊倞注"垂與陲同",是也。

疆者,《説文》作"畺",或作"疆",云:"界也。从畕。三,其界畫也。"《周禮·載師》云"以大都之田任畺地",鄭注:"畺,五

---

① 疆埸　埸,此本誤"場",咸豐六年刻本同。"疆場"是戰場,"疆埸"是邊界,其義不同。經解本及《十三經注疏》本作"埸",據改。

百里王畿界也。"《大司徒》云"制其畿疆而溝封之",鄭注:"疆猶界也。"《穀梁昭元年傳》:"疆之爲言猶竟也。"按:"竟"即"境"字,經典俱以"竟"爲"境"也。通作"壃"。《易·坤》《詩·緜》《禮·檀弓》釋文並云:"疆,本作壃。"《爾雅》釋文:"壃,字又作畺。經典作疆,假借字。"按:"疆、畺"同字,非假借字。"疆"省"弓"即爲"壃",又省"土"即爲"畺",故《詩》"萬壽無疆",《白石神君碑》作"萬壽無畺"。又通作"彊"。《賈子·審微》篇云:"啟彊、辟彊,天子之號也。""彊"即"疆"字。《史記·越世家》云"越王無彊",《越絶書》作"無疆",皆其證也。"疆"與"界"同意,俱从田,"田"从口十,即分疆畫界之義,故《説文》"疆"訓"界","界"訓"境","疆、界、境"又俱一聲之轉也。

邊者,《説文》云:"行垂崖也。"崖岸亦邊垂。《漢書·武帝紀》引逸《詩》云:"親省邊垂。"《吴語》云:"頓顙於邊。"《玉藻》云:"其在邊邑。"韋昭注以"邊"爲"邊境",鄭注:"邊邑,謂九州之外。"然則"邊"之言遠也,又言近也。《史記·高祖紀》云"齊邊楚",集解:"文穎曰:'邊,近也。'"是"邊"兼遠、近二義。"邊"猶"瀕"也,"傍"也,如云"瀕河、瀕海",亦云"傍河、傍海",《史記》俱作"並"字,音亦相轉,是皆以"邊"爲近也。"邊"又"偏"也。《左氏隱十一年傳》"奉許叔以居許東偏","東偏"猶言"東邊",又《昭十一年傳》"五大不在邊",是皆以"邊"爲遠也。"邊"與"鄙"義同。《月令》云"四鄙入保",鄭注:"鄙,界上邑。"《左氏傳》云"羣公子皆鄙",杜預注:"鄙,邊邑也。"《公羊經》云"伐我西鄙",何休注:"鄙者,邊垂之辭。"是"邊、鄙"義同,"鄙"與"邊"又一聲之轉也。

衛者,《周語》云"侯衛賓服",韋昭注:"衛,衛圻也。"蓋本

《周禮·大司馬》"九畿"而言也,"圻"即"畿"字。《説文》"圻"本"垠"之重文,"一曰岸也","岸"亦崖也,與"邊"訓"垂崖"同意。然則"垠"亦邊垂之義,"衛"又遠裔之名,故《周禮·巾車》云"以封四衛",鄭注:"四衛,四方諸侯守衛者,蠻服以内。"蓋"衛"之言猶"裔"也。《淮南·原道》篇注:"裔,邊也。"《方言》云:"裔,末也。""末"亦邊遠之義。又《釋名》云:"矢,其旁曰羽。齊人曰衛,所以導衛矢也。"又營衛,軍兵列營爲守衛,亦在邊垂,是"衛、裔、圻"並聲近義同矣。

圉者,《説文》云:"垂也。"《詩》"孔棘我圉""我居圉卒荒",傳並云:"圉,垂也。"郭引《左氏隱十一年傳》文,杜預注及正義引舍人並云:"圉,邊垂也。"《詩·桑柔》正義引舍人曰:"圉,拒邊垂也。"孫炎曰:"圉,國之四垂也。"按:"圉"猶"宇"也。《文選·東京賦》注引《蒼頡篇》云:"宇,邊也。"《易·繫辭》虞翻注:"宇謂屋邊也。"《詩·七月》釋文:"屋四垂爲宇。"《淮南·氾論》篇注:"宇,屋之垂。"然則"宇、圉"聲義同。

昌、敵、彊、應、丁,當也。《書》曰:"禹拜昌言。"彊者,好與物相當值。

《説文》云:"當,田相值也。"又云:"摃,當也。""摃、值"同。《晉語》云"當之者戕焉",又云"朱也當御",韋昭注並云:"當,值也。"通作"直"。《晉語》云"臣敢煩當日",注:"當日,直日也。""直"與"值"同。《吕覽·無義》篇云"魏使公子卬將而當之"、《貴信》篇云"寒暑四時當矣",高誘注並云:"當,應也。"《公羊莊十三年傳》"君請當其君,臣請當其臣",何休注:"當猶敵也。""敵、當"一聲之轉也。

昌者,《説文》云:"美言也。一曰日光也。"《詩·還》及《猗嗟》傳並云:"昌,盛也。""盛"與"光"義相成。《春秋元命苞》注:"昌,兩日重見,言明象。"然則兩日重爲相當,故又訓"當"也。"疊"从三日尤盛,故《後漢書》注引《韓詩》云:"莫不震疊。疊,應也。""疊"之訓"應"與"昌"之訓"當"義正同矣。郭引《書》曰"禹拜昌言",僞孔傳及《後漢書》注並云:"昌,當也。"别作"黨"。《逸周書·祭公》篇云:"王拜手稽首黨言。"《張平子碑》云:"黨論允諧。"又作"讜"。《孟子》注引《書》作"禹拜讜言",《書·益稷》釋文:"當,丁浪反。本亦作讜,當蕩反。李登《聲類》云:'讜言,善言也。'"《文選·典引》云"既感羣后之讜辭",蔡邕注:"讜,直言也。"《荀子·非相篇》云"博而黨正",楊倞注:"黨與讜同,謂直言也。"然則"讜"猶"當"也,"當"訓"直","直"亦"當","讜"訓"善"與"昌"訓"美"義又同矣。

敵者,上文云:"匹也。"匹敵亦當對也。《禮·少儀》云"敵者曰某固願見",《史記·衛世家》及《左氏哀十五年傳》俱云"敵子路",鄭注及服虔注並云:"敵,當也。"餘已見上文"敵,匹"下。"敵"與"疊"近。《韓詩》云:"疊,應也。""應"亦爲當。又與"特"近。《詩·柏舟》傳:"特,匹也。""匹"亦爲敵。釋文引《韓詩》"特"作"直",云:"相當值也。""直、特"聲近,"敵、疊"聲轉,故其義俱通矣。

彊者,《釋名》云:"彊,畺也。"按:"畺"从畕(居良切),畕,比田也。二田相當,與"昌"同意。"彊"又盛也,與"昌"訓"盛"義又同。"彊"之爲言"僵"也,《釋名》云:"僵,正直畺然也。"是"僵"訓爲"直","直"亦爲當。"彊"有"姜"音,《詩》釋文引《韓詩》云:"奔奔彊彊,乘匹之貌。"然則匹耦亦相當之義。《禮·表記》作"姜姜賁賁",鄭注:"争鬭惡貌也。""争鬭"又相敵之義,故《廣雅》云:“姜,强也。”“强”即“彊”,“姜”亦“彊”矣。

應者,《説文》云:“當也。”又云:“譍,以言對也。”“對”亦爲當。《詩》云“應侯順德”“我應受之”、《周語》云“以應成德”、《淮南·原道》篇云“事無不應”,毛傳及韋昭、高誘注並云:“應,當也。”通作“膺”。《詩》“戎狄是膺”,傳:“膺,當也。”《史記·建元以來侯者年表》作“戎狄是應”,《爾雅》釋文:“應,本或作膺。”是“膺、應”通。聲轉爲“禦”。《詩》“百夫之禦”、《易》“利用禦寇”,毛傳及虞翻注並云:“禦,當也。”

丁者,與“彊”同義。《白虎通》云:“丁者,强也。”《釋名》云:“丁,壯也。”《詩》“甯丁我躬”、《楚辭·惜賢》篇云“丁時逢殃”、《逢尤》篇云“思丁文兮聖明哲”,毛傳及王逸注並云:“丁,當也。”神農之教曰:“丈夫丁壯而不耕。”又曰:“婦人當年而不織。”“丁壯”即當年也。“丁、當”雙聲,“丁、鼎”疊韵。《漢書·匡衡傳》云“無説《詩》,匡鼎來”,服虔注:“鼎猶言當也。”《賈誼傳》云“天子春秋鼎盛”,亦其義也。

浡、肩、摇、動、蠢、迪、俶、厲,作也。浡然,興作貌。蠢,動作。《公羊傳》曰:“俶甚也。”《穀梁傳》曰:“始厲樂矣。”肩,見《書》。迪,未詳。

《釋言》云:“作,爲也。”《説文》云:“作,起也。”《詩》“與子偕作”、《易》云“聖人作”,毛傳及馬、鄭注並云:“作,起也。”《文選·兩都賦序》注:“作,興也。”《荀子·解蔽篇》注:“作,動也。”《禮·哀公問》注:“作猶變也。”按:“變”有更新之義,故《詩·駉》傳云:“作,始也。”“始”有創造之義,故《詩·天作》傳云:“作,生也。”“生”兼成、長二義,故《老子》王弼注:“作,長也。”《易·離》虞翻注:“作,成也。”是皆展轉生訓而義俱通者也。“作”與“迮”同。《説文》云:“迮,起也。”

浡者,“勃”之假音也。《説文》云:“勃,排也。”《玉篇》云:“勃,卒也。”蓋“卒”謂猝然,排,鋪排也。《方言》云:“舒、勃,展也。”皆與興作義近。通作“悖”。《左氏莊十一年傳》云“其興也悖焉”,釋文:“悖,一作勃,盛貌。”又通作“佛”。《荀子·非十二子篇》云“佛然平世之俗起焉”,楊倞注:“佛讀爲勃。勃然,興起貌。”又通作“浡”。《廣雅》云:“浡,盛也。”《孟子》趙岐注:“浡然,已盛。”《一切經音義》四引《聲類》云:“浡亦勃字,同,蒲没反。”按:“浡”疑當爲“郣”。《説文》云:“郣,郣海地。一曰地之起者曰郣。”然則“起”亦作也,是“郣”爲正體,“勃、悖”俱假借,“浡”蓋或體,“渤”又俗體矣。

肩者,上文云:“勝也。”“克也。”皆與振作義近。《釋名》云:“肩,堅也。”《謚法》云:“堅,長也。”“長”讀如“掌”,與作起義又近矣。

摇者,《説文》云:“動也。”《方言》云:“上也。”又云:“疾也。”又云:“遥,疾行也。”“遥”與“摇”同,古字通用,皆動作之義。又與“榣”同。《説文》云:“榣,樹動也。”又與“踰”同。《方言》云:“踰,跳也。”又與“猶”同。《檀弓》云“咏斯猶”,鄭注:“猶當爲摇,聲之誤也。摇謂身動摇也。秦人猶、摇聲相近。”今按:“猶、摇”同聲假借,非誤也。“咏斯猶,猶斯舞”,亦爲動作,皆其證矣。

動者,《説文》云:“作也。”《楚辭·抽思》篇云“悲夫秋風之動容兮”,王逸注:“動,摇也。”《吕覽·論威》篇云“物莫之能動”,高誘注:“動,移也。”“移”亦摇也。“動”又變也,感也,發也,生也,其義皆爲作也。通作“董”,見《周禮·大祝》注。

蠢者,下文云:“動也。”《方言》云“作也”,郭注:“謂動作也。”通作“春”。《考工記・梓人》云“則春以功”,鄭注:“春讀爲蠢。蠢,作也,出也。”《禮・鄉飲酒義》云:“春之爲言蠢也。”是“春、蠢”聲同。“蠢、出”聲轉。《尚書大傳》云:“春,出也,物之出也。”然則生出亦動作之義。又通作“惷”。《説文》云:“亂也。”“惷”訓“亂”與“作”訓“變”,其義同。《説文》引《左氏昭廿四年傳》曰“王室日惷惷焉”,今作“王室實蠢蠢焉”,杜預訓爲“動擾貌”,是其聲義又同矣。

迪者,“妯”之假音也。“妯、蠢”下文俱云:“動也。”“動、作”義同,“妯、迪”聲同。通作“迪”。上文云:“迪,進也。”下文云:“迪,道也。”《漢書・楊雄傳》注:“迪,由也。”“由、道、進”與“動、作”義亦近也。“迪”有“軸”音,又通作“柚”。《方言》云:“杼、柚,作也。東齊土作謂之杼,木作謂之柚。”《詩》“杼柚其空”,釋文:“柚,音逐,本又作軸。”是皆字異而音同,故古字又通矣。

俶者,上文云:“始也。”“始”與“作”義近。《毛詩》訓“作”爲“始”,《爾雅》訓“俶”爲“作”,其義一也。《詩》“有俶其城”,毛傳:“俶,作也。”《方言》云:“衝、俶,動也。”“動”亦作也。《後漢書・張衡傳》注:“俶,整也。”整頓亦動作也。“俶”與“埱”聲義同,《説文》云:“埱,气出土也。一曰始也。”訓“始”既與“俶”同,气出土與作起之義亦近也。

厲者,《方言》云:“爲也。”《逸周書・大武》篇云“戰有六厲”,孔晁注:“厲,爲也。”“爲”亦作也,故《書》“庶明厲翼”,正義引鄭注:“厲,作也。”《大戴禮・曾子立事》篇注:“鄂鄂,辨厲也。”引《論語》曰:“其言之不作。”是作爲奮厲之義。郭引《穀梁隱五年傳》云“始厲樂矣”，亦謂始作樂耳。《吕覽·季冬紀》云“征鳥厲疾”，高誘注：“厲，高也。”《文選·高唐賦》云“沫潼潼而高厲”，李善注：“厲，起也。”《漢書·楊雄傳》注：“厲，奮也。”“奮、起、高”亦義俱爲作也。《方言》云：“厲，今也。”“今”與“矜”同。矜莊嚴厲，亦振作之意也。厲，通作“賴”，又通作“烈”，俱一聲之轉。

兹、斯、咨、呰、已，此也。呰、已皆方俗異語。

《説文》云：“此，止也。”按：“止”謂物所止處，人指而名之曰“此”也。《吕覽·貴生》篇云“彼且奚以此之也”，高誘注：“此，此物也。”《老子》云“吾何以知衆甫之然哉？以此”，又云“吾何以知其然哉？以此”，河上公注並云：“此，今也。”“今”亦爲“此”，“此”亦爲“今”，互相訓也。“此”又“且”也，《詩》“匪且有且”，毛傳：“且，此也。”“此”與“且”古音相轉也。

兹者，《説文》云：“艸木多益。”又訓“此”者，因其益多，指而别之曰“此”也。《書》云“兹攸俟”，又云“越兹麗刑”，鄭注並云：“兹，此也。”《廣雅》云：“兹，今也。”“兹”訓“今”與“此”訓“今”義亦同。《吕覽·任地》篇云“今兹美禾”，高誘注：“兹，年也。”蓋亦緣詞生訓，實則“今兹”即“今此”也。“今兹”倒言之爲“此今”，音變爲“斯今”，又變爲“自今”，並字異而義同矣。

斯者，《説文》云：“析也。”分析與此義近。“斯”又盡也，“盡”與“止”義又近。《坊記》引《書》“斯謀斯猷”，《春秋繁露·竹林》篇作“此謀此猷”；《詩》“胡斯畏忌”，《漢書·賈山傳》作“胡此畏忌”。又“匪今斯今”，鄭箋亦以“斯今”爲“此今”矣。

咨者，與“兹”音近同字通。《魏孔羡碑》云：“咨可謂命世大聖，千載之師表者已。”“咨”即“兹”也。又“咨嗟”之“咨”，《説文》作“嗞”,从口兹聲,亦其證也。

呰者,《説文》云:“苛也。”“苛”與“呵”同。呵責人者,必止其人而問之,故“呵”有止義,“止”即“此”之訓也。通作“訾”。“訾”訓“毁”與“呰”訓“苛”義近。《方言》云:“訾,何也。”“何”與“苛”音又同。郭注“訾爲聲如斯”,“斯”亦此矣。又通作“些”。《一切經音義》二及六並云:“呰,古文些、吹二形。”《爾雅》釋文:“呰,郭音些。”引《廣雅》云:“些,辭也。”是郭以“些”爲“呰”,蓋本《楚辭》。或讀“些”爲“蘇箇切”,非矣。

已者,止也。“止”亦“此”之訓,故又爲此也。“此”从止而訓“止”,蓋聲兼義也。“已”古讀如“似”而亦訓“止”,其聲近也。“兹”亦聲近,故《書》云“邇可遠在兹”,《史記·夏紀》作“近可遠在已”。“已”與“兹”俱訓“此”,故轉相訓也。戴氏震引《莊子》云“已而爲知者,已而不知其然”,當解“已”爲“此”。

嗟、咨,𨖍也。今河北人云𨖍歎,音兔罝。

《玉篇》云:“𨖍,憂歎也。”《廣韵》云:“𨖍,長歎。”釋文云:“𨖍,本或作䑘。”引《字林》云:“皆古嗟字。”《太玄·瞢》云“時𨖍𨖍”,范望注:“𨖍𨖍,長歎也。”通作“嗟”。《詩·臣工》傳:“嗟嗟,勑之也。”《烈祖》箋:“重言嗟嗟,美歎之深。”又《海外東經》云:“𨖍丘,一曰嗟丘。”《廣韵》作“䑘丘”,皆古字通之證也。

嗟者,“𧥻”之或體也。《説文》云:“𧥻,咨也。”《玉篇》作“謎”,同。通作“嗟”。《釋名》云:“嗟,佐也,言之不足以盡意,故發此聲以自佐也。”《文選·吴都賦》注引《爾雅》舊注云:“嗟,楚人發語端也。”按:“嗟”自發端,非必楚語。“嗟”有“奈何”之訓。《詩》“憯莫懲嗟”,箋:“嗟乎,奈何。”《荀子·富國篇》注本之而云:“嗟,奈何。”然則鄭意蓋謂事無可奈何,故嗟歎之,非以“奈何”訓“嗟”也。又通作“差”。《易》“大耋之嗟”,釋文:“嗟,荀本作差。”《詩》“穀旦于差”,釋文:“差,《韓詩》作嗟。”蓋《詩》之“于嗟”,俱歎詞也。又變作“齎”。《易》“齎咨涕洟”,釋文引鄭注:“齎咨,嗟歎之辭也。”是“齎咨”即“嗟咨”,聲之轉矣。

咨者,“嗞”之假音也。《説文》云:“嗞,嗟也。”《廣韻》云:“嗞嗟,憂聲也。”亦作“嗟兹”。《詩·綢繆》傳:“子兮者,嗟兹也。”通作“咨”。《詩》“文王曰咨”,傳:“咨,嗟也。”《書》“咨四岳”,《史記·五帝紀》作“嗟四嶽”。《論語》“咨爾舜”,皇侃疏亦云:“咨,咨嗟也。”又通作“呰”。《逸周書·太子晉》篇云“莫有怨呰”,孔晁注:“呰,嘆恨也。”又通作“資”。《太玄·樂》云“則哭泣之嗟資”,范望注:“嗟資,憂哀之貌也。”然則“嗟資”即“嗟咨”,“怨呰”亦即“怨咨”,俱古字通矣。《禮·緇衣》引《君雅》曰“夏日暑雨,小民惟曰怨;資冬祈寒,小民亦惟曰怨”,鄭注:“資當爲至。”按:鄭以“資”屬下句,故讀爲“至”,實則“怨、資”相屬,即“怨咨”也。下“惟曰怨”,無“資”字,句意已足,古書文字不拘,何必斤斤相比對也?

閑、狎、串、貫,習也。串,厭串。貫,貫忕也。今俗語皆然。

《説文》云:“習,數飛也。”《吕覽·審己》篇注:“習,學也。”《玉篇》云:“習,串也。”《漢書》注:“習,狎也。”按:《易》“重坎曰習坎”,故“習”訓“重”也,因而重之,故又訓“因”也。習而安之,故又訓“便”也。通作“襲”。“襲”亦重也,因也。《周禮·胥》注:“故書襲爲習。”《文選·齊竟陵文宣王行狀》云“龜謀襲吉”,李善注:“襲與習通。”皆其證也。

閑者,居之習也。"閑"訓"遮闌",與重習、便習義近。《易》"曰閑輿衛",釋文引馬、鄭云:"閑,習也。"《詩》"四馬既閑""既閑且馳",傳箋並云:"閑,習也。"《鄉射禮記》注引《尚書傳》曰:"戰鬭不可不習,故於蒐狩以閑之也。"閑之者,貫之也。貫之者,習之也。通作"閒"。《文選・東京賦》云:"既佶且閒。"《詩・六月》篇"閒"作"閑"。《十畝之閒》釋文云:"閒,本亦作閑。"

狎者,《説文》云:"犬可習也。"《曲禮》云"賢者狎而敬之"、《周語》云"未狎君政"、《晉語》云"陽人未狎君德",鄭注及韋昭注並云:"狎,習也。"《方言》云"媟,狎也",郭注:"相親狎也。"按:"媟"有嬻嫚之意,故《廣雅》云:"狎,輕也。""輕"有忽意,故《論語》"狎大人"鄭注:"狎,慣忽也。"輕、忽、媟又因狎習而生也。通作"甲"。《詩》"能不我甲",釋文:"甲,《韓詩》作狎。"《書》"因甲于内亂",正義引鄭、王皆以"甲"爲"狎"。《釋言》云:"甲,狎也。"是諸義所本。《一切經音義》十四云:"狎,古文㢎、狹二形。"是"狹、狎"又通矣。

串者,"患"與"翫"之假音也。《玉篇》《廣韵》"串"俱"古患切",則與"貫"同。釋文引沈、謝音亦同,"郭音五患反",則與"翫"同。《説文》云:"翫,習猒也。"引《左氏昭元年傳》"翫歲而愒日"。又《僖五年傳》云"寇不可翫"、《文選・東京賦》云"目翫阿房",杜預及薛綜注並云:"翫,習也。"通作"玩"。玩弄與狎習義近,故《文選》詩注:"玩與翫古字通。"又通作"忨"。《説文》云:"忨,貪也。"引《春秋傳》曰:"忨歲而㵣日。"是皆郭義所本也。作"串"者,"串"古音"患",亦通作"患"。《詩》"串夷載路",毛傳:"串,習也。"鄭箋:"串夷即混夷,西戎國名也。"釋文:

"串,一本作患,或云鄭音患。"正義亦云:"串,《詩》本爲患。"然則"患"乃本字,"串"即"患"字之省,故《一切經音義》九及十七、八並引舍人云:"串,心之習也。"據此知《爾雅》古本"串"正作"患"矣。

貫者,"遦"與"摜"之假音也。《説文》"遦、摜"並云:"習也。""摜"字下引《左氏昭廿六年傳》曰:"摜瀆鬼神。"通作"貫"。《詩·六月》正義引《書傳》云:"貫之何？習之。"《詩》"射則貫兮"、《魯語》云"晝而講貫"、《孟子》云"我不貫與小人乘",鄭箋及韋昭、趙岐注並云:"貫,習也。"又通作"慣"。釋文:"慣,本又作貫。又作遦,同,古患反。"又通作"宦"。《詩》"三歲貫女",漢石經作"三歲宦女"。又通作"串"。《荀子·大略篇》云"國法禁拾遺,惡民之串以無分得也",楊倞注:"串,工患反。"是"串"即"貫"字也。郭云"貫忕也"者,釋文:"忕,音逝,又時設反。"引張揖《雜字》:"音曳,云狃忕過度。"按:《説文》云:"愧,習也,从曳聲。"與張揖音同,"愧"即"忕"也。

曩、塵、佇、淹、留,久也。塵垢、佇企、淹滯皆稽久也。

《墨子·經上》篇云:"久,彌異時也。"《玉篇》云:"久,遠也,長也。"《公羊莊八年傳》"爲久也",何休注:"爲久,稽留之辭。"《孟子》注:"久,留也。"《文選·歸田賦》注:"久,滯也。"按:"久"之言"舊"也,故《詩》"告爾舊止"箋:"舊,久也。""久、舊"亦通,故《書》云"舊勞于外",《史記·魯世家》作"久勞于外","舊爲小人"作"久爲小人"矣。

曩者,《釋言》云:"曏也。"《説文》云:"曏,不久也。"今按:對遠日言則"曏"爲不久,對今日言則"曏"又爲久,故《廣雅》云:"曩,久也,鄉也。""鄉"與"曏"同。《列子·黄帝》篇云"曩吾以汝爲達”,張湛注:“曩,昔也。”“昔”亦久也,聲轉作“乃”。《漢書·曹參傳》云“乃者我使諫君也”,集注:“乃者猶言曩者。”是“曩、乃”音轉字通。蓋語聲有緩急,緩言之爲“曩者”,急言之爲“乃者”,其義則同耳。

塵者,“陳”之假音也。《詩》“我取其陳”,傳:“尊者食新,農夫食陳。”是“陳”有久義,故《説文》云:“田,陳也。”“畞者,从田十久。”“韭”云:“一種而久。”皆取陳久之意也。《史記·平準書》云“於是大農陳”,集解:“韋昭云:‘陳,久也。’”《素問·鍼解》云“菀陳則除之者”、《奇病論》云“治之以蘭,除陳氣也”,王砯注並云:“陳,久也。”通作“塵”。《文選·思玄賦》云①“允塵邈而難虧”,舊注:“塵,久也。”《書》“失于政陳于兹”,傳訓“陳”爲“久”,正義引《釋詁》文,而云:“古者塵、陳同。”又引孫炎曰:“塵,居之久也。久則生塵矣。”此妄説也。郭本孫義以“塵垢”爲訓,亦又失之。“塵、陳”以聲爲義耳,非“塵垢、塵居”之謂也。又通作“填”。《詩》“倉兄填兮”,毛傳:“填,久也。”“孔填不寧”,鄭箋亦以“填”爲“久”矣。又轉爲“烝”。《釋言》云:“烝,塵也。”《詩》“烝在桑野”,鄭箋以爲“久處桑野”,“古者聲寘、填、塵同也”。“烝也無戎”箋亦云“久”,“古聲填、寘、塵同”,是皆義存乎聲矣。孫、郭緣詞生訓,均爲失也。今登萊閒人謂時之久者或曰“烝日”,或曰“鎮日”,或曰“塵日”,謂年亦曰“烝年、鎮年、塵年”,皆古音也。“鎮”與“填”亦古字通,其音義又俱爲塵矣。

佇者,“宁”之假音也。《説文》云:“宁,辨積物也。”《文

① 文選思玄賦　思,此本誤“忠”,咸豐六年刻本及經解本不誤,據改。

選·遊天台山賦》注:"宁猶積也。佇與宁同。"按:"宁"與"貯"同。《説文》云:"貯,積也。"《史記·平準書》索隱引《字林》云:"貯,塵也。""塵、積"義俱爲久也。通作"佇"。《詩》"佇立以泣",傳:"佇立,久立也。"《漢書·敘傳》云"佇盤桓而且俟",張晏注:"佇,久也。"又通作"竚"。《文選·幽通賦》作"竚盤桓而且俟",曹大家注:"竚,立也。"非也。《楚辭·大司命》之"延竚"作立旁"竚",《離騷》之"延佇"作人旁"佇",而注俱訓"立",亦非也。"佇"訓"久"不訓"立",毛傳甚明,是皆望文生義耳。又《楚辭·怨上》篇云"佇立兮忉怛",王逸注:"佇,停也。""停"亦積、久之義也。

淹者,《方言》云:"敗也。水敝爲淹。"按:"水敝"謂漸漬之,與"漚"同意,故《説文》云:"漚,久漬也。"《禮·儒行》云:"淹之以樂好。"《楚辭·離世》篇云:"淹芳芷於腐井兮。""淹"皆訓"漬","漬"有久義,故又訓"久"。《公羊宣十二年傳》"王師淹病矣"、《晉語》云"振廢淹"、《離騷》云"日月忽其不淹兮",注並云:"淹,久也。"通作"奄"。《詩》"奄觀銍艾",箋:"奄,久也。"是鄭讀"奄"爲"淹"也。

留者,《説文》云:"止也。"是止之久也,故《儒行》云"悉數之乃留",鄭注:"留,久也。"《楚辭·湘君》篇云"蹇誰留兮中洲",王逸注:"留,待也。"《逸周書·武順》篇注:"留,遲也。"《吴語》云"一日惕一日留",韋昭注:"留,徐也。""徐、遲、待"又皆與"久"義相成也。

逮、及、暨,與也。《公羊傳》曰:"會、及、暨皆與也。"逮亦及也。

《説文》云:"與,黨與也。"又爲"許與"之"與",又從也,隨也,如也,皆與“及”義相近,故《檀弓》《論語》鄭注並云:“與,及也。”《公羊》注:“與,并也。”《漢書》注:“與,偕也。”“偕、與、并”其義亦俱近“及”也。

逮者,《説文》云:“唐逮,及也。”經典“逮”俱訓“及”。通作“隶”。《説文》云:“隶,及也。”又通作“隸”。《説文》云:“隸,及也。”“隸”與“迨”同。迨、逮,《釋言》並云:“及也。”“及”亦與也。《詩·摽有梅》釋文引《韓詩》云:“迨,願也。”“願、與”義近,聲又相轉也。又通作“遝”(徒合切)。石經《公羊》殘碑云:“祖之所遝。”《聞州輔碑》云:“遝事和熹后孝安帝。”《劉寬碑》云:“未遝誅討。”《陳球後碑》云:“遝完徂齊。”俱以“遝”爲“逮”也。《釋言》云:“逮,遝也。”“遝、逮”古聲義同也。

及者,《説文》云:“逮也。”“逮”亦與,故《公羊隱元年傳》:“及者何?與也。會、及、暨皆與也。及猶汲汲也。”《廣雅》云:“及,連也。”《荀子·儒效篇》注:“及,繼也。”“繼”與“連”其義亦皆近“與”也。

暨者,“臮”之假音也。《説文》云:“臮,衆與詞也。”引《書》曰:“臮咎繇。”又“淮夷蠙珠暨魚”,《史記·夏紀》及《漢書·地理志》“暨”俱作“臮”。“朔南暨”,《地理志》亦作“臮”。通作“暨”。《春秋經》之“暨”,《公羊傳》云:“會、及、暨皆與也。暨猶暨暨也。”然則“暨”亦及也,“暨暨”猶“汲汲”也,故《華嚴經音義》上引《珠叢》云:“暨謂及預也。”“預”即“與”矣。又通作“洎”。《書》“爰洎小人”,鄭注:“洎,與也。”《莊子·寓言》篇云“後仕三千鍾不洎”,《文選·東京賦》云“于斯胥洎”,又云“澤洎幽荒”,郭象及薛綜注並云:“洎,及也。”又通作“塈”。《士喪禮》注引《喪大記》云“塗不暨于棺”,釋文:“暨,劉本作塈。”

騭、假、格、陟、躋、登，陞也。《方言》曰：“魯衛之閒曰騭，梁益曰格。”《禮記》曰：“天王登遐。”《公羊傳》曰：“躋者何？陞也。”

陞者，《玉篇》云：“上也，進也，與升同。”《釋畜》云：“善陞甗。”《方言》云：“未陞天龍謂之蟠龍。”並以“陞”爲上也。經典俱作“升”。升，登也，亦與“登”通，見《儀禮·喪服》注。《易·升》釋文引《序卦》云：“升，上也。馬云：‘高也。’”《詩·天保》傳：“升，出也。”“出”與“高”亦登、上之義也。通作“昇”。《易》釋文：“升，鄭本作昇。”集解引鄭注云：“昇，上也。坤地，巽木。木生地中，日長而上，故謂之昇。昇，進益之象也。”按：“昇”與“陞”並从俗作，經典罕用，升本量名，升斗遞增，即具登進之義，何須加“日”加“阜”，過爲淺俗耶？

騭者，牡馬之名，見於《釋畜》，又訓“陞”者，牡馬善騰，騰，乘也，“乘”亦升也。故《書》云“惟天陰騭下民”，釋文引馬融注：“騭，升也。升猶舉也。”通作“郅”。《方言》云：“郅(音質)，登也。魯衛曰郅。”郭引作“騭”，是“郅、騭”通。釋文：“騭，之實反，又音陟。”《說文》亦云“騭从陟聲”矣。

假者，《說文》“假、徦”並云：“至也。”又訓“陞”者，“陞、至”義近。“至”之言“郅”也，故“郅”訓“登”，又訓“至”；“假”亦訓“至”，又訓“陞”矣。《漢書·王莽傳》注：“假，至也，升也。”《淮南·齊俗》篇云“其不能乘雲升假亦明矣”，高誘注：“假，上也。”“上”亦升也。郭讀“假”爲“遐”，故引《曲禮》曰“天王登遐”，今作“登假”，“假、遐”古音同也。

格者，“洛”之假音也。《方言》云“洛，至也”，又云“登也”，郭注：“洛，古格字。”通作“格”。《書》“庶有格命”，鄭注：“格，登也。登命,謂壽考者。"《釋天》云"太歲在寅曰攝提格",李巡注:"格,起也。""起"亦升也。《釋訓》云:"格格,舉也。""舉"亦升也。又通作"假"。《詩》"昭假無嬴""湯孫奏假""來假來享",釋文並云:"假,音格。"箋並云:"假,升也。"古書"格"多作"假",故《書》"格于上下",《説文》人部作"假于上下";"祖考來格",《後漢書·章帝紀》作"祖考來假";"惟先格王",《漢書·成帝紀》作"惟先假王";"格人元龜",《史記·殷紀》作"假人元龜";"格于皇天""格于上帝",《史記·燕世家》"格"俱作"假"。經典所以"格"多作"假"者,"假、格"聲同。故《士冠禮》注:"今文格爲嘏。""嘏、假"聲同。又《方言》云:"邠唐冀兖之閒曰假,或曰洛。"皆其證矣。

陟者,《説文》云:"登也。"《玉篇》云:"高也,升也。"《詩·卷耳》《公劉》傳箋"陟"俱訓"升",《車舝》《皇矣》箋"陟"俱訓"登","登、升"一耳,故《書》云"女陟帝位",《史記·五帝紀》作"女登帝位"矣。"陟"聲近"德",《説文》云:"德,升也。"《玉篇》云:"德,福升也。"《周禮·大卜》云"三曰咸陟",鄭注:"陟之言得也,讀如王德翟人之德。"是"德、陟"聲義同。又與"騭"同。《集韵》云:"陟或作騭。"釋文云:"騭,又音陟。"是"陟、騭"又通矣。

躋者,《説文》云:"登也。"引《商書》曰:"予顛躋。"《詩·蒹葭》《斯干》《長發》傳並云:"躋,升也。"通作"隮"。《詩·蝃蝀》《候人》傳俱以"隮"爲"升",《士虞禮記》注亦云:"隮,升也。"《春秋文二年經》云"躋僖公",《周禮·大宗伯》注作"隮僖公"。又通作"齊"。《詩》"聖敬日躋",《孔子閒居》作"聖敬日齊"。"至于湯齊",鄭注:"《詩》讀湯齊爲湯躋。"《樂記》云"地氣上齊",鄭注:"齊讀爲躋。"《士虞禮記》注:"今文隮爲齊。"又通作"資"。《周禮·眡祲》云"九曰隮",鄭注:"故書隮作資。"《易》"得其資斧",釋文引《子夏傳》及衆家並作"齊斧",是"齊、資"又通矣。

登者,上文云:"成也。"物成就則可升,故經典"登"字俱兼成也、升也二義。《左氏隱五年傳》"不登於器",服虔注訓"登"爲"成"。又云"不登於俎",服注訓"登"爲"升"。《周禮·羊人》云"登其首",鄭注:"登,升也。"《曲禮》云"年穀不登",鄭注又云:"登,成也。"是"成、升"其義近。又《月令》"登麥""登黍",鄭注並云:"登,進也。"《周禮·司民》"登民數"、《考工記·輈人》"登馬力",鄭注並云:"登,上也。"《晉語》云"不哀年之不登",韋昭注:"登,高也。""高、上、進"其義亦俱爲升也。"登"通作"升",已見上文"登,成"下。又《左氏僖廿二年傳》釋文"登陘,本亦作升陘",亦其證也。"登"轉爲"得",見《公羊隱五年傳》"登來"之注。

揮、盝、歇、涸,竭也。《月令》曰:"無漉陂池。"《國語》曰:"水涸而成梁。"揮,振去水,亦爲竭。歇,通語。

竭者,"渴"之假音也。《說文》云:"渴,盡也。"《廣韵》十七薛傑紐下云:"渴,渠列切,水盡也。"《周禮·草人》云"凡糞種渴澤用鹿",鄭注:"渴澤,故水處也。"賈公彥疏:"故時停水,今乃渴也。"釋文:"渴,其列反。"是"渴"讀爲"竭"。《爾雅》釋文亦云:"渴,音竭,本或作竭。"是經典用"渴"字,唯《爾雅》及《周禮》兩見。今《爾雅》已非陸本之舊,經典又借"渴"爲飢潵之字,於是"渴"字音義,唯見於《周禮》矣。通作"竭"。《禮·大傳》云"人道竭矣"、《周語》云"昔伊洛竭而夏亡",鄭注及韋昭注並云:“竭,盡也。”其餘經典亦俱作“竭”,而“渴”不復用矣。

揮者,《説文》云:“奮也。”“奮”猶“振”也。《考工記·巟氏》云“而揮之”,謂振去之也。《曲禮》云“飲玉爵者弗揮”,釋文引何承天云:“振去餘酒曰揮。”《齊策》云“揮汗成雨”,高誘注:“揮,振也。”《易》“六爻發揮”,釋文引王肅、王廙並云:“揮,散也。”《晉語》注:“揮,灑也。”“灑、散”與“竭盡”義相成也。

盝者,“漉”之假音也。《説文》云:“漉,浚也。”《廣雅》云:“漉,滲也。”《説文》:“滲,下漉也。”按:“滲漉”亦言“滲漏”,然則“漉”之言“漏”也。水澤漏下,故爲竭盡也。郭引《月令》云“毋漉陂池”與“毋竭川澤”句對,知“漉”亦爲竭。《方言》云:“漉,極也。”極盡義亦爲竭,“竭、極”聲又相轉也。《素問·瘧論》云:“無刺漉漉之汗。”王砅注以“漉漉”爲“汗大出”,是亦竭盡之義,今人語以小汗爲漉漉,非矣。通作“盝”。《方言》云:“盝,涸也。”《廣雅》云:“盝,盡也。”“盝”與“渌”同,《説文》“渌”即“漉”之重文。又通作“盝”。“盝”即“盝”之省文也。《考工記·巟氏》云“清其灰而盝之”,鄭注:“於灰澄而出盝晞之。”鄭意蓋謂澄出其水爲盝,而後晞乾之。故《廣韵》云:“盝,去水也,竭也。或作漉。”然則“漉”借爲“盝”明矣。

歇者,《説文》云:“息也。”按:息,休息也。人倦極則休息。聲轉爲“戲泄”,故《方言》云:“戲(音羲)泄,歇也。楚謂之戲泄。”又轉爲“歇泄”。故《説文》云:“歇,一曰气越泄。”《方言》注:“歇,泄气。”《廣雅》云:“歇,泄也。”俱與《説文》合。今俗語亦謂歇息爲“歇泄”也①。泄,《説文》作“渫”,云:“除去也。”

① 謂歇息 謂,此本誤“爲”,據經解本改。

“除去”即竭盡之義。《左氏宣十二年傳》“憂未歇也”，杜預注：“歇，盡也。”《方言》云“歇，涸也”，郭注：“謂渴也。”“渴”即“竭”字矣。

涸者，《説文》云：“渴也。讀若狐貈之貈。”《月令》及《吕覽·仲秋紀》並云：“水始涸。”《周語》云：“天根見而水涸。”“涸”皆訓“竭”。《廣雅》云：“涸，盡也。”《淮南·主術》篇云“不涸澤而漁”，高誘注：“涸澤，漉池也。”《本經》篇云“竭澤而漁”，高注：“竭澤，漏池也。”“漏池”即“漉池”聲之轉。

挋、拭、刷，清也。振訊、拭拭、埽刷，皆所以爲潔清。

《説文》云：“清，朖也，澂水之皃。”《考工記·㡛氏》注：“清，澄也。”澄，《説文》作“澂”，云：“清也。”是“清、澂”互訓，其義同。“清”又静也，浄也。浄，《説文》作“瀞”，云：“無垢薉也。”通作“靖”。《書》云“自靖”，釋文：“靖，馬本作清，謂絜也。”又通作“静”。《書》“直哉惟清”，《史記·五帝紀》作“直哉惟静”。潔，《禮·經解》云：“絜静精微。”《史記·萬石張叔傳》云：“期爲不絜清。”“絜清”即“絜静”也。又通作“凊”。《周禮·宫人》注：“沐浴所以自潔清。”釋文：“清，本亦作凊。”《爾雅》釋文亦云：“清，如字。劉音《儀禮》慈性反。”是“清、凊”通矣。

挋者，“撠”之假音也。《説文》“挋”訓“給也”“約也”，别有“撠”，訓“拭也”，从堇聲。經典俱作“挋”，音“震”，與“振”同。《喪大記》云“挋用浴衣”，鄭注：“挋，拭也。”《士喪禮》云“挋用巾”，鄭注：“挋，晞也，清也。古文挋皆作振。”《一切經音義》七云：“振，古文㫱、挋二形。”是“挋、振”通。故《曲禮》云“振書端書於君前有誅”，鄭注：“振，去塵也。”“去塵”即潔清之意，故郭以"振訊"爲"抿",得其義與聲矣。今人謂去濁取清曰"振",蓋亦以"振"爲"抿"耳。

拭者,"飾"之假音也。《説文》云:"飾,㕞也,讀若式。"《廣韵》云:"拭,刷也。"《釋名》云:"飾,拭也,物穢者拭其上使明,由他物而後明猶加文於質上也。"是"拭、飾"聲義同,經典俱作"拭"。《聘禮》云"賈人北面坐拭圭",鄭注:"拭,清也。"《禮·雜記》云"雍人拭羊",鄭注:"拭,静也。""静"即"净","净"亦"清"矣。

刷者,"㕞"之假音也。釋文:"刷,字又作㕞,所劣反。"《説文》云:"㕞,飾也。"通作"刷"。《説文》云:"刷,刮也。"《禮》有"刷巾"。《周禮·凌人》"秋刷",鄭注:"刷,清也。"《詩·七月》釋文引《三蒼》云:"刷,埽也。"埽除亦所以爲潔清。《文選·魏都賦》云:"洗兵海島,刷馬江洲。""洗、刷"俱潔清之意,張載注"刷,小嘗也",李善注"刷猶飲也",並非。

鴻、昏、於、顯、間,代也。鴻鴈知運代。昏主代明,明亦代昏。顯即明也。間錯亦相代。於,義未詳。

《説文》云:"代,更也。"按:"代"之爲言遞也,迭也。《説文》云:"遞,更易也。""迭,更迭也。""迭、遞、代"俱一聲之轉。"代"又易也,《方言》云"皆南楚江湘之閒代語也",郭注:"凡以異語相易謂之代也。""代"與"忒"同。《説文》云:"忒,更也。"又與"忕"同。云:"忕,失常也。"按:"忒、代"俱从弋聲,古讀"代"如"遞",故與"忒"聲近義同。又與"貣、貸"同,故《書·洪範》云"忿忒",《史記·宋世家》作"衍貣";《月令》云:"宿離不貸。"又云:"無或差貸。""貸"皆讀"忒",此又音近字通矣。

鴻者,往來之代也。《月令》云:"鴻鴈來。"《夏小正》云:

“遵鴻鴈。”是往來相代。通作“洪”。《書》“乃洪大誥治”，正義引鄭注以“洪”爲“代”，“言周公代成王誥也”，是“鴻”訓“代”之證。“鴻”與“庸”聲義通。《方言》云“庸，代也”，亦其證矣。

昏者，明之代也。《文選·勸進表》云：“昏明迭用。”“昏”又幽也。《大戴禮·誥志》篇云：“明幽雌雄也。”“雌雄迭興”，《史記·曆書》作“雌雄代興”，蓋言日月之代明也。又昏禮成於昏，陽往陰來，亦相代之義，故《白虎通》云：“昏亦陰陽交時也。”“交”猶“代”也。《郊特牲》云“昏禮不賀，人之序也”，鄭注：“序猶代也。”然則“昏”取序代爲義，亦其證也。

於者，閒之代也。凡言“於”者，以此於彼，以彼於此，“於”字皆居中閒，是即“閒”訓“代”之義，又有相連及之義，相連及亦相交代也。《吕覽·不侵》篇云：“豫讓，國士也，而猶以人之於己也爲念。”《論語》云：“君子之於天下也。”是皆經典用“於”字之例。然則人之於己、己之於人，並以相閒代爲義矣。於，通作“于”。《孟子·萬章》篇引古書之言曰：“惟兹臣庶，女其于予治。”言汝其代予治之也。趙岐注以“于”爲“助”，不若以“于”爲“代”合於《雅》訓也。此義本之邵氏晉涵《正義》所説，前義參之段氏玉裁説，今並採用以補郭所未詳焉。

顯者，明也。明者，昏之代也。《左氏昭元年傳》：“六氣曰陰陽、風雨、晦明也。”《中庸》云：“莫顯乎微。”又云：“夫微之顯。”然則顯與微相代，明與晦相代。其云“微之顯”者，“之”字爲中閒聯屬之詞，亦猶“於”字爲兩相遞代之義矣。

閒者，《書·益稷》正義引孫炎曰：“閒，廁之代也。”《詩》“皇以閒之”，《鄉飲酒禮》及《燕禮》俱云“乃閒歌《魚麗》”，毛、鄭並云：“閒，代也。”蓋“閒”本訓“隙”，因有釁隙，他物廁之，故又爲代矣。

饁、饟，餽也。《國語》曰："其妻饁之。"

《説文》云："餽，餉也。"《檀弓》及《坊記》注並云："餽，遺也。"《士虞禮》注云："餽猶歸也。"《周禮·膳夫》注云："進物於尊者曰餽。"按：此注似非，"餽、遺"通名耳，故《玉府》注："古者致物於人，尊之則曰獻，通行曰餽。"此説是矣。通作"饋"。《説文》云："吴人謂祭曰饋。"是"饋、餽"異，經典則通，故《中山策》云"飲食餔饋"，高誘注："吴謂食爲饋，祭鬼亦爲饋。古文通用，讀與餽同。"《爾雅》釋文："餽，本或作饋。"又通作"歸"。《論語》云"詠而歸"，釋文："歸，鄭本作餽。餽，酒食也。魯讀餽爲歸，今從古。"《陽貨》及《微子》篇釋文並同。又"詠而歸"，《論衡·明雩篇》正作"詠而餽"。《檀弓》云"餽祥肉"，《士虞禮記》注作"歸祥肉"矣。

饁者，《説文》云："餉田也。"引《詩》"饁彼南畝"，毛傳："饁，餽也。""有嗿其饁"，鄭箋："饁，餽饟也。"正義引孫炎曰："饁，野之餽也。"《晉語》韋昭注："野餽曰饁。""饁"與"餫"同。《説文》："野餽曰餫。"《左氏成四年傳》："故宣伯餫諸穀。"《廣雅》云："餫，餽也。"是"餫、饁"聲轉義同矣。

饟者，《説文》云："周人謂餉曰饟。"蓋本《周頌》"其饟伊黍"而言也。《漢書·食貨志》及《後漢書·章帝紀》注並云："饟，古餉字。"《玉篇》："餉，式亮切。""饟，式尚、式章二切。"是"饟、餉"聲義同。又借作"攘"。《詩》"攘其左右"，鄭箋："攘讀當爲饟。"正義引舍人曰："饟，自家之野也。"

遷、運，徙也。今江東通言遷徙。

《説文》云："辿，迻也。""迻，遷徙也。""辿、徙、迻、移"並聲義同,故《華嚴經音義》下引《蒼頡篇》云:"徙,移也。"《荀子·成相篇》注:"徙,遷也。"《楚辭·哀時命》篇云"獨徙倚而彷徉",王逸注謂"徙倚猶低佪",非也。"徙倚"猶"徙移",蓋言移倚不定,其彷徉乃低徊耳。

遷者,《説文》云:"登也。"《詩·巷伯》傳:"去也。""去"亦爲徙,故《氓》及《賓之初筵》《殷武》傳並云:"遷,徙也。"《齊語》及《晉語》注並云:"遷,移也。""移"即"徙"也。《文選·西京賦》注又云:"遷,易也。""易"即"移"也。通作"還"。《曲禮》云"跪而遷屨",鄭注:"遷或爲還。"今按:"還"讀若"旋","般旋"與"遷徙"義近。又通作"僊"。《袁良碑》云:"僊修城之鄙。"《魏元丕碑》云:"有畢萬者僊去仕晉。"《尹宙碑》云:"支判流僊。"並以"僊"爲"遷"也。

運者,《説文》云:"迻徙也。"《逸周書·史記》篇云"民運於下",孔晁注:"運,亂移也。"《莊子·逍遥遊》篇云"是鳥也海運",釋文引簡文云:"運,徙也。"司馬云:"運,轉也。"《淮南·天文》篇注:"運,旋也。""旋、轉"俱移徙之義。《方言》云"日運爲躔,月運爲逡",郭注:"運猶行也。""行"與"遷"義亦近。古文"遷"作"拪"。

秉、拱,執也。兩手持爲拱。

執,《説文》作"執",云:"捕辠人也。"《詩·執競》箋:"執,持也。"《夏小正》傳:"執,操也。"《曲禮》云"執爾顏",鄭注:"執猶守也。"《周禮·校人》"執駒",鄭注:"執猶拘也。"拘守與操持義近。《執競》釋文引《韓詩》云:"執,服也。""服"訓"用",與"執"義亦近也。通作"縶"。《月令》"則執騰駒",釋文:"執,蔡本作縶。"《老子》注"無所繫縶",釋文:"縶,一作執。"《左氏成九年傳》“南冠而縶者誰也”，杜預注：“縶，拘執。”是“執、縶”聲義同也。

秉者，《說文》云：“禾束也。从又持禾。”是有執持之義。《詩》之“秉簡”“秉心”“秉彝”，《韓詩》及鄭箋並云：“秉，執也。”《禮運》“天秉陽”，注：“秉猶持也。”《詩·定之方中》傳：“秉，操也。”《大田》傳：“秉，把也。”“把”亦持也，“持”亦執也。《謚法》云：“秉，順也。”“秉”訓“順”與“執”訓“服”同也。通作“柄”。《左氏哀十七年傳》“國子實執齊秉”，服虔注：“秉，權柄也。”《管子·小匡》篇云“治國不失秉”，尹知章注：“秉，柄也。”《周禮·鼓人》注“無舌有秉”，釋文：“秉，本又作柄。”據此則知《左傳》《管子》俱借“秉”爲“柄”也，蓋《說文》“柄”或从秉作“棅”。故斗柄，《史記·天官書》作“斗秉”，亦即“棅”字之省矣。

拱者，《說文》云：“斂手也。”《書序》云：“亳有祥桑穀共生于朝。”正義引《書大傳》云：“七日大拱。”鄭注：“兩手搤之曰拱。”《公羊僖卅三年傳》“宰上之木拱矣”，何休注：“拱，可以手對抱。”按：“對抱”即“合抱”，故《穀梁傳》注：“拱，合抱也。”《孟子》趙岐注：“拱，合兩手也。”郭云“兩手持爲拱”，與《說文》“拱”訓“斂手”其義同也。通作“共”。《詩》“克共明刑”“虔共爾位”，傳並云：“共，執也。”“受小共大共”箋亦同。《鄉飲酒禮》云“退共”、《論語》云“衆星共之”，鄭注並云：“共，拱手也。”釋文：“共，鄭作拱。”《詩·氓》箋云“以自拱持”，釋文：“拱，本又作共。”

廞、熙，興也。《書》曰：“庶績咸熙。”廞見《周官》。

《釋言》云：“興，起也。”“起”與“喜”義近。《書》云：“股肱喜哉,元首起哉,百工熙哉。”《檀弓》云:“人喜則斯陶,陶斯咏,咏斯猶。”“猶”當爲“摇”,謂身體動摇也。然則興起又爲興喜,義可知矣。“興”與“嬹”同。《説文》云:“嬹,説也。”經典俱通作“興”。“興”有二音,釋文:“興,如字。又許應反。”按:如字者,《詩》“興迷亂於政”,箋:“興猶尊尚也。”“許應反”者,讀如“興會”之“興”,謂情興所會也。故《學記》注:“興之言喜也,歆也。”正義引《爾雅》云:“歆、喜,興也。”又《曾子問》及《士虞禮記》“聲三”,注並以“聲”爲“噫歆也”;《既夕禮》“聲三”,注又引舊説以爲“聲,噫興也”。《詩》“噫嘻成王”,又以爲噫嘻也。是“興、嘻、歆”俱以聲轉爲義。歆,許金反,即“廞”字之音。“廞、熙”俱假借之字。《學記》正義引作“歆喜”,是矣。

廞者,“歆”之假音也。《説文》:“廞讀若歆。”“歆”本訓“神食气”,因而引伸爲“喜”。《楚語》云“楚必歆之”,韋昭注:“歆猶貪也。”“貪”與“喜”義近,“歆”與“淫”聲又近,故《樂記》云“聲淫及商”,鄭注以爲“貪商”。《周禮》“廞”,故書皆爲“淫”。“淫”有浸淫、經久之義,故鄭衆讀“淫”爲“廞”,其訓爲“陳”,亦其義也。《周禮·司裘》《司服》《大司樂》《大師》《笙師》《典庸器》《巾車》《司兵》《圉人》俱言“廞”,後鄭不從先鄭,注皆以“廞”爲“興”,本於《爾雅》也。但《爾雅》之“廞興”爲“興喜”,《周禮》之“廞興”爲“興作”,義各有當,爲用不同,若能觀其會通,則亦無不同耳。

熙者,“媐”之假音也。《説文》:“媐,説樂也。”《左氏·襄十年》釋文:“媐,本亦作熙。”是“熙、媐”通。又通作“配”。《集韵》云:“熙,或省作配。”《方言》云:“紛怡,喜也。湘潭之閒曰紛怡,或曰配巳(嬉怡二音)。”是“配、熙”通。《詩》“時純熙矣”,箋:“熙,興也。”《書》“庶績咸熙”,《史記・五帝紀》作“衆功皆興”,《文選・劇秦美新》作“庶績咸喜”,李善注:“喜與熙古字通。”又通作“嬉”。《論語摘輔象》云“隕丘受延嬉”,注云:“嬉,興也。”又通作“嘻”。《易・家人》釋文:“嘻嘻,馬云:‘笑聲。’鄭云:‘驕佚喜笑之意。’張作‘嬉嬉’,陸作‘喜喜’。”然則“嬉”亦喜也,“喜”亦興也。今人謂時所喜好爲“時興”,謂人所歡喜爲“高興”,斯言並有合於古矣。或説“廞、熙”非假借字。廞,陳也,是陳之興也。熙,廣也,是廣之興也。“興”即興作、興起,古無訓“興”爲“喜”者,宜從古。

衛、蹶、假,嘉也。《詩序》曰:“《假樂》,嘉成王也。”餘未詳。

上文云:“嘉,善也,美也。”“美、善”義同。通作“賀”。《覲禮》云“予一人嘉之”,鄭注:“嘉之者,美之辭也。今文嘉作賀。”按:今東齊里語美辭亦曰“嘉賀”,蓋古之遺言也。“嘉、賀”俱从加聲,古讀“嘉”如“柯”,音轉爲“何”,“何、賀”音同,故“嘉、賀”通矣。

衛者,“禕”之假音也。上文云:“禕,美也。”《釋訓》云:“委委,美也。”“委、禕、衛”俱聲義同。又與“偉、瑋”同,已見上文。又與“麾”同。《禮器》云“不麾蚤”,鄭注:“齊人所善曰麾。”按:“麾”有快義,故鄭又云:“麾之言快也。”《淮南・原道》篇云“彎棊衛之箭”,高誘注:“衛,利也。”“利、快”其義同,與美、善義亦近也。今登萊人嘉其物曰“麾”,亦曰“禕”,亦曰“偉”,三者音轉,語有輕重耳。“衛”訓爲“嘉”,皆其證也。

蹶者,《釋訓》云:“蹶蹶,敏也。”“敏、美”音義亦近。“蹶”有“厥”音,《玉篇》:“蹶,渠月、居月、居衛三切。”《廣韵》十月厥紐下云:“蹶,嘉也。”是《爾雅》“蹶”讀“居月切”,釋文云“居衛反",非也。今東齊里俗見人有善,誇美之曰"蹷","蹷"即作"厥"音,證知北方多古語,此言合於《雅》訓矣。

假者,《詩》"假樂君子""假以溢我""假哉皇考",傳並云:"假,嘉也。"釋文"假"俱音"暇",《爾雅》釋文"假,户嫁反",則亦音"暇"。《詩·皇矣》箋"天須假此二國",釋文:"假,本又作暇。""昭假遲遲"箋亦讀"假"爲"暇",是"假"有"暇"音。《曲禮》"天王登假",郭注引作"登遐";《檀弓》"公肩假",《漢書·古今人表》作"公肩瑕",皆其證也。"遐"古讀如"胡",音轉爲"何",故《詩》"假以溢我",《左氏襄廿七年傳》作"何以恤我"。"何"又音轉爲"誐"。《説文》引《詩》"誐以溢我",云:"誐,嘉善也。"是"誐"與"假"音轉義同。"假"本讀如"古",轉爲"遐",又轉爲"何"、爲"誐"。然則"誐、何"亦"遐","遐"亦"假","假"亦"嘉"矣。"假"之轉爲"遐",亦猶"嘉"之轉爲"賀",故《詩》"假樂君子",《中庸》引作"嘉樂君子"矣。今俗聞人有善嘉美曰"誐",與《説文》引《詩》合。

廢、税、赦,舍也。《詩》曰:"召伯所税。"舍,放置。

"舍"有二義,亦有二音。"詩夜切"者,《釋名》云:"舍,於中舍息也。""息"即止息,故《周禮·司戈盾》注:"舍,止也。"《漢書·高帝紀》注:"舍,息也。"《後漢·馮異傳》注:"舍,止息也。"《詩·羔裘》箋:"舍猶處也。"是皆以止息爲義也。其音"書冶切"者,"舍"即"捨"之假借。《説文》云:"捨,釋也。""釋,解也。"經典"捨"俱作"舍",故《詩·行葦》箋及《周禮·司圜》注"舍"俱訓"釋"。"舍、釋"雙聲,古字通用。《鄉飲酒禮》及《大射儀》注並云:"古文釋爲舍。"《楚語》注:"舍,去也。"《詩·雨無正》傳:"舍,除也。"《左昭四年傳》注:"舍,置也。"是皆以捨釋爲義也。《爾雅》之“舍”亦兼二音二義，釋文唯主一音，於義疏矣。

廢者，屋之舍也。《説文》：“廢，屋頓也。”蓋屋傾頓則人不居，故其義爲舍。又云：“癈，固病也。”“病、頓”義近，故釋文：“廢，字亦作癈，同，甫穢反。”是“癈、廢”通。《周禮·大宰》“廢置以馭其吏”，鄭注：“廢猶退也。”又“廢以馭其罪”，鄭注：“廢猶放也。”“放、退”其義同。《詩·楚茨》箋及《禮·檀弓》《喪大記》注並云：“廢，去也。”《小爾雅》及《廣雅》並云：“廢，置也。”“置、去”義亦同。《公羊宣八年傳》“去其有聲者，廢其無聲者”，何休注：“廢，置也。置者，不去也。”以“不去”爲“廢”者，“廢”訓爲“舍”，置而不用，亦與去同，是“去”爲“舍”，“不去”亦爲“舍”也。又“廢”亦有止息之義，故《表記》云“中道而廢”，鄭注：“廢，喻力極罷頓，不能復行則止也。”然則“廢”又爲止之舍矣。“廢”與“發”通。《方言》云：“發、税，舍車也。”以“舍車”爲“發”，“發”即“廢”也。《莊子·列禦寇》篇云“曾不發藥乎”，《列子·黄帝》篇作“曾不廢藥乎”，是“廢、發”古字通。“發”之與“廢”義若相反而實相成。《晉書·潘岳傳》云：“發槅寫鞍，皆有所憩。”此借“寫”爲“卸”也。《説文》：“卸，舍車解馬也。”以“舍車”爲“發”，其義與《方言》正合矣。

税者，車之舍也。《方言》以“舍車”爲“税”，郭注“税猶脱也”，是以解脱爲義，“脱”乃“捝”之假音。《説文》：“捝，解捝也。”經典“捝”俱作“脱”，而又通借作“税”。《禮·文王世子》云“不税冠帶”、《少儀》云“車則税綏”，又《少儀》注“降税屨”、《投壺》注“既税屨”，釋文並云：“税，本作脱。”《文選·陸機招隱詩》注“脱與税古字通”，是也。又通作“説”。凡《禮記》中

"稅"字,釋文並云:"稅,本作説。"《檀弓》云"不説齊衰",《玉藻》云"無説笏"及《詩》"召伯所説""説于農郊"之"説",釋文並云:"説,本作稅。"《鄉射禮》注:"今文説皆作稅。"是"稅、説"通。《周禮·典路》鄭衆注:"説猶舍車也。"是皆以舍釋爲義也。《詩·甘棠》傳:"説,舍也。"《蜉蝣》箋:"説猶舍息也。"是皆以舍止爲義也。凡"説、稅"字通者,每多與"脱"同音,釋文亦兼"始鋭、他活"二反,故《詩·瞻卬》釋文"説,音稅,一音他活反",是也。《爾雅》釋文唯舉"始鋭"一音,於義蓋未備矣。

赦者,置之舍也。《説文》云:"赦,置也。""置"亦舍,故《一切經音義》五引《三蒼》云:"赦,舍也。"《周禮·司刺》注同。《公羊昭十九年傳》云①:"赦止者,免止之罪辭也。""赦"與"舍"音義同,"説"與"赦"音相轉,凡音同音轉之字,古人多以爲訓,即六書中轉注、假借之所由生。故《詩》"彼宜有罪,女覆説之",傳云:"説,赦也。""赦"即"舍","説"即"稅","稅"亦"舍"矣。

棲遟、憩、休、苦、㱇、齂、呬,息也。棲遟,遊息也。苦勞者宜止息。憩見《詩》。㱇、齂、呬皆氣息貌。今東齊呼息爲呬也。

《説文》云:"息,喘也。""喘,疾息也。"《詩·殷其靁》《葛生》《蜉蝣》《民勞》傳並云:"息,止也。"《小明》傳云:"息猶處也。"《方言》云:"息,歸也。"歸處與止息義近。《檀弓》注:"息猶安也。"《樂記》注:"息猶休止也。"《鄉射禮》注:"息猶勞也。"按:"勞"讀如"勞勑"之"勞",謂勞苦休息之也。"息"之言猶"餯"也。《方言》云:"餯,息也。"《廣韵》云:"餯,食也。"蓋飲

① 公羊昭十九年傳　九,此本誤"八",咸豐六年刻本及經解本同。按:"赦止者"之語在《公羊傳·昭公十九年》,據改。

食、燕樂亦休息之義，“息、餽”聲義同耳。

棲者，《說文》作“屬”，或作“棲”，云：“鳥在巢上，象形。日在西方而鳥棲，故因以爲東西之西。”是“棲”以止息、安息爲義也。《詩》“如彼棲苴”，釋文：“棲謂棲息也。”《賓之初筵》箋“舉鵠而棲之於侯”，釋文：“棲，著也。”“著”亦止也。《廣雅》云：“棲，翄也。”翄者，庋閣之名，與止處之義又近也。遲者，《說文》云：“徐行也。”徐行者舒緩，與休息義近。《文選》有《謝靈運南樓中望所遲客詩》，“遲”猶“待”也，“待”亦止也。李善注以爲“遲猶思”，非矣。《詩》“可以棲遲”，傳：“棲遲，遊息也。”正義引舍人曰：“棲遲，行步之息也。”郭注本《毛傳》。《後漢書·蘇竟傳》注：“棲遲，偃息也。”“偃息”與“遊息”亦同。棲遲，字之疊韵，或作“西遲”。《嚴發碑》云：“西遲衡門。”“西”即“棲”也。亦作“屖遲”。《說文》尸部“屖”字解云：“屖，遲也。”又作“迟迡”。《甘泉賦》云：“靈迟迡兮。”《說文》以“迡”爲“遲”之或體。“迟迡”即“棲遲”也。

憩者，“愒”之或體也。《說文》云：“愒，息也。”《詩》“不尚愒焉”“汔可小愒”，毛傳並云：“愒，息也。”《爾雅》釋文：“憩，本或作愒。”此必晉宋古本也。通作“揭”。《詩·甘棠》釋文：“憩，本又作揭。”又通作“偈”。《甘泉賦》云“度三巒兮偈棠黎”，李善注引韋昭曰：“偈，息也。”又通作“憩”。《一切經音義》廿五引《蒼頡篇》“愒”作“憩”，其一又引《蒼頡篇》“憩”作“屭”。二文不同，“憩”近俗體，《蒼頡》不應有此。屭，《玉篇》作“屓”，亦近譌俗，唯《說文》尸部云：“眉，卧息也。”此爲正體，但經典罕用，今唯用“憩”字。故《詩·甘棠》傳及《華嚴經音義》下引《珠叢》並云：“憩，息也。”《一切經音義》二引《爾雅》舊注云："憩，止之息也。"其十九引舍人云："憩，卧之息也。"按：卧息義與《説文》合。豈舍人本"憩"字作"眉"？然無可考矣。

休者，《説文》云："息止也。从人依木。或从广作庥。"《詩·瞻卬》傳："休，息也。"《民勞》箋："休，止息也。"又《釋言》云："休，戾也。"《民勞》傳："休，定也。"《穆天子傳》注："休，駐也。"駐、定、戾，其義亦皆爲止息也。《釋言》云："庥，蔭也。"庇蔭與止息義近，聲轉爲"歇"。《説文》云："歇，息也。"歇息即休息。又轉爲"戲泄"。《方言》云："戲泄，歇也。""戲、歇、休"俱一聲之轉也。

苦者，《方言》云："快也。"又云："開也。"開明、快樂皆與安息義近。"開、快、苦"俱以聲轉爲義也。通作"盬"。《周禮·鹽人》及《典婦功》注，杜子春、鄭衆並云："苦讀爲盬。"是"盬、苦"通。《詩》"王事靡盬"，"盬"即"苦"之假借，"靡盬"言靡有止息耳，傳箋似失之。又與"嫴"同。《説文》："嫴，保任也。"保任者，《大司徒》云："以保息六養萬民。"是"嫴"有息義。省作"姑"。《檀弓》云："細人之愛人也以姑息。"《詩·卷耳》傳："姑，且也。"《廣雅》云："嫴，且也。""嫴"與"姑"同，又與"𩿨"同。《廣雅》云："𩿨，息也。""𩿨息"即"姑息"，亦即"姑且"，又即"苟且"，皆率略、偷安之意，與休息義近也。"姑"又與"盬"同。《方言》云："盬，且也。""盬且"亦即"姑且"。蓋此諸文，皆从古聲，聲同者義亦同，郭云"苦勞者宜止息"，殆未了其義與聲耳。

呬者，"喟"之假音也。《説文》"喟"或作"嘳"，云："大息也。"《楚辭·懷沙》篇云"永歎喟兮"，王逸注："喟，息也。"《文選·舞賦》云"嘳息激昂"，李善注："嘳與喟同。"通作"呬"。釋文:"𠭘,《字林》以爲喟。又作嘳,墟愧、苦怪二反。"《一切經音義》七云:"喟又作𠭘。"又通作"快"。釋文:"𠭘,孫本作快。"《詩·斯干》箋:"噲噲猶快快也。"按:凡人休息者必愉快,故"快"訓爲"息",正與《方言》"苦"訓"快"合。

𣨼者,《説文》云:"卧息也。从隶聲。讀若呬。"《玉篇》云:"𣨼,鼻息也。呼介切。"釋文"𣨼,郭、施、謝海拜反",則讀與《玉篇》同。"孫虛貴反,顧乎被反",則音與《説文》近。然二音又即一聲之轉。"𣨼"與"𪖏"聲近。《玉篇》云:"𪖏,烏快切,喘息也。"又聲轉爲"喙"。《方言》云:"喙,息也。自關而西秦晉之閒或曰喙。"《莊子·徐无鬼》篇釋文亦云:"喙,息也。"《詩》"維其喙矣",傳:"喙,困也。""困"謂倦劇。《方言》云:"𣧑,傍也。"又云:"𤸰,極也。"是毛傳之"喙"與"𣧑、𤸰"同,與"喙息"異。然因倦劇而休息,其義亦相成矣。

呬者,《説文》云:"東夷謂息爲呬。"①引《詩》"犬夷呬矣"。《方言》云:"呬(許四反),息也。東齊曰呬。"是郭此注所本。通作"忥"。《廣雅》云:"忥,息也。"又通作"塈"。《詩》"伊余來塈""民之攸塈",傳並云:"塈,息也。"《泂酌》箋同。《假樂》正義引《釋詁》文,又引某氏曰:"《詩》云:'民之攸呬。'"是"塈、忥"皆"呬"之假音矣。馬瑞辰説《説文》"犬夷呬矣",《廣韵》引作"混夷𤸰矣",皆約舉《詩》詞,"呬、𤸰"並《詩》"維其喙矣""喙"字之異文也。

供、峙、共,具也。皆謂備具。

《説文》云:"具,共置也。"《廣雅》云:"具,備也。"《東京賦》

---

① 謂息　謂,此本誤"爲",據經解本及《説文》改。

注:“具,足也。”與“俱”通。《詩·大叔于田》《節南山》傳並云:“具,俱也。”《行葦》《桑柔》箋同。《楚茨》箋:“具,皆也。”《士相見》及《特牲饋食禮》注並云:“具猶辯也。”蓋“辯”訓“治”,又同“徧”,“徧”即俱足之意,“治”即供備之意。《廣韵》云:“具,辦也。”“辦”即“辯”之俗體字也。“具”之爲言“給”也,“給”兼供備、相足諸義,皆“具”字之訓也。

供者,《説文》云:“設也。一曰供給。”《周語》云“事之供給”,韋昭注:“供,具也。”“具、給”聲轉,故或言“供給”,或言“供具”。又“設”者,陳設,亦供具之義,故或言“設食”,或言“具食”矣。《謚法》云“敬事供上曰恭”,孔晁注:“供,奉也。”《廣雅》云:“供,進也。”“進、奉”義又同矣。

峙者,“偫”之假音也。《説文》云:“偫,待也。”又云:“儲,偫也。”是“偫”亦儲也,謂儲具以待人用也。《周語》云“偫而畚梮”,韋昭注:“偫,具也。”《文選·羽獵賦》云“儲積共偫”,李善注引郭舍人《爾雅》注曰:“共,具物也。偫,具事也。”按:宋翔鳳言郭舍人即與東方朔爲射覆者,其説是也。據《選》注所引則知舍人《爾雅》本“峙”蓋作“偫”矣。通作“峙”。《書》:“峙乃楨榦。”又通作“庤”。《詩》“庤乃錢鎛”,傳:“庤,具也。”《考工記·總目》注作“偫乃錢鎛”,是“偫、庤”通。又通作“畤”。《玉篇》云:“庤或作畤、峙。”《一切經音義》十二云:“偫,古文作庤、畤、䐈三形。”又通作“跱”。《音義》一引《字詁》云:“古文峙,今作跱,同,直耳反。”《後漢書·章帝紀》及《陳忠傳》注並云:“跱,具也。”《文選·西京賦》注:“跱猶置也。”“置”亦“具”之訓也。聲轉爲“僝”,爲“僎”,《説文》並云:“具也。”《書·堯典》馬融注:“僝,具也。”

共者,“龔”之假借也。《説文》:“龔,給也。”《玉篇》:“龔,奉也。今亦作供。”是“供、龔”通,省作“共”。舍人注云:“共,具物也。”《詩》“靖共爾位”、《魯語》“不共有法”,鄭箋及韋昭注並云:“共,具也。”《周禮·羊人》“共其羊牲”、《左氏隱十一年傳》“不能共億”,注並云:“共,給也。”“給”亦具也。通作“供”。《詩·關雎》箋“共荇菜”、《曲禮》云“共給鬼神”、《左氏隱九年傳》“不共王職”,釋文並云:“共,本或作供。”凡經傳“供、共”通者非一,餘皆可知也。

煤、憐、惠,愛也。 煤,韓鄭語,今江東通呼爲憐。

愛者,“㤅”之假借也。《説文》云:“㤅,惠也。古文作㤅。”通作“愛”。《廣雅》云:“愛,仁也。”《詩·烝民》箋:“愛,惜也。”“愛”又嗇也,吝也。“吝、嗇”亦愛惜之義,故《謚法》云:“嗇於賜與曰愛。”通作“哀”。《樂記》云“肆直而慈愛者宜歌商”,鄭注:“愛或爲哀。”《吕覽·報更》篇云“人主胡可以不務哀士”,高誘注:“哀,愛也。”是“愛、哀”聲義同,“哀憐”亦慈愛之意也。

煤者,《方言》云:“憐也。”《説文》云:“撫也。”“撫循”義亦爲愛。通作“憮”。《釋言》云:“憮,撫也。”《方言》云:“愛也。韓鄭曰憮。”《説文》本《方言》。釋文云:“煤,亡矩反,又音無。”按:“無”古讀如“模”。《説文》:“煤,从某聲。讀若侮。”是“煤、憮”聲義同,古字通用。《方言》又云:“憮,哀也。”“哀”亦愛。又云:“牟,愛也。”“牟”亦煤也。是“煤、牟”又聲之轉,義又同矣。

憐者,《説文》云:“哀也。”《方言》云:“愛也。”又云:“憐,通語也。”按:以“哀、愛”爲憐,古今方俗通語。今登州人謂相閔念曰“煤煤憐憐”,讀“憐”爲“蘭”。“蘭、憐”語有輕重,實一聲也。《方言》又云"倰,哀也",郭注:"倰亦憐耳,音陵。"是"倰、憐"聲轉,其義則同。《釋訓》云:"矜憐,撫掩之也。""矜憐"與"倰憐"聲亦相近。《方言》又云:"憐職,愛也,言相愛憐者,吴越之閒謂之憐職。"按:"職"蓋語詞,或語餘聲耳。

惠者,《説文》云:"仁也。""仁"亦愛,故《謚法》云:"惠,愛也。"經典"惠"訓"愛"者非一,而訓"順"者亦多。《書》"亮采惠疇"、《詩》"終温且惠","惠"俱訓"順",和順而無所乖忤,亦慈愛之義。"惠"又賜也,施也。"施、賜"亦仁愛之義。"惠"與"慧"通。《論語》釋文:"魯讀慧爲惠,今從古。"然則智者無所拂於物,亦與愛人義近,故《謚法》云:"柔質受諫曰慧。"

娠、蠢、震、戁、妯、騷、感、訛、蹶,動也。娠猶震也。《詩》曰"憂心且妯""無感我帨兮""或寢或訛"。蠢、戁、騷、蹶皆摇動貌。

上文云:"動,作也。""作"有奮起之意,故"動"又訓"發"也,"生"也,"行"也,"變"也,"摇"也,"移"也,俱緣作起之義而生也。通作"董"。《周禮·大祝》云"四曰振動",注引鄭大夫云:"動讀爲董。書亦或爲董。振董,以兩手相擊也。"然則"董、動"以聲爲義耳。

娠者,《説文》云:"女妊身動也。"引《左氏哀元年傳》"后緍方娠","一曰官婢女隸謂之娠"。按:女隸,給役使者,是有動作之義也。通作"振"。《方言》云:"官婢女廝謂之振。"《説文》作"娠",是"娠、振"通。"振"爲女廝,故《左氏昭三年傳》"辱使董振擇之",蓋言董督女廝使選擇之,杜預訓"振"爲"整",失其義也。此義牟廷相爲余説之。又通作"身"。《詩》"大任有身",

“身”即“娠”也。《漢書·高帝紀》云“已而有娠”,孟康注:“娠音身。《漢》《史》身多作娠,古今字也。”是“娠、身”通,故《爾雅》釋文“娠有身音”,是矣。

蠢者,上文云:“作也。”“作”亦動也。《説文》云:“蟲動也。古文作𢧵。”引《周書》曰:“我有𢧵于西。”魏三體石經殘碑《大誥》云:“粤兹𢧵。”即《説文》所引古文也。《詩·采芑》箋:“蠢,動也。”《書》“允蠢鰥寡”,《漢書·翟方進傳》作“誠動鰥寡”。《法言·君子篇序》云:“蠢迪檢押。”李軌注亦以“蠢”爲“動”也。餘詳上文。

震者,《易·説卦》云:“震,動也。”《雜卦》云:“震,起也。”“起”亦動也。《詩·生民》《時邁》《閟宫》傳“震”皆訓“動”。上文云:“震,懼也。”恐懼與變動義相成也。通作“踬”。《説文》云:“踬,動也。”又通作“振”,亦通作“娠”。《左氏昭元年傳》“方震大叔”,釋文:“震,本又作娠。”按:震,《説文》以爲劈歷振物,是“震、娠”俱以振動爲義矣。

戁者,上文云:“懼也。”與“震”同義同訓。聲近“蝡”。《説文》云:“蝡,動也。”與“蠕”同。《史記·匈奴傳》索隱引《三蒼》云:“蠕蠕,動貌。”《一切經音義》十一引《通俗文》云:“摇動蟲曰蠕。”又引《字林》云:“蝡,蟲動也。”是“蝡、蠕”與“蠢”義又同矣。

妯者,《説文》云:“動也。”《詩》“憂心且妯”毛傳同。《方言》云“妯,擾也。人不静曰妯。齊宋曰妯”,郭注:“妯,音迪。”則與上文“迪作”之“迪”同,故《爾雅》釋文:“妯,郭盧篤反,又徒歷反。”“徒歷”即“迪”字之音。又云:“顧依《詩》勑留反。”“勑留”即“妯”字之音。是“妯、迪”通。又通作“陶”。《一切經音義》十二引《詩》作“憂心且陶”,“陶,暢也”。按:“陶”讀如“厥草惟繇”之“繇”,故訓爲“暢”。暢遂亦生動之義。又通作“怞”。《説文》引《詩》作“憂心且怞”,“怞,朗也”。“朗、暢”義亦近也。

騷者,“慅”之假音也。《説文》云:“慅,動也。一曰起也。”“起”亦動義。《釋訓》云:“慅慅,勞也。”“勞、動”其義同。通作“騷”。《詩》“徐方繹騷”,傳:“騷,動也。”《説文》:“騷,擾也。”“擾”當爲“擾”。“擾”亦動也。《方言》以“妯”爲“擾”,《説文》以“騷”爲“擾”,是皆以聲爲義矣。

感者,《説文》云:“動人心也。”《詩·野有死麕》傳及《樂記》注並云:“感,動也。”“感”又觸也,發也。“發、觸”義亦爲動。“感”之爲言“揻”也。《説文》云:“揻,搖也。”“搖、動”同義。“感”又通借爲“憾”。《左氏·宣二年》《成二年》及《襄十六年》《廿九年》釋文並云:“感,本作憾。”今按:憾,俗字也,古止作“感”,亦猶“撼”俗字也,古止作“揻”耳。

訛者,“吪”之或體也。《説文》云:“吪,動也。”引《詩》“尚寐無吪”。通作“訛”。《詩》“或寢或訛”,傳:“訛,動也。”釋文引《韓詩》作“譌”。譌,覺也。覺寤與動起義近。《方言》云“譌,化也”,《釋言》作“訛,化也”。變化與動作義亦近。《兔爰》釋文:“吪,本亦作訛。”是“訛、譌”又通矣。

蹶者,《説文》云:“跳也。”跳躍義亦爲動。《詩》“文王蹶厥生”“天之方蹶”,傳並云:“蹶,動也。”《文選·風賦》云“蹷石伐木”,李善注:“蹷,動也。”是“蹷、蹶”同。《史記·酈生陸賈傳》索隱引《埤蒼》云:“蹶,起也。”《釋訓》云:“蹶蹶,敏也。”“敏”與“起”亦皆勤動之意。

覆、察、副，審也。 覆校、察視、副長，皆所爲審諦。

《説文》云："宷，悉也。知宷諦也。"篆文作"審"。《廣雅》云："審，諟也。"又云："審，索也。"《考工記》注以"審"爲"察"也。《吕覽·察微》篇注："審，詳也。"《音律》篇注："審，慎也。"慎、諟、詳、悉、索，俱"審"聲之遞轉，其義即存乎聲也。

覆者，《説文》云："覂也。""覂，反覆也。"反覆即詳審之義，故《廣雅》云："覆，索也。""覆"與"審"同訓"索"，即"索"字者，索所以爲詳審也。《左氏定四年傳》："藏在周府，可覆視也。"《月令》云："命舟牧覆舟。""覆"皆考索之意。《文選·思玄賦》云"神逵昧其難覆兮"，舊注："覆，審也。"《考工記·弓人》云"覆之而角至"，鄭注："覆猶察也。"通作"復"。《華嚴經音義序》引《珠叢》云："復，謂重審察也。"字又作"覆"。是"覆、復"通。釋文"覆，芳福反"，則與"覆蓋"之"覆"音"芳救反"者異矣。

察者，《説文》云："覆也。"《周禮·鄉士》注："審也。"《禮·中庸》注："察猶著也。"《喪服四制》注："察猶知也。""知、著"義皆爲審，故《賈子·道術》篇云："纖微皆審謂之察。"《書大傳》云："察者，至也。"《爾雅》下文云："在，察也。""在"與"至"亦皆審諦之義矣。

副者，釋文音"赴"，則與"覆"同，故《釋名》云："副，覆也，以覆首。亦言副貳也，兼用衆物成其飾也。"是"副、覆"音義同。又音"芳救切"，故《廣韵》四十九宥"副"字云："貳也，佐也。"又"福"字云："衣一福，今作副。"是"副、福"同。《文選·西京賦》云"仰福帝居"，蓋以"福"爲"副"耳，李善注："福猶同也。""同"即副貳之義。按："副"本音"普力切"，與《周禮》"疈辜"之"疈"

同，借爲副貳之字。故《匡謬正俗》以“福”爲正體，“副”爲假借，又引《西京》《東京賦》皆用“福”字，並爲副貳，其説是矣。但《爾雅》本爲釋經，“福”字經典所無，相承惟用“副”耳。

契、滅、殄，絶也。今江東呼刻斷物爲契斷。

《説文》云：“絶，斷絲也。古文作𢇍。”《廣雅》云：“絶，斷也，滅也。”《釋名》云：“絶，截也，如割截也。”

契者，“栔”之假借也。《説文》云：“栔，刻也。”《廣雅》同。通作“契”。《釋名》云：“契，刻也，刻識其數也。”《淮南·齊俗》篇云：“越人契臂。”高誘注以爲“刻臂”也。又通作“鍥”。《左氏定九年傳》“盡借邑人之車鍥其軸”，杜預注：“鍥，刻也。”《荀子·勸學篇》云“鍥而舍之”，注亦云：“鍥，刻也。”《爾雅》釋文：“契，顧苦結反。”引《左傳》作“契其軸”。又通作“挈”。釋文：“契，郭苦計反，字又作挈。”《詩》“爰契我龜”，《考工記·輈人》注引鄭司農云：“契讀爲爰挈我龜之挈。”《漢書·敘傳》集注亦作“爰挈我龜”。《文選·封禪文》云“挈三神之歡”，李善注引應劭曰：“挈，絶也。”滅、殄，上文並云：“盡也。”“盡、絶”義同。

郡、臻、仍、迺、侯，乃也。迺即乃，餘未詳。

乃者，《説文》作“𠄎”，云：“曳詞之難也。象气之出難。”《公羊宣八年傳》云“而者何？難也；乃者何？難也。曷爲或言而或言乃？乃難乎而也”，何休注：“言乃者内而深，言而者外而淺。”按：“而、乃”語有輕重耳。古讀“而、乃”音近，二字俱爲語詞，又俱訓“汝”。故《周禮·小宰》云“各脩乃職”、《禮·祭統》云“乃祖莊叔”，鄭注並云：“乃猶女也。”《燕禮》及《大射儀》云“大夫不拜乃飲”，鄭注並云：“乃猶而也。”是“而、乃”其義同。《夏小正》云：“匽之興五日翕，望乃伏。”傳作“而伏”，是“而、乃"通矣。又通作"仍"。《周禮·司几筵》云"凶事仍几",鄭注:"故書仍爲乃。"鄭衆注:"乃讀爲仍。"是"仍、乃"通矣。蓋"仍、而、乃"聲俱相轉,故古字通用。今讀"乃"爲"奴亥切",轉爲"尼損切",登州福山人又轉爲"奴咍切",方音遞變,古讀遂不復可通矣。

郡者,"君"之假借也。《水經·河水》注引黄義仲《十三州記》云:"郡之爲言君也。"然則"君"與"侯"義近。通作"窘"。《詩》"又窘陰雨",傳:"窘,困也。""窘"訓"困"與"乃"訓"難"義又近,箋云:"窘,仍也。"《漢書·敘傳》:"窘世薦亡。""窘"亦訓"仍"。"仍"與"乃"其義同矣。

臻者,下文云:"薦也。""薦"與"荐"同。《釋言》云:"荐,再也。"又與"洊"同,與"臻"通。《易·坎》傳云"水洊至",釋文引"京房作臻,干寶作洊"。《説文》"洊"作"瀳",从薦聲,讀若"尊"。是"薦、臻"聲轉,"薦"訓"重"也、"再"也,與"仍"義又同矣。

仍者,下文云:"因也。"《説文》云:"仍从乃聲。"凡"扔、訒"等字俱从乃聲而訓"因"。《周禮》"乃"讀爲"仍",《論語》"仍"讀爲"仁",是即古音通轉之證。又通作"陾"。《詩·緜》傳"陾陾,衆也",《廣雅》作"仍仍,衆也"。《説文》"陾从耎聲""耎从而聲",故《詩》釋文:"陾,耳升反,又如之反。"按:"如之"即"而"字之音。故《廣韵》七之而紐下云:"陾與陑、陑並同,又音仍。"是"仍、而"聲同,"而、乃"聲又同。凡聲同之字,義存乎聲,"仍"之訓爲"乃",亦其證也。

迺者,《説文》作"卤","从乃省,西聲,籀文卤不省。或曰:卤,往也。讀若仍"。按:"卤"讀若"仍",即"乃"讀爲"仍"也。

“迺”又訓“往”。《一切經音義》十八引《蒼頡篇》云:“迺,往也。”是“迺、迺”通。《廣雅》云:“乃,往也。”是“乃、迺”又通矣。經典“迺、乃”通者非一,故《廣韵》及《列子》釋文並以“迺”爲古文“乃”字,是矣。

侯者,下文云:“伊、維,侯也。”是“侯”訓“伊”,又訓“維”,“伊、維、侯”俱語詞也。《詩》内“侯”字,傳箋俱訓“維”,無異詞。按:《大明》云:“維予侯興。”“侯”疑訓“乃”。乃者,難詞,言天維予有德乃興之,箋訓“侯”爲“諸侯”,恐非。又《下武》云:“應侯順德。”此“侯”亦疑訓“乃”,乃者,汝也,正與《左傳》“應乃懿德”、《禮樂志》“蕩侯休德”句義相同。古讀“侯、乃、伊、維”疑俱音近義通。故古人謂汝爲“乃”,今人謂彼爲“伊”,“伊”亦“乃”也,“乃”亦“侯”也。推是而言,“伊”亦“而”也,“而”亦“仍”也,“仍”亦“乃”也。又古人謂汝爲“爾”,今人謂汝爲“你”,“你”即“爾”也,“爾”亦“而”也,“而”又“乃”也。是皆古音之展轉相通,聲與義可推求而得也。郭意未了,故爲疏通證明之如此。

迪、繇、訓,道也。義皆見《詩》《書》。

《説文》云:“道,所行道也。”《釋名》云:“道,導也,所以通導萬物也。”是“道”取通導之義,故《法言》云:“道也者,通也,無不通也。”又取由行之義,故《史記·袁盎鼂錯傳》云“道軍所來”,集解引臣瓚曰:“道,由也。”“由”即“行”,故《釋宫》云:“行,道也。”《射義》及《喪服傳》注並云:“道猶行也。”“行”亦“言”,故上文云:“行,言也。”《大學》注:“道,言也。”是“道”兼言、行之義。“道”之爲言“蹈”也。“蹈、道”聲同,古字通用。故《列子·黄帝》篇云“向吾見子道之”,張湛注:“道當爲蹈。”

《荀子·禮論篇》注:"《史記》道作蹈。倞謂當是道誤爲蹈。"不知此乃古字通借,非誤也。《左氏襄五年經》云:"會吴于善道。"《公羊》《穀梁》"道"俱作"稻",亦其證矣。

迪者,《説文》云:"道也。""道、導"同。上文云:"迪,進也。"是"迪"爲進之道也。《書》"允迪厥德",《史記·夏紀》作"信其道德","各迪有功"作"各道有功","迪朕德"作"道吾德",是"迪"皆訓"道"。《廣雅》云:"迪,蹈也。""蹈"亦道也。《漢書·楊雄傳》注:"迪,由也。""由"亦道也。《説文》"迪"从由聲,此古讀也。《詩·桑柔》釋文"迪,徐徒歷反",則讀如"狄",《爾雅》釋文從徐邈讀,經典因之,古讀遂不可復尋矣。

繇者,行之道也。《説文》作"䌛",云:"隨從也。"《爾雅》上文云:"由,從也。"是"由"與"䌛"同。通作"繇"。《文選·典引》云"孔繇先命聖孚也"、《上林賦》云"則仁者不繇也",蔡邕注及郭注並云:"繇,道也。"《爾雅·釋水》釋文:"繇,古由字。"《文選·諷諫詩》注亦云:"繇與由古字通。"又通作"猷"。《釋宫》云:"猷,道也。"又通作"猶"。《詩·采芑》《斯干》《小旻》《板》《抑》《訪落》傳並云:"猶,道也。"《禮器》《緇衣》注亦云:"猶,道也。"是"猶、猷、由"並與"繇"同。上文又云:"猷,言也。""猷"又爲言,則與"訓"義同矣。

訓者,言之道也。"道"亦爲言,故"訓"亦爲道。《詩·烝民》《烈文》傳並云:"訓,道也。"《抑》傳又云:"訓,教也。""教"亦道也。"訓"與"馴、順"古字通用。又《説文》云:"𧥺,古文以爲訓字。"

僉、咸、胥,皆也。東齊曰胥,見《方言》。

《説文》云:"皆,俱詞也。"《詩·緜》傳:"皆,俱也。"《豐年》

傳:"皆,徧也。"《聘禮》注:"皆猶並也。""並、徧"一聲之轉。《小爾雅》云:"皆,同也。""同"亦俱也。通作"偕"。《詩》"與子偕作""夙夜必偕",傳並云:"偕,俱也。"《書》"予及女皆亡",《孟子》引《湯誓》"皆"作"偕";《詩》"與子偕行",《漢書·地理志》及《趙充國辛慶忌傳贊》"偕"並作"皆"。

僉者,衆之皆也。《説文》《方言》"僉"並訓"皆"。《方言》又云"僉,夥也",郭注:"僉者同,故爲夥。"《廣雅》云:"僉,多也。"《楚辭·天問》篇注:"僉,衆也。"《小爾雅》云:"僉,同也。""同"即"皆"之訓。"衆、多、夥"其義亦俱爲皆也。"僉"之爲言"齊"也。經典或言"齊民",或言"齊盟",皆取衆同之義,"齊、僉"又一聲之轉也。

咸者,盡之皆也。《説文》云:"咸,皆也,悉也。"按:"悉"訓"盡","盡"爲晐備之義,故《方言》云:"備、該,咸也。""該"與"晐"同。《書》"庶績咸熙",《史記·五帝紀》作"衆功皆興";"咸若時",《夏紀》作"皆若是",是"咸"訓"皆"也。《詩》"克咸厥功",箋:"咸,同也。"《魯語》"小賜不咸",注:"咸,徧也。""徧"與"同"其義亦俱爲皆矣。

胥者,相之皆也。下文云:"胥,相也。""相"與"皆"義近,"相、胥"又一聲之轉也。《方言》云:"胥,皆也。東齊曰胥。"按:今文登人或言"都","都"亦總同之詞。其它旁邑人謂"都"爲"兜","兜、都"聲轉,"都、胥"聲近,語有輕重耳。此即"東齊曰胥"之證矣。《詩》"君子樂胥",傳:"胥,皆也。"《角弓》《抑》《韓奕》《有駜》箋同。

育、孟、耆、艾、正、伯,長也。育養亦爲長,正、伯皆官長。

《釋名》云:"長(丁丈反),萇也,言體萇也。"《玉篇》云:

“長,直良切,久也。又知兩切,主也。”《爾雅》之“長”實兼《玉篇》二義,而讀唯一音。“耆、艾”皆年之長,以久爲義也;“正、伯”皆官之長,以主爲義也。其音則皆爲“知兩切”。“長”訓“尊”也,“君”也,“上”也,“率”也,是皆以主爲義也。又訓“老”也,“先”也,是皆以久爲義也。長,通作“丈”。《穀梁·隱元年》釋文云:“長,本又作丈。”《大戴禮·本命》篇云:“丈者,長也。”《淮南·修務》篇注:“丈人,長老之稱。”蓋丈所以度長,因其長而尊以爲長。此又二音相通之證矣。

育者,下文云:“養也。”“養”亦長,故《詩·谷風》《生民》傳並云:“育,長也。”《中庸》注:“育,生也。”《晉語》注:“育,遂也。”“遂、生”義亦爲長也。通作“毓”。《説文》:“育或作毓。”《易·蠱》傳“育德”,釋文引王肅本作“毓德”。又通作“鬻”。《淮南·原道》篇云“毛者孕育”,《樂記》作“毛者孕鬻”。又通作“胄”。《書》“教胄子”,馬融注:“胄,長也。教長天下之子弟。”《説文》及《周禮·大司樂》注並引作“教育子”,釋文云:“育,音胄,本亦作胄。”《書·舜典》釋文:“胄,直又反。”按:“胄”从由聲,“由、育”音轉,故古字通。若“胄”音“直又反”,則與“育”聲不相轉,無緣可通矣。

孟者,《説文》云:“長也。”《方言》云:“姊也。”《廣雅》云:“始也。”“始、姊”義亦爲長,聲又近也。《管子·任法》篇云“奇術技藝之人,莫敢高言孟行以過其情”,尹知章注:“孟,大也。”“大”亦長矣。

耆者,《説文》云:“老也。”“老”即長,故《玉篇》云:“耆,長也。”《廣雅》及《謚法》云:“耆,彊也。”彊壯義亦爲長。《詩》“上帝耆之”“耆定爾功”,箋並云:“耆,老也。”通作“黎”。《書·西伯戡黎》釋文:“黎,《尚書大傳》作耆。”《史記・周紀》正義引鄒誕生云:“耆,本作黎。”然則長老之稱,或曰“黎老”,或曰“耆老”,是其義又通矣。

艾者,下文云:“養也。”與“育”同義。《方言》云:“艾,長老也。”《楚辭・少司命》篇云“竦長劍兮擁幼艾”,王逸注:“艾,長也。”《詩》“夜未艾”,毛傳:“艾,久也。”“久”亦爲長。《小爾雅》云:“艾,大也。”“大”亦爲長。“艾”古讀爲“刈”,故《説文》云:“艾从乂聲。”《釋名》云:“五十曰艾。艾,乂也。乂,治也。治事能斷割芟刈無所疑也。”《曲禮》釋文:“艾,一音刈。”此古音也。經典多言“耆艾”。《謚法》云:“保民耆艾曰胡。”《周語》云“耆艾修之”,韋昭注:“耆艾,師傅也。”“師傅”亦長老之稱矣。

正者,《詩・鳲鳩》《斯干》《節南山》《烈祖》傳並云:“正,長也。”《正月》《雨無正》《皇矣》箋同。蓋“正”爲官長之稱,故宫正、樂正、射正、酒正之屬皆以“正”名,而“正室”亦謂嫡子之長也,“正月”亦謂衆月之長也。“正、長”又一聲之轉。《廣雅》云:“正,君也。”《吕覽・君守》篇注:“正,主也。”“主、君”其義亦皆爲長也。通作“政”。《詩》“其政不獲”,箋以“正,長”爲訓,是“正、政”通矣。

伯者,與“孟”同意。《詩》“將伯助予”,毛傳:“伯,長也。”《周禮・序官・宫伯》注同。古人官之長者稱“伯”,年之長者亦稱“伯”。故《詩》“侯主侯伯”,傳:“伯,長子也。”《白虎通》云:“伯者,子最長,迫近父也。”此皆“伯”施於年之長也。《一切經音義》九引舍人云:“伯,位之長也。”《曲禮》云:“五官之長曰伯。”《王制》注:“殷之州長曰伯。”《風俗通》云:“伯者,長也,白也,言其咸建五長,功實明白。”《廣雅》云:“伯,君也。”此皆

"伯"施於官之長也。通作"霸"。《白虎通》云:"霸者,伯也,行方伯之職。"《漢書》"霸"皆作"伯",集注並云:"伯讀曰霸。""霸"即"伯"之假借也。又通作"柏"。"柏"亦"伯"之假借也。《穆天子傳》注:"古伯字多以木。"

艾,歷也。長者多更歷。

《説文》云:"歷,過也。"《廣雅》云:"行也。"《漢書》注:"經也。"《小爾雅》云:"久也。"按:"歷"有經、久之義,與"艾"訓"長、老"其義又近也。"艾"者亦讀爲"刈"。《詩·訪落》云:"朕未有艾。"鄭箋以"艾"爲"數",蓋本下文"歷,數"爲説,似不如用此文"艾,歷"爲訓也。歷,通作"麗"。《淮南·俶真》篇云"猶條風之時麗也",高誘注:"麗,過也。"是"麗"即"歷"矣。

厤、秭、算,數也。厤,厤數也。今以十億爲秭。《論語》云:"何足算也?"

釋文云:"數,色具反,注同。謝色主反。"按:"數"有二音二義,《爾雅》之"數"兼包二義,故釋文亦具二音也。《説文》云:"數,計也。""計,算也。"《周禮·廩人》云"以歲之上下數邦用",鄭注:"數猶計也。"此"數"讀"色主反"者也。《王制》云"度量數制",鄭注:"數,百十也。"此"數"讀"色具反"者也。"數"从婁聲,古讀"婁"力俱切,故"數"从婁聲矣。

厤者,《書》云"厤象日月星辰",《史記·五帝紀》作"數法日月星辰"。《管子·海王》篇云"此其大厤也"、《離騷》云"喟憑心而厤兹",王逸及尹知章注並云:"厤,數也。"聲轉作"歠"。《方言》及《説文》並云:"歠,數也。"又通作"麗"。《詩》"其麗不億",傳:"麗,數也。"《小爾雅》及《孟子》注同,皆古字假借也。

秭者,《説文》云:"數億至萬曰秭。"《一切經音義》六引《算經》云:"黄帝爲法,數有十等,謂億、兆、京、垓、壤、秭、溝、澗、正、載,及其用也有三,謂上、中、下,下數十萬曰億,中數百萬曰億,上數萬萬曰億。"《廣韵》"秭"字下引《風俗通》云:"千生萬,萬生億,億生兆,兆生京,京生秭,秭生垓,垓生壤,壤生溝,溝生澗,澗生正,正生載。載,地不能載也。"《御覽》七百五十引《風俗通》云:"十垓謂之秭。"與《廣韵》所引又異。《詩·豐年》傳:"數億至億曰秭。"正義云:"於今數爲然。定本、《集注》皆云:'數億至萬曰秭。'"則與《説文》同。郭注又云:"今以十億爲秭。"《廣韵》又云:"秭,千億也。"然則"秭"之爲數,諸家異説,未有定論。《豐年》釋文:"秭,一本作數。"按:"數"是總名,"秭"爲散數,二字聲義又别,理無可通,恐是誤本耳。

算者,《説文》云:"數也,讀若筭。"蓋《説文》"筭、算"異字,故云"讀若",俗書二字相亂,故《爾雅》釋文:"算,字又作筭。"《論語·八佾》篇集解"馬融云'多筭飲少筭'",釋文:"筭,本今作筭。"是"筭"又别作"筭"也。《儀禮·鄉飲酒》及《燕禮》《大射儀》俱云"無算爵"、《士喪禮》云"明衣不在算",鄭注並云:"算,數也。"《書·盤庚》正義引舍人云:"釋數之曰算。"按:"釋"謂解散分析之,此布算法也。古者以竹爲籌,布算謂之爲"筭"。《説文》云:"筭長六寸,計厤數者。"《禮·投壺》云"算長尺二寸",鄭注:"或曰算長尺有握。"明古今爲筭不同也。算,通作"選"。《詩》言威儀閑富,不可選數,"選"即"算"也。《論語》"何足算也",《漢書·傳贊》作"何足選也"。《御覽》引《風俗通》云:"十秭謂之選。""選"亦算也。是"算"與"秭"又同爲計數之名矣。又通作"撰"。《易·繫辭》云"雜物撰德",釋文:"撰,鄭作算,云:'數也。'""以體天地之撰",釋文亦云:"撰,數也。"

歷,傅也。傅近。

傅者,近也,箸也。《晉語》注:"傅,箸也。"《小爾雅》云:"傅,近也。"

歷者,過也,經也。凡所經過涉歷,即爲近箸,故"歷"訓"傅"也。"傅"與"附"同,故《玉篇》云:"附,近也,箸也。""歷"與"麗"同,故《王制》云"郵罰麗於事",鄭注:"麗,附也。"《大司徒》云"其附於刑者歸於士",鄭注:"附,麗也。"又《大司寇》《小司寇》及《鄉士》凡言"麗瀍",鄭注並云:"麗,附也。"是"麗附"即"歷傅"。又與"戾"同。《詩》"亦傅於天",箋:"傅猶戾也。"按:"戾"訓"至","至"亦近箸之意。"戾"又通作"厲"。《詩》"翰飛戾天",《文選·西都賦》注引《韓詩》"戾"作"厲",薛君曰:"厲,附也。"是"厲附"亦即"歷傅",皆聲之通借矣。

艾、歷、覛、胥,相也。覛謂相視也。《公羊傳》曰:"胥盟者何?相盟也。"艾、歷,未詳。

釋文云:"相,息羊反,讀者或息亮反,今不用。"按:"今不用"者,非也。"相"字凡有數義而讀兼二音,"相"訓"導"也,"助"也,又訓"視"也,並詳上文。又訓"隨"也,則《左氏昭三年傳》云"其相胡公大姬",正義引服虔注:"相,隨也。"按:"隨"亦有導助之義,故釋文云:"相,息亮反,服如字。"又《詩》"金玉其相",傳:"相,質也。"釋文亦云:"相,如字,鄭息亮反。"是經典"相"字每兼二音,古無四聲之説,音讀皆通。《爾雅》此一"相"字,亦應兩讀,釋文獨主"息羊"一音,蓋失之矣。《小爾雅》云:"相,治也。"《左氏昭九年傳》:"而楚所相也。""相"亦訓"治"。

艾者,音"刈"而訓"治",上文云:"艾,長也。"長率治理,是即“艾”訓“相”之證也。

歷者，上文云：“艾，歷也。”又云：“歷，傅也。”“歷”之訓“相”亦猶“歷”之訓“傅”，“傅、相”義同，是即“歷”訓“相”之證也。《方言》云：“嗇、歷，相也。”“嗇”即“艾”之假音，與《爾雅》義正合，不知郭何以未詳耳。

覛者，《説文》云：“衺視也。”“䀡”云“目財視也”，《廣韵》引作“目邪視也”，是“䀡”與“覛”同，古字通用。《周語》云“太史順時覛土”，韋昭及薛綜《西京賦》注並云：“覛，視也。”《文選·靈光殿賦》及《古詩十九首》《運命論》注並引《爾雅》作“䀡，相視也”，蓋引郭注之文。郭所以必言“相視”者，以“相”是“䀡”之訓，不知“相”自訓“視”，“䀡”亦訓“視”，其義甚明，雖不言“相”可也。古詩云：“䀡䀡不得語。”《運命論》篇亦用“䀡䀡”，今本皆作“脉脉”，並爲譌俗。又今人多用“尋覓”字，古書不見有“覓”，蓋亦即“覛”字之譌矣。

胥者，上文云：“皆也。”“皆”有相連及之意，故郭引《公羊桓三年傳》云“胥盟者何？相盟也（盟，本作命）”以證“胥相”之義。今按郭義，亦恐未然。證以《詩》云“聿來胥宇”，又云“于胥斯原”，“胥”皆訓爲“相視”之“相”，故釋文並云：“相，息亮反。”然則“相”兼二音，其證甚明。陸德明於《爾雅》“相”字獨用“息羊反”，於義蓋未通矣。

乂、亂、靖、神、弗、淈，治也。《論語》曰：“予有亂臣十人。”淈，《書序》作汩，音同耳。神，未詳。餘並見《詩》《書》。

釋文云：“治，直吏反，謝如字。”按：如字者，“直之反”也。然二音特語有輕重耳，其實非有異也。“治”訓“整”也，“正”也，“飭”也，“理”也。《喪服傳》云“故名者，人治之大者也”，鄭

注:“治猶理也。”《禮·大傳》云“上治祖禰”,鄭注:“治猶正也。”是“治”有二音,其義則一。故《釋名》云:“治,值也,物皆值其所也。”通作“殆”。《荀子·彊國篇》云“彊殆中國”,楊倞注:“殆或爲治。”《公羊襄五年傳》“故相與往殆乎晉”,即往治乎晉也。又通作“理”。《論語·季氏》篇釋文:“治,本作理。”“理”即“治”之訓也。

乂者,“嬖”之假借也。《説文》云:“嬖,治也。”引《虞書》曰:“有能俾嬖。”《爾雅》釋文:“乂,字又作嬖。”通作“乂”。《謚法》云:“乂,治也。”《洪範五行傳》云“言之不從,是謂不乂”,鄭注:“乂,治也。”凡《書》内“乂”字,《史記》俱作“治”。又通作“艾”。《詩》“或肅或艾”,傳:“艾,治也。”《書》“乂用三德”,《漢書·五行志》作“艾用三德”;“俊乂在官”,《谷永傳》作“俊艾在官”。又通作“刈”。《爾雅》釋文:“乂,亦作刈,同,魚廢反。”按:“艾”古讀爲“刈”。《説文》“刈、乂”同字,故古通用矣。

亂者,《説文》云:“治也。从乙。乙,治之也。”《書》“亂而敬”,《史記·夏紀》作“治而敬”;“殷其弗或亂正四方”,《宋世家》作“不有治政不治四方”,馬融注:“亂,理也。”“理”亦治也,故《書》正義引舍人曰:“亂,義之治也。”孫炎曰:“亂,治之理也。”通作“𤔔”。《説文》:“𤔔,治也。幺子相亂,𠬪治之也。讀若亂同。一曰理也。”又通作“䜌”。《説文》:“䜌,亂也。一曰治也。”是“䜌”兼治、亂二義,經典通以“亂”字代之,蓋“亂、䜌”聲義同耳。

靖者,上文云:“謀也。”“謀”亦治,故《詩》“俾予靖之”,毛傳:“靖,治也。”鄭箋:“靖,謀也。”“日靖四方”,毛傳:“靖,謀也。”鄭箋:“靖,治也。”是治、謀二義同。《類聚》八十七引《韓詩》曰:“有靖家室。”靖,善也。“靖”訓“善”者,蓋“善”之爲言“繕”也,“繕”亦精治之義矣。

神者,引之治也。“神”訓“引”,引伸與治義近。《廣雅》云:“伸,理也。”“理”即治也。“伸”本作“敒”。《説文》云:“敒,理也。”通作“旬”。《小爾雅》及《廣雅》並云:“旬,治也。”按:古“神”字篆文作“䄠”,見《郊特牲》注,蓋“䄠”之省爲“旬”,猶“䄠”之省爲“旦”也。又通作“畯”與“甸”。《詩·信南山》及《韓奕》兩言“維禹甸之”,傳並云:“甸,治也。”《周禮·稍人》注:“甸讀與維禹畯之之畯同。”賈公彦疏:“《韓詩》作畯。”是“畯、甸”古音同,“畯、神”聲又近,故古字並通矣。洪頤煊按:《月令》“毋發令而待,以妨神農之事也”,《孟子·滕文公上》“有爲神農之言者許行”,“神農”皆謂“治農”。

弗者,不之治也。“弗”訓“不”,《説文》云:“撟也。”撟揉所以治之,故《詩》“以弗無子”,毛傳:“弗,去也。”鄭箋:“弗之言祓也。”然則祓除、消去皆撟除之義也。通作“茀”。《詩》“茀厥豐草”,毛傳:“茀,治也。”鄭箋:“除治也。”又通作“拂”。釋文:“茀,《韓詩》作拂。拂,弗也。”蓋言“拂”與“弗”同。《文選·顔延年應詔讌曲水詩》注:“拂亦作弗,古字通。”是其證也。

淈者,“汩”之假音也。《説文》云:“汩,治水也。”《書序》云:“作《汩作》。”《楚辭·天問》篇云“不任汩鴻”,王逸注:“汩,治也。”通作“淈”。《書》“汩陳其五行”,《漢書·五行志》注:“汩,亂也。”《後漢書·張衡傳》注:“淈,亂也。”是“淈、汩”同。“汩”訓“治”,又訓“亂”者,亦如“亂”字兼治、亂二義也。《書》釋文及《漢書》注並云:“汩,音骨。”《廣韵》“淈、汩”同音。《玉篇》:“淈亦汩字。”是皆“淈、汩”字通之證。又通作“滑”。《小爾雅》及《周語》《晉語》注並云:“滑,亂也。”《莊子·繕性》篇云“滑欲于俗思”,釋文:“滑,音骨,亂也。崔云:‘治也。’”《齊物論》釋文:“滑,向本作汩。”《史記·樗里子甘茂傳》正義云:“滑讀爲淈。”是“淈、汩、滑”三字俱音義同。又通作“屈”。《詩》“屈此羣醜”,鄭箋:“屈,治也。”正義云:“《釋詁》文。彼屈作淈,某氏引此詩,是音義同也。”

頤、艾、育,養也。汝潁梁宋之閒曰艾,《方言》云。

《説文》云:“養,供養也。”《夏小正》云“執養宫事”,又云“時有養日”,傳並云:“養,長也。”《詩》“遵養時晦”,傳:“養,取也。”“養”猶“將”也。《詩》“不遑將父”“天不我將”,傳箋並云:“將,養也。”《淮南·原道》篇云:“聖人將養其神。”是其義也。今俗亦有“將養”之言矣。

頤者,“宧”之假音也。《説文》云:“宧,養也。室之東北隅,食所居。”本《釋宫》爲説也。李巡注:“宧,養也。”通作“頤”。《易·序卦》云:“頤者,養也。”《雜卦》云:“頤,養正也。”《曲禮》云:“百年曰期頤。”《文選·典引》云:“微胡瑣而不頤。”“頤”皆訓“養”。又通作“台”。《方言》云“台,養也”,郭注:“台猶頤也,音怡。”又通作“胎”。《説文》“台”从目聲,“胎”从台聲,古讀二字音同,故《方言》“台、胎”並訓“養”。《爾雅》舊注亦云:“胎,始養也。”釋文:“胎,本或作台。”是“台、胎”同矣。

艾者,上文云:“長也。”“長”亦養。《詩》“保艾爾後”“福禄艾之”,毛傳並云:“艾,養也。”《左氏襄九年傳》“大勞未艾”,杜預注:“艾,息也。”《哀十六年傳》“是得艾也”,杜注:“艾,安也。”“安、息”與“養”義近。通作“乂”。《書》“萬邦作乂”,鄭注:“乂,養也。”是“乂”即“艾”矣。

育者，上文云："長也。""長"亦養，故《説文》云："育，養子使作善也。"蓋本《虞書》"教育子"爲説也。《詩》"帝命率育"、《易》"君子以果行育德"，鄭箋及虞翻注並云："育，養也。"通作"鬻"。《莊子·德充符》篇云"四者天鬻也"，釋文："鬻，音育，養也。"又通作"粥"。《周禮·修閭氏》云"與其國粥"、《夏小正》云"雞粥"，傳注並云："粥，養也。""育"聲近"鞠"。《詩·蓼莪》傳及《方言》並云："鞠，養也。""育、艾、頤"又俱聲轉之字。

汱、渾、隕，墜也。汱、渾皆水落貌。

墜者，上文云："落也。"《説文》作"隊"，通作"墜"，或作"隧"，俱詳上文。

"汱"當爲"汏"字之譌。汏者，淅米之墜也，故《説文》云："汏，淅𣶒也。""淅，汏米也。"《廣韻》云："汏，濤汏。"然則濤之汏之，沙礫處下，故《爾雅》以爲墜落之義。釋文既作"顧音汏，徒蓋反"，則其字宜作"汏"而又爲誤本之"汱"字作音，非矣。今據《説文》及顧本訂正之。"汏"聲轉爲"隤"，"隤"亦墜也，故《説文》云"隤，下隊"矣。

渾者，水流之墜也。《説文》云："混流聲也。一曰洿下皃。"洿下，亦沈墜之義也。郭云"汱、渾皆水落貌"，此無成文，蓋以意説耳。

隕者，上文與"墜"並云："落也。""落、墜"其義同，故《詩·氓》《七月》《緜》傳並云："隕，墜也。"《小弁》傳："隕，隊也。""隊、墜"同。

際、接、翜，捷也。捷謂相接續也。

捷者，接也。《説文》云："捷，獵也。"《初學記》廿二引蔡邕《月令章句》云："獵，捷也。"是"捷、獵"互訓，二字疊韻，其義則皆爲接也。故《文選·魯靈光殿賦》云"捷獵鱗集"、《景福殿賦》云"獵捷相加",李善注並云:"相接貌。"《洞簫賦》云:"羅鱗捷獵。"又作"緁獵"。《羽獵賦》云"鴻絅緁獵",李善注:"緁獵,相次貌也。"又作"狎獵"。《西京賦》云"披紅葩之狎獵",薛綜注:"狎獵,重接貌。"然則"狎獵"猶"捷獵"也。《莊子·人閒世》篇云"必將乘人而鬬其捷",釋文:"捷,引續也。"《韓詩外傳》云:"宏演可謂忠士矣,殺身以捷其君。"蓋演刳腹納君之肝,"捷"訓"接續",皆其證矣。

際者,《説文》云:"壁會也。"《小爾雅》云:"際,接也。"《左氏昭四年傳》"爾未際"、《孟子·萬章》云"敢問交際"、《淮南·本經》篇云"上際青雲",注並云:"際,接也。"通作"瘵"。《詩》"無自瘵焉",箋:"瘵,接也。"《易》"天際翔也",釋文引鄭云:"際當爲瘵。"是"瘵、際"通。又通作"戢"。《詩》"戢其左翼",釋文引《韓詩》云:"戢,捷也。捷其噣於左也。"是"戢、際"又通矣。

接者,《説文》云:"交也。"《聘禮》云"接聞命"、《楚辭·哀郢》篇云"憂與愁其相接",注並云:"接,續也。"《淮南·本經》篇云"接經歷遠",高誘注:"接,疾也。""接"訓"疾"者,"捷"有疾義,"捷、接"聲同,故古字通。《易》云"晝日三接"、《内則》云"接以大牢",鄭皆讀"接"爲"捷"。《春秋經》"宋萬弒其君捷",又"鄭伯捷卒",《公羊》"捷"俱作"接"。《漢書·古今人表》"捷子",《莊子·則陽》篇作"接子"。是"接、捷"通,皆其證矣。

翜者,釋文云:"所甲反。"《説文》云:"翜,捷也,飛之疾也。""翜"聲近"霅"。《文選·吴都賦》云"鞁霅警捷",李善注:"鞁霅,走疾貌。"按:俗語云"一霅時",亦捷疾之意也。此"翜"

字與“際、接”義異而同訓“捷”,《爾雅》此例甚多。

毖、神、溢,慎也。 神,未詳。餘見《詩》《書》。

慎者,上文云:“誠也。”“静也。”“誠、静”與“謹慎”義近,故《説文》云:“慎,謹也。”“慎”猶“馴”也,“遜”也,“馴、遜”亦謹敬之義也。

毖者,《説文》云:“慎也。”引《書》“無毖于卹”。《詩》“爲謀爲毖”“予其懲而毖後患”,傳並云:“毖,慎也。”通作“閟”。《書》“天閟毖我成功所”,傳云:“閟,慎也。”《詩·閟宫》箋:“閟,神也。”“神”亦慎也。又通作“祕”。《説文》云:“祕,神也。”是“祕、閟、毖”並音義同。

神者,祕之慎也。“神”訓“申”,上文云:“治也。”自治理與自申束皆所以爲慎也。“慎”兼“誠、静”之訓,“神”有幽閟之義,故鄭箋訓“閟”爲“神”,《爾雅》訓“神”爲“慎”,是其義同。《荀子·非相篇》云“貴之神之”,楊倞注:“神之,謂不敢慢也。”“不敢慢”即慎矣。

溢者,上文云:“静也。”“静、慎”義近,故《詩》“假以溢我”,傳:“溢,慎也。”正義引舍人曰:“溢,行之慎也。”釋文:“溢,音逸,徐云:‘毛音謚。’”《文王》釋文云:“謚,音示,慎也。”然則毛公讀“溢”爲“謚”。謚,行之迹,故舍人以爲“行之慎”,蓋義本毛音也。溢,通作“謐”。“假以溢我”,《説文》引作“誐以謐我”。“謐、溢”上文又俱訓“静”,故静、慎二義通,“神”之訓“慎”,義亦同矣。

鬱陶、繇,喜也。 《孟子》曰:“鬱陶思君。”《禮記》曰:“人喜則斯陶,陶斯詠,詠斯猶。”猶即繇也,古今字耳。

上文云:“喜,樂也。”此又廣釋喜義也。

鬱陶者,“陶”音“遥”,釋文“陶,徒刀反”,非矣。“鬱陶”猶言“怡悦”,並字之雙聲,其義又俱爲喜也。《孟子》云:“鬱陶思君爾。”“鬱陶”即喜。故《檀弓》云“人喜則斯陶”,鄭注:“陶,鬱陶也。”“鬱陶”連文,本《爾雅》爲訓也。《文選·七發》注引薛君《韓詩章句》曰:“陶,暢也。”“暢”亦喜也。“鬱陶”轉爲“鬱悠”。《方言》云“鬱悠,思也”,郭注:“鬱悠猶鬱陶也。”然則“悠、陶”疊韵,“陶”讀爲“遥”,亦其證矣。

繇者,“嗂”之假音也。《説文》云:“嗂,喜也。”通作“傜”,云:“傜,喜也。”又通作“繇”。“繇、陶”聲同也。又通作“猶”。《莊子·逍遥遊》篇云“宋榮子猶然笑之”,釋文引崔、李云:“猶,笑貌。”《檀弓》云“咏斯猶”,鄭注:“猶當爲摇。秦人猶、摇聲相近。”是鄭讀“猶”爲“摇”,郭讀“猶”爲“繇”,“繇、摇”疊韵,亦雙聲也。又通作“由”。《孟子》云“由由然”、《管子·小問》篇云“由由乎”,尹知章注:“由由,悦也。”又通作“油”。《逸周書·官人》篇云:“喜色猶然以出。”猶,本或作“油”。《玉藻》云“禮已三爵而油油”,鄭注:“油油,説敬貌。”是“油油”即“由由”。又轉爲“言言”。《廣雅》云:“言言,喜也。”蓋“言言”即“誾誾”,和説貌也。又轉爲“陽陽”。《詩》“君子陽陽”,自得貌也。又轉爲“陶陶”。“君子陶陶”,毛傳:“和樂貌。”鄭箋:“陶陶,猶陽陽也。”釋文:“陶,音遥。”此音是也,《爾雅》及《檀弓》釋文俱失之。古讀“陶、繇”聲同。《書》之“皋陶”,古作“咎繇”,是其證。“繇”即“鬱陶”之合聲也。

馘、穧,獲也。今以獲賊耳爲馘,獲禾爲穧,並見《詩》。

“獲”之言“得”也。經典“獲”皆訓“得”。《左氏定九年傳》:“凡獲器用曰得,得用曰獲。”此單主物而言,實則人亦曰

"獲",故《墨子·小取》篇云"獲人也",《楚辭·哀時命》篇云"釋管晏而任臧獲兮",王逸注:"獲,爲人所係得也。"或曰"獲"主禽者也。按:魯人展獲字禽,與或説合,是"獲"兼人物而言。《説文》以"獲"爲"獵所獲",亦單主物言耳。獲,通作"穫",以聲爲義也。

馘者,《説文》作"聝",或作"馘",云:"軍戰斷耳也。"引《春秋傳》曰:"以爲俘聝。"是"聝"有从耳、从首之别。故《詩·皇矣》釋文引《字林》:"截耳則作耳旁,獻首則作首旁。"此亦不必然也。"聝、馘"二形,實同一義。故《皇矣》傳:"馘,獲也。不服者殺而獻其左耳曰馘。"《泮水》箋:"馘,所格者之左耳。"是皆首旁"馘"亦訓"斷耳",可知吕説非矣。《王制》注:"馘或作國。"此於義無可通,唯聲近耳。

穧者,《説文》云:"穫刈也。"《詩》"此有不斂穧",釋文:"穧,穫也。"正義云:"穧者,禾之鋪而未束者。"此以"穧"對"秉"言,故云"未束",實則"穧"亦穫禾之總名。"穫、獲"古通用。故《爾雅》釋文:"穫禾,一本作獲禾。"《禮·儒行》云"不隕獲於貧賤",釋文:"獲,本又作穫。"《荀子·富國篇》云"一歲而再獲之",楊倞注:"獲讀爲穫。"《逸周書·大開武》篇云:"既秋而不獲,維禽其饗之。"是皆以"獲"爲"穫"也。穧,通作"齊"。釋文:"穧,本或作齊,同,才細反。依注,字宜从禾。"

阻、艱,難也。皆險難。

釋文:"難,奴旦反,注同。一音如字。"今按:二讀俱通。《左氏哀十二年傳》"而藩其君舍以難之",杜預注:"難,困苦也。"《周禮·占夢》注:"杜子春難讀爲難問之難。"是皆主前一音也。《釋名》云:"難,憚也,人所忌憚也。"《莊子·説劍》篇云

“瞋目而語難”,釋文:“難,如字,艱難也。”是皆主後一音也。實則二音理自通矣。

阻者,《說文》云:“險也。”“險,阻難也。”《詩·雄雉》《谷風》傳並云:“阻,難也。”《書》“黎民阻飢”,鄭注:“阻讀曰俎。阻,戹也。”“戹”亦難也。《左氏閔二年傳》“狂夫阻之”,杜預注:“阻,疑也。”正義引服虔注:“阻,止也。”“止、疑”皆畏憚之意,其義亦爲難也。通作“沮”。“沮”亦止也,疑也。故《詩》“亂庶遄沮”,傳:“沮,止也。”《小爾雅》云:“沮,疑也。”《禮·儒行》云“沮之以兵家語”,《儒行》篇作“沮之以兵而不懾”,王肅注:“沮,難也。”

艱者,《說文》云:“土難治也。”《釋名》云:“艱,根也,如物根也。”《詩·中谷有蓷》傳及《北門》《何人斯》《鳧鷖》箋並云:“艱,難也。”《書》“曁稷播奏庶艱食”,《史記·夏紀》作“與稷予衆庶難得之食”。又《大誥》篇内“艱”字,《漢書·翟方進傳》並作“難”也。“艱”義與“蹇”同。《易·彖傳》及《雜卦》並云:“蹇,難也。”《離騷》云“謇吾法夫前修兮”,王逸注:“謇,難也。”

剡、䂑,利也。《詩》曰:“以我剡耜。”

《說文》云:“利,銛也。从刀,和然後利。从和省。”引《易》曰:“利者,義之和也。”按:“和、利”字亦通用。《荀子·正論篇》云“利而不流”,楊倞注:“利,或爲和。”是“和、利”通。“利”又廉也。《吕覽·孟秋紀》云“其器廉以深”、《必己》篇云“廉則挫”,高誘注並云:“廉,利也。”按:“廉、利”雙聲。今人作事敏速亦稱“廉利”矣。

剡者,《說文》云:“鋭利也。”《楚辭·橘頌》篇云“曾枝剡棘”、《淮南·氾論》篇云“古者剡耜而耕”,王逸及高誘注並云:

"剡,利也。"通作"覃"。《詩》"以我覃耜",傳:"覃,利也。"釋文:"覃,以冉反,徐以廉反。"《爾雅》釋文:"剡,羊冉反。"今按:三音俱非古讀也,古讀"剡"蓋如"禫"。知者,《説文》"剡"从炎聲,木部"棪"亦从炎聲,"讀若三年導服之導"。《士虞禮記》注:"古文禫或爲導。"《喪大記》注:"禫或皆作道。""道"與"導"同。是"導服"即"禫服",古讀"棪"若"導",亦當讀"剡"若"禫"矣。"剡"讀若"禫",故與"覃"通,此古音也。郭引《詩》"覃耜"作"剡耜",蓋齊、魯、韓三家作"剡",毛詩假借作"覃"耳。

畧者,《説文》作"㓞",籀文作"畧",云:"刀劍刃也。"通作"略"。《詩》"有略其耜",傳:"略,利也。"釋文:"略,《字書》本作畧。"《匡謬正俗》引張揖《古今字詁》云:"略,古作畧,一本作𠛾。"按:"𠛾"蓋"畧"之或體,"畧、利"一聲之轉。《淮南·修務》篇云:"誦詩者期於通道略物。""略"當訓"利",高誘注:"略,達也。"通達與利義亦近。

允、任、壬,佞也。《書》曰:"而難任人。"允信者,佞人似信。壬猶任也。

《説文》云:"佞,巧讇高材也。"按:"佞"有二義:《廣雅》云:"佞,巧也。"《韓詩外傳》云:"佞,諂也。"與《説文》前義合也。《左氏成十三年傳》"寡人不佞"、《魯語》云"寡君不佞",服虔及韋昭注並云:"佞,才也。"與《説文》後義合也。"佞"从女,从信省,徐鉉以爲女子之信近於佞,是佞又似信也。"允、任、壬"本訓爲"信"爲"大"而又爲"佞",美、惡不嫌同詞也。韋昭《晉語》注:"僞善爲佞。"然則佞者以巧辯飾其僞善,故世俗以爲才美之稱,君子惡而遠之矣。

允者,上文云:"信也。""誠也。"又訓"佞"者,《逸周書·寶典》篇云:"展允干信。"蓋"展允"雖訓"信",亦容有信不近義者,故曰"干信",是"允"又爲佞矣。

任者,釋文:"而鴆、而淫二反。"《説文》云:"任,保也。"《詩·燕燕》箋:"任,以恩相親信也。"《周禮·大司徒》注:"任,信於友道。"《史記·季布欒布傳》云"爲氣任俠",集解引如淳曰:"相與信爲任。"是皆"任"訓爲"信"也。又訓"佞"者,佞人似信,故《書·舜典》正義引孫炎云:"似可任之佞也,而難任人。"《史記·五帝紀》作"遠佞人矣"。

壬者,上文云:"大也。"《詩·燕燕》傳:"任,大也。"是"任、壬"同。又訓"佞"者,佞人好作大言以欺人,故《書》云:"何畏乎巧言令色孔壬。"壬,佞也。孔,甚也。甚佞,言大佞也。必言"大"者,"壬"本訓"大"也。壬,通作"任",故《後漢書·郅惲傳》云:"孔任不行。"孔任,即"孔壬"矣。

俾、拼、抨,使也[①]。皆謂使令,見《詩》。**俾、拼、抨、使,從也**。四者又爲隨從。

《説文》云:"使,伶也。"《玉篇》云:"使,令也。使,所里切,又疏事切。"又云:"伶,使也。"《詩·車鄰》釋文引"《韓詩》令作伶,云'使伶'"。是"使令"古作"使伶",今借爲"使令"。通作"史"。《禮·雜記》云"客使自下由路西",鄭注:"使或爲史。""史、使"聲同也。《左氏襄卅年傳》"使走問諸朝",釋文:"使,服虔、王肅本作吏。"《詩》"靡使歸聘",釋文:"使,本又作所。"

① 俾拼抨使也　此本脱"也"字,咸豐六年刻本同。經解本、《十三經注疏》本、周祖謨《爾雅校箋》本有"也"。按:有"也"字是,據補。

"所、使"聲轉,"吏、使"聲同,古字或相通借,非義例也。

俾者,《釋言》云:"職也。"是職之使也。《詩》《書》内"俾"訓"使"者非一。通作"卑"。《詩》"俾予靖之",釋文:"俾,本作卑,使也。"《書》"文王卑服",釋文:"卑,馬本作俾,使也。"又通作"辯"。《小爾雅》云"辨,使也",《廣雅》作"辯,使也",《書》"勿辯乃司"傳亦同。又《書序》云"王俾榮伯作《賄肅慎之命》",釋文:"俾,馬本作辯。""辯、卑、俾"俱一聲之轉也。

拼者,當作"并",是從之使也。《説文》云:"并,相從也。""從"亦使也,"使"亦從也,故訓"從"之字即可訓"使"。"并"别作"拼"。《釋文》:"拼,北萌反,以利使人曰拼,從手。"按:从手之"拼"蓋後人所加。"以利使人",此語未見所出。通作"荓"。《詩》"荓云不逮",傳:"荓,使也。"釋文:"荓,本或作拼。"又通作"絣"。《文選·典引》云"將絣萬嗣",蔡邕注:"絣,使也。""絣、荓、拼"俱"并"之假音矣。

抨者,"甹"之假音也。《説文》云:"甹,使也。"通作"儔"。又云:"儔,使也。"又通作"抨"。"抨"本訓"彈",又借爲"使"。釋文:"抨,普耕反,亦从手。"《文選·思玄賦》云"抨巫咸以占夢兮",舊注:"抨,使也。"《一切經音義》十二云:"拼,古文抨,同。"此説非也。"拼"字非古文,"拼、抨"又不同音,蓋本《玉篇》而誤也。又通作"伻"。釋文:"抨,字又作伻,音同,使人也。"《書》"伻來來",正義引鄭注:"伻來來者,使二人也。"《漢書·劉向傳》孟康注亦云:"伻,使也。"又通作"苹"。《書》"平秩東作",釋文:"平,馬作苹,云:'使也。'"凡此訓"使"之字又俱訓"從"者,《説文》:"從,随行也。"隨從亦使令之義。《玉篇》《廣韵》"俾"並作"裨",《廣韵》云:"裨,使也,從也,與俾同。"

“拼”訓“從”者，《説文》作“并”，云：“相從也。”

儴、仍，因也。皆謂因緣。

《説文》云：“因，就也。”《廣韵》云：“仍也。”《玉篇》云：“緣也。”《後漢書·陳寵傳》注：“因緣，謂依附以生輕重也。”《逸周書·作雒》篇云“北因于郟山”，孔晁注：“因，連接也。”“連接”亦因緣依就之義也。

儴者，“攘”之假音也。釋文：“儴，樊、孫如羊反，引《論語》‘其父攘羊’，釋之作‘攘’，注云：‘因來而盜曰攘。’”是樊光、孫炎本“儴”作“攘”。《禮器》云“匹士大牢而祭謂之攘”，鄭注：“攘，盜竊也。”是“攘”訓“盜竊”，因來而取，故又訓“因”也。《書》“奪攘撟虔”，鄭注：“有因而盜曰攘。”“無敢寇攘”，鄭注：“因其失亡曰攘。”是皆“攘”訓“因”之證。故《漢書·五行志》注亦云：“攘，因也。”通作“襄”。《書》“日贊贊襄哉”，釋文引馬融注：“襄，因也。”《爾雅》釋文：“儴，施息羊反。”然則“儴”有“襄”音，故邢疏云：“儴，施博士讀曰襄。”按：《謚法》云：“因事有功曰襄。”是“襄”訓“因”之證。又通作“儴”。《周禮·司几筵》鄭衆注引《爾雅》曰：“儴、仍，因也。”與今本同。

仍者，《説文》云：“因也。”《詩·常武》傳：“仍，就也。”“就”亦因也。通作“扔”。《説文》云：“扔，因也。”《常武》釋文：“仍，本或作扔。”上文“仍，厚”釋文亦云：“仍，本或作扔。”又通作“乃”。《司几筵》注：“故書仍爲乃。”上文亦云：“仍，乃也。”汪氏中《知新記》云：“乃、仍雙聲兼疊韵。”

董、督，正也。皆謂御正。

《説文》云：“正，是也。从止，一以止。”《繫傳》云：“守一以止也。”按：止一爲正，所以爲是也；反正爲乏，所以爲非也。

“正”聲近“定”,故《周禮・宰夫》注:“正猶定也。”《考工記・韗人》注:“正,直也。”《文選・東京賦》注:“正,中也。”“中、直”皆“是”之義也。《士冠禮》注:“正猶善也。”“善”亦“是”之義也。上文云:“正,長也。”《吕覽・順民》篇注:“正,治也。”“治、長”與“是”義亦近。通作“政”。《周禮・凌人》注:“故書正爲政。”《詩・大序》及《周禮・都司馬》釋文並云:“正,本又作政。”《説文》云:“政,正也。”《莊子・天運》篇云:“正者,政也。”故“政、正”通矣。

董者,《方言》云:“固也。”“董”訓“固”與“正”訓“定”義近,故《楚辭・涉江》篇云“余將董道而不豫兮”,王逸注:“董,正也。”《左氏・桓六年》《昭三年傳》杜預注同。《文六年傳》“董逋逃”、《七年傳》引《夏書》“董之用威”、《昭十三年傳》“董之以武師”,杜注並云:“董,督也。”“督”亦正也。“董、督”又一聲之轉也。

督者,《説文》云:“察也。”察舉與正理義近,故《方言》云“督,理也”,郭注:“言正理也。”《周禮・大祝》注:“督,正也。”《莊子・養生主》篇“緣督以爲經”,司馬彪及李頤注並云:“督,中也。”“中”亦正也。通作“篤”。上文云:“篤,固也。”則與“董”同訓。《廣雅》云:“篤,理也。”又與“督”同訓。《左氏昭廿二年傳》“司馬督”,《漢書・古今人表》作“司馬篤”,是“篤、督”通。聲轉爲“端”。《説文》云:“端,直也。”“直”亦正,故《曲禮》云:“振書端書於君前。”《祭義》云:“以端其位。”“端”俱訓“正”。

享,孝也。享祀,孝道。

《釋訓》云:“善父母爲孝。”主生存而言。此云“享,孝”,主祭祀而言。故《釋名》引《孝經説》曰:"孝,畜也。畜,養也。"是"孝"以"畜養"爲義也。

亨者,祭祀之義也。"亨"訓"祭祀",又訓"孝"者,"孝"以"畜養"爲義,"亨"又以"養"爲義,故《廣雅》云:"亨,養也。"《祭統》云:"祭者,所以追養繼孝也。"蓋緣孝子之心畜養無已,故於祭祀追而繼之。《謚法》云:"協時肇享曰孝。"正與《爾雅》義合。

珍、享,獻也。珍物宜獻。《穀梁傳》曰:"諸侯不享覲。"

《玉篇》云:"獻,奉也,進也,上也,奏也。"《詩·瓠葉》傳:"獻,奏也。"《鄉飲酒禮》注:"獻,進也。""進、奏"義同。《吕覽·異寶》篇云"願獻之丈人",高誘注:"獻,上也。"《公羊隱五年經》云"初獻六羽",何休注:"獻者,下奉上之辭。"《周禮·玉府》注:"古者致物於人,尊之則曰獻。"是皆獻之義也。

珍者,上文云:"美也。"是美之獻也。《文選·羽獵賦》注引犍爲舍人云:"獻珍物曰珍,獻食物曰享。"今按:舍人注但舉一邊耳,實則《周禮·膳夫》"珍用八物",皆謂食物;《王制》云"八十常珍",又云"就其室以珍從",是獻食物稱"珍"也;《詩》"莫敢不來享",《曲禮》云"五官致貢曰享",是獻珍物稱"享"也。然則"珍、享"對文則别,散則通矣。

享者,《説文》作"亯",云:"獻也。从高省,曰象進孰物形。"按:"孰物"即"食物",是許君義與舍人同。《詩》"是用孝享""我將我享"、《洪範五行傳》云"飲食不享",毛傳、鄭注並云:"享,獻也。"是皆食物稱"享"之證也。《考工記·玉人》云"諸侯以享天子"、《聘禮》云"受享束帛加幣"、《穀梁昭卅二年傳》云"諸侯不享覲",鄭注及范甯注並云:"享,獻也。"是皆非食物亦稱"享"之證也。通作"饗"。《月令》云"以共皇天上帝社稷之饗”,鄭注:“饗,獻也。”《曲禮》釋文:“饗,本又作享。”《聘義》釋文:“享,本又作饗。”又通作“亨”。古多以“亨”爲“享”。《易》云:“亨于西山。”《劉熊碑》云:“子孫亨之。”皆借“亨”爲“享”也。

縱、縮,亂也。 縱放、掔縮,皆亂法也。

亂者,治之對也。《爾雅》此“亂”蓋“敽”之假借也。《説文》云:“敽,煩也。”《玉篇》云:“敽,亂也。”通作“亂”。亂本治之反,因借爲煩亂之義也。故《釋訓》云:“儚儚、洄洄,亂也。”《釋名》云:“亂,渾也。”《荀子·解蔽篇》注:“亂,雜也。”《樂記》注:“亂謂失行列也。”《大戴禮·曾子立事》篇云:“好道煩言,亂也。”此即“亂”訓“煩”之意矣。

縱者,放也,散也,皆與“亂”義近。又縱横交午,亦有亂義,故《淮南·覽冥》篇云“縱横閒之”,高誘注:“南與北合爲縱。”是“縱”即交亂之意也。通作“從”。《論語》云“從之”,皇侃疏:“從,放從也。”《内則》云“姑縱之”,釋文:“縱,本又作從。”又通作“總”。《逸周書·大聚》篇云“殷政總總若風草”,孔晁注:“總總,亂也。”按:“總總”猶“縱縱”也。《檀弓》云“喪事欲其縱縱爾”,鄭注:“縱讀如總領之總。”是“總、縱”通矣。

縮者,《説文》云:“亂也。”下文云:“綸也。”“綸、亂”一聲之轉。《鄉飲酒禮》云“磬階閒縮霤”,鄭注:“縮,從也。霤以東西爲從爾。”凡《儀禮》《禮記》内“縮”字,鄭訓“從”者非一,皆以“從”爲“縱”。縱横,經典本作“從横”也。通作“樎”。《一切經音義》廿云:“縮,《字書》作樎,同,所六反。”《詩·巷伯》釋文:“縮,又作樎,同。”又通作“數”。《周禮·司尊彝》云“醴齊縮酌”,鄭注:“故書縮爲數。”按:“數”有煩碎之意,與“亂”義近。

又通作“蹙”。《鄉飲酒》及《鄉射》《大射》《士虞》《少牢饋食》《有司徹》,鄭注並云:“古文縮爲蹙。”

探、篡、俘,取也。《書》曰:“俘厥寶玉。”篡者,奪取也。探者,摸取也。

《説文》云:“取,捕取也。”《釋名》云:“取,趣也。”《廣雅》云:“取,爲也。”按:“取”訓“爲”者,“爲”爲禽好爪,蓋會以爪取物之意也。

探者,《説文》云:“遠取之也。”《易·繫辭》云“探賾索隱”、《文選·西京賦》云“探封狐”,虞翻及薛綜注並云:“探,取也。”通作“撢”。《説文》云:“撢,探也。”《集韵》云:“探,或作撢。”《周禮·撢人》釋文:“撢與探同。”《一切經音義》十四引《蒼頡篇》云:“撢,持也。”“持、取”義亦近也。聲近“撏”。《方言》云:“撏(常含反),取也。”

篡者,《説文》云:“屰而奪取曰篡。”《方言》云:“自關而西秦晉之閒凡取物而逆謂之篡(音饌)。”《後漢書·逸民傳》引楊雄曰“鴻飛冥冥,弋者何篡焉”,李賢注引宋衷云:“篡,取也。”《一切經音義》二引《爾雅》舊注云:“盜位曰篡。”《白虎通》云:“篡猶奪也,取也,欲言庶奪嫡、孽奪宗,引奪取其位。”按:“篡”从厶,音“私”,言以計數取之,不敢公然刼奪,故《逸民傳》注云:“今人謂以計數取物爲篡。”是其義矣。

俘者,《説文》云:“軍所獲也。”引《春秋傳》曰:“以爲俘聝。”《一切經音義》十二引《國語》賈逵注云:“伐國取人曰俘。”《左氏·僖廿二年》正義引李巡云:“囚敵曰俘,伐執之曰取。”按:賈、李二説俱以“俘”爲獲取人,實則獲取物亦曰“俘”。故《書序》云:“俘厥寶玉。”是取物言“俘”也。李言“伐執曰取”,實則凡取物亦曰“取”也。通作“捊”。《説文》云:“捊,引取也。从孚聲。”是“捊、俘”同。“捊”又“蒲侯切”,亦聲之轉也。《易》云“裒多益寡”,釋文引“鄭、荀、董、蜀才作捊,云‘取也’。《字書》作掊”。按:《説文》云:“今鹽官入水取鹽爲掊。”是“掊”亦取矣。

徂、在,存也。以徂爲存,猶以亂爲治、以曩爲曏、以故爲今,此皆詁訓,義有反覆旁通,美惡不嫌同名。

《説文》云:“存,恤問也。”《玉篇》云:“有也。”“有”與“恤問”義近,故《王制》云:“八十,月告存。”《月令》云:“存諸孤。”並以存問爲義。《釋訓》云:“存存,在也。”“在”既訓“存”,“存”亦訓“在”,故《公羊隱三年傳》“有天子存”,何休注:“存,在也。”《楚辭·大招》篇云“遽爽存只”,王逸注:“存,前也。”“前”謂有在前也。

徂者,“且”之假音也。《詩·出其東門》箋云:“匪我思且,猶匪我思存也。”釋文:“且,音徂。《爾雅》云:‘存也。’”是“且”爲本字,“徂”爲假音,其證甚明。《説文》云:“且,薦也。”“薦”爲承藉之意,存問亦相慰藉也。“且、薦、存”又聲相轉也。經内“且”字,如《詩》“籩豆有且”及“有萋有且”,皆與“薦藉”義近,箋於《韓奕》之“且”則云“多貌”,傳於《有客》之“且”則云“敬慎貌”,此於詁訓俱無明文,各以意説耳。今按:籩豆盛多即爲意存獎藉,“萋”爲文章之貌,“且”爲藴藉之貌,並與“且、薦”義合。“且”又語詞,如云“乃見狂且”“其樂只且”,並爲助詞韵句,是“且”又言之薦矣。又《儀禮》《禮記》注每言“某甫且字”,於義亦當爲薦也。郭蓋未明假借之義,誤據上文“徂,往”爲訓,而云以徂爲存,義取相反,斯爲失矣。殊不思“徂往”之“徂”本應作"退","徂存"之"徂"又應作"且"耳。

在者,《説文》云:"存也。"《聘禮記》云"子以君命在寡君"、《左氏僖九年傳》"其在亂乎",鄭注及杜預注並云:"在,存也。"《大戴禮·曾子立事》篇云"存往者,在來者",盧辯注:"在猶存也。"按:"存、在"俱从才聲,古讀"才"如"孳","且"子餘切,是"且、在、存"俱一聲之轉。

在、存、省、士,察也。《書》曰:"在璿璣玉衡。"士,理官,亦主聽察。存即在。

上文云:"察,審也。"《離騷》注:"察,視也。"《吕覽·本味》篇注:"察,省也。""省、察"互相訓也。通作"詧"。《顏氏家訓·書證》篇:"詧,古察字也。"

在者,《書·堯典》正義引舍人曰:"在,見物之察。"《詩》"在帝左右"、《禮·文王世子》"必在視寒煖之節"、《逸周書·大聚》篇"王親在之",箋注並云:"在,察也。""在、察"一聲之轉。

存者,恤問,是問之察也。《禮運》"處其所存"、《大傳》"五曰存愛",鄭注並云:"存,察也。"《周禮·司尊彝》"大喪存奠彝",鄭注:"存,省也。""省"亦察矣。

省者,《説文》云:"視也。"是視之察也。《書證》篇引李登云:"省,察也。"張揖云:"省,今省詧也。"通作"眚"。《書》"王省惟歲",《史記·宋世家》作"王眚惟歲"。《周禮·大宗伯》云"省牲鑊",釋文:"省,本又作眚。"

士者,《説文》云:"事也。"是事之察也。《書》"汝作士",正義引鄭注:"士,察也。主察獄訟之事。"《周禮·序官·士師》注同。通作"仕"。《詩》"弗問弗仕",箋:"仕,察也。"《曲禮》云"前有士師",鄭注:"士或爲仕。"是"仕、士"通。又與"伺"同。

《一切經音義》二引《字林》云:“伺,候也,察也。”《玉篇》同,而云:“《廣雅》《埤蒼》並作覗。”

烈、枿,餘也。晉衛之閒曰蘖,陳鄭之閒曰烈。

《説文》云:“餘,饒也。”《玉篇》云:“殘也。”《廣韵》云:“賸也。”按:俗以物餘爲“賸”,非古義也。賸,俗作“剩”,非正體也。“餘”又羡也,多也。通作“余”。《周禮·委人》云“凡其余聚以待頒賜”,鄭注:“余當爲餘,聲之誤也。”按:古字通借,非誤也。《史記·屈原賈生傳》“餘何畏懼兮”,索隱曰:“《楚辭》餘並作余。”是“余、餘”字通之證也。

烈者,“裂”之假音也。《説文》云:“裂,繒餘也。”《玉篇》云:“㛼,帛餘也。”《廣雅》云:“㓠,餘也。”“㓠、㛼”並與“裂”同。通作“烈”。《方言》云:“烈,餘也。”《詩·雲漢序》“宣王承厲王之烈”,箋亦云:“烈,餘也。”又通作“厲”。《詩》“垂帶而厲”,下云“帶則有餘”,是“厲”訓“餘”也。故箋謂“厲字當作裂”,“裂、厲”聲相轉也。

枿者,“栓”之别體也。《説文》作“巘”,或作“櫱”,云:“伐木餘也。”引《商書》曰:“若顛木之有甹巘。”古文作“不”,亦作“栓”。按:“栓”蓋从全聲,“全”即“㚔”字之省,隸書變“全”爲“卉”,經典因之作“枿”。故《方言》云:“枿,餘也。”《書·盤庚》正義引李巡曰:“枿,槁木之餘也。”《詩》“苞有三櫱”,《廣韵》引作“枹有三枿”,俱“栓”變爲“枿”耳。然亦有未變者,《淮南·俶真》篇云“百事之莖葉條栓”,高誘注:“栓讀《詩·頌》‘苞有三蘖’同。”又云“則必無餘栓”,高注:“栓,蘖。”經典“栓”字唯此二見,高氏恐人不識,故以“蘖”字代音。《爾雅》釋文:“枿,本作栓。”《玉篇》亦“栓”下復出“枿”字,皆從隸變也。“枿”轉爲

"𨽻"。《詩》"伐其條𨽻",傳:"𨽻,餘也。斬而復生曰𨽻。"《玉藻》云"肆束及帶"①,鄭注:"肆讀爲𨽻。𨽻,餘也。"《左氏襄廿九年傳》:"而夏𨽻是屏。""𨽻"亦訓"餘","𨽻、枿"一聲之轉。郭注本《方言》而文小異。

迓,迎也。《公羊傳》曰:"跛者迓跛者。"

《説文》云:"迎,逢也。""逆,迎也。關東曰逆,關西曰迎。"是"迎、逆"義同。又與"御"同。《史記·天官書》云"迎角而戰者不勝",集解:"徐廣曰:'迎,一作御。'""御、逆、迎"俱一聲之轉也。

迓者,《説文》作"訝",或作"迓",云:"相迎也。"引《周禮·掌訝》曰:"諸侯有卿訝也。"《聘禮》云:"訝賓。"《書》云:"予迓續乃命于天。""迓、訝"並訓"迎"也。通作"御"。《詩》"百兩御之""以御田祖""以御于家邦",箋傳並云:"御,迎也。"《士昏禮》云"媵御沃盥交",鄭注:"御當爲訝。"按:古讀"訝"如"御",二字音同,故《文選·幽通賦》云:"昔衛叔之御昆兮。"亦以"御"爲"訝"。郭引《公羊成公二年傳》"跛者迓跛者",《穀梁傳》"迓"亦作"御"也。又通作"禦"。《書》"弗迓克奔",《史記·周紀》作"不禦克奔"。又通作"梧"。《聘禮》云"訝受几于筵前",鄭注:"今文訝爲梧。"釋文:"梧,五故反。"是"梧、訝、禦"俱音近,古皆通用。

元、良,首也。《左傳》曰:"狄人歸先軫之元。"良,未聞。

上文云:"首,始也。"此訓"頭"也,蓋頭爲諸陽之會,居上而

---

① 肆束及帶 肆,此本誤"𨽻",咸豐六年刻本同。經解本及《玉藻》鄭注作"肆",據改。

得氣最先,故"首"謂之"始",亦謂之"頭"。《説文》云:"頭,首也。""百,頭也。"《禮稽命徵》云"三旒齊首",宋衷注:"首,頭也。"

元者,上云:"始也。"《王制》注:"善也。"又訓"首"者,善之首也。故《易》云:"元者,善之長也。"首亦衆體之長,故《玉篇》引《韓詩》云:"元,長也。""長"亦首,故《詩》"建爾元子"、《士冠禮》"始加元服",傳注並云:"元,首也。"《左氏僖卅三年傳》"狄人歸其元"、《哀十一年傳》"歸國子之元",並以"元"爲首矣。

良者,《説文》云:"善也。"《廣雅》云:"元、良,長也。""長、善"與"首"同義。但經典"良"字無訓"首"之文,或謂"元良"稱君,協於首出之義,又婦人稱夫爲"良",亦以爲君,以此詮釋,義固可通。今以字形考之,《説文》"良"古文作"目","首"篆文作"𦣻",二字形近相亂,疑《爾雅》"元良"即"元首"之譌也。或頗以"元首首"重文爲疑,殊不知"元首"連文,經典非一。《書》"元首起哉",《文選·辨亡論》注引《尚書大傳》云"元首,君也",《廣雅》同。是皆以"元首"爲君,或單稱"元"亦爲君,猶之以"元首"爲首,或單稱"元"亦爲首,皆省文耳。證以《逸周書·武順》篇云"元首曰末",孔晁注:"元首,頭也。"此即本《爾雅》爲訓。故《書·益稷》正義引《釋詁》云:"元首,首也。"又申之云:"元與首各爲頭之别名,此以元首共爲頭也。"是孔穎達所據《爾雅》本即爲"元首",不作"元良",二孔所見古本俱不誤,唯郭本作"元良",故"元良"未聞矣。又"元良"連文,見於經典亦非一,而俱不訓"首",故《文王世子》云"一有元良",鄭注:"元,大也。良,善也。"梅《書·太甲下》作"一人元良",孔傳以爲"天子有大善",與鄭義同。《廣雅》云:"元良,長也。"是皆不以

“元良”訓“首”之證。然則《爾雅》之“元良”爲“元首”,殆無可疑矣。

薦、摯,臻也。薦,進也。摯,至也。故皆爲臻。臻,至也。

臻者,上文云:“至也。”通作“轃”。《文選·甘泉賦》云“是時未轃夫甘泉也”,李善注:“轃與臻同,至也。”

薦者,“瀳”之假音也。《説文》云:“瀳,水至也。从薦聲。讀若尊。”通作“薦”。上文云:“薦,進也。”“進、至”義相成。又通作“洊”。《易》云:“水洊至。”按:“洊”與“瀳”同,石經作“洊”,蓋“瀳”之或體;《爾雅》作“薦”,蓋“瀳”之省聲耳。洊,京房作“臻”。“臻”又“薦”之訓矣。

摯者,“墊”之假音也。《説文》云:“墊,至也。”引“《書·西伯戡黎》云‘大命不墊’,讀若摯同”。按:今《書》“墊”正作“摯”,《史記·殷紀》作“大命胡不至”。《考工記·弓人》云“斲摯必中”、《函人》云“凡甲鍛不摯”,鄭注並云:“摯之言致也。”“致”亦至,故《曲禮》注:“摯之言至也。”“摯”又作“贄”,故《書·舜典》鄭注:“贄之言至,所以自致也。”是“贄、摯”俱“墊”之通借。

賡、揚,續也。《書》曰:“乃賡載歌。”揚,未詳。

續者,上文云:“繼也。”《説文》云:“連也。”連繼爲屬,故《説文》云:“屬,連也。”“屬、續”義同,二字互訓,故《禮·深衣》注:“續猶屬也。”《釋名》云:“屬,續也。”“續、屬”以聲爲義也。

賡者,“庚”之假音也。《説文》以“賡”爲古“續”字,《書》云“乃賡載歌”,言續爲歌也;《史記·夏紀》作“乃更爲歌”,“更”亦續也。《管子·國蓄》篇云“愚者有不賡本之事”,言不續本也,尹知章注:“賡猶償也。”“償、續”義亦近也。經典“賡”字止此二見。“賡”字从庚,因借爲“庚”。《詩》“西有長庚”,傳:

“庚，續也。”正義引“《釋詁》文”。《楚辭·遠逝》篇云“立長庚以繼日”，亦以“庚”爲續也。《檀弓》云“請庚之”，鄭注：“庚，償也。”通作“更”。《周禮·司弓矢》云“弗用則更”，鄭注：“更，償也。”“更”訓“償”者，爲有虧損，償還如前，義亦爲續，故《晉語》云“姓利相更”，韋昭注：“更，續也。”《漢書·食貨志》云“不足以更之”，集注亦云：“更，續也。”更迭相代，有續之義，故訓爲“續”，是皆“賡”借爲“庚”也。《爾雅》之“賡”亦借爲“庚”，因讀爲“庚”，不得如《説文》以“賡”爲古“續”字矣。《爾雅》“賡、揚，續”及“元首，首”皆特釋《書·益稷》篇文，讀者或失之耳。

揚者，通作“颺”。《書》之“颺言”，《史記·夏紀》作“揚言”。“揚”訓“續”者，蓋飛揚輕舉，亦有連續之形，故又訓“續”，古義或如此也。錢氏大昕《潛研堂文集》十云：“《燕禮》‘主人媵觚于賓’，注云：‘媵，送也，讀或爲揚。’《檀弓》‘杜蕢洗而揚觶’，注云：‘《禮》，揚作媵。’按《禮》，賓主獻酢畢，乃有媵觚、媵爵者，則揚觶之揚，蓋取義於續矣。《書·立政》‘以揚武王之大烈’，亦當訓續。”

祔，祪祖也。祔，付也。付新死者於祖廟。祪，毀廟主。

祖者，上文云：“始也。”《説文》云：“始廟也。”是“祖”兼廟而言，此文當“祪祖”連讀。

祪者，《説文》云：“祔祪祖也。”文義未明，故《玉篇》《廣韵》申之云：“祪，毀廟之祖也。”是“祪”訓爲“毀”。上文云：“垝，毀也。”“垝”與“祪”聲義同。

祔者，《説文》云：“後死者合食於先祖。”《釋名》云：“又祭曰祔。祭於祖廟，以後死孫祔於祖也。”《喪服小記》云：“祔必以其昭穆。”故《既夕禮》云：“明日以其班祔。”“班”即昭穆。明日，卒哭之明日也。鄭注："祔猶屬也。祭昭穆之次而屬之。"是其義也。祔必於毀祖者，祖親盡則廟毀，祔祭於此，以新死之主將入此廟，故祭而屬之也。郭訓"祔"爲"付"，義亦如此。通作"付"。《周禮·大祝》云"付練祥"，鄭注："付當爲祔。"又通作"附"。《曾子問》云"殤不附祭"，釋文："附，本或作祔。"《雜記》上下篇言"附"者非一，鄭注並云："附，皆當爲祔。"

即，尼也。即猶今也。尼者，近也。《尸子》曰："悦尼而來遠。"**尼，定也。**尼者，止也。止亦定。**邇、幾、暱，近也。**暱，親近也。

《説文》云："尼，從後近之。"《小爾雅》云："尼，近也。"通作"昵"。釋文："尼，本亦作昵，同，女乙反。"

即者，《方言》云："就也。"是就之尼也。《詩·東門之墠》傳："即，就也。"通作"則"。《禮·王制》云"必即天論"，鄭注："即，或爲則。"按："則、即"又皆語詞而義亦爲近，故《廣雅》云："則，即也。""則、即"聲相轉，"則"之言"側"也，"側"訓"邊近"，與"即"義同。郭云"即猶今也"者，"今"亦爲近，又引《尸子》曰"悦尼而來遠"以證尼近之義。《書》釋文引《尸子》云："不避遠昵。"按："昵"亦當爲"尼"。

○"尼"又訓"定"者，尼、定，上文並云："止也。""止"亦定，邢疏引舍人曰："尼者，私之定也。"以"尼"爲"私"者，"尼"與"暱"通。

○"尼"既訓"近"，因廣釋近義也。《説文》："近，附也。古文近作岓，从止。"是"近"亦止意。"近"之義爲迫，故《説文》："迫，近也。"《玉篇》："迫，附也。"附近即親暱，故《華嚴經音義》下引顧野王云："近，所以爲親也。"

邇者,《説文》云:“近也。”《詩·汝墳》《東門之墠》《杕杜》傳並云:“邇,近也。”通作“爾”。《釋名》云:“爾,昵也。”《周禮·肆長》云“實相近者相爾也”,鄭注:“爾亦近也。”《儀禮·燕禮》云“南鄉爾鄉”,鄭注:“爾,近也,移也。揖而移之,近之也。”是皆“邇”通作“爾”,故《爾雅序》釋文云“爾,字又作邇”矣。

幾者,上文云:“危也。”《説文》云:“殆也。”“殆”亦近。《易》“月幾望”、《詩》“維其幾矣”、《左氏昭十六年傳》“幾爲之笑”、《魯語》云“民羸幾卒”,並以“幾”爲“近”也。通作“畿”。《大司馬·九畿》注云:“故書幾爲近。”是“近”與“畿、幾”古俱音同字通。又通作“冀”。李巡注《爾雅》“冀州”云:“冀,近也。”《史記·孝武紀》云“冀至殊庭焉”,索隱曰:“冀,《漢書》作幾。幾,近也。”是“幾、冀”又通矣。

暱者,《説文》云:“日近也。”引《左氏昭廿五年傳》“私降暱燕”。《詩》“無自暱焉”、《齊語》云“野處而不暱”,毛傳及韋注並云:“暱,近也。”《左氏·閔元年》正義引舍人曰:“暱,戚之近也。”《文選》注引孫炎曰:“暱,親之近也。”通作“昵”。《説文》:“暱或作昵。”《書·大誓》正義引孫炎曰:“昵,親近也。”《高宗肜日》釋文:“昵,近也。”“私降暱燕”,今《左傳》作“私降昵宴”。又通作“尼”。《書》正義引孫炎曰:“尼者,近也。”是“尼、昵”通。

妥、安,坐也。《禮記》曰:“妥而后傳命。”

《説文》云:“㘴,止也。从土,从畱省。土,所止也。此與畱同意。古文作坐。”《釋名》云:“坐,挫也,骨節挫詘也。”按:“坐”有二義:古有危坐,危坐者,跪也。故《釋名》云:“跪,危也,兩厀隱地體危陒也。"《詩》云:"不遑啟處。""啟"即跪也。是危坐之義也;安坐者,亦兩厀隱地而體不危,"陒"即安坐矣。

妥者,上文與"安"並訓"止",郭注"妥者,坐也",即本此爲訓也。"坐、止"義同,"妥、安"義同,故此四字反覆互訓,義得兼通。《爾雅》此讀,當從"坐也"斷句,蓋以"妥、安"訓"坐",是即上文"妥、安"訓"止"之義也。然"妥"亦可斷句。"妥"訓"安坐",亦即"妥、安"訓"坐"之義也。蓋此二讀,於義俱通矣。以"妥、安"訓"坐"者,《玉篇》引《爾雅》云:"妥,坐也。"《廣韵》云:"妥,安也。"《漢書・燕剌王旦傳》集注亦云:"妥,安也。""妥"與"綏"同。"綏"訓"安",即"妥"訓"安"也。故《漢書》注:"妥,古綏字。"《曲禮》云"大夫則綏之",又云"國君綏視",鄭注並云:"綏讀爲妥。"是"妥、綏"古字通。徐鍇疑"綏"不當从妥,此妄説也。以"妥"訓"安坐"者,《詩》"以妥以侑",傳:"妥,安坐也。"《士相見禮》云"妥而後傳言",《士虞禮》及《特牲》《少牢饋食禮》並云"拜妥尸",《郊特牲》云"詔妥尸",鄭注並云:"妥,安坐也。"又云:"拜之使安坐也。"然則毛、鄭俱以"安坐"訓"妥",郭及《玉篇》《廣韵》並以"妥、安"訓"坐",二讀不同,於義俱通。郭引《儀禮》作《禮記》,"傳言"作"傳命",俱字之誤。

貉縮,綸也。綸者,繩也,謂牽縛縮貉之,今俗語亦然。

《釋名》云:"綸,倫也,作之有倫理也。"《説文》云:"綸,青絲綬也。"綬亦繩,故《詩》"言綸之繩",《説文》:"繩,索也。"《釋器》云"繩之謂之縮之",即《詩》"縮版以載"也。貉,讀爲"貊其德音"之"貊"。貉縮,謂以縮牽連緜絡之也,聲轉爲"莫縮"。《檀弓》云"今一日而三斬板",鄭注:"斬板,謂斷莫縮也。""莫縮”即“貉縮”，謂斬斷束板之繩耳。又轉爲“摸蘇”。《淮南·俶真》篇云“以摸蘇牽連物之微妙”，高誘注：“摸蘇猶摸索。”又變爲“落索”。《顔氏家訓》引諺云：“落索阿姑餐。”落索，蓋縣聯不斷之意，今俗語猶然。又變爲“莫落”。《新序·雜事二》云：“翡翠珠璣，莫落連飾。”又爲“幕絡”。《釋名》云：“幕，膜也，幕絡一體也。”又云：“幕，絡也，言牢絡在衣表也。”又云：“煮繭曰莫。莫，幕也，貧者箸衣，可以幕絡絮也。或謂之牽離，煮熟爛牽引，使離散如絲然也。”凡此諸文，皆與《爾雅》“貉縮”義近。

貉、嘆、安，定也。 皆静定，見《詩》。

安、定，上文並云：“止也。”“止”亦定也。

貉者，上文云：“静也。”“静”亦定也。通作“貊”。《詩·皇矣》傳：“貊，静也。”釋文：“貉，本又作貊。”又通作“莫”。釋文：“貉，《左傳》作莫，《韓詩》同，云：‘莫，定也。’”又“求民之莫”“民之莫矣”，傳並云：“莫，定也。”《莊子·大宗師》篇云“莫然有閒”，釋文引崔譔注：“莫，定也。”

嘆者，《説文》云：“啾嘆也。”《玉篇》云：“静也。”《廣雅》云：“安也。”“安、静”亦定，故《廣雅》又云：“嘆，定也。”《吕覽·首時》篇云：“飢馬盈廄，嘆然未見芻也。”《楚辭·哀時命》篇云：“嘆寂默而無聲。”並以“嘆”爲静定也。通作“寞”。《文選·西征賦》注引《韓詩章句》云：“寞，静也。”又通作“莫”。釋文：“嘆，音莫，本亦作莫。”

安者，《説文》云：“静也。”《燕禮》云：“君曰以我安。”又云：“皆對曰諾，敢不安。”並以“安”爲坐定也。

伊，維也。 發語辭。**伊、維，侯也。**《詩》曰：“侯誰在矣？”互相訓。**時、寔，是也。**《公羊傳》曰：“寔來者何？是來也。”

三者皆語詞也。凡語詞之字多非本義,但取其聲。

維者,“惟”之假音也。上文云:“惟,謀也,思也。”“思”又語詞,故“惟”亦語詞。《玉篇》云:“惟,有也,辭也,伊也。”《離騷》云“惟庚寅吾以降”,王逸注:“惟,辭也。”《文選·羽獵賦》注引《韓詩章句》亦云:“惟,辭也。”《東京賦》及《甘泉賦》注並云:“惟,有也。”《東征賦》注又云:“惟,是也。”“是”與“有”亦皆語詞也。通作“維”。《詩》“維天之命”之“維”,《韓詩》訓“念”,則與“惟”同,毛、鄭無訓,則亦爲語詞矣。

伊者,亦假借字也。《詩·何彼襛矣》及《雄雉》《蒹葭》傳並云:“伊,維也。”《士冠禮》云“嘉薦伊脯”、《楚辭·悼亂》篇云“伊余兮念兹”,鄭注及王逸注並云:“伊,惟也。”《逸周書·大匡》篇云“展盡不伊”,孔晁注:“伊,推也。”“推”蓋“惟”字之譌耳。又《詩》“匪伊垂之”,箋:“伊,辭也。”《漢書·禮樂志》及《楊雄傳》注並云:“伊,是也。”“是”亦惟也,“惟”亦辭也。通作“繄”。《左氏僖五年傳》“民不易物,惟德繄物”,服虔注:“繄,發聲也。”《襄十四年傳》:“繄伯舅是賴。”杜注與服注同。《隱元年傳》“繄我獨無”,杜注:“繄,語助。”是“繄、伊”同。故《詩·雄雉》《蒹葭》《東山》《白駒》《正月》箋並云:“伊當作繄。繄猶是也。”《史記·周紀》云“共王繄扈”,索隱引《世本》作“伊扈”。是皆“伊、繄”字通之證。又與“嫛”同。《釋名》云:“人始生曰嬰兒,或曰嫛婗。嫛,是也,言是人也。”然則“嫛”之訓“是”與“繄”之訓“是”同爲語詞。又與“猗”同。《書》“斷斷猗”,《禮記·大學》作“斷斷兮”,“兮、猗”皆語詞也。故《莊子·大宗師》篇云“而我猶爲人猗”,釋文引崔譔注:“猗,辭也。”又與“欸”同。《方言》云:“欸(音醫,或音塵埃),瞖然也。南楚凡言然者曰欸,或曰䜴。"是"䜴、欸"皆語詞,與"嫛、緊"同。

○侯者,上文云:"乃也。""乃"既語詞,故"侯"亦語詞。《史記·樂書》云"高祖過沛,詩三侯之章",索隱曰:"侯,語詞也。"按:詩即《大風歌》,當言"三兮",云"三侯"者,"兮、侯"皆語詞,蓋讀同也。

"伊"訓"侯"者,《詩》"伊其相謔",箋:"伊,因也。""因"亦仍也,"仍"亦乃也,"乃"亦侯也。此即"伊"訓"侯"之證。"維"訓"侯"者,《詩》"侯誰在矣""侯文王孫子""應侯順德",傳並云:"侯,維也。"《正月》《四月》《蕩》箋並同。《漢書·禮樂志》云"蕩侯休德"、《敘傳》云"侯屮木之區別兮",服虔、應劭注並云:"侯,惟也。"《文選·東京賦》云:"侯其禕而亦以。""侯"爲語詞也。"侯"訓"維","維"訓"侯",故郭云:"互相訓。""伊、維、侯"古音疑俱相近。

○是者,亦語詞也。詞有宜施,各指所之,"伊、維"俱語詞而訓"是","是"亦語詞而訓"此",故《廣雅》云:"是,此也。"經典"是、此"二字通用。《説文》云:"此,止也。从止。""是,直也。从正。""正,是也。从止。"故"止、此、是"三字聲義近而又皆爲語詞矣。

時者,"是"聲之輕而浮者也。古人謂"是"爲"時",今人謂"時"爲"是","是、時"一聲也,"時、是"一義也。故《書》"惟時懋哉",《史記·五帝紀》作"維是勉哉";"咸若時",《夏紀》作"皆若是";"時日曷喪",《殷紀》作"是日何時喪",並以"時"爲"是"也。《詩》内"時"字,傳箋訓"是"者非一。《考工記·栗氏》云"時文思索"、《士冠禮》云"孝友時格"、《内則》云"共帥時",鄭注並云:"時,是也。"並以"是"訓"時"也。"時"與"之"

同,"之"亦語詞,又訓爲"是"。故《書》云"惟耽樂之從",《漢書·鄭崇傳》作"惟耽樂是從"。《詩》"欲報之德",鄭箋:"之猶是也。""彼其之子",箋:"之子,是子也。""時"又與"只"同,"只"亦語詞,又訓爲"是"。故《詩·南山有臺》及《采菽》箋並云:"只之言是也。"《樛木》釋文:"只猶是也。"蓋"之、只"聲有輕重,亦猶"時"之與"是"矣。

寔者,"是"聲之弇而下者也。"寔"从是聲而訓"止"。《説文》云:"寔,止也。""止"亦是也。故《詩》"寔命不同",傳:"寔,是也。"《公羊桓六年傳》:"寔來者何?猶曰是人來也。"《穀梁傳》:"寔來者,是來也。"《大學》云"寔能容之""寔不能容",《書·秦誓》"寔"俱作"是"矣。通作"實"。《詩》"實維伊何",箋:"實猶是也。""實墉實壑,實畝實藉",箋:"實當作寔。趙魏之東,實、寔同聲。"《左氏桓六年經》云"寔來",《文選·西京賦》云"寔蕃有徒",杜預及薛綜注並云:"寔,實也。"《詩·小星》釋文:"寔,《韓詩》作實,云:'有也。'"是"寔、實"通。今按釋文,《小星》"寔"時職反,《韓奕》"寔"市力反,《公羊·桓六年》"寔"亦市力反,《穀梁》"寔"常式反,《左氏》"寔"時力反。是陸德明凡遇經傳"寔"字即必加音,其於"實"字則不加音,故《韓奕》釋文"實,毛如字",是其例也。唯《爾雅》之"寔"及《大學》之"寔"二文俱不加音,蓋脱漏也。或疑二"寔"陸本作"實",非也。

卒、猷、假、輟,已也。 猷、假,未詳。

《説文》:"巳,已也。"《玉篇》:"止也,畢也,又訖也。""畢、訖"義皆爲盡,盡爲止,故經典"已"訓爲"止"。《爾雅》上云:"已,此也。""此"訓"止",故"已"亦止。"止、已"又皆語詞之終也。

卒者,上文云:"盡也。"下文云:"終也。"《釋言》云:"既也。""既"亦"已"之詞也。《釋名》云:"止也。""止"即"已"之訓也。《一切經音義》九引李巡曰:"卒事之已也。"

猷者,《春秋·文六年》云:"猶朝于廟。"《公羊傳》:"猶者何？通可以已也。"《穀梁傳》:"猶之爲言可以已也。"《宣八年》云:"壬午猶繹。"《公羊傳》與《文六年》同,《穀梁傳》:"猶者,可以已之辭也。"《左氏·僖卅一年》云"猶三望",杜預注:"猶者,可止之辭。"是傳注並以"猶"爲止已之義。"猶、猷"古字通。"猶"必兼可、已二義者,《釋言》云:"猶,可也。""猶"有疑惑之意,又有遲回之意,並與"止、已"義近。故凡言"猶"者,必兼可、已二義,"猶、已"聲相轉也。

假者,《曲禮》云"天王登假",鄭注:"假,已也。"通作"瑕"。《詩》"烈假不瑕",箋:"瑕,已也。"正義引"《釋詁》文"。"假"與"格"古通用。《書》"格于上下",《説文》引作"假于上下"。"假"古音與"格"相轉,"格"訓"至"也,"至"亦止也,"止"亦已也。故《小爾雅》以"格"爲"止",《爾雅》以"假"爲"已",其義正同矣。

輟者,《曲禮》云"輟朝而顧"及《論語·微子》篇鄭注並云:"輟,止也。""輟"所以訓"止"者,《説文》云:"車小缺復合者。"然則"輟"有車行中斷之義,故會意爲"止","止"即已矣。

求、酋、在、卒、就,終也。《詩》曰:"嗣先公爾酋矣。"成就亦終也。其餘未詳。

此又因已義而廣釋終義也。"終"亦已也,極也,畢也,盡也,竟也。《釋言》云"彌,終也",郭注:"終,竟也。"《釋名》云:

“終,盡也。”《周語》云“今自大畢伯士之終也”,韋昭注:“終,卒也。”《士冠禮》云“廣終幅”,鄭注:“終,充也。”“充、終”聲義近。《廣雅》云:“終,極也。”“極”與“畢、竟”義並同矣。

求者,索之終也。“求索”之“索”本作“索”(山戟切),通作“索”(又蘇合切),“索”訓“盡”也,“盡”亦終也。故《詩》“世德作求”“遹求厥寧”,箋並云:“求,終也。”《周禮·牛人》云“凡祭祀共其享牛求牛”,注亦云:“求,終也。”通作“救”。《大司徒》“正日景以求地中”,注:“故書求爲救。杜子春云:‘救當爲求。’”是“求、救”通。故《説文》云:“救,止也。”“止”亦已也,“已”亦終也。聲與“究”近。“究”訓“盡”,“盡”亦終矣。

酋者,久之終也。《方言》云:“久熟曰酋。”“久、終”義近。“酋”从酉,“酉”訓“就”。然則“酉”之爲言“就”也,故范望《太玄》注:“酋,就也。”“就”亦終,故《詩·卷阿》傳:“酋,終也。”《漢書·敘傳》音義引韋昭亦云:“酋,終也。”通作“遒”。《爾雅》釋文:“酋,郭音遒。”《詩·卷阿》正義“酋”正作“遒”。是“遒、酋”通。《史記·魯世家》云“考公酋”,索隱引“《系本》作就,鄒本作遒”。《詩》及《爾雅》釋文“酋”俱“在由、子由”二反,亦即“遒、就”之音。又與“僦”同。《説文》:“僦,終也。”“僦、酋、就”又俱一聲之轉矣。

在者,上文云:“察也。”是察之終也。《尚書大傳》云:“察者,至也。”“至”亦極也,“極”亦終也。《書》“平在朔易”,《史記·五帝紀》作“便在伏物”,“在”亦訓“察”。按:春夏秋皆言“平秩”,唯冬言“平在”,冬爲歲之終,“察”之訓“終”,此亦其證。《左氏成十六年傳》“多怨而階亂,何以在位”,《昭十二年傳》“將何以在”,“在”亦終矣。

卒者,《説文》作“猝”,通作“卒”。《曲禮》云“大夫曰卒”,鄭注:“卒,終也。”《詩·日月》《七月》《節南山》《蓼莪》箋並與《曲禮》注同。《白虎通》云:“大夫曰卒,精熠終卒。卒之爲言終於國也。”《一切經音義》九引舍人曰:“卒,病之終也。”

就者,上文云:“成也。”是成之終也。《廣雅》云:“就,歸也。”又云:“久也。”“久”與“酋”義近,“歸”與“卒”義近也。《越語》云“先人就世,不穀即位”,韋昭注:“就,世終也。”《南史·徐陵傳》:“光宅寺慧雲法師每嗟陵早就,謂之顏回。”是亦以“就”爲終。早就,言不壽,故比之顏回,而陵年七十七而終,明慧雲之言不驗也。今時俗語亦言“就了”,或言“就已”,斯皆謂終爲“就”,方俗之語合於《雅》訓矣。釋文:“就,或作殧,又作殧。”《玉篇》云:“殧,千六切,殁也。”又云:“殁,今作終。”又云:“殏,終也。亦作求。”釋文:“殏,又作求。殁又作終。”今按:以上三體皆極淺俗,所謂近鄙别字,經典斷不可用。

崩、薨、無禄、卒、徂落、殪,死也。古者死亡,尊卑同稱耳。故《尚書》堯曰“殂落”,舜曰“陟方乃死”。

《説文》云:“死,澌也,人所離也。”《檀弓》云“君子曰終,小人曰死”,鄭注:“死之言澌也。事卒爲終,消盡爲澌。”按:“死、終”二字,對文則别,散文則通。故《淮南·精神》篇云:“生寄也,死歸也。”是雖君子稱“死”也。《説苑·雜言》篇云:“死者,民之終也。”是雖小人稱“終”也。《周禮·疾醫》注:“少者曰死,老者曰終。”此亦對文,若散文則“終、死”亦老少之通稱矣。

崩、薨、無禄、卒者,《曲禮》云:“天子死曰崩,諸侯曰薨,大夫曰卒,士曰不禄,庶人曰死。”《大戴禮》及《白虎通》俱依此次,《爾雅》則以“無禄”居“卒”之前,蓋順文,無别義也。析言其義,則《穀梁隱三年傳》:"高曰崩,厚曰崩,尊曰崩,天子之崩以尊也。"《説文》:"崩,山壞也。""薨,公侯殚也。""大夫死曰殚。"《釋名》云:"崩,壞之形也。崩,硼聲也。""薨,壞之聲也。""不禄,不復食禄也。""卒言卒竟也。"是《釋名》本《爾雅》爲序,亦以"無禄"居"卒"之前矣。《白虎通》云:"崩之爲言惝然伏僵,薨之言奄也,奄然亡也。卒之爲言終於國也。禄之言消也,身消名彰。"《曲禮》注:"異死名者,爲人褻其無知,若猶不同然也。自上顛壞曰崩。薨,顛壞之聲。卒,終也。不禄,不終其禄。"《公羊·隱三年》注:"不禄,無禄也。"然則諸家之説大意相同,"無禄"俱作"不禄",其義同也。然"不禄"之言俱屬之士,故言"不終其禄",或言"不復食禄",此皆望文生義,古説又復不同。按:《通典》八十三引《漢石渠議聞人通漢問》云:"記曰:君,赴於佗國之君曰不禄;夫人,曰寡小君不禄;大夫士,或言卒死,皆不能明。戴聖對曰:'君死未葬曰不禄,既葬曰薨。'"此則諸侯亦稱"不禄"矣。故《晉語》云"又重之以寡君之不禄",韋昭注:"士死曰不禄。禮,君死赴於他國曰寡君不禄,謙也。"韋昭注及《石渠議》所據皆《禮·雜記》之文也。又大夫亦稱"不禄"。故《雜記》云:"大夫,訃於同國適者曰某不禄,訃於士亦曰某不禄。"又庶人亦稱"不禄"。故《曲禮》云"壽考曰卒,短折曰不禄",鄭注:"禄,謂有德行任爲大夫士而不爲者,老而死從大夫之稱,少而死從士之稱。"然則"不禄"之言通於上下。今考其義,"不禄"猶言"不祥","祥、禄"皆訓"善"。《廣雅》云:"禄,善也。""不禄"即"不善",謂遭凶禍也。"禄"又福也,"無禄"猶言"無福",亦謂遭死喪也。《詩》"民今之無禄"、《左氏昭七年傳》"今無禄早世",其義並同。"不禄"又即"不淑"。上文云:"淑,善也。"

“不淑”即“不善”。故《雜記》云:“寡君使某問君如何不淑。”又云:“寡君使某如何不淑。”是皆弔問凶喪之詞也。王照圓《葩經小記》説《君子偕老》云:“‘子之不淑,云如之何’,詩意當與《雜記》同。箋以不淑爲不善之行。《中谷有蓷》云‘遇人之不淑’,亦當謂良人遭死亡之禍,而箋以爲‘君子於己不善也’。夫温柔敦厚,詩人之教,而二詩直露刺譏,似傷忠厚之意,疑皆説者失其義耳。”

卒者,“殚”之假借也。經典通作“卒”而訓“終”,“終、歿”義亦爲死也。故《通典》引《石渠議》云:“孝子諱死曰卒。”又引許慎《五經通義》云:“卒之爲言終於國也。”《曲禮》云:“壽考曰卒。”三説互異,蓋“卒”亦上下之通稱,義與“無禄”同矣。

徂者,“殂”之假借也。徂落者,《説文》云:“殂,往死也。”引《虞書》曰:“放勛乃殂落。”通作“徂”。《舜典》正義引李巡云:“徂落,堯死之稱。”郭此注又引“舜陟方乃死”之文,《白虎通》兩釋之,云:“《書》言殂落死者,各有見義,堯見憯痛之,舜見終,各一也。”《釋名》云:“徂落,徂祚也。福祚殞落也。徂亦往也,言往去落也。”孟子注本《爾雅》,云:“徂落,死也。”今按:梅《書·舜典》作“帝乃殂落”,《孟子》引《堯典》作“放勳乃徂落”,《説文》引《書》與《孟子》同,《書》之真古文也。釋文:“殂,音徂,本又作徂。殇,音落,本又作落。”今從宋本作“徂落”,與《孟子》合,此古本矣。

殪者,《説文》云:“死也。”《釋名》云:“殪,翳也,就隱翳也。”按:“殪”亦死之通稱。故《晉語》云:“擊人盡殪。”《左氏隱九年傳》:“衷戎師,前後擊之,盡殪。”是皆以人死爲“殪”也。《楚辭·國殤》篇云:“左驂殪兮右刃傷。”《晉語》云:“射兕于徒林殪以爲大甲。”是又以物死爲“殪”矣。

爾雅郭注義疏上之二

釋言弟二

言者,《説文》云:"直言曰言。"《釋名》云:"言,宣也,宣彼此之意也。""言"與"詁"異:"詁"之爲言"古"也,博舉古人之語而以今語釋之也;"言"之爲言"衍"也,約取常行之字而以異義釋之也。"言"即字也,"釋言"即"解字"也。古以一字爲一言。此篇所釋皆單文起義,多不過二三言,與《釋詁》之篇動連十餘文而爲一義者殊焉,故次《釋言》。

殷、齊,中也。《書》曰:"以殷仲春。"《釋地》曰:"岠齊州以南。"

上篇首言始,末言終,此篇首言中,亦末言終,蓋以中統始終之義而包上下之詞也。

中者,《玉篇》云:"半也。"半者適均,故《考工記·弓人》注:"中猶均也。"均者平和,故《説文》云:"中,和也。"和者在其閒,故《喪服小記》注:"中猶閒也。"《儒行》注:"中,中閒。"中則正,正亦長,故《墨子·經上》篇云:"中,同長也。"是皆以引伸爲義矣。

殷者,《周禮·大行人》云"殷相聘也"、《掌客》云"殷膳大牢",鄭注並云:"殷,中也。"《書·堯典》馬、鄭注同。《廣雅》云:"殷,正也。""正"亦中。"以殷仲秋",《史記·五帝紀》作"以正中秋",是"中、正"義同。"中"之言"衆"也。居中央應四方,有以寡御衆之意,故"殷"又訓"衆"也,"盛"也,"大"也,"多"也,皆從"中、正"之義而生也。通作"隱"。《詩·殷其靁》之"殷"音"隱";"如有隱憂",《韓詩》作"殷";《易·豫》釋文"殷,京本作隱",皆其證矣。

齊者,平也,等也,皆也,同也,又整齊也,五者實一義,皆無長短高下之差,故爲中也。《易·繫辭》集解引王肅曰:"齊猶正也。""正"即"中"之訓,故《詩》"人之齊聖",箋訓"齊"爲"中正"。《書》"天齊于民",馬融注:"齊,中也。"《列子·黄帝》篇云"不知斯齊國幾千里"、《湯問》篇云"猶齊州也",張湛注並云:"齊,中也。"《周穆王》篇云:"四海之齊,謂四海之中也。"亦"齊"爲中之證。

斯、誃,離也。齊陳曰斯。誃見《詩》。

離者,《玉篇》云:"散也,去也,兩也,判也。"《曲禮》云"離坐離立",鄭注:"離,兩也。"《廣雅》云:"離,分也。"兩、判、去、散,其義皆爲分也。"離"與"蠡"音義同。《方言》云:"蠡,分也。楚曰蠡,秦晉曰離。"又與"劙"同。《荀子·賦篇》注"攭與劙同。攭兮,分判貌",是矣。

斯者,《説文》云:"析也。"引《詩》"斧以斯之"。《書》"有斯明享",鄭注:"斯,析也。"《廣雅》云:"斯,分也。""分、析"義皆爲離。故《詩·墓門》釋文及正義引孫炎曰:"斯,析之離。"《方言》云:"斯,離也。齊陳曰斯。"是郭所本。通作"廝"。《廣雅》云:"廝,散也。"《史記·河渠書》云"乃廝二渠,以引其河",集解引《漢書音義》云:“㡿,分也。”又通作“廝”。《方言》云:“廝,散也。”又與“參”同。《方言》云:“參,分也。”按:“參”之言“三”也。“夜參半”即“夜分半”矣。

誃者,《説文》云:“離别也。周景王作洛陽誃臺。”按:“誃臺”猶離宫别館也。郭云“誃見《詩》”者,邢疏引《巷伯》云:“哆兮侈兮。”《説文》云:“哆,張口也。”張開與分離義近,又與“陊”近。《説文》:“陊,落也。”“落”有離意,故《吴語》云:“民人離落。”又與“坼”近。《説文》:“㽷,裂也。”《廣雅》:“坼,分也。”“分、落”義皆爲離。

謖、興,起也。《禮記》曰:“尸謖。”

起者,《説文》云:“能立也。”《釋名》云:“起,啟也,啟一舉體也。”《禮・孔子閒居》注:“起猶行也。”《史記・樂書》正義云:“起,動也。”“行、動”皆從起義而生也。

謖者,《特牲》《少牢饋食》俱云“尸謖”、《列子・黄帝》篇云“則未嘗見舟而謖操之者也”,鄭注及張湛注並云:“謖,起也。”通作“休”。《少牢饋食》及《士虞禮》注並云:“古文謖或作休。”又與“慉”同。《詩》“不我能慉”,傳:“慉,興也。”《説文》:“慉,起也。”“慉、謖”聲近,“慉、休”聲轉,其義俱同矣。

興者,動也,作也,發也,舉也,皆起之義也。與“廞”同。《周禮》注:“廞,興也。”“興、廞”聲轉。

還、復,返也。皆迴返也。

返者,《説文》云:“還也。”引《商書》曰:“祖甲返。”又引《春秋傳》作“彶”。通作“反”。《儀禮》注:“反,還也。”《詩・猗嗟》箋及《執競》傳並云:“反,復也。”《岷》箋及《説文》云:“反,覆也。”“覆、復”聲同,其義亦近也。

還者，《説文》云："復也。"《越語》注："反也。"《詩》"還而不入"，箋："還，行反也。"通作"環"，又通作"旋"，周旋亦反復之義也。

復者，《説文》云："往來也。"又云："复，行故道也。""复、復"音義同。《易·雜卦》云："復，反也。"《詩·黄鳥》及《我行其野》箋傳並同。又通作"反"。《特牲饋食禮》注："今文復爲反。"蓋"反、復"一聲之轉，故其字通。

宣、徇，徧也。皆周徧也。

徧者，《説文》云："帀也。"《易·象傳》云"莫益之徧辭也"，虞翻注："徧，周匝也。"俗作"遍"，通作"辯"，又作"辨"。《廣雅》云："辨，徧也。"《樂記》注："辯，徧也。"《書》"徧于羣神"，《史記·五帝紀》作"辯於羣神"。《鄉飲酒禮》"衆賓辯有脯醢"、《有司徹》云"若是以辯"，鄭注並云："今文辯皆作徧。"又轉爲"備"。《玉藻》注"必先徧嘗之"，釋文："徧，本又作備。""備、徧"聲相轉也。

宣者，《詩》内"宣"字傳箋俱訓爲"徧"。《逸周書·謚法》篇云："聖善周聞曰宣。"亦以"宣"爲周徧也。《詩》"恒之秬秠"，傳："恒，徧也。"釋文："恒，古鄧反。本又作亘。"按："亘"爲"桓"之古文，其義訓"竟"而音爲"古鄧"。"桓"从恒聲，"恒"訓"長久"，皆與周徧義近，故其義同矣。

徇者，"旬"之假音也。《説文》云："旬，徧也。十日爲旬。"《詩》"來旬來宣"，傳："旬，徧也。"通作"徇"。《史記·五帝紀》云："幼而徇齊。"索隱引《爾雅》以"徇"爲"周徧"也。徇，《説文》作"㚑"，《爾雅》釋文："徇，本又作侚。"又通作"訽"。釋文："徇，樊本作訽，郭音巡。張揖《字詁》云：'訽，今巡。'"按：《説文》:"彴,行示也。""行示"與"周徧"義亦近,故《一切經音義》一引《三蒼》云:"彴,徧也。"《左氏桓十二年傳》"三巡數之",杜預注:"巡,徧也。"又通作"洵"。下文云:"洵,均也。""均、徧"義同,故《詩·桑柔》正義引李巡曰:"洵,徧之均也。"

馹、遽,傳也。皆傳車馹馬之名。

《説文》云:"傳,遽也。""遽,傳也。"互相訓。古以"傳、遽"並稱,故《周禮·行人》云"掌邦國傳遽之小事",鄭注:"傳遽,若今時乘傳騎驛而使者也。"《玉藻》云"士曰傳遽之臣",鄭注:"傳遽,以車馬給使者也。"《詩·江漢》釋文:"以車曰傳,以馬曰遽。"故《左氏僖卅三年傳》"且使遽告於鄭"、《成五年傳》"晉侯以傳召伯宗",則知召伯宗必以車,告於鄭必以馬矣。蓋"傳"之爲言"轉"也,以車展轉而期於早達也;"遽"之爲言"急"也,以馬急促而期於速到也,後世驛傳起於此矣。

馹者,《説文》云:"傳也。""驛,置騎也。""騎,跨馬也。"是"驛、馹"義别,俗或通用。故《左氏·文十六年》正義引《爾雅》作"驛傳",又引舍人曰:"驛,尊者之傳也。""驛"皆當作"馹",釋文反音可證。舍人之意蓋據《傳》云"楚子乘馹",又云"子産乘遽",故知尊者乘馹,卑者乘遽也。《左氏·昭二年》釋文及正義並引孫炎云:"傳車驛馬也。"郭注本孫炎,今《爾雅》注"驛"又誤作"馹"矣。釋文:"馹,而實反。郭《音義》云:'本或作遷。'《聲類》云:'亦馹字,同。'"

蒙、荒,奄也。奄,奄覆也。皆見《詩》。

奄者,《説文》云:"覆也。"《詩》"奄有下國""奄有龜蒙",箋並以爲"覆"。通作"揜"。《説文》:"揜,一曰覆也。"又通作"弇"。下文云:"弇,蓋也。""蓋"亦覆,故《廣雅》云:"弇,覆也。"又通作"掩"。《文選·懷舊賦》注引《埤蒼》曰:"掩,覆也。"《晉語》及《吴語》注並云:"掩,蓋也。"《方言》云:"掩,薆也。""薆"亦覆蓋之意矣。

蒙者,"冡"之假音也。《説文》云:"冡,覆也。"通作"蒙"。《詩·君子偕老》傳:"蒙,覆也。"按:"葛生蒙楚""蒙棘",皆以"蒙"爲覆也。又通作"幏",或作"幪"。《説文》:"幏,蓋衣也。"《法言·吾子》篇云"然後知夏屋之爲帲幪也",李軌注:"帲幪,蓋覆也。"又轉爲"冖"。《説文》云:"冖,覆也。"按:"冖"與"冪、幎、鼏、幦"並字異而義同,"冖、蒙"又一聲之轉也。荒者,與"奄"並訓"大"也。"大"與"覆"義相成。《説文》云:"荒,艸掩地也。""掩"即覆蓋。《書》"惟荒度土功"、《詩》"葛藟荒之",毛、鄭並云:"荒,奄也。"《皇矣》及《公劉》正義引孫炎曰:"荒,大之奄也。"通作"幠"。《説文》云:"幠,覆也。"《詩》"遂荒大東",郭注《釋詁》引作"遂幠大東",《禮·投壺》云"毋幠毋敖",《大戴禮》作"無荒無慠"。"荒、幠"亦一聲之轉。

告、謁,請也。皆求請也。

"請、謁,告也"已見《釋詁》。"告、謁"又爲"請",轉相訓。

肅、噰,聲也。《詩》曰:"肅噰和鳴。"

經典言"肅雝"者多矣,此言其聲耳。《詩·鴻雁》傳:"肅肅,羽聲也。"《鴇羽》傳:"肅肅,鴇羽聲也。"是皆重文,若單文亦爲聲。《禮·祭義》云:"肅然必有聞乎其容聲。"《史記·孝武紀》云:"神君來則風肅然。"是皆以"肅"爲聲也。以"噰"爲聲者,《詩·匏有苦葉》傳:"雝雝,鴈聲和也。""雝"與"噰"同,已詳《釋詁》"噰噰,音聲和也"下。

格、懷,來也。《書》曰:"格爾衆庶。"懷見《詩》。

“來、格、懷,至也”已見《釋詁》。“至”即來,故“格、懷”又爲來。轉相訓。來,通作“戾”。“戾”亦至,“戾、來”古音同也。

格者,當作“假”,亦作“徦”,並詳《釋詁》。通作“佫”。《方言》:“佫,來也。”又通作“格”。《詩》“神保是格”、《中庸》云“神之格思”、《緇衣》云“則民有格心”、《大學》云“致知在格物”,傳注並云:“格,來也。”

懷者,《方言》云:“來,自關而東或曰懷。”《釋名》云:“懷,回也。本有去意,回來就己也。亦言歸也,來歸己也。”《詩》“曷又懷止”“懷柔百神”,傳箋並云:“懷,來也。”《周禮·序官》“懷方氏”、《學記》云“近者説服而遠者懷之”,鄭注亦云:“懷,來也。”《詩》傳箋及《學記》注又云:“懷,歸也。”“歸”亦來。《釋詁》又云:“懷,止也。”“止”亦至,“至”亦來矣。

畛、底,致也。皆見《詩》傳。

致者,《説文》云:“送詣也。”“詣,候至也。”然則“致”亦至也。“至、致”聲同,字亦通矣。

畛者,《釋詁》云:“告也。”《玉篇》引“《禮記》曰‘聄於鬼神’,亦作聄”,今《曲禮》作“畛於鬼神”,鄭注:“畛,致也。祝告致於鬼神辭也。”是“致、告”義相成,故“畛”既訓“告”,又訓“致”。郭云“見《詩》傳”者,今毛傳無,或當在齊、魯、韓《詩》矣。

底者,《釋詁》云:“止也。”“止”亦致也。《書》“乃言底可績”,《史記·夏紀》作“汝言致可績”。凡《禹貢》“底”字,《夏紀》俱作“致”。又“敷重底席”,鄭注亦云:“底,致也。”通作“耆”。《詩》“耆定爾功”,傳:“耆,致也。”釋文:“耆,毛音指。”《文選·報任少卿書》注引《爾雅》郭璞曰:“底,音指。”蓋郭氏《音義》之文。

恀、怙，恃也。今江東呼母爲恀①。

《説文》云："恃，賴也。"《詩·蓼莪》釋文引《韓詩》云："恃，負也。"《楚辭》注："恃，怙也。""恃、怙"互相訓也。

恀者，《説文》作"垑"，云："恃也。"《廣韵》云："恃土地也。"通作"恀"。《廣韵》引《爾雅》："一云恃事曰恀。"此蓋《爾雅》舊注，故《龍龕手鑑》一引《爾雅》云："恃事自恀也。"《荀子·非十二子篇》云"儉然恀然"，楊倞注："恀然，恃尊長之貌。"然則"恀"之爲言"侈"也，有所憑恃而侈然自多，故"侈"訓"汱"、"恃"訓"賴"也。郭云"今江東呼母爲恀"者，《方言》云："南楚瀑洭之閒謂婦妣曰母姼。"《説文》則云："江淮之閒謂母曰媞。"是"媞、姼"音義同，郭意蓋借"姼"以證"恀"之爲"恃"，取其聲同，非"恀"有母稱也。注内"恀"字，蓋傳寫之譌。

怙者，《謚法》及《詩·鴇羽》傳並云："怙，恃也。"《韓詩》云："怙，賴也。""賴"即"恃"之訓，故《説文》依《爾雅》云："怙，恃也。"

律、遹，述也。皆叙述也，方俗語耳。

述者，《説文》云："循也。"《詩·日月》傳及《士喪禮》《少牢饋食禮》注並云："述，循也。""述"又脩也。"脩、循、述"俱一聲之轉。通作"術"。《詩》"報我不述"，釋文："述，本亦作術。"《文選·廣絶交論》注引《韓詩》作"報我不術"。《士喪禮》注："古文述皆作術。"按：術，《韓詩》云："法也。""法"與"律"

---

① 今江東呼母爲恀　此本脱"呼"字，咸豐六年刻本同。經解本、《十三經注疏》本、《爾雅校箋》本有"呼"字，郝疏引郭注亦有"呼"字。按：有"呼"字是，據補。

其義又同矣。

律者,《釋詁》云:“常也。”“法也。”奉爲常法,即“述”之義,故又訓“述”。《中庸》注及《史記·律書》索隱引《釋名》並云:“律,述也。”《周禮·典同》注:“律,述氣者也。”《廣雅》云:“律,率也。”率循即述也。通作“聿”。“律”从聿聲。《説文》:“聿,所以書也。楚謂之聿,吴謂之不律。”是“律、聿”皆謂筆。故《釋名》云:“筆,述也。”《詩》正義引《爾雅》作“聿,述也”,“聿”即“律”矣。

遹者,《釋詁》云:“自也。”“循也。”“循”與“自”皆“述”之義也。《書》“今民將在祗遹乃文考”,馬融注:“遹,述也。”《詩·文王有聲》箋同。通作“曰”。《詩》正義引《爾雅》作“曰,述也”。又通作“聿”。《詩》“遹追來孝”,《禮器》引作“聿追來孝”。遹,孫炎以爲古“述”字,讀“聿”。故《詩》“聿修厥德”,《漢書·東平思王宇傳》作“述修厥德”。

俞、盒,然也。《禮記》曰:“男唯女俞。”盒者,應也,亦爲然。

然者,《廣雅》云:“譍也。”又云:“成也。”成定,亦然諾之意。《禮·大傳》注:“然,如是也。”《祭義》注:“然猶而也。”按:“而”猶“爾”也。“爾”之爲言猶云“如是”也。“而”聲近“唉”,今順天人謂然爲“唉”(音哀),《説文》云:“唉,譍也。”又云:“誒,然也。”《方言》云:“欸,然也。南楚凡言然者曰欸。”“欸”與“誒、唉”並聲義同。

俞者,然之聲也。“俞”與“唯”皆譍聲,故《説文》云:“唯,諾也。”《廣雅》云:“唯、諾,然也。”《内則》云“男唯女俞”,鄭注:“俞,然也。”凡《書》“曰俞”,《史記·五帝紀》俱作“曰然”。“然、俞、唯”俱聲相轉。與“吁”同。《方言》云“譕(呼瓜反)、吁

(音于),然也",郭云:"皆應聲。"是"吁"亦"俞"矣。

畣者,釋文云:"古荅字,一本作荅。"《玉篇》云:"荅,當也。""當"亦對,故《鄉射禮記》及《郊特牲》《祭義》注並云:"荅,對也。""荅、對、當"俱聲相轉。"當"訓"應"也,故"荅"又爲"譍","譍"亦然也。通作"對"。《詩》"聽言則荅",《新序·雜事五》及《漢書·賈山傳》俱作"聽言則對"。

豫、臚,敘也。皆陳敘也。

敘者,《説文》云:"次弟也。"次弟其先後,故《釋詁》云:"敘,緒也。"有耑緒可陳述,故《晉語》注:"敘,述也。"通作"序"。《書》内"敘"字,《史記》俱作"序"。"序"有更代之義,故"序"又訓"更"也,"代"也。

豫者,舒也,序也。故《釋地》釋文引《春秋元命苞》云:"豫之言序也。"亦通作"序"。《祭義》注:"序,或爲豫。"《鄉射禮》云"豫則鉤楹内",鄭注:"豫,讀如成周宣榭災之榭。今文豫爲序。"是"序、豫"同,"豫、榭"古音又同。又通作"舒"。《釋詁》云:"舒,敘也,緒也。"《書》曰"豫恒燠若",《史記·宋世家》作曰"舒常奥若"。《大戴禮·五帝德》篇云"貴而不豫",《史記·五帝紀》作"貴而不舒",是"舒、豫"音又同矣。

臚者,《玉篇》云:"陳也。"韋昭注《漢書》及《辯釋名》並云:"臚,陳敘也。"通作"攄"。《廣雅》云:"攄,舒也。"《史記·司馬相如傳》云"攄之無窮",集解引徐廣曰:"攄,一作臚。臚,敘也。"又通作"旅"。《釋詁》云:"旅,陳也。"《鄉飲酒》及《鄉射禮》《燕禮》《大射儀》注並云:"旅,序也。"《士冠禮》注:"古文旅作臚。"是"臚、旅"通。"旅"有"臚"音,故《周禮·司儀》云"皆旅擯",鄭注:"旅讀爲鴻臚之臚。"

庶幾,尚也。《詩》曰:"不尚息焉。"

尚者,上也,加也,有尊高之義。故《釋詁》云:"尚,右也。""右"爲嘉好之稱,故"尚"又訓"慕"也,"願"也。"願、慕"與"庶幾"義近,故《説文》云:"尚,庶幾也。"本《爾雅》爲訓也。

庶者,下文云:"幸也。"幾者,《釋詁》云:"危也。""危"猶"近"也。"幾"與"覬"同,"覬"亦幸也。然則"庶幾"爲近幸之義。《詩》"尚無爲""尚可載也""不尚息焉",《儀禮》"尚饗",《檀弓》云"尚行夫子之志乎哉",《大學》云"尚亦有利哉",箋注並云:"尚,庶幾也。"然"庶幾"二字亦可單言,如《論語》云"其庶乎"、《左傳》云"庶有豸乎"、《易》"月幾望"、《繫辭》云"或幾乎息矣",義皆爲近。近即尚也。故《家語·终紀》篇王肅注:"尚,庶也。""庶"字斷文,亦其證矣。

觀、指,示也。《國語》曰:"且觀之兵。"

《釋名》云:"示,示也。"《玉篇》云:"示者,語也。以事告人曰示也。"《華嚴經音義》上引《蒼頡篇》云:"示,現也。"《説文》云:"天垂象見吉凶,所以示人也。"通作"視"。《詩》"視民不恌",箋:"視,古示字也。"《曲禮》"幼子常視毋誑",注:"視,今之示字。"《士昏禮記》"視諸衿鞶",注:"示之以衿鞶,視乃正字,今文作示,俗誤行之。"《莊子·應帝王》及《徐无鬼》篇釋文並云:"示,本作視。"又通作"寘"。《周禮·朝士》注"示于叢棘",釋文:"示,本或作寘。"

觀者,見之示也。《考工記·栗氏》云"以觀四國"、《莊子·大宗師》篇云"以觀衆人之耳目",釋文並云:"觀,示也。"按:《釋宫》云:"觀謂之闕。"亦所以表示於人也。釋文:"觀,施音館,謝音官。"二音俱通矣。

指者,手之示也。《廣雅》及《離騷》注並云:"指,語也。""語"亦示也。《曲禮》云:"指,使。""使"亦示也。《仲尼燕居》云:"治國其如指諸掌而已乎!"《中庸》云:"治國其如示諸掌乎!"

若、惠,順也。《詩》曰:"惠然肯來。"

順者,《釋詁》云:"敘也。""緒也。""陳也。"義皆相成。順者,不逆也,故《釋名》云:"順,循也,循其理也。"逆理爲"凶",順理爲"從"。故《特牲饋食記》注:"順,從也。"順從與慈愛義近。故《謚法》云:"慈和徧服曰順。"《孟子》注云:"順,愛也。"通作"循"。《大射儀》云"以袂順左右隈",鄭注:"今文順爲循。"又通作"慎"。《禮器》云"順之至也",釋文:"順亦作慎。"《易·繫辭》云"慎斯術也",釋文:"慎,一本作順。"皆其證矣。

若者,《釋詁》云:"善也。"善者和順於道德,故又訓"順"。《詩·烝民》及《閟宫》傳、《禮·曾子問》及《禮器》注並云:"若,順也。"《書》之"欽若"及"疇咨若時",《史記·五帝紀》"若"俱作"順"。通作"如"。《有司徹》注:"今文若爲如。"按:"如、若"皆相似之言。《説文》:"如,从隨也。""从隨"即順,亦其義也。

惠者,《釋詁》云:"愛也。""惠"訓"愛",與"順"訓"愛"同。《表記》云"節以壹惠",鄭注:"惠猶善也。""惠"訓"善",與"若"訓"善"又同矣。《詩》"終温且惠""維此惠君",傳箋並云:"惠,順也。"

敖、幠,傲也。《禮記》曰:"無幠無傲。"傲,慢也。

敖者,《説文》云:"倨也。""倨,不遜也。"《廣雅》云:"傲,傷也。"傷慢,亦倨傲也。通作"敖"。《詩》"彼交匪敖",《漢書·五行志》作"匪徼匪傲"。又通作"奡"。《説文》云:"奡,嫚也。"

引《虞書》曰:"若丹絑奡。"《漢書·劉向傳》作"毋若丹朱敖",今《書》作"無若丹朱傲"。

敖者,《説文》云:"出游也。从出,从放。"按:出外放游,皆無拘檢之意,故又訓"傲"。《釋詁》云"謔浪笑敖,戲謔也",舍人注:"敖,意舒也。"《詩·鹿鳴》傳:"敖,遊也。"《廣雅》云:"敖,戲也。"戲遊、舒放,俱與傲慢義近,重文亦然,故《釋訓》云:"敖敖,傲也。"俗作"遨"。《詩》"以敖以遊",釋文:"敖,本亦作遨。"《莊子·列禦寇》篇釋文同。

憮者,《釋詁》云:"大也。""有也。"皆與傲慢義近。故又訓"傲"。《禮·投壺》云"毋憮毋敖",鄭注:"憮,敖慢也。"通作"憮"。《詩》"亂如此憮",箋:"憮,敖也。甚敖慢無法度也。"又通作"荒"。荒怠亦傲慢,故《謚法》云:"好樂怠政曰荒。"餘詳《釋詁》。

幼、鞠,稺也。《書》曰:"不念鞠子哀。"

《説文》云:"稺,幼禾也。"《方言》云:"稺,小也。""稺,年小也。"通作"稚"。《方言》注:"稺,古稚字。"《五經文字》云:"稺,《字林》作稚。"《詩》"稙稺菽麥",《説文》作"稙稚尗麥"。

幼者,《説文》云:"少也。"《釋名》云:"言生日少也。"《曲禮》云:"人生十年曰幼。"按:十年者舉成數,實則十五以前通曰"幼",故《喪服傳》注:"子幼,謂年十五已下。"《管子·幼官》篇注:"幼,始也。""始、稺"義亦近也。

鞠者,"毓"之假音也。《説文》"毓"同"育",云:"養子使作善也。"是"育"訓"養",與"稺"義近。故《詩》"昔育恐育鞠",鄭箋:"昔育,育稚也。"《廣雅》云:"毓,稺也。"通作"鬻"。《詩》"鬻子之閔斯",傳:"鬻,稚也。"《文選·洞簫賦》注:"鬻、育古字同。”又通作“鞠”。鞠者，下文云：“生也。”“生、養”義近，故《詩·鴟鴞》正義引《爾雅》作“鬻，稚也”，而云“郭璞曰‘鞠一作毓’”，證知《爾雅》古本作“毓稚”，所引蓋郭《音義》之文也。“毓、鬻、鞠”俱聲義近而字亦通。又通作“粥”，即“鬻”字之省。

逸、諐，過也。《書》曰：“汝則有逸罰。”

過者，《説文》云：“度也。”《玉篇》云：“越也。”因度越之義又爲失，因失之義又爲誤也，謬也，皆展轉相生，《爾雅》此義，則主於謬失也。

逸者，《説文》云：“失也。”“失”兼縱也、放也、逃也、亡也諸義，而俱名爲“過”，故《周語》引《書·盤庚》曰“國之不臧，則惟余一人是有逸罰”，韋昭注：“逸，過也。”《文選·答盧諶詩》云“逸珠盈椀”，李善注：“逸，謂過於衆類。”通作“佚”。《公羊宣十二年傳》“令之還師而佚晉寇”，何休注：“佚猶過。”《説文》云：“佚，佚民也。”《論語·微子》篇作“逸民”。又“夷逸”，漢石經作“夷佚”。又通作“軼”。《廣雅》云：“軼，過也。”《一切經音義》九云：“逸，古文軼，同。”又通作“泆”。《書》“誕淫厥泆”，《史記·魯世家》作“誕淫厥佚”，集解引馬融注：“紂大淫樂其逸。”《書》“淫泆于匪彝”，釋文：“泆，又作逸，亦作佚。”又通作“佾”。《書》“大淫泆有辭”，釋文：“泆，又作佾。馬本作屑，云：‘過也。’”按：“屑”从佾聲，與“逸”音近，今“屑”作“屑”，音“私列切”，其音遠矣。又通作“淫”。“淫”訓“過度”。《文選·七發》注引《爾雅》作“淫，過也”。“淫、逸”聲相轉也。

諐者，籀文“愆”字。《説文》：“愆，過也。”經典“愆、諐”通用，故《詩》“不愆于儀”，《禮·緇衣》作“不諐于儀”；《氓》《蕩》釋文並云：“愆，本又作諐。”又通作“遃”。《説文》：“遃，過也。”

又通作“褰”。《説文》:“愆,或从寒省。”《謚法》云:“褰,過也。”《詩》“不愆不忘”,《春秋繁露》作“不騫不忘”,疑“騫”即“褰”字耳。又通作“僁”。《文選·贈士孫文始詩》注引《詩》作“不僁不忘”,《後漢書·馬防傳》注:“僁,過也。”《一切經音義》三云:“僁,古文褰、遃二形。”《玉篇》云:“僁同褰,俗。”

疑、休,戾也。戾,止也。疑者亦止。

戾者,《釋詁》云:“止也。”“止”亦定,故《詩》傳並云:“戾,定也。”已詳《釋詁》。

疑者,“𠤕”之假借也。《説文》:“𠤕,未定也(未字蓋衍)。”經典俱借作“疑”。《詩》“靡所止疑”,傳:“疑,定也。”《鄉射禮》注:“疑,止也。”《士昏禮》云“婦疑立于席西”,注:“疑,止(今作正,誤)立自定之貌。”是“疑”俱兼止、定二義(《儀禮》凡言“疑立”同),其音讀則《鄉飲酒禮》注“疑讀如仡然從於趙盾之仡”,是“疑”鄭讀爲“仡”。《儀禮》釋文並云:“疑,魚乙反。”此音是也。《爾雅》釋文無音,蓋讀如字,非矣。此不知“疑”乃假借耳。

休者,《釋詁》云:“息也。”“息”亦止。《詩·民勞》傳:“休,定也。”“定”即戾矣。

疾、齊,壯也。壯,壯事,謂速也。齊亦疾。

壯者,《廣雅》云:“健也。”健彊與疾速義近。《莊子·徐无鬼》篇云“百工有器械之巧則壯”,釋文引李頤注:“壯猶疾也。”通作“莊”。“莊”訓“嚴”也。“嚴”有急意,故《謚法》云:“兵甲亟作曰壯。”“亟”猶“急”也。《詩·君子偕老》釋文:“莊,本又作壯。”《荀子·非十二子篇》注:“壯,或當爲莊。”《公羊定八年傳》“矢箸于莊門”,釋文:“莊,本或作嚴。”

疾者,《釋詁》云:“速,疾也。”“疾”有急義,亦有害義,故

《後漢書·傅毅傳》注:"疾,害也。""壯"有盛義,亦有傷義,故《易·大壯》馬融注:"壯,傷也。""壯"訓"傷",與"疾"訓"害"其義又同矣。

齊者,《釋詁》云:"疾也。"故又爲"壯"。《詩》"思齊大任",傳:"齊,莊也。"正義以爲《釋言》文。《内則》云"進退周旋慎齊",注亦云:"齊,莊也。"《緇衣》云"心莊則體舒",注:"莊,齊莊也。"《謚法》云:"執心克莊曰齊。"是"齊"有莊義,"莊"即"壯"矣。

悈、褊,急也。皆急狹。

急者,《説文》云:"褊也。"《釋名》云:"急,及也,操切之使相逮及也。"然則"急"之爲言猶"汲汲"矣。

悈者,心之急也。"悈"與"亟"音義同。《釋詁》云:"亟,疾也,速也。""速、疾"皆急悈。通作"戒"。《詩》"我是用急",《鹽鐵論·繇役》篇作"我是用戒","戒"即"悈"也。又通作"革"。《文選·三國名臣序贊》注引《蒼頡篇》曰:"革,戒也。""戒"亦"悈"也。"戒"俱"悈"字之省。釋文"悈或音戒",非矣。又通作"棘"。《詩》"棘人欒欒兮",毛傳:"棘,急也。"正義引"《釋言》文"。棘人,崔靈恩《集注》作"悈人",皆其證也。

褊者,衣之急也。《賈子·道術》篇云:"包衆容易謂之裕,反裕爲褊。"《詩》:"維是褊心。"按:"褊、裕"俱从衣。《説文》别有"辡"字,从心,云:"辡,急也。"然經典俱不用,唯借用"褊"。

貿、賈,市也。《詩》曰:"抱布貿絲。"

《詩·東門之枌》正義引《風俗通》云:"市,恃也,養贍老少,恃以不匱也。"《説文》云:"市,買賣所之也。"按:"市"兼買、賣二義。《齊策》云:"竊以爲君市義。"此以買爲"市"也。《越語》

云:"又身與之市。"此以賣爲"市"也。故《史記·項羽紀》集解云:"市,貿易也。"《周禮·司市》注:"市者,人之所交利。"皆其義也。

貿者,《説文》云:"易財也。"《一切經音義》六引《三蒼》云:"貿,易也。"交易物爲"貿"也。聲轉爲"買",故下文云:"貿,買也。"《詩·氓》傳用下文,實則買亦爲"市",故《説文》云:"買,市也。"

賈者,《説文》云:"賈,市也。一曰坐賣售也。"《白虎通》云:"賈之爲言固也。固其有用之物以待民來,以求其利者也。行曰商,止曰賈。"然則居處賣貨物曰賈。故《逸周書·命訓》篇云"極賞則民賈其上",孔晁注:"賈,賣也。"《左氏桓十年傳》"若之何其以賈害也"、《成二年傳》"欲勇者賈余餘勇",杜預注並云:"賈,買也。"是"賈"亦兼買、賣二義。通作"沽"。《論語》云:"求善賈而賈諸。"漢石經"賈"作"沽"。沽,依正文當爲"夃"。《説文》云:"秦以市買多得爲夃。"即"沽"矣。

厞、陋,隱也。《禮記》曰:"厞用席。"《書》曰:"揚側陋。"

隱者,《釋詁》云:"微也。"《説文》云:"蔽也。"通作"乚"。《玉篇》云:"乚,古文隱字。"《説文》云:"匿也。象迟曲隱蔽形,讀若隱。"是"隱、乚"同。

厞者,《説文》云:"隱也。"《士虞禮》及《有司徹》俱云"厞用席"、《特牲饋食》云①"厞用筵",鄭注並云:"厞,隱也。"通作"陫"。釋文:"厞,符沸反,字又作陫,同。"《楚辭·湘君》篇云

① 特牲饋食　牲,此本誤"特",咸豐六年刻本同,經解本不誤。按:《儀禮》有《特牲饋食禮》,據改。

“隱思君兮陫側”,王逸注:“陫,陋也。”又通作“茀”。《有司徹》注:“古文厞作茀。”按:“茀”訓“蔽”,與“隱”同義。“茀、厞”又一聲之轉。

陋者,《説文》云:“阸陜也。”“阸陜”亦隱蔽之義。《荀子·修身篇》云:“少見曰陋。”通作“漏”。《詩》“尚不愧于屋漏”,鄭箋:“漏,隱也。”正義云:“《釋言》文。”

遏遾,逮也。東齊曰遏,北燕曰遾,皆相及逮。

《釋詁》云:“逮,與也。”此篇下云:“逮,及也。”通作“隶”與“隸”。《説文》並云:“隶,及也。”

遏遾者,《方言》七云:“蝎噬,逮也。”“蝎噬”與“遏遾”並字之假音,證以《易》之“噬嗑,食相逮也”,“噬嗑”倒轉即“遏遾”矣。《玉篇》云:“迨遝,行相及也。”①迨遝,即“遏逮”矣。《左氏莊六年傳》“若不早圖,後君噬齊”,“噬齊”即“遾逮”矣。杜預注:“若齧腹齊。”此爲望文生義。凡借聲之字,不論其義,但取其聲,皆此類也。遏,又通作“曷”。《詩》“曷云能穀”,傳:“曷,逮也。”正義云:“《釋言》文。”遾,又通作“逝”。《詩》“逝不古處”“噬肯適我”,傳並云:“逮也。”釋文引“《韓詩》噬作逝。逝,及也”。

征、邁,行也。《詩》曰:“王于出征。”邁亦行。

行者,《説文》云:“人之步趨也。从彳,从亍。”《釋名》云:“兩脚進曰行。行,抗也,抗足而前也。”按:“行”訓“步趨”,故去也,之也,往也,還也,皆“行”之義也。行由道路,故《釋宫》

① 玉篇云迨遝　迨,此本誤“迨”,咸豐六年刻本同。按:《玉篇》作“迨”,郝疏亦作“迨”,據改。

云:“行,道也。”又云:“堂上謂之行。”皆緣步趨之義而生也。

征者,《説文》作“延”或“征”,云:“正行也。”通作“延”,云:“行也。”《漢書·武帝紀》“征和功臣表”俱作“延和”,顔師古曰:“延亦征字也。”“征”訓“行”,故“宵征”即“宵行”,“征夫”即“行人”,“征伐”亦即“行伐”也。“征”之言“正”,故《管子·心術下》篇云:“行者,正之義也。”

邁者,《説文》云:“遠行也。”故“于邁”即“往行”,“時邁”即“時行”。“邁”又往也,與“行”訓“往”同。

圮、敗,覆也。謂毁覆。

覆者,《説文》云:“覂也。”“覂,反覆也。”“反覆”即敗,故《王制》云“不覆巢”,鄭注:“覆,敗也。”“敗”亦毁,故《周禮·哲蔟氏》注:“覆猶毁也。”然則覆舟、覆車、覆邦家,其義皆爲毁敗矣。

圮者,《釋詁》云:“毁也。”“敗”亦毁也,“毁”亦覆也。《淮南·説林》篇云:“蘭芝欲修而秋風敗之。”

荐、原,再也。《易》曰:“水荐至。”今呼重蠶爲蠡。

再者,《説文》云:“一舉而兩也。”《玉篇》云:“兩也,重也,仍也。”

荐者,《説文》云:“薦席也。”席下施薦,與“再”義近。《左氏襄四年傳》“戎狄荐居”,正義引服虔云:“荐,草也。”孫炎云:“荐,草生之再也。”按:“荐”又訓“仍”也,“重”也。通作“薦”。《詩》“饑饉薦臻”,傳:“薦,重也。”“重”即“再”矣。

原者,《文王世子》云“末有原”、《周禮·馬質》云“禁原蠶者”、《淮南·泰族》篇云“原蠶一歲再收”,鄭注及高誘注並云:“原,再也。”“再”亦重,故《漢書·禮樂志》及《叔孫通傳》集注並云:"原,重也。""原"或作"蠠"。釋文:"原,舍人本作蠠。"郭義本舍人。

憮、敉,撫也。憮,愛憮也。敉義見《書》。

撫者,《説文》云:"安也。一曰循也。古文作辷。"按:"亡、無"古字通,故"撫"作"辷"矣。《周禮·大行人》注:"撫猶安也。"《禮·文王世子》注:"撫猶有也。""有"亦存恤之意,與"安"義近。通作"拊"。《説文》:"拊,揗也。""拊揗"猶"撫循"。故《荀子·富國篇》注:"拊與撫同。撫循,慰悦之也。"《爾雅·釋訓》釋文:"拊,本亦作撫。"

憮者,《方言》云:"哀也。"《説文》云:"愛也。"並與"撫循"義近。"一曰不動",與"安"義又近矣。通作"攺"。《説文》云:"攺,撫也。从亡聲,讀與撫同。"又通作"悔"。《説文》云:"悔,撫也。从某聲,讀若侮。"按:"侮、某、無、亡"古俱聲同、聲轉之字,與今讀異也。

敉者,《説文》云:"撫也。"引《周書》曰:"亦未克敉公功。""讀若弭。或从人作侎。"《周禮·小祝》及《男巫》注並云:"敉,安也。"《書·洛誥》注亦云①:"敉,安也。"

臞、脙,瘠也。齊人謂瘠瘦爲脙。

瘠者,《説文》作"膌",云:"瘦也。"《大司徒》注:"瘠,臞也。"通作"痩"。《説文》以爲"膌"古文也。《一切經音義》二云:"瘠,古文瘠、痩、膌三形。"又通作"柴"。《易·説卦》云"爲瘠",釋文:"瘠,京、荀作柴。"

臞者,《説文》云:"少肉也。"《史記·司馬相如傳》云"形容

---

①　注亦云　云,此本誤"至",咸豐六年刻本、經解本不誤,據改。

甚臞"，索隱引韋昭曰："臞，瘠也。"舍人曰："臞，瘦也。"《文選·謝靈運初去郡詩》注引《爾雅》舊注曰："臞，肉之瘦也。"通作"癯"。釋文："臞，字又作癯。"《文選》注："臞與癯同。"

脙者，《説文》云："齊人謂臞脙也。"《玉篇》云："齊人謂瘠腹爲脙。"按："瘠腹"之義，《玉篇》當有所本。今驗蛷螋之蟲，腹甚瘠瘦，《廣雅》謂之"蛷螋"，《博物志》謂之"蠼螋"，與"臞、脙、瘦"聲義正同，"臞、脙"雙聲，"脙、瘦"疊韵也。

桄、熲，充也。皆充盛也。

充者，盈也，滿也，盈滿則實矣。故《小爾雅》云："充，塞也，竟也。"塞、竟即肥䐈，故《方言》云："充，養也。""養"即"長"，故《説文》云："充，長也，高也。""高"即"崇"，故《釋詁》云："崇，充也。"凡此諸義，又皆爲充盛也。

桄者，《説文》云："充也。"通作"光"。釋文："桄，孫作光。"《書》"光被四表"，傳云："光，充。"本《爾雅》爲訓也。《淮南·修務》篇云："段干木光於德，寡人光於勢。"亦以"光"爲"充"也。"光"之爲言"廣"也。"廣、光"聲同，"廣、充"義近。故《詩·敬之》傳："光，廣也。"《水經·濟水》注云："光里，齊人言廣音與光同，即《春秋》所謂'守之廣里'者也。"光，通作"横"。"横、廣"俱从黄聲，"黄"从光聲，古讀"横、廣"並如"光"。故《樂記》云"號以立横"、《孔子閒居》云"以横於天下"，鄭注並云："横，充也。"《書》之"光被四表"，《後漢書》作"横被四表"，漢之"横門"亦稱"光門"矣。《一切經音義》十四云："桄，古文撗、横二形，同音光。"是其證也。

熲者，《釋詁》云："光也。""光、熲"聲轉，故其義同。

屢、暱，亟也。親暱者亦數。亟亦數也。

亟者,《釋詁》云:"疾也。""速也。""速"亦數也,言頻數也。《禮·少儀》云"亟見曰朝夕"、《吴語》云"而天禄亟至",鄭注及韋昭注並云:"亟,數也。"《方言》云:"亟,愛也。"《廣雅》云:"亟,敬也。"敬、愛亦緣亟數而生也。

屢者,《釋詁》與"亟"俱訓"疾"。"屢、婁"字同,故《釋言》釋文云:"婁,本又作屢。"《詩·賓之初筵》傳:"屢,數也。"《桓》箋:"屢,亟也。"《正月》及《巧言》箋又云:"屢,數也。"亦通作"數"。《公羊宣十二年傳》注"屢往來爲惡言",釋文:"屢,又作數,音朔。"是"數、屢"通。

暱者,《釋詁》云:"近也。""暱"訓"親近",與"亟"訓"愛敬"義同。

靡、罔,無也。

無者,《説文》作"橆",云:"亡也。"《一切經音義》六引《聲類》云:"無,虚無也。"通作"无"。《易》以"无"爲"無"。《説文》云:"奇字無,通於无者。虚無道也。"又通作"亡"。古"有無"字俱作"亡"。《詩》"何有何亡"、《論語》"亡而爲有",是也。又通作"毋"。《史記·魯世家》引《書》"無逸"作"毋逸",《漢書·車千秋傳》引"無偏無黨"作"毋偏毋黨",是也。

靡者,細也,小也,皆與"無"義近。又訓"盡"也。空盡即虚無。故《詩》"靡日不思""之死矢靡他",箋傳並云:"靡,無也。"

罔者,从亡,"亡"亦無。《易》"君子用罔",馬融、王肅注並云:"罔,无也。"《書》"罔水行舟",《史記·夏紀》作"毋水行舟";"罔有攸赦",《殷紀》作"無有攸赦"。"罔"古讀如"莽","無"古讀如"模","靡、罔、無"俱一聲之轉。《小爾雅》云:"勿、蔑、微、曼、末、没,無也。"今人言"無有"曰"没有",或曰"未有”,亦曰“靡有”,皆一義也。“蔑以加”,言無以加也;“微管仲”,言無管仲也。“微”古讀如“眉”,“勿”古讀如“没”,是“勿、微、曼、末”亦“靡、罔”之聲轉。

爽,差也。爽,忒也。皆謂用心差錯,不專一。

差者,《説文》作“𢀩”,云:“貳也。”段氏注:“貳作貣。”按:籀文“𢀩”从二,“二”謂心不一也。士或二三其德,所以過差也。故參差之字从二三。《太玄·廓》云“或生之差”,范望注:“差,過差也。”

爽者,《説文》云:“明也。从㸚(力几切),二爻也。”二不專一,故又訓“差”。《詩》“女也不爽”“其德不爽”,傳並云:“爽,差也。”《方言》云:“爽,過也。”“過”亦差。《謚法》云:“爽,傷也。”傷敗亦過差也。《書》云“惟事其爽侮”、《老子》云“五味令人口爽”、《列子·黄帝》篇云“昏然五情爽惑”,並以“爽”爲差也。《周語》云“實有爽德”,又云“言爽日反其信”,韋昭注並云:“爽,貳也。”依段注“貳”亦“貣”矣。“爽”又訓“忒”者,“忒”亦差也,廣異訓耳。《老子》云“常德不忒”,釋文引顧云:“忒,爽也。”《漢書·賈誼傳》注:“爽,忒也。”

忒,《説文》作“恜”,云:“失常也。”通作“忒”,云:“更也。”更變亦失常,故《詩》“鞫人忮忒”“享祀不忒”,傳箋並云:“忒,變也。”正義俱引孫炎曰:“忒,變雜不一。”“不一”即“貳”,“貳”即“差”矣。《爾雅》釋文:“忒,或作恜。”是“恜、忒”通。又通作“貸”。《易·豫》釋文:“忒,京本作貸。”《月令》云:“宿離不貸。”又云:“無或差貸。”《吕覽》“貸”俱作“忒”。又通作“貣”。《書》云“衍忒”,《史記·宋世家》作“衍貣”。又通作“貳”。《禮·緇衣》引《詩》“其儀不忒”,釋文:“忒,本或作貳,音二。”

佴,貳也。佴次爲副貳。

貳者,《説文》云:"副益也。"《周禮·道僕》"掌貳車"、《王制》"七十有貳膳"、《孟子》"館甥於貳室",並以"貳"爲副也。"貳"又代也。相更代亦爲副益也。

佴者,《説文》云:"佽也。""佽"亦次,故《文選·報任少卿書》注引如淳曰:"佴,次也。"《詩》"決拾既佽",《周禮·繕人》注作"抉拾既次"。"佽"又代也,與"貳"同義。"佴"之爲言猶"亞"也。亞,次也。"亞、佴"之聲又相轉。

劑、翦,齊也。南人呼翦刀爲劑刀。

齊者,斷也。《既夕記》云"馬不齊髦",鄭注:"齊,翦也。"翦、斷,其義同。

劑者,《説文》云:"齊也。"《玉篇》云:"翦,齊也。"《太玄·永》云"其命劑也",范望注:"劑,剪絶也。"《周禮·小宰》云"聽賣買以質劑",鄭注:"質劑,謂兩書一札,同而别之,皆今之券書也。"是亦取齊斷爲義也。

翦者,《説文》作"前",云:"齊斷也。"通作"翦"。《詩》"實始翦商",毛傳:"翦,齊也。"鄭箋:"翦,斷也。"《莊子·人閒世》篇云"且幾有翦乎",釋文:"翦,崔本作前。"是"前、翦"通。又通作"戩"。《説文》引《詩》"翦"作"戩",云:"滅也。""滅"亦斷絶之義。故《周禮·序官·翦氏》注:"翦,斷滅之言也。"郭云"南方人呼翦刀爲劑刀"者,"劑、翦"聲轉。釋文:"劑,即隨反。"《釋名》云:"翦刀。翦,進也,所翦稍進前也。"翦,俗作"剪"。

饙、餾,稔也。今呼餐飯爲饙,饙熟爲餾。

稔者,"飪"之假音也。《説文》:"飪,大熟也。"又"䰞"云:

“食飪也。”引《易》曰:“䰞飪。”今《易·鼎》文作“亨飪”。《方言》云:“飪,熟也。”通作“腍”。《聘禮記》云“賜饔唯羹飪”,鄭注:“古文飪作腍。”《詩·楚茨》傳“亨,飪之也”,釋文:“飪,本又作腍。”又通作“稔”。稔,穀熟也。釋文:“稔,字又作飪。”《詩·泂酌》釋文引《爾雅》正作“飪”,《説文》亦“饙、餾、飪”三字連文可證矣。

饙者,《説文》作“𩞁”,或作“饙、餴”,云:“脩飯也。”郭云“餐飯”者,釋文引《蒼頡篇》云:“餐,饙也。”是“餐、脩”同。又引《字書》云:“饙,一蒸米。”①《玉篇》云:“半蒸飯。”《泂酌》釋文引孫炎云:“蒸之曰饙,均之曰餾。”然則“饙”者,半蒸之,尚未熟,故《釋名》云:“饙,分也,衆粒各自分也。”

餾者,《説文》云:“飯气蒸也。”《詩》正義引作“飯氣流也”。蓋“餾”之爲言“流”也,飯皆烝熟則氣欲流,故孫炎云:“均之曰餾。”郭云“饙熟爲餾”,《詩》正義引作“飯均熟爲餾”,義本孫炎。

賸、將,送也。《左傳》曰:“以賸秦穆姬。”《詩》曰:“遠于將之。”

送者,《説文》云:“遣也。从倂省。籒文不省。”《荀子·富國篇》云“送逆無禮”,楊倞注:“送,致女。”是“送”以“致”爲義,故《漢書·食貨志》應劭注:“送,致也。”

賸者,“倂”之假音也。《説文》云:“倂,送也。”引吕不韋曰:“有侁氏以伊尹倂女。”通作“媵”。《後漢書·皇后紀》注引

① 饙一蒸米　饙,此本誤“饋”,咸豐六年刻本同。經解本作“饙”,據改。

孫炎曰:“送女曰媵。”按:本解以“送女爲媵”,經典凡送亦通曰“媵”。故《易·象傳》云:“媵口説也。”《燕禮》及《大射儀》云“媵觚于賓”,鄭注並云:“媵,送也。”《方言》云:“寄物爲艖。艖,寄也。”又云:“艖,託也。”“託、寄”亦送致之義。又通作“騰”。《燕禮》注:“今文媵皆作騰。”《大射儀》注:“古文媵皆作騰。”《公食大夫禮》云“衆人騰羞者”,鄭注:“騰當作媵。”《易》之“媵口説”,今作“滕口説”,亦其證矣。又通作“揚”。《檀弓》云“杜蕢揚觶”,鄭注:“《禮》揚作媵。揚,舉也。媵,送也。揚近得之。”《鄉飲酒義》及《射義》“揚觶”,鄭注並云:“今《禮》揚皆作騰。”《燕禮》“媵觚”,鄭注又云:“媵讀或爲揚。揚,舉也。”然則“揚、媵”聲轉,“媵、騰”聲近,“騰、揚”之義又近,“揚舉”與“媵送”義亦近矣。

將者,《説文》:“牂,扶也。”通作“將”。《詩·我將》箋:“將猶奉也。”《聘禮記》注:“將猶致也。”義皆爲送。故《詩》“百兩將之”、《周禮·小宰》“祼將之事”,傳注並云:“將,送也。”《詩·燕燕》箋:“將,亦送也。”傳云:“將,行也。”“行”與“送”義相成,凡“送”兼“行”而言。故《公羊文十五年傳》“笥將而來也”,蓋言篋輿行而送來也。又凡“將事、將命”,亦言銜命受事,行而傳送之也。故《詩·敬之》正義引孫炎曰:“將,行之送也。”

作、造,爲也。

爲者,行也,成也,施也,治也,用也,使也,皆不出造、作二義。“造、作、爲”三字並見《詩·緇衣》篇。“爲”與“僞”古通用。凡非天性而人所造作者皆僞也。“僞”即“爲”矣。

作者,《説文》云:“起也。”起而動作,即爲之之義。《書》凡言“作”,《史記》俱訓“爲”。《詩·天作》傳:“作,生也。”《駉》傳①:“作,始也。”“始”與“生”亦皆爲之之義也。《易·離》荀爽注:“作,用也。”《詩·常武》箋:“作,行也。”《周禮·稻人》注:“作猶治也。”《象胥》注:“作,使也。”諸義又皆“爲”之訓也。“作”與“詐”古通用。《月令》注:“作爲爲詐僞。”然則“詐”之通“作”,亦猶“僞”之通“爲”。“作、僞”二字俱从人,是皆人之所爲矣。

造者,《説文》云:“就也。”“就”猶“成”也,“成”亦“爲”之訓也。故《詩》“小子有造”“遭家不造”,傳並云:“造,爲也。”“尚無造”,傳又云:“造,僞也。”“僞”亦爲也。《周禮·膳夫》及《儀禮·士冠禮記》注並云:“造,作也。”“作”亦爲也。按:《玉篇》爪部“爲”下引《爾雅》曰:“造、作,爲也。”今本誤倒,宜訂正。

餥、餱,食也。《方言》云:“陳楚之間相呼食爲餥。”

食者,《釋名》云:“食,殖也,所以自生殖也。”食與飯異,故《少牢饋食》云“尸又食”,鄭注:“或言食,或言飯,食大名,小數曰飯。”食與糧異,故《周禮·廩人》云“則治其糧與其食”,鄭注:“行道曰糧,謂糒也。止居曰食,謂米也。”然則“食”兼乾、濡二義,《爾雅》之“食”亦兼二名也。

餥者,《方言》云“食也。陳楚之内相謁而食麥饘謂之餥”,郭注:“饘,糜也,音旃。”是“餥”爲濡食。《説文》云:“餱也。”則亦爲乾食矣。麥饘者,《荀子·富國篇》云:“夏日則與之瓜麮

① 駉傳　駉,此本誤“駧”,咸豐六年刻本不誤。“駉”乃《詩》篇名。據改。

(丘舉切)。"《一切經音義》十三引《字書》曰:"麩,麥甘粥也。"《蒼頡篇》云:"煮麥也。"按:今人煮大麥爲粥,夏日食之解暑,其遺象也。

餱者,《説文》云:"乾食也。"《一切經音義》七引《字林》云:"乾飯也。""飯、食"亦通名耳。故《詩·伐木》傳:"餱,食也。"《公劉》釋文:"餱,字或作糇。"通作"糗"。《書》"峙乃糗糧",《説文》引作"峙乃餱糧",是"餱、糗"通。糗,糒也。《説文》:"糒,乾也。""糗,熬米麥也。"按:今時碎大麥爲削,絮食之謂爲"絮麪",即乾餱矣。《釋名》云:"餱,候也,候人飢者以食之也。"餱善止飢,夏月食之又解暑。

鞫、究,窮也。皆窮盡也,見《詩》。

窮者,《説文》云:"極也。"《小爾雅》云:"竟也。""竟、極"聲轉義同。又訓"終"也,"已"也,"窘"也,"困"也,諸義又皆爲盡也。

鞫者,"竆"之假音也。《説文》云:"竆,窮也。从竆聲。竆與籟同。""籟,窮理罪人也。"《楚辭·天問》篇云"皆歸䠶籟",王逸注:"籟,窮也。"通作"鞫"。《詩·谷風》傳及《雲漢》《瞻卬》箋並云:"鞫,窮也。"《公劉》傳:"鞫,究也。""究"亦窮也。又通作"鞫"。《爾雅》釋文:"鞫,字又作鞠。"《詩·南山》及《小弁》傳並云:"鞠,窮也。"《南山》及《節南山》箋傳並本《釋詁》云:"鞠,盈也。""盈"與"窮"亦義相成也。

究者,《詩·鴻鴈》及《蕩》傳、《節南山》箋並云:"究,窮也。"《常棣》傳:"究,深也。""深"亦窮也。《逸周書·文酌》篇云"維有永究",孔晁注:"究,終也。""終"亦窮也。"究"又畢也,盡也,竟也,極也,皆"窮"之訓也。"究"聲與"九"近。陽窮於九,故《列子·天瑞》篇云:"九變者,究也。""究、鞫、窮"俱一聲之轉。

滷、矜、鹹,苦也。 滷,苦地也。可矜憐者亦辛苦。苦即大鹹。

苦者,對甘而言。《月令》云:"苦雨數來。""苦雨"亦對"甘雨"而言也。《釋名》云:"苦,吐也,人所吐也。"《書》:"炎上作苦。""苦"聲近"盬"。盬,苦鹽也。《周禮·鹽人》云:"祭祀共其苦鹽。"杜子春讀"苦"爲"盬",是"盬、苦"通矣。

滷者,《説文》作"鹵",云:"西方鹹地也。東方謂之㡿,西方謂之鹵。"《玉篇》作"滷",云:"苦地也。"引《書》"海濱廣滷"。《易·説卦》云:"爲剛鹵。"《釋名》云:"地不生物曰鹵。鹵,爐也,如爐火處也。"然則㡿鹵之地不生草木,其土苦惡,故曰"苦"矣。

矜者,《釋訓》:"憐也。""矜、憐"古音疊韵。"矜"本作"矜",从令得聲。"令"古讀如"憐"也。"矜"訓"苦"者,苦味近辛,故言辛苦、愁苦、悲辛,皆可矜憐。然則"苦"有二義,味苦曰苦,矜憐其苦,亦爲苦也。《詩》"爰及矜人",毛傳:"矜,憐也。""居以凶矜",傳:"矜,危也。""危、苦"義近。《爾雅》釋文:"矜作齡。"《玉篇》:"齡,苦也。"按:"齡"字非,郭義蓋俗作耳。

鹹者,《説文》云:"銜也。北方味也。"《書》:"潤下作鹹。"鹹極必苦。故《淮南·墬形》篇云:"鍊苦生鹹。"今驗海水鹹,煮鹽味苦,是其證矣。

干、流,求也。 《詩》曰:"左右流之。"**流,覃也。覃,延也。** 皆謂蔓延相被及。

求者,《玉篇》云:"用也,見也,索也。"《曲禮》注:"求猶務也。"《檀弓》注:"求猶索物。"《學記》注:"求謂招來也。"《穀梁定元年傳》："求者，請也。"按："祈、請"並訓"求"。《説文》："祈，求福也。""求、祈"聲轉，故"祈福"即"求福"，"祈雨"即"求雨"矣。

干者，《説文》："犯也。""犯"與"求"其義相反而相近。故《詩・旱麓》及《假樂》傳箋並云："干，求也。"《小爾雅》云："干，得也。""得"又緣"求"而生也。通作"奸"。《漢書・孔光》及《黄霸傳》注並云："奸，求也。""奸、干"俱訓"犯"，古字通用。故《左氏成十六年傳》"奸時以動"，釋文："奸，本或作干。"是其證矣。

流者，《釋詁》云："擇也。""擇"與"求"義近。故《詩・關雎》傳："流，求也。""流、求"疊韵。又流動延移，亦會旁求之意，故訓"求"矣。"流"又訓"覃"者，《説文》云："覃，長味也。"是"覃"有長義。"覃"與"尋"同，"尋"亦訓"長"。故《方言》云："尋，長也。"釋文："覃，本又作𡨋字。"孫叔然云："古覃字，同。"按："𡨋"即"尋"字，孫炎以爲古"覃"字者，古讀"覃、尋"聲近。《釋草》之"蕁，莸藩"，孫炎以爲古"蕈"字，亦其證也。然則"覃、尋"並訓"長"，"流"有衍長之義，故又訓"覃"矣。"覃"又訓"延"者，"延"亦長。故《釋詁》云："延，長也。"郭云"蔓延相被及"者，蓋"覃"有延義，延移亦相被及。故《詩・葛覃》傳："覃，延也。施，移也。"又"流"亦有移義。故《考工記・弓人》及《禮・中庸》注並云："流，猶移也。"然則"流、覃、延"三字轉相訓，其義同。

佻，偷也。謂苟且。

偷者，《説文》作"愉"，云："薄也。"《大司徒》云"以俗教安，則民不愉"，鄭注："愉謂朝不謀夕。"通作"偷"。《表記》云"安肆日偷",鄭注:"偷,苟且也。"《左氏·昭十年》正義引孫炎亦曰:"偷,苟且也。"皆郭所本。"偷"又單訓"苟",故《晉語》云"人孰偷生",韋昭注:"偷,苟也。"

佻者,《説文》云:"愉也。"引《詩》"視民不佻"。通作"恌"。今《詩》作"視民不恌",毛傳:"恌,愉也。"《玉篇》引《爾雅》亦作"恌,偷也",今《爾雅》仍作"佻"。故《左氏昭十年傳》"佻之謂甚矣",正義引李巡曰:"佻,偷薄之偷也。"《周語》云"而郤至佻天之功以爲己力",韋昭注:"佻,偷也。"按:"佻"猶"侻"也。"佻、侻"皆輕也,"輕、薄"義近,"佻、偷、侻"俱聲相轉。佻,通作"嬥",《詩》"佻佻公子",《韓詩》作"嬥嬥公子"。

潛,深也。潛、深,測也。測亦水深之别名。

深者,《玉篇》云:"邃也,遠也。"《考工記·梓人》注:"深猶藏也。"藏伏即"潛"之訓也。

潛者,《説文》云:"藏也。"《書》之"沈潛",馬融注:"潛,伏也。"《易》之"潛龍",崔憬曰:"潛,隱也。"《方言》云:"潛,亡也。"亡隱伏藏,其義又皆爲深。故《後漢書·班彪傳》注:"潛,深也。"《方言》又云:"潛,沈也。""沈"亦深也。"沈、深、潛、測"俱聲相轉也。

"潛、深"又爲"測"者,《説文》云:"測,深所至也。"《淮南·原道》篇注:"度深曰測。"是"測"兼度深及深所至之名。《考工記·弓人》云:"漆欲測。""測"當訓"深","漆"有幽深之意也。《淮南·説林》篇云:"以篙測水,篙終而以水爲測。""測"亦當訓"深"。故郭此注以"測"爲"水深之别名",是矣。高誘訓"測"爲"盡",鄭注訓"測"爲"清",似失之。

穀、鞠,生也。《詩》曰:"穀則異室。"

生者,活也。《説文》云:“進也。象屮木注出土上。”《文選・魏都賦》注引劉巘《易義》云:“自無出有曰生。”《周禮・太宰》注:“生猶養也。”是“生”兼活也、養也二義,《爾雅》之“生”亦猶是矣。

穀者,《釋詁》云:“善也。”《釋言》云:“禄也。”“善”與“生活”義近,“禄”與“生養”義近。故《詩》“穀則異室”“自何能穀”,傳箋並云:“穀,生也。”是皆以生活爲義也。《小弁》《蓼莪》《四月》皆言“民莫不穀”,箋並云:“穀,養也。”是皆以生養爲義也。“穀”字之訓,二義盡之。今考經傳,參以《爾雅》,“穀”蓋皆“穀”之假借也。何以明之?《説文》云:“穀,乳也。”“人及鳥生子曰乳。”是“乳”訓“生”,“穀”訓“乳”。《左氏宣四年傳》:“楚人謂乳穀。”“穀”即“穀”字。故《莊卅年傳》“鬬穀於菟”,釋文引《漢書・敘傳》“穀”作“穀”。《論語・公冶長》篇集解“姓鬬名穀”,釋文:“穀,本又作穀。”是“穀、穀”通。故《荀子・禮論篇》云“臧穀猶且羞之”,楊倞注:“孺子曰穀。或曰穀讀爲鬬穀於菟之穀。穀,乳也。”然則《左傳》“乳穀”本作“乳穀”。故《荀子》注及《論語》集解、《漢書・敘傳》並作“穀”字,而《左・宣四年》釋文缺載,其“穀”音“奴口反”,此讀又失也。“穀、穀”二字並“古豆反”,與“鷇”音近。《説文》“穀、穀、鷇”俱从㱿聲。又云:“穀,續也。”“續”亦相生之義矣。

鞠者,上文云:“稺也。”“稺、養”義近。故《詩・蓼莪》傳:“鞠,養也。”通作“育”。《釋詁》云:“育,長也。”“長、養”義皆爲生。又通作“毓”。《大司徒》云“以毓草木”、《晉語》云“怨亂毓災”,注並以“毓”爲“生”也。“毓”與“鞠”聲近義同。故《爾雅》之“鞠稺”,《詩・鴟鴞》正義引郭璞曰:“鞠,一作毓。”是“毓、鞫”通。

啜，茹也。啜者，拾食。

茹者，《説文》云：“飤馬也。”《玉篇》云：“飯牛也。而預、而與、而諸三切。”《方言》云“茹，食也。吴越之閒凡貪飲食者謂之茹”，郭注：“今俗呼能麤食者爲茹。”《漢書》集注：“食菜曰茹。”是“茹”爲人食之通名。《説文》《玉篇》但云“飤馬”“飯牛”，義未備也。證以《詩》言“柔則茹之”，又《禮運》云“茹毛”、《孟子》云“茹草”、《莊子》云“不茹葷”，並以“茹”爲食也。蓋雲翔爲余言，今萊陽人謂牛噉長草曰“茹”，人噉生菜連莖葉吞之亦曰“茹”。然則“茹”爲吞咽之名，《方言》謂之“貪食”，郭注謂之“麤食”，其義與今俗語同矣。

啜者，《説文》云：“嘗也。”《釋名》云：“啜，絶也，乍啜而絶於口也。”然則“啜”但訓“食”，郭云“拾食”者，蓋取掇拾爲義，非《爾雅》之恉也。知者，《左氏・定四年》正義引舍人曰：“啜，茹食也。”是“啜”訓“茹”，“茹”訓“食”，趙岐《孟子》注以“啜”兼飲，言亦非。今閩粤人謂喫爲“唼”，登萊人謂喫爲“撮”，“撮”與“唼”俱“啜”聲之轉。

茹、虞，度也。皆測度也。《詩》曰：“不可以茹。”

度者，《釋詁》云：“謀也。”“度”本丈尺之名。《詩》：“予忖度之。”“忖”即“寸”，“寸度”言若以尺寸量度之也。《左氏昭廿八年傳》“心能制義曰度”，《賈子・道術》篇云“以人自觀謂之度”，皆寸度之義也。

茹者，《釋詁》云：“如，謀也。”“如、茹”同。《詩》“不可以茹”“玁狁匪茹”“來咨來茹”，傳箋並云：“茹，度也。”

虞者，《詩》“有虞殷自天”“無貳無虞”，傳箋並云：“虞，度也。”《晉語》注:“虞,備也。”《太玄·玄瑩》注:“虞,憂也。”“憂”與“備”其義亦皆爲度矣。

試、式,用也。見《詩》《書》。

用者,《説文》云:“可施行也。”《方言》云:“行也。”“行”與“由”同,“由”亦用也。“小大由之”,言小大用之也。《一切經音義》七引《蒼頡篇》云:“用,以也。”“以”亦用也。“雖不吾以”,言雖不吾用也。通作“庸”。《説文》云:“庸,用也。”《書》“五刑五用哉”,《後漢書·梁統傳》作“五刑五庸哉”。

試者,《説文》云:“用也。”引《虞書》曰:“明試以功。”“試”又嘗也,驗也,其義亦皆爲用。故《詩》“師干之試”、《論語》“吾不試”,傳注並云:“試,用也。”

式者,《説文》云:“法也。”法制人所用,故“法、庸”《釋詁》並訓“常”,“庸”即“用”也,言常用也。《詩》“式微式微”“式夷式已”,傳並云:“式,用也。”《秦策》云“式於政,不式於勇”,高誘注亦云:“式,用也。”《方言》云:“由,式也。”然則“式”亦由也,“由”亦用矣。

誥、誓,謹也。皆所以約勤謹戒衆。

謹者,慎也。亦通作“慎”。《詩》“謹爾侯度”,《左氏襄廿二年傳》作“慎爾侯度”。“謹”與“誡”同義。《説文》云:“誡,敕也。”“誡、謹”一聲之轉。

誥者,《釋詁》云:“告也。”《荀子·大略篇》云“誥誓不及五帝”,楊倞注:“誥誓,以言辭相誡約也。”《漢書·刑法志》注:“誥,謹也,以刑治之令謹敕也。”通作“詰”。《大司寇》及《布憲》注並云:“詰,謹也。”《刑法志》注:“詰字或作誥。”是“誥、詰”通。

誓者,《説文》云:"約束也。"《釋名》云:"誓,制也,以拘制之也。"拘制、約束,皆所以爲謹敕也,故《曲禮》云:"約信曰誓。"《文王世子》云"曲藝皆誓之",鄭注:"誓,謹也,皆使謹習其事。"《大戴禮·子張問入官》篇云"故儀不正則民失誓",盧辯注:"誓,敕也。""敕"亦謹也。《大射儀》注:"誓猶告也。"是"誓、誥"義同。

競、逐,彊也。皆自强勉。

彊者,《説文》云:"弓有力也。"《釋名》云:"彊,畺也。"通作"强"。《釋詁》云:"强,勤也。"《學記》云"知困,然後能自强也",鄭注:"自强,修業不敢倦。"《法言·五百》篇云"或性或强",李軌注:"强者習學以至也。"

競者,《説文》云:"彊語也。一曰逐也。从誩,从二人。"按:二義俱本《爾雅》。从誩①,故訓"彊語";从二人,故訓"逐"也。《詩·桑柔》《烈文》傳及《抑》《執競》箋並云:"競,彊也。""職競用力""不競不絿"箋又云:"競,逐也。"《淮南·原道》及《俶真》篇注亦云:"競,逐也。"《吕覽·分職》篇注:"競,進也。""進"亦逐也。《離騷》篇注:"競,並也。""並"亦彊也。通作"倞",又通作"勍"。《説文》並云:"彊也。"又通作"傹"。《周禮·鍾師》注引吕叔玉云:"《繁遏》,《執傹》也。"即《執競》之異文。又通作"竟"。《逸周書·度訓》篇云:"揚舉力竟。"即"力競"也。《史記》篇云:"竟進争權。"即"競進"也。《水經·江水》注引之,蓋"傹"省作"竟",非誤也。今或改《逸周書》爲"競",則非矣。

---

① 从誩　从,此本誤"以",咸豐六年刻本同。經解本及《説文》作"从"。按:作"从"是,據改。

逐者,《説文》云:“追也。”“追,逐也。”“逐”與“競”同意。故《左氏昭元年傳》“諸侯逐進”,杜預注:“逐猶競也。”《漢書·五行志》晉灼注:“競走曰逐。”《後漢書·馮異傳》注:“逐,争也。”“争”亦競矣。

禦、圉,禁也。 禁制。

禁者,《説文》云:“吉凶之忌也。”《玉篇》云:“止也,錮也。”《吕覽·離謂》篇注:“禁,法也。”《淮南·氾論》篇注:“禁,戒也。”“戒”與“法”亦止之義也。

禦者,《玉篇》云:“禁也,又當也。”《小爾雅》云:“抗也。”“抗”與“當”皆禁止之義。《文選·西京賦》云:“禁禦不若。”是“禦”亦禁也。“禦”與“篽”同。《説文》云:“篽,禁苑也。”引《春秋傳》“澤之自篽”。“篽”或作“魰”。按:《左氏昭廿年傳》“澤之萑蒲,舟鮫守之”,“舟鮫”即“舟魰”之譌,《説文》“自篽”亦“舟篽”之譌也。通作“御”。釋文:“禦,本或作御。”《詩》“亦以御冬”,毛傳:“御,禦也。”言“御、禦”同。“以禦亂兮”,《大射儀》注作“以御亂兮”。又通作“敔”。《説文》云:“敔,禁也。一曰樂器。”《釋名》云:“敔,衙也。衙,止也,所以止樂也。”《一切經音義》一云:“禦,古文敔,同。”又通作“衙”。《周禮·田僕》注“衙還之使不出圍”,釋文:“衙,本又作御。”《石門頌》云:“綏億衙彊。”即“禦彊”也。《北海相景君碑》云:“强衙改節。”即“彊禦”也。

圉者,《逸周書·寶典》篇云“不圉我哉!”孔晁注:“圉,禁也。”《謚法篇》云“威德剛武曰圉”,孔注:“圉,禦也,能禦亂患也。”《一切經音義》九引舍人曰:“禦圉,未有而預防之也。”“防”亦禁止之義。通作“禦”。《詩》“曾是彊圉”,《漢書·敘傳》作"曾是彊圉";"不畏彊禦",《王莽傳》作"不畏彊圉";"孔棘我圉",鄭箋:"圉當作禦。"《管子·輕重甲》篇云"守圉之國用鹽獨甚",尹知章注:"圉與禦同。"又通作"御"。《詩》"我居圉卒荒",《韓詩外傳》作"我居御卒荒"。又通作"敔"。《樂記》注:"謂柷圉也。"釋文:"圉,本作敔。"又通作"圄"。《説文》云:"囹圄,所以拘罪人。"今作"囹圄"。《玉篇》云:"圄,禁囚也。"

窒、薶,塞也。 謂塞孔穴。

塞者,"寶"之假借也。《説文》云:"寶,窒也。"通作"塞"。《既夕記》云"瑱塞耳",鄭注:"塞,充窒。"《詩·定之方中》箋及《祭義》注並云:"塞,充滿也。"又通作"悳"。《説文》云:"悳,實也。"引《虞書》曰:"剛而悳。"今《書》作"塞"。《中庸》云"不變塞焉",鄭注:"塞猶實。""實"與"充滿"義近也。按:塞,《説文》作"塞",云:"隔也。"與"悳、寶"異,今則同之。故《玉篇》云:"塞,蘇代切,隔也。又蘇得切,實也,滿也,蔽也。"皆其義也。

窒者,《詩·七月》及《東山》傳箋並云:"窒,塞也。"《廣雅》云:"窒,滿也。"《論語》云"惡果敢而窒者",鄭注:"魯讀窒爲室,今從古。"按:室,《説文》云:"實也。""實"即"塞"之訓也。"實、室、窒"三字聲近義通。《一切經音義》九云:"窒,古文憤,同。""憤"訓"止",與"塞"義亦近矣。

薶者,《説文》云:"瘞也。""瘞、薶"互訓,義俱爲塞。故《詩》傳以"塞"爲"瘞",《爾雅》以"薶"爲"塞"也。通作"貍"。《周禮·大宗伯》"以貍沈祭山林川澤",即《爾雅》之《釋天》云"祭地曰瘞薶"也。又通作"埋"。《詩·鳧鷖》箋"有瘞埋之象",釋文:"埋,字亦作薶。"《祭法》云:"瘞埋於泰折,祭地也。"

黼、黻,彰也。 黼文如斧,黻文如兩己相背。

《説文》:“彰,文彰也。”《廣雅》云:“彰,明也。”通作“章”。《書》“彰厥有常”,《史記·夏紀》作“章其有常”。《孝經》云“神明章矣”,釋文:“章,本又作彰。”推是而言,如《考工記》“畫繢之事”云“雜四時五色之位以章之”,鄭注:“章,明也。”《周語》云“其飾彌章”,韋昭注:“章,著也。”《鄭語》云“其子孫未嘗不章”,韋注:“章,顯也。”凡此皆以“章”爲“彰”也。

黼、黻者,《説文》云:“黼,白與黑相次文。”“黻,黑與青相次文。”本《考工記》爲説也,而不言所象爲何物。《爾雅·釋器》但云“斧謂之黼”,於“黻”字仍無説。《書·益稷》傳及《左氏·桓二年》注、郭氏此注並云:“黻,兩己相背。”唯《漢書·韋賢傳》集注:“紱,畫爲亞文。亞,古弗字也。”與舊説異。阮雲臺師曰“自古畫黻作亞形,明兩弓相背,非兩己相背也。兩弓相背義取于物,與斧同類,兩己之己何物耶?得非兩弓相沿之誤與?《漢書》師古注‘黻畫爲亞文。亞,古弗字’(今俗本《漢書》及《文選》皆譌爲亞),此語必有師傳,非師古所創”云云。今按:以音義推之,“黼”从甫聲,其訓爲“斧”;“黻”从犮聲,其訓爲“弗”。又兩弓相並爲“弜”(其兩切),兩弓相背爲“亞”,似有意義。釋文:“黼黻,或作黼黻。”又云:“黻,戾也。”“戾”即“弗”字之意,師古之説蓋有徵矣。“黼、黻”訓“彰”者,《荀子·富國》及《禮論篇》並云:“黼黻文章。”“章”即“彰”矣。《書·益稷》言“黼黻”,又言“彰施”,亦此義。

朕、身,親也。謂躬親。

親者,《説文》云:“至也。”《祭義》云“其親也慤”,鄭注:“親謂身親。”又云“如親聽命”,其義亦同。《文王世子》注:“親猶自也。”《公羊莊卅二年傳》注:“親,躬親也。”通作“寴”。《説文》云:"竊,至也。"《汗簡》云:"竊出《尚書》。"是"竊"古"親"字矣。

膺者,《説文》云:"胷也。""胷"與"躬、身"義近,故並訓"親"。《少儀》云"執箕膺擖",鄭注:"膺,親也。"通作"應"。《釋詁》云:"應,當也。"當與"親"義亦近。"應"从心與"膺"从肉,其義又近也。

身者,《説文》云:"躬也。""躬、身"互訓,其義同。《詩》云:"弗躬弗親。"《吕覽·孟春紀》注:"躬,親也。"《士昏禮記》注:"躬猶親也。"《樂記》注:"躬猶己也。""己"即身。《釋詁》云:"身,我也。""己"與"我"皆親之之詞,亦即"身"訓"親"之義也。

愷悌,發也。發,發行也。《詩》曰:"齊子愷悌。"

發者,《廣雅》云:"開也。"《釋名》云:"發,撥也,撥使開也。"開則明,故《詩·長發》釋文:"撥,《韓詩》作發。發,明也。"《論語》"亦足以發""不悱不發","發"俱訓"明"。"發"又進也,行也。《詩》"履我發兮""遂視既發",傳箋並云:"發,行也。"《爾雅》之"發"則以開明爲義,不兼行進爲義也。

愷悌者,"闓圛"之假音也。《説文》云:"闓,開也。"《廣雅》云:"闓,明也。"圛者,《説文》引"《尚書》'曰圛'。圛,升雲半有半無。讀若驛"。今《書·洪範》即作"曰驛",古文本作"曰圛",《史記》集解引鄭注"曰圛者,色澤而光明也"。是"圛"訓"明"。"曰圛",《宋世家》作"曰涕",聲之假借。故《詩》"齊子豈弟",箋云:"豈讀當爲闓。弟,《古文尚書》以弟爲圛。圛,明也。"正義引舍人、李巡、孫炎、郭璞皆云:"闓,明。發,行。"是諸家並以"闓明"訓"豈弟",與鄭義同,唯以"發"爲"發行"則異,今郭注但有"發行"之文而無"闓明"之語,以校正義所引,蓋有缺脱矣。"愷悌"訓"發"者,"愷悌"即"豈弟",經典"豈弟"訓"樂易",此訓"闓明",蓋經師舊説相傳謂然,故鄭箋云:"此豈弟猶言發夕也。"然則"發"訓"明"不訓"行","發夕"猶"旦夕"也。釋文引《韓詩》云:"發,旦也。""旦"亦明也。故《説文》引《禮》"旦明五通爲發明"①。《詩·小宛》又云"明發",其實皆一義耳。

髦士,官也。取俊士,令居官。

官者,《説文》云:"吏事君也。"《玉篇》云:"宦也。"《古微書》引《春秋元命苞》云:"官之爲言宣也。"《周禮·宰夫》云"掌小官之戒令",鄭注:"小官,士也。"《士相見禮》注:"居官,謂士以下。"《祭法》注:"官師,中士、下士。"然則"官"爲總名也。

髦士者,釋文云:"毛中之長豪曰髦,士之俊傑者借譬爲名。"是"髦士"爲俊選之嘉稱。故下文云:"髦,選也,俊也。"選士,俊士。司馬"辨論官材,論定然後官之",故曰"官"也。

畯,農夫也。今之嗇夫是也。

農者,《一切經音義》引《説文》云:"農,耕人也。"今本脱"人"字。《春秋繁露》云:"農者,民也。"《莊子·讓王》篇釋文引李頤云:"農,農人也。"《爾雅》之"農夫",則謂農官耳。

畯者,《説文》云:"農夫也。"本《爾雅》。"畯"不言"田",省文也。"農"不言"大夫",亦省文也。實則"田畯"是官名,"大夫"是爵號。故《詩》"田畯至喜",毛傳:"田畯,田大夫也。""田大夫"即"農大夫",或疑《爾雅》"農夫"之閒當脱"大"字,據《周

---

① 旦明五通爲發明　五,此本誤"互",咸豐六年刻本、經解本同。今據《説文》改。

語》云“命農大夫咸戒農用”，韋昭注“農大夫，田畯也”，以此爲證。今謂不然。古人文字不拘，故有稱“農大夫”者，《周語》是也；有稱“農夫”者，《爾雅》是也；有稱“農父”者，《書·酒誥》是也；亦有稱“農正”者，《周語》云“農正再之”，韋昭注：“農正，后稷之佐，田畯也。”亦有單稱“農”者，《郊特牲》云“饗農”，鄭注：“農，田畯也。”是皆“農”不必稱“大夫”之證，猶之“田畯”，亦單稱“畯”，《爾雅》此文是也；亦單稱“田”，《月令》云“命田舍東郊”，鄭注“田謂田畯，主農之官”，是也。是又“田畯”二字不必兼稱之證。然則“田畯”即農官，故《詩·七月》正義引孫炎曰：“農夫，田官也。”郭云“今之嗇夫”者，《詩·甫田》箋：“田畯，司嗇，今之嗇夫也。”是郭所本。嗇夫者，《漢書·百官公卿表》及《晉書·百官志》具有其文。

蓋、割，裂也。蓋，未詳。

裂者，與“列”同。《説文》：“列，分解也。”《廣雅》云：“裂，分也。”《内則》云“衣裳綻裂”，釋文：“裂，本又作列。”《莊子·天下》篇云：“道術將爲天下裂。”是“裂、列”俱以分解爲義也。

蓋者，釋文云：“古害反，舍人本作害。”是“害、蓋”通。又與“割”同。

割者，害也。《釋名》云：“害，割也，如割削物也。”《説文》云：“割，剥也。从害聲。”故“割”與“害”同，又與“蓋”同，見《禮記·緇衣》注。是“蓋、割、害”三字以聲爲義也。阮雲臺師曰：“害、曷、蓋、末、未，古音皆相近，每加偏旁，互相假借，若以爲正字，則失之。”《書·吕刑》云“鰥寡無蓋”，“蓋”即“害”字之借，言堯時鰥寡無害也。《孟子》“謨蓋都君”，兼言井廩，亦當訓“害”也。“害”字與“割”音義最近，《書·堯典》“洪水方割”、

《大誥》"天降割"之類,皆"害"字之借也。"害"字與"蓋"亦近。《爾雅》釋文:"蓋,舍人本作害。"《書·君奭》云"割申勸寧王之德",鄭氏《緇衣》注"割之言蓋",是也。"盍"與"曷"同音,故《孟子》"時日害喪","害"即"曷"也。"蓋"與"末、未"亦最近,故《公羊襄廿七年傳》曰"昧雉彼視",何休注:"昧,割也。"邵公之意,若曰有渝盟者,視此割雉也。

邕、支,載也。皆方俗語,亦未詳。

載者,《説文》云:"乘也。"《釋名》云:"戴也,戴在其上也。"通作"戴"。《詩》"載弁俅俅",此篇下文郭注引作"戴弁俅俅"。

邕者,釋文云:"又作擁。"邢疏引謝氏云:"邕,字又作擁。釋云:'擁者,護之載也。'"

支者,邵氏正義云:"支與榰通。"榰柱所以承載,詳見下文。

諈諉,累也。以事相屬累爲諈諉。

累者,《説文》作"纍",云:"綴得理也。"《玉篇》云:"纍,力佳切,繫也。又力僞切,延及也。累同纍。"是"纍"爲正體,隸省作"累",今讀"累"力僞切,"纍"力佳切,以爲二字,非矣。釋文:"累,本又作纍,字又作絫。"是"絫、纍"又通矣。

諈諉者,《説文》云:"諈諉,纍也。""諉,纍也。"是"諈諉"連文及單文俱訓"纍"也。釋文引孫炎云:"楚人曰諈,秦人曰諉。"是"諈、諉"疊韵,二字義同。《玉篇》云:"諈,託也。"《漢書·賈誼傳》注引蔡謨曰:"諉者,託也。"是"諈、諉"並訓"託",屬託與屬累義亦同。

漠、察,清也。皆清明。

清者,《説文》云:"朖也。澂水之皃。"《文選·思玄賦》云"懲淟涊而爲清",舊注:"清,静也。"《易·彖上傳》虞翻注:"清猶明也。”是“清”兼明、静二義。“静”猶“净”也。《方言》云：“清，急也。”“急”猶“激”也。故《方言》又云“激清”矣。

漠者，《説文》云：“清也。”釋文引樊光云：“漠然，清貌，音莫。”《漢書·賈誼傳》注：“漠，静也。”是“漠”爲静之清矣。

察者，審之清也。《釋詁》云：“察，審也。”《禮器》注：“察猶明也。”《老子》云“俗人察察”，河上公注：“察察，急且疾也。”又與“清、急”義合。

庇、庥，廕也。今俗語呼樹廕爲庥。

廕者，“蔭”之或體也。《説文》：“蔭，艸陰地。”《玉篇》引作“草蔭地也”。是“蔭”从艸，其實樹木之陰亦謂之“蔭”。故《淮南·説林》篇云：“蔭不祥之木。”《人間》篇云：“蔭暍人於樾下。”皆以樹陰爲“蔭”也。通作“陰”。《詩》“既之陰女”，箋以“陰”爲“覆陰”。釋文：“陰，鄭音蔭，覆蔭也。”《左氏昭元年傳》“趙孟視蔭”，釋文：“蔭，本亦作陰。”又通作“廕”。《爾雅》釋文：“廕，字亦作蔭。”《詩·雲漢》釋文：“蔭，本亦作廕。”

庇者，《説文》云：“蔭也。”《表記》注及《考工記·輪人》注並云：“庇，覆也。”“覆”亦蔭。故《一切經音義》九引孫炎曰：“庇，覆之廕也。”《左氏·文十七年》正義引舍人曰：“庇，蔽也。”“蔽”亦覆蔭也。《方言》云：“庇，寄也。”“寄、託”義亦同也。通作“芘”。《雲漢》釋文：“芘，本亦作庇。”又通作“庀”。《周禮·遂師》釋文：“庇，本又作庀。”

庥者，《説文》與“休”同，云：“息止也。从人依木。”《釋詁》云：“休，息也。”《左傳》正義引舍人曰：“庥，依止也。”“止、息”義皆爲蔭。《淮南·精神》篇云“得茠越下”，高誘注：“茠，蔭也。三輔人謂休華樹下爲茠也。”釋文：“庥，字又作休。”按:作“休”爲正,“荍”借聲也。

穀、履,禄也。《書》曰:“既富方穀。”《詩》曰:“福履將之。”

履,禮也。禮,可以履行,見《易》。

禄者,《釋詁》云:“福也。”《廣雅》云:“善也。”“善”與“福”同義。《周禮·天府》注:“禄之言穀也。”《孝經》注:“倉廩爲禄。”是“禄”兼二義,《爾雅》亦然也。

穀者,上文云:“生也。”《釋詁》云:“善也。”“善”與“禄”義同,“生”與“養”義近。《詩》“俾爾戩穀”“蔌蔌方有穀”,傳箋並云:“穀,禄也。”《孟子》“穀禄不平”,趙岐注:“穀所以爲禄也。”亦與此義合矣。

履者,《釋詁》與“禄”並云:“福也。”《詩》“福履綏之”,傳:“履,禄也。”“履、禄”聲轉義同。《説文》云:“禮,履也,所以事神致福也。”亦與此義合。餘詳《釋詁》。

○“履”訓“禮”者,《祭義》云:“禮者,履此者也。”《仲尼燕居》云:“言而履之,禮也。”《坊記》云:“履無咎言。”皆以“履”爲“禮”也。《詩》“履我即兮”“率履不越”,傳並云:“履,禮也。”郭云“見《易》”者,《序卦》云:“履者,禮也。”“履、禮”疊韵,“履、禄”雙聲,故古皆以爲訓。“履、禮”字通,亦詳《釋詁》。

隱,占也。隱度。

占者,《漢書·陳遵傳》云“口占書吏”,集注:“占,隱度也。口隱其辭,以授吏也。占,音之瞻反。”《敘傳》云“大臣名家皆占數于長安”,集注:“占,度也。自隱度家之口數而箸名籍也。”然則“占”者,億度之詞,與占候之義亦近。釋文無音,蓋讀如字。《玉篇》:“占,之鹽切,候也。”候伺亦隱度之言。是“占”亦不必音“之瞻反”矣。

隱者,《文選·郭有道碑文》注引劉熙《孟子》注曰:“隱,度也。”《管子·禁藏》篇注亦同。《少儀》云“隱情以虞”,鄭注:“隱,意也,思也。”按:“意”與“億則屢中”之“億”同,“億”謂以意度之。故《禮運》云“非意之也”,鄭注:“意,心所無慮也。”“無慮”亦隱度之義。然則“意”亦隱也,“隱、意”聲轉字通。故《左氏昭十年經》云“季孫意如”,《公羊》作“季孫隱如”。

逆,迎也。

《釋詁》云:“迓,迎也。”迎者,《説文》云:“逢也。”“迎、迓、御”俱音轉字通,已詳《釋詁》。又與“輅”同。《左氏僖十五年傳》“輅秦伯”、《宣二年傳》“狂狡輅鄭人”,“輅”俱訓“迎”。“輅、御”又疊韵字矣。

逆者,迕之迎也。“逆”本違迕之名,而有逢迎之義,故以“逆”爲“迎”。《考工記·匠人》云“逆牆六分”,鄭注:“逆猶卻也。”《齊策》云“故專兵一志以逆秦”,高誘注:“逆,拒也。”“拒”與“迎”義相反者,“逆”對“順”言,故有拒意;“逆”以“迎”言,故有逢遇之意。詁訓有相反而相同者,此類是也。

憯,曾也。發語辭,見《詩》。

曾者,《説文》云:“詞之舒也。”蓋“曾”之言“增”,增者重累,故其詞舒。“曾”猶“嘗”也。凡言“嘗如是”者,亦言“曾如是”。《左氏昭十二年傳》注“昆吾曾居許地”,釋文:“曾,一本作嘗。”是“嘗、曾”通。“曾”又訓“乃”。趙岐《孟子》注:“何曾猶何乃也。”

憯者,“朁”之假音也。《説文》:“朁,曾也。”引《詩》“朁不畏明”。通作“憯”,《詩·民勞》《節南山》《十月之交》傳箋並云:“憯,曾也。”又通作“慘”。《民勞》釋文:“慘,本亦作憯。”

《左氏昭廿年傳》作"慘不畏明",釋文:"慘,曾也。""慘、憯"聲同,"憯、曾"聲轉。

增,益也。今江東通言增。

益者,《説文》云:"饒也。"《玉篇》云:"加也。"《易·繫辭》云:"益,德之裕也。"是"益"以增多、增長爲義也。

增者,《説文》云:"益也。"《廣雅》云:"加也。""重也。""累也。"《爾雅·釋訓》云:"增增,衆也。"是皆增多、增長之義。通作"曾"。《説文》會部云:"會,从曾省。曾,益也。"《詩》"曾孫篤之",箋:"曾猶重也。"《離騷》云"曾欷歔余鬱邑兮",王逸注:"曾,累也。"又通作"層"。《招魂》篇云"層臺累榭",王逸注:"層,重也。"《魏大饗碑》云:"蔭九增之華蓋。""增"即"層"也。又通作"譄"。《説文》云:"譄,加也。"又通作"橧"。《禮運》云"夏則居橧巢",釋文:"橧,本又作增。"又作"曾"。今按:《玉篇》"橧,才陵、子登二切",即"曾、增"之音。"橧巢"與"營窟"對文,"橧"亦重累之義。然則"橧"依義當作"增"與"曾",假借作"橧"耳。

窶,貧也。謂貧陋。

貧者,《説文》云:"財分少也。"《莊子·讓王》篇云:"無財謂之貧。"是"貧"从財省,會意。《説文》"从貝从分",貝即財,分即少矣。

窶者,《説文》云:"無禮居也。"《詩·北門》傳:"窶者,無禮也。貧者困於財。"《一切經音義》一引《蒼頡篇》云:"無財曰貧,無財備禮曰窶。"又引《字書》云:"窶,空也。"《類聚》卅五引《字林》云:"窶,貧空也。"按:"窶"从婁聲,"婁"訓"空",故以"空"言聲兼意也。《釋名》云:"窶數猶局縮,皆小意也。""小"

與“貧”近，故《荀子·堯問篇》有“寠小”之言，“小”與“空”又與“無禮居”近也。《詩》云：“终寠且貧。”是“貧、寠”爲二，“寠”謂無財可以爲禮，“貧”并無以自給，故言“且”以見意，實則“貧、寠”是一，故《書》“六極”，“四曰貧”，不言“寠”，從可知也。

薆，隱也。謂隱蔽。**僾，唈也。**嗚唈，短氣，皆見《詩》。

隱者，《釋詁》云：“微也。”《玉篇》云：“不見也，匿也。”皆藏伏翳蔽之義也。

薆者，《説文》作“篸”，云：“蔽不見也。”《玉篇》云：“隱也，蔽也。”亦作“薆”。《華嚴經音義》上引《珠叢》云：“薆，蔽也。”《離騷》云：“衆薆然而蔽之。”《方言》注：“薆謂蔽薆也。”引《詩》“薆而不見”。蓋“薆而”即“薆然”，“薆然”又即“隱然”矣。通作“僾”。《廣韵》云：“僾，隱也。”《説文》云：“仿佛也。”引《詩》“僾而不見”。又通作“愛”。今《詩》作“愛而不見”。説者因以“愛”爲可愛，非也。“愛”即“僾”之省，故《廣雅》云：“愛，僾也。”《詩》“愛莫助之”，傳：“愛，隱也。”是其證。

○唈者，“悒”之或體也。《説文》：“悒，不安也。”《文選·長門賦》云“舒息悒而增欷兮”，李善注：“悒，於悒也。”《一切經音義》四引《蒼頡篇》云：“悒悒，不舒之貌也。”通作“邑”。《漢書·成帝紀贊》云“言之可爲於邑”，集注：“於邑，短氣貌。”《文選·與滿公玉書》云“良增邑邑”，李善注：“邑邑，不樂也。”又通作“唈”。《玉篇》云：“唈，烏合切，嚘也。”引《爾雅》。《淮南·覽冥》篇云“孟嘗君爲之增欷歍唈”，高誘注：“歍唈，失聲也。”按：“歍唈”即“於悒”，或作“嗚唈”，亦作“嗚咽”，並字音小異耳。“於、嗚”聲同，“於悒”又即“悒悒”，聲相變也。

僾者，《詩》“亦孔之僾”，傳：“僾，唈。”正義引孫炎曰：“心唈也。"《荀子·禮論篇》云"愅詭、唈僾而不能無時至焉"，楊倞注："唈僾，氣不舒，憤鬱之貌。"然則"唈僾"即"僾唈"也。《爾雅》古本當作"僾悒"，故孫炎云"心悒"，从邑旁心也。《詩》正義據《爾雅》今本作"僾唈"，故引孫炎云"心唈"，从邑旁口矣。《荀子》今本亦作"唈僾"，宋本則作"悒僾"可證。

基，經也。基業所以自經營。**基，設也。**亦爲造設。

經者，理也，歷也。《考工記·輈人》注："經，亦謂順理也。"《詩·靈臺》傳："經，度之也。"《楚語》注："經，謂經度之，立其基址也。"是皆以"理"爲義也。《釋名》云："經，徑也。"《小爾雅》云："經，過也。"《文選·魏都賦》注："直行爲經。"是皆以"歷"爲義也。《爾雅》之"經"主前義，亦包後義也。《鬼谷子·抵巇》篇云"經起秋豪之末"，注云："經，始也。""始"即"基"之訓也。

基者，《釋詁》云："始也。""謀也。"俱與"經、理"義近。故《賈子·禮容》篇云："基者，經也。"《書》"周公初基"，"基"謂經度之也。正義引鄭注"基"訓爲"謀"，"謀"亦經度之義。《詩》"經始靈臺"，"經始"即"初基"也。《周語》云："自后稷之始基靖民。""始基"亦即"初基"，韋昭注"基"訓爲"始"，非也。通作"期"。《士喪禮》注："古文基作期。"《士虞禮記》注："古文朞皆作基。"按：朞，《説文》作"稘"，云："復其時也。"然則"朞"者，周而復始，經歷一月謂之"朞月"，經歷一年謂之"朞年"。"基"之訓"經"亦其義矣。"基、經"雙聲。

○設者，《説文》云："施陳也。"陳列、施設俱與經理義近。《禮容篇》云："基者勢也。"形勢與造設義亦近。

祺，祥也。謂徵祥。**祺，吉也。**謂吉之先見。

祥者,《釋詁》云:"善也。"《説文》云:"福也。"《賈子·大政》篇云:"祥者,福之榮也。"按:"榮"謂先見其徵應,若草木之有華榮也。《士虞禮記》注:"祥,吉也。"《漢書·五行志》云:"祥猶禎也。""禎、吉"亦福善之義也。

祺者,《士冠禮》云"壽考維祺",鄭注:"祺,祥也。"《詩》"維周之禎",傳:"禎,祥也。"正義引"《釋言》文"。是"禎"本作"祺",釋文亦作"祺",云:"祥也,《爾雅》同。"故正義又引舍人曰:"祺,福之祥。某氏曰《詩》'維周之祺(臧氏據宋本改)',定本、《集注》祺字作禎。"釋文亦引徐云:"本又作禎,與崔本同。"然則今《詩》作"禎",蓋據徐邈及崔靈恩《集注》所改,釋文、正義俱作"祺",今正義亦作"禎",則誤矣。臧氏琳《經義雜記》十一云:"唐石經作禎。"故今本多作"禎"。《説文》:"禎,祥也。"崔蓋本此,今注疏本作"禎"則非。

○吉者,《説文》云:"善也。"《釋名》云:"實也,有善實也。"《文選·東京賦》注:"吉,福也。"《周禮·大祝》云"吉祝",鄭衆注:"祈福祥也。"然則"吉"包福、善二義,與"祥"同訓。故《逸周書·武順》篇云:"禮義順祥曰吉。"是"吉"即"祥"矣。"祺"既訓"祥",又言"吉"者,蓋"祥"之一字本兼吉、凶二義,《書序》云:"亳有祥桑穀。"此以妖怪爲"祥"也。《周語》云:"襲于休祥。"此以福善爲"祥"也,故申釋之。

兆,域也。謂塋界。**肇,敏也。**《書》曰:"肇牽車牛。"

域者,《説文》作"或",云:"邦也。或又从土。"《玉篇》云:"域,居也,封也。"《詩》"蘞蔓于域",傳:"域,營域也。"《周禮·典祀》注:"域,兆表之塋域。"《廣雅》云:"塋域,葬地也。"按:"塋、營"通。"域"本邦之界限,不獨葬地有域。故《漢書·禮樂志》云"躋之仁壽之域",集注:"域,界也。"是凡界稱"域"矣。

兆者,"垗"之假借也。《説文》云:"垗,畔也,爲四時界祭其中。"引《周禮》曰:"垗五帝於四郊。"通作"兆"。今《小宗伯》"垗"作"兆",鄭注:"兆爲壇之營域。"《樂記》云"行其綴兆"、《士喪禮》云"兆南北面",鄭注並云:"兆,域也。"又通作"肇"。《書》"肇十有二州",大傳作"兆十有二州",鄭注:"兆,域也。爲營域以祭十二州之分星也。"《詩》"以歸肇祀",箋:"肇,郊之神位也。""后稷肇祀",《表記》作"后稷兆祀",鄭注:"兆,四郊之祭處也。"《詩》"肇域彼四海","肇"當作"兆",兆域正天下之經界。

○敏者,《説文》云:"疾也。"肇者,《釋詁》云:"謀也。""謀、敏"古音相近。《中庸》"人道敏政",鄭注:"敏或爲謀。"是"謀、敏"通。《詩》"肇敏戎公",釋文引《韓詩》云:"肇,長也。""長"有敏意。"肇"之言猶"趙"也。《穆天子傳》云"天子北征趙行",郭注:"趙猶超騰也。""超騰"與"敏疾"義近。《詩》"其鎛斯趙",傳:"趙,刺也。"按:肇,擊也,擊刺與敏疾義又近。

挾,藏也。今江東通言挾。**浹,徹也。**謂霑徹。

藏者,懷也。《説文》作"褱",云:"藏也。"《學記》云"藏焉脩焉",鄭注:"藏謂懷抱之。"按:藏,古書作"臧",後人通借爲"藏"耳。

挾者,《説文》云:"俾持也。"《玉篇》云:"懷也,持也。"《廣韵》云:"藏也,護也。"《漢書·惠帝紀》云"除挾書律",應劭注:"挾,藏也。"通作"俠"。《説文》云:"褱,俠也。""褱俠"猶"褱藏"。《左氏隱九年經》云"挾卒",《公》《穀》作"俠卒",是"俠、挾"通。又與"匧"同。"匧"或作"篋"。《説文》云:"匧,藏也。"

○徹者,《説文》云:“通也。”《小爾雅》云:“達也。”《爾雅·釋訓》注:“徹亦道也。”“道、達”義俱爲通也。

浹者,古無正文,借“挾”與“接”爲之。“接”亦通達之義。故《小爾雅》云:“接,達也。”《廣雅》云:“接,徧也。”周徧亦霑洽之義。此皆以“接”爲“浹”也。以“挾”爲“浹”者,《詩》“使不挾四方”,毛傳:“挾,達也。”釋文:“挾,子協反。”《周禮·大宰》及《大司馬》並云:“挾日而斂之。”釋文:“挾,子協反。”字又作“浹”。《越語》云“浹日而令大夫朝之”,韋昭注:“從甲至甲曰浹。浹,帀也。”《淮南·原道》篇云“不浹于骨髓”,高誘注:“浹,通也。”《漢書·禮樂志》云“於是教化浹洽”,集注:“浹,徹也。”唯《荀子》書“浹”俱作“挾”。《儒效篇》云:“盡善挾洽之謂神。”“挾洽”即“浹洽”也。《禮論篇》云:“方皇周挾。”“周挾”即“周浹”也。故楊倞注並云:“挾讀爲浹。”與《詩》及《周禮》合,爲它書所未見。

㬱,廢也。㬱,滅也。亦爲滅絶。

廢者,《釋詁》云:“舍也。”“舍”謂廢置不用,故又訓“退”也,“罷”也,“止”也,已詳《釋詁》。㬱者,《説文》云:“廢,一偏下也。”通作“替”。《詩》“勿替引之”“胡不自替”,《離騷》云“謇朝誶而夕替”,毛傳及王逸注並云:“替,廢也。”《晉語》云“薦可而替否”,韋昭注:“替,去也。”“去”亦廢,故《一切經音義》九引李巡曰:“替,去之廢也。”《釋詁》云:“替,止也。”“止”亦廢。又云:“替,待也。”“待”亦止之廢也。

滅者,《釋詁》云:“盡也,絶也。”《晉語》注:“滅,除也。”除去與廢止義近。“替”又訓“滅”者,《魯語》云“令德替矣”、《晉語》云“君之冢嗣其替乎”,韋昭注並云:“替,滅也。”

速，徵也。徵，召也。《易》曰："不速之客。"

徵者，求也。《説文》云："召也。""召、求"義近。《吕覽·達鬱》篇云"桓公樂之而徵燭"、《漢書·五行志》云"徵褰與襦"，高誘注及顔師古集注並云："徵，求也。"

速者，疾之徵也。《文選·思玄賦》云"速燭龍令執炬兮"，舊注："速，徵也。""徵"亦召，故《詩》"何以速我獄""以速諸父"，傳並云："徵，召也。"《鄉飲酒》及《鄉射禮》"速賓"注同。

召者，《説文》云："評也。"《吕覽·分職》篇云"令召客者酒酣"，高誘注："召，請也。""請"猶"徵"也。經典"徵"訓"召"者，《周禮·司市》云"成賈而徵儥"、《縣正》云"縣之政令徵比"、《典祀》云"徵役于司隸"及《鄉飲酒》《鄉射禮》云"徵唯所欲"，鄭注並云："徵，召也。"凡《左傳》"徵會""徵聘""徵師"之類，其義亦同。"召"猶"招"也。《説文》："招，手呼也（呼當作評）。"然則"召"以口評，"招"以手評，故楚辭《招魂序》云："以手曰招，以言曰召。"《詩·匏有苦葉》傳："招招，號召之貌。""號召"亦"評召"也。"招"又求也，致也，並與"召"義同。

琛，寶也。《詩》曰："來獻其琛。"

寶者，《説文》云："珍也。""珍，寶也。"通作"保"，又作"葆"。《易·繫辭》云"聖人之大寶曰位"，釋文："寶，孟作保。"《書》"無墜天之降寶命"，《史記·魯世家》作"無墜天之降葆命"。《留侯世家》集解："徐廣曰：'《史記》珍寶字皆作葆。'"又通作"宲"，亦作"珤"。《書》云"陳寶"，《説文》引作"陳宲"；"寶器"，《穆天子傳》作"珤器"矣。

琛者，《詩·泮水》傳："寶也。"正義及釋文引舍人曰："美寶曰琛。"莊氏述祖説："琛字古無正文，當依《説文》作珍。"余按：

“琛”字見《詩》,與“金”相韵,若作“珍”則失韵,其説非也。《玉篇》“琛”别作“賝”,《廣韵》:“賝,賮也。”與《玉篇》異。《文選·思玄賦》云“獻環琨與琛縭兮”,舊注:“琛,質也。”“質”與“寶”異,“琛,質”之訓與《爾雅》又乖,疑未能定也。

探,試也。 刺探嘗試。

試者,上文云:“用也。”此訓“嘗試”。《廣雅》云:“試,嘗也。”《秦策》云“臣請試之”,高誘注:“試猶嘗視也。”然則《易·无妄》云:“不可試也。”“試”亦嘗矣。釋文訓“試”爲“驗”,“驗”與“嘗”近,“嘗”與“用”亦近矣。

探者,《釋詁》云:“取也。”又訓“刺探”,“刺”亦采取之義,“刺探”猶“伺探”也,故軍中閒諜用以探取敵情謂之“探子”。然則“探”之言“占”也,“試”之言“伺”也。《方言》云:“占,伺視也。”“占”與“覘”同,“伺”與“覗”同,皆竊視之意。“試”與“弑”古通用。石經《公羊》殘碑云:“何隱爾?試也。”“試”即“弑”矣。《白虎通》云:“弑者,試也。”《釋名》云:“弑,伺也,伺閒而後得施也。”①並與“探、試”義近。

髦,選也。 俊士之選。**髦,俊也。** 士中之俊如毛中之髦。

選者,《説文》云:“擇也。”《玉篇》云:“數也。”《廣雅》云:“入也。”《逸周書·常訓》篇云“夫民羣居而無選”,孔晁注:“選,行也。”《漢書·武帝紀》云“知言之選”,應劭注:“選,善也。”然則“選”之言“善”,謂德行道藝可入成均充選數。故《王制》云:“命鄉論秀士,升之司徒曰選士。”《白虎通》引《禮别名

① 伺閒而後　伺,此本誤“同”,咸豐六年刻本不誤,《釋名》作“伺”,據改。

記》曰："十人曰選。"言材過十人也。

髦者，上文云："髦士，官也。"釋文："毛中之長豪曰髦。"然則"髦"之言"豪"也。在毛謂之"豪"，在士謂之"選"。故"選士"曰"髦士"，亦曰"豪士"矣。

○俊者，《禮别名記》曰："百人曰俊。"《説文》云："俊，材過千人也。"《書》"俊乂在官"，馬、鄭注並云："材德過千人爲俊。"《鶡冠子·能天》篇云："德萬人者謂之俊。"不同者，百、千、萬雖爲數懸殊，要皆才德出衆之稱。故《書》"克明俊德"，鄭注："俊德，賢才兼人者。"是其義俱通矣。《王制》云："司徒論選士之秀者而升之學，曰俊士。"通作"儁"。《左氏莊十一年傳》"得儁曰克"，釋文："儁，本或作俊。""髦"又訓"俊"者，《詩·甫田》《棫樸》傳及《士冠禮》注並云："髦，俊也。"

俾，職也。使供職。

職者，《釋詁》云："主也。"《周禮·掌固》云"民皆有職焉"，鄭注："職謂守與任。"《考工記》云："國有六職，百工與居一焉。"然則職不必居官也。凡事也，業也，主者皆謂之"職"。《大宰》"以八職任萬民"，"任"即任使之義也。

俾者，《釋詁》云："使也。""從也。"從順、使令皆與職義近。以從順爲職，職之卑者也；以使令爲職，職之尊者也。通作"比"。《詩》"克順克比"，《樂記》引作"克順克俾"，鄭注："俾當爲比，聲之誤也。擇善從之曰比。"按："比"訓"從"，則與"俾"同，故古字通，非誤也。在《易》"比"與"師"對，"比"即"俾"也，"師"猶"尸"也。《釋詁》云："尸、職，主也。"

紕，飾也。謂緣飾，見《詩》。

飾者，《論語·鄉黨》篇皇侃疏引鄭注云："飾謂純緣也。"

《玉篇》云:"純,之閏、之允二切,緣也。""緣,於絹切,邊緣也。"

紕者,《玉篇》云:"必二、扶規二切,冠緣邊飾也。"按:緣邊之飾,衣冠皆有之,故《玉藻》云"縞冠素紕",鄭注:"紕,緣邊也。紕讀如埤益之埤。"是冠緣邊曰"紕"也。《雜記下》云"紕以爵韋六寸",鄭注:"在旁曰紕。"《深衣》云"純袂緣純邊",鄭注:"緣邊,衣裳之側。"《既夕記》注:"飾裳在幅曰綼。"按:"在幅"即裳之邊側。釋文:"綼,音毗支反。""綼"即"紕"也。是衣裳緣邊俱曰"紕"也。郭云"見《詩》"者,"素絲紕之",毛傳:"紕,所以織組,總紕於此,成文於彼。"鄭箋:"縫紕,旌旗之旒,縿或以維持之。"是毛、鄭説"紕"義異,要爲緣飾之義則同,故《爾雅》總云"紕,飾也"。

淩,慄也。淩懅戰慄。**慄,慼也。**戰慄者憂慼。

慄者,"凓"之假借也。《説文》云:"凓,寒也。"通作"栗"。《詩》"二之日栗烈",傳:"栗烈,寒氣也。"

淩者,"凌"之假借也。《説文》:"勝或作凌。仌出也。"引《詩》"納于勝陰",今《詩》作"凌陰",毛傳:"凌陰,冰室也。"《爾雅》"淩慄"古本作"凌凓",故釋文引樊注作:"凌,冰凜也。""凜"亦寒,樊光蓋以"冰凜"釋"凓"字。"凜、凓、凌"俱一聲之轉。《漢書·楊雄傳》云"馳閶闔而入凌兢",集注:"入凌兢者,亦寒涼戰栗之處也。"與樊光義合。郭所據本"凌"作"淩"、"凓"作"慄",故釋文云:"淩,力升反。"又云:"郭注淩當作倰。《埤蒼》云:'倰,慄也。'"然則郭本"淩慄"即《埤蒼》之"倰慄",其注云"淩懅"亦當爲"倰遽"。《楊雄傳》云"虎豹之凌遽",焦注:"凌,戰栗也。遽,惶也。"《文選·西京賦》云"百禽倰遽",薛綜注:"倰猶怖也。"並郭所本。

○慄、慼者，當作“栗、蹙”，亦假借也。《釋名》云：“蹙，遒也，遒迫之也。”《詩·小明》及《召旻》傳並云：“蹙，促也。”“促、迫”皆急疾之意。故《燕禮記》云“凡公所辭皆栗階”，鄭注：“栗，蹙也，謂越等急趨君命也。”《聘禮》云“栗階升”，鄭注：“栗階，趨君命尚疾，不連步。”《公食大夫禮》云“賓栗階升，不拜”，鄭注：“栗，實栗也。不拾級連步，趨主國君之命。”然則《儀禮》“栗階”凡三見，鄭俱以“栗”爲疾速，其“栗，蹙”之文，唯《燕禮》注一見，明其餘同。是《爾雅》“慄，慼”即“栗，蹙”，故鄭據以釋經，郭氏緣詞生訓而云“戰慄者憂慼”，失之矣，今訂正。

蠲，明也。蠲，清明貌。**茅，明也。**《左傳》曰：“前茅慮無。”**明，朗也。**

明者，《説文》云：“照也。”《周語》注：“顯也。”《祭義》注：“明猶潔也。”

蠲者，《説文》云：“馬蠲也。”引《明堂月令》曰：“腐艸爲蠲。”今《月令》“蠲”作“螢”，是“蠲”爲蟲之明也。《方言》云“病愈或謂之蠲”，郭注：“蠲亦除也。”是“蠲”爲除之明也。《周禮·宫人》云“除其不蠲”，鄭注：“蠲猶潔也。”是“蠲”爲潔之明也。故《書》云“不蠲烝”，《左氏襄十四年傳》云“惠公蠲其大德”，馬融及杜預注並云：“蠲，明也。”《爾雅》邢疏引樊光云：“蠲除垢穢，使令清明。”是樊注亦兼潔除爲義矣。通作“圭”。《詩》“吉蠲爲饎”，《韓詩》作“吉圭爲饎”，《士虞禮記》注及《周禮·蜡氏》注亦並作“圭”，云：“圭，潔也。”《孟子》“圭田”注同。然則“圭、蠲”聲轉義同。

○茅者，郭引《左氏宣十二年傳》云“前茅慮無”，杜預注：“茅，明也。”正義引舍人曰：“茅，昧之明也。”杜注又引“或曰時楚以茅爲旌識"。然則茅旌亦取顯明爲義,故朝會以茅蕝表位,祭祀用菁茅縮酒。"菁"亦明也。所以《郊特牲》云:"縮酌用茅,明酌也。"是皆"茅"訓"明"之義也。《齊語》云"首戴茅蒲",韋昭注:"茅,或作萌。"按:古讀"明"若"芒","萌"亦若"芒","萌、茅、明"並雙聲字也。

○"明"訓"朗"者,《詩·既醉》傳:"朗,明也。"《左氏昭五年傳》正義引樊光云:"高朗令終,日月光明。"《楚語》云"其聖能光遠宣朗"、《淮南·原道》篇云"新而不朗",韋昭及高誘注並云:"朗,明也。"

猷,圖也。《周官》曰:"以猷鬼神祇。"謂圖畫。**猷,若也。**《詩》曰:"寔命不猷。"

圖者,《釋詁》云:"謀也。"《廣雅》云:"畫也。"《周禮·小宰》鄭衆注:"圖,地圖也。"按:"圖"謂模寫其形象也。

猷者,《釋詁》云:"謀也。""謀"亦圖也。"猷"與"猶"同。《詩》"猶之未遠",傳:"猶,圖也。"《小旻》《白華》《抑》《訪落》《般》箋並同。《周禮》凡以神仕者以猶鬼神示之居。《小行人》云"猶犯令者"、《儒行》云"猶將不忘百姓之病也",鄭注並云:"猶,圖也。"此皆圖謀。郭引《周禮》作"圖畫",於義亦通。

○若者,如也。《考工記·梓人》云"毋或若女不寧侯"、《公羊莊四年傳》"則襄公得爲若行乎",鄭及何休注並云:"若,如也。""若、如"古通用。《有司徹》云"若是以辯",鄭注:"今文若爲如。""如、若"雙聲字也。"猷"訓"若"者,猷、如,《釋詁》並云:"謀也。""如"即"若"也。"猷"之爲"若",亦如"如"之爲"若"也。《詩·小星》《鼓鐘》傳並云:"猶,若也。"《郊特牲》云"猶明清與醆酒於舊澤之酒也"、《内則》云"子弟猶歸器",鄭注並云:"猶,若也。""猶、若"亦雙聲字。

偁,舉也。《書》曰:"偁爾戈。"**稱,好也。**物稱人意亦爲好。

舉者,《説文》作"擧",从手,與聲,云:"對舉也。"則與"舁"同,"舁,共舉也"。"舉"與"動"義近,故訓"起"也,"拔"也,"用"也,"行"也,又訓"言"也。《雜記》云"過而舉君之諱則起",鄭注:"舉猶言也。"按:"舉"訓"言",則與稱説同義。又爲銓衡之名。《小爾雅》云:"兩有半曰捷,倍捷曰舉。"是"舉"與"稱"又俱爲器名矣。

偁者,"爯"之假借也。《説文》云:"爯,并舉也。"通作"偁"。《説文》:"偁,揚也。""揚"亦舉,故《釋訓》云:"偁偁,舉也。"又通作"稱"。《書》"敢行稱亂",《史記·殷紀》作"敢行舉亂"。《士相見禮》云"聞吾子稱贄"、《聘禮》云"賓稱面"、《檀弓》云"言在不稱徵",鄭注並云:"稱,舉也。"蓋"稱、舉"俱兼言、行二義,凡"稱述、稱道"皆言之類也,"稱量、稱度"皆行之類也,"舉"義亦同。

○好者,《説文》云:"美也。"徐鍇曰:"子者,男子之美稱。會意。"《玉篇》云:"好,呼道切,美也。又呼導切,愛好也。"釋文亦兼二音,與《玉篇》同。以愛好爲義者①,《詩》"好是正直",箋:"好猶與也。""與"即"舉"字之聲,"與、舉"古字通也。以美好爲義者,《詩》"緇衣之好",傳:"好猶宜也。""宜"即"稱"之訓也。

稱者,《漢書·刑法志》云"一物失稱",集注:"稱,宜也。"

---

① 以愛好爲義者　者,此本誤"音",咸豐六年刻本同。郝疏行文,"好"有二音:以愛好爲義者、以美好爲義者,二者相對。按:作"者"是,據改。

《荀子·禮論篇》云"貧富輕重皆有稱者也",楊倞注:"稱謂各當其宜。"按:今俗語謂之"廝稱",亦謂之爲"恰好"。故《考工記·輪人》云"欲其肉稱也",鄭注:"肉稱,弘殺好也。"《輿人》云"謂之參稱",鄭注:"稱猶等也。"然則"稱"以"等"爲義,稱、等與物適平然後爲好,後世有稱,又有等子,二者並爲衡器之名矣。郭云"物稱人意亦爲好"者,釋文"稱,尺證反",是矣。然"好"字既兼二音,"稱"字亦有二讀,如《祭義》云:"國人稱願,然曰:'幸哉,有子如此。'"是"稱"爲嘉美之詞,又當音"尺陵反"矣。釋文蓋失之。

坎、律,銓也。《易·坎卦》主法。法、律皆所以銓量輕重。

銓者,《説文》云:"衡也。"《廣韵》云:"量也,次也,度也。"《文選·文賦》注引《蒼頡篇》曰:"銓,稱也。"《聲類》曰:"銓,所以稱物也。"《廣雅》:"稱謂之銓。"《吴語》云:"無以銓度天下之衆寡。"通作"硂"。《廣雅》云:"硂,度也。"《廣韵》"硂同銓",是矣。

坎者,水也,水主法者。《左氏·宣十二年》杜預注:"坎爲法象。"《説文》云:"法,刑也。平之如水,从水。"《考工記·輪人》云:"水之以眡其平沈之均也,權之以眡其輕重之侔也。"然則水主均平,權知輕重,水即坎也,權亦銓也。銓衡所以取平,故"坎"訓"銓"矣。

律者,上文云:"述也。"《釋詁》云:"常也,法也。"法、律同類,故《易》集解"師、坎"下並引九家注:"坎爲法律。"《淮南·覽冥》篇注又云:"律,度也。"蓋律、度、銓、衡並主法之器,故展轉相訓。《左宣十二年傳》正義引樊光曰:"坎卦,水也。水性平,律亦平,銓亦平也。"

矢,誓也。相約誓。

誓者,上文云:“謹也。”《説文》云:“約束也。”《釋名》云:“誓,制也,以拘制之也。”《曲禮》云:“約信曰誓。”《周禮·典命》注:“誓猶命也。”《大射儀》注:“誓猶告也。”“告、命”皆謂以言相約結信,故《易·晉象傳》虞翻注:“誓,信也。”《詩》云“信誓旦旦”,亦其義也。

矢者,《釋詁》云:“陳也。”陳布與約信義近,故《論語》“夫子矢之”,釋文引“孔、鄭、繆播皆云‘矢,誓也’,蔡謨云‘矢,陳也’”,“陳、誓”義近。《易·晉象傳》“矢得勿恤”,集解引虞翻注:“矢,古誓字。”然則“矢、誓”古通用。《書》云“出矢言”,即“出誓言”矣。釋文引馬融注以爲“盤庚誥”,“誥、誓”義同。

舫,舟也。並兩船。

《説文》云:“舟,船也。”《釋名》云:“船又曰舟,言周流也。”通作“周”。《詩》“舟人之子”,箋:“舟當作周。”《考工記·總目》云“作舟以行水”,鄭注:“故書舟作周。”鄭衆云:“周當爲舟。”漢修《堯廟碑》云“委曲舟帀”、《韓勑後碑》云“舟口牆域”,並以“舟”爲“周”。“周”訓“帀徧”與“方”訓“旁行”,其義又同矣。

舫者,“方”之假音也。《詩》云“不可泳思”“不可方思”,又云“方之舟之”“泳之游之”,具有成文。故《爾雅》此及下條分釋之,蓋謂“方”本訓“泭”,亦舟之類,故即云:“方,舟也。”“泳”本訓“潛”,亦游之類,故即云:“泳,游也。”此皆《爾雅·釋言》之意。郭氏未達,以爲“並兩船”者,蓋據《釋水》之“方舟”爲併兩船,而欲移注此文,不思彼云“大夫方舟”,則“方舟”二字連讀,此加“也”字分釋,則别爲兩義,郭欲一之,蓋爲失矣。通作

“舫”。《文選·贈蔡子篤詩》云“舫舟翩翩”,李善注:“舫與方同。”按:古讀“方”若“旁”,亦若“謗”,《釋水》之“方舟”當讀若“謗”,“謗、併”聲轉也。此文當讀若“旁舟”,周流旁行也。《書》“方行天下”,即旁行也。

泳,游也。潛行游水底。

游者,“汓”之假音也。《説文》云:“汓,浮行水上也。汓或从囚聲作泅。”《列子·説符》篇云:“人有濱河而居者,習於水,勇於泅。”通作“游”。《禮·緇衣》云“故大人不倡游言”,鄭注:“游猶浮也。”《列子·黄帝》篇云“能游者可教也”、《詩·蒹葭》傳“順流而涉曰遡游”、《周禮·萍氏》云“禁川游者”,並以“游”爲浮水之名也。

泳者,《釋水》云“潛行爲泳”,郭注:“水底行也。”必知“泳”爲水底行者,《黄帝》篇云:“彼中有寶珠,泳可得也。商丘開復從而泳之,既出,果得珠焉。”據開得珠,不容浮行水上,故知“泳”爲潛行水底也。潛則非浮,而云“泳,游也”者,《方言》云“潛,沈也。楚郢以南或曰潛。潛又游也”,郭注:“潛行水中亦爲游。”此言與《爾雅》合矣。《説文》又云:“古或以汓爲溲。”溲,沈也,讀若“沬”。然則“汓”又爲“没”,“没”謂沈入水中,與潛行水底之義又合。

廹,及也。東齊曰廹。

及者,《釋詁》與“逮”俱云:“與也。”此篇下文又云:“逮,及也。”“逮”與“廹”同。通作“隶”。《説文》云:“隶,及也。”又通作“隸”。《説文》:“隸,及也。”引《詩》曰:“隸天之未陰雨。”今《詩》“隸”作“廹”。《摽有梅》《匏有苦葉》《伐木》俱作“廹”字。《方言》云:“廹,及也。東齊曰廹。”蓋“隸、逮”别作“廹”矣。

冥,幼也。幼稚者冥昧。

幼者,"窈"之假音也。《説文》云:"窈,深遠也。"《詩·關雎》傳:"窈窕,幽閒也。""窈、窕"疊韵。"窈"之言"幽","幽、窈"雙聲也。通作"窅"。《史記·項籍紀》集解:"徐廣曰:'窈,一作窅。'"又通作"杳"。《文選·西都賦》云"又杳窱而不見陽","杳窱"即"窈窕"也,故李善注:"窈與杳同。"又通作"幼"。"窈"从幼聲,因省作"幼"。故《詩·斯干》釋文:"幼,本或作窈。"正義云:"幼,《爾雅》亦或作窈。"是"窈"爲正體,"幼"爲借聲。《大戴禮·誥志》篇云"幽,幼也",亦以聲同爲義。郭注以"幼稚"爲言,蓋失之矣。

冥者,《説文》云:"幽也。""幽"亦幼,故《斯干》傳:"冥,幼也。""幼"亦窈,故正義引孫炎曰:"冥,深闇之窈也。"又引某氏曰:"《詩》'噦噦其冥'爲冥窈,於義實安。"然則毛傳之"冥幼",即"冥窈"審矣。且"冥、窈"連文,經典非一,《老子》云"窈兮冥兮,其中有精",《莊子·在宥》篇云"至道之精,窈窈冥冥",《史記·項籍紀》云"窈冥晝晦",《文選·魏都賦》云"雷雨窈冥而未半",皆《爾雅》"冥窈"之正文也。《文選·舞賦》云"獨馳思乎杳冥",李善注:"杳冥,謂遠而出冥也。"《莊子·逍遥遊》篇釋文引簡文注:"窅冥無極,故謂之冥。"《説文》云:"窅,窅冥也。"皆《爾雅》"冥窈"之異文也。《史記·司馬相如傳》云"紅杳渺以眩湣兮",索隱引晉灼云:"杳渺,深遠。"《楚辭·湘君》篇云"美要眇兮宜修",王逸注:"要眇,好貌。"按:"要眇"即"杳渺",蓋意態深遠之貌。"杳渺"又即"窈冥","冥、渺"一聲之轉。

降,下也。

下、降,《釋詁》並云:"落也。"此云:"降,下也。"轉相訓。

釋文:“降,古巷反,一音户江反。”按:降,古“户紅反”。下,户古反。“降、下”一聲之轉。

傭,均也。齊等。

均者,《釋詁》云:“易也。”《説文》云:“平徧也。”按:“均”之言“匀”也。匋者所用以旋轉調匀,故“均”又訓“調”也,“同”也。《詩》“秉國之均”,此即借匋爲言,故毛傳:“均,平也。”“六轡既均”,亦借匋爲比,故傳云:“均,調也。”通作“鈞”,又通作“旬”。“旬”亦徧也。

傭者,《説文》云:“均也,直也。”《詩》“昊天不傭”,傳:“傭,均也。”通作“庸”。釋文:“傭,《韓詩》作庸。庸,易也。”“易”亦均也。《公羊莊卅二年傳》“庸得若是乎”,何休注:“庸猶傭傭,無節目之辭。”《魏都賦》云“超百王之庸庸”,李善注:“庸謂凡常無奇異也。”是“庸”有均義。《玉篇》:“傭,恥恭切,均也,直也。又音庸,賃也。”“傭”與“鴻”聲義近,故《考工記》“摶身而鴻”,鄭注:“鴻,傭也。”“傭”亦均。鄭意蓋以龍蛇之屬,其身摶圜,前後均等,故訓“鴻”爲“傭”,義本《爾雅》。

强,暴也。强梁淩暴。

暴者,《説文》作“暴”,云:“疾有所趨也。”《玉篇》作“㬥”,云:“㬥猶秏也,猝也。今作暴。”《穀梁宣二年傳》“而暴彈之”,范甯注:“暴,殘暴。”通作“虣”。釋文:“暴,字又作虣,同,蒲報反。”《周禮·序官·胥師》注:“司虣,禁暴亂。”《文選·蕪城賦》注引《字書》云:“虣,古文暴字,强者。”《一切經音義》六引《蒼頡篇》云:“强,健也。”健捷與猝暴義近。通作“彊”。《詩·蕩》傳云:“彊禦,彊梁禦善也。”彊梁即麤暴。

宨,肆也。輕宨者好放肆。**肆,力也。**肆,極力。

肆者,《説文》云:"極陳也。""陳"之爲言"伸"也。"伸"有展放之意,故"肆"又訓"放"也,"縱"也。"縱"有舒長之意,故"肆"又訓"長"也,"緩"也。緩長有直遂之意,故"肆"又訓"直"也,"遂"也。是皆從陳義而生也。凡陳設必有區域,故縣鍾磬全爲"肆",《周禮·小胥》所言是也;市廛貨物所居亦爲"肆",《論語》"百工居肆"是也。是又從陳義而推也。

窕者,下文云:"閒也。""閒"有寬意,與深遠義近,故《説文》云:"窕,深肆極也。"既言"深"又言"肆"者,義本《爾雅》;言"肆"又言"極"者,肆之至極。"極"即"力"也。是《説文》以一句兼釋二義。郭云"輕窕者好放肆",蓋讀"窕"爲"佻",釋文因之,而云"窕,吐彫反",此皆誤矣。唯《説文》與《爾雅》義合,今據以訂正。

○"肆"又訓"力"者,"力"猶"極"也。《説文》:"肆,極陳也。""窕,深肆極也。"皆以"極、肆"連言,可知"肆"有極義,故《小爾雅》云:"肆,極也。"《左氏昭十二年傳》"昔穆王欲肆其心"、《周語》云"藪澤肆既"、《晉語》云"肆侈不違"、《吕覽·仲春紀》云"無肆掠"、《淮南·俶真》篇云"無所肆其能也",注皆訓"肆"爲"極"。"極"即盡力之義。故《説文》以"肆"爲"極",《爾雅》以"肆"爲"力",其義同。"力、極"之聲又近。

俅,戴也。《詩》曰:"戴弁俅俅。"

戴者,《説文》云:"分物得增益曰戴。"《釋名》云:"戴,載也,載之於頭也。"通作"載"。經典"載、戴"通用,《詩》"載弁俅俅",郭引亦作"戴"矣。

俅者,《説文》云:"冠飾皃。"引《詩》"戴弁俅俅",所引正與郭合。"服"亦戴也。《釋訓》云:"俅俅,服也。"郭注謂"戴弁服”，釋文：“俅，本亦作絿。”

瘞，幽也。幽亦薶也。

氂，罽也。毛氂所以爲罽。

罽者，“瀱”之假借也。《説文》云：“瀱，西胡毳布也。”又云：“紕氐人瀱也。”通作“罽”。《王會》篇：“伊尹四方令曰：正西紕罽爲獻。”《後漢書·西南夷傳》：“冉駹夷，其人能作旄氈斑罽。”蓋罽之有文者稱“斑”矣。

氂者，“毳”之譌文也。《説文》：“毳，獸細毛也。”《周禮·司服》注引鄭衆云：“毳，罽衣也。”然則鄭以“毳”爲“罽衣”，許以“瀱”爲“毳布”，證以釋文云“氂，李本作毳，昌鋭反”，可知《爾雅》古本“氂罽”作“毳罽”矣。“毳衣如菼”，經有成文，故此釋之。今本“毳”作“氂”。氂，《説文》以爲“犛牛尾”，非可作“罽”，經典借爲“豪氂”之“氂”，又以爲“毛氂”。故《一切經音義》九引《三蒼》云：“氂，毛也。”《書·禹貢》正義引舍人曰：“氂謂毛罽也。胡人續羊毛作衣。”又引孫炎曰：“毛氂爲罽。”《詩·韓奕》正義引郭璞云：“氂，音貍。”又引舍人，與《書》正義小異。舍人所以知罽爲羊毛作者，據《内則》云“羊泠毛而毳羶”。《一切經音義》二引《三蒼》云：“毳，羊細毛也。”又引《字林》義同。然則羊毛細者稱“毳”，舍人所據《爾雅》本正作“毳”，與李巡同，唯郭本誤作“氂”，有“氂音貍”三字，可證正義引舍人及孫炎亦作“氂”，蓋因郭本作“氂”致誤耳。

烘，燎也。謂燒燎。**煁，烓也。**今之三隅竈，見《詩》。

燎者，《説文》云：“放火也。”《廣雅》云：“燒也。”“燒、燎”義同。在野曰“野燒”，在庭曰“庭燎”，其義一耳。

烘者，《詩》“卬烘于煁”，傳：“烘，燎也。”正義引舍人曰：

"烘,以火燎也。"釋文:"烘,火東反,徐又音洪,《説文》巨凶、甘凶二反,孫炎音恭。"《爾雅》釋文:"郭巨凶反。"餘音略同。今按:"烘"从共聲,孫音是也,今讀"火東反"矣。

○烓者,《説文》云:"行竈也。从圭聲。讀若冋。"《玉篇》"口冋、烏圭"二切。釋文引顧與《玉篇》同,"郭音恚,《字林》口穎反",《詩》釋文又"丘弭反"。《詩》正義云:"烓者,無釜之竈,其上然火,謂之烘。本爲此竈,上亦然火照物,若今之火爐也。"按:此火爐蓋如今燒炭所用,郭云"三隅竈"者,蓋如今之風爐,形如筆筩,缺其上,口爲三角以受風,謂之"風竈"。形制大小隨人所爲,舟車皆可攜帶,故《説文》謂之"行竈"也。又今登萊人謂竈爲"鬲(音鍋)烓",其音正作"口穎切",此古音矣。

煁者,《説文》云:"烓也。"《玉篇》云:"竈也。"《詩·白華》傳:"煁,烓竈也。"正義引舍人與毛傳同。

陪,朝也。陪位爲朝。

朝者,《曲禮》云:"天子當宁而立,諸公東面,諸侯西面曰朝。"《白虎通》云:"朝者,見也。"《大宗伯》云"春見曰朝",鄭注:"朝猶朝也,欲其來之早。"然則"朝"兼朝旦爲義也。《文選·古意酬到長史溉登琊邪城》詩云"金溝朝灞滻",李善注:"小水入大水曰朝。"《説文》作"淖",云:"水朝宗于海。"是"朝"又取水淖爲義也。

陪者,《説文》云:"重土也。"《玉篇》云:"貳也,隨也,加也,助也,益也。"是"陪"有加益之義,朝亦所以助益人君,如土壤增崇於山、細流益潤於海,故參乘曰"陪乘",加鼎曰"陪鼎",侍朝曰"陪位",皆其義矣。"陪、培"通。

康,苛也。謂苛刻。

苛者,《説文》云:“小艸也。”按:“苛”爲小艸,故又爲細也,煩也,重也,又擾也。《一切經音義》十六引《國語》賈逵注云:“苛猶擾也。”通作“荷”。經典多借“荷”爲“苛”,如《晏子春秋·諫上》篇云“執法之吏並荷百姓”、《漢衙彈碑》云“吏無荷擾之煩”,皆以“荷”爲“苛”也。

康者,《釋器》云:“康謂之蠱。”“康”亦細碎,與苛擾義近,聲又相轉。

樊,藩也。謂藩籬。

藩者,《詩》“价人維藩”,傳:“藩,屏也。”《一切經音義》廿引《蒼頡篇》云:“藩,蔽也。”《易·大壯》馬融注:“藩,籬落也。”通作“蕃”。《詩》“四國于蕃”,“蕃”即“藩”字之省。故《大司徒》“九曰蕃樂”,杜子春讀“蕃樂”爲“藩樂”,《大司馬》“蕃畿”即《職方》之“藩服”矣。

樊者,“棥”之假借也。《説文》云:“棥,藩也。”通作“樊”。《詩》“折柳樊圃”“止于樊”,傳並云:“樊,藩也。”正義引孫炎曰:“樊,圃之藩也。”按:“樊”又訓“邊”也,“傍”也,“崖”也,皆從藩籬之義而生也。“止于樊”,《説文》引作“止于棥”,《漢書·昌邑王傳》作“止于藩”,《史記·滑稽傳》作“止于蕃”,並同聲通借字。

賦,量也。賦税所以評量。

量者,《説文》云:“稱輕重也。”《玉篇》“力姜、力尚”二切,釋文亦具二音。《周禮·序官·量人》注:“量猶度也。”《禮運》“月以爲量”,鄭注:“量猶分也。”《華嚴經音義》上引《國語》賈逵注:“量,分齊也。”

賦者,《説文》云:“斂也。”《詩·烝民》傳:“賦,布也。”《吕覽·分職》篇注:"賦,予也。"《方言》云:"賦、與,操也。"是"賦"兼取予,其義則皆爲量也,故《魯語》云:"賦里以入而量其有無。"然則賦斂、賦税即爲量入,賦布、賦予即爲量出。"賦"之爲言"橅"也。橅揣料量,郭注但以"賦税"爲言,失之。

粻,糧也。今江東通言粻。

糧者,《説文》云:"穀也。"《詩》:"乃裹餱糧。"又爲乾食之名。故《周禮·廩人》注:"行道曰糧,謂糒也。"是"糧"爲總名。通作"粮"。《玉篇》云:"粮同糧。"《公劉》釋文:"糧,本亦作粮。"《論語》釋文:"糧,鄭本作粻。"是"粻、糧"又通矣。

粻者,《詩》"以峙其粻"、《王制》云"五十異粻",箋注並云:"粻,糧也。"《雜記》云"載粻",鄭注:"粻,米糧也。"是"粻"亦兼二義。通作"餦"。《集韵》:"餦與粻通。"《方言》云:"餅或謂之餦餛(長渾兩音)。"是乾食亦名"粻"。

庶,侈也。庶者,衆多,爲奢侈。**庶,幸也。**庶幾,僥倖。

侈者,《説文》云:"奢也。"《玉篇》云:"泰也。"《集韵》引《字林》云:"汰也。""汰"亦泰。"泰"即大,"侈泰"即侈大也。通作"移"。延移與侈大義近,又俱从多聲也。

庶者,《釋詁》云:"衆也。"衆多即侈泰。故《公羊成十年傳》:"婦人以衆多爲侈也。"《楚語》云:"不陳庶侈。"通作"彤"。《詩》"爲豆孔庶",箋:"庶,彤也。"正義引舍人曰:"庶,衆也。彤,多也。"又引孫炎曰:"庶,豐多也。"釋文:"彤,字又作侈。"

○幸者,《説文》作"㚔",云:"吉而免凶也。"《晉語》云:"德不純而福禄並至謂之幸。"《小爾雅》云:"非分而得謂之幸。"《華嚴經音義》上引《韵圃》云:"幸,賴也。"又引《公羊傳》劉兆注:"幸,遇也。"遇偶、賴利,亦與僥倖義近。"庶"又爲幸者,《説文》云:"钦,夅也。""钦"猶"覬"也。"覬"亦幾也。庶幾皆僥倖之意。

筑,拾也。謂拾掇。

拾者,《説文》云:"掇也。""掇,拾取也。"《匡謬正俗》云:"拾者,猶言一一拾取。"按:射著臂韝以斂衣遂弦,謂之爲"拾",亦取收拾爲義也。

筑者,《書》云:"盡起而築之。"釋文及正義引馬、鄭、王皆云:"築,拾也。"《史記·魯世家》集解引馬融曰:"禾爲木所偃者,起其木,拾其下禾。"通作"筑"。《金縢》釋文:"築,本亦作筑。"又通作"督"。《小爾雅》云:"督,拾也。"又省作"叔"。《説文》云:"叔,拾也。"《詩》"九月叔苴"毛傳同。

奘,駔也。今江東呼大爲駔。駔猶麤也。

此有二本,郭本作"奘,駔也",《説文》:"奘,駔大也。""奘"與"壯"同。《釋詁》云:"壯,大也。"此皆郭義所本;樊光、孫炎本並作"將,且也","將、且"皆未定之詞,故《秦策》云"城且拔矣"、《吕覽·音律》篇云"陽氣且泄"、《淮南·時則》篇云"雷且發聲",高誘注並云:"且,將也。""且"既訓"將","將"亦訓"且"。故《詩》"方將萬舞""將恐將懼",箋並云:"將,且也。"《燕燕》及《簡兮》《丰》《楚茨》《文王》《既醉》《烝民》《敬之》傳並云:"將,行也。"《樛木》《那》《烈祖》箋並云:"將猶扶助也。""行"與"助"有趑趄之意。"趄、且"古字通,古讀"且"七余切。"將、且"聲轉,故同義同訓。《檀弓》云"夫祖者,且也",鄭注:"且,未定之辭。"是亦以"且"爲"將"。"且"音"七余切",今讀"七也切",非古音矣。此皆樊、孫所本,郭氏不從,據"奘,駔"别本爲之作注,但"奘,駔"理新而於經典無會,"將,且"習見而爲經典常行。《廣雅》亦作"將,且",所據蓋即樊、孫之本。唯沈旋《集注》作"奘,𤰞也",合"將且"爲一字,猶依郭本"奘"字,意在兩存,則誤甚矣。賴有釋文備列諸家,今得依以申明古義,用祛疑惑焉。

集,會也。

會者,《釋詁》云:"合也。"《公羊隱元年傳》:"會猶最也。"《月令》及《樂記》注:"會猶聚也。""聚、最"古字通,皆合衆之詞。諸侯相見曰"會",亦合衆之稱也。

集者,《説文》以爲"雧"字之省,云:"羣鳥在木上也。""集"从雥,雥,三隹也;"會"从亼,亼,三合也。故"會、集"其義同。《詩·小毖》箋:"集,會也。"《小旻》及《大明》傳並云:"集,就也。"成就與會合義近,"集、就"與"聚、最"聲又相轉。

舫,泭也。水中簰筏。

泭者,《説文》云:"編木以渡也。"《方言》云:"泭謂之簰,簰謂之筏。筏,秦晉之通語也。"《楚辭·惜往日》篇注:"編竹木曰泭。楚人曰泭,秦人曰橃也。"按:"橃"即"筏"字。《詩·漢廣》釋文引郭云:"木曰簰,竹曰筏。小筏曰泭。"不同者,泭、筏、簰皆同類,其竹木隨地所宜耳。釋文:"泭,本亦作漨。又作桴,或作柎,並同。"又引"樊光《爾雅》本作柎"。今《爾雅》釋文樊本作"坿","坿"即"柎"字之誤矣。

舫者,亦"方"之假借也。上訓"舟",此訓"泭"者,泭、舟同類。《釋水》云"士特舟,庶人乘泭",《齊語》云"方舟設泭",皆其義也。《詩》"不可方思""方之舟之",傳箋並云:"方,泭也。"正義引孫炎云:"方,水中爲泭筏也。"《爾雅》釋文:"方,樊本作坊。""坊"蓋"枋"字之誤。"枋"與"舫"同,見《史記·張儀傳》

索隱。

洵,均也。謂調均。**洵,龕也。**未詳。

均者,已詳上文。

洵者,“旬”之假借也。《説文》云:“旬,徧也。”“徧”即均,故又云:“均,平徧也。”十日爲旬,“旬”之言“宣”也。“宣、徧”亦見上文。《詩》“來旬來宣”,傳:“旬,徧也。”“其下侯旬”,傳:“旬,言陰均也。”《易》“雖旬无咎”、《管子·侈靡》篇云“旬身行”,注皆以“旬”爲“均”也。“旬、均”古通用。故《内則》云“旬而見”,鄭注:“旬當爲均,聲之誤也。”《易·説卦》“坤爲均”,今亦或作“旬”也。《周禮·均人》注亦同玆説。今按:“雖旬無咎”,釋文“旬,荀作均”,亦其證矣。通作“洵”。《詩》“洵直且侯”,傳:“洵,均也。”《桑柔》正義云:“某氏引此詩,李巡曰:‘洵,徧之均也。’”又通作“詢”。《尚書大傳》云“詢十有二變”,鄭注:“詢,均也。”

○“洵”又訓“龕”者,借“洵”爲“恂”,恂,信也;借“龕”爲“堪”,堪,任也,言信可堪任也。此義本錢氏《答問》,今依用之。釋文:“龕,字或作含,本今作龕。”按:“龕”上从今,即“含”字之省,含亦聲。今《説文》从含聲誤,宜訂正。“龕”或作“含”者,《方言》云:“鉿、龕,受也。齊楚曰鉿,楊越曰龕。受,盛也,猶秦晉言容盛也。”然則容受與堪任義近。釋文作“含”,與《方言》合。

逮,遝也。今荆楚人皆云遝,音沓。

遝者,《説文》云:“迨也。”《玉篇》云:“迨、遝,行相及。”《方言》云:“遝,及也。關之東西曰遝,或曰及。”然則“遝、逮”俱訓“及”,“逮、遝”聲又相轉。釋文云:“遝,孫、郭徒答反。”又云:

“沓,與上同,亦徒答反。”今按:宋雪窗本及明吴元恭本郭注“逻”下俱有“音沓”二字,今本則無,據釋文則唐以前本有之,今補。

是,則也。是事可法則。

則者,《釋詁》云:“法也。”

是者,“徥”之假音也。《説文》云:“徥徥,行皃。”引《爾雅》曰:“徥,則也。”《詩》“好人提提”,《釋訓》作“媞媞”,與此義合。《方言》云:“徥,行也。”又云:“自關而西秦晉之閒,凡細而有容謂之嫢,或曰徥。”《説文》云:“嫢,媞也。”是“媞、徥”古字通。然則儀容行動俱謂之“徥”,容止可法故謂之“則”,正與下文“威,則也”同義。“徥”从是聲,因省作“是”,郭蓋未檢《方言》《説文》,故緣詞生訓耳。

畫,形也。畫者爲形象。

形者,《説文》云:“象形也。”《釋名》云:“形,有形象之異也。”按:容色體貌皆形之類。“形”謂表見,故又訓“見”也。

畫者,《釋名》云:“繪也,以五色繪物象也。”《説文》云:“畫,介也。象田四介,聿所以畫之。”按:畫繪之事起於古之畫井經田。古者山川域地皆有圖畫,《周禮》一書言“圖”非一,《遂人》云“以土地之圖經田野造縣鄙形體之灋”,鄭注:“形謂制分界也。”然則田有界畫以觀縣鄙之形體,地有圖畫以寫天下之形勢,物有圖畫以盡萬物之形容,此皆“畫”訓“形”之義也。

賑,富也。謂隱賑富有。

富者,《説文》云:“備也。一曰厚也。”《論語·顔淵》篇集解及皇侃疏並云:“富,盛也。”按:“富”从畐聲,有盛滿之義也。

賑者,《説文》云:“富也。”郭云“隱賑富有”,“隱”與“殷”

同。"殷"訓"衆盛",故《文選·西京賦》云"鄉邑殷賑",薛綜注:"殷賑,謂富饒也。"《蜀都賦》云"邑居隱賑",劉逵注:"隱,盛也。賑,富也。"《羽獵賦》云"殷殷軫軫",李善注:"殷軫,盛貌也。"是"殷軫"即"隱賑",音轉字變,又爲"賱賰"(於尹、式尹二切)。《玉篇》云:"賱賰,富有也。"是皆疊韵之字,其義即存乎聲也。

局,分也。謂分部。

分者,《説文》云:"别也。"《淮南·本經》篇云"各守其分",高誘注:"分猶界也。"《禮運》注:"分猶職也。"《樂記》注:"分猶部曲也。"皆有分别之義也。

局者,《説文》云:"促也。从口在尺下,復局之。一曰博所以行棊。"按:局促即守分位之意,博局亦有分限,故《曲禮》云"左右有局",鄭注:"局,部分也。"《詩·正月》傳:"局,曲也。"《采緑》傳:"局,卷也。"卷曲亦局促也。《小爾雅》及《廣雅》並云:"局,近也。"迫近亦局促也。

懠,怒也。《詩》曰:"天之方懠。"

怒者,《説文》云:"恚也。"《匡謬正俗》云:"怒字古讀有二音。"按:古音不分上去,二音實一音也。

懠者,《詩·板》傳云:"怒也。"正義引舍人曰:"懠,怒聲也。"舍人知"怒"爲聲者,《素問·五運行大論》云"其志爲怒",王砯注:"怒,直聲也。"是怒亦有聲,然非通義。

㞈,聲也。謂聲音。

"聲"亦音也。通作"磬"。《大射儀》注:"古文聲爲磬。"按:《説文》"聲"从殸聲,殸,籀文"磬"也。

㞈者,《説文》云:"聲也。讀若屑。"《玉篇》云:"㞈,小聲也。《字書》徦同。”釋文云：“僁，動草聲也。字又作徦。”《廣韵》同。又“鷙鳥之聲。又僁僁，呻吟也”。《龍龕手鑑》一作“徦徦，呻吟也”。今按：《説文》《玉篇》但言“聲”，《廣韵》乃有“鷙鳥”“動草”“呻吟”之説，今並未聞。“徦”即“屑”之或體。“屑”从㕣聲，與“僁”从悉聲音本相近，郭讀音“契”，則聲轉矣。通作“屑”。《漢書·武帝紀》云：“著見景象，屑然如有聞。”“屑”即“僁”也。《祭義》云：“肅然必有聞乎其容聲。”“肅、僁”聲亦相轉。

葵，揆也。《詩》曰：“天子葵之。”**揆，度也。**商度。

揆者，《説文》云：“葵也。”按：此雖本《爾雅》，但《爾雅》本爲解經，經有“葵”字乃“揆”之假借，故此釋云“葵”即“揆”也，亦如“甲，狎”“幕，暮”之例。至於《説文》本爲訓義，不主假借，當言“揆，度”，而言“揆，葵”，則義反晦矣，疑此許君之失也。

葵者，《詩》“天子葵之”“則我莫敢葵”，傳箋並云：“葵，揆也。”

○度者，《釋詁》云：“謀也。”經典“揆”俱訓“度”。《一切經音義》九引孫炎曰：“揆，商度也。”

逮，及也。

惄，飢也。惄然，飢意。

惄者，《釋詁》云：“思也。”《説文》云：“憂也。”“憂、思”義同。又訓“飢”者，蓋言憂思之意迫切如飢耳。故《詩·汝墳》傳云：“惄，飢意也。”“意”即“思”，故箋云：“惄，思也。”《説文》以“惄”爲“飢餓”，“餓”蓋“意”字之誤，本於毛傳也。正義引李巡曰：“惄，宿不食之飢也。”蓋本毛傳“朝飢”，而於《詩》及《爾雅》意又失也。知者，《詩》有二“惄”，“惄焉如擣”,毛亦訓“思”,可知“飢”非“惄”之本義。

眕,重也。謂厚重,見《左傳》。

眕者,《説文》云:“目有所恨而止也。”《玉篇》作“目有所限而止”。“限”謂隔閡,故耳有所限謂之“重聽”,目有所限今謂之“蒙視”。“蒙”亦重矣。

重者,重也,累也。郭引《左氏隱三年傳》“憾而能眕者鮮矣”,杜預注:“恨則思亂,不能自安自重。”經典“眕”字唯此一見。通作“疹”。《詩·雲漢》釋文:“瘨,《韓詩》作疹,恥吝反,云:‘重也。’”按:疹,籀文“胗”字。《一切經音義》六引《三蒼》云:“胗,腫也。”“腫”與“重”聲義同。

獵,虐也。淩獵,暴虐。

虐者,《説文》云:“殘也。”“殘”兼暴、害、賊、惡諸義。

獵者,畋獵逐禽,亦爲殘害於物也。邵氏《正義》云:“古者以殺爲虐。《書·吕刑》‘惟作五虐之刑’,《墨子·尚同》篇作‘惟作五殺之刑’。《左氏宣十五年傳》:‘虐我伯姬。’獵訓爲虐,與《釋詁》‘獮,殺也’義同。”

土,田也。别二名。

田者,《説文》云:“陳也。樹穀曰田。”《一切經音義》一引《蒼頡篇》云:“田,種禾稼也。”《釋名》云:“已耕者曰田。田,填也,五稼填滿其中也。”

土者,《釋名》云:“土,吐也,能吐生萬物也。”然則“土”爲田之大名,“田”爲已耕之土,對文則别,散則通也。

戍,遏也。戍守所以止寇賊。

遏者,《釋詁》云:“止也。”《一切經音義》一引《蒼頡篇》云:“遏,遮也。”按:“遮”謂遮迾守之,與“戍”義正同。

戍者,《説文》云:"守邊也。从人持戈。"《詩·揚之水》傳:"戍,守也。""守"有止定之義,又有遮迾之義,皆與"遏"同意。

師,人也。謂人衆。

人者,統詞也。對衆而言則"人"爲寡詞,《周語》云"人三爲衆",是也;對寡而言則"人"爲衆詞,《穀梁莊十七年傳》"人者,衆辭",是也。《爾雅》此義,即本之《穀梁》。

師者,《釋詁》云:"衆也。"二千五百人爲師,是"師"爲人衆之稱。

硈,鞏也。硈然,堅固。

硈者,釋文云"苦角反",則當作"硞"。但《説文》"硞,石聲",與"鞏"義遠。"硈"訓"石堅",則與"鞏"近。《釋詁》"劼、鞏"並云"固也",釋文:"劼或作硈,古黠反。"是"劼、硈"通,疑此作"硈"是也。

棄,忘也。

忘者,《説文》云:"不識也。""不識"即今云"不記得"。

棄者,《説文》云:"捐也。"捐棄與遺忘義近。"忘"猶"亡"也,"棄"猶"去"也。"去、亡"義又同。經典"棄"訓"忘"者,如《詩》"將安將樂,女轉棄予",言安樂相忘也。又云"棄予如遺",對上"寘予于懷"而言,忘我之甚,如遺失物也。故下遂言"忘我大德",以結上二章,傳箋或失之。又《左氏昭十三年傳》"南蒯子仲之憂,其庸可棄乎",亦以"棄"爲忘也。

囂,閑也。囂然,閑暇貌。

閑者,"閒"之假借也。經典"遊閒、燕閒"及"閒習、閒暇",通假爲"閑"。故《詩·十畝之閒》釋文:"閒,本亦作閑。"《史記·留侯世家》云"良嘗閒從容步遊下邳圯上",索隱曰:"閒,閑字也。”

囂者,《説文》云:“聲也。”《詩》“選徒囂囂”,《左氏成十六年傳》“在陳而囂,合而加囂”,又“甚囂,且塵上”,並以“囂”爲聲也。軍中無聲,好整以暇,唯選數車徒,囂囂有聲。然仍閒暇整齊,是“囂”爲聲之閒也,故《爾雅》釋以“囂,閑”。“囂、閑”又一聲之轉。釋文:“囂,許嬌反。”此音是也。又“五刀反”,非矣。“五刀”乃“敖”字之音,應在《釋訓》,釋文此“囂”讀如字。

謀,心也。謀慮以心。

心者,《釋名》云:“心,纖也,所識纖微,無物不貫也。”《白虎通》云:“心之爲言任也。”《管子·心術》篇云:“心者,智之舍也。”然則智藏於心,心任於思,思與智即謀慮所從出矣。

謀者,《説文》云:“慮,謀思也。”本《釋詁》文。《洪範》云“聰作謀”,此云“謀,心也”者,《論衡·超奇篇》云:“心思爲謀。”謀、心、思於《易》並屬《坎》。

獻,聖也。《謚法》曰:“聰明睿智曰獻。”

《白虎通》云:“聖者,通也,道也,聲也。”《詩·凱風》傳:“聖,叡也。”《洪範五行傳》云:“心之不睿,是謂不聖。”

獻者,《莊子·大宗師》篇釋文引向秀注:“獻,善也。”《論語·八佾》篇集解引鄭注:“獻猶賢也。”“賢、善”皆與“聖”近。故《賈子·道術》篇云:“且明且賢,此謂聖人。”《謚法》云:“稱善賦簡曰聖。”“聰明叡哲曰獻。”蔡邕《獨斷》“叡哲”作“睿智”,郭注本此。

里,邑也。謂邑居。

《説文》云:“邑,國也。”《釋名》云:“邑猶俋也。邑人聚會之稱也。”《小司徒》注:“四井爲邑,方二里。”《初學記》引《尚書大傳》"五里爲邑",《管子·小匡》篇"六軌爲邑"。不同者,以《周禮》"九夫爲井"準之,四井則三十六家;以《管子》"五家爲軌"計之,六軌則三十家。故《齊語》云:"制鄙三十家爲邑也。"然《論語》又云"十室之邑""千室之邑",蓋"邑"爲通名,大不過千室,小不過十家,其中容有畸零,"十"與"千"舉成數耳。

里者,《説文》云:"居也。"《御覽》一百五十七引《風俗通》云:"里者,止也。""止"即居,故《左氏襄九年傳》正義引李巡云:"里,居之邑也。"《遂人》云:"五鄰爲里。"里二十五家也;《小匡》篇云:"十軌爲里。"里五十家也。《古微書》引《論語讖考》文云:"古者七十二家爲里。"《公羊宣十五年傳》注:"一里八十户。"《雜記》注引《王度記》云:"百户爲里。"《管子·度地》篇亦云:"百家爲里。"是里數不同,亦猶邑名靡定。古者"邑、里"通名。故《詩》"于蹶之里",傳云:"里,邑也。"《里宰》云"掌比其邑之衆寡",鄭注:"邑猶里也。"是"邑、里"通。

襄,除也。《詩》曰:"不可襄也。"

《玉篇》云:"除,去也,開也。"《曲禮》注:"除,治也。"《周禮·典祀》注:"修除,芟埽之。"是"除"又兼埽除、芟除爲義也。

襄者,《謚法》云:"辟地有德曰襄。""辟"即開除之義。《説文》引"漢令,解衣而耕謂之襄"。"耕"亦芟除之義。故《詩·牆有茨》及《出車》傳並云:"襄,除也。"通作"攘"。《離騷》云"忍尤而攘詬",《詩·車攻序》"外攘夷狄",《史記·龜策傳》"西攘大宛",並以"攘"爲除也。《龜策傳》集解:"徐廣曰:'攘,一作襄。'"是"襄、攘"通。《爾雅》釋文:"襄,或而羊反。""而羊"即"攘"字之音。

振,古也。《詩》曰:"振古如兹。"猶云久若此。

古者,《釋詁》云:"故也。""故"有久舊之義。

振者,聲近"麈"。《釋詁》云:"麈,久也。""久、故"與"古"義近。《詩·載芟》傳:"振,自也。""自"有始義,亦與"古"近,箋云:"振亦古也。"皆本《爾雅》,故正義云:"毛義與鄭不殊。"郭云"久若此"者,本《詩·南有嘉魚》,箋云:"烝,麈也。""麈然"猶言"久如"也。

懟,怨也。

縭,介也。縭者繫,介猶閡。

介者,《説文》云:"畫也。"《文選·魏都賦》注引《韓詩章句》云:"介,界也。"是"介"訓"界、畫",即分別之義也。

縭者,《説文》云:"以絲介履也。""介"字義本《爾雅》,亦取分限爲義也。釋文引李、孫、顧、舍人本並云:"縎,羅也。介,别也。"按:字書無"縎"字,《集韵》"補,或作縎",與《爾雅》不合。今以"縎"訓"羅"推之,疑"縎"即"縭"之譌。"縭"猶"離"也。"離、羅"聲轉,而義亦同。故《方言》云:"羅謂之離,離謂之羅。"然則"離"訓爲"羅","介"訓爲"别",正與李、孫、顧、舍人之義合矣。臧氏琳《經義雜記》廿五以"縎"爲"縛"字之譌,"束縛"有羅維意。郭義亦通,蓋所傳本異也。

號,謼也。今江東皆言謼。

謼者,《説文》云:"評,謼也。"通作"嘑"。《説文》:"嘑,唬也。"《周禮·雞人》云:"夜嘑旦。"又通作"虖"。《説文》:"虖,哮虖也。"按:"哮虖"猶"號謼"也。又通作"呼"。《曲禮》云"城上不呼",釋文:"呼,號叫也。"《詩·蕩》釋文:"呼,崔本作謼。"《爾雅》釋文:"謼,又作呼。"

號者,《詩·碩鼠》傳:"呼也。"《説文》同。通作"諕"。《説文》云:"謕,號也。"又通作"唬"。《冀州從事郭君碑》云:"卜商唬咷。"即《易》云"號咷"也。

凶,咎也。

苞,稹也。今人呼物叢緻者爲稹。

稹者,《説文》云:"穜概也。"引《周禮》曰:"稹理而堅。"《考工記》注:"稹,致也。"《詩·鴇羽》箋:"稹者,根相迫迮捆致也。""致"與"緻"同,"稹"與"縝"同。故《聘義》云"縝密以栗",鄭注:"縝,緻也。"《鴇羽》釋文:"稹,本又作縝。"

苞者,《釋詁》云:"豐也。"是豐之稹也。《鴇羽》傳:"苞,稹也。"正義及《書·禹貢》正義並引孫炎曰:"物叢生曰苞,齊人名曰稹。"《文選·六代論》注引《易》鄭注云:"苞,植也。""植"即"稹"之形譌耳。

逜,寤也。相干寤。

寤者,臧氏琳以爲"啎"之假借也。啎者,《説文》云:"逆也。"通作"迕"。《一切經音義》七引《聲類》云:"迕,逆不遇也。"又通作"悟"。《史記》《漢書》注並云:"悟,逆也。"皆"啎"之通借也。

逜者,當作"午"。釋文:"孫本逜字作午。"此蓋古本,證以《説文》云:"午,啎也,五月陰氣午逆陽冒地而出。"是"午"爲啎逆,孫炎義與《説文》同。故臧氏《經義雜記》六本此爲説,又引《史記·鄭世家》,以爲"寤生"者,謂啎逆難生,久不得下,故驚武姜也。然則"寤"之言"啎",因其啎逆,故名之曰"寤生",遂惡之,《左傳》與《史記》義尤合矣。

顁,題也。題,額也。《詩》曰:"麟之定。"

題者,《説文》云:"頟也。"《莊子·馬蹏》篇云"齊之以月題”，釋文引司馬、崔云：“題，馬領上當顱如月形者也。”“題、顛”聲轉，故《詩·麟趾》傳釋文“題，本作顛”矣。

頲者，即下文云“顛，頂也”。“顛、頂、頲”又一聲之轉。釋文：“頲，字又作定。”《詩》釋文：“定，《字書》作頲。”今按：作“定”爲正。

猷、肯，可也。《詩》曰：“猷來無棄。”肯，今通言。

可者，《説文》云：“肯也。”按：意所善曰“可”。故《檀弓》云“夫子曰可也”，鄭注：“善其能廉。”意已盡亦曰“可”。故《少儀》云“即席曰可矣”，鄭注：“可猶止也。”然則“可”兼意盡、未盡二義，凡言“可矣”，意已盡之詞也；或言“可也”，意未盡之詞也。《論語》“期月而已可也”，皇侃疏：“可者，未足之辭。”是未足之辭亦得言“可”，但意猶未盡耳。

猷者，上文云：“若也。”《釋詁》云：“已也。”“已”訓“止”，則與“可”訓“止”近；“若”訓“善”，又與“可”訓“善”近。“猷”與“猶”通。故《詩》“猶來無止”“之子不猶”，傳並云：“猶，可也。”《公羊·文六年》《宣八年》傳並云：“猶者何？通可以已也。”《穀梁傳》云：“猶之爲言可以已也。”又云：“猶者，可以已之辭也。”是皆“猶”訓“可”之證，亦“猶”兼已、若二義之證。“猶”者意未盡，又與“可”訓“未足”之義合矣。

肯者，《春秋宣四年經》云：“公及齊侯平莒及郯，莒人不肯。”不肯，即不可也。《詩》“惠然肯來”“噬肯適我”，箋並云：“肯，可也。”《齊策》云“客肯爲寡人來靖郭君乎”，高誘注亦云：“肯猶可也。”“可”之言“快”也，“快意”即“可意”。“快、可、肯”俱一聲之轉。

務，侮也。《詩》曰：“外禦其侮。”

侮者,《説文》云:"傷也。""傷"當作"傷"。傷,輕也。《玉篇》云:"侮,慢也。"《方言》云:"秦晉之閒罵奴婢曰侮。"然則侮人而以奴婢遇之,輕慢之甚也。

務者,"侮"之假音也。《詩》"外禦其務",《左氏僖廿四年傳》及《周語》並作"外禦其侮",是"侮"借爲"務"。故《詩·常棣》箋本《爾雅》云:"務,侮也。"明"務"即"侮"字,非以"侮"訓"務"也。經典此例極多,如《爾雅》"甲,狎""幕,暮"之類皆是。

貽,遺也。相歸遺。

遺者,《説文》訓"亡",經典以爲"饋遺"字。《曲禮》云"凡遺人弓者"、《楚辭·湘君》篇云"將以遺兮下女",釋文及王逸注並云:"遺,與也。"《詩·北門》傳:"遺,加也。""加"亦與也。

貽者,"詒"之或體也。《説文》云:"詒,遺也。"《詩·雄雉》《天保》傳及《谷風》《小明》《思文》《有駜》箋,又《梓人》及《表記》注並云:"詒,遺也。"《文王有聲》箋:"詒猶傳也。"傳付亦遺與也。通作"台"。《釋詁》云:"台,予也。""台"即"詒","予"即"與"也。别作"貽"。《詩·雄雉》及《静女》釋文並云:"貽,本作詒。"《斯干》釋文又云:"詒,本作貽。"蓋"貽、詒"二字,經典通用,實則"詒"爲正體,"貽"乃别體耳。

貿,買也。廣二名。

賄,財也。

財者,《説文》云:"人所寶也。"《玉篇》云:"所以資生者納財,謂食穀也,貨也,賂也。"《大宰》"以九賦斂財賄",鄭注:"財,泉穀也。"《坊記》"先財而後禮",注:"財,幣帛也。"然則"財賄"實泉、帛、穀、粟之通名矣。

賄者,《説文》及《詩·氓》傳並云:"財也。"《玉篇》:"贈送財也。"《聘禮》注:"賄,予人財之言也。"然則經典言"賄"實兼財、贈二義,《爾雅》但云"財"者,"財、賄"通名,贈人以財亦爲賄也。

甲,狎也。謂習狎。

狎者,《釋詁》云:"習也。"

甲者,《詩·芄蘭》傳:"甲,狎也。"言"甲"即"狎"字。釋文:"甲,《韓詩》作狎。"是韓用本字,毛假借也。

菼,騅也。菼,薍也。《詩》曰:"毳衣如菼。"菼草色如騅,在青白之閒。

"菼,薍"見《釋草》。此云"騅"者,《説文》云:"菼,萑之初生,一曰薍,一曰鵻。"《詩·大車》傳:"菼,騅也。"箋云:"菼,薍也。"皆本《爾雅》。騅,釋文从馬旁,云:"如騅馬色也。"《詩》正義从鳥旁,《鄭志·答張逸》云:"鵻鳥青,非草色,薍亦青,故其青者如鵻。"是蓋正義所本。馬瑞辰説鄭君據毛傳本作"鵻",从鳥旁,不从馬旁,釋文蓋據《爾雅》改毛傳也。

粲,餐也。今河北人呼食爲餐。

《説文》云:"餐,吞也。""飡,餔也。"是二字義别。郭本作"餐",釋文作"飡",故云:"飡,本又作餐。《字林》作飡,云:'吞食。'"然"吞"是"餐"之訓,而以詁"飡"則非。《詩·緇衣》釋文亦云:"餐,飡也。"此皆非矣。

粲者,《漢書·惠帝紀》注:"應劭曰:'坐擇米使正白爲白粲。'"是"粲"爲米名,非食名,《爾雅》以"粲"爲"餐",明其假借,蓋據《詩》言"授子之粲",即謂與之以食。知者,《詩》言"素餐",猶"素食"耳。

渝,變也。謂變易。

《說文》云:“變,更也。”“渝,變汙也。”《詩·羔裘》傳及《板》箋並云:“渝,變也。”通作“輸”。《廣雅》云:“輸,更也。”“更”亦變也。《左氏隱六年經》“鄭人來渝平”,傳云:“更成也。”《公羊》《穀梁》“渝”並作“輸”,傳云:“輸,墮也。”墮壞亦變更之義。《爾雅》釋文:“渝,舍人作繻。”“繻”蓋“渝”之或體,見《玉篇》。

宜,肴也。《詩》曰:“與子宜之。”

肴者,《說文》云:“啖也。”《玉篇》云:“俎實,又啖肉也。”按:“肴”从肉,故訓“啖肉”,知《說文》“啖”下脱“肉”字。《初學記》廿六引《說文》作“肴,雜肉也”,此蓋别本。《廣雅》云:“肴,肉也。”通作“殽”。經典“殽、肴”通用,《詩》《禮記》《公羊》釋文詳矣。

宜者,《詩》“與子宜之”,傳:“宜,肴也。”正義引李巡曰:“宜,飲酒之肴也。”今按:《周禮·食醫》:“凡會膳食之宜。”是膳肴稱“宜”。“宜、肴”聲又相轉。此與“粲、餐”同意,並釋《詩》言,非達詁也。

夷,悦也。《詩》曰:“我心則夷。”

悦者,《釋詁》“怡、悦”並云:“樂也。”“怡”猶“夷”也。

夷者,《詩》云“胡不夷”“既夷既懌”“亦不夷懌”,傳箋並云:“夷,悦也。”《楚辭·九懷》篇注:“夷,喜也。”“喜”亦悦也。郭引《詩》“我心則夷”,此“夷”毛傳訓“平”,以上章已云“我心則説”,故此變爲“平”,實則和平亦悦懌也。夷,釋文作“恞”,俗。

顛,頂也。頭上。

頂者,《説文》云:“顛也。”“顛,頂也。”《方言》云:“顛,頂上也。”按:“上”謂頭上,頭上即顛、頂。“顛、頂”雙聲,義亦互訓。

耋,老也。八十爲耋。

老者,《説文》云:“考也。”《釋名》云:“朽也。”《獨斷》云:“老謂久也,舊也,壽也。”

耋者,《詩·車鄰》傳:“耋,老也。八十曰耋。”正義引孫炎曰:“耋者,色如生鐵。”《爾雅》釋文引作“老人面如鐵色”。《釋名》云:“耋,鐵色,皮膚變黑色如鐵也。”按:耋,《説文》及《釋名》俱本毛傳以爲八十,《易》釋文引馬融注及《詩》正義引《左傳》服虔注並云:“七十曰耋。”《左傳》正義又引舍人云:“年六十稱也。”杜預《僖九年》注從服虔,何休《宣十二年》注從舍人,是“耋”無正訓,故有六十、七十、八十之異,要爲老壽之稱則同,故《爾雅》以“耋”爲“老”,《曲禮》云:“七十曰老。”

輶,輕也。《詩》曰:“德輶如毛。”

輕、輶,《説文》並云:“輕車也。”《詩·駟鐵》及《烝民》傳箋並云:“輶,輕也。”《文選·幽通賦》注引曹大家曰:“輶德,德輕而易行也。”

俴,淺也。《詩》曰:“小戎俴收。”

淺者,《説文》云:“不深也。”

俴者,《詩·小戎》傳箋並云:“淺也。”《管子·參患》篇云“甲不堅密,與俴者同實”,尹知章注:“俴謂無甲單衣者。”又云“將徒人,與俴者同實”,尹注:“俴,單也。”按:單薄亦淺略也。《小戎》釋文引《韓詩》云:“駟馬不著甲曰俴駟。”是《管子》注所本。通作“踐”。《詩》“有踐家室”,傳:“踐,淺也。”又通作“翦”。《既夕禮》云“緇翦”,鄭注:“翦,淺也。今文翦作淺。”又聲轉爲“竊”。《釋獸》云“虎竊毛謂之虦貓”,郭注:“竊,淺也。”

今按：不獨此也，《釋鳥》説諸鳸之名有“竊藍、竊黄、竊脂、竊丹”，並以“竊”爲“淺”也。

綯，絞也。糾絞繩索。

“絞”本切直之義，又爲繩索之名。《喪服傳》云：“絞帶者，繩帶也。”是繩爲絞。絞者，交也。《雜記》疏云：“兩股相交謂之絞。”是其義也。

綯者，《詩》“宵爾索綯”，正義引李巡曰：“綯，繩之絞也。”① 是綯爲繩。《方言》云“車紂或謂之曲綯”，郭注“綯亦繩名”，是也。此注“糾絞”失之。

訛，化也。《詩》曰：“四國是訛。”

化者，《説文》云：“教行也。”《華嚴經音義》上引《珠叢》云：“教成於上而易俗於下謂之化。”今按：“化”與“匕”同。《説文》云：“匕，變也，从到人。”然則“化”亦變易舊形之義也。

訛者，“吪”之或體也。《説文》云：“吪，動也。”動作與變化義近。故《詩》“四國是吪”，傳：“吪，化也。”通作“訛”。《節南山》箋：“訛，化也。”又通作“譌”。《方言》云“譌，化也”，郭注：“譌，化聲之轉也。”

跋，躐也。《詩》曰：“狼跋其胡。”**疐，跲也。**《詩》曰：“載疐其尾。”

躐者，“獵”之或體也。“獵”有從旁陵獵之義。不陵節之謂“遜”，反遜爲“獵”。“獵”猶“捷”也，捷行出前也。

跋者，“蹞”之假音也。《説文》云：“蹞，步行獵跋也。”“獵”

---

① 綯繩之絞也　綯，此本誤“繩”，經解本及咸豐六年刻本不誤，據改。

即"躐","跋"即"跙"也。《説文》:"跋,蹎也。"《一切經音義》十五引《聲類》云:"狼跙,顛跙也。""顛"即"蹎","跙"亦"跋",是《詩》之"狼跋"即"狼跙",俗作"狼狽",誤矣。《爾雅》"跋"當讀爲"跙"。釋文"跋,蒲末反",非也。又云"郭音貝",是郭正讀"跋"爲"跙"。臧氏琳《經義雜記》廿九論之詳矣。

○跲者,《説文》云:"躓也。"《中庸》注同。《玉篇》:"跲,渠劫、居業二切。"釋文:"郭又音甲。"《廣雅》云:"跲,代也。"更代與疐義近。

疐者,"躓"之假音也。《説文》:"躓,跲也。"引《詩》"載躓其尾"。通作"疐"。《説文》:"疐,礙不行也。"《詩》正義引李巡曰:"跋前行曰躐,跲卻頓曰疐。"

烝,塵也。人衆所以生塵埃。

塵者,《釋詁》云:"久也。"通作"填"。《詩》"倉兄填兮",傳:"填,久也。"又通作"寘"。"寘"與"填"同也。

烝者,《釋詁》云"衆",此云"塵"者,《詩·南有嘉魚》箋:"烝,塵也。""塵然"猶言"久如"也。《東山》箋:"烝,塵也。"傳:"烝,寘也。"《常棣》傳又云:"烝,填也。"鄭箋:"古聲填、寘、塵同。"《東山》箋亦云:"古者聲寘、填、塵同也。"是"寘、填"俱"塵"之假音,"烝、塵"亦語聲轉。然則"烝、塵"二字以聲爲義,不須訓詁。《詩·桑柔》正義引孫炎曰:"烝,物久之塵。"郭注申之,而云:"人衆所以生塵埃。"均爲失矣。

戎,相也。相佐助。

相者,《釋詁》云:"導也。""勴也。"

戎者,《詩》"烝也無戎",傳:"戎,相也。"《爾雅》釋文:"戎,本或作搣,顧如勇反。"是"搣"與"搑"音義同,"搑"有翼戴之義,與"相"義亦近。

飫,私也。宴飲之私。

私者,"厶"之假借也。《説文》引韓非曰:"蒼頡作字,自營爲厶。"通作"私"。《方言》云:"私,小也。凡物小者謂之私。"然則"私"有纖嗇之意,對公爲小也。

飫者,《説文》作"醧",云:"私宴歓也。"《文選》注引薛君《韓詩章句》曰:"飲酒之禮,下跣而上坐者謂之宴(《東都賦》注),能者飲,不能者已,謂之醧(《魏都賦》注)。"通作"飫"。《説文》:"餜,燕食也。"《詩》"飲酒之飫",傳:"飫,私也。不脱屨升堂謂之飫。"正義引孫炎曰:"飫,非公朝私飲酒也。"馬瑞辰曰:"飫"有二義:《周語》云:"王公立飫則有房烝,親戚宴饗則有餚烝。"又云:"飫以顯物,宴以合好。"此"立飫"之"飫",與"燕"異禮者也;《爾雅》云:"飫,私也。"《説文》:"餜,燕食也。"《韓詩》作"饇",此"飫私"之"飫",與"燕"異名同實者也。"飫私"即《楚茨》所云"備言燕私",傳謂"燕而盡其私恩"者耳。毛傳"飫,私也"本《爾雅》爲義。又云"不脱屨升堂謂之飫",本《周語》"立飫"爲説,蓋廣異義也。箋云:"私者圖非常之事,若議大疑於堂,則有飫禮焉。"是以"飫私"即爲"立飫"誤矣。

孺,屬也。謂親屬。

屬者,《説文》云:"連也。"《釋名》云:"續也,恩相連續也。"

孺者,《詩》"和樂且孺",傳:"孺,屬也。"正義引李巡曰:"孺,骨肉相親屬也。"《曲禮》云"大夫曰孺人",鄭注:"孺之言屬。"

幕,暮也。幕然暮夜。

暮者,古字作"莫"。《説文》云:"莫,日且冥也。"按:"莫"

有二讀,《説文》之“莫”音“慕故切”,《爾雅》之“莫”當音“慕各切”。《左氏莊廿八年傳》:“狄之廣莫。”《小爾雅》云“莫,大也”,宋咸注:“莫府,言大也。”“莫府”即“幕府”矣。

幕者,《説文》云:“帷在上曰幕,覆食案亦曰幕。”《方言》云:“幕,覆也。”《釋名》云:“幕,幕絡也,在表之偁也。”又云:“煮繭曰莫。莫,幕也。貧者著衣可以幕絡絮也。”然則《釋名》以“莫”爲“幕”,《爾雅》以“幕”爲“莫”,其義正同。幕絡,《新序·雜事二》作“莫絡”,古字通用。推是而言,《詩》“維葉莫莫”,“莫莫”猶“幕幕”也。《内則》注:“皾謂皮肉之上魄莫也。”“魄莫”猶“幕絡”也。是《爾雅》古本作“幕,莫”,聲義相兼,今本作“幕,暮”,傳寫誤改,郭氏望文生義,以“幕”爲“暮夜”,聲義俱乖矣。

煽,熾也。熾,盛也。互相訓。煽義見《詩》。

熾者,《説文》云:“盛也。”《詩·六月》傳同。

煽者,“傓”之或體也。《説文》:“傓,熾盛也。”引《詩》“豔妻傓方處”。通作“扇”。《漢書·谷永傳》注引《魯詩》作“閻妻扇方處”。又通作“煽”。《毛詩·十月之交》傳:“煽,熾也。”是“煽”訓“熾”,“熾”訓“盛”。《説文》簡略,故總曰:“傓,熾盛也。”

柢,本也。謂根本。

本者,《説文》云:“木下曰本。”《醢人》注“昌本,昌蒲根”,是矣。

柢者,《説文》云:“木根也。”《士喪禮》云“進柢”、《士虞禮記》云“載猶進柢”,鄭注並云:“柢,本也。今文柢爲眂。”《泉府》云“買者名從其抵”,鄭注:“抵,實柢字。柢,本也。”通作

"邸"。《典瑞》云"四圭有邸",鄭注引《爾雅》曰:"邸,本也。"按:《釋器》云"邸謂之柢",郭注:"根柢皆物之邸。邸即底,通語也。"又通作"氐"。《詩》"維周之氐",傳:"氐,本也。"《周語》云"本見而草木節解",韋昭注:"本,氐也。"是"氐、柢"同。亢、氐二星之閒名曰"天根",正以此也。聲轉爲"杜"。《方言》云:"杜,根也。東齊曰杜。"

窕,閒也。窈窕,閒隙。

閒者,釋文:"音閑,或如字。"蓋因郭注"閒隙",故存此音,即實非也。閒,暇也,静也,寬也。《齊語》云"處士使就閒燕",韋昭注:"閒燕猶清浄也。"《楚辭·招魂》篇云"像設君室,静閒安些",王逸注:"空寬曰閒。清静寬閒也。"是皆"閒"音"閑"之義也。

窕者,上文云:"肆是深肆之閒也。"《詩·關雎》傳:"窈窕,幽閒也。"毛蓋以"窈"爲"幽","窕"爲"閒",皆本《爾雅》。鄭箋"幽閒處深宫",亦申毛義。唯有正義誤會鄭箋,以爲"幽閒深宫",亦猶郭注誤會《爾雅》,以爲"窈窕閒隙",胥失之也。王照圓《詩經小記》云:"窈,意之幽也;窕,心之閒也。"其説是矣。《爾雅》釋文:"窕,舍人本作誂,云:'誂者,躍之閒。'"此則師授之異,不可通於今本及《毛詩》。

淪,率也。相率使。

率者,當讀如"律",《史記·老莊申韓傳》云"大抵率寓言也",正義曰:"率猶類也。"然則"率、律"聲同,"律、類"聲轉,古皆通用。凡言"相類",或云"普律",或云"一律",或云"大率",是其聲義俱通矣。

淪者,《詩》"淪胥以鋪""無淪胥以亡""無淪胥以敗",傳箋並云:"淪,率也。""淪"或爲"勲"。《後漢書·蔡邕傳》注作"勲胥以痡。勲,帥也"。《漢書·敘傳》注:"晉灼曰:'齊、魯、韓《詩》作薰。薰,帥也。'"是三家作"薰",毛作"淪"。"淪、薰"古音相近,皆有普徧之義,故其字通。"淪、率"雙聲,"淪、薰"疊韵也。

罹,毒也。 憂思慘毒。

毒者,《廣雅》云:"痛也。""惡也。""苦也。"

罹者,《釋詁》云:"憂也。"憂、苦義相成。

檢,同也。 模範同等。

同者,共也,俱也,皆也。《詩·車攻》傳:"齊也。"《吉日》箋:"聚也。"《説文》:"合,會也。""聚"亦合會之義,"皆、俱、共"即"齊"之義也。

檢者,禁也,局也,又法度也,皆無同義。錢氏《答問》云:"檢當爲僉,郭本譌作檢。"今按:《小爾雅》云:"僉,同也。"是其證。邵氏《正義》引《詩》"僭始既涵",鄭箋:"涵,同也。"今按:釋文:"涵,鄭音咸,《韓詩》作減。"从咸聲。"咸"訓爲"同",是鄭所本。下文又云:"弇,同也。弇,蓋也。""弇、檢"聲義又近。洪頤煊引《孟子》"狗彘食人食而不知檢",《漢書·食貨志》引"檢"作"斂","《隸釋·任伯嗣碑》'姦軌檢手',檢即斂字也"。

郵,過也。 道路所經過。

過者,上文云:"逸、諐,過也。""過"謂失誤。凡非議人及罪責人亦爲過也。

郵者,古本作"尤"。《文選·弔屈原文》注引犍爲舍人《爾雅》注曰:"尤,怨人也。"《列子·楊朱》篇釋文引《爾雅》亦作"尤,過也",是皆"郵"本作"尤"之證。故《詩·載馳》傳及《四月》箋，又《洪範五行傳》注及《論語·爲政》篇包咸注並云："尤，過也。"俱本《爾雅》。通作"郵"。《詩·賓之初筵》箋及《王制》注又《晉語》《楚語》注並云："郵，過也。"是皆借"郵"爲"尤"。郭緣詞生訓，以"郵"爲"郵驛"之"郵"，誤矣。然"郵"固借聲，"尤"字亦非正體，依文，"尤"當作"訧"。《詩》"俾無訧兮"，傳："訧，過也。"唯此爲正。《説文》："訧，罪也。"引《周書》曰："報以庶訧。"今《吕刑》"訧"作"尤"。《載馳》釋文："尤，本亦作訧。"《緑衣》釋文："訧，本或作尤。"是"尤、訧"古通用。

遜，遯也。 謂逃亡。

"遯"與"遁"同，《説文》並云："逃也。"《玉篇》云："退還也，隱也。"經典"遁、遯"通。《易·下經》釋文："遯，字又作遂。"《爾雅》釋文與《易》同，"遯"又作"遁"矣。

遜者，《説文》云："遁也。"通作"孫"。《詩》"公孫碩膚"，箋："孫讀當如公孫于齊之孫。孫之言孫遁也。"正義引孫炎曰："遁，逃去也。"

斃，踣也。 前覆。**僨，僵也。** 卻偃。

踣者，《説文》云："僵也。"引《春秋傳》"晉人踣之"(《左·襄十四年》)。又云："趞，僵也，讀若匐。"是"趞、踣"同。《爾雅》之"踣"，古本作"仆"。《説文》云："仆，頓也。"《釋名》云："仆，踣也，頓踣而前也。"《釋木》釋文："踣，或作仆。"是"仆、踣"古字通。

斃者，《説文》云："頓仆也。或作獘。"《檀弓》及《表記》注並云："獘，仆也。"《左氏定八年傳》正義引《釋言》云："獘，仆也。"又引孫炎云："前覆曰仆。"釋文引同。是皆《爾雅》古今"踣"作"仆"之證。釋文："獘，字亦作斃。"《玉篇》："斃，俗獘字。"

〇僵者,《説文》云:"僨也。""僨,僵也。"《釋名》云:"僵,正直畺然也。"然則"僵、仆"皆顛頓之名,但細分之,"仆"是前覆,"僵"爲卻偃。"僨、弊"亦然。故《左氏隱三年傳》"鄭伯之車僨于濟",正義引舍人曰:"背踣意也。"按:"背踣"謂仰仆,即卻偃之意。

畛,殄也。謂殄絶。

殄者,《釋詁》云:"盡也。"

畛者,田界之盡也。上文云:"畛,致也。""致"與"盡"義亦近。"畛、殄"俱从㐱聲,又以聲爲義也。

曷,盍也。盍,何不。

盍者,《廣雅》云:"何也。"《玉篇》云:"何不也。"通作"蓋"。《檀弓》云"子蓋言子之志於公乎",鄭注:"蓋,皆當爲盍。盍,何不也。"今按:"蓋"从盍聲,古字通用。故《秦策》云:"蓋可忽乎哉!""蓋"即"盍"也。又通作"闔"。《管子·小稱》篇云:"闔不起爲寡人壽乎?"《莊子·天地》篇云"夫子闔行邪",釋文:"闔,本亦作盍。""闔"亦从盍得聲也。

曷者,《説文》云:"何也。"《詩》内"曷"字,箋並訓"何"。通作"害"。《詩》"害澣害否""不瑕有害",傳箋並云:"害,何也。"《菀柳》及《長發》傳並云:"曷,害也。"經典多以"害"爲"曷"。故《書》"時日曷喪",《孟子》作"時日害喪";《書·大誥》凡言"曷",《漢書·翟方進傳》並作"害";《詩·葛覃》釋文:"害與曷同。"《廣雅》云:"害、曷、盍,何也。""害、曷、盍"俱一聲之轉。

虹,潰也。謂潰敗。

潰者,《説文》云:"漏也。"《文選·西都賦》注引《蒼頡篇》云:"潰,旁決也。"《詩·召旻》傳:"潰潰,亂也。"

虹者,"訌"之假借也。《説文》云:"訌,讃也。"引《詩》曰:"蟊賊内訌。"今《召旻》傳作"訌,潰也",《抑》傳又作"虹,潰也"。《爾雅》釋文:"虹,李本作降,下江反。"今按:"降"古讀若"洪"。《水經》"河水東北過黎陽縣南",注云:"《尚書·禹貢》曰:'北過降水。'不遵其道曰降,亦曰潰。"《説文》云:"洚,水不遵道。"《玉篇》:"胡公、胡江二切。又洚,潰也。""胡公"即"虹"字之音。是"洚"與"降"同。故李巡以"降"爲"訌",鄦注以"洚"爲"降",説云"訌讃"之"讃",云"中止也",與"潰"字之義亦近。

隌,闇也。隌然,冥貌。

闇者,《説文》云:"閉門也。"《玉篇》云:"幽也。"《廣韵》云:"冥也。"《玉篇》:"與暗同。"

隌者,《玉篇》:"與晻同。"釋文:"隌,《字林》或作晻,同,烏感反。"《一切經音義》十二又以"晻、隌"二形爲古文"暗"字,皆非也。"隌"於經典無見,疑"陰"之别體也。《説文》云:"陰,闇也。"錢氏《答問》云:"隌,本當爲陰。"《論語》:"高宗諒陰。"鄭訓"陰"爲"闇",《説文》亦訓"陰"爲"闇",皆據此文。古書"陰"與"音"通。《左傳》"鹿死不擇音"是也。本借"音"爲"陰",後人妄加自旁。景純不援引經典而望文生義,由於未通六書之旨。

翻,膠也。膠,黏翻①。

①　黏翻　翻,此本脱。據經解本補。

膠者,《釋詁》云:"固也。""固"之言"黏"也。"黏"訓"黏"也。黏者,當作"昵"。《説文》云:"膠,昵也。""昵"與"暱"同。《釋詁》云:"暱,近也。"暱近與膠固義近。聲借爲"和"。《説文》"和、䵒"同,云:"黏也。"引《春秋傳》曰:"不義不䵒。"今《左氏隱元年傳》"䵒"作"暱"。《考工記・弓人》注杜子春引作"不義不昵",云:"昵或爲和。"是"和、昵"通。

孔,甚也。

厥,其也。

戛,禮也。謂常禮。

戛者,《釋詁》云:"常也。""秩"亦常也。禮爲天秩,秩爲天常,故《周禮・大宰》注:"禮經,常所秉。禮法,常所守也。"

闍,臺也。城門臺。

臺者,門臺也。《禮器》云:"不臺門。"古者天子、諸侯門皆有臺,城門亦然也。

闍者,《説文》云:"闉闍也。"城内重門也。《爾雅》以爲"臺"者,門有臺也。故《詩》"出其東門",傳:"闍,城臺也。"釋文引孫炎云:"積土如水渚,所以望氣祥也。"郭義本毛傳,詳見《釋宫》"闍謂之臺"。

囚,拘也。謂拘執。

拘者,《説文》云:"止也。"按:"止"如"晉人止公"之"止","止"猶"執"也。《説文》"執,捕罪人",是也。

囚者,《説文》云:"繫也。"《詩・泮水》傳及《周禮・序官・掌囚》注並云:"囚,拘也。"《樂記》云"釋箕子之囚",《史記・留侯世家》作"釋箕子之拘",集解:"徐廣曰:'拘,一作囚。'"是"囚、拘"通。古讀"拘"如"鉤"。《易・説卦》云"艮爲拘",虞翻

注："拘，舊作狗。"亦其例。是"囚、拘"以聲近爲義也。

攸，所也。

所者，《一切經音義》二引《三蒼》云："處也。""所"又語詞，"所"之言"是"也。故《公羊文十三年傳》注："黨，所也。所猶是，齊人語也。""所"又與"許"同。《文選·在郡卧病詩》云"良辰竟何許"，李善注："許猶所也。"按：《詩》"伐木許許"，《説文》引"許許"作"所所"，是其證。"所、許"聲近，"所、是"聲轉也。

攸者，經典俱訓"所"。通作"逌"。《説文》作"卤"，云："气行皃。讀若攸。"按：《漢書》之"攸"多借"逌"爲之，如《地理志》"酆水逌同""九州逌同"，《五行志》"彝倫逌敘""彝倫逌斁"，並以"逌"爲"攸"也。《地理志》注："逌，古攸字。"

展，適也。得自申展，皆適意。

適者，《一切經音義》一引《三蒼》云："悦也。"《廣雅》云："善也。""善"與"悦"皆快適之意。

展者，《釋詁》云："信也。"本以誠信爲訓，亦兼屈信之義。古"屈伸"字皆借"信"爲之。故"展"又訓"伸"也，"舒"也。《方言》云："舒、勃，展也。""舒"亦自伸適之義。舒、伸、適，又俱一聲之轉。

鬱，氣也。鬱然氣出。

"氣"與"气"同，"鬱"與"鬰"同。鬰本香草，以爲鬰鬯，其氣芬芳，故以"氣"言之。《一切經音義》二引李巡曰："鬱，盛氣也。"《詩·雲漢》釋文引《韓詩》云："鬱隆烔烔。"《素問·至真要大論》云："諸氣膹鬱。"《左氏定二年傳》"鬱攸從之"，杜預注："鬱攸，火氣也。"是皆"鬱"爲盛氣之義。

宅，居也。

居者,《説文》作“凥”,云:“處也。”《玉篇》:“凥與居同。”

宅者,《説文》云:“所託也。”《釋名》云:“宅,擇也,擇吉處而營之也。”《玉篇》云:“人之居舍曰宅。”“宅”皆訓“居”,《説文》訓“託”者,“託、宅”俱从乇聲。故《士相見禮》注:“今文宅或爲託。”是“託、宅”通。又通作“度”。《方言》云:“度,凥也。”《詩》“度之薨薨”“爰究爰度”,傳並云:“度,居也。”《書》“何度非及”,《史記·周紀》作“何居非其宜”,是皆“度”訓“居”之證。古書“宅”多作“度”。故《書》“宅西”,《縫人》注作“度西”;《詩》“宅是鎬京”,《坊記》作“度是鎬京”;“此維與宅”,《論衡·初稟篇》作“此惟予度”,是皆“宅”作“度”之證。“宅、度”古同聲,“度、居”聲又近。

休,慶也。

慶者,《説文》云:“行賀人也。”《詩》“慶既令居”、《祭統》云“作率慶士”,箋注並云:“慶,善也。”《月令》注:“慶謂休其善也。”

休者,《釋詁》云:“美也。”“美、善”義同。故《廣雅》云:“烋,善也。”《玉篇》云:“烋,美也。”“福,禄也。”“慶,善也。”“烋”與“休”同。《周語》云:“晉國有憂,未嘗不戚;有慶,未嘗不怡。”又云:“爲晉休戚。”是“休”訓“慶”也。韋昭注以“慶”爲“福”,“休”爲“喜”,其義亦近。

祈,叫也。祈祭者叫呼而請事。

叫者,《説文》云:“嘑也。”《詩·北山》傳:“叫,號。呼,召也。”“叫”與“訆”通,又與“嘂”通。《説文》“嘂、訆”並云:“大呼也。”

祈者,《釋詁》云:“告也。”又訓“叫”者,“叫、告”義同。故

《一切經音義》九引孫炎曰:“祈,爲民求福,叫告之辭也。”《大祝》注:“祈,嘄也。”“嘄”即“叫”。

濬、幽,深也。濬亦深也。

深者,《玉篇》云:“邃也,遠也。”

濬者,《説文》作“睿”,云:“深通川也。”引《虞書》曰:“睿畎澮距川。”或作“濬”,古文作“濬”。《書》“濬哲文明”,正義引舍人曰:“濬,下之深也。”通作“浚”。《詩》“莫浚匪泉”,傳:“浚,深也。”《穀梁莊九年傳》:“浚洙者,深洙也。”

幽者,《釋詁》云:“微也。”“微”有深藏之意,故《詩·伐木》傳:“幽,深也。”《斯干》傳:“幽幽,深遠也。”

哲,智也。

智者,《説文》作“䂳”,云:“識詞也。”《釋名》云:“智,知也,無所不知也。”

哲者,《説文》《方言》並云:“知也。”《書·舜典》正義引舍人曰:“哲,大智也。”“知、智”古字通,“智、哲”聲相轉,經典“哲”亦多作“智”。

弄,玩也。

尹,正也。謂官正也。**皇、匡,正也。**《詩》曰:“四國是皇。”

正者,《釋詁》云:“長也。”“長”亦君,故《廣雅》云:“正,君也。”《詩》傳箋並云:“正,長也。”是“正”兼官長、君長二義。

尹者,《説文》云:“治也。”“治”亦董正之義,故《詩·都人士》傳及《書·益稷》鄭注並云:“尹,正也。”《廣雅》以“尹”爲“官”,官之正也。《説文》从尹爲“君”,君之正也。君尊,所以尹正天下者也。故經典“君、尹”二字通。

〇又言正者,《釋詁》云:“董、督,正也。”《説文》云:“正,是也。"《士冠禮》注："正猶善也。"《玉藻》注："正，直方之閒語也。"是"正"又兼直、方二義。

皇者，君之正也。《釋詁》"皇"爲君，又爲美。美、善同意，君、尹同尊，皆正之義。故《詩·漸漸之石》箋："皇，王也。""王"即君，"君"即正矣。

匡者，《玉篇》云："方正也。""方、直"皆"正"之訓。故《詩·六月》箋及《夏官·序官·匡人》注並云："匡，正也。""匡、皇"聲近。故《詩·破斧》傳："皇，匡也。"《詩考》引董氏云："皇，《齊詩》作匡。"是"匡、皇"同。毛傳以"皇"爲"匡"，本於《齊詩》，其義互相證明也。

服，整也。服御之，令齊整。

整者，《說文》云："齊也。"《文選·東京賦》注："整，理也。"

服者，《釋詁》云："事也。"事之整也。《詩》"服之無斁""好人服之"，鄭箋並云："服，整也。"按："整"之言"治"也，今俗猶言"整治"，箋義亦以"整"爲"治"，郭以"服御"爲言，失之。

聘，問也。見《穀梁傳》。

問者，《說文》云："訊也。"《詩·女曰雞鳴》傳："問，道也。"按："道"謂道說，猶今問候人道萬福、道勝常也。

聘者，《說文》作"娉"，云："問也。"通作"聘"，云："訪也。""訪"亦問，故《詩》"靡使歸聘"，傳："聘，問也。"郭引《穀梁隱九年傳》同。

愧，慙也。

殛，誅也。《書》曰："鯀則殛死。"

誅者，《說文》云："討也。"《曲禮》注："罰也。"《大宰》注："責讓也。"今按："誅"有二義，《左氏莊八年傳》"誅屨於徒人費”,《襄卅一年傳》“誅求無厭”,此皆以責讓爲義也;《易·雜卦》云“明夷,誅也”,釋文引荀云:“誅,滅也。”陸、韓云:“傷也。”《秦策》云:“使復姚賈而誅韓非。”此皆以殺戮爲義也。以殺爲義則“誅”與“殊”同。

殛者,《説文》云:“殊也。”引《虞書》曰:“殛鯀于羽山。”段氏玉裁《説文注》謂《爾雅》“殛”當作“極”,今略採其説云:《尚書》“鯀則殛死”,釋文:“殛,本作極。”“我乃其大罰殛之”,釋文:“殛,本作極。”《毛詩》“致天之届”,鄭箋:“届,極也。罰極紂於商郊牧野。”正義:“届,極。《釋言》文。《釋言》又云:‘極,誅也。’武王致天所罰,誅紂於牧野。定本、《集注》‘極’皆作‘殛’,‘殛’是,‘殺’非也。”據此箋疏,可證《爾雅》是“極”,非“殛”。又《菀柳》“後予極焉”,鄭箋:“極,誅也。”正義曰:“極,誅。《釋言》文。”此又一證。又《周禮》“八柄廢以馭其罪”,鄭注:“廢,放也。舜極鯀于羽山是也。”又《昭七年左傳》“昔堯殛鯀於羽山”,釋文:“殛,本又作極。”此又兩證。又《魏志·武帝紀》“致届官渡”,裴注引《鴻範》“鯀則極死”作“極”,可證。又《鄭志·答趙商》:“鯀放居東裔,非誅死。《左傳》説流四凶族,投諸四裔而已,舜實未嘗殺鯀,而鯀死於放所。作‘極鯀’者爲正,‘殛’爲假借字。極,窮也。”“窮”與“誅”義相足。《説文》曰:“誅,討也。”討不必殺之。

克,能也。

翌,明也。《書》曰:“翌日乃瘳。”

翌者,“昱”之假音也。《説文》云:“昱,明日也。”《玉篇》作“日明”。通作“翌”。《廣韻》:“翌,明日也。”《漢書·武帝紀》云“翌日親登嵩高”,應劭注:“翌,明也。”《書》“王翼日乃瘳”,

郭引“翼”作“翌”;“越翼日癸巳”,《漢書·律曆志》作“若翌日癸巳”。

訩,訟也。言訟譊。

訟者,《説文》云:“争也。”《易·訟》釋文:“言之於公也。”然則“訟”之爲言猶“公”也。《史記·吕后紀》云:“未敢訟言誅之。”“訟言”猶“公言”也。

訩者,《説文》作“訥”,或省作“訩”,云:“訟也。”《詩》“降此鞫訩”“不告于訩”,傳箋並云:“訩,訟也。”《釋詁》云:“訩,盈也。”“盈”謂發言盈庭,亦争訟之義。通作“匈”。《荀子·天論篇》云“君子不爲小人匈匈也輟行”,楊倞注:“匈匈,喧譁之聲。”與“訩”同。又通作“兇”。《素問·移精變氣論》云:“巉工兇兇。”按:訩,《説文》或作“詾”,是《素問》“兇”即“詾”之省,《荀子》“匈”亦“訥”之省矣。“訩、訟”以聲爲義也。

晦,冥也。

冥者,上文云:“幼也。”《説文》云:“幽也。”《易·豫》釋文引馬云:“冥,昧也。”《詩·斯干》箋:“冥,夜也。”

晦者,《説文》云:“月盡也。”月盡則光闇昧,故《詩·酌》傳:“晦,昧也。”昧則幽昏,故《風雨》傳:“晦,昏也。”“昏、昧”皆冥之義,故《公》《穀僖十五年傳》並以“晦”爲冥也。“冥”讀如字,釋文“亡定反”。

奔,走也。

走者,《説文》云:“趨也。”《釋名》云:“疾趨曰走。走,奏也,促有所奏至也。”

奔者,《説文》云:“走也。”《釋名》云:“奔,變也。有急變奔赴之也。”按:《釋宫》云:“中庭謂之走,大路謂之奔。”是“奔、走”異，經典則同，故《吕覽·權勳》篇云：“齊王走莒。”“走”即“奔”也。《晉語》云：“見王必下奔。”“奔”即“走”也。《説文》“奔、走”字皆从夭，故“奔、走”同意。

逡，退也。《外傳》曰：“已復於事而逡。”

退者，《説文》作“復”，云：“卻也。”《檀弓》注：“去也。”《鄉射禮》注：“少退，少逡遁也。”《聘禮》注：“三退，三逡遁也。”《玉藻》注：“俛逡遁而退箸屨也。”“遁”皆與“巡”同。鄭俱本《爾雅》爲訓也。

逡者，《説文》云：“復也。”“復”即“復”字，形近而譌。《玉篇》：“逡，巡也，退也，卻也。”《廣韻》：“逡巡，退也。”皆用《爾雅》可證矣。《方言》云：“逡，循也。”“循”與“遁”古音同。“遁”有去義，故或言“逡遁”，或言“逡循”，又言“逡巡”，並古字假借，皆言卻退不進也。漢《鄭固碑》云“逡遁退讓”，正與此合。《山陽太守祝穆後碑》云“鄉黨逡逡”，今《論語》作“恂恂”，亦退讓之義也。《齊語》云“有司已於事而竣”，韋昭注：“竣，退伏也。”《文選·東京賦》云“已事而踆”，薛綜注：“踆，退也。”是“踆、竣”皆“逡”之假借。

疐，仆也。頓躓，倒仆。

上文云：“疐，跲也。”“斃，踣也。”“踣”與“仆”、“疐”與“躓”俱聲義同。釋文：“仆，音赴。”亦“踣”之聲變。

亞，次也。

次者，《説文》云：“不前不精也。”《玉篇》云：“敘也，近也。”“敘、近”皆次弟之義。《特牲饋食禮》“亞獻尸”，注：“次猶貳也。”按：“次”从二聲，“二”與“貳”同，其義又爲副貳矣。

亞者，《説文》引“賈侍中説以爲次弟也”。經典“亞”皆訓

“次”。通作“惡”。《易·繫辭》云“而不可惡也”，釋文：“惡，於嫁反。荀作亞。亞，次也。”《尚書·大傳》云“王升舟入水，鼓鐘惡，觀臺惡”，鄭注：“惡讀爲亞。亞，次也。”

諗，念也。相思念。

諗者，《詩·四牡》傳：“念也。”箋云：“告也。”《說文》云：“深諫也。”引《春秋傳》“辛伯諗周桓公”（《閔二年》）。諫告與念不同者，念爲心中諷誦，與諫告之義相足成，故以告諫爲念也。《說文》“諗”从念聲，“念”从今聲，是“念”古音“奴枕切”，與“諗”聲近，今“奴店切”，則與“諗”聲較遠。

屆，極也。有所限極。

極者，《釋詁》云：“至也。”“至”亦極也。

屆者，《釋詁》作“艐”，而訓“至”。《說文》云：“屆，極也。”本此爲訓。《詩》内“屆”字傳箋或訓“至”，或訓“極”，“至、極”其義同也。“屆”亦借爲“戒”。《詩》“既戒既平”，傳：“戒，至也。”“至”即“極”，“戒”即“屆”矣。“屆、極”一聲之轉。

弇，同也。《詩》曰：“奄有龜蒙。”**弇，蓋也。**謂覆蓋。

同者，上文云：“檢，同也。”此云“弇，同”者，“弇”訓“覆蓋”，與“同”義近，故又爲“同”也。洪頤煊引《考工記·鳧氏》“侈弇之所由興”，“弇謂鐘口歛，歛即檢，故檢、弇皆訓同矣”。通作“奄”。《詩》“奄有四方”，傳：“奄，同也。”又通作“掩”。《方言》：“掩，同也。”《文選·高唐賦》云“越香掩掩”，李善注：“掩，同也。”

○蓋者，《說文》作“盇”，云：“覆也。”通作“蓋”。《玉篇》云：“掩也。”《釋名》云：“蓋，加也，加物上也。”

弇者，《說文》云：“蓋也。”《詩·閟宮》正義引孫炎曰：“弇，覆蓋。”亦覆之義。按:《釋魚》説龜云:“前弇諸果,後弇諸獵。”是“弇”爲覆蓋也。通作“奄”。上文云“蒙、荒,奄也”,郭注:“奄,奄覆也。”又通作“掩”。《文選·懷舊賦》注引《埤蒼》云:“掩,覆也。”《説文》作“揜,覆也”。《禮器》云“豚肩不掩豆”,《聘義》云“瑕不揜瑜”,俱以“揜”爲覆蓋也。又與“盦”同。《説文》:“盦,覆蓋也。”《玉篇》云:“於含切。”是“盦、弇”聲義同。“奄”訓“蓋”者,《墨子》曰:“周公旦非關叔,辭三公,東處於商蓋。”《韓非子》曰:“周公旦將攻商蓋,辛公甲曰:‘不如服衆小以劫大。’乃攻九夷,而商蓋服矣。”商蓋,即“商奄”也。以“奄”訓“蓋”,因而借“奄”爲“蓋”,見段氏《説文注》“郁”篆下。

恫,痛也。《詩》曰:“神罔時恫。”

痛者,《説文》云:“病也。”《廣雅》云:“傷也。”“傷”與“傷”同。《方言》注:“痛,怨痛也。”

恫者,《説文》云:“痛也。一曰呻吟也。”《匡謬正俗》云:“今痛而呻者,江南俗謂之呻喚,關中俗謂之呻恫。太原俗謂恫喚云通喚,此亦以痛而呻吟,其義一也。”又引《爾雅》“郭音呻啊音通,亦音恫,字或作侗”,所引即郭《音義》之文也。《説文》引《詩》作“神罔時侗”,云:“侗,大皃。”與郭音同義異。《詩·思齊》傳本《爾雅》。《桑柔》云“哀恫中國”,《史記·燕世家》云“百姓怨恫”,皆以“恫”爲“痛”也。《桑柔》釋文:“恫,本又作痌。”“痌”蓋“恫”之或體,見《玉篇》。

握,具也。謂備具。

具者,《釋詁》云:“供、峙、共,具也。”

握者,釋文引李本作“幄”,云:“居位處之具也。”今按:幄,《説文》作“楃”,云:“木帳也。”《釋名》云:“帳,張也。”然則張施陳設與供具義近。通作“屋”。《詩·夏屋》箋:“屋,具也。”正義云:“《釋言》文。”又通作“握”。《易·萃》云“一握爲笑”,釋文引鄭云:“握當讀爲夫三爲屋之屋。”《周禮·巾車》云“組總有握”,釋文:“握,劉音屋,馬本作幄。”是“幄、握、屋”俱古字通。

振,訊也。振者奮迅。

訊者,“迅”之假借也。

振者,《説文》云:“奮也。”《文選·甘泉賦》注引《韓詩章句》同。“振奮”即“振訊”。故《廣雅》云:“奮,振也。”又云:“奮,訊也。”“訊”即“迅”。故《樂記》注:“奮,迅也。”《管子·勢》篇云:“大周之先可以奮信。”“信”亦“迅”也。“迅”爲正體,“信、訊”俱假音。故《詩·雄雉》《七月》釋文及《樂記》《公羊·莊八年》釋文並云:“訊,本作迅。”“迅”訓“疾”,“疾”有奮厲之意,與振動義近。“振、迅”之聲又近也。

鬩,恨也。相怨恨。

恨者,當作“很”。《玉篇》云:“很,戾也,諍訟也。”《一切經音義》三引《國語》注:“很,違也。”“違、戾”其義同。

鬩者,《説文》云:“恒訟也。”引《詩》“兄弟鬩于牆”,“从鬥,从兒。兒,善訟者也”。《詩·常棣》傳:“鬩,很也。”《曲禮》注:“很,鬩也。”是毛、鄭俱作“很”,《爾雅》釋文引孫炎亦作“很”,云:“相很戾也。”“很”音“户懇反”。《左氏僖廿四年傳》正義引《釋言》亦作“鬩,很”,又引李巡本作“恨”,云:“相怨恨。”郭注從李巡。今按:“恨、很”聲近,義雖相成,但作“很”於義爲長,郭從李,非也。

越,揚也。謂發揚。

揚者,《説文》云:“飛舉也。”《易》“揚于王庭”,鄭注:“揚,越也。”

越者,踰也。踰,舉足,故爲揚。《聘義》云“叩之,其聲清越以長”,鄭注:“越猶揚也。”《周語》云“汨越九原”,又云“以揚沈伏而黜散越”,韋昭注並云:“越,揚也。”《詩》“對越在天”,“對越”即“對揚”,猶云“對揚王休”也。鄭箋“對”訓“配”,“越”訓“於”,似失之。又“干戈戚揚”,傳:“揚,鉞也。”“揚鉞”即“揚越”,本《爾雅》爲訓也。“越、鉞”聲同,“越、揚”聲轉。“鉞”字古止作“戉”,與“越”通用。《明堂位》云:“越棘大弓。”“越”即“戉”也。鄭注以爲國名,恐非。

對,遂也。《詩》曰:“對揚王休。”

遂者,申也,進也,達也,通也,俱與對答義近。《文選》注引《春秋孔演圖》宋均注云:“遂,道也。”“道”亦進達之意。《閒居賦》注引《聲類》云:“遂,從意也。”《穀梁傳》云:“遂,繼事也。”繼、從與當對之義又近矣。

對者,《詩》“以對于天下”“對揚王休”“流言以對”,毛傳並云:“對,遂也。”《祭統》云“對揚以辟之”,鄭注亦云:“對,遂也。”“對、遂”古音相近,以聲爲義也。《廣韵》云:“對,揚也。”“對”訓“揚”,所未詳。

燬,火也。《詩》曰:“王室如燬。”燬,齊人語。

火者,古讀如“喜”。《左氏襄卅年傳》:“或叫於宋大廟,曰:‘譆譆,出出。’鳥鳴於亳社,如曰‘譆譆’。”“譆譆”即“火火”之聲也。《詩》“七月流火”與“九月授衣”韵,是皆“火”讀如“喜”之證。又讀如“毁”。《説文》“燬、火”互訓,明其聲同。《釋名》云:“火,化也,消化物也。亦言毁也,物入中皆毁壞也。”《詩》

“七月流火”與“八月萑葦”韵，是皆“火”讀如“毁”之證。二讀實一聲之轉也。今音又轉爲“呼果切”。故《詩·汝墳》釋文引郭璞“燬，又音貨”，是今音矣。《詩》正義引李巡云：“燬，一名火。”《爾雅》釋文引作：“燬，一音火。孫炎云：‘方言有輕重，故謂火爲燬。’”此皆以音讀爲訓，於義亦通。

燬，《説文》引作“焜”，字異音同。《方言》云：“煤（呼隗反），火也，楚轉語也，猶齊言焜火也。”《周禮·序官·司烜氏》注：“烜，讀如衛侯燬之燬。”是“燬、烜”同。《説文》以“烜”爲“爟”之重文，與鄭異。

懈，怠也。宣，緩也。謂寬緩。

懈、怠，宣、緩，並以聲爲訓也。懈、怠，郭氏無注。《一切經音義》十八引《集注》云（按：梁沈旋有《爾雅集注》）：“懈者，極也。怠者，嬾也。”今按：“極”謂疲劇也。“懈怠”與“賣苔”聲近，今登萊人謂懈惰爲“賣苔”。《匡謬正俗》云“怠懈之字通有苔音”，是也。“懈、解”古字通，故《易·序卦》云：“解者，緩也。”《廣雅》云：“懈，緩也。”是懈怠與宣緩義同。

○緩者，《説文》云：“綽也。”《釋名》云：“緩，浣也，斷也，持之不急則動摇浣斷，自放縱也。”是“緩”有縱弛之義。下文云：“舒，緩也。寬，綽也。”其義同。

宣者，《説文》作“絙”，云：“緩也。”《樂記》云：“其聲嘽以緩。”“嘽”字亦假音。《説文》作“繟”，云：“帶緩也。”又云：“縒，偏緩也。”音義皆相近。“宣”無緩義，經典亦無此訓。“宣”與“絙”俱从亘聲，《爾雅》蓋借“宣”爲“絙”矣。

遇，偶也。偶爾相值遇。

偶者，偶爾，言不常也。

遇者，逢也，言不期而相值。"逢、遇"已見《釋詁》，又訓"偶"者，"偶、遇"聲同也。《大宗伯》注："遇，偶也。欲其若不期而偶至。"《文選》注兩引《爾雅》並作"偶，遇也"，《一切經音義》二亦引作"偶，遇也"。《釋名》云："耦，遇也，二人相對遇也。""耦"與"偶"同。然則《爾雅》古本或作"偶，遇"，但"偶，遇""遇，偶"二義俱通，"遇、偶"俱从禺聲，古音在侯部，是二字聲義同。

曩，曏也。《國語》曰："曩而言戲也。"

曏者，《説文》云："不久也。"《玉篇》云："少時也。"《莊子·秋水》篇云"證曏今故"，釋文引崔注："曏，往也。"《華嚴經音義》下引《珠叢》云："曏，謂往時也。"

曩者，《説文》云："曏也。"《釋詁》云："久也。"《爾雅》以"曩"爲"久"，《説文》以"曏"爲"不久"，其義兩通。故《檀弓》云"曩者爾心或開予"，是"曩"爲未久之詞；《文選·北征賦》云"豈曩秦之所圖"，是"曩"爲久詞。其義則皆爲曏也。郭引《晉語》文韋昭注："曩，向也。"《北征賦》注亦云："曩猶向時也。""向"與"曏"音義同。又作"嚮"，或作"鄉"，並古字通也。"曩"之聲轉爲"乃"。《趙策》："蘇秦謂趙王曰：'秦乃者過柱山。'"《漢書·曹參傳》云"乃者我使諫君也"，集注："乃者猶言曩者。"是"曩、乃"聲轉義同也。"乃"與"迺、廼"又通。《説文》云："迺，往也。"《一切經音義》十八引《蒼頡篇》云："廼，往也。""往"與"曏"其義同，"曏"爲曩日，亦爲往日。"往、曏、曩"俱字之疊韵。

偟，暇也。《詩》曰："不遑啟處。"

暇者，《説文》云："閑也。"與"閒"同。《左氏·襄八年》正義引舍人曰:“閒暇無事也。”通作“假”。《書》“須夏之子孫”,《詩·皇矣》箋“須夏”作“須假”,釋文:“假,户嫁反,本又作暇。”正義引《書·多方》鄭注:“夏之言暇也。”《詩》“昭假遲遲”,箋亦以“假”爲“暇”矣。

偟者,經典通作“遑”,皆“皇”之或體也。“皇”與“假”俱訓“大”,又俱爲“暇”,其義實相足成,後人見經典“皇暇”之“皇”皆作“遑”,遂以“遑”爲正體,“遑”變作“徨”,又省作“偟”,反以“皇”爲通借,殊不知《書》云“則皇自敬德”、《表記》云“皇恤我後”,“皇”皆訓“暇”。又《左氏襄廿五年傳》“皇恤我後”、《昭七年傳》“社稷之不皇”、《襄廿六年》及《哀五年傳》“不敢怠皇”,是皆“遑”作“皇”之證。《襄廿九年》正義引李巡曰:“遑,閒暇也。”《詩·殷其靁》釋文:“遑,本或作偟。”《爾雅》釋文亦云:“遑,或作偟,通作皇。”是陸德明亦不知“皇”爲本字矣。“暇”古讀如“户”,“偟、暇”一聲之轉。

宵,夜也。

《説文》云:“夜,舍也,天下休舍也。”又云:“宵,夜也。”《司寤氏》注:“宵,定昏也。”《書·堯典》正義及《爾雅》釋文並引舍人曰:“宵,陽氣消也。”

懊,忨也。謂愛忨。**愒,貪也。**謂貪羨。

忨者,《説文》云:“貪也。”引《春秋傳》“忨歲而激日”,《左氏昭元年傳》文。《晉語》作“忨日而激歲”,韋昭注以“忨,偷。激,遲”爲訓,其説未明,杜預注謂“翫、愒皆貪”,是也。“翫”與“忨”、“愒”與“激”並古字通。《易·繫辭》云“所樂而玩者”,釋文引馬云:“玩,貪也。”鄭作“翫”。《易》“翫、玩”並“忨”之假音矣。

懊者,《玉篇》云:“於六切,貪也。”“忨,五亂切,貪也,愛也。”是“忨、懊”聲相轉。

〇貪者,《説文》云:“欲物也。”《釋名》云:“貪,探也,探取入他分也。”

愒者,《説文》以爲“愒”字,其引《左氏》作“潵”,云:“欲歠也。”欲歠、欲物,其義俱爲貪也。《玉篇》:“愒,居例切,貪羨也。”按:“居例”乃“愒”字之音,“愒”本“潵”之通借,當“苦葛切”。《爾雅》釋文:“愒,苦蓋反。”此音是矣。

榰,柱也。相榰柱。

柱者,《説文》云:“楹也。”《玉篇》訓“楹”者音“雉縷切”,訓“塞”者音“株主切”,“塞”謂樽塞,即榰柱之義也。

榰者,《説文》云:“柱砥,古用木,今以石。”《玉篇》云:“榰,柱也。”釋文“榰柱”作“搘拄”,俱从手旁,非也。榰,通作“支”。《周語》云“天之所支,不可壞也”,韋昭注:“支,柱也。”又通作“枝”。《莊子·齊物論》篇釋文引司馬云:“枝,柱也。”然則“枝柱”猶言“枝梧”,省作“支吾”,皆相撐持之義也。“榰、柱”之聲又相轉。

裁,節也。

節者,止也,有儉省之意。故《賈子·道術》篇云:“費弗過適謂之節。”《釋名》云:“節,有限節也。”

裁者,制也,有減損之義。《易》云“后以財成天地之道”,鄭注:“財,節也。”釋文:“財,荀本作裁。”

並,併也。《詩》曰:“並坐鼓瑟。”

併者,并也。並者,比也。《説文》“併、並”互訓,二字音同,經典通用。故《儀禮》注:“今文並皆爲併。”又云:“古文並皆作併。”

卒，既也。既已。

既者，如《春秋》“日食既”之“既”，《公》《穀桓三年傳》並云：“既，盡也。”《詩・汝墳》傳：“既，已也。”《鄉飲酒禮》注：“既，卒也。”卒者，《釋詁》云：“盡也。”

愺，慮也。謂謀慮也。

慮者，《釋詁》云：“謀也。”“思也。”

愺者，《説文》云：“慮也。”《玉篇》云：“謀也，又慮也。”釋文云：“愺，音囚，《字書》作悰。”按：《玉篇》“愺”字雖有“囚”音，又“殂冬切”，即“悰”字之音，然《玉篇》既本《説文》，别出“悰”字，云：“樂也，一曰慮也。”是“悰、愺”字異音義同，《説文》則二字異矣。

將，資也。謂資裝。

資者，“齎”之假音也。《説文》云：“齎，持遺也。”《外府》注：“齎，行道之財用也。”《掌皮》注：“齎，所給予人以物曰齎。”《小祝》注：“齎猶送也。”《莊子・列禦寇》篇云：“萬物爲齎送。”是“齎”訓“送”，與“將”義同。

將者，上文云：“送也。”“送”即持遺之義，“將、齎”又一聲之轉。齎，通作“資”。《外府》注：“鄭衆云：‘齎或謂資。’”《典婦功》及《典枲》注並云：“故書齎爲資。”《莊子・德充符》篇云“不以翣資”，釋文引李云：“資，送也。”是借“資”爲“齎”，其證甚明。《爾雅》之“資”亦“齎”之通借，郭訓“資裝”，與“將”義遠矣。

黹，紩也。今人呼縫紩衣爲黹。

紩者，《説文》云：“縫也。”《廣雅》云：“納也。”《急就篇》注：“納刺謂之紩。”按：今時亦呼縫紩爲“納”也。《方言》云：

"紩衣謂之褸,秦謂之緻。"又云:"敝而紩之謂之襤褸。"又云"其敝者謂之緻",郭注:"緻縫納敝,故名之也。"然則"緻"與"紩"同矣。

黹者,《説文》云:"箴縷所紩衣。"又云:"襧,紩衣也。"《玉篇》:"黹或作襧。"是"襧、黹"同,借作"絺"。《書》云"絺繡",鄭注:"絺讀爲黹。黹,紩也。"司服注引作"希繡",云:"希讀爲絺,或作黹。"

遞,迭也。更迭。

迭者,《説文》云:"更迭也。"《文選·西都賦》云:"更盛迭貴。"通作"佚"。《方言》云:"更、佚,代也。"《穀梁文十一年傳》"兄弟三人佚宕中國",范甯注:"佚猶更也。"

遞者,《説文》云:"更易也。"《書·益稷》正義引李巡云:"遞者,更迭。"《吕覽·蕩兵》篇云:"遞興遞廢。"《西京賦》云:"遞宿迭居。"是"遞、迭"同。"遞、迭"雙聲,亦兼疊韵。

矤,況也。譬況。

況者,"兄"之假音也。《詩》"倉兄填兮",傳:"兄,滋也。""職兄斯引",傳:"兄,兹也。"《常棣》《出車》傳箋又云:"況,兹也。"是"況、兄","兹、滋"俱音義同,古字通用。"況"訓爲"滋","滋"訓爲"益",既已如是,況又如是,即爲滋益之詞。又爲譬況者,凡譬況之詞,皆於此詞之外有所增益故也。古讀"兄"爲"荒",與"況"同音。《白虎通》云:"兄者,況也,況父法也。"《管子·大匡》篇云:"兄與我齊國之政也。"《修華嶽碑》云:"兄乃盛德。"皆以"兄"爲"況"也。故《詩·常棣》釋文:"況或作兄。"《桑柔》釋文:"兄,音況,本亦作況。"陸德明既知"兄"本作"況",而於《常棣》"況或作兄"又以爲非,蓋不知《毛詩》古文"況"俱作"兄",《常棣》《出車》二詩作"況",由人妄改。陸氏習其讀而妄其義也。"兄"既通"況",又通"皇"。故《書》云"無皇曰",漢石經作"無兄曰"。《尚書大傳》云"皇于聽獄乎",鄭注:"皇猶況也。"是皆音同假借字耳。

矧者,"矤"之或體也。《説文》云:"矤,況詞也。从矢,引省聲。"今經典通作"矧",不省。《玉篇》又作"敓",亦或體字也。經典凡"矧"俱訓"況"。《廣雅》云:"矧,長也。"《方言》云:"矤,長也。""長"與"益"義近,"矧"之訓爲"長"亦猶"兄"之訓爲"長"矣,"況"之訓爲"益"亦猶"兄"之訓爲"滋"矣。是皆古義之展轉相通也。

廩,廯也。或説云即倉廩,所未詳。

廯者,《玉篇》云:"倉也,廩也。"

廩者,《説文》作"㐭",云:"穀所振入,宗廟粢盛,蒼黄㐭而取之,故謂之㐭。或从广稟。"是"廩"爲或體,經典俱作"廩"。《詩·豐年》傳:"廩,所以藏齍盛之穗也。"《地官·序官·廩人》注:"盛米曰廩。"按:毛云藏穗,鄭云藏米,二説不同,要爲倉之總名。故《豐年》釋文"廩,倉也",是矣。《爾雅》釋文引舍人云:"廩,少鮮也。"孫炎云:"廯,藏穀鮮潔也。"是孫炎及舍人俱以"廯"爲"鮮",或取鮮少,或取鮮潔,可知古本"廯"止作"鮮",後人淺俗,妄以意作"廯"耳。郭云"未詳",蓋以經典無"廯"字故也。若作"鮮","鮮"訓"少"也,"廩"亦少意,故《公羊文十三年傳》"羣公廩",何休注:"廩者,連新於陳上財令半相連爾。"鄭氏《易》注引作"羣公濂","濂"猶"廉"也,"廉"亦少意,是"廩"爲鮮少之名。《釋名》云:"廩,矜也。"矜惜亦少之義,與舍人合。然則"廩"訓爲"鮮",其證明矣。

逭，逃也。亦見《禮記》。

《説文》云："逃，亡也。""逭，逃也。"《書·大甲》正義引樊光云："行相避逃謂之逭。"郭云"見《禮記》"者，《緇衣》引《太甲》文，鄭注用《爾雅》。

訊，言也。相問訊。

言者，對"語"之稱則直言曰"言"，對"訊"之稱則相問爲"言"。《廣雅》云："言，問也。"《曲禮》"君言不宿於家"，鄭注："言謂有故所問也。"《聘禮》"若有言"，鄭注："有言，有所告請，若有所問也。"《家人》云"言鸞車象人"，鄭衆注："言，言問其不如灋度者。"是皆"言"訓"問"之證。《釋名》云："言，宣也，宣彼此之意也。"然則自言與問人通謂之"言"矣。

訊者，《説文》云："問也。"經典"訊"多訓"問"。"問"亦言也。故《詩·出車》箋及《小司寇》《司刺》注並云："訊，言也。"《出車》傳又云："訊，辭也。""辭"與"言"同。然則"訊言"即"訊問"。《詩》"執訊獲醜"即執言而問也，《小司寇》"用情訊之"即以言推問也，《司刺》"訊羣臣"亦訊言訪問也。《玉篇》《廣韵》並云："誶，言也。""誶、訊"聲轉，古字通用，已詳《釋詁》"誶，告也"下。

閒，俔也。《左傳》謂之諜，今之細作也。

俔者，《説文》云："譬諭也。一曰閒見。"本《爾雅》爲訓也。《詩》"俔天之妹"，《韓詩》"俔"作"磬"，云："譬也。"又《説文》所本矣。

閒者，《釋詁》云："代也。""閒"謂空隙，居其中則爲閒代，出其外則爲閒見。"閒見"猶言"不常見"也。凡譬況之詞必取非常所見，故云"罕譬而諭"，《方言》謂之"代語"（見《方言》

十),《説文》謂之"閒見",其義一也。郭訓"閒"爲"諜",非矣。"閒、俔"雙聲疊韵(俔,牽遍反,見《詩》釋文),《爾雅》釋《詩》當"俔"在"閒"上,今本誤倒耳。

沄,沆也。水流漭沆。

《説文》云:"沆,莽沆,大水也。"《風俗通》云:"沆者,莽也,言其平望莽莽無涯際也。"《一切經音義》七引《通俗文》云:"水廣大謂之漭沆也。"

沄者,《説文》云:"轉流也。讀若混。"《楚辭·哀歲》篇云"流水兮沄沄",王逸注:"沄沄,沸流。"按:"沸流"即"轉流"。"沄"讀若"混",亦與"沆"爲雙聲。

干,扞也。相扞衛。

扞者,《説文》云:"忮也。"《玉篇》云:"衛也,與捍同。"《華嚴經音義》下引《聲類》"扞"作"捍",通作"敦",《書》"汝多修扞我于艱",《説文》引作"敦我于艱",云:"敦,止也。""止"有禁禦之義,與"衛"義同也。

干者,"戰"之假借也。《説文》云:"戰,盾也。"經典借作"干"。《詩·兔罝》《采芑》傳並云:"干,扞也。""公侯干城",《左氏成十二年傳》引又曰:"此公侯之所以扞城其民也。"《書》正義及《詩》釋文並引孫炎曰:"干,楯,所以自蔽扞也。"《説文》云:"盾,所以扞身蔽目。"是孫義所本。

趾,足也。足,脚。**跳,刖也。**斷足。

《釋名》云:"足,續也,言續脛也。"《廣韵》云[1]:"滿也,止

---

① 廣韵云　韵,此本誤"雅",咸豐六年刻本同。經解本作"韵"。按:所引"足"文見《廣韵》三燭和十遇。作"韵"是,據經解本改。

也。即玉切。""又將喻切,云添物也。"按:"添物"與"滿、止"義亦相成。故《老子》上云"常德乃足",河上公注:"足,止也。"

趾者,《説文》作"止",云:"下基也,象艸木出有趾,故以止爲足。"《士昏禮》云"北止",鄭注:"止,足也。古文止作趾。"《海内經》云"渠股豚止",《漢書·禮樂志》云"獲白麟爰五止",皆以"止"爲"趾"也。《老子·下》云:"知足不辱,知止不殆。"《詩·相鼠》釋文引《韓詩》云"止,節",亦即止足之義。經典"止、趾"通用。故《釋名》云:"趾,止也,言行一進一止也。""趾、足"聲相轉。

○刖者,"䠶"之假借也。《説文》云:"䠶,斷足也。或从兀作trick䟐。"刖,絶也,經典俱借"刖"爲"䠶"。故《書·吕刑》正義引李巡云:"斷足曰刖也。"《莊子·養生主》篇釋文引崔云:"䟐,斷足也。"

跸者,《説文》云:"䠶也,讀若匪。"通作"剕"。釋文:"跸,本亦作剕。"經典俱以"剕"爲"跸",蓋或體字也。

襄,駕也。《書》曰:"懷山襄陵。"

駕者,加也。《玉篇》云:"上也。"《廣雅》云:"椉也。"《小爾雅》云:"淩也。""淩"與"陵"、"椉"與"乘"同。《左氏昭元年傳》"猶詐晉而駕焉",杜預注:"駕猶陵也。"然則"駕"取乘陵之義,乘陵亦加上之言,不獨馬在軛中稱"駕"矣。

襄者,"驤"之假借也。《説文》云:"驤,馬之低仰也。"《玉篇》云:"驤,駕也,超也,低卬也。"《廣韵》云:"驤,馬騰躍。又速也,低昂也,馳駕也。"是"襄駕"之"襄"當作"驤",省作"襄",故《詩》"兩服上襄""終日七襄",鄭箋並云:"襄,駕也。"《史記·趙世家》正義云:"襄,舉也,上也。"《文選·西京賦》注:

"襄謂高也。""高、上、舉"皆駕之義,即"驤"字之訓。故《文選・琴賦》云"參辰極而高驤",李善注:"驤與襄同。"

忝,辱也。

燠,煖也。今江東通言燠。

煖者,《說文》與"煗"並云:"温也。"《玉篇》云"煗、煖同",又"㬉、暖同",蓋即"煗、煖"之或體。又云:"煗,乃管切①。煖,火園切。"分爲二音,非也。"煖"从爰聲,"煗"从耎聲,二字音同,與"燠"相轉。今讀"煗"乃管切,"燠"於六切,其音遂不復通矣。

燠者,《說文》云:"熱在中也。"《詩・無衣》傳:"燠,煖也。"《小明》傳:"奥,煖也。""奥"與"燠"同。《書》云"燠若",《史記・宋世家》作"奥若",《洪範》正義引舍人曰:"燠,温煖也。"

塊,堛也。土塊也。《外傳》曰:"枕凷以堛。"

堛者,《說文》云:"凷也。""凷,墣也。凷或从鬼作塊。"又云:"墣,凷也。墣或从卜作圤。"《吴語》云:"涓人疇枕王以墣。"郭引"墣"作"堛","堛、墣"義同。注作"凷",字形之誤也。《既夕記》疏引孫炎云:"堛,土塊也。"

將,齊也。謂分齊也。《詩》曰:"或肆或將。"

齊者,《少儀》注:"和也。"《亨人》注:"齊,多少之量。"《酒正》注:"齊者,每有祭祀以度量節作之。"《文選・長笛賦》注:"齊,分限也。"然則"齊"有限節之義,又有和調之義,故《食醬》所掌食飲羹醬皆謂之"齊"。"齊"之爲言"劑"也。"劑"亦兼調

---

① 煗乃管切　煗,此本誤"煖",咸豐六年刻本同。據《玉篇》及經解本改。

劑、分劑二義。故《漢書·藝文志》云“百藥齊和”,集注“齊與劑同”,是矣。

將者,上文云:“資也。”又訓“齊”者,“齊、資”與“將”俱以聲轉爲義。《詩》“或肆或將”,傳:“將,齊也。”正義及《爾雅》釋文並引王肅云:“分齊其肉所當用也。”又“既齊既稷”,釋文:“齊,鄭音資,一音才細反,謂分齊也。”皆與郭義合。

餬,饘也。麋也。

饘者,《説文》云:“糜也。”“糜”訓“糝”,與“鬻”别,而亦以爲“鬻”之通名。《説文》“鬻、餰”互訓,“鬻”即“粥”字,今讀若“周”,此古音也。《説文》“饘”云:“周謂之饘,宋謂之餈(本皆作饘,從段本改)。”“餈”與“餰”同。餰是鬻之稠者。《内則》釋文:“饘,厚粥也。”然則《爾雅》之“饘”當作“餰”矣。

餬者,“鬻”之假音也。《説文》:“鬻,餰也。”“鬻餰”即“餬饘”。《説文》“餬”訓“寄食”,與“饘”義别。《玉篇》:“鬻或作糊。”“糊”即“餬”之或體,是“餬、鬻”通。

跽,跪也。小跽。

跪者,《説文》云:“拜也。”《釋名》云:“跪,危也,兩厀隱地體危隉也。”《玉篇》及《文選·月賦》注並引《聲類》云:“跪,跽也。”

跽者,“跽”之假音也。《説文》云:“跽,長跪也。”《史記·滑稽傳》云“帣韝鞠䠔”,集解:“徐廣曰:‘䠔與跽同,謂小跪也。’”索隱曰:“䠔,音其紀反,與跽同音,謂小跪。”是“䠔”即“跽”也。經典借作“啟”。《詩·四牡》《采薇》傳箋並云:“啟,跪也。”《左氏·襄八年》及《廿九年》正義並引李巡曰:“啟,小跪也。”是郭所本。注“小跽”亦當作“小跪”。《釋名》云:“起,啟也。敁,一舉體也。"按:一舉體,即小跪之義。

矈,密也。謂緻密。

密者,緻也。《説文》云:"緻,密也。"《釋名》云:"密,蜜也,如蜜所塗無不滿也。"

矈者,《説文》作"矊",云:"目旁薄緻宀宀也。"按:"薄緻"謂文理緻密,"宀宀"猶"緜緜"。《説文》云:"緜,聯微也。"《釋訓》孫炎注:"緜緜,言詳密也。"《文選·洛神賦》注:"緜緜,密意也。"是"緜密"即"矈密",俱雙聲字。

開,闢也。《書》曰:"闢四門。"

袍,襺也。《左傳》曰:"重襺衣裘。"

襺者,《説文》云:"袍衣也。以絮曰襺,以緼曰袍。"引《春秋傳》"盛夏重襺",《左氏襄廿一年傳》文也。今《左傳》及經典俱省作"繭"。《玉藻》云"纊爲繭,緼爲袍",鄭注:"繭,袍衣有著之異名也。"《爾雅》釋文:"襺,本亦作繭,緜衣也。"

袍者,《釋名》云:"袍,丈夫著下至跗者也。袍,苞也,苞内衣也。婦人以絳作衣裳,上下連,四起施緣,亦曰袍,義亦然也。"《方言》云:"褒明謂之袍。"按:古人以袍爲裏衣,故《喪大記》云"袍必有表,不禪",鄭注:"袍,褻衣。"《詩》"與子同袍"與"與子同澤"對,箋亦云:"澤,褻衣。"然則袍、襺俱私褻之服。《左傳》言"重襺衣裘",亦非禪服。《公羊哀十四年傳》"涕沾袍",蓋謂霑溼裏衣,何休注以"袍"爲"衣前襟",誤矣。

障,畛也。謂壅障。

畛者,《説文》云:"井田閒陌也。"《文選·東京賦》注引宋衷《太玄經》注:"畛,界也。"《詩·載芟》傳:"畛,埸也。""埸、障"聲義近也。

障者,《説文》云:“隔也。”釋文:“又界也。”然則“障、畛”皆有界限之義,界限所以隔别也。《文選·北征賦》注引《蒼頡篇》云:“障,小城也。”按:城垣爲限與田陌爲界其義亦近,“障、畛”又一聲之轉。

靦,姡也。面姡然。

姡者,《説文》云:“面醜也。”“醜”蓋“靦”字形譌。《詩·何人斯》正義引作“面靦”,是也。《方言》云:“姡,娗也。”“姡、娗”聲轉。又云:“姡,獪也。”“獪、姡”亦聲轉也。

靦者,《詩》傳用《爾雅》。《説文》云:“面見也。”《詩》正義引作“面見人”,無“也”字。若依舍人注,《説文》“面見”當爲“面皃”,亦字形之誤也。《越語》云“余雖靦然而人面哉”,韋昭注:“靦,面目之貌。”是“靦”爲面皃。故釋文引舍人云:“靦,擅也。一曰面貌也,謂自專擅之貌。”《玉篇》云:“靦,慙貌。”又引《埤蒼》:“䩄同靦。”亦見《説文》。又引《字書》“靦、䩄”,並“靦”之或體也。“靦”訓“姡”者,釋文引孫、李云:“靦,人面姡然也。”《方言》云:“楚鄭或謂狡獪爲姡。姡猶獪也。凡小兒多詐謂之姡。”是李、孫義同,所引《方言》,臧鏞堂《爾雅漢注》定爲孫引也。

鬻,糜也。淖糜。

糜者,《説文》訓“糁”。“糁,以米和羹。一曰粒也”,蓋以米和羹爲“糁”,以米煮鬻爲“糜”。“糜、鬻”通名。故《釋名》云:“糜,煮米使糜爛也。粥淖於糜,粥粥然也。”

鬻者,經典省作“粥”而訓“糜”。《玉篇》:“粥,糜也。”《既夕禮》云“歠粥”,鄭注:“粥,糜也。”“粥”皆“鬻”字之省。《左氏·僖廿八年》《昭七年》正義及釋文並引孫炎云:“鬻,淖糜也。”是郭所本。上文"餬饘",郭云:"糜也。"此云"淖糜",然則四者同類而異名,稠者曰"糜",淖者日"鬻",今俗語猶然也。又《左傳》正義俱連引"餬饘、鬻糜"二文,今隔别者,或傳書者誤分之。

舒,緩也。謂遲緩。

上云"宣,緩也",此云"舒,緩"者,"舒、宣"聲轉。《釋詁》"舒"兼敘、緒二義,《詩》傳"舒"兼徐、遲二訓,實則其義俱爲緩也。通作"紓"。《説文》及《詩·采菽》傳並云:"紓,緩也。"

翢,纛也。今之羽葆幢。**纛,翳也。**舞者所以自蔽翳。

纛者,"翿"之别體也。《説文》云:"翿,翳也,所以舞也。"引《詩》曰:"左執翿。"《君子陽陽》傳:"翿,纛也,翳也。"釋文:"纛,俗作纛。"《爾雅》釋文:"纛,字又作翿。"是"纛"古本作"翿",今作"纛",俗作"纛"耳。《詩》正義引孫炎云:"纛,舞者所持羽也。"

翢者,無正體,經典作"翿",《爾雅》宋本作"翢"。《玉篇》云:"翢,纛也。""翿,翳也。翿、𦐇並同。"郭云"羽葆幢"者,《雜記》云"匠人執羽葆御柩",《鄉師》注引作"執翿以御柩",鄭衆注:"翿,羽葆幢也。《爾雅》曰:'纛,翳也。'"《詩·宛丘》傳及《方言》並云:"翿,翳也。"《釋名》云:"翿,陶也,其貌陶陶下垂也。"《詩》正義引李巡云:"翿,舞者所持纛也。"是"翿、翿、纛"並音同字通。又通作"翢"。《廣雅》云:"幢謂之翢。"

○"纛"又訓"翳"者,翳,蔽也。《説文》:"翳,華蓋也。"

隍,壑也。城池空者爲壑。

壑、隍,《釋詁》並云:"虚也。""隍"又訓"壑"者,"隍、壑"雙聲。《詩·韓奕》正義引舍人云:"隍,城池也。壑,溝也。"李巡云:"隍,城池壑也。"

芼，搴也。謂拔取菜。

搴者，《説文》作"摶"，云："拔取也。"《方言》云："攓，取也。南楚曰攓。"是"攓、搴"俱"摶"之或體。釋文引郭《音義》云："本又作毛蹇。"俱假借字耳。

芼者，亦假借字。《説文》："覒，擇也。讀若苗。"《玉篇》引《詩》"左右覒之"，"覒，擇也。本亦作芼"。是"芼、覒"通。《詩·關雎》傳："芼，擇也。"正義引孫炎云："皆擇菜也。"又引某氏云："搴猶援也。"援引與擇義近。《儀禮》及《内則》注："芼，菜也。"《説文》："芼，艸覆蔓。"皆非《爾雅》之義。

典，經也。威，則也。威儀可法則。

典、則，《釋詁》並云："常也。""經"本經緯之字，又借爲常也，道也，法也，皆與"典"義合。故《釋名》云："典，鎮也，制教法所以鎮定天下。""經，徑也，常典也，如徑路無所不通，可常用也。"《大宰》注："典，常也，經也，灋也。"皆其義也。

○則者，《釋詁》云："法也。"威者，《詩·有客》傳："威，則也。"按："威"之言"畏"，法則人所畏，古讀"君"若"威"，君人所畏而法則也。郭注但云"威儀可法"，似疏矣。

苛，妎也。煩苛者多嫉妎。

妎者，《説文》云："妒也。"苛者，《方言》云："怒也。""怒、妒"聲義俱近，"苛、妎"聲轉，義又相成，故以爲訓。《方言》："齘、苛，怒也。小怒曰齘，陳謂之苛。"是"苛齘"與"苛妎"同。又《内則》注："苛，疥也。"聲義亦近。疥，瘙也，亦煩苛多嫉怒也。齘者，齒相切也。此皆詁訓之相通者。

芾，小也。芾者，小貌。

"芾"即"巿"字，"巿"（音芳勿切）本蔽厀之名，經典作

"芾",借爲"蔽芾"(音芳味切)之字而訓"小",會意。《釋詁》云:"蔽,微也。""微"亦小,故《説文》云:"蔽蔽,小艸也。"是"蔽、芾"俱有小義。故《詩·甘棠》傳:"蔽芾,小貌。"《易·豐》釋文引《子夏傳》:"芾,小也。"通作"茀"。《詩·卷阿》傳:"茀,小也。""蔽芾甘棠",《韓詩外傳》作"蔽茀甘棠"。"茀"又訓"蔽"。"蔽茀"皆以微遮爲義,亦猶"蔽芾"皆以微小爲義也。"蔽、茀"二字疊韵。

迷,惑也。

狃,復也。狃忕復爲。

復者,又也,重複之義。

狃者,"㹛"之假借也。《説文》云:"㹛,復也。"《玉篇》云:"習也,忕也。或與狃同。"經典俱作"狃"。《詩·大叔于田》傳:"狃,習也。"箋云:"復也。"《小爾雅》云:"忕也。"按:《魯語》云:"夕而習復。"是"習、復"同義。忕(音逝),慣習也。釋文引李巡云:"狃能屈申曰復(音服)。"《詩》正義引孫炎云:"狃忕前事復爲也。"郭與孫同。"復(音扶又切)、狃"以聲近爲義也。《説文》:"狃,犬性驕也。"與慣習義亦近。

逼,迫也。

般,還也。《左傳》曰:"般馬之聲。"

還者,與"旋"同,回也,轉也,圜也,便也。經典"旋"與"還"多通用。

般者,《説文》云:"辟也。象舟之旋。"按:周旋本此,"周、舟"古字通。齊華周字還,亦作"華舟",是其證也。《易》"夷于左股",釋文引馬、王肅作"般",云:"旋也。日隨天左旋也。"是"股、般"形近而義亦通。又《吴語》云:"將還玩吾國於股掌之上。”“股”亦當爲“般”。今俗呼掌爲“巴掌”，即“般掌”之聲轉。推之《易》云“盤桓”，即“般還”也。“還”亦音“環”，故《爾雅》釋文：“還，音旋，或音環。”般，郭音“班”，一音“蒲安反”，俱兼二音是也。

班，賦也。謂布與。

賦者，上文云：“量也。”《説文》云：“斂也。”《詩·烝民》傳又云：“賦，布。”“布”即“班”聲之轉。“布”猶“鋪”也，“敷”也，皆與“班”義近也。

班者，《説文》云：“分瑞玉。”《廣韵》引同，《玉篇》引云“分瑞也”，無“玉”字，蓋本《詩》班瑞而爲説。《周語》注：“班，分也。”《方言》云：“列也。”《小爾雅》云：“次也。”《廣雅》云：“序也。”序次分别皆賦布之意。故《周語》云“其適來班貢”，韋昭注：“班，賦也。”《一切經音義》十四引李巡云：“班，徧賦與也。”《書·舜典》正義引孫炎云：“謂布與也。”按：“班”有徧義，故李巡以“班，徧”爲言。“徧”與“辨”同。《士虞禮記》注：“古文班或爲辨。”《公羊僖卅一年傳》注：“班者，布徧還之辭。”與李巡合。通作“頒”。《小爾雅》云：“頒、賦，布也。”《祭義》注：“頒之言分也。”《文選·馬汧督誄》注：“頒與班古字通。”又與“朌”同。《王制》注“名山大澤不以朌”，鄭注：“朌讀爲班。”

濟，渡也。濟，成也。濟，益也。所以廣異訓，各隨事爲義。

渡者，《説文》云：“濟也。”《廣雅》云：“過也。”

濟者，《詩·匏有苦葉》傳及《檀弓》注並云：“濟，渡也。”省作“度”。《方言》云“過度謂之涉濟”，郭注：“猶今云濟度。”《楚辭·惜賢》篇云：“年忽忽而日度。”皆借“度”爲“渡”，“渡”以過去爲義也。

○“濟”又訓“成”者，成，就也。“就、濟”聲轉。《樂記》云“事蚤濟也”、《祭統》云“夫義者所以濟志也”，鄭注並云：“濟，成也。”《詩·載馳》傳：“濟，止也。”“止”亦成就之義。

○“濟”又爲“益”者，益，饒也，多也，又增也。“增、濟”亦聲相轉。《左氏桓十一年傳》“盍請濟師於王”、《文十八年傳》“世濟其美”，並以“濟”爲“益”也。《詩·旱麓》傳：“濟濟，衆多也。”“衆多”亦增益之義。

緡，綸也。《詩》曰：“維絲伊緡。”緡，繩也，江東謂之綸。

綸者，《釋詁》“貉、縮，綸”注云：“綸者，繩也。”《詩》“言綸之繩”，傳：“綸，釣繳也。”

緡者，《説文》云：“釣魚繁也。”《詩·何彼穠矣》傳：“緡，綸也。”正義引孫炎云：“皆繩名也。”《史記·平準書》言“緡錢”，《酷吏傳》言“告緡”，“緡”皆錢貫之名。

辟，歷也。未詳。

辟者，《釋詁》云：“法也。”

歷者，“厤”之假借也。《説文》云：“厤，治也。”“治、法”義近，“辟、歷”聲近。凡聲近之字，古人多以爲訓，如“霹靂”，《説文》作“劈歷”，《釋名》作“辟歷”，《釋采帛》云：“并者，歷辟而密也。”然則“歷辟、辟歷”，俱以聲爲義也。《説文》：“厤从秝聲。秝讀若歷。”又“嬖”與“辟”同而訓“治”，“厤”亦訓“治”，是皆義同之字，以聲爲義者也。

漦，盝也。漉漉出涎沫。

盝者，與“漉”同，滲也。《素問·瘧論》云“無刺漉漉之汗”，王砅注：“漉漉，言汗大出也。”

漦者，《説文》云：“順流也。”釋文引李巡云：“吐沫漦也。”

《鄭語》注:"漦,龍所吐沫。"按:《説文》:"漦从𠩺聲。"𠩺,力之切。"漦、盠"一聲之轉。

寬,綽也。謂寬裕也。

綽者,《説文》云:"緩也。"《晉姜鼎銘》有"綽綰眉壽"之言,即綽緩也。

寬者,本爲屋寬大,"寬"亦緩也,故《詩》"寬兮綽兮""綽綽有裕",毛傳:"綽綽,寬也。"《坊記》注:"綽綽,寬裕貌也。"《爾雅》邢疏引孫炎云:"性之裕者。"

衮,黻也。衮衣有黻文。

衮者,《説文》云:"天子享先王,卷龍繡於下,幅一龍,蟠阿上鄉。"《釋名》云:"衮,卷也,畫卷龍於衣也。"按:"卷、衮"古音近,經典借"卷"爲"衮"。"衮"訓"黻"者,"黻"爲弗文,取拂弼爲義。衮龍有蟠屈之形,示不得伸以受弼正也,故曰:"衮職有闕,惟仲山甫補之。"

華,皇也。《釋草》曰:"葟、華,榮。"

皇者,"葟"之假音。《釋草》釋文"葟,本亦作皇",是也。《詩》正義及《爾雅》疏引樊光云:"《詩》云:'皇皇者華。'"孫炎云:"皇皇猶煌煌也。"按:郭注《釋草》引此作"華,皇也",此釋文亦先"華"後"皇",石經及宋本並同,今本誤倒作"皇華",邵氏《正義》及臧氏《漢注》辨之是矣。然邵氏不知《説文》雩部所引《爾雅》"雩華"乃《釋草》之文,臧氏未載。樊光、孫炎二注,皆失檢也。

昆,後也。謂先後,方俗語。

昆者,"翼"之假借也。《説文》云:"周人謂兄曰翼。"《玉篇》省作"罤",云:"今作昆,翼同。"經典通作"昆"。《左氏哀十八年傳》"昆命于元龜"、《晉語》云"延及寡君之紹續昆裔",杜預及韋昭注並云:"昆,後也。"按:"翼"爲兄而字从弟从眔,蓋取次敘連及之義。眔,从隶省。隶者,从後及之。然則"翼"字从眔从弟,二體俱有後義,故曰"昆後"矣。

彌,終也。終竟也。

終者,《釋詁》云:"卒、就,終也。""終"有充滿之義。

彌者,《説文》作"镾",云:"久長也。""久長"與"終"義近。故《易·繫辭》釋文引荀注及《詩·生民》《卷阿》傳並云:"彌,終也。"按:"彌"又益也,廣也,滿也,徧也。《方言》云:"镾,合也。"又云:"镾,縫也。""縫、合"亦徧滿之義,徧滿即終矣。

爾雅郭注義疏上之三

釋訓弟三

訓者,《釋詁》云:"道也。""道"謂言説之。"詁"與"言"皆道也,不同者,《詩·關雎詁訓傳》正義云:"訓者,道也,道物之貌以告人也。"故《爾雅·序篇》云:"《釋詁》《釋言》,通古今之字,古與今異言也。《釋訓》言形貌也。"然則《釋訓》云者,多形容寫貌之詞,故重文疊字累載於篇。"子子孫孫"以下則又略釋《詩》義,諧於古音;"抑密秩清"以下復取斷文零句,詮釋終篇。釋文引張揖《雜字》云:"訓者,謂字有意義也。"蓋"訓"之一字,兼意、義二端。"明明、斤斤"之類爲釋義,"子子孫孫"之類爲釋意,意、義合而爲訓。"訓"之爲言"順"也,順其意義而道之,故以"釋訓"名篇。

明明、斤斤,察也。皆聰明鑒察。

察者,《釋詁》云:"審也。"《釋言》云:"清也。""清、審"皆明晰之義。

明明者,《詩·大明》《常武》傳並云:"察也。"《常武》正義引舍人曰:"明明,言其明甚。"孫炎曰:"明明,性理之察也。"

斤者,釋文云:"樊居覲反。"是樊光讀"斤"爲"僅"。《釋名》云:“斤,謹也。”是“斤”有明審之義。故《漢書·律曆志》云:“斤者,明也。”《詩·執競》傳:“斤斤,明察也。”《爾雅》釋文引舍人云:“斤斤,物精詳之察。”孫炎云:“斤斤,重慎之察也。”

條條、秩秩,智也。皆智思深長。

智者,《釋言》云:“哲,智也。”《釋名》云:“智,知也,無所不知也。”

條者,釋文云:“舍人本作攸攸,沈亦音條。”按:“條”从攸聲,古音相近。“條”兼暢達、分理諸義,皆與“智”近。《廣雅》云:“條條,亂也。”“亂”訓“治”,治理義亦爲智矣。

秩者,《詩·小戎》傳:“秩秩,有知也。”《巧言》傳:“秩秩,進知也。”《賓之初筵》箋:“秩秩,知也。”“知”俱音“智”,義本《爾雅》。《斯干》傳云:“秩秩,流行也。”此篇下云:“秩秩,清也。”義皆相近。

穆穆、肅肅,敬也。皆容儀謹敬。

敬也,已見《釋詁》。

穆者,“睦”之假音也。《説文》云:“睦,敬和也。”《史記·司馬相如傳》云:“旼旼睦睦。”集解引《漢書音義》曰:“睦,敬。”本於《爾雅》也。經典俱借“穆”爲“睦”。《釋詁》云:“穆穆,美也。”又訓“敬”者,“敬”與“美、善”義近。故《説文》“敬”从苟,“苟”从羊省,“羊”與“美、善”同意,是其義也。

肅者,《説文》云:“持事振敬也。”《樂記》云:“肅肅,敬也。”按:“肅肅”猶“修修”也。修飾、修治,皆與敬義近。《魯語》云“吾冀而朝夕修我”,韋昭注:“修,儆也。”“修儆”猶“肅敬”,“肅、修”聲轉,古音相近。《文選·思玄賦》舊注云:“修,善也。”“修”訓“善”與“穆”訓“美”同意。

諸諸、便便，辯也。皆言辭辯給。

辯者，《説文》云："治也。""治"有理正、分别之義，與"辨"通用。故《玉藻》注云："辯猶正也，别也。""辯"从言，故有口材者稱"辯給"。《廣雅》云："辯，慧也。"言便捷、巧慧也。"辯"與"平"古音近，"平"亦正也、治也，故《書》"平章百姓"，《詩·采菽》正義引《書》傳作"辯章百姓"。《馮相氏》注云："辯秩東作、辯秩南譌，今《書》'辯'皆作'平'。"是"平、辯"通。

諸者，《説文》云："辯也。"《一切經音義》廿四引《蒼頡篇》云："諸，非一也。"《聲類》云："諸，詞之總也。"《廣雅》云："諸，衆也。"然則衆多、非一與辯義近。"諸"之爲言"者"也，《説文》云："者，别事詞也。""别"與"辯"又聲轉義同矣。

便者，"諞"之假音也。《説文》云："諞，便巧言也。"引《周書》曰："截截善諞言。"《論語》曰："友諞佞。"然則諸諸者，事之辯也；諞諞者，言之辯也。通作"平"。《詩·采菽》傳："平平，辯治也。"正義引服虔云："平平，辯治不絶之貌。"又通作"便"。平平，釋文引《韓詩》作"便便"，云："閒雅之貌。"按："閒"與"嫺"同，"嫺雅"亦謂便習於事也。《論語》"便便言"，鄭注："言辯貌。""友諞佞"作"友便佞"，鄭注："便，辯也，謂佞而辯也。"是"便便"單言亦爲"辯"矣。

肅肅、翼翼，恭也。皆恭敬。

肅肅，上文云："敬也。""翼、恭"並訓"敬"，已見《釋詁》。

廱廱、優優，和也。皆和樂。

和者，《説文》作"龢"，云："調也。"通作"和"。《謚法》云："和，會也。"《説文》云："咊，相譍也。"聲相譍咊，義亦通矣。

廱者，《説文》以爲"辟廱"字。《王制》注云："辟，明。廱，和也。"省作"雝",又省作"邕",或作"雍",又别作"噰"。《文選·笙賦》注引《爾雅》作"雍雍,和也",《四子講德論》注又作"邕邕,和也"。《釋詁》云:"噰噰,音聲和也。"《一切經音義》廿五引《廣雅》云:"庸,和也。"是"庸、廱"同。《詩·酌》及《長發》傳並云:"龍,和也。""龍、廱"義又同也。

優者,"憂"之假音也。《説文》云:"憂,和之行也。"引《詩》"布政憂憂"。通作"優"。今《詩》作"敷政優優",毛傳用《爾雅》。

兢兢、繩繩,戒也。皆戒慎。

《説文》云:"戒,警也。从廾持戈,以戒不虞。"《方言》云:"戒,備也。"《大僕》注云:"故書戒爲駭。"按:"駭"訓"驚","驚"亦警矣。

兢者,《説文》作"兢",云:"敬也。""敬"亦警,故《詩·小旻》傳:"兢兢,戒也。"《雲漢》傳:"兢兢,恐也。""恐"亦戒也。借作"矜"。《雲漢》及《左氏·宣十六年》釋文並云:"兢,本作矜。"《文選·韋孟諷諫詩》云"矜矜元王",李善注:"矜矜,戒也。"

繩者,釋文云:"本或作憴。"宋本正作"憴"。然"憴"乃或體字,當依經典作"繩"。《詩·螽斯》傳:"繩繩,戒慎也。"《下武》傳:"繩,戒也。"《漢書·禮樂志》云:"繩繩意變。"《淮南·繆稱》篇云:"末世繩繩乎,惟恐失仁義。"俱本《爾雅》。

戰戰、蹌蹌,動也。皆恐動趨步。

動者,《釋詁》云:"作也。"

戰者,《釋詁》云:"懼也。""戰"蓋"顫"之假音。《説文》云:"顫,頭不正也。"《玉篇》云:"顫,動也。"《廣韵》云:"四支寒動。”是“戰”當作“顫”,經典假借作“戰”耳。

蹌者,《説文》云:“動也。”與“蹩”同,云:“蹩,行貌。”《廣雅》云:“鏘鏘,走也。”《詩·猗嗟》傳:“蹌,巧趨貌。”趨、走皆動,是“鏘”與“蹌”同。《曲禮》云“士蹌蹌”,亦謂趨走行動之貌也。釋文云:“蹌,本又作鶬,或作鏘。”並音同假借字。

晏晏、温温,柔也。皆和柔。

柔者,《釋詁》云:“安也。”柔與剛反,凡柔順、柔和,皆安静之義,故《詩·烝民》箋:“柔,濡毳(同脆)也。”

晏者,“宴”之假借也。《説文》云:“宴,安也。”與“柔”同訓。通作“晏”。“晏晏”猶“安安”,故《釋名》云:“安,晏也,晏晏然和喜無動懼也。”《詩·氓》傳:“晏晏,和柔也。”

温者,《説文》“䪝”字解云:“安䪝温也。”“䪝温”猶“温煖”,“安”即“柔”字之訓,故《詩·小宛》傳:“温温,和柔貌。”《抑》傳:“温温,寬柔也。”按:温、潤、濡、柔,並聲相轉,其義皆相近。

業業、翹翹,危也。皆縣危。

《説文》云:“危,在高而懼也。”《釋名》云:“危,阢也,阢阢不固之言也。”

業者,《釋詁》云:“大也。”物高大則近危,故《詩·雲漢》《召旻》傳箋並云:“業業,危也。”《長發》傳:“業,危也。”《常武》傳:“業業然動也。”震動亦危懼之意。

翹者,《説文》以爲“尾長毛”。又縣也,舉也,皆有高義,故《詩·鴟鴞》傳:“翹翹,危也。”《廣雅》云:“翹翹,衆也。”衆多亦近危殆。又云:“嶢嶢,危也。”“嶢、翹”聲義同。

惴惴、憢憢,懼也。皆危懼。

惴者,《説文》云:“憂懼也。”引《詩》“惴惴其慄”。

憢者,“嘵”之或體也。釋文:“憢,本又作嘵。”《説文》:“嘵,懼也。”引《詩》“唯予音之嘵嘵”。

番番、矯矯,勇也。皆壯勇之貌。

勇者,《説文》云:“气也。”《釋名》云:“勇,踊也,遇敵踊躍欲擊之也。”《謚法》云:“勝敵壯志曰勇。”

番者,“皤”字之省也。皤本老人白,以其老而猶健,因爲勇貌。故《書》“番番良士,旅力既愆”,《史記·秦紀》作“黄髮番番”,正義曰:“音婆。字當作皤皤。”《廣韵》云:“顲顲,勇舞貌(舞當作武)。”《説文》同“皤”,是也。經典俱通作“番”。故《詩·崧高》傳:“番番,勇武貌也。”

矯者,《中庸》注:“强貌。”《詩·泮水》箋:“矯矯,武貌。”通作“蹻”。《詩》“蹻蹻王之造”,傳:“蹻蹻,武貌。”“其馬蹻蹻”,傳:“彊盛也。”是“蹻、矯”通。《爾雅》釋文引舍人云:“矯矯,得勝之勇也。”

桓桓、烈烈,威也。皆嚴猛之貌。

威者,《謚法》云:“猛以彊果曰威。”《詩·常棣》及《巧言》傳並云:“威,畏也。”按:“威”與“君”古音近,君尊嚴可畏也。

桓者,“狟”之假借也。《説文》引《周書》曰:“尚狟狟。”《玉篇》云:“狟,武皃也,威也,今作桓。”《謚法》云:“辟士服遠曰桓。”《詩·桓》箋云:“桓桓,有威武之武王。”《泮水》傳云:“桓桓,威武貌。”《長發》傳云:“桓,大也。”“大”與“威”亦義相成也。

烈者,火猛也,猛之威也。《左氏昭廿年傳》云:“夫火烈,民望而畏之。”“畏”即“威”。故《長發》傳云:“烈烈,威也。”《釋詁》云:“烈,業也。”“業”又訓“大”,與“桓”訓“大”近。《釋詁》

“大”與“君”同義,“君”與“威”同音,故訓“威”之字亦訓“大”。

洸洸、赳赳,武也。皆果毅之貌。

武者,《謚法》云:“剛彊理直曰武。克定禍亂曰武。”是“武”兼二義。經典多主後義,故《釋名》云:“武,舞也,征伐動行如物鼓舞也。”

洸者,聲借之字,古無正體。釋文云:“洸,舍人本作僙。”然“僙”亦或體。《鹽鐵論·繇役》篇引《詩》作“武夫潢潢”。《玉篇》作“趪”,云:“胡光切。”引“《西京賦》曰‘猛虡趪趪’,謂作力皃。又趪趪,武皃”。是“趪趪”與“赳赳”字俱从走,《玉篇》似近之。經典俱借作“洸”。《詩·谷風》傳:“洸洸,武也。”《江漢》傳:“洸洸,武貌。”按:“洸”之言“横”也,“横”有武義,故《樂記》云:“横以立武。”横,古音與“光”同,其字亦通。“黄”从炗聲,炗,古光字也,故从黄之字或變从光。《説文》“兕觵”,俗作“兕觥”;《釋言》“桄充”,亦作“横充”,皆其證矣。

赳者,《説文》云:“輕勁有才力也。”《詩·兔罝》傳:“赳赳,武貌。”《後漢書·桓榮傳》注引作“糾糾武夫”,假借字也。

藹藹、濟濟,止也。皆賢士盛多之容止。

“止”有二義,《詩》云:“人而無止。”毛傳以爲“止息”,鄭箋以爲“容止”,二義俱通。

藹者,《釋木》云“蕡,藹”,郭注:“樹實繁茂菴藹。”是“藹”本衆多之義。故《詩·卷阿》傳:“藹藹,猶濟濟也。”

濟者,《釋言》云:“成也。”“成”有止義,故《詩·載馳》傳云:“濟,止也。”是“濟”單文爲止息,重文則爲衆多。故《詩·文王》傳云:“濟濟,多威儀也。”正義引孫炎曰:“濟濟,多士之容止也。”是皆以多兼止爲義。

悠悠、洋洋，思也。皆憂思。

悠者，《釋詁》云："思也。"重文亦然。故《詩·巧言》箋："悠悠，思也。"

洋者，《釋詁》云："多也。"重文借爲多思貌也。故《中庸》注："洋洋，人想思其傍僾之貌。"邢疏引《詩》"中心養養"，"養養"猶"洋洋"矣。

蹶蹶、踖踖，敏也。皆便速敏捷。

《説文》云："敏，疾也。"《釋名》云："敏，閔也，進敘無否滯之言也，故汝潁言敏如閔也。"按：言"敏"如"閔"，今音則然，古讀"敏"如"每"也。

蹶者，《釋詁》云："動也。""動"與"敏"義近，故《詩·蟋蟀》傳云："蹶蹶，動而敏於事。"兼《釋詁》《釋訓》爲説也。《曲禮》云"足毋蹶"，鄭注："蹶，行遽貌。""遽"亦疾行之義也。

踖者，《説文》云："長脛行也。"按："長脛"蓋以況疾行之狀。《詩·楚茨》傳："踖踖，言爨竈有容也。""有容"亦謂敏於趨事之説。

薨薨、增增，衆也。皆衆夥之貌。

薨者，《詩·螽斯》傳："薨薨，衆多也。"《爾雅》釋文引顧舍人本作"雄雄"，其義亦同。

增者，《詩·閟宫》傳："增增，衆也。"聲轉爲"溱"。《無羊》傳云："溱溱，衆也。"按：《詩》"溱與洧"，《説文》作"潧與洧"，即"增、溱"聲轉字通之證。

烝烝、遂遂，作也。皆物盛興作之貌。

作者，《釋詁》云："動，作也。""作"猶起也，興也。

烝者，《釋詁》云："進也。""衆也。"《詩·泮水》傳："烝烝，厚也。”箋云:“烝烝猶進進也。”“進”包作義,“厚”兼衆義,言衆人皆作也。

遂者,往也,進也,故亦爲作。《祭義》注:“陶陶遂遂,相隨行之貌。”“行”亦作矣。

委委、佗佗,美也。皆佳麗美豔之貌。

委者,釋文云:“諸儒本並作禕,於宜反。舍人云:‘禕禕者,心之美。’”今按:“禕”从衣,非。舍人蓋本《釋詁》“禕,美”而爲説也。釋文又云:“佗,本或作它字,音徒河反。顧舍人引《詩釋》云:‘禕禕它它,如山如河。’謝羊兒反。”《詩》正義引李巡曰:“委委佗佗,寬容之美也(邢疏引寬作皆)。”孫炎曰:“委委,行之美。佗佗,長之美。”釋文引《韓詩》云:“德之美貌。”按:毛傳云:“委委者,行可委曲縱迹也。佗佗者,德平易也。”是韓、毛並言德美,其義同。諸家則言貌美,與韓、毛異。《隸釋》八載《衛尉衡方碑》云:“禕隋在公。”“禕隋”即“委佗”之聲借。《爾雅》謝嶠:“佗,羊兒反。”則讀如“移”。《詩》“委蛇委蛇”,釋文引《韓詩》作“逶迤”。毛傳“委蛇,行可從迹也”,與《君子偕老》傳“行可委曲縱迹”義同。《説文》:“逶迤,衺去之皃。”是《韓詩》之“逶迤”即“委蛇”,《羔羊》之“委蛇”又即“委佗”。“佗”亦“它”之聲借。《衡方碑》之“禕隋”亦聲借也。“蛇”即“它”之或體。“它”有曲長之義,故毛傳以“委”爲曲,孫炎以“佗”爲長。古讀“佗、迤、蛇”俱同聲,故同訓。

忯忯、惕惕,愛也。《詩》云:“心焉惕惕。”《韓詩》以爲悦人,故言愛也。忯忯,未詳。

忯者,《説文》云:“愛也。从氏聲。”釋文云:“郭徒啟反,與愷悌音同。”是郭借音兼借義也。又云:“顧舍人渠支反。”則與

《説文》同。又云:“李余之反。忯忯,和適之愛也。”則與“怡怡”音義同。《漢書·敘傳》云“姼姼公主”,孟康注:“姼,音題。姼姼,惕惕,愛也。”按:《説文》“姼”或从氏作“姖”,與《爾雅》“忯”字之音近,故孟康借引音“題”,則與郭同。顔師古不知而非之,謬矣。

惕者,《説文》訓“敬”,經典無訓“愛”者,《詩·防有鵲巢》傳以爲“惕惕猶忉忉”,亦不訓“愛”。郭引“《韓詩》以爲悦人”,蓋借“惕惕”爲“懌懌”也。“惕”从易聲,與“懌”音近。“懌悦”見《釋詁》。

偁偁、格格,舉也。皆舉持物。

舉者,《説文》从手,與聲,云:“對舉也。”

偁者,《釋言》云:“舉也。”《説文》云:“揚也。”“揚”亦舉也。

格者,《説文》云:“木長皃。”《一切經音義》十三引《蒼頡篇》云:“格,椸架也。”是“格”有枝格、揚起之義。故李巡注《釋天》“攝提格”云:“格,起也。”“起”與“舉”義近。“格格”猶“揭揭”也。《莊子·胠篋》篇釋文引《三蒼》云:“揭,舉也。”《文選·過秦論》注引《埤蒼》云:“揭,立舉也。”按:“立舉”之義與“竭”同。《説文》云:“竭,負舉也。”

蓁蓁、孽孽,戴也。皆頭戴物。

戴者,《説文》云:“分物得增益曰戴。”《玉篇》云:“戴在首也。”是“戴”訓“增益”,戴物於首即增益之義。“戴”之言“載”,乘載物亦增益其上也,故《釋名》“載、戴”互訓。然則戴於上即載於下矣。

蓁者,《説文》云:“艸盛皃。”《玉篇》云:“衆也。”《詩·桃夭》傳:“蓁蓁,至盛貌。”通作“溱溱”。故《無羊》傳箋以“溱溱”

爲衆多。又轉爲"增增"。上文"增增,衆也",增益即"戴"之訓矣。

孽者,"钀"之假音也。《詩·碩人》傳:"孽孽,盛飾。"釋文引"《韓詩》作钀,長貌"。《説文》:"钀,載高皃。""載"即"戴"也,是《韓詩》之"钀"爲正體,"孽"爲假借矣。"高、長"又與"戴"義近。

懕懕、媞媞,安也。皆好人安詳之容。

安者,《釋詁》云:"止也。""定也。"

懕者,《説文》云:"安也。"引《詩》"懕懕夜飲"。省作"厭"。《釋詁》"豫"訓"厭","豫"亦安。故《詩·湛露》傳:"厭厭,安也。"《小戎》傳:"厭厭,安静也。"聲借爲"愔"。《湛露》釋文引"《韓詩》作愔愔,和悦之貌",《列女傳》二引《詩》亦作"愔愔良人"。《一切經音義》十七引《聲類》云:"愔,和静貌也。"《三蒼》云:"愔愔,性和也。"

媞者,《説文》云:"諦也。"《楚辭·怨世》篇引《詩》作"好人媞媞"。通作"提"。《葛屨》傳:"提提,安諦也。"正義引孫炎曰:"提提,行步之安也。"又通作"徥"。《説文》云:"徥徥,行皃。"故孫炎以爲"行步之安",義本《説文》也。又借作"折"。《檀弓》注"折折,安舒貌",亦引《詩》"好人提提"。

祁祁、遲遲,徐也。皆安徐。

徐者,《説文》云:"安行也。""徐"之言"舒",與"安"義近,故《莊子·應帝王》篇釋文引司馬彪云:"徐徐,安隱貌。"

祁者,聲借之字,疑當作"徥"。《方言》云:"徥,行也。"《説文》:"徥徥,行皃。"必作重文,疑本《爾雅》。經典俱借作"祁"。《詩·采蘩》傳:"祁祁,舒遲也。"《大田》傳:"祁祁,徐也。"《韓奕》傳:“祁祁,徐靚也。”又借作“伎”。《小弁》傳:“伎伎,舒貌。”“舒”與“徐”同,是“伎、祁”俱“徥”之通借。“徥”从是聲,“祁”从示聲。《左傳》“提彌明”,《公羊》作“祁彌明”,《史記》作“示眯明”,皆古字聲借之證也。

遲者,《説文》云:“徐行也。”《詩·谷風》傳:“遲遲,舒行貌。”《七月》傳:“遲遲,舒緩也。”“舒”即“徐”矣。

丕丕、簡簡,大也。皆多大。

丕、簡,《釋詁》並訓“大”,重文亦然。《書》:“丕丕基。”《詩·執競》傳:“簡簡,大也。”正義引李巡曰:“簡簡,降福之大也。”

存存、萌萌,在也。萌萌,未見所出。

在者,《釋詁》云:“存也。”“存”又爲“在”,互相通也。《易·繫辭》云:“成性存存。”

萌者,“𢜩”字之譌也。《説文》云:“𢜩,存也。从心,簡省聲,讀若簡。”然則《書》“迪簡在王庭”、《論語》“簡在帝心”,皆借“簡”爲“𢜩”。《説文》“𢜩存”即“簡在”矣。《玉篇》心部既從《説文》作“𢜩”,而云:“或作蕄。又音萌。”草部正作“蕄”,莫耕切,引《爾雅》云:“蕄蕄,在也。”又云:“蕑同蕄,本或作萌。”《廣韵》耕、登二部引《爾雅》亦俱作“蕄”,而云:“本亦作萌,又作蕑。”與《玉篇》同。釋文因之,亦云:“萌,字或作蕄。郭武耕反,施亡朋反。”此皆“萌”字之音,而非“𢜩”字之讀。且“𢜩、萌”音讀不同,不知何時讀“𢜩”爲“萌”,因而字變爲“萌”。蓋自郭氏已然,其誤久矣。

懋懋、慔慔,勉也。皆自强勉。

勉者,已見《釋詁》。

懋者,釋文云"古茂字",非也。《釋詁》:"茂,勉也。""茂"乃"懋"之假借,非古今字。《説文》"懋,勉也",是矣。

慔者,《説文》云:"勉也。"釋文:"慔,亦作慕。"亦假借也。"懋、慔"一聲之轉。《方言》云:"侔莫,强也。"亦與"懋慔"之聲相轉。

庸庸、慅慅,勞也。皆劬勞也。

庸,勞也,已見《釋詁》。"庸"訓"功","功"亦勞,《荀子·大略篇》云"庸庸勞勞",是其義也。

慅者,《説文》云:"動也。""動、勞"義近。《詩》"勞心慅兮",邢疏引"勞人草草",毛傳:"草草,勞心也。"是"草草"即"慅慅"。"慅"有"草"音,故《爾雅》釋文云:"慅,郭騷、草、蕭三音。"然則《詩》"予羽譙譙,予尾翛翛",亦皆勞敝之義。"翛"本作"消",蓋亦"慅慅"之聲借。

赫赫、躍躍,迅也。皆盛疾之貌。

迅者,《釋詁》云:"疾也。"

赫者,釋文云:"郭音釋,舍人本作奭,失石反。"《説文》:"奭,盛也。"是"奭、赫"音義同。《詩·常武》傳:"赫赫然盛也。"正義引孫炎曰:"赫赫,顯著之迅。"郭云"盛疾之貌",與孫義同。"赫"本訓"盛",以其盛極又兼迅疾爲義也。

躍者,《詩》"躍躍毚兔"之"躍",釋文音"他麻反"。《説文》云:"躍,迅也。从翟聲。"《爾雅》釋文"躍,余斫反",非矣。又云:"躍,樊本作濯,引《詩》釋云'濯濯厥靈'。"是樊光以"濯"與"赫"義近。濯濯,光明盛大也。

綽綽、爰爰,緩也。皆寬緩也。悠悠、偁偁、丕丕、簡簡、存存、懋懋、庸庸、綽綽,盡重語。

舒緩、寬綽並見《釋言》。《説文》"綽、緩"互訓，義本《爾雅》。《詩·淇奥》傳亦云："綽，緩也。"

爰者，《詩·兔爰》傳："爰爰，緩意。"《一切經音義》廿三引《韓詩》云："爰，發蹤之貌也。"按：《釋詁》"爰"兼曰、于、於三義，皆引聲之緩也。《韓詩》"爰"謂"發蹤"，"蹤"與"縱"同，蓋行步之緩也。

坎坎、壿壿，喜也。皆鼓舞歡喜。

坎者，"竷"之假音也。《説文》云："竷，繇也，舞也。"引《詩》"竷竷舞我"。《玉篇》云："竷，和悦之響也，今作坎。"按：《詩》之"坎坎"，並主聲言。《伐木》篇"坎坎"言鼓，"蹲蹲"言舞，分晰甚明。《説文》二"舞"字俱誤。《伐木》釋文引作"舞曲也"，"曲"字亦衍。其云"竷，繇"，蓋本《釋詁》以"繇"爲"喜"，是《説文》"竷，繇"，即《爾雅》"坎，喜"。《玉篇》本此，故云："竷，和悦之響。""和悦"即喜，"響"即鼓聲。《伐木》箋"爲我擊鼓坎坎然"，亦其義矣。

壿者，《説文》云："舞也。"引《詩》曰："壿壿舞我。"《爾雅》釋文引舍人云："壿，舞貌。"又引《説文》"舞"上有"士"字，衍也。壿，今《詩》作"蹲"，假借字也。毛傳同舍人。

瞿瞿、休休，儉也。皆良士節儉。

儉者，斂也。賈子《道術》篇云："廣較自斂謂之儉。"《説文》云："儉，約也。""約"亦收斂之義。

瞿者，驚顧貌。

休者，《釋詁》云："息也。""美也。""美"亦樂，"息"亦止，止節甘樂爲儉。故《詩·蟋蟀》傳云："瞿瞿然顧禮義也。""休休，樂道之心。"正義引李巡曰："皆良士顧禮節之儉也。"顧以瞿言，節以休言,其義較郭注爲精密。

旭旭、蹻蹻,憍也。皆小人得志憍蹇之貌。

憍者,《玉篇》云:"逸也。"《廣韵》云:"恣也。"經典通作"驕"。

旭者,蓋"慉"之假音。《詩》"不我能慉",鄭箋:"慉,驕也。"義本《爾雅》。釋文:"慉,許六反。毛:'興也。'《説文》:'起也。'"按:"起"與"興"同。"興"訓爲"善",與"驕"義近。是毛、許與鄭箋合。《詩》正義未達,反以毛傳"慉,興"爲非,又以《爾雅》不訓"慉"爲"驕",均失檢也。聲借爲"旭"。《漢書·楊雄傳》云"嘻嘻旭旭",集注:"旭旭,自得之貌。"又借爲"好"。《詩》"驕人好好",鄭箋:"好好,喜讒言之人也。"《匏有苦葉》釋文:"旭,《説文》讀若好,《字林》呼老反。"《爾雅》釋文:"旭,郭呼老反。""呼老"即"好"字之音矣。

蹻者,《詩·板》傳云:"蹻蹻,驕貌。"正義引孫炎曰:"謂驕慢之貌。"《説文》云:"舉足行高也。"

夢夢、訰訰,亂也。皆闇亂。

亂者,《釋名》云:"渾也。"按:"渾"謂渾渾無分别。渾渾,猶"惛惛",不爒慧之言也。

夢者,《説文》云:"不明也。""不明"即亂。故《詩·抑》傳云:"夢夢,亂也。"正義引孫炎曰:"夢夢,昏昏之亂也。"《正月》釋文引《韓詩》云:"夢夢,惡貌也。"音轉字變,又作"芒芒"。《文選·歎逝賦》云"何視天之芒芒",李善注:"芒芒,猶夢夢也。"

訰者,"諄"之或體也。《詩·抑》釋文:"諄,字又作訰。"《爾雅》釋文:"訰,或作諄。"《説文》云:"諄,告曉之孰也。"與煩亂義近,通作"啍"。《莊子·胠篋》篇云:"啍啍已亂天下矣。"别作"忳"。《中庸》注云:"肫肫,讀如誨爾忳忳之忳。"又别作"訰"。《玉篇》心部"忳"云:"悶也,亂也。"言部"訰"云:"亂也。"别有"諄"字,與《説文》同訓。是《玉篇》分"諄、訰"爲二,《説文》但有"諄"字。《方言》云:"諄憎,所疾也。宋魯凡相惡謂之諄憎,若秦晉言可惡矣。"《玉篇》本之而云:"諄,可惡也。"以"諄"爲"可惡",亦猶《韓詩》以"夢"爲"惡貌"。"惡"與"亂"義近,故《爾雅》釋文引顧舍人云:"夢夢、訰訰,煩懣亂也。"《楚辭·惜誦》篇云"中悶瞀之忳忳",《荀子·哀公篇》云"繆繆肫肫",並與"諄諄"同。

懪懪、邈邈,悶也。皆煩悶。

悶者,《説文》云:"懣也。""懣,煩也。"

懪者,"譽"之或體也。釋文:"懪,本又作譽,蒲卓反。又布卓反。"引《説文》云:"大呼也,自冤也。"今《説文》及《玉篇》"冤"俱作"勉",又脱上"也"字,並誤矣。《漢書·東方朔傳》云"舍人不勝痛,呼譽",集注:"譽,自冤痛之聲也,今人痛甚則稱阿譽。"與《説文》合。《玉篇》始收"懪"字,云:"煩悶也。"蓋本郭注爲説耳。

邈者,"藐"之或體也。《釋詁》:"藐藐,美也。""美、悶"以聲轉爲義。《詩·抑》傳:"藐藐然不入也。"箋云:"藐藐然忽略。"正義引舍人曰:"藐藐,憂悶也。"《荀子·哀公篇》:"繆繆肫肫。"按:"繆、邈"聲轉。楊倞注讀"繆"爲"膠",失之。

儚儚、洄洄,惛也。皆迷惛。

惛者,《説文》云:"不憭也。"與"怋"同,云:"怓也。"《詩·民勞》傳:"惛怓,大亂也。"

儚者，“儂”之或體。《説文》云：“儂，惛也。”與“懜”同，云：“不明也。”釋文：“儚，字或作懜。孫亡崩、亡冰二反。”然則“儚”爲或體，“懜”亦聲借，“儂”字經典不用，故借“懜”與“儚”爲之耳。

洄者，亦假借也，《玉篇》作“佪”，云：“佪佪，惛也。”然“佪”亦或體。釋文引郭《音義》云：“洄，本或作褈，音韋。”《説文》引《爾雅》作“褈褈襀襀”，是“褈褈”即“佪佪”之聲借。然則“襀襀”亦即“憒憒”之聲借也。《説文》及《蒼頡篇》並云：“憒，亂也。”“亂”亦惛也。《楚辭·逢尤》篇云：“心煩憒兮意無聊。”憒，通作“潰”。《詩·召旻》傳：“潰潰，亂也。”據《説文》所引，則知《爾雅》當有“潰潰”二字，今脱去之。段氏玉裁據《潛夫論》云“佪佪潰潰，蓋用《爾雅》文”，可證矣。

版版、盪盪，僻也。皆邪僻。

《説文》云：“僻，从旁牽也。”按：从旁牽引，所以偏邪。經典“僻”與“辟”通，故賈子《道術》篇云：“襲常緣道謂之道，反道爲辟。”

版者，《詩·板》傳：“板板，反也。”“反”即“僻”，故《緇衣》注：“板板，辟也。”《爾雅》釋文引李巡云：“版版者，失道之僻也。”

盪者，釋文作“蕩”，引李云：“蕩蕩者，弗思之僻也。”《詩·蕩》正義引孫炎曰：“蕩蕩，法度廢壞之僻。”按：蕩蕩，放縱之意，故云“法度廢壞”；又無涯涘貌，故云“弗思之僻”。

爞爞、炎炎，薰也。皆旱熱薰炙人。

薰者，釋文作“熏”，云：“本亦作燻，或作薰。”蓋“薰”假借，“燻”俗體，作“熏”爲正。《説文》云：“熏，火煙上出也。”《詩·

雲漢》傳:“熏,灼也。”

爞者,亦俗體也,《詩》作“蟲”而讀若“同”。釋文引“《韓詩》作烔,音徒冬反”。是“烔”爲本字,雖借爲“蟲”,仍讀爲“烔”。《爾雅》釋文:郭從韓音,又直忠反。讀如本音,非矣。毛傳:“蟲蟲而熱。”《華嚴經音義》下引《韓詩》傳:“烔謂燒草傳火焰盛也。”是“烔烔”與“炎炎”義近。《説文》云:“炎,火光上也。”《雲漢》傳:“炎炎,熱氣也。”《書》“無若火始餤餤”,亦與“炎炎”音義同。

居居、究究,惡也。皆相憎惡。

惡者,《説文》作“亞”,云:“醜也。”與“證”同,云:“相毁也。一曰畏證。”按:“畏證”即憎惡之義也。

居者,《説文》云:“蹲也。”“蹲,居也。”“居”與“踞”同。此“居居”猶“倨倨”,不遜之意,故《詩·羔裘》傳:“居居,懷惡不相親比之貌。”正義引李巡曰:“居居,不狎習之惡。”釋文“居,又音據”,即“倨”字之音矣。

究者,《釋言》云:“窮也。”“究、居”聲轉爲義,故《羔裘》傳:“究究猶居居也。”正義引孫炎曰:“究究,窮極人之惡。”本《釋言》爲説也。

仇仇、敖敖,傲也。皆傲慢賢者。

傲者,《説文》云:“倨也。”與“奡”同,云:“嫚也。”引《虞書》曰:“若丹絑奡,讀若傲。”今《書》正作“傲”,古字通也。

仇者,《釋詁》云:“匹也。”《廣雅》云:“惡也。”《左傳》:“怨耦曰仇。”是“仇”兼怨、惡二義。故釋文引舍人云:“仇仇,無倫理之貌。”《詩·正月》傳:“仇仇猶謷謷也。”

敖者,與“謷”同。釋文:“敖,本又作謷,又作嗸,同,五高反。”按:楚有“莫敖”,《淮南·修務》篇作“莫囂”。《詩》“讒口囂囂”,釋文引《韓詩》作“嗸嗸”,《潛夫論·賢難》篇作“敖敖”。《孟子·萬章》及《盡心》篇注並以“囂囂”爲自得無欲,蓋亦借爲“敖敖”也。是“敖、嗸、謷、囂”古俱通用。“嗸”即“謷”字之省,“囂”乃“謷”字之借。故《詩·板》傳:“囂囂猶謷謷也。”《説文》云:“謷,不省人言也。”然則《爾雅》“敖”當作“謷”。釋文引舍人本“傲”作“毀”,釋云:“謷謷,衆口毀人之貌,李同。”是皆“敖”作“謷”,“傲”作“毀”。則“謷謷、仇仇”俱讒毀人之貌,故毛傳云:“仇仇猶謷謷也。”

佌佌、瑣瑣,小也。皆才器細陋。

佌者,《説文》作“傂”,云:“小貌。”引《詩》曰:“傂傂彼有屋。”今《詩》作“佌”。《正月》傳云:“佌佌,小也。”釋文:“傂,音徙。”《爾雅》釋文郭音亦然。蓋“傂”从囟聲,“傂、瑣”聲轉,此古音也。“顧音此,謝音紫”,則皆今音。又引舍人云:“形容小貌。”然則“佌”以形貌言,“瑣”以才器言,郭注似失之矣。

瑣者,《詩·節南山》傳:“瑣瑣,小貌。”正義引舍人曰:“瑣瑣,計謀褊淺之貌。”按:“瑣兮尾兮”,“瑣”亦訓“小”,是單文亦然。

悄悄、慘慘,愠也。皆賢人愁恨。

愠者,《説文》云:“怒也。”與“慰”同,云:“安也,一曰恚怒也。”《詩·車舝》傳“慰,安也”,釋文作“慰,怨也”,引《韓詩》“慰”作“愠”,“愠,恚也”。是《説文》“慰”字義兼韓、毛,“慰、愠”聲相轉也。

悄者,《説文》云:“憂也。”《詩·柏舟》傳亦云:“悄悄,憂貌。”“憂、愠”義相成,“悄、慘”聲相轉也。

慘者,《釋詁》云:"憂也。"《詩・抑》正義引李巡曰:"慘慘,憂怒之慍。"兼《詁》《訓》爲説也。戴氏震云:"《詩》中慘慘皆懆懆。"按:《説文》:"懆,愁不安也,从喿聲。"當音"七倒切"。《詩・正月》傳:"慘慘猶戚戚也。""戚"古音近"造",與"懆"聲合,是毛正讀"慘"爲"懆"。《北山》釋文:"慘,字亦作懆。"《五經文字》:"我心懆懆,《抑》詩作'我心慘慘'。"是"慘、懆"二字古通用。懆、悄,雙聲兼疊韵,於義又通,餘詳《釋詁》。

痯痯、瘐瘐,病也。皆賢人失志,懷憂病也。

《釋詁》云:"瘉、鰥,病也。"此作"瘐、痯",俱聲借之字。痯者,當作"悹"。《説文》云:"悹,憂也。""憂"亦病,故《詩・杕杜》傳:"痯痯,罷貌。"邢疏引《板》傳"管管,無所依也",《廣韵》引作"悹悹,無所依"。是"悹、管"同,"痯"爲借聲,"痯"爲或體矣。

瘐者,釋文云:"本今作庾。"是"庾"爲正體,别作"瘐"。《漢書・宣帝紀》云"瘐死獄中",蘇林注:"瘐,病也。囚徒病,律名爲瘐。"顔師古注:"瘐,音庾,字或作瘉。"《詩・正月》傳:"瘉,病也。"

殷殷、惸惸、忉忉、慱慱、欽欽、京京、忡忡、惙惙、怲怲、奕奕,憂也。此皆作者歌事以詠心憂。

憂者,《説文》作"㥑",云:"愁也。"經典通作"憂"。

殷者,釋文作"慇"。《説文》:"慇,痛也。"省作"殷"。《詩・北門》云"憂心殷殷",《正月》作"憂心慇慇",是"慇"爲正體,"殷"乃假借。又借爲"隱",《詩》"如有隱憂",毛傳:"隱,痛也。"是"隱憂"即"慇憂"。《爾雅》釋文引樊光"慇,於謹反",即"隱"字之音。《詩》釋文亦有此音,從樊光讀也。古讀"殷"聲如"衣",《説文》:"悠,痛聲也。""悠、慇"聲轉義同矣。

惸者,《説文》引《詩》"煢煢在穴",《文選·寡婦賦》注引《韓詩》作"惸惸余在疚",《毛詩》及《周禮·大祝》注並作"嬛嬛",《詩·正月》又作"惸惸",傳云:"惸惸,憂意也。""惸"蓋"㥠"之或體。《説文》"𠬤,驚辭也",或从心作"㥠",隸又變爲"惸"耳。《説文》别有"𢘅"字,云:"憂也。"《龍龕手鑑》一云:"𢘅,音瓊。"是"𢘅、惸"音義又同矣。

忉忉、慱慱者,《詩·甫田》及《素冠》傳並云:"憂勞也。"

欽欽、京京者,《詩·晨風》傳:"思望之心中欽欽然。"《正月》傳:"京京,憂不去也。"

忡忡、惙惙者,《説文》並云:"憂也。"《詩·草蟲》傳:"忡忡,猶衝衝也。""惙惙,憂也。"

怲怲、奕奕者,《説文》云:"怲,憂也。"《詩·頍弁》傳:"怲怲,憂盛滿也。""奕奕然無所薄也。"按:奕、京,《釋詁》並訓"大"也。毛云"奕奕,無所薄""京京,憂不去",亦兼大義而言也。

慱慱,蓋"摶摶"之别體也。《文選·思玄賦》云"志摶摶以應懸兮",言憂思摶聚不解也。

欽欽,蓋"唫唫"之假音也。呻吟愁歎,義亦爲憂。唫、欽,古字通用。《説文》日部"㬐"字解云"讀若唫","唫"當即《爾雅》"欽欽"之正文矣。

忉字,《説文》所無。《詩·甫田》傳:"怛怛猶忉忉也。"是"忉、怛"聲轉義同,《説文》"怛,憯也",是其義。

畇畇,田也。言墾辟也。

此下十句皆釋《雅》《頌》言農之事。田者,言治田也。

畇者，"均"之或體也。釋文引《字林》云："均均，田也。"《夏小正》云："農率均田。"《釋詁》云："均，易也。"《孟子》："易其田疇。"是"均"以平治爲義。《釋文》："畇，沈居賓反。"音義兩得矣。《詩·信南山》作"畇畇"，《均人》注引作"畬畬"，並"均均"之異文。賈疏以爲"均田"，得之。《爾雅》釋文"畇，本或作晌。郭音巡，又羊倫反"，並非矣。又引《蒼頡篇》云："墾，耕也。"郭注本毛傳。

畟畟，耜也。言嚴利。

耜者，《説文》作"相"，云："臿也。""枱"云："耒耑也。"

畟者，《説文》云："治稼畟畟進也。"《詩·良耜》傳："畟畟猶測測也。"箋云："測測以利善之耜。"正義引舍人曰："畟畟，耜入地之貌。"《爾雅》釋文："畟，字或作稷。"按："稷"从畟聲，"稷"有疾義，與"利"亦近。

郝郝，耕也。言土解。

郝郝者，《詩》作"澤澤"，並假借字也。《載芟》箋云："耕之則澤澤然解散。"釋文："澤澤，音釋釋，注同。《爾雅》作郝，音同。"此音是也。"釋、澤"古字通。《夏小正》云"農及雪澤"，《管子·乘馬》篇作"農耕及雪釋"。《詩》正義引《爾雅》作"釋釋"，又引舍人曰："釋釋猶藿藿，解散之意。"按：《爾雅》釋文："郝，又呼各反。""呼各"與"藿"音近，蓋舍人本作"郝郝猶藿藿"，後人因《毛詩》作"澤澤"，遂妄改舍人作"釋釋"耳。

繹繹，生也。言種調。

《釋詁》云："繹，陳也。""陳"有布列之義，故《詩·載芟》正義引舍人曰："穀皆生之貌。"是"繹繹"言生達之狀。《詩》借作"驛驛"，其義同。

穟穟，苗也。言茂好也。

穟者，《説文》云："禾采之皃。"引《詩》曰："禾穎穟穟。"《生民》傳云："穟穟，苗好美也。"與《爾雅》合。《爾雅》釋文引《説文》作"禾垂之貌"，蓋誤。

緜緜，穮也。言芸精。

穮者，今登萊人謂鉏田爲"報"，"報"即"穮"字之音。《説文》："穮，槈鉏田也。"（據《詩》釋文。）引《春秋傳》曰："是穮是衮。"《左昭元年傳》文。《詩》"緜緜其麃"，釋文引"《韓詩》作民民，云'衆貌'。麃，芸也"，毛傳作"麃，耘也"。耘、芸，麃、穮，古俱通用。緜、民，古音同也。釋文："麃，《字書》作穮。"是《爾雅》及《詩》正文作"麃"，今從宋本作"穮"。《詩》正義引孫炎曰："緜緜，言詳密也。"郭璞曰："芸不息也。"所引郭注與今異。

挃挃，穫也。刈禾聲。

《説文》云："穫，刈穀也。"《詩·大東》傳："穫，艾也。""艾"與"刈"同。

挃者，《良耜》傳："挃挃，穫聲也。"正義引孫炎與毛同。《説文》云："穫禾聲也。"通作"銍"。《詩·臣工》傳："銍，穫也。"《説文》："銍，穫禾短鐮也。"《釋名》云："銍銍，斷禾穗聲也。"是"銍銍"即"挃挃"，以聲言則曰"挃"，以器言則曰"銍"矣。

栗栗，衆也。積聚緻。

栗者，《聘義》云："縝密以栗。"《詩》"積之栗栗"，毛傳："栗栗，衆多也。"正義引李巡曰："栗栗，積聚之衆也。"《説文》兩引《詩》俱作"稽之秩秩"，解云："稽，積禾也。""秩，積也。"是"秩秩"爲積之多，與"栗"聲近義同，古字通用。故《公羊哀二年傳》"戰于栗"，釋文："栗，一本作秩。"是"秩、栗"通。《説文》"秩秩”即“栗栗”,亦其證矣。

溞溞,淅也。洮米聲。

淅者,《説文》云:“汏米也。”

溞者,《詩》作“叟”。毛傳:“叟叟,聲也。”釋文:“叟,字又作溲,濤米聲也。”然則《詩》及《爾雅》正文當作“溲”,《毛詩》古文省作“叟”,《爾雅》今文變作“溞”耳。《生民》正義以“溞、叟”爲古今字,得之。釋文“叟,所留反。《爾雅》作溞,音同”,是也。又云“郭音騷”,則非矣。“溲”之爲言“滫”也。滫,米泔也。《内則》注云:“秦人溲曰滫。”然則米泔水謂之“滫”,淅米聲謂之“溲”,二字聲轉亦義近。

烰烰,烝也。氣出盛。

烝者,《説文》云:“火气上行也。”

烰者,云:“烝也。”引《詩》“烝之烰烰”。聲借作“浮”。《生民》傳云:“浮浮,氣也。”正義引孫炎曰:“烰烰,炊之氣。”《爾雅》釋文:“烰,吕、郭並音浮,又符彪反。”按:“音浮”之“浮”當作“孚”。《説文》“烰”从孚聲,郭音本於吕忱,吕忱本於《説文》也。

俅俅,服也。謂戴弁服。

此下四句釋《雅》《頌》言祭祀之事。俅,戴也,已見《釋言》。服亦爲戴,故郭注“謂戴弁服”。《詩·絲衣》傳“俅俅,恭順貌”,亦謂戴弁之容。

峨峨,祭也。謂執圭璋助祭。

峨,謂嵯峨。《詩·棫樸》傳:“峨峨,盛狀也。”箋云:“奉璋之儀峨峨然。”正義引舍人曰:“峨峨,奉璋之貌。”釋文:“峨,本又作俄。”假借字耳。

鍠鍠，樂也。 鐘鼓音。

鍠者，《説文》云："鐘聲也。"引《詩》"鐘鼓鍠鍠"。《漢書·禮樂志》及《風俗通》引《詩》亦作"鍠"，今作"喤"。《執競》傳："喤喤，和也。"正義引舍人曰："喤喤，鐘鼓之樂也。"按：舍人"喤"當作"鍠"，《毛詩》借作"喤"，《爾雅》別作"韹"，即"喤"之或體。《説文》"吟"或从音作"訡"，亦"喤"作"韹"之例。釋文："韹，又作鍠。"是"鍠"爲正體，今從宋本作"鍠"。

穰穰，福也。 言饒多。

穰者，《説文》以爲"黍梨"。又"秧"字解云："禾苗秧穰也。"是"穰"兼二義。"秧穰"猶"穰穰"，故《玉篇》云："穰，黍穰也，豐也，衆多也。"兼包《説文》二義而言也。《詩·執競》傳："穰穰，衆也。"正義引舍人曰："穰穰，衆多之貌也。"又云："某氏引此詩，明穰穰是福豐之貌也。"按："福"之言"富"，故《祭統》云："福者，備也。備者，百順之名也。"是"福"有衆多之意，與"穰"義同。此"福"字當別解，某氏得之。

子子孫孫，引無極也。 世世昌盛長無窮。

引者，《釋詁》云："長也。"《詩·楚茨》箋："願子孫勿廢而長行之。"正義引舍人曰："子孫長行美道，引無極也。"

顒顒卬卬，君之德也。 道君人者之德望。

自此以下，但解作《詩》興喻之義，不釋《詩》文。此《卷阿》文，傳、箋及正義引孫炎皆有説。

丁丁、嚶嚶，相切直也。 丁丁，斫木聲。嚶嚶，兩鳥鳴，以喻朋友切磋相正。

切者，《説文》云："刌也。"直者，《曲禮》注："正也。"

丁丁、嚶嚶者，《詩·伐木》傳："丁丁，伐木聲也。"箋云："嚶嚶,兩鳥聲也。"郭注本毛、鄭,言伐木、鳥鳴音聲互答,皆有朋友相切正之義,故以爲喻。《文選·遊西池詩》注引《韓詩》云:"《伐木》廢,朋友之道缺,勞者歌其事,詩人伐木,自苦其事,故以爲文。"《毛詩序》亦云:"《伐木》廢,則朋友缺矣。"然則詩爲朋友而作,故以相切直爲言耳。

藹藹、萋萋,臣盡力也。 梧桐茂,賢士衆,地極化,臣竭忠。

噰噰、喈喈,民協服也。 鳳皇應德鳴相和,百姓懷附興頌歌。

"藹藹"已見上文,"噰噰"已詳《釋詁》,此又釋興喻之義也。藹者,《說文》云:"臣盡力之美。""萋,艸盛。"《文選·藉田賦》注引《韓詩》薛君章句云:"萋萋,盛也。"《詩·卷阿》正義引舍人曰:"藹藹,賢士之貌。萋萋,梧桐之貌。"孫炎曰:"言衆臣竭力,則地極其化,梧桐盛也。"孫義本毛傳,郭義與孫同。

噰噰(《詩》作雝雝)、喈喈,《詩》言鳳皇鳴聲,《爾雅》以爲譬況之詞,故鄭箋本之而云:"菶菶萋萋,喻君德盛也。雝雝喈喈,喻民臣和協。"然因民服而致鳳鳴,故毛傳云:"天下和洽,則鳳皇樂德。"《詩》與《爾雅》義相成也。

佻佻、契契,愈遐急也。 賦役不均,小國困竭,賢人憂歎,遠益切急。

佻者,《釋言》云:"偷也。"偷薄、輕佻,皆行動之狀。故《詩·大東》傳云:"佻佻,獨行貌。"釋文引《韓詩》作"嬥嬥",往來貌。《文選·魏都賦》注引《爾雅》亦作"嬥嬥",是"嬥、佻"音義同。从兆、从翟之字,古多通用。《守祧》注云"故書祧作濯",亦其證也。"嬥"訓"好貌",與"佻"義亦近。《詩》蓋言公子輕薄,素不任事,而今行役,道路悠遠,故憂愈急也。《爾雅》釋文:"佻佻,獨行歎息也。"於毛傳下增"歎息"二字,深得詩意矣。

契者，《大東》傳："契契，憂苦也。"《擊鼓》傳："契闊，勤苦也。"二義亦近。"契"字本當作"栔"而訓"刻"，故《釋詁》以"契"爲"絶"，郭注以爲"刻斷物"。然則"契契"者，本刻木之聲，役人勤苦，夜作不休，故寤寐歎息，契契而憂也。《方言》六説此詩云："杼、柚，作也。東齊土作謂之杼，木作謂之柚。"是則土木並興，工作不息，詩人所以憂歎也。《楚辭·惜賢》篇云"孰契契而委棟兮"，亦得詩人之恉。

宴宴、粲粲，尼居息也。盛飾宴安，近處優閑。

尼者，"昵"字之省，與"暱"同。《釋詁》云："暱，近也。"

宴者，與"燕"同。釋文："燕，字又作宴。"今作"宴"，從宋本也。《詩·北山》傳："燕燕，安息貌。"

粲者，《大東》傳："粲粲，鮮盛貌。"箋云："京師人衣服鮮潔而逸豫。"《文選·鸚鵡賦》注引《韓詩》作"采采衣服"，薛君曰："采采，盛貌也。"與毛傳同。"采、粲"聲相轉也。此二條以遠近對文爲義，言役使不均，居遠者急切，處近者優閒，見政役之不本於公旬也。

哀哀、悽悽，懷報德也。悲苦征役，思所生也。

哀者，《説文》云："閔也。"《詩·蓼莪》箋："哀哀者，恨不得終養父母，報其生長己之苦。"

悽者，《説文》云："痛也。""悽悽"於《詩》無見，故釋文云："悽，郭本或作萋。"邵氏《正義》引《詩·杕杜》云"其葉萋萋"，"下云'憂我父母'，興喻之義與《蓼莪》同，故皆爲懷報德也"。按：臧氏《經義雜記》十八云："此經、注俱用韵，郭注'征役'當爲'役征'，方與下句'思所生'韵。"

儵儵、嘒嘒，罹禍毒也。悼王道穢塞，羡蟬鳴自得，傷己失所，遭讒賊。

“罹,憂”已見《釋詁》,“罹,毒”又見《釋言》。

儵者,釋文云:“樊本作攸,引《詩》‘攸攸我里’。”今《詩》作“悠悠我里”,毛傳:“悠悠,憂也。”是樊光作“攸”者,“悠”字之省。或作“儵”者,“儵”與“倏”形相亂。“倏、悠”音同,又俱从攸聲,故假借通用。然則“儵儵”即“悠悠”。毛傳“悠”訓爲“憂”,《爾雅》“罹”亦訓“憂”,其義正同。郭注訓“罹”爲“遭”,失其義也。釋文“儵,郭徒的反”,又失音也。郭蓋以“儵”爲“踧”,據《詩》“踧踧周道,鞫爲茂草”而言,故云“悼王道穢塞”,今以樊本作“攸”,於義爲長也。

“鳴蜩嘒嘒”,《小弁》篇文,爲憂讒而作,故言“我獨于罹”,即此云“罹禍毒”矣。

晏晏、旦旦,悔爽忒也。傷見棄絶,恨士失也。

爽,差也,忒也,見《釋詁》。

晏晏,見上文。《詩·氓》傳云:“晏晏,和柔也。”

旦者,“怛”字之省。《説文》云:“怛,憯也。从心,旦聲。或从心在旦下。”引《詩》“信誓悬悬”。《爾雅》釋文:“旦,本或作悬。”然則“悬悬”,憯痛之意,故鄭箋:“言其懇惻欵誠。”正義:“定本云:‘旦旦,猶怛怛。’”並與《説文》合。

皋皋、琄琄,刺素食也。譏無功德,尸寵禄也。

皋者,“浩”之假音也。釋文:“皋,樊本作浩,古老反。”是《爾雅》樊光作“浩浩”,後人據《毛詩》改爲“皋皋”耳。然“皋、浩”古通用。《説文》:“皋,告之也。”《樂師》云“詔來瞽皋舞”,鄭衆注:“皋當爲告。”是“皋、告”通。“浩”从告聲,亦可作“皋”。《左氏定四年經》云“盟于皋鼬”,《公羊》作“浩油”,是其證也。《詩·召旻》傳:"皋皋,頑不知道也。"正義引舍人曰:"皋皋,不治之貌。"按:"皋"有緩義,《左傳·哀廿一年》"魯人之皋",是也。浩浩,廣大貌。《王制》云:"用有餘曰浩。"是"浩、皋"義通。舍人與毛傳亦同。《詩》正義引某氏曰"無德而空食禄也",又與"刺素食"義合矣。

琄者,《詩·大東》傳"鞙鞙,玉貌",釋文:"鞙,字或作琄。"正義引某氏云:"琄琄,無德而佩。"然則佩以表德,無德而佩,亦爲空食矣。

懽懽、愮愮,憂無告也。賢者憂懼,無所訴也。

《説文》"懽"字下引《爾雅》曰:"懽懽、愮愮,憂無告也。"《玉篇》《廣韵》"悹"字下云:"悹悹,憂無告也。"是"悹、懽"音義同。古从雚、从官之字亦通用,故《説文》"逭"或作"爟",即其例也。通作"灌"。《詩·板》傳:"灌灌猶欵欵也。"《爾雅》釋文:"灌,本或作懽。"今從宋本作"懽",與《説文》合也。

愮者,《玉篇》云:"憂也。"引《詩》曰:"憂心愮愮。"通作"摇"。釋文:"愮,本又作摇。"《詩·黍離》傳:"摇摇,憂無所愬。"又通作"遥"。釋文:"愮,樊本作遥。"《詩·雄雉》云"悠悠我思",《説苑·辨物》篇作"遥遥我思"。《釋詁》云:"繇,憂也。""繇、愮"音義同,"遥、悠"聲又近。悠悠,亦憂也。又通作"恌"。釋文:"與愮同。"

憲憲、洩洩,制法則也。佐興虐政,設教令也。

憲憲、洩洩,俱聲借之字。《釋詁》"憲"雖訓"法",與此義别。《詩·板》傳云:"憲憲猶欣欣也,泄泄猶沓沓也。"箋云:"女無憲憲然,無沓沓然,爲之制法度,達其意以成其惡。"正義引李巡曰:"皆惡黨爲制法則也。"孫炎曰:"厲王方虐,諂臣並爲制作法令。”

洩,釋文與《詩》同作“泄”,《説文》作“詍”,又作“呭”,云:“多言也。”引《詩》亦作“詍、呭”二體。又云:“沓,語多沓沓也。”是“呭呭”與“沓沓”義同,故《孟子》言“猶”矣。

謔謔、謞謞,崇讒慝也。 樂禍助虐,增譖惡也。

謔者,《釋詁》云:“戲謔也。”

謞者,當作“熇”,《説文》云:“火熱也。”引《詩》“多將熇熇”。《爾雅》本亦作“熇”,故釋文“謞謞”下别出“熇”字,是即古本作“熇”之證。陸德明不察,以爲本今無此字,非也。《詩·板》傳云:“謔謔然喜樂。熇熇然熾盛也。”正義引舍人曰:“謔謔、謞謞,皆盛烈貌。”孫炎曰:“厲王暴虐,大臣謔謔然喜,謞謞然盛,以興讒慝也。”是孫炎、舍人並與毛傳義合,益知《爾雅》古本與《詩》同作“熇熇”矣。釋文又云:“慝,謝切得反(切字誤,疑作他)。諸儒並女陟反,言隱匿其情以飾非。”蓋“慝”,諸儒作“匿”,唯謝嶠讀如字,是。

翕翕、訿訿,莫供職也。 賢者陵替奸黨熾,背公恤私曠職事。

翕者,《釋詁》云:“合也。”

訿者,《説文》云:“不思稱意也。”引《詩》“翕翕訿訿”。《小旻》傳云:“潝潝然患其上,訿訿然不思稱其上。”釋文引《韓詩》云:“不善之貌。”正義引李巡曰:“君闇蔽,臣子莫親其職。”《召旻》傳云:“訿訿,窳不供事也。”釋文引《説文》:“窳,嬾也。”(今《説文》無。)然則翕翕者,小人黨與之合;訿訿者,惰窳之態。此所以曠厥官也。《漢書·劉向傳》作“歙歙、訿訿”,《荀子·修身篇》作“噏噏、呰呰”,並字異而義同。

速速、蹙蹙,惟逑鞫也。 陋人專禄國侵削,賢士永哀念窮迫。

惟者,《釋詁》云:“思也。”逑者,與“求”同。釋文引“郭云‘迫也’。《字林》云‘斂聚也’”。鞫者,《釋言》云:“窮也。”

速者,《玉藻》注:“遬猶蹙蹙也。”《詩·正月》傳:“蔌蔌,陋也。”“蔌”蓋“遬”之或體。遬,籀文“速”字也。《後漢書·蔡邕傳》注引《毛詩》作“速速方穀”,云“《韓詩》亦同”。《楚辭·逢紛》篇云“躬速速而不吾親”,王逸注:“速速,不親附貌。”然則“速速”與“蹙蹙”皆爲褊急之意,故毛傳以“蔌蔌”爲“陋”。《詩·節南山》箋:“蹙蹙,縮小之貌。”《士相見禮》注:“蹙猶促也。”郭注以“國侵削”爲“蹙”,於義亦通。

抑抑,密也。威儀審諦。**秩秩,清也。**德音清泠。

密者,《釋詁》云:“静也。”

清者,《説文》云:“腤也。”

《詩》:“威儀抑抑,德音秩秩。”鄭箋用《爾雅》,毛於《抑》傳“抑抑”亦用《爾雅》。《假樂》傳:“抑抑,美也。秩秩,有常也。”不同者,毛以“抑”與“懿”同,故訓“美”。《楚語》引《抑》詩作“懿”。秩,常也,見《釋詁》,皆毛傳所本也。又“秩秩,智也”,見此篇上文。“智”與“清”義亦近。《書》云:“汝作秩宗。”下云:“直哉惟清。”是“秩”有清義也。“抑”言“密”者,《詩·賓之初筵》傳:“抑抑,慎密也。”《抑》正義引舍人曰:“威儀静密也。”静密、慎密二義並與美近。“美、密”聲相轉也。

甹夆,掣曳也。謂牽拕。

掣者,《説文》作“瘛”,云:“引縱曰瘛。”通作“摯”。《廣雅》云:“摯,引也。”《玉篇》:“摯與瘛同。”曳者,《説文》:“臾曳也。”“臾曳”蓋亦牽引之言也。

甹夆者,蓋“甹夆”之省。《説文》“甹、夆”並云:“使也。”又云:"僔,使也。"聲借爲"荓蜂"。《詩·小毖》傳:"荓蜂,瘳曳也。"正義引孫炎曰:"謂相掣曳入於惡也。"《文選·海賦》云:"或掣掣洩洩於裸人之國。""掣洩"即"掣曳"。《海外西經》云"并封,其狀如彘,前後有首",《大荒西經》又作"屏蓬,左右有首"。蓋"屏蓬"與"荓蜂"俱字之假音,其義則同。又借爲"併螽"。《潛夫論·慎微》篇引《詩》作"莫與併螽"。

朔,北方也。謂幽朔。

北者,《說文》云:"乖也,从二人相背。"然則"北"之言"背"也。《詩》云:"言樹之背。""背"即"北"也。《尚書大傳》云:"北方者何也? 伏方也。萬物之方伏。"《書》"宅朔方",《史記·五帝紀》作"居北方";"平在朔易",作"便在伏物",皆其義也。

朔者,蘇也。《說文》云:"朔,月一日始蘇也。"是"朔"兼始、蘇二義。又訓"北"者,萬物終於北方,而亦始於北方,如死而復蘇也。故《堯典》正義引舍人曰:"朔,盡也。北方萬物盡,故言朔也。"李巡曰"萬物盡於北方,蘇而復生,故言北方",亦兼始、蘇二義也。

不俟,不來也。不可待,是不復來。**不遹,不蹟也。**言不循軌跡也。

不来者,《詩·采薇》傳:"來,至也。"

俟者,《說文》作"竢",引《詩》曰:"不竢不來。"或从彳作"徖",今通作"俟"。俟,待也。

蹟者,與"迹"同。《說文》云:"迹,步處也。或从足、責作蹟。"《詩·沔水》傳:"不蹟,不循道也。"

遹者,《釋詁》云:"循也。"《釋言》云:"述也。"馬瑞辰曰:"《說文》引《詩》竢字从來矣聲,疑《詩》古本作'我行不竢'。"

"糇"與"俟"通,故《爾雅》作"不俟",而以"不來"釋之。今《詩》作"我行不來"者,"糇"字脱其半耳。《爾雅》釋經,俱經字在上,此以"不來"釋"不俟",非以"不俟"釋"不來"也。又,不遹,不蹟也。遹,古述字。"述、術"字通。此釋《詩》"報我不術",非釋《詩》"念彼不蹟"也,亦經字在上。

不徹,不道也。徹亦道也。**勿念,勿忘也。**勿念,念也。

徹者,通也,達也。"通、達"皆道路之名,故云:"徹亦道也。""徹"之言"轍",有軌轍可循。釋文"徹,直列反",則讀如"轍"。《玉篇》"徹"兼"丑列、直列"二音也。不徹者,《詩》"天命不徹",毛傳:"徹,道也。"鄭箋:"不道者,言王不循天之政教。"

勿者,與"無"同。無念者,《詩》"無念爾祖",傳:"無念,念也。"《孝經》釋文引鄭注:"無念,無忘也。"按:無,古讀如"模","模"猶"摹"也。無念者,心中思念,手中揣摹,故曰"無念",非反言之詞。

萲、諼,忘也。義見《伯兮》《考槃》詩。

忘者,《説文》云:"不識也。""不識"言不省記也。

萲者,"藼"字之省。《説文》作"藼",或作"蕿",又作"萱",云:"令人忘憂艸也。"引《詩》"焉得藼艸"。今《詩》借作"諼"。《伯兮》傳云"諼草,令人忘憂",《爾雅》釋文引作"萲草,令人善忘"。《玉篇》:"令人善忘憂草。"疑毛傳今本"忘"上脱"善"字,《爾雅》釋文"忘"下脱"憂"字也。

諼者,《詩·淇奥》傳及《考槃》箋並云:"諼,忘也。""諼"即"萲"字之假音。

每有,雖也。《詩》曰:"每有良朋。"辭之雖也。

雖者,語詞也,《玉篇》云:"詞,兩設也。"

每有者,《詩·常棣》箋用《爾雅》。是"每有"連文,其單文亦爲"雖"。故《詩·皇皇者華》傳:"每,雖也。"《莊子·庚桑楚》篇云"每發而不當",釋文引《爾雅》亦云:"每,雖也。"

饎,酒食也。猶今云饎饌,皆一語而兼通。

饎者,《説文》云:"酒食也。"《詩·天保》《泂酌》傳同,《爾雅》釋文引《字林》云:"熟食也。"《士虞禮》及《特牲饋食禮》注並云:"炊黍稷曰饎。"是"饎"本炊食之名,但酒、食同類,故《爾雅》連言。郭云"一語而兼通",得其義矣。釋文又云:"饎,舍人本作喜,釋云:'古曰饎。'"按:舍人之意蓋謂"饎"借爲"喜",故以本字釋之。《詩·七月》正義引李巡曰:"得酒食則歡喜也。"是李巡本亦作"喜",因而以"喜"爲釋,則非矣。《毛詩》亦作"喜",故鄭於《七月》及《甫田》《大田》箋並云:"喜讀爲饎。饎,酒食也。"本《爾雅》義,與舍人同。

舞、號,雩也。雩之祭,舞者吁嗟而請雨。

雩者,《説文》云:"夏祭樂于赤帝以祈甘雨也。或从羽作雩。雩,羽舞也。"羽舞者,《舞師》云"教皇舞,帥而舞旱暵之事",鄭衆注:"皇舞,蒙羽舞。"是許所本,此雩有舞之證。

號者,《説文》云:"呼也。"《月令》云"大雩帝",鄭注:"雩,吁嗟求雨之祭也。"《公羊·桓五年》注:"使童男女各八人舞而呼雩,故謂之雩。"然則"雩"之言"吁",此雩有號之證。故釋文引孫炎云"雩之祭,有舞有號",是矣。

暨,不及也。《公羊傳》曰:"及,我欲之。暨,不得已。"暨,不得已,是不得及。

《釋詁》云:"及、暨,與也。"是"暨"即"及"矣。又言"不及"

者,郭引《公羊隱元年傳》而釋之云:"暨,不得已,是不得及。"《文選·赭白馬賦》及《文賦》注並引《爾雅》作"暨,及也"。或"及"上脱"不"字,抑或所引即《釋詁》文,蓋"暨"之一字包及與不及二義也。《説文》:"暨,日頗見也。""頗見"謂不全見,亦會不及之意。

蠢,不遜也。蠢動爲惡,不謙遜也。

遜者,"愻"之假借也。《説文》云:"愻,順也。"引《唐書》曰:"五品不愻。"今通作"遜"。

蠢者,《釋詁》云:"作也。""動也。"然則"蠢"爲妄動,故不遜順。《楚辭·惜賢》篇云"夷蠢蠢之溷濁",王逸注:"蠢蠢,無禮義貌也。"與"不遜"義合。

如切如磋,道學也。骨、象須切磋而爲器,人須學問以成德。**如琢如磨,自脩也。**玉、石之被雕磨,猶人之自脩飾。**瑟兮僩兮,恂慄也。**恒戰竦。**赫兮烜兮,威儀也。**貌光宣。**有斐君子,終不可諼兮。**斐,文貌。**道盛德至善,民之不能忘也。**常思詠。

此釋《詩·淇奥》之文,《禮記·大學》述之。切、磋、琢、磨者,《釋器》云:"骨謂之切,象謂之磋,玉謂之琢,石謂之磨。"毛傳本《爾雅》而申之云:"道其學而成也,聽其規諫以自脩,如玉石之見琢磨也。"《大學》注云:"道猶言也。"正義曰:"初習謂之學,重習謂之脩。"

瑟、僩、赫、烜者,毛傳云:"瑟,矜莊貌。僩,寬大也。赫,有明德赫赫然。咺,威儀容止宣著也。"釋文引《韓詩》云:"僩,美貌。"《説文》云:"武貌。"咺,《韓詩》作"宣"。宣,顯也。《爾雅》釋文:"烜者,光明宣著。"《説文》引《詩》作"愃",云:"寬嫺心腹皃。"然則《詩》本作"愃",《韓詩》省作"宣",《爾雅》作"烜",《毛詩》假借作"咺"耳。

恂慄者,《大學》注云:"恂,字或作峻,讀如嚴峻之峻,言其容貌嚴栗也。"

斐者,《詩》借作"匪",毛傳云:"文章貌。"釋文引《韓詩》作"邲,美貌也"。

諼,忘也。已見上文。《大學》注云:"民不能忘,以其意誠而德著也。"

既微且尰:骭瘍爲微,腫足爲尰。骭,脚脛。瘍,創。

微者,釋文云:"《字書》作癓。"《三蒼》云:"足創。"

尰者,《説文》作"瘇",云:"脛气足腫。"引《詩》"既微且瘇",籀文作"尰"。

骭者,《説文》云:"骹也。""骹,脛也。""腫,癰也。"《詩·巧言》箋:"此人居下溼之地,故生微腫之疾。"正義引孫炎曰:"皆水溼之疾也。"按:"微"本脛創之名。《論衡·言毒篇》云:"微者,疾謂之邊,其治用蜜與丹。蜜、丹,陽物,以類治之也。邊者,陽氣所爲,流毒所加也。"是"微"一名"邊",本溼熱之氣,流毒所生,治法以銀丹、蜜塗,今人亦用銀丹、礬、麻油塗腫創,古之遺法也。

是刈是鑊:鑊,煮之也。煮葛爲絺綌。

刈者,《説文》作"乂",云:"芟艸也。或从刀作刈。"

鑊者,《詩》作"濩",假借字也。《説文》:"鑊,鑴也。""鑴,甇也。"《淮南·説山》篇注:"無足曰鑊。"蓋鼎、鑊皆煮器,惟有足、無足爲異耳。《詩·葛覃》釋文引《韓詩》云:"刈,取也。""濩,瀹也。"正義引舍人曰:"是刈,刈取之。是濩,煮治之。"

孫炎曰:"煮葛以爲絺綌。"正義又云:"以煮之於濩,故曰濩煮,非訓濩爲煮。"此言是也。然則"刈"亦芟草之器,因而名芟爲"刈",且"刈"與"鑊"配,並是器名,故《齊語》云"挾其槍、刈、耨、鎛",韋昭注:"刈,鐮也。"《方言》云"刈鉤",《説文》"鉤"作"钊",云:"鐮也。"知"刈"本器名矣。

履帝武敏:武,迹也。敏,拇也。拇迹,大指處。

履帝武敏者,《詩·生民》傳:"履,踐也。帝,高辛氏之帝也。武,迹。敏,疾也。從於帝而見於天,將事齊敏也。"毛依《爾雅》以"武"爲"迹",而不以"敏"爲"拇",師説之異也。鄭箋:"帝,上帝也。敏,拇也。祀郊禖之時,時則有大神之迹,姜嫄履之,足不能滿,履其拇指之處。"正義引孫炎曰:"拇迹,大指處。"郭義與孫同。《爾雅》釋文:"敏,舍人本作畝。釋云:'古者,姜嫄履天帝之迹於畎畝之中而生后稷。'"按:"敏、畝"形近(隸書"畮"作"畝",似"敏"),"畝、拇"聲同,古讀音皆如"弭"。臧氏《爾雅漢注》"疑舍人是'拇'作'畝'",恐非也,釋文自明耳。《史記·周本紀》:"姜原出野,見巨人迹,心忻然悦,欲踐之。"是舍人及鄭箋所本。

張仲孝友:周宣王時賢臣。**善父母爲孝,善兄弟爲友。**

《詩·六月》正義引李巡云:"張,姓。仲,字。其人孝,故稱孝友。"賈子《道術》篇云:"子愛利親謂之孝,兄敬愛弟謂之友。"《釋名》云:"孝,好也,愛好父母如所説好也。"《孝經説》曰:"孝,畜也。畜,養也。友,有也,相保有也。"然則孝友曰"善",謂心誠有好之。《詩》傳用《爾雅》。

有客宿宿,言再宿也。有客信信,言四宿也。再宿爲信,重言之,故知四宿。

宿者,久也,言留止於此時久也。

信者,申也,言已宿留又重申也。《詩·有客》傳云:"一宿曰宿,再宿曰信。"(本《莊三年左傳》文。)然則"信"乃再宿,"宿"僅一宿也。《爾雅》因重文而倍言之,故"宿宿"言再宿,"信信"言四宿也。

美女爲媛,所以結好媛。**美士爲彦。**人所彦詠。

美者,"媄"之省,《説文》云:"色好也。"經典通作"美"。

媛者,《説文》云:"美女也,人所援也。"《詩·君子偕老》箋:"媛者,邦人所依倚以爲媛助也。""媛"與"援"同,故正義引孫炎曰:"君子之援助。"釋文引《韓詩》:"媛作援。援,取也。""取"疑"助"之形譌耳。

彦者,《説文》云:"美士有文,人所言也。"《詩·羔裘》正義引舍人曰:"國有美士,爲人所言道。"郭云"人所彦詠",其義同。彦,釋文作"喭",而云"本今作彦",則其字通。

其虚其徐,威儀容止也。雍容都雅之貌。

《詩·北風》作"其虚其邪",釋文:"邪,音餘,又音徐,《爾雅》作徐。"是"邪"本"徐"之假音。故毛傳:"虚,虚也。"釋文:"一本作虚徐。"得之。鄭箋:"邪讀如徐。言威儀虚徐寬仁者。"正義引孫炎曰:"虚徐,威儀謙退也。"然則"虚徐"猶"舒徐",郭云"都雅",於古音俱疊韵。

猗嗟名兮,目上爲名。眉眼之閒。

《詩·猗嗟》傳本此。《玉篇》引《詩》云:"猗嗟顯兮。顯,眉目閒也。本亦作名。"《文選·西京賦》薛綜注:"眳,眉睫之閒。"《檀弓》云:"子夏喪其子而喪其明。"《冀州從事郭君碑》云:"卜商號咷,喪子失名。"是"名"與"明"通。《詩》本借"名"

爲"明",故下句云"美目清兮"。毛傳"目下爲清",則知"目上爲明",正以"清、明"對文,爲《爾雅》補義也。正義引孫炎解"名"字云:"目上平博。"按:"平博"之義亦與"明"爲近。

式微式微者,微乎微者也。言至微。

"微"義已見《釋詁》。《孫子·虚實篇》云:"微乎微微,至於無形。"語意本此。《詩·式微》箋用《爾雅》,云:"式,發聲也。"毛傳"式,用",雖本《釋言》,但《詩》本不取"式"爲義,故以發聲之詞言之。鄭義爲長。

之子者,是子也。斥所詠。

子者,斥其人之詞。"之"爲語助,又訓爲"是"。《詩·漢廣》箋用《爾雅》①。正義引李巡曰:"之子者,論五方之言,是子也。"按:"是"猶"此"也,"崽"也。《方言》云:"崽者,子也(崽即葸,音枲)。湘沅之會凡言是子者謂之崽,若東齊言子矣(聲如宰)。"今按:膠萊閒人謂"崽子"爲"宰子",即"此子"之聲轉,又轉爲"只",《詩·南山有臺》箋:"只之言是也。"《樛木》釋文:"只猶是也。"然則"樂只君子"猶言"樂是君子"矣。

徒御不驚,輦者也。步挽輦車。

輦者,人輓車也。徒,步行也。御,御馬也。本各爲一事,《詩·黍苗》詳之。此"輦者"專釋"徒"字,故《車攻》傳:"徒,輦也。"蓋言此徒即是輦者,非但步行,亦容輓車在内,與《黍苗》異。此釋"徒",不釋"御","輦"上無"徒"字,文省爾。

襢裼,肉袒也。脱衣而見體。

---

① 詩漢廣　詩,此本誤"時",咸豐六年刻本同。經解本作"詩",據改。

襢者,《説文》作"膻",云:"肉膻也。"引《詩》"膻裼暴虎"。今《詩》作"襢"。《大叔于田》釋文:"襢,本又作袒。""袒"亦假借字也。《説文》"袒"訓"衣縫解(今作綻)",又云:"但,裼也。""裼,袒也(袒當作但)。"《詩》正義引李巡曰:"襢裼,脱衣見體曰肉袒。"孫炎曰:"袒去裼衣。"郭注本李巡。

暴虎,徒搏也。空手執也。

搏者,《説文》云:"索持也。"《詩》"搏獸于敖",言手執持之也。暴者,搏也。搏、暴,古音相近,《匡謬正俗》云"暴有薄音",是也。《詩·大叔于田》傳:"暴虎,空手以搏之。"正義引舍人曰:"無兵空手搏之。"並以空手釋"徒搏"也。《小旻》傳:"徒搏曰暴虎。"即用《爾雅》文。

馮河,徒涉也。無舟檝。

馮者,"淜"之假音也。《説文》:"淜,無舟渡河也。"《玉篇》:"徒涉曰淜,今馮字。"《詩·小旻》傳:"徒涉曰馮河。"正義引李巡曰:"無舟而渡水曰徒涉。"與《説文》合,此"馮"字正解。毛傳以"馮,陵"爲訓,未免望文生義。

籧篨,口柔也。籧篨之疾不能俛,口柔之人視人顔色,常亦不伏,因以名云。

此及下文"柔"字,依《説文》並當作"脜",云:"面和也,讀若柔。"《玉篇》正作"脜",云:"柔色以藴之,是以今爲柔字。"

籧篨者,《説文》云:"粗竹席也。"《詩·新臺》傳:"籧篨,不能俯者。"箋云:"籧篨,口柔常觀人顔色而爲之辭,故不能俯者也。"正義引李巡云:"籧篨,巧言好辭,以口饒人,是謂口柔。"《爾雅》釋文引舍人曰:"籧篨,巧言也。"又引孫、郭義同。是諸家皆不殊。今按:以"戚施"爲比推之,"籧篨"即"笴篖"也。其名爲“籧”，其體偃蹇，其文便旋，以言語悦人者似之，故以爲“口柔”之喻。

戚施，面柔也。戚施之疾不能仰，面柔之人常俯，似之，亦以名云。

戚施者，聲借之字，《説文》作“䵾鼀”，云：“詹諸也。”引《詩》“得此䵾鼀”。《御覽》引《韓詩》薛君云：“戚施，蟾蜍，喻醜惡。”《玉篇》又作“䠞覫”，“面柔也”。《爾雅》釋文引《字書》作“覝覫”，俱字之别體也。

面柔者，釋文引舍人曰：“令色誘人。”李曰：“和顔悦色以誘人，是謂面柔也。”又引孫、郭義同。按：《晉語》云：“戚施不可使仰。”蓋喻醜惡之人見人慙俛，有如含垢蒙羞，故曰“面柔”。《詩·新臺》傳用《晉語》，箋用《爾雅》。《説文》義本《韓詩》，與諸家異，其喻醜惡則同。

夸毗，體柔也。屈己卑身以柔順人也。

夸，胯也。毗，臍也。體柔之人其足便辟，其躬卑屈，前俛爲恭，故曰“夸毗”。《詩·板》傳用《爾雅》，箋云：“其無夸毗以形體順從之。”《爾雅》釋文引舍人曰：“卑身屈己也。”李、孫、郭云：“屈己卑身以柔順人也。”夸毗，《字書》作“骻䠘”，《廣韵》又作“骻骳”，俱字之别體。

婆娑，舞也。舞者之容。

《説文》：“舞，樂也。古文舞从羽、亡。”按：从羽，舞所執也。“亡”與“無”古通用，“舞”从無聲也。

婆者，《説文》作“媻”，云：“奢也。”“娑，舞也”，引《詩》“市也媻娑”。毛傳用《爾雅》，正義引李巡曰：“婆娑，盤辟舞也。”孫炎曰：“舞者之容婆娑然。”《文選·神女賦》注：“婆娑猶嫛姍也。”按：“嫛姍”猶“般旋”也。般旋、婆娑，俱字之疊韵。

辟，拊心也。 謂椎胸也。

辟者，假音，當作“捭”。《説文》云：“兩手擊也，从卑聲。”借作“辟”，或加“手”作“擗”，《玉篇》引《詩》“寤擗有摽”，《爾雅》釋文因云“辟，字宜作擗”，引《詩》與《玉篇》同。不知“擗”蓋“擘”之或體。故《柏舟》釋文：“辟，本又作擘。”然“擘”字亦假音，若作“捭”，則音義俱得矣。

拊者，拍也，“拍”亦擊也。故《問喪》云：“發胸擊心。”又云：“擊胸傷心。”《喪大記》云：“扱衽拊心。”是“拊、擊”義同。《問喪》又云“辟踊哭泣”，鄭注：“辟，拊心也。”與《柏舟》傳同。

矜憐，撫掩之也。 撫掩猶撫拍，謂慰恤也。

《釋詁》云：“煤、憐，愛也。”“煤”與“憮”同。《説文》云：“憮，愛也。”“撫掩”當作“憮俺”。《方言》云：“憮、俺、憐，愛也。”又云：“亟、憐、憮、俺，愛也。”又云：“憮、矜、憐，哀也。”是“亟憐”即“矜憐”，聲相轉。矜憐、憮俺，《方言》俱本《爾雅》。“憮俺”作“撫掩”，乃古字通借，郭氏望文生義，以爲“撫掩猶撫拍”，失之矣。

緎，羔裘之縫也。 縫飾羔皮之名。

緎者，《説文》作“黬”，云：“羔裘之縫。”《玉篇》同，云：“亦䩜字。”革部云：“䩜，羔裘縫。亦作緎。”今按：緎、䩜，並或體也。《詩·羔羊》傳：“緎，縫也。”釋文引孫炎云：“緎，縫之界域。”正義曰：“縫合羔羊皮爲裘縫，即皮之界緎，因名裘縫爲緎。五緎既爲縫，則五紽、五總亦爲縫也。”

殿屎，呻也。呻吟之聲。

呻者，《説文》云："吟也。"殿屎者，《説文》作"唸吚"，云："呻也。"《詩·板》傳："呻，吟也。"正義引孫炎曰："人愁苦呻吟之聲也。"《爾雅》釋文："殿屎，或作歙㕧。又作㰜脲。"並俗體字也。

幬謂之帳。今江東亦謂帳爲幬。

幬、帳者，《説文》云："帳，張也。""幬，襌帳也。"《文選·寡婦賦》注引《纂要》曰："在上曰帳，在旁曰帷，單帳曰幬。"《詩》借作"裯"。《小星》箋云："裯，牀帳也。"《爾雅》釋文："幬，本又作㡓。"

侜張，誑也。《書》曰："無或侜張爲幻。"幻惑欺誑人者。

誑者，《説文》云："欺也。"侜者，云："有廱蔽也。"引《詩》"誰侜予美"。《防有鵲巢》傳用《爾雅》。郭引《書·無逸》"譸張"作"侜張"。正義引孫炎曰："眩惑誑欺人也。"郭義與孫同。

誰昔，昔也。誰，發語辭。

昔者，《玉篇》云："往也，久也，昨也。"誰昔者，《詩》"誰昔然矣"，鄭箋用《爾雅》。按：《釋詁》云："疇、孰，誰也。"故"誰昔"或爲"疇昔"。《檀弓》云"疇昔之夜"，鄭注："疇，發聲也。"是郭義所本。但"疇，誰"出詁訓，各有意義，非比"粊婁、於越"，祇爲發聲之詞。鄭、郭胥失之。

不辰，不時也。辰亦時也。

辰者，《詩》傳、箋並云："時也。""我辰安在""我生不辰"皆言生不逢時。

凡曲者爲罶。《毛詩》傳曰："罶，曲梁也。"凡以薄爲魚笱者，名爲罶。

曲者,薄也。以曲薄爲魚梁,故曰“曲梁”。郭引《詩·魚麗》傳文,詳見《釋器》。

鬼之爲言歸也。《尸子》曰:“古者謂死人爲歸人。”

歸者,還其家也。生,寄也;死,歸也。故《列子·天瑞》篇云:“鬼,歸也。”又云:“古者謂死人爲歸人。”《説文》云:“人所歸爲鬼。”《左氏昭七年傳》云:“鬼有所歸,乃不爲厲。”《禮運》注:“鬼者,精魂所歸。”皆與此義合。

爾雅郭注義疏上之四

釋親弟四

《釋名》云:“親,櫬也,言相隱櫬也。”《説文》云:“親,至也。”《一切經音義》九引《蒼頡篇》云:“親,愛也,近也。”然則親愛至近無如父母,故親始於父母。《禮記·奔喪》及《問喪》注並云:“親,父母也。”《公羊莊卅二年傳》“君親無將”注亦云:“親,謂父母。”是父母稱親之義也。《穀梁隱元年傳》:“親親之道也。”《詩》云:“戚戚兄弟。”是兄弟稱親之義也。《郊特牲》及《哀公問》並云:“親之也者,親之也。”是夫婦稱親之義也。《左氏昭廿五年傳》云:“爲父子、兄弟、姑姊、甥舅、昏媾、姻亞,以象天明。”杜預注以“六親”爲釋,正義曰:“六親謂父子、兄弟、夫婦也。”此篇首宗族,次母黨,次妻黨,次婚姻,皆親屬也,故總曰“釋親”。

父爲考,母爲妣。《禮記》曰:“生曰父、母、妻,死曰考、妣、嬪。”今世學者從之。按:《尚書》曰“大傷厥考心”“事厥考厥長”“聰聽祖考之彝訓”“如喪考妣”。《公羊傳》曰:“惠公者何?隱之考也。仲子者何?桓之母也。”《蒼頡篇》曰:“考妣延年。”《書》曰:“嬪于虞。”《詩》曰:“聿嬪于京。”《周禮》有九嬪之官,明此非死生之異稱矣。其義猶今謂兄爲晜，妹爲媦，即是此例也。

此釋父母之異稱也。考者，《釋詁》云："成也。"妣者，《説文》云："殁母也。"《曲禮》云："生曰父曰母，死曰考曰妣。"鄭注："考，成也，言其德行之成也。妣之言媲也，媲於考也。"然則考妣者，父母之異稱。《曲禮》雖云存殁異號，若通言之，則生存亦稱"考妣"，終殁亦稱"父母"。故《士喪禮》云："哀子某爲其父某甫筮宅。"又云："卜葬其父某甫。"是終殁稱"父母"之例也。《方言》云"南楚瀑洭之閒謂婦妣曰母㚉（音多），稱婦考曰父㚉"，郭注："古者通以考妣爲生存之稱。"此注引《蒼頡篇》"考妣延年"，是生存稱"考妣"之例也。

父之考爲王父，父之妣爲王母。加王者，尊之也。**王父之考爲曾祖王父，王父之妣爲曾祖王母。**曾猶重也。**曾祖王父之考爲高祖王父，曾祖王父之妣爲高祖王母。**高者，言最在上。

此從父母推而上之，至於高曾祖，以親由父母起，故還從父母稱之也。《釋名》云："父，甫也，始生己也。母，冒也，含生己也。"是親由父母之義。又云："祖，祚也，祚物先也。又謂之王父。王，暀也，家中所歸暀也。王母亦如之。"然則祖父母而曰"王"者，王，大也，君也，尊上之稱，故王父母亦曰"大父母"也。

曾者，重也。《説文》云："曾，益也。"與"增"同。《釋名》云："曾祖，從下推上，祖位轉增益也。"

高者，尊崇之稱。《釋名》云："高祖。高，皋也，最在上，皋韜諸下也。"《曲禮》云："祭王父曰皇祖考，王母曰皇祖妣。"變文言"皇"者，鄭注："更設尊號，尊神異於人也。皇，君也。"然則"皇、王"皆大君之稱，其義亦同。《祭法》又以曾祖王父爲"皇考”,高祖王父爲“顯考”。《曲禮》所言祭時之尊號,《祭法》所説廟制之殊稱,皆非常義所施,是至於存殁通稱,則以《爾雅》爲正焉。

父之世父、叔父爲從祖祖父,父之世母、叔母爲從祖祖母。從祖而别,世統異故。**父之晜弟,先生爲世父,後生爲叔父。**世有爲嫡者,嗣世統故也。

此又推言父之伯、叔、兄、弟也。《釋名》云:“父之世叔父母曰從祖父母,言從己親祖别而下也,亦言隨從己祖以爲名也。”《檀弓》注云:“敬姜者,康子從祖母。”《魯語》云“公父文伯之母,季康子之從祖叔母也”,韋昭注:“祖父昆弟之妻也。”然則準是而言,父之世父當爲從祖伯父,父之叔父當爲從祖叔父。《爾雅》文畧,《魯語》則詳矣。

又言“世父、叔父”者,《釋名》云:“父之兄曰世父,言爲嫡統繼世也。又曰伯父。伯,把也,把持家政也。父之弟曰仲父。仲,中也,位在中也。仲父之弟曰叔父。叔,少也。叔父之弟曰季父。季,癸也。甲乙之次,癸最在下,季亦然也。”然則《爾雅》不言“仲父、季父”者,亦畧之,如從祖父之例。世父、叔父俱有“父”名者,《喪服》:“傳曰:‘世父、叔父何以期也?與尊者一體也。’”

晜者,《説文》云:“周人謂兄曰翼。”《玉篇》省作“罤”,《爾雅》又作“晜”。釋文:“本亦作昆,下同。”

男子先生爲兄,後生爲弟。男子謂女子先生爲姊,後生爲妹。父之姊妹爲姑。

此釋兄、弟、姑、姊、妹之親也。姑與世父、叔父尊同而别言之者,以與姊、妹同類故也。

兄、弟者,《釋名》云:"兄,荒也。荒,大也,故青徐人謂兄爲荒也。弟,第也,相次第而生也。"《白虎通》云:"兄者,況也,況父法也。弟者,悌也,心順行篤也。"

姊、妹者,女兄、弟也。異其稱者,别之也。《釋名》云:"姊,積也,猶日始出,積時多而明也。妹,昧也,猶日始入,歷時少尚昧也。"《白虎通》云:"姊者,恣也。妹者,未也。"按:《詩》云"遂及伯姊",是女子亦謂女子先生爲"姊",《爾雅》畧舉一邊耳。

姑者,《釋名》云:"父之姊妹曰姑。姑,故也,言於己爲久故之人也。"《詩·泉水》正義引孫炎曰:"故之言古,尊老之名也。"《左氏·襄十二年》正義引樊光曰:"《春秋傳》云:'姑姊妹。'"按:《襄廿一年傳》有"公姑姊",《列女傳》有"梁節姑妹"。然則古人謂父姊爲"姑姊",父妹爲"姑妹"。今人省文,故單稱"姑"。《爾雅》不言者,亦畧之。

父之從父晜弟爲從祖父,父之從祖晜弟爲族父。族父之子相謂爲族晜弟。族晜弟之子相謂爲親同姓。同姓之親無服屬。**兄之子、弟之子相謂爲從父晜弟。**從父而别。

云"父之從父晜弟"者,是即父之世父、叔父之子也。當爲從父,而言"從祖父"者,言從祖而别也,亦猶"父之世父、叔父爲從祖祖父"之例也。《御覽》五百一十三引作"父之從父昆弟爲從伯叔"。按:從伯叔,古無此稱,蓋誤耳。《喪服·小功》章亦云:"從祖父母。"《通典》九十二引馬融云:"從祖祖父之子,是父之從父昆弟也。"

云"父之從祖晜弟"者,是即從祖父之子也。"族父"亦當爲"族祖父",如下文族祖母之例。《御覽》引亦作"族父"。《喪服》云"從祖昆弟",鄭注:"父之從父昆弟之子。"《通典》引馬融云:"謂曾祖孫也。於己爲再從昆弟,同出曾祖,故言從祖昆弟。"《緦麻三月》章云:"族父母。族昆弟。"《通典》引馬融云:"族父,從祖昆弟之親也。"賈疏云:"族父母者,己之父從祖昆弟也。族昆弟者,己之三從兄弟也。"按:謂之"族"者,《白虎通》云:"族者,湊也,聚也,謂恩愛相流湊也。"

云"族晜弟之子相謂爲親同姓"者,是四從兄弟同出高祖者也。《大傳》云"四世而緦服之窮也",又云"絶族無移服",鄭注:"族昆弟之子不相爲服。"是則所謂親同姓也。賈子《六術》篇云:"六親始曰父。父有二子,二子爲昆弟。昆弟又有子,子從父而昆弟,故爲從父昆弟。從父昆弟又有子,子從祖而昆弟,故爲從祖昆弟。從祖昆弟又有子,子從曾祖而昆弟,故爲從曾祖昆弟。從曾祖昆弟又有子,子爲族兄弟,備於六,此之謂六親。"按:此以"從曾祖昆弟"當《爾雅》"族晜弟",以"族兄弟"當《爾雅》"親同姓",其義自明矣。

云"兄弟之子相謂爲從父晜弟"者,此覆釋上文之義也。《喪服·大功》章云"從父昆弟",鄭注:"世父、叔父之子也。"

子之子爲孫,孫猶後也。**孫之子爲曾孫,**曾猶重也。**曾孫之子爲玄孫,**玄者,言親屬微昧也。**玄孫之子爲來孫,**言有往來之親。**來孫之子爲晜孫,**晜,後也。《汲冢竹書》曰:"不窋之晜孫。"**晜孫之子爲仍孫,**仍亦重也。**仍孫之子爲雲孫。**言輕遠如浮雲。

此釋子孫之異名也。《釋名》云:"子,孳也,相生蕃孳也。孫,遜也,遜遁在後生也。"按:"孫"亦遠孫之通稱。《詩》"后稷之孫,實維大王",是也。

曾孫者,《釋名》云:"義如曾祖也。"按:"曾孫"又遠孫之通稱。《詩》"曾孫篤之"，鄭箋："曾猶重也。自孫之子而下，事先祖皆稱曾孫。"孔疏引《哀二年左傳》云"曾孫蒯聵敢告皇祖文王、烈祖康叔"，是其義也。

玄孫者，《釋名》云："玄，懸也，上懸於高祖，最在下也。"《説文》："玄，幽遠也。"

來孫者，《釋名》云："此在無服之外，其意疏遠，呼之乃來也。"按：此説"來"字，似望文生義。"來"之言"離"也，"離"亦遠也。下文謂"出之子爲離孫"，"離、來"音義同耳。

晜孫者，《釋名》云："昆，貫也，恩情轉遠，以禮貫連之耳。"按："晜孫"亦遠孫之通稱。《左氏昭十六年傳》云："孔張，君之昆孫。"據孔張是鄭穆公之曾孫，今云"昆孫"，則亦通名。郭本《釋言》"昆，後"是矣。

仍孫者，《釋名》云："以禮仍有之耳，恩意實遠也。"按：此説"仍"字亦非，郭訓"重"是也，其義如曾孫矣。仍孫或稱"耳孫"，"耳、仍"音相轉也。

雲孫者，《釋名》云："言去已遠如浮雲也。"按：雲，古文作"云"。《廣雅》云："云，遠也。"然則"雲孫"謂遠孫，猶言裔孫也。"如浮雲"之説，亦望文生義矣。

王父之姊妹爲王姑，曾祖王父之姊妹爲曾祖王姑，高祖王父之姊妹爲高祖王姑，父之從父姊妹爲從祖姑，父之從祖姊妹爲族祖姑。

王姑者，從王父而得尊稱也，《喪服・緦麻》章謂之"父之姑"，是也。曾祖王姑、高祖王姑，其義並同。父之從父姊妹爲從祖姑，其義與"父之從父晜弟爲從祖父"同。父之從祖姊妹爲族祖姑，其義與"父之從祖晜弟爲族父"同。

父之從父晜弟之母爲從祖王母，父之從祖晜弟之母爲族祖王母。父之兄妻爲世母，父之弟妻爲叔母。父之從父晜弟之妻爲從祖母，父之從祖晜弟之妻爲族祖母。

父之從父晜弟之母者，是即父之世母、叔母也。上云"從祖祖母"，此言"從祖王母"，一耳。

父之從祖晜弟之母，是即族父之母也。謂爲"族祖王母"，即族祖祖母也。

父之兄妻爲世母、弟妻爲叔母者，《喪服》："傳云：'世母、叔母何以亦期也？以名服也。'"《大傳》云"服術有六，三曰名"，鄭注："名，世母、叔母之屬也。"按：此二母亦稱"伯母、叔母"，故《雜記》云"伯母、叔母疏衰，踊不絶地"，是也。

父之從父晜弟之妻爲從祖母者，上云"父之從父晜弟爲從祖父"，故其妻爲從祖母也。

父之從祖晜弟之妻爲族祖母者，上云"父之從祖晜弟爲族父"，故其妻爲族祖母也。本爲族母，言"祖"者，亦如從母言"從祖母"之例。

父之從祖祖父爲族曾王父，父之從祖祖母爲族曾王母。

族曾王父母，即己之從曾祖父母也。《喪服·緦麻三月》章"族曾祖父母"，鄭注："曾祖昆弟之親也。"賈疏："己之曾祖親兄弟也。"

父之妾爲庶母。

庶者，衆也。"庶母"猶言"諸母"也。妾者，《釋名》云："接也，以賤見接遇也。庶，摭也，拾摭之也。謂拾摭微賤待遇之也。"《喪服·緦麻三月》章云："士爲庶母。傳曰：'何以緦也？以名服也。大夫以上爲庶母無服。'"

祖，王父也。晜，兄也。今江東人通言晜。

此覆釋上文之義。上云“父之考爲王父”，《喪服》謂之“祖父母”，即王父母也。“晜，兄”，已見《釋言》“昆，後也”下。

宗族題上事也。宋本此二字進在前，非，今從唐石經改正。下俱放此。謂之宗族者，宗，尊也，主也；族，湊也，聚也。然則父之黨謂宗族，不言父黨者，母、妻異姓，故别稱黨，父族同姓，故總言宗族也。

母之考爲外王父，母之妣爲外王母，母之王考爲外曾王父，母之王妣爲外曾王母。異姓，故言外。

言“外”者，所以别於父族也。外王父母，《喪服·小功五月》章云“爲外祖父母。傳曰‘何以小功也？以尊加也’”，賈疏云：“外親之服不過緦麻，以祖是尊名，故加至小功。”《通典》引馬融云：“母之父母也，本服緦，以母所至尊，加服小功，故曰以尊加。”按：《檀弓》云“或曰‘外祖母也，故爲之服’”，鄭注：“外祖母，小功也。”然則外曾王父母，禮不爲制服，故畧之。

母之晜弟爲舅，母之從父晜弟爲從舅。

舅者，《詩·渭陽》正義引孫炎曰：“舅之言舊，尊長之稱。”《喪服·緦麻三月》章云“舅。傳曰‘何以緦？從服也’”，鄭注：“從於母而服之。”按：母之從父晜弟爲從舅，此於禮無服，《開元禮》謂之“堂舅”也。

母之姊妹爲從母，從母之男子爲從母晜弟，其女子子爲從母姊妹。

從母者，猶宗族之中有從父，言從母而得尊稱也。《檀弓》云“從母之夫”，言從母有服，其夫無服也。《喪服·小功》章云：

“從母,丈夫婦人報。傳曰:‘何以小功也?以名加也。外親之服皆緦也。’”按:異姓服不過緦,以有母名,故加重也。然則舅與從母尊同而服異者,以從母與母同類,尤親,故順母之心而加之也。知者,從母有母名,舅無父名也。

云“從母晜弟”“從母姊妹”者,以從母有母名,故子亦有晜弟、姊妹之名也。《喪服·緦麻三月》章云:“從母昆弟。傳曰:‘何以緦也?以名服也。’”《左氏襄廿三年傳》云“穆姜之姨子也”,杜預注:“穆姜姨母之子,與穆姜爲姨昆弟。”正義云:“據父言之謂之姨,據子言之當謂之從母。但子效父語,亦呼爲姨。”按:《釋名》云:“母之姊妹曰姨。”傳言“姨子”,知時已有姨母之稱。緣父呼姨,故子呼曰“姨母”。雖不合《爾雅》及《禮經》之言,時俗稱謂亦尚未巨失也。後世踵之,遂有姨兄弟、姨姊妹之稱矣。

母黨亦題上事也。黨猶所也,以皆母所屬。《大傳》云“從服:有屬從”,鄭注:“子爲母之黨。”本《爾雅》爲言也。

妻之父爲外舅,妻之母爲外姑。謂我舅者,吾謂之甥。然則亦宜呼壻爲甥。《孟子》曰“帝館甥於貳室”,是也。

“舅、姑”皆尊老之稱,加“外”者,别之也。《釋名》云“外舅、外姑”:“言妻從外來,謂至己家爲婦,故反以此義稱之。夫妻匹敵之義也。”《坊記》云“壻親迎,見於舅姑,舅姑承子以授壻”,鄭注:“舅姑,妻之父母也。”《喪服·緦麻三月》章云“妻之父母。傳曰‘何以緦?從服也’”,鄭注:“從於妻而服之。”《服問》云“有從重而輕,爲妻之父母”,鄭注:“妻齊衰而夫從緦麻,不降一等,言非服差。”

姑之子爲甥,舅之子爲甥,妻之晜弟爲甥,姊妹之夫爲甥。四人體敵,故更相爲甥。甥猶生也。今人相呼蓋依此。

此因妻黨而並及外親敵體者之稱也。《喪服·緦麻三月》章云“姑之子”,鄭注:“外兄弟也。”“傳曰‘何以緦?報之也’”,又云“舅之子”,鄭注:“内兄弟。”“傳曰:‘何以緦?從服也。’”

《釋名》云:“妻之舅弟曰外甥。其姊妹女也,來歸己内爲妻,故其男爲外姓之甥。甥者,生也。他姓子本生於外,不得如其女來在己内也。”按:妻之舅弟者,婚兄弟也。姊妹之夫者,姻兄弟也。《檀弓》云“申詳之哭言思”,鄭注:“言思,子游之子,申詳妻之昆弟。”然則申詳爲言思姊妹之夫也。有相哭之禮,無相服之道,故《喪服》篇無文。此四“甥”字,並“生”之聲借。據郭注及《釋名》,知古來有此稱,今所不行。又按:《左傳》有“雖甥”“聃甥”“養甥”“陰飴甥”,恐亦借“甥”爲“生”,所未詳。

妻之姊妹同出爲姨。同出,謂俱已嫁。《詩》曰:“邢侯之姨。”**女子謂姊妹之夫爲私。**《詩》曰:“譚公維私。”

姨者,《左氏莊十年傳》:“蔡侯曰:‘吾姨也。’”據蔡侯、息侯同娶陳,是夫於妻之姊妹互相謂“姨”也。《釋名》云:“妻之姊妹曰姨。姨,弟也,言與己妻相長弟也。”《説文》云:“妻之女弟同出爲姨。”變“姊妹”爲“女弟”者,蓋古之媵女,取於姪娣,姊爲妻則娣爲妾,同事一夫,是謂同出。《詩·碩人》及《左傳》正義並引孫炎曰:“同出,俱已嫁也。”然則此有二義:據《詩》《左傳》,同出謂各自行嫁;據《説文》《釋名》,同出謂共事一夫。二義俱通,《詩》及《左氏》於義爲長。

○私者,《釋名》云:“姊妹互相謂夫曰私。言於其夫兄弟之中,此人與己姊妹有恩私也。”《詩》正義引孫炎曰:“私,無正親之言。”按:《雜記》云:“吾子之外私某。”是私無正親,凡有恩私皆得稱之。

男子謂姊妹之子爲出。《公羊傳》曰："蓋舅出。"**女子謂晜弟之子爲姪，**《左傳》曰："姪其從姑。"**謂出之子爲離孫，謂姪之子爲歸孫，女子子之子爲外孫。**

出者，《釋名》云："姊妹之子曰出，出嫁於異姓而生之也。"郭引《公羊襄五年傳》，又云："蓋欲立其出也。"又《文十四年傳》云："接菑，晉出也。貜且，齊出也。"皆本《爾雅》，何休注以"出"爲"外孫"，誤矣。

姪者，《説文》云："兄之女也。"《釋名》云："姑謂兄弟之女爲姪。姪，迭也，共行事夫，更迭進御也。"《公羊成二年傳》云："蕭同姪子者。"是皆以"姪"專指女子子而言。郭引《左氏僖十五年傳》云"姪其從姑"，"姪"謂子圉，則義得兼男子而言。故《喪服・大功》章云"姪丈夫婦人，報"，鄭注："爲姪男女服同。"是女子於晜弟之子，男女均稱爲"姪"也。

謂出之子爲離孫者，"離"猶"遠"也。《釋名》云："言遠離己也。"按：離孫亦曰"彌甥"。《左氏哀廿三年傳》云"以肥之得備彌甥"，杜預注："彌，遠也。康子父之舅氏，故稱彌甥。"又謂之"從孫甥"。《哀廿五年傳》云"太叔疾之從孫甥也"，杜注："姊妹之孫謂從孫甥，與孫同列。"正義曰："男子謂兄弟之孫爲從孫，故謂姊妹之孫爲從孫甥。"按：今人省略"從孫甥"，直曰"孫甥"矣。

謂姪之子爲歸孫者，《釋名》云："婦人謂嫁曰歸，姪子列，故其所生爲孫也。"鄭《駁五經異義》云："婦人歸宗，女子雖適人，字猶繫姓，明不與父兄爲異族。"然則"歸"有二義，以服制推之，鄭義爲長。《喪服・緦麻三月》章云"父之姑"，鄭注："歸孫爲祖父之姊妹。"是其義也。

女子子之子爲外孫者，與外舅、外姑其義同也。《緦麻三月》章云“外孫”，賈疏曰：“以女出外適而生，故云外孫。”《春秋僖五年經》云“杞伯姬來，朝其子”，何休注：“禮，外孫初冠，有朝外祖之道。”

女子同出，謂先生爲姒，後生爲娣。同出，謂俱嫁事一夫。《公羊傳》曰：“諸侯娶一國，二國往媵之，以姪、娣從。娣者何？弟也。”此其義也。

姒者，姊也。《列女傳》有魯公乘姒，是子皮之姊。“姊、姒”聲近義同也。

娣者，《説文》云：“女弟也。”《易》：“反歸以娣。”《詩》“諸娣從之”，毛傳：“諸侯一取九女，二國媵之。諸娣，衆妾也。”按：“娣姒”即衆妾相謂之詞，不關嫡夫人在内。其嫡夫人，則禮稱“女君”。《易》云“其君之袂，不如其娣之袂良”，是其義也。然則女子同出，郭知爲“俱嫁事一夫”者，《左氏·成十一年》正義引孫炎云：“同出，謂俱嫁事一夫也。”是郭所本。《方言》云：“自家而出謂之嫁，由女而出爲嫁也。”正與此義合。

女子謂兄之妻爲嫂，弟之妻爲婦。猶今言新婦是也。

嫂者，《説文》云：“兄妻也。”《釋名》云：“嫂，叟也。叟，老者稱也。”

婦者，《説文》云：“服也。从女持帚灑埽也。”然則“婦”爲卑服之稱，“嫂”是尊老之號。其男子於兄弟之妻稱號亦同，獨舉女子者，從其類也。嫂、婦，女子相爲服，男子不相爲服，以遠别也。

長婦謂稚婦爲娣婦，娣婦謂長婦爲姒婦。今相呼先後，或云妯娌。

稚者，幼禾也，稚婦名以此。然則幼者爲稚婦，長者當爲稙婦。故《釋名》云："青徐人謂長婦曰稙長，禾苗先生者曰稙，取名於此也。"是"稙、稚"對言。此"稚、長"對言者，互相明也。

"娣、姒"加"婦"者，别於女子同出之稱也。《釋名》云："少婦謂長婦曰姒，言其先來，己所當法似也。長婦謂少婦曰娣。娣，弟也，己後來也。或曰先後，以來先後弟之也。"《喪服·小功》章云："娣姒婦，報。傳曰：'娣姒婦者，弟長也。'"以"弟長"解"娣姒"，知"娣"是"弟"，"姒"是"長"也。鄭注："娣姒婦者，兄弟之妻相名也。"今按：對文稱"娣姒"，散文娣亦稱"姒"。故《左氏成十一年傳》云："聲伯之母不聘，穆姜曰：'吾不以妾爲姒。'"據聲伯母是宣公弟叔肸之妻。又《昭廿八年傳》云："長叔姒生男。"據叔向嫂謂叔向之妻，是皆娣亦稱"姒"之例也。賈逵、鄭康成、杜預並云："兄弟之妻相謂爲姒。"孔穎達於《成十一年》正義據《左氏》二文，準諸《爾雅》，以爲娣姒之名止言身之長稚，不計夫之長幼，於義亦通也。"娣姒"猶言"先後"。《史記·孝武本紀》云："先後宛若。"集解："孟康曰：'兄弟妻相謂先後。'"按：亦言"妯娌"。《方言》云"築娌，匹也"，郭注："今關西兄弟婦相呼爲築娌。"《廣雅》云："妯娌、娣姒，先後也。"然則"妯娌、先後"並娣姒之通名。古今方俗語雖不同，要皆爲匹敵之義。《左傳》《爾雅》可互相證明耳。

妻黨

婦稱夫之父曰舅，稱夫之母曰姑。姑舅在，則曰君舅、君姑；没，則曰先舅、先姑。《國語》曰："吾聞之先姑。"**謂夫之庶母爲少姑。**

舅、姑者，《釋名》云："夫之父曰舅。舅，久也，久老稱也。

夫之母曰姑，亦言故也。"《白虎通》云："稱夫之父母謂之舅姑何？尊如父而非父者舅也，親如母而非母者姑也。"《魯語》云："古之嫁者，不及舅姑，謂之不幸。夫婦，學於舅姑者，禮也。"

君舅、君姑者，《説文》引《漢律》曰："婦告威姑。"按：古讀"君"如"威"，"威姑"即"君姑"也。《士昏禮》云"敢奠嘉菜于皇舅某子""敢告于皇姑某氏"，鄭注："皇，君也。"然則君謂之"皇"者，"君、皇"同訓，存殁異稱也。

先舅、先姑者，《魯語》："公父文伯之母曰：'吾聞之先姑。'"又曰"吾聞之先子"，韋昭注："先子，先舅。"然則以先舅爲先子，蓋從其夫稱也。謂夫之庶母爲少姑者，因夫有母名，故婦有姑名也。

夫之兄爲兄公，今俗呼兄鍾，語之轉耳。**夫之弟爲叔，夫之姊爲女公，夫之女弟爲女妹。**今謂之女妹是也。

兄公者，《釋名》云："夫之兄曰公。公，君也。君，尊稱也。俗閒曰兄章。章，灼也，章灼敬奉之也。又曰兄伀，言是己所敬忌，見之怔忪，自肅齊也。俗或謂舅曰章，又曰伀，亦如之也。"按：《玉篇》云："伀，職容切。""妐，之容切，夫之兄也。"是"妐、伀"音同。又云："嫜，夫之父母也。"是"嫜、章"義同。俗謂舅姑爲"姑嫜"，又曰"兄章"者，"章、鍾"聲轉，"鍾、伀"聲同也。《爾雅》釋文作"兄妐，音鍾，本今作公"。然則"兄公"當讀爲"兄鍾"。郭注欲顯其音讀，故借"鍾"爲"妐"耳。

夫之弟爲叔者，《釋名》云："叔，少也，幼者稱也。叔亦俶也，見嫂俶然卻退也。"

夫之姊爲女公者，女公與兄公義同。

夫之女弟爲女妹者，"女妹"當作"女叔"，與夫弟爲叔之義同也。《昏義》云"和於室人",鄭注:"室人,謂女妐、女叔、諸婦也。"正義曰:"女妐謂壻之姊也,女叔謂壻之妹。"然則《爾雅》及郭注"女妹"並"女叔"之誤,賴有《昏義》注可以正之。所以"叔"誤爲"妹"者,"叔"字俗書作"[illegible]",或變作"[illegible]"①,與草書"妹"字形近,因而致譌矣。

子之妻爲婦。長婦爲嫡婦,衆爲庶婦。

婦,子婦也。《白虎通》云:"婦者,服也,以禮屈服。"又云:"服於家事,事人者也。"

嫡婦、庶婦者,嫡,正也;庶,衆也。《内則》謂之"冢婦""介婦",義亦同也。《士昏禮記》云"庶婦,則使人醮之",鄭注:"適婦酌之以醴,尊之;庶婦酌之以酒,卑之。"

女子子之夫爲壻。

夫者,《白虎通》云:"扶也,以道扶接也。"

壻者,《説文》云:"夫也。"徐鍇《通論》云:"壻者,胥也,胥有才智之稱也。"《方言》云"東齊之閒壻謂之倩",郭注:"言可借倩也。今俗呼女壻爲卒便是也。"按:"卒便"合聲爲"倩","倩"亦美稱。《廣韵》云:"倩,利也。"

壻之父爲姻,婦之父爲婚。

《説文》云:"姻,壻家也。女之所因,故曰姻。婚,婦家也。禮,娶婦以昏時,婦人陰也,故曰婚。"《釋名》云:"婦之父曰婚,言壻親迎用昏,又恒以昏夜成禮也。壻之父曰姻。姻,因也。女往因媒也。"按:《白虎通》:"婦人因夫而成,故曰姻。"因夫之説,

---

① 俗書作[illegible]或變作[illegible]　[illegible],此本作"叔";[illegible],此本作"妹"。今據經解本改。

於義爲長。

父之黨爲宗族，母與妻之黨爲兄弟。

此總釋三黨之稱號也。父黨爲宗族者，即《大傳》云"同姓從宗，合族屬"是也。母與妻黨爲兄弟者，即《大傳》云"異姓主名，治際會"是也。母黨兄弟，若舅之子爲内兄弟；妻黨兄弟，若妻之昆弟爲婚兄弟，皆有兄弟之名。故《曾子問》云："某之子有父母之喪，不得嗣爲兄弟。"《大司徒》"三曰聯兄弟"，鄭注："兄弟，昏姻嫁娶也。"鄭知兄弟爲婚姻者，以上云"族墳墓"，是同宗，明此兄弟是外親，故賈疏引此文而云"兄弟之名，施於外親爲正"，是其義也。

古者兄弟與昆弟别，此篇宗族皆稱"昆弟"是矣。然宗族亦有稱"兄弟"者，若《曾子問》云"宗兄、宗弟"，《喪服》："傳云：'小功以下爲兄弟。'"母黨亦有稱"昆弟"者，若上文云"從母之子爲從母昆弟"，皆其證也。《詩》"兄弟無遠"，鄭箋："兄弟，父之黨、母之黨。"此則父黨、母黨俱稱"兄弟"也。又知"兄弟、昆弟"其實皆通名矣。

婦之父母、壻之父母，相謂爲婚姻。兩壻相謂爲亞。
《詩》曰："瑣瑣姻亞。"今江東人呼同門爲僚壻。

上文已云"壻之父爲姻，婦之父爲婚"①，此又兼言"母"者，嫌與父異稱，故覆釋之也。據《士昏禮》，壻有見婦之父母之禮。又據《曾子問》"父喪稱父，母喪稱母"，是婚姻兩家父母皆相接見，通慶弔。既彼此通問，則必有其禮與其詞也。云兩家父母

① 婦之父　此本誤"父之婦"，咸豐六年刻本同。經解本作"婦之父"，據改。

“相謂爲婚姻”者,“婚姻”二字實亦通稱。故《詩》云“婚姻之故”,《士昏禮》云“某以得爲外婚姻”,是皆以“婚姻”通舉爲文也。

亞者,《釋名》云:“兩壻相謂曰亞。言一人取姊,一人取妹,相亞次也。又並來至女氏門,姊夫在前,妹夫在後,亦相亞也。又曰友壻,言相親友也。”按:友壻,即郭云“僚壻”,其義同。

婦之黨爲婚兄弟,壻之黨爲姻兄弟。古者皆謂婚姻爲兄弟。

此申言婚姻之黨皆爲兄弟也。不言母黨,明其義同。《詩》云“宴爾新昏,如兄如弟”,婚兄弟也。《穀梁宣十年傳》云“公娶齊,齊繇以爲兄弟反之”,姻兄弟也。

嬪,婦也。《書》曰:“嬪于虞。”

嬪者,《詩·大明》傳及《周禮·序官》“九嬪”注並云:“嬪,婦也。”《大宰》注:“嬪,婦人之美稱也。”《曲禮》注:“嬪,婦人有法度者之稱也。”並與《爾雅》合。《説文》“嬪、婦”並云:“服也。”“嬪”訓“服”者,“嬪”與“賓”同。《釋詁》云:“賓,服也。”《釋名》云:“嬪,賓也。”《大宰》注:“嬪,故書作賓。”

謂我舅者,吾謂之甥也。

男子謂姊妹之子爲“出”,又謂“甥”者,“甥”之言“生”,與“出”同義。故《釋名》云:“舅謂姊妹之子曰甥。甥亦生也,出配他男而生,故其制字男旁作生。”按:上文云舅姑之子、妻之晜弟、姊妹之夫俱相爲甥。彼謂敵體,此則同名而異實也。《喪服》:“傳云:‘甥者何也?謂吾舅者吾謂之甥。何以緦也?報之也。’”然則妻之父謂外舅,壻亦爲甥,其服以緦,亦與舅爲甥同。

婚姻

爾雅郭注義疏中之一

釋宮弟五

《釋名》云:“宫,穹也,屋見於垣上穹隆然也。室,實也,人物實滿其中也。”《易·繫辭》云:“上古穴居而野處,後世聖人易之以宫室,上棟下宇,以待風雨。”此篇所釋,上至梁桴,下窮瓴甋,旁及連簃,别爲臺榭,以至扆序位宁、途路隄梁,靡不依類而釋之。事繫於宫,故總曰“釋宫”。

宫謂之室,室謂之宫。皆所以通古今之異語,明同實而兩名。

《説文》云:“宫,室也。”“室,實也。从宀,从至。至,所止也。”《考工記·匠人》云“室中度以几”“宫中度以尋”,此是對文,至於散文則通。故《詩·定之方中》傳:“室猶宫也。”《楚辭·招魂》篇注:“宫猶室也。”古者宗廟亦稱宫室。《公羊文十三年傳》:“魯公稱世室,羣公稱宫。”《詩》云:“公侯之宫。”又云:“宗室牖下。”皆宗廟也。貴賤皆稱“宫室”。故《詩·斯干序》云:“宣王考室也。”《内則》云:“由命士以上,父子皆異宫。”《詩》云:“入此室處。”又云:“上入執宫功。”《爾雅》釋文:“古者貴賤同稱宫。秦漢以來,惟王者所居稱宫焉。”《書·泰誓》正義引李巡與郭同。

牖户之閒謂之扆，窗東户西也。《禮》云："斧扆者，以其所在處名之。"**其内謂之家**，今人稱家，義出於此。**東西牆謂之序**。所以序别内外。

《釋名》云："扆，倚也，在後所依倚也。"《書》"設黼扆綴衣，牖閒南嚮"，不言"户"者，省文耳。"牖閒"即牖户之閒。故正義引李巡曰："謂牖之東、户之西爲扆。"《覲禮》云"天子設斧依于户牖之閒"，鄭注："依，如今綈素屏風也。"《明堂位》注："斧依爲斧文屏風，於户牖之閒。"《釋器》云："斧謂之黼。"是"黼"與"斧"，"扆"與"依"並音同字通也。石經《尚書》殘碑作"黼衣"，即"扆"字之省。《魏書·李謐明堂制度論》引鄭氏《禮圖》説扆制曰："縱廣八尺，畫斧文於其上，今之屏風也。"然則屏風與扆形制同，但屏風不畫爲異。古者屏風通名爲"依"。故《詩》"既登乃依"，鄭箋："公劉既登堂，負依而立。"《士虞禮記》云："佐食無事，則出户負依南面。"是皆屏風稱"依"。"依"即"扆"也，唯天子畫斧文於上，故獨名"黼扆"耳。

○家者，《説文》云："居也。"居，處也。其内謂之家者，"内"謂牖户以内也。《詩·緜》正義引李巡曰："謂門以内也。"門即户，不言"牖"者，亦省文也。

○序者，《説文》云："東西牆也。"《書·顧命》正義引孫炎曰："堂東西牆，所以别序内外也。"《御覽》一百八十五引舍人曰："殿東西堂，序尊卑處。"按：東西堂即東西廂，義見下文。舍人本"牆"蓋作"廂"，故《書》正義及《文選》《後漢書》注、《御覽》並引《爾雅》作"東西廂"，從舍人本也。郭從孫炎本作"牆"，與《説文》合。

西南隅謂之奥，室中隱奥之處。**西北隅謂之屋漏**，《詩》曰：

"尚不媿于屋漏。"其義未詳。**東北隅謂之宧**，宧見《禮》，亦未詳。**東南隅謂之窔**。《禮》曰："埽室聚窔。"窔亦隱闇。

奥者，《説文》云："宛也(《繫傳》：宛，深也)，室之西南隅。"《釋名》云："室中西南隅曰奥，不見户明，所在祕奥也。"《論語》皇侃疏云："奥，内也，謂室中西南角。室向東南開户，西南安牖，牖内隱奥無事，恒尊者所居之處也。"《書·堯典》正義引孫炎云："室中隱奥之處也。"郭注同。釋文："奥，本或作隩。"

○屋漏者，《釋名》云："西北隅曰屋漏。禮，每有親死者，輒撤屋之西北隅薪，以爨竈煮沐，供諸喪用。時若值雨則漏，遂以名之也。"《御覽》一百八十八引舍人曰："古者徹屋西北厞以炊浴汲者，訖而復之，故謂之屋漏也。"《詩·抑》箋云："屋，小帳也。漏，隱也。禮，祭於奥，既畢，改設饌於西北隅而厞隱之處，此祭之末也。"按：《釋言》云："厞、陋，隱也。""陋、漏"聲同，是鄭所本。正義引孫炎曰："屋漏者，當室之白，日光所漏入。"然則諸家之説，劉熙、孫炎以漏射爲義，鄭君、舍人主厞隱爲言。金鶚《屋漏解》云："屋之西北隅有向，向，北出牖也。日光自牖中漏入，故名屋漏。不得如鄭破'屋'爲'幄'及借《釋言》漏隱爲説。"余按：借"漏"爲"陋"，鄭義爲長。

○宧者，《説文》云："養也。室之東北隅，食所居。"按："宧"與"頤"同。《釋詁》"頤"訓"養"也。云"食所居"者，古人庖廚食閣皆在室之東北隅，以迎養氣。故《御覽》引舍人曰："東北，陽氣始起，萬物所養，故謂之宧。"釋文引李巡義與舍人同。郭云"宧見《禮》"者，今未聞。《曲禮》正義引孫炎云："宧，日側之明。"蓋日在西南爲昃，反照東北隅而益明。是孫義乃謂宧之所在正當日昃之明，非即以"明"訓"宧"。正義誤會，而便以

“宧”爲“明”,則謬矣。

○窔者,《説文》作“宧”,云:“户樞聲也。室之東南隅。”穴部“窔”云:“宧窔,深也。”是“宧”《爾雅》假借作“窔”。故《釋名》云:“東南隅曰窔。窔,幽也,亦取幽冥也。”與《説文》合。《爾雅》釋文从宀作“㝔”,誤矣。郭引《既夕禮》云“埽室聚諸窔”,釋文誤與《爾雅》同。别作“穾”。《漢書·敘傳》云“守穾奥之熒燭”,應劭注引《爾雅》:“東南隅謂之穾。”又或作“突”。《御覽》引舍人曰:“東方萬物生,蟄蟲必出(必、畢同),無不由户突。”是舍人本“窔”作“突”。據“突、穾”二字俱从穴可知“㝔”古本正作“窔”。

柣謂之閾。閾,門限。**棖謂之楔。**門兩旁木。**楣謂之梁。**門户上横梁。**樞謂之椳。**門户扉樞。**樞達北方謂之落時。**門持樞者,或達北檼以爲固也。**落時謂之戺。**道二名也。

閾者,《説文》云:“門榍也。”“榍,限也。”經典“榍”通作“柣”。《詩·丰》正義引孫炎曰:“柣,門限也。”按:“榍”从屑聲,古音同“切”。《爾雅》釋文“柣,郭千結反”,即“切”字之音。古謂門限爲“切”,故《考工記·輪人》鄭衆注:“眼,讀如限切之限。”“限切”即門限也。《漢書·外戚傳》云:“切皆銅沓黄金塗。”集注以“切”爲“門限”。切,通作“砌”。《廣雅》云:“柣,砌也。”《匡謬正俗》云:“俗謂門限爲門蒨。蒨是柣聲之轉耳。”然則“柣、切”聲同,“切、蒨”聲轉。今登萊人亦有“門蒨”之言矣。

○棖者,釋文及《詩》正義引李巡曰:“棖謂梱上兩旁木。”《玉藻》云“大夫中棖與闑之閒”,鄭注:“棖,門楔也。”《論語》皇侃疏云:“門左右兩樘邊各竪一木,名之爲棖。棖以禦車過,恐觸門也。”然則“棖”訓爲“觸”。《文選·祭古冢文》注“南人以物觸物爲根”,是其義也。

楔者,《説文》“櫼、楔”互訓,《繫傳》引《爾雅》而申之云:“即今府署大門脱限者兩旁斜柱兩木於橛之耑是也。”據《繫傳》説,是“楔”訓爲“柱”,其音當“先結切”,如禮家“楔齒”之讀,而義亦如之。釋文:“楔,古黠反,讀如楔荆桃之楔。”恐非矣。

○楣者,《説文》作“相”,云:“門樞之横梁。”《繫傳》云:“門楣横木,門上樞鼻所附,或亦連兩鼻爲之以冒門楣也。”按:《説文》以楣爲梠,即下文“檐謂之樀”,其門上之相,横木爲孔以貫樞。“相”之言“冒”,冒在門上,今登萊謂之“門梁”,江浙謂之“門龍”,皆是此物。經典“相”俱作“楣”。故《公食大夫禮》云“公當楣北鄉”、《喪服四制》云“高宗諒闇(注:諒,古作梁)”,鄭注並云:“楣謂之梁。”是許、鄭義異。釋文兩存其字,故云:“楣,忘悲反。”又云:“或作相,亡報反。”“相、楣”聲亦相轉。

○樞者,《説文》云:“户樞也。”又云:“門樞謂之椳。”《淮南·原道》篇注:“樞,本也。”《御覽》一百八十四引孫炎曰:“門户扇樞,開可依蔽爲椳也。”然則“椳”之言“偎”,“偎薆”亦依隱之義。

○樞達北方者,户在東南,其持樞之木或達於北方者,名“落時”。“落”之言“絡”,連綴之意。郭云“達北檼以爲固”者,檼,復屋棟也。

○扂者,《説文》“扂”本或作“戺”,同,音“俟”。《玉篇》:“戺,牀巳切,砌也。”引《爾雅》曰:“落時謂之戺。”“戺”亦作“扂”。按:“戺”訓“砌”,蓋别一義。釋文:“扂,或作扈。”

垝謂之坫。在堂隅。坫,端也。**牆謂之墉**。《書》曰:“既勤垣墉。”

垝者,《説文》云:“毁垣也。”是垣亦名垝。釋文:“垝,本又作庋。”按:庋,閣也,置也,音義與“祭山曰庪縣”之“庪”同。

坫者,《説文》云:“屏也。”“屏”猶“障”也,累土以爲障蔽也。《禮》坫有五:《明堂位》云:“反坫出尊。”此反爵之坫也。又云:“崇坫康圭。”此亢圭之坫也。二坫皆在廟中兩楹之閒;《既夕記》云:“設棜于東堂下,南順,齊于坫。”《士冠禮》云“執以待于西坫南”,鄭注:“坫,在堂角。”此二坫皆在堂之東西隅;《内則》説閣之制云:“士于坫一。”此庋食之坫,近於庖廚,當在室之東北隅。《爾雅》“垝謂之坫”,實兼諸義而言,郭氏但主堂隅之坫,疏矣。云“坫,端也”者,釋文“端”作“墆”,“達結、達計二反”,云:“高貌也。或作端,丁果反,本或作端。”

○《説文》云:“牆,垣蔽也。”“墉,城垣也。”以城爲墉者,《易》之“高墉”,《詩》之“崇墉”,義皆訓“城”。故《詩·皇矣》《良耜》傳並云:“墉,城也。”省作“庸”。《崧高》傳:“庸,城也。”按:“城”雖“墉”之一訓,但“墉”實牆之通名。故《詩·行露》傳及《士冠》《士昏禮》注並云:“墉,牆也。”《書》“既勤垣墉”、《詩》“何以穿我墉”,俱汎説牆垣,不指城垣而言。故《釋名》云:“牆,障也,所以自障蔽也。墉,容也,所以蔽隱形容也。”《書》大傳云“天子賁庸”,鄭注:“牆謂之庸。”“庸”亦“墉”矣。

鏝謂之杇。泥鏝。**椹謂之榩。**斫木櫍也。**地謂之黝。**黑飾地也。**牆謂之堊。**白飾牆也。

鏝者,《説文》云:“鐵杇也。”或从木作“槾”,云:“杇也。”“杇,所以涂也。秦謂之杇,關東謂之槾。”按:鏝古蓋用木,後世以鐵,今謂之“泥匙”。釋文引李巡云“泥鏝,一名杇,塗工之作具”,是也。杇,本作“圬”,釋文:“又音胡。”然則“鏝杇”猶言

“模餬”,亦言“漫畫”,俱一聲之轉。釋文:“鏝,又作墁。”經典“杇”或作“圬”。《左氏襄卅一年傳》云:“圬人以時塓館宫室。”“塓、墁”亦聲相轉。

〇椹者,斫木櫍也。㯋者,《詩》云:“方斲是虔。”鄭箋用《爾雅》,正義引孫炎曰:“椹,斲材質也。”郭與孫同。《文選·擣衣詩》注引《爾雅》作“砧謂之虔”。“砧、㯋”俱俗體字,“質”作“櫍”亦俗體也。

〇黝者,《説文》云:“微青黑色。”引《爾雅》文。聲借作“幽”,見《釋器》“黑謂之黝”下。

〇堊者,《説文》云:“白涂也。”《釋名》云:“堊,亞(音惡)也,次也。先泥之,次以白灰飾之也。”《一切經音義》十一引《蒼頡篇》云:“堊,白土也。”按:飾牆古用白土,或用白灰,宗廟用蜃灰。故《掌蜃》注:“謂飾牆使白之蜃也。”賈疏:“白盛主於宗廟堊牆也。”

樴謂之杙。檿也。**在牆者謂之楎,**《禮記》曰:“不敢縣於夫之楎箷。”**在地者謂之臬。**即門檿也。**大者謂之栱,長者謂之閣。**别杙所在長短之名。

杙,當作“弋”。《説文》“弋、檿”互訓。《詩·兔罝》正義引李巡云:“杙謂檿也。”是郭所本。

樴者,《説文》云:“弋也。”《周禮·牛人》注:“職讀爲樴。樴謂之杙,可以繫牛。”《左氏襄十七年傳》云:“以杙抉其傷。”按:《説文》云:“弋,象析木衺鋭箸形。”故《傳》言“抉傷”,《禮》言“繫牛”,皆以其形鋭可椓於地。《爾雅》以爲木檿之通名,故《内則》正義引李巡曰:“樴謂檿杙也。”釋文:“樴,音特,又之力反。”《玉篇》亦兼二音。

○楎者，郭引《内則》云“不敢縣於夫之楎椸”，鄭注：“楎，杙也。”正義曰：“植曰楎，橫曰椸。”然則楎植於牆，即杙之别名。故《考工記·匠人》注引《爾雅》作“在牆者謂之杙”，杙即楎矣。

○臬者，《説文》以爲“射準的”，是臬植於地，與《爾雅》合。郭以爲“門橛”，則與闑同。胡培翬曰：“臬與《匠人》之槷同（鄭注：槷，古文臬），謂於平地之中樹八尺之臬，以規識日景，非門中之闑，鄭氏《考工記》注甚明。《爾雅》既云‘在地者謂之臬’，又云‘橛謂之闑’，是臬與闑殊。郭氏以門橛釋臬，則謬矣。”

○栱者，《御覽》三百卅七引《埤蒼》云：“栱，大弋也。”《文選·景福殿賦》云“欒栱夭蟜而交結”，李善注：“栱，欒類而曲也。夭蟜，欒栱長壯之貌。”然則“栱”之言“拱”，柱上枓栱，所以拱持梁棟。故《廣韵》云：“枓，柱上方木也。”《帝範·審官》篇注引《爾雅》注曰：“栱，杙也，大者謂之栱枓也。”

○閣者，即下文云“所以止扉”者也。又《内則》注：“閣以板爲之，庋食物也。”是庋物之閣與止扉之閣皆長木，故二者同名。

闍謂之臺，積土四方。**有木者謂之榭。**臺上起屋。

《釋言》云：“闍，臺也。”臺有城臺、門臺。《詩·出其東門》傳云：“闍，城臺也。”《禮器》云“天子諸侯臺門”，鄭注：“闍者謂之臺。”是門臺、城臺俱名“闍”矣。《詩》釋文引孫炎云：“積土如水渚，所以望氣祥也。”《月令》及《禮器》注並“闍”下有“者”字，疑此脱去之。

○榭者，謂臺上架木爲屋，名之爲“榭”。古無“榭”字，借“謝”爲之。《左氏宣十六年經》：“成周宣榭火。”釋文“榭”正作“謝”。《穀梁》及《禮運》釋文並云：“榭，本作謝。”皆其證也。《書·泰誓》正義引李巡曰：“臺，積土爲之，所以觀望也。臺上有屋謂之榭。”郭注本李巡。其云“積土四方”者,據下文云“四方而高曰臺”也。又云“無室曰榭”,彼“榭”謂堂堭,此謂臺上起屋,所以不同。

雞棲於弋爲榤,鑿垣而棲爲塒。 今寒鄉穿牆棲雞,皆見《詩》。

榤,當作“桀”,弋即橛也。今田家村落或椓弋於壁,或聚柴於庭。《齊民要術》云:“雞棲,據地爲籠,籠内作棧。”是其象也。

塒者,《説文》及《詩·君子于役》傳俱用《爾雅》。正義引李巡曰:“别雞所棲之名。寒鄉鑿牆爲雞作棲曰塒。”按:今人家棲雞亦爾。

植謂之傳,傳謂之突。 户持鎖植也。見《埤蒼》。

植者,《説文》云:“户植也。”《淮南·本經》篇云“縣聯房植”,高誘注:“植,户植也。”《墨子·非儒》篇云:“争門關抉植。”然則植爲立木,所以鍵門持鎖。古人門外閉訖,中植一木,加鎖其上,所以党歫兩邊,固其鍵閉。其木植,故謂之“植”。又可傳移,故謂之“傳”。“傳”之言“轉”也。又謂之“突”。釋文:“本或作梥。”蓋或體字,依義當作“突”,謂其突然立也。其制如今匱櫝中閒立木,及官署門閒皆有之。《一切經音義》引《三蒼》云:“户旁柱曰植。”《説文繫傳》以爲“横鍵所穿木”,是矣。

宲廇謂之梁, 屋大梁也。**其上楹謂之棁。** 侏儒柱也。**閍謂之槉,** 柱上欂也。亦名枅,又曰楷。**栭謂之楶,** 即櫨也。**棟謂之桴,** 屋檼。**桷謂之榱。** 屋椽。**桷直而遂謂之閱,** 謂五架屋際椽正相當。**直不受檐謂之交。** 謂五架屋際椽不直上檐,交於檼上。**檐謂之樀。** 屋梠。

梁者,屋之大梁。宎者,《説文》云:"棟也。"引《爾雅》文。又云:"廇,中庭也。"《玉篇》云:"屋廇也。又作霤。"《釋名》云:"中央曰中霤。古者寝穴,後室之霤,當今之棟,下直室之中。"然則"廇"爲中央之名。"宎"本棟名,宎廇中央,斯謂之"梁"。《説文》以"棟"訓"宎",非以"宎"爲"梁"也。又《釋名》云:"檼,或謂之望,言高可望也。或謂之棟。"是棟一名望。"望、宎"聲同,"望"即"宎"矣。

○楹者,柱也。梲者,《明堂位》正義引李巡曰:"梁上短柱也。"一作"棳"。《玉篇》云:"棳,梁上楹也。""梲"同"棳"。《釋名》云:"棳儒,梁上短柱也。棳儒猶侏儒,短,故以名之也。"《淮南·主術》篇注:"侏儒,梁上戴蹲跪人也。"《禮器》注用《爾雅》,正義引孫炎云:"梁上侏儒柱。"郭義同。

○閞者,《説文》云:"門欂櫨也。"《玉篇》作"栟",云:"門柱上欂櫨也,亦作閞。"是《説文》"門"下脱"柱上"二字,當以《玉篇》訂正之。栭者,《玉篇》云:"栟也。"《御覽》一百八十八引《爾雅》作"笄謂之疾"。蓋"栟、枅"形近,"枅、笄"聲同,所以致譌。"疾"亦"栭"耳。又引舍人曰:"朱儒下小方木。"今按:"下"當作"上",字之誤也。《説文繫傳》云:"斗上承棟者,横之似笄。"然則"笄"即"枅"也。郭"又曰楢"者,本《三蒼》。"楢"亦"沓"也,柱頭交處横小方木,令上下合,故謂之"沓"。作"楢"亦或體也。

○柭者,《説文》云:"屋枅上標也。"引《爾雅》曰:"柭謂之格。"又云:"格,欂櫨也。"《禮器》及《明堂位》正義引李巡云:"柭謂欂櫨也,一名楶,皆謂斗栱也。"然則"楶"與"栭"本一物而兩名,"楶"言其標,則"栭"言其本,謂之"斗栱"者,言方木似斗形而拱承屋棟。故《釋名》云:“斗,在欒兩頭如斗也,斗負上員檼也。”《爾雅》釋文:“楶,音節。”舊本及《論語》《禮記》皆作“節”。《禮器》正義引孫炎作“節”,李巡作“楶”,郭本從李巡。

〇棟者,《説文》云:“極也。”“極,棟也。”《釋名》云:“棟,中也,居屋之中也。”按:“極”亦訓“中”,故“棟、極”二字《説文》互訓。桴者,《説文》:“棟名。”郭云“屋檼”者,今人名棟曰“檼”,或曰“脊檼”。《釋名》云:“檼,隱也,所以隱桷也。”然則“檼”之言“隱”,即知“桴”之言“浮”。浮,高出在上之言也。

〇桷者,《説文》云:“榱也,椽方曰桷。”引《春秋莊廿四年傳》曰:“刻桓宫之桷。”《穀梁》釋文:“方曰桷,圓曰椽。”《釋名》云:“桷,确也,其形細而疏确也。或謂之椽。椽,傳也,相傳次而布列也。或謂之榱,在檼旁下列,衰衰然垂也。”《説文》云:“秦名爲屋椽,周謂之榱,齊魯謂之桷。”《帝範·審官》篇注引《爾雅》注曰:“桷,椽也。一曰屋角斜枋,一曰梠也。”所引蓋舊注之文,與孫、郭異。“梠”又檐名,以爲桷,非也。

〇閲、交者,别椽長短之名也。椽之長而直達於檐者名“閲”。閲,歷也,言歷於檐前也。其短而不直達於檐者名“交”。交,接也,言接於棟上也。郭云“五架屋”者,《鄉射記》注云:“是制,五架之屋也。正中曰棟,次曰楣,前曰庪。”今按:五架之制,通乎上下。唯堂有廣狹,椽有長短,《爾雅》因别其名耳。

〇檐者,《説文》云:“槐也。”“槐,梠也。”“梠,楣也。”“楣,秦名屋櫋聯也,齊謂之檐,楚謂之梠。”《特牲饋食禮》疏引孫炎云:“謂室梠。周人謂之梠,齊人謂之檐。”《淮南·本經》篇云“縣聯房植,橑檐榱題”,高誘注:“縣聯,聯受雀頭箸桷者。一曰辟帶也。橑,檐橑也。檐,屋垂也。”《釋名》云:“檐,接也,接屋前後也。梠，旅也，連旅旅也。或謂之櫋。櫋，緜也，緜連榱頭使齊平也。上入曰爵頭，形似爵頭也。楣，眉也，近前各兩，若面之有眉也。"然則楣、梍、梠、橑、櫋聯、爵頭，皆檐也，但隨所在而異名耳。樀者，《説文》云："户樀也。"引《爾雅》曰："檐謂之樀，讀若滴。"門部又云："闇謂之樀。樀，廟門也。"段氏注據徐鍇本"檐謂之樀"下有"樀朝門"三字，謂"檐、闇"形異而義别。今按："闇、檐"異文，徐本之"樀朝門"三字，當有脱誤。邵氏《正義》疑以下文"閍謂之門"之異文，非也。

容謂之防。形如今牀頭小曲屏風，唱射者所以自防隱。見《周禮》。

郭云容"見《周禮》"者，《射人》云"王三獲三容"，鄭衆注："容者，乏也，待獲者所蔽也。"《鄉射禮》云"乏参侯道"，鄭注："容謂之乏，所以爲獲者御矢也。"是皆郭義所本，但《爾雅》方釋宫室，與射無關。《荀子·正論篇》云"居則設張容，負依而坐"，楊倞注引此文及郭注而申之云："言施此容於户牖閒，負之而坐也。"是容與扆同。扆爲屏風，容唯小曲爲異。《爾雅》"容謂之防"，正指此言。古人坐處皆有容飾，故車有童容，所以障蔽其車；居設張容，所以防衛其室。"張"與"帳"同。容即今之圍屏，其形小曲。射者之容，蓋亦放此。《鄉射禮》注"容謂之乏"，此云"容謂之防"，防、乏異名，殆非同物。郭不據《荀子》而援《周禮》，蓋爲失矣。

連謂之簃。堂樓閣邊小屋，今呼之簃廚、連觀也。

簃，當作"移"。《説文》云："禾相倚移也。"按："倚移"猶"延施"，皆相連及之意。《逸周書·作雒》篇云"設移、旅楹"，孔晁注："承屋曰移。"然則《爾雅》古本作"移"，魏晉以後始加

“竹”爲“簃”，故《御覽》一百八十四引《通俗文》云：“連閣曰簃。”郭云“簃廚、連觀”，並據時驗而言，知魏晉人始有“簃”字也。釋文：“簃，丈知反。”則與“誃”同。《説文》：“誃，離別也。周景王作洛陽誃臺。”徐鍇《繫傳》即引《爾雅》此注爲釋。但“離別”與“連”義差遠。“簃”字古本作“移”，當讀如字。

屋上薄謂之筄。屋笮。

薄即簾也，以葦爲之，或以竹。屋上薄亦然。謂之筄者，《玉篇》云：“筄，屋危也。”屋棟爲危，以至高而得名。郭云“屋笮”者，《説文》：“笮，迫也，在瓦之下棼上。”《釋名》云：“笮，迮也，編竹相連迫迮也。”《匠人》注云：“重屋複笮也。”蓋凡屋皆有笮，重屋故複笮矣。

兩階間謂之鄉。人君南鄉當階閒。**中庭之左右謂之位。**羣臣之列位也。**門屏之閒謂之宁。**人君視朝所宁立處。**屏謂之樹。**小牆當門中。

兩階者，堂之東西階也。人君嚮明而治，當兩階閒而南鄉，因謂之“鄉”。《郊特牲》云：“君之南鄉，答陽之義也。”《文選·魏都賦》云“肅肅階闢”，李善注引《爾雅》曰：“兩階閒曰闢。許亮反。”是“闢、鄉”同。

○中庭者，《聘禮》云：“公揖入，立于中庭。”又云：“擯者退中庭。”皆舉中以表左右也。位者，《説文》云：“列中庭之左右謂之位。”本《爾雅》文，增一“列”字，其義尤明也。“左右”猶“東西”，羣臣列位處，位即所立之位。古者君臣皆立。《論語》：“束帶立於朝。”《曲禮》：“天子當依而立。”《小宗伯》注：“古者立、位同字，古文《春秋經》‘公即位’爲‘公即立’也。”金鶚《求古録》云：“三朝惟内朝有堂階，則庭指内朝路寢庭也。凡言庭，皆廟寢堂下。《聘禮》中庭謂廟堂下之庭,《燕禮》中庭謂路寢堂下之庭。若治朝、外朝皆無堂,則亦無庭,而名之曰廷,所謂朝廷也。庭與廷有别,治朝、外朝既無庭,則所謂中庭之左右曰位者,必内朝矣。"

○宁者,《釋名》云:"宁,佇也,將見君所佇立定氣之處也。"《曲禮》云:"天子當宁而立。"正義引李巡曰:"門屏之閒,謂正門内兩塾閒名曰宁。"孫炎曰:"門内屏外,人君視朝所宁立處也。"正義又云:"諸侯内屏,在路門之内。天子外屏,在路門之外而近應門。"金鶚駁之云:"天子外屏,此言出於《禮緯》。鄭注《禮記》引其説,未可信也。太微垣有屏四星在端門内,此天子内屏之象也。"又云:"凡門皆有屏,惟皋門無之。應門内有屏,故宁在門屏之閒。門即應門也。"今按:外屏之説亦見《淮南書》,金氏駁之是矣。又人臣朝位古亦名宁。《詩》云:"俟我于箸。"《左氏昭十一年傳》云:"朝有箸定。"《周語》云:"大夫、士日恪位箸。"毛傳及韋昭注俱用《爾雅》。是"箸、宁"通。

○屏者,《説文》云:"屏,蔽也。"《釋名》云:"屏,自障屏也。"《一切經音義》廿引《蒼頡篇》云:"屏,牆也。"是屏以土爲牆,即今之照壁。故《論語》皇侃疏云:"今黄閣用板爲郭。"古者未必用板,或用土。《御覽》一百八十五引舍人曰:"以垣當門蔽爲樹。"《曲禮》正義引李巡云:"垣當門自蔽名曰樹。"《郊特牲》云"臺門而旅樹",鄭注:"樹,所以蔽行道。"又引"管氏樹塞門,塞猶蔽也"。《淮南·主術》篇云"天子外屏,所以自障",高誘注:"屏,樹垣也。"引《爾雅》曰:"門内之垣謂之樹。"此所引非本文,蓋亦駁外屏之説耳。《明堂位》注用《爾雅》,而云:"今桴思也。"按:《釋名》云:"罘罳在門外。"又云:"蕭牆在門内。蕭,肅也。臣將入於此,自肅敬之處也。"是蕭牆即屏。劉熙以爲非即罘罳,與鄭異也。《吴語》云:"越王入,命夫人,王背屏。"是寢門内亦有屏矣。

閍謂之門。《詩》曰:"祝祭于祊。"

門,廟門也。閍,《説文》作"鬃",或作"祊",云:"門内祭先祖所以徬徨。"《詩·楚茨》傳:"祊,門内也。"箋云:"孝子不知神之所在,故使祝博求之平生門内之旁,待賓客之處。"然則祊在門内。《禮器》云:"爲祊乎外。"蓋以門内對廟中爲外耳。鄭以"祊"爲"繹祭",《郊特牲》注遂謂"祊之禮宜於廟門外之西堂"。此二注似皆失之。祊與繹本二祭,祊又不在廟門外也。《左氏·襄廿四年》正義引李巡曰:"祊,故廟門名也。"孫炎曰:"祝祭于祊,謂廟門也。"按:《效特牲》"索祭祝於祊",注云:"廟門曰祊。"正義以爲《釋宫》文。《禮器》正義亦引《釋宫》"廟門謂之祊"。《效特牲》"祊之於東方",正義又引《釋宫》云"門謂之祊",脱"廟"字。参以李、孫二注,並以"廟門"釋"祊",疑《爾雅》古本當作"廟門謂之祊",賴有注疏可證。惟《左傳》正義引《爾雅》與今本同,或後人據今本改耳。

正門謂之應門。朝門。

應門者,《詩·緜》傳云:"王之正門曰應門。"毛知惟王曰應門者,以《書》言"康王朝諸侯於應門之内",而《明堂位》言"庫門,天子皋門。雉門,天子應門",明天子曰"皋、應",諸侯曰"庫、雉"也。

正門者,"正"猶"中"也,言應門居内外之中,明皋門爲外門,路門爲内門也。知應門爲朝門者,以君每日視朝在應門内、路門外,其地爲正朝,故《匠人》注:"應門謂朝門也。"《詩·緜》

正義引孫炎與鄭注同。箋云:“諸侯門曰臯、應,天子加以庫、雉。”《明堂位》注又云:“天子五門:臯、庫、雉、應、路。魯有庫、雉、路,則諸侯三門與?”今按:鄭於箋注,説已不同,參以諸家説又互異。諸侯三門既無成文,天子五門亦無明證,故戴氏震《考工記補注》據《明堂位》及《詩·緜》傳,斷以“天子之門不聞有庫、雉,諸侯之門不聞有臯、應”,又云“天子、諸侯皆三朝三門”。其説甚的,可以匡鄭之失矣。

觀謂之闕。宫門雙闕。

闕者,《説文》云:“門觀也。”觀者,《釋名》云:“觀,觀也,於上觀望也。闕,闕也,在門兩旁,中央闕然爲道也。”《詩·子衿》正義引孫炎曰:“宫門雙闕,舊章懸焉,使民觀之,因謂之觀。”今按:《詩》言“城闕”,孫必知此闕在宫門者,以城闕無觀,宫闕有觀,是爲異耳。故《禮運》言祭蜡事畢,仲尼“出游於觀之上”,鄭注:“觀,闕也。”蓋蜡饗之禮兼祭宗廟,廟在雉門内,觀設門兩旁,故出游其上。《春秋·定二年》:“雉門及兩觀災。”雉門即宫門,觀在門旁,故災及之。然則諸侯之闕在雉門,即知天子之闕在應門矣。《穀梁桓三年傳》云:“禮,送女,母不出祭門,諸母兄弟不出闕門。”“祭門”謂廟門,則“闕門”謂宫門也。

宫中之門謂之闈,謂相通小門也。**其小者謂之閨。小閨謂之閤**。大小異名。**衖門謂之閎**。《左傳》曰:“盟諸僖閎。”閎,衖頭門。

闈者,《説文》云:“宫中之門也。”《周禮·保氏》注:“闈,宫中之巷門。”《左氏閔二年傳》“賊公於武闈”,杜預注:“宫中小門謂之闈。”《哀十四年》正義引孫炎曰:“宫中相通小門也。”《後漢書·陰皇后紀》《宦者傳》注引《爾雅》“之門”並作“小門"。必知闈爲小門者,以《哀十四年左傳》"攻闈與大門",對大門言,知闈爲小門也。《士虞禮記》注:"闈門如今東西掖門。"是漢掖門即古闈門矣。《匠人》注:"廟中之門曰闈。"《士冠禮》注:"婦人入廟由闈門。"《雜記》云:"夫人至,入自闈門。"是闈門便婦人出入,因知宫中、廟中俱有闈門也。

○閨者,《説文》云:"特立之户,上圜下方,有似圭。"《儒行》云"篳門圭窬",鄭注:"圭窬,門旁窬也,穿牆爲之如圭矣。"是"圭、閨"同。《公羊宣六年傳》:"有人荷畚自閨而出者。"又云:"入其大門。""入其閨。"是閨爲小門也。

閤,當作"閤"。《説文》云:"門旁户也。"按:閨爲特立之户,不在門旁。其"閤"必云"門旁"不特立者,以閤又小於閨耳。《公羊·宣六年》疏引李巡曰:"皆門户大小之異。"言於小之中又分大小也。古者"閨、閤"連言,多不分别。故《楚辭·逢尤》篇注:"閨,閤也。"《漢書·汲黯傳》:"卧閨閤内不出(《漢書》無"閨"字,此從《史記》)。"《文翁傳》:"教令,出入閨閤。"《公孫弘傳》"開東閤以延賢人",集注:"閤者,小門也,東向開之。"是則閤有東西,隨所在以爲名。後世輔臣延登謂之"入閤",或稱"閤下",義本於此,作"閣"非。

○衖者,《説文》作"䢽",云:"里中道,从𨛜,从共,皆在邑中所共也。篆文作巷。""閎,巷門也。"按:下云"宫中衖謂之壼",郭注:"巷閤閒道。"是閨、閤旁有道,通名閎,不獨里中爲然。故《左氏成十七年傳》云"蒙衣乘輦而入於閎",正義引孫炎曰:"衖,舍閒道也。"李巡曰:"閎,衖頭門也。"是宫中衖亦名閎,因而廟中門亦名閎。《左氏襄十一年傳》"乃盟諸僖閎",杜預注:"僖宫之門。"《逸周書·皇門》篇云"周公格左閎門",孔晁注:

"路寢左門也。"是宫、廟門皆名"閎"。又《左氏昭廿年傳》"及閎中",杜注:"閎,曲門中。"據上文言"郭門",是郭門亦名閎。《文選·魏都賦》注引《爾雅》曰:"閎,巷門也。一曰閎,門中所從出入也。"蓋本《爾雅》舊注。

門側之堂謂之塾。夾門堂也。

塾者,《詩·絲衣》正義引《白虎通》云:"所以必有塾何?欲以飾門,因取其名。明臣下當見於君,必熟思其事也。"《學記》云:"古之教者,家有塾。"《書·大傳》云:"上老平明坐於右塾,庶老坐於左塾。"《書·顧命》有左右塾,《士冠禮》有東西塾,《絲衣》傳云:"基,門塾之基。"《匠人》注云:"門堂,門側之堂。"是自天子以至士庶皆有塾也。一門凡四塾,外塾皆南鄉,内塾皆北鄉,夾門東西,因謂之"東堂、西堂"。故《絲衣》正義引孫炎曰:"夾門堂也。"錢氏《答問》以《説文》無"塾"字,而云:"埻,即塾也。"但"埻"爲射臬之名,"塾"是門堂之號,施用既異,名義亦殊。且"塾"字由來已久,或者經典"塾"字古止作"孰",取"孰思其事"之義,如《白虎通》所云,後人加"土"作"塾"耳。

橛謂之闑。門閫。**閾謂之扉。**《公羊傳》曰:"齒箸於門閾。"**所以止扉謂之閎。**門辟旁長橛也。《左傳》曰:"高其閈閎。"閎,長杙,即門橛也。

闑者,《曲禮》云:"由闑右。"《士冠禮》云:"布席於門中闑西。"鄭注並以"門橛"爲釋。橛是竪木,設於門中,其旁曰"棖",其中曰"闑"。《玉藻》云:"大夫中棖與闑之閒。"蓋門中閒竪一短木,東曰"闑東",西曰"闑西"。闑,古文作"槷"(見《士冠禮》注),所以門必設棖與闑者,以爲尊卑出入中閒及兩旁之節制。知橜爲竪木者,《莊子·達生》篇云"吾處身也,若厥株拘",釋文引李云："厥，竪也。""厥"即"橛"之省文，知橛爲竪木矣。《説文》以"橛"爲"門梱"，《廣雅》亦云："橛，闑朱也。""朱"與"梱"同。是皆郭注所本，循文考義，胥失之矣。梱是門限，横木爲之。闑是門橛，竪木爲之。説者多誤，惟《禮》鄭注得之。

○闔謂之扉者，《説文》云："闔，門扉也。""扇，扉也。""扉，户扇也。"《左氏襄十八年傳》云"以枚數闔"①，《廿八年傳》云"子尾抽桷，擊扉三"，杜預注："扉，門闔也。"是"闔、扉"皆謂門扇。《月令》注云："用木曰闔，用竹葦曰扇。"蓋對文則别，散則通也。

○閣者，《説文》云："所以止扉也。"上云"杙長者謂之閣"，此閣以長木爲之，各施於門扇兩旁以止其走扇，故郭云："門辟旁長橛也。"釋文"閣"作"閟"，云："本亦作閣。"又云："郭注本無此字。"蓋陸德明據誤本作"閟"，反以作"閣"爲非。郭引《襄卅一年傳》云"高其閈閣"，釋文亦據誤本作"閟"，而反議作"閣"者爲穿鑿，此皆謬也。《玉篇》引《爾雅》作"閣"，《廣韵》引作"閟"，與陸本同。

瓴甋謂之甓。瓴甋也。今江東呼瓴甓。

甓者，《説文》云："令甓也。"引《詩》"中唐有甓"。《防有鵲巢》正義引李巡曰："瓴甋，一名甓。"《爾雅》釋文引《詩》傳作"令適"。按：《説文》亦作"令適"，見土部"墼"字解，與《詩》傳同，後人傳寫作"瓴"。瓴，瓶名，非瓦名也。墼與甓皆今之甎，但墼未燒爲異耳。《匠人》注云："堂涂謂階前，若今令甓裓也。"

---

① 左氏襄十八年傳　八，此本誤"七"，咸豐六年刻本及經解本同。按："以枚數闔"在《左傳·襄公十八年》，據改。

賈疏："漢時名堂涂爲令甓裓。令甓則今之甎也，裓則甎道也。"

宫中衖謂之壼，巷閤閒道。**廟中路謂之唐，**《詩》曰："中唐有甓。"**堂途謂之陳。**堂下至門徑也。

壼者，《説文》作"㚇"，云："宫中道。"引《詩》"室家之㚇"。《巷伯》正義引孫炎曰："巷舍閒道也。"毛傳云"壼廣"，鄭箋云"梱緻"，並與《爾雅》不合。《爾雅》釋文："壼，郭、吕並立屯反，或作韋。"按："作韋"及"立屯"之讀，俱不可解，或有誤字。

○唐者，《詩・防有鵲巢》傳："堂，塗也。"正義引李巡曰："唐，廟中路名。"《逸周書・作雒》篇云"隄唐山廧"，孔晁注："唐，中庭道。"《文選・西都賦》注引如淳曰："唐，庭也。"《甘泉賦》云"平原唐其壇曼"，李善注引鄧展曰："唐，道也。"是原野之道亦通名"唐"矣。又《周語》云"陂唐汙庳"、《晏子・問下》篇云"治唐園"，是"唐"又爲蓄水之名（俗加"土"作"塘"），與《爾雅》異也。

○陳者，《詩・何人斯》傳："堂塗也。"《釋名》云："言賓主相迎陳列之處也。"《詩》正義引孫炎曰："堂塗，堂下至門之徑也。"《鄉飲酒禮》注云："三揖者，將進揖、當陳揖、當碑揖。"是陳在堂下，因有"下陳"之名。《晏子・諫上》篇云："辟拂三千，謝於下陳。"蓋言屏退之，謝於堂下而去也。古者狗馬之屬以爲庭實，故曰"充下陳"，婢妾卑賤，與庭實同，故亦曰"充下陳"，俱本《爾雅》也。堂途者，《詩》傳作"堂塗"，《考工記・匠人》作"堂涂"，鄭注引《爾雅》亦作"堂涂"，並假借字。途，或體字也。

路、旅，途也。途即道也。**路、場、猷、行，道也。**博説道之異名。

途者，《釋名》云："涂，度也，人所由得通度也。"旅者，《郊特牲》云“旅樹”，鄭注：“旅，道也。”按：《釋詁》：“旅，陳也。”此以堂途爲“陳”，“陳”既爲途，故“旅”亦爲途矣。

○路、場者，《説文》云：“道，所行道也。”“路，道也。”“場，祭神道也。”《詩》：“町畽鹿場。”《説文》云：“田踐處曰町。”“畽，禽獸所踐處也。”然則鹿場即鹿之蹊徑。《方言》六有“蟦場”及“蚍蜉犂鼠之場”，皆謂其所居途徑耳。

猷者，《説文》作“䣥”，云：“行䣥徑也。”通作“繇”。《釋詁》云：“繇，道也。”又通作“猶”。《詩·采芑》傳：“猶，道也。”“猶”與“猷”同。

行者，《詩》“行露”“周行”之類，傳、箋並訓“道”。《書》云“日月之行”，即日月之道也。《詩》云“有夷之行”，即有夷之道也。本以行道爲“行”，因而“道”亦爲行也。

一達謂之道路，長道。**二達謂之歧旁，**歧道旁出也。**三達謂之劇旁，**今南陽冠軍樂鄉數道交錯，俗呼之五劇鄉。**四達謂之衢，**交道四出。**五達謂之康，**《史記》所謂“康莊之衢”。**六達謂之莊，**《左傳》曰：“得慶氏之木百車於莊。”**七達謂之劇驂，**三道交，復有一歧出者，今北海劇縣有此道①。**八達謂之崇期，**四道交出。**九達謂之逵。**四道交出，復有旁通。

達者，徹也，通也，出也，至也。道路者，《説文》云：“一達謂之道。”無“路”字。“道、路”一也。《釋名》云：“道一達曰道路。道，蹈也。路，露也。言人所踐蹈而露見也。”按：《遂人》云“澮上有道”“川上有路”，鄭注：“道容二軌，路容三軌。”是路大於

① 今北海劇縣有此道　今，此本誤“者”，咸豐六年刻本同。經解本、周祖謨《爾雅校箋》本作“今”。按：作“今”是，據改。

道。蓋對文則别,散則通也。又彼注言其廣,此云"長"者,以"一達"言旁無歧出,故直云"長"矣。

○歧旁者,《釋名》云:"物兩爲歧,在邊曰旁。此道並出似之也。"按:"歧"猶"枝"也,木别生曰"枝",道别出曰"歧"。"歧"與"枝"俱在旁,故曰"歧旁"也。釋文云:"歧,樊本作technically,音支。"是"技、枝"音義同。

○劇旁者,《釋名》云:"古者列樹以表道,道有夾溝以通水潦,恒見修治,此道旁轉多,用功稍劇也。"《詩·兔罝》正義引孫炎云:"旁出歧多故曰劇。"按:劇者,甚也,言此道歧多旁出轉甚也,即《列子·説符》篇云"歧路之中又有歧焉"。

○衢者,《説文》用《爾雅》。《釋名》云:"齊魯閒謂四齒杷爲欋,欋杷地則有四處,此道似之也。"《公羊·定八年》疏引"李巡云'四達各有所至曰衢',孫氏曰'交通四出'是也"。按:衢爲四道交錯,故《周禮·保氏》注"五馭"云:"舞交衢。"①《大戴禮·子張問入官》篇云:"六馬之離必於四面之衢。"郭氏注《中山經》云:"言樹枝交錯相重五出,有象衢路也。"《楚辭·天問》篇注:"九交道曰衢。"《淮南·繆稱》篇注云:"道六通謂之衢。"《荀子·勸學篇》注:"衢道,兩道也,今秦俗猶以兩爲衢。"然則衢無定名。據《楚辭》《淮南》注,是道四達以上通謂之"衢"。《荀子》注又以兩道爲衢。"衢"與"歧"聲轉,疑秦人讀"歧"如"衢",因而"以兩爲衢"耳。《楚辭》"九衢"蓋直以"衢"爲道之通名,非《爾雅》義也。

---

①　周禮保氏注五馭云　注,此本誤"説",咸豐六年刻本及經解本同。按:"舞交衢"乃鄭玄注"五馭"之語,非《周禮·保氏》之説,據改。

○康者,《釋名》云:"康,昌也。昌,盛也。車步併列並用之,言充盛也。"《詩》正義引孫炎云:"康,樂也,交會樂道也。"按:"康"有廣大之義,故五穀並登謂之"康年",五途並出謂之"康衢"。《列子·仲尼》篇云:"堯遊康衢。"《晏子·諫上》篇云:"公驅及之康内。"皆與《爾雅》合。

○莊者,《釋名》云:"莊,裝也,裝其上使高也。"孫炎云:"莊,盛也,道煩盛(《初學記》引煩作繁)。"按:"莊"之言"壯","壯"亦大也。《史記》云"開第康莊之衢",亦言其衢路之大耳。郭引《襄廿八年左傳》文,杜預注以"莊"爲"六軌之道",非也。正義曰:"注《爾雅》者皆以爲六道旁出。"此蓋舊注之文。

○劇驂者,《釋名》云:"驂馬有四耳,今此道有七,比於劇也。"孫炎云:"三道交,復有一岐出者。"《初學記》廿四引云:"驂馬有四,今此有七,比之方驂劇。"所引亦孫炎注,與《釋名》同。方驂劇者,方,併也。劇,甚也。言比之併驂尤甚也。

○崇期者,《釋名》云:"崇,充也,道多所通,人充滿其上如共期也。"《初學記》引孫炎曰:"崇,多也,多道會期於此。"按:"崇"亦高也,與"逵"同義。"期"猶"其"也,"崇其"猶"逵師"矣。

○逵者,《説文》作"馗",云:"九達道也,似龜背,故謂之馗。馗,高也,或作逵。"《釋名》云:"齊魯謂道多爲逵師,此形然也。"《左氏·隱十一年》注云:"逵,道方九軌也。"正義引李巡注《爾雅》亦取並軌之義。是杜注本李巡。今按:"經涂九軌"雖出《考工記》,然"九軌"言其廣,"九達"則以縱横交午爲言,義各不同。《文選》注引《韓詩章句》以"中馗"爲"九交之道",可知李巡注非也。《左傳》於鄭國每言"逵",蓋其國多此道爾。

室中謂之時，堂上謂之行，堂下謂之步，門外謂之趨，中庭謂之走，大路謂之奔。此皆人行步趨走之處，因以名云。

時者，《玉篇》作"跱"，引《爾雅》曰："室中謂之跱。跱，止也。"《説文》"峙"云："躇也。"《玉篇》云："止不前也。"是"峙、跱"同，與"時"聲近，其字可通。蓋室中迫陿，行宜安舒，故《曲禮》云"室中不翔"，即峙躇不前之意。"峙躇"與"踟躕"同。

〇行者，《釋名》云："兩脚進曰行。行，抗也，抗足而前也。"《説文》云："行，人之步趨也。"按：行、步、趨、走，四者異名而同實，其義互訓，散文俱通。《爾雅》對文，故隨在異稱也。《曲禮》云"堂上接武"，鄭注："武，迹也。迹相接，謂每移足半躡之。中人之迹尺二寸。"按：堂上地稍闊，可容舉足而行，"接武"即行容之度也。

〇步者，《説文》云："行也。"《釋名》云："徐行曰步。步，捕也，如有所司捕，務安詳也。"《爾雅》邢疏引《白虎通》云："人踐三尺，法天地，人再舉足曰步，備陰陽也。"《曲禮》云"堂下布武"，鄭注："布武，謂每移足各自成迹，不相躡。"按：堂下地又益闊，可容舉足徐行。"步武"即行步之節也。《淮南·人閒》篇云："夫走者，人之所以爲疾也。步者，人之所以爲遲也。"是步爲徐行。《韓詩外傳》云："齊桓公出遊，遇一丈夫，裒衣應步。"然則"步"之名非獨施於堂下矣。

〇趨者，《説文》云："走也。"《釋名》云："疾行曰趨。趨，赴也，赴所期也。"《左氏成十六年傳》云"免冑而趨風"，言疾行之容也。故《曲禮》云"帷薄之外不趨"，鄭注："行而張足曰趨。"按：張開其足，爲便於疾趨。《樂師》注云："趨，謂於朝廷。"是朝廷以趨爲敬。又《公羊僖十年傳》云："吾夜者夢夫人趨而來。"

然則"趨"之名亦非獨施於門外矣。

○奔、走者,《説文》云:"走,趨也。""奔,走也。"是皆互訓,亦散文通也。《釋名》云:"疾趨曰走。走,奏也,促有所奏至也。奔,變也,有急變奔赴之也。"按:禮,唯親喪言"奔"。日行百里,見星止舍,明其速疾。至於中庭言"走",則《左氏襄卅年傳》云:"使走問諸朝。"釋文以爲"走,速疾之意",其説是也。然經典多"奔、走"連文。《詩》"駿奔走在廟",廟中非大路,亦可言"奔"矣。

隄謂之梁。即橋也。或曰"石絶水者爲梁",見《詩》傳。**石杠謂之徛**。聚石水中以爲步渡彴也。《孟子》曰:"歲十月,徒杠成。"或曰"今之石橋"。

隄者,《説文》云:"唐也。"俗作"塘"。《玉篇》云:"隄,塘也,橋也。"《一切經音義》二引李巡曰:"隄,防也,障也。"按:"隄"本積土防水之名。梁亦爲隄,以偃水,故《周語》云:"川不梁。"又云:"十月成梁。"《説文》:"梁,水橋也。""橋,水梁也。"郭知隄即橋者,《釋地》注:"梁,隄也。"孫炎曰:"梁,水橋也。"義本《説文》。又曰"石絶水爲梁"者,《詩·有狐》傳文。因知隄、梁無論土石,皆可爲矣。

○徛者,《説文》云:"舉脛有渡也。"釋文引作"舉脚有度"。《玉篇》:"舉足以渡也。"《廣雅》云:"徛,步橋也。"是"徛"本渡水之名,因以爲步橋名。《説文》"榷"字解云:"水上横木以渡。"徐鍇《繫傳》:"此即今所謂水彴橋也。"《爾雅》謂之"石杠",亦曰"略彴",《漢書·武帝紀》注同。今按:榷以木爲之,與石杠别,徐鍇誤矣。郭引《孟子》"徒杠",又曰"今石橋"者,孫奭疏引《説文》云:"石矼,石橋也。"是郭所本。今本《説文》脱去"矼"字矣。馬瑞辰説"石杠,今南方謂之石步"。

室有東西廂曰廟。夾室前堂。**無東西廂、有室曰寢。**但有大室。**無室曰榭。**榭即今堂堭。**四方而高曰臺。陜而脩曲曰樓。**脩,長也。

廂,當作"箱"。《後漢書·虞詡傳》注引《埤蒼》云:"箱,序也。字或作廂。"廟者,《説文》云:"尊先祖貌也。"《釋名》云:"廟,貌也,先祖形貌所在也。"按:廟之制,中爲大室,東西序之外爲夾室,夾室之前小堂爲東西廂,亦謂之東西堂。《公羊·宣十六年》疏引李巡曰:"室有東西廂謂宗廟。殿有東西小堂也。"孫炎云:"夾室前堂。"是郭注所本。廟所以有箱者,"箱"之言"相","相"謂左右助勷也。故《公食大夫禮》注:"箱,俟事之處。"《覲禮記》注:"東箱,東夾之前相翔待事之處。"《文選·爲賈謐作贈陸機詩》注引《爾雅》"廟"作"廊",蓋字形之誤;又引舍人曰"殿有東西小堂也",與李巡同。

○寢者,《説文》作"寑",云:"卧也。"《釋名》云:"寢,寢也,所寢息也。"按:"寢"本卧息之名,又以爲室名,故《隸僕》注云:"五寢,五廟之寢也。"前曰"廟",後曰"寢"。《月令》正義云:"廟是接神之處,其處尊,故在前。寢,衣冠所藏之處,對廟爲卑,故在後。"按:寢之制,但有大室,而無左右夾室,故無東西廂。

○榭者,《月令》正義引李巡云:"但有大殿,無室,名曰榭。"《書·大誓》正義引孫炎曰:"榭,但有堂也。"《宣十六年左傳》注以"榭"爲"屋歇前",正義云:"歇前者,無壁也,如今廳事也。"按:"廳事"即堂皇。《漢書·胡建傳》云"列坐堂皇上",集注:"室無四壁曰皇。"然則"無四壁"是無室但有堂,故杜預謂

“屋歍前”矣。上文云“有木者謂之榭”，謂“臺上起屋”，與此異也。

○臺者，《説文》云：“觀四方而高者。”於《爾雅》上增一“觀”字。觀即闕也。臺、觀同類，但觀缺中央，臺如削成而四方，以是爲異。其高則相等，故《説文》“高”字解云：“象臺觀高之形。”是臺、觀俱稱“高”。故《釋名》云：“臺，持也，築土堅高能自勝持也。”《淮南·本經》篇注：“積土高丈曰臺。”然則臺之高不過一丈矣。

○樓者，《説文》云：“重屋也。”《釋名》云：“樓言牖户之閒諸射孔婁婁然也。”按：婁，空也。“射孔婁婁”，即《説文》“廔”云“屋麗廔也”，《玉篇》“䴻”云“䴻廔綺窗”。然則“樓”之言“婁”，又言“廔”也。門户洞達，窗牖交通，足資登眺，故《月令》云“可以居高明”，鄭注：“高明謂樓觀也。”《孟子》“館於上宫”，注云：“上宫，樓也。”是樓最高而在上。《爾雅》不言“高”者，蒙“臺”文也。云“陜而脩曲”者，言屋之形勢陜隘脩長而迴曲，異於臺之四方也。《類聚》六十三引“陜”作“侠”，蓋假借字。或“陜”俗作“狹”，缺脱其旁，因作“侠”耳。

爾雅郭注義疏中之二

釋器第六

器者,《説文》云:“皿也。”“械”字解云:“一曰器之總名。一曰有盛爲械,無盛爲器。”按:“器、械”通名耳。故《禮·大傳》云“異器械”,鄭注:“器械,禮樂之器及甲兵也。”《少儀》云“不度民械,不訾重器”,鄭注:“民械,民家之器用。”是“器、械”古通名,今但以兵仗爲械矣。此篇所釋皆正名辨物,依類象形。至於豆、籩、旄、虡、禮樂之事而略載於篇者,以皆器皿之屬也。若乃衣服、飲食,非可以器言,而雜見兹篇者,以本器用之原也。《禮器》云:“宫室之量,器皿之度。”故《釋器》次於《釋宫》。

木豆謂之豆,豆,禮器也。**竹豆謂之籩,**籩,亦禮器。**瓦豆謂之登。**即膏登也。

豆者,《説文》云:“古食肉器也。”《梓人》云:“食一豆肉,中人之食也。”是豆爲肉器。此文“豆”當作“梪”。《説文》云:“木豆謂之梪。”釋文:“豆,本又作梪。”是也。其形則《三禮圖》云:“口圜,徑尺,墨漆,飾朱,中大夫以上畫以雲氣,諸侯以象,天子以玉。”皆謂飾其口也。其質則皆用木,其高通蓋一尺,其受實則《旊人》注云“豆實四升”是也。其中柄謂之“校”,其足跗謂之“鐙”。《祭統》云“夫人薦豆執校,執醴授之,執鐙”,鄭注:“校,豆中央直者也。鐙,豆下跗也。”其飾則《明堂位》云“夏后氏以楬豆,殷玉豆,周獻豆”,鄭注:“楬,無異物之飾也。獻,疏刻之。”按:《周禮·外宗》云:“佐王后薦玉豆。”是則周亦玉豆也。

○籩者,《説文》云:“竹豆也。”《籩人》注云:“籩,竹器如豆者,其容實皆四升。”按:籩口有緣,故《士喪禮》云“毼豆兩”“兩籩無縢”,鄭注:“縢,緣也。”《士虞禮記》注:“豆不楬,籩有縢。”是則豆、籩之用,吉凶異施也。籩、豆同類,用不單行,故單言“豆”者即可統“籩”。《詩·楚茨》云“爲豆孔庶”,是也。其單言“籩”者,亦可概“豆”。《周語》云“品其百籩”,是也。

○登者,假借字也,俗作“登”,《説文》作“𣅀”。或云無是字,經典俱作“登”,通作“鐙”。故釋文云:“登,本又作鐙。”《公食大夫禮》云“大羹湆不和①,實于鐙”,鄭注:“瓦豆謂之鐙。”是即《爾雅》作“鐙”之本也。《詩·生民》傳:“木曰豆,瓦曰登。豆,薦菹醢也。登,大羹也。”正義曰:“太古之羹以質,故以瓦器盛之。”郭云“即膏登也”者,蓋特舉類以曉人,非禮器之登,即然膏之登也。今北方瓦登猶存禮器遺象,登之容實亦與豆同。“豆”是大名,分别言之爲木、竹、瓦,總統言之俱曰“豆”。

盎謂之缶,盆也。**甌瓿謂之瓵,**瓿甊,小甖,長沙謂之瓵。**康瓠謂之甈。**瓠,壺也。賈誼曰“寶康瓠”,是也。

缶者,《詩·宛丘》正義引孫炎曰:“缶,瓦器。”《説文》云:

① 大羹湆不和 湆,此本誤“涪”,咸豐六年刻本及經解本不誤。按:《十三經注疏》本《儀禮·公食大夫禮》作“湆”,據改。

“瓦器,所以盛酒漿,秦人鼓之以節謌。象形。”按:缶,盛酒者,《易》“樽酒簋貳用缶”,是也。以節謌者,《易》“不鼓缶而歌”,《詩》“坎其擊缶”,是也。《左氏·襄九年》“宋災”,傳云:“具綆缶,備水器。”是缶又汲水之器也。其受實,則《禮器》云“五獻之尊,門外缶”,鄭注:“缶大小未聞。”韋昭《魯語》注云:“缶,庾也。”按:《陶人》云:“庾實二觳(觳即斛)。”是缶爲二斛。賈疏引“《聘禮記》云‘十六斗曰籔’,注云‘今文籔爲逾’,逾即庾也”,是缶又爲十六斗。《小爾雅》云“籔二有半謂之缶”,宋咸注:“缶,四斛也。”是又爲四十斗。然則缶之大小迄無定論,故鄭云“未聞”矣。

盎者,《説文》云:“盆也。”“盆,盎也。”《急就篇》以“缶、盆、盎”並稱,實一物。其形則《急就篇》注“大腹而斂口”。按:“缶”象篆文“缶”之形,口微斂而腹大,正如今之汲水罐也。《左氏·襄九年》正義引《爾雅》作“罋謂之缶”。《説文》:“罋,缶也。”是《爾雅》“盎”一作“罋”,疑許君所見即作“罋”矣。

○甌瓿者,《説文》云:“甌,小盆也。”“瓿,甂也。”“甂,似小瓿,大口而卑,用食。”然則甌瓿蓋盆盎之小者,其形微庳,其口甚大,其名亦謂之“缶”。故《方言》云:“缶謂之瓿甌(音偶),罃甈謂之盎,其小者謂之升甌。”《説文》云:“𦈢,小缶也。”《玉篇》:“𦈢,亦作瓿。”是“瓿、𦈢”同,“甌、瓿、盆、盎”聲俱相轉,故古通名矣。

㼚者,《説文》云:“甌瓿謂之㼚。”本《爾雅》。《玉篇》云:“㼚,小罋也。”本郭注。其㼚之大小,則《史記·貨殖傳》集解引孫叔然云:“㼚,瓦器,受斗六升。”

○甈者,《説文》云:“康瓠,破罋。”許知爲破罋者,《廣雅》

云:"瓻,裂也。"《法言·先知》篇云:"甄陶天下者,其在和乎?剛則瓻,柔則坯。"是"瓻"爲破裂之名。《周禮·牧人》注:"故書毀爲瓻,杜子春云:'瓻當爲毀。'"皆《説文》所本也。釋文云:"康,《埤蒼》作甗,《字林》作甈,口光反,李本作光。"按:"光"猶"廣"也,"大"也,李巡蓋以"光瓠"爲"大瓠",故《史記》索隱引李巡云:"康謂大瓠也。"《文選·弔屈原文》注引李巡曰:"大瓠,瓢也。"郭云"瓠,壺"與李義異,故注《方言》遂云:"《爾雅》'瓻,康壺',而《方言》以爲盆,未詳也。"《爾雅》此文皆言瓦器,李巡以康瓠謂大瓢,失之,當以郭義爲長。

斪斸謂之定,鋤屬。**斫謂之鐯,**钁也。**斛謂之疀。**皆古鍬、鍤字。

《説文》云:"斪、斸,斫也。"又云:"欘,斫也,齊謂之鎡其。"《車人》注引《爾雅》作"句欘謂之定"。是"句欘"即"斪斸"矣。定者,釋文引李巡云:"斪斸,鋤也。定,鋤別名。"《御覽》八百廿三引舍人注同。《釋名》云:"鋤,助也,去穢助苗長也。齊人謂其柄曰橿,橿然正直也。頭曰鶴,似鶴頭也。"又云:"槈,似鋤偃薅禾也。鎛,亦鋤田器也。鎛,迫也,迫地去草也。"然則"鎛、槈"皆鋤之異名。故《吕覽·任地》篇云"槈柄尺,此其度也。其槈六寸,所以開稼也",高誘注:"槈,所以芸苗也。刃廣六寸,所以入苗閒也。"《廣雅》云:"定謂之槈。"

○斫者,與"斸"聲轉,其義則同。鐯者,"櫡"之或體也。《説文》本《爾雅》作"斫謂之櫡",又作"磻",云:"斫也。"釋文:"鐯,字又作櫡。"郭云"钁也"者,《淮南·精神》篇注:"钁,斫也,音矍。"《廣雅》云:"櫡謂之钁。"《説文》云:"钁,大鉏也。""鉏,立薅所用也。"然則"櫡"與"定"皆鉏名,但定,偃薅所用,故其柄短;欘,立薅所用,其柄長,故云:"钁,大鉏矣。"

○斛者,《説文》云:"利也。"引《爾雅》曰:"斛謂之疀,古田器也。"又云:"疀,斛也。"郭云"皆古鍬、鍤字",可知"鍬、鍤"今字。《文選·祭古冢文》注引《爾雅》作"鍬謂之鍤"矣。"鍬"蓋俗字,"鍤"亦借聲。故《釋名》云:"鍤,插也,插地起土也。或曰銷。銷,削也,能有所穿削也。"按:"銷"即"鍬"之聲轉假借字也。鍤,當作"臿"。故《方言》云:"臿,燕之東北、朝鮮洌水之閒謂之斛。"然則"斛、疀"本雙聲字。郭注《方言》"斛,湯料反",非矣。今燕齊閒以插地起土者爲鐵鍬,與《方言》合。登萊閒謂之"钁頭",蓋古今異名耳。又按《有司徹》注:"挑謂之歃。"疑"斛、疀"之異文而義又別。

緵罟謂之九罭。九罭,魚罔也。今之百囊罟,是亦謂之䍐。今江東謂之緵。**嫠婦之笱謂之罶,**《毛詩》傳曰:"罶,曲梁也。"謂以薄爲魚笱。**罺謂之汕,**今之撩罟。**篧謂之罩,**捕魚籠也。**槮謂之涔。**今之作槮者,聚積柴木於水中,魚得寒,入其裏藏隱,因以薄圍捕取之。

罔者,《説文》云:"庖犧所結繩以漁。"九罭者,《詩》毛傳云:"九罭,緵罟,小魚之網也。"正義引孫炎曰:"九罭,謂魚之所入有九囊也。"按:囊所以持魚,即今之網口。"罭"之言"域"也,所以囊括爲界域。"緵"之言"總"也。《孟子》所謂"數罟",言其綱目細密,故毛以爲"小魚之網"。《御覽》八百卅四引《韓詩》曰:"九罭,取蝦芘也。"《文選·西京賦》云"布九罭,摷鯤鮞",與韓、毛義合,李善注:"罭與緎,古字通。"按:"罭、緎"俱非古字,蓋《文選》本作"緎",今從《詩》改作"罭"矣。

○笱者,《説文》云:"曲竹捕魚笱也。""罶,曲梁,寡婦之笱,魚所留也。"《釋訓》云:"凡曲者爲罶。"《詩·魚麗》正義引孫炎曰:"罶,曲梁,其功易,故謂之寡婦之笱。"今按:孫義未免望文生訓。蓋"寡婦"二字合聲爲"笱","嫠婦"二字合聲爲"罶",正如"不來"爲"貍","終葵"爲"椎",古人作反語往往如此。孫炎以義求之,鑿矣。今河上人曲竹爲笱,其口可入而不可出,故《淮南·兵略》篇云"發笱門",是其制也。

○罺者,"樔"之或體也。《詩·南有嘉魚》傳:"汕,汕樔也。"箋云:"樔者,今之撩罟也。"是"罺"古作"樔",或作"罺"。《御覽》引舍人曰:"以薄罺魚曰罺者也。"《詩》正義引李巡曰:"汕,以薄汕魚。"孫炎曰:"今之撩罟。"按:撩罟,今謂之"抄網"也。汕者,《説文》以爲"魚游水皃",引《詩》"烝然汕汕",與《爾雅》異也。

○篧者,"籗"之或體也。《説文》作"籱",或省作"籗",云:"罩魚者也。""罩,捕魚器也。"《詩》傳云:"罩罩,篧也。"正義引李巡曰"篧,編細竹以爲罩,捕魚也",孫炎曰"今楚罩也","然則罩以竹爲之,無竹則以荆,故謂之楚罩"。今按:此義亦非。蓋"楚罩"二字合聲爲"篧"也。今魚罩皆以竹,形似雞罩,漁人以手抑按於水中以取魚。故《淮南·説林》篇云:"罩者抑之。""抑"即按也。

○槮者,"糝"之誤字也。釋文:"槮,《爾雅》舊文并《詩》傳並米旁作,《小爾雅》木旁作,郭因改米從木。"《詩·潛》釋文大意同。按:毛傳:"潛,糝也。"然則"槮"古本作"糝"。故《御覽》引舍人曰:"以米投水中養魚爲涔也。"《詩》正義引李巡同,唯"米"作"木"爲異。今萊陽人編楚爲箔笓,沈之水底,投米其中,候魚入食,舉而取之,是即《爾雅》所謂糝也。後人不知"糝"字之義，改"米"從"木"，因生積柴之説。故《詩》正義引孫炎曰："積柴養魚曰槮。"是郭注本孫炎，特暢其説。陸德明謂郭始改"米"從"木"，非也。"槮"乃"罧"之假音。《説文》云："罧，積柴水中以聚魚也。"《淮南·説林》篇云"罧者扣舟"，高誘注："罧者，以柴積水中以取魚。魚聞擊舟聲，藏柴下，壅而取之。"然則《説文》"罧"字義本《淮南》，而非《爾雅》之義。《爾雅》自以作"糝"爲是矣。涔者，"潛"之假音也。《毛詩》作"潛"，《韓詩》作"涔"，故釋文引《韓詩》云："涔，魚池。"《小爾雅》作"橬"，云："橬，槮也。"今亦改作"潛"矣，釋文可證。

鳥罟謂之羅，謂羅絡之。**兔罟謂之罝，**罝猶遮也，見《詩》。**麋罟謂之罞，**冒其頭也。**彘罟謂之羉，**羉，幕也。**魚罟謂之罛。**最大罟也。今江東云。**繴謂之罿。罿，罬也。罬謂之罦。罦，覆車也。**今之翻車也。有兩轅，中施罥以捕鳥。展轉相解，廣異語。

《説文》云："罟，网也。""羅，以絲罟鳥也。古者芒氏初作羅。"《詩·兔爰》傳："鳥網爲羅。"正義引李巡曰："鳥飛，張網以羅之。"按：《方言》云："羅謂之離，離謂之羅。"是"羅、離"聲轉義同。故《詩》"魚網之設，鴻則離之"，"離"即"羅"矣。

○罝者，《説文》云："兔网也。"《詩·兔罝》正義引李巡曰："兔自作徑路，張罝捕之也。"按："罝"之言"阻"也。兔性狡而善逸，張者必於要路阻之也。《説文》："罜，兔罟也。"是罝又名罜，"罜"省作"罘"。《月令》注"獸罟曰罝罘"，是也。顧氏炎武《日知録》云："得兔忘蹏。蹏，古罤字，通(《玉篇》：罤，徒犂切，兔罔)，兔罥也。"然則"罤"又罝之異名矣。

○罞者，冒也。郭云"冒其頭"，蓋網麋者必罥其角也。

《御覽》八百卅二引舍人曰："麋有難制，張罞也。"釋文："罞，本或作茅，又音蒙。"蓋"茅"假借"蒙"，聲轉也。

○䍡者，郭云："幕也。"謂幕絡之。釋文："䍡，又莫潘反。"此音是也。"䍡、幕"一聲之轉。釋文又云："䍡，本或作罠，亡巾反。""罠、䍡"亦聲轉也。網彘者必罥其足。《孟子》云"又從而招之"，趙岐注："招，罥也。"亦謂罥其足也。《文選·吴都賦》云"罠蹏連網"，劉逵注："罠，麋網。"《廣雅》云："罠，兔罟。"《説文》又云："罠，釣也。"其不同如此。張協《七命》云"布飛䍡，張修罠"，李善注引《爾雅》云："䍡，或作罠。"又云："䍡，或爲羅。"按："䍡"音"力端反"，則與"羅"聲轉。《御覽》引舍人曰："彘剛惡齕人，故張網而羅之也。"然則舍人本"䍡"蓋作"羅"矣。

○罛者，《魯語》云："講罛罶。"《説文》云："魚罟也。"《詩·碩人》正義引李巡曰："魚罟，捕魚具也。"郭云"最大罟"者，以上云緵罟是其小者，此罛最大，故别言之。

○繴者，《説文》用《爾雅》，又云"罿，罬也""罬，捕鳥覆車也"，俱本《爾雅》。"罿罬"讀若"衝拙"，亦聲相轉也。《詩·兔爰》釋文引《韓詩》云："施羅於車上曰罿。"

罦者，《説文》作"雹"，或作"罦"，云："覆車也。"引《詩》"雉離于雹"。《詩》正義引孫炎曰："覆車網可以掩兔者也。一物五名，方言異也。"郭云"今翻車，有兩轅，中施罥"者，《月令》正義引孫炎云："覆車是兩轅網。"

絇謂之救。救絲以爲絇。或曰亦罥名。

絇者，《説文》云："纑繩絇也，讀若鳩。"《玉篇》云："又音衢，履頭飾也。"《周禮·屨人》"青句"，注云："絇謂之拘，著舄屨之頭以爲行戒。"《士冠禮》"青絇",注云:"絇之言拘也,以爲行戒,狀如刀衣鼻,在屨頭。"然則鄭本《爾雅》作"絇謂之拘"。"拘、救"聲轉。郭本作"絇謂之救","救"蓋借聲。"救"之言"糾"也,糾繚斂聚之意。《穀梁襄廿七年傳》云:"織絇邯鄲。"是絇織絲爲之也。《爾雅》釋文:"絇,苦侯、其俱二音。"郭蓋"苦侯反",與"救"相韵。"絇、拘"並从句聲,古讀"句"若"鉤",此皆以聲爲義也。郭引或説"亦罥名",蓋舊注之文。

律謂之分。律管可以分氣。

王氏紹蘭爲余言"律謂之分",此與上句皆罥名也。"律"乃"率"之借音,"分"蓋"紛"之省文。"律、率"古字通。《説文》云:"率,捕鳥畢也。""分"與"紛"其音同。《羽獵賦》"青雲爲紛",《内則》云"左佩紛帨",是則"紛"亦通名。率謂之紛,蓋省文作"分"耳。郭注望文生訓,其義非也。

大版謂之業。築牆版也。**繩之謂之縮之。**縮者,約束之。《詩》曰:"縮版以載。"

《説文》云:"版,判也。""業,大版也,所以飾縣鐘鼓,捷業如鋸齒,以白畫之,象其鉏鋙相承也。"《釋名》云:"筍上之板曰業,刻爲牙,捷業如鋸齒也。"《詩·靈臺》及《有瞽》傳並云:"業,大版也。"正義引孫炎曰:"業,所以飾栒,刻版捷業如鋸齒也。"《明堂位》注:"簨以大版爲之,謂之業。"是鄭、許、孫、劉諸家俱本毛傳,以《爾雅》之"業"爲樂縣之飾。築牆版,經典皆無"業"名。郭以下句相連,定爲築牆版,失其義矣。

○繩者,《説文》云:"索也。"縮者,《釋詁》云:"貉、縮,綸也。"是綸即繩,繩即縮也。《詩·緜》正義引孫炎曰:"繩束築版謂之縮。"《檀弓》注:"斬版,謂斷其縮也。"引《詩》"縮版以載”。蓋斬斷其束版之繩,故曰“斷其縮”也。《詩·緜》傳用《爾雅》作“乘謂之縮(鄭箋:乘當作繩)”,正義引作“繩謂之縮”。是《爾雅》古本蓋如此,今本兩“之”字衍,宜據以訂正。汪氏中《知新記》云注訓“縮”爲“約束”,非也。古人謂“縮”爲“直”。《禮記》“古者冠縮縫”,《孟子》書“自反而縮”,是也。繩所以爲直,故謂之“縮”。

彝、卣、罍,器也。皆盛酒尊。彝,其總名。**小罍謂之坎。**罍形似壺,大者受一斛。

器者,當篇之總名,獨於此言“器”者,尊彝,禮器莫尚,故獨擅“器”名也。

彝者,《説文》云:“宗廟常器也。”《小宗伯》:“辨六彝之名物,以待果將(果讀爲祼)。”六彝者,雞彝、鳥彝、斝彝、黄彝、虎彝、蜼彝也。《序官·司尊彝》注:“鬱鬯曰彝。”賈疏云:“同是酒器,但盛鬱鬯與酒不同,故異其名。”然則尊彝,祼神之器,故專“器”名。《明堂位》正義云“彝,法也,與餘尊爲法,故稱彝”,是其義也。

○卣者,《詩》“秬鬯一卣”,毛傳:“卣,器。”《左氏·僖廿八年》正義引李巡曰:“卣,鬯之器也。”然則卣亦鬯器,以非祼時所用,故次於彝。《鬯人》云“廟用修”,鄭注:“脩讀曰卣。卣,中尊,謂獻象之屬。”《司尊彝》釋文:“卣,本亦作攸。”然則“攸”與“脩”皆“卣”之通借矣。

○罍者,《詩·泂酌》傳:“祭器也。”《説文》作“櫑”,云:“龜目酒尊,刻木作雲雷象,象施不窮也。或从缶作罍。”按:“櫑”从木,則以木爲之,故《詩·卷耳》正義曰“《禮圖》依制度云‘刻木爲之’,《韓詩》説言士以梓”,是也。“罍”从缶,則以瓦爲之,故《鬯人》云"社壝用大罍",鄭注"大罍,瓦罍",是也。然亦有金玉爲之者,《卷耳》正義引《異義·罍制》:"《韓詩》說:'金罍,大夫器也。天子以玉,諸侯、大夫皆以金,士以梓。'《毛詩》說:'金罍,酒器也,諸臣之所酢。人君以黄金飾尊,大一碩,金飾龜目,蓋刻爲雲雷之象。'"又云:"雖尊卑飾異,皆得畫雲雷之形,以其名罍,取於雲雷故也。"又云:"毛說言'大一碩',《禮圖》亦云'大一斛',則大小之制,尊卑同也。"邢疏引《禮圖》云:"六彝爲上,受三斗。六尊爲中,受五斗。六罍爲下,受一斛。"《左傳》正義引孫炎曰:"尊彝爲上,罍爲下,卣居中也。"按:此篇下云:"卣,中尊也。"卣既居中,故知彝爲上,罍爲下。

〇坎者,坑也,猶言"空"也。樂器有箜篌,一曰坎侯,一曰空侯,名"罍"之意,蓋亦取中空爲義也。《易·坎》云:"尊酒簋貳用缶。"是坎有酒器之象。《詩·蓼莪》正義引孫炎曰:"酒罇也。"是坎爲酒罇,言小於罍,則受實不及一斛。

衣梳謂之視。衣縷也。齊人謂之攣。或曰袿衣之飾。**黼領謂之襮。**繡刺黼文以褗領。**緣謂之純。**衣緣飾也。**袕謂之袋。**衣開孔也。**衣眥謂之襟。**交領。**衱謂之裾。**衣後裾也。**衿謂之袸。**衣小帶。**佩衿謂之褑。**佩玉之帶上屬。**執衽謂之袺。**持衣上衽。**扱衽謂之襭。**扱衣上衽於帶。**衣蔽前謂之襜。**今蔽厀也。**婦人之褘謂之縭。縭,緌也。**即今之香纓也。褘邪交落帶繫於體,因名爲褘。緌,繫也。**裳削幅謂之纀。**削殺其幅,深衣之裳。

此釋衣裳之制。梳者,"流"之或體也。釋文:"梳,本又作流。"《玉藻》云"齊如流",鄭注"衣之齊如水之流",是也。裞者,郭云"衣縷",釋文:"縷,又作褸。"《方言》云:"褸謂之衽。""衽"即衣襟。《釋名》云:"衽,襜也,在旁襜襜然也。"然則"裗裞"猶言"流曳",皆謂衣衽下垂流移摇曳之貌,故云"在旁襜襜然也"。云"齊人謂之攣"者,"攣、裗"聲相轉。

○襮者,《説文》云:"黼領也。"引《詩》"素衣朱襮"。《揚之水》傳:"襮,領也。"正義引孫炎曰:"繡刺黼文以褗領。"《郊特牲》注:"繡黼丹朱,以爲中衣領緣也。"是中衣領以黼文爲緣。"褗"即"緣"也。孫炎以"繡"爲"刺",《詩》箋及《郊特牲》注並以"繡"爲"綃"。綃,綺屬也。以"綃"爲"領",義本《魯詩》,見《士昏禮》"宵衣"注。

○緣者,《説文》云:"衣純也。"純者,《曲禮》注:"純,緣也。"《玉藻》注:"緣,飾邊也。"按:飾邊者,《深衣》云"純袂、緣、純邊,廣各寸半",鄭注:"純,謂緣之也。緣,緆也。緣邊,衣裳之側,廣各寸半。"釋文引鄭注《既夕禮》云:"飾衣領袂口曰純,裳邊側曰綼,下曰緆也。"是則衣裳皆有純,但言"衣純"足以包之。又冠、屨亦有純。《玉藻》云"縞冠素紕",鄭注:"紕,緣邊也。"《士冠禮》云"黑屨,青絇繶純",鄭注:"純,緣也。"是則冠、屨之緣亦皆曰"純",《爾雅》所言主謂衣純耳。

○袕者,郭讀與"穴"同,故云"衣開孔"。釋文"一音術",則與郭異。褮者,《説文》云:"鬼衣。"又鬼部"魃"云:"鬼服也。"引《韓詩傳》曰:"鄭交甫逢二女魃服。"是"魃"即"褮"矣。《玉篇》:"褮,衣開孔。又鬼衣也。""袕,鬼衣也。"按:雜書言鬼衣無縫,《爾雅》方釋人衣,何故此句忽言鬼服?許、郭所言二文又無旁證,其義疑也。

○背者,《説文》云:“目匡也。”衣有背者,《淮南·齊俗》篇云:“隅背之削。”蓋削殺衣領以爲斜形,下屬於襟,若目背然也。洪頤煊云:“經典無衣背之名,背疑前字形譌。以《説文》前作歬,與背相近。”又據《釋名》“襟交於前”及《公羊哀十四年傳》“涕沾袍”注“袍,衣前襟也”而爲説,義亦可通。

襟者,《説文》作“裣”,云:“交衽也。”《玉篇》云:“交裣,衣領也。”通作“襟”。《釋名》云:“襟,禁也,交於前所以禁禦風寒也。”又通作“衿”。《方言》云“衿謂之交”,郭注:“衣交領也。”《詩·子衿》傳:“青衿,青領也。”正義引李巡曰:“衣背,衣領之襟。”孫炎曰:“襟,交領也。”《顔氏家訓·書證》篇云:“古者斜領,下連於衿,故謂領爲衿。”然則此當言“衣背謂之領”,以領屬於襟,因言“襟”矣。

○袷者,《玉篇》云:“裾也。”“裾,衣褎也(褎,步報切,《説文》作袍,誤)。”“褎,衣前襟也。”《説文》:“褎,裹也。”衣之前裣可懷抱物,故謂之“裾”。“裾”言物可居也。裾名袷者,《方言》“袷謂之褗”,郭注:“即衣領也(劫、偃兩音)。”戴氏震疏證云:“袷、袷古通用。《禮·玉藻》注:‘袷,曲領也。’《深衣》注:‘交領也。’”今按:《玉篇》:“袷,又衣領。”然則“袷”爲本字,“袷”爲通借。領屬於裣,裣、裾同物,廣異名耳。裾、裣、袷、袷,俱聲相轉也。《方言》又云:“袿謂之裾。”“袿、裾”聲亦相轉。郭注與此注並云:“衣後裾也。”《釋名》:“裾,倨也,倨倨然直。亦言在後常見踞也。”此蓋郭注所本,其説非矣,當據《玉篇》訂正之。

○衿者,當作“紟”。《説文》云:“紟,衣系也。籀文作絵。”《玉篇》:“衿,亦作紟。結帶也。”按:經典“紟、衿”通用。故

《詩·東山》傳"施衿結帨",《内則》"衿纓"注"衿猶結也",《漢書·楊雄傳》注"衿,音衿系之衿",皆借"衿"爲"紟"也。"紟、衿"義又相通,故《釋名》云:"衿亦禁也,禁使不得解散也。"袸者,郭云:"衣小帶。"《玉篇》云:"褰脬衣。"《廣韵》與郭同。釋文:"袸,郭辭見反。孫音荐。"

○褑者,釋文引《埤蒼》云:"佩紟也。"《玉篇》云:"佩襘也(襘當作繪)。"《方言》云"佩紟謂之裎",郭注:"所以系玉佩帶也。"按:凡佩皆有系,不獨玉佩,故《釋名》云:"佩,倍也,言其非一物,有倍貳也。有珠,有玉,有容刀,有帨巾,有觿之屬也。"《説文》:"綎,系綬也。"然則"綎"即"裎"也,"裎、綎"俱"褑"之異名。

○袺、襭者,《詩·芣苢》傳:"袺,執衽也。扱衽曰襭。"正義引孫炎曰:"持衣上衽。"李巡曰:"扱衣上衽於帶。"郭注同孫、李。《説文》云:"以衣衽扱物謂之襭。襭或从手作擷。"然則"扱衽"者,謂以衽收取物,故《龍龕手鑑》一云"襭,以衣衽盛物",是也。"扱"訓"收"。《曲禮》云"以箕自鄉而扱之",鄭注以"扱"爲"收",云:"扱讀曰吸。"此音是也。《爾雅》釋文"扱,楚洽反",失之矣。《説文》"跋"云:"進足有所拾取也(拾,本作襭,誤。此从《玉篇》)。"引《爾雅》曰:"跋謂之襭。"疑《爾雅》上脱"讀若"二字,"跋"當作"扱",形之誤也。"扱"从及聲,"扱、襭"聲轉,"楚洽"音非。

○襜者,《詩·采緑》傳用《爾雅》,正義引李巡曰:"衣蔽前,衣蔽厀也。"《方言》云:"蔽厀,江淮之閒謂之褘,或謂之袚。魏宋南楚之閒謂之大巾,自關東西謂之蔽厀,齊魯之郊謂之衻(昌詹反)。""衻"即"襜"之或體也(作"幨"亦或體)。《釋名》云:"韠,蔽厀也。又曰跪襜,跪時襜襜然張也。"《方言》又云:"絜襦謂之蔽厀。”是皆襜之異名也。其形制,則《説文》云:“韠,韍也,所以蔽前,以韋,下廣二尺,上廣一尺,其頸五寸。一命緼韠,再命赤韠。”皆本《玉藻》文。

○褘者,《説文》以爲“蔽厀”,《方言》以爲褘即襜也。婦人有襜者,《詩》:“不盈一襜。”《釋名》云:“韠,所以蔽厀前也,婦人蔽厀亦如之。”是婦人之褘即蔽厀。郭以爲“香纓”,誤矣(《説文》:“幃,囊也。”郭蓋誤以“幃”爲“褘”)。

縭者,《詩·東山》傳:“縭,婦人之褘也。母戒女,施衿結帨(《士昏禮記》文)。”正義引孫炎曰:“褘,帨巾也。”是孫、毛同以結帨即結縭。知帨爲巾者,以《内則》云:“左佩紛帨。”然蔽厀亦名巾者,《方言》以蔽厀爲大巾,《釋名》亦云:“婦人蔽厀,齊人謂之巨巾,田家婦女出至田野以覆其頭,故因以爲名也。”然則婦人之褘既以蔽厀,又以覆頭。今青州婦人以巾覆者,其遺象也。登州婦人絡頭用首帕,其女子嫁時以絳巾覆首,謂之“袱子”,此即古所謂“市”歟?“市”與“韍”同。《説文》:“市从巾,象連帶之形。”蔽厀名“巾”,此亦其證。然則《詩》言“結縭”,即結其蔽厀之系也。今田家嫁女,母爲施妝,名曰“上頭”,即繫袱於首,至壻家解下,與《釋名》之義又合矣。《文選·思玄賦》及《琴賦》注並引《爾雅》作“婦人之徽謂之縭”。《爾雅》釋文:“幃,本或作褘,又作徽。”徽、幃,皆“褘”之假音耳。

○纀者,《説文》用《爾雅》,“幅,布帛廣也”①。按:布幅

---

① 幅布帛廣也　幅,此本誤“輻”,咸豐六年刻本同。據《説文》及經解本改。

廣二尺二寸，帛幅廣二尺四寸。“削”猶“殺”也。《深衣》云“制十有二幅，以應十有二月”，鄭注：“裳六幅，幅分之以爲上下之殺。”《玉藻》“衽當旁”，注：“衽謂裳幅所交裂也。凡衽者，或殺而下，或殺而上，是以小要取名焉。”江氏永《鄉黨圖考》云：“深衣等裳無辟積，其當旁之衽須斜裁，謂之殺。朝服、祭服、喪服皆用帷裳，有辟積，則前三幅、後四幅皆以正裁。無辟積，故有殺。”按：裳削幅，唯深衣則然，故郭云：“深衣之裳。”

輿革，前謂之䩕，以韋靶車軾。**後謂之笰。**以韋靶後户。**竹，前謂之禦，**以簟衣軾。**後謂之蔽。**以簟衣後户。**環謂之捐，**著車衆環。**鑣謂之钀，**馬勒旁鐵。**載轡謂之轙，**車軶上環，轡所貫也。**轡首謂之革。**轡，靶勒。見《詩》。

輿者，《釋名》云：“舉也。”《玉篇》云：“車乘也。”蓋言所以乘載人物，與“舉”義同也。䩕者，《説文》云：“車革前曰䩕。”《詩·載驅》正義引李巡曰：“輿革前，謂輿前以革爲車飾曰䩕。”郭云“以韋靶車軾”者，《説文》：“軾，車前也。”《詩·韓奕》傳：“鞹，革也。鞃，軾中也。”是鞹、鞃即革前，郭蓋本此爲説。但軾中名“鞃”不名“䩕”，恐非也。郭注“靶”當爲“鞔”字之誤。

〇笰者，《玉篇》《廣韵》並云：“輿後笰也。”《詩》正義引李巡曰：“笰，車後户名也。”按：“笰”當作“茀”。《碩人》傳：“茀，蔽也。”《載驅》傳：“車之蔽曰茀。”是“茀”取茀蔽爲義。車後户者，升車自後入，故以後爲户也。

〇竹者，簟也。《説文》：“簟，竹席也。”禦者，《詩》正義引李巡曰：“竹前，謂編竹當車前以擁蔽，名之曰禦。禦，止也。”孫炎曰："禦，以簟爲車飾也。"毛傳："簟，方文席也。"

○蔽者，《巾車》注引《詩》"翟蔽以朝"，是"蔽"猶"茀"也。《巾車》云："王之喪車五乘：本車，蒲蔽；素車，棼蔽；藻車，藻蔽；駹車，雚蔽；漆車，藩蔽。"按：五蔽皆不用竹者，喪車去飾也。其吉車則飾以簟，故《韓奕》箋："簟茀，漆簟以爲車蔽，今之藩也。"

○環者，《詩·小戎》傳："游環，靷環也，游在背上，所以禦出也。"《釋名》云："游環在服馬背上，驂馬之外轡貫之，游移前卻無定處也。"然則游環所以制驂馬。車有兩服、兩驂，是有二環。郭云"衆環"者，以車衡軶上復有環以貫轡，故云"衆環"也。捐者，釋文云："吕、沈因絹反，顧辭玄反，郭與專反。"按："捐"與"肙"音義同。肙，空也，環中空以貫轡，故謂之"捐"。

○鑣者，《説文》云："馬銜也。"《釋名》云："銜，在口中之言也。鑣，苞也，在旁苞斂其口也。"《詩·碩人》傳："幩，飾也。人君以朱纏鑣扇汗，且以爲飾。"釋文："鑣，馬銜外鐵也。一名扇汗，又曰排沫。"是皆鑣之異名也。钀者，《玉篇》云："鑣也，魚傑切。"《説文》以"钀"爲"钀"之或體，今所未詳。

○轡者，《釋名》云："拂也，牽引拂戾以制馬也。"钀者，《説文》云："車衡載轡者。"《淮南·説山》篇云"遺人車而脱其钀"，高誘注："钀，所以縛衡也。"是钀在衡上。衡，横也。轅耑著横木以戹馬領，使不得出，名之曰"衡"，亦曰"軶"。故《論語》包咸注："衡，軶也。"軶上施環以貫轡謂之"钀"。《文選·東京賦》注引此注作"在軾上環，轡所貫也"，與今本異。軾上環，即《詩》云"鋈以觼軜"是矣。

○革者,《詩・蓼蕭》傳:"鞗,轡也。革,轡首也。"《采芑》箋:"鞗革,轡首垂也。"按:轡首垂即靶也,以革爲之,因名"革"。《韓奕》箋:"鞗革,謂轡也,以金爲小環,往往纏搤之。"《説文》"鞗"作"鋚",云:"轡首銅。"然則轡首有革有銅,《爾雅》單言"革"者,轡以革爲主,銅爲飾耳。郭云"轡靶勒"者,"勒"字衍也。張聰咸曰:"《説文》云'勒,馬頭絡銜也''靶,轡革也',是轡、勒異物。自東晉時後趙避石勒名,呼馬勒爲轡(見《鄴中記》),於是溷轡與勒爲一物。郭注本無勒字,《蓼蕭》正義所引甚明。《爾雅》釋文於靶字下亦無勒音。今本多勒字,遂與鑣銜之訓相溷。"

餀謂之餯。説物臭也。**食饐謂之餲**。飯饖臭。見《論語》。**摶者謂之糷**。飯相箸。**米者謂之糪**。飯中有腥。**肉謂之敗**。臭壞。**魚謂之餒**。肉爛。

餀者,《説文》云:"食臭也。"引《爾雅》曰:"餀謂之喙。"釋文引李巡云:"餀、餯,皆穢臭也。"

○饐者,《説文》云:"飯傷溼也。"又云:"饖,飯傷熱也。"按:熱、溼同類,故釋文引《字林》云:"饐,飯傷熱溼也。"又引葛洪《字苑》云:"饐,餿臭也。"按:今亦謂飯熱臭爲"餿"矣。

餲者,《説文》云:"飯餲也。"引《論語》曰:"食饐而餲。"孔安國注:"饐、餲,臭味變也。"皇侃疏:"饐謂飲食經久而腐臭也,餲謂經久而味惡也。"又引李巡云("巡"誤作"充"):"皆飲食壞敗之名也。"

○糷者,釋文引李巡云:"飯淖糜相箸也。"按:糷,郭音"輦",非。尋音義,當作"爛"。《孟子》云"糜爛",今語云"爛熟",皆是。《吕覽・本味》篇云"熱而不爛",高誘注:"爛,失飪也。”蓋“爛”謂過熟,故言“失飪”。《説文》“𩚬”云:“飯剛柔不調相箸,讀若適。”然則“𩚬”與“爛”皆飯相箸之名。摶者,飯爛則黏箸而不解,故謂之“摶”。《曲禮》云“毋摶飯”,義亦近之。

○糪者,《説文》云:“炊米者謂之糪。”“炊”字衍也。釋文引李巡云:“米飯半腥半熟名糪。”郭云:“飯中有腥。”“腥”俱當作“胜”而讀若“生”,亦通作“生”。故《玉篇》云:“糪,謂半生也。”“生”即“胜”字之省。《説文》:“胜,不熟也。”《禮運》云:“飯腥而苴熟(苴,或爲俎)。”“腥”亦“胜”字之借。生對熟言,𥻆傷於熟,糪傷於生,皆爲失飪。故《論語》孔注:“失飪,失生熟之節也。”

○敗者,壞也。餒者,《説文》云:“魚敗曰餒。”《論語》皇疏:“餒謂魚臭壞也,魚敗而餒餒然也,肉敗者,肉臭壞也。”又引李巡云:“肉敗久則臭,魚餒肉爛。”按:郭亦云“肉爛”,蓋皆“内爛”字形之誤。《公羊僖十九年傳》“魚爛而亡也”,何休注:“魚爛從内發。”是此注所本,惟邢疏作“内爛”,不誤。

肉曰脱之, 剥其皮也。今江東呼麋鹿之屬通爲肉。**魚曰斮之。** 謂削鱗也。**冰,脂也。** 《莊子》云:“肌膚若冰雪。”冰雪,脂膏也。**肉謂之羹,** 肉臛也。《廣雅》曰湆。見《左傳》。**魚謂之鮨。** 鮨,鮓屬也。見《公食大夫禮》。**肉謂之醢,** 肉醬。**有骨者謂之臡。** 雜骨醬。見《周禮》。

脱者,解也。《内則》正義引李巡云:“肉去其骨曰脱。”皇氏云:“治肉除其筋膜,取好處。”今按:皇侃之説與郭義近,皆即《内則》所謂“去其皽”也。鄭注:“皽謂皮肉之上魄莫也。”

○斮之,《内則》作“作之”。正義引李巡云:“作之,魚骨小,無所去。”皇氏云:“作謂動摇也,凡取魚,摇動之,視其鮮餒,餒者不食。”《公羊·成二年》疏引樊光云:“斮,砍也(砍當爲斫)。”按:“斫”訓“擊”,蓋謂敲擊其鱗甲,與《内則》“作之”皇侃以爲動摇之義近。郭以爲“削鱗”,非樊意也。

〇冰者,《説文》以爲“凝”之本字,故釋文“冰,孫本作凝”,云:“膏凝曰脂。”按:《内則》注:“脂,肥凝者,釋者曰膏。”是“脂、膏”散文則通,對文則别。鄭君、孫炎俱本《爾雅》爲訓也。《詩·碩人》傳“如脂之凝”,《淮南·原道》篇注“凝,如脂凝也”,並與《爾雅》合。郭引《莊子·逍遥遊》篇文,以“冰雪”爲“脂膏”,“冰”亦音“凝”也。釋文乃云“冰,彼凌反”,聲義俱舛矣。

〇羹者,《説文》作“鬻”,云:“五味盉羹也。”引《詩》“亦有和鬻”,小篆作“羹”。《釋名》云:“羹,汪也,汁汪郎也。”按:古讀“羹”若“岡”,與“汪、郎”韵。《儀禮》每言“羹定”“羹飪”,鄭注並云:“肉謂之羹。”古者名肉汁爲“羹”,故《士虞禮》注:“湆,肉汁也。”《士昏禮》注:“今文湆皆作汁。”《廣雅》云:“臛謂之湆(臛即羹,見釋文)。”郭云“肉臛也”者,《説文》:“臛,肉羹也。”又云“見《左傳》”者,《襄廿八年傳》云:“則去其肉而以其洎饋。”“洎”即“湆”也,字異而義同。又《隱元年傳》“食舍肉”,下云“未嘗君之羹”,然則羹即肉矣。

〇鮨者,《説文》:“魚胳醬也(按:“胳”疑衍字)。出蜀中。”《書鈔》一百四十六引《爾雅》舊注云:“蜀人取魚以爲鮨。”與《説文》合。郭以“鮨”爲“鮓屬”,非也。鮓乃以鹽藏魚,鮨是以魚作醬。《爾雅》方釋諸醬之名,《説文》甚允。郭既誤注,《玉篇》《廣韵》又承郭注而誤也。云“見《公食大夫禮》”者,鄭注

"牛䐈"云:"《内則》謂䐈爲膾。"今按:《内則》有"牛膾",與《儀禮》之"牛䐈"非即一物,郭又誤引矣。"䐈"从旨聲,釋文引《字林》"止尸反",此音是也,音"巨伊反"亦非。

○醢者,《説文》云:"肉醬也。"《釋名》云:"醢,晦也。晦,冥也,封塗使密冥乃成也。醢多汁者曰醓。醓,瀋也,宋魯人皆謂汁爲瀋。"按:醓,《説文》作"肬",云:"肉汁滓也。"《詩·行葦》作"醓",毛傳:"以肉曰醓醢。"正義引李巡曰:"以肉作醬曰醢。"

○臡者,《説文》作"腝",云:"有骨醢也。或从難作臡。"《釋名》云:"醢有骨者曰臡。臡,胒也,骨肉相傅胒無汁也。"郭云"見《周禮》"者,《醢人》云"朝事之豆,有麋臡、鹿臡、麇臡",鄭注:"作醢及臡者,必先膊乾其肉,乃後莝之,雜以粱麴及鹽漬,以美酒塗置瓶中,百日則成矣。"是臡、醢同物,唯有骨、無骨爲異耳。

康謂之蠱。米皮。

康者,《説文》作"穅",云:"穀皮也。或省作康。"又云:"穭,穅也。"是穅亦名穭。穭,古外切,與"康"雙聲。若依此爲訓,當言"康謂之穭",便爲明白易曉,而云"康謂之蠱","蠱"訓"疑"也,康爲穀皮,有何可疑?《左氏昭元年傳》"穀之飛爲蠱",杜預注:"穀久積則變飛蟲,名曰蠱。"《論衡·商蟲篇》云:"穀蟲曰蠱,蠱若蛾矣。粟米饐熱生蠱。"按:今麥腐生小白蛾,粟生小黑甲蟲,即蛘子也。若依《左傳》"穀飛爲蟲",参以《論衡》所言,然則《爾雅》當云:"穀謂之蠱。"蓋穀能爲飛蟲,康不能爲飛蟲矣。

澱謂之垽。滓澱也。今江東呼垽。

澱者,《説文》作“顯”,云:“顯謂之垽。垽,滓也。”又云:“澱,滓垽也。”“滓,澱也。”“垽,澱也。”是“澱、顯”同。《廣雅》:“澱謂之滓。”《釋名》云:“緇,滓也,泥之黑者曰滓。”按:澱,今之滓泥是也。滓泥即涅。《説文》:“涅,黑土在水中也。”《淮南·俶真》篇云:“以涅染緇則黑於涅。”是滓即涅也。今日照人以滓泥染緇,與《俶真》義合。《説文繫傳》乃云“今之青澱、澄澱所出”,誤矣。青澱是藍所出以染青者,非《爾雅》之義。

鼎絶大謂之鼐,最大者。**圜弇上謂之鼒,**鼎斂上而小口。**附耳外謂之釴,**鼎耳在表。**款足者謂之鬲。**鼎曲脚也。

鼎者,《説文》云:“三足兩耳,和五味之寶器也。”鼐者,《詩·絲衣》傳:“大鼎謂之鼐。”《説文》:“鼎之絶大者。”又引《魯詩》説“鼐,小鼎”,與《爾雅》異也。《禮圖》言:“天子、諸侯之鼎,容一斛;大夫羊鼎,容五斗;士豕鼎,容三斗。”然則天子、諸侯之鼎即牛鼎也,容一斛爲最大,是即《爾雅》所謂鼐矣。

○鼒者,《絲衣》傳:“小鼎謂之鼒。”箋用《爾雅》,正義引孫炎曰:“鼎斂上而小口者。”《説文》云:“鼎之圜掩上者。”又云:“掩,斂也,小上曰掩。”是《爾雅》“弇”當作“掩”,今作“弇”,假借字也。《類聚》七十三引舊注云:“鼒,子鼎。”然則“鼒”之言“子”也,“子”亦幼小之稱也。

○附耳外者,言近於耳而在外之處。謂之釴,“釴”猶“翼”也。《史記·楚世家》云“吞三翮六翼”,索隱曰:“謂九鼎也。六翼即六耳,翼近耳傍,事具《爾雅》。”是“翼”即“釴”聲借字也。

○款者，釋文云："本或作窾，苦管反，闊也。"按：《玉篇》："窾，空也。"《漢書·郊祀志》説鼎云："其空足曰鬲。""空"即"窾"也。《司馬遷傳》"其實中其聲者謂之端，實不中其聲者謂之款。款言不聽，姦迺不生"，《楊王孫傳》"窾木爲匵"，服虔注竝云："款，空也。"是"款、窾"同。鼎款足，謂足中空也。足中實者必直，空者必曲，故郭云："鼎，曲脚也。"曲脚者外必闊，故釋文以"款"爲"闊"，"闊、疏"義近，故《御覽》七百五十七引舍人曰："鼎足相去疏閒曰鬲也。"

鬲者，《説文》云："鼎屬，實五觳（本《考工記·陶人》）。斗二升曰觳。象腹交文，三足。"《史記》"吞三翮"，索隱曰："翮，亦作甗，同，音麻。"按《説文》，"甗"即"鬲"之或體。

䰝謂之鬵。《詩》曰："溉之釜鬵。"**鬵，鉹也**。涼州呼鉹。

《説文》云："䰝，鬵屬。""鬵，大釜也。一曰鼎大上小下若䰝曰鬵。"《方言》云："甑，自關而東謂之甗，或謂之鬵。"《詩·匪風》傳："鬵，釜屬。"按：鬵與甑異。甑有七穿（見《陶人》），釜、鬵烹魚，必非有穿，毛以爲"釜屬"是矣。

○鉹者，《説文》云："曲鉹也。一曰鬵鼎。"《匪風》正義引孫炎曰："關東謂甑爲鬵，涼州謂甑爲鉹。"《方言》注亦云："涼州呼鉹。"

璲，瑞也。《詩》曰："鞙鞙佩璲。"璲者，玉瑞。**玉十謂之區**。雙玉曰瑴，五瑴爲區。

瑞者，《説文》云："以玉爲信也。"璲者，《詩·大東》傳用《爾雅》，箋云："佩璲者，以瑞玉爲佩。"按：璲、瑞、區、瑴，皆以聲爲義也。"璲、瑞"聲近，"區、瑴"聲轉。

○區者，瑴之異名。《説文》云："二玉相合爲一玨。玨或作轂。”杜預《左傳》注：“雙玉爲轂。”郭氏《西山經》注：“雙玉爲轂，半轂爲隻。”此云“五轂爲區”者，五轂爲玉十也。《初學記》引逸《論語》曰：“玉十謂之區。治玉謂之琢，亦謂之雕。”所引蓋《論語·問玉》篇。

羽本謂之翮。鳥羽根也。**一羽謂之箴，十羽謂之縛，百羽謂之緷。**别羽數多少之名。

《説文》云：“羽，鳥長毛也。”“翮，羽莖也。”《周禮·羽人》注：“翮，羽本也。”《爾雅》釋文引《埤蒼》云：“緷，大束也。”《羽人》云“凡受羽，十羽爲審，百羽爲摶，十摶爲縛”，鄭注：“審、摶、縛，羽數束名也。”引《爾雅》曰：“一羽謂之箴，十羽謂之縛，百羽謂之緷。”“其名音相近也。一羽有名，蓋失之矣。”是鄭意一羽不當别立名。《爾雅》釋文：“孫同鄭意，云：‘蓋誤。’郭云：‘凡物數無不從一爲始，以《爾雅》不失，《周官》未爲得也。’”按：此引郭《音義》之文，若準《周禮》，則此“一羽”句當屬衍文。但“箴、審、摶、縛、緷”音皆相近，且並出古書，《爾雅》未必誤也。《羽人》釋文：“緷，李又基遠反。”然則李巡注蓋讀“緷”爲“絹”矣。

木謂之虡。縣鐘磬之木，植者名虡。**旄謂之藣。**旄牛尾也。

虡者，《説文》作“虞”，云：“鐘鼓之柎也。篆文省作虡。”《釋名》云：“所以懸鐘鼓者，横曰筍。筍，峻也，在上高峻也。從曰虡。虡，舉也，在旁舉筍也。”《詩·靈臺》傳：“植者曰虡，横者曰栒。”正義引孫炎曰：“虡，栒之植，所以懸鐘磬也。”郭義與孫同。

〇旄者，“氂”之假借也。《説文》云：“氂，犛牛尾也。”《周禮·樂師》“有旄舞”，鄭衆注：“旄舞者，犛牛之尾。”是“旄”即

"氂"也。故《序官·旄人》注:"旄,旄牛尾,舞者所持以指麾也。"是"旄"即"氂"。"氂"从犛省,當讀若"釐",與"蘢"相韵,亦以聲爲義也。釋文"旄,音毛",蓋失之矣。《樂師》釋文亦云:"氂,舊音毛。劉音來,沈音貍。"按:"貍、來"古同聲,沈、劉二音是也。蘢者,《説文》訓"艸",《繫傳》云:"蓋旄似此艸也。"望文生義,亦失之鑿。

菜謂之蔌。蔌者,菜茹之總名。見《詩》。

蔌者,"餗"之假音也。《説文》作"鬻",云:"鼎實。惟葦及蒲。陳留謂健爲鬻。或从食束聲作餗。"按:《易·鼎》釋文引"馬云'餗,健也',鄭云'菜也'"。《詩·韓奕》傳:"蔌,菜殽也。"是"蔌、餗"通。《説文》兼包二義,從《詩》則"蔌"爲菜殽,故云:"惟葦及蒲(葦,《詩》作筍)。"從《易》則"餗"爲糜饘,故云:"謂健爲鬻。"郭但言見《詩》,義未備也。《周禮·醢人》鄭衆注:"糝食,菜餗蒸。"賈疏引《易》"覆公餗"鄭注云:"糝謂之餗。《震》爲竹,竹萌曰筍。筍者,餗之爲菜也。"《説文》:"糝,以米和羹也。"然則餗兼菜、米,郭唯以蔌爲菜茹之名,疏矣。鄭云"糝謂之餗","糝、餗"聲轉,疑《爾雅》別本作"糝謂之餗",故《醢人》及《易》注,二鄭依以爲説也。郭本作"蔌",故但言"菜",遂失"蔌、餗"通借之義。

白蓋謂之苫。白茅苫也。今江東呼爲蓋。

苫者,《説文》"睒"字解云:"讀若白蓋謂之苫。"又云:"苫,蓋也。""蓋,苫也。"《左氏·昭廿七年》正義及釋文並引李巡曰:"編菅茅以覆屋曰苫。"《襄十四年》正義引孫炎曰:"白蓋,茅苫也。"按:《説文》云:"茨,以茅葦蓋屋。"是蓋屋亦用葦,但不白,白唯茅耳。《周禮·圉師》云"茨牆則翦闔",鄭注:"茨,蓋也。

闟,苫也。"然則"闟、蓋"聲同,古字假借通用。《左傳》云"被苫蓋",今四方人語通名苫爲"蓋"。

黄金謂之璗,其美者謂之鏐。白金謂之銀,其美者謂之鐐。此皆道金、銀之别名及精者。鏐即紫磨金。**鉼金謂之鈑。**《周禮》曰"祭五帝即供金鈑",是也。**錫謂之鈏。**白鑞。

銀、錫、銅、鐵皆金也,黄金爲之長。璗者,《説文》云:"金之美者,與玉同色。"引《禮》"佩刀,諸侯璗琫而璆珌"。

鏐者,《説文》云:"黄金之美者。"《書》"梁州貢璆鐵銀鏤",《史記·夏紀》集解引鄭注云:"黄金之美者謂之鏐。"《禹貢》釋文引韋昭云:"紫磨金。"《水經·温水》注:"華俗謂上金爲紫磨金,夷俗謂上金爲陽邁金也。"

銀者,《説文》云:"白金也。"《北山經》云:"少陽之山多赤銀。"是銀有赤者,要以白爲多,故稱"白"耳。

鐐者,《説文》云:"白金也。"釋文引《字林》云:"美金也。"《漢書·食貨志》云:"朱提銀重八兩爲一流,直一千五百八十。它銀一流直千。"然則梁州所貢當即朱提銀,此"鐐"是也。《詩·瞻彼洛矣》傳:"諸侯璗琫而璆珌,大夫鐐琫而鏐珌。"按:《説文》引上句作《禮》文,蓋禮家舊説也。

〇鉼金者,《説文》"釘"字解云:"鍊鉼黄金。"然則鉼金蓋鍊冶而成。《類聚·寶玉部》引《邴原别傳》曰:"金三餅與原。"《初學記·寶器部》引《爾雅》"鉼金"作"餅金",蓋假借字也。錢氏《答問》云:"鉼,當作并。"《孟子》:"王餽兼金。"兼金者,并金也。今按:《説文》注既有"鉼"字,又云"金百鍊不輕",是不必改"鉼"爲"并"矣。

鈑者,釋文云"本亦作版",是也。《周禮·職金》云"旅于上帝,則共其金版”,鄭注:“鉼金謂之版。此版所施未聞。”

○錫者,《說文》云:“銀鉛之間也。”(《繫傳》:“銀色而鉛質也。”)《禹貢》“楊州錫貢”,《史記》集解引鄭注云:“有錫則貢之,或時乏,則不貢。錫,所以柔金也。”

鈏者,《說文》云:“錫也。”《周禮·丱人》注:“錫,鈏也。”郭云“白鑞”者,《職方氏》注:“錫,鑞也。”《中山經》“讙山多白錫”,郭注:“今白鑞也。”按:《經》又云:“嬰侯之山多赤錫。”是錫非一色,但白者多耳。

象謂之鵠,角謂之觷,犀謂之剒,木謂之剫,玉謂之雕。

《左傳》曰:“山有木,工則剫之。”五者皆治樸之名。

鵠者,釋文云:“白也。本亦作皓。”《廣雅》作“觤”,云:“治象牙也。”是“鵠”乃假借字。古無正體,从齒从角,各以意爲之耳。

觷者,《說文》云:“治角也。”《玉篇》《廣韵》並云:“或作礐。又音學。”亦假借字也。

剒者,《玉篇》《廣韵》並引《爾雅》作“犀謂之剒”,《文選·長笛賦》注引亦同。是古本皆作“剒”,唯陸德明本作“斮”,云:“本或作厝。”按:《說文》云:“厝,厲石也(厲同礪)。”引《詩》“他山之石,可以爲厝”。今借作“錯”。故《玉篇》引《爾雅》“剒亦作錯”。然則犀角堅緻,治之用錯,因謂之“錯”矣。

剫者,《說文》云:“判也。”“判,分也。”《詩·小弁》傳“伐木者椅其巔,析薪者隨其理”,此即剫之之事。《玉篇》木部引《爾雅》作“木謂之柝,今江東斫木爲柝”。此所引蓋《爾雅》别本,其云“今江東斫木爲柝”,當即舊注之文也。

雕者,“琱”之假借也。《說文》云:“琱,治玉也。”《文選·

思玄賦》注引《爾雅》正作"玉謂之琱"。通作"雕",又作"彫"。《孟子》趙岐注:"彫、琢,治飾玉也。"引《詩》云:"彫琢其章。"又"敦琢其旅",正義曰:"雕、琢,皆治玉之名。敦、雕,古今字。"按:"雕、敦"聲相轉,非古今字。

金謂之鏤,木謂之刻,骨謂之切,象謂之磋,玉謂之琢,石謂之磨。六者皆治器之名。

鏤者,《説文》云:"剛鐵可以刻鏤。"引《夏書》曰:"梁州貢鏤。"然則鏤可以刻金,因名治金爲"鏤"。《詩·小戎》"鏤膺"、《韓奕》"鏤鍚",鄭箋並云:"刻金飾。"《棫樸》傳:"金曰彫。""彫"即"鏤"也。此篇下云:"鏤,鋑也。""鋑"亦彫矣。

刻者,《説文》云:"鏤也。"是"刻、鏤"通名,《爾雅》對文,故別耳。《春秋莊廿四年經》云"刻桓公桷",是其例也。

切者,《説文》云:"刌也。"《玉篇》云:"治骨也。"《大宰》鄭衆注:"珠曰切。"賈疏以《爾雅》云:"骨曰切。"蓋鄭讀《爾雅》本作"珠"也。今按:珠質堅滑,非可切之物,恐誤耳。然骨亦難切斷。釋文:"切,本或作䶡。"《説文》:"䶡,齒差也。从齒,屑聲。讀若切。"《玉篇》:"䶡,治骨也。"是"䶡、切"同。《玉篇》並云"治骨",是其字通。臧氏《經義雜記》十七云:"䶡是齒之參差,治骨者因其差參而治之,俾齊一,故切磋字以䶡爲正。今《爾雅》作'切',後人改也。"

磋者,《玉篇》云:"治象也。"《論衡·量知篇》作"象曰瑳"。《説文》:"瑳,玉色鮮白。"蓋治象齒令其鮮白如玉。上云"象謂之鵠",亦訓爲"白"。是《爾雅》"磋"字當依《論衡》作"瑳"矣。

琢者,《説文》云:"治玉也。"《詩》"追琢其章",箋云:"追琢玉,使成文章。"是鄭以"追、琢"皆治玉之名。"追"即"雕"也。

以此上云“玉謂之雕”，下云“雕謂之琢”，是“雕、琢”通名，箋義本《爾雅》也。

磨者，《説文》作“䃺”。䃺，䃺也，礪也，以礪石䃺磨之。《論語》“磨而不磷”，言石堅難治也。《詩·淇奥》傳：“治骨曰切，象曰磋，玉曰琢，石曰磨。”於《爾雅》上加一“治”字，即文義了然矣。故正義引孫炎曰：“治器之名。”郭與孫同。

璆、琳，玉也。璆、琳，美玉也。

璆者，釋文云：“本或作球。”《説文》“球”或作“璆”，以爲“玉磬”，與《爾雅》異也。《詩·長發》傳：“球，玉也。”箋云：“受小玉，謂尺二寸圭也。受大玉，謂珽也，長三尺。”按：珽即《玉藻》云“笏，天子以球玉”，鄭注：“球，美玉也。”《書·顧命》正義引鄭注：“天球，雍州所貢之玉，色如天者。”然則璆蓋青色玉矣。

琳者，《説文》云：“美玉也。”《書·禹貢》鄭注以爲“美石”，石即玉也。《西都賦》云“琳珉青熒”，《上林賦》云“玫瑰碧琳”，是琳爲碧青玉，與天璆同色，《爾雅》以其珍貴，異於它玉，故特釋之耳。

簡謂之畢。今簡札也。**不律謂之筆。**蜀人呼筆爲不律也，語之變轉。**滅謂之點。**以筆滅字爲點。

簡者，《説文》云：“牒也。”《釋名》云：“簡，閒也，編之篇篇有閒也。”《内則》注：“簡謂所書篇數也。”畢者，《學記》云“呻其佔畢”，鄭注引《爾雅》而云：“吟誦其所視簡之文。”是畢即簡矣。釋文：“畢，李本作箄。”按：畢用竹，故李巡从竹。至用木則曰“牘”，牘謂之“業”。故《曲禮》云“請業則起”，鄭注“業謂篇卷”，是也。

○筆者,《釋名》云:“述也,述事而書之也。”不律者,蓋“筆”之合聲。《説文》云:“聿,所以書也。楚謂之聿,吴謂之不律,燕謂之弗,秦謂之筆。”郭云“蜀人呼筆爲不律”,可知此皆方俗語音輕重,其義即存乎聲也。《曲禮》云“史載筆”,《晉語》云“臣以秉筆事君”,是則書之用筆由來舊矣。韜筆謂之“管”。《内則》注:“管,筆彄也。”《詩》云:“貽我彤管。”

○滅者,没也,除也。點者,《説文》:“點,黑也。”釋文:“李本作沾,孫本作坫。”按:坫,宋本作“玷”。玷,俗字也。《説文》作“刮”,云:“缺也。”引《詩》“白圭之刮”。“沾”即“添”之本字。《説文》:“沾,益也。”然則滅除其字故爲玷缺,重復補書故爲添益。李、孫作“沾”,作“玷”,其義兩通。郭本作“點”,當屬假借,而云“以筆滅字爲點”,蓋失之矣。古人書於簡牘,誤則用書刀滅除之,《説文》作“刮”爲是,非如後世誤書用筆加點也。郭氏習於今而忘於古耳。

絶澤謂之銑。銑即美金,言最有光澤也。《國語》曰“玦之以金銑者”,謂此也。

此覆説金事,句上當脱“金”字也。銑者,《説文》云:“金之澤者。”下文説弓云“以金者謂之銑”,是“銑”爲美金之名也。《晉語》云“玦之以金銑者,寒之甚矣”,韋昭注:“銑猶灑。灑,寒也。”然則“銑”之爲言“灑”也,灑掃與洒滌俱與光澤義近。

金鏃翦羽謂之鍭,今之錍箭是也。**骨鏃不翦羽謂之志。**今之骨骲是也。

鏃者,《説文》作“族”,云:“矢鏠也,束之族族也。”“翦”作“歬”,云:“齊斷也。”“鍭”云:“矢金鏃翦羽謂之鍭。”《詩·行葦》正義引孫炎曰:“金鏑斷羽,使前重也。”《司弓矢》云“鍭矢,用諸近射、田獵”,鄭注:“前尤重,中深而不可遠也。”《既夕記》云“翭矢一乘,骨鏃,短衛”,鄭注:“翭猶候也,候物而射之矢也。四矢曰乘。骨鏃、短衛,亦示不用也。生時翭矢金鏃。”賈疏云:“短衛即翦羽也。謂之衛者,羽所以防衛其矢,故名羽爲衛。”《淮南·兵略》篇云“疾如錐矢”,高誘注:“以錐爲金族翦羽之矢。”郭云“錍箭也”者,《方言》云:“凡箭鏃廣長而薄鐮謂之錍。”

○骨鏃不翦羽者,以骨爲鏑而不斷齊其羽,令前後輕重適均也。《御覽》三百四十九引舊注云:“不翦,謂以鳥羽自然淺狹,不復口也。”志者,《書》云:“若射之有志。”《司弓矢》云“恒矢用諸散射”,鄭注:“散射謂禮射及習射也。恒矢之屬,軒輖中,所謂志也。”《既夕記》云“志矢一乘,軒輖中,亦短衛”,鄭注:“志猶擬也,習射之矢。無鏃,短衛,亦示不用。生時志矢骨鏃。”然則“骨鏃不翦羽”,即不短衛矣。郭云“骨骲也”者,釋文引《埤蒼》云:“骨鏃也。”按:骲箭古用骨,今亦用木,仍曰“骲頭”。

弓有緣者謂之弓,緣者繳纏之,即今宛轉也。**無緣者謂之弭。**今之角弓也。《左傳》曰:“左執鞭弭。”**以金者謂之銑,以蜃者謂之珧,以玉者謂之珪。**用金、蚌、玉飾弓兩頭,因取其類以爲名。珧,小蚌。

弓者,以近窮遠之器,此别其所飾之異名也。緣者,上云:“緣謂之純。”此以爲弓飾之名。《既夕記》云“有弭飾焉”,鄭注:“弓無緣者謂之弭,弭以骨角爲飾。”《左氏·僖廿三年》正義引李巡曰:“骨飾兩頭曰弓,不以骨飾兩頭曰弭。”孫炎曰:“緣謂繳束而漆之,無緣謂不以繳束骨飾兩頭者也。”(“無緣”二字本作“弭”,此從臧氏《爾雅漢注》改。)二説不同,孫及鄭義爲長。云

“繳束”者，繳，生絲也。郭云“今宛轉”者，宛轉，繩也。又云“弭，今角弓”者，斯言失矣。《詩·采薇》箋：“弭，弓反末彆者，以象骨爲之，以助御者解轡紒，宜骨也。”《説文》：“弭，弓無緣可以解轡紛者。”《曲禮》注：“簫，弭頭也。”《釋名》云：“其末曰簫，言簫梢也。又謂之弭，以骨爲之，滑弭弭也。”然則“弭”是弓末之名，非即弓名。“弭”之言“已”也，“止”也，言弓體於此止已也。《爾雅》以無緣爲弭，蓋因其無飾，故從本名即謂之“弭”，非以“弭”爲弓名也。鄭《既夕》注“弭，以骨角爲飾”，正謂飾弭以骨，或以角。以骨，則象弭是也；以角者，經典雖無文，要爲弭頭施角。郭氏誤會鄭義，以“弭”爲角弓之名，則謬矣。《詩》言“角弓”有二（《小雅》及《魯頌》正義詳之），非此之謂。《爾雅》“弓、弭”對言，止別有緣、無緣之異名耳。今弓有絲纏弭者，亦有骨飾弭者。以今證古，鄭、孫二義蓋不誣矣。

○銑者，即金之絶澤者也。珧者，《楚辭·天問》篇云“馮珧利決”，王逸注：“珧，弓名也。”釋文：“珧，以蜯飾弓弭。”然則“銑”與“珪”亦以金玉飾弭之名。推是而言，有緣、無緣亦皆謂“弭”可知。

珪大尺二寸謂之玠。《詩》曰：“錫爾玠珪。”**璋大八寸謂之琡。**璋，半珪也。**璧大六寸謂之宣。**《漢書》所云“瑄玉”是也。**肉倍好謂之璧，**肉，邊。好，孔。**好倍肉謂之瑗，**孔大而邊小。**肉好若一謂之環。**邊、孔適等。

此釋玉器之名。《覲禮》云：“設六玉。”《白虎通》以珪、璧、琮、璜、璋爲五瑞，《爾雅》止釋珪、璋、璧三者，所以起度也。

珪者，《説文》作“圭”，古文作“珪”，云：“瑞玉也，上圜下方。”《白虎通》云：“珪之言潔也。”

玠者,《説文》云:"大圭也。"引《周書》曰:"稱奉介圭。"按:《釋詁》:"介,大也。""介"與"玠"通。《詩·崧高》箋:"圭長尺二寸謂之介。非諸侯之圭,故以爲寶。"據《考工記·玉人》"鎮圭尺有二寸,天子守之",是玠圭即鎮圭,故鄭云:"非諸侯之圭。"然《韓奕》云"以其介圭,入覲于王",則命圭亦稱"介圭",故《長發》箋:"受小玉謂尺二寸圭也。"彼對珽玉長三尺言,故以介圭爲小;此對璋玉大八寸言,故謂之"大"矣。

○璋者,《説文》云:"剡上爲圭,半圭爲璋。"《白虎通》云:"璋之爲言明也。"《玉人》云:"牙璋七寸,射二寸,厚寸,以起軍旅,以治兵守。瑑圭璋八寸,以覜聘。"是彼"瑑璋"即此所謂"琡"也。

琡者,《説文》作"璹",云:"玉器也,讀若淑。"

○璧者,《説文》云:"瑞玉圜也。"《白虎通》云:"璧之爲言積也。"

宣者,釋文云:"宣,如字。本或作瑄,音同。"郭引《漢書·郊祀志》云"有司奉瑄玉",孟康注:"璧大六寸謂之瑄。"《類聚》引《爾雅》正作"瑄"。瑄,俗字也。臧氏《經義雜記》廿八云:"《説文》無瑄字,有珣字,云'玉器',讀若宣。知《爾雅》宣字當作珣。"洪頤煊云:"《説文》旬,古文㫗,《汗簡》引石經'旬'作'宣',字形本相近。《爾雅》宣璧、《説文》珣玉、《詛楚文》宣璧,皆一字。"

○因釋璧而兼及瑗、環,又明三者之度也。《説文》"瑗、環"注及《玉人》鄭衆注俱連引《爾雅》三句。《荀子·大略篇》云:"問士以璧,召人以瑗,反絶以環。"又兼釋三者之用也。

瑗者,釋文引《蒼頡篇》云:"玉佩名。"《説文》:"瑗,大孔璧。人君上除陛以相引。"

肉、好者,《玉人》云"璧好三寸",鄭衆注:"好,璧孔也。"《詩·泮水》正義引孫炎曰:"肉,身也。好,孔也。身大而孔小。"《左氏·昭十六年》正義引李巡云:"好,孔也。肉倍好,邊肉大,其孔小也。好倍肉,其孔大,邊肉小也。肉好若一,其孔及邊肉大小適等曰環也。"

緣,綬也。即佩玉之組,所以連繫瑞玉者,因通謂之緣。

綬者,《説文》云:"韍維也。"韍即蔽厀,"維"訓爲"繫",是綬爲蔽厀之系。又佩玉亦有系,故《玉藻》天子佩玉以下皆有組綬。鄭注:"綬者,所以貫佩玉相承受者也。"然則"綬"之言"受",取承受爲義也。

緣者,當作"縌"。《説文》云:"縌,綬維也。"蓋綬韍維是韍之系,縌綬維是綬之系,系施於綬,以貫所佩之玉也。"縌"之言"逆","逆"猶迎也,言與佩綬相迎受。故《後漢·輿服志》云:"縌者,古佩璲也。佩綬相迎受,故曰縌。"然則縌、綬相連,故《志》又云"縌綬之閒",即本《爾雅》"縌綬"爲説也。縌綬繫璲,故劉昭注引徐廣曰:"今名璲爲縌也。"既以璲爲縌,因而變"縌"爲"緣",郭本即作"緣",故此注依上文"璲,瑞"注而云:"因通謂之緣也。"蓋"緣、璲"聲誤,"緣、縌"形誤矣。宜據《説文》及《輿服志》以訂正。

一染謂之縓,今之紅也。**再染謂之赬,**淺赤。**三染謂之纁。**纁,絳也。**青謂之蔥,**淺青。**黑謂之黝。**黝,黑貌。《周禮》曰:"陰祀用黝牲。"**斧謂之黼。**黼文畫斧形,因名云。

縓者,《説文》云:"帛赤黄色。一染謂之縓。"《士冠禮》注:"凡染絳,一入謂之縓,再入謂之赬,三入謂之纁。"《既夕記》注:

"一染謂之縓,今紅也。"《喪服記》注:"縓,淺絳也。"按:《說文》"絳,大赤也。""紅,帛赤白色。"然則縓色在白、赤、黄之閒。縓與緼同,故《玉藻》注:"緼,赤黄之閒色,所謂韎也。"《詩·瞻彼洛矣》傳:"韐韎者,茅蒐染韋也,一入曰韎韐。"(據正義,定本有"入"字。)是縓以茜草染之,故經典"縓"字,釋文並"七絹反",意蓋爲此。但"縓"从原聲,則音"七絹"非矣。

○赬者,《說文》作"經",云:"赤色也。經或作赬。"《考工記·鍾氏》注引《爾雅》作"再染謂之竀",《左氏哀十七年傳》"如魚竀尾","竀"蓋"赬"之别體耳。

○纁者,《說文》云:"淺絳也。"按:"淺"字誤。鄭注以縓爲淺絳。以一染色猶淺,至纁三染,色成,故《鍾氏》云:"三入爲纁,五入爲緅。"是纁已成大赤,若再染則爲黑矣。故《禹貢》正義引李巡云:"三染,其色已成爲絳,纁、絳一名也。"然則纁即爲絳,可知許君誤矣。

○蔥者,"繱"之假借也。《說文》:"繱,帛青色。"《玉篇》云:"青白色也。"經典省作"蔥"。《詩》"有瑲蔥珩",傳:"蔥,蒼也。"《玉藻》云"三命赤韍蔥衡",鄭注:"青謂之蔥。"《荀子·性惡篇》云"桓公之蔥",楊倞注:"蔥,青色也。"

○黝者,《說文》云:"微青黑色。"按:《鍾氏》云:"三入爲纁,五入爲緅,七入爲緇。"是從赤入黑法,此云"青謂之蔥,黑謂之黝",是從青入黑法,故《說文》以爲"微青黑色"也。《玉藻》正義引孫炎曰:"黝,青黑,蔥則青之異色。"與《說文》合。《周禮·序官》"掌染草",注"染草,藍、蒨、象斗之屬",賈疏"藍以染青,象斗染黑",是矣。黝,古通借作"幽"。《玉藻》云"一命緼韍幽衡,再命赤韍幽衡",鄭注:"幽讀爲黝。黑謂之黝。"《周禮·牧人》《守祧》鄭衆注並云:"幽讀爲黝。黝,黑也。"(今本皆"幽、黝"誤倒。)按:《詩》"其葉有幽",傳:"幽,黑色也。"是"幽"即"黝"矣。

〇黼者,《説文》云:"白黑相次。"《考工記》"畫繢之事"云:"白與黑謂之黼。"《書·益稷》正義引孫炎曰"黼文如斧形",又申之云"蓋半白半黑,似斧刃白而身黑",是其義也。按:《覲禮》云"天子設斧依",《書·顧命》作"黼扆",是"黼"即"斧"也。斧、黼,以聲爲義。

邸謂之柢。根柢,皆物之邸。邸即底,通語也。

柢者,《説文》云:"木根也。"《釋言》云:"柢,本也。"邸者,本爲邸舍,經典借爲根柢,故此釋之也。《典瑞》云"四圭有邸",《弁師》云"象邸",《玉人》云"兩圭五寸有邸",皆以"邸"爲"柢"。故鄭於《典瑞》注引《爾雅》曰:"邸,本也。"《弁師》注:"邸,下柢也。"《玉人》注:"邸謂之柢,有邸,僢共本也。"俱本《爾雅》爲訓也。柢,省作"氐"。《周語》云"天根見而水涸,本見而草木節解",韋昭注:"天根,亢氐之閒。本,氐也。"是"氐、柢"同。

雕謂之琢。治玉名也。

上云"玉謂之雕",又云"玉謂之琢",此申釋之。

蓐謂之兹。《公羊傳》曰:"屬負兹。"兹者,蓐席也。**竿謂之箷**。衣架。**簀謂之笫**。牀版。

蓐者,席薦之名。《一切經音義》引《三蒼》及《華嚴經音義》引《聲類》並云:"蓐,薦也。"《左氏文七年傳》"秣馬蓐食",《宣十二年傳》"軍行,右轅,左追蓐",皆以蓐爲草薦也。其有著者則謂之"茵"。《少儀》云"茵席",鄭注:"茵,箸蓐也。"兹者,草也。《素問·五藏生成篇》云:"色見青如草兹者死。"蓋以兹爲草席也。郭引《公羊桓十六年傳》云"屬負兹",《史記·周本紀》云"衛康叔封布兹",集解:"徐廣曰:'兹者,藉席之名。諸侯病曰負兹。'"其以龍鬚草爲席者謂之"龍兹"。《荀子·正論篇》注:"龍兹,即今之龍鬚席,其以草薦馬者謂之馬兹。"《周禮·圉師》"春除蓐",鄭注:"蓐,馬兹也。"

○竿者,《説文》云:"竹挺也。"箷者,《曲禮》云"不同椸枷",鄭注:"椸,可以枷衣者。"《内則》云"夫之楎椸",鄭注:"竿謂之椸。"《曲禮》釋文:"椸作杝。"《内則》釋文:"杝,本又作椸。"《爾雅》釋文:"箷,李本作箟,同,羊支反。《字林》上支反。"然則此字古無正體,亦無正音。《説文》"檹"云:"木檹施。"《玉篇》云:"檹椸,不正皃。"是"椸"當作"施"。施者,延移之義。竹竿椸衣,横貫牆内,施然而長。疑《禮記》《爾雅》古本俱止作"施"。"施"从也聲,則音"羊支反"是矣。《玉篇》雖有"椸、箷"二字,並云"衣架",當由後人增入之。李巡本作"箟"(《説文》"箟,簣屬"),亦假借字耳。

○簀者,《説文》云:"牀棧也。"《檀弓》注:"簀,牀笫也。"笫者,《説文》云:"簀也。"按:簀以竹爲之,許云"牀棧",郭云"牀版",皆謂分析竹片施於牀榦之上。故《易》"剥牀以辨",釋文引"黄云'辨,牀簀也'"。蓋"辨"爲分析之名,施於牀上辨辨然,其義與許、郭合矣。本以竹片爲簀,因而竹席亦名簀。故《史記·范雎傳》云:"卷以簀,置廁中。"蓋謂竹席耳。索隱以"簀"爲"葦荻之薄",非也。既以牀薦爲簀,因而牀亦名簀。故《方言》云:"牀,齊魯之閒謂之簀,陳楚之閒或謂之笫。"《左氏襄廿七年傳》"牀笫之言",正義引孫炎曰:"牀也。"蓋直以"笫"爲牀之通名。雖義本《方言》，而乖於《雅》訓，何以明之？《喪大記》云"設牀襢笫"，鄭注："襢笫，袒簀也。"既言"牀"，又言"笫"，可知以笫爲牀非也。《周禮·玉府》云"衽席牀笫"，既言"席"，又言"笫"，可知以簀爲席亦非矣。

革中絶謂之辨，中斷皮也。**革中辨謂之韏。**復分半也。

革者，即上云"轡首謂之革"。辨者，《説文》作"辦"，云："判也。"釋文："辨，孫蒲莧反，釋云：'辨，半分也。'"是孫炎讀"辨"爲"片"。《玉篇》辡部及《廣韵》卅二霰並引《爾雅》作"革中絶謂之辦。革車勒轡也"（下"革"字從《廣韵》增。《玉篇》脱去之）。是《爾雅》别本有作"辦"者。蓋因"辨"有"片"音，故作此字。證以《釋木》云"桑辨有葚"，"辨"亦音"片"。今本作"辨"，皆淺人妄加之耳。孫氏星衍曰："《晏子春秋·雜篇下》云'景公病疽在背，問墮者何如？曰如屨辨'，下又曰'如珪'。據此則屨辨形如珪而中空耳。"

○韏者，《説文》云："革中辨謂之韏。"《廣韵》廿八獮引《爾雅》同，而申之云："車上所用皮也。"《玉篇》云："韏，革中片也。""片"即"辨"字缺脱其旁。然則轡首之革中分之謂之"辨"，又中分之謂之"韏"。《説文》"襞"字解云："韏衣也。"《繫傳》云："韏，革中辨也。"然則"辨、韏"皆分判之名。《説文》"韏衣"，《晏子春秋》"屨辨"，其義皆與《爾雅》合。

鏤，鋑也。刻鏤物爲鋑。

已見上文"金謂之鏤"下。

卣，中尊也。不大不小者。

已見上文"卣，器也"下。

十三經清人注疏

爾雅義疏

（下册）

〔清〕郝懿行　撰

王其和　吴慶峰　張金霞　　點校

中　華　書　局

爾雅郭注義疏中之三

釋樂弟七

樂者，釋文引《説文》云："總五聲八音之名，象鼓鞞之形。木，其虡也。"（所引較善今本。）《一切經音義》六引《世本》云："伶倫作樂。周衰樂壞，遭秦絶學，古樂淪亡。漢興，武帝時河間獻王作《樂記》，劉向所校廿三篇，《樂器》弟十三。今《禮記》所取才止十一，合爲一篇。其餘十二篇，《别録》存其名，其文則闕焉。"《白虎通》引《樂記》曰："土曰塤，竹曰管，皮曰鼓，匏曰笙，絲曰弦，石曰磬，金曰鐘，木曰柷敔。"又引《樂記》曰："壎，坎音也；管，艮音也；鼓，震音也；弦，離音也；鐘，兑音也；柷敔，乾音也。"所引當即《樂器》篇文。《史記·樂書》索隱引孫炎釋"廉直經正"云"經，法也"，"類小大之稱"云"作樂器小大稱十二律也"，"奮至德之光"云"至德之光，天地之道也"，"動四氣之和"云"四氣之和，四時之化"，"樂主其反"云"反謂曲終還更始也"。所引孫注於《爾雅》文無所附，疑古本在篇内，今缺脱矣。此篇首舉五聲之别號，次及八音大小之異名，皆言其器，未論其義，其篇末將有闕文歟？

宫謂之重,商謂之敏,角謂之經,徵謂之迭,羽謂之柳。皆五音之别名。其義未詳。

宫、商、角、徵、羽者,五聲也。聲之起,由人心之感於物也。故《管子·地員》篇云:"凡聽宫,如牛鳴窌中;凡聽商,如離羣羊;凡聽角,如雉登木以鳴,音疾以清;凡聽徵,如負豬豕,覺而駭;凡聽羽,如鳴馬在野。"是五聲象五物之鳴,清濁高下,由斯生焉。重、敏、經、迭、柳者,唐徐景安《樂書》引劉歆云:"宫者,中也,君也,爲四音之綱。其聲重厚如君之德而爲重;商者,章也,臣也,其聲敏疾,如臣之節而爲敏;角者,觸也,民也,其聲圓長,經貫清濁,如民之象而爲經;徵者,祉也,事也,其聲抑揚遞續,其音如事之緒而爲迭;羽者,宇也,物也,其聲低平掩映,自高而下,五音備成,如物之聚而爲柳。"《爾雅》釋文引孫炎云:"宫音濁而遲,故曰重也。"按:孫炎與劉歆義同。《樂書》所引即其《爾雅》注也。釋文引劉歆乃《漢書·律曆志》之文,臧氏《爾雅漢注》説是。

大瑟謂之灑。長八尺一寸,廣一尺八寸,二十七弦。

瑟者,《説文》云:"庖犧所作弦樂也。"《釋名》云:"瑟,施弦張之瑟瑟然也。"《玉海》引《世本》云:"瑟,潔也,使人精潔於心,淳一於行。"《白虎通》云:"瑟者,嗇也,閑也,所以懲忿窒欲、正人心之德也。"

大瑟者,《明堂位》有大瑟、小瑟。《風俗通》云:"今瑟長五尺五寸,非正器也。"應劭所説蓋小瑟,郭注所言乃大瑟也。邢疏引《世本》曰:"庖犧氏作五十弦,黄帝使素女鼓瑟,哀不自勝,乃破爲二十五弦,其二均聲。《禮圖》舊云:'雅瑟長八尺一寸,廣一尺八寸,二十三弦,其常用者十九弦。頌瑟長七尺二寸,廣尺八寸,二十五弦,盡用之。'"《通典》引同。郭云"二十七弦",未見所出。

謂之灑者,釋文引孫炎"音多變,布出如灑也",《月令》正義引作"音之布告如埽灑也"。釋文:"灑,所蟹、所綺二反。"按:灑从麗聲。"所蟹"非古音。"灑、瑟"以聲轉爲義。

大琴謂之離。或曰琴大者二十七弦,未詳長短。《廣雅》曰:"琴長三尺六寸六分,五弦。"

琴者,《説文》云:"禁也。神農所作。洞越,練朱五弦,周加二弦。"(桓譚《新論》:"文王、武王各加一弦以少宫、少商。")《白虎通》云:"琴者,禁也,所以禁止淫邪、正人心也。"《風俗通》云:"今琴長四尺五寸,法四時五行也。七弦者,法七星也。"《琴操》云:"長三尺六寸六分,象三百六十六日。廣六寸,象六合也。"按:此是常用之琴。《明堂位》有"中琴",豈是歟?又有"大琴",則此大琴是也。《初學記》引《樂録》曰:"大琴二十弦,今無此器。"《御覽》五百七十七引《爾雅》注云:"大琴曰離,二十弦。"此是伏羲所制。郭注作"二十七弦",疑與大瑟相涉而誤也。汪氏中據《宋書·樂志》校"七"字衍,去之是矣。然《通典》已引作"二十七弦",則自唐本已然。

謂之離者,"離"猶"羅"也,衆音分散羅羅然,與"灑"義同也。《月令》正義引孫炎云"聲留離也",邢疏引作"音多變聲流離也"。"流離"與"留離"同。

大鼓謂之鼖,鼖長八尺。**小者謂之應**。《詩》曰:"應棘縣鼓。"在大鼓側。

鼓者,《説文》云:"郭也,春分之音,萬物郭皮甲而出,故謂之鼓。"(《繫傳》:"郭者,覆冒之意。")《釋名》云:"鼓,郭也,張皮以冒之,其中空也。"《白虎通》云:"鼓,震音,煩氣也,萬物憤懣震動而出。"《荀子·樂論篇》云:"鼓,其樂之君邪?"

鼖者,《説文》云:"大鼓謂之鼖。鼖八尺而兩面,以鼓軍事。"本《鼓人》及《韗人》文也。"鼖"从賁省聲。《詩》"賁鼓維鏞","賁"即"鼖"也。《釋詁》:"墳,大也。""墳、鼖"音義同。

應者,以應和爲義也。釋文引李巡云:"小者音聲相承,故曰應。"應,承也,孫炎云:"和應大鼓也。"《釋名》云:"在後曰應,應大鼓也。"郭引《詩》"應棘縣鼓",毛傳:"應,小鞞也。"鄭箋:"棘,小鼓,在大鼓旁。應,鞞之屬也。"

大磬謂之馨。馨形似犂錧,以玉石爲之。

磬者,《説文》云:"樂石也。从石、殸,象縣虡之形。殳,擊之也。古者毋句氏作磬。"《釋名》云:"磬,罄也,其聲罄罄然堅緻也。"《白虎通》云:"磬者,夷則之器,象萬物之成也,其氣清,故曰磬。"《樂記》云:"石聲磬。"皆以"磬"爲"罄"。"罄"有堅成之義也。《説文》"磬"古文作"硜"。《論語》"鄙哉,硜硜乎",疑即"硜硜"之或體耳。郭知"磬,玉石爲之"者,《詩·那》箋云:"磬,玉磬也。"《通典》云:"泗濱石可爲磬,近代出自華原。"

大磬者,《玉海》載《三禮圖》舊圖引《樂經》云:"黄鍾磬,前長三律,二尺七寸,後長二律,一尺八寸。"此謂特縣大磬,配鎛、鐘者也。《爾雅》"大磬"蓋即此。

謂之馨者,釋文引李巡云:"大磬聲清燥也,故曰馨。馨,燥也。"孫炎云:"馨,喬也。喬,高也,謂其聲高也。"按:孫讀"馨"爲"喬",釋文"虚嬌反,非音喬",是也。"喬、磬"一聲之轉。郭云"形似犂錧"者,釋文:"江南人呼犂刃爲錧。"

《説文》"瑁"字解云:"似犂冠。"《繫傳》云:"犂冠即犂鑱也。"《廣韻》:"鑱,吴人云犂鐵。"按:今登萊人謂犂鐵爲"鑱頭",形不似磬。磬之形,則《磬氏》云"倨句一矩有半"是也。

大笙謂之巢,列管匏中,施簧管端。大者十九簧。**小者謂之和。**十三簧者。《鄉射記》曰:"三笙一和而成聲。"

笙者,《説文》云:"十三簧,象鳳之身也。笙,正月之音,物生,故謂之笙。大者謂之巢,小者謂之和。古者隨作笙。"又"簧"云:"笙中簧也,古者女媧作簧。"《釋名》云:"笙,生也,竹之貫匏,象物貫地而生也。以匏爲之,故曰匏也。"按:匏即笙,或單言"簧",亦即笙。故《詩》"左執簧",毛傳以"簧"爲"笙",正義曰:"簧者,笙管之中金薄鐷也。"郭云"十九簧"者,未見所出。云"十三簧"者,本《笙師》注鄭衆説也。《風俗通》云:"長四尺,十三簧,象鳳之身。"《孟子》疏引《禮圖》云:"笙長四尺,諸管參差,亦如鳥翼。"皆其形狀也。

謂之"巢"與"和"者,《御覽》五百八十一引舍人云:"大笙音聲衆而高也,小者音相和也。"釋文引孫炎云:"巢,高也,言其聲高;和,應和於笙。"李巡云:"小者聲少,音出和也。"郭引《鄉射記》文,鄭注"三人吹笙,一人吹和",是也。釋文:"巢,孫、顧並仕交、莊交二反,孫又徂交反。"今按:巢,讀若"繅",與"笙"雙聲。和,與小鼓名"應"義同。

大篪謂之沂。篪,以竹爲之,長尺四寸,圍三寸。一孔上出,一寸三分,名翹,横吹之。小者尺二寸。《廣雅》云:"八孔。"

篪者,《説文》作"龥",云:"管樂也。或从竹作篪。"《釋名》云:"篪,啼也,聲從孔出,如嬰兒啼聲也。"大篪者,郭據《廣雅》"長尺四寸",又云"尺二寸"者,《三禮圖》引舊圖云:"雅篪長尺四寸,頌篪長尺二寸。"是大篪即雅篪也,小篪即頌篪也。郭又云"名翹,横吹之"者,《通典》引蔡邕《月令章句》云:"篪,六孔,有距,横吹之。"(《通典》云"今横笛加觜者謂之義觜笛",即篪之遺象也。)《御覽》引《世本》注云:"篪,吹孔有觜,如酸棗。"然則或言"觜",或言"距",或言"翹",皆指吹孔之上出者而言也。至其孔數,《廣雅》云"八孔",《笙師》注云"七孔",《月令章句》作"六孔",《禮圖》作"九孔",《風俗通》又云"十孔"。不同者,或器有大小,亦或所傳之異也。

謂之沂者,《御覽》五百八十引舍人曰:"大篪,其聲悲沂,鏘然也。"釋文引李、孫云:"篪聲悲。沂,悲也。"是諸家並以"悲"訓"沂"。知"沂"讀"魚衣切",與"篪"疊韵,此古音也。釋文"郭魚斤反",非矣。

大塤謂之嘂。塤,燒土爲之,大如鵝子,鋭上,平底,形如稱錘,六孔。小者如雞子。

塤者,《説文》作"壎",云:"樂器也,以土爲之,六孔。"《周禮·小師》注:"塤,燒土爲之,大如鴈卵。"《風俗通》云:"圍五寸半,長三寸半,有四孔,其二通,凡爲六孔。"《御覽》五百八十一引《爾雅》注曰:"塤,壎,鋭上,平底,形象稱錘,大者如鵝子,聲合黄鍾、大吕也。小者如雞子,聲合大簇、夾鍾也。皆六孔,與篪聲相諧,故曰壎篪相應。"(臧庸以此爲舍人注。)《白虎通》云:"壎在十一月。壎之爲言薰也,陽氣於黄泉之下薰蒸而萌。"《釋名》云:"塤,喧也,聲濁喧喧然也。"

謂之嘂者,"嘂、喧"義同。喧,《説文》作"吅",讀若"讙",與"壎"疊韵。"嘂"與"叫"同。釋文:"嘂,本或作叫。"引李巡云:"叫,大壎也。"《詩·何人斯》正義引孫炎曰:"音大如叫呼也。"

大鐘謂之鏞,《書》曰:"笙鏞以間。"亦名鎛,音博。**其中謂之剽,小者謂之棧**。

鐘者,《説文》云:"樂器也("器"字從釋文引。今《説文》作"鐘",誤),秋分之音,物穜成。古者垂作鐘。"《釋名》云:"鐘,空也,内空受氣多,故聲大也。"《白虎通》云:"鐘之爲言動也,陰氣用事,萬物動。"《淮南·本經》篇注:"鐘,音之君也。"

鏞者,《説文》云:"大鐘謂之鏞。"《詩》云:"庸鼓有斁。"《逸周書·世俘》篇云:"王奏庸。""庸"皆"鏞"之省借也。《書·益稷》正義引李巡曰:"大鐘音聲大。鏞,大也。"孫炎曰:"鏞,深大之聲。"

○剽者,釋文:"郭音瓢。孫匹妙反,釋云:'剽者,聲輕疾。'李云:'其中微小,故曰剽。剽,小也。'"按:李巡蓋以"剽"爲"藨","藨"訓"末","末"亦微小之言。

○棧者,"俴"之假音也。《説文》:"俴,淺也。"釋文引李巡云:"棧,淺也。"又引"東晉太興元年會稽剡縣人家井中得一鐘,長三寸,口徑四寸,上有銘"(按:《晉書·郭璞傳》作"鐘長七尺三分,口徑四寸半,上有古文奇書,璞曰棧鐘"云云)。今按:當時以所得鐘爲棧鐘,故釋文援之。其言尺寸,則《晉書》較詳備。然棧鐘亦無考。

大簫謂之言,編二十三管,長尺四寸。**小者謂之筊**。十六管,長尺二寸。簫,亦名籟。

簫者,《説文》云:"參差管樂,象鳳之翼。"《白虎通》云:"簫者,中吕之氣也。萬物生於無聲,見於無形,勠也,肅也。"《釋名》云:"簫,肅也,其聲肅肅然清也。"按:《荀子·解蔽篇》云:"鳳皇秋秋,其聲若簫。"是簫形象鳳翼,音亦象鳳聲矣。《詩·

有瞽》箋:"簫,編小竹管,如今賣餳者所吹也。"《周禮·小師》注同。《廣雅》云:"簫,大者二十四管,小者十六管,有底。"《類聚》引《三禮圖》云:"雅簫長尺四寸,二十四彄;頌簫長尺二寸,十六彄(彄即管也)。"是簫之管數,《廣雅》以《禮圖》爲據。郭不同者,《通典》引《月令章句》云:"簫,編竹,有底,大者二十三管。"是郭所本也。《風俗通》又云:"十管,長二尺。"所未詳也。

謂之"言"與"筊"者,《有瞽》正義引李巡曰:"大簫,聲大者言言也。小者聲揚而小,故言筊。筊,小也。"《急就篇》補注引《周禮》注云:"有底而善應謂之管,有底而交鳴謂之筊。"(釋文:"言,或作管。筊,或作笅。")然則"言"訓"應"也,"筊"訓"交"也,因疑"言"或"譍"字之缺,"筊"亦"笅"字之壞(據釋文"户交反",則當作"笅")。笅、言、譍,俱聲相轉,或音變形譌耳。

大管謂之簥,管長尺,圍寸,併漆之,有底。賈氏以爲如篪,六孔。**其中謂之篞,小者謂之篎。**

管者,《説文》云:"如篪,六孔,十一月之音,物開地牙,故謂之管。"《風俗通》引《樂記》:"管,漆竹,長一尺,六孔。"《周禮·小師》注:"管,如篴而小,併兩而吹之,今大予樂官有焉。"《宋書·樂志》引《月令章句》云:"管者,形長尺,圍寸,有六孔,無底。"《廣雅》亦云"無底",郭注作"有底",誤也。又引賈逵"以爲如篪,六孔",與《小師》鄭衆注同,《説文》所本也。

謂之簥者,《御覽》五百八十引舍人曰:"大管聲高大,故曰簥。簥者,高也。中者聲精密,故曰篞。篞,密也。小者聲音清妙也。"按:舍人讀"篞"如"暱",訓"篎"爲"妙",《説文》"篎"用《爾雅》。

大籥謂之産,籥如笛,三孔而短小。《廣雅》云:"七孔。"**其中**

謂之仲，小者謂之箹。

籥者，“龠”之假借也。《説文》云：“龠，樂之竹管，三孔，以和衆聲也。”通作“籥”。《少儀》注：“籥，如笛，三孔。”《笙師》注同，皆郭所本也。又引《廣雅》云“七孔”，《詩·簡兮》傳“六孔”，不同者，蓋籥施用有異，故孔數不同。其施於吹以和樂者，則三孔，如笛而短；其施於舞所執者，則六孔，當如笛而長。知者，《風俗通》引《樂記》云：“笛，長一尺四寸，七孔。”《簡兮》釋文云：“籥，長三尺，執之以舞。”是舞籥長於笛有半，則知吹籥短於笛，其體當不過一尺也。笛與籥全相似，故《廣雅》云：“龠謂之笛。”又云：“有七孔。”以《簡兮》傳“六孔”推之，則知《廣雅》之“七孔”，亦當指舞籥而言矣。舞籥有孔者，雖施於舞，亦用以吹。故《周禮·序官》“籥師”注云“籥，舞者所吹”，是其義也。然籥既如笛而有三孔、六孔、七孔不同者，《説文》云：“笛，七孔筩也。羌笛三孔。”《笙師》注：“杜子春云：‘篴，今時所吹五空竹篴。’”是笛之孔數亦未有定。然則吹籥短於笛而三孔，舞籥長於笛而六孔，或七孔，始無可疑矣。

産、仲、箹者，《説文》以龠爲籟，仲亦爲籟，故云：“籟，三孔龠也。大者謂之笙（按：笙，當作䇢，字形之誤。釋文正作䇢），其中謂之籟，小者謂之箹。”又云：“箹，小籟也。”《風俗通》引《樂記》與《説文》同，唯“其中謂之仲”句爲異。《御覽》五百八十引舍人云：“仲，其聲適中仲吕也。小者形聲細小曰箹也。”是舍人本作“仲”，與郭同。“籟”又簫之别名，故《廣雅》云：“籟謂之簫。”《淮南·齊俗》篇注：“簫，籟也。”《孟子》注：“籥，簫也。”是簫、籟、籥，古皆通名，故《説文》以籥爲籟矣。

徒鼓瑟謂之步，獨作之。**徒吹謂之和，徒歌謂之謡，**《詩》

云:"我歌且謠。"**徒擊鼓謂之咢**,《詩》曰:"或歌或咢。"**徒鼓鐘謂之修,徒鼓磬謂之寋**。未見義所出。

凡八音備舉曰樂,一音獨作不得樂名,此别其異稱也。鼓者,擊也,動也。《周禮·小師》注:"出聲曰鼓。"徒者,空也,但也,猶"獨"也。徒鼓瑟謂之步者,"步"猶"行"也。《文選·樂府詩》注引《歌録》有《齊瑟行》,"行"即步之意也。

○吹者,釋文云:"本或作歈。"《説文》作"籥"。《釋名》云:"竹曰吹。吹,推也,以氣推發其聲也。"按:吹有吹管、吹壎,要以竹爲主。《樂記》云:"竹聲濫,濫以立會。"謂之和者,吹竹其聲繁會,取相應和爲義也。

○歌者,《説文》云:"詠也。"《釋名》云:"人聲曰歌。"按:歌有弦歌、笙歌,要以人聲爲主。謠者,《説文》作"䍃",云:"徒歌。从言肉。""肉"即人聲。石經作"謡"。《詩·園有桃》傳:"曲合樂曰歌,徒歌曰謡。"《初學記》引《韓詩章句》:"有章曲曰歌,無章曲曰謡。"又引《爾雅》注云:"謂無絲竹之類,獨歌之。"《詩》正義引孫炎曰:"聲消摇也。"然則"謡"有消摇之義。《檀弓》云:"孔子消摇於門而歌。"此"歌"即徒歌矣。

○咢者,《説文》作"㖾",云:"譁訟也。"《詩·行葦》正義引孫炎曰:"聲驚咢也。""驚咢"即譁訟之意。《樂記》云:"鼓鼙之聲讙。""讙"即"譁"也。鼓聲使人警動,故謂之"咢"。《行葦》傳云:"歌者,比於琴瑟也。徒擊鼓曰咢。"《初學記》引《爾雅》有"聲比於琴瑟曰歌"一句。以毛傳推之,今本似有脱文。

○修者,長也,大也。《樂記》云:"鐘聲鏗。"鏗者,聲宏大而遠聞,故謂之"修"矣。

○寋者,釋文引李巡云:"置擊梟聲寋連也。本或作謇。或作蹇，非。"按：《初學記》引《爾雅》正作"徒擊磬謂之蹇"，即釋文所非者。但"謇、謇"俱或體，"蹇"爲正字①。《易》云"往蹇來連"，馬融注："連（力善反），亦難也。"是"蹇、連"義同。李巡與馬融合。因知李本"謇"蓋作"蹇"，陸德明不知作"蹇"乃古本，反據今本作"謇"而非之，謬矣。《樂記》云："石聲磬。""磬"與"經"古音近而義同，《論語》"經於溝瀆"，即《禮記》"磬於甸人"之義。"磬、經、蹇"俱聲相轉。

所以鼓柷謂之止，柷如漆桶，方二尺四寸，深一尺八寸，中有椎，柄連底，挏之令左右擊。止者，其椎名。**所以鼓敔謂之籈。**敔如伏虎，背上有二十七鉏鋙，刻以木，長尺，櫟之。籈者，其名。

《説文》云："柷，樂木空也（空，當作"椌"）。所以止音爲節。""椌，柷樂也。""敔，樂器，椌楬也，形如木虎。"《詩・有瞽》傳："柷，木椌也。圉，楬也。""圉"與"敔"同。《明堂位》注："揩擊謂柷敔，皆所以節樂者也。"《書》"合止柷敔"，鄭注："柷，狀如漆筩，中有椎，合之者投椎於其中而撞之。敔，狀如伏虎，背上刻之，所以鼓之以止樂。"《風俗通》引《樂記》云："柷，漆桶，方畫木，方三尺五寸，高尺五寸，中有椎，上用（疑"用"當作"通"）柷，止音爲節。"《廣雅》説尺寸與《樂記》同。郭云"二尺四寸"，未知出何書也。《書・益稷》正義云："擊柷之椎名爲止，戛敔之木名爲籈。"漢禮器制度及《白虎通》、馬融、鄭玄、李巡，其説皆爲然也，惟郭璞爲詳。據此則郭注亦本李巡，但其義加詳耳。《白虎通》云："柷敔者，終始之聲，萬物之所生也。柷，始也。

① 蹇爲正字　蹇，此本誤"謇"，咸豐六年刻本同。據經解本改。

敔,終也。"《釋名》云:"柷以作樂,敔以止樂。"按:"柷"之言"俶",俶,始也。"敔"之言"禦",禦,止也。《説文》"柷,所以止音爲節",蓋釋《爾雅》"鼓柷謂止"之義,非"止樂"之"止"也。舊説止者,欲戒止於其早也;籈者,欲修潔於其後也。

大鼗謂之麻,小者謂之料。麻者音槩而長也,料者聲清而不亂。

鼗者,《説文》作"鞀",云:"鞀,遼也。或作鞉,又作鼗,籒文作磬。"《釋名》云:"鞉,導也,所以導樂作也。"《周禮·小師》注:"鼗如鼓而小,持其柄摇之,旁耳還自擊。"賈疏云:"後鄭解鼗依漢法而知。"賈知鄭依漢法者,據《詩》"置我鞉鼓"鄭箋:"置讀曰植。植鞉鼓者爲楹貫而樹之。"以彼貫而樹者爲古法,即知持而摇者爲漢法矣。

謂之麻者,"麻"之言"靡",緻密之意。故《春秋説題辭》云:"麻之爲言微也。陰精寢密,女作纖微也。"郭云槩(居器反)者,即稠密之義。《宋書·樂志》云:"小鼓有柄曰鞀,大鞀謂之鞞。"《月令》"仲夏修鞀鞞",是也。然則《宋志》蓋以鞞即麻矣。

料者,量也,數也。《説文》"料"讀若"遼","鞀"訓"鞀遼"。蓋以其聲了了遠聞①,故郭云:"聲清而不亂。"

和樂謂之節。

和者,《説文》作"龢",云:"調也。"節者,邢疏云:"樂器名,謂相也。《樂記》云'治亂以相'②,鄭注:'相即拊也,亦以節樂。

---

① 了了遠聞 聞,此本誤"閅",咸豐六年刻本同,經解本作"聞"。按文意當是"聞"字,據經解本改。

② 樂記云 記,此本誤"器",咸豐六年刻本同。按:經解本、《十三經注疏》本作"記","治亂以相"是《樂記》裏的話,據改。

拊者以韋爲表，裝之以糠。糠，一名相，因以名焉。'"《周禮·大師》云"令奏擊拊"，《書·益稷》謂之"搏拊"，《明堂位》謂之"拊搏"，皆一物也。《釋名》云："搏拊，以韋盛糠，形如鼓，以手拍拊之也。"《樂記》云："會守拊鼓。"是拊乃鼓屬，用以節樂，因名"節鼓"。《通典》云："節鼓狀如博局，中開圓孔，適容其鼓，擊以節樂。"所説形狀與劉熙及鄭又異。《宋書·樂志》"節"在鼓類，則仍同舊説。又云："節不知誰所造。傅玄《節賦》云：'黄鐘唱哥，《九韶》興舞。口非節不詠，手非節不拊。'此則節所從來亦遠矣。"

爾雅郭注義疏中之四

釋天弟八

天者,《説文》云:“顛也,至高無上。从一大。”《釋名》云:“天,豫司兗冀以舌腹言之,天,顯也,在上高顯也;青徐以舌頭言之,天,坦也,坦然高而遠也。”釋文引《春秋説題辭》云:“天之言鎮也,居高理下,爲人經緯,故其字一大以鎮之也。”又引《禮統》云:“天之爲言鎮也,神也,陳也,珍也,施生爲本,運轉精神,功效列陳,其道可珍重也。”此篇所釋四時、祥、災、歲陽、歲名、月陽、月名、風雨、星名,皆天所運轉列陳而爲敬授庶徵之本,故以次詮釋。其祭名以下,蓋附見焉。翟氏灝《爾雅補郭》云:“祭名與講武、旌旗三章,俱非天類,謂當更有《釋禮》篇與《釋樂》篇相隨,此其殘文。”孫氏志祖《脞録》非之,今無取焉。

穹蒼,蒼天也。天形穹隆,其色蒼蒼,因名云。**春爲蒼天,**萬物蒼蒼然生。**夏爲昊天,**言氣皓旰。**秋爲旻天,**旻猶愍也,愍萬物彫落。**冬爲上天。**言時無事,在上臨下而已。

穹蒼者,《詩·桑柔》傳用《爾雅》,以《詩》言“穹蒼”,故以“蒼天”釋之。正義引李巡曰:“古時人質,仰視天形穹隆而高,其色蒼蒼然,故曰穹蒼。”郭義與李同。

○春、夏、秋、冬天異名者，《釋名》云："春曰蒼天，陽氣始發，色蒼蒼也。夏曰昊天，其氣布散灝灝也。秋曰旻天，旻，閔也，物就枯落，可閔傷也。冬曰上天，其氣上騰，與地絶也。"《詩·黍離》傳："元氣廣大則稱昊天，仁覆閔下則稱旻天，自上降鑒則稱上天，據遠視之蒼蒼然則稱蒼天。"正義引李巡曰："春萬物始生，其色蒼蒼，故曰蒼天。夏萬物盛壯，其氣昊大，故曰昊天。秋萬物成熟，皆有文章，故曰旻天。冬陰氣在上，萬物伏藏，故曰上天。"《御覽》廿四引孫炎云："冬天藏物，物伏於下，天清於上。"其義與李巡同。《白虎通·四時》篇既言"春曰蒼天，夏曰昊天"云云，又引《爾雅》一説，與此不同。《黍離》正義引《異義·天號》：今《尚書》歐陽説："春曰昊天，夏曰蒼天。《爾雅》亦云。"《書·堯典》正義引鄭讀《爾雅》云："春爲昊天，夏爲蒼天。"《説文》云："春爲昦天，元氣昦昦以日夰。"《廣雅》亦云："東方昦天。"皆本《尚書》歐陽説也。然則許、鄭及張揖所據《爾雅》"春昊""夏蒼"，郭與李巡作"春蒼""夏昊"，可知《爾雅》古有二本，即《白虎通》所言是也。然此皆循文訓義，未爲觀其會通。若通而論之，則堯命羲和而云"欽若昊天"，非必夏也；魯誄孔子而曰"閔天不弔"，非必秋也；上言"彼黍離離"，下言"悠悠蒼天"，其非春可知矣；方言"有菀者柳"，即云"上天甚神"（見《戰國·楚策》），其非冬亦明矣。《爾雅》略釋其義，讀者勿泥其詞可也。

四時題上事也。《白虎通》云："時者，期也，陰陽消息之期也。四時天異名何？天尊，各據其盛者爲名也。春秋物變盛，冬夏氣變盛。"《釋名》云："四時，四方各一時。時，期也，物之生死各應節期而止也。"按：《御覽》十七引

《釋名》作“《爾雅》又曰‘時，空也，司空主地，各主一方物之生死’”。據此所引，蓋《爾雅》舊注也。又據《白虎通》“四時天異名”云云，則知“四時”二字本《爾雅》舊題，“祥災”以下，義亦同焉。

春爲青陽，氣清而温陽。**夏爲朱明，**氣赤而光明。**秋爲白藏，**氣白而收藏。**冬爲玄英。**氣黑而清英。**四氣和謂之玉燭。**道光照。

《説文》云：“青，東方色也。”“陽，高明也。”《釋名》云：“陽，揚也，氣在外發揚也。”

朱明者，《御覽》廿一引孫炎云：“夏氣赤而光明。”郭與孫同。即此一條可知郭注俱本孫炎也。

四氣和者，《史記·樂書》索隱引孫炎云：“四氣之和，四時之化。”

玉燭者，釋文引李巡云：“人君德美如玉而明若燭。”邢疏引《尸子·仁意》篇述太平之事云：“燭於玉燭，四時和、正光照，此之謂玉燭。”

春爲發生，夏爲長嬴，秋爲收成，冬爲安寧。此亦四時之別號。《尸子》皆以爲太平祥風。**四時和爲通正，**道平暢也。**謂之景風。**所以致景風。

發生、長嬴者，釋文引李巡云：“萬物各發生長也。嬴，本或作贏。”

四時和爲通正者，《類聚》一及《文選·新刻漏銘》注並引《爾雅》作“四氣和爲通正”，《尸子》《論衡》亦云然也。

景風者，《法苑珠林》引李巡曰：“景風，太平之風也。”《尸子》作“永風”，《仁意》篇云：“其風春爲發生，夏爲長嬴，秋爲方盛,冬爲安静。四氣和爲通正,此之謂永風。"(按:《御覽》十九引《尸子》與此小異。)《論衡》作"景星",《是應篇》云:"《爾雅》釋四時章曰:'春爲發生,夏爲長嬴,秋爲收成,冬爲安寧。四氣和爲景星。'夫如《爾雅》之言,景星乃四時氣和之名也,恐非著天之大星。"然則《論衡》所據《爾雅》本作"謂之景星",而以爲非大星。推此則知"景風"之義亦當如《論衡》所説。

甘雨時降,萬物以嘉,莫不善之。**謂之醴泉。**所以出醴泉。

甘雨時降者,《類聚》二引《尸子》曰:"神農氏治天下,欲雨則雨。五日爲行雨,旬爲穀雨,旬五日爲時雨。正四時之制,萬物咸利,故謂之神。"《吕覽》"季春""孟夏"二紀並云"甘雨至三旬",與《尸子》義合。是蓋自古以來相傳甘雨時降之期會也。邢疏引《尸子·仁意》篇云:"甘雨時降,萬物以嘉,高者不少,下者不多,此之謂醴泉。"《君治》篇云:"舜南面而治天下,天下太平,燭於玉燭,息於永風,食於膏火,飲於醴泉。"是又本《爾雅》而推廣其義也。《論衡·是應篇》云:"《爾雅》言'甘露時降,萬物以嘉,謂之醴泉'。醴泉乃謂甘露也。今儒者説之,謂泉從地中出,其味甘若醴,故曰醴泉。又言甘露其味甚甜,未可然也。雨濟而陰一者謂之甘雨,非謂雨水之味甘也。推此以論,甘露必謂其降下時適潤養萬物,未必露味甘也。"王充此論,足解陋儒之惑。今按:《爾雅》此章題之曰"祥",祥者,善也。夫天地順而四時當,民有德而五穀昌,此之謂大當,祥莫祥於是矣。自世儒喜談緯候,侈言符命,封禪名書,符瑞箸志,《爾雅》此篇將以杜絶謬妄。玉燭、景風、甘雨、醴泉,雖依其名而無取其實,蓋以四時光照即爲"玉燭",四氣和正即爲"景風",甘澍應期即爲"醴泉",所以破讖緯之陋説,標禎祥之本名,將欲人君敬天勤民,以致陰陽和而年穀豐也。郭氏未達斯恉,其注“景風”“醴泉”,猶以致出爲言,頗復近惑緯書,遠乖雅訓,宜據《尸子》、王充之論,訂正其失焉。

祥

穀不熟爲饑,五穀不成。**蔬不熟爲饉,**凡草菜可食者,通名爲蔬。**果不熟爲荒。**果,木子。**仍饑爲荐。**連歲不熟。《左傳》曰:“今又荐饑。”

穀者,《説文》云:“續也,百穀之總名。”饑者,《説文》及《詩》傳用《爾雅》。《雨無正》正義引李巡曰:“五穀不熟曰饑。”《穀梁襄廿四年傳》云:“一穀不升謂之嗛,二穀不升謂之饑,三穀不升謂之饉,四穀不升謂之荒,五穀不升謂之大饑,又謂之大侵。”按:此但據穀言,荒、饉亦在其内,實則五者皆謂“饑”也。又,五穀亦無定名。《周禮·疾醫》注:“五穀,麻、黍、稷、麥、豆。”據《月令》爲説也。《職方》注:“五種,稻、黍、稷、麥、菽。”《素問·金匱真言篇》説五穀與《職方》注同。經典多從之。

○蔬者,經典多作“疏”。《大宰》注云:“疏材,草木根實可食者。”引《爾雅》亦作“疏”。《魯語》云“能殖百穀、百蔬”,韋昭注:“草實曰蔬。”按:草、菜通名,故李巡曰:“可食之菜皆不熟爲饉。”《説文》及毛傳用《爾雅》。依《穀梁》説“三穀不升爲饉”,是“穀、蔬”通名。故《曲禮》云“稻曰嘉蔬”,鄭注:“稻,菰蔬之屬也。”

○果者,《説文》云:“木實也。”“在木曰果,在地曰蓏。”按:蓏,草菜之屬,即蔬之類,與果異也。

荒者,《説文》作“糠”,云:“虚無食也。”《謚法》云:“凶年無穀曰糠。”又云:“糠,虚也。”是“糠、荒”義同。《穀梁》“四穀不升爲荒”,與《謚法》並據穀言者。穀與果、蔬實相表裏,凡穀不熟之年,果、蔬亦多不蕃也。又《周易》言“百果”,《魯語》言“百蔬”,與《詩》《書》言“百穀”,皆舉大數而言,實亦通名。故《初學記》廿七引楊泉《物理論》云:“粱、稻、菽三穀各二十種,爲六十。蔬、果之實助穀各二十,凡爲百穀。”是則“穀”爲大名,蔬、果亦穀之類,故不熟同謂之“災”。

○仍者,《釋詁》云:“因也。”荐者,《釋言》云:“再也。”《左氏・僖十三年》正義引李巡云:“連歲不熟曰荐。”《爾雅》釋文:“荐,李本作薦。”是“薦、荐”通。《詩》“饑饉薦臻”,傳:“薦,重也。”又按:《爾雅》此篇題之曰“災”,《易》鄭注“害物曰災”,《春秋》書“火爲災”,《爾雅》以饑爲災。《左傳》“晉荐饑”下云“天災流行”,是亦以饑爲災,與《爾雅》合。

災

太歲在甲曰閼逢,在乙曰旃蒙,在丙曰柔兆,在丁曰强圉,在戊曰箸雍,在己曰屠維,在庚曰上章,在辛曰重光,在壬曰玄黓,在癸曰昭陽。

甲者,《説文》云:“位東方之孟,陽氣萌動,从木戴孚甲之象。”《釋名》云:“甲,孚也,萬物解孚甲而生也。”

閼逢者,《一切經音義》十七引李巡曰:“言萬物鋒芒欲出,擁遏未通,故曰閼逢。”《淮南・天文》篇云:“寅在甲曰閼逢。”高誘注與李巡同。《史記・曆書》作“焉逢”。

○乙者,《説文》云:“象春艸木冤曲而出,陰氣尚彊,其出乙乙也。”《釋名》云:“乙,軋也,自抽軋而出也。”

旃蒙者,《天文》篇云“卯在乙曰旃蒙”,高注:“言萬物遏蒙甲而出,故曰旃蒙也。”《曆書》作“端蒙”。

○丙者,《説文》云:“位南方,萬物成炳然。”《釋名》云:“丙,炳也,物生炳然皆著見也。”

柔兆者,《一切經音義》引李巡曰:“言萬物皆垂枝布葉,故曰柔兆也。”孫炎曰:“萬物柔婉有條兆也。”《天文》篇云:“辰在丙曰柔兆。”高注與李巡同。《曆書》作“游兆”。徐廣曰:“一作游桃。”

○丁者,《説文》云:“夏時萬物皆丁實。”《釋名》云:“丁,壯也,物體皆丁壯也。”

强圉者,李巡曰:“言萬物皆剛盛未通,故曰强圉。”孫炎曰:“萬物皮孚堅者也。”《天文》篇云“巳在丁曰强圉”,高注:“言萬物剛盛。”今按:四月陽氣已盛,故曰“剛盛”。李云“未通”,非也。高注得之。《曆書》作“彊梧”。

○戊者,《説文》云:“中宫也。”《釋名》云:“戊,茂也,物皆茂盛也。”《天文》篇云“午在戊曰箸雝”,高注:“言位在中央,萬物繁養四方,故曰箸雝也。”釋文:“箸,孫直略反。又,陟慮反。廱,字又作雍。箸廱,本或作祝黎。”按:《曆書》“戊作徒維,己作祝犂”,與《爾雅》異,釋文蓋本此而誤。

○己者,《説文》云:“中宫也。象萬物辟藏詘形也。”《釋名》云:“己,紀也,皆有定形可紀識也。”

屠維者,《天文》篇云“未在己曰屠維”,高注:“言萬物各成其性,故曰屠維。屠,别。維,離也。”《曆書》作“祝犂”。

○庚者,《説文》云:“位西方,象秋時萬物庚庚有實也。”《釋名》云:“庚,更也,庚堅强貌也。”

上章者,《天文》篇云“申在庚曰上章”,高注:“言陰氣上升,萬物畢生,故曰上章也。”《曆書》作“商横”。

○辛者,《説文》云:“秋時萬物成而孰,金剛,味辛,辛痛即泣出。”《釋名》云:“辛,新也,物初新者皆收成也。”

重光者,《天文》篇云“酉在辛曰重光”,高注:“言萬物就成熟,其光煌煌,故曰重光也。”《曆書》作“昭陽”。

○壬者,《説文》云:“位北方也。象人裹妊之形。”《釋名》云:“壬,妊也,陰陽交,物懷妊也。至子而萌也。”

玄黓者,《天文》篇云“戌在壬曰玄黓”,高注:“言歲終包任萬物,故曰玄黓也。”按:“玄黓”言物終而幽翳也。《曆書》作“横艾”。

○癸者,《説文》云:“冬時水土平可揆度也。”《釋名》云:“癸,揆也,揆度而生,乃出土也。”

昭陽者,《天文》篇云“亥在癸曰昭陽”,高注:“言陽氣始萌,萬物含生,故曰昭陽。”《曆書》作“尚章”。

歲陽

太歲在寅曰攝提格,在卯曰單閼,在辰曰執徐,在巳曰大荒落,在午曰敦牂,在未曰協洽,在申曰涒灘,在酉曰作噩,在戌曰閹茂,在亥曰大淵獻,在子曰困敦,在丑曰赤奮若。

寅者,《説文》云:“髕也。正月陽气動,去黄泉,欲上出,陰尚彊,象宀不達,髕寅于下也。”《釋名》云:“寅,演也,演生物也。”

攝提格者,《史記·天官書》索隱引李巡云:“言萬物承陽起,故曰攝提格。格,起也。”《開元占經》廿三引孫炎云:“陽攝持攜萬物,使之至上。”按:攝提,星名,屬東方亢宿,分指四時,從寅起也。故鄭注《是類謀》云:“攝提、招紀、天元,甲寅之歲。”

又《離騷》云“攝提貞于孟陬”，不言“格”者，省文。

○卯者，《説文》云：“冒也。二月萬物冒地而出。”《史記·律書》云：“卯之爲言茂也，言萬物茂也。”

單閼者，《天官書》索隱引李巡云：“陽氣推萬物而起，故曰單閼。單，盡也。閼，止也（按《爾雅》釋文引“止”作“上”，誤）。”《屈原賈生傳》索隱引孫炎本作“蟬焉”，“蟬”猶“伸”也。《占經》引孫炎作“殫猶伸也，閼壅之物于此盡伸也”。

○辰者，《説文》云：“震也。三月陽气動，雷電振，民農時也。”《釋名》云：“辰，伸也，物皆伸舒而出也。”

執徐者，釋文引李巡云：“執，蟄也。徐，舒也，言蟄物皆敷舒而出，故曰執徐也。”《占經》引孫炎云：“句者必達，蟄伏之物盡敷舒也。”《淮南·天文》篇注同李巡。

○巳者，《説文》云：“已也。四月陽气已出，陰气已藏，萬物見，成文章。”《釋名》云：“巳，已也，陽气畢布已也。”

大荒落者，《占經》引李巡云：“言萬物皆熾茂而大出，霍然落落，故曰荒落。”孫炎云：“物長大荒蕪落莫也。”《曆書》作“大芒落”，《天官書》作“大荒駱”。《堂邑令費鳳碑》云：“歲格于大亢。”不言“落”者，省文。

○午者，《説文》云：“啎也。五月陰气午逆陽，冒地而出。”《律書》云：“午者，陰陽交，故曰午。”

敦牂者，《占經》引李巡云：“言萬物皆茂壯，猗那其枝，故曰敦牂。敦，茂也。牂，壯也。”《史記》索隱引孫炎云：“敦，盛也。牂，壯也。言萬物盛壯也。”《天文》篇注同李、孫。

○未者，《説文》云：“味也，六月滋味也。”《釋名》云：“未，昧也，日中則昃，向幽昧也。”

協洽者,《占經》引李巡云:"言陰陽化生,萬物和合,故曰協洽。協,和也。洽,合也。"孫炎云:"物生和洽,含英秀也。"

○申者,《説文》云:"神也。七月陰气成,體自申束。"《釋名》云:"申,身也。物皆成其身體,各申束之使備成也。"

涒者,《説文》云:"食已而復吐之。"引《爾雅》曰:"太歲在申曰涒灘。"《一切經音義》十七引李巡曰:"言萬物皆循修其精氣,故曰涒灘。灘,單盡也。"孫炎曰:"涒灘,萬物吐秀傾垂之貌也。"《天文》篇注:"涒,大。灘,修也。言萬物皆修其精氣也。"《吕覽·序意》篇注義同。又云:"涒灘,誇人短舌不能言爲涒灘也。"按:"涒、灘"雙聲兼疊韵,諸家各以意説。釋文:"灘,本或作攤。"漢《孔廟禮器碑》作"涒歎"。

○酉者,《説文》云:"就也。"《釋名》云:"秀也。秀者,物皆成也。"

作噩者,釋文云:"噩,本或作咢。"《史記》索隱引李巡云:"作鄂,皆物芒枝起之貌。"《占經》引李巡云:"在酉言萬物墜落,故曰作鄂。作,索也。鄂,茂也(按:"茂"當作"落"。《天文》篇注:"作鄂,零落也,萬物皆陊落。"義本李巡可證)。"孫炎云:"作鄂者,物落而枝起之貌。"然則李、孫並以"作"爲"起","鄂"爲"落"。《漢書·天文志》"鄂"作"詻"。

○戌者,《説文》云:"滅也。九月陽气微,萬物畢成,陽下入地也。"《釋名》云:"戌,恤也,物當收斂,矜恤之也。亦言脱也,落也。"

閹茂者,《占經》引李巡云:"言萬物皆蔽冒,故曰閹茂。閹,蔽也。茂,冒也。"(按:《天文》篇注同。高誘多本李巡。《史記》索隱引作"孫炎",蓋誤。)孫炎云:"霜閹茂物,使俱落也。"

是李、孫並以"閹"爲"掩"。《漢書》及《淮南》俱作"掩"。

○亥者,《説文》云:"荄也。十月微陽起,接盛陰。"《釋名》云:"亥,核也,收藏百物,核取其好惡真僞也。亦言物成皆堅核也。"

大淵獻者,《占經》引李巡云:"言萬物落於亥,大小深藏,屈近陽,故曰淵獻。淵,藏也。獻,近也(按:"近"當作"迎"。《天文》篇注作"迎"可證)。"孫炎云:"淵,深也。大獻萬物于深,謂蓋藏之于外也。"

○子者,《説文》云:"十一月陽氣動,萬物滋。"《釋名》云:"子,孳也,陽氣始萌,孳生於下也。"

困敦者,《占經》引李巡云:"在子言陽氣皆混,萬物芽孽,故曰困敦。"《史記》索隱引孫炎云:"困敦,混沌也,言萬物初萌,混沌於黄泉之下也。"按:"敦"音"頓",亦通作"頓"。《説文·敘》云:"困頓之年。"

○丑者,《説文》云:"紐也。十二月萬物動,用事。"《釋名》云:"丑,紐也,寒氣自屈紐也。"

赤奮若者,《曆書》正義引李巡云:"陽氣奮迅萬物而起,無不若其性,故曰赤奮若。赤,陽色。奮,迅也。若,順也。"(按:"陽色"上舊脱"赤"字,今據《天文》篇注補。)《占經》引孫炎云:"物萌色赤奮動,順其心,而氣始芽也。"赤奮若,《曆書》作"汭漢"。

歲陰今本無此二字,然十干既題歲陽,則十二支當題歲陰。故《淮南·天文》篇云"太陰在寅,歲名曰攝提格;太陰在卯,歲名曰單閼"云云,俱本《爾雅》爲説。《史記·曆書》索隱引《爾雅·釋天》云:"歲陽者,甲、乙、丙、丁、戊、己、庚、辛、壬、癸十干是也。歲陰者，子、丑、寅、卯、辰、巳、午、未、申、酉、戌、亥十二支是也。歲陽在甲云焉逢，謂歲干也。歲陰在寅云攝提格，謂歲支也。”據索隱所引，是古本有“歲陰”二字之證，今依臧氏《爾雅漢注》補。

載，歲也。夏曰歲，取歲星行一次。**商曰祀，**取四時一終。**周曰年，**取禾一熟。**唐虞曰載。**取物終更始。

此釋年歲之名。所以代必異名者，《書·堯典》正義引李巡云：“各自紀事，示不相襲也。”

“載，歲也”者，《左氏·昭七年》正義引李巡曰：“載，一歲莫不覆載也。”孫炎曰：“四時一終曰歲，取歲星行一次也。”《説文》云：“歲，木星也。越歷二十八宿，宣徧陰陽，十二月一次。”然則“夏曰歲”者，主于占星紀事，《夏小正》云“初歲祭耒”，是也。

○祀者，《説文》云：“祭無已也。”《書》正義引孫炎曰：“祀，取四時祭祀一訖也。”然則“商曰祀”者，商人尚鬼，以祀爲重。《書·洪範》“惟十有三祀”，蓋爲箕子作也。

○年者，《説文》云：“穀孰也。”《書》正義引孫炎曰：“年，取年穀一熟也。”然則“周曰年”者，周以稼穡興，年穀爲重，《春秋》書“大有年”，是也。

○載者，《釋名》云：“載生物也。”《白虎通》云：“載之言成也。載成萬物，終始言之也。”邢疏引孫炎曰：“載，始也，取物終更始。”郭注俱本孫炎。“唐虞曰載”者，以更始爲義。《書》云“九載，績用弗成”“三載考績”，是也。

按：《尚書》大傳引《書》曰“三歲考績”，是唐虞亦曰“歲”；《禹貢》云“作十有三載”，是夏亦曰“載”；《洪範五行傳》云“維王后元祀”,鄭注“王謂禹也”,是夏亦曰“祀”;《大傳》又引《書》曰“高宗梁闇,三年不言”,是商亦曰“年”;《詩·殷武》云“歲事來辟”,是商亦曰“歲”;《周禮·硩蔟氏》云“十有二歲之號”,《大史》云“正歲年以序事”,是周亦曰“歲”也。然則此類蓋亦通名矣。

歲名

月在甲曰畢,在乙曰橘,在丙曰修,在丁曰圉,在戊曰厲,在己曰則,在庚曰窒,在辛曰塞,在壬曰終,在癸曰極。

“月陽”猶“歲陽”也。《史記·曆書》云“月名畢聚”,索隱曰:“聚,音陬。”是則正月得甲爲“畢陬”也。又云:“虞喜云:‘月雄在畢,雌在訾,訾則陬訾之宿。’”今按:月雄、月雌,即月陽、月陰也。畢陬乃以月陽配月陰,十二月皆然也。橘,本或作“繘”。《廣韵》云:“繘,月在乙也。”然則“畢、橘”者,畢星象匕,“橘”之言“矞”,以錐穿物之名。月在甲、乙,盛德在木,象萌芽穿地而出也。

修、圉者,猶柔兆、强圉也。月在丙、丁,盛德在火,象長大剛彊而壯也。

厲、則者,“厲”讀爲“烈”,“則”訓爲“法”。月在戊、己,盛德在土,生養萬物有功烈、法則也。

窒、塞者,其義皆爲實也。月在庚、辛,盛德在金,物成皆堅實壬也。

終、極者,其義皆爲盡也。月在癸,盛德在水,物生皆究盡也。

月陽

正月爲陬,《離騷》云:“攝提貞於孟陬。”**二月爲如,三月爲**

寎,四月爲余,五月爲皋,六月爲且,七月爲相,八月爲壯,九月爲玄,《國語》云"至于玄月",是也。十月爲陽,純陰用事,嫌于無陽,故以名云。十一月爲辜,十二月爲涂。皆月之别名。自歲陽至此,其事義皆所未詳通,故闕而不論。

正月者,《白虎通》云:"日尊於月。不言正日,言正月,何也?積日成月,物隨月而變,故據物爲正也。"

陬者,虞喜以爲"陬訾",是也。按:陬訾,星名,即營室東壁。正月日在營室,日月會於陬訾,故以"孟陬"爲名。《説文·敘》云:"孟陬之月。"《漢書·劉向傳》云:"攝提失方,孟陬無紀。"《史記·曆書》:"月名畢聚。""聚"與"陬"同。

○如者,隨從之義,萬物相隨而出,如如然也。

○寎者,釋文:"李陂病反。本或作窉。"《廣韻》引《爾雅》作"三月爲窉",云:"本亦作寎。"是"寎、窉"同。《玉篇》:"窉,穴也。筆永切。"然則窉者,丙也。三月陽氣盛,物皆炳然也。

○余者,釋文:"餘、舒二音,孫作舒。"《詩·小明》正義引李巡曰:"四月萬物皆生枝葉,故曰余。余,舒也。"孫炎曰:"物之枝葉敷舒。"是李、孫義同,孫本作"舒"爲異。"日月其除",鄭箋:"四月爲除。"是鄭讀"除"爲"余"。

○皋者,釋文或作"高",同。今按:"皋、高"音義同。皋者,皋韜在下也(本《釋名·親屬》篇)。高者,上也。五月陰生,欲自下而上,又物皆結實,櫜韜下垂也。

○且者,次且,行不進也。六月陰漸起,欲遂上,畏陽猶次且也。

○相者,導也。三陰勢已成,遂導引而上也。

○壯者，大也。八月陰大盛，《易》之“大壯”，言陽大盛也。

○玄者，懸也（本《釋名》），陰遂在上也。《詩·何草不黄》正義引李巡曰：“九月萬物畢盡，陰氣侵寒（“侵”與“寑”同），其色皆黑。”孫炎曰：“物衰而色玄也。”引《詩》曰：“何草不玄。”（按：《詩》言春，非秋也。正義已駁之。）郭引《越語》云“至於玄月”，韋昭注引《爾雅》謂魯哀十六年九月也。

○陽者，《詩》“歲亦陽止”，毛傳：“陽，歷陽月也。”鄭箋：“十月爲陽。時坤用事，嫌於無陽，故以名此月爲陽。”孫、郭義與鄭同，皆以十月無陽，强名之耳。今按：陰陽消息，迭運不窮，故董仲舒《雨雹對》云：“十月陰雖用事，而陰不孤立。”《詩·采薇》正義引《詩緯》曰“陽生酉仲，陰生戌仲”，“是十月中兼有陰陽”，舊説非也。

○辜者，故也。十一月陽生，欲革故取新也。十月建亥，亥者，根荄也，至建子之月而孳孳然生矣。

○涂者，古本作“荼”。“荼”亦舒也。言陽雖微，氣漸舒也。“舒、荼”古字通用。《周禮·硩蔟氏》注：“月謂從娵至荼。”是《爾雅》“陬、涂”古作“娵、荼”。馬瑞辰曰：《廣韵》“涂”與“除”同音，“除”謂歲將除也。《小明》詩“日月方除”，毛傳：“除，除陳生新也。”蓋指十二月爲除言之。

月名

南風謂之凱風，《詩》曰：“凱風自南。”**東風謂之谷風，**《詩》云：“習習谷風。”**北風謂之涼風，**《詩》云：“北風其涼。”**西風謂之泰風。**《詩》云：“泰風有隧。”

風者，《釋名》云：“風，兖、豫、司、冀横口合脣言之，風，氾也，其氣博氾而動物也。青、徐言風，踧口開脣推氣言之，風，放也，氣放散也。”按：風，古“孚今反”，“氾、放”俱語聲之轉也。

凱風者，《詩》傳用《爾雅》而申之云：“樂夏之長養。”正義引李巡曰：“南風長養，萬物喜樂，故曰凱風。凱，樂也。”按：凱，又“闓”也，其風開明，養育萬物。《説文》以南風爲“景風”，《夏小正》謂爲“俊風”，“俊、景”皆明大之義也。

○谷風者，《詩》傳用《爾雅》而云：“陰陽和而谷風至。”正義引孫炎曰：“谷之言穀。穀，生也。谷風者，生長之風也。”“谷”本通川之名，毛傳以“陰陽和”爲言，是谷風宣通陰陽，“谷”即通也。《説文》以爲“明庶風”，“明”亦通矣。

○涼風者，《説文》云：“北風謂之飆。从涼省聲。”釋文：“涼，本或作古飆字。”《詩・北風》傳：“北風，寒涼之風。”《説文》以爲“廣莫風”，“廣莫”亦荒寒之義也。

○泰風者，“泰”即“大”也。《詩・桑柔》箋“西風謂之大風”，本《爾雅》文。正義引孫炎曰：“西風成物，物豐泰也。”是孫炎亦以“泰”爲大。《説文》以爲“閶闔風”。按：“閶闔”本天門之名，天門在西北，故以西風爲大也。又按：風有八方，《爾雅》止及四方，據《詩》文爲釋也，故郭注亦俱引《詩》。

焚輪謂之穨，暴風從上下。**扶摇謂之猋，**暴風從下上。**風與火爲庉，**庉庉，熾盛之貌。**迴風爲飄。**旋風也。

穨者，《詩・谷風》傳：“穨，風之焚輪者也。風薄相扶而上。”正義引李巡曰：“焚輪，暴風從上來降謂之頹。穨，下也。”孫炎曰：“迴風從上下曰穨。”按：李、孫釋“穨”字甚明。毛傳“相扶而上”似與“穨”義相反，疑必有誤。焚、輪，疊韵字也。釋文：“棼，本或作焚。頹，本或作穨、隤。”

○猋者，《説文》作“飆”，云：“扶摇風也。”《詩》正義引李巡曰:"扶摇,暴風從下升上,故曰猋。猋,上也。"孫炎曰:"迴風從下上曰猋。"按:"迴風"是大名,"頹、猋"是其異號,故《月令》注"回風爲猋",是孫炎所本也。

扶摇者,《莊子·逍遥遊》篇云:"摶扶摇而上者九萬里。"《淮南·原道》篇云"扶摇抮抱羊角而上",高誘注:"扶摇,如羊角曲縈而上也。"《文選·恨賦》及《文賦》注並引《爾雅》作"飆颻",皆俗字也。

○庉者,釋文云:"本或作炖。"《玉篇》:"炖,風與火也。"《方言》云:"炖(託孫反),赫也。"郭注"火盛熾之貌",與此注同。是"庉"當作"炖"也。風與火者,火得風而熾,風因火而烈也。

○迴者,《説文》作"回"。飄者,《詩·匪風》《卷阿》傳俱本《爾雅》。正義引李巡曰:"迴風,旋風也,一曰飄風,别二名。"按:旋風回旋于地,不上不下,異于穨、猋。其行飄飄,故謂之"飄"。其容蛇蛇,故謂之"颵"(音移)。《廣韵》:"颵,小旋風。咸陽有之,小颵于地也。"然則此風咸陽尤多。咸陽,周之舊地,《詩》三言"飄風",其二在周境,《廣韵》之説近有徵矣。

日出而風爲暴,《詩》曰:"終風且暴。"**風而雨土爲霾,**《詩》曰:"終風且霾。"**陰而風爲曀。**《詩》曰:"終風且曀。"

暴者,《説文》作"暴",云:"疾有所趣也。"《詩·終風》傳:"暴,疾也。"

霾、曀者,《説文》及《詩》傳用《爾雅》。《釋名》云:"霾,晦也,言如物塵晦之色也。曀,翳也,言掩翳日光使不明也。"《詩》正義引孫炎曰:"陰雲不興而大風暴起。"又曰:"大風揚塵土從上下也。"又曰:"雲風曀日光。"

天氣下,地不應曰雺。言蒙昧。**地氣發,天不應曰霿。霿謂之晦。**言冥。

雺者,《説文》作"霚",云:"天气下,地不應曰霚。霚,晦也。"

霿者,《説文》作"霧",云:"地气發,天不應。籀文省作雺。"《玉篇》"雺"者,"霧"同,云:"天氣下,地不應也。""霿"與"霚"同,云:"地氣發,天不應也。"與《説文》互異。釋文:"雺,或作霧。霿,亦作霚。"與《玉篇》同。蓋俱傳寫之誤耳。

雺者,《書》云:"蒙,恒風若。"正義引鄭注"蒙"作"雺",云:"雺者,色澤鬱鬱冥冥也。"是"雺"與"蒙"同。《釋名》正作"蒙",云:"蒙,日光不明蒙蒙然也。"

霿者,《釋名》云:"霧,冒也,氣蒙亂覆冒物也。"按:霧,俗字也。務,今音也。古讀"霧"如"慕","慕、蒙"聲轉,故《史記·宋世家》引《洪範》"蒙"作"霧"。《文選·甘泉賦》注引《爾雅》作"天氣下,地不應曰霧"。"霧"與"蒙"同。然則"霧、雺"二字亦音轉字通矣。

霿謂之晦者,《釋言》云:"晦,冥也。"《説文》云:"霧,晦也。"是"霚、霧"字亦通。經典多淆,當以《説文》爲正。

螮蝀謂之雩。螮蝀,虹也。俗名謂美人虹。江東呼雩,音芌。**蜺爲挈貳。**蜺,雌虹也,見《離騷》。挈貳,其别名,見《尸子》。

虹者,《説文》云:"螮蝀也,狀似蟲。"《詩》作"蝃蝀",假借字也。《釋名》以"蝃"爲"啜飲",鑿矣。《古微書》引《春秋元命苞》云:"陰陽交爲虹霓。"是虹乃陰陽雜氣。《淮南·説山》篇云"天二氣則成虹",是也。

謂之雩者，釋文云："雩，今借爲芌。"然則"雩"猶"芌"也。芌，驚吁也。螮蝀映日，倏然成質，光氣駭人，乍見驚吁也。"虹"从工聲，故《釋名》云："虹，攻也。"讀"虹"爲"工"。釋文引《字林》"虹，工弄反"，皆古音也；又引"陳國武古巷反，郭音講，俗亦呼爲青絳也"。按：今登萊人謂虹爲"醬"，"絳"亦爲"醬"，皆方音之轉耳。《釋名》："虹，又曰美人。"此郭注所本。

〇蜺者，"霓"之假借。《説文》："霓，屈虹，青赤也。一曰白色，陰气也。"（此從《釋文》所引。）按："白色"二句，蓋别一義，非謂霓也（"白蜺"見《楚辭·天問》篇）。虹、霓，散文俱通。故邢疏引郭氏《音義》云："虹雙出，色鮮盛者爲雄，雄曰虹。闇者爲雌，雌曰霓。"《楚辭·悲回風》篇云："處雌蜺之標顛。"《遠遊》篇云："雌蜺嫂嬛以曾橈。"皆郭義所本也。"霓"有"齧"音，故釋文引"如淳五結反"（《漢書·天文志》注）。《文選·西都賦》注引《尸子》曰："虹霓爲析翳。"郭作"挈貳"。

弇日爲蔽雲。即暈氣五彩覆日也。

弇者，《説文》云："蓋也。""雲，山川气也。"弇日爲蔽雲者，《説文》"霒"字解云："雲覆日也。"《淮南·説林》篇云："日月欲明而浮雲蓋之。"皆即此意。郭云"即暈也"者，《釋名》云："暈，捲也，氣在外捲結之也。日月俱然。"然則暈但映日而不弇日，此雲弇日，又非暈也。暈，《周禮》作"煇"（見《眂祲》），《説文》作"暉"，云："光也。"郭既失之，鄭樵注以爲弇日者即虹也，尤非。

疾雷爲霆霓。雷之急激者謂霹靂。

雷、霆者，《説文》云："靁，陰陽薄動，靁雨生物者也。""霆，靁餘聲也，鈴鈴所以挺出萬物。"又云："震，劈歷振物者。"《一切經音義》十五引《蒼頡篇》云:"霆,礔礰也。"是"霆"爲疾雷,"霓"字衍也。知者,《文選·東都賦》注及《書鈔》一百五十二、《類聚》二、《初學記》一、《御覽》十三並引作"疾雷爲霆"("爲"字或作"謂之"二字),無"霓"字,知今本衍也。宋翔鳳曰:"霓當爲電,形近而誤。"余按:《穀梁隱九年傳》云:"震,雷也。電,霆也。"是"霆、電"通名。《淮南·兵略》篇云:"疾雷不及塞耳,疾霆不暇掩目。"是亦以"霆"爲電,與《穀梁》合。二書所言,理固可通,但《爾雅》文不虚設,審若"霆、電"并釋,言"霆"已明,加"電"反贅,"霆、電"連文,又復不詞,故知非"電"之誤。

雨霓爲霄雪。《詩》曰:"如彼雨雪,先集維霓。"霓,水雪雜下者,故謂之消雪。

雪者,《説文》云:"凝雨説物者。"《釋名》云:"雪,綏也,水下遇寒氣而凝,綏綏然也。"

霓者,與"霰"同。《説文》云:"霰,稷雪也。或从見作霓。"《釋名》云:"霰,星也,水雪相摶如星而散也。"《詩·頍弁》箋:"將大雨雪,始必微温,雪自上下,遇温氣而摶,謂之霰。"是"霰"之爲言猶"摶"也。雪遇温氣而摶,如粟粒雜下,故《説文》以爲"稷雪",《釋名》以爲"星散",皆得其形狀。《文選·雪賦》注引《韓詩》薛君曰:"霰,霙也。"《宋書·符瑞志》引《韓詩》"霙"作"英",而云:"花葉謂之英。"又云:"霰爲花雪。草木花多五出,花雪獨六出。"彼以"花雪"爲"霰",妄援《韓詩》之"霙",其説並謬矣。

霄雪者,"雪"字亦衍。《説文》:"雨霓爲霄。齊語也。"無"雪"字,今本蓋緣郭注而衍也。《水經·洛水》注云:"長霄冒嶺,層霞冠峯。""霄"字之義蓋本於此。郭云"霰,水雪雜下者",《初學記》二引《爾雅》云"雪與雨雜下曰霰",其説亦失之。

暴雨謂之涷,今江東呼夏月暴雨爲涷雨。《離騷》云"令飄風兮先驅,使涷雨兮灑塵",是也。涷音東西之東。**小雨謂之霢霂,**《詩》曰:"益之以霢霂。"**久雨謂之淫。**《左傳》曰:"天作淫雨。"**淫謂之霖,**雨自三日以上爲霖。**濟謂之霽。**今南陽人呼雨止爲霽,音薺。

暴者,《説文》作"瀑",云:"疾雨也。"涷者,《淮南·覽冥》篇云"降扶風,雜涷雨",高誘注:"扶風,疾風也。涷雨,暴雨也。"郭云"江東呼暴雨爲涷雨",《文選·思玄賦》舊注云"巴郡謂暴雨爲涷雨",各據方俗爲言也。亦曰"淮雨"。《尚書大傳》"久矣,天之無别風淮雨",鄭注:"淮,暴雨之名也。"

○霢霂者,《説文》及《詩》傳用《爾雅》。《釋名》云:"霢霂,小雨也。言裁霢歷霑漬,如人沐頭,惟及其上枝而根不濡也。"《詩·信南山》正義引李巡曰:"水雪俱下。"按:《爾雅》無"雪"字,《詩》雖言"雪",不云一時俱下,李注非也。霢霂,字之雙聲,轉爲"溟濛",《説文》以"濛濛"爲微雨,以"溟溟"爲小雨,是"溟濛、霢霂"皆以雙聲爲義,《釋名》之説似未免望文生訓矣。

○淫者,《説文》云:"久雨爲淫。"《晉語》云:"底著滯淫。"是"淫"有久意。故韋昭注:"淫,久也。"淫又名"霝"。《説文》:"霝,久雨也。"

○霖者,《説文》云:"雨三日已往。"本《左氏隱九年傳》文。《晏子春秋·諫上》篇云:"景公之時,霖雨十有七日。"是三日已上通名"霖"也。"霖"猶"霂"也。《説文》:"霂,霖雨也。南陽謂霖雨曰霂。"《月令》"淫雨蚤降",鄭注:"淫,霖也。"今《月令》

曰“衆雨”。按:衆,《説文》作“霥”,引《明堂月令》曰:“霥雨。”然“霥”訓“小雨”,“霥”訓“霖雨”,依聲義當爲“霥”。

○霽者,《説文》云:“雨止也。”濟者,《釋訓》云:“止也。”《淮南·時則》篇云:“九月失政,三月春風不濟。”《覽冥》篇云:“風濟而波罷。”並以“濟”爲止也。“濟”與“霽”音義同。故《書·洪範》“曰霽”,鄭注作“濟”,云:“濟者,如雨止之,雲氣在上也。”《漢書·郊祀志》如淳注:“三輔謂日出清濟爲晏。”是“濟、霽”通也。《説文》“霎”字解云“霽謂之霎”,所引或《爾雅》古本之文,今脱去之。

風雨

壽星,角、亢也。數起角、亢,列宿之長,故曰壽。**天根,氐也。**角、亢下繫於氐,若木之有根。

星者,《説文》云:“萬物之精,上爲列星。”《釋名》云:“星,散也,列位布散也。宿,宿也,星各止宿其處也。”《周禮·馮相氏》“掌二十有八星之位”、《硩蔟氏》“以方書二十有八星之號”,鄭注:“星謂從角至軫也。”按:十二次玄枵爲首,《爾雅》先壽星者,以角、亢爲列宿長也。

角者,兩星相對觸。《天官書》云:“左角,李;右角,將。”亢者,四星似彎弓。《天官書》云:“亢爲疏廟。”氐者,四星側向以承柢。故《天官書》“氐爲天根”,索隱引“孫炎以爲角、亢下繫於氐,若木之有根也”。《律書》云:“氐者,言萬物皆至也。亢者,言萬物亢見也。角者,言萬物皆有枝格如角也。”《月令》云:“仲秋之月,日在角。”“仲夏之月,旦亢中。”“季冬之月,旦氐中。”《周語》云“辰角見而雨畢,天根見而水涸,本見而草木節解”,韋昭注:“辰角,大辰蒼龍之角。角,星名也。見者,朝見東方,建戌之初，寒露節也。天根，氐、亢之間。謂寒露雨畢之後五日，天根朝見。本，氐也。謂寒露之後十日。"是則氐又名本也。

壽星者，《晉語》云"歲在壽星"，又云"復於壽星"，韋昭注："自軫十二度至氐四度爲壽星之次。"是角、亢、氐俱屬壽星也。《開元占經·分野略例》云："於辰，在辰爲壽星。三月之時，萬物始達於地，春氣布養，萬物各盡其天性，不罹天夭，故曰壽星。"《漢書·郊祀志》"杜、亳有壽星祠"，《史記》索隱以爲"南極老人星"，誤。

天駟，房也。龍爲天馬，故房四星謂之天駟。**大辰，房、心、尾也。**龍星明者，以爲時候，故曰大辰。**大火謂之大辰。**大火，心也，在中最明，故時候主焉。

房者，四星直下爲明堂。《律書》云："房者，言萬物門户也，至於門則出矣。"

天駟者，《天官書》"房爲天府，曰天駟"，索隱引"《詩氾歷樞》云'房爲天馬，主車駕'，宋均云'房既近心，爲明堂，又别爲天府及天駟也'"。按：駟即馬祖也。房南星曰"左驂"，北星曰"右驂"，中二星曰"左服、右服"。是則四星合爲天駟也。《周語》云"駟見而隕霜"，又云"月在天駟"，又云"辰馬，農祥也"，韋昭注："辰馬，謂房、心星也。駟，馬也，故曰辰馬。房星晨正而農事起焉，故謂之農祥。"又注："農祥，房星也。晨正，謂立春之日晨中於午也。"

○心者，三星，中央色最明。尾者，九星，如鉤首上歧。《律書》云："尾言萬物始生如尾也。心言萬物始生有華心也。"《天官書》："心爲明堂，尾爲九子。"《夏小正》云："五月大火中，六月斗柄正在上。用此見斗柄之不正當心也，蓋當依。依，尾也。”是尾一名依，“依、尾”聲同，語有輕重耳。

辰者，《説文》“晨”字解云[①]：“辰，時也。”又“辰”云：“房星，天時也。”“䢅”云：“房星爲民田時者。”是“辰”訓“時”，時主房，房爲農祥，以候田時。

謂之大辰者，言其星最明大也。《春秋·昭十七年》：“有星孛於大辰。”《穀梁傳》“于大辰者，濫于大辰也”，范甯注引劉向曰：“謂濫于蒼龍之體，不獨加大火。”《左傳》正義引李巡云：“大辰，蒼龍宿之體最爲明，故曰房、心、尾也。大火，蒼龍宿心，以候四時，故曰辰。”孫炎曰：“龍星明者以爲時候，故曰大辰。大火，心也，在中最明，故時候主焉。”《夏小正》云：“八月辰則伏。辰也者，謂心也。”然則《小正》單舉心，《説文》單舉房，其實房、心、尾三宿通有“辰”名也。

〇又言“大火謂之大辰”者，大火謂心也。《左氏襄九年傳》云：“古之火正，或食於心，是故心爲大火。”《公羊昭十七年傳》云：“大火爲大辰，伐爲大辰，北辰亦爲大辰。”按：此所謂三大辰也。唐、虞、夏皆五月昏火中，故《堯典》以星火正仲夏，《夏小正》“五月初昏大火中”，是也。周秦則六月昏火中，故《左氏昭三年傳》云：“火中，寒暑乃退。”（杜注：“心以季夏昏中而暑退，季冬旦中而寒退。”）《月令》云“季夏之月，昏火中”，是也。然則周、秦上校虞、夏，星候差及一次，此昏旦中星所以不同也。火至初秋則昏見於西，《詩》云“七月流火”，是也。火以三月始出，九月之昏始入，十月之昏則伏。《左氏哀十七年傳》云“火伏而

① 説文䢅字解云　䢅，此本誤“晨”，經解本不誤。據經解本及《説文》改。

後蟄者畢”，是也。既言“大辰，房、心、尾”，又言心爲大辰者，心，三星最明大，舉頭即見，故《詩》屢言“三星”，皆謂心也。所以名“大火”者，《分野略例》云：“於辰在卯爲大火。東方爲木，心星在卯，火出木星，故曰大火。”

析木之津，箕、斗之閒，漢津也。箕，龍尾。斗，南斗，天漢之津梁。

箕者，四星，狀如簸箕。《律書》云：“箕者，言萬物根棋（集解：徐廣曰“棋，一作柢”），故曰箕。”《天官書》云：“箕爲敖客，曰口舌。”《詩·巷伯》箋：“箕星哆然，踵狹而舌廣。”《大東》箋：“翕猶引也，引舌者，謂上星相近。”按：箕有口舌之象，故《詩》以喻讒言；有簸揚之義，故《書》云“星好風”也。

斗者，六星，狀如北斗。《天官書》云：“南斗爲廟，其北建星。建星者，旗也。”《月令》云：“仲冬之月，日在斗。”“仲春之月，旦建星中。”“孟秋之月，昏建星中。”按：建星在斗魁上，形如簋。《月令》以建星識南斗，用此見昏旦之不正當斗也。

漢津者，《大東》傳：“漢，天河也，有光而無所明。”《雲漢》箋：“倬然天河水氣也，精光轉運於天。”《夏小正》云：“七月漢案户。漢也者，河也。案户也者，直户也，言正南北也。”今按：河漢分南北二道，北指危室，南横箕斗，《爾雅》獨言“箕、斗”者，以箕爲木宿，斗爲水宿，二宿相交於漢，有津梁之義，故曰“漢津”。然則不言“析水”，獨言“析木”者，天漢起自尾宿，於辰在寅，爲木，故主起處而名爲“析木”也。《左氏·昭八年》正義引孫炎曰：“析别水木以箕、斗之閒，是天漢之津也。”《左傳》及《周語》並云“析木之津”，韋昭注：“津，天漢也。析木，次名。從尾十度至南斗十一度爲析木，其閒爲漢津。”是則經典俱作“析木之津”，今《爾雅》宋本“析木”下有“謂”字，郭注有“即漢津也”四字，並非。

星紀，斗、牽牛也。牽牛、斗者，日月五星之所終始，故謂之星紀。

牽牛者，《律書》云：“言陽氣牽引萬物出之也。牛者，冒也，言地雖凍，能冒而生也。牛者，耕植種萬物也。”按：牽牛即何鼓，非牛星也。牛，六星，角上歧，腹下躔廢，其星微小。《爾雅》以牽牛爲星紀，不以牛宿爲星紀也。舊説多誤，詳見下文。

星紀者，《分野略例》云：“自南斗十二度至須女七度，於辰在丑，爲星紀。星紀者，言其統紀萬物十二月之位，萬物之所終始，故曰星紀也。”郭義本孫炎（《襄廿八年左傳》正義引）。《月令》注：“仲冬者，日月會於星紀。”《大宗伯》疏引《星備》云：“五星初起牽牛。”《逸周書·周月》篇云：“日月俱起于牽牛之初，右回而行。月周天進一次而與日合宿，日行月一次而周天，歷舍于十有二辰，終則復始，是謂日月權輿。”按：《逸書》及《爾雅》皆據周而言也。上溯虞夏，冬至日在虚，爲玄枵正中。殷在婺女，周在牽牛，則斗值星紀之初，爲十二次紀首，故曰“星紀”。至漢，冬至日在斗，元、明在箕，則爲析木之津正中。

玄枵，虚也。虚在正北，北方黑色。枵之言秏，秏亦虚意。**顓頊之虚，虚也。**顓頊水德，位在北方。**北陸，虚也。**虚星之名凡四。

虚者，二星，上下如連珠。《律書》云：“虚者，能實能虚，言陽氣冬則宛藏於虚，日冬至則一陰下藏，一陽上舒，故曰虚。”《天官書》：“虚爲哭泣之事。”《堯典》：“宵中星虚。”《月令》：“季秋之月，昏虚中。”是虞夏以仲秋昏虚中，周、秦則在季秋，此所謂歲差也。

玄枵者,《説文》引《春秋傳》:"歲在玄枵。玄枵,虚也。"《左氏襄廿八年傳》:"淫於玄枵。玄枵,虚中也。枵,秏名也。"正義引孫炎曰:"虚在北方,北方色玄,故曰玄枵。枵之言秏,秏虚之意也。"《分野略例》云:"自須女八度至危十五度,於辰在子,爲玄枵也。玄者,黑,北方之色。枵者,秏也。十一月之時,陽氣在下,陰氣在上,萬物幽死,未有生者,天地空虚,故曰玄枵也。"按:亦曰"天黿"。《周語》云"星在天黿",韋昭注:"天黿,次名,一曰玄枵也。"

○顓頊之虚者,《左氏昭十年傳》:"今兹歲在顓頊之虚。"正義曰:"北方之次以玄枵爲中。玄枵次有三宿,又虚在其中。以水位在北,顓頊居之,故謂玄枵虚星爲顓頊之虚也。"按:北方三宿,婺女、虚、危。《爾雅》不言"女、危",以虚在中,舉中足以包之也。

○北陸者,《左氏昭四年傳》"古者日在北陸而藏冰",杜預注:"陸,道也,謂夏十二月日在虚、危。"正義引孫炎云:"陸,中也。北方之宿,虚爲中也。"按:郭云"虚星凡四"者,連虚爲數,其實虚星有此三名也。

營室謂之定。定,正也。作宫室皆以營室中爲正。**娵觜之口,營室、東壁也。**營室、東壁星四方似口,因名云①。

營室者,二星相對出,旁綴離宫六星,兩兩而居。《律書》云:"營室者,主營胎(徐廣曰:一作含)陽氣而産之。"《天官書》云:"營室爲清廟,曰離宫、閣道。"

---

① 營室東壁星四方似口因名云 室,此本誤在"方、似"之閒,咸豐六年刻本同。經解本、《十三經注疏》本不誤,據改。

東壁者(壁,釋文作“辟”,云“本又作壁”,今從宋本),二星上下相掣曳,與營室連體而正方。《月令》云:“孟春之月,日在營室。”“仲冬之月,昏東壁中。”按:壁曰“東”者,據昏中視之,壁在營室東也。二宿皆值北方水位,故又謂之“水”。《左氏莊廿九年傳》“水昏正而栽”,是也。又謂之“天廟”。《周語》云“日月底于天廟”,韋昭注“天廟,營室”,是也。

定者,《詩·定之方中》傳:“定,營室也。方中,昏正四方。”箋云:“定星昏中而正,於是可以營制宫室,故謂之營室。定昏中而正,謂小雪時,其體與東壁連,正四方。”正義引孫炎曰:“定,正也。天下作宫室者皆以營室中爲正。”按:《周語》云:“營宫之中,土功其始。”是鄭、孫義所本也。定,本斫劚之名(見《釋器》),營宫室者所資。星名“定”者,營室形似鉏欘,離宫施其上,有鉏刃之象。凡諸星名起於古之田父,多取物象爲名。營室名“定”,義蓋本此。孫、郭訓“定”爲“正”,非本義也。

娵觜者,當作“陬訾”。《月令》注作“諏訾”,《爾雅》作“娵觜”,皆假借也。《左襄卅年傳》云:“歲在娵訾之口。”正義引李巡曰:“娵觜,玄武宿也。營室、東壁,北方宿名。”孫炎曰:“娵觜之歎,則口開方。營室、東壁,四方似口,故因名也。”《分野略例》云:“自危十六度至奎四度,於辰在亥,爲諏訾。諏訾,歎息也。十月之時,陰氣始盛,陽氣伏藏,萬物失養育之氣,故哀愁而歎息。嫌於無陽,故曰諏訾。”是“諏訾”以歎息爲義,孫炎作“娵觜之歎”,是也。邢疏引“歎”作“次”,非①。

---

① 邢疏引歎作次非　非,此本誤“注”,咸豐六年刻本同。據經解本改。

降婁，奎、婁也。奎爲溝瀆，故名降。

奎者，十六星，旁殺而下垂，象兩髀，《説文》"奎，兩髀之閒"，是也。《律書》云："奎者，主毒螫殺萬物也，奎而藏之。"《天官書》云："奎曰封豕，爲溝瀆。"

婁者，三星，下勢連而上體舒。《律書》："婁者，呼萬物且内之也。"《天官書》："婁爲聚衆。"（《釋詁》："樓，聚也。"樓、婁同。）《月令》云："仲春之月，日在奎。""季夏之月，旦奎中。季冬之月，昏婁中。"降婁者，《左襄卅年傳》云："歲在降婁，降婁中而旦。"杜預注本《爾雅》。正義引孫炎曰："降，下也。奎爲溝瀆，故稱降也。"《一切經音義》六引李巡曰："降婁，白虎宿也。"《分野略例》云："自奎五度至胃六度，於辰在戌，爲降婁。降，下也。婁，曲也。陰生於午，與陽俱行。至八月陽遂下，九月剥卦用事，陽將剥盡，萬物枯落，卷縮而死，故曰降婁。"

大梁，昴也。西陸，昴也。昴，西方之宿，别名旄頭。

昴者，七星攢聚，大小相繫。《説文》云："昴，白虎宿星。"《堯典》云："日短星昴。"《夏小正》云："四月昴則見。"《詩·小星》傳："昴，留也。"正義引《元命苞》云："昴，六星。昴之爲言留也，言物成就繫留也。"《律書》"昴"正作"留"，云："留者，言陽氣之稽留也，故曰留。"郭云"旄頭"者，《天官書》"昴曰髦頭"，漢、晉《天文志》並作"旄頭"也。大梁者，《左昭十一年傳》云："歲及大梁。"《天官書》："昴、畢閒爲天街。"索隱引孫炎云："昴、畢之閒，日、月、五星出入要道，若津梁。"是則大梁取橋梁之義也。《分野略例》云："自胃七度至畢十一度，於辰在酉，爲大梁。昴爲大梁之次之中星也。"《詩·七月》正義引孫炎曰：

“西方之宿，昴爲中也。”按：大梁三宿，胃、昴、畢，《爾雅》獨言“昴”者，亦舉中以包之。

〇西陸者，《左昭四年傳》云：“西陸朝覿而出之。”正義引《鄭志·答孫皓問》云：“西陸朝覿，謂四月立夏之時。”按：四月昴則見，是鄭以“西陸朝覿”爲昴星朝見也。二十八宿分列四方，當有四陸，《左傳》《爾雅》獨言北陸、西陸，又於二陸之中各舉一星爲識，故云“北陸，虚也”“西陸，昴也”，是皆舉一以包之耳。

濁謂之畢。掩兔之畢，或呼爲濁，因星形以名。

畢者，八星纍貫，兩叉出。《説文》云：“畢，田罔也。从華，象畢形，微也。”《天官書》云：“畢曰罕車，爲邊兵，主弋獵。”《詩·大東》傳：“畢，所以掩兔也。”箋云：“祭器有畢者，所以助載鼎實。”按：“畢”有二義，《詩》云“畢之羅之”，是田網名“畢”也；《特牲饋食禮》云“宗人執畢”，是祭器名“畢”也。鄭注：“畢狀如叉，蓋爲其似畢星取名焉。”然則田網、祭器皆象畢星，義得兩通。毛傳爲長，故郭義所本也。《月令》：“孟夏之月，日在畢。”“孟秋之月，旦畢中。”“月離于畢”“畢星好雨”，《詩》《書》説之詳矣。

濁者，假借字也。《律書》云：“濁者，觸也，言萬物皆觸死也，故曰濁。”是“濁”以觸爲義，亦象星形。濁，或作“噣”，又作“蠋”，皆象形，兼取聲也。《詩·漸漸之石》傳：“畢，蠋也。”《盧令》箋：“畢，噣也。”正義引李巡云：“噣，陰氣獨起，陽氣必止，故曰畢。畢，止也。”孫炎曰：“掩兔之畢或謂之噣，因以名星（按：四字誤倒，當作“因星以名”，郭注可證）。”

咮謂之柳。咮，朱鳥之口。**柳，鶉火也。**鶉，鳥名。火屬南方。

柳者，八星，曲頭垂似柳。《月令》云："季夏之月，日在柳。""季秋之月，旦柳中。""柳"之言"摟"也，"摟"訓"聚"也。

咮者，《説文》云："鳥口也。"《天官書》云："柳爲鳥注。"《律書》云："注者，言萬物之始衰，陽氣下注，故曰注。"索隱曰："注，咮也。"《考工記·輈人》注："輈之揉者形如注星。"是皆以"注"爲"咮"也。咮，又作"喙"。索隱引"《漢書·天文志》'注'作'喙'。《爾雅》'鳥喙謂之柳'，孫炎云'喙，朱鳥之口，柳其星聚也'"。咮，又作"噣"。《詩·小星》傳："三心五噣。"正義引《元命苞》云："柳，五星。"釋文引《爾雅》作"噣謂之柳"。鄭箋："噣在東方，正月時也。"《夏小正》云："正月鞠則見。"戴氏震曰："鞠當爲噣。《爾雅》'噣謂之柳'。虞夏正月日躔奎、婁，奎、婁西没則柳東升。"是戴氏以"鞠"即"噣"也。"噣、鞠"聲近，"咮、噣"聲同，與"注"又聲相轉，故皆假借通用。

○鶉火者，《輈人》云"鳥旟七斿，以象鶉火也"，鄭注："鶉火，朱鳥宿之柳。"《左襄九年傳》云"古之火正，或食於咮，是故咮爲鶉火"，杜預注："建辰之月，鶉火星昏在南方。"《分野略例》云："自東井中六度至柳八度，於辰在未，爲鶉首。南方七宿，其形象鳥，以井爲冠，以柳爲口。鶉，鳥也。首，頭也，故曰鶉首。自柳九度至張十七度，於辰在午，爲鶉火。南方爲火，言五月之時，陽氣始隆，火星昏中在朱鳥之處，故曰鶉火。"按：《埤雅》八引師曠《禽經》曰："赤鳳謂之鶉。"然則鶉爲朱鳥謂此矣。南方三次曰"鶉首、鶉火、鶉尾"。鶉尾亦曰"鳥帑"（見《左襄廿八年傳》注）。《爾雅》獨言"鶉火"，亦舉中以包之。柳居鶉火之首，故舉以爲識。

北極謂之北辰。北極，天之中，以正四時。

北辰者，《論語》以爲"居其所"，説者謂北極五星，弟五爲天樞，最小是不動處，然實不動處猶在樞星之下。今按：樞星非不動，但其動也微，人所不見，故以爲居其所耳。北極者，《天官書》云"中宫天極星"，索隱引《春秋合誠圖》云："北辰，其星五，在紫微中。"楊泉《物理論》云："北極，天之中。"然則極者，中也。辰者，時也。故《公羊·昭十七年》疏引李巡云："北極，天心也。居北方，正四時，謂之北辰。"孫炎云："北極，天之中，以正四時，謂之北辰。"是郭所本也。然《公羊》以北辰與心、伐同爲三大辰。何休注："迷惑不知東西者，須視北辰以別心、伐所在。"（北辰大端指心，小端指參。）《爾雅》不言"參、伐"，以北辰居中，爲衆星所拱向也。故《文選·長楊賦》注引《天官星占》曰："北辰，一名天關。關者，樞機之地，總要之名也。"《天官書》謂之"太一"（其一明者，太一常居），馬融謂之"太極"（《易·繫辭》釋文引），《文耀鉤》謂之"中宫大帝"（《天官書》索隱引），鄭氏謂之"天皇大帝耀魄寶"（《大宗伯》疏引鄭注），是皆北辰之異名也。雖語出緯書，理難徵信，要以星精爲帝，帝位應星。《爾雅》言星以該帝，緯書名帝以著星，其義相通，其實不異。或以帝號、星名二文乖舛，以此致疑，則陋矣。

何鼓謂之牽牛。今荆楚人呼牽牛星爲擔鼓。擔者，荷也。

此申説牽牛之名，以附列宿之後，明星紀之牽牛即何鼓也。恐人不識，故復明之。舊説以爲別於星紀之牽牛，誤矣。今驗牽牛三星，牛六星。《天官書》誤以牛星爲牽牛，故以何鼓、牽牛爲二星矣。牟廷相曰："牛宿，其狀如牛，何鼓直牛頭上，則是牽牛人也。《詩》云'睆彼牽牛'，睆，明星貌也。何鼓，中星最明，舉頭即見，而牛宿差不甚顯。詩人觸景攄情，不宜舍極明之何鼓而取難見之牛宿。'睆彼'之詠謂何鼓不謂牛宿，明矣。毛傳取《爾雅》爲釋，精當不移。《月令》'季春，旦牽牛中''仲秋，昏牽牛中'，皆何鼓也。凡舉中星，不必皆正指，其宿有仲春弧建之例，《夏小正》之織女南門亦其比也。考諸經典，無名牛宿曰牽牛者。《天官書》云'牽牛爲犧牲，其北何鼓'，蓋星家失傳自此始。"今按：牟氏此説，足訂《史記》之誤。

何鼓，亦名"黄姑"，聲相轉耳。郭云："擔鼓，擔者，荷也。"擔荷，《説文》作"儋何"。今南方農語猶呼此星爲"扁擔"。蓋因何鼓三星中豐而兩頭鋭下，有儋何之象，故因名焉。自《史記》誤以何鼓、牽牛爲二星，釋《爾雅》者因之而誤。故《詩·大東》正義引李巡曰："何鼓、牽牛，皆二十八宿名也。"孫炎曰："何鼓之旗十二星，在牽牛北，故或名何鼓爲牽牛也。"（孫注參《天官書》索隱。）《爾雅》以何鼓、牽牛爲一星，如李、孫之義則二星。孫炎又以何鼓左右之旗强名爲何鼓，斯皆失矣。《文選·長楊賦》注引《星經》曰："牽牛神，一名天關。"然則星紀之名，蓋以此。

明星謂之启明。太白星也。晨見東方爲启明，昏見西方爲太白。

启者，《説文》云："開也。"通作"啟"。《詩·大東》傳："日且出，謂明星爲啟明。日既入，謂明星爲長庚。"正義引孫炎曰："明星，太白也。晨出東方，高三舍，命曰啟明。昏出西方，高三舍,命曰太白。"《天官書》索隱引《韓詩》云:"太白,晨出東方爲啟明,昏見西方爲長庚。"是皆孫、郭義所本也。太白,一名大䶃(見《天官書》)。

其謂之明星者,《詩》"明星有爛""明星煌煌",是也。启明,又曰"開明"。《大戴禮·四代》篇云"東有開明",避漢諱改也。此釋五星之異名,餘四星不言者,略之,《廣雅》則詳矣。

彗星爲欃槍。亦謂之孛,言其形孛孛似埽彗。

彗者,《説文》云:"埽竹也。或从竹作篲。"《釋名》云:"彗星,光稍似彗也。孛星,星旁氣孛孛然也。"《天官書》正義云:"天彗者,一名埽星,本類星,末類彗,小者數寸長,長或竟天,而體無光,假日之光,故夕見則東指,晨見則西指,若日南北,皆隨日光而指。"《一切經音義》二引孫炎曰:"妖星也,四曰彗。"按:彗,《春秋》作"孛",凡三見。《文十四年》:"有星孛入于北斗。"《公羊傳》:"孛者何? 彗星也。"《穀梁傳》:"孛之爲言猶茀也。"《昭十七年》:"有星孛于大辰,西及漢。"《左傳》:"彗所以除舊布新也。"《哀十三年》:"有星孛于東方。"《公羊傳》:"其言于東方者何? 見于旦也。"

欃槍者,《開元占經》八十五引孫炎云:"欃槍,妖星別名也。"《天官書》:"歲星之精生天棓、彗星、天欃、天槍。"《天文志》云:"欃、槍、棓、彗雖異,其殃一也。"是《史記》《漢書》俱以彗星、欃、槍爲非一星,與《爾雅》異。孫炎注"四曰彗",本《漢志》。

奔星爲彴約。流星。

奔星者,《天文志》云"彗孛飛流",張晏注:"飛流謂飛星、流星也。"孟康注:"飛,絶迹而去也。流,光迹相連也。"然則飛、流有異。郭以奔星即流星者,流、奔雖有遲速、大小之異,其類則同。故《占經》七十一引《爾雅》舊注云"流星大而疾曰奔",是也。

彴者,《説文》:"約也。"《占經》引舊注云:"彴,便窕切。"(釋文作"彴,蒲博、步角、皮約三反。約,如字。又於詔反。又音握"。)按:"彴約"猶"爆爍",並字之疊韵,蓋言奔星急疾之狀耳。

星名按經,星二十有八,《爾雅》止記十七,其未及者,北方則須女也,危也;西方則胃也,觜觿也,參也;南方則東井也,輿鬼也,七星也,張也,翼也,軫也。十有二次,止言其九,其未及者,則實沈也,鶉首也,鶉尾也。五星,止言其一,其未及者,則歲星也,熒惑也,填星也,辰星也。蓋《爾雅》釋六藝之文,文有不備,可類推也。又如《月令》所載二十六星,益以"建、弧",而無"箕、昴、鬼、張"。《史記·曆書》備二十八星之號,有"建、罰、狼、弧",而無"斗、觜、井、鬼"。是則《爾雅》之不備,非缺脱也。鄭樵疑爲簡編之失,非矣。獨《淮南·天文》及《漢書·曆志》所載二十八宿與今世無異,蓋舊有此名也。至於分野之説,亦星家所傳,不知所自起。《周禮·保章氏》:"以星土辨九州之地,所封封域,皆有分星,以觀妖祥。""鄭衆説星土以《春秋傳》曰'參爲晉星''商主大火',《國語》曰'歲之所在,則我有周之分野'之屬,是也。"鄭注云:"大界則曰九州,州中諸國中之分域,於星亦有分焉。其書亡矣。堪輿雖有郡國所入度,非古數也。今其存可言者,十二次之分也。星紀,吴越也;玄枵,齊也;娵訾,衛也；降婁，魯也；大梁，趙也；實沈，晉也；鶉首，秦也；鶉火，周也；鶉尾，楚也；壽星，鄭也；大火，宋也；析木，燕也。此分野之妖祥，主用客星彗孛之氣爲象。”按：《爾雅》兼及彗星、奔星，意亦如此。

春祭曰祠，祠之言食。**夏祭曰礿，**新菜可汋。**秋祭曰嘗，**嘗新穀。**冬祭曰烝。**進品物也。

“祠、烝、嘗、禴，祭也”，已見《釋詁》，此以爲四時祭名也。《禮・王制》云“天子諸侯宗廟之祭，春曰礿，夏曰禘，秋曰嘗，冬曰烝”，鄭注：“此蓋夏殷之祭名。周則改之，春曰祠，夏曰礿。以禘爲殷祭。”《詩》“禴祠烝嘗，于公先王”，《大宗伯》以祠春、禴夏、嘗秋、烝冬享先王。然則四時祭名蓋周公所定也。《説文》云：“春祭曰祠，品物少，多文詞也。”“礿，夏祭也。”《王制》正義引皇氏云：“礿，薄也。春物未成，其祭品鮮薄也。”《春秋繁露》云：“祠者，以正月始食韭也。礿者，以四月食麥也。嘗者，以七月嘗黍稷也。蒸者，以十月進初稻也。”又云：“始生故曰祠，善其司也。夏約故曰礿，貴所初約也。先成故曰嘗，嘗言甘也。畢熟故曰蒸，蒸言衆也。”此皆釋其名與其義也。《詩》正義引孫炎云：“祠之言食（音賜）。礿，新菜可汋。嘗，嘗新穀。烝，進品物也。”郭注俱本孫炎。

祭天曰燔柴，既祭，積薪燒之。**祭地曰瘞薶。**既祭，埋藏之。

燔柴者，《説文》作“㸑祡”，云：“燒祡㸑燎以祭天神。”按：燔也，柴也，二事也。《大宗伯》注：“三祀皆積柴，實牲體焉。或有玉幣，燔燎而升煙。”是則燔以玉幣，柴以牲體。鄭衆注“實柴，實牛柴上”，是也。亦謂之“炮祭”。《大祝》“辨九祭，三曰炮祭”，鄭衆注：“炮祭，燔柴也。”《祭法》云：“燔柴於泰壇，祭天也。"《大宗伯》:"以禋祀祀昊天上帝,以實柴祀日月星辰,以槱燎祀司中、司命、飌師、雨師。"皆天神之屬也。

瘞埋者,亦兼牲、玉而言。《詩·鳧鷖》正義引李巡曰:"祭地,以玉埋地中曰瘞埋。"孫炎曰:"瘞者,翳也。既祭,翳藏地中。"《禮運》注云:"埋牲曰瘞。"李巡舉玉,康成舉牲,實則瘞薶之中兼包二義。故鄭於《司巫》注云:"瘞,謂若祭地祇有埋牲玉者也。"《祭法》云:"瘞埋於泰折,祭地也。"《大宗伯》注:"祭山林曰埋。"又云:"不言祭地。此皆地祇,祭地可知也。"

祭山曰庪縣,或庪或縣,置之於山。《山海經》曰"縣以吉玉",是也。**祭川曰浮沈**。投祭水中,或浮或沈。

庪縣者,《覲禮》云:"祭山丘陵,升。"賈疏引《爾雅》而申之云:"升即庪縣也。"《公羊·僖卅一年》疏引李巡曰:"祭山以黄玉及璧,以庪置几上,遥遥而眂之若縣,故曰庪縣。"孫炎曰:"庪縣,埋於山足曰庪,埋於山上曰縣。"按:《大宗伯》注:"祭山林曰埋。"如孫炎説,則庪縣即是埋;如李巡説,則庪爲庋置。李説是也。《爾雅》與《周禮》不同,《鄭志·答張逸問》已言之矣(《詩》正義引)。釋文:"庪,本或作庋。又作攱。"今按:亦借作"祈"。《考工記·玉人》注:"祈沈以馬。"釋文引"《小爾雅》曰'祭山川曰祈沈'。祈,九委反",與"庪"同音,則"祈"即"庪"也。鄭注本用《爾雅》,今《小爾雅》亦無此文,恐誤引耳。

浮沈者,《覲禮》云"祭川,沈",賈疏云:"不言浮,亦文略也。"《公羊》疏引孫炎云:"置祭於水中,或浮或沈,故曰浮沈。"邵氏《正義》以爲祭川並用牲、玉,故或沈或浮。金鶚《求古録》駁之云:"據《周官·小子》'凡沈辜侯,禳飾其牲',鄭司農注'沈謂祭川',是沈以牲不以玉也。《左傳》之沈玉非祭禮(見

《襄十八》《昭廿四》《定三年》),《史記·河渠書》所言非周制也。"

祭星曰布,布散祭於地。**祭風曰磔**。今俗當大道中磔狗,云以止風,此其象。

祭星者,蓋爲壇祭之。《祭法》云"幽宗,祭星也",鄭注:"宗當爲禜,字之誤也。幽禜亦謂星壇也。星以昏始見。禜之言營也。"

布者,釋文引李巡曰:"祭星者以祭布露地,故曰布。"孫炎曰:"既祭,布散於地,似星辰布列也(按:"辰"字從《公羊》疏增)。"《埤雅》廿引《釋名》云:"祭星曰布。布,取其象之布也。"(今《釋名》無。)按:《封禪書》有"諸布""諸嚴""諸逑"之屬,索隱引《爾雅》,或云"諸布是祭星之處"。《淮南·氾論》篇云"羿除天下之害,而死爲宗布",高誘注:"羿,堯時諸侯,有功於天下,故死託於宗布。或曰司命傍布也。"按:"司命"是星名,祭星之布,義或本此。羿死而爲宗布,蓋猶傅説騎箕尾爲列星矣。

○磔者,《説文》云:"辜也。"按:"辜"即疈辜也。

祭風者,《左氏昭元年傳》"雪霜風雨之不時,於是乎禜之",是古有祭風之禮也。大宗伯以槱燎祭飌師,蓋磔牲體而燔燎之。《公羊·僖卅一年》疏引李巡曰:"祭風以牲頭蹏及皮,破之以祭,故曰磔。"孫炎云:"既祭,披磔其牲,以風散之。"

郭云"磔狗以止風"者,《大宗伯》注:"鄭衆云:'罷辜,披磔牲以祭。'若今時磔狗,祭以止風。"《封禪書》云:"磔狗邑四門,以禦蠱菑。"索隱引《風俗通》云:"殺犬磔禳也。"按:《淮南萬畢術》云:"黑犬皮毛燒灰,揚之止天風。"然則磔狗祭風,蓋古遺法。秦風磔狗禦蠱,當亦祭風之意。《易·蠱象》云:"山下有風,蟲也。"

是禷是禡,師祭也。師出征伐,類於上帝,禡於所征之地。

禷者,《説文》云:"以事類祭天神。"《書》云:"肆類于上帝。"《詩·皇矣》正義引"《尚書》夏侯、歐陽説,以事類祭之,天位在南方,就南郊祭之"。《周禮·肆師》注:"類禮,依郊祀而爲之。"引《大傳》曰:"柴于上帝。"然則類者,以類於郊祀而名也。然《小宗伯》云"四類亦如之",鄭衆注:"四類,三皇、五帝、九皇、六十四民,咸祀之。"鄭注:"四類,日、月、星、辰。"《小宗伯》又云"凡天地之大烖,類社稷宗廟,則爲位",鄭注:"類者,依其正禮而爲之。"是凡祭皆有類,惟類於上帝爲尊耳。

類爲師祭者,《王制》云"天子將出征,類乎上帝",是也。

禡者,《説文》云:"師行所止,恐有慢其神,下而祀之曰禡。"引《周禮》曰:"禡於所征之地。"《詩序》云:"桓,講武類禡也。"《皇矣》傳:"於内曰類,於野曰禡。"《王制》注:"禡,師祭也,爲兵禱。其禮亦亡。"按:《公羊莊八年傳》"出曰祠兵",何休注:"將出兵,必祠於近郊。"是祠兵即禡祭,古禮猶未亡也。禡,借作"貉"。《肆師》云"祭表貉,則爲位",鄭注:"貉,師祭也。貉(音陌)讀爲十百之百。於所立表之處爲師祭造軍灋者,禱氣勢之增倍也。其神蓋蚩蚘,或曰黄帝。"又《甸祝》云"掌表貉之祝號","杜子春讀貉爲百爾所思之百,書亦或爲'禡'。貉,兵祭也。甸以講武治兵,故有兵祭",引《詩》及《爾雅》。然則禡本兵祭,因田獵習兵,故亦依倣爲之,實則禡宜於所征之地也。

既伯既禱,馬祭也。伯,祭馬祖也。將用馬力,必先祭其先。

伯者,《詩·吉日》傳:"伯,馬祖也。重物慎微,將用馬力,必先爲之禱其祖。禱,禱獲也。"按:禱,《説文》作"禂",云:"禱牲馬祭也。"《甸祝》云"禂牲禂馬",杜子春云:"禂,禱也。爲馬禱無疾,爲田禱多獲禽牲。"引《詩》及《爾雅》爲釋。然則《詩》之"既伯"是爲馬祭,即《甸祝》"禂馬"是也。《詩》之"既禱"乃爲獲禽,即《甸祝》"禂牲"是也。《爾雅》主爲釋《詩》,當云"伯,馬祭也。禱,禽祭也"。今壹不言,直云"馬祭也"者,以馬爲重,故特釋之。不言禱禽,略可知也。此與《釋訓》"徒御不驚,輂者也"文義正同。彼以"輂者"釋"徒",不釋"御",亦略之。

禘,大祭也。五年一大祭。

禘者,《説文》云:"諦祭也。"引《周禮》曰:"五歲一禘。"本《禮緯》文也。《公羊文二年傳》"五年而再殷祭",何休注:"以爲五年禘也。"按:禘之名,古多異説。有時祭之禘,則《王制》云:"春曰礿,夏曰諦。"《祭義》云:"春禘,秋嘗。"鄭注並以爲夏殷禮也。有殷祭之禘,則《詩序》云"《雝》,禘大祖也",鄭箋:"禘,大祭也。大於四方而小於祫。"又有郊祭之禘,亦《詩序》云"《長發》,大禘也",鄭箋:"大禘,郊祭天也。"《祭法》云"有虞氏禘黄帝而郊嚳",鄭注:"此禘謂祭昊天於圜丘也。"(《魯語》韋昭注同。)金鶚《禘祭考》云:"禘祭有七,圜丘之祭爲最大。《爾雅》所謂大祭,蓋主圜丘之禘,故在《釋天》篇中。孫炎、郭璞皆以禘爲五年一大祭,非也。"(孫注見《王制》正義引。)按:《王制》正義引鄭《禘祫志》云:"閔公之喪,僖三年禘,禧六年祫,僖八年禘。凡三年喪畢,新君二年爲祫,新君三年爲禘。閔公二年五月古禘于莊公,則祫當在吉禘之前。"是鄭據《禮緯》"三年祫,五年禘"之文,以正魯禮之非。故《王制》注:"魯禮,三年喪畢而祫於太祖,明年春禘於羣廟。自爾之後,五年而再殷祭。一祫一禘。"此鄭據魯禮云然耳,非通義也。實則魯禘非禮,《春秋》書之皆以示譏。杜預不知此意,見經所書,便以爲禮,故《僖八年》"禘于太廟"注云:"禘,三年大祭之名。"此妄説也。《王制》正義曲徇杜説,以爲祫即禘也,尤謬。

繹,又祭也。祭之明日,尋繹復祭。**周曰繹,**《春秋經》曰:"壬午猶繹。"**商曰肜,**《書》曰:"高宗肜日。"**夏曰復胙。**未見義所出。

禘之名,四代所同,繹則三代異名。繹者,《釋詁》云:"陳也。"《方言》云:"長也。"《白虎通·封禪》篇云:"繹繹者,無窮之意也。"是"繹"取尋繹不絶,故曰"又祭"。《詩·絲衣序》"繹賓尸也",鄭箋:"繹,又祭也。天子諸侯曰繹,以祭之明日。卿大夫曰賓尸,與祭同日。"知繹以明日者,《春秋宣八年經》云:"辛巳,有事于大廟,仲遂卒于垂。壬午,猶繹。"然則辛巳、壬午正得二日。故《公羊傳》:"繹者何?祭之明日也。"《詩》正義引李巡曰:"繹,明日復祭,曰又祭。"《左傳》正義引孫炎曰:"祭之明日,尋繹復祭也。"何休注:"禮,繹祭昨日事,但不灌地降神爾。"《禮器》云"爲祊乎外",鄭注:"祊,祭明日之繹祭也。謂之祊者,於廟門之旁,因名焉。"《有司徹》注:"天子諸侯明日祭於祊而繹。"是皆繹之禮與其地也。釋文:"繹,或作襗。字書爲饆、鐸二字,並俗作。"

○知"周曰繹"者,《絲衣》言"繹",列於《周頌》,《春秋》書"繹",猶秉《周禮》。《郊特牲》云:"繹之於庫門内。"孔子曰:"失之矣。"蓋亦譏時人也。

○肜者,"融"之假音也。《書》云"高宗肜日"、《絲衣》箋"商謂之肜",釋文"肜作融",是也。《釋詁》:"融,長也。"《方言》"融"與"繹"俱訓"長",是"融、繹"義同。《詩》正義引孫炎曰:“肜者,亦相尋不絶之意。”《公羊》注:“肜者,肜肜不絶。”是皆以“肜”爲“融”。故《左氏隱元年傳》“其樂也融融”,《文選·思玄賦》作“肜肜”,李善注:“融與肜,古字通也。”

○夏曰復胙者,《緇衣》箋及《公羊》注引《爾雅》並無此句。徐彦疏云:“諸家《爾雅》悉無此言,故不引之。”然則此句獨郭本有之也。釋文:“胙,本作昨。又音祚。”

祭名

春獵爲蒐,搜索取不任者。**夏獵爲苗**,爲苗稼除害。**秋獵爲獮**,順殺氣也。**冬獵爲狩**。得獸取之無所擇。

四時之田通謂之“獵”何? 獵者,捷也。蔡邕《月令章句》云:“獵者,捷取之名也。”《説文》:“獵,畋獵也,逐禽也。”《釋言》云:“獵,虐也。”

蒐者,當作“搜”。《穀梁·桓四年》釋文云“蒐,麋氏本又作搜”,是也。“搜”訓“求”,故以爲搜索取禽之名。或作“獀”。《祭義》“獀狩”,鄭注:“春獵爲獀。”“獀”即“搜”之假借矣。

○苗者,《左氏·隱五年》正義引《大司馬》注鄭解“苗田”言“擇取不孕任者,若治苗去不秀實者”,孫炎亦然。是鄭、孫義同。《爾雅》舊注以爲爲苗除害,其義疏矣。

○獮者,《釋詁》云:“殺也。”《説文》作“玃”,云:“秋田也。”《左傳》釋文引亦同。《爾雅》釋文又引作“从繭,或作禰,从示”,並非也。《説文》“玃”从璽聲,古讀若“徙”,轉爲“息淺反”,非古音矣。因“息淺”之音,遂改《説文》从繭以就其讀。《玉篇》又出“獼”字,亦作“禰”。今按:作“禰”是也。《説文》徐鍇本示部云:“禰,秋畋也。从示,爾聲。”與犬部从璽聲者音近義同。玃,或作“豩”,从豕,與璽聲亦近,可知从繭者非。

○狩者，《説文》云："犬田也。"按：冬寒雪下，獸肥草枯，功狗在蹶，便於馳逐。《詩》言"從公于狩"，又云"載獫歇驕"，是冬田用犬也。段注"犬田"改爲"火田"，恐未然也。《周語》云"狩于畢時"，《夏小正》云"十一月王狩"，是狩以仲冬也。謂之"狩"者，《詩·叔于田》及《伐檀》正義引李巡曰："冬圍守而取禽，無所擇也。"《左氏隱五年傳》"春蒐、夏苗、秋獮、冬狩"，杜預注："蒐，索，擇取不孕者。苗，爲苗除害也。獮，殺也，以殺爲名，順秋氣也。狩，圍守也，冬物畢成，獲則取之，無所擇也。"正義引"《爾雅》四時獵名與此同。説者皆如此注，故杜依用之"。據此知杜依《爾雅》舊注，郭亦然也。經典言此四獵多有異文。《周語》云"蒐於農隙，獮於既烝，狩於畢時"，既闕苗名，《公羊桓四年傳》"春曰苗，秋曰蒐，冬曰狩"，又闕夏田。《穀梁傳》"春曰田，夏曰苗，秋曰蒐，冬曰狩"，雖具諸名，文復參差。獨《周禮·大司馬》及《隱五年左傳》與《爾雅》合。又《詩·車攻》云"駕言行狩"，復云"之子于苗"，"苗、狩"互見。《春秋》屢書"蒐""狩"，不言"苗""獮"，偏闕二文。《禮·玉藻》云"惟君有黼裘以誓省"，鄭注："省當爲獮。獮，秋田也。"經典所言，略備於此矣。

宵田爲獠，《管子》曰："獠獵畢弋。"今江東亦呼獵爲獠，音遼。或曰即今夜獵載鑪照也。**火田爲狩。**放火燒草獵，亦爲狩。

此釋非時之田也。獠者，《説文》云："獵也。"不云"宵田"。《詩·伐檀》箋"宵田曰獵"，不言"爲獠"。許、鄭二君以互見爲文也。《詩》"火烈具舉"，正義曰："此爲宵田，故持火炤之。"《伐檀》正義引郭注云："獠猶燎也，今之夜獵載鑪照者也。江東亦呼獵爲獠。《管子》曰：'獠獵畢弋。'"較今本郭注文義爲長，所引《管子·四稱》篇文也。《爾雅》釋文:"獠,或作燎。""獠、獵"聲轉義同,故鄭引"獠"即作"獵"矣。

○狩者,與冬獵同名,故郭云"亦"也。火田者,《王制》云:"昆蟲未蟄,不以火田。"《周禮·羅氏》"蜡則作羅襦",鄭注:"今俗放火張羅,其遺教。"賈疏云:"漢之俗間在上放火,於下張羅承之,以取禽獸。"《春秋·桓七年》"二月,焚咸丘",杜預注:"焚,火田也。譏盡物。"正義引李巡、孫炎皆云:"放火燒草,守其下風。"今按:火田非古也。《夏官》春蒐已言火弊,《王制》畢蟄乃以火田,因知《爾雅》此語蓋亦後人所增。何以明之?昆蟲雖蟄,么麿之屬半匿草根淺土,休息隨陽。今烈焰焚燒,聚族殲旃,仁人用心,當不若是。《詩》言"火烈具阜",《春秋》書"焚咸丘",《左傳》(定元年①)"田於大陸,焚焉",三者皆譏淫獵。孔子垂教,不弋宿鳥,周公作法,乃容火田。《禮》經,漢儒所傳,恐有增飾。康成注經,以放火張羅爲漢俗,可知斯事不起於古矣。

乃立冢土,戎醜攸行。冢土,大社。戎醜,大衆。**起大事,動大衆,必先有事乎社而後出,謂之宜。**有事祭也,《周官》所謂"宜乎社"。

冢、戎,《釋詁》並云:"大也。""醜,衆也。"此釋《詩·緜》篇文。"冢土,大社",毛傳文也。天子之社謂之"大社"。《祭法》云"王爲羣姓立社曰大社",是也。

起大事,動大衆,必先有事乎社而後出者,《緜》正義引孫炎曰:"大事,兵也。有事,祭也。"知兵爲大事者,《左氏成十三年

① 定元年 元,此本誤"四",咸豐六年刻本同。"田於大陸,焚焉"在《左傳·定公元年》,據改。

傳》云"國之大事,在祀與戎",是也。《春秋》書"有事于大廟"(宣八年),"有事于武宫"(昭十五年),皆謂祭事,故知祭爲有事也。

謂之宜者,《緜》正義曰:"兵凶戰危,慮有負敗,祭之以求其福宜,故謂之宜。"孫炎曰:"宜,求見使祐也。"(《書》正義引作"求見福祐也",《禮記》正義作"求使宜也"。)《周禮·大祝》云"大師,宜乎社",又云"設軍社",鄭衆引《春秋傳》曰:"君以師行,祓社釁鼓,祝奉以從。"賈疏云"宜祭於社,即將社主行",是也。

振旅闐闐。振旅,整衆。闐闐,羣行聲。**出爲治兵,尚威武也。**幼賤在前,貴勇力。**入爲振旅,反尊卑也。**尊老在前,復常儀也。

旅者,《釋詁》云:"衆也。"振者,整齊之意。《詩·采芑》箋:"振猶正也。"闐者,《説文》云:"盛皃。"闐闐,蓋師旅整嚴之象。

出爲治兵,入爲振旅者,《春秋·莊八年》《公》《穀》傳文。但《公羊》"治兵"作"祠兵","祠"即"治"也,故《采芑》箋引傳仍作"治兵"矣(何休注謂祠祭,失之)。云"尚威武""反尊卑也"者,《詩》正義引孫炎曰:"出則幼賤在前,貴勇力也;入則尊老在前,復常法也。"是郭所本。又按:《大司馬》云:"中春教振旅,中秋教治兵。"蓋春主農事,故以"入"言,秋尚威武,故以"出"言,是爲二時習戰之名也。《左氏隱五年傳》"三年而治兵,入而振旅",又爲三年習戰之名也。《穀梁》以治兵、振旅爲習戰,《公羊》亦云"其禮一也",皆習戰也。《公》《穀》之義與《爾雅》合。

講武

素錦綢杠，以白地錦韜旗之竿。**纁帛縿**，纁帛，絳也。縿，衆旒所箸。**素陞龍于縿**，畫白龍於縿，令上向。**練旒九**，練，絳練也。**飾以組**，用綦組飾旒之邊。**維以縷**。用朱縷維連持之，不欲令曳地。《周禮》曰"六人維王之大常"，是也。

此釋龍旂之制也。錦者，《説文》云："襄邑織文。"綢者，《檀弓》云"綢練"，鄭注："以練綢旌之杠。"即引此文。但彼喪葬所用，故綢以練，此吉事所用，故綢以錦也。"綢"皆讀若"韜"，謂纏緜之也。杠者，釋文引《廣雅》云："天子之杠高九仞，諸侯七仞，卿大夫五仞，士三仞。"

纁者，絳也。帛者，繒也。《大宗伯》注："帛，如今璧色繒也。"《明堂位》注引此文"帛"作"白"。纁白縿者，言以絳色及白繒爲縿也。縿者，《説文》以爲"旌旗之斿"，蓋旒所箸處，故《詩·干旄》正義引孫炎曰："爲旒於縿。"按：《巾車》注："正幅爲縿，斿則屬焉。"賈疏："正幅爲縿。《爾雅》文。"又《覲禮》疏："《爾雅》説旌旗云'正幅爲縿'。"據此二文，可知《爾雅》今本蓋脱去四字也。

云"素陞龍于縿"者，《明堂位》注引"陞"作"升"。《覲禮》"侯氏裨冕"疏引《白虎通》云："《禮記》曰'天子乘龍，載大旗，象日月升龍'。傳曰：'天子升龍，諸侯降龍。'"按：《司常》云"交龍爲旂"，鄭注："諸侯畫交龍，一象其升朝，一象其下復也。"據此，則升龍者畫一龍，降龍者畫二龍也。《爾雅》綢杠、升龍皆用素，蓋旂從殷制，《商頌》所言"龍旂十乘"，必是白色。賈公彦《司常》疏引此以爲施於喪葬之期，非無見也。

練者，《説文》云："湅繒也。"經典説練皆純素，郭注"絳練"，非也。郭意蓋以周人尚赤，據《司常》注"九旗之帛皆用絳”,因以此練爲絳練耳。然《司常》是周制,《爾雅》練旒白,明是殷制,何可同也? 旒者,當作“流”。《説文》“游、旇”並云:“旌旗之流也。”《爾雅》釋文“旒,經典亦作流”,是也。又引《廣雅》“天子十二旒,至地;諸侯九旒,至軫;卿大夫七旒,至轂;士三旒,至肩”,然則“練旒九”者,必是殷制,與周不同。周制,天子十二旒,亦不容九旒矣。

組者,《説文》:“綬屬。”《詩》“素絲組之”,箋:“以素絲縷縫組於旌旗,以爲之飾。”蓋本此爲説也。是組用素,郭云“綦組”亦非。據釋文,“綦”本亦作“纂”。《説文》:“纂,似組而赤。”以此注上下推之,知郭本“綦”必作“纂”矣。

維者,持之也。縷者,綫也。《周禮·節服氏》“六人維王之大常”,鄭注:“維,維之以縷。王旌十二旒,兩兩以縷綴連,旁三人持之。禮,天子旌曳地。”《詩》正義引孫炎曰:“維持以縷,不欲其曳地。”然則組飾其上,縷持其旁。以《詩》素組準之,知縷亦當用素,箋云“素絲爲縷”,是矣。郭云“朱縷”,非也。

緇廣充幅長尋曰旐,帛全幅長八尺。**繼旐曰旆。**帛續旐末爲燕尾者。義見《詩》。

旐者,《説文》云:“龜旐四斿,以象營室,游游而長。”引《周禮》曰:“縣鄙建旐。”本《司常》及《輈人》文也。《釋名》云:“旐,兆也。龜知氣兆之吉凶,建之於後,察度事宜之形兆也。”

緇者,帛黑色也。《公羊·宣十二年》疏引孫炎云:“緇,黑繒也。”

云“廣充幅長尋”者,充,終也。布幅廣二尺二寸,帛幅廣二尺四寸。然則旐之制以緇帛廣二尺四寸、長八尺爲之也。《公羊》注“緇”作“繒”,云:“繒廣充幅長尋曰旐。”恐誤也。旐畫龜蛇,屬北方宿,是當以黑爲主。《檀弓》云:“設旐,夏也。”然則旐從夏制,知色尚黑矣。鄭注用《爾雅》而云“旌之旒,緇布廣充幅長尋曰旐”,於“緇”上增“旌之旒”三字,“緇”下增“布”字,蓋以設旐與設披、設崇,其字同類,故釋“旐”爲“旌之旒”,非《爾雅》之義。

○旆者,《説文》云:“繼旐之旗也,沛然而垂。”《釋名》云:“白旆,殷旌也,以帛繼旐末也。”《公羊》疏引孫炎云:“帛續旐末,亦長尋。”《詩》云“帛旆英英”,是也。

郭云“帛續旐末爲燕尾”者,《公羊》注“繼旐如燕尾曰旆”,不言用帛。《釋名》云:“雜帛爲旆,以雜色綴其邊爲燕尾也。將帥所建,象物雜也。”然則旆亦雜色爲之,不專用白矣。

郭云“義見《詩》”者,《六月》傳:“白旆,繼旐者也。”按:“白”與“帛”古字通,故知帛續旐末矣。《詩》正義及釋文“旆”俱作“茷”。釋文:“茷,本又作旆。蒲貝反。繼旐曰茷。《左傳》云‘蒨茷’是也。”按:茷,假借字。

注旄首曰旌。載旄於竿頭,如今之幢,亦有旒。

旌者,《説文》云:“游車載旌(《司常》文),析羽注旄首,所以精進士卒。”《釋名》云:“析羽爲旌(亦《司常》文)。旌,精也,有精光也。”又云:“緌,有虞氏之旌也。注旄竿首,其形桑桑然也。”以緌爲有虞氏旌,本《明堂位》文。鄭注:“注旄牛尾於杠首,所謂大麾。”《詩・干旄》正義引李巡曰:“旄牛尾箸干首。”孫炎曰:“析五采羽注旄上也,其下亦有旒縿。”然則旌者,其上有旄,其下有羽。《爾雅》不言“羽”者,疑有虞氏惟竿首注旄,其形緌緌,因謂之“緌”。至周加文,析采羽爲飾,故《周禮・夏采》注:“緌,以旄牛尾爲之,綴於幢上,所謂注旄於干首者。”是鄭亦以注旄首爲即有虞氏之緌。且《爾雅》旂用殷制，旐用夏制，則旌宜用有虞之制也。許君説"旌"云:"析羽注旄首。"蓋以周制兼虞制言。《爾雅》不言"析羽"，無妨專言有虞之制也。《夏采》序官注謂有虞氏已以夏翟羽爲緌，恐未然也。郭云"載旄於竿頭，如今之幢"者①，《釋言》注"今之羽葆幢"，是矣。

有鈴曰旂。縣鈴於竿頭，畫交龍於旒。

此覆説旂事也。鈴者，《説文》云:"令丁也。"旂有鈴者，《説文》:"旗有衆鈴，以令衆也。"其鈴所在之處，則《詩·載見》傳:"鈴在旂上。"《公羊·宣十二年》疏引孫炎曰:"鈴在旂上。旂者畫龍。"《詩》正義引李巡曰:"以鈴箸旐端。"郭注以爲縣鈴竿頭，似失之也。又此上文説旂之制，不言有鈴，知鈴乃周制，且此下旟、旃亦皆周制也。必知鈴周制者，《詩》言"龍旂陽陽，和鈴央央"，《周頌》文也。

錯革鳥曰旟。此謂合剥鳥皮毛置之竿頭，即《禮記》云"載鴻及鳴鳶"。

旟者，《説文》云:"錯革畫鳥其上，所以進士衆。旟旟，衆也。"引《周禮》曰:"州里建旟。"《司常》文也。《輈人》云:"鳥旟七斿，以象鶉火也。"《詩·六月》傳:"鳥章，錯革鳥爲章也。"箋云:"鳥隼之文章。"正義引孫炎曰:"錯，置也。革，急也。畫急疾之鳥於縿也。"《鄭志·答張逸》亦云:"畫急疾之鳥隼。"是則孫義本於鄭也。《公羊·宣十二年》疏引李巡云:"以革爲之，置於旐端。"其説又異。李巡之意，蓋以《司常》但云"鳥隼爲旟"，

① 如今之幢者 之，此本誤"九"，咸豐六年刻本及經解本不誤，郭注亦作"之"，據改。

《爾雅》亦止云"錯革",皆不言"畫",故云"以革爲之,置於旐端",此即郭義所本,但旐端與竿頭異耳。郭注"合"字未安。汪氏中校定本據《隋書·禮儀五》作"全"字①,是矣。《御覽》三百四十引《爾雅》舊注云"刻爲革鳥,置竿首也",與郭注"剥鳥皮毛"又復不同。參考諸家之説,當以孫炎爲長,郭義爲短。郭又引《曲禮》云"載鴻及鳴鳶"者,其意亦謂載當載其皮毛。

因章曰旃。以帛練爲旒,因其文章,不復畫之。《周禮》云:"通帛爲旃。"

旃者,《説文》云:"旗曲柄也,所以旃表士衆。"引"《周禮》曰'通帛爲旃'","或从亶作旜"。《司常》云:"孤卿建旜。"《釋名》云:"旃,戰也,戰戰恭己而已也。通以赤色爲之,無文采,三孤所建,象無事也。"《司常》注云:"通帛謂大赤,從周正色,無飾。"又云:"孤卿不畫,言奉王之政教而已。"

按:因章者,謂因帛之色以爲章,不加文飾。故《司常》謂之"通帛",《爾雅》謂之"因章"。《左氏·僖廿八年》正義引孫炎曰"因其繒色以爲旗章,不畫之",是也。又按《爾雅》釋文引《世本》云:"黄帝作旃。"是旃起於黄帝,其時蓋用黄色。至周尚赤,始用絳帛。以此推之,知"因章""錯革"二條俱從周制也。又《文選·西京賦》薛綜注引《爾雅》曰"熊虎爲旗",今《爾雅》無之。

旌旂

① 隋書　隋,此本誤"隨",咸豐六年刻本同。按:經解本作"隋",據改。

爾雅郭注義疏中之五

釋地弟九

地者,《説文》云:“元气初分,輕清陽爲天,重濁陰爲地,萬物所陳列也。”《釋名》云:“地者,底也,其體底下,載萬物也。亦言諦也,五土所生莫不審諦也。”《白虎通》云:“地者,易也,言養萬物懷任,交易、變化也。”釋文引張顯《古今訓》云:“土乙力爲地。”許慎注《淮南子》云:“地,麗也。”《物理論》云:“地,底也,著也,陰體下著。”《禮統》云:“地,施也,諦也,應變施化,審諦不誤。”按:《大司徒》云:“以天下土地之圖,周知九州之地域、廣輪之數,辨其山林、川澤、丘陵、墳衍、原隰之名物。”此篇所釋,自“九州”以訖“四極”,其閒陵藪異名,原野異勢,五方異氣,莫不備載。下篇《釋丘》《釋山》《釋水》皆地之事,故總曰“釋地”。

兩河閒曰冀州。自東河至西河。

冀者,《説文》云:“北方州也。”《釋名》云:“冀州,取地以爲名也。其地有險有易,帝王所都,亂則冀治,弱則冀强,荒則冀豐也。”釋文引李巡云:“兩河閒其氣清,厥性相近,故曰冀。冀,近也。”按:《職方》云“河内曰冀州”,此云“兩河閒”者,即兩河之内也。言“東河、西河”,不言“南河”者,以豫州見之。又,古以冀爲中州之通名。《穀梁傳》云:"鄭,同姓之國也,在乎冀州。"《淮南·覽冥》篇注:"冀,九州中,謂今四海之内。"《大荒北經》注:"冀州,中土也。"並與《爾雅》義異。

河南曰豫州。自南河至漢。

豫者,《釋詁》云:"安也。"《釋名》云:"豫州,地在九州之中,京師東都所在,常安豫也。"釋文引《春秋元命苞》云:"豫之言序也,言陽氣分布,各得其處,故其氣平静多序也。"又引李巡云:"河南其氣著密,厥性安舒,故曰豫。豫,舒也。"按:《禹貢》豫州以荆、河爲界,《爾雅》豫州以漢水爲界。知者,以下文"漢南曰荆州",荆在漢南,明豫在漢北矣。郭云"自南河至漢",《公羊·莊十年》疏引孫氏、郭氏皆云:"自東河至西河之南曰豫州。"與今本郭注異。

河西曰雝州。自西河至黑水。

雝者,"邕"之假借。《説文》作"邕",隸作"雍"。《釋名》云:"雍州在四山之内。雍,翳也。"釋文云:"雍者,擁也。東崤、西漢、南商於、北居庸,四山之内擁翳也。"李巡云:"河西其氣蔽壅,厥性急凶,故曰雍。雍,壅也。"又引《太康地記》云:"雍州兼得梁州之地,西北之位,陽所不及,陰氣壅閼,故取名焉。"按:《周禮》及《爾雅》皆無梁州,則雍州兼有梁州之地也。《禹貢》雍、梁皆西界黑水,故郭據以爲言。至漢改雍、梁爲益州,今其地則四川也。

漢南曰荆州。自漢南至衡山之陽。

《説文》云:"荆,楚木也。"《釋名》云:"荆州取名於荆山也。必取荆爲名者,荆,警也,南蠻數爲寇逆,其民有道後服,無道先彊,常警備之也。"邢疏引李巡云:"漢南其氣燥剛,稟性强梁,故曰荆。荆，强也。"按：《禹貢》荆州言"荆及衡陽"，《爾雅》言"漢南"者，"衡陽"舉其南界，"漢南"舉其北界也。漢北即豫州界。

江南曰楊州。自江南至海。

楊者，《釋名》云："楊州之界多水，水波揚也。"釋文引《太康地記》云："以楊州漸太陽位，天氣奮揚，履正含文明，故取名焉。"《禹貢》正義引李巡云："江南其氣燥勁，厥性輕揚，故曰揚。揚，輕也。"按：《禹貢》言"淮、海惟楊州"，《公羊》疏引鄭注："楊州界自淮而南，至海以東也。"《爾雅》變"淮"言"江"者，明楊、徐二州以江爲界，江南爲楊州，即知江北爲徐州矣。

郭云"自江南至海"，《公羊》疏引孫氏、郭氏曰："自江至南海也。"蓋"至南"二字誤倒，當以今本爲是。

濟、河閒曰兗州。自河東至濟。

濟、兗，《説文》作"泲、沇"，云："泲，沇也，東入于海。""沇，水，出河東東垣王屋山，東爲泲。"《釋名》云："兗州，取兗水以爲名也。"《類聚》六引《春秋元命苞》曰："兗之言端也。"按：兗州界東南據濟，西北據河，是在濟、河閒也。釋文及《公羊》疏引李巡云："濟、河閒，其氣專質，厥性信謹(《書》正義及邢疏引"謹"作"謙")，故曰兗。兗，信也。"

濟東曰徐州。自濟東至海。

徐州者，釋文引"《太康地記》以爲取徐丘爲名"。《釋名》云："徐，舒也，土氣舒緩也。"《公羊》疏引李巡曰："濟東至海(《書》正義引作"淮海閒"三字)，其氣寬舒，稟性安徐。徐，舒也。"又引孫炎與郭注同。按：《禹貢》徐州界東至海，北至岱，南至淮。《爾雅》舉"濟東"爲言者，殷仍夏制，徐、兗二州以濟爲界，濟西爲兗，東爲徐也。至周并徐於青，與夏殷異。《太康地記》“周合其地於青州”，是矣。

燕曰幽州。自易水至北狄。

燕，《説文》作“郾”，云：“地名。”《釋名》云：“燕，宛也。北方沙漠平廣，此地在涿鹿山南，宛宛然以爲國都也。”“幽州，在北幽昧之地也。”釋文引李巡云：“燕，其氣深要，厥性剽疾，故曰幽。幽，要也。”又引“《太康地記》以爲因於幽都爲名，或云北方太陰，故以幽冥爲號，二者相依也”。按：《職方》云：“東北曰幽州，正北曰并州。”《禹貢》合幽於冀，《爾雅》合并於幽。《公羊》疏引孫、郭並云“自易水至北狄”也。據《職方》，淶、易，并州川浸；昭余祁，并州澤藪。《爾雅》十藪，燕有昭余祁。此注易水屬燕，是皆并合於幽之證。

齊曰營州。自岱東至海。此蓋殷制。

齊者，以天齊淵水而得名。《史記·封禪書》云“齊所以爲齊，以天齊也”，集解：“蘇林曰：‘當天中央齊。’”①（索隱引解道彪《齊記》云：“臨菑城南有天齊泉，五泉並出，有異於常，言如天之腹臍也。”）《釋名》云：“齊，齊也。地在勃海之南，勃齊之中也。”

營州者，《釋名》云：“古有營州，齊衛之地，於天文屬營室，取其名也。”《公羊》疏引李巡曰：“齊，其氣清舒，受性平均，故曰營。營，平也。今爲青州。”又引孫、郭並云：“自岱東至海。”本《禹貢》青州界而言也。釋文：“營者，蓋取營丘以爲號。”引《博物志》云：“營與青同。海東有青丘，齊有營丘，豈是名乎？”按：

① 當天中央齊　央，此本誤“中”，咸豐六年刻本及經解本同。按：《史記·封禪書》蘇林注作“央”，據改。

《説苑·辨物》篇本《爾雅》,作"齊曰青州",是營即青矣。《禹貢》正義引漢末公孫度據遼東,自號青州刺史,以爲"堯時青州當越海而有遼東也。舜爲十二州,分青州爲營州,營州即遼東",其説是矣。

郭云"此蓋殷制"者,釋文引李、郭同。《詩·周南召南譜》正義引孫炎曰:"此蓋殷制。《禹貢》有梁、青,無幽、營,《周禮》有幽、并,無徐、營。"是孫炎以《爾雅》之文與《禹貢》《周禮》異,故疑爲殷制。今按:十藪多異《職方》,疑亦殷制。

> **九州**九州之制,或云起於黄帝、顓頊,《尚書》獨載堯以來。《説文》云:"水中可居曰州。周遶其旁,从重川。昔堯遭洪水,民居水中高土,故曰九州。《詩》曰:'在河之州。'一曰州,疇也,各疇其土而生之。"是則九州之名蓋起於堯矣。《釋名》云:"州,注也,郡國所注仰也。"《禹貢序》釋文引《春秋説題辭》云:"州之言殊也。"《王制》注云:"州猶聚也。"《爾雅》所釋,則殷九州之疆域也。《逸周書·大匡》篇云:"三州之侯咸率。"《程典》篇云:"文王合六州之侯,奉勤于商。"《商頌》云"奄有九有",毛傳:"九有,九州也。"又云"帝命式于九圍",毛傳:"九圍,九州也。"殷有九州,皆其證。

魯有大野。今高平鉅野縣東北大澤是也。

《釋名》云:"魯,鈍也。國多山水,民性樸魯也。"按:《爾雅》魯兼徐、兖二州之地,故《禹貢》大野屬徐州,《職方》屬兖州,《爾雅》實兼二文也。《左氏哀十四年傳》"西狩於大野",杜預注與郭同。《晉·地理志》鉅野屬高平國,《漢志》屬山陽郡,《史記·夏紀》集解引《書》鄭注:"大野在山陽鉅野北,名鉅野澤。"

今按:"鉅"亦大也。《元和郡縣志》云:"大野澤,一名鉅野,在縣東五里。南北三百里,東西百餘里。"《水經·濟水》注引何承天云:"鉅野,湖澤廣大,南通洙、泗,北連清、濟,舊縣故城正在澤中。"然則鉅野古縣因藪澤爲名也。

晉有大陸。今鉅鹿北廣河澤是也。

《釋名》云:"晉,進也。又取晉水以爲名,其水迅進也。"大陸者,《吕氏春秋·有始覽》及《淮南·墬形》篇並云"晉之大陸",高誘注:"大陸,魏獻子所游,焚焉而死者是也。"《水經·清水》注云:"脩武,故甯也。魏獻子田大陸,還,卒於甯。大陸即吴澤矣。《魏土地記》曰:'脩武城西北二十里有吴澤水陂,南北二十許里,東西三十里。'"《左氏定元年傳》杜預注云:"大陸,疑即吴澤陂,近甯。"是酈注本杜預,以吴澤陂爲大陸,其地在河内脩武,今之獲嘉縣西北,春秋時晉之境内。《左傳》"晉始啟南陽",謂此地也。《吕覽》《淮南》又云"趙之鉅鹿",高注以鉅鹿廣阿澤當之,其地在今順德府鉅鹿、任縣之閒,乃趙之境内,故别爲趙藪。緣鉅鹿亦有大陸之名,故郭注本孫炎,遂以此爲晉藪,誤矣。《水經·濁漳水》注又云:"自甯迄於鉅鹿,出於東北,皆爲大陸。"張聰咸曰:"脩武距鉅鹿南北千里,酈元欲聯爲一地,乃以淇口當《禹貢》'北過絳水'之文,故强爲牽合。"胡氏渭云:"淇口在黎陽西南,距脩武二百餘里。信如酈言,則河之所經當先大陸而後降水。"斥其無定見云云,是矣。孫炎、郭璞所云"廣阿澤"者(孫、郭注同,見《左傳》正義。"阿"作"河",誤),即《漢志》《尚書》鄭注所指《禹貢》之"大陸",《吕覽》《淮南》所云"趙之鉅鹿"矣,並與此違。

秦有楊陓。今在扶風汧縣西。

《説文》云:"秦,伯益之後所封國,地宜禾。"《釋名》云:"秦,津也,其地沃衍有津潤也。"

楊陓者,《職方》"冀州藪曰楊紆",注云:"所在未聞。""雍州藪曰弦蒲",注云:"在汧。"《漢·地理志》:"右扶風汧,北有蒲谷鄉弦中谷,雍州弦蒲藪。"然則《漢志》所説與《職方》同,鄭注甚明。郭欲以《職方》之"弦蒲"當《爾雅》之"楊陓"①,参差不合,其説非矣。《淮南·墬形》篇云"秦之陽紆",高誘注:"陽紆,蓋在馮翊池陽,一名具圃。"按:《左氏僖卅三年傳》"秦有具囿",杜預不注其地。如高誘説以具圃即具囿。錢氏坫《説文斠詮》云:"今池陽爲西安府涇陽縣地,並無高原大澤。"然則高注亦非矣。《淮南·修務》篇云:"禹之爲水,以身解於陽盱之河。"《穆天子傳》云:"至于陽紆之山,河伯無夷之所都居。"然則"陽紆、陽盱"聲雖相近,而於《爾雅》之"楊陓",都亦無會。邵氏《正義》説以《有始覽》云"秦之陽華",高注"陽華在鳳翔,或曰在華陰西",以爲近之。今按:《爾雅》釋文"陓,郭烏花反",則與"華"音相近,似"楊陓"即"陽華"。然鳳翔之名,非高所得聞。錢氏所謂後人附入者,不足依據。高引或説以爲在華陰西,亦無的指,難以取證。《後漢·郡國志》注於"弘農郡華陰"下引《吕覽》及高注,於"右扶風汧"下引《爾雅》及郭注,亦不以爲一地,則邵氏亦失之。釋文:"陓,孫於于反。本或作紆字,非。"然則陽紆、楊陓非一地明矣。考之諸書,既多差舛,按之《職方》,又相抵互。竊謂《爾雅》此義當如鄭君之闕疑,不當如郭氏之誤注。

① 楊陓　楊,此本誤"陽",咸豐六年刻本同。今據《爾雅》經文及經解本改。

宋有孟諸。今在梁國睢陽縣東北。

《釋名》云:"宋,送也。地接淮、泗而東南傾,以爲殷後,若云滓穢所在,送使隨流東入海也。"

孟諸者,《禹貢》作"孟豬",《史記》作"明都",《漢志》作"盟諸",《職方》作"望諸",鄭注:"望諸,明都也。"《左傳》作"孟諸",與《爾雅》同。"諸、豬"聲同,孟、望、明、盟,古聲近也。《元和郡縣志》云:"宋州虞城縣孟諸澤在縣西北十里,周迴五十里,俗號盟諸澤。"《晉・地理志》:"梁國睢陽,春秋時宋都。"《漢志》:"故宋國,微子所封。《禹貢》盟諸澤在東北。"是郭所本也。睢陽,今之歸德府商丘縣也。自宋末以來,屢遭河決,藪澤厓岸,不可復識。

楚有雲夢。今南郡華容縣東南巴丘湖是也。

雲夢者,《職方》云"荆州,其澤藪曰雲瞢",鄭注:"雲瞢在華容。"《漢志》:"華容,雲夢澤在南,荆州藪。"司馬相如《子虚賦》云:"楚有七澤,一曰雲夢。雲夢者,方九百里。"是雲夢實一藪也。經傳或分言者,省文從便耳。《左氏昭三年傳》"王以田江南之夢",杜預注:"楚之雲夢,跨江南北。"是則夢亦雲也。《定四年傳》"楚子涉睢,濟江,入于雲中",杜注:"入雲夢澤中。"是則雲亦夢也。《楚辭・招魂》篇云"與王趨夢兮課後先",王逸注:"夢,澤中也。楚人名澤爲夢中。"然則夢中猶雲中矣。《淮南・墬形》篇云"南方曰大夢",高誘注:"夢,雲夢也。"《地理志》江夏郡有"雲杜",即《禹貢》之"雲土"。"土、杜"古字通,然則雲土亦夢土矣。"雲土夢作乂",《史記・夏紀》及《漢志》並變作"雲夢土",皆得《禹貢》之意,各順文從便耳。漢、晉華容縣,今爲荆州府監利、石首二縣地。

郭云“巴丘湖”者,《太平寰宇記》引宋《永初山川古今記》“雲夢澤,一名巴丘湖”,是也。

吴越之閒有具區。今吴縣南太湖,即震澤是也。

吴越者,《釋名》云:“吴,虞也。太伯讓位而不就,歸封之於此,虞其志也。越,夷蠻之國,度越禮義無所拘也。”

具區者,《禹貢》云:“震澤厎定。”《職方》云:“楊州,其澤藪曰具區。”《漢·地理志》:“會稽郡,吴具區澤在西,楊州藪。古文以爲震澤。”是具區即震澤,其地在吴。謂之吴越者,《有始覽》云:“吴之具區。”《墬形》篇“吴”作“越”,高誘注“具區在吴越之閒”,是矣。

郭以太湖即震澤者,《水經·沔水》注引“虞翻曰:‘是湖有五道,故曰五湖。’韋昭曰:‘五湖,今太湖也。’《尚書》謂之震澤,《爾雅》以爲具區,方圓五百里”,郭氏本之,而以太湖、震澤爲一,非也。邵氏《正義》雖致疑難,終泥舊説,以爲“吴越水鄉,濤湖汎決,川瀆難悉”,此亦依違郭氏之失也。按:《避暑録話》云:“孔氏以太湖爲震澤,非是(《禹貢》傳:震澤,吴南太湖名)。《周官》九州有澤藪,有川,有浸。楊州既以具區爲澤藪,則震澤即具區也。太湖乃五湖之總名耳(《職方》云:其浸五湖)。凡言藪者,皆人資以爲利,而浸則但水之所鍾也。今平望八尺震澤之閒,水瀰漫而極淺,與太湖相接而非太湖。積潦暴至,無以洩之,則溢而害田,所以謂之震。他州之澤無水暴至之患,則爲一名而已。而具區與三江通塞爲利害,故二名以别之。”據葉夢得言,則知震澤與太湖相接而爲二。太湖有隄湊之限,震澤水極漫淺,或溢而害田,亦或隄而爲田,與太湖純水者形勢自别。葉氏生於宋代,所見如此。今烏程有震澤,上下二鄉,自上林軋村至南潯鎮皆是,地濱太湖,與葉氏所見無異。頗疑邵氏吴越之人,乃不能舍太湖而别指具區,何歟?至於湖澤增減,古今異形,顔真卿《石柱記》稱太湖周四萬八千頃,視《越絶書》已廣一萬二千頃矣(《越絶》:太湖周三萬六千頃)。韋昭云:"方圓五百里。"今康熙閒周八百餘里矣(康熙卅八年《太湖扈駕恭紀》)。蓋積年衝刷,隄岸變遷。然震澤之非太湖,東南人要可目驗而知也。

齊有海隅。海濱廣斥。

此釋營州之藪。海隅者,《有始覽》及《墬形》篇並云"齊之海隅",高注:"隅猶崖也,蓋近海濱。"《墬形》篇又云"申池在海隅",高注:"海隅,藪也。"《史記·齊世家》集解引左思《齊都賦》注曰:"申池在海隅,齊藪也。"是皆本《爾雅》爲説。但"海隅"是大名,"申池"是其閒小地名,緜絡川原,佳饒竹樹,故《左氏襄十八年傳》:"焚申池之竹木。"《文十八年傳》:"公游于申池。"蓋地饒竹木,足可娱遊。杜預不據"申池在海隅"之文,乃依京相璠説,以"齊南城西門名申門,左右有池,疑此爲是"。《水經·淄水》注①反是杜而駁《齊都賦》注之非,斯皆失矣。今自登萊之黄縣、掖縣以西,歷青州之壽光、樂安以東,及武定之海豐、利津以北,延袤千餘里閒,皆海隅之地。《管子》所謂"渠展之鹽",《左傳》所云"澤之萑蒲""藪之薪蒸",蓋胥於是在焉。或疑十藪皆舉地名,齊藪獨汎指海隅,以斯致疑,此又非也。《子虚賦》言齊王"畋於海濱",與楚之"雲夢"對舉,"海濱"即海隅。且雲夢一藪,猶方八九百里,跨江南北,況齊洋洋大風,海隅

---

① 水經淄水注　經,此本誤"涇",咸豐六年刻本同。經解本作"經",是,據改。

之藪,跨越數郡,包絡千餘里,何足異也!《子虛》所稱"列卒滿澤,罘網彌山,鶩於鹽浦,平原廣澤,遊獵之地",皆非虛語。然則郭注以"海濱廣斥"爲言,斯爲當矣。張聰咸據胡氏渭《禹貢錐指》,以《管子》"渠展"即《爾雅》"海隅",今以其説未備,因復推廣之耳。

燕有昭余祁。今太原鄔陵縣北九澤是也。

此釋幽州之藪。殷之幽州,兼周之并州。故《職方》"并州,其澤藪曰昭余祁",鄭注:"昭余祁,在鄔。"《漢志》:"太原郡鄔,九澤在北,是爲昭余祁,并州藪。"郭注本此。鄔陵,"陵"字衍也。《有始覽》作"燕之大昭",《墬形》篇作"燕之昭余",無"祁"字者,省文耳。今其地在太原府祁縣東七里,《水經·汾水》注"鄔澤,祁藪",是也。然則祁縣因藪爲名。釋文:"祁,孫本作底,音之視反。"蓋假借字,作"祁"爲正。

鄭有圃田。今滎陽中牟縣西圃田澤是也。

《釋名》云:"鄭,町也,其地多平,町町然也。"圃田者,《職方》豫州藪,於西周時在東都畿内。故《詩》"東有甫草",鄭箋以爲"圃田之草"也(《水經·渠水》注:圃田澤多麻黄草)。東遷以後屬於鄭,故《左氏僖卅三年傳》"鄭之有原圃",杜預注以爲"圃田澤",是也。《元和郡縣志》云:"圃田澤,一名原圃。中牟縣西北七里。其澤東西五十里,南北二十六里,西限長城,東極官渡,上承鄭州管城縣界曹家陂,又溢而北流爲二十四陂。"按:中牟今屬開封府,漢屬河南郡,晉屬滎陽郡。

周有焦護。今扶風池陽縣瓠中是也。

《釋名》云:"周,地在岐山之南,其山四周也。"《詩·六月》正義引孫炎曰:"周,岐周也。"

焦護者,《詩》作“焦穫”,《爾雅》釋文:“穫,又作護。”《水經·沮水》注云:“沮水東注鄭渠,渠首上承涇水於中山,西邸(與“抵”同)瓠口,所謂瓠中也,《爾雅》以爲周焦穫矣。”《元和郡縣志》云:“焦穫藪,亦名瓠口,即鄭、白二渠也。晉之扶風郡池陽縣,今爲西安府三原縣也。”

十藪《説文》云:“藪,大澤也。”《左氏·襄廿五年》正義引李巡曰:“藪,澤之别名也。”《周禮·冢宰》注云:“澤無水曰藪。”《澤虞》注云(見《序官》):“水希曰藪。”是藪、澤名同而實異。故《冢宰》云:“藪牧養蕃鳥獸。”《左氏昭廿年傳》:“藪之薪蒸,虞候守之。”然則藪者,湊也,薪蒸、鳥獸之所湊。《風俗通》云:“藪,厚也,有草木魚鼈,所以厚養人也。”(釋文引。)其藪之名數,則《淮南》本於《吕覽》,無大野、焦護,而以趙之鉅鹿與晉之大陸並稱。《説文》本於《職方》,其言九藪,全襲彼文,而青州孟諸、雝州弦蒲、幽州奚養、冀州楊紆,與《爾雅》乖違,豈此之藪名爲從殷制?而周有焦護,非可預言。疑殷有九州,亦當九藪。焦護一藪,或後人所增。今《風俗通》十藪之名,雖與此同,而非應劭舊本,不足依據。鄭注《澤虞》,又云“《爾雅》有八藪”,益復可疑。賈疏曲爲之説,以爲“周、秦同在雍州,秦有楊紆,周有焦護,一州有二,故言十。《爾雅》除畿内一州而言,故云八”。其説亦未可信。且八藪之名,未聞其審,今亦無以言焉,闕之可也。

東陵,阠。南陵,息慎。西陵,威夷。中陵,朱滕。北陵,西隃,鴈門是也。即鴈門山也。

陵者,《説文》云:“大自也。”東陵者,《禹貢》有其名,《漢志》:"廬江郡金蘭西北有東陵鄉。"又《元和郡縣志》:"東陵山在章丘縣南二十八里。"引《莊子·駢拇》篇云:"盜跖死利於東陵之上。"是又一東陵也。但東陵雖有二處,"阬"字遂不見所出。至於息慎、朱滕,亦猶是焉。

威夷者,《文選·西征賦》云"登崤坂之威夷",李善注引《韓詩》曰:"周道威夷。"薛君曰:"威夷,險也。"按:威夷,《漢志》作"郁夷",屬右扶風。雖地可言西,然未必便是西陵。潘賦以"威夷"連"崤坂"爲言,與《地志》又復乖異。李善注所引亦非也。

西隃者,《史記》作"先俞"。《趙世家》云"反巠分、先俞於趙",集解:"徐廣曰:'《爾雅》西隃,鴈門是也。'"正義曰:"西、先聲相近,蓋陘山、西隃二山之地並在代州鴈門縣,皆趙地也。"又謂之"隃"。《穆天子傳》云"乃絶隃之關隥",郭注:"謂北陵西隃,鴈門山也。"《北山經》注:"鴈門山即北陵西隃,鴈門之所出,因以名云。"郭氏二注,並與此合。鴈門山在今代州東北。

陵莫大於加陵。今所在未聞。

加陵者,《風俗通》云:"《國語》周單子會晉厲公於加陵。"引"《爾雅》曰'陵莫大於加陵',言其獨高厲也"。《淮南·人閒》篇云:"晉厲公合諸侯於嘉陵。"按:《周語》云"柯陵之會",韋昭注:"柯陵,鄭西地名也。盟於柯陵,在魯成十七年。"然則柯陵即加陵。"加、嘉"古聲同,"嘉、柯"聲借也。韋注柯陵在鄭西,今未聞其審。

梁莫大於溴梁。溴,水名。梁,隄也。

溴梁者,溴是水名,梁其隄也。《左氏·襄十六年》"會于溴梁",杜預注:"溴水出河内軹縣東南,至温入河。"《水經·濟水》注:"溴水出原城西北原山勳掌谷,俗謂之爲白澗水。"引《爾雅》

而云:"梁,水隄也。湨水又南注於河。"《公羊·襄十六年》疏引孫炎曰:"梁,水橋也。"郭云"隄"者,《釋宮》云:"隄謂之梁。"梁、陵同類,故列於"八陵"。

墳莫大於河墳。 墳,大防。

《釋厓岸》云:"墳,大防。"《方言》云"墳,地大也",郭注:"即大陵也。"鮑照《蕪城賦》稱"三墳",此言"河墳",《詩》言"汝墳"及言"淮墳"。三墳之中,河墳爲大,故獨在八陵。胡氏《禹貢錐指》以漢河隄謂爲金隄者當之,金隄在今濬縣,但本是人所爲,恐非也。錢氏坫《釋地注》:"今蒲州府榮河縣是其地,漢之汾陰脽也。"引《水經注》曰:"長阜,背汾帶河,長四五里,廣二里餘,高十丈。"然則《爾雅》河墳必謂此矣。

八陵

東方之美者,有醫無閭之珣玗琪焉。 醫無閭,山名,今在遼東。珣玗琪,玉屬。

《職方》"幽州,其山鎮曰醫無閭",鄭注:"醫無閭,在遼東。"賈疏云:"目驗知之。漢光武十三年以遼東屬青州,二十四年還屬幽州。"《漢·地理志》"遼東郡無慮",應劭曰:"慮,音閭。"是"無慮"即"無閭"。《楚辭·遠遊》篇云"夕始臨乎於微閭",王逸注:"東方之玉山也。"引《爾雅》爲釋。"醫無閭"作"於微閭",語聲之轉也。《墬形》篇作"醫毋閭"。釋文:"醫,李本作毉。"並聲借字也。

珣玗琪者,《説文》云:"《周書》所謂夷玉也。"《書·顧命》釋文:"夷玉,馬云:'東夷之美玉。'"正義引鄭云:"夷玉,東北之珣玗琪也。"是馬、鄭、許並依《爾雅》爲言。邵氏《正義》云:"今大淩河有錦川石,美者瑩潤如玉,大者可作几。醫無閭山在今錦州府廣寧縣西十里。”

東南之美者,有會稽之竹箭焉。會稽,山名,今在山陰縣南。竹箭,篠也。

《職方》“楊州,其山鎮曰會稽”,鄭注:“會稽,在山陰。”漢、晉二《志》並云:“山陰,會稽山在南。”今山在紹興府會稽縣南二十里矣。《史記·夏紀》云:“禹會諸侯江南,計功而崩,因葬焉,命曰會稽。會稽者,會計也。”

竹箭者,《釋草》云:“篠,箭。”《禹貢》“篠簜既敷”,《夏紀》作“竹箭既布”,《説文》引《書》曰:“竹箭如搢。”按:《職方》注:“故書箭爲晉。”“晉、搢”音同,疑《説文》所引有脱誤也。竹箭堅實,以無節爲異。《墬形》篇注:“今會稽郡出好竹箭也。”戴凱之《竹譜》云:“箭竹高者不過一丈,節閒三尺,堅勁中矢,江南諸山皆有之,會稽所生最精好。”

南方之美者,有梁山之犀象焉。犀牛皮角、象牙骨。

《職方》“荆州,其山鎮曰衡山”,鄭注:“衡山在湘南。”本《漢志》文。《墬形》篇本《爾雅》作“梁山”,高誘注:“梁山在會稽長沙湘南。”是高據《職方》以梁山即衡山,“會稽”二字衍也。或疑衡無梁山之名,非也。會稽,古防山,亦曰茅山,又曰棟山,見《水經注》乃有四名,衡山二名,何足異也?

犀象者,《職方》注:“齒,象齒也。革,犀兕革也。”按:二物珍貴,爲世要用,故載之《禹貢》,列於《爾雅》焉。

西南之美者,有華山之金石焉。黄金、礝石之屬。

《職方》“豫州,其山鎮曰華山”,鄭注:“華山在華陰。”《晉·地理志》:“弘農郡華陰,華山在縣南。”

金石者,《墬形》篇注:“金,美金也。石,含玉之石也。”郭云

“礝石之屬”者，“礝”當作“碝”。《説文》：“碝，石次玉者。”《玉藻》云：“士佩瑌玟。”張揖《子虛賦》注：“碝石白者如冰，半有赤色。”

西方之美者，有霍山之多珠玉焉。霍山，今在平陽永安縣東北。珠，如今雜珠而精好。

《職方》“冀州，其山鎮曰霍山”，鄭注：“霍山在彘。”據《漢志》，後漢改彘爲永安，故《墬形》篇注：“今河東永安縣也。”至晉又改河東爲平陽，故《晉志》：“平陽郡永安，故霍伯國，霍山在東。”郭注與《晉志》同。山在今平陽府霍州東三十里也。《墬形》篇“珠玉”上無“多”字。高誘注：“出夜光之珠，五色之玉也。”《史記·貨殖傳》：“山西饒材、竹①、穀、纑、旄、玉石。”邵氏《正義》曰：“今山西有玉，色黑，美者可以鑑，里人謂之玟玉。”郭云“珠，如今雜珠而精好”，據目驗也。然則珠玉以美好爲珍，非以多爲異也，“多”字蓋衍。

西北之美者，有崐崘虛之璆琳琅玕焉。璆琳，美玉名。琅玕，狀似珠也。《山海經》曰：“崐崘山有琅玕樹。”

崐崘，古文作“昆侖”。《史記·夏紀》索隱引鄭以爲“昆侖、析支、渠搜三山皆在西戎”。《漢志》：“金城郡臨羌有昆侖山祠。”“敦煌郡廣至有昆侖障。”

璆琳琅玕者，《禹貢》雝州所貢，昆侖産也。《管子·輕重甲》篇云：“崐崘之虛不朝，請以璆琳琅玕爲幣乎？”《墬形》篇“崐崘”下無“虛”字。高誘注：“璆琳、琅玕，皆美玉也。”按：高

① 竹　此本誤“苜”，咸豐六年刻本及《史記·貨殖列傳》俱作“竹”，據改。

注非。《詩·韓奕》釋文引鄭注《尚書》云:"璆,美玉。琳,美石。琅玕,珠也。"《説文》亦云:"琅玕,似珠者。"故《禹貢》正義引《釋地》説者皆云:"璆琳,美玉名。琅玕,石而似珠者。"《玉藻》正義引李巡、孫炎、郭璞等並云:"璆琳,美玉。"是郭義同李、孫,皆據《釋器》"璆、琳,玉也"爲説。鄭必以"璆,美玉。琳,美石"分爲二者,蓋據《子虛賦》"琳、瑉"並稱,《上林賦》"碧琳"與"玫瑰"連文,知琳爲美石。實則玉、石同類,古皆通名耳。

郭引《山海經》"琅玕樹"者,《海内西經》文。《墬形》篇云:"崐崘虚中有增城九重,琅玕在其東。"《俶真》篇云"鍾山之玉",高注:"鍾山,崐崘也。"皆與《爾雅》合。姚元之曰:"和闐之西南曰密爾岱者,其山緜亘,不知其終。其山産玉,鑿之不竭,是曰玉山。山恒雪,回民挾大釘巨繩以上,鑿得玉,繫以巨繩縋下。其玉色青。今密爾岱即古崐崘虚矣。"余按:此玉青色,即璆琳也,已詳《釋器》"璆、琳,玉"下。

北方之美者,有幽都之筋角焉。 幽都,山名。謂多野牛筋角。

幽都者,《一統志》云:"山在昌平縣西北,古之幽州。"蓋因山爲名也。《海内經》云:"北海之内有山,名曰幽都之山。"

筋角者,《考工記》云:"燕之角。"《貨殖傳》云:"龍門、碣石北多馬、牛、羊、旃裘、筋角。"《墬形》篇注:"古之幽都在鴈門以北,其畜宜牛、羊、馬,出好筋角,可以爲弓弩。"《魏都賦》云:"燕弧盈庫而委勁。"是北方筋角之利,舊有名矣。

東北之美者,有斥山之文皮焉。 虎豹之屬,皮有縟綵者。

斥山,瀕海之山。《隋·地理志》:"東萊郡文登縣有斥山。"

《寰宇記》云:"即《爾雅》之㡿山。"《齊乘》云:"文登東南六十里,蓋以海濱廣㡿得名。"按:山在今登州府榮城縣南一百二十里矣。

文皮者,《墜形》篇注:"虎豹之皮也。"郭注因之。《管子·揆度》篇云:"發、朝鮮之文皮。"(按:"發"亦地名。)《輕重甲》篇云:"發、朝鮮不朝,請文皮、毤服而以爲幣乎?"然則朝鮮亦出文皮。其地與㡿山唯限一海,皆古營州之地,因知營州蓋越海而有朝鮮矣。

中有岱岳,與其五穀魚鹽生焉。言泰山有魚鹽之饒。

岱岳所在,詳見《釋山》。五穀魚鹽者,《職方》"兗州,其山鎮曰岱山,其利蒲、魚,其穀宜四種",鄭注:"四種,黍、稷、稻、麥。""豫州、并州,其穀宜五種",鄭注:"五種,黍、稷、菽、麥、稻也。""幽州,其利魚鹽",《禹貢》"青州,厥貢鹽、絺,海物惟錯",鄭注:"海物,海魚也。魚種類尤雜。"《左氏昭廿年傳》:"海之鹽蜃,祈望守之。"《管子·輕重甲》篇云:"齊有渠展之鹽。"《貨殖傳》云:"太公望封於營丘,地潟鹵,人民寡,於是太公通魚鹽,則人物歸之。"《墜形》篇"中"作"中央之美者"五字,"五穀魚鹽"之閒有"桑麻"二字,疑據《爾雅》古本,今脱去之。然五穀魚鹽之饒,非必泰山所有,《爾雅》言"中有岱岳",實概舉中土而言耳。

九府府者,釋文云:"猶庫藏也。"《春官·序官》"天府"注:"府,物所藏。"《論語》鄭注:"藏財貨曰府。"《曲禮》注:"府,謂寶藏貨賄之處也。"《小爾雅》云:"府,叢也。"《廣韵》引《風俗通》云:"府,聚也。公卿牧守,道德之所聚也。"然則人、物所聚通謂之"府"。故《一切經音義》九引《三蒼》云:"府,文書財物藏也。"兹篇所釋,皆九州寶藏之屬,故題曰"九府"。

東方有比目魚焉,不比不行,其名謂之鰈。狀似牛脾,鱗細,紫黑色,一眼,兩片相合乃得行。今水中所在有之。江東又呼爲王餘魚。

鰈者,《説文》"狧"字解云:"讀若比目魚鰈之鰈。"《封禪書》云"東海致比目之魚",集解:"韋昭曰:'各有一目,不比不行,其名曰鰈。'"《文選·吴都賦》云"罩兩魪",劉逵注:"魪,左右各一目,所謂比目魚也。云須兩魚並合乃能遊,若單行,落魄著物,爲人所得,故曰兩魪。丹陽吴會有之。"《上林賦》云"禺禺魼鰨",郭氏注:"魼,比目魚,狀似牛脾,細鱗,紫色,兩相得乃行。"與此注同。《爾雅》釋文:"鰈,本或作鰨,同。音牒。"按:《上林賦》注以魼、鰨爲二,則"鰈"作"鰨"者非。《北户録》謂之"鰜",《廣韵》亦以"鰜"爲"比目魚"矣。

郭云"王餘魚"者,《吴都賦》云"雙則比目,片則王餘",劉逵注:"比目魚,東海所出。王餘魚,其身半也。俗云越王鱠魚未盡,因以殘半棄水中爲魚,遂無其一面,故曰王餘也。"然則王餘、比目非一魚,賦及注甚明。王餘,今登萊人謂之"偏口魚"①,與比目相似而有異。其魚單行,非兩兩相合。郭以比目即王餘,誤矣。《初學記》引《臨海異物志》云:"比目魚,似左右分魚。"蓋分魚即王餘也。又云:"《南越志》謂之版魚。"《封禪書》索隱引郭注"王餘"下有"亦曰版魚"四字,"牛脾"下有"身薄"二字,今本俱缺脱,而衍"今水中所在有之"七字,當據索隱删去之。

---

① 偏口魚　口,此本誤"日",咸豐六年刻本及經解本不誤,據改。

比目,海魚,今出日照,故《封禪書》謂出東海,非水中所在皆有也。

南方有比翼鳥焉,不比不飛,其名謂之鶼鶼。似梟,青赤色,一目一翼,相得乃飛。

鶼鶼者,《西次三經》“崇吾之山有鳥焉,其狀如梟,而一翼一目,相得乃飛,名曰蠻蠻”,郭注:“比翼鳥也。色青赤,不比不能飛。《爾雅》作鶼鶼鳥也。”《海外南經》:“比翼鳥在其東,其爲鳥青赤,兩鳥比翼。”《博物志》云:“比翼鳥,一青一赤。”《逸周書·王會》篇云:“巴人以比翼鳥。”是鳥出西南方也。《公羊·宣五年》疏引舊説云“雙雙之鳥,一身二首,尾有雌雄,隨便而偶,常不離散”,即此類也。

西方有比肩獸焉,與邛邛岠虚比,爲邛邛岠虚齧甘草,即有難,邛邛岠虚負而走,其名謂之蟨。《吕氏春秋》曰:“北方有獸,其名爲蟨。鼠前而兔後,趨則頓,走則顛。”然則邛邛岠虚亦宜鼠後而兔前,前高不得取甘草,故須蟨食之。今鴈門廣武縣夏屋山中有獸,形如兔而大,相負共行,土俗名之爲蟨鼠,音厥。

邛,當作“蛩”。《説文》云:“蛩蛩,獸也。”“蟨,鼠也。一曰西方有獸,前足短,與蛩蛩巨虚比,其名謂之蟨。”《韓詩外傳》“蟨”作“蹷”,聲借字耳。釋文引李巡云:“邛邛岠虚能走,蟨知美草,即若驚難者,邛邛岠虚便負蟨而走,故曰比肩獸。”孫炎云:“邛邛岠虚,狀如馬,前足鹿,後足兔,前高不得食而善走。蟨,前足鼠,後足兔,善求食,走則倒,故齧甘草則仰食邛邛岠虚,邛邛岠虚負以走。”是皆以邛邛岠虚爲一獸。司馬相如《子虚賦》云:“蹵蛩蛩,轔距虚。”又爲二獸,郭氏注以“距虚即蛩蛩,變文互言”,非也。邛、岠本二獸。故《王會》篇云“獨鹿邛邛善走也”,孔晁注:“邛邛,獸,似距虚,負蟨而走也。”又云“孤竹距虚”,孔注:“距虚,野獸,驢騾之屬。”《穆天子傳》云“邛邛、距虚走百里”,郭注:“亦馬屬。”又引《尸子》曰:“距虚不擇地而走。”則皆以爲二獸。《子虚賦》張揖注曰:“蛩蛩,青獸,狀如馬。距虚,似羸而小。”其説是矣。郭引《吕氏春秋·慎大覽·不廣》篇文也。《晉·地理志》“鴈門郡廣武”,《漢志》“太原郡廣武,賈屋山在北”。賈屋即夏屋,今代州東夏屋山也。羅願《爾雅翼》云:“遼北境慶州之地大漠中有蟨鼠。”

北方有比肩民焉,迭食而迭望。此即半體之人,各有一目、一鼻、一孔、一臂、一脚,亦猶魚、鳥之相合,更望備驚急。

比肩民者,名“婁”。《韓詩外傳》五云:“北方有獸,名曰婁。更食而更視,不相得不能飽。”然則此亦獸屬,《爾雅》謂之爲“民”。

郭云“即半體之人”者,《海外西經》:“一臂國,一臂,一目,一鼻孔。”即此注所本,唯“鼻孔”中閒衍“一”字。《文選·三月三日曲水詩序》注引郭注作“一目,一鼻孔”,是也。但“魚鳥”作“魚鼠”爲異。

中有枳首蛇焉。岐頭蛇也。或曰今江東呼兩頭蛇爲越王約髮,亦名弩弦。

枳者,宋雪牕本作“軹”,假借字也。釋文云:“本或作積。郭巨宜反,孫音支①,云:‘蛇有枝首者,名曰率然。’”然則孫讀爲“枝”,郭讀爲“岐”。岐、枝、枳,音皆近。《廣雅》云:“枳,枝也。”《楚辭·天問》篇注:“中央之州有岐首之蛇,争共食牧草之

① 孫音支 孫,此本誤“係”,咸豐六年刻本及經解本不誤,據改。

實,自相啄嚙。"《顔氏家訓·勉學》篇云:"蟲有螝者,一身兩口,争食相齕,遂相殺也。螝,古之虺字。"即此枳首蛇也。俗以兩頭蛇見者必死,故孫叔敖殺而埋之。而劉恂《嶺表録異》云:"嶺外極多,長尺餘,大如小指,背有錦文,腹下鮮紅,人視爲常,不以爲異也。"陳藏器《本草拾遺》云:"兩頭蛇大如指,一頭無口目,兩頭俱能行。"此説非也,若一頭無口目,何以能争食而相齕也?孫炎以此蛇名"率然",亦非。《孫子·九地篇》云"率然者,常山之蛇,擊其首則尾至",非兩頭也。郭云"越王約髮",以其錦文長尺餘似之,亦似弩弦也。《類聚》九十六引郭氏贊云:"夔稱一足,蛇則二首,少不知無,多不覺有,雖資天然,無異駢拇。"

此四方中國之異氣也。

夫四方中國,廣谷大川,牝牡異制,陰陽生肖,絪緼異形。夏鼎鑄姦,俾民不逢不若;《爾雅》紀異,令人多見多聞者也。

五方

邑外謂之郊,郊外謂之牧,牧外謂之野,野外謂之林,林外謂之坰。邑,國都也。假令百里之國,五十里之界,界各十里也。

邑者,《説文》云:"國也。"《左氏莊廿八年傳》:"凡邑,有宗廟先君之主曰都,無曰邑。"《釋名》云:"邑猶俋也,邑人聚會之稱也。"是邑、國通名,此邑即國都矣。

郊者,《説文》云:"距國百里爲郊。"此據王畿千里而言。設百里之國,則十里爲郊矣。郊有遠近,以國爲差。《聘禮》云"賓及郊",鄭注:"郊,遠郊也。周制,天子畿内千里,遠郊百里。以此差之,遠郊,上公五十里,侯四十里,伯三十里,子二十里,男十里也(按:今注脱六字,此從《詩·駉》正義引補),近郊各半之。"如鄭此言,是天子近郊五十里。《大戴禮·盛德》篇"近郊三十里”，非周制也。《詩》云：“在浚之郊。”則雖都邑，亦有郊矣。

〇牧者，牧放之地。《詩·出車》傳：“出車就馬於牧地。”《静女》箋：“自牧田歸荑。”《載師》云：“以牧田任遠郊之地。”遠郊在郊外，牧田在遠郊，是郊外謂之“牧”矣。《小司徒》云：“井牧其田野。”《左氏襄廿五年傳》：“牧隰皋井衍沃。”是“井、牧”皆田地之名。《爾雅》釋文引李本“牧”作“田”字，釋云：“田，陳也，謂陳列種穀之處。”然則李巡本作“郊外謂之田”，正與《載師》“牧田任遠郊”之義合。

〇野、林、坰者，《説文》云：“野，郊外也。”“平土有叢木曰林。”“坰”作“冂”，“象遠界也”。《詩·駉》傳：“坰，遠野也。邑外曰郊，郊外曰野，野外曰林，林外曰坰。”《説文》亦云：“邑外謂之郊，郊外謂之野，野外謂之林，林外謂之冂。”俱本《爾雅》而無“郊外謂之牧”句。《詩·叔于田》箋及《遂人》注亦云：“郊外曰野。”《文選·西都賦》注引亦作“邑外曰郊，郊外曰野”，是李善所見本與毛、鄭、許同。《御覽》五十五引作“邑外謂之牧，牧外謂之野”，《素問·六節藏象》及《三部九候篇》王砅注又引作“郊外爲甸，甸外爲牧，牧外爲林，林外爲坰，坰外爲野”。以校今本，多有參差，蓋《爾雅》别本也。李巡、孫炎又復不同。《詩·駉》正義引孫炎曰：“邑，國都也。設百里之國，五者之界，界各十里。”孫意蓋以郊、牧、野、林、坰五者之界各十里而異名也。郭本孫炎，“五者”二字誤衍作“五十里”三字。

下溼曰隰，大野曰平，廣平曰原，高平曰陸。大陸曰阜，大阜曰陵，大陵曰阿。

隰者，《説文》云：“阪下溼也。”《釋名》云：“下溼曰隰。隰，蟄也，蟄濕意也。”《一切經音義》四引《爾雅》舊注云：“隰，溼蟄也。"《詩·車鄰》正義引李巡曰:"下溼,謂土地窊下,常沮洳,名爲隰也。"毛用《爾雅》。

〇平者,《釋名》云:"下平曰衍,言漫衍也。"按:大野地勢平,因謂之"平"。"平"與"坪"音義同。《説文》:"坪,地平也。"

〇原者,《説文》作"邍",云:"高平之野,人所登。"《釋名》云:"廣平曰原。原,元也,如元氣廣大也。"《水經·汾水》注引《春秋説題辭》云:"高平曰太原。原,端也,平而有度。"按:《説文》及《説題辭》俱作"高平",《釋名》及《爾雅》諸家俱作"廣平",《御覽》五十七引舍人曰:"廣平,謂土廣而平。"《詩·公劉》正義引李巡曰:"廣平,謂土地寬博而平正也。"鄭箋亦作"廣平曰原",《大司徒》注又作"高平曰原"。不同者,"高、廣"義近,散文可通。《文選·西都賦》注引亦作"高平曰原"。

〇陸、阜、陵、阿者,《説文》俱本《爾雅》。《釋名》云:"高平曰陸。陸,漉也,水流漉而去也。"《左氏·定元年》杜預注引作"廣平曰陸",《漢書·郊祀志》注同,亦散文通也。阜,《説文》作"𨸏",云:"大陸山無石者。"《釋名》云:"土山曰阜。阜,原也,言高厚也。陵,隆也,體高隆也。"《文選·長楊賦》注引《韓詩章句》云:"四平曰陵。"按:"四平"謂中央高四邊下,故《廣雅》云"四隤曰陵"也。"阿"有二義,《詩·菁菁者莪》傳用《爾雅》,《考槃》傳又云:"曲陵曰阿。"不同者,蓋四邊高而中央卷曲低下。故《一切經音義》一引《韓詩傳》云:"曲京曰阿。""京"亦高大之名,義與此同也。陸、阜、陵、阿皆土山也,以高大而異名。故《詩·天保》及《左傳》正義引李巡曰:"高平謂土地豐正,名爲陸。大陸謂土地高大,名曰阜。阜最大,名爲陵。陵之大者名阿。"

可食者曰原，可種穀給食。**陂者曰阪，**陂陀不平。**下者曰溼。**《公羊傳》曰："下平曰隰。"

此别可耕種之野，所謂穀土者也。《大宰》注："鄭衆云：'三農，平地、山、澤也。'"鄭注："三農，原、隰及平地。"然則穀别有九而土别惟三，即此原、阪、隰之各異其名也。穀土而曰"可食"者，古謂可耕之土爲"食土"。《檀弓》云"擇不食之地而葬我焉"，鄭注："不食謂不墾耕。"《左氏昭七年傳》："食土之毛。"《鄭語》云："食溱洧。"皆其證也。《左氏·襄廿五年》正義引孫炎曰："可食，謂有井田也。陸(當作陵)阿山田可種穀者亦曰原也。"孫意蓋以上云"廣平曰原"是原之本名，此云"可食曰原"是原之通名。山田下隰凡可耕種通謂之"原"，欲明陂者、下者皆以可食。總之，《詩》"周原膴膴"，傳云"原田每每"，非必廣平之地獨擅"原"名矣。

○陂者，《説文》云："阪也。""阪"字解云："坡者曰阪。"又云："陂，阪也。"是"陂、阪"音義同，故得兩通。釋文："陂，又作坡。郭皆普何反。"此音得之，古讀"皮"爲"坡"也。《釋名》云："山旁曰陂，言陂陁也。"《玉篇》云："陂陀，靡迆也。"然則"坡"之言"頗"也，"阪"之言"反"也，謂山田頗側之處可耕種者。故《詩·車鄰》正義引李巡曰："陂者，謂高峰山陂。"《正月》箋云："阪田，崎嶇墝埆之處。"《淮南·齊俗》篇云："陵阪耕田。"《易·説卦》云："其於稼也，爲反生。"虞翻本"反"作"阪"，云："陵阪也。"是"阪、反"通。

○溼者，當作"隰"，字之誤也。《車鄰》正義引李巡曰："下者，謂下溼之地。隰，溼也。"《説文》云："隰，阪下溼也。"增一"阪"字者，許意蓋以"下溼曰隰"，其訓已明，又言"下者曰隰"，明此義對阪而言。田之陂陀不平者名爲“阪”，其下而平者即爲“隰”，不必沮洳漸溼之處始名“隰”也。且此三句俱言可耕之田，故《説苑·復恩》篇説祠田云：“下田洿邪，得穀百車，蟹堁者宜禾。”《尊賢》篇云：“蟹堁者宜禾，洿邪者百車。”“洿邪”即隰，“蟹堁”即阪。《詩·車鄰》亦“阪、隰”對言，毛傳用《爾雅》。《月令》孟春之月“善相丘陵、阪險、原隰，土地所宜，五穀所殖”，皆與此義合。郭引《公羊昭元年傳》“下平曰隰”，“平”亦對“陂”而言。

田一歲曰菑，今江東呼初耕地反草爲菑。**二歲曰新田，**《詩》曰：“于彼新田。”**三歲曰畬。**《易》曰：“不菑畬。”

《説文》云：“田，陳也，樹穀曰田。”《釋名》云：“已耕者曰田。田，填也，五稼填滿其中也。”蔡邕《月令章句》云：“穀田曰田。”此文皆言田之異名，故以“田”統之也。

菑者，《説文》云：“反耕田也（反，本作不，从段注改）。”引《易》曰：“不菑畬。”《詩·采芑》正義云：“菑者，災也。”引孫炎曰：“菑，始災殺其草木也。”《易·无妄》釋文引董遇云：“菑，反草也。”蓋田久蕪萊，必須利耜熾菑發其冒橛，拔彼陳根，故云“反草”。《詩》“俶載南畝”，箋讀“俶載”爲“熾菑”，是其義也。江南以首春墾草爲“翻田”，江北以初冬耕田爲“刷草”，皆與“菑”義合。釋文：“菑，孫音災。”

○新田者，耕之二歲，疆壚剛土，漸成柔壤。《采芑》正義引孫炎曰：“新田，新成柔田也。”毛傳用《爾雅》。

○畬者，田和柔也。孫炎曰：“畬，和也，田舒緩也。”蓋治田三歲則陳根悉拔，土脈膏肥。“畬”之言“舒”。《易》釋文引董遇云“悉耨曰畬”，是也。馬、鄭俱本《爾雅》，《詩·臣工》傳同。

唯《禮·坊記》注"二歲曰畬,三歲曰新田",《易》釋文引《説文》亦云"畬,二歲治田也",並與《爾雅》、毛傳不合,蓋異説也。

野"野"對"邑"言,如《左傳》云:"謀於野則獲,謀於邑則否。"《周禮·鄉師》:"以歲時巡國及野。"《遂人》:"掌邦之野。"是國門以外通謂之"野"。若別而言之,郊、牧、林、坰,皆野之異名,原、隰、陸、阜、陵、阿、菑、畬、新田,皆野之細目,故總題曰"野"也。

東至於泰遠,西至於邠國,南至於濮鉛,北至於祝栗,謂之四極。皆四方極遠之國。

《釋詁》云:"極,至也。"四方所至,故謂之"四極"。泰遠者,《大戴禮·千乘》篇四辟之民皆云"至於大遠",此之"泰遠",則東極地名也。

邠者,釋文云:"本或作豳。"《説文》作"汃",云:"西極之水也。"引《爾雅》曰:"西至汃國,謂四極。"《文選·上林賦》注文穎引《爾雅》曰:"至于豳國,爲西極。"

濮鉛者,《廣韵》"獛"字注云:"獛鉛,南極之夷,尾長數寸,巢居山林,出《山海經》(按:今經無)。"《逸周書·王會》篇:"伊尹四方令曰正南百濮。"蓋"濮鉛"亦可單言"濮"也。

祝栗者,《史記·周紀》"封黄帝之後於祝",《樂記》作"封帝堯之後於祝"。蓋祝、薊俱近燕,皆北極地名,疑"祝"即"祝栗"也。邵氏《正義》以"祝栗"即"涿鹿"之轉聲,《史記·黄帝紀》"邑於涿鹿之阿"也。

觚竹、北户、西王母、日下,謂之四荒。觚竹在北,北户在南,西王母在西,日下在東,皆四方昏荒之國,次四極者。

荒者,《書·禹貢》"荒服"正義引馬融注:"荒,政教荒忽,因其故俗而治之。”然此猶在五服内者,若《爾雅》之“四荒”,則政教所不加,故次於“四極”也。

“觚竹”即“孤竹”。《齊語》云:“北伐山戎,刜令支,斬孤竹。”《漢·地理志》:“遼西郡令支有孤竹城。”按:其地在今永平府也。

北户者,《史記·舜紀》云:“南撫交阯、北發。”索隱以“北發當云北户,南方有地名北户”。《淮南·墬形》篇作“反户”,高誘注:“在日之南,皆爲北鄉户,故反其户也。”《漢志》:“日南郡屬交州。”《吴都賦》云:“開北户以向日。”按:北户亦地名。特言郡在極南,實則日南非真在日之南,北户亦非向北看日也。

西王母亦國名也。《竹書》:“帝舜九年,西王母來朝。”《大戴禮·少閒》篇云:“西王母來獻其白琯。”《淮南·墬形》篇云:“西王母在流沙之瀕。”《漢志》:“金城郡臨羌西北至塞外有西王母石室。”《西域傳》云:“安息長老傳聞條支有弱水、西王母,亦未嘗見也。”又云:“條支臨西海。”是西王母乃西海遠荒之國,從未有人至其地者也。

日下者,鄭樵以爲即今日本國也。邵氏《正義》以爲嵎夷。但嵎夷雖在東表,然是賓日之地,而無日下之名。

九夷、八狄、七戎、六蠻,謂之四海。九夷在東,八狄在北,七戎在西,六蠻在南,次四荒者。

四海者,《御覽》卅六引舍人云:“晦冥無識,不可教誨,故曰四海。”《曲禮》正義引李巡注:“四海遠於四荒。”餘同舍人。《詩·蓼蕭》正義引孫炎曰:“海之言晦,晦闇於禮義也。”《初學記》“謂之四海”下言“皆近於海也”,似引《爾雅》舊注之文,與諸家義異也。

夷、狄、戎、蠻者,《蓼蕭》箋云:"九夷、八狄、七戎、六蠻,謂之四海。"與《爾雅》合。正義曰:"《職方氏》及《布憲》注亦引《爾雅》云'九夷、八蠻、六戎、五狄,謂之四海'。數既不同,而俱云《爾雅》,則《爾雅》本有兩文。今李巡所注'謂之四海'之下更三句云:'八蠻在南方,六戎在西方,五狄在北方。'此三句唯李巡有之,孫炎、郭璞諸本皆無也。李巡與鄭同時,鄭讀《爾雅》蓋與巡同。"又引《鄭志・答趙商》云"戎狄之數,或五或六,兩文異"云云。"鄭疑兩文必有一誤,故不敢定之耳",據孔此義,則知鄭於箋注所引互異,蓋疑未敢定也。但《爾雅》及《職方》《明堂位》,其數俱不合。邵氏《正義》以《爾雅・釋地》多述殷制,此言"四海",亦當指殷之肇域而言。盧辯《大戴禮・用兵》篇注又以此爲夏之所服,而云:"殷之夷國,東方十,南方六,西方九,北方十有三。"此言復不知出何書也。賈公彦《職方》疏以爲夏制,與盧辯同。今按:夏制、殷制皆無可考,此等皆臆度耳。《王制》正義引李巡注八蠻、六戎、五狄,並指其名,今不録。

岠齊州以南戴日爲丹穴,岠,去也。齊,中也。**北戴斗極爲空桐,**戴,值。**東至日所出爲太平,西至日所入爲太蒙。**即蒙汜也。

岠者,當作"岠",通作"距"。《書》:"予決九川,距四海。"《漢書・食貨志》注:"岠,至也。"此注"岠,去也","去、至"義相成也。

"齊,中也"者,本《釋言》文。《列子・湯問》篇云:"不知距齊州幾千萬里。"《御覽》卅六引舍人云:"自中州以南,日光所照,故曰丹穴。"《莊子・讓王》篇云:"逃乎丹穴。"《淮南・氾論》篇注:"丹穴,南方當日下之地。""戴"訓"值"者,《考工記・

弓人》鄭衆注:“牛戴牛,角直一牛也。”“直”與“值”古字通。《禮·投壺》云:“馬各直其算。”《史記·項羽紀》云:“直夜潰圍。”此皆以“直”爲“值”。值,當也。

斗極者,北斗中也。空桐,《氾論》篇作“空同”。《史記·黄帝紀》集解:“韋昭曰:‘在隴右。’”正義引《括地志》:“笄頭山,一名崆峒山。”然此自西方山,非《爾雅》所指也。錢氏《釋地注》以今順天府薊州東北空桐山當之,恐亦未然。《莊子·在宥》篇釋文引司馬云:“空同,當北斗下山也。一曰在梁國虞城東三十里。”今亦疑未敢定也。

太平者,《大荒東經》云:“東海之外,大荒之中,有山名曰大言,日月所出。”蓋此即太平也。太平、大言,古讀音近。

太蒙者,《楚辭·天問》篇云:“出自湯谷,次于蒙汜。”《淮南·覽冥》篇云“邅回蒙汜之渚”,高注:“蒙汜,日所入之地。”

太平之人仁,丹穴之人智,太蒙之人信,空桐之人武。地氣使之然也。

《王制》云“五方之民皆有性也,不可推移”,鄭注:“地氣使之然。”與此注同。《淮南·氾論》篇云:“丹穴、大蒙、反踵、空同、大夏、北户、奇肱、修股之民,是非各異,習俗相反。”《墬形》篇注:“東方木德仁,故有君子之國。”此即太平之人仁也。推是而言,南方火德明,故其人智;西方金德實,故其人信;北方水德怒,故其人武;中國土德和平,故其人五性具備也。

四極題上事也。上文復有四荒、四海,不言者,舉一足以包之。《逸周書·王子晉》篇云:“善至于四海曰天子,達於四荒曰天王。”《列子·湯問》篇云:“以是知四海、四荒、四極之不異也。”並與此義合。

爾雅郭注義疏中之六

釋丘第十

《説文》云:“北,土之高也,非人所爲也。从北,从一。一,地也。人居在北南,故从北。中邦之居在崐崘東南。一曰四方高、中央下爲北。象形。古文从土作坓。”《風俗通》云:“《尚書》:‘民乃降丘度土。’堯遭洪水,萬民皆山棲巢居,以避其害。禹決江疏河,民乃下丘,營度爽塏之場而邑落之。故丘之字,二人立一上,一者,地也,四方高,中央下,象形也。”《大司徒》注:“土高曰丘。”《易·象上傳》虞翻注:“半山稱丘。”《廣雅》又云:“小陵曰丘。”是丘之名無定。經典“丘、陵”連言,凡土之高者舉可稱“丘”也。玆篇所釋,俱因形以定名,“宛丘”以下始兼地望,而以“厓岸”附焉。

丘,一成爲敦丘,成猶重也。《周禮》曰:“爲壇三成。”今江東呼地高堆者爲敦。**再成爲陶丘,**今濟陰定陶城中有陶丘。**再成鋭上爲融丘,**纖頂者。**三成爲崐崘丘。**崐崘山三重,故以爲名。

《覲禮》注:“成猶重也。”《司儀》云:“爲壇三成。”皆郭所本。“敦”之爲言“堆”也。“敦”訓爲“厚”,“厚、重”義近,故一重之丘因以爲名。下文“如覆敦者,敦丘”,彼舉其形,此言其義,其實一耳。“敦”與“頓”通,故《詩·氓》傳作“頓丘”。正義引孫炎曰："形如覆敦，敦器似盂。"下文注曰："丘一成之形象也。"是"敦、頓"字異音義同。《釋名》云："丘一成曰頓丘，一頓而成，無上下大小之殺也。"蓋望文生訓耳。《漢志》頓丘屬東郡，今爲大名府清豐縣。

○陶者，《説文》云："再成丘也。"引《書》"東至于陶丘"。《禹貢》正義引李巡曰："再成其形。再，重也。"按："陶"从匋，匋是瓦器，丘形重累似之。故《後漢書·明帝紀》注引孫炎云："形如累兩盂也。"《釋名》亦云："陶丘，於高山上一重作之，如陶竈然也。"是皆以匋爲義。但丘非人所爲，《釋名》假言"作之"，其實自然生成也。《漢志》："濟陰郡定陶，《禹貢》陶丘在西南。陶丘亭，今在曹州府定陶縣南七里。"《水經·濟水》注引《墨子》以爲釜丘。蓋丘象陶竈，亦兼得釜名矣。

○鋭者，《釋山》"鋭而高"，注"言纖峻"，是也。融丘者，《釋名》云："鋭上曰融丘。融，明也。明，陽也。凡上鋭皆高而近陽者也。"按：融，炊氣上出也，宜兼高、長二義。長與高即"鋭上"之意。張氏照《考證》云："陸璣《白雲賦》：'興曜曾泉，升迹融丘。'"

○崐崘者，《水經·河水》注引《崐崘説》云："崐崘之山三級：下曰樊桐，一名板桐；二曰玄圃，一名閬風；上曰層城，一名天庭。"邢疏引《崐崘山記》云："崐崘山，一名崐丘，三重，高萬一千里。"是崐崘亦名崐丘，又名崐崘丘。《西山經》云"崐崘之丘，實惟帝之下都"，是也。但《爾雅》特借崐崘以定三重丘名，非指崐崘山也。故《釋名》云："三成曰崐崘丘，如崐崘之高而積重也。"其説是矣。

如椉者，椉丘。形如車椉也。或云椉謂稻田塍埒。如陼者，

陼丘。水中小洲爲陼。

《釋名》云:"如椉曰椉丘。四馬曰椉。一基在後似車,四列在前似駕,馬車之形也。"釋文引李、郭皆云:"形如車椉。"郭又以"椉謂稻田塍埒"者,《説文》云:"塍,稻田畦也。"郭蓋借"塍"爲"椉"。當從前説。《春秋·莊十年》"公敗宋師於椉丘",杜預注:"謂魯地。"《漢志》屬泰山郡。《括地志》云:"椉丘在瑕丘縣西北三十里。"按:瑕丘,今屬兗州府也。又,《漢志》"濟陰郡椉氏",應劭以爲即《春秋》"椉丘",非也。濟陰之椉氏與泰山之椉丘非一地,應氏誤合之耳。

○"如陼"之"陼",《説文》作"渚",云:"如渚者,陼丘,水中高者也。"《釋名》云:"如陼者,陼丘,形似水中之高地,隆高而廣也。"《文選》注引《聲類》云:"陼,或作渚。"是"渚、陼"通。郭云"小洲爲陼",本《釋水》文。

水潦所止,泥丘。頂上污下者。

泥者,《廣韵》引作"屔"。《説文》云:"屔,反頂受水丘。从泥省聲。"《繫傳》以爲"頂當高,今反下,故曰反頂"。按:反頂即汙頂。《史記·孔子世家》説夫子圩頂,索隱曰"圩頂,言頂上窊",是也。正義引《輿地志》"闕里有尼丘山","今在兗州鄒城闕里"。然則夫子之字曰"仲尼",蓋本此。《釋名》云:"水潦所止曰泥丘。其上汙水留不去成泥也。"此亦望文生義。

方丘,胡丘。形四方。

《釋名》云:"圜丘、方丘,就其方圜名之也。"《漢志》山陽郡有瑕丘。《表記》鄭注:"瑕之言胡也。"是"瑕丘"即"胡丘","胡、瑕"古音相近。邵氏《正義》以《淮南·墬形》篇"和丘"當之,"和、胡"聲轉也。

絶高爲之京。人力所作。**非人爲之丘。**地自然也。

此以“京、丘”對言，故《説文》云：“京，人所爲絶高丘也。”又云：“丘之高也，非人所爲也。”《左氏襄廿五年傳》：“辨京陵。”《吕覽·禁塞》篇云“爲京丘若山陵”，高誘注：“合土築之以爲京觀，故謂之京丘。”《淮南·覽冥》篇云：“築重京。”是皆人力所爲，故曰“絶高爲之”。《詩》正義引孫、郭並云“人力所作”，是也。丘則地性自然而高，不假人爲。此篇《釋丘》所載諸丘是也。然京、丘古亦通名，故《詩序》云：“文公徙居楚丘。”而《詩》乃言“景山與京”，毛傳：“京，高丘也。”《皇矣》傳：“京，大阜也。”是京與丘通名。故《吕覽》以“京丘”爲言，《詩》正義引李巡亦曰：“丘高大者爲京也。”是皆京、丘通稱之證。

水潦所還，埒丘。謂丘邊有界埒，水繞環之。

埒者，《玉篇》云：“淮南道有形埒。”《説文》云：“埒，庳垣也。”邢疏：“埒，小隄也，壝土爲之。”然則埒有人爲者，亦有自然者。《淮南·本經》篇云：“聚埒畝。”《方言》注：“有界埒，似耕壠。”是耕壠界限亦謂之“埒”。水潦所還者，“還”猶“環”也，言此丘中有界埒，外則水潦所環，形似稻田塍埒，因名“埒丘”矣。

上正，章丘。頂平。

“章”之言“正”也，謂丘形平正。《唐書·地理志》：“齊州濟南郡章丘。”《元和郡縣志》：“章丘縣本漢陽丘，隋改章丘，取縣南章丘山爲名。”

澤中有丘，都丘。在池澤中。

“都”之言“潴”也。《禹貢》“被孟諸”，《史記》作“被明都”。《風俗通》云：“水澤所聚謂之都，亦曰潴，省作豬。”《檀弓》注：“豬，都也。南方謂都爲豬。”《釋名》云：“澤中有丘曰都丘,言蟲鳥往所都聚也。"《韓詩外傳》云:"禽獸厭深山而下於都澤。"

當途,梧丘。途,道。

梧者,讀如"寤",假借字也。《釋詁》云:"遻,逢也。"《説文》云:"牾,逆也。"並與此合。故《釋名》云:"當途曰梧丘。梧,忤也,與人相當忤也。"《晏子春秋·雜下》篇云:"景公畋於梧丘。"蓋本此以爲名。

途出其右而還之,畫丘。言爲道所規畫。**途出其前,戴丘。**道出丘南。**途出其後,昌丘。**道出丘北。

《釋名》云:"道出其右曰畫丘。人尚右,凡有指畫,皆用右也。""道出其前曰載丘。在前故載也。""道出其後曰昌丘。"此句無釋,蓋有缺脱。"載、戴"古字通用。"而還之"三字不見,蓋文省耳。"戴"即"戴日、戴斗極"之"戴"。戴,值也,謂途與丘相值。昌,當也,見《釋詁》,謂途與丘相當。是"昌、戴"其義同也。

水出其前,渻丘。水出其後,沮丘。水出其右,正丘。水出其左,營丘。今齊之營丘,淄水過其南及東。

《説文》云:"水出丘前謂之渻丘。"《釋名》作"阯丘",云:"水出其前曰阯丘,阯,基阯也,言所出然。""沮丘"作"阻丘",云:"水出其後曰阻丘。背水以爲險也。""正丘"作"沚丘",云:"水出其右曰沚丘。沚,止也,西方義氣有所制止也。"並與今本異。

○營丘者,《詩》正義以爲"水所營繞,故曰營丘",引孫炎曰"今齊之營丘,淄水過其南及東","是也",與郭注同。《水經·淄水》注引《爾雅》曰:"水出其前左爲營丘。"《史記》集解及《檀弓》正義引亦同。然則云"淄水過其南"者,"南"即前也。云"及東"者[①],"東"即左也。據酈、裴所引及孫、郭注可知"左"上當有"前"字,故王氏念孫曰:"作前左者是也。"《元和郡縣志》引《爾雅》亦有"前"字,又申釋之云:"今臨淄城中有丘,淄水出其前,經其左,故曰營丘也。"參考諸家之義,自以本有"前左"爲長。但《釋名》及《詩》正義仍引作"水出其左曰營丘",並無"前"字,蓋據今本刪去之也。《漢志》臨淄屬齊郡,營陵屬北海郡。應劭以營陵即營丘,誤矣。營陵,《春秋》謂之"緣陵"。

如覆敦者,敦丘。 敦,盂也。

即上"敦丘",此又申釋其狀。故孫炎云:"丘一成之形象也。"明二者是一。"敦"讀爲"堆"。郭注上文"江東呼地高堆爲敦",孫云:"形如覆敦。敦器似盂。"蓋盂體圓,上下相連,敦形似之。鄭注《周禮》《禮記》並以爲黍稷器。《寰宇記》:"敦丘在觀城縣南二十里。"

邐迆,沙丘。 旁行連延。

《説文》云:"邐,行邐邐也。""迆,衺行也。"沙丘者,《漢志》:"鉅鹿郡鉅鹿,紂所作沙丘臺在東北七十里。"《史記·殷紀》:"益廣沙丘苑臺。"正義於《秦紀》"沙丘臺"、《趙世家》"沙丘宮"並引《括地志》云:"在邢州平鄉東北三十里。"徐廣以爲趙沙丘在鉅鹿,則是皆一地也。但沙丘所在多有,其形皆邐迆連延,不獨鉅鹿爲然也。《廣韵》云:"峛崺,沙丘狀。峛音邐。"是"峛崺"即"邐迆"之異文。

---

① 云及東者　東,此本誤"水",咸豐六年刻本同,經解本作"東"。按:本節上云"淄水過其南及東",此分釋"淄水過其南""及東"。作"東"是,據經解本改。

左高,咸丘。右高,臨丘。前高,旄丘。《詩》云:"旄丘之葛兮。"**後高,陵丘。偏高,阿丘。**《詩》云:"陟彼阿丘。"

左高而右卑者名"咸丘"。《春秋·桓七年》"焚咸丘",杜預注:"魯地。高平國鉅野縣有咸亭。"《公羊》以爲邾婁之邑也。

右高而左卑者名"臨丘"。地道尊右,於《易》地澤爲臨,此丘義亦同也。

旄丘者,《詩》傳云:"前高後下曰旄丘。"釋文引《字林》作"堥",云:"堥丘也,亡周反。又音毛,又亡付反。"《爾雅》釋文引"《字林》作嵍,又作堥,俱亡付反"。《玉篇》云:"嵍,丘也。或作堥。前高後平丘名。"《顔氏家訓·書證》篇云:"柏人城東北有一孤山,世俗或呼爲宣務山。余讀碑銘,知此巏嵍山也。嵍字,依諸字書即旄丘之旄也。"是吕忱、顧野王、顔之推並以"旄丘"爲"堥丘"。《文選·答賓戲》注應劭引《爾雅》正作"前高,堥丘"。又《内則》注:"牟讀曰堥。"即此"堥"字。鄭、應同時,蓋必所見《爾雅》本"旄丘"作"堥丘",故一讀一引,字俱作"堥",可知今本作"旄",假借字耳。《釋名》作"髦",因云"前高曰髦丘,如馬舉頭垂髦也",殆望文生訓矣。《寰宇記》云:"旄丘在澶州臨河縣東。今在大名府開州也。"

○丘之後高而前卑者名"陵丘",此"陵"蓋"夌"之假借。《説文》云:"夌,越也。一曰夌徲也。"《玉篇》云:"夌,古陵字。"然則"夌徲"即"陵遲",古字通用。陵丘謂後邊高、前稍陵遲低平,與下文"陵丘"異也。

丘之一隅偏高而不正,當左右前後者曰"阿丘"。《詩·載馳》傳用《爾雅》。正義引李巡曰:"謂丘邊高。"《釋名》云:"偏高曰阿丘。阿,何也,如人儋何物,一邊偏高也。"

宛中，宛丘。宛謂中央隆高。

宛丘者，《釋名》云："中央下曰宛丘。有丘宛宛如偃器也。"《詩·宛丘》傳："四方高中央下曰宛丘。"正義引李巡、孫炎皆云："中央下。"郭獨以爲中央隆峻，與諸家異。故正義駁之云："《爾雅》上文備説丘形，有左高、右高、前高、後高，若此宛丘中央隆峻，言中央高矣，何以變言宛中？"此駁是也。今按：《釋山》有"宛中，隆"，郭蓋本此爲説。詳見下篇。

丘背有丘爲負丘。此解宛丘中央隆峻，狀如負一丘於背上。

丘背有丘者，"背"猶"北"也，言丘之北復有一丘，若背負然，因名"負丘"。古讀"負"若"陪"，二字義相通借。"陪"訓"貳"也，"重"也，皆與"丘背有丘"義合。此自别爲一丘，郭意欲爲宛丘作解，蓋失之矣。且此明言"丘背有丘"，亦非"中央隆高"之義。

左澤，定丘。右陵，泰丘。宋有太丘社，亡，見《史記》。

定丘者，《漢志》齊郡有鉅定。又爲澤名，蓋本古縣依澤以爲名也。疑此爲近之。但陵谷變遷，丘形亦不可復識矣。其地在今青州府樂安縣也。

泰丘者，《史記·封禪書》集解引《爾雅》作"右陵，太丘"，索隱引郭注云："宋有太丘社，以社名此地也。"所引與今本異。"太丘社亡"，《六國表》在顯王三十一年。

如畝，畝丘。丘有壟界如田畝。**如陵，陵丘。**陵，大阜也。

畝丘者，《詩·巷伯》正義引李巡曰："謂丘如田畝曰畝丘也。"孫炎曰："方百步也。"《釋名》云："畝丘，丘體滿一畝之地也。"與孫義同。郭注本李巡。

丘之如陵者名"陵丘"。陵，大阜也，體隆而勢平，與後高之陵丘名同義異。

丘上有丘爲宛丘。嫌人不了,故重曉之。

丘上有丘爲宛丘者,即上"宛丘",但其中閒窊處復起一小部婁,是謂丘上有丘,從其本名仍曰"宛丘"。臧氏《經義雜記》廿八云:"謂有上下兩丘,上一丘中央宛下,亦非言中央高也。"又云:"宛,施博士於阮反,讀爲宛;郭於粉反,讀爲菀,與毛傳、李、孫皆乖異矣。"今按:宛,郭音"藴",謂藴聚隆高也。説見釋文,蓋出郭氏《音義》。

陳有宛丘,今在陳郡陳縣。**晉有潛丘,**今在太原晉陽縣。**淮南有州黎丘。**今在壽春縣。

陳有宛丘者,《韓詩外傳》:"陳之富人鰟於韞丘之上。""韞丘"當即"宛丘",聲近假借字也。《詩譜》云:"陳都於宛丘之側。"《水經·渠水》注云:"宛丘在陳城南道東,王隱云'漸欲平',今不知所在矣。"按此則王隱尚及見之,酈氏已不知所在。而《元和郡縣志》云:"在宛丘縣南三里。"《寰宇記》又云:"高二丈。"殊未可信。陳郡陳縣,今爲陳州府淮寧縣。

○潛丘者,《元和志》及《寰宇記》俱云:"在太原縣南三里。隋開皇二年於其上置大興國觀。"按舊圖經,宋修惠明寺,陶土作瓦,是丘遂湮。然則亦僅存其名矣。晉陽縣,今爲太原縣。

○州黎丘者,劉氏台拱《經傳小記》云:"《鹽鐵論》(《論儒》篇)孔子能方不能圓,故飢于黎丘。哀公二年,蔡遷於州來。四年,孔子自陳適蔡,絶糧。《鹽鐵論》所謂黎丘蓋即州黎之丘也。"今按:古讀"來"如"黎",是"州黎"即"州來",劉説是矣。《吕氏春秋》"梁北有黎丘",非此。《晉志》淮南郡壽春縣,今爲鳳陽府壽州。

天下有名丘五,其三在河南,其二在河北。說者多以州黎、宛、營爲河南,潛、敦爲河北者。按:此方稱天下之名丘,恐此諸丘碌碌未足用當之。殆自别更有魁梧桀大者五,但未詳其名號、今者所在耳。

郭引說者"以州黎、宛、營爲河南,潛、敦爲河北",蓋本《爾雅》舊注之文。翟氏灝《爾雅補郭》云"今以郭意求之,惟西域有崐崘、軒轅二丘,海外西北有平丘,東南有嵯丘,東有青丘。依《山海經》所言,此五丘爲天下最魁梧桀大,而名稱於上古。軒轅、平丘在河以北,嵯、青在河以南。河出崐崘西北,則崐崘亦屬河南"云云。按:此說亦無以知其必然,姑存之。

丘

望厓洒而高,岸。厓,水邊。洒謂深也。視厓峻而水深者曰岸。

此釋厓岸之名也。《說文》云:"岸,水厓而高者。"又云:"厓,山邊也。""巖,岸也。"是山邊亦名厓,此則指水邊而言也。

洒者,《詩·新臺》傳:"洒,高峻也。"郭謂"深也",高則必深,義雖相成,但"洒、峻"雙聲,訓"深"未聞。

夷上洒下,不漘。厓上平坦而下水深者爲漘。不,發聲。

《說文》:"漘,水厓也。"《詩·葛藟》傳:"漘,水隒也。"《伐檀》傳:"漘,厓也。"正義引李巡曰:"夷上,平上。洒下,陗下,故名漘。"孫炎曰:"平上陗下故名曰漘。不者,蓋衍字。"李、孫訓"洒"爲"陗",義本毛傳。孫以"不"爲衍字,郭不從者,以《釋魚》云"左倪不類,右倪不若","不"皆發聲。

隩,隈。今江東呼爲浦隩。《淮南子》曰:"漁者不爭隈。"

"隩、澳"同,《說文》並云:"隈厓也。""隈,水曲隩也。"許讀

“厓”文上屬，與李、郭異，郭讀與李巡同也。隩，借作“奥”。《詩·淇奥》傳：“奥，隈也。”正義引孫炎曰：“隈，水曲中也。”郭云“今江東呼爲浦隩”，“隩”當作“隈”。《文選》詩注引作“今江東人呼浦爲隈”，是也。郭又引《淮南·覽冥》篇云“漁者不爭隈”，高誘注：“隈，曲深處，魚所聚也。”是“隈”有深曲之義。“隩”猶“奥”也，亦深隱之義也。《詩》正義引陸璣以淇、澳爲二水名，劉昭《郡國志》注引《博物志》“奥水流入淇水”，《水經注》引“肥泉謂之澳水”，並與《爾雅》不合，今無取焉。

厓内爲隩，外爲隈。别厓表裏之名。

此有二文。“隈”作“鞫”者，《詩》“芮鞫之即”，《周禮·職方》注引作“汭坭之即”。（《爾雅》釋文：“鞫，《字林》作坭，云：‘隈厓外也。’九六反。”）是“汭坭”即“芮鞫”，古字通借。《廣韵》作“阮”，《玉篇》作“泦”。《漢志》右扶風汧下誤作“芮阸”，顔師古曰：“阸讀與鞫同。”《詩》“芮鞫”，《韓詩》作“芮阸”，然則“阸”蓋“阮”字形譌。韓作“阮”，毛作“鞫”。“芮”亦“汭”字假借。故《詩·公劉》箋：“芮之言内也。水之内曰隩，水之外曰鞫。”（毛傳：“芮，水厓也。鞫，究也。”）正義引李巡曰：“厓内近水爲隩，其外曰鞫。”孫炎曰：“内曲，裏也。外曲，表也。”此皆作“鞫”之本。今作“隈”者，以上方云“隩，隈”，下即云“厓内爲隩，外爲隈”，文義相承，故《説文》“澳”字解云：“澳，隈厓也。其内曰澳，其外曰隈。”義本《爾雅》。釋文本作“鞫”，而云：“今作本隈。”《左氏·閔二年》正義引《爾雅》亦作“隈”。是唐初二本並行，故陸、孔兩存其舊。後寫石經作“鞫”，然作“隈”之本仍存不廢，故南宋雪牕本及明吴元恭本並仍作“隈”，邢疏亦是作“隈”之本，而云“隈當作鞫”，蓋作“鞫”者古本也。然“鞫”字不見於郭注,知郭本已作"隈"矣。

畢,堂牆。 今終南山道名畢,其邊若堂之牆。

畢、堂者,《詩》"有紀有堂",毛傳:"堂,畢道平如堂也。"鄭箋:"畢也,堂也,亦高大之山所宜有也。畢,終南山之道名,邊如堂之牆然。"正義引李巡曰:"堂,牆名。崖似堂牆曰畢。"是李以"堂"即爲牆名,與毛、鄭異,李説爲長。《逸周書·作雒》篇云:"隄唐山廧。""唐"即"堂"也,古字通借。此蓋李説所本。韓子所謂"行馬邑山中,深澗峭如牆,深百仞",是其形狀也。

重厓,岸。 兩厓累者爲岸。**岸上,滸。** 岸上地。

重厓者,言其高,非必累兩厓也,此即上文"望厓洒而高,岸"之義。蓋厓已高,其岸尤高,故云"重厓"。錢坫據《説文》"屵,岸高也",重厓岸應作此字。洪頤煊據《説文》"屵,岸上見也",岸上見岸即是重厓。説皆可通,姑兩存之。

滸者,《説文》作"汻",云:"汻,水厓也。"據《釋水》云"滸,水厓",此云"岸上,滸",是"厓、岸"通名,故二文互見。"滸"猶"許"也,"許"與"所"通,所謂處所,故郭以爲岸上地矣。

墳,大防。 謂隄。

墳,當作"坋"。《説文》云:"坋,大防也。""墳,墓也。"《方言》云"冢,秦晉之閒謂之墳",郭注:"取名於大防也。"是"墳、坋"通。《詩·汝墳》傳用《爾雅》。正義引李巡曰:"墳謂厓岸,狀如墳墓,名大防也。"《常武》"鋪敦淮濆",傳云:"濆,厓也。"箋云:"屯其兵於淮水大防之上。"是"濆、墳"又通。《稻人》云:"以防止水。"《月令》云:"修利隄防。"《左氏襄廿五年傳》"町原防",正義引孫炎曰:"謂隄也。"郭注同。

涘爲厓。 謂水邊。

《説文》:“涘,水厓也。”引《周書》曰:“王出涘。”此今文《大誓》之辭。《詩·葛藟》正義引李巡曰:“涘,一名厓,謂水邊也(今本以此四字爲郭注)。”按:“涘”之言“廁”也。《史記·張釋之傳》:“居霸陵北臨廁。”“廁”爲岸邊近水之名,與“涘”義近,聲亦相轉。

窮瀆,汜。水無所通者。**谷者,溦。**通於谷。

《説文》:“汜,窮瀆。”“瀆,古文隫字。”“隫,通溝也。”“瀆,溝也。”是“瀆”當作“隫”,“隫”訓“通溝”,其窮竭無所通者名“汜”。“汜”之言“澌”也,窮盡意也。

谷者,《説文》云:“泉出通川曰谷。”《水經·滱水》注引《爾雅》曰:“谷者,微。”郭景純曰:“微,水邊通谷也。”據注,“谷”上當脱“通”字。“微、溦”同,疑作“微”是也。釋文:“溦,本又作湄。”

厓岸

爾雅郭注義疏中之七

釋山弟十一

《釋名》云:"山,産也,産生物也。"《説文》云:"山,宣也,宣气散生萬物也。有石而高。象形。"《大宰》注云:"積石曰山。"《周語》云:"山,土之聚也。"是山包土、石爲名。《文選·琴賦》注引《春秋運斗樞》云:"山者,地之基。"然則地之高者爲山,由地凝結而成,故次於《釋地》。首言五山,舉其大而名者。以下俱釋山之形體,篇終以五嶽及繫地望者附焉。

河南華,華陰山。**河西嶽,**吴嶽。**河東岱,**岱宗,泰山。**河北恒,**北嶽,恒山。**江南衡。**衡山,南嶽。

此釋五山之名。《職方氏》山鎮有九,此特舉五者以槩之。其四因河爲界,其一以江爲界也。

華者,假借字也。《説文》作"崋"。

嶽者,《職方》注以爲"吴嶽",《中庸》云"載華嶽",即此嶽也。《禹貢》名"岍",《漢志》:"右扶風汧,吴山在西,古文以爲汧山。"《水經·渭水》注以"吴山"即《國語》所謂"虞"。蓋"虞、吴"聲近字通也。《史記·封禪書》以吴、嶽爲二山,《漢書·郊祀志》注:吴山在今隴州吴山縣,嶽山未詳所在。徐廣云"岳山在武功”,《地理志》亦無之。故注《爾雅》者多依《職方》注以爲一山。《御覽》四十四引孫炎云:“雍州鎮有吴嶽山也。”郭義同孫。其餘四山所在,具詳下文。《書·舜典》及《左·昭四年》正義引李巡曰:“華,西嶽華山也;岱,東嶽泰山也;恒,北嶽恒山也;衡,南嶽衡山也。”蓋此四山即四嶽,故李云爾。其吴嶽不在此列,故李亦不數之。乃鄭注《大宗伯》之五嶽,既以嵩高爲説,其《大司樂》注又以吴嶽爲言,二文不同。《詩·崧高》正義引《鄭志·雜問》有云:“周都豐鎬,故以吴岳爲西岳,不數崧高。”此説非是,故正義駁之云:“若必據已所都以定五岳,則五岳之名無代不改。”此駁是也,而猶未盡。何以明之? 蓋鄭見《爾雅》前後異文,故於《宗伯》《司樂》二注兩存其説。實則《爾雅》首列五山,不言五嶽。其五嶽定名,乃在下文。鄭以五山即五嶽,故於《雜問》創爲異説。邵氏《正義》欲據此爲定論,則非矣。今詳《爾雅》此文,但舉山名,不加嶽號,蓋表五山以爲鎮,非奠五嶽而稱尊也。古者封山濬川,翕河喬嶽,作鎮一方,所以安地德、崇望秩而重觀瞻也。唐虞封十二山,則十二鎮;《職方》辨九州,則九鎮;《爾雅》定五方,則五鎮。

河南華者,豫州鎮也;河西嶽者,雍州鎮也;河東岱者,兖州鎮,包青州,故不數沂山也;河北恒者,并州鎮,包冀州、幽州,故不數霍山、醫無閭也;江南衡者,荆州鎮,包楊州,故不數會稽也。《爾雅》之恉與《職方》同。必舉江、河爲界者,北方以河爲大,南方以江爲殷,特表五山之名以槩九州之巨鎮也。至“泰山爲東嶽”以下,方標五嶽以繫地望,故郭此注不言五嶽,於“河西嶽”但云“吴嶽”,不加西嶽之名,得其解矣。若依《鄭志》及《周禮》注,則是周家當有兩五嶽矣,恐不然也。

山三襲,陟;襲亦重。**再成,英;**兩山相重。**一成,坯。**《書》曰:"至于大坯。"

"襲"本重衣之名,故郭云:"襲亦重。"陟者,升也,登也,故三重之山以登陟爲名。《列子·湯問》篇云:"四方悉平,周以喬陟。"張湛注以爲"山之重壟",殷敬順釋文引此郭注云"重隴也","隴、壟"並"襲"字之誤。

○"成"猶"重"也,已見《釋丘》。"英"本華萼之名,華蕚相銜,與跗連接,重累而高,故再重之山取此爲名。《書·禹貢》正義引李巡曰:"山再重曰英。"

○坯者,當作"坏",《説文》云:"丘再成也。""再"蓋"一"字之誤。《水經·河水》注引許慎、吕忱並以爲"丘一成"可證。《禹貢》正義引鄭注云:"大坯在修武、武德之界。"張揖云:"成皋縣山也。"又引《漢書音義》"臣瓚以爲修武、武德無此山,成皋縣山又不一成,今黎陽縣山臨河,豈不是大岯乎?瓚言當然"(按:此音義見《漢書·溝洫志》注,唯"張揖"作"張晏")。據孔此説可知《水經注》於成皋大伾山引《爾雅》亦非矣。《元和郡縣志》:"大伾山在黎陽縣正南,去縣七里,即黎山也。"《隋·地理志》亦言黎陽有大伾山,並依瓚説。山在今衛輝府濬縣東南二里。《周語》云"檮杌次於丕山",韋昭注:"大邳山,在河東。"是"邳、丕"同。《史記·夏紀》正義引作"邳"。《禹貢》釋文:"伾,本或作岯,字或作𨸏。"按:惟作"坏"爲正,餘皆假借。

山大而高,崧。今中嶽嵩高山,蓋依此名。

釋文:"崧,又作嵩。"《釋名》云:"山大而高曰嵩。嵩,竦也,亦高稱也。""嵩"與"崇"古字通,故"崇山"即"嵩山",見《周語》注。然"嵩、崇"並見《釋詁》。或説古無"嵩"字,非也。《詩·

崧高》傳以"崧"爲"高貌"。正義引李巡曰:"高大曰崧。"是皆不以爲中嶽之名。應劭以崧高爲中嶽,誤。

山小而高,岑。言岑崟。**鋭而高,嶠。**言鑯峻。**卑而大,扈。**扈,廣也。**小而衆,巋。**小山叢羅。

岑者,《説文》云:"山小而高。"《釋名》云:"岑,嶃也,嶃嶃然也。"趙岐《孟子》注:"岑樓,山之鋭嶺者。"是岑樓即山,義本《爾雅》。郭注《方言》:"岑崟,峻貌。"《公羊僖卅三年傳》"殽之嶔巖",即"崟巖"也。《穀梁》作"巖唫",聲借字也。"岑、崟"疊韵,"崟、巖"雙聲。

○《釋名》云:"山鋭而高曰嶠,形似橋也。"釋文引《字林》作"嵺",云:"山鋭而長也。"通作"喬"。《詩》"及河喬嶽",《淮南·泰族》篇引"喬"作"嶠"。又通作"橋"。《史記·本紀》"黄帝葬橋山",正義引《爾雅》"嶠"作"橋"。

○扈者,《説文》云:"鄠有扈谷。古文作岵,从山、马。"《玉篇》作"嶋",云:"山廣貌。"王照圓曰:"《檀弓》記孔子誨南宫縚之妻髽曰:'爾毋從從爾,爾毋扈扈爾。'從從猶崇崇也,謂其太高,即山大而高曰崧矣。扈扈猶俣俣也,謂其太廣,即山卑而大曰扈矣。"

○巋者,釋文引《字林》云:"丘追反。小山而衆也。"按:釋文:"巋然,高峻貌。"《文選·靈光殿賦》云"巋崔穹崇",李善注:"高大貌。"《莊子·天下》篇釋文:"巋,字或作巍。"並與《爾雅》義異。《方言》云"凡物盛多謂之寇",郭注:"今江東有小鳧,其多無數,俗謂之寇鳧。"然則"寇"與"巋"義近,而聲亦相轉。

小山岌大山,峘。岌謂高過。

峘者，釋文引《埤蒼》云："峘，大山。岌，魚泣反，高也。"按："岌"與"及"義近。《説文》云："馺，馬行相及也。讀若《爾雅》'小山馺大山，峘'。"此言"馺"讀若"岌"，則非《爾雅》本作"馺"矣，疑"馺"字誤。

屬者，嶧。言駱驛相連屬。**獨者，蜀。**蜀亦孤獨。

嶧者，蓋"繹"之假借。《詩》"保有鳧繹"，是也。《後漢·郡國志》注引郭云："繹山，純石積構連屬。"蓋郭《音義》之文。《御覽》四十二引舊注云："言絡繹相連。今魯國鄒縣有嶧山，純石相積構連屬而成山，蓋謂此也。"按：此郭義所本。《初學記》引亦同。

○蜀者，《方言》云"一，蜀也。南楚謂之蜀"，郭注："蜀猶獨耳。"按：蜀本桑蟲，其性孤特，故《詩》言"蜎蜎者蜀"，以興喻"敦彼獨宿"，是"蜀"有獨意。蜀形類蠶，今棲霞縣北三十里有蠶山，孤峰獨秀，旁絶倚連，舊名爲"蠶"，合於《爾雅》矣。

上正，章。山上平。**宛中，隆。**山中央高。

《釋丘》云："上正，章丘。宛中，宛丘。"此又以爲山名也。《文選》詩注兩引，一作"山正，鄣"，一作"山正曰障"。"障"與"鄣"同，皆假借字。"山"與"上"，字形之誤也。

"宛中，隆"者，謂中央下而四邊高，因其高處名之爲"隆"。此與《釋丘》之"宛中"義同而名異者，彼據中言，故曰"宛"；此據外言，故曰"隆"矣。郭以中央高爲義，誤與《釋丘》同。

山脊，岡。謂山長脊。**未及上，翠微。**近上旁陂。

《説文》云："岡，山脊也。"《釋名》云："山脊曰岡。岡，亢也，在上之言也。"《詩·卷耳》及《公劉》傳用《爾雅》。正義引孫炎曰："長山之脊也。"必言"長"者，膂脊骨長。

○翠微者,《初學記》引舊注云:"一説山氣青縹色曰翠微。"劉逵《蜀都賦》注:"翠微,山氣之輕縹也。"義本《爾雅》。蓋未及山頂,孱顔之閒,葱鬱葐蒀,望之谸谸,青翠氣如微也。舊注似較郭義爲長。

山頂,冢。山巔。**崒者,厜㕒。**謂山峰頭巉巖。

《詩》言"山冢崒崩",毛傳:"山頂曰冢。"正義引孫炎曰:"謂山巔也。""巔,頂",本《釋言》文。

○《説文》云:"崒,危高也。""厜㕒,山顛也。"通作"崔嵬"。鄭箋《十月之交》云:"崒者,崔嵬。"《漸漸之石》云:"卒者,崔嵬,謂山巔之末也。"俱本《爾雅》。"卒、崒"字通。崔嵬、厜㕒,字異義同。正義引孫炎云:"厜,子規反。㕒,語規反。"是皆疊韵之字。《爾雅》釋文:"本或作厜屁,又作嵳峩。"亦音轉字通也。郭注"謂山峰頭巉巖",邢疏及監本脱"山"字,《詩》正義引及宋本並有之,今據補。

山如堂者,密;形如堂室者。《尸子》曰:"松柏之鼠,不知堂密之有美樅。"**如防者,盛。**防,隄。

《説文》云:"密,山如堂者。"《檀弓》注:"堂形四方而高。"《漢志》:"河南郡密。"《元和志》引《爾雅》此文以爲縣因山爲名也。按:今密縣三面皆山,唯東面缺,形似堂室。郭引《尸子》,邢疏以爲《綽子》篇文。

○盛者,釋文:"謂山形如黍稷之在器。"此望文生訓也。"盛"與"成"同。《封禪書》云"成山斗入海",《郊祀志》作"盛山",在今登州府榮成縣海濱,半入海。其山漫長,横亘數里,望之如隄防矣。《檀弓》注"防形旁殺平上而長",可想見是山形狀也。

巒,山墮。謂山形長狹者,荆州謂之巒。《詩》曰:"墮山喬嶽。"

墮者,“隓”之假借。《説文》云:“巒,山小而鋭。”“隓,山之隓隓者。”本《詩·般》傳“隓山,山之隓隓小者”而爲説也。但《詩》言“隓”,不言“巒”,《説文》“巒”不名“隓”,所未能詳。劉逵《蜀都賦》注:“巒,山長而狹也。一曰小而鋭也。”是“巒、隓”俱兼二義。釋文引《埤蒼》云:“巒,山小而鋭。”《字林》云:“隓,山之施隓者。”是吕忱以“隓”爲延施,即狹長也。《士冠禮》注“隋方曰篋”,釋文:“隋謂狹而長。”“隋”與“橢”同,與“隓”聲借,並郭所本也。

云“荆州謂之巒”者,《楚辭·七諫》云:“登巒山而遠望兮。”此正楚人語也。

重甗,隒。謂山形如累兩甗。甗,甑也。山形狀似之,因以名云。

《説文》云:“隒,崖也。”甗者,《釋畜》云:“善升甗。”疑“甗”皆“巘”之假借。《玉篇》引作“重巘,隒”。《文選·晚出射堂詩》注引亦作“巘”。《詩·葛藟》釋文引李巡云:“隒,阪也。”正義引孫炎曰:“隒,山基有重岸也。”以此推之,“巘”亦崖岸高大之名。故《釋畜》釋文引舍人一云:“甗者,阪也。”顧云:“山嶺曰甗。”皆與“隒”訓“崖岸”義合。《詩·公劉》亦作“巘”,是皆古本作“巘”之證。孫、郭本作“甗”,因而望文生訓,始有“甗,甑”之説,與“隒”義遠,恐非也。

左右有岸,厒。夾山有岸。

厒,《廣韵》作“峇”(口答切),云:“山左右有岸。”《龍龕手鑑》二以“厒”爲“佱”之或體字。孫氏星衍云:“當作厒。”《説文》:“厒,石地也。”

大山宫小山,霍。宫謂圍繞之。《禮記》曰“君爲廬宫之”,是也。**小山别大山，鮮。**不相連。

郭注《中山經》云："今平陽永安縣、廬江灊縣、晉安羅江縣、河南鞏縣皆有霍山。"引此文云："大山繞小山爲霍。"是郭以"宫"爲"繞"，明山以"霍"名者非一，皆本此爲義也。今灊縣之天柱山，中峰小而四圍有大山以繞之，與此合矣。"宫"有容受、包含之義，故訓"圍繞"。郭引《喪大記》文，鄭注："宫謂圍障之也。"

○鮮者，釋文引李巡曰："大山少，故曰鮮。"《詩·皇矣》正義引孫炎曰："别，不相連也。"金鶚云："鮮、斯聲近而通。鮮亦斯字之借。《釋言》云：'斯，離也。'别與離義同。"阮雲臺師説亦云爾。余按：《文選·吴都賦》及《長笛賦》注並引《爾雅》"小山别大山，嶰"。《玉篇》云："嶰，山不相連也。"宋翔鳳説以《律曆志》"嶰谷"注云"一説昆侖之北谷名"，此正是小山别大山之嶰也。張聰咸説（見《經史質疑録》）古本"鮮"當作"解"，後人加"山"。"鮮、解"古得通借。鮮，古音在紙部；解，古音在寘部。"解"讀若"巇"，"鮮"讀若"斯"。孫炎注"不相連"，此正釋"解"字之義。李巡不寤而曰"大山少"，此何言與？今按：《皇矣》詩傳"小山别大山曰鮮"，《公劉》傳"巘，小山别於大山也"，是毛意以"鮮、巘"爲一。《周禮》"獻羔開冰"（《吕覽》亦同），《月令》作"鮮羔開冰"，即其例也。孔穎達以"鮮、巘"義别爲疑，蓋失之矣。此義又見臧氏《經義雜記》四。

山絶，陘。連山中斷絶。

《説文》："陘，山絶坎也。"《史記·趙世家》云"與之陘"，集解："徐廣曰：'陘者，山絶之名。常山有井陘，中山有苦陘。'"《元和郡縣志》："懷州河内縣太行陘在西北三十里。連山中斷曰陘。"引《述征記》曰："太行山首始于河内，北至幽州，凡有八陘。"是山凡中斷皆曰"陘"。通作"岠"。《説文》云:"岠,谷也。"《法言·吾子》篇云"山岠之蹊",吴祕注:"山中絶也。"

多小石,磝;多礓礫。**多大石,礐。**多礬石。

磝、礐,當作"嶅、嶨"。《説文》:"嶅,山多小石也。""嶨,山多大石也。"《釋名》云:"磝,墝也,每石墝墝獨處而出見也。礐,學也,大石之形學學然也。"釋文:"磝,或作磽。礐,或作确。"按:今人皆用"磽确"字,不復知本於《爾雅》矣。"磝"从敖聲,郭"五交反","礐"从學省聲,郭"户角反"。二讀是也。釋文又引《字林》:"磝,口交反。礐,郭苦角反。"錢氏坫説以《左傳》"晉師在敖、鄗之閒","敖"即"嶅","鄗"即"嶨"也。

多草木,岵;無草木,峐。皆見《詩》。

《説文》:"岵,山有草木也。""屺,山無草木也。"《釋名》云:"山有草木曰岵。岵,怙也,人所怙取以爲事用也。無草木曰屺。屺,圮也,無所出生也。"釋文引《三蒼》《字林》《聲類》並云:"峐猶屺字。"《詩·陟岵》傳:"山無草木曰岵,山有草木曰屺。"與此相反。正義以傳爲傳寫誤,是也。王照圓《詩小記》云:"《爾雅》以岵爲多草木,即知屺爲少草木,非全無草木也。毛傳'有、無'二字,不必深泥。"

山上有水,埒。有停泉。

《釋名》云:"山上有水曰埒。埒,脱也,脱而下流也。"《釋丘》云"水潦所還,埒丘",郭注:"丘邊有界埒,水環繞之。"謂水繞其下也。此云"有停泉",言山上有界埒,水得停聚也。雖俱名"埒",其義自别。

夏有水、冬無水,澩。有停潦。

《説文》:"夏有水、冬無水曰澩。澩,或作泶。"《水經·泗水》注云:"桃墟有漏澤,方十五里,綠水澄渟,三丈如減,澤西際阜,阜側有三石穴,廣圓三四尺。穴有通否,水有盈漏,漏則數夕之中傾陂竭澤矣。"酈注但言"穴有通否,水有盈漏",而無説冬夏者。《元和郡縣志》始詳之,云:"泗水縣漏澤,漏穴有五。其澤每夏積水,秋冬漏竭。"然則澤即㵒矣。郭云"停潦",潦是雨水,未必恒有,其義疑也。《廣雅》以"水自渭出爲㵒",與此異。

山豄無所通,谿。所謂窮瀆者,雖無所通,與水注川同名。

《説文》云:"谿,山瀆無所通者。"《釋丘》云:"窮瀆,汜。"是汜即谿也。《釋水》云:"水注川曰谿。"彼有所通,與此同名無嫌,故郭援之。《左氏·隱三年》正義引李巡曰:"山中水瀆,雖無所通,與水注川同名。"此郭所本。郭注"雖",監本作"豄",亦非。

石戴土謂之崔嵬,石山上有土者。**土戴石爲砠。**土山上有石者。

釋文:"戴,本或作載。"《説文》云:"嵬,高不平也。"上文"崒者,厜㕒",鄭箋引作"崔嵬"。《文選·南都賦》注:"嵟嵬,山石崔嵬,高而不平也。"《甘泉賦》注:"嶵隗,高貌。"是皆"崔嵬"通轉之字也。徐鍇《説文》本無"崔"字,遂以"崔"爲俗字,云从"崖"省,非也。《説文》"漼、摧",俱从崔,何得云無"崔"字也? 陳壽祺欲以"崖"爲"崔",亦非。

○砠者,《説文》作"岨",云:"石戴土也。"《詩·卷耳》傳:"崔嵬,土山之戴石者。石山戴土曰砠。"《釋名》亦同,並與《爾雅》相反,正義以爲傳寫誤。馬瑞辰曰:"此《爾雅》誤,宜從毛傳。"又曰:"《説文》'兀,高而上平也''阢,石山戴土也'。是高而上平者爲石山戴土，則知高而不平者爲土山戴石矣。”此說是也。今按：毛、許、劉所見《爾雅》古本俱不誤，唯孫、郭所注始據誤本。知者，《詩》正義引孫炎注與郭同可證。

山夾水，澗。陵夾水，澞。别山、陵閒有水者之名。

《釋名》云：“山夾水曰澗。澗，閒也，言在兩山之閒也。”《左氏·隱三年》正義引李巡亦曰：“山閒有水。”杜預注以爲“谿亦澗也”，是“谿、澗”通名。

○澞者，釋文云：“本又作虞。”蓋古本作“虞”，後人加“水”作“澞”耳。或說“虞”通“澫”，非。

山有穴爲岫。謂巖穴。

《說文》云：“岫，山穴也。籀文作㝌。”蓋因訓“穴”，故从穴矣。《禮運》云：“竅於山川。”竅即穴也，今山巖往往有之。《水經·河水》注云：“懸巖之中多石室焉。”《蜀都賦》云：“嘉魚出於丙穴。”《東京賦》云：“王鮪岫居。”蓋山溜湫激，水齧石穿，遊鱗瀺灂潛泳其中矣。

山西曰夕陽，暮乃見日。**山東曰朝陽。**旦即見日。

《詩》云“度其夕陽”，又云“于彼朝陽”，故此釋之。《書·武成》正義引李巡曰：“山西暮乃見日，故曰夕陽。山東朝乃見日，故云朝陽。”《詩·公劉》及《卷阿》正義引孫炎曰：“夕乃見日，朝先見日也。”《釋名》云：“隨日所照而名之也。”按：《書》傳云：“山南曰陽。”《周禮·柞氏》疏引《爾雅》云：“山南曰陽，山北曰陰。”蓋《爾雅》之舊說，故孔傳、賈疏俱援以釋經。今亦以古義存之。

泰山爲東嶽，華山爲西嶽，霍山爲南嶽，即天柱山。潛水所出。**恒山爲北嶽，**常山。**嵩高爲中嶽。**大室山也。

嶽者,《説文》云:“東岱,南靃,西華,北恒,中大室,王者之所以巡狩所至。”《白虎通》云:“嶽者何?嶽之爲言桷也,桷功德也。東方爲岱者,言萬物更相代於東方也;南方爲霍,霍之爲言護也,言太陽用事,護養萬物也;西嶽爲華,華之爲言穫也,言萬物成熟,可得穫也;北方爲恒,恒者,常也,萬物伏藏於北方有常也;中央爲嵩,嵩言其高大也。”(從《左傳》正義及邢疏所引。)《風俗通》云:“泰山,山之尊者。一曰岱宗。岱,始也。宗,長也。萬物之始,陰陽交代,故爲五嶽之長。王者受命,恒封禪之。衡山,一名霍山,言萬物霍然大也。”(從《書》正義所引。)是應劭以衡、霍,泰、岱,皆一山而二名,其説是也。《詩·崧高》正義引“孫炎以霍山爲誤,當作衡山”。二説雖不同,要其大意,皆以南嶽爲指衡山。郭氏不從,而以霍山爲指天柱。《詩》及《左·昭四年》正義引郭注云:“霍山,今在廬江灊縣,潛水出焉。别名天柱山。漢武帝以衡山遼曠,故移其神於此。今其土俗人皆呼之爲南嶽。南嶽本自以兩山爲名,非從近來也。而學者多以霍山不得爲南嶽,又言從漢武帝始乃名之。如此言,爲武帝在《爾雅》之前乎?斯不然也。”此所引,蓋郭《音義》之文,雖本《爾雅》以天柱爲霍山,但《爾雅》之霍山本謂衡山,不謂天柱。自漢武移嶽祠於天柱而後彼土俗人皆呼之爲南嶽,此説甚明。可知天柱無妨亦名霍山,而不得冒南嶽之名。郭爲誤據,乃孔穎達不主應劭而駁孫炎,反以郭説爲然,謬矣。審如其説,以霍山即天柱,亦止得爲漢武之南嶽,而不得爲《爾雅》之南嶽矣。故洪頤煊著《霍山爲南嶽解》深明此義,今依以爲説也。洪又以《文選·遊天台山賦》注引《爾雅》“衡山爲南嶽”,當即據孫炎所改之本。余謂孫炎惟云字誤,未嘗改“霍”爲“衡”。李善所引,或别本,或誤書耳。至於五嶽所在,泰山在博,漢、晉《志》屬泰山郡,或在奉高,今在泰安府泰安縣北;華山在華陰,漢屬京兆,晉改屬弘農郡,今在同州府華陰縣南;衡山在湘南,漢屬長沙,晉改屬衡陽郡,今在衡州府衡山縣西;天柱山在灊,屬廬江郡,漢、晉《志》同,既無霍山之名,亦無南嶽之號,當得其實,今在安慶府潛山縣西北;恒山在上曲陽,屬常山郡,漢、晉《志》同,今在定州曲陽縣西北;嵩高,《漢志》:"潁川郡,密高。武帝置,以奉大室山,是爲中岳,古文以爲外方山也。"今在河南府登封縣西。此五嶽之名,蓋周所定。知者,唐虞惟言"四岳",《周禮·大宗伯》及《司樂》乃有"五嶽"之名。《史記·封禪書》引《尚書》於"北嶽,恒山"下有"中嶽,嵩高也"五字,此自以意連言,非經文有缺脱。何休《公羊》注引《尚書》遂云"還至嵩如初禮",蓋本緯書之説。惠氏《九經古義》信之而云"書有脱文",非也。邵氏《正義》又謂唐虞以霍太山爲中岳,此無明文,但據《禹貢》"太岳"爲證。恐山以"岳"名者多,難可依據。至謂成周以華山爲中岳,此即本《鄭志》以吴岳爲西岳之説,如孔穎達所駁云:"五岳之山每代一改。"又云:"軒居上谷,處恒山之西;舜居蒲坂,在華陰之北。豈當據己所在改岳祀乎?"《詩》正義言弗可易矣。

梁山,晉望也。晉國所望祭者。今在馮翊夏陽縣西北臨河上。

梁山本韓國之山,晉滅韓屬晉,故爲晉望。望者,《書》云:"望乎山川。"《周禮》有"四望",《詩·韓奕》正義引孫炎曰:"晉國所望祭也。"《漢志》:"左馮翊夏陽,梁山在西北。"晉改馮翊爲郡,餘同《漢志》。今山在同州府郃陽、韓城二縣界。《公羊成五年傳》:"梁山者何?河上之山也。"《穀梁傳》:"梁山崩,壅遏河,三日不流。"皆郭所本也。

爾雅郭注義疏中之八

釋水弟十二

《説文》云:“水,準也。北方之行,象衆水並流、中有微陽之气也。”《釋名》云:“水,準也。準平物也。”《管子·水地》篇云:“水者,地之血氣如筋脈之流通者也。”《白虎通》云:“水,盛氣也。”《左氏昭十七年傳》云:“水,火之牡也。”兹篇所釋,自泉原川流及谿谷溝澮,經通灌注,靡不詳賅。乃至津涉舟航,泝洄宛在。水以四瀆爲大,故著於篇。《禮》表先河,《書》甄會海,故九河終焉。

泉一見一否爲瀸。瀸,纔有貌。

《説文》云:“泉,水原也。象水流出成川形。”“瀸,漬也”,引此文“否”作“不”,古今字耳。蓋泉有時出見,有時涸竭,水脈常含津潤,故以瀸漬爲言,此古説也。郭義則以“瀸”爲“纖”,纖,小意也。

井一有水一無水爲瀱汋。《山海經》曰:“天井,夏有水冬無水。”即此類也。

《易·井》釋文引《雜卦》云:“井,通也。”《周書》云:“黄帝穿井。”《世本》云“化益作井”,宋衷云:“化益,伯益也。”《釋名》

云："井，清也，泉之清潔者也。井一有水一無水曰瀱汋。瀱，竭也。汋，有水聲汋汋也。"《説文》云："汋，激水聲也。"與《釋名》合，其"瀱汋"下並引此文。郭引《中山經》文，彼云"視山有井，名曰天井，夏有水，冬竭"，又"超山亦有井，冬有水而夏竭"，與前相反。尤有異者，《水經·洭水》注云："斟水導源，穴口若井，一日之中十溢十竭，信若潮流而注洭水。"由兹以談，造化神奇，誠難理喻，井䋲蠡測，難語通方者也。

濫泉正出。正出，涌出也。《公羊傳》曰："直出。"直猶正也。**沃泉縣出。縣出，下出也。**從上溜下。**氿泉穴出。穴出，仄出也。**從旁出也。

《説文》云："濫，濡上及下也。"引《詩》"觱沸濫泉"。今《詩·采菽》《瞻卬》俱借作"檻"，傳箋並用《爾雅》，正義引李巡曰："水泉從下上出曰涌泉。"

涌者，《説文》云："滕也。""滕，水超涌也。"然則"涌"有濆溢之意。水本卑下，今直上出，同於氾濫，故被斯名矣。《公羊昭五年傳》："濆泉者何？直泉也。直泉者何？涌泉也。"是傳訓"直"爲"正"，故郭援之。《釋名》云："濫泉，濫，銜也。人口有所銜，口闓則見也。"既未顯涌出之義，又與正出無會，《公羊》於義爲長。

○《説文》云："沃，溉灌也。""縣，繫也。"《釋名》云："縣出曰沃泉，水從上下有所灌沃也。"《詩·下泉》傳："下泉，泉下流也。"正義引李巡曰："水泉從上溜下出。"是下泉即沃泉，"沃"與"下"義相成。郭注"溜"，釋文作"霤"，假借字也。

○氿，《説文》作"厬"，云："仄出泉也。"借作"氿"。《釋名》云："側出曰氿泉。氿，軌也，流狹而長如車軌也。"《詩·大東》

傳用《爾雅》。正義引李巡曰:"水泉從旁出名曰氿。氿,側出。"然則李、劉俱未顯穴出之義。

穴,《説文》作"泬",云:"水从孔穴疾出也。"又云:"漀,側出泉也。"是側出之泉又名"漀"。"漀"从殸聲,殸,籀文"磬"字。蓋"漀"之言"傾","傾"即側意。此泉旁側,不從正出,又異縣流,故被斯名矣。"仄"與"側","穴"與"泬",俱古字通。《列子·黄帝》篇云:"濫水之潘(音盤)爲淵,沃水之潘爲淵,氿水之潘爲淵。"俱本此爲説也。

湀闢,流川。通流。**過辨,回川。**旋流。

《釋名》云:"川,穿也,穿地而流也。"《説文》云:"川,貫穿通流水也。"引"《虞書》曰'濬く巜距川',言深く巜之水會爲川也"。《考工記》:"兩山之閒必有川焉。"此釋川之形狀也。

湀闢,《説文》作"湀辟",云:"流水處也。"《玉篇》云:"湀闢,通泉。"

○過辨者,淀水之名。釋文:"過,本或作渦。回,又作洄。"並假借字。《説文》云:"淀,回泉也。"蓋"回淀"猶"回旋",淀水善休人,故别其名。過辨、湀闢,聲又相轉。

灉,反入。即河水決出又還入者。河之有灉,猶江之有沱。

水反入者名"灉",説見下。《釋名》云:"水從河出曰雍沛,言在河岸限内時見,雍出則沛然也。"《水經·河水》注引《爾雅》曰:"灉,反入,言河決復入者也。河之有灉,若漢之有潛也。"《元和郡縣志》:"滃湖在巴陵縣南。"引《爾雅》云:"河水決出還復入者爲滃。"蓋因"滃、灉"聲同,故相借證,實則滃湖一名翁湖,非《爾雅》所指也(《元和志》引《左定四年傳》"吴敗楚於雍澨",即此)。

潬,沙出。今江東呼水中沙堆爲潬,音但。

水中有積沙上出者爲“潬”。《説文》云:“沙,水散石也,从水从少,水少沙見。”《玉篇》云:“江南人呼水中沙堆爲潬。”《廣韵》云:“今河陽縣南有中潬城。”按:城東魏所築,見《元和志》,命名之義,蓋不可知。或説“潬,海中沙也,商賈泛海取捷,謂之登潬”,見邵氏《正義》,可備一解。郭注“江東”,監本作“河中”,誤。又脱“音但”二字,今據宋本改補。

汧,出不流。水泉潛出便自停成汙池。

水出於地便自停蓄而不通流,猶人慳吝不肯施散,厥名曰“汧”,“汧”之爲言“慳”也。《列子·黄帝》篇云:“汧水之潘(音盤)爲淵。”然則淵水停而不流,與此義合。邢疏引《地理志》“扶風汧縣,汧出西北,入渭”,“以其初不流,停成弦蒲澤藪,其終則入渭也”。

歸異出同流,肥。《毛詩》傳曰:“所出同、所歸異爲肥。”

《詩·泉水》傳用《爾雅》。《釋名》云:“所出同、所歸異曰肥泉。本同出時所浸潤少,所歸各枝散而多,似肥者也。”與毛傳義同。《水經·淇水》注云:“美溝水東南流注馬溝水,又東南注淇水,爲肥泉。”引《詩》“肥泉”,又引舍人曰:“水異出,流行合同曰肥。今是水異出同歸矣。”是酈本舍人,與毛傳異,又以斯水即《詩》泉源之水也。《列子》:“肥水之潘爲淵。”殷敬順釋文亦云:“水所出異爲肥。”俱本舍人爲説。吕忱又以《爾雅》“異出同流爲瀵”,“瀵、肥”聲亦相轉,然則諸家《爾雅》本其不同如此。

瀵,大出尾下。今河東汾陰縣有水,口如車輪許,濆沸涌出,其深無限,名之爲瀵。馮翊郃陽縣復有瀵,亦如之。相去數里而夾河,河中渚上又有一瀵,瀵源皆潛相通。在汾陰者,人壅其流以爲陂,種稻,呼其本所出處爲瀵魁,此是也。尾猶底也。

《説文》云:"瀵,水浸也。"引此文。《水經·河水》注引吕忱曰:"《爾雅》異出同流爲瀵水。"然則今本疑有脱文。釋文亦云:"瀵水本同而出異。"與吕忱合也。《列子·湯問》篇云:"壺領山頂有口,狀若員環,有水涌出,名曰神瀵,一源分爲四。"然則瀵水噴流甚大,底源潛通,故曰"出尾下"也。《水經注》云:"瀵水出汾陰縣南四十里,去河三里,平地開源,濆泉上涌,大幾如輪,深則不測,俗呼之爲瀵魁。古人壅其流以爲陂水,種稻,東西二百步,南北百餘步,與郃陽瀵水夾河,河中渚上又有一瀵水,皆相潛通,故吕忱曰:'異出同流爲瀵。'其水歷蒲阪西,西流注於河。"又云:"郃陽城北有瀵水,東逕其城内,東入於河。又於城内側中有瀵水,東南出城,注於河。城南又有瀵水,東流注於河。"酈注所言與郭義同而加詳。漢、晉汾陰並屬河東郡,今爲蒲州府榮河縣,馮翊郃陽今爲同州府郃陽縣矣。又曾鞏《齊州二堂記》云:"歷城之西有泉涌出,高或至數尺,齊人名曰'趵突之泉',嘗有棄糠於黑水之灣者而見之於此,蓋泉自渴馬之厓潛流地中,而至此復出也。"今按:趵突即瀵之類,凡瀵必數處潛通,歷城趵突,濟水之所溢出也。汾陰、郃陽諸瀵,河水之所溢出也。

水醮曰厬。謂水醮盡。

醮,當作"潐"。《説文》:"潐,盡也。""厬"作"氿","水厓枯土也",引此文云:"水醮曰氿。"其"厬"字訓"仄出泉也,讀若軌"。然則"厬、氿"二字,《爾雅》《説文》互易,古字假借通用。《玉篇》與今本同。

水自河出爲灉，《書》曰："雝沮會同。"**濟爲濋，汶爲瀾，洛爲波，漢爲潛，**《書》曰："沱潛既道。"**淮爲滸，江爲沱，**《書》曰："岷山導江，東别爲沱。"**過爲洵，潁爲沙，汝爲濆。**《詩》曰："遵彼汝濆。"皆大水溢出，别爲小水之名。

出者，溢也。此皆謂水所溢，故以自出總之。《説文》："派，别水也。"蓋大水枝派别出爲細流也。

灉者，《説文》云："河灉水，在宋。"又云："汳，水受陳留浚儀陰溝，至蒙爲雝水（汳，即"汴"字）。"《水經注》云："陰溝（即蒗蕩渠）首受大河於卷縣。晉、楚之戰，晉軍争濟，舟中之指可掬，即是處也。"《淮南·人閒》篇云："楚莊王勝晉於河雍之閒。"是"雍"即"灉"矣。《水經·河水》注又云："一水分大河，故瀆北出爲屯氏河。"然則枝津分裂，川原綺錯，雖皆仰挹河流而不得濫膺灉目。至於灉水擅名，許君特言"河灉在宋"，厥義昭矣。又按上言"灉，反入"者，彼言"入"，此言"出"也，實一水耳。《水經·瓠子河》注引作"水自河出爲雝"，《釋名》作"水從河出曰雍沛"，"雍、雝"古今字，皆假借也。

○濟爲濋者，《水經·濟水》注："氾水西分濟瀆，東北逕濟陰郡南。《爾雅》曰：'濟别爲濋。'吕忱曰：'水決復入爲氾。'廣異名也。"是酈以氾爲濋，但下文云"決復入爲氾"，《説文》"氾"从巳聲，音"似"，與濟水分出之氾水音"范"者異，吕忱不誤，酈注蓋失引矣。錢氏坫《釋地》注以"濋"字誤，應爲"滎"，恐是。

○汶者，《漢志》有二汶：泰山郡萊蕪原山，《禹貢》汶水所出，西南入泲，此一汶也（《禹貢》《爾雅》皆指此汶）；琅邪郡朱虚東泰山，汶水所出，東至安丘入維，又一汶也。《水經注》所謂東汶（《淮南·墬形》篇云"汶出弗其，西流合濟"，"弗其"即"不其",瑯琊縣名。此乃《漢志》入維之汶,非入濟之汶也,《淮南》誤)。顔師古以二汶爲疑,不知齊有三汶,見於《齊乘》。又《述征記》"泰山郡水皆名汶",何止二汶也?

汶爲瀾者,釋文引李巡云:"瀾,溢也。"《水經·洙水》注引"吕忱曰'洸水出東平陽,上承汶水於剛縣西闡亭東',《爾雅》曰'汶别爲瀾',其猶洛之有波矣",是洸水即闡水。《春秋經》"齊人取闡",即此。旁加"水",非。

○洛水亦有二:《漢志》:"左馮翊褱德,洛水東南入渭,雍州浸。"《詩》所謂"瞻彼洛矣"者也。"弘農郡上雒,《禹貢》雒水出冢領山,東北至鞏入河,豫州川",《書》所謂"伊洛瀍澗"者也。《水經注》云:"洛水又東,門水出焉。《爾雅》所謂'洛别爲波也'。"是酈以門水即波水。《職方》鄭注:"波讀爲播。"按:《禹貢》"滎波",正義引馬、鄭皆作"滎播",是"播、波"古字通。

○漢爲潛者,《説文》同。《荀子·大略篇》注引李巡曰:"漢水溢流爲潛。"《禹貢》荆、梁二州並有"沱潛既道",正義引郭《音義》云:"有水從漢中沔陽縣南流,至梓潼、漢壽入大穴中,通岡山下,西南潛出,一名沔水,舊俗云即《禹貢》潛也。"《水經·潛水》注云:"蓋漢水枝分潛出,故受其稱。"餘同郭義。又引鄭曰:"漢别爲潛,其穴本小,水積成澤,流與漢合。大禹自導漢疏通,即爲西漢水也。"是鄭義與郭異。又此二説並指梁州之潛而言,不及荆州也。

○淮爲滸者,《漢志》:"臨淮郡淮浦,游水北入海。"《水經注》云:"淮水於縣枝分,北爲游水。"引《爾雅》曰:"淮别爲滸,游水亦枝稱者也。"是"游"即"滸"矣。

○江爲沱者,《漢志》:"蜀郡郫,《禹貢》江沱在西,東入大江。"《説文》云:"沱,江别流也,出崏山東,别爲沱。"《寰宇記》引李巡云:"江溢出流爲沱。"《禹貢》正義引郭《音義》云:"沱水自蜀郡都安縣揃山與江别而更流。"又引鄭注云:"今南郡枝江縣有沱水,其尾入江耳,首不於江出也。華容有夏水,首出江,尾入沔,蓋此所謂沱也。"是鄭以夏水爲荆州之沱,郭以郫江爲梁州之沱,二説不同,兼之乃備。

○過爲洵者,《説文》云:"濄,水。受淮陽扶溝浪湯渠,東入淮。"《水經注》云:"陰溝始亂蒗蕩,終别於沙而濄水出焉。"引《爾雅》曰:"濄爲洵。"吕忱曰:"洵,濄水也。"按:《説文》:"洵,過水中也。""過"當爲"濄","中"當爲"出"。釋文:"濄,本或作過。"《漢志》作"渦",並爲假借。

○潁爲沙者,《漢志》:"潁川郡陽城陽乾山,潁水所出,東至下蔡入淮。"《水經注》:"臨潁縣,潁水自縣西流注,小㶏水出焉。《爾雅》曰'潁别爲沙',亦猶江别爲沱也。"是小㶏水即沙水矣。

○汝爲濆者,《説文》云:"汝水出弘農盧氏還歸山,東入淮。"《水經注》云:"汝水東南逕奇領城西北。濆水出焉,世亦謂之大㶏水。《爾雅》曰'河有雝,汝有濆',然則濆者,汝别也。故其下夾水之邑,猶流汝陽之名,是或濆、㶏之聲相近矣。"按:"㶏"今變作"溵",大溵水在今郾城縣,即汝水别流也。《説文》引《爾雅》作"汝爲涓",釋文引《字林》同,云:"衆《爾雅》本亦作涓。"是"濆"古作"涓",唯郭本作"濆"耳。

水决之澤爲汧。水决入澤中者亦名爲汧。**决復入爲汜。**水出去復還。

"汧"已見上,此申釋之。《説文》云:"决,行流也。"《水經注》云:"渭水東逕郁夷縣故城南,汧水入焉,水出汧縣之蒲谷鄉弦中谷，決爲弦蒲藪。《爾雅》曰‘水決之澤爲汧’，汧之爲名，實兼斯舉。”郭云“亦名汧”者，亦，亦上文。錢氏坫曰“澤亦弦蒲澤也。弦、汧聲同”，是矣。闞駰以楚水爲汧水，非也。

○《説文》云：“氾，水别復入水也。”《釋名》云：“水決復入爲氾。氾，已也，如出有所爲，畢已而還入也。”《詩·江有氾》傳用《爾雅》。《淮南·道應》篇云“至於河上，而航在一氾”，高誘注：“氾，水涯也。”蓋借“氾”爲“涘”，非此。

河水清且瀾漪：大波爲瀾，言涣瀾。**小波爲淪**，言藴淪。**直波爲徑**。言徑侹。

《詩》“河水清且漣漪”“河水清且直漪”“河水清且淪漪”，此釋之也，不並引者，文省也。正義引李巡云：“分别水大小曲直之名。”《説文》云：“波，水涌流也。”“大波爲瀾，瀾或作漣。”《詩·伐檀》傳：“風行水成文曰漣。”《釋名》云：“風行水波成文曰瀾。瀾，連也，波體轉流相及連也。水小波曰淪。淪，倫也，小文相次有倫理也。水直波曰涇。涇，徑也，言如道徑也。”《詩》釋文引《韓詩》云：“順流而風曰淪。淪，文貌。”毛傳：“小風水成文，轉如輪也。”“直，直波也。”按：“直”又訓“徒”也，徒波，無風自波，對淪、漣皆因風成文，此自生波，故曰“直波”。“直”有徑遂之義，故曰“徑”也。徑，釋文作“侄”，云：“字或作徑。”今從宋本。瀾，釋文作“瀾”。

江有沱，河有灉，汝有濆。此故上水别出耳，所作者重見。

水名已具上文，此重見者。《詩·汝濆》正義引李巡曰：“江、河、汝旁有肥美之地名。”然則此以地言，彼以水言，名同義異，李説是也。今以其意求之，梁州之沱，其地在蜀，郫土江鄉，膏腴沃壤。至於荆州之沱，江夏雲杜，邨墟相望，皆其地矣。河之有灘,《左傳》所云(《僖廿八年》)"至於衡雍",杜注以爲鄭地,在滎陽卷縣,是其地濱河岸,密邇王宫,"雍"即"灘"矣。若乃《詩》之《汝濆》,樵採所遵,枚條緐茂,其爲地號,更不待言。孔氏正義猶以彼墳從土,此濆從水爲疑,非矣。郭以爲水名重見,尤非。

滸,水厓。水邊地。

此亦水邊地名,與"沱、灘、濆"同,故並釋之。上文云:"滸爲滸。"彼以水言,此以地言也。《詩·葛藟》正義引李巡曰:"滸,水邊地名,厓也。"《北山》正義引孫炎曰:"厓,水邊也。"《釋丘》"岸上,滸""涘爲厓",與此義互相足。

水草交爲湄。《詩》曰:"居河之湄。"

湄者,《說文》用《爾雅》。《釋名》云:"湄,眉也,臨水如眉臨目也,水經川歸之處也。"《左氏·僖廿八年》正義引李巡曰:"水中有草木交會曰湄。"《水經·濟水》注引舍人云:"水中有草木交合也。"郭引《詩·巧言》文。湄,《詩》作"麋"。《左傳》"余賜女孟諸之麋",並古字通。

濟有深涉,謂濟渡之處。**深則厲,淺則揭:揭者,揭衣也。**謂褰裳也。**以衣涉水爲厲。**衣謂褌。**繇膝以下爲揭,繇膝以上爲涉,繇帶以上爲厲。**繇,自也。

《詩·匏有苦葉》文,此釋之也。《左氏·襄十四年》正義引李巡曰:"濟,渡也。水深則厲,水淺則揭衣渡也,不解衣而渡水曰厲。"孫炎曰:"揭,褰衣裳也,以衣涉水濡褌也。"毛傳俱本《爾雅》,唯不引"繇膝以下爲揭"一句,文省耳。釋文引《韓詩》云:"至心曰厲。""至心"即是"繇帶以上",雖變其文,實用其意也。必以"繇膝、繇帶"言者,蓋爲空言淺深,恐無準限,故特舉此爲言,明過此以往則不可渡也。然亦略舉大槩而言,實則繇帶以下亦通名"厲",故《論語》鄭注及《左傳》服虔注並云:"由鞀以上爲厲。"明繇鞀以上即繇帶以下,故約略其文耳。"衣"是大名,裳與褌皆衣類。以言"揭",故知爲"褰裳";以衣涉,故知"衣謂褌"也。《釋名》云:"褌,貫也,貫兩脚,上繫要中也。""厲"有淩厲之義,因爲涉水之名,故《説文》"涉"字解云:"徒行厲水也。"是"厲、涉"通名。《列子·説符》篇云:"懸水三十仞,圜流九十里,有一丈夫方將厲之。"《上林賦》云:"越壑厲水。"皆以"厲"爲涉也。《説文》"厲"作"砅",引《詩》"深則砅",或作"濿",云:"履石渡水也。"按:《詩》"在彼淇厲",蓋以"厲"爲橋梁,此皆别解,義與《爾雅》異也。"繇"與"由"同,由,自也,本《釋詁》文。

潛行爲泳。水底行也。《晏子春秋》曰:"潛行逆流百步,順流七里。"

《説文》:"泳,潛行水中也。""潛,涉水也。"《詩》云:"泳之游之。"蓋"游"與"泳"對文則别,散文亦通。故《釋言》云:"泳,游也。"是其義同。《詩》云:"不可泳思。"《列子·黄帝》篇云:"彼中有寶珠,泳可得也。"毛傳及張湛注俱用《爾雅》,郭引《晏子春秋》古冶子詞也。

汎汎楊舟,紼縭維之:紼,䌰也。䌰,索。**縭,緌也**。緌,繫。

《詩·采菽》文。毛傳:"紼,繂也。纚,緌也。"正義引李巡曰:"䌰竹爲索,所以維持舟者。"孫炎曰:"繂,大索也。舟止,繫之於樹木,戾竹爲大索。"正義云:"紼訓爲繂,繂是大紐。纚訓爲綏,緌又爲繫。正謂舟之止息以紐繫而維持之。"《詩》釋文引《韓詩》云:"纚,筰也。"《釋名》云:"引舟者曰筰。"然則筰可引舟,亦可繫舟,“筰”與“綏”義相成也。𦨣,《説文》作“𦨣”,《詩》作“綷”,“縭”作“纚”,並字異音義同。

天子造舟,比船爲橋。**諸侯維舟**,維連四船。**大夫方舟**,併兩船。**士特舟**,單船。**庶人乘泭**。併木以渡。

《説文》云:“舟,船也。古者共鼓、貨狄刳木爲舟,剡木爲楫,以濟不通。”《釋名》云:“舟,言周流也。”

造舟者,《詩·大明》傳用《爾雅》。正義引李巡曰:“比其舟而渡曰造舟。”孫炎曰:“造舟,比舟爲梁也。”《公羊·宣十二年》疏引舊説云:“以舟爲橋,詣其上而行過,故曰造舟也。”按:此雖《爾雅》舊説,但以“造”爲“詣”,不及李、孫訓“造”爲“比”,蓋比並其船,加板於上,孔穎達謂即今浮橋,是也。《方言》云:“艁(古造字)舟謂之浮梁。”《閒居賦》云:“浮梁黝以徑度。”皆其義也。至其並船之數,釋文引郭圖云:“天子並七船。”按:禮自上以下降殺以兩,若以諸侯四、大夫二、士一推之,則天子當並六船也。又《説文》引此四句作《禮》,蓋出古禮經之文。

〇維舟者,《詩》正義引李巡曰:“中央左右相維持曰維舟。”《公羊》疏引孫炎云:“維連四船。”《音義》曰:“維持使不動摇也。”按:“維”非並也,但連繫之使不散。孔穎達謂“維舟以下則水上浮而行之,但船有多少爲等差耳”,其説是矣。

〇方舟者,《詩》正義引李巡曰:“併兩船曰方舟。”《説文》:“方,併船也,象兩舟省總頭形。方或从水作汸。”《方言》云“方舟謂之潢”,郭注:“楊州人呼渡津舫爲潢,荆州人呼杭音横。”《説文》:“斻,方舟也(“斻”即“航”字)。”《詩》借爲“杭”,“一葦杭之”,是也。“方”古讀如“旁”,亦讀如“傍”,“傍、併”聲轉,今俗爲“併”、爲“傍”,此古音也。金鶚云:“併船是方本義,通而言之,凡相併皆曰方。"《鄉射禮》云"不方足",鄭注:"方猶併也。"《詩》"維鳩方之",亦謂並處於一巢也。

○特舟者,《公羊》疏引李巡云:"一舟曰特。"又云:"庶人乘泭者,併木以渡,别尊卑也。"然則"併"亦方也。《釋言》云:"舫,泭也。""舫"即"方"字。又借爲"枋",《史記·張儀傳》云:"枋船載卒。""枋"與"舫"同,枋船即舫泭也。《論語》"乘桴","桴"亦泭也。泭、舟同類,故《齊語》云:"方舟設泭。"蓋兼士庶言之。

水注川曰谿,注谿曰谷,注谷曰溝,注溝曰澮,注澮曰瀆。

此皆道水轉相灌注所入之處名。

此别水所注入之名。舊注云:"皆以小注大,大小異名。"郭注《上林賦》云:"自谿及瀆皆水相通注也。"

谿者,《釋山》云:"山豄無所通,谿。"彼謂窮豄,此則通川之谿也,蓋謂谿澗之水能自達於通川。故《左氏·隱三年》正義引李巡曰:"水出於山入於川爲谿也。"

谷者,《説文》云:"泉出通川爲谷,从水半見,出於口。"《公羊僖三年傳》:"無障谷。"蓋谷口出水無障斷之,使通於谿,故疏引李巡云:"水相屬曰谷。"然則谷者,屬也,水流相屬灌輸也。

溝、澮者,《釋名》云:"水注谷曰溝,田閒之水亦曰溝。溝,搆也,從横相交搆也。注溝曰澮。澮,會也,小溝之所聚會也。"

瀆者,《御覽》七十五引舊注云:"水流不絕曰瀆。"然則"瀆"之爲言猶"續"也,相續不絕之意。《説文》云:"瀆,溝也。"是"溝、瀆"通名。《釋山》又以"谿、瀆"並稱,可知此皆山閒瀉水,非有巨浸洪流,且瀆無妨四瀆同名,溝澮亦非《匠人》舊制,豈便有四尺二尋之規乎?(《匠人》:"溝廣四尺,深四尺。澮廣二尋,深二仞。")邢疏泥《考工》之文,失《爾雅》之義,乃謂自溝以下與上不類,謬矣。彼是田閒水道,此乃谿谷細流,何可同也?今試倒轉其文,則爲瀆注於澮,澮注於溝,溝注於谷,谷注於谿,谿注於川,上下文義俱順矣。此自言水轉相灌注之異名耳,云何不類?

逆流而上曰泝洄,順流而下曰泝游。皆見《詩》。

泝,《説文》作"㴑",云:"逆流而上曰㴑洄。㴑,向也,水欲下,違之而上也。㴑或作遡。""洄,㴑洄也。""游"作"汓",云:"浮行水上也。汓或作泅。"《詩》"遡洄"傳用《爾雅》,"遡游"傳云:"順流而涉曰遡游。"正義引孫炎曰:"逆渡者,逆流也。順渡者,順流也。"按:"洄"猶"回"也,《華嚴經音義》下引《三蒼》云:"水轉曰洄。"蓋逆流則向水回轉,順流則但浮游直行而已。《左氏哀四年傳》"吳將泝江入郢",杜預注:"逆流曰泝。"《莊十八年傳》"閻敖游涌而逸",杜注:"游涌水而走也。"

正絶流曰亂。直横渡也。《書》曰:"亂于河。"

《詩》"涉渭爲亂",傳用《爾雅》,正義引孫炎曰:"直横渡也。"是"正"訓"直","絶"猶"截"也。截流横渡,不順曰"亂"。郭引《書·禹貢》"梁州"文。

江、河、淮、濟爲四瀆。四瀆者,發原注海者也。

《釋名》云:"天下大水四,謂之四瀆,江、河、淮、濟是也。瀆,獨也,各獨出其所而入海也。江,公也,諸水流入其中所公共也。淮,圍也,圍繞楊州北界,東至海也。河,下也,隨地下處而通流也。濟,濟也,言源出河北,濟河而南也。海,晦也,主承穢濁,其色黑而晦也。"《白虎通》云:"瀆者,濁也,中國垢濁,發源東注海,其功箸大,故稱瀆也。"《風俗通》云:"《尚書大傳》《禮三正記》'江河淮濟爲四瀆'。瀆者,通也,所以通中國垢濁,民陵居,殖五穀也。江者,貢也,珍物可貢獻也。河者,播爲九流,出龍圖也。淮者,均,均其務也。濟者,齊,齊其度量也。"

四瀆發原注海,《禹貢》具詳其文,河説見下。《漢志》:"蜀郡湔氐道,《禹貢》嶓山在西徼外,江水所出,東南至江都入海。"今江出四川松潘衛邊徼外西番地之岷山,至江南通州入海。《漢志》:"南陽郡平氏,《禹貢》桐柏大復山在東南,淮水所出,東南至淮陵入海。"今淮出河南南陽府桐柏縣之桐柏山,至江南清河縣與河合流,至安東縣入海。《漢志》:"河東郡垣,《禹貢》王屋山在東北,沇水所出,東南至武德入河,軼出滎陽北地中,又東至琅槐入海。"今濟出河南懷慶府濟源縣之王屋山,至武陟縣入於河。《管子·度地》篇云:"水之出於山而流入於海者,命曰經水。水别於他水,入於大水及海者,命曰枝水。"然則四瀆者,經流也,挾衆枝流而注於海者也。《説文》:"海,天池也,以納百川者。""注,灌也。""原,水泉本也。""原"今作"源"。

水泉題上事也。《管子·水地》篇云:"水者何也?萬物之本原也。"水之原在乎泉,故《釋水》之篇先泉後水,又總題曰"水泉"也。《初學記》引郭氏讚云(《類聚》作《釋水讚》):"川瀆綺錯,涣瀾流帶。潛潤旁通,經營華外。殊出同歸,混之東會。"

水中可居者曰洲。小洲曰陼,小陼曰沚,小沚曰坻。人所爲爲潏。人力所作。

此釋水中之地名。洲者,《説文》作"州",引《詩》"在河之州"。《釋名》云:"水中可居者曰洲。洲,聚也,人及鳥物所聚息之處也。"《詩·關雎》正義引李巡曰:"四方皆有水,中央獨可居。"《一切經音義》十七引孫炎曰:"水有平地可居者也。"《方言》云:"水中可居爲洲。三輔謂之淤,蜀漢謂之㙩。"郭注引《上林賦》曰:"行乎洲淤之浦。"

○陼,當爲"渚",《説文》引作"小州曰渚"。《釋名》云:"渚,遮也,體高能遮水使從旁回也。"《詩》"江有渚",傳:"渚,小洲也。水歧成渚。"釋文引《韓詩》云:"一溢一否曰渚。渚,小洲也。"按:《廣雅》云:"渚,處也。"是渚亦可居處,故韋昭《齊語》注:"水中可居者曰渚。"《爾雅》不言者,文省耳。又以上句例之,不言可知。

○沚者,《詩·采蘩》傳:"沚,渚也。"不言"小"者,亦文省也。《説文》用《爾雅》。《釋名》云:"沚,止也,小可以止息其上也。"然則沚小於渚,不可居處,但容止息而已。

○坻者,《釋名》云:"小沚曰坻。坻,遲也,能遏水使流遲也。"《説文》本《詩·蒹葭》傳,云:"坻,小渚也。"變"沚"言"渚"者,渚、沚雖大小異名,其實一耳。正義云:"以渚易知,故繫渚言之。"邢疏引李巡云"但大小異其名",是也。

○潏者,《説文》云:"水中坻。人所爲爲潏。"是潏亦坻也,但以人所爲爲異耳。《釋名》云:"潏,術也,偃水使鬱術也,魚梁、水碓之謂也。"魚梁者,《周禮·𣿖人》"掌以時𣿖爲梁",鄭衆注"梁,水偃也(偃,俗作"堰")。偃水爲關空,以笱承其空",是也。水碓者,於急流水中偃水爲之,設轉輪於下,用水衝激,速於賃舂。魚梁、水碓皆人所爲,故舉以譬況焉。《釋文》引郭圖云:"水中自然可居者爲洲,人亦於水中作洲,而小不可止住者名潏,水中地也。"《御覽》七十一引舍人云:"潏,人力水爲居止(疑有脱誤)。"按:釋文"潏,郭述、決二音",是也。

水中題上事也。洲、渚、沚、坻、潏皆水中高地,故題曰"水中"也。

河出崐崘虚,色白。《山海經》曰:"河出崐崘西北隅。"虚,山下基也。發源處高激峻湊,故水色白也。**所渠并千七百,一川色黄。**潛流地中,汩漱沙壤,所受渠多,衆水溷淆,宜其濁黄。**百里一小曲,千里一曲一直。**《公羊傳》曰:"河曲流,河千里一曲一直。"

《水經注》引《春秋説題辭》云:"河之爲言荷也,荷精分布,懷陰引度也。"《考異郵》云:"河者,水之氣,四瀆之精也。"《初學記》引《孝經援神契》云:"河者,水之伯,上應天漢。"又引《穆天子傳》:"河與江、淮、濟三水爲四瀆,河曰河宗,四瀆之所宗也。"按:《爾雅》既言"四瀆"而以"九河"終焉,其意蓋在此也。《説文》云:"河水出焞煌塞外昆侖山,發原注海。"釋文引郭《音義》云:"《禹本紀》及《山海經》皆云:'河出崐崘山。'《漢書》曰:'張騫使西域,窮河源,其山多玉石而不見崐崘也。'世人皆以此疑河不出崐崘。按:《山海經》曰:'東望泑澤,河水之所潛也,其源渾渾泡泡。'又云:'敦薨之水注于泑澤,出乎崐崘之西北隅,實惟河源也。'《西域傳》又云:'河有兩源,一出葱嶺山,一出于闐。于闐在南山下,其河北流,與葱嶺之河合,東注鹽澤。鹽澤一名蒲昌海,去玉門、陽關三百餘里(《水經注》"三"上有"千"字,《漢書》脱之,此仍其失),輪廣三四百里,其水停,冬夏不增減,皆以爲潛行地下,而南出於積石山,而爲中國河云。'然則河出崐崘便潛行地下,至葱嶺及于闐復分流歧出也,張騫所見蓋謂此矣。其去崐崘里數遠近所未得而詳也。泑澤即鹽澤也。"又引郭《圖讚》云:"崐崘三層,號曰天柱。實惟河源,水之靈府。"

按：此以上釋文所引，皆是古來相傳舊説，然於河出崐崘里數遠近靡得而詳。《新唐書·吐蕃傳》載劉元鼎所經紫山，直大羊同國，虜曰"悶摩黎山"，即古所謂崐崘，距長安五千里。而《元史·地理志》稱河源出吐蕃朵甘思西鄙，名"火敦腦兒"，譯言"星宿海"也。又言朵甘思東北有大雪山，即崐崘，不知此乃積石山也。康熙、乾隆年閒兩遣侍衛尋河源，後乃得之阿勒坦郭勒之西，遠出星宿海之上三百餘里，其崐崘在今之回部。所以知河出崐崘虚者，《一統志》言西藏有岡底斯山，在阿里之達克喇城東北三百十里，直陝西西寧府西南五千五百九十餘里，乃《西域記》《水經注》所謂"阿耨達山"，今名"岡底斯山"，即崐崘也，《河源紀略》圖説詳矣。近人徐松能言西域地形，今採其説曰："岡底斯山分爲四，幹向西北者爲僧格喀巴布山，譯言獅子口也。繞阿里而北二千五百餘里，入西域爲和闐南山及葱嶺，葱嶺在今葉爾羌、喀叶噶爾境，和闐南山在今和闐境，和闐即古于闐。《漢書·西域傳》言河有兩源，一出葱嶺，一出于闐。其實出葱嶺者尚有南河、北河之分，與于闐河而三也。今以新疆地形驗之，和闐河二源皆出南山，東源曰玉隴哈什河，西源曰哈喇哈什河，二水分流，經和闐城東西，又北流二百餘里而合爲和闐河，是爲河源之一；葱嶺南河者即今葉爾羌河。二源，東源曰聽雜布河，西源曰澤普勒善河。二水分東北流，至葉爾羌城東南而合爲葉爾羌河，是爲河源之二；葱嶺北河者即今喀什噶爾河。二源，南源曰雅瑞雅爾河，北源曰烏蘭烏蘇河，分東流，至喀什噶爾城南而合爲喀什噶爾河，是爲河源之三。三源分東流，至噶巴克阿克集而合爲塔里木河，又東流一千四百餘里瀦爲羅布淖爾，即古鹽澤，亦謂之"蒲昌海"也。諸河水皆澄清無滓，惟喀什噶爾河之北源烏蘭烏蘇色赤而濁,而東至葉爾羌東北衡阿喇克之地亦清流見底,故統謂之‘色白’也。”又曰:“郭注引《山海經》作‘崐崘西北隅’,邵氏《正義》據今本作‘東北隅’,以郭爲譌,非也。按:南山、蔥嶺皆發脈於僧格喀巴布,而僧格喀巴布實分幹於岡底斯山之西北隅,故《山海經》謂之‘崐崘西北隅’,灼然明顯,且《後漢書·張衡傳》注及《廣韵》引此文皆作‘西北’,邵氏之説未可依據。”又曰:“崐崘虚者,僧格喀巴布山西北趨千六百餘里爲蔥嶺,蔥嶺環千八百餘里,包西域之西以周其北,外如半規,中謂虚地,故謂之虚。”余按:徐以“虚”讀如字,實則“虚”即“墟”字,故郭云“山下基”,明其旁迆緜亘,諸山皆得崐崘之目,故言“河出崐崘虚”也。釋文引李巡云:“河水始出,其色白也。”孫炎云:“崐崘,山名也。墟者,山下之地。白者,西方之色也。”又引郭注有“發源處高激峻湊,故水色白也”十二字,爲宋本所無,今據補。《離騷》云:“朝吾將濟於白水兮,登閬風而緤馬。”《後漢書》注引《河圖》云:“崐山出五色流水,其白水東南流,入中國,名爲河。”然則白水即河水,故晉文投璧于河而曰“有如白水”,《晉語》即作“有如河水”,是其證也。

○渠者,《説文》云:“水所居。”川者,釋文引李巡云:“水流而分,交錯相穿,故曰川也。”

色黄者,孫炎云:“所受渠多,轉流溷濁,故色黄。”《水經注》引《物理論》曰:“河色黄者,衆川之流,蓋濁之也。”《河源録》云:“自發源至漢地,南北澗溪細流旁貫,莫知紀極。然則渠川之水,其數難詳,千七百者,特舉大槩而言耳。”徐松曰:“河入鹽澤,水皆清澈,伏流一千五百餘里,東南至巴顔哈喇山麓,伏流自崖壁上涌出,釃爲百道,皆作黄金色,東南流爲阿勒坦郭勒,譯言

‘黄金河’也。”

○河隨山勢爲曲折，千里、百里亦大槩言之耳。釋文引李巡云：“水勢小曲，乃大直也，故曰小曲。水陰節每一曲一直，通無極也，故曰千里一曲一直。”郭引《公羊文十二年傳》云“河曲疏矣，河千里而一曲也”，何休注：“河曲流。”郭蓋兼引傳注，又傳不言“一直”，郭據《爾雅》加之也。《漢志》“太原郡陽曲”，應劭注云：“河千里一曲，當其陽，故曰陽曲也。”然則陽曲亦河曲之地名，故傳云：“河曲疏矣。”《河源録》云：“世言河九折，彼地有二折。”朱思本云：“河源東北流歷西番，至蘭州，凡四千五百餘里，始入中國。又東北流過達達地，凡二千五里餘里，始入河東境内。又南流至河中（即蒲州），凡一千八百餘里，通計九千餘里。”

河曲此釋河耳，謂之“曲”者，河勢善曲，其地疏闊，隨處委折，咸被斯名，故題曰“河曲”也。

徒駭、今在成平縣，義所未聞。**太史**、今所在未詳。**馬頰**、河勢上廣下狹，狀如馬頰。**覆鬴**、水中可居，往往而有，狀如覆釜。**胡蘇**、東光縣今有胡蘇亭，其義未聞。**簡**、水道簡易。**絜**、水多約絜。**鉤盤**、水曲如鉤流盤桓也。**鬲津**。水多阨狹，可隔以爲津而横渡。

此釋九河之名。徒駭者，釋文及《禹貢》正義引李巡曰：“禹疏九河以徒衆起，故云徒駭。”孫炎曰：“禹疏九河，此河功難（《書》正義作“用功雖廣”四字），衆懼不成，故曰徒駭。”

郭云“今在成平縣”者，《晉志》成平屬河閒國，《漢志》屬勃海郡，今河閒府交河縣東有漢成平故城。按：《漢志》：“成平，虖池（沱同）河，民曰徒駭河。”是“虖池”即“徒駭”，疑語倒並聲之轉。

○太史者，釋文作“大”，云：“謝音泰，孫如字，本今作太。”然則古本作“大”，是也。《詩·般》正義引李巡曰：“禹大使徒衆，通水道，故曰太史。”孫炎曰：“大使徒衆，故依名云。”《爾雅》釋文引“或云太史者，史官記事之處”。按：此蓋因“大”本作“太”，望文生訓耳，李、孫於義爲長。《導河書》云：“太史在德州安德縣東南，經滄州臨津縣西。”《明一統志》在南皮縣北。

○馬頰者，釋文引李、孫、郭並云：“河勢上廣下狹，狀如馬頰也。”《元和郡縣志》：“德州安德縣，馬頰河在縣南五十里。”“平昌縣（今德平縣），馬頰河在縣南十里。”按：《漢志》：“平原郡平原有篤馬河。”《通典》云：“馬頰在平原郡。”然則“篤馬”豈即馬頰之異稱？今所未詳。

○覆鬴者，釋文引郭云：“鬴，古釜字。”李、孫、郭並云：“水中多渚，往往而有可居之處，狀如覆釜之形。”《通典》云：“覆釜在平原郡界。”《導河書》云：“覆鬴在永静軍阜成縣東，經東光縣西北。”按：《漢志》阜成屬勃海郡。

○胡蘇者，《詩》正義引李巡曰：“其水下流，故曰胡蘇。胡，下也。蘇，流也。”孫炎曰：“水流多散，胡蘇然也。”《漢志》“勃海郡東光有胡蘇亭”，今河間府東光縣有漢東光故城。光，釋文及宋本並誤作“莞”，今據《詩》《書》正義改正。

○簡者，《書》正義引李巡曰：“簡，大也，河水深而大也。”《詩》正義引孫炎曰：“簡者，水通易也。”（釋文引李、孫同，與此異。）《史記》正義云：“簡在貝州歷亭縣界。”

○絜者，釋文：“户結反。”引孫、郭並云：“水多約絜，又苦八反。”李云：“河水多山石之苦，故曰絜。絜，苦也。”（《書》正義“石”下作“治之苦絜。絜，苦也”。）《輿地廣記》：“簡絜在臨津。"《金史・地理志》:"南皮縣有潔河。"按:《漢志》:"勃海郡南皮,莽曰迎河亭。"《齊乘》云:"滄州之南有大連澱(自注:今日大梁五龍堂),殿南至西無棣縣百餘里閒,有曰大河、曰沙河,皆瀕古隄,縣城南枕無棣溝。玆非簡、絜等河歟?"

○鉤盤者,釋文"盤"作"般",云:"本又作盤,李本作股,云:'水曲如鉤,折如人股(《詩》《書》正義引作"屈折如盤"),故曰鉤股。'孫、郭同,云:'水曲如鉤,流盤桓不直前也。'"(今郭注脱"不直前"三字。《詩》正義引又無"流直"二字。)《漢志》:"平原郡般。"《水經注》:"河水故渠川脈,東入般縣爲般河。"《元和志》:"棣州陽信縣鉤般河,經縣北四十里。"《後漢書・公孫瓚傳》"遂出軍屯槃河",《袁紹傳》"還屯槃河",章懷注:"槃即《爾雅》九河鉤槃之河也,其枯河在今滄州樂陵縣東南。"又云:"故河道在今德州平昌縣界,入滄州樂陵縣,今名枯槃河。"

○鬲津者,釋文引"李云'河水狹小,可隔以爲津,故曰鬲津'。孫、郭同,云'水多阨狹,可隔以爲津而橫渡'"。《漢志》:"平原郡鬲,平當以爲鬲津。"《元和志》:"德州安德縣鬲津枯河,在縣南七十里平昌縣,鬲津枯河南去縣二十里。"按:鬲縣故城在今德州北也。

> **九河**《禹貢・兖州》已云"九河既道,至于大陸",又云"播爲九河"者,《詩・般》正義引《鄭志・答趙商問》曰:"河流分兖州界,文自明矣。然九河從兖州而分大陸以北,明是再分,故特言'播',鄭義似未了也。"《禹貢》正義引《漢書・溝洫志》:"成帝時,河隄都尉許商上書曰:'古記九河之名,有徒駭、胡蘇、鬲津,今見在成平、東光、鬲縣界中,自鬲津以北至徒駭,其閒相去二百餘里。'"是知九

河所在，徒駭最北，鬲津最南，蓋徒駭是河之本道，東出分爲八枝也。許商上言三河，下言三縣，則徒駭在成平，胡蘇在東光，鬲津在鬲縣，其餘不復知也。《爾雅》九河之次，從北而南，既知三河之處，則其餘六者，太史、馬頰、覆釜在東光之北，成平之南；簡、絜、鉤盤在東光之南，鬲縣之北也。其河填塞，時有故道，鄭《禹貢》注云："周時齊桓公塞之，同爲一河。今河閒弓高以東至平原鬲津，往往有其遺處。《春秋寶乾圖》云：'移河爲界，在齊吕，填閼八流以自廣。'"鄭蓋據此文爲説也。言閼八流拓境，則塞其東流八枝，并使歸於徒駭也。按：《詩》正義大意亦與此同，而此爲賅備。《爾雅》釋文引郭《音義》亦本鄭注而義稍略，故舍彼引此也。然則八流雖塞，遺處猶存，今驗青滄景德之閒，古隄沙阜舊迹宛然，故《溝洫志》載韓牧以爲"可略於《禹貢》九河處穿之，縱不能爲九，但爲四五，亦有益"，而王横言"河入勃海，勃海地高於韓牧所欲穿處"，又言"九河之地已爲海所漸"，此妄説也。古河隄處今猶可見，安得爲海所漸？但自周定五年河徙以來，歷漢至今，轉徙而南，土淺沙浮，潰决難制，禹河故道，日就沈湮，更數百年，殆將不可復識矣。

從《釋地》已下至《九河》，皆禹所名也。

自《釋地》已下，凡四篇，此其總題也。《書·吕刑》云："禹平水土，主名山川。"蓋禹敷土釃渠，因而各制以名。《禹貢》一篇，略可槩見。或疑《祭法》"黄帝正名百物，以明民共財"，物有定名，其來舊矣。然《水經注》言廬山有大禹刻石，無妨舊已有名，禹更新定爾。

爾雅郭注義疏下之一

釋草弟十三

《説文》:"艸,百卉也,从二屮。""屮,艸木初生也。""卉,艸之總名也。""茻,衆艸也,从四屮。"又引《商書》曰:"庶艸繇無。"《天官》九職謂之"疏材",《大司徒》"以土會之法辨其物生,川澤宜膏物,墳衍宜莢物,原隰宜叢物",鄭注:"膏當爲櫜,字之誤也。蓮芡之屬有櫜韜。莢物,薺莢、王棘之屬。叢物,萑葦之屬。"《淮南·原道》篇云"秋風下霜,倒生挫傷",高誘注:"草木首地而生,故曰倒生。"《莊子·外物》篇云:"草木之倒植者過半。"《説文》"葪,艸木倒",是也。草一曰蘇,《方言》:"蘇,草也,江淮南楚之閒曰蘇。"《論衡》云:"地性生草,山性生木。"言生處之異也。此篇所釋,品羅衆卉,實多識之資也。

藿,山韭。茖,山蔥。葝,山䪥。萬,山蒜。今山中多有此菜,皆如人家所種者。茖蔥,細莖大葉。

此釋菜也。《説文》云:"菜,艸之可食者。"故先釋焉。韭、蔥、䪥、蒜,皆人家所常種,其生於山則異名。《豳風》以春蚤獻羔,《繁露》因春生實豆,《小正》以囿見紀時,是皆毓自家園,事同井竈。韭曰豐本,言其根豐而葉茂也,其生於山者别曰藿。

《説文》云:“萑,艸也。”引《詩》“食鬱及萑”,邢疏引《韓詩》作“萑”。萑一名韱,《説文》:“韱,山韭也。”《南山經》云“招摇之山有草焉,其狀如韭”,郭注引璨曰:“韭,《爾雅》云霍,山亦多之。”“霍、萑”蓋以形近而誤。《説文》:“韭,一種而久,故謂之韭。”今驗韭宿根在地,年年分栽,故言“一種而久”。山中者亦象家韭而葉差狹,根宿地自生。

○蔥之生於山者名茖。《説文》云:“茖,艸也。”《一切經音義》八引《爾雅》舊注云:“茖,一名山蔥,并州以北多饒茖蔥也。”《北山經》云“邊春山,其草多蔥韭”,郭注“山蔥名茖,大葉”,與此注同。《後漢書·章帝紀》注:“蔥領在燉煌西,其山高大多蔥。”是皆蔥生於山之證。茖,通作“格”,馬融《廣成頌》云“格韭菹于”,章懷注:“茖與格古字通。”按:茖蔥今名角蔥,作莖生,有枝格,旋摘旋生,食之不盡,其味甘而不辛,冬亦不枯。《管子》所謂“伐山戎,出戎菽及冬蔥”,即此。

○䪥者,《説文》云:“菜也,葉似韭。”按:古蔥、䪥並稱,《内則》言“切”而和以膏醯,《少儀》言“擇”而絶其本末,今惟用蔥不用䪥矣。王禎《農書》云:“野䪥俗名天䪥,生麥原中,葉似䪥而小,味益辛,亦可供食,但不多有。”蘇頌《本草圖經》云:“山䪥與家䪥相似而葉差大。”《玉篇》“葝”作“苝”,《廣韻》引《爾雅》作“苝,山䪥”,云:“苝,蒲罪切,本亦作葝。”

○蒜之生於山者名莴。《本草》陶注:“小蒜根名亂子。”蜀本注云:“小蒜野生,小者一名莴。”《説文》:“蒜,葷菜。”《夏小正》云:“十有二月納卵蒜。卵蒜也者,本如卵者也。”按:此即今澤蒜,生山澤閒,葉如鳧茈,根如鳥卵,十二月及正月掘取食之。《古今注》云:“蒜,卵蒜也,俗人謂之小蒜。”《爾雅翼》云:“大蒜爲葫,小蒜爲蒜。”二説並非。“蒜”是總名,“葫”乃俗稱,卵蒜自別一種,非凡蒜俱名卵也。《爾雅翼》又引孫炎以“蒚爲山名,其上出蒚”,亦非。

薜,山蘄。《廣雅》曰:“山蘄,當歸。”當歸,今似蘄而麤大。

《説文》云:“蘄,艸也。”蓋艸以“蘄”名者非一。山蘄,一名薜,一名白蘄,説見下文。《本草》云:“當歸,一名乾歸。”不名山蘄,《廣雅》以山蘄即當歸,郭云“當歸,似蘄而麤大”,釋文:“蘄,古芹字。麤,本今作麤。”李時珍云:“當歸本非芹類,特以花葉似芹,故得芹名。”《古今注》云:“古人相贈以芍藥,相招以文無。文無一名當歸,芍藥一名將離故也。”

椴,木堇。櫬,木堇。别二名也。似李樹,華朝生夕隕,可食。或呼日及,亦曰王蒸。

釋文:“櫬,本又作藽。堇,本或作槿。”《詩·有女同車》傳:“舜,木槿也。”《説文》“舜”作“蕣”,云:“蕣,木槿,朝華暮落。”引《詩》“顔如蕣華”。正義引陸璣疏云:“舜,一名木槿,一名櫬,一名曰椴,齊魯之閒謂之王蒸。今朝生暮落者是也。”又引樊光云:“别二名也。其樹如李,其華朝生暮落,與草同氣,故在草中。”按:《月令》:“木堇榮。”《爾雅》:“草謂之榮。”是木堇,草類也。既得榮名,兼膺木號,於義方備。《海外東經》有薰華草,朝生夕死,郭注“薰或作堇”,是亦以堇爲草名,樊光所言非無據矣。《莊子·逍遥遊》篇云“朝菌不知晦朔”,釋文引司馬彪云:“大芝也,一名日及。”支遁云:“一名舜英。”潘尼云:“木槿也。”是支、潘以朝菌爲木堇,司馬雖以爲芝,亦同日及之名,“堇、菌”聲近,支、潘是也。釋文“大椿”又引司馬云:“一名橓。橓,木槿也。崔音橓華,同。”然則“椿、蕣”聲亦相近,“椿、櫬”聲又相轉。

然椿壽考而蕣脆薄，名雖同即實乖矣。日及，王羲之帖作"日給"，"給、及"通也。《抱朴子·論僊》篇云："白茇料大椿。""白茇"即"日及"，字形之譌。郭云"王蒸"，《月令》鄭注："木堇，王蒸也。"《吕覽》高誘注："華可用作蒸。"是王蒸以作蒸得名，今堇華蒸之可啖。

朮，山薊。《本草》云："朮，一名山薊。"今朮似薊，而生山中。**楊枹薊。**似薊而肥大，今呼之馬薊。

朮，《説文》从艸作"茱"。《繫傳》："今茱苗似薊也。"《本草》云："朮，一名山薊，一名山薑，一名山連。"《吳普本草》又名山芥、天薊，並廣異名也。陶注："朮有兩種，白朮葉大有毛而作椏，根甜而少膏。赤朮葉細無椏，根小苦而多膏。"陶言白朮即山薊，赤朮即楊枹薊。《爾雅》下文"赤枹薊"，郭云："即上枹薊。"此陶所本，然赤朮今呼"蒼朮"矣。蒼朮苗高二三尺，葉似棠梨，朿如鋸齒，根蟠如薑，華淡紫色，今藥用以茅山者良，然古方不言赤白也。《南方草木狀》云："藥有乞力伽，即朮也。"《中山經》云："首山多朮芫。"郭注用《爾雅》。《類聚》八十一引范子曰："朮出三輔，黄白色者善。"《抱朴子·僊藥》篇云："朮，一名山精。"

葥，王蔧。王帚也，似藜，其樹可以爲埽蔧，江東呼之曰落帚。

《説文》作"蕍，王彗"。《繫傳》云："今落帚艸也。"又云："今落帚或謂落藜，初生時可食，藜之類也。"《本草》："地膚，一名地葵。"《别録》："一名地麥。"唐本注名涎衣草，蘇頌《圖經》名鴨舌草，皆今埽帚草也，枝莖緐密，乾之作帚。《蜀本草》云："子色青，似一眠起蠶沙矣。"

菉，王芻。菉，蓐也，今呼鵖脚沙。

《説文》引《詩》"菉竹猗猗"，今《詩》作"緑"，毛傳："緑，王芻也。""終朝采緑",鄭箋:"緑,易得之菜也。"《離騷》云:"薋菉葹以盈室兮。"王逸注用《爾雅》。《詩》正義引舍人云:"菉,一名王芻。"李巡云:"一物二名。"某氏云:"菉,鹿蓐也。"《説文》又云:"藎,艸也。"唐本注:"藎草,俗名菉蓐草,葉似竹而細薄,莖亦圓小。"按:此即今淡竹葉也,其葉如竹,花色深碧,人取汁入畫如點黛。《御覽》引《吴普本草》云:"藎草,一名黄草。"蓋以其可染黄緑也。《説文》:"莀,艸,可以染留黄。"莀草即盭草。《漢書·百官表》云"諸侯王盭綬",如淳注:"盭,緑也。"晉灼云:"盭草出琅邪,似艾,可染緑,因以名綬。"然則莀草即藎草,藎草即菉,以可染緑因而名"緑"。"緑、菉"字通也。莀,又作"綟",《説文》:"綟,帛莀艸染色。"《急就篇》注:"綟,蒼艾色。"是"綟、莀、盭"並聲同假借,"莀、菉"又一聲之轉也。

拜,蔏藋。 蔏藋亦似藜。

《説文》:"藋,一曰拜商藋。"《繫傳》云:"商藋,俗所謂灰藋也。"今按:灰藋,《唐本草》名白藋,今名灰菜,莖有紅縷,葉青背白,其葉心有白粉,四月初生,可食,高數尺,秋開細白華,結子作穗,藜全似藋而葉心赤,俗謂之"紅灰菜",與白者皆可食,藜堪爲杖。

蘩,皤蒿。 白蒿。**蒿,菣。** 今人呼青蒿,香中炙啖者爲菣。**蔚,牡菣。** 無子者。

蘩,《説文》作"蘇",《詩·采蘩》傳:"蘩,皤蒿也。"《七月》傳:"蘩,白蒿也。"正義引孫炎同。《左氏·隱三年》正義引陸璣疏云:"凡艾白色爲皤蒿,今白蒿也。春始生,及秋香美,可生食,又可蒸,一名游胡,北海人謂之旁勃。"《夏小正》云:"蘩母者,旁勃也。"邢疏引"《本草》'白蒿',唐本注云'此蒿葉麤於青蒿,從初生至枯,白於衆蒿,所在有之',又云'葉似艾,葉上有白毛,麤澀,俗呼蓬蒿,可以爲菹'"。今按:白蒿或説即蔞蒿,非也。蔞蒿初生雖白而非白蒿,《爾雅》蔞有專條,説見下文。

○《説文》:"蒿,菣。""菣,香蒿也。菣或作藍。"《詩·鹿鳴》正義引陸璣疏:"蒿,青蒿也。荆豫之閒,汝南、汝陰皆云菣也。"又引孫炎云:"荆楚之閒謂蒿爲菣。"是菣即青蒿,青蒿即草蒿。《本草》:"草蒿,一名青蒿,一名方潰。"陶注:"處處有之,即今青蒿,人亦取雜香菜食之。"按:黄蒿氣臭,因名臭蒿;青蒿極香,故名香蒿;黄蒿不堪食,人家採以罨醬及黄酒麴,青蒿香美中啖也。

○蔚者,《説文》云:"牡蒿也。"《詩·蓼莪》正義引舍人曰:"蔚,一名牡菣。"某氏曰:"江河閒曰菣。"陸璣疏云:"蔚,牡蒿也。三月始生,七月華,華似胡麻華而紫赤,八月爲角,角似小豆角,鋭而長,一名馬新蒿。"按:馬新,《廣雅》作"馬先",謂:"因塵也。"因塵即茵陳,雖亦蒿類,而與牡蒿有别,陸疏誤矣。牡蒿,蘇恭謂:"即齊頭蒿也,葉似防風,細薄而無光澤。"李時珍謂:"諸蒿葉皆尖,此蒿葉獨奓而秃,故有齊頭之名。"今按:此蒿名"牡",故郭云"無子",然陸璣謂"角似小豆",則非無子矣。舊謂實大如車前實,而内子微細不可見,故人謂"無子"也。

齧,彫蓬。薦,黍蓬。别蓬種類。

《説文》:"蓬,蒿也。"籀文省作"莑"。蓋"莑"之言"莑茸",枝葉緐盛蓬蓬然,故謂之"蓬"。《晏子春秋·雜上》篇云:"譬之猶秋蓬也,孤其根而美枝葉,秋風一至,根且拔矣。"今驗秋蓬葉似松杉,秋枯根拔,風卷爲飛,所謂孤蓬自振,此即"齧,彫蓬"矣。

其“藨，黍蓬”者，《説文》：“藨，獸之所食艸。古者神人以藨遺黄帝，帝曰‘何食’？曰‘食藨’。”即此藨矣。藨，古文作“薦”，釋文引孫、李本作“薦”，从古文也。鄭樵《通志》以彫蓬爲彫胡，黍蓬爲野茭。楊慎《卮言》以蓬有水陸二種，彫蓬乃水蓬，彫苽是也；黍蓬乃旱蓬，青科是也。青科結實如黍，羌人食之，今松州有焉。此二説並無依據，蓬乃蒿類，與茭、苽别。李時珍《本草》“菰米”下引孫炎云“彫蓬即茭米”，亦未可信。

蔖，鼠莞。 亦莞屬也，纖細似龍須，可以爲席，蜀中出好者。

《説文》：“莞，艸也，可以作席。”《書》正義引樊光曰：“《詩》云‘下莞上簟’。”郭云“似龍須”者，《中山經》云“賈超山多龍修”，郭注：“龍須也，似莞而細，出山石穴中，可以爲席。”是鼠莞即龍須之屬。龍須，《本草》名石龍芻，一名草續斷。《一切經音義》四引《爾雅》作“蕈，鼠莞”，今从宋本作“蔖”，疑書寫之誤，宜據以訂正。

葝，鼠尾。 可以染皂。

葝，一名鼠尾，《吴普本草》名山陵翹。陶注：“田野甚多，人採作滋染皂。”蜀本注云：“葉如蒿，莖端夏生四五穗，穗若車前，華有赤白二種。”按：今蔓草，野人呼“鴉子觜”，結莢鋭長，形如鳥觜，亦似鼠尾也。《御覽》九百九十五引孫炎云：“葝，巨盈切，可染皂。”

菥蓂，大薺。 薺葉細，俗呼之曰老薺。

菥，《説文》作“析”。《易通卦驗》：“立冬，薺麥生。”《月令》鄭注以薺爲靡草之屬。薺之大者名菥蓂。《南都賦》云：“菥蓂芋瓜。”《齊民要術》十引舍人曰：“薺有小，故言大薺。”《廣雅》：“菥蓂，馬辛也。”《本草》：“菥蓂，一名蔑析，一名大蕺，一名馬辛,生川澤及道旁。"《吕覽·任地》篇云"孟夏之昔,殺三葉而穫大麥",高誘注:"昔,終也。三葉,薺、亭歷、菥蓂也。是月之季枯死,大麥熟而可穫。"高分薺與菥蓂爲二,非也。薺之老者,其葉轉細,謂之"大薺",非大其葉,郭注得之。《類聚》八十二引郭注作"似薺,葉細",今本脱去"似"字。

蒤,虎杖。似紅草而麤大,有細刺,可以染赤。

蒤即紅草之大者。《本草》陶注曰:"野甚多,狀如大馬蓼,莖斑而葉圓。"《齊民要術》六"作杬子法",如無杬皮,用虎杖根,即此。

孟,狼尾。似茅,今人亦以覆屋①。

孟,《玉篇》作"蓋",俗。《御覽》九百九十四引《廣志》云:"狼尾子可作黍。"《子虛賦》云:"其卑溼則生藏莨蒹葭。"《史記》集解引《漢書音義》云:"莨,莨尾草也。"是莨尾即狼尾。郭注《子虛賦》云:"藏莨草中牛馬芻。"按:今狼尾似茅而高,人以苫屋,俗名蘆稈莛。

瓠棲,瓣。瓠中瓣也。《詩》云:"齒如瓠棲。"

《説文》:"匏,瓠也。"《詩·匏有苦葉》傳:"匏謂之瓠。"通作"壺"。《詩》"八月斷壺",傳:"壺,瓠也。"又通作"華"。《郊特牲》云"天子樹瓜華",鄭注:"華,果蓏也。"是"華"讀爲"瓠","瓠、華"古音同也。瓠曰"瓠甗",或作"壺盧",亦作"瓠瓡",有甘苦二種。《詩》云:"甘瓠纍之。"《魯語》云:"苦匏不材於人,共濟而已。"今農家言瓠之甘者,來年或變苦,欲驗之,於蔓初生時嚼其莖葉,苦即拔去之。

---

①　今人亦以覆屋　人,此本脱,據咸豐六年刻本、經解本補。

瓠中實謂之"瓣",釋文引舍人本"瓠"作"觚",釋云:"瓠也。"《詩》正義引孫炎云:"棲,瓠中瓣也。"郭注同,引《詩》"齒如瓠棲",《毛詩》作"瓠犀",假借字也。傳云"瓠犀,瓠瓣",本《爾雅》。又《爾雅》本亦有作"瓠犀"者,《文選·祭古冢文》注及《御覽》九百七十九引《爾雅》並作"瓠犀,瓣",是也。瓜中實亦曰"瓣"。《説文》:"瓣,瓜中實也。"《御覽》引《吴普本草》云:"瓜子,一名瓣,七月七日採可作面脂。"是瓜子名瓣之證。

茹藘,茅蒐。 今之蒨也,可以染絳。

《説文》:"茅蒐,茹藘,人血所生,可以染絳。"又云:"茜,茅蒐也。""茜"與"蒨"同。《中山經》云"釐山,其陰多蒐",郭注:"茅蒐,今之蒨草也。"《詩·東門之墠》正義引陸璣疏云:"一名地血,齊人謂之茜,徐州人謂之牛蔓。"《蜀本草圖經》云:"染緋草也,葉似棗葉,頭鋭下闊,莖葉俱澀,四五葉對生節閒,蔓延草木上,根紫赤色。"按:葉甚光澤,今田家名驢饊子,驢喜啖之也。茅蒐所染謂之"韎韐",而"韎"即"茅蒐"之合聲。《詩·瞻彼洛矣》傳云:"韎韐者,茅蒐染草也。"(胡培翬曰:"'草'字疑'韋'之誤。")鄭箋:"韎韐者,茅蒐染也。茅蒐,韎韐聲也。"正義引鄭《駁五經異義》云:"韎,草名。齊魯之閒言'茅蒐'聲如'韎韐',陳留人謂之蒨。"《晉語》云"韎韋之跗注",韋昭注:"茅蒐,今絳草也,急疾呼'茅蒐'成'韎'也。"胡培翬曰:"鄭箋'茅蒐,韎韐聲也',謂'茅蒐'聲近'韎'也,聲上韐字衍文。《左傳》正義及《國語》注引皆云'韎聲',無韐字。"余按:"韎"爲"茅蒐"之合聲,"茅蒐"聲轉即"韎韐",非衍也。古讀"蒐"从鬼得聲,陸氏《釋文》"蒐,色留反",非矣。李、孫義與郭同。

果臝之實,栝樓。 今齊人呼之爲天瓜。

“栝樓、果臝”聲相轉。“臝”當爲“蓏”，“栝樓”當爲“苦蔞”，皆假借也。《説文》云：“苦蔞，果蓏也。在木曰果，在地曰蓏。”苦蔞實兼二名，《詩·東山》正義引李巡曰：“栝樓，子名也。”孫炎曰：“齊人謂之天瓜。”《爾雅》釋文引《本草》：“栝樓，一名地樓，一名天瓜，一名澤姑，一名果臝實，一名黄瓜。”陶注云：“出近道，藤生，狀似土瓜而葉有叉，實中人今以雜作手膏用也。”按：栝樓以實得名，故《詩》及《本草》皆以實言，其實黄色大如拳，山中人呼爲“生牛膽”。

荼，苦菜。《詩》曰：“誰謂荼苦。”苦菜可食。

《説文》：“荼，苦菜也。”經典單言“荼”者，如“采荼薪樗”“堇荼如飴”及“誰謂荼苦”，皆謂苦菜也。單言“苦”者，如《詩》“采苦采苦”，《内則》“濡魚，包苦實蓼”及《公食大夫禮》“鉶芼羊苦”，亦皆謂苦菜也。《詩·緜》正義引樊光曰：“苦菜，可食者也。”《爾雅》釋文引《本草》云：“苦菜名荼草，一名選。”《别録》云：“一名游冬，生山陵道旁，冬不死。《月令》孟夏之月‘苦菜秀’。”《易通卦驗玄圖》云：“苦菜生於寒秋，經冬歷春，得夏乃成。”今苦菜正如此，處處皆有，葉似苦苣，亦堪食，但苦耳。《顔氏家訓·書證》篇云：“葉似苦苣而細，摘斷有白汁，花黄如菊。”李時珍云：“稍葉似鸛觜，故名老鸛菜。”合顔、陸、李三説，可盡荼菜之形狀。邵氏《正義》引《夏小正》云：“四月取荼。荼也者，以爲君薦蔣也。”此引非也，《小正》“取荼”乃是茅秀，非苦菜也，蔣爲薦藉，非供食也。《詩》“有女如荼”、《周禮》“掌荼”、《國語》“望之如荼”，皆謂茅秀，非《爾雅》苦菜之荼。苦菜華枯亦放白英，圓小如毬，隨風旋轉如輪，而不類茅秀。陶注《本草》及徐鍇《説文繫傳》並以荼爲茗，此又失之。蓋緣《釋木》“檟，苦荼”

而誤,不知《説文》"荼,苦荼"在草部,自是菜耳。

萑,蓷。今茺蔚也。葉似荏,方莖,白華,華生節間。又名益母,《廣雅》云。

《説文》云:"蓷,隹也。"(從段本改。)《詩·中谷有蓷》傳作"蓷,鵻也","鵻"與"隹"同("隹"加"艸"誤)。《詩》釋文引《韓詩》云:"蓷,茺蔚也。"正義引陸璣疏云:"舊説及魏博士濟陰周元明皆云'菴藺'是也。《韓詩》及《三倉》説悉云'益母',故曾子見益母而感。"引《本草》云:"益母,茺蔚也,一名益母,故劉歆曰:'蓷,臭穢。臭穢即茺蔚也。'"又引李巡曰:"臭穢,草也。"是"臭穢"即"茺蔚"之轉聲,"蓷"又"茺蔚"之合聲也。今此草氣近殠惡,故蒙殠穢之名。《爾雅》釋文引《本草》:"一名大札,一名益明,一名貞蔚。"又引陶注,義與郭同。今此草莖方,葉三岐,高四五尺,亦有紅華者,子細長,三楞。《管子·地員》篇云:"薜下於萑,萑下於茅。"蓋言燥溼之異宜也。

虉,綬。小草,有雜色,似綬。

虉,《説文》作"虉",引《詩》"邛有旨虉",《毛詩》作"鷊",傳云:"綬草也。"正義引陸璣疏:"虉五色作綬文,故曰綬草。"然形狀今未聞。

粢,稷。今江東人呼粟爲粢。**衆,秫。**謂黏粟也。

《説文》云:"稷,齋也,五穀之長。""齋,稷也。或作粢。"《楚辭·招魂》注:"粢,稷也。"並用《爾雅》。稷名首種,《月令》"孟春行冬令,則首種不入",鄭注:"舊説首種謂稷。"《淮南·時則》篇作"首稼不入",蓋百穀惟稷先種,故曰"首"也。今時種稷,登州率以三月或二月,故農人謂之上春,言種之最先,而又獨稟中和之氣,故爲五穀長也。《左傳·桓二年》正義引舍人曰:

“粢，一名稷。稷，粟也。”《齊民要術》引孫炎注與舍人同。

〇《説文》云：“秫，稷之黏者。或省禾作朮。”《齊民要術》引孫炎曰：“秫，黏粟也。”孫、郭曰“黏粟”，許君曰“黏稷”，實一物耳。然“粟”本諸穀之大名，故《説文》：“粟，嘉穀實也。”猶之“穀”爲大名，故《詩》言“播百穀”也。“粟、穀”既爲大名，故《月令》“孟秋之月，農乃登穀”，鄭注：“黍稷之屬，於是始熟。”是黍、稷皆得稱“穀”也。《左・桓二年》杜預注：“黍稷曰粢。”是黍、稷皆得稱“粢”也，經典“黍、稷”連言。以今北方驗之，黍爲大黄米，稷爲穀子，其米爲小米。然稷又包高粱，高粱與粟同種差早。高粱謂之“木稷”，《廣雅》云“藋粱，木稷也”，言其禾麤大如木矣。又謂之“蜀黍”，“蜀”亦大也。《博物志》云：“地三年種蜀黍，其後七年多蛇。”王禎《農書》云“蜀黍，一名高粱，一名蜀秫”，是也。蜀黍假黍爲名，高粱假稷爲名，蓋稷米之精者稱“粱”，“粱”亦大名，故高粱與穀子通矣。秫者，稷之黏者也，然稻之黏者亦名秫。《廣雅》云：“秈，稉也。”“秫，稬也。”《月令》云：“秫稻必齊。”《唐本草》注引氾勝之《種植書》云：“三月種秔稻，四月種秫稻。”《晉書・陶潛傳》云：“五十畝種秫，五十畝種秔。”《爾雅》釋文：“江東人皆呼稻米爲秫米。”是皆以“秫”爲黏稻之名也，《爾雅》之“衆秫”則謂黏稷也。今北方謂穀子之黏者爲“秫穀子”，其米爲“小黄米”；謂高粱之黏者爲“秫秫”，亦曰“胡秫”，“胡”亦大也。雖皆從俗得名，其“秫”字要爲依於《雅》訓也。今以不黏者爲飯，以黏者爲酒，秫穀子得酒少，不如秫秫得酒多而味益美也。故釋文云：“北閒自有秫穀，全與粟相似，米黏，北人用之釀酒。”其説是矣。然又云：“其莖稈似禾而麤大。”此即秫秫矣，陸以爲秫穀，則非也。秫穀與高粱全别，陸是南人,容不識耳。秫穀有赤色者曰紅秫穀子,其高粱亦有赤白二種,赤色者多。《考工記》:"鍾氏染羽,以朱湛丹秫。"此即紅秫穀,紅高粱也。經典稷、粱、秫,儒者多不辨。韋昭注《晉語》以稷爲粱,鄭衆注九穀有黍、稷、秫,後鄭易爲黍、稷、粱,至於舍人、孫、郭注《爾雅》以稷爲粟,而《本草》稷米在下品,别有粟米在中品,又似二物(《漢書·平當傳》注引《漢律》亦稷米、粟米别言)。程氏瑶田箸《九穀考》以稷爲高粱,粟爲穀子,粟米爲粱米,蒙意亦有未盡,聊復申之。《爾雅》釋文引《本草》"稷米"陶注云:"不識。書多云稷,恐與黍相似。《詩》黍、稷、稻、粱、禾、麻、菽、麥,此八穀世人莫能證辨,如此穀稼米不能明,而况芝英者乎?"

戎叔謂之荏菽。即胡豆也。

菽,《説文》作"尗",釋文:"尗,本亦作菽。"《詩·生民》傳用《爾雅》,箋云:"戎菽,大豆也。"正義引孫炎與箋同,又引樊光、舍人、李巡、郭璞皆云:"今以爲胡豆。"璞又云:"《春秋》'齊侯來獻戎捷',《穀粱傳》曰:'戎,菽也。'《管子》亦云:'北伐山戎,出冬蔥及戎菽,布之天下。'今之胡豆是也。"此蓋引郭《音義》之文。然胡豆或説即豌豆,而《廣雅》以胡豆爲跘豄,與豌豆别條,則非一種矣。后稷所種垂之萬世,齊桓所布出自衰周,必非同物。《爾雅》"戎菽"本釋《詩》文,孫炎從鄭以爲大豆,確不可易。郭及諸家並云"胡豆",其義非也。大豆即名菽,小豆别名荅,見於《廣雅》。凡經典單稱"菽",多指大豆而言,蓋大豆切於民用,小豆資於投壺,用處較少。然《周禮》九穀,實兼大豆、小豆之名,《管子·地員》亦箸大菽、細菽之目,今時農家蓺小菽,每雜瓜疇芋區之内,知其收入薄也。《齊民要術》引氾勝之

《種植書》云:"大豆保歲易爲,宜古之所以備凶年也。三月榆莢時有雨,高田可種大豆。"又云"夏至後二十日尚可種小豆,不保歲,難得,椹黑時注雨種,畝一升",是也。戎、壬,《釋詁》並云"大","壬、荏"古字通,"荏、戎"聲相轉也。

卉,草。百草總名。

《説文》云:"卉,艸之總名也。从艸屮。"《書·禹貢》正義引舍人曰:"凡百草,一名卉。"《類聚》八十一引《爾雅》作"卉,百草",臧庸據舍人及郭注遂補"百"字。余按:《詩》"卉木萋萋",又"百卉具腓",二處毛傳亦無"百"字,《類聚》所引疑衍文。

蒬,雀弁。未詳。

下文"蔨,蕭",陸璣疏:"一名爵弁。""爵"與"雀"古字通。

蘥,雀麥。即燕麥也。

《説文》:"蘥,爵麥也。"蘇恭《本草》注云:"所在有之,生故墟野林下,苗葉似小麥而弱,其實似穬麥而細,一名杜姥草,一名牛星草。"《御覽》九百九十四引古歌云:"道邊燕麥,何嘗可穫。"蓋形雖似麥,不可食也。今驗此草葉如小麥而結穗疏散,枝莖柔纖,隨風摇動,如不自勝,虚標燕雀之名,曾乏來牟之用者也。郭知雀麥即燕麥者,《一切經音義》廿一引舊注與郭同,蓋古義相傳云然矣。《史記·司馬相如傳》索隱云:"葴析(音針斯二音)。析,《漢書》作'斯',孟康云:'斯禾似燕麥。'《廣志》云'涼州地生析草,皆如中國燕麥',是也。"邵氏《正義》引枚乘《七發》云:"穱麥。"按:"穱"音"捉",鄭注《内則》"生穫曰穛",《説文》作"糕",云:"早取穀也。""糕"與"穱"音義同,可知穱麥非爵麥矣。又楊慎謂"麥"有"昧"音,引"范文正公安撫江淮,進民閒所食烏昧草”,謂即今燕麥草,亦非也。烏昧草不知何物,就令以爲烏麥,則蕎麥亦名烏麥,何必此?

薚,烏蕵。菮,菟荄。蘩,菟葖。皆未詳。

薚者,下文云:“澤,烏薚。”郭云即此,説見下文。

菮者,《玉篇》云:“白蘞也。”《説文》:“薟或作蘞。”《繫傳》云:“《本草》:‘白蘞,藥也,一名菟荄,作藤生,根似天門冬,一株下有十許。’”《詩》“蘞蔓于野”,陸璣疏云:“蘞似栝樓,葉盛而細,其子正黑如燕薁,不可食也,幽州人謂之烏服。其莖葉煮以哺牛,除熱也。”今驗白蘞根形似核,故以“核”名。“菮”與“蘞”,“菟”與“兔”,“荄”與“核”,並古字通借。

蘩者,下云:“菟葖,顆凍。”即款冬也,亦説在下。

黄,菟瓜。菟瓜似土瓜。

《説文》:“黄,兔瓜也。”郭云:“似土瓜。”按:土瓜有二,菲芴,《廣雅》謂之“土瓜”,《本草》“王瓜又名土瓜”,郭注未明。邢疏但以王瓜當之,王瓜又無“黄菟”之名,胥失之矣。《御覽》九百九十五引孫炎云:“一名瓜列也。”此以“茢薽”之“茢”上屬,與郭讀異。

茢薽,豕首。《本草》曰:“彘盧,一名蟾蠩蘭,今江東呼豨首,可以煼蠶蛹。”

《説文》:“薽,豕首也。”無“茢”字,與孫讀同,與孫本異也。《吕覽·任地》篇云“豨首生而麥無葉”,高誘注:“豨首,草名也,至其生時,麥無葉,皆成熟也。”《本草》云:“天名精,一名麥句薑,一名鰕蟇藍,一名豕首。”《别録》云:“一名彘顱,一名蟾蜍蘭,一名覲。”按:“覲、薽”聲形俱近,故致譌矣。《圖經》云:“天名精生平原川澤,夏秋抽條,頗如薄荷,花紫白色,葉如菘葉而小,故南人謂之地菘。香氣似蘭,故名蟾蜍蘭。狀如藍,故名蝦藈藍。其味甘辛,故名麥句薑。江東人用此燺蠶蛹,五月採。”按:郭引《本草》不取麥句薑,説見“大菊,瞿麥”條下。又鄭注《地官·掌染草》,以豕首爲染草之屬,後世雖不以染,然其狀似藍,是必藍草之類,而《本草》未言。

荓,馬帚。似蓍,可以爲埽彗。

《管子·地員》篇云:“蔞下於荓。”《夏小正》:“七月荓秀。荓也者,馬帚也。”《廣雅》云:“馬帚,屈馬第也。”今按:此草叢生,葉小圓,莖紫赤,疏直而瘦勁,野人以爲埽帚,極耐久,有高五六尺者,故曰“馬帚”,“馬”之言“大”也。郭云“似蓍”,似別一物。

藱,懷羊。未詳。

藱,本或作“蒐”。《類篇》云:“芋之惡者曰蒐。”《西京賦》云:“戎葵懷羊。”萬希槐《困學紀聞集證》八引“《大戴記·勸學》篇‘蘭氏之根,懷氏之苞’”,“懷氏即懷羊也。《荀子·勸學篇》作‘蘭槐之根是爲芷’,槐即蒐也,與蘭並言,當是香草”。

茭,牛蘄。今馬蘄,葉細鋭,似芹,亦可食。

《説文》:“茭,牛蘄艸也。”《本草》蜀本引孫炎云:“似芹而葉細鋭,可食菜也。”郭注與孫義同,唐本注云:“馬蘄生水澤旁,苗似鬼鍼、菾菜等,花青白色,子黄黑色,似防風子。”或曰,馬蘄一名野茴香。

葖,蘆萉。萉宜爲菔。蘆菔,蕪菁屬,紫華大根,俗呼雹葖。

《説文》云:“菔,蘆菔,似蕪菁,實如小尗者。”《繫傳》云:“即今之蘿蔔也。”《後漢書》:“更始亂,宫人食蘿菔根。”是“蘆”讀爲“蘿”,“菔”讀爲“蔔”,“蘆菔”又爲“蘿蔔”,又爲“萊菔”,並音轉字通也。《埤雅》乃云“萊菔言來麰之所服”,謂其能制麪毒,失之鑿矣。《廣雅》云:"菈遾,蘆菔也。"《方言》云"其紫華者謂之蘆菔,東魯謂之拉遾",郭注:"今江東名爲温菘,實如小豆。"按:今蘿蔔華紫,所謂"紫華菘"也,産於北土者佳,過江則形味俱變,有大小赤白數種,一種細而長者可作人葠,故《潛夫論》云:"治疾當得真人參,反得支羅服。"《文選·到大司馬記室牋》李善注引孔融《汝潁優劣論》陳羣曰:"頗有蕪菁,唐突人參也。"郭云"俗呼雹葖"者,《齊民要術》三引《廣志》曰:"蘆菔,一名雹突。""突"不从草,宜據以訂正。"蘆突"與"拉遾"亦俱一聲之轉。

渣灌,未詳。**茵芝**。芝,一歲三華瑞草。

釋文引《聲類》云:"渣灌,茵芝也。"是渣灌一名茵芝。蓋"渣"之言"殖"也,"灌"猶"叢"也,菌芝叢生而緐殖,因以爲名。郭以渣灌一物,茵芝一物,故云"未詳",又以"芝"爲"一歲三華瑞草",蓋沿時俗符命之陋,以神芝爲瑞草,以三秀爲三華(見《九歌》王逸注)。經典言芝,止有蕈菌,别無神奇,故"芝栭"標於《内則》(庾蔚之云"無華葉而生者曰芝栭"),"茵芝"箸於《爾雅》,實一物耳。"茵"字不見它書,孫氏星衍嘗致疑問。余按:《類聚》九十八引《爾雅》作"菌芝",蓋"菌"字破壞作"茵"耳。證以《列子·湯問》篇云:"朽壤之上有菌芝者,生於朝,死於晦。"殷敬順釋文引諸家説,即今糞土所生之菌也。《莊子·逍遥遊》篇釋文引司馬彪、崔譔並以菌爲芝。然則《爾雅》古本正作"菌芝",故莊、列諸家並見援摭。又《神農本草》下經有"雚菌",孫氏校定疑即此"灌菌",或一名渣,一名芝,未敢定也。

筍,竹萌。初生者。**簜,竹**。竹别名。《儀禮》曰"簜在建鼓之閒",謂簫管之屬。

《説文》:“竹,冬生艸也。象形。下垂者,箁箬也。”又云:“筍,竹胎也。”《詩·韓奕》正義引孫炎曰:“竹初萌生謂之筍。”陸璣疏云:“筍,竹萌也,皆四月生,唯巴竹筍八月、九月生。始出地,長數寸,鬻以苦酒,豉汁浸之,可以就酒及食也。”今按:筍可爲菹,故《醢人》豆實有筍菹;又可爲笠,故《齊語》云“首戴茅蒲”,韋昭注:“茅蒲,簦笠也。茅,或作萌。萌,竹萌之皮所以爲笠也。”

○《説文》:“簜,大竹也。”引《書》“瑶琨筱簜”。《禹貢》正義引李巡曰:“竹節相去一丈曰簜。”孫炎曰:“竹闊節者曰簜。”與《説文》合。郭注不從李、孫,以“簜”爲“竹别名”,無大小之分,故引《大射儀》云“簜在建鼓之閒”,鄭注:“簜,竹也,謂笙簫之屬。”是郭兼引鄭義,以明“簜”不必大竹之名也。蓋竹名類實緐,《爾雅》舉“簜”以槩諸名,下文則詳矣。《廣雅》云:“竺,竹也。”《初學記》引戴凱之《竹譜》云:“竹之别類有六十一焉。”

莪,蘿。今莪蒿也,亦曰藁蒿。

《説文》用《爾雅》。《詩·菁菁者莪》傳:“莪,蘿蒿也。”正義引舍人曰:“莪,一名蘿。”陸璣疏云:“莪,蒿也,一名蘿蒿,生澤田漸洳之處,葉似邪蒿而細,科生。三月中,莖可生食,又可蒸,香美,味頗似蔞蒿。”

郭云“亦曰藁蒿”者,據《廣雅》云:“莪蒿,藁蒿也。”《説文》作“菻”,“菻”與“藁”同。《本草拾遺》云:“藁蒿生高岡,宿根,先於百草,一名莪蒿。”今按:莪蒿亦蔞蒿之屬,而葉較細,莖可蒸啖,葉不堪食,見“購,蔏蔞”下。“蔞”與“蘿”,“蘿”與“藁”,俱聲相轉,“莪、蘿”又疊韵也。《釋蟲》有“蛾羅”,《釋鳥》有“鵝鶅,鶅”,亦雙聲疊韵字。

苨,菧苨。薺苨。

《本草别録》:“薺苨。”陶注云:“根莖都似人參而葉小異。”别本注云:“根似桔梗,以無心爲異。”按:今薺苨葉似杏葉,根如沙蔘,故名杏葉沙蔘,又名甜桔梗。陶云:“根味甜絶,能殺毒,以與毒藥共處,毒皆自然歇。”“薺苨、菧苨”亦以聲爲義也。

經,履。未詳。

莕,接余,其葉苻。叢生水中,葉圓,在莖端,長短隨水深淺,江東食之。亦呼爲莕,音杏。

“接、余”皆假借字。《説文》:“莕,萎餘也。莕或作荇。”《詩·關雎》傳用《爾雅》,正義引陸璣疏云:“接余,白莖,葉紫赤色,正圓,徑寸餘,浮在水上,根在水底,與水深淺等,大如釵股,上青下白,鬻其白莖以苦酒浸之,肥美,可案酒。”《顔氏家訓·書證》篇云:“先儒解釋皆云‘水草,圓葉細莖,隨水淺深’。今是水悉有之,黄華似蓴,江南俗亦呼爲豬蓴,或呼爲荇菜。”今按:荇非蓴也,但似蓴耳。《説文》:“茆,鳧葵。”“䓅,鳧葵。”蓋荇與茆二物,相似而異,《唐本草》謂一物,非也。茆乃是蓴,故《詩·泮水》正義引陸疏云:“茆與荇菜相似,葉大如手,赤圓。有肥者,箸手中滑不得停。莖大如匕柄,葉可以生食,又可鬻,滑美。江南人謂之蓴菜,或謂之水葵,諸陂澤水中皆有。”然則蓴與荇有大小之異,陸疏甚明。今蓴菜葉如馬蹏,荇葉圓如蓮錢,俱夏月開黄華,亦有白華者,白或千葉,黄則單葉,俱結實如指,頂中有細子,亦可種,但宿根自生也。《楚辭·招魂》篇“紫莖屏風”,注:“屏風,水葵也。”是蓴一名屏風。

白華,野菅。菅,茅屬。《詩》曰:“白華菅兮。”

《説文》"菅、茅"互訓，蓋一物二名。《詩·白華》傳用《爾雅》，而又云"已漚爲菅"，明野菅是未漚者，已漚則成爲菅，毛傳甚明。乃《詩·東門之池》陸璣疏云："菅似茅而滑澤無毛，根下五寸中有白粉者柔韌，宜爲索，漚乃尤善矣。"是以菅爲茅之别種。今驗茅葉有毛而澀，未見無毛滑澤如陸所云者，恐别一物，或陸誤也。邢疏引舍人注云"茅菅，白華，一名野菅"，是亦以爲一物。茅根謂之"茹"，其秀謂之"茲"，並見《説文》。其華白，因名白華，華即秀也。牡茅曰藗，見下文。

薜，白蘄。即上山蘄。

上云"薜，山蘄"，即當歸。又名白蘄者，陶注《本草》云："歷陽所出，色白而氣味薄，不相似，呼爲草當歸。"唐本注云："當歸苗有二種，一種似大葉芎藭，一種似細葉芎藭。細葉者名蠶頭當歸，大葉者名馬尾當歸。"陶稱歷陽者，蠶頭當歸也。如唐本注則白蘄葉較細即蠶頭者，可知山蘄葉麤大即馬尾者矣。陶注："馬尾當歸稍難得，出隴西。"

菲，芴。即土瓜也。

《説文》"菲、芴"互訓，《詩·谷風》傳用《爾雅》，箋云："此二菜者，蔓菁與葍之類也。"正義引孫炎曰："葍類也。"《釋草》又云"菲，莨菜"，郭璞曰："菲草，生下溼地，似蕪菁，華紫赤色，可食。"陸璣云："菲似葍，莖麤葉厚而長，有毛，三月中烝鬻爲茹，滑美可作羹。幽州人謂之芴，《爾雅》謂之莨菜，今河内人謂之宿菜。""《爾雅》'菲，芴'與'莨菜'異釋，郭注似是别草，如陸璣之言，又是一物。某氏注《爾雅》，二處引此詩，即菲也，芴也，莨菜也，土瓜也，宿菜也，五者一物也。其狀似葍而非葍，故云'葍類也'。"按：陸不言菲名土瓜，郭云"土瓜"復不言其形狀，今並未詳。《廣雅》云"土瓜,芴也",此郭所本。《本草》"王瓜亦名土瓜",非此也。《御覽》引崔寔《四民月令》云"二月盡,三月可采土瓜根",則土瓜根可食。《詩》言"采葑采菲,無以下體",謂此。

蒚,藚。大葉白華,根如指,正白,可啖。

《説文》"蒚、藚"互訓。《廣雅》云:"烏蘞,蒚也。"《管子·地員》篇云:"山之側,其草蒚與蔞。"《詩·我行其野》傳:"蒚,惡菜也。"《齊民要術》十引《義疏》曰:"河東、關内謂之蒚,幽兖謂之燕蒚,一名爵弁,一名蔓。根正白,箸熱灰中,温噉之。饑荒可蒸以禦飢。漢祭甘泉或用之。其華有兩種,一種莖葉細而香,一種莖赤有臭氣。"今按:蒚草蔓生難治,故《毛詩》謂之"惡菜",今登萊閒田野多有之,俗名蒚子苗。《玉篇》作"葍子",初春掘取,烝啖、生食俱甘美,其葉如牽牛葉而微長,華色淺紅如牽牛華而差小,即鼓子花也,亦有白華者,然不多見。陸云"一名爵弁",則上文"蒄,雀弁"即此矣。又云"華有兩種",今亦未見。郭云"大葉",則正似牽牛,恐非。

熒,委萎。藥草也。葉似竹,大者如箭,竿有節,葉狹而長,表白裏青,根大如指,長一二尺,可啖。

今之萎蕤,即玉竹也。熒,《玉篇》作"藀",云:"萎蕤也。"《御覽》九百九十一引《吴普本草》:"女萎,一名葳蕤,一名玉馬,一名地節,一名蟲蟬,一名烏萎,一名熒,一名玉竹,生太山山谷,葉青黄,相值如薑。"陶注《本經》有"女萎",無"萎蕤",《别録》有"萎蕤"而爲用正同,疑"女萎"即"萎蕤"也。今處處有,其根似黄精而小異。按:今玉竹,野人呼"筆管子",葉似竹而少肥,根似黄精而多鬚,高四五尺,三月開青華,結小圓實,其根烝啖微苦,不及黄精尤甘美也,饑年亦可代穀。"女萎"疑"委萎"之文省,"烏萎"即"委萎"之聲轉也。

菋,芋熒。未詳。

熒,《玉篇》作"熒"。菋,《説文》作"朐",云:"芋熒,朐也。"張氏照《考證》引《神農本草》:"蒟蒻,一名鬼芋。"《酉陽雜俎》云:"蒟蒻,根大如椀,至秋葉滴露,隨滴生苗。"畢氏沅説以《中山經》"熊耳之山有草,其狀如蘇而赤華,名曰葶薴",疑即此。"葶薴、芋熒"音近也。

竹,萹蓄。似小藜,赤莖節,好生道旁,可食,又殺蟲。

蓄,《説文》作"茿",云:"萹茿也。"又云:"薄,水萹茿,讀若督。"《詩·淇奥》釋文引"《韓詩》'竹'作'薄',云'薄,萹茿也'。石經同",是《説文》義本《韓詩》也。毛傳用《爾雅》,"萹蓄"作"萹竹",正義引李巡曰:"一物二名。"是竹一名萹,一名蓄也,孫炎、某氏皆引此詩,陸璣云:"緑竹,一草名,其莖葉似竹,青緑色,高數尺。今淇隩旁生此,人謂此爲緑竹。"按:陸説形狀即所謂水萹茿也,好生水旁,而非《爾雅》之萹蓄。《御覽》九百九十八引《吴普本草》曰:"萹蓄,一名蓄辯,一名萹蔓。"皆音相近,今登萊人呼"萹竹草",正讀"萹"如"褊"矣。《水經·淇水》注引《詩》及毛云:"菉,王芻也。竹,編竹也。漢武帝塞決河,斬淇園之竹;寇恂爲河内,伐竹淇川,治矢百餘萬。今通望淇川,無復此物,惟王芻、編草不異毛興。"是酈據目驗以申毛,與《爾雅》合矣。陶注《本草》云:"處處有之,布地生葉,節間白,葉細緑,人亦呼爲萹竹。煮汁與小兒飲,療蚘蟲,有驗。"今按方書,酢煎萹竹可殺蚘蟲,郭注"殺蟲"謂此也。此草登萊尤多,《别録》云"生東萊山谷",信不誣矣。節間開小紅華,其葉麪悉中啖。

葴,寒漿。今酸漿草,江東呼曰苦葴,音針。

《玉篇》云："葴，蘵蔣。"釋文："蘵，本今作寒。"《御覽》引吴普云："酸漿，一名酢漿。"陶注："處處人家多有，葉亦可食，子作房，房中有子如梅李大，皆黄赤色。"蜀本注云："酸漿即苦葴也。根如菹芹，白色，絶苦。"按：苦葴今呼"苦精"，聲相轉也。子外稃如皮弁，一名皮弁草。楊慎《卮言》："《本草》燈籠草、苦耽、酸漿，皆一物也，重複耳。燕京野果有紅姑孃者，乃紅瓜囊之譌。"此説得之，今京師人以充茗飲，可滌煩熱，故名寒漿，其味微酸，故名酸漿矣。又詳下文"蘵，黄蒢"。苦蘵、苦耽，皆"苦葴"聲之轉。

薢茩，芵光。芵明也。葉鋭黄，赤華，實如山茱萸。或曰蔆也，關西謂之薢茩。

郭云芵光即芵明，但《本草》有"決明"而不云名薢茩，下文有"蔆，蕨攈"而不言即芵光，郭氏疑未能定，故兩釋之也。《本草》"決明子"，陶注云："葉如茳芏，子形如馬蹄，呼爲馬蹄決明。"《蜀圖經》云："葉似苜蓿而闊大，夏花，秋生子作角。"今按：此草葉大於苜蓿而黄，華亦黄色，結角如豆莢子，形如馬蹄，此即吴普所云"草決明"，郭所説者，今未見也。

又引"或曰蔆，關西謂之薢茩"者，《説文》："蔆，芰也。楚謂之芰，秦曰薢茩。"《廣雅》亦同。徐鍇《繫傳》因郭注"芵明"，遂生異説，謂"決明菜治目，故以光明爲名"，又引《楚語》"屈到嗜芰"，是決明菜而非水中菱，此皆非矣。郭於《爾雅》兩存其説，徐鍇欲混爲一，非所聞也。今棲霞人猶謂蔆爲"蔆薢"，此古之遺言矣。薢茩、芵光、蕨攈，俱以聲轉爲義，又詳下文。

莁荑，蔱蘠。一名白蕢。

下云："蕢，赤莧。"郭意赤莧名蕢，故白者名白蕢矣。蔱，

《玉篇》作“殺”，今俗呼人莧爲“人青”，蓋即“藸”聲之轉。《本草》：“蕪荑，一名蔽菭。”唐本注以“蔽菭”爲“蔱藸”之誤，然蕪荑在木部，與莁荑非一物矣。

瓞，瓝。其紹瓞。 俗呼瓝瓜爲瓞。紹者，瓜蔓緒，亦箸子，但小如瓝。

《説文》云：“瓞，㼀也。”“㼀，小瓜也。”瓞，或作“㼊”，㼀即瓝也。紹者，《釋詁》云：“繼也。”《詩·緜》箋云：“瓜之本實，繼先歲之瓜必小，狀似瓞，故謂之瓞。”釋文引《韓詩》云：“瓞，小瓜也。”正義引舍人曰：“瓞名瓝，小瓜也。紹繼謂瓞子。漢中小瓜曰瓞。”孫炎云：“瓞，小瓜，子如瓝，其本子小。紹先歲之瓜曰瓞。”義本鄭箋，郭義則謂瓜之細蔓，其耑緒尋亦箸子，但小於本者，與鄭、孫異。瓝，步角反。

芍，鳧茈。 生下田，苗似龍須而細，根如指頭，黑色可食。

《説文》：“芍，鳧茈也。”《齊民要術》引樊光曰：“澤草，可食也。”《後漢書》云：“王莽末，南方饑饉，人庶羣入野澤，掘鳧茈而食。”注引《續漢書》作“符訾”，同聲假借字也。《本草衍義》作“葧臍”，今呼“蒲薺”，亦呼“必齊”，並語聲之轉也。《本草別録》有“烏芋”，一名藉姑，陶注誤爲鳧茨，唐本注因謂“烏芋，今鳧茨”，蘇頌《圖經》謂即芍斯，皆非也。烏芋，今之茨菰，葉如錍箭，根黄似栗，可煮啖，《别録》謂“葉如芋”，亦非也。鳧茈苗似龍須，一莖直上，有苗無葉，以莖爲葉，其根圓黑，剥取肉白，甜脆中啖，非茨菰比也。一種小而堅實者，呼“野葧臍”，亦可啖。《本草》舊説云：“誤吞銅錢，嚼汁則自然化爲水。”蓋消堅破積之物，又能避蠱毒也。

藚，蕍蕮。 似蒲而細。

《説文》:"董,鼎董也。"《繫傳》云:"今人以織屨。"《廣雅》云:"蘋,茅蔽也。"《廣韻》云:"蔽,茅類。""蘋,草名,似蒲,一云似茅。"然則蘋亦菅蔽之屬,今俗名蘋絲莛。野人刈取爲索,柔韌難斷,其葉如茅而細長,有毛而澀。"莛、蕭"聲相轉也。《龍龕手鑑》云:"蘋草,一名鼎童,似烏尾,可食。"《説文》又引杜林以董爲藕根,並與此異。

蕛,苵。 蕛似稗,布地生,穢草。

《説文》云:"蕛苵也。"《廣韻》云:"蕛或作稊。"又通作"荑",《孟子》云:"五穀不熟,不如荑稗。"《莊子·知北遊》篇云:"道在稊稗。"《説文》:"稗,禾别也。"《六書故》云:"稗,葉純似稻,惟節閒無毛。"今按:稗即穇子(音慘,萊陽謂穇爲稗),是人所種。《爾雅》"蕛,苵",是野生者。今驗其葉,似稻而細,青緑色,作穗似稗而小,穗又疏散,其米亦小,人不食之。陶注《本草》"稗"云:"又有烏禾生野中,如稗,荒年可代糧而殺蟲,煮以沃地,螻蚓皆死。"此似别物,非蕛苵也。

鉤,芺。 大如拇指,中空,莖頭有臺,似薊,初生可食。

《説文》云:"芺,艸也。味苦,江南食以下氣。"《繫傳》云:"今苦芺也。"按:《本草》:"苦芺,一名苦板,初生及莖頭臺俱作長白毛,與白頭翁草極相似。"《六書故》引《蜀圖經》曰:"苦芺,子若貓薊,莖圓無束。"然則苦芺似薊而非薊。《説文》便云"薊,芺",非也,説見"芺、薊,其實荂"下,鉤芺即苦芺,"鉤、苦"聲相轉也。

䓗,鴻薈。 即䓗菜也。

上云葝是山䓗,此謂人家䓗也。䓗,一名鴻薈,《本草》名菜芝䓗。鴻、薈,雙聲疊韻字也。《釋言》云"虹,潰也",此云"鴻薈”,並以聲爲義。

蘇,桂荏。蘇,荏類,故名桂荏。

《説文》用《爾雅》,《繫傳》云:“荏,白蘇也。桂荏,紫蘇也。”按:《方言》云:“蘇,荏也。”則二者亦通名。古人用以和味。鄭注《内則》“薌無蓼”云:“薌,蘇荏之屬也。”陶注《本草》云:“蘇葉下紫而氣甚香,其無紫色不香似荏者,名野蘇,生池中者爲水蘇,一名雞蘇,皆荏類也。”今按:荏與蘇同,唯葉青白爲異。“蘇”之爲言“舒”也。《方言》十云:“舒,蘇也,楚通語也。”然則“舒”有散義,蘇氣香而性散。

薔,虞蓼。虞蓼,澤蓼。

《説文》:“蓼,辛菜,薔虞也。”《内則》烹炰用蓼,取其辛能和味,故《説文》以爲辛菜,又云“薔虞”,則斷“蓼”爲句。《詩·良耜》正義引某氏曰:“薔,一名虞蓼。”孫炎曰:“虞蓼是澤之所生。”郭注亦同,則斷“虞蓼”爲句,與許讀異,許君於義爲長。《類聚》八十二引吴氏《本草》云:“蓼實一名天蓼,一名野蓼,一名澤蓼。”今驗蓼有數種,而皆水生,故毛傳:“蓼,水草也。”蓼華皆紅白色,澤蓼即水蓼,葉比水葒而狹,較馬蓼爲小。馬蓼葉中閒有墨點,呼“墨記草”也。《類聚》引劉向《别録》云:“《尹都尉書》有《種蓼篇》。”

蓧,蓨。未詳。

《説文》“蓨,苗”“苗,蓨”互訓。《玉篇》“蓧、蓨、苗”三字互訓。《爾雅》下文“苗,蓨”,是皆同物,郭俱未詳。釋文“蓧,他彫反。蓨,他的反”,又“苗,徒的反,郭他六反”,是“苗、蓨”疊韵,“蓧、蓨”雙聲,皆古音通轉字也。《管子·地員》篇云:“其草宜苹蓨。”《詩·我行其野》釋文云:“蓫,本又作蓄。”《齊民要術》

十引《詩》義疏曰："今羊蹏似蘆菔，莖赤。煮爲茹，滑而不美，多噉令人下痢。幽州謂之羊蹏，揚州謂之蓫，一名蓨，亦食之。"是蓨即蓫也。《本草》云："羊蹏，一名東方宿，一名連蟲陸，一名鬼目。"《别録》云："一名蓄。"陶注："今人呼爲秃菜，即是'蓄'音之譌。"按：苗，郭音"他六反"，正讀爲"秃"。《廣雅》云："堇，羊蹏也。"《集韵》："堇或作苗，通作蓫，羊蹏也。"是"苗、堇、蓫"皆字異音同，"笛"古作"篴"，亦可旁證。"蓫、蓄"音近，古字又通。《爾雅》"蓨、蓨"並从攸聲，古字蓋亦通用。周亞夫封條侯，"條"即"蓨"，字音同，亦其證矣。今羊蹏或呼"羊髀"，葉長尺許，抽莖作穗，華青白色，子三棱如蕎麥，其根黏（音呼）腫毒，俗名土大黄。

虋，赤苗。今之赤粱粟。**芑，白苗。**今之白粱粟，皆好穀。**秬，黑黍。**《詩》曰："維秬維秠。"**秠，一稃二米。**此亦黑黍，但中米異耳。漢和帝時任城生黑黍，或三四實，實二米，得黍三斛八斗是。

《詩·生民》云："誕降嘉種，維秬維秠，維穈維芑。"此釋之也。"穈"與"虋"同。《説文》："虋，赤苗嘉穀。""芑，白苗嘉穀。"穀即粟，今以粟爲穀子，是也。郭言"粱"者，粱即粟之米，故《三蒼》云："粱，好粟也。"此皆言苗，郭以"粟"言者，"粟"即穀通名耳，今直隸、山西猶曰"紅苗穀、白苗穀"矣。"虋"猶"璊"也。《説文》"璊"字解云："禾之赤苗謂之虋，言璊玉色如之。"今按："芑"猶"玖"也，玖玉色如之，古讀"玖"如"芑"也。《毛詩》以芑爲菜，陸璣疏謂似苦菜，並與此異。《齊民要術》二引舍人曰："是伯夷、叔齊所食首陽草也。"似以虋、芑爲菜，誤矣。

○秬,《説文》本作"䆈",或作"秬"。"秠,稃也""稃,穅也"。稃,或作"粰"。"秠,一稃二米"。然則"秬、秠"皆黑黍之名,"秠"是一稃二米者之别名也,《爾雅》文義甚明。《詩·生民》正義引《鬯人》注作"秬如黑黍,一秠二米",又引《鄭志·答張逸》以"秠即皮,其稃亦皮",似皆非也。《詩》言"秬、秠、虋、芑"四穀,《爾雅》復别"秬、秠"二名,孔引《鄭志》以"秠、稃"俱爲米皮,非《詩》與《爾雅》之義也。"秠"蒙"黑黍"之文,與黍同類,即今之穄。《説文》:"穄,䵚也。""䵚,穄也。"《一切經音義》引《蒼頡篇》云:"穄,大黍也。"又云:"似黍而不黏,關西謂之䵚。"按:今京師人亦謂穄爲"䵚",登州人通謂之"黍",三者實同物異名也。《齊民要術》引《廣志》云:"穄有赤、白、黑、青、黄,凡五種。"《吕覽·本味》篇云:"陽山之穄,南海之秬。"穄亦黍也,異其名耳。《隋書·禮儀志》云:"北齊藉於帝城東南千畝,内種赤黍、黑穄。"然則穄、黍通名,赤黍即赤穄,黑穄即黑黍矣。《三國志》注:"烏丸宜青穄。"蓋青穄亦黑黍之異名也。釋文既云"秬,黑黍",又引或云"今蜀黍也,米白穀黑",其説非也。"蜀黍"乃高粱之别名。邵氏《正義》誤據此説,遂以黍爲高粱,失之甚矣。惟程氏《九穀考》多目驗,爲有據云。

稌,稻。今沛國呼稌。

《説文》"稻、稌"互訓,義本《爾雅》,鄭衆注《食醫》以稌爲稉,又注《膳夫》以稌爲六穀之一,是皆以"稌"爲稻名也。《説文》"秔"或作"稉",云:"稻屬。"又云:"沛國呼稻曰稬。"是"稬、秔"亦稻之通名。釋文引"《字林》云'糯(俗稬字),黏稻也。秔,稻不黏者'。李登《聲類》亦以秔爲不黏稻"。是皆以"秔、稬"爲黏、不黏之異名,蓋漢以後始然,非古義也。稬亦曰秫,秔亦曰秈，故《廣雅》云："秈，稉也。""秫，稻也。"《氾勝之書》"三月種秔稻，四月種秫稻"，是也。釋文引《本草》云："秔米主益氣，止煩泄；稻米主温中，令人多熱。"是又以"秔、稻"爲黏、不黏之異名（《廣雅》本此），亦猶之以稷米、粟米分中品、下品（見前"粢，稷""衆，秫"條下），蓋皆後人異稱，不足依據，當以經典爲正。或單言"稌"，《禮》云"牛宜稌"，《詩》云"多黍多稌"，是也。或單言"稻"，《論語》"食夫稻"，《内則》"稻醴清糟"，是也。是皆直言稻、稌，不分黏與不黏，然釀酒必需黏者，故《月令》云："秫稻必齊。"炊飯多是用秔，亦用稉者，各適其便。

葍，藑茅。葍華有赤者爲藑。藑、葍一種耳，亦猶菱苕華黄白異名。

《説文》："藑茅，葍也。一名舜。"舜，當作"䑞"，云："艸也，楚謂之葍，秦謂之藑，蔓地蓮華，象形。"然則藑又名䑞，"䑞、藑"聲近。上"蔙，雀弁"，釋文"蔙，悦轉反"，又"藑，詳兖反"，"藑、兖"聲亦相近。上文"葍，䔰"，陸璣云："葍，一名爵弁，一名藑。"如陸説，即葍、藑、蔙三者爲一物。郭以白華者名葍，赤華者名藑，則亦以爲一物，與陸同也。《廣韵》："葍蒍，菜名。蒍，徂兖切。""蒍、藑"聲又相轉，今蒍子蓮華色淺紅，其蔓箸地，旋復生根作華，連緜不斷，葉似劍，攢根如筋攣，肥白可啖。《本草》："旋花，一名筋根。"蜀本注云："旋葍花也，所在川澤皆有，蔓生，葉似薯蕷而狹長，花紅白色，根無毛節，蒸煮堪噉，味甘美。"是"旋"即"藑"，音義同耳。《離騷》云"索藑茅"，注謂"靈草"，非此。

臺，夫須。鄭箋《詩》云："臺可以爲禦雨笠。"

《詩·南山有臺》傳用《爾雅》，正義引舍人曰："臺，一名夫須。”陸璣疏云:“舊説夫須,莎草也,可爲蓑笠。”陸引舊説疑即《爾雅》古注,“須、莎”聲相轉也。今人以莎草爲蓑,不以爲笠,故《詩·無羊》傳:“蓑所以備雨,笠所以禦暑。”《都人士》傳又云:“臺所以禦暑,笠所以禦雨。”疑“暑、雨”二字誤倒耳。箋云“以臺皮爲笠”,與傳義異,郭所本也。按:《詩》釋文:“臺,如字,《爾雅》作薹。”今《爾雅》釋文無。又《吴語》云“簦笠相望於艾陵”,唐固注:“簦,夫須也。”然則“臺、簦”古通用,亦一聲之轉也。

蕣,蔨。未詳。

《玉篇》云:“蓌,草名。”《類篇》:“蓌,草名,蔨也。”是“蕣”當作“蓌”。釋文:“蕣、蔨,本亦作搴、蔨。”

莔,貝母。根如小貝,員而白華,葉似韭。

《説文》:“莔,貝母也。”通作“虻”。《管子·地員》篇云:“其山之旁,有彼黄宝。”又通作“蝱”。《詩·載馳》傳:“蝱,貝母也。”陸璣疏云:“蝱,今藥草貝母也,其葉如栝樓而細小,其子在根下,如芋子,正白,四方連累相著有分解。”

貝母,《廣雅》謂之“貝父”。釋文引《本草》云:“貝母,一名空草,一名藥實,一名苦華,一名苦菜,一名商草,一名勤母。”陶注:“出近道,形似聚貝子,故名貝母。”蘇頌《圖經》:“二月生苗,莖細,青色,葉亦青,似蕎麥葉,隨苗出。七月開花,碧緑色,形如鼓子花。”郭注“白華,葉似韭”,此種罕復見之。

荍,蚍衃。今荆葵也,似葵,紫色。謝氏云:“小草,多華少葉,葉又翹起。”

《説文》:“荍,蚍虾也。”《詩·東門之枌》傳作“荍,芘芣也”,正義引舍人作“荍,一名蚍衃”,並同聲假借字也。陸璣疏云:“芘芣,一名荆葵,似蕪菁,華紫緑色,可食,微苦。”《廣雅》云:“荆葵,荍也。”《爾雅翼》云:“荆葵華似五銖錢大,色粉紅,有紫文縷之,一名錦葵。”按:“錦、荆、荍”俱聲相轉。“荍”之言“翹”也,今順天人呼“回回秫稭”,高二三尺,葉頗不似蜀葵,華如羅願所説,其實則如蜀葵之實,惟形小耳。阮芸臺師云:“此即經典所謂葵也。《詩》秋烹葵,《禮》夏用葵,古人常食,今人不識。惟揚州人以爲常蔬,清油淡煮,味極甘滑。余因檢郭此注及‘肴,戎葵’注並云‘似葵’,不知所云葵者復是何物。蓋郭氏亦不識葵耳,其云‘紫華’,則是謝氏得之。”錢氏《答問》云:“注引謝氏未知何人,蓋在郭後。”陸氏釋文稱陳國子祭酒謝嶠撰《爾雅音》,當即其人也。此本邢疏,采自《詩》正義,後來校書者又依邢疏攙入注文。

艾,冰臺。今艾蒿。

《説文》用《爾雅》。《詩·采葛》傳:“艾,所以療疾。”蓋醫家灼艾灸病,故師曠謂之“病草”,《别録》謂之“醫草”。《離騷》注:“艾,白蒿也。”今驗艾亦蒿屬而莖短,苗葉白色。棲霞有艾山,産艾,莖紫色,小於常艾,或烝以代茗飲,蓋異種也。《埤雅》引《博物志》言“削冰令圓,舉以向日,以艾承其影,則得火”,此因艾名冰臺,妄生異説,不知“冰”古“凝”字,“艾”从乂聲,“臺”古讀如“題”,是“冰臺”即“艾”之合聲。

蕇,亭歷。實葉皆似芥,一名狗薺,《廣雅》云。

《説文》用《爾雅》。鄭注《月令》“靡草死”引舊説云:“靡草,薺、亭歷之屬。”《淮南·天文》篇云:“五月爲小刑,薺麥亭歷枯。”《繆稱》篇云:“大戟去水,亭歷愈脹。”釋文引《廣雅》云:“狗薺、大室,亭歷也。”又引《本草》云:“一名大室,一名大適

（丁歷反），一名丁歷，一名蕇。”按：今《本草》“蕇”下有“蒿”字，此引蓋脱去之。“大適”與“丁歷”爲雙聲，“丁、亭、蕇”又俱雙聲字也。釋文又云“今江東人呼爲公薺”，亦即“狗薺”聲之轉也。今驗亭歷實葉皆似芥，蘇頌《圖經》謂“似薺”，非也。形頗類蒿而小，多生麥田，故俗呼“麥裹蒿”。三月開黄華，結角，子亦細黄，味苦。翟氏灝《爾雅補郭》云：“亭歷有二種：一種葉近根，生角細長，俗謂之狗芥，其味微甜；一種單莖向上，葉端出角，觕且短，其味至苦。”郭云“實葉似芥，一名狗薺”，乃甜亭歷也。

苻，鬼目。今江東有鬼目草，莖似葛，葉員而毛，子如耳璫也，赤色叢生。

《本草》：“白英，一名穀菜。”《别録》：“一名白草。”唐本注云：“鬼目草也，蔓生，葉似王瓜，小長而五椏，實圓，若龍葵子，生青，熟紫黑者，汁能解毒，東人謂之白草。”按：此亦菜類，《吴志》云“孫皓時有鬼目菜”，郭云“江東有之”，即此。

薜，庾草。未詳。

蔜，蕿蔞。今蘩蔞也，或曰雞腸草。

《説文》云：“蕿，艸也。”不言爲蔜，亦不名蔞。《本草别録》有“蘩蔞”，陶注：“此菜人以作羹。”唐本注云：“即雞腸也，多生溼地坑渠之閒，俗流通謂雞腸，雅士總名蘩蔞。”蘇頌《圖經》云：“雞腸草，葉似荇菜而小，夏秋閒生小白黄華，其莖梗作蔓，斷之有絲縷，又細而中空似雞腸，因得此名也。”按：下文云“蘇，蔜”，閻氏若璩謂即此，今未知其審。

離南，活莌。草生江南，高丈許，大葉，莖中有瓤正白。零陵人祖日貫之爲樹。

釋文：“莌，字或作葀。”此即下文“倚商，活脱”也。陳藏器

《本草》云:"通脱木生山側,葉似萆麻,心中有瓤,輕白可愛,女工取以飾物,俗亦名通草,《爾雅》所謂'離南,活脱'也。"今按:古之通草,今之木通,一名附支,一名丁翁,陶注《本草》"繞樹藤生",非此也。此是草類而高大似樹,陳藏器謂"通脱木"者,近之。活脱,一名寇脱,《中山經》云"升山,其草多寇脱",郭注:"寇脱,草生南方,高丈許,似荷葉,莖中有瓤,正白,零桂人植而日灌之以爲樹。"此注"祖、貫"即"植、灌"形聲之譌。

蘢,天蘥。須,葑蓯。未詳。

《説文》云:"蘢,天蘥也。"《管子·地員》篇云:"其山之淺,有蘢與斥。"蘢即此也。下文"紅,蘢古"疑亦此。蓋此草高大,故名天蘥。《釋鳥》有"鸀,天蘥(今作"鸙",釋文引《説文》作"蘥")",與此同名。鸀,孫音"流",與"蘢"聲亦相轉。

○《説文》:"葑,須從也。"按:《釋蟲》有"斯螽,蜙蝑",即蜙蜙也,與此草聲亦相轉。凡物名多此類,皆以聲爲義也。《詩·谷風》傳"葑,須也",正義引孫炎曰:"須,一名葑蓯。"鄭箋及《坊記》注並云:"葑,蔓菁也。"《齊民要術》引注曰:"江東呼爲蕪菁,或爲菘。菘、須音相近,蘋則蕪菁。"《要術》所引蓋舊注之文。《谷風》釋文引作"郭云'菘菜'",似誤。又引《草木疏》云:"蕪菁也。"正義引云:"葑,蕪菁,幽州人或謂之芥。"《方言》云"蘴、蕘,蕪菁也","蘴"與"葑"同,郭注:"蘴,舊音蜂,今江東音嵩,字作菘。"依郭此音,是"葑、須"亦聲相轉,與《釋蟲》之"蜙蝑"音又同矣。"蕪菁、蔓菁"聲亦相轉。今蔓菁與蘆菔、芥三者相似而異,北方人能識之。陸璣疏及《方言》並以蔓菁爲芥,非矣。芥味辛,蔓菁味甜,燒食蒸啖甚美。《要術》引《廣志》云:"蕪菁有紫華者、白華者。"今驗紫華即蘆菔,《方言》説之是矣。

《字林》又以葑爲蕪菁苗,亦非。

蒡,隱荵。似蘇,有毛,今江東呼爲隱荵,藏以爲菹,亦可瀹食。

亦作"忍蘦"。《管子·地員》篇云:"其種忍蘦。"陶注《本草》"桔梗"云:"葉名隱忍,可煮食之,療蠱毒。"是隱荵即桔梗。然《别録》:"一名薺苨。"陶注則云:"薺苨非桔梗,而葉甚相似。"今按:桔梗葉較薺苨橢長而不圓,華紫碧色,與薺苨又别,故陶注以《别録》爲非。蓋薺苨雖名甜桔梗,其實非一物也。郭云:"似蘇,有毛。"《管子》云:"忍葉如藋葉以長。"二者復與桔梗異,《類篇》又謂"隱荵,菜名,似蕨"。

莤,蔓于。多生水中,一名軒于,江東呼莤,音猶。

"莤"當爲"蕕"。《説文》:"蕕,水邊艸也。"《繫傳》云:"似細蘆,蔓生水上,隨水高下汎汎然也,故曰'蕕,游也'。"《管子·地員》篇云:"其草魚腸與蕕。"《廣雅》云:"馬唐,馬飯也。"《本草别録》:"馬唐,一名羊麻,一名羊粟,生下溼地,莖有節,生根。"陳藏器云"生水田中,似結縷,葉長,馬食之,即蕕",是矣。今驗此草俗人即名蘆子,其形狀悉如徐鍇所説。一名軒于,《子虚賦》云"菴閭軒于",張揖注:"軒于,蕕草也,生水中,揚州有之。"按:今水中皆有,亦單名"于",《馬融傳》注"于,一名蕕,生於水中",是也。蕕、于,軒、蔓,俱以聲爲義。

菌,蘆。作履苴草。

《説文》"蓾"或作"菌",云:"艸也,可以束。""蘆"作"苴",云:"履中艸。"《繫傳》云:"履中屈也。"釋文引《字苑》云:"鞔苴履底。"然則"菌"之言"蕢"也,蕢又名蔽,可以織屨。"苴"之言"麤"也,草履爲麤。"麤"與"苴","菌"與"蕢",並一聲之轉也。《漢書·賈誼傳》云:"冠雖敝,不以苴履。"

柱夫,摇車。蔓生,細葉,紫華,可食,今俗呼曰翹摇車。

《詩》"邛有旨苕",陸璣疏云:"苕,苕饒也。幽州人謂之翹饒。蔓生,莖如甇豆而細,葉似蒺藜而青,其莖葉緑色,可生啖,味如小豆藿。"(參《齊民要術》所引。)是"苕饒"即"翹摇",方音有輕重耳。陸璣所言即今野豌豆也,詳見下文"薇,垂水"。

出隧,蘧蔬。蘧蔬似土菌,生菰草中,今江東啖之,甜滑。音氍毹。

菰,草中菌也。《説文》:"苽,雕胡。""蔣,苽也。"《膳夫》:"苽備六穀。"《内則》:"苽宜羹魚。"古人恒食,故列經中。《西京雜記》:"菰之有米者,長安人謂之彫胡,有首者謂之緑節。"緑節即蘧蔬矣。今菰葉大於蒲,春抽白萌,謂之"菰首",亦曰"菰手"。《蜀本草》注"其根生小菌名菰菜",是也。方俗呼菰爲"茭",故名茭白。郭云"音氍毹"者,邢疏引張揖云:"氍毹,毛席,取其音同。"按:出隧、蘧蔬,俱疊韵字。

蘄茝,蘪蕪。香草,葉小如萎狀。《淮南子》云:"似蛇牀。"《山海經》云:"臭如蘪蕪。"

《説文》云:"茝,虈也。""楚謂之蘺,晉謂之虈,齊謂之茝。"是茝即江蘺,故《説文》云:"江蘺,蘪蕪。"釋文引《本草》云:"蘪蕪,一名微蕪,微古讀如蘪也。一名江蘺,芎藭苗也。"陶注云:"葉似蛇牀而香。"據《本草》及《説文》,則芎藭、江蘺、蘪蕪皆一物。《子虚賦》云:"芎藭菖蒲,江蘺蘪蕪。"《上林賦》云:"被以江蘺,糅以蘪蕪。"復似二物。《本草》唐本注云:"此有二種,一種似芹葉,一種如蛇牀。"今按:蘄,古"芹"字,以葉似蘄,故謂之"蘄"。《淮南·説林》篇云:"蛇牀似蘪蕪而不能芳。"《史記·司馬相如傳》索隱引樊光曰:"藁本,一名蘪蕪,根名蘄芷。"是樊本"茝"作"芷"。釋文引《本草》云:"白芷,一名白茝。""茝、芷"古字同聲通用,實一物也。藁本葉圓如蘇,與蘪蕪異,樊注非矣。郭云"葉小如萎狀",《大觀本草》引作"如萎蕤之狀",邢疏"蕤"作"葳",誤。

茨,蒺蔾。布地蔓生,細葉,子有三角,刺人,見《詩》。

茨,《説文》作"薺",云:"疾黎也。"引《詩》曰:"牆有薺。"通作"薋",《玉篇》作"薋"。《離騷》云"薋菉葹以盈室兮",王逸注:"薋,蒺蔾也。"引《詩》"楚楚者薋"。《韓詩外傳》云:"春樹蒺蔾,夏不可採其葉,秋得其刺焉。"釋文引《本草》:"蒺蔾,一名旁通,一名屈人,一名止行,一名豺羽,一名升推,一名即梨,一名茨,多生道上,布地,子及葉並有刺,狀如雞菱。"按:《釋蟲》有"蒺蔾,蝍蛆",與此同名,亦皆雙聲字也。

藒藒,竊衣。似芹,可食。子大如麥,兩兩相合,有毛,著人衣。

邢疏:"俗名鬼麥。""鬼、藒"聲相轉。《説文》"虙"字解云:"讀若藒藒艸之藒。"王逸《九思》作"藒蘗",自注云:"草名。"《齊民要術》十引孫炎云:"似芹,江淮閒食之,實如麥,兩兩相合,其華箸人衣,故曰竊衣。"(此參《御覽》所引。)今按:此草高一二尺,葉作椏缺,莖頭攢蔟,狀如瞿麥,黄蘂蓬茸,即其華萼,黏著人衣,不能解也。郭注云是其毛,不如孫注言華差爲近之,其實是其華下芒刺耳。

髦,顛蕀。細葉有刺,蔓生,一名商蕀。《廣雅》云:"女木也。"

《本草》云:"天門冬,一名顛勒。""勒"即"蕀"也。《詩》"如矢斯棘",《韓詩》作"如矢斯朸","朸、勒"音同,"勒、蕀"字通。《御覽》引孫炎云:"一名白蕀。"陶注《本草》云:"俗人呼苗爲蕀刺。"唐本注云:"此有二種,苗有刺而澀者,無刺而滑者,俱是門冬。"按:蘇頌《圖經》:"春生藤蔓,大如釵股,高至丈餘,葉如茴香,極尖細而疏滑,有逆刺,亦有澀而無刺者,其葉如絲杉而細散。"所説形狀,唐注二種盡矣。《圖經》又因下文"蘠蘼,虋冬"與此相涉,《本草》復有"牛棘""牛勒"諸名,遂并指爲一物,誤矣。説又見下。

雚,芄蘭。雚芄,蔓生,斷之有白汁,可啖。

雚,《説文》作"莞",云:"芄蘭,莞也。"《詩》鄭箋云:"芄蘭柔弱,恒蔓延於地,有所依緣則起。"陸璣疏云:"一名蘿藦,幽州人謂之雀瓢。"《本草》陶注:"蘿藦作藤生,摘之有白乳汁,人家多種之,葉厚而大,可生啖,亦蒸煮食之。"按陶所説,今驗葉似馬蹏,六月中開紫華,蔓延籬落,子綴如鈴,至秋霜下裂作小瓢,中出絮。然今不名蘿藦,人亦無啖之者,乃有小草細葉,色兼青白,枝蔓柔弱,其瓢圓鋭,中亦出絮,嬉時兒童摘啖,有白汁,味甜,疑此是蘿藦也,俗呼"苦蔞",與果蠃之實同名。《爾雅》釋文"雚,郭音灌","雚蘭"聲轉即"苦蔞"矣。"苦蔞"與"雚蘭"爲雙聲,恐此是也。

蕁,莐藩。生山上,葉如韭,一曰提母。

釋文引孫云:"蕁,古藫字。"《説文》"蕁"或作"薚","芜藩也",又云:"芪,芪母也。"《廣雅》:"芪母、兒踵,東根也。"《玉篇》:"葚母草,即知母也。"《本草》:"一名蚳母,一名連母,一名貨母,一名蝭母。"郭云"一名提母",提、蝭、葚、蚳、芪、知,並聲借字通也。陶注云:"形似菖蒲而柔潤,葉至難死,掘出隨生,須枯燥乃止。堪治熱病,亦主瘧疾。"蘇頌《圖經》:"四月開青華,如韭華,八月結實。"

蒞,蒚。今澤蒚。

即澤瀉也。劉向《九歎》云"筐澤瀉以豹鞹兮",王逸注:"澤瀉,惡草也。"《本草》云:"一名水瀉,一名及瀉,一名芒芋,一名鵠瀉。"陶注:"葉狹而長,叢生淺水中。"蘇頌《圖經》:"葉似牛舌草,獨莖而長,秋開白華,作叢,似穀精草。"按:此即今河芋頭也,華葉悉如《圖經》所説,根似芋子,故《本草》有"芒芋"之名。

蔨,鹿藿。其實莥。今鹿豆也,葉似大豆,根黄而香,蔓延生。

蔨,《説文》作"藨",云:"鹿藿也,讀若剽。"《繫傳》據《爾雅》"藨,麃"疑《説文》誤。今按:《廣雅》亦云:"藨,鹿藿也。"是鹿藿亦名藨,無妨與藨莓同名,徐鍇便以爲誤,非也。《説文》又云:"莥,鹿藿之實名也。"郭云"今鹿豆"者,舊説鹿豆一名登豆,"登、鹿"聲轉。王磐《野菜譜》作"野緑豆","緑、鹿"聲同也。《本草》"鹿藿",唐本注云:"此草所在有之,苗似豌豆,有蔓而長大,人取以爲菜,亦微有豆氣,名鹿豆也。"今驗野緑豆形狀悉如唐注所説,其豆難爛,故人不食之。藿,豆苗也。蔨,郭"巨阮反",謝"其隕反",見釋文。

薃侯,莎。其實媞。《夏小正》曰:"薃也者,莎薩。媞者,其實。"

《説文》:"莎,鎬侯也。"是莎一名鎬侯。徐鍇斷"侯莎"爲句,非也。《廣雅》云:"地毛,莎薩也。"《本草别録》:"莎,一名夫須。"須、莎、薩,俱雙聲。其根名香附,其實名媞。《夏小正》云:"正月緹縞。縞也者,莎薩也;緹也者,其實也。"縞、鎬,隋、薩,緹、媞,並聲借字也。夫須即臺,"臺"古讀如"緹"。《廣雅》又云:"其蒿青蓑也。""蒿"亦"鎬"之聲借。莎可以爲蓑,故因名青蓑,蓑即莎矣。今驗莎有二種,一種細莖直上,一種麤而短莖,頭復出數莖,其葉俱如韭葉而細,莖有三棱,實在莖端,其色赤緹,故曰"緹"矣。

莞,苻蘺。其上蒚。今西方人呼蒲爲莞蒲,蒚謂其頭臺首也。今江東謂之苻蘺,西方亦名蒲,中莖爲蒚,用之爲席。音羽翮。

莞,《説文》作"蔇",云:"夫蘺也。""蒚,夫蘺上也。"《楚辭》注:"莞,夫離也。"《詩·斯干》箋:"莞,小蒲也。"正義引某氏曰:"《本草》云:'白蒲,一名苻蘺,楚謂之莞蒲。'"《類聚》八十二引舊注云:"今水中莞蒲可作席也。"今按:莞與藺相似,莖圓而中空,可爲席,蒲葉闊而不圓,其細小者亦可爲席,所謂"蒲苹"者也。是蒲、莞非一物。《爾雅》之莞乃蒲屬,非藺屬,故《説文》"莞"訓"艸",與"藺"相屬,又别出"蔇",與"蒲"爲類。《爾雅》借"莞"爲"蔇",舊注及郭俱云"莞蒲",可知此乃蒲之别種,細小於蒲,爲形纖弱,故名蒲蒻;作席甚平,故曰蒲苹。鄭箋以"莞"爲"小蒲之席",是矣。釋文猶以莞草莖圓非蒲爲疑,不知此乃似蒲之莞,非似藺之莞也。此莞似蒲,故亦抽莖作臺,謂之爲"蒚"。《本草》"蒲黄",陶注謂之"蒲釐","釐、蒚"聲轉也。似藺之莞,但有莖而無臺,今江南席子草是矣(又詳"芏,夫王"下)。《本草》"白芷",《别録》:"一名白茝,一名蘺,一名莞,一名苻蘺,葉名蒚麻。"蓋因苻蘺、江蘺相涉而誤耳。

荷,芙渠。别名芙蓉,江東呼荷。**其莖,茄;其葉,蕸;其本,蔤;**莖下白蒻在泥中者。**其華,菡萏;**見《詩》。**其實,蓮;**蓮謂房也。**其根,藕;其中,的;**蓮中子也。**的中,薏。**中心苦。

《詩·澤陂》正義引李巡曰:"皆分别蓮莖、葉、華、實之名。芙蕖,其總名也。"《詩·山有扶蘇》傳:"荷華,扶渠也。"《離騷》注作"荷,芙渠也"。别名芙蓉,亦見《離騷》。"荷"是大名,故爲稱首。《類聚》八十二引郭氏讚云:"芙蓉麗草,一曰澤芝。泛葉雲布,映波緺熙。伯陽是食,饗比靈期。"

○茄者,《説文》云:"夫渠莖。"《詩》正義引樊光注引《詩》"有蒲與茄",蓋三家詩"荷"作"茄"也。《漢書·楊雄傳》云"衿芰茄之緑衣兮",集注:"茄亦荷字,見張揖《古今字詁》。"按:茄,居何切,古與"荷"通。故《詩·澤陂》箋:"芙蕖之莖曰荷。"陸璣疏亦以芙蓉莖爲荷,皆與樊光義合。

○蕸者,《説文》作"荷",云:"夫渠葉。"《初學記》引《爾雅》作"其葉荷",《類聚》又引作"其葉葭"。按:釋文云:"蕸,字或作葭。衆家並無此句,惟郭有,然就郭本中或復脱此一句,亦並闕讀。"然則"荷"是大名,又葉名者,"荷"之言"何"也,負何,言其葉大。王逸《招魂》注云:"或曰紫莖,言荷莖紫色也。屏風,謂荷葉障風也。"亦是言其葉大。

○蔤者,《説文》云:"夫蕖本。"《繫傳》云:"藕節上初生莖時萌牙殻也。"在泥中者,何晏《景福殿賦》云:"茄蔤倒植,吐被芙蕖。"按:《詩》正義引此句,郭注下尚有五十九字爲今注所無,臧氏《經義雜記》四因謂今本闕,然邢疏亦未引,疑本郭氏《音義》之文,非注文。

○菡萏者,《詩》傳云:"荷華也。"《説文》作"菡藺",云:"夫渠華未發爲菡藺,已發爲夫容。"按:《招魂》云:"夫容已發。"《易林》云:"菡萏未華。"是皆《説文》所本。《爾雅翼》引《詩》義疏云:"其華未發爲菡萏,已發爲芙蕖。"曹植《芙蓉賦》云:"夫蕖蹇産,菡萏星屬。"並與《説文》合。

○蓮者,《説文》云:"夫渠之實也。"郭云"蓮謂房"者,房即其殻,比户相連,"蓮"之言猶"連"也。《詩》"有蒲與蕑",箋:"蕑當爲蓮。蓮,芙蕖實。"以《詩》上下皆言蒲荷,故鄭云爾。郭

《音義》云:"北方人以藕爲荷,亦以蓮爲荷。"此語今所未聞。

○藕者,《説文》作"蕅",云:"夫渠根。"《續博物志》云:"藕生應月,閏月益一節。"《類聚》引《周書》曰:"藪澤已竭,即蓮藕掘。"按:《説文》引杜林以"薑"爲"蕅根",釋文引《本草》云:"藕,一名水芝丹。"郭《音義》云:"蜀人以藕爲茄。"此皆藕異名也。

○釋文:"的,或作菂。"按:下文"菂,薂",郭云:"即蓮實。"是"菂"即"的"也,攢蔟房中,皮青子白的的然,故曰"的"也。《詩》正義引李巡曰:"的,蓮實也。"《初學記》引《詩》義疏曰:"的五月中生,生噉脆,至秋表皮黑,的成可食,或可磨以爲飯,如粟飯,輕身益氣,令人强健,又可爲糜。"

○薏者,李巡曰:"薏,中心苦者也。"陸璣疏云:"的中有青爲薏,味甚苦,故里語云'苦如薏'是也。"按:薏是其萌芽。薏者,意也。

紅,蘢古。其大者蘬。俗呼紅草爲蘢鼓,語轉耳。

上文"蘢,天蘥"即此。通作"龍",《詩》"隰有游龍",傳:"蘢,紅草也。"正義引舍人曰:"紅名蘢古,其大者名蘬。"陸璣疏云:"一名馬蓼,葉大而赤白色,生水澤中,高丈餘。"今按:《埤雅》作"莖大而赤",《詩》正義引"莖"作"葉",誤。"白色"上疑脱"華紅"二字也。紅草非即馬蓼,其莖葉俱似蓼而高大,陸璣失之。紅即水葒也,今福山人呼水葒音若"工",郭注"蘢鼓"二字倒轉,即得"工"字之音,"工、紅"古字通也。《廣雅》云:"葒、蘢蘋,馬蓼也。"《本草》及《類篇》又作"鴻藹",《淮南·墬形》篇云"海閭生屈蘢",高誘注:"屈蘢,游龍鴻也。""鴻"與"紅","古"與"鼓",並聲同假借,"鼓"與"屈"又聲轉字通。"蘋"讀若

“莀”,“蘢薣”與“蘢古”聲亦相轉。

蒫,薺實。 薺子名。

《説文》:“蘼,薺實也。”無“蒫”字,蓋即以蘼爲蒫,所見本異也。《本草》陶注:“薺類甚多,此是人所食者,其葉作菹及羹亦佳。”今按:薺抽莖,開小白花,子細薄,黄黑色,味甘,即蒫也,其根名蘆。《説文》云:“蘆,一曰薺根。”

黂,枲實。 《禮記》曰:“苴麻之有黂。”**枲,麻。** 别二名。

《説文》“萉”或作“蘈”,云:“枲實也。”通作“蕡”,《喪服傳》云:“苴絰者,麻之有蕡者也。”賈疏引孫炎注:“蕡,麻子也。”《齊民要術》引“蕡”作“黂”,《爾雅》釋文“黂,本或作蕡”,是也。又通作“墳”,《司烜氏》“共墳燭”,故書“墳”爲“蕡”,鄭衆注:“蕡燭,麻燭也。”蕡又名藴,《要術》引崔寔曰:“苴麻,麻之有藴者,莩麻是也。一名黂。”《御覽》引《吴普本草》云:“麻子,一名麻藴,一名麻蕡。”“蕡、藴”音相近也。蕡亦通謂之“枲”,《列子·楊朱》篇云:“昔人有美戎菽甘枲者。”枲即蕡也。亦通謂之“麻”,《月令》“食麻與犬”,以犬嘗麻,皆謂蕡也。又通謂之“苴”,《詩》“九月叔苴”,傳:“苴,麻子也。”郭引《喪服》傳“苴絰”亦是也。黂既麻子,因而麻亦名黂。《淮南·説林》篇云:“黂不類布而可以爲布。”是又以“黂”爲麻之通名矣。《本草》“麻子”與“麻黂”别出,而云“黂,一名麻勃”,誤也。吴普以麻勃爲麻華,其説是矣。古者以黂爲豆籩之實,《春官·籩人》及《少牢饋食》並云:“麷蕡。”今人罕充食饌,唯作油然鐙及和味用之。

○《説文》:“枲,麻也。”官有“典枲”,《詩》言“績麻”,麻、枲一耳。《詩·采蘋》正義引孫炎曰“麻,一名枲”,是也。《要術》

引崔寔以牡麻爲枲,蓋據《喪服傳》云"牡麻者,枲麻也",要其正稱則枲、麻通名耳。今俗呼莩麻爲"種麻",牡麻爲"華麻",牡麻華而不實,苧麻實而不華。其華白,故《九歌》云:"折疏麻兮瑶華。"

須,薞蕪。薞蕪似羊蹏,葉細,味酢,可食。

陶注《本草》"羊蹏"云:"一種極似羊蹏而味酢,呼爲酸模,亦療疥也。"按:此即今醋醋流也,酸模、薞蕪,一聲之轉。莖葉俱似羊蹏而小,葉青黄色,生啖極脆,味酸欲流,兒童謂之"醋醋流"。郭注、陶注甚明,邢疏誤以須葑、蓯與、薞蕪爲一物,邵氏《正義》仍其失也。陳藏器云:"即山大黄,一名當藥,一名蓨。"此皆非也,所説乃是羊蹏,非薞蕪也。

菲,蒠菜。菲草生下溼地,似蕪菁,華紫赤色,可食。

已詳上文"菲,芴"條下。陸璣疏云:"蒠菜,今河内人謂之宿菜。""宿、蒠"聲相轉也。某氏注引《詩》"采葑采菲"亦見上文。按:此菜極似蘿蔔,野地自生,宿根不斷,冬春皆可採食,故云"蒠菜"。"蒠"當作"息",釋文"蒠,本又作息",是也。

蕢,赤莧。今之莧赤莖者。

《説文》:"莧,莧菜也。"《管子・地員》篇云:"蘮下于莧,莧下于蒲。"按:莧有數種,陶注《本草》云:"赤莧,療赤下而不堪食。"今驗赤莧莖葉純紫,濃如燕支,根淺赤色,人家或種以飾園庭,不堪啖也。《周易集解》"莧陸"下引荀爽曰"莧者,葉柔而根堅且赤",亦謂此也。蓋諸莧中唯此根赤,餘俱不也。《齊民要術》"人莧"下引《爾雅》及郭注云:"今人莧赤莖者。"宋本"人"字作"之"字,疑爲校書者所改,監本誤將邢疏混入,故郭注全非,而邢疏竟闕。

薔蘼，虋冬。門冬，一名滿冬，《本草》云。

《説文》云："薔蘼，虋冬也。"即今薔薇。《本草》："營實，一名牆微，一名牆麻。"《别録》："一名薔蘼。""蘼、麻、虋"聲相轉，"蘼、薇"古音同也。一名牛棘，一名牛勒，一名山棘，與上文"髦，顛棘"相涉，又"虋冬、天門冬"二名相亂，故説者或失之，釋文又誤爲麥門冬也。今驗薔薇細葉，莖閒多刺，蔓生，華白，子若棠棃，多生水側，春初葉芽，人亦啖之。郭引《本草》"一名滿冬"，今《本草》無"滿冬"之名，蓋古本有之也。"虋、滿"聲亦相轉。釋文又引《中山經》"條谷之山，其草多芍藥、亹冬"，郭注以"亹"今作"門"爲俗。按："門"借聲，"亹"俗作耳。

萹苻，止。未詳。**濼，貫衆。**葉員鋭，莖毛黑，布地，冬不死，一名貫渠。《廣雅》云："貫節。"

釋文云："萹苻，止。郭云'未詳'，《本草》乃是貫衆，云：'貫衆，一名貫節，一名貫渠，一名百頭，一名虎卷，一名萹苻，一名伯藥，一名藥藻，此謂草鴟頭也。'"按：今《本草》"伯藥"作"伯萍"，餘如釋文所引。陶注云："葉如大蕨，其根形色毛芒全似老鴟頭，故呼爲草鴟頭。"《御覽》引吴普曰："葉青黄，兩兩相對，莖黑毛，聚生，冬夏不死。"今按：貫衆苗葉全似蕨，唯莖黑有毛爲異，吴、陶二説盡之。《御覽》又引孫炎云"一名貫渠"，與郭注同，"萹苻"名見《本草》，唯"止濼"二字《本草》所無，郭讀"萹苻止"爲句，故云"未詳"。然據《本草》"一名伯藥"，釋文"濼，孫餘若反"，是即"藥"字之音，或"藥、濼"聲借，"伯、止"形譌，若讀"止濼"爲句，即伯藥矣。

莙，牛藻。似藻，葉大，江東呼爲馬藻。

《説文》："藻，水艸也。或作藻。""莙，牛藻也。从艸君聲，讀若威。”釋文：“莙，孫居筠反。”若依孫炎當讀爲“君”，如從《説文》當讀爲“威”。《左隱三年傳》云：“薀藻之菜。”“薀”與“莙”聲相近，“威”與“薀”聲相轉，是則“薀”即“莙”也。《詩·采蘋》傳：“藻，聚藻也。”《齊民要術》引《詩》義疏曰：“藻，水草也，生水底。有二種，其一種葉如雞蘇，莖大如箸，可長四五尺；一種莖大如釵股，葉如蓬，謂之聚藻。此二藻皆可食，煮熟挼去腥氣，米麪糝蒸爲茹，佳美。荆楊人飢荒以當穀食。”陸説二藻之狀，其言葉如雞蘇，即今之大葉藻，郭注所謂馬藻也；言葉如蓬，即此所謂牛藻，其葉細如毛也。《顔氏家訓·書證》篇亦以牛藻即陸璣所謂聚藻葉如蓬者。又引郭注《三倉》云：“薀藻之類也，細葉蓬茸，生一節長數寸，細茸如絲，圓繞可愛，長者二三十節，猶呼爲莙。”顔以聚藻爲莙，郭以薀藻爲莙，然則莙即薀明矣。此注以牛藻爲馬藻，蓋誤，宜據《三倉》注以訂正。

蓫薚，馬尾。《廣雅》曰：“馬尾，蔏陸。”《本草》云：“别名薚。”今關西亦呼爲薚，江東呼爲當陸。

薚，《説文》作“募”，云：“艸，枝枝相值，葉葉相當。”釋文：“蓫，他六反。薚，吕、郭他羊反。”然則“蓫薚”合聲爲“當”，以其枝葉相當，因謂之“當陸”矣。《易》之“莧陸夬夬”，陸即當陸，《廣雅》作“蔏陸”，云：“常蓼、馬尾，蔏陸也。”《説文》：“蓳，艸也。”《玉篇》：“蓳柳，當陸别名。”又云：“藰（音柳），蓳蓙也。”蓳、蔏、當，藰、柳、陸，音俱相近。“商”與“常”，“蓼”與“陸”，古字音又同也。《本草》：“商陸，一名募根，一名夜呼，如人形者有神。”《蜀圖經》云：“葉大如牛舌而厚脆，有赤花者根赤，白花者根白。”蘇頌《圖經》云：“商陸俗名章柳，多生人家園圃中，春生苗高三四尺，葉青如牛舌而長，莖青赤，至柔脆，夏秋開紅紫花作朵，根如蘆菔而長。”今按：此草俗名王母柳，其形狀悉如《圖經》所說，但今所見皆赤華，無白華者耳。《齊民要術》引《詩》義疏以“虉荻根下白而甜脆者一名蓫薚，楊州謂之馬尾，幽州謂之旨苹”，誤矣。

苹，蓱。 水中浮蓱，江東謂之薸，音瓢。**其大者，蘋。**《詩》曰：“于以采蘋。”

《說文》云：“蓱，苹也。”“苹，蓱也。無根，浮水而生者。”《詩·采蘋》正義引舍人曰：“苹，一名蓱。”按：苹，經典作“萍”，以別於“苹，藾蕭”。《逸周書·時訓》篇云：“穀雨之日萍始生。”《夏小正》云：“七月湟潦生苹。”蓋苹以季春生，及至秋霖時行湟潦苹滿，故又言“生”。《埤雅》云：“世說楊華入水化爲浮萍。”《類聚》八十二引《異術》曰：“萬年血爲萍。”此蓋事之或有，非可常然。故《列子·楊朱》篇云：“昔人有甘枲莖芹萍子者。”是萍亦緣子實而生，非必由物化也。《廣雅》云：“薸，蓱也。”《吕覽·季春紀》注：“萍，水藻也。”《淮南·墬形》篇云：“容華生蔈，蔈生蘋藻。”高誘以“蔈”爲“無根水中草”，是“蔈”即“藻”。藻、蓱、蘋，俱一聲之轉。

○蘋，《說文》作“薲”，云：“大蓱也。”《詩》釋文引《韓詩》云：“沈者曰蘋，浮者曰蓱。”按：蘋亦浮水上，但根連水底，故曰“沈”耳。《本草》：“舊說四葉合成一葉，如田字。”又云：“其葉四衢中折如十字，俗謂之四葉菜，一云田字草，五月開白華，皆其形狀也。古者蘋藻芼羹可薦鬼神、羞王公，又可蒸食。”邢疏引《詩》義疏云：“今水上浮萍是也，其麤大者謂之蘋，小者曰萍，季春始生，可糝蒸爲茹，又可苦酒淹以就酒。”

菥，菟葵。 頗似葵而小，葉狀如藜，有毛，汋啖之滑。

《説文》:"蒂,菟葵也。"《本草》唐本注云:"菟葵,苗如石龍芮而葉光澤,花白似梅,其莖紫黑,煮噉極滑,所在下澤田閒皆有,人多識之。"《御覽》引《廣志》云:"菟葵,瀹之可食。"今按:此亦葵類而葉小華白,寇宗奭謂"葉如黄蜀葵",蓋别一種。

芹,楚葵。今水中芹菜。

《説文》:"芹,楚葵也。"又云:"菦,菜,類蒿。《周禮》有菦菹。"今《醢人》作"芹菹",是"芹、菦"古字通。又云:"菜之美者,雲夢之薑。"今《吕覽·本味》篇"薑"作"芹",高誘注:"芹生水涯。"然則"芹、薑"亦古字通,古讀"芹"若"旂","蘄"若"芹",並同聲字也。《詩·泮水》箋:"芹,水菜也。"《本草》:"水靳(音芹),一名水英。"蜀本注云:"芹生水中,葉似芎藭。"《六書故》云:"葉如鞠窮,莖虚,三脊,根長數寸,正白,甘香可食,秋開白華。"鞠窮、當歸苗葉皆似芹,故鞠窮有"蘄茝"之名,當歸有"山蘄"之名。蘄,古"芹"字也。張聰咸《質疑録》云:"余讀《詩》'薄采其茆',傳曰:'茆,鳧葵也。'毛傳多本《爾雅》,是篇'蒂,菟葵。芹,楚葵'之閒疑脱去'茆,鳧葵'三字。《文選·南都篇》注引'《爾雅》曰茆鳧葵'六字可證矣。"

藬,牛蘈。今江東呼草爲牛蘈者,高尺餘許,方莖,葉長而鋭,有穗,穗閒有華,華紫縹色,可淋以爲飲。

《詩》"言采其蓫",箋:"蓫,牛蘈也,亦仲春時生,可采也。"陸璣疏以蓫爲羊蹏,鄭亦當然。《御覽》九百九十五引孫炎曰:"車前,一名牛蘈。"二説不同。今按:《本草》"車前,一名牛遺",蓋孫所本。"蓫"與"蓄"通,"蓄"有"秃"音,與"藬、蘈"聲相轉,古讀"頹、遺"聲又相近。"羊蹏"已見上文,"車前"詳具下文,二義俱與郭異。如郭所説,似即益母草,而云"高尺許"及

"有穗，穗閒華"，又復不同。陳藏器謂天麻即益母之紫花者，是《爾雅》所謂蘈；李時珍謂"萑、蘈"同音，乃一類二種，此皆臆説。郭義既未能定，鄭、孫又復兩岐，當在闕疑。

藚，牛脣。《毛詩》傳曰："水蕮也。"如續斷，寸寸有節，拔之可復。

《詩》"言采其藚"，傳及《説文》並云："藚，水舄也。"不引《爾雅》，疑古本與今異。《詩》正義引李巡曰："别二名。"陸璣疏云："今澤蕮也，其葉如車前草大。"《本草》："澤瀉，一名水瀉。""瀉"與"蕮"同，是藚即澤瀉，與上"蕍蕮"同也。郭云"如續斷"，今驗馬舄生水中者，葉如車前而大，拔之節節復生，俗名馬耳。郭注似指此爲水蕮，而非即澤瀉也。

苹，蘈蕭。今蘈蒿也。初生亦可食。

《説文》："蕭，艾蒿也。"《管子·地員》篇云："其草宜苹蓨。"《詩·鹿鳴》箋用《爾雅》。《齊民要術》引《詩》疏云："蘈蕭青白色，莖似箸而輕脆，始生可食，又可蒸也。"然則《説文》謂之"艾蒿"，以其色青白似艾耳。樂器簫一名籟，此蘈一名蕭，古人異物同名多此比也。《子虚賦》云"薛莎青薠"，張揖注："薛，蘈蒿也。"是"薛"即"蕭"，"蕭、薛"聲轉。下文"蕭萩"，陸璣疏謂"似白蒿，白葉莖麤"，即此蘈蕭，非萩蕭也。

連，異翹。一名連苕，又名連草，《本草》云。

連，一名異翹，《本草》謂之"連翹"。唐本注云："此有兩種，大翹葉狹長如水蘇，花黄可愛，著子似椿，實之未開者作房，翹出衆草。其小翹葉、花、實皆似大翹而小細。"按：今所見一如唐注所説，其莖中空，高二三尺，雖名爲"翹"，不能翹出草上也。郭云："一名連苕，又名連草。"今《本草》無之，而云："一名異翹，一名蘭華，一名折根，一名軹，一名三廉。”“連、蘭”聲近，“華、草”通名耳。

澤，烏蕵。即上蘬也。

即上“蘬，烏蕵”也。邢疏云：“蘬，生於水澤者。”按：《爾雅圖》作“莖岐出，葉如蕙，華生葉閒，在水石側”。

傅，橫目。一名結縷，俗謂之鼓箏草。

《一切經音義》十四引孫炎云：“三輔曰結縷，今關西饒之，俗名句屨草也。”按：“句屨”即“結縷”，聲相近。《上林賦》云“布結縷”，郭注：“結縷，蔓生如縷相結。”《漢書音義》云：“結縷似白茅，蔓聯而生。”顏師古曰：“結縷，著地之處皆生細根，如線相結，故名結縷。今俗呼鼓箏草者，兩幼童對銜之，手鼓中央，則聲如箏也，因以名焉。”今按：此即今莛草也，葉如茅而細，莖閒節節生根，其節屈曲，故名“句屨”，猶今言“倨僂”也。穗作三四岐，實如秫穀，野人作餅餌食之，其莖柔韌難斷。《晉書・五行志》載武帝太康中江南童謡曰：“局縮肉，數橫目。”蓋謂此草句屨不伸，故云“局縮”矣。

釐，蔓華。一名蒙華。

釐，《説文》作“萊”，云：“蔓華也。”“萊”與“釐”古同聲。《詩》“北山有萊”，《齊民要術》引義疏云：“萊，藜也，莖葉皆似‘菉，王芻’，今兗州人蒸以爲茹，謂之萊蒸。”《玉篇》《廣韵》並以萊爲藜，與義疏合。“藜、釐”聲相近也，藜即灰藋之屬，説已見前。義疏又云：“譙、沛人謂雞蘇爲萊，《三倉》以茱萸爲萊，斯皆同名異物，非正稱也。”毛、鄭此條未引《爾雅》，蓋失之。郭云“一名蒙華”，“蒙、蔓”聲相轉。

蔆，蕨攈。蔆，今水中芰。

《説文》云:“蔆,芰也。楚謂之芰。”《離騷》云“製芰荷以爲衣”,王逸注:“芰,蔆也。”釋文云:“攈,亡悲反,孫居郡反,又居羣反。”是“攈”孫本作“攈”,旁从“諸侯麇至”之“麇”,與今本異也。蔆名薢茩,已詳上文,“英光”即“薢茩”之音轉,“蕨攈”又即“英光”之音轉,“芰”又“蕨攈”之合聲也。《蜀本草》云:“生水中,葉浮水上,其華黄白色,實有二種,一四角,一兩角。”唐本注云:“芰作粉極白潤、宜人。”今按:菱角小者烝曝可以充糧,大者甘脆可生啖之。《管子·地員》篇有“鴈膳黑實”,今蔆角紫黑色,疑是也。

大菊,蘧麥。一名麥句薑,即瞿麥。

《説文》:“大菊,蘧麥。”《繫傳》云:“今謂之瞿麥,又名句麥。其小而華色深者,俗謂石竹。”《本草》云:“瞿麥,一名巨句麥,一名大菊,一名大蘭。”陶注:“一莖生細葉,花紅紫赤可愛,子頗似麥,故名瞿麥。”然則瞿麥一名巨句麥,郭據《廣雅》以爲麥句薑,似誤。《本草》麥句薑乃地菘,即上文“蘵,豕首”也。麥句、巨句二名相亂,遂令薑、麥二種異類同名矣。今按:石竹華大如錢,葉形似竹,莖亦有節,以是得名。其華紅紫赤白,共翠葉相鮮,如陶所云也。蘧瞿、巨句,音俱相近,“巨句”又即“瞿”之合聲。

薜,牡蕒。未詳。

“蕒”當作“贊”。《説文》:“薜,牡贊也。”郭云“未詳”,今亦未知其審。或云即薜荔也,恐非。

葥,山莓。今之木莓也。實似藨莓而大,亦可食。

“莓”當作“苺”。《説文》云:“葥,山苺也。”《管子·地員》篇云:“其山之末有箭與苑。”疑“箭”即“葥”,或聲借抑形借也。

苺有數種，茥、藨皆蔓生，説在下文。此則植生，樹高四五尺，枝亦柔輭，莖多逆刺，葉有細齒，頗似櫻桃葉而狹長，四月開白華，結實如覆盆而大。郭氏所云"木苺"，陳藏器所謂"懸鉤子"者也。凡諸苺形狀略同，名稱各異，南人呼爲"普盤"，北人呼爲"槃門"，皆即"藨苺"聲之轉也。劉昭注《後漢·郡國志》"武陵郡"下引《荆州記》云："郡社中木麃樹，是光武種至今也。"木麃即此木苺。

齧，苦堇。今堇葵也。葉似柳，子如米，汋食之滑。

《説文》："堇，艸也。根如薺，葉如細柳，蒸食之甘。"《繫傳》云："《詩》所謂'堇荼如飴'，然則此菜味苦也。"《夏小正》："二月榮堇。堇，菜也。"牟應震曰："野菜也，葉如車前，莖端作紫華，子房微棱。葉長者甘，葉圓者苦。"余按：生下溼者葉厚而光，細於柳葉，高尺許，莖紫色，味苦，瀹之則甘。郭云"滑"者，《公食大夫禮》云"鉶芼有滑"，鄭注："堇荁之屬。"《内則》云："堇、荁、枌、榆、免、薨，滫瀡以滑之。"是堇味苦，瀹則滑甘，古人芼羹恒用之也。《本草》唐注："堇菜野生，非人所種，葉似蕺，華紫色。"《爾雅翼》引《三十國春秋》曰："劉殷曾祖母王氏盛冬思堇，殷入澤中慟，有堇生焉，得斛餘。"又《後魏書》："崔和爲平昌太守，性鄙悋，其母季春思堇，惜錢不買。"二人用心不同如此。今按：堇類有三，烏頭一也，蒴藋二也，堇菜三也。此堇爲菜，蒴藋即下"芨，堇草"。《詩·緜》正義以此爲烏頭，非。

藫，石衣。水苔也。一名石髮。江東食之。或曰藫葉似䪥而大，生水底，亦可食。

釋文："藫，徒南反。""藫"與"苔"聲相轉。《説文》云："菭，水衣。""菭"即"苔"也。水衣即石衣，一曰魚衣。《醢人》云"加籩之實有箈菹”，鄭衆注：“箈，水中魚衣也。”一名石髮，《廣雅》云：“石髮，石衣也。”郭氏《江賦》云“緑苔鬖髿乎研上”，李善注引《風土記》云：“石髮，水苔也，青緑色，皆生於石。”《本草别録》：“陟釐生江南池澤。”陶注云：“此即南人用作紙者。”唐本注引《藥對》云：“河中側黎。”《拾遺記》云：“側理紙，水苔爲之。溪人語訛，謂之側理。”然則“側理、陟釐”聲相近。釋文：“箈或丈之反。”是“箈”古讀若“治”，“陟釐”即“箈”之合聲矣。郭又引或曰“藫，葉似鬒而大”，此自别是一種海藻之屬，説見下文。

蘜，治蘠。今之秋華菊。

《説文》：“蘜，治蘠也。”又云：“蘜，日精也，以秋華。”是郭云秋華菊乃日精，非治蘠也。《繫傳》云：“《本草》菊有十名，不言治蘠。”又云：“《本草》蘜即九月黄華者也，一名日精。”是徐鍇據《本草》以駁郭注，其説是也，但《爾雅》“治蘠”遂不知爲何物。陶注《本草》：“菊有兩種，一種莖紫氣香而味甘，葉可作羹食者，爲真；一種青莖而大，作蒿艾氣，味苦，不堪食者，名苦薏，非真也。”今驗莖深紫色，緑葉肥潤、華色深黄而大於錢，俗名燈下黄者，乃真菊也。先大夫言《月令》“鞠有黄華”，即此。蓋“蘜”省借作“鞠”，今又借作“菊”耳。懿行按：今秧菊華色豔異，百種千名，大抵蕭艾所爲，都非真菊。陶注之“苦薏”，《秋官·蟈氏》之“牡蘜”，皆此也。《爾雅》“治蘠”，未知誰屬。

唐、蒙，女蘿。女蘿，菟絲。别四名。《詩》云：“爰采唐矣。”

《説文》：“蒙，王女也。”説見下文。郭注：“蒙即唐也。”是唐、蒙一物二名。《詩·桑中》傳：“唐蒙，菜名。”《頍弁》傳云：“女蘿、菟絲，松蘿也。”按：《本草》：“菟絲，一名菟蘆，一名菟縷，一名唐蒙，一名王女。”不言“女蘿”，而木部别有“松蘿，一名女蘿",似爲二物。故陸璣疏云:"今菟絲蔓連草上生,黄赤如金,今合藥菟絲子是也,非松蘿。松蘿自蔓松上生,枝正青,與菟絲殊異。"陸蓋據《本草》以匡毛,而不知義乖《雅》訓也。且菟絲雖多依草,亦或附木,《爾雅》"女蘿,菟絲"自足兼有所包。故《頍弁》釋文"在草曰菟絲,在木曰松蘿",《吴普本草》亦云"菟絲,一名松蘿",並與《爾雅》合矣。舊説菟絲無根,以茯苓爲根(見《吕覽·精通》篇及《淮南·説山》《説林》篇),亦不必然。今驗菟絲初亦根生,及至蔓延,其根漸絶,因而附物以生,蓋亦寄生之類,故《詩》以"蔦、蘿"並稱。一名兔丘。《廣雅》云:"兔丘,兔絲也。"(本《中山經》。)古讀"丘"如"欺",與"絲"疊韵。又云:"女蘿,松蘿也。"與《詩》及《爾雅》合。郭云:"别四名。"《詩》正義引舍人曰:"唐蒙名女蘿,女蘿又名菟絲。"孫炎曰:"别三名。"舍人以唐蒙爲一物,孫炎以爲别三名,並與郭異,郭注爲長。

苗,蓨。未詳。

《説文》云:"苗,蓨也。"《類篇》云:"苗,羊蹏草也。"已詳上文"蓧,蓨"下。

茥,蒛葐。覆盆也。實似莓而小,亦可食。

"蒛葐"當作"缺盆"。《説文》:"茥,缺盆也。"《御覽》九百九十八引孫炎云:"青州曰茥。"又引吴普云:"缺盆,一名決盆。""決、缺"聲同,"茥"讀若"袿",與"缺"聲轉。《廣雅》云:"蒛盆、陸英,莓也。"是缺盆即莓。《説文》:"莓,馬莓也。"《類篇》:"即覆盆也。"《本草》云:"蓬虆,一名覆盆。"陶注"蓬虆是根,覆盆是實",非也。李當之云:"蓬虆是人所食莓。"又云:"覆盆子是莓子,乃似覆盆之形。"然則蓬虆、覆盆蓋一類二種,今蓬虆莖葉大於覆盆,皆蔓生有刺,覆盆以四五月開白華,結實差小而甘,與麥同熟,俗呼"大麥苺"也。《爾雅》三苺此爲最勝。又有蛇苺,黄華,葉似覆盆無刺,其子圓赤而無茘枝皺,嫖紅可愛,九月方熟,江南謂之"蛇盤子",云食之傷人。

芨,堇草。即烏頭也。江東呼爲堇,音靳。

此有二説。郭云"即烏頭也。江東呼堇",蓋據時驗而言。但檢《本草》,烏頭不名芨,而芨一名藋。故《説文》云:"芨,堇艸也。"又云:"藋,堇艸也。"《廣雅》云:"堇,藋也。"是藋一名堇,堇一名芨,"芨、堇"聲轉,與烏頭别。故《詩·緜》釋文引《廣雅》云:"堇,藋也。今三輔之言猶然。"亦據時驗而言也。《爾雅》釋文引《本草》"蒴藋,一名堇草,一名芨","非烏頭也",是陸據《本草》及《廣雅》以駁郭注芨爲烏頭之非,陸説是也。蘇頌《圖經》云:"蒴藋生田野,所在有之,春抽苗,莖有節,節閒生枝,葉大如水芹。"寇宗奭《衍義》云:"蒴藋華白,子初青熟紅。"皆其形狀也。《爾雅》"芨,堇"乃是蒴藋,郭必以爲烏頭者,《晉語》云"置堇於肉",賈逵注:"堇,烏頭也。"《淮南·説林》篇云:"蝮蛇螫人,傅以和堇則愈,物固有重爲害反爲利者。"是皆郭所本也,然烏頭名堇不名芨,郭特以意説耳。《廣韵》因云:"芨,烏頭别名,又作蒠。"《集韵》亦"芨、急"通,而以蒠爲蒴藋,《集韵》得之。又按:《説文繫傳》"堇"字下引《字書》:"蒴藋,一名堇。"《玉篇》:"蒴藋有五葉。""堇,一名芨。""堇"又作"蓳",《説文》:"藋,堇艸。"一本作"蓳艸"。此皆非矣。《廣雅》堇爲羊蹏,"堇、堇"字形易混,《説文》蓳艸似又因"堇、蓳"形聲相近而誤矣。郭此注"堇"音"靳"者,别於上文"蘦,苦堇"之"堇"音"謹"也。

藫,百足。未詳。

《說文》:"𦹳,山韭也。"此字从艸从水,疑後人所加。翟氏灝《補郭》云:"今所呼地蜈蚣草也。"

葥,戎葵。今蜀葵也。似葵,華如木槿華。

蜀葵似葵而高大,"戎、蜀"皆大之名,非自戎、蜀來也。或名吴葵、胡葵,"胡、吴"亦皆謂大也。今蜀葵葉如葵而大,莖高丈許,江南呼爲"丈紅華",京師呼"秫稭華",登萊又呼"秫齊華",並"蜀葵"之聲相轉耳。《史記·孝武帝紀》"立后土祠汾陰脽上",索隱云"脽,音誰,《漢舊儀》作'葵上',河東人呼'誰'與'葵'同",即其例也。《爾雅翼》引《古今注》云:"戎葵似木槿而光色奪目,有紅、有紫、有青、有白、有黄,莖葉不殊,但花色異耳。"按:此說蜀葵是而言黄則非,黄者名黄蜀,葵葉如龍爪,雖冒葵名,實非葵類。崔豹、羅願並以此爲蜀葵,誤矣。《廣韵》"戎"作"茙",非。其三十五馬"䅊"字下云:"䅊穀,南人食之,一云茙葵。丑寡切。"是戎葵又名䅊。

蘻,狗毒。樊光云:"俗語苦如蘻。"

《說文》:"蘻,狗毒也。"《繫傳》以爲今狼毒,《本草别録》:"狼毒,陳而沈水者良。"陶注云:"與防葵同根類,但置水中沈者便是狼毒,浮者則是防葵。"《博物志》云:"房葵似狼毒。"是陶注所本。《抱朴子·雜應》篇以狼毒冶葛治耳聾也。《開寶本草》注云:"狼毒葉似商陸,及大,黄莖,葉上有毛,根皮黄,肉白,以實重者爲良。"

垂,比葉。未詳。

蕧,盜庚。旋蕧,似菊。

《說文》:"蕧,盜庚也。"《本草》:"旋復,一名金沸草,一名盛椹。”陶注云:“出近道下溼地,似菊花而大。”《蜀圖經》云:“葉似水蘇,黄華如菊。”今按:此有二種,人家庭院植者,華色深黄,名曰“金盞”;生下溼者華淺黄色,葉有細毛,俗呼“毛耳朵”,是矣。

莩,麻母。苴麻盛子者。

莩,《説文》作“芓”,云:“麻母也。一曰芓即枲也。”又云:“萛,芓也。”是芓一名萛。釋文:“莩,孫音嗣。”《齊民要術》引孫炎曰:“莩,苴麻盛子者。”郭與孫同。又引崔寔曰:“苴麻子黑,又實而重,堪治作燭,不作麻。”又曰:“苴麻,麻之有蘊者,莩麻是也。一名黂。”按:苴麻今曰種麻,“苴、種”聲轉也。已詳上文“黂,枲實”下。

瓝,九葉。今江東有草,五葉共叢生一莖,俗因名爲五葉,即此類也。

釋文引舍人云:“瓝,九葉九枚共一莖。”樊本“瓝”字作“駮”,釋云:“駮也,一名九葉。”郭氏未詳,故但舉類以言。翟氏灝曰:“《圖經本草》‘關中呼淫羊藿爲三枝九葉草’,疑即此也。其草一根數莖,莖三椏,椏三葉,葉形似藿,根似黄連,磊磈相連,因又名黄連祖。”

藐,茈草。可以染紫,一名茈莀,《廣雅》云。

《説文》:“藐,茈草也。”“茈,茈艸也。”又云:“莀,艸也。可以染留黄。”《西山經》云“勞山多茈草”,郭注:“一名茈莀,中染紫也。”《廣雅》云:“茈莀,茈草也。”鄭注“掌染草”云:“染草,紫茢之屬。”“紫茢”即“茈莀”,並聲借字也。莀,通作“綟”,又通作“盭”。莀兼紫、緑二色,上云“菉,王芻”,即緑莀也。此云“藐,茈草”,即紫莀也。劉昭《續漢・輿服志》注引徐廣云:“綟,草名也，以染似緑。”又云：“似紫。”《史記·司馬相如傳》云“攢莀莎”，徐廣注“草可染紫”，是也。按：今紫草有二種，人所種者苗葉肥大，以之染色不及野生者，細小尤良也。《本草》云：“紫草，一名紫丹，一名紫芺。”“芺、藐”聲近也。唐本注云：“苗似蘭香，莖赤，節青，華紫白色而實白。”

倚商，活脱。即離南也。

離南，已見上文。釋文：“倚，舍人本作猗。活，孫音括。脱，又作莌。”釋文“倚，或其綺反”，則讀爲“掎角”之“掎”。

蘵，黄蒢。蘵草，葉似酸漿，華小而白，中心黄。江東以作葅食。

蘵，《玉篇》作“蘵”，云：“蘵草，葉似酸漿。”按：“蘵、蘵”皆或體，古本作“職”。釋文“蘵，又作職”，是也。《説文》：“蒢，黄蒢，職也。”通作“識”。《夏小正》：“三月采識。識，草也。”“識”即“職”，“職”與“識”古字通。《樊毅脩華嶽廟碑》云“《周禮·識方氏》”①，是其證也。《顔氏家訓·書證》篇云：“江南别有苦菜，葉似酸漿，其華或紫或白，子大如珠，熟時或赤或黑，此菜可以釋勞，即《爾雅》‘蘵，黄蒢’也。今河北謂之龍葵。”按：此即上文“葴，寒漿”，華小而白，開作五出，中心甚黄，故名黄蒢。根味絶苦，故名苦菜，又名苦蘵。《大觀本草》龍葵、苦耽别條，而云：“又有一種小者名苦蘵。”蓋苦蘵比苦葴差小也。“蘵”與“蘵”同，“葴、耽、蘵、蒢”又俱一聲之轉。

藒車，芞輿。藒車，香草，見《離騷》。

《説文》：“藒，芞輿也。”“芞，芞輿也。”並無“車”字。釋文

---

①　周禮識方氏　識，此本誤“職”，咸豐六年刻本同。據經解本改。

“車,本多無此字”,與《説文》合。臧氏《經義雜記》十三云:“車即輿字之駮文也。”《離騷》云:“畦留夷與揭車兮。”《上林賦》云:“揭車衡蘭。”“揭”與“藒”同,假借字耳。《御覽》引《廣志》云:“藒車香,味辛,生彭城,高數尺,黄葉白花。”《齊民要術》云:“凡諸樹有蛀者,煎此香冷淋之,即辟也。”

權,黄華。今謂牛芸草爲黄華。華黄,葉似荍蓿。

《釋木》有“權,黄英”。《説文》云:“權,黄華木。”加“木”字者,明此爲權、黄華草也。黄華,郭云:“牛芸。”《説文》:“芸,艸也,似目宿。”按:芸有草,有蒿,邢疏引《雜禮圖》曰:“芸,蒿也,葉似邪蒿,香美可食。”此即《月令》“仲冬芸始生”及《夏小正》“正月采芸”“二月榮芸”,皆謂蒿也。《説文》及郭注所云則謂草也。鄭樵《通志》以爲野決明,是也。今驗野決明葉似目宿而華黄,枝葉婀娜,人多種之,似不甚香。而王氏《談録》以爲嗅之尤香,蓋初時香不甚,噀以醋則甚香。凡香草皆然也。

葞,春草。一名芒草,《本草》云。

《本草衍義》引孫炎云:“藥草也,俗呼爲菵草。”《圖經》引《爾雅》,釋曰:“藥草,莽草也。”《本草别録》:“莽草,一名葞,一名春草。”陶注:“今是處皆有,葉青辛烈者良,人用擣以和米,内水中,魚吞即死浮出,人取食之無妨。”“莽草”字亦作“菵”。《御覽》引《萬畢術》曰:“莽草浮魚。”《中山經》云:“朝歌之山,有草名曰莽草,可以毒魚。”是皆陶注所本。今毒魚用水莽草,葉如柳葉而微紫,似水蓼而光澤。郭云“一名芒草”者,《中山經》:“葌山有芒草,可以毒魚。”“芒”與“菵”聲近,“芒、莽、葞”又俱一聲之轉。

蔠葵,蘩露。承露也。大莖小葉,華紫黄色。

《考工記·玉人》云"大圭,杼上終葵首",鄭注:"齊人謂椎曰終葵。"馬融《廣成頌》云"翬終葵",是也。此草葉圓而剡上,如椎之形,故曰"終葵"。冕旒所垂謂之"繁露"。《本草》:"落葵,一名繁露。"陶注:"又名承露,人家多種之。"《蜀圖經》云:"蔓生,葉圓厚如杏葉,子似五味子,生青熟黑,所在有之。"按:此所説,今未見。如郭所説,似今西番蓮,獨莖高大,莖葉俱青,葉小於掌,華大於盤,深黄色,中有紫心,子如松子之形,亦堪𦞦食。然未知是此否也。

菋,荎藸。五味也。蔓生,子叢在莖頭。

《説文》:"菋,荎藸也。"通作"味"。《本草》:"五味,一名會及。"陶注:"今弟一出高麗,多肉而酸甜;次出青州、冀州,味過酸,其核並似豬腎。又有建平者少肉,核形不相似,味苦,亦良。"唐本注云:"五味,皮肉甘酸,核中辛苦,都有鹹味,此則五味具也。其葉似杏而大,蔓生木上,子作房如落葵,大如蘡子。"《蜀圖經》云:"莖赤色,華黄,白子,生青熟紫,味甘者佳。"

蒤,委葉。《詩》云:"以茠蒤蓼。"

"蒤"當作"荼",《詩》及《説文》並同。《良耜》正義引舍人曰:"荼,一名委葉。"某氏引《詩》與郭同。此荼是穢草,非苦菜也,故異其名。

皇,守田。似燕麥,子如彫胡米,可食,生廢田中。一名守氣。

陳藏器《本草》云:"菵米可爲飯,生水田中,苗子似小麥而小,四月熟。"此即"皇,守田"也。"皇、菵"聲亦相轉。

鉤,藈姑。鉤𤬁也。一名王瓜,實如瓝瓜,正赤,味苦。

《廣雅》云:"藈菇、𤬏𤬁,王瓜也。"釋文:"藈菇,本作睽姑。"又引《字林》云:"瓠瓤,王瓜也。"《月令》"王瓜生",鄭注:"萆挈也。""萆挈"與"菝挈"同,《廣雅》:"菝挈,狗脊也。"是菝挈、王瓜非一物,鄭注誤矣。《吕覽·孟夏紀》云"王菩生",高誘注:"菩或作瓜,瓠瓤也。"又注《淮南·時則》篇云:"王瓜,括樓也。""瓠瓤"與"括樓"同。以王瓜、括樓爲一物,高注亦誤矣。《本草》:"王瓜,一名土瓜。"陶注云:"今土瓜生籬院閒,亦有子,熟時赤如彈丸。"唐本注云:"蔓生,葉似括樓,圓無叉缺,子生青熟赤。"今按:王瓜五月開黄華,華下結子,形似小瓜,今京師名爲"赤雹子",是也。釋文:"藈,孫苦圭反。""鉤、藈、姑"俱聲相轉。古讀"瓜"如"姑",是"姑"即"瓜"也。"鉤、瓤"亦疊韵字。

望,椉車。可以爲索,長丈餘。

《説文》"藚"字解云:"牂藚,可以作縻綆。"《繫傳》云:"芒之屬,可爲汲綆也。"按:牂藚即望椉,"芒"與"望"古同聲,今黄縣人謂麥芒爲"望",文登人謂望爲"芒",證知"芒、望"聲同也。芒即"莣,杜榮",説見下文。《唐韵》"藚,女庚切",釋文:"椉,本又作乘。居,本亦作車。"

困,衱袶。未詳。

釋文"衱,居業反。袶,施音絳",則旁从夅,"孫蒲空反",則旁从"粤夆"之"夆"。《廣韵》一東蓬紐下引《爾雅》正作"袶",與孫本同。

欔,烏階。即烏杷也。子連相著,狀如杷齒,可以染皂。

邢疏:"今俗謂之狼杷。"陳藏器《本草》云:"狼杷草生道旁,秋穗,子並染皂。"按:《釋名》云:"齊魯閒謂四齒杷爲欋。"以證郭注所説子連著如杷齒,則《爾雅》"欔"當作"欋",今作"欔,居縛反",恐字形之誤耳。

杜，土鹵。杜衡也，似葵而香。

《説文》："若，杜若，香艸。"《本草》："杜若，一名杜衡。"然陶注云"今復別有杜衡，不相似"，則非一物矣。陶注以爲葉似薑而有文理，根似高良薑而細，味辛香，蓋此即所謂杜若也。郭云："似葵而香。"《本草》："杜蘅香人衣體。"唐本注："葉似葵，形如馬蹏，故俗云馬蹏香。"《史記·司馬相如傳》索隱引《博物志》云："杜蘅，一名土杏，其根一似細辛，葉似葵。"《西山經》云："天帝之山有草焉，其狀如葵，其臭如靡蕪，名曰杜蘅。"此皆郭注所本，《爾雅》所謂"杜蘅"也，其爲二物甚明，故《本草》衡、若別條。《離騷·九歌》杜若與杜衡分舉，《子虛賦》亦以衡、蘭、芷、若並稱，皆其證矣。釋文據陶注《本草》以議郭誤，非也。《廣雅》云："楚蘅，杜蘅也。""杜、楚"聲近，杜衡、土杏，古讀音同，"杜、土"古字通也。衡，古文作"奧"，與"鹵"字形近，疑"土奧"缺脱其下，因誤爲"土鹵"耳。

盱，虺牀。蛇牀也。一名馬牀，《廣雅》云。

《本草》："蛇牀，一名蛇米。"《別録》："一名蛇粟，一名虺牀，一名思益，一名蠅毒，一名棗棘，一名牆蘼。"陶注云："華葉正似蘼蕪。"《淮南·氾論》篇云："夫亂人者，芎藭之於藁本也，蛇牀之於蘪蕪也。"此皆相似。《説林》篇云："蛇牀似蘪蕪而不能芳。"是皆陶注所本。《蜀圖經》云："似小葉芎藭，華白，子如黍粒，黄白色，生下溼地。"今按：蛇牀高四五尺，華葉繁碎，獨莖作叢，細子攢生，普盤如結，故有"粟、米"諸名，華白而實繁，故名牆蘼，與虋冬同矣。

蒢，蔽。未聞。

釋文引樊本作"蒢，蔽麥"。《玉篇》云："蒢，子菜也。"閻氏若璩《困學紀聞》注:"即上文'菽,薚蘡'。"

赤枹薊。即上枹薊。

此即赤朮,今之所謂蒼朮也。

菟奚,顆涷。款涷也,紫赤華,生水中。

顆涷即款冬,"顆、款"聲轉,"涷、冬"聲同也。《本草》:"款冬,一名橐吾,一名顆涷,一名虎鬚,一名菟奚。"《廣雅》云:"苦萃,款涷也。""涷"與"冬"義亦同。此草冬榮,忍凍而生,故有"款冬、苦萃"諸名。《西京雜記》引董仲舒曰:"葶藶死於盛夏,款冬華於嚴寒。"《水經注》引《述征記》云:"洛水至歲末凝厲,則款冬茂悦曾冰之中。"按:款冬蓋有二種。《類聚》八十一引《吴普本草》云:"款冬,十二月華,黄色。"陶注《本草》云:"形如宿蓴,未舒者佳,其腹裹有絲,其華乃似大菊華。"如吴、陶所説,華俱黄色,與郭注異。唐本注云"葉如葵而大,叢生,華出根下",不言華色。蘇頌《圖經》"又有紅華者,葉如荷",此説蓋與郭同。又《本草》款冬、橐吾爲一物,如《急就篇》橐吾、款冬又爲二物。顔師古注以"款冬生水中,華紫赤色""橐吾似款冬而腹中有絲,生陸地,華黄色"。然陶注言腹有絲者即是款冬,非橐吾,則此蓋一類二種也。《類聚》引郭氏讚云:"吹萬不同,陽煦陰蒸。款冬之生,擢穎堅冰。物體所安,焉知涣凝?"

中馗,菌。地蕈也,似蓋。今江東名爲土菌,亦曰馗廚,可啖之。**小者菌**。大小異名。

《説文》:"菌,地蕈也。""𡵉"云:"菌𡵉,地蕈。叢生田中。""蕈,桑萸。""萸,木耳也。"《繫傳》云:"地蕈似釘蓋者名菌。"又云:"蕈多生桑楮之上也。"按:菌有土、木二種,《説文》桑萸即今桑鵝。《内則》云"芝栭","栭"與"萸"音義同。《鹽鐵論·散不足》篇云:“豐奕耳菜。”韓愈有《答道士寄樹雞詩》,注云:“樹雞即木耳。”並指木菌而言也。《爾雅》所説則謂土菌。《莊子·逍遥遊》篇“朝菌不知晦朔”,司馬彪云:“大芝也,天陰生糞土,見日則死,一名日及,故不知月之終始。”崔譔云:“糞上芝,朝生暮死。”《廣雅》云:“朝菌,朝生也。”《本草别録》:“鬼蓋,一名地蓋。”陶注云:“今鬼繖。”並指土菌而言也。今蕈生樹上及樹根者多可食,而生平地者溼熱所蒸,或毒蟲盤踞,食者慎之。《物類相感志》引孫炎云“聞雷即生,俗呼地菌,白如脂,可食,亦名地蕈、北丁、馗廚。江東人今呼土菌,可食者”,“是郭注所本也”。(邵氏《正義》引。)

中馗,釋文引舍人本作“中鳩”,云:“菟奚名顆東,顆東名中鳩。”是讀“中鳩”上屬,與郭氏異。又按:《説文》云:“菌,地蕈。”蓋許亦讀“中馗”屬上,與舍人同,而云“菌,地蕈”,則郭注“地蕈”二字疑古本在正文,寫書者誤入注中,因加“也”字足句耳。

莔,小葉。 未詳。

釋文:“莔,又作葍。”《説文》:“葍,麻蒸也。”邵氏《正義》引“《管子·地員》篇謂麻之細者如蒸,細即小也。葍爲小葉之麻,所以别於山麻”。

苕,陵苕。 一名陵時,《本草》云。**黄華,蔈;白華,茇。** 苕華色異,名亦不同。音沛。

《説文》:“苕,艸也。”“蔈,苕之黄華也。”“艸之白華爲茇。”《詩·苕之華》傳用《爾雅》,箋云:“陵苕之華紫赤而繁。”陸璣疏云:“一名鼠尾,生下溼水中,七八月中華紫,似今紫草。華可染皁,煑以沐髮即黑。”如陸所説,即上文“葝,鼠尾”可染皁者。

然鼠尾自名陸翹，不名陵苕，陸説誤矣。陶注《本草》又引李云“是瞿麥根”，然吴普説“紫葳，一名瞿陵”，不名瞿麥，陶注亦誤矣。按：《本草》“紫葳，一名陵苕”，《廣雅》以紫葳爲瞿麥，蓋異物同名耳。《詩》正義引某氏曰：“《本草》云：‘陵時，一名陵苕。’”今《本草》無“陵時”之名，蓋古本有之也。又引舍人曰：“苕，陵苕也。黄華名蔈，白華名茇，别華色之名也。”《齊民要術》引孫炎云：“苕華色異名者。”《御覽》引孫與郭同。《本草》唐注：“即淩霄也。”“霄、苕”聲近，“蔈、茇”聲轉也。今驗淩霄引蔓於樹，必造其巔，著處生根，狀如守宫之趾，葉鋭而多岐，華似牽牛而大，赭黄色，未見有白華者。唐注云：“山中亦有白華者。”

虋，從水生。生於水中。

釋文：“虋草生江水中。”按：水草交曰“湄”，《詩》借作“麋”，與“虋”聲同，非草名也。

薇，垂水。生於水邊。

《説文》：“薇，菜也，似藿。”《繫傳》云：“薇似萍。”《御覽》引《廣志》云：“薇葉似萍，可蒸食。”釋文引顧云：“水濱生，故曰垂水。”《詩·草蟲》傳：“薇，菜也。”陸璣疏云：“山菜也，莖葉皆似小豆，蔓生，其味亦如小豆，藿可作羹，亦可生食。今官園種之，以供宗廟祭祀。”《公食大夫禮》云：“鉶芼豕以薇。”是薇可芼羹，又可供祀。《大觀本草》引《三秦記》曰：“夷、齊食之，三年顔色不異。武王誡之，不食而死。”然則亦可生食，如陸疏所云矣。《六書故》引項安世曰：“今之野豌豆也，莖葉華實皆似豌豆而小，莢可葅，蜀人謂之小巢菜，豌豆謂之大巢也。”今按：《詩》言“采薇”，是生於山者，《爾雅》所言是生於水者，實一物。或曰薇名垂水，非生水濱。

薜，山麻。似人家麻，生山中。

莽，數節。竹類也，節閒促。**桃枝，四寸有節**。今桃枝節閒相去多四寸。**粼，堅中**。竹類也，其中實。**簢，筡中**。言其中空，竹類。**仲，無笐**。亦竹類，未詳。**篙，箭萌**。萌，筍屬也。《周禮》曰："篙菹鴈醢。"**篠，箭**。別二名。

節，竹約也。數節，促節也。莽，竹節短，蓋如今馬鞭竹。《齊民要術》引《異物志》曰："有竹曰篙，其大數圍，節閒相去局促。"《初學記》引戴凱之《竹譜》云"筵竹似桂而概節"，又云"篁竹堅而促節，皮白如霜"，是皆莽之類也。

○桃枝者，《春官·司几筵》云"加次席黼純"，鄭注："次席，桃枝席，有次列成文。"《竹譜》云："桃枝皮赤，編之滑勁，可以爲席。《顧命》篇所謂篾席者也。"《吴都賦》云"桃笙象簟"，劉逵注："桃笙，桃枝簟也。"又可爲杖。《蜀都賦》云"靈壽桃枝"，是也。其類又有鉤端，《西山經》嶓冢之山，《中山經》驕山、高梁之山、龍山並云"多桃枝鉤端"，郭注："鉤端，桃枝屬也。"

○粼者，釋文云："又作篺。"《齊民要術》引《字林》曰："篺竹實中。"《吴都賦》注："簟竹大如戟穫，實中勁强，交趾人鋭以爲矛，甚利。"《初學記》引《廣志》曰："利竹蔓生，實中堅韌。"《中山經》云"雲山有桂竹"，郭注："交阯有篥竹，實中勁强，有毒，鋭以刺虎，中之則死。"亦此類。又云"龜山多扶竹"，郭注："邛竹高節實中，中杖也，名之扶老竹。"《廣韵》云："笴，竹名，實中。"《宋書·孝義傳》云："卜天生乃取實中苦竹，剡其端使利。"是皆粼之類也。

○簢者，釋文云："或作篾。"筡者，《説文》云："析竹筤也。"

"筤，竹膚也。"《方言》云："篣，析也。析竹謂之篣。"然則"篣、筤"皆析竹之名，"筤、簢"字異音同。聲轉爲"篛"，《説文》："篛，篣也。"又轉爲"篾"，《顧命》云"敷重篾席"，鄭注："篾，析竹之次青者。"是簢、篣皆析竹，析竹必須中空者，因以爲竹名焉。贊寧《筍譜》云："簢筍嫖而節奭薄。"信乎簢中空矣。《初學記》引沈懷遠《南越志》云："博羅縣東蒼州足簞竹銘曰：'簞竹既大，薄且空中，節長一丈，其直如松。'"是簞竹即簢屬之大者也。

○仲者，郭未詳，牟廷相曰："鄭樵謂仲爲篔簹竹。篔簹於竹中爲最大，今以《釋樂》篇文參之，'籥中謂之仲'，釋文'仲或爲筗'，則'仲'當爲'中'，竹非大竹也。"云"無笐"者，《説文》："笐，竹列也。"養大竹欲得成列，中竹以下任其延布而已。

○篙者，《説文》云："竹萌也。"上文云："筍，竹萌。"是"筍"爲總名，"箭"爲小竹，"篙"爲箭竹之筍名也。《周禮·醢人》"加豆之實，箈菹、鴈醢、筍菹、魚醢"，鄭注："箈，箭萌。筍，竹萌。"釋文："箈，《爾雅》作篙，同。"

○篠者，《説文》作"筱"，云："箭屬，小竹也。"蓋篠可爲箭，因名爲"箭"。《西山經》云"竹山，其陽多竹箭"，郭注："箭，篠也。"《中山經》云"暴山，其木多竹箭、䉋箘""求山，其木多䉋"，郭注："箘亦篠類，中箭。""䉋，篠屬。"然則惟箘、簬、楛荆邦致貢厥名，故王彪之《閩中賦》云"竹則粉苞赤箬，縹箭班弓"，是其證也。《竹譜》云："箭竹高者不過一丈，節閒三尺，堅勁中矢，江南諸山皆有之，會稽所生最精好。"

枹，霍首。素華，軌鬷。皆未詳。

邵氏《正義》云："枹，通作苞。"《説文》云："苞，艸也。南陽以爲麤履。"翟氏《補郭》云："霍，藿省。"《類篇》引《爾雅》直作

“藿”字，釋文：“蔠，郭音總。”《廣韵》引《爾雅》云：“軌蔠，一名素華。”但其形狀未聞。

芏，夫王。芏草生海邊，似莞藺，今南方越人采以爲席。

釋文：“夫，孫音苻。”莞名苻蘺，此名夫王，“夫”與“苻”同也。釋文又云：“今南人以此草作席，呼爲芏，音杜。”按：陸德明即南方人，其言此草作席，呼爲“芏”，則席即名“芏”也。今燈草蓆即芏草席，“杜、燈”一聲之轉，其草圓細似莞。

綦，月爾。即紫綦也，似蕨，可食。

《説文》：“綦，月爾也。”《廣雅》：“茈綦，蕨也。”茈綦即紫綦，是郭所本。下文“蕨，虌”注又以《廣雅》爲非，似失之矣。紫綦即紫蕨，以其色紫，因而得名。蕨之名爲“綦”，猶“厥”之訓爲“其”也①，以此參證《廣雅》茈綦爲蕨，蓋不誤矣。《後漢書·馬融傳》“茈萁芸蒩”，茈萁亦即紫綦。萁、綦，茈、紫，俱聲借字也。《齊民要術》引《詩》義疏以綦菜即莫菜，誤。又按：釋文引《説文》云“綦，土夫也”，與今本異，所未詳。

葴，馬藍。今大葉冬藍也。

《説文》：“藍，染青艸也。”“葴，馬藍也。”《子虚賦》云：“高燥則生葴菥苞荔。”張揖注用《爾雅》。藍有數種，今所見者多是小藍，葉如槐。又有蓼藍，葉如蓼，華實亦皆似蓼。影宋圖所繪正如此，而説者謂馬藍葉如苦蕒，乃是大葉冬藍，以未審知，不能定也。

姚莖，涂薺。未詳。

---

① 猶厥之訓爲其也　厥，此本誤“蕨”，咸豐六年刻本同。據經解本改。

芐，地黄。一名地髓，江東呼芐，音怙。

《本草》："地黄，一名地髓。"《别録》："一名芐，一名芑。"《公食大夫禮》云"鉶芼：牛藿、羊苦、豕薇"，鄭注："苦，苦荼也。今文苦爲芐。"《説文》引正作"芐"。古人芼羹用芐，蓋取新生苗葉，爲其益於人也。蘇頌《圖經》云："葉似車前葉，上有皺文而不光，花似油麻花而紅紫色。"今按：其華葉亦全似莨蕩子，唯根實形味不同耳。《淮南·覽冥》篇云："地黄主屬骨而甘草主生肉之藥也。"然地黄亦主生肌肉，張鷟《朝野僉載》云："雉被鷹傷，銜地黄葉點之。"

蒙，王女。蒙即唐也，女蘿别名。

《詩·桑中》正義引孫炎曰："蒙，唐也，一名菟絲，一名王女。"錢氏大昕《養新録》云："女蘿之大者名王女，猶王彗、王芻也。今本譌'王'爲'玉'，唯唐石經不誤。"按：宋雪牕本亦不誤，今從之。

拔，蘢葛。似葛，蔓生，有節。江東呼爲龍尾，亦謂之虎葛，細葉赤莖。

北方葛類既稀，此草似葛，有節而葉細，今所未見，無以言焉。

藗，牡茅。白茅屬。

《説文》："藗，牡茅也。"《本草》："茅根，一名蘭根，一名茹根。"《别録》："一名地筋。"陶注："即今白茅菅。《詩》云'露彼菅茅'，其根如渣芹，甜美。"按：今小兒喜啖，謂之"甜草"，其白華初茁，茸茸如鍼，亦中啖也。陸璣疏云："茅之白者，古用包裹禮物，以充祭祀縮酒用之。"然《甸師》"蕭茅共祭祀"，即是白茅，其縮酒乃菁茅，荆州所貢非常茅也。茅曰"牡"者，邢疏云："茅之不實者也。"

菤耳,苓耳。《廣雅》云"枲耳也",亦云"胡枲"。江東呼爲常枲,或曰苓耳。形似鼠耳,叢生如盤。

《説文》:"苓,菤耳也。"《詩》傳用《爾雅》。《淮南·覽冥》篇云"位賤尚葈",高誘注:"葈,葈耳,菜名也。幽冀謂之檀菜,雒下謂之胡葈,主是官者至微賤也。"今按:《詩序》以爲"求賢審官",《左氏傳》言"能官人"(《襄十五年》),《淮南》官名"尚枲",皆本《詩》爲説也。《廣雅》:"苓耳、蒼耳、葹、常枲、胡枲,枲耳也。"《離騷》云"薋菉葹以盈室",王逸注:"葹,枲耳也。"《本草》:"枲耳,一名胡枲,一名地葵。"《别録》:"一名葹,一名常思。"陶注:"一名羊負來,昔中國無此,言從外國逐羊毛中來。"按:蒼耳子多刺,故生此説,實未必然。"負、來"二字古音相近,常思、常枲,其聲又同,此皆方俗異名,未必皆有意義也。陸璣疏云:"葉青白色,似胡荽,白華細莖,蔓生,可煮爲茹,滑而少味,四月中生子,如婦人耳中璫,今或謂之耳璫,幽州人謂之爵耳。"按:今蒼耳葉青黄色,圓鋭而澀,高二三尺,俗言稀見其華,子如蓮實而多刺,嫕時亦堪摘以下酒,未見有蔓生者,陸疏與郭異。郭云"叢生",今亦未見。

蕨,虌。《廣雅》云"紫蓁",非也。初生無葉,可食,江西謂之虌。

《説文》:"蕨,虌也。"釋文:"虌亦作鼈。葉初出鼈蔽,因以名云。"《詩》釋文:"俗云初生似鼈脚,故名焉。"是"虌"从草非也。《詩》正義引舍人曰:"蕨,一名虌。"《齊民要術》引《詩》義疏曰:"蕨,山菜也。初生似蒜莖,紫黑色。二月中,高八九寸,老有葉,瀹爲茹,滑美如葵。三月中其端散爲三枝,枝有數葉,葉似青蒿而麤，堅長，不可食。周秦曰蕨，齊魯曰鼈。"按：今蕨菜全似貫衆而差小，初出如小兒拳，故名拳菜。其莖紫色，故名紫蕨。謝靈運詩云："山桃發紅蕚，野蕨漸紫苞。"《廣雅》以爲紫藄，不誤。説已見上。

蕎，邛鉅。今藥草大戟也，《本草》云。

《淮南·繆稱》篇云："大戟去水。"《本草》云："大戟，一名邛鉅。"陶注："近道處處皆有。"《蜀圖經》云："苗似甘遂高大，葉有白汁，花黄，根似細苦參。"《本草》又有"澤漆"，云是大戟苗也。陶注："生時摘葉有白汁，故名澤漆，亦能嚙人肉。"今按：此草俗呼"貓眼睛"，高一二尺，華黄而圓如鵝眼錢，其中深黄，有似目睛，因以爲名。葉如柳葉而黄，其莖中空，莖頭又攢細葉，摘皆白汁，齧人如漆。

繁，由胡。未詳。

《夏小正》："二月采蘩。蘩，由胡。由胡者，蘩母也。"陸璣《詩》疏："皤蒿，一名游胡。"游胡即由胡。"繁"即"蘩"省，詳見上文。

葸，杜榮。今葸草，似茅，皮可以爲繩索、履屩也。

《説文》："葸，杜榮也。"釋文："葸，字亦作芒。杜，舍人作牡。"按："芒"與"葸"通，《華嚴經音義》上云："芒草，一名杜榮。西域既自有之，江東亦多此類，其形似荻，皮重若筍，體質柔弱，不堪勁用。"陳藏器云："芒，今東人多以爲箔，六七月生穗如荻。"今按：芒草葉如茅而長大，其鋒刺人，長莖白華，望之如荼而繁，即上文"孟，狼尾"也。一名芭芒，一名芭茅。"孟、芒"古同聲，"芒、茅"聲又相轉。

稂，童粱。稂，莠類也。

《説文》:“蓈,禾粟之采生而不成者,謂之蕫蓈。蓈或作稂。”《詩・下泉》《大田》傳並用《爾雅》,正義引舍人曰:“稂,一名童粱。”陸璣疏云:“禾秀爲穗而不成崱嶷然,謂之童粱。今人謂之宿田翁,或謂之守田也。《大田》云‘不稂不莠’,《外傳》曰‘馬餼不過稂莠’,皆是也。”陸所云“宿田翁”,今謂之“穀經紀”,穗如亂毳,爲色青黄,中亦有稃而不成米,《魯語》以爲馬餼,今人以飼牛驢。郭云“莠類也”者,《鄭志》:“韋曜問云:‘甫田維莠,今何草?’答曰:‘今之狗尾也。’”《魯語》注:“莠草似稷而無實。”《魏策一》云:“幽莠之幼也似禾。”按:今之穀莠子,莖葉穗全似穀子,而秕稃外多毛,極似毛狗子草。鄭謂“狗尾草”是矣,而非稂也。《爾雅翼》以“稂”爲“孟,狼尾”,誤。

藨,麃。麃即莓也。今江東呼爲藨莓。子似覆盆而大,赤,酢甜可啖。

上文“葥,山莓”“堇,諸盆”,皆藨也。藨,一名麃,通作“苞”。《史記・司馬相如傳》集解引《漢書音義》云:“苞,藨也。”是苞即藨矣。藨類有蓬虆、覆盆、懸鉤,皆莓屬也,故並冒“莓”名。莓即藨也,故皆蒙“藨”號,此皆同類而異名。今登萊人謂藨莓爲“嫛門”,又語聲之轉耳。李時珍《本草》云:“一種蔓小於蓬虆,一枝三葉,葉面青,背淡白而微有毛,開小白華,四月實熟,其色紅如櫻桃,即《爾雅》所謂藨者也。”《淮南・覽冥》篇云“入榛薄,食薦梅”,高誘注:“薦梅,草實也,狀如桑椹,其色赤,生江濱。”今按:薦梅即藨莓,“莓、梅”聲同,“薦、藨”形誤。此草處處皆有,非必生於江濱也。

的,薂。即蓮實也。

《釋文》:“菂,今作的。薂,又作敫,户歷反。”按:薂即覈也,蓮實熟時堅覈，即《本草》石蓮子，陶注云："八九月采，黑堅如石者。"

購，蔏蔞。蔏蔞，蔞蒿也。生下田，初出可啖，江東用羹魚。

《説文》："蔞，艸也。可以亯魚。"《繫傳》云："今人所食蔞蒿也。"《詩・漢廣》傳："蔞，草中之翹翹然。"正義引舍人曰："購，一名蔏蔞。"陸璣疏云："其葉似艾，白色，長數寸，高丈餘，好生水邊及澤中。正月根芽生，旁莖正白，生食之，香而脆美，其葉又可蒸爲茹。"按：今京師人以二三月賣之，即名蔞蒿，香脆可啖，唯葉不中食。四川人言彼處食之亦去葉也。今驗其葉似野麻而疏散，嫩亦可啖。陸璣以爲"似艾，白色"，蓋其初生時耳。生水邊者尤香美，《楚辭・大招》所云"吴酸蒿蔞不沾薄"，是也。蘇軾詩云："蔞蒿滿地蘆芽短，正是河豚欲上時。"蓋蔞蒿可烹魚，蘆芽解河豚毒，見《本草》。

茢，勃茢。一名石芸，《本草》云。

《范子計然》曰："石芸出三輔。"《本草别録》："石芸味甘，無毒，一名螫烈，一名顧喙。"按："螫烈"蓋即"勃烈"之異文，其形狀今未聞。

葽繞，棘蒬。今遠志也。似麻黄，赤華，葉鋭而黄，其上謂之小草，《廣雅》云。

《説文》："蒬，棘蒬也。""葽，艸也。"引《詩》"四月秀葽"。劉向説此味苦，苦葽也。《廣雅》云："蕀苑，遠志也。其上謂之小草。""苑"與"蒬"同。《廣雅》不言"葽繞"，《説文》"葽"不言"繞"，《詩》傳與《説文》同。"葽、繞"疊韵，疑《爾雅》古本無"繞"字，或有而葽繞與棘蒬别自爲條，《本草》始合爲一，故云："遠志，一名棘菀，一名葽繞，葉名小草。"陶注："小草狀似麻黄而青。”蘇頌《圖經》云：“亦有似大青而小者，三月開花，白色，泗州出者花紅，根葉俱大於它處。”是遠志有大葉、小葉二種，陶所説者小葉也，《圖經》所説大葉也。大葉者華紅，與郭注合。今惟見小葉者，苗似麻黄而無節，莖葉俱絶細，俗呼“綫兒草”，即小草矣。

茦，刺。草刺針也。關西謂之刺，燕北朝鮮之閒曰茦，見《方言》。

“刺”當作“莿”。“茦、莿”雙聲兼疊韵，故《説文》互訓，《繫傳》引“《爾雅》注即草木之莿也”。通作“刺”。《廣雅》云“茦、刺，箴也”，是郭所本。《方言》云：“凡草木刺人，北燕朝鮮之閒謂之茦，或謂之壯。自關而東或謂之梗，或謂之劌。自關而西謂之刺，江湘之閒謂之棘。”

蕭，萩。即蒿。

“蕭、萩”古亦疊韵，故《爾雅》與《説文》互訓。《詩·采葛》正義引李巡曰：“萩，一名蕭。”陸璣疏云：“今人所謂萩蒿者是也。或云牛尾蒿，似白蒿，白葉，莖麤，科生，多者數十莖，可作燭，有香氣，故祭祀以脂爇之爲香。許慎以爲艾蒿，非也。”按：《爾雅》有二蕭，許君所謂艾蒿乃是蕭蕭，陸所云“似白蒿，白葉，莖麤，科生，數十莖”，此即蕭蕭，非萩蕭。陸以此爲牛尾蒿，亦誤矣。牛尾蒿色青不白，細葉直上如牛尾狀，非此也。今萩蒿葉白，似艾而多岐，莖尤高大如蔞蒿，可丈餘。《左襄十八年傳》“伐雍門之萩”，是也。“萩”之言“楸”，“蕭”之言“脩”，以其脩長高大，異於諸蒿，故獨被斯名矣。

藫，海藻。藥草也。一名海蘿，如亂髮，生海中，《本草》云。

藫，《玉篇》作“薄”。上云：“薄，石衣。”孫炎以爲“藫”古“潭”字。是“薄、藫”同，並是水苔，其生於海者名海藻也。《廣雅》云:“海蘿,海藻也。”《本草》:“海藻,一名落首。”《别録》:“一名薄。”陶注云:“生海島上,黑色,如亂髮而大少許,葉大都似藻葉。”《初學記》引沈懷遠《南越志》云:“海藻,一名海苔,或曰海羅,生研石上。”劉逵《吴都賦》注:“海苔,生海水中,正青,狀如亂髮,乾之赤,鹽藏有汁,名曰濡苔,臨海出之。”張勃《吴録》云:“薩藺生海水中,正青,如亂髮。”按:此即海蘿,“蘿”與“藺”聲相轉。又即海苔,“苔”與“薅”亦聲相轉也。此皆細葉。又有大葉者,陳藏器云:“大葉藻生深海中及新羅,葉如水藻而大。”《博物志》云:“石髮生海中者長尺餘,大小如韭葉,以肉雜蒸食極美。”此即“薄,石衣”注所云“葉似䪥而大”者,則大葉藻也,今海中亦饒之。

長楚,銚芅。今羊桃也。或曰鬼桃。葉似桃,華白,子如小麥,亦似桃。

四字俱雙聲。《説文》:“萇楚,銚弋,一名羊桃。”《詩》傳用《爾雅》。箋云:“銚弋之性,始生正直,及其長大,則其枝猗儺而柔順,不妄尋蔓草木。”正義引舍人曰:“萇楚,一名銚弋。”陸璣疏云:“今羊桃是也。葉長而狹,華紫赤色,其枝莖弱,過一尺引蔓於草上,今人以爲汲灌,重而善没,不如楊柳也。近下根刀切其皮,著熱灰中脱之,可韜筆管。”陸説“華紫赤”與郭異,知此有二種也。《本草》:“羊桃,一名鬼桃,一名羊腸。”《别録》:“一名御弋,一名銚弋。”陶注:“山野多有,甚似家桃,又非山桃,子小細,苦不堪噉,花甚赤。”按:今羊桃即夾竹桃,華紫赤色,莖葉形狀,鄭箋、陸疏得之。《中山經》云“豐山,其木多羊桃,狀如桃而方莖,可以爲皮張”,郭注:“治皮脹起。”田氏雯《黔書》云:“羊桃,藤也,用此汁以合石粉,可固石。”此或言藤,或言木,蓋皆别種,非草類也。

蘦,大苦。今甘草也。蔓延生,葉似荷,青黄,莖赤有節,節有枝相當。或云蘦似地黄。

《説文》:"苷,甘艸也。""蘦,大苦也。"通作"苓"。《詩》"隰有苓""采苓采苓",毛傳並云:"苓,大苦。"《廣雅》云:"美甘,丹草也。"《本草别録》:"一名蜜甘,一名美草,一名蜜草,一名蕗草。"陶注云:"赤皮斷理,看之堅實者,是枹罕草,最佳。枹罕,羌地名。亦有火炙乾者,理多虚疏。又有如鯉魚腸者,被刀破不復好。青州閒亦有,不如。"《詩》正義引孫炎曰:"《本草》云'蘦,今甘艸',是也。蔓延生,葉似荷,青黄,其莖赤,有節,節有枝相當,或云蘦似地黄。"郭義同孫炎,云"似地黄"者,地黄名苄,"苄、苦"古字通,已見上文。然則大苦即大苄也。沈括《筆談》云:"郭注乃黄藥也,其味極苦,故謂之大苦,非甘草也。甘草枝葉悉如槐。"蘇頌《圖經》亦同兹説,俱不足信。《廣雅疏證》辨之極當,云"苦"乃"苄"之假借,非以其味之苦也。

芣苢,馬舄。馬舄,車前。今車前草,大葉長穗,好生道邊,江東呼爲蝦蟆衣。

《説文》:"芣苢,一名馬舄,其實如李,令人宜子,《周書》所説。"此本《王會》篇文。《繫傳》亦引《韓詩》"芣苢,木名,實如李",並與《爾雅》不合,《詩》釋文辨其誤也。故《御覽》九百九十八引郭注"蝦蟆衣"下有"《周書》所載同名耳,非此芣苢"十一字,爲今本所無,蓋脱去之。《文選》注引《韓詩章句》"芣苢,澤瀉也,其《序》云'芣苢,傷夫有惡疾也'",然澤瀉是蕍舄,非馬舄,亦誤矣。《詩》釋文又引《韓詩》云:"直曰車前,瞿曰芣苢。"瞿謂生於兩旁,然芣苢即車前,何有瞿直之分?惟毛傳與《爾雅》合。陸璣疏云："馬舃，一名車前，一名當道，喜在牛跡中生，故曰車前、當道也。幽州人謂之牛舌草，可鬻作茹，大滑。其子治婦人難産。"按：毛傳"宜懷妊"，序謂"婦人樂有子"，其義互相備也。《本草》："車前，一名當道。"《别録》："一名蝦蟆衣，一名牛遺，一名勝舃。"蘇頌《圖經》："春初生苗，葉布地如匙面，累年者長及尺餘。抽莖作長穗如鼠尾，花甚細，青色微赤，結實如葶藶，赤黑色。"今驗此有二種，大葉者俗名馬耳，小葉者名驢耳。《圖經》所説葉長尺餘，似是馬耳，今藥所收乃是驢耳，野人亦煮啖之。其馬耳水生，不堪啖也。

綸似綸，組似組，東海有之。 綸，今有秩嗇夫所帶糾青絲綸。組，綬也。海中草生彩理有象之者，因以名云。**帛似帛，布似布，華山有之。** 草葉有象布帛者，因以名云。生華山中。

《説文》："綸，青絲綬也。""組，綬屬。"鄭注《緇衣》云："綸，今有秩嗇夫所佩也。"疏引張華云："綸如宛轉繩。"《續漢·輿服志》云："百石青紺綸，一采，宛轉繆織，長丈二尺。"百石即有秩嗇夫，見《漢書·百官公卿表》，晉仍漢制，故郭據以爲言也。海中草有彩理象綸組者，因以名焉。《御覽》引《吴普本草》云："綸布，一名昆布。"《别録》："昆布。"陶注云："今惟出高麗，繩把索之如卷麻，作黄黑色，柔韌可食。"按：今登萊出者正如此，其可食者乃是海帶，非昆布也。釋文"綸，古頑反"，"綸、昆"聲近，故以昆布爲綸。陶謂青苔、紫菜皆似綸，昆布亦似組，非矣。《吴都賦》云："綸組紫絳。"郭氏《江賦》云："青綸競糾，縟組争映。"劉逵及李善注並引《爾雅》。

○《西山經》"小華之山，其草有萆荔"，畢氏沅《校正》引《説文》云："萆藨，似烏韭。《爾雅》'帛似帛，布似布，華山有之',疑此草矣。"

芃,東蠡。未詳。

《本草》:"蠡實。"《别録》:"一名荔實,又名劇草。"吴普:"一名劇荔華。"《月令》"仲冬荔挺出",鄭注:"荔挺,馬䪼也。"《廣雅》云:"馬䪼,荔也。"《管子·地員》篇云:"其種大荔、細荔。"《説文》:"荔,似蒲而小,根可爲㕞。"馬䪼,《通俗文》:"一名馬藺。"《顔氏家訓·書證》篇:"江東呼爲旱蒲。"按:蒲、藺、䪼,並以葉形得名,"荔、蠡"聲同,"蠡、藺"聲轉。"馬藺"又轉爲"馬楝"也。蘇頌《圖經》:"蠡實,馬藺子也。北人呼爲馬楝子,葉似薤而長厚,三月開紫碧花,五月結實作角,子如麻大而赤色,有稜,根細長,通黄色,人取以爲刷。"今按:此草北人通呼"馬楝",所見又有黄白二華,俱香於紫碧華者,然不多有,餘悉如《圖經》所説。参以《本草》,蠡實疑即《爾雅》"芃,東蠡"也。《集韵》云:"芃,草名,葉似蒲,叢生。"《西京賦》云:"薇蕨荔芃。"蓋荔、芃同類,因同名矣。

緜馬,羊齒。草細葉,葉羅生而毛,有似羊齒。今江東呼爲鴈齒。繅者以取繭緒。

郭據目驗,今所未聞。

萿,麋舌。今麋舌草,春生,葉有似於舌。

釋文:"麋,俱綸反。本或作麋,音眉。"今從宋本。《釋鳥》有"鶌,麋鴰","鴰、萿"聲同。《本草别録》:"麢舌生水中,五月採。""麢"與"麋"同。

搴,柜朐。未詳。

上文"攓,蔏"釋文:"攓,本亦作搴。"然則搴即攓也。郭俱未詳,"搴、柜"雙聲,"柜、朐"疊韵。

蘩之醜,秋爲蒿。醜,類也。春時各有種名,至秋老成,皆通呼爲蒿。

蘩之類,莪、蕭皆是,至秋通名爲"蒿"。蒿與蓬異,蓬草秋枯,逐風飛轉。"蒿"之言"槁",但色枯槁,或黄或白,乾藁而已,不解飛也。

芺、薊,其實荂。芺與薊莖頭皆有蓊臺,名荂,荂即其實,音俘。

芺、薊並見下文,此又釋其實之名也。《説文》云:"薊,芺也。"蓋言薊、芺同類,非即一物,故郭注云"芺與薊"也。荂即華榮,説見下文。凡草抽莖作蓊臺者,即於其上開華結實,芺、薊亦然,故即以荂名其實也。

蔈、荂,荼。即芀。**猋、藨,芀。**皆芀荼之别名。方俗異語,所未聞。

荼者,秀也。《地官·掌荼》:"掌以時聚荼。"《考工記》:"鮑人之事,望而眡之,欲其荼白也。"《既夕禮》云:"茵箸用荼。"注皆以"荼"爲"茅秀"也。萑葦之秀亦爲荼。《夏小正》"七月灌荼。荼,萑葦之秀",是也。《荊楚歲時記》引犍爲舍人曰:"杏華如荼,可耕白沙。"此引即《爾雅》注,見《説文繫傳》"荼"字下,臧氏《漢注》未載。荼又名蔈,與"苕,黄華"同。《説文》:"蔈,末也。"華在上,故言"末"。"苕"亦華秀之名,與"蔈"聲近。"苕"即"芀"也,與"荼"聲轉。荂者,《説文》與"雩"同,詳下文。

○苕者,下云:"葦秀。"釋文:"芀,或作苕,下同。"是"苕、芀"通。《詩·鴟鴞》傳:"荼,萑苕也。"陸璣《文賦》"或苕發穎豎",皆以"苕"爲"芀"也。"苕"之爲言猶"條繇"也,"猋藨"猶言"藨麃",皆以聲爲義。

葦醜，芀。其類皆有芀秀。**葭，華。**即今蘆也。

《説文》："苅，芀也。""芀，葦華也。"《繫傳》云："芀者，抽條搖遠，生華而無莩萼也。今人取之以爲帚，曰苕帚，是也。"釋文："芀，或作苕。"《荀子・勸學篇》云："繫之葦苕。"《唐本草》注："蘆葦花名蓬蕽。"

○華亦芀也，葭亦葦也，廣異名耳。《詩》正義引舍人曰："葭，一名華。"今按：經傳無名葭爲"華"者，舍人蓋以葭、華，蒹、蘼，俱疊韵相屬，故爲此説。今移"葭，華"與"葦，芀"相從，庶乎可通焉。

蒹，蘼。似萑而細，高數尺，江東呼爲蘼藡，音廉。**葭，蘆。**葦也。**菼，薍。**似葦而小，實中。江東呼爲烏蓲，音丘。**其萌虇。**今江東呼蘆筍爲虇。然則萑葦之類其初生者皆名虇，音繾綣。

《説文》："蘼，蒹也。""蒹，萑之未秀者。"《繫傳》云："今人以爲蘼薄，疑因此名蒹也。未秀謂其小。"《詩・蒹葭》傳用《爾雅》。陸璣疏云："蒹，水草也。堅實，牛食之，令牛肥彊。青、徐州人謂之兼，兖州、遼東通語也。"郭云："似萑而細，江東呼爲蘼藡者。""藡"與"荻"同。郭注《子虛賦》云："蒹，荻也，似萑而細小。"《淮南・説林》篇云："藡苗類絮而不可爲絮。""藡"即"荻"也，今萊陽人謂之"蔣荻"，以爲薄簾，極堅實而中有白瓤。《廣雅》云："藡，萑也。"《説文》以"蒹"爲"萑之未秀者"，是萑、藡、蒹、蘼爲一物。郭云"似萑"，則爲二物，恐非。

○葭者，《説文》云："葦之未秀者。"《詩・騶虞》傳用《爾雅》。正義引李巡曰："葦初生。"郭云"葭，即今蘆"，又云"葭，葦也"，《詩・七月》傳"葭爲葦"，是皆一物，隨時異名。故《夏小正》云："葦未秀爲蘆。"《淮南・修務》篇注："未秀曰蘆，已秀曰葦。"今按：葦空中而高大，其初茁謂之"葭"。"葭"古讀如

"姑",與"蘆"疊韵。

○菼者,《説文》"萴,或作菼",云:"萑之初生,一曰薍,一曰騅。"《釋言》云:"菼,騅也。菼,薍也。"《夏小正》云:"萑未秀爲菼。"是皆《説文》所本。《説文》又云:"萑,薍也。""薍,菼也。八月薍爲葦。""葦"字誤,當作"萑",《七月》傳"薍爲萑",是也。《詩》正義引樊光云:"菼,初生葸,騂色,海濱曰薍。"郭云"似葦而小,實中",蓋即上注所謂薍也。今驗荻小於葦而實中,菼、薍與蒹、薕實一物,皆即今之蔣荻。荻即蒹,蒹即菼,已秀爲萑,未秀爲菼。故《詩·碩人》正義引陸璣云"薍或謂之荻,至秋堅成則謂之萑",是矣。郭又云"江東呼烏蓲"者,釋文引張揖云"未秀曰烏蓲",是亦菼之異名。《碩人》正義引李巡曰"分別葦類之異名",非也。葭、蘆是葦,菼、薍是萑,故《詩·大車》傳以"菼"爲"蘆之初生",戴氏震以"蘆"當作"萑",辨其誤是也。此詩正義引孫炎、郭璞皆以蘆、薍爲二草,李巡、舍人、樊光以蘆、薍爲一草,並襲毛傳之誤,孫、郭説是。

○萌者,《説文》云:"艸芽也。"郭云"江東呼蘆笥爲藿"者,《西京雜記》云:"葭蘆之未解葉謂之紫籜。"籜即藿矣。郭又云"萑葦之類其初生皆名藿"者,《莊子·則陽》篇云:"欲惡之孽,爲性萑葦蒹葭,始萌以扶吾形。"是四者同萌,故同名也。又按:《説文》"蕍"字解云:"灌渝,讀若萌。"是"蕍,灌渝",即《爾雅》"萌,藿蕍",下文"蕍"字上屬,與郭讀異也。牟廷相《方雅》云:"《説文》之灌渝,《釋草》作藿蕍,《釋詁》作權輿,並同聲假借字也。"按:《大戴禮·誥志》篇云:"孟春百草權輿。"是草之始萌通名權輿矣。

蕍、芛、葟、華,榮。《釋言》云:"華,皇也。"今俗呼草木華初生者爲芛,音豬豬。藃猶敷藃,亦華之貌,所未聞。

藃者,郭云:"猶敷藃,亦華之貌。"《玉篇》《廣韵》並云:"莔蒿,花皃。""蘛"同"蒿"。《吴都賦》云"異荂蓲蘛",劉逵注:"敷蘛,華開貌。"李善注:"蓲蘛與敷藃同。"然則"蘛"蓋"藃"之異文,"藃"省作"蒿","蓲"省作"莔","蓲"又"敷"之借聲也。干寶注《説卦傳》"震爲旉"云"鋪爲花貌,謂之藪",是也。

芛者,《説文》云:"艸之皇榮也。"《玉篇》:"芛,古文作蕐。"又云:"蘤,華榮也。"是"蘤、芛"聲義同。釋文"芛,樊本作葦",亦借聲也。

葟者,《説文》云:"雞,華榮也。"引《爾雅》曰:"雞,華也。"雞,或作"葟",通作"皇"。《釋言》"華,皇",郭注亦引此文。《詩》云:"皇皇者華。"

卷施草,拔心不死。宿莽也,《離騷》云。

《方言》云:"莽,草也。"是凡草通名莽,惟"宿莽"是卷施草之名也。《離騷》云"夕攬中洲之宿莽",王逸注:"草冬生不死者,楚人名之曰宿莽。"《類聚》八十一引《南越志》云:"寧鄉縣草多卷施,拔心不死,江淮閒謂之宿莽。"又引郭氏讚云:"卷施之草,拔心不死。屈平嘉之,諷詠以此。取類雖邇,興有遠旨。"按:施,《玉篇》作"葹"。又《廣雅》云:"無心鼠耳也。"彼草生本無心,與此異。

菿,茭。今江東呼藕紹緒如指、空中可啖者爲茭,茭即此類。

《説文》:"菿,茇也,茅根也。""茇,草根也。"《方言》亦以根爲茇,是《爾雅》古本"茭"作"茇",與郭異也。釋文:"茭,又作䕺,胡巧反,又胡交反。"《廣雅》云:"䕺,根也。"《玉篇》:"葰,黄茅根。"是"葰、䕺"同。今借作"茭",與菰同名。《廣韵》十六軫

“药”字下引《爾雅》而云:“藁,葦根可食者曰茇。”是草根通名茇,郭獨以“藕紹緒”爲言,舉類以曉人也,藕紹今謂之“藕腸”矣。《玉篇》“药,蔽也。江東人呼藕根爲蔽”,與郭義合。臧氏《經義雜記》四云:“茇即茇之異文。《廣雅》‘杜、蔽、茇、荄、株,根也’,則《爾雅》药、茇、荄、根者,别四名也,不當分爲二,郭氏誤也。”

荄,根。别二名,俗呼韭根爲荄。

《方言》《説文》並云:“荄,根也。”《韓詩外傳》云:“草木根荄淺。”通作“核”。《漢書·五行志》云“乃毓根核”,集注:“核亦荄字也。”又通作“箕”。《易》“箕子之明夷”,劉向云:“今《易》‘箕子’作‘荄滋’。”蓋“箕、荄”古同聲,“荄、根”又一聲之轉。

欋,橐含。未詳。

邵氏《正義》云:“上文‘欋,烏階’,郭注以爲染草,鄭注《掌染草》有橐盧,疑鄭所見本‘橐含’作‘橐盧’,即烏階也。”

華,荂也。今江東呼華爲荂,音敷。**華、荂,榮也。**轉相解。

《説文》:“華,榮也。”“雩,艸木華也。雩或作荂。”《方言》云“華、荂,晠也。齊楚之閒或謂之華,或謂之荂”,郭注:“荂亦華别名。”按:“華、荂”古音同,“荂、瓠”俱从夸聲,《郊特牲》注以“瓜瓠”爲“瓜華”,《説文》“雩”或作“荂”,是其音同之證也。“華”或作“花”,别作“蘤”。《後漢書·張衡傳》云“百卉含蘤”,李賢注引張揖《字詁》云:“蘤,古花字也。”《廣雅》“蘤、花”並云:“華也。”顧氏炎武《唐韵正》云:“考‘花’字自南北朝以上不見於書,晉以下書中閒用‘花’字,或是後人改易。”又云:“始見於後魏書。”今按:《廣雅》已有“花”字,則非起於後魏矣。

木謂之華,草謂之榮。不榮而實者謂之秀,榮而不實者謂之英。

《詩・七月》正義引李巡曰:"分别異名以曉人也。"木謂之華者,《月令》"桃始華""桐始華",是也。

草謂之榮者,《夏小正》"榮芸""榮鞠",是也。然榮、華亦通名,故《月令》"鞠有黄華""木堇榮",是也。

不榮而實者謂之秀,《詩》"四月秀葽""實發實秀",是也。然《詩》又云"黍稷方華",是華、秀通名矣。《爾雅》釋文:"衆家並無'不'字,郭雖不注而《音義》引不榮之物證之,則郭本有'不'字。"按:今推尋上下文義,本無"不"字者是。《類聚》八十一引《爾雅》亦無"不"字,此即釋文所謂衆家本也。

榮而不實者謂之英,《説文》:"英,艸榮而不實者。"按:《詩》云"顔如舜英",《離騷》云"夕餐秋菊之落英",是也。《西山經》云:"嶓冢之山有草焉,其葉如蕙,其本如桔梗,黑華而不實,名曰蓇蓉。"郭注引《爾雅》"榮而不實者謂之蓇,音骨"。按:"蓇"上脱"英"字。然"英、華"亦通名耳,故《詩》曰"舜華",又曰"舜英"矣。

爾雅郭注義疏下之二

釋木弟十四

《説文》云:"木,冒也。冒地而生,从屮,下象其根。"《白虎通》云:"木之爲言觸也,陽氣動躍,觸地而出也。"《大司徒》土會之灋謂之"植物",而云:"山林宜皂物,川澤宜膏物,丘陵宜覈物,墳衍宜莢物。"鄭衆謂:"植物,根生之屬;皂物,柞栗之屬;膏物,楊柳之屬,理致且白如膏。"鄭君謂:"膏當爲櫜,字之誤也。蓮芡之實有櫜韜。覈物,梅李之屬;莢物,薺莢、王棘之屬。"賈疏:"薺莢即皂莢也。"此篇所釋喬者、條者、菉者、核者,皆木之類,"木"爲總名,故題曰"釋木"。

槄,山榎。今之山楸。

釋文:"榎,古雅反。舍人本又作櫝。"《詩·終南》正義引李巡曰:"山榎,一名槄。"孫炎曰:"《詩》云'有條有梅',條,槄也。"義本毛傳。"條、槄"雙聲疊韵,故古字通。榎,通作"夏"。《學記》云"夏、楚二物",鄭注:"夏,槄也。"《詩》正義引陸璣疏云:"槄,今山楸也,亦如下田楸耳。皮葉白,色亦白,材理好,宜爲車板,能溼。又可爲棺木,宜陽。共北山多有之。"餘見下文"榎,楸"。

栲，山樗。栲似樗，色小白，生山中，因名云。亦類漆樹。

《説文》："柷，山樗也（樗字依段注改）。"柷，通作"栲"。《詩》"山有栲""南山有栲"，毛傳俱本《爾雅》。正義引舍人曰："栲名山樗。"陸璣疏云："山樗與下田樗略無異，葉似差狹耳。吴人以其葉爲茗，方俗無名。此爲栲者，似誤也。今所云爲栲者，葉如櫟木，皮厚數寸，可爲車軸，或謂之栲櫟。許慎正以栲讀爲糗。今人言考，失其聲耳。"所引許君之讀，今《説文》無，蓋脱去之。糗，丘九切。《詩》兩言"栲"，俱與"杻"韵，此古音也。《爾雅》釋文引《方志》云："櫄樗栲漆，相似如一。"《詩》正義引作"俗語"，蓋當時方俗之言，故陸、孔並援之。邵氏補入郭注，非也。櫄，《説文》作"杶"，即今之椿，其葉類樗而香，可啖。山樗葉似樗而多鋸齒，又堅緊。桼木色白，葉亦似樗。

柏，椈。《禮記》曰："鬯臼以椈。"

《説文》："柏，鞠也。"《詩》言："新甫之柏。"《本草别録》云："生泰山山谷。"然柏處處有之，三月華，九月實，《莊子》所謂"秋柏之實"也。郭引《禮·雜記》云"鬯臼以椈，杵以梧"，鄭注："所以擣鬱也。椈，柏也。"孔疏："柏香，桐潔白，於神爲宜。"按：柏有脂而香，其性堅緻，材理最美。

髡，梱。未詳。

釋文"梱，五門反"，則與"棞"聲義近。《説文》："棞，梡木未析也。"刊落樹頭爲髡。《齊民要術》有"髡柳法"，又云："大樹髡之，小則不髡。"

椴，柂。白椴也。樹似白楊。

釋文引《字林》云："椴木似白楊，一名柂。"《檀弓》云"杝棺一"，鄭注："所謂椑棺也。"引《爾雅》曰："椴，杝。"按：椴與木堇同名，今椵木皮白者爲白椵，葉大如白楊；皮赤者爲赤椵，葉如水楊，其皮柔韌宜以束物。白者材輕耐溼，故宜爲棺也。

梅，柟。似杏，實酢。

《説文》："柟，梅也。""梅，柟也。可食。梅或作楳。"《詩》"墓門有梅""有條有梅"，毛傳俱本《爾雅》。陸璣疏云："梅樹皮葉似豫樟，豫樟葉大如牛耳，一頭尖，赤心，華赤黄，子青不可食。柟葉大，可三四葉一藂，木理細緻於豫樟，子赤者材堅，子白者材脃。江南及新城、上庸、蜀皆多樟柟，終南山與上庸、新城通，故亦有柟也。"《詩》正義引孫炎曰："荆州曰梅，楊州曰柟。"《一切經音義》廿一引樊光云："荆州曰梅，楊州曰柟，益州曰赤梗，葉似豫樟，無子也。"是樊義與陸疏合，孫與樊同，蓋皆以梅柟爲大木，非酸果之梅。郭注"似杏，實酢"及《説文》云"可食"，俱誤矣。《南山經》云"虖勺之山，其上多梓柟"，郭注："柟，大木，葉似桑。今作楠，音南。《爾雅》以爲柟。"此注得之。《文選·西京賦》注引《爾雅》注作"柟木似水楊"，與今本異。

柀，煔。煔似松，生江南。可以爲船及棺材，作柱埋之不腐。

宋本及釋文俱作"煔"，不成字，蓋"黏"字之誤。徐鉉作"檆"，亦非。段氏《説文注》依《爾雅》改作"黏"，是也。按：《後漢書·華陀傳》有"漆葉青黏散"，"黏"亦不成字，注音"女廉反"，恐即"黏"字之誤也。釋文："煔，字或作杉，所咸反，郭音芟，又音纖。"據陸音、郭注，此即今杉木也，但《爾雅》作"黏"，似當依《後漢書》注作"女廉反"矣。

櫠，椵。柚屬也。子大如盂，皮厚二三寸，中似枳，食之少味。

《説文》："椵，木。可作牀几。讀若賈。"《繫傳》以爲椵梓之屬，非郭義也。《桂海虞衡志》云："廣南臭柚大如瓜，可食，其皮甚厚,染墨打碑可代氈㕞,且不損紙。"即郭注所説也。

杻,檍。似棣,細葉。葉新生可飼牛,材中車輞。關西呼杻子,一名土橿。

檍,今字,《説文》作"楮",云:"梓屬。大者可爲棺椁,小者可爲弓材。"《考工記》"弓人取榦,檍次之",注引《爾雅》。按:《説文》有"檍",無"杻",其"檍"字云:"杶也(疑杶即杻之譌)。"又"杶"字古文似"杻",段氏注依《汗簡》謂即"屯"字側書,似矣,但謂《説文》今無"杻"字,恐非也。《詩》中"杻"字,毛傳俱用《爾雅》。陸璣疏云:"杻,檍也。葉似杏而尖,白色,皮正赤,爲木多曲少直,枝葉茂好。二月中葉疏,華如練而細,蘂正白。蓋樹今官園種之,正名曰萬歲。既取名於億萬,其葉又好,故種之共汲山下,人或謂之牛筋,或謂之檍。材可爲弓弩榦也。"郭注《西山經》云:"杻似棣而細葉。"與此注同,即陸璣疏所謂檍也。《説文》"楮"云"梓屬",蓋楸類,非此也。

楙,木瓜。實如小瓜,酢可食。

《詩・木瓜》傳:"楙,木也,可食之木。"《齊民要術》引《詩》義疏曰:"楙,葉似柰葉,實如小瓜,上黄似著粉,香。欲噉者,截著熱灰中,令萎蔫,浄洗,以苦酒、豉汁、蜜度之,可案酒食。蜜封藏百日食之,甚益人。"《考工記》"弓人取榦,木瓜次之",是其木中弓材也。《本草》陶注:"木瓜最療轉筋。如轉筋時,但呼其名,及書土作木瓜字,皆愈。俗人拄木瓜杖,云利筋脈也。"《要術》引《廣志》云:"木瓜子可藏,枝可爲杖(舊作"數",依《類聚》引改),號一尺百二十節。"《西山經》云:"中曲之山有木焉,實大如木瓜。"《水經・江水》"過魚復縣南",注云:"故陵郙谿即永谷也,地多木瓜,樹有子大如甒,白黄,實甚芬香,《爾雅》之所謂楙也。"

椋，即來。今椋，材中車輞。

《説文》："椋，即來也。"釋文引"《埤蒼》《字林》並作梾，云'椋也'，本今作來"。《御覽》九百六十一引舊注云："椋有髓，熊折而乳之。"《唐本草》注："葉似柿，兩葉相當，子細圓如牛李子，生青熟黑，其木堅重，煑汁赤色。"陳藏器云："即松楊，一名椋子木。"

栵，栭。樹似槲樕而庳小，子如細栗，可食。今江東亦呼爲栭栗。

《詩》"其灌其栵"，毛傳、《説文》俱用《爾雅》。陸璣疏云："葉如榆，木理堅韌而赤，可爲車轅，今人謂之芝檽也。"郭云"似槲樕"者，今槲樹似櫟，亦似栗，而實小細。栗，即今茅栗是也。《詩》釋文引舍人云："江淮之閒呼小栗爲栭栗。"《廣韵》云："楚呼爲茅栗也。"《爾雅》釋文："檽，字又作栭，音而。"《後漢書·王符傳》注引《爾雅》曰："栵檽，音而注反。"是"栭"或作"檽"，今依宋本作"栭"，是也。"栭"當讀"反其旄倪"之"倪"，"倪"訓"小"也，"栭"亦小也。栵、栭，字之疊韵。

樓，落。可以爲杯器素。

《説文》："樗，木也。以其皮裹松脂，从虖聲，讀若華。（舊本"樗、樗"二篆互譌，今从段本。）或作樓。"《繫傳》云："此即今人書樺字，今人以其皮卷之，然以爲燭，裹松脂亦所以爲燭也。"按：樺燭謂此，其皮即煖皮，緻密輭温，今人以裹鞍及弓靶者，是也。《詩》"無浸樓薪"，鄭箋："樓，落，木名也。"正義引某氏曰："可作杯圈，皮韌，繞物不解。"陸璣疏云："今椰榆也。其葉如榆，其皮堅韌，剥之長數尺，可爲絙索，又可爲甑帶，其材可爲杯器。"《漢書·司馬相如傳》云"留落胥邪"，郭注："落，樓也，中作器素。”與此注同。“素”謂樸也。

柚，條。 似橙，實酢，生江南。

《説文》：“柚，條也。似橙而酢。”引《書》“厥苞橘柚”。通作“櫾”。《中山經》云“荆山多橘櫾”，郭注：“櫾似橘而大也，皮厚味酸。”云“似橙”者，釋文引吕忱云：“橙，橘屬。”《上林賦》云：“黄甘橙榛。”《廣雅》云：“柚，榛也。”榛、柚、條，古音俱相近，因以爲名。橘、柚皆生江南，踰淮而化爲枳。《楚辭·橘頌》云：“受命不遷，生南國兮。”《文子·尚德》篇云：“橘柚有鄉。”《吕覽·本味》篇云：“果之美者，雲夢之柚。”

時，英梅。 雀梅。

《説文》：“栚，梅也。”《玉篇》作“楧，梅也”，無“時”字，未審楧即英不。酸果之梅，《説文》作“某”，云：“酸果也。古文作槑。”亦通作“楳”。《詩·摽有梅》釋文引《韓詩》作“楳”，“楳”本“梅枏”之“梅”之或體，韓借“楳”爲“某”也。古以梅爲籩實，故《小正》以煮梅紀候，《周禮》以乾蕡實籩，《内則》釋文“乾桃、乾梅皆曰諸”，是也。《齊民要術》引《詩》義疏云：“梅，杏類也。樹木葉皆如杏而黑耳，實赤於杏而酢，亦生噉也，煮而曝乾爲腊，置羹臛齏中，又可含以香口，亦蜜藏而食。”按：此乃“梅，枏”注所謂“似杏，實酢”者也。《爾雅》“英梅”，《説文》“栚梅”，蓋非果類，故《南都賦》“栚、柘、檍、檀”連言，可知栚梅非果類矣。《要術》引郭此注“英梅，未聞”，然則今注“雀梅”，非郭語也。

楥，柜桏。 未詳。或曰桏當爲柳，柜柳似柳，皮可以煮作飲。

《説文》：“桏，樓椐木也。”段氏注云：“樓、楥形似，椐、柜聲同，樓疑楥之譌也。”郭引或説“桏當爲柳”者，馬融《廣成頌》云：“柜柳楓楊。”《玉篇》《廣韻》並云：“桏，柜柳。”釋文：“柜，郭音舉。"然則柜柳即欅柳也。《本草》陶注:"欅樹,山中處處有之,皮似檀槐,葉似櫟槲,人多識之。"今按:欅柳多生谿澗水側,其葉方柳爲短,比槐差長,其材擁腫不中器用。郭云"皮可煮作飲"者,陶注"夏月作飲去熱",是也。南方採茗人多雜取其葉爲甜茶,北方無作飲者,俗呼之"平楊柳",或謂之"鬼柳"。"鬼、柜"聲相轉也。"楥柳"聲轉爲"楊柳","柜柳"又轉爲"杞柳",趙岐《孟子》注:"杞柳,柜柳也。"

栩,杼。柞樹。

《説文》:"柔,栩也。""栩,柔也。其實阜,一曰樣(即橡字)。"宋《嘉祐本草》引孫炎云:"栩,一名杼。"《詩》"集于苞栩",陸璣疏云:"今柞櫟也,徐州人謂櫟爲杼,或謂之爲栩,其子爲皂。或言皂斗,其殼爲汁,可以染皂,今京洛及河内多言杼汁。謂櫟爲杼,五方通語也。"杼,或作"芧",《莊子·齊物論》云"狙公賦芧",司馬彪注:"芧,橡子也。"橡,通作"象"。鄭注"掌染草"云:"藍、蒨,象斗之屬。"又謂之"皂物",鄭衆注《大司徒》云"皂物,柞栗之屬",是也。今柞樹花葉俱似栗,四五月開花,黄色,實圓鋭,磨粉及烝食可禦饑年,嫩葉可代茗飲。其木衺理,故匠石以爲不材之木而作薪炭,則它木皆不及也。杼又名采。《史記·李斯傳》云"采椽不斲",徐廣注:"采,一名櫟。"《漢書·司馬相如傳》應劭注:"櫟,采木也。"高誘《淮南·本經》篇注:"杼,采實也。""采、杼"雙聲,"栩、杼"疊韵。

菋,荎著。《釋草》已有此名,疑誤重出。

釋文"菋,本今作味",引舍人本"荎著"作"柢都",樊本作"屠",是樊光、舍人俱不以爲"菋,荎藸"之重文。又"菋,音亡戒反"。《周禮·序官》"韎師"注:"杜子春讀韎爲'菋,荎著'之菋。"是菋既異讀,師説當復不同。《齊民要術》十引《皇覽冢記》:"孔子冢塋中樹有柞、枌、雒離、女貞、五味、梟檀之屬。"然則木中亦有五味,不獨草矣。翟氏《補郭》引《啟蒙記》"如何之樹,隨刀改味",雖未必即《爾雅》所指,然亦可見木類之中亦有諸味具者,郭疑重出,似未然耳。

蘦,莖。今之刺榆。

釋文:"蘦,烏侯反。"引《詩》云:"山有蘦。本或作藲,同。"《隸釋》載石經《魯詩》作"藲"。郭云"今刺榆"者,《説文》:"梗,山枌榆,有朿。"《廣雅》云:"柘榆,梗榆也。"《方言》云"凡草木刺人者,自關而東或謂之梗",郭注:"梗,今之梗榆也。"是梗榆即刺榆。《廣雅》又云:"挃,刺也。""挃"與"莖"聲義同,"莖"之爲言猶"刺"也。邢疏引陸璣疏云:"其針刺如柘,其葉如榆,瀹爲茹,美滑如白榆。榆之類數十種,葉皆相似,皮及木理異矣。"按:刺榆即今山榆,葉小於常榆,刺皆如柘刺。《齊民要術》云:"刺榆木甚牢肕,可以爲犢車材。"

杜,甘棠。今之杜梨。

《詩》"蔽芾甘棠",《説文》、毛傳俱用《爾雅》。杜與棠有甜酢之分,今通謂之"杜梨",其樹如梨,葉似蒼朮而大,二月開華,白色,結實如小楝子,霜後可食。棠,一名楟。《廣雅》云:"楟,梨也。"《漢書·司馬相如傳》云"亭柰厚朴",張揖注:"亭,山梨也。"亭,《史記》作"楟"。《初學記》引《序志》云:"上黨楟梨小而甘。"或云孝子尹伯奇采楟花以爲食,楟花即棠梨花,"楟、棠"一聲之轉也。

狄,臧槔。貢綦。皆未詳。

釋文:"槔,舍人作本皋,樊本作楁。"《説文》:"楁,木也。"

《廣雅》云:"株,榕也。"《玉篇》云:"楸,臧榫也。"《爾雅補郭》引《集韵》云:"榕,柏也。"

杌,檕梅。杌樹狀似梅,子如指頭,赤色,似小柰,可食。

《唐本草》:"赤爪木,一名鼠楂,一名羊梂。"宋《圖經》又名"棠梂",皆山樝也。"梂"與"杌"同。今山樝有二種,小者高數尺,繁枝柯葉,鋭而多岐,其華白,核若牽牛子;大者高丈許,華葉俱同,有有刺者實大,經霜乃赤,謂之"棠梂子",其小者今呼"山樝"也。《齊民要術》引《廣志》曰:"杌木易長,多種之爲薪,又以肥田。"釋文:"檕,樊本作槅,工厄反。"按:《廣韵》十二齊云:"檕,苦奚切。"引《爾雅》則讀若"期"。杌,古音如"雞","梅"如"迷",然則"杌、檕"雙聲,又與"梅"疊韵也。

朻者,聊。未詳。

阮雲臺師曰:朻即梂也,"梂"即"椒椴醜莍"之"莍"。《爾雅》此條似專爲《唐風·椒聊》而釋。毛、鄭皆知,故傳云:"椒聊,椒也。""也"上必脱"梂"字。箋云"一梂之實",意即承傳而述言之,緣傳已專訓,不必再爲"聊,梂也"之訓矣。

魄,榽橀。魄,大木細葉,似檀。今江東多有之。齊人諺曰:"上山斫檀,榽橀先殫。"

釋文:"橀,本亦作醯。"按:"榽"音同"傒",《方言》六云:"傒、醯,危也。"此皆疊韵之字,取聲不取義,並無正文也。魄即今白木也,今京西諸山有之,其木皮白,材理細密,作炭甚堅,謂之"白木","白、魄"聲同也。陸璣《詩》疏云:"檀木皮正青滑澤,與檕迷相似,又似駮馬。駮馬,梓榆。故里語曰:'斫檀不諦得檕迷,檕迷尚可得駮馬。'檕迷,一名挈橀。故齊人諺曰:'上山斫檀,挈橀先殫。'"是"挈橀"即"榽橀"。又云:"駮馬,梓榆也，其樹皮青白駮犖，遥視似駮馬，故謂之駮馬。”此即陸疏檀也、檕迷也、梓榆也，三木皆相似，故伐者疑焉。檕迷，一作“繄彌”。《齊民要術》引《廣志》曰：“繄彌樹子赤如樼棗，可食。”又作“莢迷”。《唐本草》注：“莢迷子，兩兩相對，色赤味甘。”是皆“樸樕”之異名也。樸樕、莢繄、挈檕、迷彌，並雙聲及疊韵假借字也。

梫，木桂。今江東呼桂厚皮者爲木桂。桂樹葉似枇杷而大，白華，華而不著子，叢生巖嶺，枝葉冬夏常青，間無雜木。

《説文》：“梫，桂也。”“桂，江南木，百藥之長。”《王會》篇云“自深桂”，孔晁注：“自深亦南蠻也。”《楚辭·遠游》篇云：“嘉南州之炎德兮，麗桂樹之冬榮。”是桂爲江南木也。郭以皮厚者爲木桂，《本草》作“牡桂”，“牡、木”音相近也。《南方草木狀》云：“桂生合浦交阯，生必高山之巔，冬夏常青。其類自爲林，更無雜樹。有三種：皮赤者爲丹桂，葉如柿者爲菌桂，葉似枇杷者爲牡桂。”《雷公炮炙論》云：“桂釘木根，其木即死。”故《吕覽》云：“桂枝之下無雜木也。”《南山經》云：“招摇之山多桂樹。”郭注與此注大意同。《蜀都賦》云：“其樹則有木蘭梫桂。”《類聚》八十九引郭氏讚云：“桂生南裔，拔萃岑嶺。廣莫熙葩，凌霜津穎。氣王百藥，森然雲挺。”

棆，無疵。棆，楩屬，似豫章。

《説文》：“棆，毋杶也。从侖聲，讀若《易》卦屯。”按此則“棆、杶”雙聲兼疊韵，“毋”與“無”古字通。《説文》“疵”，字書作“𣏌”，《玉篇》《廣韵》並作“枇”，是無正文，疑與“杶”形近而誤也。郭云“楩屬，似豫章”者，《子虛賦》云“楩柟豫章”，集注：“楩即今黄楩木也。”《西山經》云“底陽之山，其木多稷、柟、豫章”,郭注:“豫章,大木似楸,葉冬夏青。”服虔《子虚賦》注:“豫章生七年迺可知也。”

椐,樻。腫節可爲杖。

“椐、樻”亦雙聲也。《説文》“椐、樻”互訓,釋文引樊、孫並云:“椐樻腫節可作杖。”《毛詩草木疏》云“節中腫似扶老,即今靈壽”,是也。今人以爲馬鞭及杖,弘農共北山皆有之。《漢書·孔光傳》云“賜太師靈壽杖”,孟康注:“扶老杖也。”顔師古注:“木似竹,有枝節,長不過八九尺,圍三四寸,自然有合杖制,不須削治也。”陳藏器《本草》云:“生劍南山谷,圓長皮紫。”

檉,河柳。今河旁赤莖小楊。**旄,澤柳**。生澤中者。**楊,蒲柳**。可以爲箭,《左傳》所謂“董澤之蒲”。

《夏小正》:“正月柳稊。”“三月萎楊。”是本二物,今亦判然兩種,故書雅記則皆通名。故《説文》云:“柳,小楊也。”《詩》言“楊柳依依”“有菀者柳”“東門之楊”,皆一物耳。《爾雅》檉、旄、楊,通謂之“柳”,蒲柳又謂之“楊”,是皆通名矣。

○《詩》“其檉其椐”,《説文》、毛傳俱本《爾雅》。《詩》正義引某氏云:“河柳謂河傍赤莖小楊也。”陸璣疏云:“生河旁,皮正赤如絳,一名雨師,枝葉似松。”《廣雅》:“雨師、檉,樻也。”《爾雅翼》云:“天之將雨,檉先知之,起氣以應。”今驗天將雨,檉先華,羅願此語不虚也。又謂之“朱楊”,《子虚賦》云“檗離朱楊”,《史記》索隱引郭注:“赤莖柳,生水邊也。”又謂之“三春柳”,言一歲三華也。華色紅白,細蘂蓬茸,今滄州文安彌望如莽,條肆鬖鬖,紅翠相鮮。“檉”之爲言“赬”也,樹皮赬赤,故被斯名矣。

○旄與冬桃同名,《説文》作"楙,冬桃,讀若髦"。按:柳桃葉相似,髦旄象毛髮下垂,今之垂絲柳枝葉阿儺,如將委地,尤宜近水。郭云"生澤中"也,今東齊人或謂之"麻柳","麻、旄"聲相轉。

○《説文》:"楊,木也。"《類聚》《初學記》《御覽》俱引《説文》作"楊,蒲柳也",蓋今本缺脱之。《詩》"不流束蒲",鄭箋:"蒲,蒲柳。"陸璣疏云:"蒲柳有兩種:皮正青者曰小楊,其一種皮紅者曰大楊,其葉皆長廣似柳葉,皆可以爲箭榦,故《春秋傳》曰:'董澤之蒲,可勝既乎。'今又以爲箕罐之楊也。"按:楊,《唐本草》謂之"水楊",云"葉圓闊而尖,枝條短硬",與柳全别。柳葉狹長,枝條長軟,唐本所説即今所謂楊也,人多插壓河邊,抽作長條,輕脆易斷。至若陸璣所説即今柳條,插壓其枝,不令成樹,其葉長大,其條柔韌,可作簸箕者也。《水經·河水》"過楊虚縣",注引《三齊略記》曰:"鬲城東南有蒲臺,秦始皇東游海上,於臺下蟠蒲繫馬,至今每歲蒲生縈委,若有繫狀,似水楊,可以爲箭。"即此所謂蒲柳是矣。《詩》釋文引孫毓以"蒲"與"戍、許"相協,是"蒲柳"之"蒲"當讀作"浦",段氏遂欲改"蒲"爲"浦",悉非。

權,黄英。輔,小木。權、輔皆未詳。

《説文》:"權,黄華木。""英"字解云:"一曰黄英。"是《説文》於《爾雅》"權,黄英"作"華",於《釋草》之"權,黄華"作"英"也。《玉篇》亦云"黄英木",蓋英、華散文通名矣。翟氏《補郭》引《宋書·符瑞志》云"花葉謂之英",以葉爲英,非《雅》義也。

○邵氏《正義》引《詩·山有扶蘇》傳云"扶蘇,扶胥,小木","輔爲扶胥之合聲"。段氏《説文》注:"枎,枎疏四布也。疏,通作胥,亦作蘇。"引《詩》傳謂"木上本無小字"。今按:以"扶胥"爲"小木",此於雅訓無文,而"輔"又不可謂即"扶胥"也。"扶胥"雖可通"扶疏",而"扶疏"又不可謂即木名也,蒙意未安,當在闕疑。

杜,赤棠。白者棠。棠色異,異其名。

《説文》:"牡曰棠,牝曰杜。"此言"赤、白",許言"牝、牡",所未詳。《詩·有杕之杜》傳:"杜,赤棠也。"陸璣疏云:"赤棠與白棠同耳,但子有赤白美惡。子白色爲白棠,甘棠也,少酢滑美。赤棠子澀而酢,無味,俗語云'澀如杜'是也。赤棠木理韌,亦可以作弓榦。"《詩》正義引樊光云:"赤者爲杜,白者爲棠。"舍人曰:"杜,赤色名赤棠,白者亦名棠。"《六書故》引作"白者爲棠,赤者爲杜,爲甘棠,爲赤棠"。按:上云"杜,甘棠",此云"赤棠",蓋杜實兼二名,今亦通名杜梨也。《西山經》云"中皇之山,其下多蕙棠",郭注:"彤棠之屬。""彤"即赤矣。

諸慮,山櫐。今江東呼櫐爲藤,似葛而麤大。**欇,虎櫐。**今虎豆,纏蔓林樹而生,莢有毛刺。今江東呼爲欕欇,音涉①。

"諸、慮"疊韵,與《釋蟲》之"奚相"同名。《説文》:"藟,艸也。"引《詩》"莫莫葛藟"。又云:"虆,木也。"《繫傳》云:"《本草》謂嬰奥爲千歲,虆即今人言萬歲藤,大者如盎,又冬不彫,故從木。其形蔓似草,故從艸,在草木之閒也。"《廣雅》云:"藟,藤也。"《玉篇》云:"今總呼草蔓延如藟者爲藤。"是藤、藟皆兼草木二種,《爾雅》所釋則皆木也。《齊民要術》引《詩》義疏曰:"櫐,

---

①　音涉　音,此本誤"者"。咸豐六年刻本及經解本作"音",據改。

巨荒也，似燕薁，連蔓生，葉似艾（此二字據《詩》釋文補），白色，子赤可食，酢而不美，幽州謂之椎櫐。”又曰：“櫻薁，實大如龍眼，黑色，今車鞅藤實是。”然則陸以車鞅藤爲蘡薁。蘡薁似櫐，即今之山蒲桃，葉小如蒲桃而肥澤，其子亦如蒲桃，可食，生於山陂之閒，故有“山櫐”之名矣。

〇虎櫐即今紫藤，其華紫色，作穗垂垂，人家以飾庭院。謂之“虎櫐”者，其莢中子色斑然，如貍首文也。《大觀本草》云：“江東呼爲招豆藤。”郭云“虎豆”者，《古今注》云：“虎豆似貍豆而大。”《中山經》云“卑山，其上多櫐”，郭注：“今虎豆，貍豆之屬。櫐，一名縢。”“縢”與“藤”，“櫐”與“櫐”，並古字通也。云“江東呼欇欇”者，謝靈運《山居賦》云“獵涉蘡薁”，自注云：“獵涉，字出《爾雅》。”是“獵涉”即“欇欇”，皆音同假借字也。

杞，枸檵。今枸杞也。

《説文》“檵、杞”並云：“枸杞也。”《廣雅》：“楉乳，苦杞也。”又云：“地筋，枸杞也。”“枸、楉”同。又作“苟”。《南山經》云“虖勺之山，其下多荆杞”，郭注：“杞，苟杞也。”又作“句”。《左傳·昭十二年傳》云“我有圃生之杞乎”，正義引舍人曰：“句杞也。”《禮·表記》“豐水有芑”，注：“芑，枸檵也。”正義引孫炎云：“即今枸芑。”《本草》：“一名枸忌。”《御覽》引吴普：“一名枸己。”《詩》釋文：“枸，本作苟。”《左傳》釋文：“枸，又作狗。”按：今人通呼“狗嬭子”，狗、苟、句，忌、己、芑，俱聲同假借字也。《大觀本草》引陸璣疏云：“一名苦杞，一名地骨，春生作羹茹微苦，其莖似莓子，秋熟正赤。莖葉及子，服之輕身益氣耳。”蘇頌《圖經》云：“春生苗葉如石榴葉而軟薄，堪食，俗呼爲甜菜。

其莖榦高三五尺,作叢,六七月生小紅紫花,隨便結紅實,形微長如棗核,其根名地骨。"《吴普本草》"一名羊乳",蓋以其子形似也。

杬,魚毒。杬,大木,子似栗,生南方,皮厚汁赤,中藏卵果。

《説文》:"芫,魚毒也。"《本草》:"芫華。"《别録》:"一名毒魚,一名杜芫,其根名蜀桑,可用毒魚。"按:此即今芫條,苗高二三尺,其華紫色,葉如柳葉而小,擣其汁以毒魚則死。然則芫乃草屬,不知何故列於《釋木》。既改从木旁"杬",且云"中藏卵果",而又空冒魚毒之名,皆所未曉。

郭云"杬,大木,生南方",即《吴都賦》云"緜杬杶櫨"是也。劉逵注引《異物志》云:"杬,大樹也,其皮厚,味近苦澀,剥乾之正赤,煎訖以藏衆果使不爛敗,以增其味,豫章有之。"《臨海異物志》云:"杬味似楮,用其皮汁和鹽漬鴨子。"《齊民要術》"作杬子法"本此。《輟耕録》云:"今人以米湯和入鹽草灰以團鴨卵,謂曰鹹杬子。"《要術》又云:"無杬皮者用虎杖根。"虎杖似紅草,然則用杬皮亦取其紅色耳。今北方無杬汁以柞木灰代之,取竹柏枝煮汁漬鴨卵,卵中遂作竹柏形,宛然似真,謂之"變卵"矣。

椵,大椒。今椒樹叢生,實大者名椵。

椒,《説文》作"茮",云:"茮,菉。"《詩》"貽我握椒",傳云:"椒,芬香也。""椒聊之實",傳云:"椒聊,椒也。"陸璣疏云:"椒樹似茱萸,有針刺,葉堅而滑澤,蜀人作茶,吴人作茗,皆合煮其葉以爲香。今成臯諸山閒有椒,謂之竹葉椒,其樹亦如蜀椒,少毒熱,不中和藥也,可著飲食中。又用烝雞、豚,最佳香。東海諸島亦有椒樹,枝葉皆相似,子長而不圓,甚香,其味似橘皮。島上獐、鹿食此椒葉，其肉自然作椒橘香。”《本草》秦椒、蜀椒並居中品。《别録》：“蜀椒，一名巴椒，一名蓎藙，口閉者殺人。”陶注“秦椒”云：“今從西來，形似椒而大，色黄黑，味亦頗有椒氣，或呼爲大椒。”《類聚》八十九引《范子計然》曰：“蜀椒出武都，赤色者善。秦椒出天水、隴西，細者善。”然則秦椒大於蜀椒，《爾雅》之“檓，大椒”，即秦椒矣。秦椒，今之花椒，本産於秦，今處處有，人家種之，《齊民要術》有《種椒》篇是也。其子落自生者爲狗椒、豬椒，《本草》謂之“蔓椒”，不堪食，人皆拔去之。椒辛熱有毒，《急就篇》與附子、芫華並列，其毒可知。舊説中其毒者，涼水麻仁漿解之。《中山經》云“琴鼓之山，其木多穀、柞、椒、柘”，郭注：“椒爲樹小而叢生，下有草木則蠚死。”

楰，鼠梓。楸屬也。今江東有虎梓。

《詩》“北山有楰”，毛傳、《説文》俱用《爾雅》。正義引李巡曰：“鼠梓，一名楰。”陸璣疏云：“其樹葉木理如楸，山楸之異者，今人謂之苦楸。”按：陸云“山楸之異者”，異於上文“槄，山榎”也，今一種楸，大葉如桐葉而黑，山中人謂之“檟楸”，即郭所云“虎梓”。

楓，欇欇。楓樹似白楊，葉圓而岐，有脂而香，今之楓香是。

《説文》：“楓，木也。厚葉弱枝，善摇，一名桑。”不作重文。又云：“桑，木葉摇白也。”是木葉摇通謂之“桑”，楓尤善摇，故獨曰“桑桑”也。《繫傳》引《山海經》“黄帝殺蚩尤，棄其桎梏爲楓木”，《大荒南經》文也。又云“其上瘤遇風雨則長，曰楓人”，《南方草木狀》有其説也。《史記・司馬相如傳》索隱引舍人曰：“楓爲樹厚葉弱莖，大風則鳴，故曰楓。”《御覽》十一引孫炎曰：“欇欇生江上，有寄生枝，高三四丈(《廣韵》作尺)，生毛，一名楓子,天旱以泥泥之即雨。"《廣韵》引同。又云:"楓脂入地千年化爲虎魄。"《大觀本草》引《草本狀》曰:"楓香樹子大如鴨卵,二月花發乃連著實,八九月熟,曝乾可燒,惟九真郡有之。"按:今北方楓樹小,亦無脂香,霜後紅葉可觀耳。

寓木,宛童。寄生樹,一名蔦。

"寓"猶"寄"也。寄寓木上,故謂之"蔦"。"蔦"猶"鳥"也,其狀宛宛童童,故曰"宛童"。《詩》"蔦與女蘿",傳:"蔦,寄生也。"《説文》"蔦"或作"樢"。陸璣疏云:"蔦,一名寄生,葉似當盧,子如覆盆子,赤黑甜美。"《本草》云:"桑上寄生,一名寄屑,一名寓木,一名宛童。"陶注:"生樹枝閒,寄根在皮節之内,葉圓青赤,厚澤易折,旁自生枝節,冬夏生,四月花,五月實,赤大如小豆。"今按:子汁甚黏,枝葉通瑩如樹木上著冰,同榦異條,自成叢茂。雖名寄公,獨標高異,亦猶兔絲、女蘿附物而不易其操,故詩人並致諷詠焉。又陶注"占斯"引李當之云:"是樟樹上寄生。"然則寄生之樹,羣木多有,今驗楓、柳、櫟、樗隨柯堪寓,奚必桑、樟二樹獨擅斯名矣?東方朔云"著樹爲寄生",明凡樹皆有也。《中山經》云"龍山,上多寓木",郭注云:"見《爾雅》。"

無姑,其實夷。無姑,姑榆也。生山中,葉圓而厚,剥取皮合漬之,其味辛香,所謂無夷。

釋文:"夷,舍人本作荑。"《説文》:"梗,山枌榆。有朿,莢可爲蕪荑者。"是梗即刺榆,上文"蓲,荎"是也。爲蕪荑必用山榆莢,故《廣雅》云:"山榆,毋估也。""毋估"即"無姑"。又作"无枯"。《易》"枯楊生荑",釋文引鄭注:"枯謂无姑,山榆。荑,木更生,謂山榆之實。"《御覽》九百五十六引《爾雅》"無姑"作"無枯",與鄭義同。《秋官·壺涿氏》"以牡橭午貫象齒",杜子春

注:"樟讀爲枯。枯,榆木名。"是"牡樟"即"無姑"。此皆聲同之字,故經典俱通矣。

郭云"姑榆也"者,《類聚》八十八引《廣志》云:"有枯榆,有郎榆,郎榆無莢,材又任車用。""枯榆"即"姑榆"也。《左氏莊四年傳》"樠木之下",正義云:"木有似榆者,俗呼爲朗榆。""朗榆"亦即"郎榆"也。《春秋繁露·郊語》篇云:"蕪夷生於燕,橘柚死於荆。"此言物性之相感也。《急就篇》云:"蕪荑鹽豉醯酢醬。"《本草》云:"蕪荑,一名無姑,主去三蟲。"陶注:"今惟出高麗,狀如榆莢,氣臭如犼,彼人皆以作醬食之,性殺蟲,置物中亦辟蛀,但患其臭。"然則陶言氣臭,郭言辛香,明知此有二種。又《説文》云:"𨠝𨡕,榆醬也。"蓋𨠝𨡕用家榆人,蕪荑用山榆莢,所以不同。郭注"葉圓","葉"字《急就篇》注引作"莢"字,是。

櫟,其實梂。有梂彙自裹。

櫟即柞也,與栩、杼皆一物。《説文》:"梂,櫟實。""樣(音橡),栩實。""草(同皁),草斗,櫟實也。一曰象斗子。"《詩》"山有苞櫟",陸璣疏云:"秦人謂柞櫟爲櫟,河内人謂木蓼爲櫟,椒榝之屬也。其子房生爲梂。木蓼子亦房生,故説者或曰柞櫟,或曰木蓼。璣以爲此秦詩也,宜從其方土之言,柞櫟是也。"按:《水經·河水》注引《周處風土記》云:"舜所耕田於山下多柞樹。"吴越之閒名柞爲"歷","歷"與"櫟"同,是柞櫟之名不獨秦人語然也。《淮南·時則》篇云"十二月其樹櫟",高誘注:"櫟可以爲車轂,木不出火,惟櫟爲然,以應除氣也。"高注非是。今種櫟正以十二月,蓋應生氣,非除氣也。今東齊人通謂櫟爲"柞",或曰"樸樕",亦曰"槫櫂",皆"苞櫟"之聲相轉耳。釋文引舍人云:"櫟實名梂也。"孫云:"櫟實,橡也,有梂彙自裹。"郭同。今按:

"梂"之爲言猶"裘深"也。《釋名·釋牀帳》云:"裘深猶婁(窶同)數,毛相離之言也。"櫟實外有裹橐,形如彙毛,狀類毬子。下云"椒榝醜,莍",莍、梂,聲義亦同。

檖,羅。今楊檖也。實似梨而小,酢可食。

《詩》"隰有樹檖",《説文》作"樣,羅也"。毛傳:"檖,赤羅也。"陸璣疏云:"檖,一名赤羅,一名山梨,今人謂之楊檖,實如梨,但小耳。一名鹿梨,一名鼠梨。今人亦種之,極有脆美者,亦如梨之美者。"按:今一種小梨圓而赤,極脆美,濟南有之,謂之"梨果",即赤羅也。

楔,荆桃。今櫻桃。

《月令》"羞以含桃",鄭注:"含桃,櫻桃也。"孔疏云:"《月令》諸月無薦果之文,此獨羞含桃者,以此果先成,異於餘物,故特記之,其實諸果於時薦。"今按:漢世薦果本於此,古所未有,孔疏亦非通論。《蜀都賦》云:"朱櫻春熟。"今櫻桃皆夏熟,故於其熟而薦焉,非可爲典要也。《月令》釋文:"含,本作函。"高誘注《吕覽·仲夏紀》及《淮南·時則》篇並云:"含桃,鶯桃也。鶯鳥所含,故言含桃。"此説非也。"含"與"函","鶯"與"櫻",俱聲同假借之字,高注未免望文生訓矣。《西京雜記》説上林苑有櫻桃、含桃,以爲二物,亦非也。《類聚》引《廣志》云:"櫻桃有大八分者,白色多肌者,凡三種。"又引吴氏《本草》云:"一名朱桃,一名麥英。"《齊民要術》引《博物志》:"一名英桃。""英、櫻"亦假借也。古無"櫻"字,故"英"與"鶯"俱可通借。楔,古黠反①,

---

①　楔古黠反　黠,此本誤"點",咸豐六年刻本同。《廣韵》十四黠:"楔,古黠切,櫻桃。又先結切。"據改。

今語聲轉爲“家櫻桃”，以别於山櫻桃，則謬矣。

旄，冬桃。子冬熟。**榹桃，山桃。**實如桃而小，不解核。

旄，《説文》作“楙”，云：“冬桃，讀若髦。”釋文引《字林》亦作“楙”，然則“旄”假借也。《齊民要術》引《廣志》曰：“桃有冬桃、秋白桃。”《桂海虞衡志》云：“冬桃狀如棗，軟爛甘酸，冬月熟。”按：今冬桃有十一月熟者，形如常桃，青若膽。

〇山桃者，《北山經》云“邊春之山多桃李”，郭注：“山桃、榹桃，子小，不解核也。”《夏小正》：“正月，梅、杏、杝桃則華。杝桃，山桃也。”又：“六月煮桃。桃也者，杝桃也；杝桃也者，山桃也，煮以爲豆實也。”“杝”與“榹”古音同。《御覽》引曹毗《魏都賦》注云：“山桃子如胡麻子。”又引裴淵《廣州記》云：“山桃大如檳榔，形亦似之，色黑而味甘酢。”李時珍云：“榹桃小而多毛，核黏味惡，其仁充滿，多脂而入藥用。”

休，無實李。一名趙李。**痤，椄慮李。**今之麥李。**駁，赤李。**子赤。

《釋文》：“休，又作林。”《本草别録》：“徐李生太山之陰，樹如李而小，其實青色無核，熟則采食之，輕身益氣延年。”按：此無核李也。《爾雅》所説則無實李，然郭云“趙李”，此云“徐李”，又疑同類，所未詳聞。

〇痤，釋文作“痤”，《玉篇》作“樦”，亦作“痤”，《廣韵》八戈“痤”引《爾雅》作“座”，或从木。《初學記》引作“座，接慮李”，然則此無正文，今从雪牕本作“痤，椄慮李”。郭云“麥李”者，《本草》陶注：“李類甚多，京口有麥李，麥秀時熟，小而肥甜。”《類聚》引《廣志》曰：“麥李細小，有溝道。”蓋雲翔曰：“今麥李樹小而多刺，葉圓而長，面青背白，實似麥粒，細小有溝，生紫黑，熟赤甜，與麥同熟，山中有之。"

○駁，釋文亦作"駮"。《齊民要術》引《廣志》曰："赤李細小，有溝道。"《西京雜記》："上林苑有朱李。"魏文帝《與吴質書》"沈朱李"，即赤李也。

棗：壺棗。今江東呼棗大而鋭上者爲壺。壺猶瓠也。**邊，要棗。**子細腰，今謂之鹿盧棗。**櫅，白棗。**即今棗子白熟。**樲，酸棗。**樹小實酢。《孟子》曰："養其樲棗。"**楊徹，齊棗。**未詳。**遵，羊棗。**實小而圓，紫金色，今俗呼之爲羊矢棗。《孟子》曰："曾晳嗜羊棗。"**洗，大棗。**今河東猗氏縣出大棗，子如雞卵。**煮，填棗。**未詳。**蹶泄，苦棗。**子味苦。**晳，無實棗。**不著子者。**還味，棯棗。**還味，短味。

《説文》："棗，羊棗也。""羊棗"二字俱誤。"壺"與"瓠"古通用。釋文引孫云："棗形上小下大，似瓠，故曰壺。"與郭義同。今棗形長有似瓠者，俗呼"馬棗"，或曰"唐棗"。

○"鹿盧"與"轆轤"同，謂細腰也。《齊民要術》引《廣志》曰："棗有細腰之名。"

○白棗者，凡棗熟時赤，此獨白熟爲異。《初學記》引《廣志》云："大白棗名曰蹙咨，小核多肌。"按："蹙咨"之合聲爲"櫅"。櫅，子兮切，《説文》以爲木名，非此。

○樲者，《説文》用《爾雅》。《孟子》云"養其樲棗"，趙岐注："樲棗，小棗，所謂酸棗也。"今《孟子》"棗"誤作"棘"，《爾雅》注宋本不誤，今從之。樲，一名樕。《説文》："樕，酸小棗。""樕"與"樲"亦聲相轉也。古有酸棗縣，故《水經·濟水》注引圈稱曰："豫章以樹氏郡，酸棗以棘名邦。"

○楊徹者，釋文："徹，本或作樕。"《玉篇》："徹，棗也。"翟氏《補郭》云："齊地所産之棗，其方俗謂之楊徹。"唐盧照鄰詩："齊棗夜含霜。""齊棗"與"戎葵"爲偶也。按：《説文》"樸，棗也"，在"樲、橪"二文閒，或即楊徹之異名，聊附於此。

○羊棗者，小而圓，其味善，故曰"羊"。羊，善也。今人家亦種之，爲其早熟，味尤甜美，此即曾皙所嗜者也。郭云"紫黑色，俗呼羊矢棗"者，乃《上林賦》所謂"樗棗"。《説文》"樗棗似柹"，即今輭棗，其樹葉實皆頗似柹。《齊民要術》所謂可於根上插柹者也，今人亦依其法。雖冒棗名，其實柹類。郭以此爲羊棗，恐誤。

○洗者，釋文"屑典反"。《本草别録》："大棗，一名美棗。"陶注云："世傳河東猗氏縣棗特異，今青州出者形大而核細，多膏甚甜。"猗氏今屬蒲州，是郭鄉里，故獨舉以爲言。《魏志·杜畿傳》注"畿爲河東太守，劉勳嘗從畿求大棗"①，即郭所謂大如雞卵者矣。又按：《白帖》以"洗犬"儷"遵羊"，又以"蹲鴟"對"洗犬"，"犬、大"形淆，可知唐本"大"一作"犬"。釋文不收，陸德明蓋未見此本也。

○"煑，填棗"者，須煑熟又鎮壓之，迮取其油。"鎮"與"填"古字通也。《齊民要術》説"棗油法"引鄭氏曰："棗油，擣棗實，和以塗繒上，燥而發之，形似油也，乃成之。"此所引鄭義即古煑棗法也。今菏澤有煑棗城。《漢書·樊噲傳》云"屠煑棗"，晉灼注："清河有煑棗城。"《史記》蘇秦説魏襄王云"大王之國，東有煑棗"，徐廣注："在宛句（宛，當作冤）。"又《功臣

① 魏志杜畿傳　志，此本誤"注"，咸豐六年刻本同，據經解本改。

表》有"煮棗侯"。張守節正義云:"煮棗城在信都縣,六國時於此煮棗油。"然則煮棗氏城亦猶酸棗名縣矣。

○蹶泄者,今登萊人謂物之短尾者爲"蹶泄",音若"厥雪"。棗形肥短,故以爲名。釋文:"蹶,居衛反。泄,息列反。"《初學記》引《廣志》曰:"有桂棗、夕棗之名。"然則"桂、蹶"聲同,"夕、泄"聲轉,疑桂夕即蹶泄矣。

○晳者,無實棗名。《晏子春秋》所謂東海有棗,華而不實者也。今樂陵棗無核,非此。

○還者,《説文》作"櫏",云:"櫏味,棯棗。"《繫傳》引《爾雅》注"還味,短苦也",與今本異。

櫬,梧。今梧桐。

《説文》:"梧,梧桐木,一名櫬。"然則此云"櫬,梧",下云"榮,桐",蓋二物通名,《爾雅》或曰"梧",或曰"桐",互言之耳。今驗二樹葉形相類,但皮色異,一種皮青碧而滑澤,今人謂之"青桐",即此"櫬,梧"是也;一種皮白,材中樂器,即下"榮,桐"是也。樹皆大葉濃陰,青桐尤爲妍美,人多種之以飾庭院。四月開小黄華,結莢亦黄,至秋莢裂作橐鄂如小瓢,其子纍纍綴瓢閒,可熬食之,其味腴美,醫家作丸如桐子大,正謂此也。《文選·風賦》注引《莊子》曰:"桐乳致巢。"司馬彪注"桐子似乳",是矣。梧桐亦單言"梧",《孟子》云:"舍其梧檟。"亦單言"桐",《詩》云"其桐其椅",是也。棺謂之櫬,古者以桐爲棺,因而桐亦名櫬。《本草》陶注以白者爲梧桐,無子者爲青桐,失之。《齊民要術》説之極明,又引郭注"今梧桐"下有"皮青者"三字,今脱去之。

樸,枹者。樸屬叢生者爲枹。《詩》所謂"棫樸""枹櫟"。

“樸”猶“薄”也,“薄”謂相迫近也。“枹”即“苞”也,苞稹相叢緻也。《方言》云“樸,聚也”,郭注:“樸屬,藂相著貌。”《考工記》注:“樸屬,附著堅固貌。”《詩·棫樸》傳:“樸,枹木也。”正義引孫炎曰:“樸屬,叢生謂之枹。”郭義亦同。又《詩》“山有苞櫟”,郭引作“枹櫟”,“苞”與“枹”古字通。“樸、枹”音相轉也。枹櫟即柞櫟,方俗亦名爲“槲”,其小而叢生者爲枹也。今棲霞、福山人呼柞櫟爲“樸櫨”,聲轉呼爲“薄羅”。沂州人名“槲不落”,以其葉冬不凋。然“不落”亦即“薄羅”,語聲之轉也。又沂州日照、棲霞俱饒薄羅,既收山繭之利,野人兼可樵採爲薪。然則《爾雅》此條與下相屬,蓋言樸枹及櫬梧皆堪採取爲薪。樸枹即薄羅矣。

謂櫬,采薪。采薪,即薪。指解今樵薪。

釋文:“謂,舍人本作彙。”按:李、孫亦作“彙”,故釋文云:“舍人引上句‘櫬,梧’來合在此句,以謂字作彙。釋云:櫬梧者,樸枹者,櫬者其理也,樸者相迫附也,彙者莖也,如竹箭。一讀曰枹也,櫬名采薪,又名即薪。樊引《詩》云‘薪是穫薪’,荆州曰柞木、采木。詩人不曉薪意,言薪謂身,即薪伐之也。李云:采薪,一名彙櫬,言即薪,謂二薪也。孫引《詩》云‘薪是穫薪’,薪,一名彙櫬。郭云‘指解今樵薪’,今依郭氏説。”然則四家説義略同,惟郭“謂”不作“彙”,故云“依郭説”也。鄭注《易》“彙征”,“彙”作“胃”,舍人等“謂”作“彙”,並古字通。

棪,槤其。棪實似柰,赤可食。

《説文》:“棪,遬其也。讀若三年導服之導。”按:“導”與“禫”古字通,見鄭注《喪大記》。然則“棪”讀爲“禫”,釋文音“餘念反”,非古音矣。《齊民要術》引《異物志》曰:“梓棪材貞勁，堪作船，其實類棗。”曹毗《魏都賦》云：“果則谷棪山椁。”《南山經》云：“堂庭之山多棪木。”

劉，劉杙。劉子生山中，實如梨，酢甜，核堅，出交趾。

或疑《説文》無“劉”字，然“杙”云：“劉，劉杙。”又偏旁多有之，徐鍇以“鎦”爲“劉”，非矣。《南方草木狀》云：“劉樹子大如李實，三月花色仍連著實，七八月熟，其色黄，其味酢，煮膏藏之，仍甘好。”《吴都賦》云“棎榴禦霜”，劉逵注：“榴子出山中，實如梨，核堅，味酸美，交趾獻之。”是“榴”即“劉”也，或以爲安石榴，非。《廣雅》云：“楉榴、石榴，柰也。”《初學記》引《埤蒼》云：“石榴，柰屬。”則與此異。

櫰，槐大葉而黑。槐樹葉大色黑者，名爲櫰。**守宫槐，葉晝聶宵炕。**槐葉晝日聶合而夜炕布者，名爲守宫槐。

《秋官》“朝士面三槐”，注：“槐之言懷也。”《類聚》引《莊子》曰：“槐之生也，入季春五日而兔目，十日而鼠耳。”槐皆細葉繁陰，一種葉大而黑者别名櫰也。《西山經》云：“中曲之山有木焉，其狀如棠，而圓葉赤實，實大如木瓜，名曰櫰。”郭氏無注。《漢書・西域傳》：“罽賓國奇木有櫰。”集注以爲“槐類，葉大而黑”，即本此爲説也。

○釋文：“炕，樊本作抗。”《初學記》引孫炎曰：“聶，合。炕，張也。”又引郭注：“炕，布也。”下云“江東有樹與此相反，俗因名爲合昏，既晝夜各一，其理等耳”，此二十三字蓋本注文，今脱去之。《御覽》引晉儒林祭酒杜行齊説：“在朗陵縣南有一樹似槐，葉晝聚合相著，夜則舒布而守宫也。江東有樹與此相反。”《類聚》亦引此二句，誤作正文，益知必注文矣。

槐，小葉曰榎。槐當爲楸。楸細葉者爲榎。**大而皵，楸。**老乃皮麤皵者爲楸。**小而皵，榎。**小而皮麤皵者爲榎。《左傳》曰："使擇美榎。"

《説文》："楸，梓也。""檟，楸也。"引《春秋傳》曰："樹六檟於蒲圃。"《襄四年傳》文。"榎"與"檟"同，字之或體。楸、檟同物異名，小葉者名檟，即知大葉者名楸，今則通名小葉爲"楸"，大葉如桐葉者爲"檟楸"矣。楸，借作"萩"，《左襄十八年傳》"伐雍門之萩"，《史記·貨殖傳》"河濟之閒千樹萩，其人與千户侯等"，皆以"萩"爲"楸"也。

云"大而皵""小而皵"者，《左·襄二年》正義引樊光云："大，老也。皵，棤皮也。皮老而麄棤者爲楸。小，少也。少而麤棤者爲檟。"《爾雅》釋文引孫、郭云："老乃皮麕皵者爲楸。"是郭與孫同，今亦二種通名楸矣。

椅，梓。即楸。

《説文》："椅，梓也。"又云："賈侍中説槁即椅，木可作琴。"是"槁、椅"同。《詩》"椅桐梓漆"，傳云："椅，梓屬。"似爲二物，實則楸也、檟也、椅也、梓也，皆同類而異名。故《詩》正義引舍人曰："梓，一名椅。"郭云"即楸"也，陸璣云："楸之疏理白色而生子者爲梓，梓實桐皮曰椅，則大類同而小别也。"《齊民要術》云："楸、梓二木相類，白色有角者名爲梓，似楸有角者名爲角楸，或名子楸，黄色無子者爲柳楸，世人見其色黄，呼爲荆黄楸也。"按：椅木有美文，故庾信賦云："青牛文梓。"《尸子》云："荆有長松文椅。"是椅、梓同矣。

桋，赤栜。白者栜。赤栜，樹葉細而岐鋭，皮理錯戾，好叢生山中，中爲車輞。白栜葉圓而岐，爲大木。

《詩》"隰有杞桋"，毛傳、《説文》俱用《爾雅》。正義引舍人曰："梀名赤楝也。"某氏曰："白色爲楝，其色雖異，爲名同。江淮閒楝可作鞍。"邢疏引陸璣疏云："楝葉如柞，皮薄而白，其木理赤者爲赤楝，一名梀。白者爲楝，其木皆堅韌，今人以爲車轂。"

終，牛棘。即馬棘也。其刺麤而長。

棘即小棗叢生者，其一種大棘，刺麤而長者名終，一名牛棘也。牛棘即王棘，鄭注《大司徒》云："莢物，薺莢王棘之屬。"《士喪禮》云"決，用正王棘若檡棘"，鄭注："王棘與檡棘善理堅刃者，皆可以爲決，世俗謂王棘矺鼠（釋文：矺，劉音託）。"《夏官·繕人》注亦引檡棘，然則"矺、檡"音同，其"矺鼠"則不知何語也。牛棘，一名牛傷，《中山經》云"大𦶠之山有草焉，其狀葉如榆，方莖而蒼傷，其名曰牛傷"，郭注："即牛棘也。"然則棘刺傷人，因名傷矣。"棘"與"朸"通，《詩》"如矢斯棘"，《韓詩》作"朸"。《水經·淯水》注云："棘、力聲相近，世以棘子木爲力子木也。"棘，一名榛。左思《招隱詩》注引高誘《淮南注》云："小栗小棘曰榛。"是榛即棘也。"榛"與"終"聲相轉。

灌木，叢木。《詩》曰："集于灌木。"

《詩·葛覃》傳用《爾雅》。《皇矣》正義引李巡曰："木叢生曰灌木。"《夏小正》云："啟灌藍蓼。灌也者，聚生者也。"又云："灌，聚也。"然則"灌"訓爲"叢"，"叢"訓爲"聚"，故《説文》云："叢，聚也。"《顔氏家訓·書證》篇云："江南《詩》古本皆爲叢聚之叢，古叢字似冣字，近世儒生因改爲冣。"按："冣"不成字，蓋"冣"字之譌。"冣、最"（才句、祖會二切）形近而音義别，與"叢、聚"二字聲俱相轉，古或假借通用。故《詩》舊本"叢"或作"冣"，或作"最"，此皆通借，非爲改字。又云："叢，周續之音徂會反，劉昌宗音在公反，又祖會反。”二音亦俱可通，顔之推以爲穿鑿，非矣。《爾雅》釋文“灌，本作樌。叢，或作藂”，皆别體字。

瘣木，苻婁。 謂木病尪傴癭腫，無枝條。

《説文》：“瘣，病也。”引《詩》“譬彼瘣木”，今《詩》作“壞”，毛傳：“壞，瘣也。”本《爾雅》。又云：“謂傷病也。”釋“瘣”之義，徐幹《中論·藝紀》篇云“木無枝葉，則不能豐其根幹，故謂之瘣”，與毛義相發明也。

苻蔞者，疊韵字，猶“俛僂”也。《説文》“府，俛病也”“瘻，頸腫也”，義亦通也。釋文：“樊引《詩》云：‘譬彼瘣木，疾用無枝。’苻婁者，尪傴内病，磈磊無枝也（《詩》正義引作某氏注）。李云：‘苻婁，一名瘣木，無枝木。’”郭注本樊光，《詩》正義引舍人注“苻蔞”屬下句，則與“蕡藹”義近，諸家所不從也。

蕡，藹。 樹實繁茂菴藹。

《説文》：“蕡，雜香艸。”《詩·桃夭》傳：“蕡，實貌。”是郭所本。菴藹者，雙聲字。《蜀都賦》云：“豐蔚所盛茂，八區而菴藹焉。”江淹《樫頌》云：“碧葉菴藹。”今按：“菴藹”二字，詞人競用，蓋本《離騷》“揚雲霓之晻藹兮”，王逸注：“晻藹猶蓊鬱，蔭貌也。”又作“晻薆”。《上林賦》云：“晻薆咇茀。”《史記》作“晻曖”。又作“闇藹”。《高唐賦》云：“隨波闇藹。”《羽獵賦》：“登降闇藹。”又作“奄藹”。《上林賦》注引《説文》曰：“馣馤，香氣奄藹也。”（今《説文》無。）然則“菴藹”二字古無正文，皆可通借，但取其聲，不論其字也。

枹，遒木，魁瘣。 謂樹木叢生，根枝節目盤結磈磊。

枹即上云“樸，枹”。遒者，《説文》：“迺，迫也。或作遒。”釋文謂：“叢攢迫而生。”又云：“魁，字亦作䰎。瘣，郭盧罪反。”

則與"瘣木"之"瘣"異音。磈磊,本或作"傀儡"。然則"魁瘣、磈磊"皆字之疊韵,亦論聲不論字也。

棫,白桵。桵,小木,叢生有刺,實如耳璫,紫赤可啖。

《説文》:"棫,白桵也。"《通志》引陸璣疏云:"《三蒼》説棫即柞也,其葉繁茂,其木堅韌有刺,今人以爲梳,亦可以爲車軸。其材理全白,無赤心者爲白桵,直理易破,可以爲犢車軸,又可爲矛戟矜。今人謂之白梂,或曰白柘。"按:《詩·緜》正義引此疏無"其葉"以下二十一字,趙鹿泉師《草木疏校正》據《通志》所引補,今從之也。《詩》每柞、棫並稱,當爲二物。《漢·郊祀志》有棫陽宫,而漢又别有五柞宫,柞又無刺,知與棫非一物。又郭云"小木,叢生",則非可爲車軸及梳者,與陸説又異矣。桵,通作"蕤"。薛綜《西京賦》注:"棫,白蕤也。"《本草》:"蕤核。"陶注:"形如烏豆,大圓而扁,有文理,狀似胡桃核。"《蜀圖經》云:"樹生葉細似枸杞而狹長,花白,子附莖生,紫赤色,大如五味子,莖多細刺。"《圖經》所説與郭注合,然則此樹高不過數尺,故《詩》以"柞棫斯拔"爲言矣。

梨,山樆。即今梨樹。

《本草》陶注:"梨種殊多,並皆冷利,多食損人,故俗人謂之快果,不入藥用。"按:梨生人家者即名梨,生山中者别名樆也。樆,本作"離"。《子虚賦》云:"檗離朱楊。"《文選》注引張揖云:"離,山梨也。"是"樆"古本作"離",釋文反以作"離"爲非,謬矣。郭注亦非。

桑辨有葚,梔。辨,半也。**女桑,桋桑。**今俗呼桑樹小而條長者爲女桑。

《説文》:"桑,蠶所食葉木。""葚,桑實也。"通作"黮"。

《詩》"食我桑黮",傳:"黮,桑實也。"王禎《農書》云:"荆桑多葚,魯桑少葚。"按:魯桑,蓋今之大葉桑也。"辨"讀若"革中絶謂之辨"之"辨"。辨,半分也,俗本作"辦",非也。釋文引舍人云:"桑樹一半有葚,半無葚,名梔也。"樊本同。

〇《詩》"猗彼女桑",傳:"女桑,荑桑也。""荑"即"桋"之正文,謂木更生細者,故鄭箋云"女桑,少枝長條",是也。王照圓《詩小紀》云:"桋當爲夷。""夷"與"薙"音義同,謂芟夷復生者,桑樹芟夷彌茂,"猗"言茂美也,"女"言柔弱也。《齊民要術》言"種椹長遲,不如壓枝之速",是矣。

榆,白枌。枌榆先生葉,卻著莢,皮色白。

《詩》"東門之枌",傳:"枌,白榆也。"正義引孫炎曰:"榆,白者名枌。"《内則》云"堇荁枌榆",鄭注:"榆,白者枌。"《本草》云:"榆名零榆。"《博物志》云:"食枌榆則眠不欲覺。"故嵇康《養生論》云:"豆令人重,榆令人眠也。"榆有赤、白二種,赤榆先著莢,後生葉;白榆先生葉,後著莢,以此爲異。白榆皮白,剥其皵,中更滑白,今人礱爲屑,以和香也。

唐棣,栘。似白楊,江東呼夫栘。**常棣,棣。**今山中有棣樹,子如櫻桃,可食。

《説文》:"栘,棠棣也。"《文選·甘泉賦》注引《爾雅》正作"棠棣,栘也"。《類聚》引《詩》"何彼穠兮,棠棣之華",是"唐"當作"棠"。經典通借作"唐"。《論語》疏引舍人曰:"唐棣,一名栘。"又引陸璣云:"奥李也,一名雀李,亦曰車下李,所在山皆有。其華或白或赤,六月中熟,大如李子,可食。"是陸璣以唐棣即奥李也。奥,《本草》作"郁",一名雀李,一名車下李。《廣雅》云:"山李、爵某、爵李,鬱也。""爵"與"雀","某"與"梅"並同,是張揖又以雀李即薁也。《詩·七月》傳:“薁,棣屬也。”《齊民要術》引《詩》義疏云:“其樹高五六尺,實大如李,正赤色,食之甜。”是陸璣與張揖俱以薁即奥李也。“奥、郁”聲同,“奥、薁”聲轉。雀李,今東齊人呼爲“策李”,順天人呼爲“側李”,“側、策、雀”亦聲相轉也。其樹高二三尺,華葉實俱如李而形小爾,其實正赤,甘酸微澀,寡於肉而豐於核,今藥中郁李用此,而以爲唐棣則非也。牟願相爲余言,唐棣華白,即今小桃白也,其樹高七八尺,華葉俱似常棣,其華初開反背,終乃合并,《詩》所謂“偏其反而”者也。但其樹皮色紫赤,不似白楊耳。郭云“江東呼夫移”者,《類聚》八十九引《詩》:“夫移,燕兄弟也,閔管蔡之失道。夫移之華,鄂不煒煒。”所引蓋三家詩,此郭所本。《漢書》蘇武爲移中監,“移”與“夫移”未審同不。

〇《説文》:“棣,白棣也。”《詩·常棣》傳無“白”字,正義引舍人曰:“常棣,一名棣。”按:《詩》有單言“棣”者,《晨風》篇云“山有苞棣”,是也;亦有單言“常”者,《采薇》篇云“維常之華”,是也。《齊民要術》引《詩》義疏云:“其實似櫻桃、薁,麥時熟,食美,北方呼之相思也。”邢疏引陸疏云:“許慎曰白棣樹也,如李而小如櫻桃,正白,今官園種之。又有赤棣樹,亦似白棣,葉如刺榆葉而微圓,子正赤如郁李而小,五月始熟,自關西、天水、隴西多有之。”今按:赤棣,棲霞山中尤多,白棣殊少,人俱呼爲“山櫻桃”,小於櫻桃而多毛,味酢不美。《閒居賦》云“梅杏郁棣之屬”,李善注:“棣,山櫻桃也。”

檟,苦荼。樹小似梔子,冬生,葉可煮作羹飲。今呼早采者爲荼,晚取者爲茗。一名荈,蜀人名之苦荼。

釋文:“檟與榎同。”荼,《埤蒼》作“𣘻”,今蜀人以作飲,音

“直加反”，茗之類。按：今“茶”字，古作“荼”。故陶注《本草》“苦菜”云：“疑此即是今茗，一名荼，又令人不眠，亦凌冬不凋。”此説非是。蘇軾詩云：“周詩記苦荼，茗飲出近世。”又似因陶注而誤也。郭云“樹小似梔子”，今茶樹高或數丈，小乃數尺，其葉都似梔子，南中人説春初早採者佳，郭以早采爲荼，晚取爲茗。陸璣《詩》疏云：“椒，蜀人作茶，吴人作茗。”“樗，吴人以其葉爲茗。”是皆以茗與荼異。《爾雅》釋文云：“荈、荼、茗，其實一也。”故《茶經》云：“其名有五，一荼，二檟，三蔎，四茗，五荈。”則茗、荼亦通名耳。《茶經》又引《凡將篇》有“荈詫”，是知茗飲起於漢世，王褒《僮約》亦有“武陽買荼”之語。《吴志·韋曜傳》云：“曜初見禮異，或密賜荼荈以當酒。”茗事見史始此。而《雲谷雜紀》引《晏子春秋·雜下》篇云：“食脱粟之食，炙三弋、五卵、茗菜。”《困學紀聞集證》八云：“今本茗作苔。考《御覽》八百六十七引作茗菜，載入茗事中，知今作苔誤。”據此，茗又起於漢以前矣。又諸書説茶處，其字仍作“荼”，至唐陸羽著《茶經》始減一畫作“茶”，今則知“茶”，不復知“荼”矣。

樕樸，心。槲樕别名。

《詩》“林有樸樕”，正義引孫炎曰：“樸樕，一名心。”某氏曰：“樸樕，槲樕也，有心能溼，江河閒以作柱。”是《爾雅》古本依《詩》作“樸樕”，惟釋文誤倒作“樕樸”，今本仍之，宜據《詩》以訂正。郭注“槲樕别名”，蓋本某氏注。《説文繫傳》引作“槲，别名樕”，非也。槲與櫟相似，其樹樸屬，叢生，故名樸樕；有心耐溼，故即名心。毛傳及《説文》並作“樸樕，小木”，“小”字疑誤，隸書立“心”似“小”，“小木”當爲“心木”。

榮，桐木。即梧桐。

《説文》:"榮,桐木也。""桐,榮也。"是桐一名榮。《月令》:"季春桐始華。"《夏小正》:"三月拂桐芭。"蓋桐華尤繁茂,故獨擅"榮"名矣。《初學記》引《詩》義疏云:"有白桐,有青桐,有赤桐,雲南牂牁人績以爲布。"《齊民要術》云:"白桐無子,任爲樂器,於山石閒生者,爲樂器則鳴。"今按:白桐亦名梧桐,華紫黄色,有華無實,其皮白色。故《顏氏家訓·風操》篇云"有諱桐者,呼梧桐樹爲白鐵樹",正謂此矣。《本草》陶注:"白桐與岡桐無異。岡桐無子,是作琴瑟者。白桐,一名椅桐,人家多種之。"

棧木,干木。殭木也。江東呼木觡。

《説文》:"棧,棚也。"蓋棚以棧木爲之,因名棧。棧,閣也,猶車以棧木爲之因名棧車,道以棧木爲之因名棧道矣。干者,假借字。釋文:"干,樊本作杆。"《廣雅》云:"杆,柘也。""杆"與"榦"同。《禹貢》:"荆州,厥貢杶榦。"《考工記》疏引鄭注:"榦,柘榦也。"蓋弓人取榦,柘爲上,此柘所以名榦。杆木爲棚棧,亦所以立榦也。《詩》之"干旄",《左傳》引作"竿旄",是"竿、杆、干"並古字通。郭云"殭木也"者,《玉篇》:"杆,殭木也。"釋文引《字書》云:"死而不朽。本或作僵。"郭云"江東呼木觡"者,"觡"之言猶"格"也,"格"猶"閣"也。《説文》:"格,木長皃。"

檿桑,山桑。似桑,材中作弓及車轅。

《詩》:"其檿其柘。"《説文》:"柘,桑也。""檿,山桑也。"按:柘、檿同類,故通名。其實桑、柘非一物也,今山桑葉小於桑而多缺刻,性尤堅緊。《禹貢》"青州,厥篚檿絲",蘇軾注:"壓絲出東萊,以織繒,堅韌異常,東萊人謂之山繭。"然則檿絲可供織作,即如今登州山繭織成者,非獨絲中琴瑟取貴也。《書》正義引郭注有"柘屬也"三字,疑今本脱去之。郭云"材中作弓"者,《考工記·弓人》:"取榦,柘爲上,檿桑次之。"《周語》所謂"檿弧"是矣。其木堅勁,故又可作車輮。

木自獘,柛。獘,踣。**立死,椔。**不獘頓。**蔽者,翳。**樹蔭翳覆地者。《詩》云:"其椔其翳。"

《説文》:"獘,頓仆也。獘或作斃。"無"柛"字,有"槙",云:"仆木也。"《繫傳》引《書》"若顛木之有由枿","本作此字,作顛,假借也"。按:"槙"从真聲,與"柛"聲義俱近,"柛"猶"伸"也,人欠伸則體弛懈如顛仆也。

○椔者,《詩·皇矣》篇作"菑",傳云:"木立死曰菑。"正義引李巡曰:"以當死害生曰菑。"今按:菑者,植也,鄭衆《輪人》注云:"泰山平原所樹立物爲菑,聲如胾,博立梟棊亦爲菑。"然則"菑"有植立之義,故木立死爲菑也。釋文"菑"作"甾",云:"《字林》作椔。"今從宋本。

○翳者,《皇矣》傳云:"自斃爲翳。"是"蔽"當作"斃",作"蔽"亦假借也。李巡曰:"斃,死也。"是《爾雅》古本"蔽"作"斃",故《詩》正義云:"自斃者,生木自倒,枝葉覆地爲蔭翳,故曰翳也。《爾雅》直云斃者,傳以其非人斃之,故曰自斃。"按此則"斃"即蒙上"自斃柛"而言,作"斃"於義爲長。

木相磨,槸。樹枝相切磨。**棤,皵。**謂木皮甲錯。**梢,梢擢。**謂木無枝柯,梢擢長而殺者。

《説文》:"槸,木相磨也。或从艸作蓺。"又云:"柖,樹搖皃。""榣,樹動也。"然則樹因搖動而相摩槸,"槸"之言猶"曳"也,掣曳亦切摩之意。

○"棤,皵"者,釋文:"棤,七各反。皵,謝音舃,郭音夕。"上文"大而皵""小而皵"釋文:"皵,孫七各、七路二反,下同。"然則“皵”依孫讀爲是,“皵”之聲轉爲“蹙”,言皮甲湊蹙也。又轉爲“錯”,言皮甲麤錯也。

○《説文》:“梢,木也。”釋文:“梢,郭音朔。擢,直角反。”引《方言》云:“拔也。”《蒼頡篇》云:“抽也。”《廣雅》云:“出也。”按:《説文》:“擢,引也。”是“擢”有引長之義,“梢”讀如《輪人》“掣爾而纖”之“掣”,鄭注:“掣、纖,殺小貌也。”然則“梢”之言“掣”,“擢”言其長而翹出也。此蓋謂木喬竦無旁枝者謂之“梢”,亦謂之“梢擢”。下云“無枝爲檄”,又謂之“檄擢”。

樅,松葉柏身。今大廟梁材用此木。《尸子》所謂“松柏之鼠不知堂密之有美樅”。**檜,柏葉松身。**《詩》曰:“檜楫松舟。”

《説文》:“樅,松葉柏身。”按:老子師常樅,以此木爲名也。《類聚》八十九引魯連子曰:“松樅高十仞而無枝,非憂正室之無柱。”是樅任爲棟梁材也,今棲霞縣太虛宫前舊有二株,其一久枯,菑立不殭;其一嘉慶初年生意猶存,葉如松葉,身則似柏,扣之銅聲,枝榦類鐵,俗人呼之“鐵樹”,余以《爾雅》知爲樅也。

○《説文》:“檜,柏葉松身。”通作“栝”。《禹貢》:“杶榦栝柏。”《史記》集解引鄭注云:“柏葉松身曰栝。”薛綜《西京賦》注及《玉篇》並作“栝”。《廣雅》云:“栝,柏也。”“栝、檜”聲轉字通,葉形似柏,故名柏耳。《類聚》引《祀應記》曰:“孔子廟列七碑,無象,檜柏猶茂。”《爾雅翼》云:“檜,今人謂之圓柏。”按:今檜葉似柏而圓,體榦類松,但無鱗爾。

句如羽,喬。樹枝曲卷,似鳥毛羽。**下句曰朻,上句曰喬。如木楸曰喬,**楸樹性上竦。**如竹箭曰苞,**篠竹性叢生。**如松柏曰茂,**枝葉婆娑。**如槐曰茂。**言亦扶疏茂盛。

《説文》:“句,曲也。”釋文:“句,居具反,下同。”按:“句”古讀如"鉤",不必依釋文也。此言樹枝上繚如鳥羽脩曲者名喬。《説文》:"喬,高而曲也。"《釋詁》云:"喬,高也。"

○朻者,《説文》云:"高木下曲也。"(从段本。)通作"樛"。《詩·樛木》傳:"木下曲曰樛。"釋文:"樛,馬融《韓詩》本並作朻。"是"朻、樛"同。李善《高唐賦》注引《爾雅》作"下句曰糾"。"糾"與"朻"聲義同也。《廣雅》云:"下支謂之棹椭。"《廣韵》:"棹,木枝下也。"然則"棹"之爲言"卑"也,下句則枝卑下垂。"朻"之爲言"糾"也,糾繚相結謂枝曲下垂之貌也。又言"上句曰喬"者,《詩·喬木》傳:"喬,上竦也。""如木楸曰喬"者,楸性上竦,凡如是者,咸被斯名。《禹貢》"厥木惟喬",是也。"喬"之一字,實兼高、曲二義,故此言如羽、如楸,皆謂之"喬"。下云:"槐棘醜,喬。""小枝上繚爲喬。"

○《釋言》云:"苞,稹也。"《詩·斯干》云"如竹苞矣",言其叢生稹密如竹箭也。釋文:"苞,本作枹。"

○如松柏曰茂者,《詩·斯干》云"如松茂矣"、《天保》云"如松柏之茂",言其密葉繁陰,望之鬱蔚也。如槐曰茂者,郭云:"亦扶疏茂盛。"《説文》云:"枎疏,四布也。"

祝,州木。髦,柔英。皆未詳。

"祝、州"古讀音同字通,衛"州吁",《穀梁傳》作"祝吁",是也。此祝,一名州木。髦,一名柔英。《廣韵》引"髦,柔英"於"柷"字下,非也。州,《玉篇》《集韵》並作"椆",云:"木名,俗所加也。"《齊民要術》引《南方記》曰:"州樹野生,三月花已乃連著實。五月熟,剥核,滋味甜,出武平。"然則此即州木矣。《釋草》有"髦,顛棘",《廣雅》謂之"女木",與此柔英疑同類。

槐棘醜,喬。枝皆翹竦。**桑柳醜,條。**阿那垂條。**椒榝醜,**

莍。莍萸子聚生成房貌,今江東亦呼莍。榝似茱萸而小,赤色。

桃李醜,核。子中有核人。

槐棘之類,年久枝皆喬竦,即下云"小枝上繚爲喬"也。《秋官·朝士》"掌外朝之灋,左九棘,右九棘,面三槐",鄭注:"樹棘以爲位者,取其赤心而外刺,象以赤心三刺也。槐之言懷也,懷來人於此,欲與之謀。"按:槐棘樹於外朝,後世街彈樹槐曰"槐街"矣。

○《説文》:"條,小枝也。"《詩·汝墳》傳:"枝曰條,榦曰枚。"《廣雅》則云:"枚,條也。"是"枚、條"對文則别,散文則通。《七月》篇云"蠶月條桑",是桑稱條也。傅玄《柳賦》云"阿那四垂,凱風振條",是柳稱條也。

○椒,《説文》作"茮",云:"茮莍。"又云:"榝似茱萸,出淮南。"《廣雅》則云榝即茱萸也。《説文》又云:"藙,煎茱萸。漢律:會稽獻藙一斗。"《内則》云:"三牲用藙。"鄭注與《説文》同,又云:"藙,《爾雅》謂之榝。"是榝一名藙。故孔疏引賀氏云:"煎茱萸,今蜀郡作之,九月九日取茱萸,折其枝,連其實,廣長四五寸,一升實可和十升膏,名之藙也。"榝,又名欓。《廣雅》云:"梳、榝、欓、越椒,茱萸也。"《唐本草》:"欓子謂之食茱萸,以别於吴茱萸,又可調食也。"《南都賦》云:"蘇蔱紫薑,拂徹羶腥。""蔱"與"榝"同,是古人調味用榝。椒、榝同類,故《茶經》引《凡將篇》云"芫椒茱萸",是也。

莍者,《説文》云:"茮榝實裹如裘者。"《詩·椒聊》正義引李巡曰:"榝,茱萸也。椒、茱萸皆有房,故曰梂。梂,實也。"今按:上云"櫟,其實梂","梂"與"莍"聲義同,"莍"之言"裘"也,芒刺鋒攢如裘自裹,故謂之"莍"也。

○核者，人也，古曰核，今曰人。《曲禮》云："賜果於君前，其有核者懷其核。"《玉藻》云："食棗桃李，弗致於核。"《初學記》引孫炎曰："桃李之類，實皆有核。"按：核，當作"覈"，《説文》云："覈，實也。"《大司徒》注："覈物，李梅之屬。"經典假借作"核"耳。醜者，類也。汪氏中曰："古醜、疇二字音義同。《洪範》'九疇'，《宋微子世家》作'九類'。"

瓜曰華之，桃曰膽之，棗李曰疐之，樝梨曰鑽之。皆啖食治擇之名。樝似梨而酢澀，見《禮記》。

《説文》云："瓜，胍也。"《曲禮》云"爲天子削瓜者副之，巾以絺；爲國君者華之，巾以綌"，鄭注："華，中裂之，不四析也。"孔疏云："謂半破也。"按："華"猶"刳"也，蓋言析之而不絶也。《夏官·形方氏》云："無有華離之地。"音義並與此同。《内則》云"棗曰新之，栗曰撰之，桃曰膽之，柤梨曰鑽之"，鄭注："皆治擇之名也。"《初學記》及《御覽》引舊注云："膽，擇取其美者。"《内則》疏云："桃多毛，拭治去毛，令色青滑如膽也。或曰膽謂杏，桃有苦如膽者，擇去之也。"

棗李曰疐之者，《初學記》引孫炎曰："疐，去其柢也。"《曲禮》言削瓜亦曰"士疐之"，其義同也。

樝者，《説文》云："果似梨而酢。"《内則》注云："樝梨之不臧者。"《莊子·天運》篇云："柤梨橘柚，其味相反而皆可於口。"鄭言"不臧"，莊言"可口"者，張揖《子虚賦》注："樝似梨而甘。"《齊民要術》引《風土記》曰："柤，梨屬，肉堅而香。"陶注《本草》"木瓜"云："樝子小而澀。"王禎《農書》云："樝似小梨，西山唐鄧閒多種之，味劣於梨與木瓜，而入蜜煮湯則香美過之。"按：樝即今鐵梨，黄赤而圓，肉堅酸澀，而入湯煮熟則更甜滑。今順天人呼之"鐵梨"。《要術》所云"凡醋梨易水熟煮則甘美",斯言信矣。

榩梨曰鑽之者,《内則》疏云:"恐有蟲,故一一鑽,看其蟲孔也。"《本草》陶注謂"鑽去核",非。

小枝上繚爲喬。謂細枝皆翹繚上句者名爲喬木。**無枝爲檄。**檄擢直上。**木族生爲灌。**族,叢。

此皆申釋上文之義。枝者,《説文》云:"木别生條也。"蓋木之喬者,其細枝皆翹繚上竦,此即"上句曰喬"也。檄者,猶言"弋"也。弋,橜也,樹無旁枝,檄擢直上,即上梢。梢,擢也。族者,猶言"叢"也。叢,聚也,即上"灌木,叢木"也。《顔氏家訓·書證》篇釋《爾雅》云:"族亦叢聚也。"又《廣雅》云:"木藂生曰榛。"榛、叢、族、聚,俱一聲之轉。《詩·葛覃》正義引孫炎曰:"族,叢也。"是郭所本。

爾雅郭注義疏下之三

釋蟲弟十五

《説文》云:"有足謂之蟲。""蚰,蟲之總名也。"又云:"虫,一名蝮,象其卧形。物之微細,或行或飛("或飛"二字從釋文增),或毛或蠃,或介或鱗,以虫爲象。"按此則凡蟲屬字旁作"虫",音"許偉反",既非"蚰"之省文,亦非"蟲"之假借,今人相承以"虫"爲"蟲",或書"蟲"作"虫",胥失之矣。《考工記·梓人》云:"外骨、内骨,卻行、仄行、連行、紆行,以脰鳴者、以注鳴者、以旁鳴者、以翼鳴者、以股鳴者、以胸鳴者,謂之小蟲之屬。"《月令》鱗、毛、羽、介,通謂之"蟲"。《大戴記·易本命》篇又以人爲倮蟲,而聖人爲之長。是人與物通有"蟲"名。此篇則云:"有足爲蟲,無足爲豸。"然亦對文,散則通耳。《易本命》及《淮南·墬形》篇云:"風生蟲,蟲八日而化。"《古微書》引《春秋考異郵》云:"蟲之爲言屈伸也。"是蟲、豸通名,故題曰"釋蟲"。

螜,天螻。螻蛄也。《夏小正》曰:"螜則鳴。"

《説文》:"螻,螻蛄也。一曰螜、天螻。"本《夏小正》文。又云:"蠹,螻蛄也。"是蠹與螜同物。《方言》云:"蛄詣謂之杜蛒。螻螲謂之螻蛄,或謂之蟓蛉。南楚謂之杜狗,或謂之蛞螻。"蓋此類皆方俗語異，蛞、狗、蛒，俱聲相轉。《廣雅》又云："炙鼠、津姑、螻蜮，螻蛄也。"炙鼠，邢疏作"碩鼠"。《易》云"晉如鼫鼠"，釋文引《本草》："螻蛄，一名鼫鼠。"《廣韻》："一名石鼠，一名仙蛄。"石、鼫、碩，俱聲義同。但《廣雅》炙鼠不謂碩鼠，《詩》言碩鼠，又非螻蛄，《本草》螻蛄亦無鼫鼠之名，此皆誤耳。鄭注《月令》"螻蟈鳴"，以螻蟈爲蛙。高誘注《吕覽》以爲蝦蟇。《月令》釋文引蔡邕《章句》以螻爲螻蛄，蟈爲蛙，蓋蛙與螻蛄並以立夏後鳴，故諸家異説，唯《廣雅》以螻蜮爲螻蛄，此説得之。"蜮、蟈"字同，見於《説文》。"蟈、蛄"聲轉，故其字通。諸説紛如，不足辨矣。"螻蛄"又聲轉爲"螻蛄"，《埤雅》引《廣志·小學》篇云："螻蛄，會稽謂之蟼蛄。"《孟子·滕文公》篇云"蠅蚋姑嘬之"，釋文："蚋，諸本或作蟼。一説云蟼姑即螻蛄也。"按：今順天人呼"拉拉古"，亦"螻蛄"之聲相轉耳。《埤雅》又引孫炎正義云："螌是雄者，喜鳴善飛，雌者腹大羽小，不能飛翔，食風與土也。"今按：螻蛄翅短，不能遠飛，黄色四足，頭如狗頭，俗呼"土狗"，即杜狗也，尤喜夜鳴，聲如蚯蚓，喜就燈光。陶注《本草》云："此物頗協鬼神，今人夜見多打殺之，言爲鬼所使也。"又按：《本草》"螻蛄，一名蟪蛄"，與蟬同名，疑相涉而誤耳。

蜚，蠦蜰。 蜰即負盤，臭蟲。

《説文》"蠹"或作"蜚"，云："臭蟲，負蠜也。""蜰，盧蜰也。"《廣雅》云："蛪蟦，蜰也。"又"飛蟅，飛蠊也"。《本草》作"蜚蠊"。《别録》云："形似蠶蛾，腹下赤。"陶注："形亦似蟅蟲而輕小能飛。本在草中，八月九月知寒，多入人家屋裏逃爾。有兩三種，以作廉薑氣者爲真，南人亦噉之。"唐本注云："此蟲味辛辣而臭，漢中人食之，言下氣，名曰石薑，一名盧蜰，一名負盤。"然則此蟲氣如廉薑,故名飛廉;圓薄如盤,故名負盤。今俗人呼之"殠般蟲"。其大如錢,輕薄如葉,黄色解飛,其氣殠惡。《春秋·莊廿九年》"有蜚",《漢·五行志》:"劉歆以爲負蠜也。性不食穀,食穀爲災,介蟲之孽。"是《説文》從劉歆,以蜚爲負蠜。"蠜、盤"聲近。邢疏以作"蠜"爲涉草蟲負蠜而誤,其説是也。又云:"此蟲名蜚,舍人、李巡皆云'蜚蠦,一名蟹',非也。"

螾衘,入耳。 蚰蜒。

鄭注《梓人》云:"卻行,螾衍之屬。"釋文"此蟲能兩頭行",是卻行也。《淮南·泰族》篇云:"昌羊(《説林》篇注即昌蒲)去蚤蝨而人弗席者,爲其來蚙窮也。"《御覽》引高誘注:"蚙窮,幽冀謂之蛽蚳,入耳之蟲也。"《方言》云"蚰蜒,自關而東謂之螾蜑,或謂之入耳,或謂之蝭蠬。趙魏之閒或謂之蚨虶,北燕謂之蛆蚭",郭注:"江東又呼蛩。"按:"蛩"即"蚙窮"之合聲。"螾蜑、蚰蜒"聲相轉,"蛆蚭、蛽蚳"聲相近,"入耳、螾蜑"亦音轉字變也。邢疏云:"此蟲象蜈蚣,黄色而細長,呼爲吐古。"陳藏器《本草》云:"好脂油香,能入耳及諸竅中,以驢乳灌之,化爲水。"按:今蚰蜒青黑色,多足,雞食之死,其所食脂油,人食之亦死。

蜩:蜋蜩,《夏小正》傳曰:"蜋蜩者,五彩具。"**螗蜩。**《夏小正》傳曰:"螗蜩者蝘。"俗呼爲胡蟬,江南謂之螗蛦,音荑。**蚻,蜻蜻。** 如蟬而小。《方言》云:"有文者謂之蠀。"《夏小正》曰:"鳴蚻,虎懸。"**蠽,茅蜩。** 江東呼爲茅截,似蟬而小,青色。**蝒,馬蜩。** 蜩中最大者爲馬蟬。**蜺,寒蜩。** 寒蜩也,似蟬而小,青赤。《月令》曰:"寒蟬鳴。"**蜓蚞,螇螰。** 即蝭蟧也。一名蟪蛄。齊人呼螇螰。

《詩·蕩》正義引舍人曰:“皆蟬也,方語不同。”《初學記》引李巡曰:“自蜩螗以下,皆分别五方之語而名不同也。”《説文》:“蟬,以旁鳴者。”《梓人》注云:“旁鳴,蜩蜺屬。”《淮南·説林》篇云:“蟬無口而鳴,三十日而死。”《方言》云“秦晉之閒謂之蟬,海岱之閒謂之蟜”,郭注:“齊人呼爲巨蟜,音技。”《廣雅》云:“蟜蛣,蟬也。”蛣,曹憲音“去結反”。今黄縣人謂之“蛣蟟”,棲霞謂之“蠽蟟”,順天謂之“蝍蟟”,皆語聲之轉也。《類聚》引郭氏讚云:“蟲之潔清,可貴惟蟬。潛蜕棄穢,飲露恒鮮。萬物皆化,人胡不然?”《論衡·無形篇》云:“蠐螬化爲復育,復育轉而爲蟬,蟬生兩翼,不類蠐螬。”《奇怪篇》云:“夫蟬之生復育也,闓背而出。”按:復育所解皮即蟬蜕。《説文》云:“秦謂蟬蜕曰蛩。”然則蛩即復育,《論衡》以爲蠐螬所化,或言朽木所爲,舊説蜣蜋所變,斯皆非也。今驗雌蟬不鳴,遺子入地而生也。

○《説文》:“蜩,蟬也。或从舟作蚺。”引《詩》“五月鳴蜩”。毛傳:“蜩,螗也。”又“鳴蜩嘒嘒”“如蜩如螗”,傳並云:“蜩,蟬也。”是“蜩”爲諸蟬之總名。蜋者,《方言》云:“蟬,楚謂之蜩,陳鄭之閒謂之蜋蜩。”《初學記》引孫炎曰:“蜋,五色具;蜩,宫中小青蟬也。”是孫、郭俱本《夏小正》。蜋,彼作“良”,同。

○螗蜩者,《詩·蕩》傳云:“螗,蝘也。”亦本《夏小正》。彼“蝘”作“匽”,“螗”作“唐”,同。《方言》云“蟬,宋衛之閒謂之螗蜩”,郭注:“今胡蟬也,似蟬而小,鳴聲清亮,江南呼螗蛦。”與此注同。《詩》疏引舍人曰:“三輔以西爲蜩,梁宋以東謂蜩爲蝘。”按:今螗蜩小於馬蜩,背青緑色,頭有花冠,喜鳴,其聲清圓,若言“烏友”。“烏友”與“胡蛦”之聲相轉,“蛦、蝘”又聲相轉也。蛦(讀如夷),《爾雅》釋文作“蟂”,宋本作“蛦”,今從釋文。

○蛰者,《夏小正》作"札"。寧縣,郭引作"虎懸"。蜻蜻者,《方言》云:"有文者謂之蜻蜻,其雌蜻謂之尐。"《詩·碩人》傳:"螓首,顙廣而方。"箋云:"螓謂蜻蜻也。"正義引孫炎曰:"《方言》云:'有文者謂之螓。'"今《方言》作"蜻"者,"螓、蜻"聲相轉也。正義又引舍人曰:"小蟬,色青青者。"某氏曰:"鳴蛰蛰者。"然則"蛰蛰"象其聲,"蜻蜻"象其色。今驗此蟬,棲霞人呼"桑蠽蟟",順天人呼"咨咨",其形短小,方頭廣頟,體兼彩文,鳴聲清婉,若咨咨然,與"蛰蛰"之聲相轉矣。

○蠽者,《説文》云:"小蟬蜩也。"《方言》云"蜩蟧謂之蓋蜩",郭注:"江東呼爲蓋蠽也。"是"蓋、茅"同。《方言》又云"蟬,其小者謂之麥蛰",郭注:"今關西呼麥蠽音癰癥之癥。"然則"麥蠽"即"蓋蠽","麥、蓋"聲亦相轉。今此蟬形尤小,好鳴於草稍也。

○蝒者,《説文》云:"馬蜩也。"《方言》云:"其大者謂之蟧,或謂之蝒馬。"此言非矣,蝒乃馬蜩,非名蝒馬,故郭譏其誤耳。《初學記》引孫炎曰:"蝒馬,蜩蟬最大者也。"今此蟬呼爲"馬蠽蟟",其形龐大而色黑,鳴聲洪壯,都無回曲。《本草》云:"蚱蟬生楊柳上。""蚱"音"笮"。此蟬之聲似之今馬蠽蟟,好登樹顛,尤喜楊柳林中噪,殆此是矣。

○蜺者,《説文》云:"寒蜩也。"《夏小正》云:"寒蟬鳴。寒蟬也者,蝭蠑也。"《方言》云"蟪謂之寒蜩。寒蜩,瘖蜩也",郭注:"似小蟬而色青。"高誘《淮南》注:"寒蟬,青色也。"今此蟬青緑色,鳴聲幽抑,俗人呼之"秋涼"者也。郭云:"寒螿。"《本草》陶注:"寒螿,九月十月中鳴,甚悽急。"然則寒螿能鳴,《方言》以爲瘖蜩,《廣雅》以爲闇蜩,"闇"與"瘖"同。郭引《月令》

以駁《方言》，謂寒蜩非瘖。竊詳古記，驗以今所見聞，寒蟬悽咽，抱樹苦吟，及至秋晏，默爾聲沈。故《後漢書·杜密傳》云"劉勝知善不薦，聞惡無言，隱情惜己，自同寒蟬"，李賢注云："寒蟬，謂寂默也。"是寒蟬閟響，當在深秋，涼風初至，方始有聲，故《月令》記其鳴，而《方言》謂之瘖，其義各有當也。陶注以蚱蟬爲瘂蟬，雌不能鳴，亦非矣。

○《說文》："蟧，蟧鹿，蚻蟟也。"又云："蚗蚗，蚻蟟也。"《方言》云"蛥蚗，齊謂之螇螰，楚謂之蟪蛄，或謂之蛉蛄，秦謂之蛥蚗。自關而東謂之虭蟧，或謂之蝭蟧，或謂之蜓蚞，西楚與秦通名也"，郭注："江東人呼蟂蟧。"按：《方言》作"虭蟧"，《夏小正》作"蝭蠑"，《廣雅》作"蟬蟧"，《說文》作"蚻蟟"，《淮南·道應》篇注作"貂蟟"，今東齊人謂之"德勞"，或謂之"都盧"，楊州人謂之"都蟟"，皆"蜓蚞、螇螰"之語聲相轉，其不同者，方音有輕重耳。陶注《本草》云："七月八月鳴者名蚻蟟，色青。"按：今德勞正以七月鳴，其鳴自呼，其色青碧，形小修長，順天人謂之"夫爹、夫娘"者也。《鹽鐵論·散不足》篇云："諸生獨不見季夏之蟧乎？音聲入耳，秋風至而無聲。"今此蟬八月中即不鳴矣。

蛣蜣，蜣蜋。黑甲蟲，噉糞土。

《說文》："渠蝌，一曰天社。"《廣雅》云："天社，蜣蜋也。"《集韵》《類篇》引《說文》作"渠蝌蜋"。《御覽》九百四十六引作"蝌蜋"，無"渠"字。《玉篇》云："蝌與蜣同，又其虐切。"《廣韵》："蝌，其虐切，又丘良切。"是"蜣"字正作"蝌"，故《說文》以"蝌"爲"蜣"，今本"渠蝌"下脫"蜋"字，當據《集韵》《類篇》增補。然則"蝌蜋"即"蜣蜋"，"渠"字似衍，故《御覽》引無"渠"字。然以聲義求之，"渠、蝌"雙聲，"蜣、蜋"疊韵，"蛣、蜣"亦雙聲也。準是而言,《説文》之"渠蜋",即《爾雅》之"蛣蜣",《御覽》蓋脱"渠"字耳。證以"蜉蝣,渠略",《説文》作"𧖅蛶","𧖅"與"渠"同,並古字異文,是其例矣。蜣蜋體圓而純黑,以土裹糞,弄轉成丸,雄曳雌推,穴地納丸,覆之而去,不數日閒有小蜣蜋出而飛去,蓋字乳其中也。《莊子·齊物論》篇云"蛣蜣之智在於轉丸",是矣。此有二種:小者體黑而闇,晝飛夜伏,即轉丸者;一種大者,甲黑而光,頂上一角如錐,腹下有小黄子附母而飛,晝伏夜出,喜向燈光,其飛聲烘烘然,俗呼之"鐵甲將軍",宜入藥用,處處有之。《御覽》引《廣志》云:"交州無蜣蜋。"

蝎,蛣蝠。木中蠹蟲。

蝠,《説文》作"蚍",云:"蛣蚍也。""蛣蚍,蝎也。"蝎即蠐螬,今亦通呼"蝎蟲"。《詩·碩人》正義引孫炎曰:"蝎,木蟲也。"下又云:"蝎,桑蠹。"

蠰,齧桑。似天牛,長角,體有白點,喜齧桑樹,作孔入其中,江東呼爲齧髮。

《玉篇》:"蠰,齧桑蟲也。"《淮南·道應》篇云:"猶黄鵠與蠰蟲也。"釋文:"蠰,孫音傷。"郭云"似天牛"者,陳藏器説蠐螬云:"蝎在朽木中,至春羽化爲天牛,兩角狀如水牛,色黑,背有白點,上下緣木,飛騰不遥。"是其形狀也。天牛夏月有之,俗言出則主雨。今齧桑蟲形似天牛,淺黄色,角差短,喜緣桑上。郭云"齧桑樹作孔",蓋指此矣。是齧桑、天牛非一物,説者多不辨之。

諸慮,奚相。未詳。

釋文:"慮,本或作蘆。相,舍人本作桑。"是此蟲名奚桑,與齧桑相次,疑是其類。翟氏《補郭》云:"諸慮與山櫐同名。"

蜉蝣，渠略。似蛣蜣，身狹而長，有角，黄黑色。叢生糞土中，朝生暮死。豬好啖之。

渠略，《説文》作"蟁蟟"，一曰蜉蝣。"朝生暮死"者，《方言》云"蜉蛻，秦晉之閒謂之蝶蟼"，郭注："似天牛而小，有甲角，出糞土中，朝生夕死。"《夏小正》："五月，浮游有殷。殷，衆也。浮游者，渠略也，朝生而莫死。"《詩》傳本《小正》文，正義引孫炎亦用《小正》。舍人曰："蜉蝣，一名渠略，南陽以東曰蜉蝣，梁宋之閒曰渠略。"陸璣疏云："蜉蝣，方土語也，通謂之渠略，似甲蟲，有角，大如指，長三四寸，甲下有翅，能飛，夏月陰雨時地中出，今人燒炙噉之，美如蟬也。"樊光謂之"糞中蝎蟲，隨陰雨時爲之，朝生而夕死"。今按：此蟲形狀一如樊、郭所説。《淮南·詮言》篇云："龜三千歲，蜉蝣不過三日。"《説林》篇云："蜉蝣不食不飲，三日而死。"是蜉蝣雖短期，非必限以朝夕，説者甚其詞耳。《莊子·逍遥遊》篇云："朝菌不知晦朔。"《淮南·道應》篇引作"朝秀"，《廣雅》作"朝蜏"，高誘注："朝秀，朝生莫死之蟲也，生水中，狀似蠶蛾，一名孶母，海南謂之蟲邪。"如高所説，則此蟲生水中，故《抱朴子·對俗》篇云："魚伯識水旱之氣（魚伯，青蚨，見《廣雅》），蜉蝣曉潛泉之地。"《類聚》引《廣志》曰："蜉蝣在水中翕然生，覆水上，尋死隨流。"並以蜉蝣爲水蟲，與高注合。然則蜉蝣即朝秀矣。"朝秀不知晦朔"，與"蟪蛄不知春秋"，正以二蟲爲對，又據晦朔而言，可知非以朝夕爲限矣。

蛂，蟥蛢。甲蟲也。大如虎豆，緑色，今江東呼黄蛢，音瓶。

蛂，《説文》作"蟠"，云："蟠蟥也。"又云："蛢，蟠蟥，以翼鳴者。"鄭注《梓人》云："翼鳴，發皇屬。"蓋"發、蛂"聲近，"皇、蟥"字通也。但詳許、鄭並以"蛂蟥"名蛢，郭以"黄蛢"名蛂，師讀不同,又以緑甲蟲爲黄蛢。今甲蟲緑色者長二寸許,金碧熒然,江南有之,婦人用爲首飾,郭義或當指此,然未聞此蟲能翼鳴也。《御覽》引孫炎曰:"翼在甲裏。"今驗甲蟲能飛,皆甲下有翅,不獨此耳。《一切經音義》十五引注"緑色"下作"江南呼爲黄瓦蛂,音扶結反",與今注異。釋文:"蛂,謝音弗,沈符結反。蟥,郭音王,本或作黄。"

蠸,輿父,守瓜。今瓜中黄甲小蟲,喜食瓜葉,故曰守瓜。

《説文》:"蠸,蟲也。"《玉篇》:"蠸,食瓜蟲。"是蠸一名輿父,一名守瓜也。《莊子·至樂》篇云"瞀芮生乎腐蠸",釋文引司馬彪云:"蟲名也。"《爾雅》云:"一名守瓜。"《列子·天瑞》篇釋文謂"瓜中黄甲蟲也"。今按:此蟲黄色,小於盤蝥,常在瓜葉上,食葉而不食瓜,俗名"看瓜老子"者也。《齊民要術》引崔寔曰:"十二月臘時祀炙萐,樹瓜田四角,去蠚。"蠚,胡濫反,瓜蟲,非此。

蝚,蛖螻。蛖螻,螻蛄類。

不蜩,王蚥。未詳。

蛖螻,郭既云"螻蛄類",則不蜩亦必蜩類。翟氏《補郭》云:"《詩》《書》及古金石文'不'多通'丕',丕,大也。王蚥亦大之稱,此必蜩中之大者。前文蜩凡五見,《方言》云:'蟬大而黑者謂之蝬。'是'蝒,馬蜩'之外,尚有名蝬一種,爲蜩之大者,此丕蜩疑其物。今呼黑大蜩爲'老饞','饞'即'蝬'音之轉。《集韵》'蝬,亦才仙切',是也。俗人或謂之'王師太',猶古'王蚥'之遺言也。"

蛄𧑒,强蚚。今米穀中蠹小黑蟲是也。建平人呼爲蚚子,音芈姓。

《説文》:"蠤,蛄蠤,强芈也。"釋文引"《説文》作羊。《字林》作蛘,云'搔蛘'",非也。《方言》云"姑蠤謂之强蝆",郭注:"米中小黑甲蟲也。江東謂之蛪,音加。建平人呼蝆子,音芈,芈即姓也。"今按:此蟲大如黍米,赤黑色,呼爲"牛子",音如"甌子",登萊人語也。廣東人呼"米牛",紹興人呼"米象",並因形以爲名。《廣雅》云:"蚲、蠽、螠蟘,蛘也。"未審即此蟲否?

不過,蟷蠰。蟷蠰,螗蜋别名。**其子蜱蛸。**一名𧒂蟭,蟷蠰卵也。

《説文》:"蠰,蟗蠰也。""蟗蠰,不過也。"又云:"蟲,蟲蛸也。""蟲蛸,堂蜋子。""蟲,或作蜱。"《月令》云"小暑至,螳蜋生",鄭注:"螵蛸母也。"正義引舍人云:"不蝸名蟷蠰,今之螳蜋也。"孫炎云:"蟷蠰,螳蜋,一名不蝸。"李巡云:"其子名蜱蛸,即螵蛸。"按:"蜱、螵"聲轉,"蟷、螳、蠰"亦聲相轉也。《類聚》九十七引王瓚問曰:"《爾雅》云'莫貈,螳蜋',同類物也。今沛魯以南謂之蟷蠰,三河之域謂之螳蜋,燕趙之際謂之食肬,齊濟以東謂之馬敫。然名其子則同云螵蛸,是以注云'螳蜋,螵蛸母也'。"此蓋《鄭志》之文,《月令》疏引作《方言》,誤也。《本草》:"桑螵蛸,一名蝕肬,生桑枝上。"《蜀圖經》云:"此物多在小桑樹上、叢荆棘間,並螳蜋卵也。三月四月中,一枝出小螳蜋數百。"故《御覽》引《范子計然》云:"螵蛸出三輔。"又引《吴普本草》云:"桑螵蛸,一名冒焦。"按:"冒焦、𧒂蟭"亦皆"螵蛸"聲之轉也。《廣雅》以螵蛸爲烏洟,《酉陽雜俎》以爲野狐鼻洟,今驗螵蛸初著樹,未凝時有似鼻洟,及至堅成,如繭包裘裹,黏著樹枝,不能解也。

蒺藜,蝍蛆。似蝗而大腹,長角,能食蛇腦。

《廣雅》云:“蝍蛆,吴公也。”《玉篇》云:“螏蟟,蝍蛆,能食蛇,亦名蜈蚣。”《莊子・齊物論》篇云“蝍蛆甘帶”,釋文引司馬彪云:“帶,小蛇也,蝍蛆好食其眼。”《淮南・説林》篇云:“騰蛇游霧而殆於蝍蛆。”《關尹子・三極》篇云:“蝍蛆食蛇,蛇食蛙,蛙食蝍蛆,互相食也。”是皆以蝍蛆即蜈蚣也。蜈蚣似蚰蜒而長大,尾末有岐。郭云“似蝗而大腹,長角”,則必非蜈蚣矣。高誘《淮南》注以蝍蛆爲蟋蟀,但蟋蟀似蝗而小,亦非大腹。《唐本草》注:“山東人呼蜘蛛一名蝍蛆,亦能制蛇。”但蜘蛛雖大腹而無長角,又不似蝗,此二物亦未聞能食蛇也。《初學記》十九引蔡邕《短人賦》云“蟄地蝗兮蘆蝍蛆”,以蝍蛆與蝗爲類,又以譬况短人,決非蜈蚣之比。今有一種虴蜢蟲,大腹長角,色紫緑而形麤短,俚人呼之“山草驢”,亦名“蛆蛆”,與“蝍蛆”聲近。蔡賦、郭注疑俱指此物,而食蛇之説又所未聞。《淮南・説林》篇注:“蝍蛆,蟋蟀,《爾雅》謂之蜻蛚,大腹也,上蛇,蛇不敢動,故曰‘殆於蝍蛆’。”然則蝍蛆似蜻蛚而大腹,高注所説與郭義正合,但未識是今何物耳,姑存之以俟知者。

蝝,蝮蜪。蝗子未有翅者。《外傳》曰:“蟲舍蚳蝝。”

《説文》:“蝝,復陶也。劉歆説:蝝,蚍蜉子。董仲舒説:蝗子也。”按:《五行志》引董仲舒、劉向並以爲“蝗始生”,劉歆則謂“蚍蜉之有翼者,食穀爲災”。今驗飛螘,未聞食穀,歆説爲短。《春秋・宣十五年》“冬蝝生”,杜預注從董、劉,以爲螽子,是也。《魯語》云“蟲舍蚳蝝”,韋昭注:“蝝,復陶也,可食。”鄭注《祭統》亦以陸産之醢爲蚳蝝之屬矣。今呼蝝爲“蝮蛹子”,“蛹”讀若“闌”。釋文:“蝮,郭蒲篤反。”

蟋蟀,蛬。今促織也。亦名蜻蛚。

《説文》:“蜰,悉蜰也。”“蛚,蜻蛚也。”《考工記》“以注鳴者”,鄭云:“精列屬。”《方言》云:“蜻蛚,楚謂之蟋蟀,或謂之蛬,南楚之閒謂之蚟孫。”《詩》毛傳云:“蟋蟀,蛬也。”正義引李巡曰:“蛬,一名蟋蟀。蟋蟀,蜻蛩也。”陸璣疏云:“蟋蟀似蝗而小,正黑有光澤如漆,有角翅。一名蛬,一名蜻蛩,楚人謂之王孫,幽州人謂之趨織,里語曰‘趨織鳴,嬾婦驚’,是也。”《月令》疏引孫炎曰:“蜻蛩也,梁國謂之蛬。”按:今順天人謂之“趨趨”,即“促織、蟋蟀”之語聲相轉耳。蔡邕以蟋蟀爲斯螽,高誘以蝍蛆爲蟋蟀,皆異説也。

蟼,蟆。蛙類。

《説文》:“蟆,蝦蟆也。”《急就篇》云“水蟲科斗䱰蝦蟆”,顔師古注:“蛙,一名螻蟈,色青,小形而長股。蝦蟆,一名蟼,大腹而短脚。”今按:蝦蟆居陸,蛙居水,此是蟆非蛙也。郭注失之。《釋魚》云“在水者黽”,郭注:“耿黽也。”“耿黽、蟼蟆”聲雖相轉,而非一物也。

蛝,馬蝬。馬蠲,蚐,俗呼馬蝬。

《廣雅》云:“蛆蟝,馬蝬,馬蚿也。”又云:“馬蝬,蠽蛆也。”《方言》云“馬蚿,北燕謂之蛆蟝,其大者謂之馬蚰”,郭注:“蚿,音弦。蚰,音逐。”是“蚰、蝬”同,“蛝”即“蚿”之異文,“蝬”即“蝬”之轉聲。馬蝬,《御覽》引吴普作“馬軸”,《本草》作“馬陸”,一名百足。《莊子·秋水》篇云“使商蚷馳河,必不勝任矣”,司馬彪注:“商蚷,蟲名,北燕謂之馬蚿。”高誘《吕覽》注云:“馬蚿,幽州謂之秦渠。”然則“秦渠、商蚷”亦即“蛆蟝”之聲轉,皆一物矣。

郭云“馬蠲,蚐”者,“蚐”音“均”。《説文》:“蠲,馬蠲也。”

引《明堂月令》曰："腐草爲蠲。"《吕覽·季夏紀》作"腐草化爲蚈"，高注："蚈，馬蚿也。蚈讀如蹊徑之蹊。"《御覽》引許慎《淮南·時則》篇注云："蚈，馬蠸也。"是"蠸、蚈、蠲、蚼"俱聲相轉。高注"馬蚈，一名螢火"，非也。今《月令》雖云"腐草爲螢"，而螢非蠲也。陶注《本草》"馬陸"云："此蟲足甚多，寸寸斷便寸行。"又引李當之云："蟲形長五六寸，狀如大蛩，夏月登樹鳴，冬則蟄，今人呼爲飛蚿蟲也。"今按：蚿不能飛，而鳴聲可聽。故《宋書·隱逸·王素傳》云："山中有蚿蟲，聲清長，聽之使人不厭，而其形甚醜，素乃爲《蚿賦》以自况也。"《唐本草》注："此蟲亦名刀環蟲，以其死側卧，狀如刀環也。"按：今人呼之"百脚蟲"，紫黑色而光潤，節閒蹙起細紋，人觸之即側卧，非必死也。

阜螽，蠜。《詩》曰："趯趯阜螽。"**草螽，負蠜。**《詩》曰"喓喓草蟲"，謂常羊也。**蜇螽，蜙蝑。**蜙蠑也。俗呼蝽蟋。**蟿螽，螇蚸。**今俗呼似蜙蠑而細長，飛翅作聲者爲螇蚸。**土螽，蠰谿。**似蝗而小，今謂之土蠑。

《春秋·宣十五年》疏引李巡云："皆分别蝗子異方之語也。"《説文》"螽、蝗"互訓。螽，或作"蝶"，《春秋》書"螽"，《公羊》作"蝶"。牟廷相説："《詩》云'衆維魚矣'，衆疑蝶之省文，蓋蝶魚相化，協於夢占。"牟説是也。

"阜螽，蠜"者，阜螽名蠜，《詩》作"阜螽"，正義引李巡曰："阜螽，蝗子也。"陸璣云："今人謂蝗子爲螽子，兗州人謂之螣。"然則"螽"爲總名，"阜螽"亦螽之統稱矣。《漢書·文帝紀》注："今俗呼爲簸蝩。""蝩"蓋"螽"之或體，"簸蝩"即"阜螽"，聲之轉也。

○草螽，《詩》作"草蟲"，蓋變文以韵句，"蟲、螽"古字通也。負者，假借字，《詩》作"阜"，《説文》作"自"，云："自蠜也。"

《詩》釋文引《草木疏》云:“草螽,一名負蠜,大小長短如蝗而青也。”正義引云:“奇音青色。”好在茅草中。如陸所説,蓋今之青頭郎,大小如蝗而色青,即蝗之類,未聞能鳴。今驗一種青色善鳴者,登萊人謂之“聒子”,濟南人謂之“聒聒”,並音如“乖”,順天人亦謂之“聒聒”,音如“哥”,體青緑色,比蝗麤短,狀類蟋蟀,振翼而鳴,其聲清滑,及至晚秋,鳴聲猶壯。《詩·出車》箋:“草蟲鳴晚秋之時。”及陸璣疏:“奇音青色。”唯此足以當之。毛傳:“草蟲,常羊也。”常羊,今未聞。

○《説文》:“蝑,蜙蝑也。”“蜙蝑,以股鳴者。蜙或作蚣。”鄭注《梓人》云:“股鳴,蚣蝑、動股屬。”以動股、蚣蝑爲二物,非也。《詩》之“螽斯”“斯螽”,毛傳並云:“蚣蝑。”是一物也,“斯”與“蜇”聲義同。釋文“蜇,亦作蟖”,或體字也。蚣蝑亦爲舂黍,《詩》疏引舍人曰:“蚣蝑,今所謂舂黍也。”《方言》云:“舂黍謂之䗥蝑,又爲蚣蠑。”郭此注及《方言》注並云:“蚣蠑是皆語聲之遞轉耳。”舂黍,《廣雅》作“螌蟗”,又爲“舂箕”。《詩》正義引陸璣疏云:“螽斯,幽州人謂之舂箕。舂箕即舂黍,蝗類也,長而青,長角長股,股鳴者也。或謂似蝗而小,班黑,其股似瑇瑁文,五月中以兩股相切作聲,聞數十步。”今按:陸説未盡,嘗驗此類有三種:一種碧緑色,腹下淺赤,體狹長,飛而以股作聲戛戛者,蜙蝑也,陸疏前説是也;一種似蝗而班黑色,股似瑇瑁文,相切作聲咨咨者,陸疏後説是也;又一種亦似蝗而尤小,青黄色,好在莎草中,善跳,俗呼“跳八丈”,亦能以股作聲,甚清亮。此三者皆動股屬也。陸不知青而長者爲蜙蝑,鄭不知蜙蝑即動股,胥失之矣。

○蠜螽者,《春秋·桓五年》正義引樊光云:“蠜螽、土螽,皆蜙蝑之屬。”郭以“似蜙蝑而細長,飛翅作聲者爲螇蚸”,郭説得之。今驗螇蚸全似蜙蝑而細小,飛翅作聲,尤清長,俗呼之“蛤答板”是也。釋文:“蚸,郭音歷,孫音昔。”

○土螽者,今土蛨蚝也。亦有二種:一種體如土色,似蝗而小,有翅,能飛不遠;又一種黑班色而大,翅絶短,不能飛,善跳,俗呼之“度(音鐸)蛨蚝”,即土蛨蚝也。郭云“土蠂”者,釋文:“蠂,又作蚝,竹宅反。詁幼云‘蚝,蚝蜢也,善跳’。蜢,音猛。”蚝蜢,《方言》作“蟅蟒”,郭注:“蟒,莫鯁反。蟅音近詐,亦呼蚝蛨。”今按:登萊人呼“蛨蚝”音如“禡詐”,楊州人呼“抹扎”,班黑者爲“土抹札”也。

螼蚓,豎蚕。 即蛩蟺也。江東呼寒蚓。

《説文》:“螼,螾也。”“螾,側行者。螾或作蚓。”鄭注《梓人》則以“仄行,蟹屬。卻行,螾衍之屬”。劉昌宗云:“螾衍或作衍蚓,今曲蟮也。”蟮,《説文》作“蟺”,云:“夗蟺也。”《廣雅》云:“蚯蚓,蜿蟺也。”“蚯蚓”即“螼蚓”,聲相轉也。《月令》:“孟夏之月蚯蚓出。”“仲冬之月蚯蚓結。”舊説蚯蚓無心而淫邪,故《御覽》引郭氏讚云:“蚯蚓土精,無心之蟲。交不必分,婬於阜螽。觸而感物,無有常雄。”《大戴禮·易本命》篇云“食土者無心而不息”,盧辯注:“蚯蚓之屬,不氣息也。”“蚯蚓”轉爲“朐忍”。《後漢書·吴漢傳》注:“朐忍縣,屬巴郡。《十三州志》云:‘朐音蠢,忍音閏。其地下溼,多朐忍蟲,因以名焉。’”又轉爲“蠢蝡”。高誘《淮南·時則》篇注:“丘螾,蠢蝡也。”《説山》篇注又云:“螾,一名蜷端也。”然則“蜷端”與“豎蚕”亦語聲之轉矣。《古今注》云:“蚯蚓,一名曲蟺,善長吟於地中,江東謂之歌女,或謂之鳴砌。”郭云“江東呼寒蚓”者,《廣韵》云:“蜸,蚯蚓也,吴楚呼爲寒蜩。”

莫貈，螗蜋，蛑。螗蜋，有斧蟲，江東呼爲石蜋。孫叔然以《方言》説此，義亦不了。

螗蜋，《説文》作“堂蜋”，云：“堂蜋，一名蚚父。”按：蚚父即拒斧也。高誘注《吕覽·仲夏紀》云：“螳蜋，一曰天馬，一曰齕疣，兖州謂之拒斧。”《淮南》注作“巨斧”，義俱通耳。此蟲有臂如斧，故《莊子·人閒世》篇云：“螳蜋怒其臂以當車軼，不知不勝任也。”《韓詩外傳》云：“此爲天下勇蟲矣。”螳蜋，今呼“刀蜋”，聲之轉也。

郭云“江東呼爲石蜋”，與《方言》注同。又云“孫叔然以《方言》説此”者，《方言》云：“螳蜋謂之髦，或謂之虰，或謂之蝆蝆。”孫炎取此《方言》以下文“虰”字上屬，郭所不從也。釋文：“貈，本又作貉，孫户各反。蛑，郭音牟，又亡牢反。”然則“蛑”與“髦”字異音同，“莫貈”合聲亦爲“髦”，“蝆蝆”又與“髦”聲相轉，《方言》合於《爾雅》矣。

虰蛵，負勞。或曰即蜻蛉也，江東呼狐梨，所未聞。

《説文》：“丁蛵，負勞也。”又云：“蛉，蜻蛉也。一名桑根。”《方言》云“蜻蛉謂之蝍蛉”，郭注：“六足四翼蟲也，江東名爲狐黎，淮南人呼蝵蚜。”《廣雅》云：“蜻蛉、蜒蛉，倉螘也。”倉螘、桑根、蜒蛉、蜻蛉，俱聲相轉。蝵蚜、倉螘、蜻蛉、虰蛵，又聲相近也。《吕覽·精諭》篇云“海上之人有好蜻者”，高誘注：“蜻，蜻蜓，小蟲，細腰四翅，一名白宿。”《淮南·説林》篇云“水蠆爲蟌”，高注：“蟌，青蛉也。”《爾雅翼》云：“水蠆既化蜻蛉，蜻蛉相交，還於水上，附物散卵，復爲水蠆也。”《本草》陶注：“蜻蛉，一名諸乘。”《古今注》云：“一名青亭，色青而大者是也。小而黄者曰胡梨，一曰胡離。小而赤者曰赤卒,一名絳騶,一名赤衣使者,一名赤弁丈人,好集水上。"按:今呼赤色者爲"火壺盧",即"紅胡梨"之聲轉也。大而青者,順天人呼"老琉璃",亦曰"馬郎"。"馬"古讀如"姥","姥、負"音近,"郎、勞"聲轉,然則"馬郎"即"負勞"之遺語乎?

蛅,毛蠹。即蛓。

《説文》:"蛅,毛蠹也。"又云:"蛓,毛蟲也,讀若笥(三字據釋文補)。"釋文云:"今俗呼爲毛蛓,有毒,螫人。"《楚辭·九思》篇云:"蛓緣兮我裳。"

螺,蛅蟴。蛓屬也。今青州人呼蛓爲蛅蟴。孫叔然云"八角螫蟲",失之。

《説文》云:"蛅斯,墨也。"《本草》:"雀甕,一名躁舍。"《别録》:"生樹枝閒,蛅蟴房也。"陶注:"蛅蟴,蚝蟲也,其背毛螫人。"陳藏器云:"蚝蟲好在果樹上,大小如蠶,背有五色斕毛,刺人有毒。欲老者口中吐白汁,凝聚如雀卵,以甕爲繭,在中作蛹,羽化而出作蛾,放子如蠶子於葉閒。"按:今登萊人呼蛅蟴爲"螷蛓","螷、螺"聲相轉也。其甕呼"螷蛓甕",紫白光潤如漆,其中汁黄味甘,兒童恒破其甕吸之。孫炎以蛅蟴爲"八角螫蟲"者,背毛攢族如起棱角,非真有八角也。

蟠,鼠負。瓮器底蟲。

《説文》:"蟠,鼠婦也。"又:"䗪讀若樊,或曰鼠婦。"是"䗪、蟠"同,"婦、負"古字通。釋文"負,又作婦",是也。《詩》疏引陸璣疏云:"伊威,一名委黍,一名鼠婦,在壁根下甕底土中生,似白魚者,是也。"今按:鼠婦長半寸許,色如蚯蚓,背有横文,腹下多足,生水瓨底或牆根溼處,此蟲名蟠,不名負蟠。《本草》

"鼠婦,一名負蟠",非也。陶注"一名鼠姑",又因鼠婦而爲名耳。《本草》又有"蟅蟲",一名地鼈,《别録》:"一名土鼈,其形圓扁,大可寸餘,背上亦有横文。"但其色黑,不類鼠婦,好在鼠壤土中及屋壁下,二物形狀大小迥别,《本草》亦分爲二,《廣雅》以"蟅"爲"負蠜","蠜"一作"蟠",蓋沿《本草》"鼠婦,一名負蟠"而誤。《玉篇》遂云"蟅,鼠婦,負蠜也",則又沿《廣雅》而誤矣。《御覽》九百四十九引《説文》云"蟠蟅,鼠婦也","蟅"乃衍字。《説文》"蟅"訓"螽"。《秋官·赤犮氏》注以蟅爲貍蟲,"貍"與"薶"同,是許、鄭皆不以蟅爲鼠婦也。説者多誤,故辨而正之。《本草》:"蟅蟲即俗呼過蚤孃也。"《埤雅》云:"蟅逢申日則過街與燈蛾爲牝牡。"

蟫,白魚。衣書中蟲,一名蛃魚。

《説文》:"蟫,白魚也。"《廣雅》:"白魚,蛃魚。"是郭所本。《詩》疏引陸璣疏云:"蘭香草可箸粉中,藏衣箸書中,辟白魚。"《本草》:"衣魚,一名白魚。"鄭注《秋官·翦氏》云:"蠹物,穿食人器物者,蠹魚亦是也。"《穆天子傳》云"蠹書於羽陵",郭注:"暴書蠹蟲,因曰蠹書也。"今按:白魚長僅半寸,頗有魚形而岐尾,身如傅粉,華色可觀,亦名壁魚,一名蠹魚。古人簡版寫書,非如近今用紙,而白魚名狀流播來今,瑰色殊形,含咀英華,異於凡蠹者也。

蛾,羅。蠶蛾。

《説文》:"蝨,蠶化飛蟲。或作蛾。"①又虫部:"蛾,羅也。"

① 説文蝨　蝨,此本誤"蛾",咸豐六年刻本及經解本同。此應依《説文》作"蝨",據改。

《大戴禮》云:“食桑者有絲而蛾。”《廣雅》云:“蛘,蛾也。”《類聚》引《廣志》云:“有蠶蛾,有天蛾。凡草木蟲,以蛹化爲蛾甚衆。”然則蛾、羅通名,凡蛺蝶之類皆是。郭以蠶蛾爲釋,恐非。《埤雅》引孫炎正義云:“蛾即是雄,羅即是雌。”今按:蟲類雖有雌雄,但“蛾、羅”疊韵,古人多取聲近爲名,亦猶《釋草》之“莪,羅”,非草有雌雄也,孫炎此義理未通矣。此別是一孫炎,《宋史·藝文志》:“孫炎《爾雅疏》十卷。”邢昺序謂“爲義疏者,俗閒有孫炎、高璉,皆淺俗”,即《埤雅》所引者也。

螒,天雞。小蟲,墨身赤頭,一名莎雞,又曰樗雞。

釋文“翰,《字林》作螒”,蓋別於《釋鳥》之“翰,天雞也”,今從宋本作“螒”。莎雞者,《詩·七月》傳:“莎雞羽成而振訊之。”正義引樊光云:“謂小蟲,黑身赤頭,一名莎雞。”孫、郭義同。李巡曰:“一名酸雞。”“酸、莎”聲相轉也。陸璣疏云:“莎雞如蝗而班色,毛翅數重,其翅正赤,或謂之天雞。六月中飛而振羽,索索作聲,幽州人謂之蒲錯。”按:今謂“趿踏蟲”,即“索索”語聲之轉耳。郭又云“樗雞”者,《本草》:“樗雞,生樗樹上。”今驗其蟲,外翼灰色,内翅純紅,形似蠶蛾,因呼“灰花蛾”,飛翔樗樹閒,故《廣雅》以爲樗鳩,“鳩、雞”聲亦相轉。王德瑛說:蘇頌《圖經》呼“紅娘子”,今俗亦同此名。然視其頭亦灰色而不赤,惟眼赤色,郭云“黑身赤頭”,殊不似也。余按:《廣雅》不云樗雞即莎雞,郭義未見所出。《御覽》引《廣志》云:“莎雞似蠶蛾而五色,亦曰犨雞。”“犨”與“樗”雖聲轉,而樗雞非莎雞,《廣志》及郭志疑皆同名,非一物也。詳考諸家之説,俱非確義,惟陸璣疏於義爲長。

傅，負版。未詳。

釋文："版，亦作蝂。"《玉篇》云："蝜蝂蟲大如蜆，有毒。"又云："蝂，螻蝜也（布莫、於犬二音）。"按："蝂、版"聲轉，"螻蝜"即"版"之合聲。柳子《蝜蝂傳》云："蝜蝂者，善負小蟲也。行遇物，輒持取，卬首負之。負逾重，雖困劇不止。背甚澀，物積不散，卒躓仆不能起。人或憐之，爲去負，苟能行，又持取如故。好上高，極其力至墜地死。"今驗此蟲黑身，爲性躁急，背有齟齬，故能負不能釋，但其名今未聞。

强，蚚。即"强醜捋"。

"强、蚚"雙聲，《説文》"强、蚚"互訓。《玉篇》："强，米中蠹小蟲。"是强、蚚即上"蛄蠪，强蛘"也。郭以下文"强醜捋"爲釋，是矣。

蛶，螪何。未詳。

《説文》："蛶，商何蟲。"釋文引《字林》："螪，蓋作蟐，故音之赤反。何，或作蚵，音河。"《玉篇》："蛶，螪蚵也。"又云："蚵蠪，蜥易。"本於《廣雅》。《集韵》引《爾雅》"蛶，螪何"，亦以爲蜥易類也。蓋"螪"字作"蟐"，依吕忱音正"蜥易"之合聲，《集韵》説是。

蜆，蛹。蠶蛹。

《説文》："蛹，繭蟲也。""蜆，蛹也。讀若潰。"荀子《蠶賦》云："蛹以爲母，蛾以爲父。"《埤雅》引孫炎正義："蜆即是雄，蛹即是雌。"

蜆，縊女。小黑蟲，赤頭，喜自經死，故曰縊女。

《説文》："蜆，縊女也。"《六書故》引《説文》蜀本曰："蛻爲蝶也。"《御覽》九百四十八引孫炎曰："小黑蟲，赤頭，三輔謂之縊女。此蟲多，民多縊死。”又引《異苑》云：“蜆長寸許，頭赤身黑，恒吐絲自懸。”按：今此蟲吐絲自裹，望如披蓑，形似自懸，而非真死，舊説殊未了也。《爾雅翼》云：“有蟲半寸以來，周圍植以自裹，行則負以自隨，亦化蛹其中，俗呼避債蟲。”羅願説此於“蛅蟴”下，不知此乃“蜆，縊女”也。“蜆”之言猶“磬”也。“磬於甸人”與“自經於溝瀆”之“經”義同，而音亦近。釋文：“蜆，孫音俔。俔，若見反。”“俔天之妹”，《毛詩》作“俔”，《韓詩》作“磬”，“磬、俔”聲相轉也。孫炎讀“蜆”爲“俔”，得其音矣。釋文“蜆，下顯反，《字林》下研反”，俱失之。

蚍蜉，大螘；俗呼爲馬蚍蜉。**小者螘。**齊人呼蟻爲蛘。**蠪，朾螘。**赤駮蚍蜉。**螱，飛螘，**有翅。**其子蚳。**蚳，蟻卵。《周禮》曰：“蜃蚳醬。”

《説文》“蠶蠹”或爲“蚍蜉”，“大螘也”“螘，蚍蜉也”。《方言》云：“蚍蜉，齊魯之閒謂之蚼蟓，西南梁益之閒謂之玄蚼，燕謂之蛾蛘，其場謂之坻，或謂之垤。”《廣雅》云：“蟞蜉，螘也。”餘同《方言》。是“蟞蜉”即“蚍蜉”，聲相轉。“蛾”與“蟻”，“蛘”與“蟓”，“蚼”與“駒”，並字異音同。“螘、蟻”古今字也。今棲霞人呼“螘蛘”音如“几養”，蓋“蚼蟓”之聲相轉耳。《夏小正》云：“玄駒賁。玄駒也者，螘也。”《學記》云“蛾子時術之”，鄭注：“蛾，蚍蜉也。”《易林》云：“蟻封户穴，大雨將集。”又云：“蚍蜉戴粒，留不上山。”是皆以“螘”爲蚍蜉之通名。《爾雅》則以“蚍蜉”爲大螘之名，故《詩・東山》正義引舍人曰：“蚍蜉即大螘也，小者即名螘也。”《楚辭・招魂》注亦云：“小者爲蟻，大者爲蚍蜉。”本於《爾雅》也。蚍蜉，今順天人呼“馬螘”，棲霞人呼“馬螘蛘”。

○《説文》:"蠪,丁螘也。""丁"與"朾"音同。釋文:"朾,孫丈耕反。"然則"朾"之爲言"赬"也,"赬、朾"音近,此螘赤駮,故以爲名。《海内北經》云"朱蛾,其狀如蛾",郭注引《楚辭》曰:"赤蛾如象。"今螘亦有赤黄色者。

○釋文:"蟗,於貴反。《説文》《字林》從蛐。"按:今《説文》無"蛐"字,"蛐"又非聲,唯"蝝"字引劉歆説"蚍蜉子",其義疑也。《類聚》引《廣志》曰:"有飛蟻,有木蟻。"《爾雅翼》云:"螘有翅者,柱中白螘之所化也,以泥爲房,詰曲而上,往往變化生羽,遇天晏温,羣隊而出,飛不能高,尋則脱翼藉藉,在地而死。"今按:劉歆以蝝爲蚍蜉之有翼者,蓋謂此也。今黑色螘亦有生翼者,但不解飛耳。

○《説文》:"蚳,螘子也。《周禮》有蚳醢,讀若祁。"鄭注《醢人》云:"蚳,蛾子。"《夏小正》:"二月抵蚳。蚳,螘卵也,爲祭醢也。"《魯語》云:"蟲舍蚳蝝。"

次蟗,鼅鼄。鼅鼄,鼄蝥。今江東呼蝃蝥,音掇。**土鼅鼄。**在地中布網者。**草鼅鼄。**絡幕草上者。

次蟗,《説文》作"䵹鼄",云:"作罔蛛鼄也。"又云:"鼅鼄,鼄鼄也。或作蜘蛛。"然則蜘蛛、次蟗,䵹鼄、鼄鼄,並聲轉聲近字也。釋文:"蟗,或作蝵,郭音秋。"《方言》俱本《爾雅》,又云"或謂之蠾蝓。蠾蝓者,侏儒語之轉也。北燕、朝鮮、洌水之閒謂之蝳蜍",郭注:"齊人又呼社公,亦言罔工。"蓋蜘蛛工於結網,故賈子《禮》篇云:"蛛蝥作罟。"《抱朴子》云:"太昊師蜘蛛而結網。"《本草》陶注云:"蜘蛛數十種,《爾雅》止載七八種爾。今用懸網狀如魚罾者,亦名蚍蟱。赤斑者俗名絡新婦。"郭注《方言》《爾雅》並云:"今江東呼蝃蝥。"釋文:"蝃,或作蚍,音章悦反。”是“蛣蟱”即“蝃蝥”，蠾蝓、蝳蜍，亦聲相近。

○土鼅鼄者，《本草拾遺》所云“蛣蟱在孔穴中作網，開一門出入”，是也。

○草鼅鼄者，《類聚》引《廣志》云：“草蜘蛛在草上，色青；土蜘蛛在地上，春行草閒，秋系在草。”按：此有數種，青班色及黄赤色並雜色者，或扁如榆莢，或大如菜子及粟粒，並布網絡幕草上，亦作孔出入，如土蜘蛛。

土蠭。今江東呼大蠭在地中作房者爲土蠭，啖其子，即馬蠭。今荆巴閒呼爲蟺，音憚。**木蠭**。似土蠭而小，在樹上作房，江東亦呼爲木蠭，又食其子。

《説文》：“蠭，飛蟲螫人者。”“𧖟，蠭甘飴也。或作蜜。”《方言》云：“蠭，燕趙之閒謂之蠓螉。”按：“蠓螉”之合聲爲“蜂”，“蜂”古讀如“蓬”，見《廣韵》，云：“出《蒼頡篇》，又音峰。”是“蜂”與“蠭”同也。

土蠭者，《本草》云：“一名蜚零。”陳藏器云：“赤黑色，穴居，最大，螫人至死。”按：土蠭今呼“蟚蜂”，大者斃牛，其房層累，大於十斗甕器。

○木蠭者，陶注《本草》“石蜜”云：“木蜜懸樹枝作之，色青白，樹空及人家養作之者亦白而濃厚，味美。又有土蜜於土中作之，色青白，味醶。”今按：木蠭有數種。《方言》云“其大而蜜謂之壺蠭”，郭注：“今黑蠭穿竹木作孔亦有蜜者，或呼笛師。”然則壺蠭亦木蠭，今呼之“瓠瓡蜂”，陶注所謂“飖瓡蜂”也。郭云“啖其子”“食其子”者，蜂子肥白，古人珍之，故《内則》云“爵鷃蜩范”，鄭注：“范，蜂也。”《嶺表録異》云：“宣歙人脱蜂子，鹽炒曝乾，寄京洛爲方物。”

蟦,蠐螬。在糞土中。**蝤蠐,蝎**。在木中。今雖通名爲蝎,所在異。

《説文》:“齏,齏蠹也。”《方言》作“蠀螬謂之蟦”。《本草》:“一名蟦蠐。”《别録》:“一名蜰齊,一名教齊。”此皆語聲相轉而爲名也。《莊子·至樂》篇云:“烏足之根爲蠐螬。”《論衡·無形篇》云:“蠐螬化爲復育,復育轉而爲蟬。”《御覽》引陸璣疏云:“蠐螬生糞土中。”《别録》云:“生積糞草中。”陶注:“大者如足大指,以背行,乃駛於脚。”按:此物有足而任背行,亦不駛也。

○《説文》:“蝤,蝤齏也。”“蝎,蝤齏也。”《詩·碩人》傳用《爾雅》。《方言》云:“蠀螬,自關而東謂之蝤蠀,或謂之卷蠾,或謂之蝖螜。梁益之閒謂之蛒,或謂之蝎,或謂之蛭蛒。秦晉之閒謂之蠹,或謂之天螻。”然則此物與螻蛄齊名矣。《詩》正義引孫炎曰:“蠐螬謂之蟦蠐,關東謂之蝤蠐,梁益之閒謂之蝎。”義本《方言》。但據孫炎及《本草》,則蟦蠐名螬,蝤蠐名蝎,分明不誤。“蝤、螬、蠐”三字俱聲轉,“蠐螬”倒言之即“蝤蠐”,故司馬彪注《莊子·至樂》篇“蠐螬”作“螬蠐”,云:“螬蠐,蝎也。”是螬蠐即蝤蠐,二名溷淆,蓋本之《方言》而誤也。今蠐螬青黄色,身短足長,背有毛筋,從夏入秋,蜕爲蟬。蝤蠐白色,身長足短,口黑無毛,至春羽化爲天牛,陳藏器説如此。今驗二物,判然迥别,以爲一物,非矣。

伊威,委黍。舊説鼠婦别名,然所未詳。

《説文》:“蛜威,委黍。”“委黍,鼠婦也。”《詩·東山》傳用《爾雅》,疏引舍人曰:“伊威名委黍。”陸璣疏與舍人同,已見上文“蟠,鼠負”。《本草》:“一名蛜蝛。”《别録》:“一名蝼蟓。”是舊説俱無異詞，郭云"未詳"，蓋失檢矣。

蠨蛸，長踦。小鼅鼄長脚者，俗呼爲喜子。

蠨，《説文》作"蟰"，云："蟰蛸，長股者。"《詩》傳用《爾雅》，舍人曰："蠨蛸名長踦。"陸璣疏云："蠨蛸，長踦，一名長脚，荆州、河内人謂之喜母。此蟲來箸人衣，當有親客至，有喜也。幽州人謂之親客，亦如蜘蛛爲羅網居之。"今按：此蟲作網，但有縱理而無横文，如絡絲之狀。陶注《本草》"蜘蛛赤斑者名絡新婦"，疑此是也。但所見皆黄色，無赤斑者，其腹榦甚瘦小。

蛭蝚，至掌。未詳。

《説文》："蛭蝚，至掌也。"《本草》："水蛭。"《别録》："一名蚑，一名至掌。"然則《釋魚》"蛭蟣"，即是物也。然水族而在《釋蟲》者，陶注《本草》有"山蚑"，唐本注有"草蛭"，在深山草中，蜀本注有"石蛭""泥蛭"，《論衡·商蟲篇》云："下地之澤，其蟲曰蛭，蛭食人足。"此則蛭屬，有在草泥山石閒者，並能齧人手足，恐人不識，是以《爾雅》流"至掌"之稱矣。

國貉，蟲蠁。今呼蛹蟲爲蠁。《廣雅》云："土蛹，蠁蟲。"

《説文》："蠁，知聲蟲也。司馬相如作蚼。"又云："禹，蟲也。象形。"《玉篇》："蠁，禹蟲也。"是禹蟲即蠁，今謂之"地蛹"，如蠶而大，出土中。故《廣雅》云："土蛹，蠁蟲也。"蠁蟲即蟲蠁。"蠁"猶"響"也，言知聲響也；亦猶"向"也，言知所向也。《埤雅》引《類從》云："帶蠁醒迷，遶祠解惑。"《香祖筆記》一引《物類相感志》云："山行慮迷，握蠁蟲一枚於手中，則不迷。"然則蟲有靈應，故有"肸蠁"之言矣。

蠖，蚇蠖。今蝍蝛。

《説文》:“蠖,尺蠖,屈申蟲也。”《易·繫辭》云:“尺蠖之屈,以求信也。”尺,通作“斥”。《考工記·弓人》云“麋筋斥蠖灂”,鄭注:“斥蠖,屈蟲也。”郭云“今蝍蝛”者,《方言》云:“蠀蝛謂之蚇蠖。”郭注“即踧二音”,是蠀蝛即蝍蝛。《一切經音義》九引舍人曰:“一名步屈,宋地曰尋桑也,吴人名桑闔。”今驗步屈,小青蟲也,在草木葉上懸絲自縋,亦作小繭,化爲飛蝶,或在桑上,故有尋桑、桑闔諸名。其在它樹上者,亦隨所染,故《晏子春秋·外篇》云“尺蠖食黄則黄,食蒼則蒼”,是矣。其行先屈後申,如人布手知尺之狀,故名尺蠖。今作“蚇”,非。《類聚》引《爾雅》正作“尺”,又引郭氏讚云:“貴有可賤,賤有可珍。嗟茲尺蠖,體此屈申。論配龍蛇,見歎聖人。”

果蠃,蒲盧。即細腰蠭也,俗呼爲蠮螉。**螟蛉,桑蟲**。俗謂之桑蟃,亦曰戎女。

《説文》云:“蠣蠃,蒲盧,細要土蠭也。天地之性,細要,純雄,無子。”引《詩》“螟蠕有子,蠣蠃負之”,“蠣”或作“蜾”。又云:“螟蠕,桑蟲也。”《詩·小宛》箋:“蒲盧取桑蟲之子負持而去,煦嫗養之以成其子。”疏引陸璣云:“螟蛉者,桑上小青蟲也,似步屈(《御覽》引舍人同),其色青而細小,或在草萊上。蜾蠃,土蜂也,似蜂而小腰,取桑蟲負之於木空中、筆筒中(三字《御覽》引有),七日而化爲其子。里語曰‘祝云“象我象我”也’。”(二語亦《御覽》引。)《法言·學行》篇作“類我類我,久則肖之”,是陸璣所本也。《莊子·天運》篇云:“細腰者化。”《庚桑楚》篇云“奔蜂不能化藿蠋”,釋文引司馬彪注:“奔蜂,小蜂也,一云土蜂。”是舊説相承,皆以細腰土蜂取它蟲爲己子也。唯陶注《本草》“蠮螉”云:“今一種蜂,黑色,腰甚細,銜泥於人壁及器物邊作房,如併竹管者是也。其生子如粟米大,置中,乃捕取草上青蜘蛛十餘枚,滿中仍塞口,以擬其子大爲糧也。其一種入蘆竹管中者,亦取草上青蟲。《詩》云'螟蛉有子,蜾蠃負之',言細腰物無雌,皆取青蟲教祝,便變成己子,斯爲謬矣。"牟應震爲余言,嘗破蜂房視之,一如陶説,乃知古人察物未精,妄有測量。又言其中亦有小蜘蛛,則不必盡取桑蟲,詩人偶爾興物,説者自不察耳。《方言》云:"蠭,其小者謂之蠮螉,或謂之蚴蜕(幽悦二音)。"蠮螉、蚴蜕,一聲之轉。郭云"桑螘"者,《玉篇》云:"螘,螟蛉蟲也。""亦曰戎女"者,廣異名。

蝎,桑蠹。即蛣蝠。

《説文》:"蠹,木中蟲。或作螙,象蟲在木中形。"《論衡·商蟲篇》云:"桂有蠹,桑有蝎。"《本草别録》有"桑蠹蟲",即此是矣。《詩·碩人》疏引孫炎曰:"即蛣蝠也。"今按:亦即蝤蠐,孫義見上。《御覽》九百四十九引《爾雅》云:"蝎,桑蠹,還自食。"疑引舊注之文。

熒火,即炤。夜飛,腹下有火。

《詩·東山》傳:"熠燿,燐也。燐,螢火也。""螢"與"熒"同。燐,光明也。《劇秦美新》云"炳炳麟麟",即"燐燐"之假借,猶言"熒熒"也。是皆火光明貌,故《説文》"熒,屋下鐙燭之光",是也。然則《淮南·氾論》篇云"久血爲燐",注以"燐"爲"鬼火",不必然也,且鬼火與螢火其色俱青,無妨"燐"爲通名。曹植《螢火論》以燐、鬼火爲疑,非矣。《本草》:"螢火,一名夜光。"《類聚》引《吴普本草》:"一名夜照,一名熠燿,一名景天,一名挾火。"《詩》疏引舍人云:"熒火,即炤,夜飛有火蟲也。"《月令》疏引李巡云:"熒火夜飛,腹下如火光,故曰即炤。"《本草》陶注:"此是腐草及爛竹根所化,初時猶如蛹蟲,腹下已有光,數日便變而能飛。"陶説非也。今驗螢火有二種:一種飛者,形小頭赤;一種無翼,形似大蛆,灰黑色而腹下火光大於飛者,乃《詩》所謂"宵行"。《爾雅》之"即炤",亦當兼此二種,但説者止見飛螢耳。又説"茅竹之根,夜皆有光,復感溼熱之氣,遂化成形",亦不必然。蓋螢本卵生,今年放螢火於屋内,明年夏細螢點點生光矣。又名丹良,《夏小正》云:"丹鳥羞白鳥。""丹鳥"謂丹良,"白鳥"謂蚊蚋。《月令》疏引皇侃説"丹良是熒火"也。

"即"與"櫛"蓋古字通。櫛,燭跋也,見《弟子職》。炤,《玉篇》同"照"。《顔氏家訓·風操》篇云:"劉縚、緩兄弟,其父名昭,一生不爲照字,唯依《爾雅》火旁作召。"即此"炤"字也。

密肌,繼英。未詳。

《釋鳥》有"密肌,繫英",與此同名,或説此蟲即肌求也。《秋官·赤友氏》注"貍物,䗪肌求之屬",釋文:"求,本作蛷。"《説文》:"蠢或作蚉,多足蟲也。"《廣雅》云:"蛷螋,蛷蛷也。"《一切經音義》九引《通俗文》云:"務求謂之蛷蛷,關西呼蛷螋爲蚑蛷。"然則"蚑蛷"即"肌求",聲之轉也。"蛷螋"又轉爲"蠼螋"。《博物志》云:"蠼螋蟲溺人影,隨所箸處生瘡。"《本草拾遺》云:"蠼螋狀如小蜈蚣,色青黑,長足。"陶注:"雞腸草主蠼螋溺也。"按:此蟲足長行駛,其形鬖髿,今棲霞人呼"草鞵底",亦名"穿錢繩",楊州人呼"蓑衣蟲",順天人呼"錢龍",是也。密肌,《廣韵》作"密蚞";繼英,《玉篇》作"蠿蝧",俱或體字。

蚅,烏蠋。大蟲如指,似蠶,見《韓子》。

釋文引《説文》云"蜀,桑中蟲也",與《詩·東山》傳合。今《説文》作"葵中蠶",非也。引《詩》"蜎蜎者蜀",今《詩》作

“蠋”,亦非,箋云:“蠋,蜎蜎然特行。”按:“蜀”之言“獨”也,《方言》云“一,蜀也。南楚謂之獨”①,郭注:“蜀猶獨耳。”然則此蟲性好獨行,箋説是矣。《御覽》九百五十引孫炎曰:“蚅,一名烏蠋。”《詩·韓奕》傳:“厄,烏蠋也。”《韓非·内儲説》云:“蟺似蛇,蠶似蠋。”《淮南·説林》篇云:“鱓之與蛇,蠶之與蠋,狀相類而愛憎異。”皆其義也。蠋,今謂之“豆蟲”,司馬彪注《莊子·庚桑楚》篇云:“藿蠋,豆藿中大青蟲也。”

蠓,蠛蠓。小蟲,似蜹,喜亂飛。

《説文》用《爾雅》。釋文:“蠓,莫孔反。”“蠛、蠓”雙聲,今呼“蠓蟲”,猶古音也。《甘泉賦》云“浮蠛蠓而撇天”,李善注引孫炎曰:“蠛蠓,蟲小於蚊。”《埤雅》引孫注云:“此蟲微細羣飛。”並郭所本。蜹即蚊也,又引郭曰:“蠓飛磑則天風,舂則天雨。”蓋郭《音義》之文。又引《圖讚》曰:“風舂雨磑。”二説不同。蓋蠓飛而上下如舂,主風;回旋如磑,主雨。今俗語猶然也。《史記·周本紀》云“蜚鴻滿野”,《淮南·本經》篇作“飛蟲滿野”,索隱引高誘注:“飛蟲,蠛蠓也。”(今本“蟲”作“蛩”,注亦小異。)《埤雅》又云“蠓,一名醯雞”,非也。醯雞,今醋蟲,與蠓異。

王,蛈蜴。即螲蟷,似鼅鼄,在穴中,有蓋,今河北人呼蛈蜴。

蛈蜴,又爲“螲蟷”,又爲“顛當”,俱雙聲字也。《酉陽雜俎》云:“齋前雨後多顛當窠,深如蚓穴,網絲其中,土蓋與地平,大如榆莢。常仰捍其蓋,伺蠅蠖過,輒翻蓋捕之。纔入復閉,與

① 南楚謂之獨　獨,此本誤“蜀”,咸豐六年刻本及經解本同。按:《方言》作“獨”,據改。

地一色,無隙可尋。而蜂復食之,秦中鬼謡云:‘顛當顛當牢守門,蠮螉寇汝無處奔。’”劉崇遠《金華子》云:“長安閒里中小兒常以纖草刺地穴閒,共邀勝負,以手撫地,曰顛當出來。既見草動,則鉤出赤色小蟲,形似蜘蛛,江南小兒謂之釣駱駝。其蟲背有若駝峰然也。”今按:此蟲穴沙爲居,其穴如釜而鋭底,潛伏其下,游蟲誤墮,因爪取之,不見其形,俗謂之“哈喇模”。小兒以髮繫蟲爲餌,謂之“釣哈喇模”,其形狀一如《金華子》所説也。

蟓,桑繭。食桑葉作繭者,即今蠶。**雔由:樗繭、**食樗葉。**棘繭、**食棘葉。**欒繭。**食欒葉。**蚢,蕭繭。**食蕭葉者。皆蠶類。

《説文》:“繭,蠶衣也。”“蠶,任絲也。”《夏官·馬質》“禁原蠶者”,鄭注:“原,再也。蠶與馬同氣。”鄭以禁原蠶爲傷馬,《淮南書》則以爲殘桑也。原蠶今呼“晚蠶”,北人爲其收薄,不甚養之。南方蠶盛,有八繭之蠶也。《淮南·説林》篇云:“蠶食而不飲,二十一日而化。”荀子《蠶賦》云:“三俯三起,事乃大已。”今南方養蠶者三十六日而化,其原蠶則二十一日而化也。三俯,今曰三眠,亦有四眠者。繭分黄、白二色,俱名爲“蟓”。蟓者,象也,言能象物賦形也。陶注《本草别録》云:“原蠶,俗呼爲魏蠶。”

○雔由者,樗繭、棘繭、欒繭之總名也。樗即臭椿,其繭爲椿紬,今之小繭紬也。棘即柘類,其繭爲柘繭。欒者,《説文繫傳》:“木蘭也。”又《本草》有“欒華”,唐本注:“葉似木槿而細薄。”今按:野蠶隨樹食葉,皆能爲繭,樗、棘、欒,《爾雅》特略舉三名耳。今驗椒繭出椒樹上,其紬紫色光燿,貨之甚貴。又有柞繭出柞樹上,其紬爲大繭紬,又爲雙絲,今登萊人貨之以爲利。漢元帝永光四年,東萊郡東牟山野蠶繭收萬餘石,人以爲絲絮,即此繭也。《鹽鐵論·散不足》篇云:"繭紬縑練者,婚姻之嘉飾也。"然則繭紬爲世所重久矣。

○蚢者,《玉篇》云:"蠶類,食蒿葉。"蒿即蕭也。今草上蟲吐絲作繭者甚衆,不獨蒿也,嶺南蠶或食紫蘇葉作繭矣。

翥醜罅,剖母背而生。**螽醜奮**,好奮迅作聲。**强醜捋**,以脚自摩捋。**蠭醜螸**,垂其腴。**蠅醜扇**。好摇翅。

《説文》:"翥,飛舉也。"凡飛翥之類多剖母背而生,邢疏以爲蟬屬,今驗水蠆爲蟌,蛣蟩爲蚊,皆是也。罅,坼裂也。《玉篇》引《爾雅》"罅"作"墉",《廣韵》引"翥"作"蠹",云:"蟲名。"

○《説文》:"奮,翬也。""翬,大飛也。"螽蝗之類好奮迅其羽作聲,故《詩》傳云:"莎雞羽成而振訊之。"

○强即强蚚也。捋者,摩捋也,米中小黑甲蟲好以脚自摩挲。釋文引李、孫云"以口捋其翅",非也。郭義爲長。

○螸者,《説文》云:"蠭醜螸,垂腴也。"①《爾雅翼》引《孝經援神契》曰:"蜂蠆垂芒。"按:蠭類腹多肥腴下垂,以自休息,非必欲螫人也,《説文》得之。徐鍇本"蠭"作"螽",蓋"蠭"古文作"蠡",與"螽"形近,故譌耳。

○扇,《説文》作"蝙",云:"蠅醜蝙,摇翼也。"蓋蠅蚊之類好摇翅作聲。

食苗心,螟。食葉,蟘。食節,賊。食根,蟊。分别蟲啖食禾所在之名耳。皆見《詩》。

《詩·大田》云"螟螣""蟊賊",此釋之也。螟者,《春秋·隱

① 垂腴也　垂,此本誤"腹",咸豐六年刻本同。按:經解本、《説文》作"垂",據改。

五年》"螟",正義引舍人曰:"食苗心者名螟,言冥冥然難知也。"李巡曰:"食禾心爲螟,言其姦冥冥難知也。"《詩》疏引陸璣疏云:"螟似子方而頭不赤。"按:子方即蚚蚄,見《齊民要術》。今食苗心小青蟲,長僅半寸,與禾同色,尋之不見,故言"冥冥難知"。余族弟卿雲言:"又有小白蟲藏在苗心,幺麽難辨,俗呼口(音即樵反)蟲,有此即禾葉變白色而不能放穗矣。"余按:《説文》以"螟"爲"食穀葉者",誤。又云:"蟗,一曰螟子。"然則《説文》"螟"蓋同"蟗","蟗、螟"聲轉也。

○蟘者,《説文》作"蟘",云:"蟲食苗葉者。吏乞貸則生蟘。"《左傳》疏引李巡曰:"食禾葉者,言其假貸無厭,故曰蟘也。"高誘注《吕覽·任地》篇云:"蜮或作螣。食葉曰蜮,兗州謂蜮爲螣,音相近也。"今按:"蜮"當作"蟘"。蟘似槐樹上小青蟲,長一寸許,既食苗葉,又吐絲纏裹餘葉,令穗不得展,今登萊人呼爲"繇蟲"。其食豆葉者呼爲"穿蟲",亦長寸許,身赤頭白,亦食豆粒也。

○賊者,釋文作"蠈",云:"本今作賊。"《詩》疏引李巡云:"食禾節者,言貪狠,故曰賊也。"陸璣疏云:"賊似桃李中蠹蟲,赤頭,身長而細耳。"按:今食苗節者俗呼"截蟲",身白,頭紫色,不及木中者肥而長也,善鑽禾稈,令禾不蕃。

○蟊,《説文》作"蟲",或作"蛑",古文作"蛑",云:"蟲食草根者。吏抵冒取民財則生。"按:"草"疑當作"苗"。《左傳》疏引李巡曰:"食其根者,言其税取萬民財貨,故曰蟊也。"《詩》疏引陸璣疏或説云:"蟊,螻蛄也,食苗根爲人患。"今按:螻蛄不名蟊,亦不食苗根,今蟲食根者有二種:其一肥長,灰黑色,名鐵埽,最饒猛;其一細而差短,淺黄色,體堅殭,因名殭蟲。二種並截苗根爲患。《類聚》引《詩》義疏曰："蝥長而細。"此説是矣。陸疏又云："舊説螟、螣、蟊、賊，一種蟲也，如言寇、賊、姦、宄，内外言之耳。故犍爲文學曰'此四種蟲皆蝗也'，實不同，故分别釋之。"此説非也。《春秋》書"螟"又書"螽"，則非一蟲，亦無四蟲共一名者。又許慎、李巡、孫炎並言政惡吏貪所致，大意皆本《漢·五行志》《京房易傳》而爲説，然水旱災厲，天道難詳，《論衡·商蟲篇》辨之當矣。郭氏但分别蟲啖食所在爲名，其義較諸家爲長也。卿雲又言："春夏常有小白蛾，飛翔樹閒，遺子爲小青蟲，如遺在禾閒，即食苗葉蟲矣。"余謂此言近理，亦猶螽子遇旱還爲螽，遇水即爲魚，故云"衆維魚矣，實維豐年"也。

有足謂之蟲，無足謂之豸。

邢疏："此對文爾，散言則無足亦曰蟲。"王逸《九思》云："蟲豸兮夾余。"豸者，《説文》以爲"獸長脊行豸豸然"。蓋凡蟲無足者，身恒橢長，行而穹隆，其脊如蝍蛆、蚯蚓之類是也。豸，通作"蛾"。《史記·黄帝紀》云"淳化鳥獸蟲蛾"，索隱曰："蛾，一作豸。"正義曰："蛾，音豸，直起反。"引《爾雅》。又通作"止"。《莊子·在宥》篇云："災及草木，禍及止蟲。""止"即"豸"之聲借。又通作"廌"。《左氏宣十七年傳》："庶有豸乎。"杜預訓"豸"爲"解"，"解、止"義亦近也。"豸"與"廌"古同音通用，"廌"與"解"又疊韵，故古以爲訓。《左傳》"豸"，古作"廌"，故陸氏釋文本作"廌，解也"，孔氏正義本作"豸，解也"，是"豸、廌"通而陸、孔並云出《方言》。今《方言》無，蓋脱去之。此條義本《説文》段注，今録存之也。

爾雅郭注義疏下之四

釋魚弟十六

《説文》:"魚,水蟲也。"《大司徒》"土會之灋"云:"川澤宜鱗物,墳衍宜介物。"《天官·鼈人》:"春獻鼈蜃,秋獻龜魚。"《晉語》云"黿鼉魚鼈,莫不能化",韋昭注:"化,謂蛇成鼈黿,石首成鴡之類。"按:《曲禮》云"水潦降,不獻魚鼈",《論衡·無形篇》云"臣子謹慎,故不敢獻",是也。兹篇所釋,兼包鱗介之屬,《魯語》謂之"川禽",而此總曰"釋魚"。

鯉。今赤鯉魚。

陶注《本草》云:"鯉魚最爲魚之主,形既可愛,又能神變,乃至飛越江湖。"《月令》:"孟夏之月,獺祭魚。"《吕覽》及《淮南·時則》篇注並以"魚"爲"鯉"也。《齊民要術》引《養魚經》云:"鯉不相食,又易長。"舊説鯉脊中鱗一道,每鱗有小黑點,大小皆三十六鱗。今驗唯脅正中鱗一道,如舊説耳,非脊鱗也。《廣雅》云:"黑鯉謂之鯶。"《古今注》云:"兖州人呼赤鯉爲赤驥,謂青鯉爲青馬、黑鯉爲玄駒、白鯉爲白騏、黄鯉爲黄骓。"是鯉有數色,《廣雅》舉其黑,郭注舉其赤耳。今所見有赤、黑、黄三色。

鱣。鱣，大魚，似鱏而短鼻，口在頷下，體有邪行甲，無鱗，肉黄，大者長二三丈，今江東呼爲黄魚。

《詩·碩人》疏引陸璣云："鱣、鮪出江海，三月中從河下頭來上。鱣身形似龍，鋭頭，口在頷下，背上、腹下皆有甲，縱廣四五尺。今於盟津東石磧上釣取之，大者千餘斤，可烝爲臛，又可爲鮓，魚子可爲醬。"《顔氏家訓·書證》篇引《魏武四時食制》："鱣魚大如五斗匳，長一丈。"皆其形狀也。

郭云"似鱏短鼻"者，釋文："鱏，音尋，又音淫。《字林》云：'長鼻魚也，重千斤。'"然則鱣與鱏同，唯鼻爲異耳。云"體有邪行甲"者，即《西山經》注"體有連甲"是也。鱣乃無鱗，高誘注《淮南·氾論》篇云"鱣，細鱗，黄首，白身"，非也。今鱣止作灰色，其肉黄，通呼"黄魚"，亦呼"鱘鱑魚"，"鱘、鱣"聲相轉也。郭氏《江賦》謂之"王鱣"，李善《蜀都賦》注謂之"䱎䲛"。

鰋。今偃額白魚。

鰋，《説文》作"鰕"，或作"鰋"。郭云"白魚"者，《書大傳·大誓》篇云："中流白魚入于舟中。"按：白魚名鮊，《廣雅》云："鮊，鱎也。"《玉篇》："鱎，白魚也。"鮊，一作"鮊"，石鼓文云"又鱄又鮊"，是也。鮊又名鮾，《説文》："鮾，白魚也。"今白魚生江湖中，細鱗，白色，頭尾俱昂，大者長六七尺也。郭注"偃額"，諸本皆作"鰋"，蓋與正文相涉而誤。唯《六書故》引作"偃"，今據以訂正。

鮎。别名鯷。江東通呼鮎爲鮧。

《廣雅》云："鮷、鯷，鮎也。""鮷"與"鯷、鮧"並同。《説文》："鮷，大鮎也。"《蜀都賦》云"鮷鱧魦鱨"，李善注："鮷似鱈。"陶注《本草别録》云："鮧即鯷也，今人皆呼慈音，即是鮎魚，作臛食之。"釋文引《字林》云:"青州人呼鮎鯷。"按:今通呼爲"鮎"。《爾雅翼》云:"鮧魚偃額,兩目上陳,頭大尾小,身滑無鱗,謂之鮎魚,言其黏滑也。"釋文:"鮎,舍人本無此字。"

鱧。鮦也。

《詩·魚麗》傳:"鱧,鮦也。"《説文》作"鱶",云:"鮦也。"《本草》作"蠡",云:"一名鮦魚。"《廣雅》作"鱺",云:"鰑,鮦也。"是皆聲借之字。《説文》"鱶"爲正體,餘爲假借。其魚形狀則《御覽》引陸璣疏云:"似鯉,頰狹而厚。"陶注《本草》:"舊言是公蠣蛇所變,然亦有相生者,至難死,猶有蛇性。"《埤雅》云:"鱧,今玄鱧是也。諸魚中唯此魚膽甘可食,有舌,鱗細有花文,一名文魚,與蛇通氣。其首戴星,夜則北嚮。"《爾雅翼》云:"鱧魚圓長而斑點,有七點作北斗之象。"皆其狀也。《韓詩外傳》"南假子曰'聞君子不食鱺魚'",即此。

鯇。今鯶魚,似鱒而大。

《説文》"鯇,魚",不言其狀。郭云"今鯶魚"者,"鯶、鯇"聲同,一讀聲轉,蓋古今字也。陳藏器云:"鯇似鯉,生江湖。"李時珍云:"有青鯇、白鯇,白者味勝,南人多鮑之,俗名草魚也。"今按:鯉、鱣、鰋、鮎、鱧、鯇,依郭注爲六魚,舊説不同。《説文》"鯉、鱣"互訓,《詩》傳"鰋、鮎"同條,舍人:"鯉,一名鱣。鱧,一名鯇。"孫炎:"鰋、鮎一魚,鱧、鯇一魚。"是皆以爲魚有兩名,郭氏不從,故《詩》疏引郭《音義》云:"先儒及《毛詩》訓傳皆謂魚有兩名,今魚種類形狀有殊,無緣强合之爲一物。"是郭不從舊説也。六魚皆單名,或古無兼名,聖門蓋闕之意也。

鯊,鮀。今吹沙小魚,體圓而有點文。

《詩·魚麗》傳用《爾雅》。釋文引舍人云:"鯊,石鮀也。"

正義引陸璣疏云："魚狹而小，常張口吹沙，故曰吹沙。"《後漢書·馬融傳》注引《廣志》曰："吹沙大如指，沙中行。"《御覽》引《臨海異物志》云："吹沙長三寸，背上有刺，犯之螫人。"《爾雅翼》云："今人呼爲重脣，脣厚特甚。"按："鯊、鮀"疊韵，"鯊"亦作"魦"，今呼"花花公子"是也。巨口細鱗，黃白雜文，亦有黑點，背鬐甚利，故呼"皮匠刀子"。

鮂，黑鰦。即白鯈魚，江東呼爲鮂。

《説文》："鯈，魚。"鯈即鮂。《玉篇》："鮂，或作鮋。"釋文："鯈，本亦作鮋。""鮋、鮂"形近，疑相涉而誤也。孫氏星衍説"鯈"古多爲"儵"，"儵"字缺壞作"黑"耳。《詩·周頌·潛》箋："鰷，白鰷也。"蓋"鯈"字變爲"鰷"，因音變爲"條"矣。性好羣游，故《莊子》云："鯈魚出游從容，是魚樂也。"釋文引李頤注："白魚也。"鯈，一作"鮍"，郭注《西山經》云："小魚曰鯈。"《爾雅翼》云："其形纖細而白，故曰白鰷。"《埤雅》云："鰷魚形狹而長，江湖之閒謂之餐魚。"按："餐"與"鰦"聲相轉，今俗呼"白鰷"，音如"白漂"，蓋語聲之譌耳。

鰼，鰌。今泥鰌。

《説文》"鰼、鰌"互訓，釋文引《字林》云："鰌似鱓，短小也。"《埤雅》引孫炎正義云："鰼，尋也，尋習其泥，厭其清水。"按："鰼、鰌"雙聲，合之爲"鰪"，聲近爲"鮂"，故《廣雅》云："鰪、鮂、鰒，鰌也。""鰒"亦"鮂"聲之轉。《玉篇》："鰒，小鰌也。"郭注《東山經》云："今蝦鰌字，亦或作鰪，秋音。"是"鰪、鰌"字又通也。《莊子·庚桑楚》篇云："尋常之溝，巨魚無所旋其體，而鯢鰌爲之制。"《達生》篇云"以鳥養養鳥者，宜食之以委蛇"，釋文引司馬彪注："委蛇，泥鰌也。"今按：泥鰌鋭頭無鱗，身青黃色,以涎自潤,滑不可握,出水能鳴,性至難死,大者能攻隄岸。

鰹,大鮦;小者鮵。今青州呼小鱺爲鮵。

此申釋鱧大小之異名也。大者名鰹,小者名鮵,然則中者名鱧。郭注上文"鱧,鮦",據中者而言也。今鱧大者形似蝮蛇,腹背有鬣連尾,尾末無岐,頭尾相等。郭引時語者以鱺即鱧也。《廣雅》"鱧"作"鱺"。

魾,大鱯;小者鮡。鱯似鮎而大,白色。

此申釋鮎大小之異名也。《説文》:"魾,大鱯也,其小者名鮡。"又云:"鱳,鱧也。""鱧,鱯也。"《廣雅》云:"鮜,鱳也,大鱳謂之鮍。"《六書故》云:"鱳同鱯。"《廣韵》:"鱳,魚似鮎也。"然則"鱳、鱯、鮜"俱一聲之轉。大鱳謂之"鮍",即大鱯謂之"魾"也。《一切經音義》十一引孫炎曰:"鱯似鮎而大,色白也。"是郭所本,郭注《北山經》與此注同。《御覽》引《廣志》云:"鱯魚似鮎大口。大口,故名爲鱯。"然則"鱯"是大口之名,今南方人呼鱯爲"鮠","鮠、鱯"亦聲轉也。《廣雅疏證》云:"今楊州人謂大鮎爲鱯子,聲如獲,古方言之存者也。"

鰝,大鰕。鰕大者出海中,長二三丈,鬚長數尺,今青州呼鰕魚爲鰝,音酆鄗。

《説文》:"鰝,大鰕也。"《古今注》云:"遼海閒青鰕化爲紺蝶,似蜻蛉,羣飛闇天。"《桂海虞衡志》云:"天鰕狀如大飛蟻,秋社後有風雨則羣墮水中,有小翅。"然則鰕善躍,又解飛騰也。《北户録》云:"海中大紅鰕長二丈餘,頭可作盃,鬚可作簪杖。"《水經·泿水》注引《廣州記》:"滕脩爲刺史,脩鄉人語脩鰕鬚長一丈,脩責以爲虚,其人乃至東海取鰕鬚,長丈四尺,示脩,脩始服謝也。"

鯤,魚子。凡魚之子總名鯤。

"鯤、鮞"古通用。《詩·敝笱》箋:"鮞,魚子也。"《魯語》云"魚禁鯤鮞",韋昭注:"鯤,魚子也。"《内則》云"濡魚卵醬實蓼",鄭注:"卵讀爲鯤。鯤,魚子。或作攔也。"然則"攔、鮞"聲同,"鮞、鯤"聲轉,故古皆相通借。《詩》疏引李巡曰:"凡魚之子總名鯤也。"郭義同李。

鱀,是鱁。鱀,鰌屬也。體似鱏,尾如鯯魚,大腹,喙小鋭而長,齒羅生,上下相銜,鼻在額中,能作聲,少肉多膏。胎生,健啖細魚。大者長丈餘,江中多有之。

釋文:"鱀,其冀反,《字林》作鱭,音既,云'胎生魚'。鱁,音逐,本亦作逐。"郭云"鰌屬"者,《初學記》引《南越志》及《臨海記》"鰌有烏鰌、虎鰌、蝦鰌,皆其類也"。云"體似鱏"者,《説文》引傳曰:"伯牙鼓琴,鱏魚出聽。"《淮南·説山》篇作"淫魚",高誘注:"淫魚喜音,長頭身相半,長丈餘,鼻正白,身正黑,口在頷下,似鬲獄魚而身無鱗,出江中也。"云"尾如鯯魚"者,釋文引《字林》云:"魚有兩乳,出樂浪,一曰出江東。"陳藏器及李時珍並以鱀爲江豚,但江豚名鱄鮮,即鯯魚,見《廣雅》。鱀尾似之,而體則異,郭云"鰌屬,體似鱏",非江豚矣。

鱦,小魚。《家語》曰:"其小者鱦魚也。"今江東亦呼魚子未成者爲鱦,音繩。

《説文》:"鮞,魚子也。"《魯語》韋昭注:"鮞,未成魚也。"然則鯤爲魚卵,鮞爲小魚之名,"鮞"即"鱦"聲之轉。釋文"鱦,顧音孕",是矣。郭引《家語·屈節》篇云:"魚之大者名鱄,其小者名鱦。"按:《書大傳》"《麥秀歌》云'禾黍蠅蠅'",疑即本此小魚名鱦之意,古字聲借爲"蠅"耳。

鮥，鮛鮪。鮪，鱣屬也。大者名王鮪，小者名鮛鮪。今宜都郡自京門以上江中通出鱏鱣之魚，有一魚狀似鱣而小，建平人呼鮥子，即此魚也，音洛。

《説文》："鮪，鮥也。""鮥，叔鮪也。"又云："鮨，一曰鮪。"又云："鮔鯍，鮪也。周雒謂之鮪，蜀謂之鮔鯍（別作䱟鱛）。"《天官·䱷人》："春獻王鮪。"《周頌序》云"《潛》，季冬薦魚，春獻鮪也"，鄭箋："冬魚之性定，春鮪新來，薦獻之者，謂於宗廟也。"《月令》以季春薦鮪，《夏小正》二月祭鮪，皆以其新來重之也。《詩》疏引陸璣云："鮪魚形似鱣而青黑，頭小而尖，似鐵兜鍪，口亦在頷下，其甲可以摩薑，大者不過七八尺。益州人謂之鱣鮪，大者爲王鮪，小者爲鮛鮪。一名鮥，肉色白，味不如鱣也。今東萊遼東人謂之尉魚，或謂之仲明。仲明者，樂浪尉也，溺死海中，化爲此魚。"又云："河南鞏縣東北崖上，山腹有穴，舊説云此穴與江湖通，鮪從此穴而來，北入河，西上龍門入漆、沮。故張衡云'王鮪岫居'，山穴爲岫，謂此穴也。"《漢書》李奇注云："鮪出鞏縣穴中，三月遡河上，能渡龍門之浪，則得爲龍矣。"按：鮪化龍，高誘注《淮南·氾論》《修務》篇俱有此説，《水經·河水》注亦云"有鞏穴鮪渚"，並與陸疏相證明也。

郭云"鱏鱣之魚"者，《東山經》注："鮪即鱏也，似鱣而長鼻，體無鱗甲。"然則《詩》以"鱣、鮪"並稱，實同類之物也。晉宜都郡今爲湖北宜昌府，建平郡今爲施南府。京門，《御覽》引作"荆門"，是也。"叔鮪"與"王鮪"對，俗書作"鮛"，非也。今館陶縣屯氏，河所經，其中有魚青黑色，長二尺許，彼人珍之，呼"尉王魚"，蓋"王鮪"之語倒，余謂此叔鮪耳。"鮪、尉"聲近，陸疏言樂浪尉化魚，亦非。

鮥，當魱。海魚也。似鯿而大鱗，肥美多鯁，今江東呼其最大長三尺者爲當魱，音胡。

《説文》："鮥，當互也。"釋文"鮥"云："《字林》作鮥。""鮥"云："《字林》作鮥。"然則吕忱於此二文互有轉易，未審字誤或所見本異也。近人説《爾雅》者，並以此魚爲今鰣魚，但鰣魚出江中，郭以此爲海魚，即今登萊人呼魱鮥魚爲"何洛魚"。魱，郭音"胡"。"胡、何"聲相轉也。魱鮥、鰣魚實一類，出於江海爲異耳。

鮤，鱴刀。今之鮆魚也，亦呼爲魛魚。

《説文》："鮆，刀魚也。飲而不食，九江有之。"《南山經》云"苕水注于具區，其中多鮆魚"，郭注："鮆魚狹薄而長，頭大者尺餘，太湖中今饒之，一名刀魚。"《六書故》云："側薄類刀，其大者曰母鮆，宜膾。"《御覽》引《魏武四時食制》曰："望魚側如刀，可以刈草，出豫章明都澤。"按：望魚即鱴，"鱴、望"聲轉，"望"古讀如"芒"也。今海中亦有林刀魚，色白如銀，身形似刀，而大者長餘五六尺，與鮆魚有鬚爲異耳。鄭注《鼈人》"貍物"謂"鱴刀含漿之屬"，似指蚌蛤而言，但《爾雅》方説魚類，鄭蓋失之。賈疏引"孫氏注《爾雅》，刀魚與鱴别"，則讀"鮤、鱴"相屬，"刀"别爲句，郭亦當然，與鄭"鱴、刀"屬讀異也。

鱊鮬，鱖鯞。小魚也。似鮒子而黑，俗呼爲魚婢，江東呼爲妾魚。

郭云："似鮒子而黑。"《廣雅》云："鰿，鮒也。"鮒，今之鯽魚，《説文》作"鰿"，"鰿、鰿"聲同也。鯽魚似小鯉，體促腹闊而脊隆，鱖鯞形似之也。今此魚似鯽而狹長，黑色細鱗，大者僅三寸也。《爾雅翼》云："鱖鯞似鯽而小，黑色而揚赤，今人謂之旁皮鯽,又謂之婢妾魚。其行以三爲率,一頭在前,兩頭從之,若媵妾之狀,故以爲名。"《古今注》云:"江東謂青衣魚爲婢𩼈也。"釋文:"鱊,郭古滑反。鯚,郭音步。鱖鯞,本亦或作厥帚。"段氏《説文注》云:"鯞音同婦,鱊、鱖音近,鯚、鯞音近。鯞音章酉反,非。"

魚有力者,黴。强大多力。

劉逵《吴都賦》注:"黴,鯨魚之有力者。魚大者莫若鯨,故曰黴鯨也。"按:"黴鯨"相儷,似爲魚名,《爾雅》祇言魚有力之通名耳。

魵,鰕。出穢邪頭國,見吕氏《字林》。

《説文》:"魵,魚名。出薉邪頭國。"《字林》本於《説文》也。釋文引郭云:"小鰕别名。"蓋郭《音義》之文,欲别於"鰝,大鰕",不知此魚名耳。《御覽》引《廣志》云:"斑文魚出濊國,獻其皮。"《魏略》云:"濊國出斑魚皮,漢時恒獻之。"然則斑魚即魵魚,"魵、斑"聲近,郭云"小鰕",失之。

鮅,鱒。似鯶子,赤眼。

前"鯇"注云:"今鯶魚,似鱒而大。"鱒、鯇,古今字也。《説文》:"鮅,魚名。""鱒,赤目魚。"《詩·九罭》傳:"大魚也。"《埤雅》引孫炎正義曰:"鱒好獨行。"《御覽》引陸璣疏云:"鱒似鯶魚而鱗細於鯶,赤眼,多細文。"《爾雅翼》云:"鱒魚目中赤色,一道横貫瞳,魚之美者,食螺蚌也。"

魴,魾。江東呼魴魚爲鯿,一名魾,音毗。

《説文》:"魴,赤尾魚。或作鰟。"按:《詩·汝墳》傳:"魚勞則尾赤。"今魴魚色青白而尾不赤,故毛説以"魚勞",許便定以"赤尾",非矣。陸璣疏云:"魴,今伊洛濟潁魴魚也。廣而薄,肥恬而少力,細鱗,魚之美者。遼東梁水魴特肥而厚,尤美於中國魴,故其鄉語曰‘居就糧,梁水魴’,是也。”郭以魴爲鯿者,《海内北經》云“大鯾居海中”,郭注:“鯾即魴也。”今按:鯿魚形扁,穹脊闊腹,小頭縮項,出漢水者尤佳,所謂槎頭鯿也。鯿、魴、鯠,俱聲相轉,“魴”古讀如“旁”也。

鰲,鯠。未詳。

釋文引《廣雅》云:“鯠,鰲。”今《廣雅》缺。又引《埤蒼》云:“鰲、鯠,鯠也。”並與上文“鯠”字相屬,此古讀也。《詩·九罭》疏引《釋魚》有“鱒魴”,樊光引此《詩》,然則樊讀“鱒、魴”相屬,“鯠、鰲、鯠”相屬,故張揖讀從古也。《釋草》有“釐,蔓華”,《説文》“釐”作“萊”,陸璣疏:“萊,藜也。”鄭注《儀禮》云:“貍之言不來也。”是“鯠、鰲、鯠”三字古皆聲近,《爾雅》物名多取聲近之字,胥此類也。郭氏不從《埤蒼》《廣雅》,故云:“未詳。”《廣韵》:“鰻鯠,魚名。”鰻鯠即鰲鯠,《本草别録》作“鰻鱺”,陶注“能緣樹,食藤花,形似鱓”,是也。“鱺、鰲”聲亦相借。《廣韵》得之,邵氏《正義》以爲鰣魚,引粤諺曰“三鰲不上銅鼓灘”,謂粤鰣不過潯州,今疑未敢定也。

蜎,蠉。井中小蛣蟩,赤蟲,一名孑孓,《廣雅》云。

《説文》:“肙,小蟲也。”“肙”與“蜎”同。鄭注《考工記·廬人》云“蜎,掉也,讀若井中蟲蜎之蜎”,即此也。《莊子·秋水》篇釋文:“虷,音寒,井中赤蟲也,一名蜎。”引《爾雅》及郭注,是虷與蠉同。《廣雅》云:“孑孓,蜎也。”孑孓,即蛣蟩,又作“結蟨”。《淮南·説林》篇云“孑孓爲䖸”,高誘注:“孑孓,結蟨,水上倒跂蟲。”按:今此蟲多生止水,頭大而尾小,尾末有歧,行則搖掉其尾,翻轉至頭,止則頭懸在下,尾浮水上,故謂之“倒跂蟲”。《爾雅翼》謂之“釘倒蟲”,“釘倒”猶“顛倒”也。今登萊人呼“跟頭蟲”，楊州人呼“翻跟頭蟲”，欲老則化爲蚊，尾生四足，遂蜕於水而蚊出矣。《一切經音義》引《通俗文》云“蜎化爲蚊”，是也。蜎，狂兖反。蠉，香兖反。郭云“赤蟲”，乃别一種，細如綫而赤者，長寸許，穴泥中，其行蜿蟺，欲老，頭上生毛，亦化蚊也。然與蜎非一物，郭注誤耳。

蛭，蟣。今江東呼水中蛭蟲入人肉者爲蟣。

《説文》：“蛭，蟣也。齊謂蛭曰蟣。”《廣韵》：“蛭，水蛭。”引《博物志》曰：“水蛭三斷而成三物。”蓋此物至難死，碎斷能復活也。《本草》：“水蛭，一名蚑。”唐注：“一名馬蜞。”釋文：“亦名馬耆。”並與“蟣”音同也。寇宗奭云：“汴人謂大者爲馬鼈，腹黄者爲馬黄。”按：今俗人呼“馬彪”，或呼“馬鱉”，喜生濁泥水中，有大如拇指者，其小者齧人尤猛也。賈子《春秋連語》云：“楚惠王食寒菹而得蛭，遂吞之。是夕也，惠王之後而蛭出，其久病心腹之疾皆愈。”《論衡·福虚篇》云：“蛭之性食血。”惠王殆有積血之疾，故食食血之蟲而疾愈也。

科斗，活東。蝦蟆子。

釋文引樊、孫云：“科斗，蟾諸子也。”活東，舍人本作“顆東”，與《釋草》“菟奚”同名。“活”有“括”音，“顆、活”聲近，“活東、科斗”俱雙聲字也。《東山經》云“藟山，湖水出焉，其中多活師”，郭注：“科斗也。”是活師即活東。《莊子·天下》篇云：“丁子有尾。”或云即蝦蟆子。《古今注》云：“一曰玄魚，一曰玄針，因形似爲名也。”今科斗狀如河豚，形圓而尾尖，并頭尾有似斗形，冬春遺子水中，有如曳繩，日見黑點，春水下時鳴聒而生，謂之“聒子”。初生便黑，無足有尾，或云聞雷尾脱，即生脚矣。

魁陸。《本草》云：“魁，狀如海蛤，圓而厚，外有理縱横。”即今之蚶也。

《説文》:"魁盒,一名復絫,老服翼所化。"《本草》:"海蛤,一名魁蛤。"《别録》:"魁蛤,一名魁陸,一名活東。生東海,正圓,兩頭空,表有文。"陶注:"形似紡軖,小狹長,外有縱横文理,云是老蝙蝠化爲。"蜀本注云:"形圓長,似大腹檳榔,兩頭有孔,今出萊州。"按:今出登州海中者,形如摺疊扇,縱横文如刻鏤。鄭注《士冠禮》云:"魁,蜃蛤也。"是魁即魁蛤。《楚辭》云:"陵魁堆以蔽視。"《周語》云"幽王蕩以爲魁陵糞土",韋昭注:"小阜曰魁。"然則"魁陵"猶言"魁陸",皆取高阜以爲名也。郭云"即今之蚶"者,釋文引《字書》云:"蚶,蛤也。出會稽,可食。"《嶺表録異》云:"瓦屋子,南中舊呼爲蚶子,以其殻上有棱如瓦壠,故名焉。殻中有肉,紫色而滿腹,廣人尤重之。"按:今東海人呼"瓦壠子",不甚重也,餘如《録異》所説。郭氏《江賦》"洪蚶專車",注引《臨海水土記》云:"蚶徑四尺,背似瓦壠,有文。"

蜪蚅。未詳。

鼁䵷,蟾諸。似蝦蟆,居陸地,《淮南》謂之去蚁。**在水者黽**。耿黽也,似青蛙,大腹,一名土鴨。

《説文》:"䵹鼁,詹諸,以脰鳴者。"又云:"鼁或作䵷。"是"䵹鼁"即"鼁䵷",一聲之轉。鼁,七宿反,與"䵷"同字。釋文音"䵷"爲"秋",非古音也。《書大傳》云"濟中詹諸",鄭注:"詹諸,䵷鼀也。"按:䵷鼀,《詩》借作"戚施",以喻醜惡。但《大傳》所説是鼀黽在水中者,《爾雅》所言則詹諸居陸地者,本不同物,古多通名。故《本草》:"蝦蟇。"《别録》:"一名蟾蜍,一名䵷,一名去甫,一名苦蠪。"陶注云:"此是腹大皮上多痱磊者。"今按:

陶説正是詹諸,俗作"蟾蜍",非蝦蟇也。蝦蟇小而土黄色,詹諸大而黑黄色,其行遲緩,故名鼀䵶,"鼀䵶"猶"局蹙"也。去蚁即去甫。《夏小正》"鳴蜮",以蜮爲屈造;《淮南·説林》篇以屈造爲鼓造,"屈"與"鼀","造"與"䵶"俱聲相轉。《月令》疏引李巡注:"蟾諸,蝦蟆也。"郭以"似蝦蟆,居陸地"别之,是矣。

○《説文》:"黽,鼃黽也。"郭云"耿黽"者,"耿"與"蟈"聲相轉。《秋官》"蟈氏掌去鼃黽",鄭注以鼃爲蟈,黽爲耿黽。今驗人家庭院止水中有小鼃,慘黄色,腹下赤,大如指頭,其鳴如曰"孤格","孤格"即蟈之合聲,聒聒人耳,形尤可憎,《秋官》所去,疑指此物,鄭似失之。蓋鼃即青鼃,與耿黽别種,非一物也。陶注《别録》"鼃"云:"大而青脊者,俗名土鴨,其鳴甚壯。又一種黑色,南人名爲蛤子,食之至美。又一種小形善鳴喚者,名鼃子,此則是也。"今按:陶注以土鴨與蛤子爲二物,亦非也。鼃似蝦蟆,背青緑色,喙尖腹細,其鳴哇哇者是也。黽似青鼃,大腹,背有黑文一道,其鳴蛤蛤者是也,鳴聲似鴨,故名土鴨。黽與耿黽似非一物,郭本鄭注以耿黽爲黽,亦非矣。

蜌,螷。今江東呼蚌長而狹者爲螷。

《説文》:"螷,蜌也。脩爲螷,圜爲蠇。""蠇,蚌屬。讀若賴。"《天官·鼈人》"祭祀共螷、嬴、蚳,以授醢人",《既夕禮》東方之饋有"蠯醢",鄭注並云:"螷,蜯也。"《本草》:"馬刀。"陶注引李當之云:"生江漢中,長六七寸,大都似今蜉蝣而非。"今按:蜉蝣即螷,"螷、蝣"聲轉,"蜌、螷"亦雙聲也。蚌、蛤二物,古每通名。《廣雅》云:"蜌、蝖,蒲盧也。"鄭衆注《鼈人》云:"蠯,蛤也。"韋昭注《晉語》云:"蛤、蜃皆蚌類。"高誘注《淮南·道應》篇云:"蛤梨,海蚌也。"此皆通名。若其正稱,長則爲蚌,圓則爲蛤，今海邊人呼蛤梨爲"蛤剌"，"剌"即"蠣"聲之轉。《説文》魚部："鮩，蚌也。""鮩"亦"蠯"聲之轉。《禹貢》"蠙珠"，《説文》作"玭"，與"蜌"又疊韵矣。

蚌，含漿。蚌即蜃也。

《説文》："蚌，蜃屬。"按：《月令》注："大蛤曰蜃。"《晉語》注："小曰蛤，大曰蜃。"是蜃爲蛤屬，許以釋蚌，亦通名耳。鄭注《鼈人》以含漿爲貍物之屬，蓋蚌類多藴伏泥中，含肉而饒漿，故被斯名矣。今江湖陂澤此類實繁，形脩而扁，如石決明而殼兩片相合，腹亦生珠。《禹貢》"蠙珠"，孔疏云："蠙是蚌之别名。""蚌、蠙"聲亦相轉。《吴都賦》云："蚌蛤珠胎，與月虧全。"蓋凡蚌之屬，腹多孕珠者也。《類聚》引郭氏讚云："雀雉之化，含珠懷璫。與月盈虧，協氣晦望。"

鼈三足，能。龜三足，賁。《山海經》曰"從山多三足鼈""大苦山多三足龜"。今吴興郡陽羡縣君山上有池，池中出三足鼈，又有六眼龜。

《説文》："鼈，甲蟲也。""龜，舊也。外骨内肉者也。"鄭注《梓人》云："外骨，龜屬；内骨，鼈屬。"又注《大司徒》以龜鼈之屬爲介物也。《左氏·昭七年》疏引樊光曰："鼈皆四足，今三足，故記之。"《論衡·是應篇》云："鼈三足曰能，龜三足曰賁，能與賁不能神於四足之龜鼈。"然則此雖異種，非靈物也。郭引《中山經》文，又言有六眼龜，廣異聞耳。君山在今常州府宜興縣西南，濱大江，故《江賦》云："有鼈三足，有龜六眸。"是此二物亦産江中。《初學記》引《宋略》云："吴郡獻六眼龜。"《宋書·符瑞志》又云："有四眼、八眼龜，見會稽及吴興。"然則龜鼈三趾，以少爲異，四八稱瑞，以多爲異，蓋不足致辨也。《中山經》言三足鼀食者可已腫,三足鼈食之無蟲疫,而蘇頌《圖經》云食之殺人也。釋文"能,如字,又奴代反。賁,謝音奔,又音墳,顧彼義反",是無正音。按:能,古以爲"三台"字,則當音"奴代反"。又《左昭七年傳》"化爲黄熊",釋文"熊作能",本《爾雅》,則"能"應讀如字,古音"能、熊"同在東部也。

蚹蠃,螔蝓。 即蝸牛也。**蠃,小者蜬。** 螺大者如斗,出日南漲海中,可以爲酒杯。

《説文》:"蝸,蝸蠃也。""蝓,虒蝓也。"又"蠃,蜾蠃也。一曰虒蝓",俱本《爾雅》。按:虒,虎之有角者,蝸牛有角,故得"虒"名,俗加"虫"爲"螔"耳。"蝸蠃"與"蜾蠃"聲同,故蜾蠃名蒲盧,蝸蠃名蚹蠃,"蚹蠃"與"蒲盧"聲相轉,"螔、蝓"亦雙聲也。"蚹蠃"轉爲"僕纍",見《中山經》,僕纍即蝶螺。又轉爲"薄蠃",高誘注《淮南・俶真》篇云:"蠃蠡,薄蠃也。"按:今海邊人謂蠃爲"薄蠃子",棲霞人謂蝸牛爲"薄蠃",楊州人呼"旱蠃",順天人呼"水牛"。蠃蠡,《廣雅》作"蠡蠃",語之轉耳。又轉爲"陵蠡"。《本草》:"蛞蝓,一名陵蠡。"《古今注》云:"蝸牛,陵蠡也。"《莊子・則陽》篇云"有所謂蝸者",釋文引李頤注:"蝸蟲有兩角,俗謂之蝸牛。"又引《三倉》云:"小牛螺也,一云俗名黄犢。"然據《本草》既有"蛞蝓",《别録》又有"蝸牛",則非一物也。陶注:"蛞蝓無殼,蝸牛俗呼爲瓜牛,生山中及人家,頭形如蛞蝓,但背負殼爾。"《埤雅》引"孫炎正義以爲負螺而行,因以名之"。《古今注》云:"蝸牛形如螔蝓,殼如小螺,熱則自縣葉下。"是皆以蝸牛、螔蝓爲二物,但經典則不别,通謂之"蠃"也。故鄭注《鼈人》《醢人》及《士冠禮》並以蠃爲螔蝓。《書大傳》云"鉅定蠃",鄭注:"蠃,蝸牛也。"《士冠禮》注:"今文蠃爲蝸。"又云《内則》"蝸醢",是"蝸、嬴"古通用。

○此嬴謂水嬴也,小者曰蜬,與貝同名,大者即名嬴,"嬴"與"螺"同,郭特據最大者言耳。《吴語》云:"其民必移就蒲嬴於東海之濱。"韋昭注分蒲嬴爲二,非也。"蒲嬴"即"薄嬴",一聲之轉。《類聚》引《南州異物志》曰:"扶南海有大螺如甌,從邊直旁截破,因成杯形。"又曰:"鸚鵡螺狀如覆杯。"並與郭義合。

蛶蠌,小者蟧。螺屬,見《埤蒼》。或曰即彭蜞也,似蟹而小。

《玉篇》"蛶蠌,蟲",不言其狀。郭云"螺屬"者,《類聚》引《南州異物志》曰:"寄居之蟲,如螺而有脚,形如蜘蛛,本無殼,入空螺殼中戴以行,觸之縮足,如螺閉户也。火炙之乃出走,始知其寄居也。"今按:蛶蠌,釋文:"滑澤、骨鐸二音。""滑澤"猶言"護宅"也,即寄居之義;"骨鐸"猶言"胍肫"也,象其殼形。今海邊人凡戴殼者通謂之"螺","螺"與"蟧"聲相轉。今驗寄居形狀大小不一,其蟲俱如蜘蛛而有螯如蟹,戴殼而游,亦能走出殼,如小螺,形色瑰異。然則《埤蒼》以爲"螺屬",殆指此也。郭又引"或説即彭蜞"者,《古今注》云:"蟛蜞,小蟹也,生海邊塗中,食土,一名長卿。其有一螯大者名爲擁劍,一名執火。"《嶺表録異》云:"彭蜞,吴呼爲彭越,蓋語訛也。足上無毛,堪食,吴越間多以異鹽藏貨於市。"今按:郭注雖存兩説,前義爲長。彭越,《廣韵》作"蟚蚏"也。

蜃,小者珧。珧,玉珧,即小蚌。

《月令》注"大蛤"曰:"蜃是蛤,大者名蜃,小者名珧也。"《説文》:"珧,蜃甲也,所以飾物。"引《禮》云:"佩刀,天子玉琫而珧珌。"《詩·瞻彼洛矣》傳亦援其文也。《東山經》云"激女之水多蜃珧",郭注:"蜃,蚌也。珧,玉珧,亦蚌屬。"《御覽》引

《臨海異物志》云:"玉珧似蚌,長二寸,廣五寸,上大下小,其殼中柱啜之味酒。"釋文引《字書》云:"玉珧肉不可食,惟柱可食耳。"按:此即江瑶柱,亦名車螯,其殼紫色,有班文,故《王會》篇云"東越海蛤,且甌文蜃",是矣。釋文:"珧,衆家本皆作濯。"蓋"珧"从兆聲,與"濯"音近,故相通借。

龜,俯者靈,行頭低。**仰者謝,**行頭仰。**前弇諸果,**甲前長。**後弇諸獵,**甲後長。**左倪不類,**行頭左庳,今江東所謂左食者。以甲卜審。**右倪不若。**行頭右庳爲右食,甲形皆爾。

《春官·卜師》:"凡卜,辨龜之上下左右陰陽,以授命龜者。"《龜人》:"掌六龜之屬,各有名物。天龜曰靈屬,地龜曰繹屬,東龜曰果屬,西龜曰靁屬,南龜曰獵屬,北龜曰若屬。"是《周官》先有成文,此釋之也。

〇俯者,天龜也。《卜師》注:"下俯者也。"《龜人》注:"天龜俯。"《書大傳》云"盂諸靈龜",鄭注:"龜,俯首者靈。"《晉書·文帝紀》魏咸熙二年,"朐腮縣獻靈龜",蓋即此矣。《左氏昭廿四年傳》"竊其寶龜僂句",張聰咸《杜注辨證》引高誘《吕覽》注:"傴僂,俯者也。句猶倨句之句,亦俯首向下貌。然則僂句,蓋天龜矣。杜氏方之大蔡,無據。"

〇仰者,地龜也。鄭注:"上仰者也,地龜仰。"按:謝,彼作"繹","謝、繹"古同聲。釋文:"謝,衆家本作射。"蓋"射"有"繹"音,《韓詩》"斁"作"射",即其例也。又"射、序"古音同,"序"與"豫"通,見《鄉射禮》。"豫、斁"聲相轉也。

〇"諸"與"者"同。前弇者,東龜也。《卜師》注:"陽,前弇也。"《龜人》注"杜子春讀果爲贏",釋文:"果、贏,俱魯火反。"賈疏:"此龜前甲長,後甲短,露出邊爲贏露也。"《爾雅》釋文:

“弇,古奄字,又作揜。果,衆家作裹,唯郭作此字。”然則“裹”有歛藏之意,弇在前故曰“裹”,露在後故曰“蠃”,“蠃”與“祼”同。

○後弇者,南龜也。鄭注:“陰,後弇也。”又云:“東龜南龜長前後,在陽,象經也。”按:“獵”之言“捷”也,“捷”謂接續,義見《釋詁》。此龜後甲長,若後有接續也。

○左倪者,西龜也。“倪”與“睨”同,賈疏以爲“頭向左相睥睨”,是也。《會稽録》云“孔愉買龜,放之中流,龜左顧”,即此矣。《莊子》言豫且得白龜,《搜神記》言毛寶釣得白龜,鄭注《龜人》“西龜白”,豈是歟?“類、靁”聲近,故古字通。

○右倪者,北龜也。鄭注:“西龜北龜長左右,在陰,象緯也。”然則左右倪者謂頭偏向左右,故亦云長,非甲長也。“諸、不”二字,鄭以爲語助及發聲,非義所存,故注從省。

貝,居陸贆,在水者蜬。水陸異名也。貝中肉如科斗,但有頭尾耳。**大者魧,**《書大傳》曰:“大貝,如車渠。”車渠謂車輞,即魧屬。**小者鰿。**今細貝,亦有紫色者,出日南。**玄貝,貽貝。**黑色貝也。**餘貾,黄白文。**以黄爲質,白爲文點。**餘泉,白黄文。**以白爲質,黄爲文點。今之紫貝以紫爲質,黑爲文點。**蚆,博而頯。**頯者,中央廣,兩頭鋭。**蜠,大而險。**險者,謂污薄。**蟦,小而橢。**即上小貝,橢謂狹而長。此皆說貝之形容。

《說文》:“貝,海介蟲也。古者貨貝而寶龜,周而有泉,到秦廢貝行泉。”鄭注《士喪禮》云:“貝,水物,古者以爲貨,江水出焉。”《類聚》引《詩》義疏云:“貝,鼅龜屬。”《詩》“錫我百朋”,箋:“古者貨貝,五貝爲朋。”李時珍云:“今貝獨雲南用之,呼爲海吧,以一爲莊,四莊爲手,四手爲苗,五苗爲索。”

○蟒,《説文》作“猋”,云:“居陸名猋,在水名蜬。”《類聚》引《爾雅》正作“猋”。按:蜬與水蠃同名,蓋貝亦蠃屬,而有文彩,故人異而珍之。

○魧,釋文引《字林》作“蚢”,云:“大貝也。”郭氏《江賦》:“紫蚢如渠。”《書大傳》云“散宜生之江淮之浦,取大貝如大車之渠”,鄭注:“渠,車罔也。”車輞爲渠,見《考工記》。《大傳》又云:“南海大貝。”《白虎通·封禪》篇云:“江出大貝。”《漢書》言尉佗獻大貝五百,蓋此物産於江海,故《類聚》引《廣志》云:“大貝出巨延州。”劉欣期《交州記》云:“大貝出日南,如酒杯。”《詩》疏引陸璣疏云:“其貝大者,常有徑至一尺六七寸者。今九真、交趾以爲杯盤寳物也。”

○鰿者,小貝之名。《本草》名貝子,《别録》名貝齒。陶注“出南海”,此是小小貝子,人以飾軍容服物者。《虞衡志》云:“貝子,海傍皆有之,大者如拳,上有紫斑,小者指面大,白如玉。”按:《漢書·食貨志》:“玄貝二寸四分以上,二枚爲一朋。小貝一寸二分以上,二枚爲一朋。”然則小貝之外又有玄貝,《爾雅》但言小者以包之。

○貽者,釋文:“顧餘之反,《字林》作蛤,大才反,黑貝也。”《王會》篇云“共人玄貝”,孔晁注以共人爲吴越,玄貝即貽貝也。《鹽鐵論·錯幣》篇云:“夏后以玄貝,周人以紫石。”按:紫石即紫貝,如彼所説則殷人蓋白貝歟?

○蚳、泉者,釋文云:“或作貾、蟟。”《書·顧命》云:“文貝仍几。”《西山經》云“蕃澤,其中多文貝”,郭注:“餘泉、蚳之類也。”又云:“邽山,濛水出焉,其中多黄貝。”《詩》“成是貝錦”,箋:“文如餘泉、餘貾之貝文也。”疏引李巡曰:“餘貾貝甲黄爲質,白爲文彩。餘泉貝甲白爲質,黄爲文彩。”陸璣疏同,云:“又有紫貝,其白質如玉,紫點爲文,皆行列相當。”郭説蚳泉與李同,其説紫貝與陸異,今所見紫貝質文正如陸説,郭所説者今未見也。《類聚》引萬震《南州異物志》曰:“素質紫飾,文若羅珠。”又引《相貝經》云:“赤電黑雲謂之紫貝。”

○蚆者,雲南人呼貝爲“海肥”,“肥、貝”聲轉也。尤侗《暹羅竹枝詞》云“海叭買賣解香燒”,原注:“行錢用叭,羅斛香名。”然則“叭”與“肥”皆“蚆”之别體矣。“頯”與“頄”同,權也,郭音“匡軌反”,謂“中央廣,兩頭鋭”也。《士喪禮》注:“博,廣也。”

○蜠者,魧之别名也。釋文:“魧,又口莽反。蜠,郭求隕反。”則“蜠、魧”亦聲轉也。險者,《春官·典同氏》“險聲斂”,注:“險謂偏弇也。”郭訓“險”爲“薄”,則讀與“儉”同。《左襄廿九年傳》:“大而婉,險而易行。”《史記》“險”作“儉”。《劉脩碑》云:“動乎儉中。”今《易》作“險”,“險、儉”古字通也。

○蟦即鱝也。橢者,《周頌·般》云“墮山喬嶽”,《楚辭·天問》篇云“南北順橢,其循幾何”,皆以“橢”爲狹而長也。《詩·破斧》傳:“隋銎曰斧。”《士冠禮》注:“隋方曰篋。”“隋”俱“橢”字之省。

蠑螈,蜥蜴。蜥蜴,蝘蜓。蝘蜓,守宫也。轉相解,博異語,别四名也。

《説文》:“榮蚖,蛇醫,以注鳴者。”又云:“虺以注鳴。”鄭注《梓人》則云:“胸鳴,榮原屬。”《説文》又云:“易,蜥易,蝘蜓,守宫也。”“在壁曰蝘蜓,在草曰蜥易。”按:蜥,通作“蜴”,《詩》“胡爲虺蜴”,傳:“蜴,螈也。”“蜴”即“蜥”字,故釋文云“蜴,星歷反,字又作蜥”,是也。《爾雅》《説文》乃云“蜴音亦”,《説文》

《字林》作"易",此音誤矣。蓋《詩》之"虺蜴",俗讀爲"易",因而《爾雅》"蜥易"亦誤爲"蜴",不知"蜴"即"蜥"之異文,經典轉寫多誤,唯《方言》作"易"。蜴,郭注音"析",不誤,宜據以訂正焉。《詩》疏引李巡曰:"蠑螈,一名蜥易,蜥易名蝘蜓,蝘蜓名守宫。"孫炎曰:"別四名也。"陸璣疏云:"虺蜴,一名蠑螈,水蜴也。或謂之蛇醫,如蜥易,青緑色,大如指,形狀可惡。"《方言》云:"守宫,秦晉西夏謂之守宫,或謂之蠦蠌,或謂之刺易,其在澤中者謂之易蜴(音析)。南楚謂之蛇醫,或謂之蠑螈,東齊海岱之閒謂之螔蜍,北燕謂之祝蜓。"《廣雅》俱本《方言》而增以"蚵蠪",《玉篇》:"蚵蠪,蜥易也。"《一切經音義》七云:"守宫,江南名蝘蜓,山東謂之蝀蛝,陝西名壁宫。"按:今登萊人謂守宫爲"蠍虎",青斑色,好在壁閒,即蝘蜓矣。其在草中者形細長,黄斑色,謂之"馬蛇子",即蜥易矣。蜥易、蛇醫,聲之轉耳。東方朔云:"是非守宫即蜥易。"然則此皆同類,故《爾雅》通名矣。邵氏《正義》據《御覽》引曹叔祥《異物志》云:"魚跳躍則蜥易從草中下,便共浮水上而相合。"此蜥易所由附見魚類也。

蛈,蝁。蝮屬,火眼,最有毒,今淮南人呼蝁子,音惡。**螣,螣蛇。**龍類也,能興雲霧而游其中。《淮南》云:"蟒蛇。"**蟒,王蛇。**蟒蛇最大者,故曰王蛇。**蝮虺,博三寸,首大如擘。**身廣三寸,頭大如人擘指,此自一種蛇,名爲蝮虺。

《説文》:"蛈,蛇惡毒長也。""蝁,虺屬。"按:"蝁"之言"惡"也,此蛇最毒惡,故淮南人呼"蝁子"。

○《説文》:"它,虫也。或作蛇。""螣,神蛇也。"通作"騰"。《大戴禮·勸學》篇云"騰蛇無足而騰",《荀子》作"螣蛇無足而飛"。《史記·龜策傳》云:"騰蛇之神,而殆於即且。"《後漢書》

注引《爾雅》舊注云:“騰蛇有鱗。”是爲龍類也。《慎子》云:“飛龍乘雲,騰蛇游霧,雲罷霧霽,而龍蛇與螾螘同矣,則失其所乘也。”一名飛蛇。《中山經》云“柴桑之山多飛蛇”,郭注:“即螣蛇乘霧而飛者。”《淮南·泰族》篇云:“螣蛇,雄鳴於上風,雌鳴於下風,而化成形,精之至也。”郭引《淮南》云“蟒蛇”者,邢疏:“蟒當爲奔。”引《淮南·覽冥》篇云:“前白螭,後奔蛇。”許慎云:“奔蛇,馳蛇。”高誘注:“奔蛇,騰蛇也。”按:“螣、螣”二字形近。釋文:“上直錦反,字又作朕。下徒登反,字又作騰。”

○孫氏星衍曰:“蟒字義當用莽。”《小爾雅》云:“莽,大也。”按:《爾雅》古本必作“莽”,“莽”形近“奔”,故上注引《淮南》“奔蛇”誤作“莽”,俗又加“虫”作“蟒”矣。王蛇者,王,大也,《楚辭·大招》篇云:“王虺騫只。”王虺即王蛇也。《類聚》引郭氏讚云:“惟蛇之君,是謂巨蟒。小則數尋,大或百丈。”《晉書·郭璞傳》:“《客傲》云:‘蟒蛇以騰鶩暴鱗。’”今按:蛇有大者便能乘風騰鶩,非必螣蛇始然,今有菜蟒不能騰,人啖之以爲珍味矣。

○虺者,“虫”之假借也。《説文》:“蝮,虫也。”又云:“虫,一名蝮,博三寸,首大如擘指。”是“虺”當作“虫”,借作“虺”。郭注《南山經》云“虫,古虺字”,非矣。其説蝮虫,《南山經》及《北山經》兩處並云:“色如綬文。”又云:“文閒有毛如豬鬐,大者百餘斤。”然則彼蓋蝮虫之最大者,《楚辭·招魂》所謂“復蛇蓁蓁”,與《爾雅》之“蝮虺”名同實異,非一物也。《爾雅》所釋乃是土虺,今山中人多有見者,福山、棲霞謂之“土脚蛇”,江淮閒謂之“土骨蛇”,長一尺許,頭尾相等,狀類土色,人誤踐之,躍起中人。故郭氏《圖讚》云:“蛇之殊狀,其名爲虺。其尾似頭,其頭似尾。虎豹可踐,此蛇忌履。”足盡其形狀矣。若然,《爾雅》“首大如擘”,“擘”蓋“臂”之假借。釋文引劉昌宗“音薄歷反”,得之。“臂”謂手以上者,與身博三寸相等也。又引孫云“頭如拇指”,蓋失之矣。又引《説文》“擘”下無“指”字,今本有者,衍也。《詩》疏引舍人曰:“蝮,一名虺,江淮以南曰蝮,江淮以北曰虺。”郭云“此自一種蛇,名蝮虺”,亦非。《本草》陶注以蝮蛇及虺與蚖分爲三物。今按:“蚖”疑即“虺”之或體,陶誤分耳。《蜀圖經》云:“蝮形麄短,黄黑如土色。”《類聚》引《廣志》曰:“蝮蛇與土色相亂,長三四尺,其中人以牙櫟之,截斷皮出血,則身盡腫,九竅血出而死。”《廣志》《圖經》所説正是土虺,今北方土虺毒少減,中人亦不至死,與南方者異矣。

鯢,大者謂之鰕。今鯢魚似鮎,四脚,前似獮猴,後似狗,聲如小兒啼,大者長八九尺。

《説文》:“鯢,刺魚也。”邢疏以爲雌鯨,非也。鯨,海大魚,雄曰鯨,雌曰鯢,與此同名,非一物也。《王會》篇云:“穢人前兒。”前兒若彌猴,立行,聲似小兒,蓋即此物。“兒、鯢”古字通也。《北山經》云“決決之水,其中多人魚,其狀如鯑魚,四足,其音如嬰兒,食之無癡疾”,郭注:“鯑見《中山經》。或曰人魚即鯢也,似鮎而四足,聲如小兒啼,今亦呼鮎爲鯑,音蹏。”《水經·伊水》注引《廣志》曰:“鯢魚聲如小兒啼,有四足,形如鯪鯉,可以治牛,出伊水也。”《史記》“始皇帝之葬,以人魚膏爲燭”,徐廣注“人魚即鯢”,是也。《御覽》引《異物志》云:“鯢魚有四足,如鼈而行疾,有魚之體而以足行,故曰鰕魚。含水仰天不動,小鳥就飲,因而吞之。”《廣雅》云:“鰨,鯢也。”《史記·司馬相如傳》云

"禺禺鱋魶",徐廣注:"魶,一作鰨。"郭注:"鰨,鯢魚也。"《漢書音義》云:"魶,鯷魚也。"然則魶、鰨、鯷,俱鯢之别名也。《海外西經》云:"龍魚,陵居,一曰鰕,一曰鼈魚。"又云:"龍魚,其爲魚也,如鯉。"鯉即鯪鯉,其形似鼈,故又名鼈魚。

魚枕謂之丁,枕在魚頭骨中,形似篆書丁字,可作印。**魚腸謂之乙,魚尾謂之丙**。此皆似篆書字,因以名焉。《禮記》曰:"魚去乙。"然則魚之骨體盡似丙丁之屬,因形名之。

魚頭骨爲"枕"。郭云"似篆書丁字,可作印"者,謂作印章也。云"魚去乙"者,《内則》鄭注:"乙,魚體中害人者名也。今東海鰫魚有骨名乙,在目旁,狀如篆乙,食之鯁人,不可出。"鄭説非《爾雅》義,郭借引耳。魚尾岐與燕尾同,狀如篆書"丙"字。

一曰神龜,龜之最神明。**二曰靈龜**,涪陵郡出大龜,甲可以卜①,緣中文似瑇瑁,俗呼爲靈龜,即今觜蠵龜。一名靈蠵,能鳴。**三曰攝龜**,小龜也。腹甲曲折,解能自張閉,好食蛇,江東呼爲陵龜。**四曰寶龜**,《書》曰:"遺我大寶龜。"**五曰文龜**,甲有文彩者,《河圖》曰:"靈龜負書,丹甲青文。"**六曰筮龜**,常在蓍叢下潛伏,見《龜策傳》。**七曰山龜,八曰澤龜,九曰水龜,十曰火龜**。此皆説龜生之處所。火龜猶火鼠耳。物有含異氣者,不可以常理推,然亦無所怪。

《易·損卦》云"或益之十朋之龜",虞翻注:"謂神、靈、攝、寶、文、筮、山、澤、水、火之龜也。"孔疏引馬、鄭注並用《爾雅》。《禮器》疏云:"大凡神、靈、寶、文、攝,唯五體而已。"蓋筮龜、山、

---

① 甲可以卜　卜,此本誤"十"。咸豐六年刻本及經解本作"卜",據改。

澤以下皆因所生處以爲名,故止言五體也。《廣韻》十七登下引《書》云:"武王悅箕子之對,錫十朋。"蓋在《逸周書·箕子》篇内,今缺其文也。

○神龜者,《王會》篇:"伊尹四方令云:正西神龜爲獻。"《史記·龜策傳》云:"神龜在江南嘉林中。"《禮器》疏引郭注:"此當龜以爲畜在宫沼者。"蓋郭《音義》之文,本《禮運》爲説也。《南齊書》謂神龜腹下有離兑卦,此蓋異龜,非所恒有,郭氏未言,以此可見。

○靈龜者,劉逵《蜀都賦》注引譙周《異物志》曰:"涪陵多大龜,其甲可以卜,其緣中叉似瑇瑁,俗名曰靈。"《華陽國志》亦云:"其緣可作叉,世號靈叉。""叉"與"釵"同,並郭所本。今郭注"叉"作"文",字形之誤,宜據以訂正。郭又云"一名靈蠵,能鳴"者,《説文》:"蠵,大龜也,以胃鳴者。"《羽獵賦》云:"抾靈蠵。"《初學記》引《廣志》曰:"觜蠵形如龜,出交州。山龜在山上,食草,長尺餘。"《禮器》疏引郭云:"今江東所用卜龜黄靈、黑靈者,此蓋與天龜靈屬一也。"是郭以此龜即天龜。《説苑·辨物》篇云:"靈龜文五色,似玉似金。"《類聚》引《吴謝承表》云:"伏覩靈龜出於會稽章安,臣聞靈龜告符,五色粲彰,則金則玉,背陰向陽。"

○攝龜者,《禮器》疏引郭云:"以腹甲翕然攝斂,頭閉藏之,即當《周禮》地與四方之龜。知者,以皆有奄斂之義故也。"按:釋文:"攝,謝之涉反。"然則"攝"猶"摺"也,亦猶"折"也,言能自曲折解張閉如摺疊也。《本草别録》陶注又有"蠢龜",小狹長尾,用以卜則吉凶正反。唐本注云:"蠢龜腹折,見蛇則呷而食之,荆楚之閒謂之呷蛇龜。"郭云"江東呼陵龜",即攝龜矣。

○寶龜者,《春秋·定八年》:“盜竊寶玉大弓。”《公羊傳》以“龜青純”爲“寶”,何休注:“千歲之龜青髯。謂之寶者,世世寶用之辭。”郭引《書·大誥》文。《禮器》疏云:“即‘遺我大寶龜’,及《樂記》曰‘青黑緣者,天子之寶龜’,及《公羊》‘龜青純’,皆是也。”

○文龜者,《類聚》引《禮斗威儀》曰:“君乘土而王,則龜被文而見。”《尚書中候》曰:“堯沈璧于雒,玄龜負書出,背甲赤文成字。”及郭所引《河圖》,皆其類也。

○筮龜者,注言“常在蓍叢下潛伏”,《龜策傳》引傳曰:“上有檮蓍,下有神龜。”又云:“聞蓍生滿百莖者,其下必有神龜守之,其上常有青雲覆之。”

○山、澤、水、火龜者,皆因龜所生處以爲名,其火龜尤異,故舉火鼠以況之。郭注《山海經》云:“有火山國,其山雖霖雨,火常然。火中白鼠,時出山邊求食,人捕得之,以毛作布,名之火浣布,是也。”《類聚》引郭氏讚曰:“天生神物,十朋之龜。或游於火,或游於蓍。雖云類殊,象二一歸。亹亹致用,極數盡幾。”

爾雅郭注義疏下之五

釋鳥弟十七

《説文》:“鳥,長尾禽總名也。”“隹,鳥之短尾總名也。”《左傳》:“郯子曰:‘少皞摯之立也,鳳鳥適至,故紀於鳥,爲鳥師而鳥名。’”其述五鳩、五雉、九扈之屬,《爾雅》皆釋其名。《天官·庖人》“辨六禽”,鄭衆以鴈、鶉、鷃、雉、鳩爲釋。《爾雅》並詳其目,旁及怪鴟、爰居之類,《翟氏》所稱大鳥也;鳥鵌、鼠鼵之倫,《禹貢》所標地望也。篇内既言“二足而羽謂之禽”,然則蝙蝠、夷由皆鼠屬而居鳥部者,《夏小正》云:“凡有翼者爲鳥也。”又鳥、隹以長尾短尾爲别,玆篇所釋,則兼長尾短尾而總題曰“釋鳥”。

隹其,鳺鴀。今鵓鳩。

《説文》:“雔,祝鳩也。”《左氏昭十七年傳》“祝鳩氏,司徒也”,杜預注:“祝鳩,鷦鳩也。鷦鳩孝,故爲司徒,主教民。”按:“鷦”即“雔”,字形譌,陸德明音“鷦”爲“焦”,非也。祝鳩、雔,其聲相轉,“雔”借作“隹”,釋文反以隹旁加“鳥”爲非,失之矣。

“鳺鴀”當作“夫不”。《詩·四牡》傳:“雔,夫不也。”箋云:“夫不,鳥之愨謹者,人皆愛之。”《南有嘉魚》傳:“雔,壹宿之鳥也。”箋云：“壹宿者，壹意於其所宿之木也。”《左傳》疏引樊光曰：“《春秋》云‘祝鳩氏，司徒’，祝鳩即隹其。夫不孝，故爲司徒。”《詩》疏引舍人曰：“鵻名其夫不（《左傳》疏引無其字）。”李巡曰：“夫不，一名鵻，今楚鳩也。”又引郭曰：“今鵓鳩也。”《爾雅》注作“鵓鳩”，“鵓”即“夫不”之合聲也。“鵓鳩”聲轉爲“鵓鳩”，又轉爲“鳻鳩”。以其棲有定所，故南方有“鵓鴣定”之語；以其巢不完而卵易墮，故北方有“鳻鳩墮卵”之諺。一種形小而善鳴，俗謂之“水鴣鴣”，因其聲以爲名也。《方言》云：“鳩，自關而東謂之鵖鷎（音郎皋）。其鸉鳩謂之鸊鷎，自關而西謂之鵴鳩，其大者謂之鳻鳩（音班），其小者謂之鸉鳩（今荆鳩也），或謂之鷄鳩，或謂之鵓鳩，或謂之鶻鳩，梁、宋之閒謂之鵖。”然則《方言》“鳻鳩”以下皆即《爾雅》之“鵻，夫不”，其鶻鳩乃鶌鳩，與鵻非一物，《方言》蓋誤。唯《廣雅》以“鵖鷎”爲鳩總名，以鶻鵃爲鴘鳩，“鴘”即“班”也，以“鸉鳩”以下爲鵴鳩，即夫不也，分爲三類，足正《方言》之失矣。陸璣《詩》義疏云：“鵻，今小鳩也，一名鵓鳩。幽州人或謂之鷎鵖，梁宋之閒謂之隹，楊州人亦然。”又云：“鵓鳩，灰色，無繡項，陰則屏逐其匹，晴則呼之，語曰‘天將雨，鳩逐婦’，是也。”陸疏所説，得其形狀。李巡謂之“楚鳩”，郭氏謂之“荆鳩”，皆即今鳻鳩也。《水經・濟水》注引《廣志》云：“楚鳩，一名嗥啁。”《高唐賦》云：“正冥楚鳩。”“楚”猶“荆”耳。“隹、其”疊韵，“夫、不”雙聲也。

鶌鳩，鶻鵃。似山鵲而小，短尾，青黑色，多聲。今江東亦呼爲鶻鵃。

《説文》：“鶌，鶌鳩也。”“鳩，鶻鵃也。”《詩・氓》傳云：“鳩，鶻鳩也。”是鶌鳩即名鳩，以其多聲，又名鳴鳩。《詩・小宛》

傳："鳴鳩，鶻雕。""雕、鵃"古字通，亦猶"舟、周"古通用也。又名滑鳩。《莊子·逍遥遊》篇云"鷽鳩"，釋文引崔譔云："鷽讀爲滑，滑鳩一名滑雕，即毛傳所謂鶻雕也。"又名鶻嘲。《禮記》疏引郭云："鶌音九物反，鵃音嘲，後世即謂之鶻嘲。"所引蓋郭《音義》之文。今驗其聲正作"鶻嘲"。"鶻嘲"聲轉又爲"鉤輈、格磔"也①。《左·昭十七年》疏引舍人曰："鶌鳩，一名鶻鵃，今之班鳩也。"樊光曰："《春秋》云'鶻鳩氏，司事'，春來冬去。"孫炎曰："鶻鳩，一名鳴鳩。"《月令》云："鳴鳩拂其羽。"《爾雅》釋文引《毛詩草木疏》云："班鳩也，杜陽人謂之班隹。"似鵓鳩而大，項有繡文班然，故曰班鳩。高誘《吕覽·季春紀》注亦云："鳴鳩，班鳩也。"《廣雅》謂之"鳻鳩"，"鳻"與"班"同也，喜以春鳴，故《東京賦》云："鶻鵃春鳴。"其背青黑，故今呼之"青肩"。其膺紫班，故謂之"班鳩"矣。《方言》以雛大者謂之"鳻鳩"，"鳻"與"班"雖同音，非同物也。

鳲鳩，鴶鵴。今之布穀也。江東呼爲獲穀。

《説文》："秸鷑，尸鳩。"《詩》作"鳲鳩"，《召南》及《曹風》毛傳並作"秸鞠"，聲借字也。箋於《鵲巢》言其性拙，傳於養子言其平均，俱緣詩生訓也。《左·昭十七年》疏引樊光曰："《春秋》云'鳲鳩氏，司空'。心平均，故爲司空。"《方言》云："布穀，自關東西梁楚之閒謂之結誥。""結誥"即"秸鞠"，聲之轉也。《西山經》云"南山，鳥多尸鳩"，郭注："尸鳩，布穀類也，或曰鶅鷭也。"其注《方言》"鳲鳩"亦曰："或云鷭也者。"《月令》"仲春鷹

① 鶻嘲聲轉又爲鉤輈格磔也　輈，此本誤"轉"。咸豐六年刻本及經解本不誤，據改。

化爲鳩",鄭注:"鳩,搏穀也。"高誘《吕覽·仲春紀》注:"鷹化爲鳩,喙正直不鷙擊也。鳩,蓋布穀鳥。"《列子·天瑞》篇云:"鷂之爲鸇,鸇之爲布穀,布穀久復爲鷂也。"是皆鄭、高、郭注所本也。"布穀"轉爲"搏穀",又爲"穫穀",又爲"擊穀"。《方言》云:"布穀,周魏之閒謂之擊穀。"《御覽》引陸璣疏云:"今梁宋之閒謂布穀爲鴶鵴,一名擊穀,一名桑鳩。"然則"鴶鵴、擊穀"聲相轉,"桑鳩、鳲鳩"亦聲相轉矣。"擊穀"又轉爲"郭公"。陳藏器《本草拾遺》云:"江東呼爲郭公,北人云撥穀,似鷂,長尾,牝牡飛鳴,以翼相拂擊。"《六書故》云:"其聲若曰布穀,故謂之布穀,又謂勃姑,又謂步姑。"按:今楊州人謂之"卜姑",東齊及德、滄之閒謂之"保姑",其身灰色,翅尾末俱雜黑色,農人候此鳥鳴布種其穀矣。《左傳》疏引孫炎據《方言》以鳲鳩爲戴勝,《後漢書》注亦以布穀爲戴勝。今驗戴勝鳴聲亦曰"搏穀",又曰"耬耬穀",而非"鴶鵴、布穀"之倫,郭注《方言》辨其失也。

鵖鴔,鵧鵖。小黑鳥,鳴自呼,江東名爲烏鵖。

釋文:"鵖,吕、郭巨立反,施音及。鵧,謝苻悲反,郭方買反。"按:"鵧鵖"聲轉爲"批頰",即批頰鳥也。又名鵯札。《淮南·説林》篇云"烏力勝日,而服於鵯禮",高誘注:"烏在日中而見,故曰勝日。服猶畏也。鵯禮,《爾雅》謂之裨笠,秦人謂之祝祝。鸋時晨鳴人舍者,鴻鳥皆畏之。"然則高注"裨笠",即《爾雅》之"鵧鵖",其"鵯禮"即"鵯札",《廣雅疏證》以爲"札"與"礼"形相似,因而展轉致譌,其説是矣。"祝祝、鵯札"聲亦相轉。又名車搞,亦名加格,皆語聲相變耳。《廣雅》云:"車搞,鵯札也。"《荆楚歲時記》云:"春分有鳥如烏,先雞而鳴,聲如加格加格，民候此鳥鳴則入田，以爲催人駕犂格也。"今驗此鳥黑身長尾，其夜鳴之聲正如《歲時記》所說。郭云"江東名烏鴭"者，《玉篇》："烏鴭，似鳩有冠。"《爾雅翼》云："今烏鴭小於烏而能逐烏。"按：烏鴭即鵶鴭，因其色黑爲名，"鴭、鶟"亦聲轉也。

鵙鳩，王鵙。 鵰類。今江東呼之爲鶚，好在江渚山邊食魚。《毛詩》傳曰："鳥鷙而有別。"

《説文》："鵙，王鵙也。"《左傳》"鵙鳩氏，司馬也"，杜預注："王鵙也，鷙而有別，故爲司馬，主法制。"疏引李巡云："王鵙，一名鵙鳩。"《詩》疏引陸璣疏云："鵙鳩，大小如鴟，深目，目上骨露，幽州人謂之鷲。而楊雄、許慎皆曰白鷢，似鷹，尾上白。"按：《爾雅》"鸉，白鷢"，與王鵙爲二物，楊、許欲合爲一，非矣。能扇波令魚出，食之，故《淮南·説林》篇謂之"沸波"。郭云："雕類，江東呼鶚。"《説文》："鷻，雕也。""鶚，鷙鳥也。""鶚"與"鶚"同。《史記》正義云："王鵙，金口鶚也。"毛傳"摯而有別"，此引作"鷙"，而亦音"至"，釋文得之。

鵅，鵋鵙。 今江東呼鵂鶹爲鵋鵙，亦謂之鴝鵅①，音格。

《説文》："鵅，忌欺也。"郭以爲鵂鶹。《廣韵》云："鵋鵙，鵂鶹鳥，今之角鴟也。""鵋、鵙"疊韵，"鵂"與"舊"同，古讀"舊"如"鵋"，"鵋、鵅"又雙聲也。轉爲"鴝鵅"，"鴝"與"鉤"同。釋文："鉤，本今作鴝。""鴝、鵅"亦雙聲矣。《一切經音義》廿引舍人曰："鵂鶹，南陽名鉤鵅，一名忌欺。"詳下"怪鴟"。

鶹，鶨軌。 未詳。

鴗，天狗。 小鳥也。青似翠，食魚，江東呼爲水狗。

---

①　亦謂之鴝鵅　謂，此本誤"爲"。據經解本改。

《説文》:“鴗,天狗也。”《本草拾遺》云:“穴土爲窠,取其尾爲飾,亦有斑白者,俱能水上取魚。”按:今所見者青翠色,大如燕而喙極長,尾絶短,喙足皆赤色。《爾雅翼》云:“今謂之翠碧鳥,又謂之魚狗。或曰小者爲魚狗,大者名翠奴。”

鷚,天鸙。大如鷃雀,色似鶉,好高飛作聲,今江東名之天鷚,音綢繆。

《説文》:“翏,天龠也。”釋文:“鷚,孫音流。”鸙,《説文》作“蘥”,則與《釋草》之“蘢,天蘥”同名。徐鍇本以鷚、雡俱爲天鸙,非也。下云“雉之莫子爲雡”,非天鸙矣。今此鳥俗謂之“天雀”,毛色全似阿鸕而形差小,高飛直上,鳴聲相屬,有如告訴,或謂之“告天鳥”,即此也。

鵱鷜,鵝。今之野鵝。

《説文》:“鯥蔞,鵝也。”《類聚》引《廣志》曰:“駕鵝,野鵝也。”《本草》陶注:“野鵝大如鴈,猶似家蒼鵝,謂之駕鵝也。”“駕、鵝”疊韵,“鵱、鷜”雙聲。

鶬,麋鴰。今呼鶬鴰。

《説文》用《爾雅》,“鶬”或作“鸧”。《列子·湯問》篇云:“蒲且子連雙鶬於青雲之際。”《史記·司馬相如傳》正義引司馬彪云:“鶬似雁而黑,亦呼爲鶬括。”顔師古《漢書注》:“鶬鴰,今關西呼爲鴰鹿,山東通謂之鶬,鄙俗名爲錯落,又謂鴰捋。鴰捋、鴰鹿,皆象其鳴聲也。”按:“捋、鹿”聲相轉,今萊陽人謂之“老鶬”,南方人謂之“鶬鷄”,“雞、鴰”聲亦相轉。

鴼,烏鸔。水鳥也,似鶂而短頸,腹翅紫白,背上緑色,江東呼烏鸔,音駮。

《説文》:“鴼,烏鸔也。”釋文:“鴼,音洛。鸔,孫音暴。”郭云"似鶂"者,《莊子·天運》篇云:"鶂之相視,眸子不運而風化。"《白孔六帖》引《三蒼》云:"鶂鳥高飛似雁,目相擊而孕,吐而生子,其色蒼白,烏鷃似之也。"陶注《本草》"烏賊魚"云:"是鷃鳥所化作,今其口腹具存,猶相似爾。"《蜀圖經》亦同兹説,然鷃鳥非即烏鷃。

舒鴈,鵝。《禮記》曰:"出如舒鴈。"今江東呼鳴,音加。**舒鳧,鶩**。鴨也。

《説文》:"鴈,鵝也。""鵝,鳴鵝也。"《方言》云"鴈,自關而東謂之鳴鵝,南楚之外謂之鵝,或謂之倉鳴",郭注:"今江東通呼爲鳴。"《廣雅》本《方言》,云:"鳴鵝、倉鳴,鴈也。""鴈"與"鴈"同,"鳴"與"駕"同。通作"駕",魯大夫有"榮駕鵝"。《漢書·司馬相如傳》"弋白鵠,連駕鵝",《史記》作"駕"。然則"鳴鵝"疊韵,言其聲也,"倉鳴"言其色也。《内則》疏引某氏云:"在野舒翼飛遠者爲鵝。"李巡云:"野曰鴈,家曰鵝。"《一切經音義》二引孫炎曰:"鵝,一名舒鴈。"今按:鴈、鵝同類而別,古人則通,《莊子·山木》篇云"命豎子殺鴈而烹之",蓋鴈即鵝矣。鵝有蒼、白二色,蒼者全與鴈同。郭引"出如舒鴈"者,《聘禮記》文。

○《説文》:"鶩,舒鳧也。""鳧,舒鳧,鶩也。"《廣雅》云:"鴂、鳴、鸔、鳧、鶩,鴄也。""鴄"或作"鴨",並與"鴨"同。"鶩"音"木","鴂、鶩"聲相轉也。鳴,通作"匹"。《大宗伯》云"庶人執鶩",鄭注:"鶩,取其不飛遷,象庶人安土重遷也。"《説苑·修文》篇云:"鶩者,鶩鶩也,鶩鶩無他心,故庶人以鶩爲摯。"《曲禮》云"庶人之摯匹",鄭注:"説者以匹爲鶩。"疏引舍人及李巡云:"鳧,野鴨名。鶩,家鴨名。"某氏云:"在野舒翼飛遠者爲鳧。"《本草拾遺》引《尸子》亦云:"野鴨爲鳧,家鴨爲鶩。"然則鳧、鶩本有定名,故《春秋繁露·郊祀對》云:"臣湯問仲舒:'祠宗廟或以鶩當鳧,鶩非鳧,可用否?'仲舒對曰:'鶩非鳧,鳧非鶩也。以鳧當鶩、鶩當鳧,名實不相應。'"其説是矣。鵝、鶩人家常畜,故連釋之。《内則》云:"舒鴈翠,舒鳧翠。"鄭注用《爾雅》。按:謂之"舒"者,以其行步舒遲也。

鳽,鵁鶄。似鳧,脚高,毛冠,江東人家養之以厭火災。

《説文》:"鳽,鵁鶄也。"《白帖》引《禽經》云:"交目,其名鳽。"是鵁鶄以交目得名,故又云:"睛交而孕也。"《類聚》引《異物志》曰:"鵁鶄巢於高樹,生子在窟中,未能飛,皆銜其翼飛也。"今按:此鳥紅毛爲冠,翠鬣紫纓,駮羽朱掖,文彩爛然,宜鄭注《職方》與"孔鸞"並列矣。通作"交精"。《上林賦》云"交精旋目",是也。"鳽"从幵聲,釋文引"《字林》音肩",得之。"鳽、鵁"聲相轉也。云"厭火災",未聞。

輿,鵛鶨。未詳。

釋文:"輿,樊、孫本作鸒。"《玉篇》云:"鸒,鵛鶨。"又云:"鶨,鶨鳩也。""鳩鶨,鳥喙蛇尾也。"《廣雅》云:"鵛雀,怪鳥屬也。"釋文:"鵛,古形反。"

鵜,鴮鸅。今之鵜鶘也。好羣飛,沈水食魚,故名洿澤。俗呼之爲淘河。

《説文》:"鵜胡,污澤也。鵜或从弟。"《詩·候人》傳:"鵜,污澤鳥也。"鄭注《表記》云:"污澤善居泥水之中。"《淮南·齊俗》篇云:"鵜胡飲水數斗而不足。"《魏志·王朗傳》云:"黄初中,鵜鶘集靈芝池。"按:鵜鶘,又名鵹鶘,《東山經》云"沙水,其中多鵹鶘,其狀如鴛鴦而人足,其鳴自訆",郭注:

"今鵜鶘足頗有似人脚形狀也。"《詩》疏引舍人曰:"鵜,一名汚澤。"陸璣疏云:"鵜,水鳥,形如鶚而極大,喙長尺餘,直而廣,口中正赤,頷下胡大如數斗囊。若小澤中有魚,便羣共抒水,滿其胡而棄之,令水竭盡,魚在陸地,乃共食之,故曰淘河。"按:"淘河"即"鵜鶘"聲之轉。今此鳥黑色,高脚垂胡,食多肉少,乃知貪者未必肥也。

鶾,天雞。鶾雞,赤羽。《逸周書》曰:"文鶾若彩雞,成王時蜀人獻之。"

"鶾"當作"翰"。《説文》:"翰,天雞,赤羽也。"《逸周書》曰:"文翰若翬雉,周成王時蜀人獻之。"本《王會》篇文也。翬雉,郭引作"彩雞"。《説文》"翰"與"鶾"别,"鶾"字解云:"雞肥翰音者也。魯郊以丹雞,祝曰:'以斯翰音赤羽,去魯侯之咎。'"("雞肥"本作"雉肥","翰音"作"鶾音",今依段本改正。)然則鶾是丹雞,不名天雞,此假借耳,故釋文:"鶾,本又作翰。樊云:'一名山雞。'"按:山雞雖赤羽,復無"天雞"之名,山雞即鵕鸃、鷩雉,《釋名》所説是也。今所謂天雞出蜀中者,背文揚赤,膺文五彩,爛如舒錦,一名錦雞,又未知即《爾雅》所釋不也。徐鍇《繫傳》引謝靈運詩云:"天雞弄和風。"唐江南進士試此詩,以《爾雅》"天雞"有二,問之主司,蓋《釋蟲》亦有"翰,天雞",與此相亂,見《困學紀聞》十七。然則此及《釋蟲》唐以前本俱作"翰"字,亦可知矣。

鸒,山鵲。似鵲而有文彩,長尾,觜、脚赤。

《説文》:"鸒,雗鸒,山鵲,知來事鳥也。鸒或作鷽。"《繫傳》引《西京雜記》曰:"干鵲噪,行人至,亦猶猩猩知人往事也。"《禮》"射鳱鵠",即此也。《廣雅》:"鳱鵠,鵲也。"鄭注《大射儀》

引《淮南子》"鳱鴠知來",賈疏亦云"山鵲",然則鳱鴠即鵯鶋,聲相近。今《淮南·氾論》作"乾鵠知來而不知往",高誘注:"乾鵠,鵲也。人將有來事憂喜之徵則鳴,此知來也。知歲多風,卑巢於木枝,人皆探其卵,故曰不知往也。"今按:高注即今乾鵲,非山鵲也。舊説山鵲今赤觜鳥,山中人諺云:"朝鶯叫晴,暮鶯叫雨。"此亦知來事之證也。

鷣,負雀。鷣,鷂也,江南呼之爲鷣,善捉雀,因名云。音淫。

《説文》:"鷂,鷙鳥也。"《廣雅》云:"鷂鶻、鷂子、籠脱,鷂也。""鷂"與"鷣、鷂"俱聲相轉,鷂子即鷂子也。《類聚》引《詩》義疏云:"隼,鷂也。齊人謂之題肩,或曰雀鷹,春化爲布穀。此屬數種皆爲隼。"按:"隼"是總名,"鷣"是雀鷹。今雀鷹小於青肩,大者名鷂子,皆善捉雀。

齧齒,艾。未詳。

鄭樵注云:"艾即鳸也。巧婦鳥之雌者也。"説在下文。

鶨,鶀老。鳹鶨也,俗呼爲癡鳥。

《説文》:"鶨,欺老也。"《左·昭十七年》疏云:"舍人、李巡、孫炎、郭璞皆斷'老'上屬,'鳸'下屬,解云:'鶨,一名鶀老。鳸,一名鴳,鴳雀也。'唯樊光斷'鶨鶀'爲句,以'老'下屬。"按:《説文》舉九鳸之名有"老鳸,鷃",是許亦斷"老"下屬,蓋本賈逵説也。然則二讀俱通,故許兩從之。郭云"鳹鶨也"者,釋文引《字林》云:"句喙鳥。"今按:舊圖作"直喙",誤。又作"長頸,短尾,鴻身大鳥也"。

鳸,鴳。今鴳雀。

《説文》:"鴳,雇也。"又云:"老雇,鷃也。"是"鷃、鴳"同。《晉語》云"平公射鴳",韋昭注:"鴳,鳸,小鳥也。"《莊子·逍遥遊》篇釋文引司馬彪注:"鴳,鴳雀也。"高誘注《吕覽·明理》篇云:"鴳,一名冠爵。"《一切經音義》十二引《纂文》云"關中有鴳濫堆",是也。顔師古《急就篇》注亦有"鶡爛堆"。今鶡爛堆如雀而大,東齊謂之"阿鸛子",色如鶉鴿,善鳴多聲,一種有毛角者,高誘所謂"冠雀",今俗呼"老兒角",然則"老扈"之名,豈以此歟?又《説文》"老扈,鴳",徐鍇本作"鴳鴳",重文。《左·昭十七年》疏引《爾雅》"老扈,鴳",賈、服並云:"鴳鴳亦聲音爲名也。"然今驗其鳴聲殊不相似,服、賈蓋失之,杜預《左傳》注亦仍其失,張聰咸《辨證》論之,是矣。

桑扈,竊脂。俗謂之青雀。觜曲,食肉,好盜脂膏,因名云。

《説文》及《詩·小宛》傳俱用《爾雅》。《繫傳》引蔡邕《獨斷》云:"桑雇氏趣民養蠶。"鄭箋:"竊脂肉食。"《左傳》疏引李巡云:"竊脂,一名桑扈。"又引陸璣義疏云:"竊脂,青雀也,好竊人脯肉及筩中膏,故以名竊脂也。"《淮南·説林》篇云:"馬不食脂,桑扈不啄粟,非廉也。"高誘注亦以"桑扈"爲"青雀"。今驗青雀俗名黑阿鸛子,大如鸜鴿,背青黑色,腹下藍色,性喜食肉,雖多不饜,善鳴,發聲清壯,人或畜之以聽其聲。高誘、陸璣所謂青雀,蓋指此也。説竊脂者,舊無異義,唯孔穎達《左傳》疏深致駁難,而援《釋獸》"虎竊毛"之"竊",謂"竊"即古"淺"字,此説似是而非。訓"竊"爲"淺",但可施於下文"竊藍""竊黄",而説"竊脂"則舛,竊脂非白鳥也。《詩》言"有鶯其羽""有鶯其領",蓋可見矣。《爾雅》所釋不妨互有異同,竊脂與竊黄、竊藍亦是也。孔疏欲變舊説而失之,故未可從。

鳭鷯,剖葦。好剖葦皮,食其中蟲,因名云。江東呼蘆虎。似雀,青斑,長尾。

《説文》:"刀鷯,剖葦,食其中蟲。"《繫傳》云:"一名剖葦,食其中蟲,江東呼蘆虎,虎綺蟲衣也。"按:虎綺蟲衣,其説未聞。

桃蟲,鷦。其雌鴱。鷦鵽,桃雀也,俗呼爲巧婦。

《説文》:"鷦鷯,桃蟲也。"《詩·小毖》傳:"桃蟲,鷦也,鳥之始小終大者。"箋云:"鷦之所爲鳥,題肩也,或曰鴞。"正義引舍人曰:"桃蟲名鷦,其雌名鴱。"陸璣疏云:"今鷦鷯是也,微小於黄雀,其雛化而爲鵰,故俗語'鷦鷯生鵰'。"按:"鷦鷯"疊韵,轉爲"鷦鵽",又爲"啁噍",《吕覽·求人》篇"鷦鷯"作"啁噍"也。桃蟲又爲桃雀。《易林》云:"桃雀、竊脂巢於小枝,摇動不安,爲風所吹。"《方言》云"桑飛,自關而東謂之工爵,或謂之過鸁,或謂之女匠。自關而東謂之鸋鴂,自關而西謂之桑飛",郭注:"今亦名爲巧婦。"然則桑飛即鷦鷯,即鴟鴞,"鴟鴞"合聲爲"鷦"也。鴟鴞詳見下文。又爲蒙鳩,楊倞注《荀子·勸學篇》云:"蒙鳩,鷦鷯也。""蒙"與"鵽"又一聲之轉。今鷦鵽青黄色,眉間有白如粉,編麻爲巢,至爲緻密,故流"女匠、巧婦"諸名矣。今東齊人謂之"屢事稽留",楊州人謂之"柳串"。

鶠,鳳。其雌皇。瑞應鳥。雞頭,蛇頸,燕頷,龜背,魚尾,五彩色,其高六尺許。

《説文》:"鶠,鳥也。其雌皇。一曰鳳皇也。"《左傳》:"鳳鳥氏,曆正也。"《鶡冠子·度萬》篇云:"鳳皇者,鶉火之禽,陽之精也。"《詩·卷阿》傳:"鳳皇,靈鳥,仁瑞也。雄曰鳳,雌曰皇。"釋文引陸璣疏云:"一名鶠,其雛名鸑鷟。或曰鳳一名鸑鷟。"《説文》云:"神鳥也。天老曰:鳳之象也,鴻前、麐後、蛇頸、魚尾、鸛顙、鴛思、龍文、龜背、燕頷、雞喙,五色備舉,出於東方君子之國,翱翔四海之外,過崐崘,飲砥柱,濯羽弱水,莫宿風穴,見則天下大安寧。'朋'及'鵬'皆古文'鳳'字。"《南山經》云:"丹穴之山有鳥焉,其狀如雞,五采而文,名曰鳳皇。首文曰德,翼文曰義,背文曰禮,膺文曰仁,腹文曰信。是鳥也,飲食自然,自歌自舞,見則天下安寧。"《王會》篇云"西申以鳳鳥。鳳鳥者,戴仁抱義掖信,方揚以皇鳥",孔晁注:"皇鳥,配於鳳者也。"《論衡·講瑞篇》引《禮記·瑞命》篇云:"雄鳴曰即即,雌鳴曰足足。"《廣雅》本此。又云:"昏鳴曰固常,晨鳴曰發明,晝鳴曰保長,舉鳴曰上翔,集鳴曰歸昌。"按:古書説鳳自《山海經》《逸周書》而下,互有異同,今不具録。郭注言鳳形狀本於《廣雅》,然"龜背"彼作"鴻身",又言"高六尺許",今按《後漢書·光武紀》"建武十七年有五鳳皇見於潁川之郟縣",注引《東觀記》曰"鳳高八尺",又《京房易傳》"鳳皇高丈二",然則郭言"六尺",亦難定也。

鵬鴒,雝渠。雀屬也。飛則鳴,行則搖。

《説文》:"䳘,雝䳘也。"又云:"䧿,石鳥。一名雝䳘,一曰精列。"按:"精列、鵬鴒"聲相轉。《詩》作"脊令",《常棣》傳云:"脊令,雝渠也,飛則鳴,行則搖,不能自舍耳。"疏引陸璣云:"大如鷃雀,長脚,長尾,尖喙,背上青灰色,腹下白,頸下黑,如連錢,故杜陽人謂之連錢。"《廣韵》云:"鵬鴒,又名錢母,大於燕,頸下有錢文。"《埤雅》引《物類相感志》云:"俗呼雪姑,其色蒼白似雪,鳴則天當大雪。"按:今驗之良然。《漢書·東方朔》云:"辟若鵬鴒,飛且鳴矣。"蓋此鳥喜飛鳴作聲,行則首尾搖動,巢於沙上,故東齊謂之"沙稽留"。"稽留"又"脊令"之聲轉矣。郭注《上林賦》云:"庸渠似鳧,灰色而雞足。"《吴都賦》注作"鷛鶏",蓋别一物,非此也。

鷽斯,鵯鶋。雅烏也。小而多羣,腹下白,江東亦呼爲鵯烏,音匹。

《説文》:"鷽,卑居也。"又云:"雅,楚烏也。一名鷽,一名卑居,秦謂之雅。"《詩·小弁》傳:"鷽,卑居。卑居,雅烏也。"《夏官·羅氏》"掌羅烏烏",鄭注以烏爲卑居之屬。《小爾雅》云:"純黑而反哺者謂之慈烏。小而腹下白,不反哺者謂之雅烏。"《水經·灅水》注引孫炎曰:"卑居,楚烏。犍爲舍人以爲壁居,《莊子》曰'雅賈',馬融亦曰'賈烏'。"然則"賈烏"即"雅烏"。卑居,舍人作"壁居",是"卑"讀如"壁"。郭音"匹",非矣。"斯"字語詞,故釋文云"本多無此字",是也。劉孝標《類苑》烏部遂立"鷽斯"之目,蓋失檢耳。今此烏大如鴿,百千爲羣,其形如烏,其聲雅雅,故名雅烏。《初學記》引此注作"楚烏"也,又曰:"雅烏多羣作多聲。"臧鏞堂據《水經注》定爲孫義,當是。

燕,白脰烏。脰,頸。

《小爾雅》云:"白項而羣飛者謂之燕烏。"今此烏大於雅烏而小於慈烏。《禽經》云:"慈烏反哺,白脰不祥。"《漢書·五行志》云:"景帝三年十一月,有白頸烏與黑烏羣鬬楚國吕縣,白頸不勝,墮泗水中死者數千。"《世説·輕詆》篇云:"人問見諸王何如?答曰:'見一羣白頸烏,但聞唤啞啞聲。'"皆謂此也。

鴽,鴾母。鵪也。青州呼鴾母。

《説文》:"雃,牟母也。雃或作鴽。"按:"鴽"从奴聲,經典作"鴽",則變从如,古者"如、奴"同聲。釋文:"母,李音無,舍人本作無。"《月令》疏亦引舍人"母"作"無",鄭注《公食大夫禮》及《月令》並作"鴽,毋無"。今按:鄭注"毋"當作"母",《爾雅》亦然。"母、毋"二字形近易譌,故釋文云"母如字,李音無"以分别之。若《爾雅》正作"毋","毋、無"音同,釋文又何必舉李音爲詞費乎？必知"毋"當作"母"者，以"鴾母"是鳥聲，因爲鳥名，古蓋讀"無"如"模"，與"鴾母"俱雙聲，故鄭及舍人本俱相通借，可知古本必不作"毋"矣。郭云"鴽也"者，《夏小正》"田鼠化鴽，鴽爲鼠"，傳云："鴽，鵪也。"《月令》疏引李巡云："鴽，鴽，一名鴾母。"《吕覽・季春紀》注："鴽，鶕也。青州謂之鴾鴾（譌作"鴹鴹"）。周雒謂之鴽，幽州謂之鶕。"《淮南・時則》篇注亦同。然則"鶕、鵪"俱"鴽"之别體，"鴾鴾"即"鴾母"之借聲，亦如鄭注"毋無"爲借聲矣。今驗鴽鳴以觜插地，如牛鳴窌中，故曰"鴾母"，今棲霞人即呼爲"鴾子"矣。鶉、鴽二鳥，本非同類，故《公食大夫》以"鶉、鴽"並列，《内則》"鶉羹"與"鴽釀"異名，是皆以爲二物也。今鶉黄黑雜文，大如秋雞，無尾。鴽較長大，黄色無文，又長頸長觜。"鴽"之言"闇"也，"鶉"之言"純"也，"純"亦文也。

密肌，繫英。《釋蟲》已有此名，疑誤重。

《玉篇》："鷓肌，繼鶧，鳥名。"又云："䳖，鳥名，鳥似雀。"《廣韵》云："䳖，繼英，鳥名。"釋文："鷓，本今作密。鶧，本今作英。"按：郭氏疑爲重出，今《釋蟲》《釋鳥》俱有"翰，天雞"，非誤重也。鄭樵注以爲英雞，因啄啖石英而得名，今所未聞。

巂周。子巂鳥，出蜀中。

《説文》："巂周，燕也。一曰蜀王望帝婬其相妻，慙亡去，爲子巂鳥。故蜀人聞子巂鳴，皆起曰'是望帝也'。"按："子巂"即"子規"，又作"秭鳺"。《史記・曆書》"秭鳺先滜"，徐廣注："即子規也。"又作"姊歸"。《高唐賦》云："姊歸思姊。"李善注引郭此注："或曰即子規，一名姊歸。"蓋郭《音義》之文也。又作"子規"。《廣雅》云："鷤鴂、鷶鵤，子規也。""鳺"與"規"同，"巂"猶

“規”也。“鷤搗”之聲轉爲“鶗鴂”。《離騷》云“恐鶗鴂之先鳴兮”,王逸注:“鶗鴂,一名買鵤(《漢書》注作買鵫),常以春分鳴也。”《楊雄傳》作“鷤搗”,枚乘《梁王菟園賦》作“蝭蛙”,張衡《思玄賦》作“鶗鴂”。又轉爲“杜鵑”。《御覽》引《臨海異物志》云:“鷤搗,一名杜鵑,春三月鳴,晝夜不止,至當陸子熟,鳴乃得止耳。”子規,《御覽》引《蜀王本紀》作“子搗”,《華陽國志》作“子鵑”。“鵑、搗”亦聲轉也。《説文》以“巂周”爲燕别名,此古義也。《詩》疏引舍人曰:“巂周名燕,燕又名鳦。”孫炎曰:“别三名。”《文選·七命》“鷰髀猩脣”,注引《吕氏春秋》曰:“肉之美者巂燕之髀(今《吕覽·本味》篇作“雋臙”,誤)。”此燕名巂周之證。

燕燕,鳦。《詩》云:“燕燕于飛。”一名玄鳥,齊人呼鳦。

《説文》:“燕,玄鳥也。籋口,布翄,枝尾。象形。”又云:“乙,玄鳥也。齊魯謂之乙,取其鳴自呼。象形。乙或作鳦。”又云:“乙,春分來,秋分去。”《左昭十七年傳》:“玄鳥氏,司分者也。”鄭注《月令》云:“燕以施生時來,巢人堂宇而孚乳,娶嫁之象也。”《夏小正》:“二月來降燕,乃睇。”“九月陟,玄鳥蟄。”今按:燕蟄多於海濵坻岸及深山古木中,蟄則毛羽解脱也。《廣雅》又以朱鳥爲燕。《詩·燕燕》傳用《爾雅》。《左傳》疏云:“或單呼爲燕,或重名燕燕,異方語也。”按:《漢書》童謡亦云“燕燕尾涎涎”,詩謡重文足句,非必異方人語。又“燕燕”之聲轉爲“鳦鳦”,曼聲言之爲“鷾鴯”。《莊子·山木》篇云“鳥莫知於鷾鴯”,司馬彪注:“鷾鴯,燕也。”《御覽》九百廿三引《爾雅》舊注云:“齊曰燕,梁曰鳦。”與郭注異,臧庸以爲孫炎義也。按:《南史·隱逸·顧歡傳》張融曰:“昔有鴻飛天首,積遠難明,越人以爲鳦，楚人以爲乙。"然則楚亦名"鳦"，不獨齊梁云然矣。

鴟鴞，鸋鴂。鴟類。

《説文》及《詩》傳用《爾雅》。孔疏引舍人曰："鴟鴞，一名鸋鴂。"《文選》注引《韓詩》傳曰："鴟鴞，鸋鴂，鳥名也。鴟鴞所以愛養其子者，適以病之。愛憐養其子者，謂堅固其窠巢；病之者謂不知託於大樹茂林，反敷之葦蔄，風至，蔄折巢覆，有子則死，有卵則破，是其病也。"《韓詩》所説即是鷦鷯。故《詩》疏引陸璣疏云："鴟鴞似黄雀而小，其喙尖如錐，取茅秀爲巢，以麻紩之，如刺襪然，縣著樹枝，或一房，或二房。幽州人謂之鸋鴂，或曰巧婦，或曰女匠。關東謂之工雀，或謂之過鸁。關西謂之桑飛，或謂之襪雀，或曰巧女。"陸疏"鸋鴂"以下悉本《方言》，《玉篇》亦同，惟《廣韵》以鸋鴂即鶗鴂爲誤。又韓、毛諸家之説並以鴟鴞爲小鳥，無異詞，郭以與下衆鴟相涉，定爲鴟類，蓋失之矣。劉向《九歎》云"鴟鴞集於木蘭"，王逸注："貪鳥也。"蔡邕《弔屈原文》云："鸋鴂軒翥，鸞鳳挫翮。"皆以鴟鴞爲貪惡大鳥，郭蓋本此。段氏《説文》注："鳥名多自評，鴟鴞正是鳥聲。鴞，于嬌切。今讀許嬌切，非。"

狂，茅鴟。今鶶鴟也，似鷹而白。**怪鴟。**即鴟鵂也，見《廣雅》。今江東通呼此屬爲怪鳥。**梟，鴟。**土梟。

《説文》："鴟，雖也。籀文作鴟。"《本草》陶注："鴟即俗呼老鴟者，又有雕、鶚，並相似而大。"按：鴟，今順天人呼"鷂鷹"，東齊人呼"老鷂"，亦曰"老雕"，善高翔者是也。

○茅鴟者，《廣雅》云："鵂鶹、鶜鴟，鶶也。"鶜，通作"茅"。《左襄廿八年傳》："使工爲之誦《茅鴟》。"《一切經音義》七引舍人曰："狂，一名茅鴟，喜食鼠，大目也。"《御覽》九百廿三引孫炎曰:“大目,鵂鶹也。”郭云“今鵋鵙”者,《太玄·聚·次八》云:“鵙鵋在林,咙彼衆禽。”按:“鵋”與“駹”聲義同。“馬屬”云“面顙皆白惟駹”,此鳥似鷹而白,故謂之“鵋”。“鵋、茅”聲轉也。茅鵙即今貓兒頭,其頭似貓,大目,有毛角,其鳴曰“轂轆貓”,故蜀人謂之“轂轆鷹”,楊州謂之“夜貓”。善笑,俗人聞其笑聲,云:“有凶禍也。”

○怪鵙者,《説文》云:“舊,雖舊,舊留也。舊或作鵂。”《廣雅》云:“肥鵂、鵙鵂,怪鵙也。”“舊”聲近“久”,故《海外南經》“湯山有鵙久”,《大荒南經》“蒼梧之野有鵙久”,郭注:“即鵂鶹也。”《莊子·秋水》篇云:“鵙鵂夜撮蚤察豪末,晝出瞋目而不見丘山。”釋文引司馬彪“蚤作蚉”,云:“夜取蚉食之。”崔譔作“爪”,云:“鵂鶹夜聚人爪於巢中也。”《博物志》云:“取人爪甲知吉凶,凶者輒鳴。”此怪説,不足信。夜撮蚉蚤特言其目明耳,非實事也。《一切經音義》廿引舍人曰:“一名狂鳥,一名鵂鶹。南陽名鉤鵅,一名忌欺。晝伏夜行,鳴爲怪也。”如舍人義,是怪鵙即鵋鶀矣。《音義》又云:“鵂鶹,關西名訓侯,山東名訓狐。”今按:“狐、侯”聲轉,“訓侯”亦“鵂鶹”之語變。今訓狐大者高二三尺,黑黄雜色,其鳴自呼,頭有毛角。《説文》云“觜,雖舊頭上角觜”,是也。夜飛入人家,攫雞食之,怪鵙之屬此爲大。

○梟者,《説文》云:“不孝鳥也。故日至捕梟磔之,从鳥在木上。”(《五經文字》云:“从鳥在木上,隸省作梟。”是《説文》“梟”从鳥。)《詩·瞻卬》箋“梟、鵙,惡聲之鳥”,不言其狀。《漢書·武五子傳》:“昌邑多梟。”按:《詩》“爲梟爲鵙”,似爲二物,《爾雅》則合爲一。《詩》言“流離之子”,毛傳:“流離,鳥名。”陸璣疏以爲流離即梟,是皆古説之可疑者也。《漢書·郊祀志》

注:"孟康曰:'梟,鳥名,食母。破鏡,獸名,食父。黄帝欲絶其類,使百吏祠皆用之。'如淳曰:'漢使東郡送梟,五月五日作梟羹以賜百官。以其惡鳥,故食之也。'"《淮南·説林》篇云"鼓造辟兵,壽盡五月之望",高誘注:"鼓造謂梟。"按:"梟"即"鼓造"之合聲。《漢儀》夏至賜百官梟羹,故高注云然也。《爾雅翼》云:"土梟穴土以居,故曰土梟。"流離,説在下文。

鶅,劉疾。未詳。

下云:"鵜,鶟。其雄鶅。"故《玉篇》以"鶅"爲"鵜鶟"也。釋文:"鶅,又音界。劉,字或作留。"

生哺,鷇。鳥子須母食之。**生噣,雛。**能自食。

《説文》:"鷇,鳥子生哺者。"《魯語》云"鳥翼鷇卵",韋昭注:"生哺曰鷇。"《史記·趙世家》云:"探爵鷇而食之。"《莊子·天地》篇云:"鶉居而鷇食。"楊雄《蜀都賦》云:"風胎雨鷇。"

○噣者,"啄"之假借。《説文》:"啄,鳥食也。"《文選·東征賦》注引《尸子》曰:"卵生曰椓。""椓"與"啄"古字通也。《説文》:"雛,雞子也。籀文作鶵。"按:《孟子》云:"一匹雛。"則鶩子亦名雛,"雛"與"雈"聲相轉。《廣雅》云:"鶩子,雛也。"《方言》云:"爵子及雞雛皆謂之鷇。"則"鷇、雛"通名矣。《夏小正》云:"雞桴粥。粥也者,相粥粥呼也。"是雞雛能自啄食之證。

爰居,雜縣。《國語》曰:"海鳥爰居。"漢元帝時瑯邪有大鳥如馬駒,時人謂之爰居。

釋文引李云:"爰居,海鳥也。"樊云:"似鳳皇。"劉逵《吴都賦》注亦云:"似鳳。"《廣雅》作"延居",云:"怪鳥屬也。"《南山經》注仍作"爰居","爰、延"聲相轉也。《魯語》云:"海鳥曰爰居，止於魯東門之外三日，臧文仲使國人祭之。”《莊子·至樂》篇說此事云“海鳥止於魯郊，魯侯御而觴之於廟”，司馬彪注：“爰居舉頭高八尺。”郭氏《遊仙詩》云：“雜縣寓魯門，風煖將爲災。”

春鳸，鳻鶞。夏鳸，竊玄。秋鳸，竊藍。冬鳸，竊黄。桑鳸，竊脂。棘鳸，竊丹。行鳸，唶唶。宵鳸，嘖嘖。諸鳸皆因其毛色、音聲以爲名。竊藍，青色。

《説文》：“雇或作鶚。籀文作鳸。九雇，農桑候鳥，扈民不婬者也。春雇，鳻盾。夏雇，竊玄。秋雇，竊藍。冬鳸，竊黄。棘雇，竊丹。行雇，唶唶。霄雇，嘖嘖。桑雇，竊脂。老雇，鷃也。”《左·昭十七年》疏引賈逵云：“春扈，分循，相五土之宜，趨民耕種者也；夏扈，竊玄，趣民耘苗者也；秋扈，竊藍，趣民收斂者也；冬扈，竊黄，趣民蓋藏者也；棘扈，竊丹，爲民驅鳥者也；行扈，唶唶，晝爲民驅鳥者也；宵扈，嘖嘖，夜爲農驅獸者也；桑扈，竊脂，爲蠶驅雀者也；老扈，鷃鷃，趣民收麥令不得晏起者也。”又引樊光云：“鳻鶞言分循也。”又謂：“舍人、樊光注《爾雅》，其言亦與賈同。”又謂：“自‘春鳸，鳻鶞’至‘宵鳸，嘖嘖’凡七鳸，其文相次，李巡總釋之云：‘諸鳸别春夏秋冬四時之名，唶唶、嘖嘖，鳥聲貌也。’”孔疏所引衆家之説，大抵不殊。蔡邕《獨斷》略亦相倣，並於七鳸之外益以上文桑鳸、老鳸，取備九鳸之名，而於《爾雅》未敢擅增，唯唐石經重出“桑鳸，竊脂”一句於“冬鳸，竊黄”之下，蓋校書者妄意羼入，唐後諸本俱仍其誤，亟宜刊削。邵氏《正義》及臧氏《漢注》並刪去之，是矣。今從宋本，仍存此句，而因著其失焉。

鴟鴞，戴鵀。鵀即頭上勝，今亦呼爲戴勝。鴟鴞猶鶻鵰，語聲轉耳。

《説文》:"䲾,䲾鵖也。"今《爾雅》作"鵖鴔"。段氏注謂當從《爾雅》,今謂俱通。聲轉爲"鶝鶝"。《方言》云:"鳸鳩,燕之東北、朝鮮洌水之閒謂之鶝鴔,自關而東謂之戴鵀,東齊海岱之閒謂之戴南,南猶鵀也。或謂之戴鳻,或謂之戴勝,東齊、吴楊之閒謂之鵀。自關而西謂之服鶝,或謂之鶝鶝,燕之東北、朝鮮洌水之閒謂之鵖。"然則"鵀"即"勝"也,聲近字通,故《月令》作"戴勝",《吕覽》作"戴任",高誘注:"戴任,戴勝,鵖也。《爾雅》曰鵖鳩,部生於桑(按:"部"蓋借爲"抱雞"之"抱"),三月其子彊飛,從桑空中來下,故曰'戴任降于桑'也。"高注"鵖"當作"鳲","鵖鳩"當作"鵖鴔",俱形聲之誤也。證以《淮南·時則》篇"戴任"作"戴鵀",注亦云"戴勝鳥",引《詩》"尸鳩在桑",可知《吕覽》注誤。《月令》疏引《爾雅》亦作"鵖鳩,戴鵀",李巡云:"戴勝,一名鵖鳩。"皆即"鵖鴔"之譌,邢疏引作"鵖鴔"可證。又引孫炎云:"鳲鳩,自關而東謂之戴鵀。"皆本《方言》爲説也。然鳲鳩巢居,戴勝乃生樹穴中,本非同物,《方言》失之。戴鵀即今之樓樓穀,小於鵓鳩,黄白斑文,頭上毛冠如戴華勝,戴勝之名以此。常以三月中鳴,鳴自評也。

鶭,澤虞。今婟澤鳥。似水鴞,蒼黑色,常在澤中。見人輒鳴喚不去,有象主守之官,因名云。俗呼爲護田鳥。

《説文》:"鴋,澤虞也。"釋文引《字林》作"鸅鸆",《御覽》九百廿五引"鶭"作"紡",孫炎注:"鳲鳩或謂紡,澤虞其别名也。常在澤中,見人報鳴不去,有象主守之官,因名之。"按:《方言》:"鳸鳩,或謂之鶭鸅。"孫義本此,郭謂别一鳥也。今澤中有此鳥,形狀悉如注説。

鷀，鷧。即鸕鷀也。觜頭曲如鉤，食魚。

《説文》："鸕，鷀也。""鷀，鸕鷀也。"《繫傳》云："盧鷀即鸝鶿。"《上林賦》注引《蒼頡篇》云："似鶂而黑。"馬融傳注引楊孚《異物志》云："能没於深水，取魚而食之。不生卵而孕雛於池澤閒，既胎而又吐生，多者生八九，少者生五六，相連而出若絲緒焉。水鳥而巢高樹之上。"按：今鸕鷀乃卵生也，處處水鄉有之，蜀人畜以捕魚，杜甫詩"家家養烏鬼"，或説即此。今江蘇人謂之"水老鴉"。

鶉，鶉。其雄鶛，牝庳。鶉，鵪屬。

《詩・伐檀》釋文引李巡曰："别雌雄異方之言。鶉，一名鶉。"《本草衍義》云："其卵初生謂之羅鶉，至初秋謂之早秋，中秋已後謂之白唐。"然則"羅鶉"即"鶉鶉"，聲相轉也。

鶛者，上云："鶛，劉疾。"《玉篇》以爲鴾鶉。

庳者，《南山經》云"柜山有鳥，其音如痺"，豈是歟？釋文："庳，婢支反，施音婢，郭音卑。"按："鶛"之言"介"也，雄者足高，介然特立也；"庳"之言"比"也，雌者足卑，比順於雄也。雄又善鬭，人多畜之令搏鬭也。《詩・鶉之奔奔》箋："奔奔、彊彊，言其居有常匹，飛則相隨之貌。"《禮・表記》注又云："姜姜、賁賁，争鬭惡貌也。"今驗鶉竄伏草閒，無常居而有常匹，兩雄相值則鬭而不釋，一如鄭言矣。《列子・天瑞》篇云："田鼠爲鶉。"《淮南・齊俗》篇云："蝦蟆爲鶉。"《月令》《夏小正》又云："田鼠爲鴽。"鴽即鴾也，"鴾、鶉"對文則别，散文則通。

鷉，沈鳧。似鴨而小，長尾，背上有文，今江東亦呼爲鷉，音施。

《詩・鳧鷖》疏引某氏曰："《詩》云：'弋鳧與雁。'"陸璣疏云："大小如鴨，青色，卑脚，短喙，水鳥之謹愿者也。"按：此即今水鴨。謂之"沈"者,《急就篇》云"春草雞翹鳧翁濯",顔師古注:"翁,頸上毛也。"然則鳧善沈水,洒濯其頸,故曰"沈鳧"。或説鳧好晨飛,因名晨鳧,魏文侯嗜晨鳧是也。郭注《方言》:"今江東有小鳧,其多無數,俗謂之寇鳧。"寇即鸍屬矣。

鴢,頭鵁。似鳧,脚近尾,略不能行,江東謂之魚鵁,音驍箭。

《説文》:"鮫,一曰鮫鱸也。"《上林賦》云"箴疵鵁盧",張揖注"鵁,鴢頭鳥",即此也。《御覽》九百廿八引孫炎曰:"烏鵁也。"郭云"魚鵁","魚、烏"雙聲兼疊韵也。《本草拾遺》説鸕鷀云:"一種頭細身長,頸上白者名魚鵁。"李時珍云:"似鸕鷀而蛇頭長項,冬月羽毛落盡,栖息溪岸,見人不能行,即没入水者,《爾雅》所謂鴢頭、魚鵁也。"《史記·賈誼傳》云:"偭蟂獺以隱處。"索隱引此注,是蟂即鵁矣。郭云"音驍箭"者,嫌讀爲"鵁鶄"之"鵁",故音之。釋文云:"頭,字或作投。"

鵽鳩,寇雉。鵽大如鴿,似雌雉,鼠脚,無後指,岐尾。爲鳥憨急,羣飛,出北方沙漠地。

《説文》:"鵽,鵽鳩也。"不言寇雉,郭以與下"寇雉,泆泆"同物。《玉篇》:"一名冠雉。"蓋字形之誤。《舊唐書》謂之"突厥(音骨)雀",云:"鳴鵽羣飛入塞,突厥必入寇。"《一切經音義》十九引《爾雅》注云:"今鵽大如鴿,亦言如鶉,似雌雉,鼠脚,無後指,岐尾,爲鳥憨急,羣飛,出於北方沙漠地也。肉美,俗名突厥雀,生蒿萊之間。"以校今注多十餘字,或郭《音義》之文也。今此鳥淺黄色,文如雌雉,形似鵓鳩,故兼鳩雉之名。其肉又美,故《南都賦》以"歸鴈鳴鵽(涉滑)"並標珍味。蓋雲翔爲余言曾見之,形狀悉如郭説,今萊陽人名沙雞也。余按:謂之"寇"者,《方言》云"凡物盛多謂之寇",郭注以寇鳧爲釋,然則寇雉之名,亦當因此。

萑,老鵵。 木兔也。似鴟鵂而小,兔頭,有角,毛脚,夜飛,好食雞。

《説文》:"萑,雖屬,有毛角,所鳴其民有禍。"又云:"鷭,鴟也。"《廣雅》云:"鷭、鴟,老鵵也。"然則"鷭、萑"疊韵,實一物也。"鵵"與"兔"同。《酉陽雜俎》云:"北海有木兔似鵂鶹也。"按:此即上"狂,茅鴟"一種大者,俗亦呼"貓兒頭",其頭似兔,以耳上毛爲角也。

鵽鶘鳥。 似雉,青身白頭。

釋文:"鵽,本亦作突。胡,字或作鶘。"是古本作"突胡",俗加"鳥"也。《御覽》九百廿八引孫炎曰:"鵽鶘,水鳥。"按:即白頭鳥也。《吴志·諸葛恪傳》注引《江表傳》曰:"會有白頭鳥集殿前,權問何鳥,恪曰:'白頭翁。'"即此鳥矣。

狂,瘮鳥。 狂鳥,五色,有冠,見《山海經》。

狂,俗作"鵟"。《集韵》以鵟爲鴟屬,蓋本"狂,茅鴟"爲説也。《大荒西經》"栗廣之野有五采之鳥,有冠,名曰狂鳥",郭以《爾雅》爲釋。

皇,黄鳥。 俗呼黄離留,亦名搏黍。

《詩·葛覃》疏引舍人曰:"皇名黄鳥。"按:此即今之黄雀,其形如雀而黄,故名黄鳥。又名搏黍,非黄離留也。《詩》凡言"倉庚"必在春時,其言"黄鳥"即不拘時候,"馬屬"云"黄白曰皇",此鳥名皇,知非鵹黄之鳥矣。《王會》篇云:"方揚以皇鳥。"《北山經》云:"軒轅之山有鳥,名曰黄鳥。"是皆同名,未知《爾雅》所指。郭云"黄離留",非。

翠,鷸。 似燕,紺色,生鬱林。

《説文》:"翠,青羽雀也。出鬱林。""翡,赤羽雀也。出鬱林。"《王會》篇云:"倉吾翡翠。"《漢書》尉佗獻文帝翠鳥毛,是也。張揖注《上林賦》云:"翡翠大小亦如雀,雄赤曰翡,雌青曰翠。"按:今所見如燕而大。劉逵《吴都賦》注:"翡翠巢於樹顛生子,夷人稍徙下其巢,子大未飛,便取之,出交趾鬱林郡。"《左·僖二十四年》疏引樊光云:"青羽出交州。"李巡曰:"鷸,一名爲翠,其羽可以爲飾。"按:《山海經》"盂山有白翡翠",非此也。又《説文》云:"鷸,知天將雨鳥也。"引《禮記》曰:"知天文者冠鷸。"此鷸與翠同名而非同物,舊説便相牽混,亦誤。《漢·五行志》注張晏曰"鷸鳥赤足黄文",則非一物可知。張聰咸《左傳杜注辨證》"好聚鷸冠"條下論之當矣。

鸀,山烏。似烏而小,赤觜,穴乳,出西方。

《水經·㶟水》注云:"火山出雛烏,形類雅烏,純黑而姣好,音與之同,繢采紺發,觜若丹砂,性馴良而易附,丱童幼子捕而執之,曰赤觜烏,亦曰阿雛烏。"按:釋文"鸀,濁、蜀二音",並與"雛"聲相轉。郭云"出西方",據《水經注》在趙代閒,又云:"自恒山已北並有此。"徐松云:"巴里坤有此鳥,小於常烏,觜足色如珊瑚,冬日穴處山谷閒,彼人謂之紅觜鴉。"余按:今薊州亦有之,形狀悉如徐説,此州之人名爲"賜喜兒"者也。

蝙蝠,服翼。齊人呼爲蟙蠌,或謂之仙鼠。

《説文》:"蝙蝠,服翼也。"又云:"魁蝱,老服翼所化。"《本草》作"伏翼","伏、服"古字通也。《方言》云:"蝙蝠,自關而東謂之服翼,或謂之飛鼠,或謂之老鼠,或謂之僊鼠。自關而西、秦隴之閒謂之蝙蝠,北燕謂之蟙蠌。"《新序·雜事五》云:"黄鵠白鶴一舉千里,使之與燕服翼試之堂廡之下、廬室之閒,其便未必能過燕服翼也。”王德瑛説“燕服翼”是一物，今東齊人謂之“燕蝙蝠”是也。按：今登州謂蝙蝠爲“蹩蚨”，語聲之轉耳。《類聚》引《孝經援神契》曰：“蝙蝠伏匿，故夜食。”今按：“伏匿、服翼”聲相近。蝙蝠以夜出，飛翔庭院，掠蚉蝄而食之，俗言爲鼠所化，形還類鼠。毛紫黑色，肉翅與足相連，巢於屋檐，孳乳其中，未必是鼠所化爲也。

晨風，鸇。 鷂屬。《詩》曰：“鴥彼晨風。”

《説文》：“鸇，鸕風也。籀文作鸕。”又：“翰，一名鸕風。”《詩》作“晨風”，假借字耳。《詩》疏引舍人曰：“晨風，一名鸇。鸇，鷙鳥也。”陸璣疏云：“鸇似鷂，青黄色，燕頷句喙，嚮風摇翅，乃因風飛，急疾擊鳩鴿燕雀食之。”按：“鸇、隼”聲相轉，《詩》“鴥彼飛隼”與“鴥彼晨風”，獨此二文言“鴥”，《説文》“鴥，鸇飛皃”，可知鸇即隼矣。鸇皆巢樹，亦能穴土，故趙岐《孟子》注：“鸇，土鸇也。”《西山經》云：“北望諸毗，鷹鸇之所宅也。”

鸉，白鷢。 似鷹，尾上白。

《廣雅》：“白鷢，鷹也。”《説文》以爲王雎，段氏注謂轉寫之誤，是也。《廣韵》云：“白鷢善捕鼠。”按：白鷢即今白鷂子，似雀鷹而大，尾上一點白，因名焉。一名印尾鷹，望淺草閒掠地而飛，善捕鳥雀，亦嚮風摇翅，故又名風鷂子。“鷹、鷂、鸉”俱聲相轉也。王照圓《詩小紀》云：“鸉俗，字當作楊，《詩》曰‘時維鷹揚’，揚即《爾雅》‘楊，白鷢’，古字通借爲揚，毛傳便謂鷹之飛揚矣。”

寇雉，泆泆。 即鷑鳩也。

已詳上文。

鷏，蟁母。 似烏鸔而大，黄白雜文，鳴如鴿聲，今江東呼爲蚊母。俗説此鳥常吐蚊,因以名云。

釋文:"鶨,田、真二音。"《本草拾遺》云:"蚊母鳥大如雞,黑色,生南方池澤茹藘中,其聲如人嘔吐,每口中吐出蚊一二升。"《嶺表録異》云:"蚊母鳥形如青鷁,觜大而長,於池塘捕魚而食,每叫一聲則有蚊蚋飛出其口,俗云採其翎爲扇,可辟蚊子。"

鷉,須鸁。鷉,鷿鷉,似鳧而小,膏中瑩刀。

《説文》:"鷈,鷑鷈也。"《方言》云:"野鳧,其小而好没水中者,南楚之外謂之鷿鷉,大者謂之鶻蹏。"按:"蹏"與"鷉"同,或作"鸊鷉",又作"鸊鵜",並字異而音同。陳藏器云:"其脚連尾,不能陸行,常在水中,人至即沈,或擊之便起。以其膏塗刀劍,令不鏽。"

鼯鼠,夷由。狀如小狐,似蝙蝠,肉翅。翅尾項脅毛紫赤色,背上蒼艾色,腹下黄,喙頷雜白。脚短爪長,尾三尺許。飛且乳,亦謂之飛生。聲如人呼,食火煙,能從高赴下,不能從下上高。

《説文》:"鸓,鼠形,飛走且乳之鳥也。"《廣雅》云:"鸓鴸,飛鸓也。"《漢書·司馬相如傳》注張揖曰:"飛蠝,飛鼠也,其狀如兔而鼠首,以其頓飛。"郭氏則曰:"蠝,鼯鼠也。"《本草》"鸓鼠",陶注云:"即鼯鼠,飛生鳥也,狀如蝙蝠,大如鴟鳶,毛紫色闇,夜行飛生,人取其皮毛以與産婦持之,令兒易生。"《類聚》引郭氏讚云:"鼯之爲鼠,食煙棲林。載飛載乳,乍獸乍禽。皮藉孕婦,人爲大任。"是郭與陶並以鸓鼠、鼯鼠爲一物也。《廣雅》及《説文》不言鸓即鼯鼠,則爲别物。《吴都賦》云:"狖鼯猓然。"劉逵注分狖、鼯爲二,非也。狖,余幼切,即夷由也。夷由,字之雙聲,合之則爲"狖"矣。《唐書·地理志》云:"台州土貢飛生鼠。"

倉庚，商庚。即鵹黄也。

《説文》："離黄，倉庚也。鳴則蠶生。"《夏小正》："二月有鳴倉庚。倉庚者，商庚也。商庚者，長股也。"按：倉庚不名長股，故莊氏述祖疑"長股也"三字當在"鳴蜮"傳"蜮也者"下而誤竄於此，其説良是。但"商庚、長股"俱一聲之轉，"鵹黄"言其色，"長股、商庚"並象其聲，鳥名多是自呼，恐此亦當爾也。《方言》云："驪黄，自關而東謂之倉庚，自關而西謂之驪黄，或謂之黄鳥，或謂之楚雀。"《詩》疏引陸璣疏云："黄鳥，黄驪留也，或謂之黄栗留。幽州人謂之黄鶯，一名倉庚，一名商庚，一名鵹黄，一名楚雀。齊人謂之摶黍，當葚熟時來在桑閒，故里語曰'黄栗留，看我麥黄葚熟否'，是應節趨時之鳥也。"按：毛以黄鳥爲摶黍，黄鳥即今黄雀，"緜蠻、睍睆"皆象其形，非倉庚也，陸疏誤合爲一，非矣。離黄，《吕覽》注作"黄離"。謂之"黄鶯"者，《詩·桑扈》傳："鶯然有文章也。"今黄鶯頸端細毛雜色，體毛黄，而翅及尾黑色相閒，文彩離陸，故又名黄栗留。"栗留"即"離陸"，又即"歷録"，文章貌也。

鴩，餔敊。未詳。

《説文》作"鴃，餔豉也"，《廣韵》作"鵏敊"。按："鵏"或體，"餔、鋪"音同。鋪豉，蓋以鳥聲爲名。《蒼頡篇》云餔穀鳥即布穀，非此。

鷹，鶆鳩。鶆當爲鷞字之誤耳。《左傳》作"鷞鳩"，是也。

《説文》："雁，雁鳥也。籀文作鷹。"《左·昭十七年》疏引樊光曰："來鳩，爽鳩也。《春秋》曰'爽鳩氏，司寇'，鷹鷙，故爲司寇。"是樊本作"來"，不云是誤。《爾雅》釋文亦作"來"，云："或作鶆。衆家並依字。"則"來"爲正文，"鶆"爲或體，郭以"鶆"爲

“鵴”字之誤也。鷹、鳩二物，更相禪化，故《夏小正》：“五月鳩爲鷹。”“六月鷹始摯。”《月令》：“季夏鷹乃學習。”“孟秋鷹乃祭鳥。”《月令》之“學習”，即《小正》之“始摯”矣。《御覽》引此注“是也”下有“善擊，官於代郡捕之”八字，今本蓋脱去之。《類聚》引《廣志》曰：“有雉鷹，有兔鷹，一歲爲黄鷹，二歲撫鷹，三歲青鷹，胡鷹獲麞。”按：鷹、鷂同類，舊説大爲鷹，小爲鷂，故《御覽》引《古樂府》曰：“豹則虎之弟，鷹則鷂之兄。”《晉書·崔洪傳》云：“清厲骨鯁，爲尚書左丞，時人爲之語曰：‘叢生荆棘，來自博陵，在南爲鷂，在北爲鷹。’”

鶼鶼，比翼。説已在上。

釋文：“鶼鶼，衆家作兼兼。”李云：“鳥有一目一翅，相得乃飛，故曰兼兼也。”詳見《釋地》。

鵹黄，楚雀。即倉庚也。

《説文》：“黧，黧黄也。一曰楚雀也。其色黎黑而黄。”《月令》疏引某氏云：“鵹黄，一名倉庚。又云商庚。”李巡云：“一名楚雀。”按：“倉、庚”疊韵，“楚、雀”雙聲，“鵹”與“黎”同。《晉書·郭璞傳》：“《客傲》云：‘欣黎黄之音者，不顰蟪蛄之吟。’”

鴷，斲木。口如錐，長數寸，常斲樹食蟲，因名云。

《淮南·説山》篇云：“斲木愈齲。”蓋此鳥善啄蠹，故治蟲齒之病。高誘《時則》篇注以倉庚爲斲木，誤矣。《爾雅翼》云：“此鳥褐者是雌，斑者是雄。又有青黑者，頭上紅毛如鶴頂，山中人呼爲山啄木。”按：山啄木大如雅，慘緑色，即鶴頂者也。

鸄，鶅鷵。似烏，蒼白色。

《玉篇》：“鸄，一名唐屠鳥，似烏。”《酉陽雜俎》云：“鸄色黄，一變爲青鵵，帶灰色，又曰白唐。唐者，黑色也，謂斑上有黑色。一變爲白鶬。”如《雜俎》説,是鷹屬也。或云即阿濫堆,未知其審。“唐、屠”一聲之轉。

鸕,諸雉。未詳。或云即今雉。

《説文》:“雉,有十四種。”“盧諸雉”其一也。按:黑色曰“盧”,博棊勝采有雉有盧,盧亦黑也。張揖《上林賦》注“鸕,白雉”,所未詳。

鷺,舂鉏。白鷺也。頭、翅、背上皆有長翰毛,今江東人取以爲睫㰏,名之曰白鷺縗。

《詩·振鷺》傳:“鷺,白鳥也。”《宛丘》傳:“鷺鳥之羽,可以爲翳。”陸璣疏云:“鷺,水鳥也,好而潔白,故謂之白鳥。齊魯之閒謂之舂鉏,遼東、樂浪、吴楊人皆謂之白鷺。青脚,高尺七八寸,尾如鷹尾,喙長三寸,頭上有毛數十枚,長尺餘,毵毵然與衆毛異好,欲取魚時則弭之,今吴人亦養焉。楚威王時有朱鷺合沓飛翔而來舞,則復有赤者,舊鼓吹《朱鷺曲》是也。”按:“舂、鉏”雙聲字,“鉏、鷺”又爲疊韵。郭云“江東人取以爲睫㰏”者,《廣韵》云:“接䍠,白帽。”即睫㰏也。《御覽》引此注正作“接㰏”。縗者,釋文:“西雷、西河二反。”《集韵》云:“編鷺羽爲衣也。”

鷂雉。青質五彩。**鷮雉。**即鷮雞也,長尾,走且鳴。**鳪雉。**黄色,鳴自呼。**鷩雉。**似山雞而小,冠背毛黄,腹下赤,項緑,色鮮明。**秩秩,海雉。**如雉而黑,在海中山上。**鸐,山雉。**長尾者。**雗雉,鵫雉。**今白鵫也,江東呼白雗,亦名白雉。**雉絶有力,奮。**最健鬭。**伊洛而南,素質五采皆備成章曰翬。**翬亦雉屬,言其毛色光鮮。**江淮而南,青質五采皆備成章曰鷂。**即鷂雉也。**南方曰𨿽,東方曰鶅,北方曰鵗,西方曰**

鸕。説四方雉之名。

《説文》:"雉,有十四種:盧諸雉、鷮雉、鳪雉、鷩雉、秩秩海雉、翟山雉、翰雉、卓雉,伊洛而南曰翬,江淮而南曰摇,南方曰鸐,東方曰甾,北方曰稀,西方曰蹲。古文雉作睇。"按:《易》"離爲雉",士以爲摯,以其體備文明,性秉耿介也,故《爾雅》説雉文獨詳。鷂雉即下"青質五彩"者也。

〇鷮者,《説文》云:"走鳴長尾雉也。乘輿以爲防釳,著馬頭上。"薛綜《西京賦》注:"雉之健者爲鷮,尾長六尺。"《詩》疏引陸璣疏云:"鷮微小於翟也,走而且鳴曰鷮鷮。其尾長,肉甚美,故林麓山下人語曰'四足之美有麃,兩足之美有鷮'也。"《詩》釋文引《韓詩》"二矛重鷮",蓋於矛上懸其尾爲飾也。《中山經》云:"女几之山,其鳥多白鷮。"

〇鳪者,黄色之雉也,其鳴自呼,亦猶鷮自呼曰"鷮"也。

〇鷩者,《説文》:"赤雉也。"又云:"鵔鸃,鷩也。"按:鷩有華采,《虞書》作繪謂之"華蟲",《周官·司服》謂之"鷩冕",秦漢侍中謂之"鵕鸃冠"也。又謂之"丹鳥",《左·昭十七年》疏引樊光曰:"丹雉也,少皞氏以鳥名官,丹鳥氏司閉,以立秋來立冬去,入水爲蜃是也。"又謂之"赤鷩",《中山經》牡山、《西山經》小華之山並云"鳥多赤鷩",郭注:"即鷩雉也。"又注《子虚賦》云:"鵕鸃似鳳,有光彩。"《釋名》云:"祭服有鷩冕,鷩雉之憋惡者,山雞是也。"按:山雞、鷩雉非一物,山雞出合浦,見《吴都賦》注。

〇秩秩者,釋文云:"本又作失失,施音逸。"按:音"逸"則與上"寇雉,泆泆"同名,非同物也。郭云"如雉而黑",蓋即《夏小正》云"玄雉,入於淮爲蜃"者,樊光以蜃是丹雉所爲,恐非。《漢書·平帝紀》:"越裳重譯獻白雉一、黑雉二。"黑雉即海雉,"海"之言"晦"也,今陝西山中有之,其狀如雉,其色正青,尾長數倍於身,用以作膳,美於常雉,陝人謂之"青雞"。秦俗以青爲黑也。

○鸐者,當作"翟",俗加"鳥",非。釋文作"翟"。《説文》:"翟,山雉尾長者。"《左傳》疏引樊光曰:"其羽可持而舞。《詩》云:'右手秉翟。'"借作"狄"。《内司服》"掌王后之六服",有"闕狄",鄭注:"狄當爲翟。"《玉藻》及《喪大記》並作"屈狄","屈、闕"聲近,"闕"謂刻繒爲翟雉之形也。郭注《西山經》女牀之山云:"翟似雉而大,長尾。"《博物志》云:"翟雉長毛,雨雪,惜其尾,栖高木杪,不敢下食,往往餓死。"按:翟有五采者,《書》云"羽畎夏翟",此蓋翟異種耳。

○鵫雉、卓雉,《説文》分爲二,故有十四種,郭氏則謂一物二名,即白雉也。《北山經》云"縣雍之山,其鳥多白鶮",郭注:"即白鵫也。"《西山經》云"播冢之山多白翰",郭注:"白翰,白鵫也,亦名鵫雉,又曰白雉。""盂山,其鳥多白雉、白翟。"《抱朴子》云:"白雉有種,南越尤多。"按此則越裳所獻自其土貢,非以爲瑞而珍之矣。

○奮者,《説文》云:"翬也。""翬,大飛也。"按:"雞屬"云"絶有力奮","羊屬"亦同。《淮南·時則》篇云"鳴鳩奮其羽",高誘注:"奮迅其羽,直刺上飛也。"然則飛走之屬,凡有力者通謂之"奮"。

○翬者,《説文》云:"伊雒而南,雉五采皆備曰翬。"《左傳》疏引李巡曰:"素質五采備具,文章鮮明曰翬。"孫炎曰:"翬雉,白質,五采爲文也。"《玉藻》云"王后褘衣",鄭注:"褘讀如翬。"

《釋名》云:“褘衣,畫翬雉之文於衣也。”

○鷂者,《説文》作“搖”,借作“揄”,《内司服》有“揄狄”,鄭注:“揄翟畫搖者。”《玉藻》云“夫人揄狄”,鄭注:“揄讀如搖。”“翬、搖”皆翟雉名也,刻繒而畫之,著於衣以爲飾,因以爲名也。

○鳪、鶅、鵗、鷷者,《左傳》疏引舍人曰:“釋四方之雉名也。”賈逵云:“西方曰鷷雉,攻木之工也。東方曰鶅雉,摶埴之工也。南方曰翟雉,攻金之工也。北方曰鵗雉,攻皮之工也。”樊光注《爾雅》四方之雉配工亦與賈同。按:賈又以“翬雉,設色之工”合爲五雉,備五工,正其“鳪”作“翟”,當别有據,杜預注《左傳》從之。樊光注《爾雅》必作“鳪”也,“翬”與“鵗”、“鶅”與“鷷”俱雙聲,“翬、鵗”又疊韵也。鄭注《染人》舉六雉,曰翬、搖、鳪、甾、希、蹲。

鳥鼠同穴,其鳥爲鵌,其鼠爲鼵。鼵如人家鼠而短尾,鵌似鵽而小,黄黑色。穴入地三四尺,鼠在内,鳥在外。今在隴西首陽縣鳥鼠同穴山中。孔氏《尚書傳》云:“共爲雄雌。”張氏《地理記》云:“不爲牝牡。”

《書》疏引李巡曰:“鵌鼵,鳥鼠之名,共處一穴,天性然也。”《水經注·禹貢山水澤地》引鄭注,大意與郭同。《西山經》“鳥鼠同穴之山”,郭注亦與此注同。《地理志》云:“隴西首陽縣西南有鳥鼠同穴。”按:山今在甘肅蘭州府渭源縣西也。《甘肅志》云:“涼州地有兀兒鼠者,似鼠。有鳥名木兒周者,似雀,常與兀兒鼠同穴而處。”此即鵌鼵,但古今異名耳。《類聚》九十二引《沙州記》曰:“寒嶺去大陽川三十里,有雀鼠同穴。雀亦如家雀,色小白。鼠亦如家鼠,色如黄虵,無尾。”《宋書·吐谷渾傳》又云:“甘谷嶺北有雀鼠同穴,或在山嶺,或在平地。雀色白,鼠色黄。地生黄紫花草,便有雀鼠穴。"徐松《新疆水道記》云:"伊犂賽里木淖爾岸側鼠穴甚多,每日黎明鳥先飛出翺翔,鼠蹲穴口以望,漸趨平地,鳥集鼠背,張翼以噪,鼠負之往返馳而鳥不墜,良久入穴。"其形狀如郭注所云,然則綜前諸說,或與郭異,如徐所記又與郭同,要皆得諸見聞,當不虛也。郭云"張氏"者,即張晏,見《水經注》。又引杜彦達曰:"同穴止處,養子互相哺食,長大乃止。"可知不爲牝牡,張説是矣。

鸔鶹,鶝鶔。如鵲,短尾,射之,銜矢射人。或説曰鸔鶹、鶝鶔,一名嬃羿。

《説文》作"鸔專,畐蹂。如雝,短尾,射之,銜矢射人"。《廣韵》作"鸔䳨",釋文云:"亦作福柔。"又引《字書》云:"嬃,古以爲懈惰字。"按:郭氏《圖讚》云:"鸔鶹之鳥,一名嬃羿。應弦銜鏑,矢不著地。逢蒙縮手,養由不睨。"余按:俗説雅烏,一名大觜烏,善避繒繳,人以物擲之,從空銜取還以擲人,此即"鷽斯,鵯鶋",鷽、鶔,鵯、鶝,俱聲相轉,順天人呼"寒鴉"。"寒"即"鸔鶹"之合聲也。段氏玉裁引鄭注《周禮》"設其鵠",以爲"鳱鵠小鳥而難中,鸔、稚音近,鵠呼鵻鵠,此鳥狀如鵲,故亦謂之鳱鵠"。

鵲鶪醜,其飛也翪。竦翅上下。**鳶烏醜,其飛也翔。**布翅翺翔。**鷹隼醜,其飛也翬。**鼓翅翬翬然疾。**鳧鴈醜,其足蹼,**脚指閒有幕,蹼屬相著。**其踵企。**飛即伸其脚跟企直。**烏鵲醜,其掌縮。**飛縮脚腹下。

翪,《説文》作"㚇",云:"斂足也。"郭云"竦翅"者,如人竦敬收斂不舒布也。既斂翅,須斂足,義相成也。鵲鶪之類不能布翅高翔,但竦翅上下而已。

○鳶即鴟也，今之鷂鷹。鳶，古字本作"弋"，《夏小正》"鳴弋"是也，隸變作"鳶"，音"以專反"。又變作"鳶"，去古人作"弋"之意尤遠矣。《漢·五行志》成帝河平元年"泰山山桑谷有鳶焚其巢"，即此也。《夏官·射鳥氏》"以弓矢敺烏鳶"，鄭注："烏鳶，喜鈔盜，便汙人。"

翔者，《説文》云："回飛也。"高誘《淮南·俶真》篇注："鳥之高飛，翼上下曰翱，直刺不動曰翔。"

○鷹隼，猛鳥也。《秋官·翨氏》鄭注"猛鳥，鷹隼之屬"，是也。

翬者，《説文》云："大飛也。"《詩》疏引舍人云："謂鷹鷂之屬。翬翬，其飛疾羽聲也。"馬融《廣成頌》云："翬然雲起。"

○鳧鴈，鵩鳥也。《詩》云："弋鳧與鴈。""其足蹼"者，"蹼"猶"樸"也，樸屬相著，鳧鴈之類其足指有幕，肉相連屬也。其踵企者，釋文引《聲類》云："踵，足跟也。企，或作跂。"《説文》："企，舉踵也。"謂飛而直伸其足踵。

○縮者，《玉篇》云："退也。"鳥鵲之飛，翪翔雖異，足掌皆縮。《廣韵》引《文字音義》云："鳥鵲醜，其飛，掌縮在腹下。"

亢，鳥嚨。嚨謂喉嚨，亢即咽。**其粻，嗉。**嗉者，受食之處，别名嗉，今江東呼粻。

《説文》："亢，人頸也。"或作"頏"，喉嚨也。是"亢、嚨"皆人咽喉之名，鳥亦同也。釋文引舍人曰："亢，鳥高飛也。嚨嚨，財可見也。"樊光云："亢，星鳥也。嚨嚨，亢鳥之頸也。"按：亢非鳥星，樊義似誤。《詩·燕燕》云："頡之頏之。""頏"即"亢"矣。頡，直項也。

○"其粻，嗉"者，《釋言》云："粻，糧也。"《釋獸》"䶂屬"云

“鳥曰嗉”，郭注：“咽中裹食處也。”按：“嗉”之爲言猶“素”也，素，空也，謂空其中以受食。

鶉子，鳼。鴽子，鸋。别鵪鶉雛之名。**雉之暮子爲鷚。**晚生者。今呼少雞爲鷚。

鶉、鴽二物，種類既殊，子亦異名，經典闕如，無以言焉。

○鷚者，《説文》作“雡”，云：“鳥大雛也。一曰雉之莫子爲鷚。”《淮南·時則》篇云“天子以雛嘗黍”，高誘注：“春鷚也。”郭云“今呼少雞爲鷚”，是雞雉之雛通謂之“鷚”，“鷚”猶“萩”也。《方言》云：“雞雛，徐魯之閒謂之鍫子。”省作“秋”。《淮南·原道》篇注：“屈讀秋雞無尾屈之屈。”今登萊人呼晚雞爲“秋雞”，“秋”即“鍫”，“鍫”亦“鷚”矣。

鳥之雌雄不可别者，以翼右掩左，雄；左掩右，雌。

《説文》：“雄，鳥父也。”“雌，鳥母也。”《周禮·庖人》疏引《爾雅》“飛曰雌雄，走曰牝牡”，蓋舊注之文，但經典亦多通詞。《詩》詠“雄狐”，未聞稱牡，《書》言“牝雞”，便知是雌。《爾雅》上文説“鶉，雄鶛，牝庳”，亦其例也。唯鳥雌雄難别，故特釋之。《詩》云“誰知烏之雌雄”，亦爲難别故耳。《白華》篇云“鴛鴦在梁，戢其左翼”，鄭箋：“斂左翼者，謂右掩左也。鳥之雌雄不可别者，以翼右掩左，雄；左掩右，雌。陰陽相下之義也。”陶注《本草》“雄鵲”，説翼左右正與此反，蓋文誤耳。又云：“燒毛作屑納水中，沈者是雌，浮者是雄。”

鳥少美長醜爲鶹鷅。鶹鷅猶留離。《詩》所謂“留離之子”。

《説文》：“鳥少美長醜爲鶹離。”是“鷅”即“離”，“鶹”即“留”，《詩》今作“流”，俱聲借字，亦猶“黄離留”作“黄栗留”矣。《詩·旄丘》傳：“瑣、尾，小好之貌。流離，鳥也，少好長醜。”按：

毛以"小好"二字解經"瑣、尾",《釋訓》云"瑣瑣,小也","尾"無美義,《詩》蓋借"尾"爲"娓"。《韓詩》"誰侜予娓",《毛詩》作"美",是其證也。毛不言流離是何鳥,陸璣疏云:"流離,梟也。自關而西謂梟爲流離,其子適長大,還食其母,故張奂云:'鶹鷅食母。'許慎云'梟,不孝鳥',是也。"按:今鶉鴿生鴉鶻,子大如鷂,黑色,食其母;山中小鳥曰"馬兒尾",生鐵翅,子青黑色,大如鴿,又食其母。此二種豈皆鶹鷅歟?陸疏所説又與此異,非所究也。上云"梟,鴟",則梟乃鴟屬,然鴟復無鶹鷅之名。

二足而羽謂之禽,四足而毛謂之獸。

《説文》:"禽,走獸總名。""獸,守備者。"按:"獸"言"守"也,"禽"言"擒"也,《爾雅》雖别,經典多通。故《曲禮》疏云:"語有通别,别而言之,羽則曰禽,毛則曰獸。通而爲説,鳥不可曰獸,獸亦可曰禽,故鸚鵡不曰獸,而猩猩通曰禽也。"今按:《易》云"即鹿從禽",又"王用三驅,失前禽"。《司馬職》云:"大獸公之,小禽私之。"鄭注:"凡鳥獸未孕曰禽。"《白虎通》云:"禽者,鳥獸之總名。"是皆經證,孔疏詳矣。曹植《蝙蝠賦》云:"謂鳥不似二足,謂毛飛而含齒。"又云:"不容毛羣,斥逐羽族。"《曲禮》云:"羽鳥曰降,四足曰漬。"俱依《爾雅》爲説。

鵙,伯勞也。似鶷鶡而大。《左傳》曰"伯趙",是。

《説文》:"鵙,伯勞也。鵙或作雎。"《詩·七月》疏引李巡曰:"伯勞,一名鵙。"《左·昭十七年》疏引樊光曰:"《春秋》云:'伯趙氏,司至。'伯趙,鵙也,以夏至來冬至去。"《夏小正》云:"五月鴂則鳴。鴂者,百鷯也。"《月令》"仲夏,鵙始鳴",鄭注:"鵙,博勞也。"趙岐《孟子》注:"鴃,博勞也。""鴂"與"鵙","鷯"與"勞","博"與"伯",俱聲相轉。謂之"鵙"者,以鳥聲得名。《爾雅翼》引《通卦驗》云:"博勞性好單棲,其飛翪,其聲嗅嗅,夏至應陰而鳴,冬至而止。"曹植《惡鳥論》云:"伯勞蓋賊害之鳥也,其聲鶪鶪,故以其音名云。"高誘《吕覽》注:"伯勞,夏至後應陰而殺蛇,磔之於棘而鳴於上。"然則鶪鳴五月,《豳風》於七月者,鄭箋:"豳地晚寒,鳥物之候從其氣焉。"王肅則云:"七當爲五,古五字如七。"肅之此説理固可通,但是經文不容改字,箋説是矣。郭云"似鶷鶡而大"者,鶷鶡即反舌鳥。今伯勞純黑色,似鴝鵒而大,其飛縱縱,其鳴鶪鶪,喜食蟲,故高誘有殺蛇之説,今未見也。

倉庚,黧黄也。其色黧黑而黄,因以名云。

釋倉庚一鳥而文凡三四見,必叔孫通、梁文所附益者。

爾雅郭注義疏下之六

釋獸弟十八

《説文》:"獸,守備也。"按:獸者,守也,田獵取獸,必須圍守戒備之也。以其可充庖廚,謂之"六獸"。鄭衆《庖人》注以麋、鹿、熊、麕、野豕、兔爲六獸也。以其種類衆多謂之"百獸",《公羊》疏引《書》鄭注:"百獸,服不氏所養者也。"《大戴記·易本命》篇謂之"毛蟲",《大司徒》土會之法謂之"動物",而云"山林宜毛物,原隰宜贏物",鄭注:"毛物,貂狐貒貉之屬縟毛者;贏物,虎豹貔貙之屬淺毛者。"兹篇所釋皆是野獸,豕爲六畜之一,宜入《釋畜》而誤置在此。

麋:牡,麔;牝,麎;其子,麇;《國語》曰:"獸長麛麇。"**其跡,躔;**脚所踐處。**絶有力,狄。**

《説文》:"麋,鹿屬。冬至解其角。"按:麋似鹿,青黑色,肉蹏,目下有兩孔,俗説謂能夜視。《春秋·莊十七年》:"冬,多麋。"《五行志》云:"麋之言迷也。"《白虎通》云:"諸侯射麋,示達迷惑者也。"按:麋性淫迷,故司裘設麋侯而爲卿大夫所射矣。

麔者,《説文》云:"麋牡者。""麎,牝麋也。"《詩·吉日》疏引某氏曰:"《詩》云:'瞻彼中原,其麎孔有。'"今《詩》作"祁",

箋:"祁當作麎。"陶注《本草》云:"今海陵閒最多,千百爲羣,多牝少牡。"然則"其麎孔有"言牝者之多也。又云:"人言麋一牡輒交十餘牝,交畢即死。其脂墮土中,經年,人得之名曰道脂。"按:今山中人説麋游牝死,其牝亦銜靈草活之,草銜未至,獵人或收得之,此則《詩》云"野有死鹿",鹿即麋矣。麋、鹿同類也,其子名"麇",韋昭《魯語》注:"麋子曰麇。"《淮南·主術》篇云"不取麛夭",高誘注:"麋子曰夭。"

其跡躔者,《説文》云:"躔,踐也。"《方言》云:"躔,循也。歷,行也。"《後漢·郡國志》"廣陵郡東陽有長洲澤",劉昭注云:"縣多麋。"引《博物記》曰:"十千爲羣,掘食草根,其處成泥,名曰麋畯。民人隨此畯種稻,不耕而獲,其收百倍。"然則"畯"之言猶"躔"也,"躔、畯"古音相近,"麋畯"即"麋躔"矣。

鹿:牡,麚;牝,麀;其子,麛;其跡,速;絶有力,麉。

《説文》:"鹿,獸也。"《大戴禮·易本命》篇云:"六主律,律主禽鹿,故禽鹿六月而生也。"按:謂之"禽"者,蓋據小者而言,所謂"未孕曰禽"也。鹿性旅行,見食相呼。"呦呦鹿鳴,食野之苹",食相呼也;"瞻彼中林,甡甡其鹿",行必旅也。《夏小正》:"八月鹿人從。從者,從羣也。"《説文》:"麚,牡鹿。以夏至解角。"按:其牡名麚,亦猶牡豕名豭也。其牝名麀,"麀"从牝省也。《左襄四年傳》"思其麀牡",是矣。

其子名麛,《説文》:"麛,鹿子也。""麑,鹿麛也。"是麛一名麑。《廣雅》云:"麛,麝也。""麝"與"麑"其音同。《魯語》云"獸長麑麇",韋昭注:"鹿子曰麑。""麑"與"麛"古字通也。

其跡名速,《説文》段注以"速"爲"迹"字之誤。據籀文"迹"作"速",从朿,其説是也。王逸《九思》云:"鹿蹊兮躖躖。"

《説文》:"躔,踐處也。"是"躔"即鹿之迹。《詩》"町疃鹿場","鹿場"猶"麋畯",皆謂所踐處也。

麛者,《説文》作"麗",云:"鹿之絶有力者。"

麕:牡,麌;《詩》曰:"麀鹿麌麌。"鄭康成解即謂此也,但重言耳。**牝,麜;其子,麆;其跡,解;絶有力,豣。**

《説文》:"麜,麞也。从囷省聲。籀文作麕,不省。""麞,麜屬。"蓋麞似麜而黄黑色,比鹿爲小也。麕,或作"麏",《詩》"野有死麕",釋文引《草木疏》云:"麏,麞也。青州人謂之麏。"麞,或作"獐",鄭注《考工記》云:"齊人謂麜爲獐。"按:古人言獐頭鼠目,其性多疑善顧,故《吕覽·博志》篇云:"使獐疾走,馬弗及至,已而得者,其時顧也。"《本草》陶注:"俗云白肉是麞,言白膽,易驚怖也。"

麌者,《詩》云:"麀鹿麌麌。"鄭箋用《爾雅》,孔疏云:"是麕牝曰麌也。"若然,鄭箋當云"麕牝曰麌",今本作"牡",字形之誤,因知《爾雅》古本作"麕:牡,麜;牝,麌",正與《詩》言"麀鹿"相合,今本"麜、麌"互倒,於義舛矣,當據鄭箋訂正。唯《玉篇》云"麌,牝鹿也"("麜"又云"牡麕",誤),《廣韵》十一模云"麌,牝麕也"(五質又同郭本)。《羣經音辨》七引鄭義亦作"麀,鹿牝也""麌,麕牝也",分明不誤,並與《詩》合,此説本之臧氏《經義雜記》廿七,今取以正郭本《爾雅》之誤也。

其子名麆,其跡名解,絶有力者名豣,《詩》"獻豣于公",謂豕三歲者。"豣、麛"聲同,疑鹿麕俱名"麛",借作"豣",又通作"肩"。《詩》"並驅從兩肩兮",《説文》引"肩"正作"豣"。"豣"之言"堅",謂堅彊有力也。

狼:牡,獾;牝,狼;其子,獥;絶有力,迅。

《説文》:“狼,似犬,鋭頭,白頰,高前,廣後。”《廣雅》云:“狦,狼也。”是狼一名狦。《詩》云“並驅從兩狼兮”,疏引舍人曰:“狼,牡名貛,牝名狼,其子名獥,絶有力者名迅。”孫炎曰:“迅,疾也。”陸璣疏云:“其鳴能小能大,善爲小兒啼聲以誘人,去數十步止。其猛捷者,人不能制,雖善用兵者不能免也。其膏可以煎和,其皮可以爲裘,故《禮記》曰‘狼臅膏’,又曰‘君之右虎裘,厥左狼裘’是也。”《本草拾遺》云:“狼大如狗,蒼色,鳴聲則諸孔皆沸。”按:今狼全似蒼犬,唯目縱爲異,其腸直,故鳴則竅沸也。

兔子,嬎;俗呼曰䨲。**其跡,迒;絶有力,欣。**

《説文》:“兔,獸名。”兔謾訑善逃也。按:諸獸中唯兔不言牝牡,蓋無異名故也。

其子名嬎,《説文》作“娩”,云:“兔子也。娩疾也。”“娩”訓“疾”者,兔生子極易,恒疾而速,故兔血腦主胎産也。《類聚》九十五引《爾雅》“嬎”正作“娩”,與《説文》合。《論衡·奇怪篇》云:“兔舐毫而孕,及其生子從口而出也。”郭云“俗呼䨲”者,《廣雅》:“䨲,兔子也。”釋文引《字林》同,郭所本也。

其跡迒者,《説文》:“迒,獸迹也。或作䟘。”《方言》云:“迒,迹也。”《釋名》云:“迒者,行不由正,亢陌山谷草野而過也。”按:《莊子·外物》篇云:“蹏者所以在兔,得兔而忘蹏。”“蹏”即“迒”矣。

絶有力者名欣,“欣”聲近“㕙”,《戰國策》説天下狡兔有“東郭㕙”也。

豕子,豬。今亦曰彘,江東呼豨,皆通名。**豶,豮。**俗呼小豶豬爲豶子。**幺,幼。**最後生者,俗呼爲幺豚。**奏者,豱。**今豱豬短頭,皮理腠蹙。**豕生三,豵;二,師;一,特。**豬生子常多,故別其少者之名。**所寢,橧。**橧,其所臥蓐。**四蹢皆白,豥。**《詩》云:"有豕白蹢。"蹢,蹏也。**其跡,刻。絶有力,豟。**即豕高五尺者。**豝,豝。**《詩》云:"一發五豝。"

《説文》:"豕,彘也。竭其尾,故謂之豕,讀與豨同。"按:《天官書》"奎曰封豕",《天文志》作"封豨",是"豨、豕"古音同。《説文》又云:"彘,豕也。後蹏廢謂之彘。""豨,豕走豨豨也。""豬,豕而三毛叢居者。"《方言》云:"豬,北燕、朝鮮之閒謂之豭,關東西或謂之彘,或謂之豕,南楚謂之豨。其子或謂之豚,或謂之豯,吴揚之閒謂之豬子。"然則"豬、彘"聲轉,"豕、彘、豨"俱聲近,故郭云"皆通名"矣。

〇《説文》:"豶,豮也。""豮,羠豕也。"《易》云"豮豕之牙",虞翻注:"劇豕稱豮。"崔憬云:"豕本剛突,劇乃性和易。"釋文引劉云:"豕去勢曰豮。"《爾雅》釋文:"豶,羊箠反。豮謂犍豬。犍,九言反。"是"犍"與"劇"同,今俗呼小豶豬爲"驐豬",東齊言"驐"如"繒"。

〇《説文》:"幺,小也。""幼,少也。""幼、幺"聲義同。今東齊人呼幺豚爲"幺郎"矣。

〇奏者,釋文:"本或作湊。"郭云:"豱豬短頭,皮理腠蹙。"是"腠"與"湊"同。今豬腹榦頭足俱短,毛赤黑色,亦短,即豱豬也,音温。

〇豵者,《説文》:"生六月豚。一曰一歲曰豵,尚叢聚也。"然則"豵"之爲言"叢"也,"叢"有衆意,故三曰"豵"矣。《詩·騶虞》箋:"豕生三曰豵。"傳云:"一歲曰豵。"《七月》傳同。鄭衆《大司馬》注:"一歲爲豵,二歲爲豝,三歲爲特,四歲爲肩,五歲爲慎。"《詩·伐檀》傳亦云:"三歲曰特。"凡此諸名,當有成文,故毛、鄭援以爲説。其"豵、特"與《爾雅》名同義異,"豝"又牝豕名也。其云"五歲爲慎","慎"與"師"聲相轉。

○橧者,《方言》云:"豬,其檻及蓐曰橧。"按:《禮運》"夏則居橧巢",鄭注:"暑則聚薪柴居其上。"然則人豕所居通名"橧"也。今居豕者編木爲檻,一名蘭,一名牢,一名苙,俱聲相轉。《詩》云"執豕于牢",《孟子》云"既入其苙",趙岐注:"苙,蘭也。""蘭"即"檻"矣。檻中薦草爲蓐,一名芃莦,《淮南·修務》篇云"野彘有芃莦",高誘注以爲蓐也。《廣雅》云:"橧,圈也。"按:今東齊人呼豬圈如"書卷"之"卷"。《詩》疏引舍人曰:"豕所寢草名爲橧。"李巡曰:"豬卧處名橧。"某氏曰:"臨淮人謂野豬所寢爲橧。"《詩》釋文引《爾雅》"橧"作"繒",鄭箋亦同,假借字也,今本依《方言》作"橧",蓋後人改。

○豴,釋文作"蹢",是也。《詩·漸漸之石》箋作"四蹏皆白曰駭","駭"與"豥"字異而音同。然箋又云"白蹏尤躁疾",則"豥"古本作"駭",亦後人改,如"蹢"改作"豴"矣。《詩》疏引孫炎曰"蹢,蹏也",可證其跡名刻。今豚子逾年謂之"刻",老或曰"刻婁",本此。絶有力豟,即豕高五尺者,説在《釋畜》。

○豝者,《説文》:"牝豕也。一曰二歲能相杷拏也。"《詩·騶虞》傳本《爾雅》。《廣雅》云:"豯、豨,豕牝也。"《玉篇》:"豯,老母豕也。豨,小母豬也。""豨、豯"聲亦相轉。《左傳》謂之"婁豬",皆豝之異名也。牟廷相説"牝豝"句上當脱"牡豭"一句①。余按:

① 牝豝句上當脱牡豭一句　下"句",此本誤"旬",咸豐六年刻本及經解本不誤,據改。

《説文》:"豭,牡豕也。"《左隱十一年傳》:"鄭伯使卒出豭。"《定十四年傳》:"盍歸吾艾豭。"又《説文》"欻"字解云:"讀若《爾雅》麔豭短脰。"今《爾雅》"豭"作"麚",麚爲牡鹿,豭爲牡豕,"豭、麚"音同字通,疑《爾雅》脱"牡豭"句,牟説是矣。

虎竊毛謂之虦貓。竊,淺也。《詩》曰:"有貓有虎。"

《説文》:"虎竊毛謂之虦苗。竊,淺也。"《郊特牲》言"迎貓""迎虎",《詩》言"有貓有虎",傳云:"貓,似虎而淺毛者也。"《方言》云:"虎,陳魏宋楚之閒或謂之李父,江淮南楚之閒謂之李耳,或謂之於䖘,自關東西或謂之伯都。"《御覽》引《風俗通》云:"俗説虎本南郡中廬李氏公所化爲,呼'李耳'因喜,呼'班'便怒。"按:《易林》云:"鹿求其子,虎廬之里。唐伯李耳,貪不我許。"然則"唐伯、李耳"蓋皆方俗呼虎之異名,俗説謂是李翁所化,未必然也。竊、虦、淺,俱聲相轉。

貘,白豹。似熊,小頭,庳脚,黑白駮,能舐食銅鐵及竹骨。骨節强直,中實少髓,皮辟溼。或曰豹白色者别名貘。

《説文》:"貘,似熊而黄黑色,出蜀中。"釋文引《字林》云:"似熊而白黄,出蜀郡。"《王會》篇云:"不令支玄貘。"是貘兼黑白黄三色。《神異經》云:"南方有獸名曰齧鐵,其糞可爲兵器,毛黑如漆。"按:此即《王會》所云玄貘者也。《白帖》引《廣志》云:"獏大如驢,色蒼白,舐鐵消千斤,其皮温煗。"《後漢·西南夷傳》"哀牢夷出貊獸",李賢注引《南中八郡志》云:"貊大如驢,狀頗似熊,多力,食鐵,所觸無不拉。"郭注《中山經》崍山云:"邛來山出狛,狛似熊而黑白駮,亦食銅鐵。"然則"狛"與"貊"、"獏"與"貘"並字異而音同。聲轉爲"猛"。《西山經》云"南山獸多猛豹",郭注:"猛豹似熊而小,毛淺有光澤,能食蛇食銅鐵,出蜀中。"此則猛豹即貘豹,而云"出蜀中",南山、峽山皆蜀地也。郭又引或説以"貘"爲豹之别名者,《詩》疏引陸璣疏云:"毛赤而文黑謂之赤豹,毛白而文黑謂之白豹。"《列子·天瑞》篇釋文引《尸子》云:"程,中國謂之豹,越人謂之貘。"是貘即豹矣。"貘、白、豹"三字雙聲兼疊韵。

甝,白虎。漢宣帝時南郡獲白虎,獻其皮骨爪牙。**虪,黑虎。**晉永嘉四年,建平秭歸縣檻得之,狀如小虎而黑,毛深者爲斑。《山海經》云:"幽都山多玄虎、玄豹也。"

《説文》:"虤,白虎也。讀若鼏。""虦,虤屬。""虪,黑虎也。""儵,黑虎也。"《王會》篇云:"般吾白虎,屠州黑豹。"《漢·郊祀志》:"宣帝時南郡獲白虎,獻其皮牙爪,上爲立祠。"按:漢以白虎爲瑞,《四子講德論》以爲偃武修文之應,故沈約《宋書》列於《符瑞志》。然南齊時屢見白虎文,此自有種類,亦如漢之白麟,不足稱瑞也。虪,釋文作"儵",本今作"虪"。《海内經》云"幽都之山,其上多玄豹、玄虎",郭注:"黑虎名儵。"《中山經》云"即谷之山多玄豹",郭注:"黑豹也,即今荆州山中之黑虎也。"然則此注黑虎乃黑豹,虎豹同類也。《晉·地理志》建平郡秭歸屬荆州,今湖北宜昌府歸州也,嘗疑《説文》有"虤"無"甝",《玉篇》《廣韵》"甝、虤"互見,蓋篆文"甘"作"甘",與"日"形近而誤衍也,證以釋文"甝,《字林》下甘反,又亡狄反","亡狄"即"虤"字之音,可知"虤"衍爲"甝",宜據以訂正。

貀,無前足。晉太康七年,召陵扶夷縣檻得一獸,似狗,豹文,有角,兩脚,即此種類也。或説貀似虎而黑,無前兩足。

《説文》:"貀,獸,無前足。"引《漢律》"能捕豺貀,購錢百"。《爾雅考證》引《異物志》云:"貀出朝鮮,似猩猩,蒼黑色,無前兩足,能捕鼠。"《廣韵》"貀"作"豽",云:"似狸,蒼黑,無前足,善捕鼠。"與前説合矣。《臨海志》云:"狀如虎形,頭似狗,出東海水中。"《本草衍義》云:"今出登萊州,其狀非狗非獸,亦非魚也。前脚似獸,尾即魚,身有短青白毛,毛有黑點。"按:此蓋有二種,郭注及《異物志》所説皆陸産也,其《臨海志》及《衍義》所説皆即今海狗也,登州人嘗見之。方春海凍,出冰上,人捕取之,尾略似魚,頭似狗,身有短毛青黑,而四足,非兩足也。《爾雅》無前足者,今未見。《晉・五行志》:"武帝太康六年,南陽獻兩足猛獸。"《類聚》引王隱《晉書》曰:"太康六年,荆州送兩足虎。"《晉・地理志》邵陵郡扶夷屬荆州,二書俱作"六年",郭云"七年",蓋誤。注引或説本《字林》,見釋文。

鼳,鼠身長須而賊,秦人謂之小驢。鼳似鼠而馬蹄,一歲千斤,爲物殘賊。

下文"鼳鼠",鼠屬,此鼳乃獸類也。陶注《本草》"鼹鼠"下云:"諸山林中有獸,大如水牛,形似豬,灰赤色,下脚似象,胸前尾上皆白,有力而鈍,亦名鼹鼠。人取食之,肉亦似牛肉,多以作脯。乃云此是鼠王,其精溺一滴落地輒成一鼠,災年則多出也。"按:《晉書・郭璞傳》所説形狀與陶注同,乃名之爲"驢鼠",蓋本《爾雅》爲説也。《初學記》引郭氏《洞林》曰:"宣城郡有隱鼠,大如牛,形似鼠,鼠脚,脚有三甲,皆如驢蹄,身赤色,胸前尾上白。"《異物志》曰:"鼠母頭脚似鼠,毛蒼,口鋭,大如水牛而畏狗,水田時有,外災起於鼠。"《廣韵》云:"鼴鼠,似鼠形,大如牛,好偃河而飲水也。"《本草圖經》:"鼴鼠似牛而鼠首,黑足,大者千斤,多伏於水,又能堰水,出滄州。"今按:《登州志》云"明萬曆七年,招遠河溢,見一物,狀如牛,横卧中流",豈是類歟?蓋此物有水陸二種,《廣韵》《圖經》及《異物志》所説皆是水産,郭、陶所説悉陸産也。鼲鼠,《莊子》作"偃鼠","鼹"與"鼲"同也。釋文"鼰,古闃反",下"鼰鼠",郭音"硯"。

熊虎醜,其子,狗;絶有力,麙。《律》曰:"捕虎一,購錢三千①,其狗半之。"

《説文》:"虎,山獸之君。""熊,獸似豕。山居,冬蟄。"按:熊,通作"能",《夏小正》云:"能羆作穴。"《秋官》"穴氏攻蟄獸",即此屬也。《左·昭七年》正義引李巡曰:"熊虎之類,其子名狗。"按:今東齊、遼東人通呼熊虎之子爲"羔","羔"即"狗"聲之轉。郭引《律》以證虎子名狗也。《玉篇》"狗"作"豿","熊虎之子"也。其絶有力者名麙,與山羊細角者同名。釋文:"麙,本或作㺂,同,五咸反。"

貍子,貄。今或呼豾貍。

《説文》:"貍,伏獸,似貙。"《廣雅》云:"貔、貍,貓也。"《御覽》引《尸子》云:"使牛捕鼠,不如貓狌之捷。"《莊子·秋水》篇云:"捕鼠不如貍狌。"是貍、貓通名耳。今呼家者爲"貓",野者爲"貍",野貍即野貓也。貓有數色,貍唯蒼色黑斑,陶注《本草》謂有虎狸、猫狸。又有狸色黄而臭者,肉亦主鼠瘻。然則凡狸皆能伏鼠,故《論衡·福虚篇》云:"狸之性食鼠,人有鼠病吞狸自愈,物類相勝,方藥相使也。"按:貍步趨有度,故射人以貍步張三侯,取其行步擬度而發必獲也。郭云"豾貍"者,本《廣雅》,《方言》作"貊貍",鄭注《大射儀》"奏貍首"云:"貍之言不來也。"

---

① 購錢三千　三,此本誤"五",咸豐六年刻本、經解本同。按:《十三經注疏》本、周祖謨《爾雅校箋》本俱作"三",據改。

"不"與"丕","來"與"貍",古皆同聲。《方言》作"貔貅",《廣雅》作"貔貍",並字異音同耳。釋文:"貄,以世反,衆家作肆,又作隸。沈音四,舍人本作貄。"按:《夏小正》云:"狸子肇肆。""肆"即"貄"也,"貄"與"貄"同。"貄、肆"古亦通用。

貈子,貆。其雌者名㺜。今江東呼貉爲豰貅。

《説文》:"貈,似狐,善睡獸也。"借作"貉"。《論語》"衣狐貉"、《考工記》"貉踰汶則死",是也。其子名貆,《説文》以貆爲貈類,《詩·伐檀》箋"貉子曰貆",用《爾雅》也。今棲霞人呼貉爲"貆","貆、貉"聲相轉也。其毛縟厚,擊之難斃,唯捶其鼻莖即死,野人煎其膏治痔,良也。郭云"雌名㺜"者,釋文:"㺜,又作䝚,同,乃老反。"引《字林》云:"雌貈。"是郭所本。又云"江東呼貉爲豰貅"者,豰,烏郎反;貅,山吏反。《廣雅》云:"貅,貁也。"貁,餘救反。按:《文選》注及《後漢書》注並引《蒼頡篇》云:"貁,似貍。"今驗貍與貉異,非此也。

貒子,貗。貒,豚也,一名貛。

《説文》:"貒,獸也。""貛,野豕也。"釋文引《字林》:"貒,獸,似豕而肥。"《方言》云"貛,關西謂之貒",郭注:"貛,豚也。"《廣雅》:"貒,貛也。"按:"貛、貒"疊韵,"貒、豚"雙聲兼疊韵,貒、貛同物,故古通名。下云:"貍、狐、貒、貈醜。"《説文》引"貒"作"貛"。《淮南·修務》篇云:"貛貉爲曲穴。"《御覽》引"貛"作"貒"。"貛"又通"貆"。《地官·草人》"鹹潟用貆",鄭注:"貆,貒也。"《淮南·齊俗》篇云"貆貉得埵防,弗去而緣",高誘注:"貆,貆豚也。"是皆借"貆"爲"貛",賈公彦疏不知鄭注"貆"乃通借,誤引《爾雅》"貈子,貒。或曰貆",失之矣。《本草衍義》云:"貒肥矮,毛微灰色,頭連脊毛一道黑,觜尖,黑尾短闊,蒸食之極美。”按:今貛形如豬,穴於地中,善攻隈岸,其子名貗,與婁豬同名。釋文“貗,力于反”,是也。郭“其禹反”,非。

貔,白狐。其子,豰。一名執夷,虎豹之屬。

《説文》:“貔,豹屬。出貉國。或作豼。”是貔爲猛獸,故《牧誓》:“儷以如虎。”《曲禮》“載其貔貅”,鄭注“貔貅,摯獸”,是矣。貔出北國,故《韓奕》云獻其皮也。釋文引《詩草木疏》云:“似虎,或曰似羆。一名執夷,一名白狐,其子爲豰,遼東人謂之白羆。”《書》疏引舍人曰:“貔名白狐,其子名豰。”郭氏《子虛賦》注以“豰似貙而大,食獮猴”。《説文》“豰”作“㲉”,云:“犬屬,食母猴。”釋文“豰,本又作㲉,火卜反”,恐此同名,非同物也。《香祖筆記》三云“峨嵋瓦屋山出貔貅,狀如黄牛犢,食虎豹”,亦恐非此。或云登州人謂狐爲“貔子”,《爾雅》“貔,白狐”,即狐耳。然狐黄色,此言“白狐”,蓋非。

麝父,麕足。脚似麕,有香。

《説文》:“麝,如小麋,臍有香。”《御覽》引“麝”下有“黑色麞”三字。《西山經》云“翠山,其陰多麝”,郭注:“麝似獐而小,有香。”按:今因名香麞,釋文引李本“麝”作“澤”,云:“澤父,獸名。”與郭異也。《本草》陶注:“麝形似麞,常食柏葉,又噉蛇。五月得香,往往有蛇皮骨,故麝香療蛇毒。今以蛇蜕皮裹麝香,彌香,則是相使也。麝入春自剔出其香覆之,人有遇得乃至一斗五升也。”

豺,狗足。脚似狗。

《説文》:“豺,狼屬,狗聲。”《夏小正》:“十月豺祭獸,善其祭而食之也。”高誘《吕覽·季秋紀》注:“豺,獸也,似狗而長毛,其色黄,於是月殺獸,四圍陳之,世所謂祭獸。”《一切經音義》引《倉頡解詁》云:“豺似狗,白色,爪牙迅利,善搏噬也。”《埤雅》

云“豺，柴也”，又曰“瘦如豺”，是矣。按：豺瘦而猛捷，俗名豺狗，羣行，虎亦畏之。《牧誓》云“如熊如羆”，《史記》引作“如豺如離”，其猛可知。

貙獌，似貍。今山民呼貙虎之大者爲貙豻，音岸。

下云“貙，似貍”，與此同物。加“獌”字者，《説文》：“獌，狼屬。”引《爾雅》曰：“貙獌，似貍。”是貙之大者名貙獌，非二物也。釋文引《字林》“獌，狼屬。一曰貙”，是矣。蓋“獌”之言“曼延”，長也，借作“獌蜒”。郭注《子虚賦》云：“蟃蜒，大獸，似貍，長百尋。”此蓋孟浪之言，《廣韵》作“獌狿，長八尺”，近是也。郭云“呼貙虎之大者爲貙豻”，“貙豻”即“貙獌”之轉，《子虚賦》云“蟃蜒貙豻”，皆以聲爲義耳。

羆，如熊①，黄白文。似熊而長頭高脚，猛憨多力，能拔樹木，關西呼曰貑羆。

《説文》用《爾雅》。羆，古文作“㷱”。熊、羆同類之物，羆尤極猛，故特釋之。《詩·斯干》疏引舍人曰：“羆如熊，色黄白也。”按：《韓奕》但言“黄羆”，不言白者，文省略耳。陸璣疏云：“羆有黄羆，有赤羆，大於熊，其脂如熊，白而麤理，不如熊白美也。”《爾雅翼》云：“獵者言熊有豬熊、馬熊，羆即熊之雌者，其説非也。熊、羆各有牝牡，羆大於熊而力尤猛。”又引柳子《羆説》，以爲“羆之狀，被髮人立，絶有力而甚害人”，則羆非熊明矣。今關東人説人熊之狀，正與柳合。蓋熊、羆相類，俗人不識羆，故呼爲“人熊”耳。郭云“關西呼貑羆”者，據時驗也。今關東人呼爲

---

① 羆如熊　羆，此本誤“熊”，咸豐六年刻本、經解本、《十三經注疏》本皆不誤，據改。

“憨猳”,聲轉如云“黑蝦”。

麢,大羊。麢羊似羊而大,角員銳,好在山崖閒。

《説文》:“麢,大羊而細角。”《西山經》云:“翠山,其陰多麢麝。”郭注與此注同。麢,《廣雅》作“羚”,云:“羚角。”《後漢書·西南夷傳》作“靈”,云:“靈羊能療毒。”《本草》又作“羚羊角”,陶注:“羚羊,今出建平、宜都諸蠻中及西域,多兩角,一角者爲勝。角甚多節①,蹙蹙圓繞。別有山羊,角極長,惟一邊有節,節亦疎大,不入藥用,《爾雅》名羱羊也。”《本草拾遺》云:“羚羊有神,夜宿防患,以角挂樹,不著地,角彎中,深鋭緊小,猶有挂痕,耳邊聽之集集鳴者良。”

麠,大麃,牛尾,一角。漢武帝郊雍,得一角獸,若麃然,謂之麟者,此是也。麃即麞。

《説文》用《爾雅》。“麠”或作“麖”。麃,麞屬。《王會》篇云:“發人麃麃者,若鹿迅走。”然則麃亦鹿屬也。郭引漢武帝事,《史記·孝武紀》云:“郊雍,獲一角獸若麃然。有司曰:‘陛下肅祗郊祀,上帝報享,錫一角獸,蓋麟云。’”索隱引韋昭云:“體若麕而一角,《春秋》所謂‘有麕而角’是也。楚人謂麋爲麃。”《漢書·終軍傳》云:“從上雍,獲白麟,一角戴肉。”《禮樂志》云:“獲白麟,爰五止。”皆此事也。但麟馬蹏,此言五趾,若麃一角,輒云戴肉,謂之爲麟,不亦誣乎?《一切經音義》引此注“麃即麞”下有“黑色耳”三字,今脱去之。《中山經》云“尸山,其獸多麖”,郭注:“似鹿而小,黑色。”以此可證。

麔,大麕,旄毛,狗足。旄毛猥長。

---

① 角甚多節 角,此本誤“羊”,據經解本改。

《説文》:"麠,大麋也。狗足。麠或作麖。"《中山經》云"女几之山,其獸多麈麖",郭注:"麖似獐而大,猥毛,豹脚。"按:"猥"當爲"獿","豹"當爲"狗",並字形之誤也。《本草衍義》云:"麖,獐屬而小於獐,其口兩邊有長牙,好鬬。其皮爲第一,無出其右者,然多牙傷痕。其聲如擊破鈸。"今按:麖皮細緛,人多以爲韉履,甚佳。釋文:"獿,乃牢反。"引《字林》云:"多毛犬也。"

魋如小熊,竊毛而黄。今建平山中有此獸,狀如熊而小。毛麤淺,赤黄色,俗呼爲赤熊,即魋也。

《説文》:"魋,如小熊,赤毛而黄。"釋文:"魋,徒回反。"引《字林》云:"獸如熊,黄而小。"郭注本《説文》。

貏貐,類貙,虎爪,食人,迅走。迅,疾。

《説文》:"貏貐,似貙,虎爪,食人,迅走。"《物類相感志》引孫炎云:"獸中最大者,龍頭,馬尾,虎爪,長四尺,善走,以人爲食。遇有道君隱藏,無道君出食人矣。"高誘《淮南・本經》篇注:"貏貐,獸名,狀若龍首,或曰似貍,善步而食人。"按:此物既類貙,貙似貍,不應龍首,孫、高二義,蓋本《海内南經》"窫窳龍首"而爲説也。又《北山經》及《海内西經》並説窫窳而形狀各殊,郭無取焉。

狻麑,似虦貓,食虎豹。即師子也,出西域。漢順帝時疏勒王來獻犎牛及師子。《穆天子傳》曰:"狻猊日走五百里。"

《説文》:"狻麑,似虦貓,食虎豹。"又云:"虓,一曰師子。"按:《詩》"闞如虓虎",蓋以師子與虎狀其威猛也。師子食虎豹,兼能搏象,而《博物志》又言"有物如貍,能跳上師子頭殺之"。《御覽》引束皙《發蒙記》曰:"師子五色而食虎,惟畏鉤戟。"是師子雖猛亦有所畏伏也。《後漢書・順帝紀》"陽嘉三年疏勒國獻獅子、犎牛”，注引《東觀漢紀》曰：“疏勒王遣使文時詣闕獻獅子，似虎，正黄，有頼耏，尾端毛大如斗。”《漢書·西域傳》云：“烏弋國有師子，似虎，正黄，尾端毛大如斗。”司馬彪《續漢書》云：“條支國、安息國並出師子。”《穆天子傳》：“名獸使足，狻猊、野馬走五百里。”“猊”與“麑”同，“狻”音“先官反”，“狻麑”合聲爲“師”，故郭云“即師子”矣。

驨，如馬，一角；不角者，騏。 元康八年，九真郡獵得一獸，大如馬，一角，角如鹿茸，此即驨也。今深山中人時或見之。亦有無角者。

《玉篇》：“驨，騏驨也。”《公羊·哀十四年》疏引舍人云：“驨，如馬而有一角，不有角者名騏。”《王會》篇云“俞人雖馬”，孔晁注：“雖馬，巂，如馬，一角。不角者曰騏。”《子虛賦》云：“射游騏。”張揖注引《爾雅》曰：“巂如馬，一角。不角者曰騏。”是張、孔所見魏晉古本“驨”俱作“巂”，釋文“驨，本又作巂”，是也。“巂”有“髓”音，故《王會》篇借爲“雖”也。《北山經》云：“敦頭之山，旄水，其中多騂馬，牛尾而白身，一角。”蓋亦巂類。《水經·河水》注云：“漢武帝聞大宛有天馬，遣李廣利伐之，始得此馬，有角爲奇。”然則天馬即巂矣。

羱，如羊。 羱羊似吴羊而大角，角橢，出西方。

《説文》：“莧，山羊細角者。讀若丸。”《繫傳》云：“《本草》注‘莧羊似麢，羊角有文，俗作羱’，是羱當作莧也。”《一切經音義》九引《廣志》作“羦”，亦俗體耳，又引《字林》“野羊也，其角堪爲窐月小榼也，出西方，似吴羊而大角也，角重於肉，呼爲羱羝”，是郭所本。徐鍇所引《本草》注即陶注，已詳“麢羊”條下。唐本注云：“山羊大如牛，或名野羊，善鬬至死。”顔師古《急就篇》注:"西方有野羊,大角,牡者曰羱,牝者曰羠,並以時墮角。其羱羊角尤大,今人以爲䈴橋。羠角差小,可以爲刀子把。《爾雅》曰'羱,如羊',即此也。"按:今羱羊出甘肅,有二種:大者重百斤,角大盤環,郭注所説是也;小者角細長,《説文》所説是也。吴羊即羒羊,説在下。

麐,麕身,牛尾,一角。角頭有肉。《公羊傳》曰:"有麕而角。"

《説文》:"麐,牝麒也。""麒,仁獸也。麕身,牛尾,一角。"麐,經典通作"麟"。《公羊哀十四年傳》"麟者,仁獸也",何休注:"狀如麕,一角而戴肉,設武備而不爲害,所以爲仁也。"《左傳》疏引李巡曰:"麟,瑞應獸名。"孫炎曰:"靈獸也。"《京房易傳》:"麟,麕身、牛尾、狼額、馬蹏,有五采,腹下黄,高丈二。"《詩》疏引《草木疏》云:"麕身,牛尾,馬足,黄色,員蹏,一角,角端有肉,音中鐘吕,行中規矩,王者至仁則出。"服虔《左傳》注:"視明禮修則麒麟至。"《毛詩》傳云:"麟信而應禮。"按:古書説麟不具録,大抵侈言德美與其徵應,惟《詩》及《爾雅》質實可信。至於言德則《廣雅》備矣,説應則《禮運》詳矣。今既無可據依,亦無取焉。

猶,如麂,善登木。健上樹。

《説文》:"猶,玃屬。"按:玃,母猴,此言"如麂",麂即大麕,與猴異狀,然則猶之爲獸,既是猴屬,又類麂形,麂形似麕而足如狗,故"猶"从犬矣。《水經·江水》"過僰道縣北",注云:"山多猶猢,似猴而短足,好游巖樹,一騰百步,或三百丈,順往倒反,乘空若飛。"酈注所説"猶猢"即是《爾雅》之"猶",其謂之"猢"者,俗名猴爲"猢猻","猢、猴"聲轉。猴善升木,其云"好游巖樹",

即此所謂“善登木”矣。《一切經音義》十引某氏曰“上木如鳥”,正與《水經》注合。釋文:“猶,舍人本作鬻,郭音育。”今按:“鬻”與“猶”音相轉,“鬻”亦聲借字耳。

貄,脩豪。毫,長毛。

貄,《説文》作“㣇”,云:“脩豪獸。”又云:“㲋,豕鬣如筆管者。篆文作豪。”《長楊賦》云“拖豪豬”,顔師古注:“豪豬,一名㣇。”是顔欲依《爾雅》爲説,但豪豬與㣇别,“鬣如筆管者”是豪豬,㣇但脩豪獸名,小顔欲合爲一,非矣。豪豬即豪彘,其形狀見《西山經》“竹山”,郭注甚明,而不云名㣇,證以《爾雅》此注,可知郭不以爲一物也。釋文“貄,本又作貄,亦作肆,音四”,則與上“貍子,貄”同名,疑亦同物。今貍貓之屬有毛絶長者謂之“獅貓”,“獅”與“肆”音近而義同。“肆”有長意,此獸毛長,因謂之“肆”。然則《爾雅》古本作“肆”,今作“貄、貄”,俱俗體也。肆,《説文》作“㣇㣇”,从二㣇,則“㣇”與“㣇㣇”音義又同矣。

貙,似貍。今貙虎也,大如狗,文如貍。

上已云“貙獌,似貍”,蓋大者名貙獌,小者即名貙也。《字林》云:“貙似貍而大。”一云似虎而五爪,謂此也。貙,虎屬,以立秋殺獸,故漢有貙劉之祭。鄭注《夏官·射人》云:“今立秋有貙劉。”《後漢·禮儀志》①:“貙劉之禮,祠先虞。”“劉、膢”通。《漢書·武帝紀》“膢五日”,是也。

兕,似牛。一角,青色,重千斤。

---

① 後漢禮儀志　志,此本誤“注”,咸豐六年刻本同,經解本作“志”。按:《後漢書》有《禮儀志》一篇,“貙劉之禮”正在篇内,作“注”非是,據經解本改。

《説文》:"舄,如野牛而青。象形。古文作兕。"釋文:"本又作光,俗字也。"《詩》云:"殪此大兕。"《晉語》云:"唐叔射兕於徒林,殪,以爲大甲。"犀、兕皮革堅厚,皆可爲甲,而犀不如兕,《考工記》所説是也。兕角可爲酒觵,《詩》疏引《韓詩》説"兕觥以兕角爲之,容五升",是也。《海内南經》云:"兕,其狀如牛,蒼黑,一角。"《南山經》云"禱過之山,其下多犀兕",郭注:"兕似水牛,青色,一角,重三千斤。""三"字衍。《詩》疏引某氏曰"兕牛千斤",是矣。《左傳》疏引劉欣期《交州記》云:"兕出九德,有一角,角長三尺餘,形如馬鞍柄。"《類聚》引郭氏《圖讚》云:"兕惟壯獸,似牛青黑。力無不傾,自焚以革。皮充武備,角助文德。"

犀,似豕。形似水牛,豬頭大腹,庳脚。脚有三蹏,黑色。三角,一在頂上,一在額上,一在鼻上。鼻上者,即食角也,小而不椭,好食棘。亦有一角者。

《説文》:"犀,南徼外牛,一角在鼻,一角在頂,似豕。"《王會》篇:"伊尹四方令曰:'正南以文犀爲獻。'"《吴語》云"奉文犀之渠",韋昭注:"文犀,犀角之有文理者也。"按:犀角粟文,名類實繁,通天駭雞,見珍往籍。《抱朴子》言角爲叉導,攪湯解諸毒藥也。《漢書・平帝紀》:"黄支國獻犀牛。"《後漢書・章帝紀》:"日南徼外獻生犀。"《左傳》疏引《交州記》云:"犀出九德,毛如豕,蹏有三甲,頭似馬。有三角,鼻上角短,額上、頭上角長。"《類聚》引郭氏讚云:"犀之爲狀,形兼牛豕。力無不傾,吻無不靡。以賄嬰災,因乎角掎。"

彙,毛刺。今蝟狀似鼠。

彙,《説文》作"𢑴",云:"蟲似豪豬者。或作蝟。"《廣雅》

云:"虎王,蝟也。"《史記·龜策傳》云:"蝟辱於鵲。"集解引郭氏云:"蝟能制虎,見鵲仰地。"蓋郭氏讚文也。《淮南·説山》篇云"膏之殺鼈,鵲矢中蝟",高誘注:"中亦殺也。"《本草》陶注:"田野中時有此獸,人犯近便藏頭足,毛刺人,不可得捉。能跳入虎耳中,而見鵲便自仰腹受啄,物有相制,不可思議爾。"按:《本草》蝟在蟲部,《廣雅》亦入《釋蟲》,此在《釋獸》者,以其四足而毛故也。今蝟毛蒼白色,聲如犬嗥,大者如小豘,小者似鼠矣。

狒狒,如人,被髮,迅走,食人。梟羊也。《山海經》曰:"其狀如人,面長脣黑,身有毛,反踵,見人則笑。"交、廣及南康郡山中亦有此物,大者長丈許,俗呼之曰山都。

狒,《説文》作"𥝯",云:"周成王時州靡國獻𥝯𥝯,人身,反踵,自笑,笑即上脣弇其目,食人,北方謂之土螻。"引《爾雅》曰:"𥝯𥝯,如人,被髮。讀若費。一名梟陽。"《説文》所稱,《王會》篇文也。但彼文作"費費",今《爾雅》作"狒狒",並聲借字也。《淮南·氾論》篇云"山出嘄陽",高誘注:"嘄陽,山精也。人形,長大而黑色,身有毛,若反踵,見人而笑。"《吴都賦》云"𤜶𤜶笑而被格",是也。郭引《海内南經》文,其注亦與此注略同,又云"《海内經》謂之贛巨人"也。《圖讚》云:"狒狒怪獸,被髮操竹。見人則笑,脣蔽其目。終亦號咷,反爲我戮。"

貍、狐、貒、貈醜,其足,蹯;皆有掌蹯。**其跡,内。**内,指頭處。

《説文》引《爾雅》曰:"狐、貍、貛、貉醜,其足蹞,其跡内。""内,獸足蹂地也。篆文作蹂。"又云:"獸足謂之番,从釆田,象其掌。或作蹞,古文作𤰕。"按:"番"今加足旁,獸掌通謂之

"蹯"。《左文元年傳》"王請食熊蹯",是也。又按:貒,《説文》引作"貛","貈"引作"貉",鄭注《地官》又引作"貂狐貒貉"。賈疏:"言貂不言貍者,鄭君所讀《爾雅》爲貂不爲貍也。"然則許、鄭所見之本,並與今異。

蒙頌,猱狀。即蒙貴也。狀如蜼而小,紫黑色,可畜,健捕鼠,勝於貓。九真、日南皆出之。猱亦獮猴之類。

《匡謬正俗》云:"蒙頌爲獸,狀類猱。"郭云"即蒙貴"者,《廣志》云:"今獴獱有黑白黄者,暹羅最良,捕鼠捷於家貓也。"

猱、蝯,善援。便攀援。**貜父,善顧。**貑貜也,似獮猴而大,色蒼黑,能攫持人,好顧眄。

猱,《説文》作"夒",云:"母猴似人。"又云:"猴,夒也,爲母猴也,其爲禽好爪。"《廣雅》云:"猱、狙、猢,猴也。"《初學記》引孫炎曰:"猱,母猴也。"《詩·角弓》傳:"猱,猨屬。"箋云:"猱之性,善登木。"陸璣疏云:"猱,獮猴也。楚人謂之沐猴,老者爲玃,長臂者爲猨,猨之白腰者爲獑胡。獑胡、猨駿捷於獮猴。"如陸所説,猱、猨、玃並同類而異名,"母、沐、獮"俱聲相轉也。"猱"或作"獶"。《樂記》云"獶雜子女",鄭注:"獶,獮猴也。""猱"轉爲"戎"。《匡謬正俗》云:"或問今戎獸古何獸?答曰:李登《聲類》夒音人周反,字或作猱,《吴都賦》注猱似猴而長尾,驗其形狀,戎即猱也。猱有柔音,俗語變轉謂之戎耳。"

蝯者,俗作"猨",《説文》:"蝯,善援,禺屬。"《玉篇》:"猨似獮猴而大,能嘯。"按:陸璣以長臂爲猨,故《史記·李廣傳》:"廣爲人猨臂善射。"又"蝯、猱"雙聲,古多並舉,故《管子·形勢》篇云:"墜岸三仞,人之所大難也,而猱、蝯飲焉。"是猱、蝯俱善攀援,今傳其飲水,或自懸厓相接而下,飲畢連引而上,是其形狀矣。

○"貜"當作"玃",釋文引《説文》"大母猴也",今本脱"大"字,引《爾雅》云:"貜父善顧。"釋云:"善攫持人,好顧盼也。"按:陸璣云:"沐猴,老者爲玃。"《吕覽·察傳》篇云"狗似玃,玃似母猴,母猴似人",高誘注:"玃,猳玃,獸名也。"《博物志》云"其長七尺,人行健走,名曰猴玃,或曰猳玃",是矣。今玃俗呼"馬猴","馬、沐"聲亦相轉。

威夷,長脊而泥。泥,少才力。

邵氏《正義》引《説文》云"委虒,虎之有角者也","委、威聲近,虒有夷音,如'周道倭遲',《韓詩》作'周道威夷',是威夷即委虒矣"。《廣韵》云:"虒似虎,有角,好行水中。"按:釋文:"泥,奴細反。"若依《廣韵》"好行水中",則"泥"應讀如字。

麐、麔,短脰。脰,項。

麐、麔見上,《説文》引作"麐、豭,短脰",然則獸之牡者,其項多短也。

贙,有力。出西海大秦國,有養者,似狗,多力,獷惡。

《廣韵》:"贙,獸名,似犬。"郭云"出西海大秦國"者,《後漢書》云:"大秦國在海西,亦云海西國。"《新唐書·西域傳》:"拂菻,古大秦也。有獸名贙,狀如狗,獷惡多力。"按:今呼西洋狗一名獅猔狗,即此也。郭氏讚云:"爰有獷獸,厥狀似犬。飢則馴服,飽則反眼。出於西海,名之曰贙。"按:《説文》:"贙,分别也。"又"狟"云"犬行也",《廣韵》作"大犬也",然則"贙"疑"狟"之假借也。

豦,迅頭。今建平山中有豦,大如狗,似獼猴。黄黑色,多髯鬣,好奮迅其頭,能舉石擿人。玃類也。

《説文》引司馬相如説:"㢘,封豕之屬。"《玉篇》:"封㢘,豕屬也。"迅頭者,豕性躁疾,易驚擾,好奮迅其頭。郭注所説蓋别物,非豕屬也。《西山經》云:"崇吾之山有獸,如禺而文臂,豹虎而善投,名曰舉父。""舉、㢘"聲同,禺即獼猴之屬,郭説疑此是也。

蜼,卬鼻而長尾。蜼似獼猴而大,黄黑色,尾長數尺,似獺,尾末有岐。鼻露向上,雨即自縣於樹,以尾塞鼻,或以兩指。江東人亦取養之,爲物捷健。

《説文》:"蜼,如母猴,卬鼻,長尾。"《廣雅》云:"狖,蜼也。"《淮南・覽冥》篇云"猨狖顛蹶而失木枝",高誘注:"狖,猨屬也,長尾而昂鼻。狖讀中山人相遺物之遺。"郭注《西山經》云:"蜼,獼猴屬也,音贈遺之遺。"是"蜼、狖"音義同,故《廣雅》謂狖即蜼矣。"蜼"有"誄"音,通作"猵"。《御覽》引《異物志》"猵之屬捷勇於猨","猵"即"蜼"也。《初學記》引《爾雅》曰"累猴似猴",蓋并引郭注,其"累"亦即"蜼"也。釋文:"蜼,音誄,《字林》余繡反,或餘季、餘水二反。"郭注《中山經》鬲山亦與此注同。《後漢書・馬融傳》注引此注"以尾塞鼻"下有"零陵南康人呼之音餘,建平人呼之音相贈遺之遺也,又音余救反,皆土俗輕重不同耳"三十四字,爲今本所無,蓋郭《音義》之文也。《春官》蜼彝名尊,毳服宗彝作繪,蓋其才勇有足稱焉。《類聚》引《南州異物志》説果然獸形狀全似蜼,亦其類也,皮可爲褥。

時善乘領。好登山峰。

《爾雅考證》云:"'時善乘領'當連上文讀,言蜼好作山峰,非别有獸名時也。"按:"時"與"是"古字通,此説可從。

猩猩,小而好嗁。《山海經》曰:"人面豕身,能言語。"今交阯封谿縣出猩猩①,狀如貛狢,聲似小兒啼。

《説文》:"猩猩,犬吠聲。或作狌。"《王會》篇云:"都郭生生,欺羽生生,若黄狗,人面能言。"《海内南經》云"狌狌知人名,其爲獸,如豕而人面",郭注:"今交州封谿縣出狌狌,土俗人云狀如豚而後似狗,聲如小兒嗁也。"《淮南·氾論》篇云"猩猩知往而不知來",高誘注:"猩猩,北方獸名,人面獸身,黄色。《禮記》曰:'猩猩能言,不離走獸。'見人往走則知人姓字,此知往也。又嗜酒,人以酒搏之,飲而不能息,不知當醉,以擒其身,故曰不知來也。"猩猩,南方獸,作"北方",誤也。《類聚》引《華陽國志》云:"猩猩血可以染朱罽。"按:"小而好嗁",文義難通,當由轉寫致譌。若"好"作"如","小而"作"小兒",倒轉讀之則通矣。郭注"似小兒嗁"可證。

闕洩多狃。説者云脚饒指,未詳。

上"其跡,内",釋文:"内,《字林》或作狃。"是"狃"爲借聲,謂脚指頭。郭引"説者云脚饒指",蓋舊注之文也。《爾雅考證》云:"洩與渫同。猩猩有牝無牡,故云闕洩;伏行交足,故云多狃。非别有獸也,當連'猩猩,小而好嗁'讀。"

寓屬題上事也。寓,《説文》作"禺",云:"蝯,善援,禺屬。""禺,母猴屬。"鄭注《司尊彝》亦引作"禺屬",今本作"寓"。下云"寓鼠曰嗛",郭注謂"獼猴之類,寄寓木上",是凡獸皆寓也。"寓、禺"古字通。釋文"寓,舍人本作麌",聲借字耳。

---

① 今交阯封谿縣出猩猩　出,此本誤"山",咸豐六年刻本同。經解本、《十三經注疏》本作"出",郝疏引文亦作"出"。按:作"出"是,據改。

鼢鼠。地中行者。

《説文》:"鼢,地中行鼠,伯勞所作也。一曰偃鼠。鼢或作蚡。"《廣雅》:"鼹鼠,鼢鼠。""鼹"與"偃"同也。《本草别録》:"鼹鼠在土中行。"陶注:"俗中一名隱鼠,一名鼢鼠。形如鼠,大而無尾,黑色,長鼻甚强,常穿地中行。"《類聚》引《廣志》云:"鼢鼠深目而短尾。"按:此鼠今呼"地老鼠",産自田閒,體肥而匾,尾僅寸許,潛行地中,起土如耕,《方言》謂之"犂鼠",郭注:"犂鼠,鼢鼠也。"

鼸鼠。以頰裏藏食。

《説文》:"鼸,黔也。""黔,鼠屬,讀若含。"《廣雅》作"鼸",釋文:"鼸,下簟反。"引孫炎云:"鼸者,頰裏也。"與郭義同。又引《字林》云:"即鼢鼠也。"《文選》注引李巡云:"鼸鼠,鼱鼩鼠。"並與郭義異也。《墨子·非儒》篇云"鼸鼠藏而羝羊視",蓋謂其藏食也。《夏小正》:"正月田鼠出。田鼠者,嗛鼠也。""嗛"與"鼸"同。按:鼸鼠即今香鼠,頰中藏食如獮猴然,灰色短尾而香,人亦畜之。

鼷鼠。有螫毒者。

《説文》:"鼷,小鼠也。"《春秋·成七年》"鼷鼠食郊牛角",《定十五年》《哀元年》俱"鼷鼠食郊牛",孔疏引《爾雅》注曰:"色黑而小,有毒。"孫炎曰:"有螫毒者。"《玉篇》云:"螫毒食人及鳥獸皆不痛,今之甘口鼠也。"釋文引《博物志》云:"鼠之最小者,或謂之耳鼠。"按:俗傳能入人耳,謂此也。《莊子·應帝王》篇云:"鼷鼠深穴乎神丘之下,以避熏鑿之患。"此即所謂"社鼷不灌,屋鼠不熏"也。《春秋》疏引李巡謂"鼱鼩鼠,一名鼷鼠"。《文選·答客難》注引"鼷"作"奚",但鼩鼠在下,與此别條,非同物也。

鼶鼠。《夏小正》曰："鼶鼬則穴。"

《説文》："鼶，鼠也。"高誘《淮南·時則》篇注："田鼠，鼢、鼶鼠也。"高以鼢、鼶俱爲田鼠，"鼶"即"鼶"也，釋文"鼶，又徒奚反"，是矣。《夏小正》："九月，鼶鼬則穴。"然則鼶蓋田鼠之大者，化既爲鴽，蟄又同鼬，可知非幺麽細形矣。

鼬鼠。今鼬似鼦，赤黄色，大尾，啖鼠，江東呼爲鼪，音牲。

《説文》："鼬，如鼠，赤黄而大，食鼠者。"《廣雅》云："鼠狼，鼬。"按：今俗通呼"黄鼠狼"，順天人呼"黄鼬"。善捕鼠，夜中竊食人雞，人掩取之，以其尾毛爲筆，所謂狼豪者也。郭云"江東呼爲鼪"者，《莊子·徐無鬼》篇云："藜藋柱乎鼪鼬之逕。"《秋水》篇云："騏驥驊騮，捕鼠不如狸狌。"釋文："狌，崔本作鼬。"是鼬、鼪一物也。《夏小正》云："九月則穴。"穴者，蟄也。

鼩鼠。小鼱鼩也，亦名縱鼩。

《説文》："鼩，精鼩鼠也。"郭云"亦名縱鼩"，縱，將容反。李巡謂"鼱鼩，一名鼷鼠"，非郭義也。

鼭鼠。未詳。

釋文"鼭，音時"，《廣韵》作"鼭"。或曰鼠爲十二屬首，所以紀歲時，故有鼭名。按：鼭自鼠名，非凡鼠俱名鼭。"鼭"疑從俗所加。

鼣鼠。《山海經》説獸云"狀如鼣鼠"，然形則未詳。

釋文："鼣，或作鼥，符廢反。"引舍人云："其鳴如犬也。"《中山經》云"倚帝之山有獸焉，其狀如鼣鼠"，郭注云："《爾雅》説鼠有十三種，中有此鼠，形所未詳也，音狗吠之吠。"即此注所云也。翟氏《補郭》引《北山經》"丹熏之山有獸，狀如鼠而菟首麋身,其音如獋犬,名曰耳鼠",謂即此鼣鼠。按:音如獋犬,與舍人合,但未知耳鼠即鼣鼠否也。《史記·夏紀》正義説"鳥鼠同穴",引《西山經》郭注云:"鼠名鼣,如人家鼠而短尾。鼣,扶廢反。"按:今《爾雅》及《西山經》注俱作"鼵",不作"鼣",郭於《中山經》及此注又並云"形未詳",然則張守節正義所引疑是別本誤文,不足據也。

鼫鼠。形大如鼠,頭如兔,尾有毛,青黄色,好在田中食粟豆。關西呼爲鼩鼠,見《廣雅》,音雀。

"鼫"與"碩"古字通。碩者,大也。《詩》疏引陸璣疏云:"今河東有大鼠,能人立,交前兩脚於頸上跳舞,善鳴,食人禾苗,人逐則走入樹空中,亦有五技,或謂之雀鼠。其形大,故《序》云大鼠也。魏國,今河北縣是也,言其方物,宜謂此鼠非鼫鼠也。"按:陸説是也。郭云"鼩鼠"者,《廣雅》云:"鼩鼠,鼫鼠。"釋文:"鼩,郭音雀,《字林》音灼。"然則鼩鼠即雀鼠也。釋文又云:"郭注雀字或誤爲瞿字。"今檢宋雪牕本及吴本並作"瞿",因而改"鼩"爲"鼩",以就"瞿"音,皆釋文所謂誤本也。説《爾雅》者不知鼫鼠爲"碩"字之通借,故舍人、樊光同引《詩》以碩鼠爲五技鼠,孫炎亦然,胥失之矣。鼫鼠五技見《説文》及蔡邕《勸學》篇,《大戴記·勸學》作"鼫鼠五技而窮",《荀子》又作"梧鼠","梧"與"鼯"同,然皆非《爾雅》之鼫鼠。説者未明,故辨正之。

鼭鼠,鼨鼠。皆未詳。

《玉篇》:"鼭,班尾鼠。"《廣韵》:"班鼠也。"鼭,鼠文也,《廣雅》"鼮鼢"即此。《説文》以鼨爲豹文鼠,則與下句相屬,與郭讀異。

豹文鼮鼠。鼠文彩如豹者。漢武帝時得此鼠，孝廉郎終軍知之，賜絹百匹。

《玉篇》説終軍識豹文鼠，與郭同，但事不見《前漢》記載，唯郭此注及《序》言之。《類聚》引《竇氏家傳》以識豹文鼠者乃光武時孝廉郎竇攸也。《水經注》及《文選》注引《三輔決疑》注，並載竇攸此事，與郭注異，其以豹文爲鼮鼠則同。而《唐書·盧藏用傳》："其弟若虛有獲異鼠者，豹文虎臆，大如拳，職方辛怡諫謂之鼮鼠而賦之。若虛曰：'非也，此許慎所謂鼨鼠，豹文而形小者。'一坐驚服。"是唐人説豹鼠者，仍主許氏而違郭義。或者鼨、鼮二鼠皆具豹文，故可通歟？余幼從家塾旁見異鼠，青質而黑班，頭形如兔，尾短似鼸，亦具黑文，形小於拳，未知於此二鼠當誰屬也。

鼰鼠。今江東山中有鼰鼠，狀如鼠而大，蒼色，在樹木上。音巫覡。

此與寓屬之鼰同名異物。《初學記》引此注曰"江東呼鼰鼠者，似鼠大而食鳥，在樹木上"，是"蒼色"二字作"食鳥"。

鼠屬《説文》："鼠，穴蟲之總名。"《方言》："宛野謂鼠爲䶂。"《御覽》引《萬畢術》："燒蟹致鼠。"《抱朴子》云："鼠壽三百歲。"

牛曰齝，食之已久，復出嚼之。**羊曰齥**，今江東呼齝爲齥，音漏洩。**麋鹿曰齸**。江東名咽爲齸。齸者，齥食之所在，依名云。**鳥曰嗉**。咽中裹食處。**寓鼠曰嗛**。頰裏貯食處。寓謂獼猴之類，寄寓木上。

《説文》："齝，吐而噍也。"引《爾雅》"牛曰齝"。按：今俗謂之"牛回嚼"，其吐者名聖齏。

○齛,《説文》作"齥",云:"羊粻也。"釋文引《埤蒼》同,"張揖音世,解云'羊食已,吐而更嚼之'"。

○《説文》:"齸,鹿麋粻。"《廣韵》:"吞芻而反出嚼之也。"按:"齸"之言"嗌"也,嗌即咽也,"咽、嗌"雙聲,故郭云:"江東名咽爲齸。"齸者,齝食之所在。齝,客加反。

○嗉者,素也。素,空也,空其中以受實。《釋鳥》云"亢,鳥嚨,其粻嗉",是也。

○嗛者,舍也,含藏頰裹。《説文》:"嗛,口有所銜也。"寓即寓屬,鼠、獼猴皆寓也,或寓於木,或寓於穴,其粻皆謂之"嗛"。

齸屬牛羊麋鹿皆有角,無前齒,故須吐出更嚼。鳥鼠皆有受粻之處,凡有五名而總題曰"齸屬"。

獸曰釁,自奮釁。**人曰撟,**頻伸夭撟。**魚曰須,**鼓鰓須息。**鳥曰狊。**張兩翅,皆氣體所須。

釁者,隙也,獸卧引氣,鼓息腹脅閒,如有空隙,故謂之"釁"。郭注"奮釁",監本作"奮迅動作",誤。

○撟者,舉手也,人體倦訮輒欠伸舉手以自適。《史記·扁鵲傳》有"撟引",索隱云:"謂爲按摩之法,夭撟引身如熊顧鳥伸也。"

○須者,《易》云:"需,須也。"魚當停泊,鼓鰓吹息以自須,"須"謂止而息也。

○狊者,張目視也。鳥之休息,恒張兩翅瞪目直視,所謂鳥伸鴟視也。

須屬須者,息也,皆言人物氣體之所須,故總題曰"須屬"。"須、息"雙聲字也。

爾雅郭注義疏下之七

釋畜第十九

《説文》:“嘼,牲也。”嘼與畜同。《天官》“庖人辨六畜之名物”,鄭注:“六畜,六牲也。始養之曰畜,將用之曰牲。”是牲、畜異名也,然《左傳》云“古者六畜不相爲用”,則牲亦稱“畜”。《爾雅》“在野曰獸,在家曰畜”,是畜、獸異名也,然《祭義》云“古者天子諸侯必有養獸之官”,《周禮》“獸醫”,獸即牛馬,則畜亦稱“獸”。蓋對文則别,散則通矣。此篇《釋畜》無豕,已入上篇。

騊駼馬。《山海經》云:“北海内有獸,狀如馬,名騊駼,色青。”

《説文》:“駼,騊駼也。”《王會》篇云:“禺氏騊駼。”釋文引《瑞應圖》云:“幽隱之獸也,有明王在位即至。”按:騊駼自是良馬,非必爲瑞。郭引《海外北經》,以校今本無“色青”二字,然《史記·匈奴傳》徐廣注“騊駼似馬而青”,與郭引合,疑古本有之而今脱也。

野馬。如馬而小,出塞外。

《説文》:“騊駼,北野之良馬。”釋文引《字林》云:“騊駼,一曰野馬。”高誘《淮南·主術》篇注:“騊駼,野馬也。”是皆以野馬即騊駼。然《王會》篇"野馬、騊駼"並稱,《子虚賦》云"軼野馬,韢騊駼",又皆以爲二物,郭所本也。《穆天子傳》"野馬日走五百里",郭注:"似馬而小也。"《後漢書·鮮卑傳》:"禽獸之異者有野馬。"《説文》以野馬爲驒騱,按:"驒騱、騊駼"並見《史記·匈奴傳》。

駮,如馬,倨牙,食虎豹。《山海經》云:"有獸名駮,如白馬,黑尾,倨牙,音如鼓,食虎豹。"

《説文》:"駮,獸,如馬,倨牙,食虎豹。"《説卦》傳云:"乾爲駮馬。"王廙云:"駮馬能食虎豹,取其至健也。"孔疏云:"倨牙如鋸。"《一切經音義》十引舍人曰:"駮,多力獸也。"《説苑·辨物》篇云:"駮之狀有似駮馬,今君之出,必驂駮馬而畋。虎所以不動者爲駮馬也。"《詩》"六駮"傳用《爾雅》。《一切經音義》引"魏黄初三年,六駮再見於野"。《北齊書·循吏傳》張華原遷兖州刺史,"先是州境數有猛獸爲暴,自華原臨州,忽有六駮食之,咸以化感所致"。今按:"駮"爲名,"六"爲數,二書俱將"六駮"爲名,失之誣矣。駮,一名兹白,《王會》篇云:"義渠以兹白。兹白者,若白馬,鋸牙,食虎豹。"是兹白即駮也。《西山經》中曲之山及《海外北經》並云:"有獸名駮。"所説形狀與此同,惟《西經》説"一角,虎爪"爲異,郭此注蓋引《北經》而兼用二文,故語不同也。

騉蹏,趼,善陞甗。甗,山形似甑,上大下小。騉蹏,蹏如趼而健上山,秦時有騉蹏苑。

釋文:"騉,本亦作昆。趼,本或作研。"引"舍人云'騉蹏者,溷蹏也。研,平也,謂蹏平正。善陞甗者①,能登山隒也。一云

---

① 善陞甗者　甗,此本誤"獻",咸豐六年刻本同。據經解本改。

甗者，阪也，言騉善登高歷險，上下於阪’。李云‘騉者，其蹏正堅而平似研也’。顧云‘山嶺曰甗’。孫同”。《御覽》九百十三引孫炎曰：“昆蹏之馬，蹏平如研而善升山甗者。”是諸家本“趼”俱作“研”，郭注亦當作“研”，本今誤耳。《説文》：“趼，獸足企也。”“企”訓爲“直”，而非諸家之義。又《釋山》云“重甗，隒”，“甗”蓋“巘”之假借，舍人注是，郭以“似甑”爲言，蓋失之矣。云“秦時有騉蹏苑”者，漢承秦制，有昆蹏廄是也。《百官公卿表》有“昆蹏令丞”，應劭云：“昆蹏，好馬名也。”如淳注引此文作“昆蹏，研，善升甗”。

騉駼，枝蹏趼，善陞甗。騉駼，亦似馬而牛蹏。

釋文引舍人云：“騉駼者，外國之名。枝蹏者，枝足也。”李云：“騉駼，其迹枝平似研，亦能登高歷危險也。”孫云：“騉駼之馬，枝蹏如牛而下平。”是李、孫、郭皆以騉駼馬名，舍人以爲國名，非也。《西京賦》云“陵重巘，獵騉駼”，薛綜注：“山之上大下小者曰巘。昆駼，如馬，枝蹏，善登高。”薛綜説巘爲郭所本，餘與諸家同也。嘉慶十七年六月，友人示余畫馬卷，馬與常馬無異，體榦微豐，唯足踠上一小蹏爲異，邵氏晉涵跋尾以爲即《爾雅》騉駼也，又以“枝蹏如牛”爲孫、郭之誤。今按：“枝蹏”即“岐蹏”，云“如牛”者，是矣。此圖内馬乃縣蹏如狗，而非岐蹏，蓋馬之異狀耳，非《爾雅》騉駼也。

小領，盜驪。《穆天子傳》曰：“天子之駿，盜驪、緑耳。”又曰：“右服盜驪。”盜驪，千里馬。領，頸。

小領，細頸也。盜驪，《史記·秦紀》作“温驪”，索隱云：“温，音盜，徐廣本亦作盜。劉氏音義云：‘盜驪，盜，竊也。竊，淺青色。’鄒誕生本盜作駣，音陶。”按：《廣雅》作“駣驪”，《玉篇》作"桃驊",皆"盜驪"之異文。《穆天子傳》:"天子之駿:赤驥、盜驪、白義、踰輪、山子、渠黄、華騮、緑耳。"又云:"次車之乘,右服渠黄而左踰輪,右驂盜驪而左山子。"皆郭注所引也。

絶有力,駥。 即馬高八尺。

馬八尺爲駥,説在下。釋文:"駥,本作戎。"按:《釋詁》:"戎,大也。"馬高大而有力,故被斯名。作"戎"是,"駥"俗字。

厀上皆白,惟馵。四骹皆白,驓。 骹,厀下也。**四蹢皆白,騚。** 俗呼爲踏雪馬。**前足皆白,騱。後足皆白,翑。前右足白,啓。** 《左傳》曰:"啓服。"**左白,踦。** 前左脚白。**後右足白,驤。左白,馵。** 後左脚白。《易》曰:"震爲馵足。"

厀以上皆白謂之"馵",厀以下皆白謂之"驓"。《詩·小戎》疏引郭氏曰:"馬厀上皆白爲惟馵,後左脚白者直名馵。"蓋郭《音義》之文。按:此云"惟馵",下云"惟駹","惟"皆語詞,郭義恐非。

○蹢者,蹏也,《玉篇》《廣韵》並云:"騚,四蹏白也。"按:宋雪牕本作"騚",古本必作"前",故釋文缺音,吴本作"首",《類聚》及《初學記》俱引作"首","首"與"前"蓋形近而誤,作"前"是也。

○前兩足白謂之"騱",後兩足白謂之"翑",釋文:"騱,郭又音雞,舍人本作雞。翑,郭音劬,舍人本作狗。"

○前右足白謂之"啓",啓者,開也。前左足白謂之"踦",踦者,隻也。郭引《左昭廿九年傳》文,杜預注:"啓,服馬名。"

○《説文》:"馵,馬後左足白也。讀若注。"《詩》疏引樊光云:"後右足白曰驤,左足白曰馵。"郭引《説卦》傳"震爲馵足",虞翻注:"馬白後左足爲馵,震爲左,爲足,初陽爲白也。"徐松曰:"啟、踦、驤、馵四者,俗皆謂之孤蹄,其馬性多桀驁,云能妨主,士君子所不御,惟後右足白者謂之鞭打孤蹄,言乘馬者右手執鞭,足以厭之,稍優於三種耳。"

駵馬白腹,騵。駵,赤色黑鬣。**驪馬白跨,驈。**驪,黑色。跨,髀間。**白州,驠。**州,竅。**尾本白,騴。**尾株白。**尾白,駺。**但尾毛白。**馰顙,白顛。**戴星馬也。**白達,素縣。**素,鼻莖也,俗所謂漫髗徹齒。**面顙皆白,惟駹。**顙,額。

駵者,《説文》云:"赤馬黑髦尾也。"《詩·小戎》箋:"赤身黑鬣曰駵。"《穆天子傳》有"華騮",郭注:"色如華而赤,今名馬驃赤者爲棗騮。騮,馬赤也。"騵者,《檀弓》云:"周人尚赤,戎事乘騵。"《詩·大明》傳:"騮馬白腹曰騵,言上周下殷也。"《淮南·主術》篇云"騎騵馬",高誘注:"黄馬白腹曰騵。""黄"蓋"赤"字之誤。

○《説文》:"驪,馬深黑色。""驈,驪馬白胯。"引《詩·駉》篇"有驈有騜",毛傳用《爾雅》,疏引孫炎曰:"驪,黑色也。白跨,股脚白也。"釋文引《蒼頡篇》云:"跨,兩股閒。"

○驠者,《説文》云:"馬白州也。"伯樂《相馬經》有"馬白州",皆本《爾雅》。《北山經》云"倫山有獸如麋,其川在尾上",郭注:"川,竅也。"是"川"即"州"字。

○騴者,尾根株白之云也。本即株也。

○駺者,尾毛白之名也。《説文》:"驃,一曰白髦尾也。"是驃即駺。釋文:"駺,本多作狼。"《類聚》引正作"狼"。

○馰顙者,《説文》:"馰,馬白額也。"引《易》曰:"馬馰顙。"

"的"字下又引《易》曰:"爲的顙。"蓋古有二文,許兩從之。今《説卦》傳作"的",虞翻云:"的,白顙頟也,震體頭在口上,白,故的顙。"《詩》"有馬白顛",疏引舍人曰:"的,白也。顙,額也。額有白毛,今之戴星馬也。"是郭所本。又《説文》云:"馰,馬白頟。"是馰顙一名馰。

○馬之鼻莖白者名白達,一名素縣。《説文》:"頞,鼻莖也。"頞,烏割切,與"達"音近,然則白達即白頞也。郭引"俗謂漫髗徹齒",蓋引當時相馬法也。"髗"與"顱"同。

○《説文》:"駹,馬面顙皆白也。"《説卦》傳云"震爲龍",鄭注:"龍讀爲尨。"虞、干本並作"駹",虞云:"倉色。"干云:"雜色。"《地官·牧人》云:"毀事用尨。""尨"與"駹"同。《秋官·犬人》云"凡幾珥沈辜用駹可也",鄭衆注:"駹謂不純色也。"徐松云:"白顛,俗謂玉頂,馬之貴者;面顙皆白,俗謂線臉,馬之賤者。諺云'線臉孤蹄,僧道不騎',極言其惡。"

回毛在膺,宜乘;樊光云:"俗呼之官府馬。"伯樂《相馬法》:"旋毛在腹下如乳者,千里馬。"**在肘後,減陽;在幹,茀方;**幹,脅。**在背,闋廣。**皆别旋毛所在之名。

回毛,旋毛也。旋毛在胸者名宜乘。郭引樊光云"官府馬"者,言此馬宜官府乘駕也。減陽、茀方、闋廣,語俱相韵,自郭氏已不知其義,無以言焉。《文選》注引《相馬經》云:"膺門欲開。"馬膺在腹下也。肘謂馬臂也。《類聚》引"肘"亦作"腹"。釋文云:"減,本或作駴。幹者,馬脅也。"《御覽》引《相馬經》云:"脅爲城郭,欲得張。"釋文:"廣,音光,本或作騺,同。"按:《廣韵》引《爾雅》作"騤驖",亦作"闋廣",徐松云:"膺,胸也。馬之懸纓處有旋毛,最良,當爲貴人所乘,俗謂馬纓爲緹胸,故謂之緹胸。旋毛在肘後者,今之追風旋。"

逆毛,居馻。馬毛逆刺。

釋文引《字林》云:"馻,馬逆毛也。郭兖、允二音。"按:今俗以馬領上逆毛如刺者爲不祥。

騋牝,驪牝。《詩》云:"騋牝三千。"馬七尺已上爲騋,見《周禮》。**玄駒,褭驂。**玄駒,小馬,别名褭驂耳。或曰此即騕褭,古之良馬名。

《詩》"騋牝"傳:"馬七尺以上曰騋。騋馬與牝馬也。"《説文》引《詩》作"騋牝驪牝",今作"驪牡","牡"字誤。《爾雅》獨雪牕本作"牝",餘皆作"牡",而釋文不誤,云:"牝,頻忍反,下同。"謂與"驪牝"同也,以此可證。"騋、驪"雙聲,又兼疊韵,《爾雅》蓋以"驪牝"釋"騋牝",獨言"牝"者,騋驪兼有牝牡,舉一邊耳。釋文"驪牡"又云:"孫注改上騋牝爲牡,讀與郭異。"按:《夏官·廋人》注引《爾雅》作"騋牡,驪牡。玄駒,褭驂",今本"牡"作"牝",亦釋文作"牡"可證。然則孫注作"騋牡",與鄭同也。又鄭讀"騋"爲句,"牡驪"爲句,"牝玄"爲句,其《檀弓》注亦引《爾雅》曰"騋,牝驪牡玄",孫讀當亦同之。此則"駒褭驂"即謂騋驪之駒别名褭驂耳。郭讀"玄駒"與鄭異,又云"見《周禮》"者,即《廋人》職文也。高誘《淮南·修務》篇注:"馬五尺以下爲駒,放在草中故曰草駒。"郭又引或説以褭驂爲古良馬名者,《吕覽·離俗》篇云"飛兔要褭,古之駿馬也",高注:"皆馬名,日行萬里。"《上林賦》云"羅要褭",張揖注:"要褭馬,金喙,赤色,一日行萬里者。"

牡曰騭,今江東呼駁馬爲騭,音質。**牝曰騇。**草馬名。

《説文》:"騭,牡馬也。"釋文:"父,本或作駁,俗字。"按:

“騇”亦俗字也,當作“牸”,《廣雅》:“牸、牸、牝,雌也。”“草馬”亦或作“騲”,《廣韵》:“牝馬曰騲馬。”《顔氏家訓》所謂“騲騭”是也。《魏志·杜畿傳》:“爲河東太守,課民畜牸牛草馬。”《晉書·涼武昭王傳》:“家有騧草馬,生白額駒。”是魏晉閒始有“草馬”之名,今東齊人以牡爲“兒馬”,牝爲“騍馬”,唯牝驢呼“草驢”耳。

駵白,駁。黄白,騜。《詩》曰:“騜駁其馬。”**駵馬黄脊,騝。驪馬黄脊,騽。**皆背脊毛黄。**青驪,駽。**今之鐵驄。**青驪驎,驒。**色有深淺,班駁隱鄰,今之連錢驄。**青驪繁鬣,騥。**《禮記》曰:“周人黄馬繁鬣。”繁鬣,兩被毛,或云美髦鬣。**驪白雜毛,駂。**今之烏驄。**黄白雜毛,駓。**今之桃華馬。**陰白雜毛,駰。**陰,淺黑,今之泥驄。**蒼白雜毛,騅。**《詩》曰:“有騅有駓。”**彤白雜毛,騢。**即今之赭白馬。彤,赤。**白馬黑鬣,駱。**《禮記》曰:“夏后氏駱馬黑鬣。”**白馬黑脣,駩。黑喙,騧。**今之淺黄色者爲騧馬。**一目白,瞯。二目白,魚。**似魚目也。《詩》曰:“有驔有魚。”

駵已見前。駁者,《説文》:“馬色不純。”《淮南·説林》篇云:“駵駁不入牲。”言犧牲用純色也。《詩·駉》疏樊光引《易》“乾爲駁馬”,孫炎引《詩》“皇駁其馬”,《東山》疏舍人曰:“駵,赤色名曰駁也,黄白色名曰皇也。”又引“舍人言駵馬名白馬,非也”。按:此言馬赤色兼有白者名駁,黄色兼有白者名騜。騜,《詩》作“皇”,毛傳:“黄白曰皇,駵白曰駁。”

○騝者,釋文:“郭音虔,本或作騫。”騽者,《説文》作“驔”,云:“驪馬黄脊,讀若簟。”又云:“騽,馬豪骭也。”《詩·駉》傳:

“豪骭曰驔。”是“驔、騽”通。釋文:“今《爾雅》本亦有作驔者。”按:《玉篇》《廣韵》“騽”字俱兼二義,故段氏《説文注》疑“驔、騽”本一字,是矣。但“豪骭”非馬名,又非馬色,毛傳前後俱用《爾雅》,獨此義别,是可疑耳。

○駽者,《詩·有駜》疏引舍人曰:“青驪馬,今名駽馬也。”孫炎曰:“色青黑之閒。”邢疏引孫云:“青毛黑毛相雜者名駽,今之鐵驄也。”郭義同孫。《詩》傳及《説文》用《爾雅》。

○驒者,《説文》:“青驪白鱗,文如鼉魚。”《詩·駉》傳用《爾雅》,疏引孫炎云:“色有淺深,似魚鱗也。”然則“鱗、驎”聲義同,釋文引《韓詩》《字林》皆云:“驒,白馬黑髦。”似因“有驒有駱”相涉而誤。

○騥者,釋文:“本又作柔。”繁鬣者,言髦多也。郭引《明堂位》文,彼“繁”作“蕃”,其義當同。孔疏以爲“蕃,赤也”,恐非。《左·定十年》疏及釋文引舍人注:“鬣,馬鬉也。”

○駂者,釋文引《説文》云:“黑馬驪白雜毛。”今《説文》無,蓋唐以前本有之也。《詩·大叔于田》傳:“驪白雜毛曰鴇。”鴇,借字耳。

○駓者,《六書故》引唐本《説文》云:“黄馬白雜毛。”今本脱“雜”字。《詩·駉》傳用《爾雅》。按:此馬毛色雜,故異於黄白之騜,郭以桃華馬當之,恐非。

○駰者,《説文》:“馬陰白雜毛黑。”“黑”字衍,或上下有脱字也。《詩》傳用《爾雅》,疏引舍人曰:“今之泥驄也。”孫炎曰:“陰,淺黑也。”皆郭所本。樊光曰“駰者,目下白”,“或云白陰,皆非也”。

○騅者,《説文》:“馬蒼黑雜毛。”“黑”字誤,以《六書故》徐本作“黑”推之,知唐本必作“白”也。《詩》傳用《爾雅》。按:《釋言》云“菼,騅也”,郭云:“菼,草色如騅,在青白之閒。”與此義合。

○騢者,《説文》:“馬赤白雜毛。”謂色似鰕魚也。《詩》傳用《爾雅》,疏引舍人曰:“赤白雜毛,今赭白馬名騢。”郭義同。

○駱者,《説文》:“馬白色黑鬣尾也。”釋文:“白馬黑鬣,舍人同,衆家並作髦。”《詩》釋文引樊、孫《爾雅》並作“白馬黑髦鬣尾也”。今按:《説文》“駵、駱”皆兼尾言,蓋許所見本與樊、孫同也。《詩》傳用《爾雅》,《月令》及《吕覽》“秋駕白駱”注同。郭引《明堂位》文。

○駩者,釋文引孫本作“犉”,云:“與牛同稱,汝均反,本或作驎,音吝。”按:孫本作“犉”,是也。但既作“犉”,以《詩》傳“黄牛黑脣曰犉”推之,則此“白馬”疑“黄馬”之誤,證以下句“黑喙,騧”,《説文》及《詩·小戎》傳並云“黄馬黑喙”,與“黄牛黑脣”其例正同,益知《爾雅》“白馬”必“黄馬”之誤矣。

○瞯者,《説文》作“驓”,云:“馬一目白曰驓,二目白曰魚。”又云:“瞯,戴目也。”《繫傳》云:“目望陽。”《廣韵》以爲人目多白,釋文引《蒼頡篇》云:“目病也。”是“瞯、驓”義别,《爾雅》借“瞯”爲“驓”耳。魚者,《漢書·西域傳贊》以“魚目”與“龍文、汗血”並爲駿馬之名,蓋即此也。釋文:“魚,本又作䁩,《字林》作䲆。”皆或體耳。《詩》疏引舍人曰:“一目白曰瞯,兩目白爲魚。”按:毛傳作“一目白曰魚”,疑有脱誤。

既差我馬:差,擇也。宗廟齊豪,尚純。**戎事齊力,**尚强。**田獵齊足。**尚疾。

"既差我馬",《詩·吉日》篇文。"差,擇也",《釋詁》文。又《車攻》傳:"宗廟齊豪,尚純也;戎事齊力,尚强也;田獵齊足,尚疾也。"疏引李巡曰:"祭於宗廟,當加謹敬,取其同色也。"某氏曰:"戎事謂兵革戰伐之事,當齊其力以載干戈之屬。"舍人曰:"田獵取牲於苑囿之中,追飛逐走,取其疾而已。"按:《夏官·校人》云:"辨六馬:種馬一物,戎馬一物,齊馬一物,道馬一物,田馬一物,駑馬一物。"若以《爾雅》準之,種馬駕玉路而色尚純,"宗廟齊豪"殆謂是矣。

馬屬《説文》:"馬,怒也,武也。"《大戴記·易本命》篇云:"馬十二月而生。"兹篇所釋,皆馬之類,故題曰"馬屬"。

摩牛。出巴中,重千斤。

野牛也。郭云"出巴中"者,今此牛出西寧府西寧衛,大者千餘斤。"摩"之爲言"莽"也,莽者,大也。今俗云"莽牛"即此。

犦牛。即犎牛也。領上肉犦胅起,高二尺許,狀如橐駝,肉䩭一邊,健行者日三百餘里。今交州合浦徐聞縣出此牛。

釋文:"犦,步角反,即今之腫領牛。"郭云"犎牛"者,《後漢書·順帝紀》"疏勒王獻封牛",李賢注引《東觀記》曰:"封牛,其領上肉隆起若封然,因以名之,即今之峰牛。"郭注《上林賦》云:"庸牛,領有肉堆。"顔師古注:"即今之犎牛也。"按:"犎"當作"封",封者,大也,背上腫起高大。《漢書·西域傳》"罽賓國出封牛",正作"封"字。又名一封橐駝,大月氏國出之,注以爲封牛,是矣。郭云"狀如橐駝,肉䩭一邊"者,橐駝肉䩭兩邊,此止有前一邊也。橐駝出饒山,見《北山經》。釋文:"橐,音託,又音洛也。"晉交州合浦郡徐聞縣,今廣東雷州府海康縣也。《元和郡縣志》:"海康縣多牛,項上有骨,大如覆斗,日行三百里,《爾雅》所謂犦牛也。"

犤牛。犤牛庳小,今之𤛐牛也。又呼果下牛,出廣州高涼郡。

《王會》篇云:"數楚每牛。每牛者,牛之小者也。"即此類也。釋文:"犤,音碑,又音皮。"然則"犤"與"每"聲近,又相轉也。郭云"果下牛"者,《桂海虞衡志》有"果下馬,高不踰三尺",此亦其類,皆言其庳小也。晉廣州高涼郡,今爲廣東高州府。

䲧牛。即犪牛也。如牛而大,肉數千斤,出蜀中。《山海經》曰:"岷山多犪牛。"

"䲧"亦"魏"也,高大之稱。釋文引《字林》云:"黑色而大,重三千斤。犪當作夔。"郭引《中山經》文,彼注云:"今蜀山中有大牛,重數千斤,名爲夔牛。晉太興元年,此牛出上庸郡,人弩射殺之,得三十八擔肉,即《爾雅》所謂'魏'。"是"䲧"當作"魏",宜據以訂正。

犣牛。旄牛也。髀、厀、尾皆有長毛。

"犣"當作"鬣"。釋文"本或作鬣字,此牛多毛鬣",是也。郭云"旄牛"者,《春官·旄人》注:"旄,旄牛尾,舞者所持以指麾。"《説文》作"氂",云:"犛牛尾也。"又"犛"云:"西南夷長髦牛也。"《中山經》"荆山,其中多犛牛",郭注:"旄牛屬,黑色,出西南徼外也。"是犛牛即旄牛。顏師古《上林賦》注:"旄牛,即今之偏牛也。"郭云"髀、厀、尾皆有長毛"者,《北山經》"潘侯之山有獸,狀如牛而四節生毛,名曰旄牛",郭注"今旄牛背、厀及胡、尾皆有長毛",是也。徐松云:"今蘭州、青海多此牛,大與常牛等,色多青,染其毛爲雨纓。"

犝牛。今無角牛。

釋文引《字林》"犝，牛名"，是也。《後漢書·西南夷傳》："有旄牛，無角，一名童牛，肉重千斤，毛可爲毦。"是童牛即旄牛之無角者。旄牛即犛牛，蓋大者名犛，小者名童也。"童"當作"僮"，俗从牛作"犝牛"耳，郭注似失之。

犑牛。未詳。

角一俯一仰，觭。牛角低仰。**皆踊，觢**。今豎角牛。

釋文引樊云："傾角曰觭。"《説文》："觭，角一俛一仰也。""觢，一角仰也。"引《易》曰："其牛觢。"《易》釋文引"鄭作犁，云'牛角皆踊曰犁'。子夏作挈，傳云'一角仰也'。荀作觭"，虞翻云："牛角一低一仰，故稱觢。"然則諸家説觢各異，唯鄭義與《爾雅》合。

黑脣，犉。《毛詩》傳曰："黄牛黑脣。"此宜通謂黑脣牛。**黑眥，牰**。眼眥黑。**黑耳，犚**。**黑腹，牧**。**黑脚，犈**。皆別牛黑所在之名。

《説文》："犉，黄牛黑脣也。"《詩·無羊》毛傳同，疏引某氏説亦然。所以必知爲黄牛者，以言黑脣可知餘體是黄，黄牛多也。眥者，目匡也。釋文："牰，音袖，《字林》音就，本或作褏。犚，音尉。犈，音權，又音眷。"《玉篇》以犈爲牛耳黑，其義異也。按：脣、犉，眥、牰，耳、犚，腹、牧，脚、犈，俱以雙聲疊韵爲釋，因別黑色所在之名，牛以黑爲別，猶馬以白爲別也。

其子，犢。今青州呼犢爲㸬。

《説文》："犢，牛子也。"《月令》："季春，犧牲駒犢，舉書其數。"郭云"今青州呼犢爲㸬"者，釋文："㸬，火口反。《字林》云：'牛鳴也。'"然則"㸬"之言"呴"也，亦言"狗"也。牛之子名爲"㸬",亦猶熊虎之子名爲"狗"矣。通作"軥",《漢書·朱家傳》"乘不過軥牛",晉灼注:"軥牛,小牛也。"

體長,犕。長身者。

體長,言吕脊長也。釋文:"犕,博蓋反。"按:犕,《説文》作"㸬",云:"二歲牛。"與此義異。又"犡,牛長脊也",是"犡"與"犕"其義同。

絶有力,欣犌。

釋文:"犌,古牙反。"《玉篇》云:"牛有力。"《廣韵》云:"牛絶有力。"俱止言"犌",不言"欣",疑"欣"字衍。

牛屬《説文》:"牛,大牲也,牛件也。"又云:"牛爲大物。"《月令》"中央土",鄭注:"牛,土畜也。"《廣雅》説牛屬云"郭犐丁犖",《類聚》引桓譚《新論》作"郭椒丁櫟"。兹篇所釋,廣説牛名及其體狀,故總題曰"牛屬"。

羊:牡,羒;謂吴羊白羝。**牝,牂。**《詩》曰:"牂羊墳首。"

《詩·苕之華》傳:"牂羊,牝羊也。"《説文》:"羒,牂羊。""牂,牡羊。"鄭注《内則》"牂"亦云然,並字之誤也。郭云"吴羊白羝"者,羝,牡羊也。吴羊,白色羊也。《廣雅》云:"吴羊牡一歲曰牡䍩,三歲曰羝;其牝一歲曰牸䍩,三歲曰牂。吴羊犗曰𦍩,羖羊犗曰羯。"然則此言"羊"者即吴羊也。《爾雅》不言"吴",《廣雅》不言"夏",互見也。"羒"蓋同"墳",言高大也。"牂"猶"牂牂",言肥盛也,今吴羊高大而肥盛,《詩》曰"牂羊墳首","墳"即"羒"矣,言牝羊而牡首,故毛傳言"無是道也"。

夏羊:黑羖䍽。**牡,羭;**黑羝也。《歸藏》曰:"兩壺兩羭。"**牝,羖。**今人便以牂、羖爲白、黑羊名。

夏羊,黑色羊也。《説文》:"夏羊牡曰羖。"又云:"夏羊牡曰羭。"此"牡"字誤。段氏注改"牡"爲"牝",云:"羖必是牡,知羭必是牝。"其説是矣。但《釋畜》之例俱先牡後牝,則此當云"牡羖,牝羭",不知何時誤倒其文,蓋郭本已然矣。夏羊牝者美,故《左僖四年傳》:"攘公之羭。"羭者,美也。郭引《歸藏·齊母經》,其文見於邢疏所引,則羭之美可知矣。羖羊氣羶,其犗者謂之"羯",則羖爲牡羊可知矣。《急就篇》云"牂羖羯羠羝羭",顔師古注:"羭,夏羊之牝也。羖,夏羊之牡也。"其設牝牡分明不誤,宜據以訂正。《詩》曰"俾出童羖",毛傳:"羖,羊不童也。"今按:夏羊牝牡皆有角,吴羊牝者無角,其有角者别名羝也。

角不齊,觤。角一短一長。**角三觠,羷。**觠,角三帀。

《説文》:"觤,羊角不齊也。""觠,曲角也。"《繫傳》引《爾雅》注"觠,卷也",此蓋舊注之文。釋文:"羷,許簡、力驗二反,《字林》力冉反。"

羳羊,黄腹。腹下黄。

《説文》:"羳,黄腹羊。"李時珍云:"即黄羊也,狀與羊同,但低小細肋,腹下帶黄色。其耳甚小,西人謂之羉耳羊。"

未成羊,羜。俗呼五月羔爲羜。

《説文》:"羜,五月生羔也。"《後漢書》注引《韓詩章句》云:"小者曰羔,大者曰羊。"《詩》疏引薛綜答韋昭云:"羊子初生名達,小名羔,未成羊曰羜,大曰羊,長幼之異名。"《廣雅》云:"羍、羍、羜、羝,羔也。"是皆未成羊之名,《爾雅》單釋"羜"者,舉其中也。

絶有力,奮。

與雉、雞皆同名。

羊屬《説文》:"羊,祥也。"《考工記》:"羊,善也。"按:

"美、義、羑、養"等字皆从羊,以羊爲祥善之物也。《易·説卦》傳:"兑爲羊。"鄭注《庖人》云:"羊屬司馬,火也。"此篇皆説羊,故題以"羊屬"。

犬生三,猣;二,師;一,玂。此與豬生子義同,名亦相出入。

《説文》:"犬,狗之有縣蹏者也。"《玉篇》:"猣,犬生三子也。""玂,犬生一子也。"《廣韵》"師"作"獅","犬生二子也"。按:犬生二子與豕同名。"猣"與"豵"通。故鄭注《大司馬》引《爾雅》"豕生三曰猣",釋文:"本亦作豵。"《玉篇》"猣"音"即",云:"犬生三子。"是"猣"又作"猣"。

未成豪,狗。狗子未生䩵毛者。

《説文》引孔子曰:"狗,叩也。叩气吠以守。"又曰:"視犬之字如畫狗也。"是狗、犬通名。若對文則大者名犬,小者名狗,散文則《月令》言"食犬",《燕禮》言"烹狗",狗亦犬耳,今亦通名犬爲"狗"矣。郭云"䩵毛"者,《説文》:"䩵,獸豪也。"釋文:"謂長毛也。"

長喙,獫;短喙,猲獢。《詩》曰:"載獫猲獢。"

《説文》及《詩·駟驖》傳俱用《爾雅》。猲獢,《詩》作"歇驕",傳云:"獫、歇驕,田犬也。"疏引李巡曰:"分别犬喙長短之名。"

絶有力,狣。

《説文》:"獟,狃犬也。""狃,獟犬也。一曰逐虎犬。"即此類也。狃,堅彊也。獟,驍猛也。犬能逐虎,可謂絶有力矣。

尨,狗也。《詩》曰:"無使尨也吠。"

《説文》:"尨,犬之多毛者。"《詩·野有死麕》傳用《爾雅》,疏引李巡曰:"尨,一名狗。"《穆天子傳》"天子之尨狗",郭注:

“尨,尨茸,謂猛狗,或曰尨亦狗名。”按:“尨茸”謂多長毛,即今之獅獹狗也。上云“未成豪,狗”,此又以尨爲狗,可知“狗”爲通名。

狗屬釋文引《字林》云:“狗,家獸也。”《説卦》傳:“艮爲狗。”《大戴禮》云:“狗三月而生。”《秋官·犬人》疏:“犬有三種:一曰田犬,二曰吠犬,三曰食犬。”此篇所釋,三犬備矣。

雞,大者蜀。今蜀雞。**蜀子,雓。**雛子名。

蜀者,《廣雅》説雞屬云:“杜艾,季蜀。”“蜀”蓋大雞之名,“季”或養雞者之姓氏也。蜀雞,一名魯雞。《莊子·庚桑楚》篇云:“越雞不能伏鵠卵,魯雞固能矣。”釋文引向秀注:“魯雞,大雞也,今蜀雞也。”

○雓者,釋文:“音餘,字或作餘。”《方言》云:“雞雛,徐魯之閒謂之秋子。”《廣雅》云:“秋,雛也。”是雞雛名秋,蜀雞雛别名雓耳。

未成雞,僆。今江東呼雞少者曰僆,音練。

僆者,《方言》三云“凡人獸乳而雙産,秦晉之閒謂之僆子”,郭注:“音輦。”然則“僆”爲少小之稱,今登萊人呼小者爲“小僆”。“僆”音若“輦”,蓋古之遺言也。《秦策》一云:“諸侯不可一,猶連雞之不能俱上於棲。”蓋“連”即“僆”矣。

絶有力,奮。諸物有氣力多者,無不健自奮迅,故皆以名云。

郭云“諸物”者,包雞、彘、羊在内,故言“皆”以總之。

雞屬《説卦》傳:“巽爲雞。”《九家易》云:“應八風也,風應節而變,變不失時,雞時至而鳴,與風相應也。二九十八,主風,精爲雞,故雞十八日剖而成雛,二九順陽曆,故雞知時而鳴也。”此篇釋雞大者及其子與異名。

馬八尺爲駥。《周禮》曰:“馬八尺已上爲駥。”

“駥”當爲“戎”,釋文作“戎”,是矣,即上云“馬之絕有力者”也。郭引《周禮·廋人》職文,但彼作“龍”,諸書引亦作“龍”。《説文》“騋”字下云:“馬八尺爲龍。”《月令》“駕蒼龍”,注:“馬八尺以上爲龍。”《淮南·時則》篇注引《周禮》及《後漢書》注引《爾雅》亦俱作“龍”。郭引作“駥”者,欲明此“駥”彼“龍”二者相當,因而改“龍”爲“駥”,非《周禮》舊文也。徐松云:“八尺言長,馬身長者必善走,故相馬者以長爲貴,長則必高,言長足以該高,高不足以該長。”鄭注《輈人》言“國馬高八尺”,許叔重言“馬高六尺爲驕”,皆非雅訓。

牛七尺爲犉。《詩》曰:“九十其犉。”亦見《尸子》。

即牛屬之“黑脣,犉”也,然則“犉”兼二義。云“見《尸子》”者,邢疏引《尸子》説六畜云:“大牛爲犉,七尺。”

羊六尺爲羬。《尸子》曰:“大羊爲羬,六尺者。”

《西山經》云“錢來之山有獸焉,其狀如羊而馬尾,名曰羬羊”,郭注:“今大月氏國有大羊,如驢而馬尾,《爾雅》云‘羊六尺爲羬’,謂此羊也。”釋文:“羬,本亦作麙,五咸反。”按:《説文》:“麙,山羊而大者,細角。”是《爾雅》“羬”當作“麙”。

彘五尺爲豝。《尸子》曰:“大豕爲豝,五尺也。”今漁陽呼豬大者爲豝。

即豕之絕有力者。釋文:“豝,於革反,大豕也。”《小爾雅》云:“豕之大者謂之豜。”豝,《玉篇》作“豟”,云:“章移切,豕高五尺。”《廣雅》説豕屬云:“梁貗。”《初學記》引《纂文》曰:“梁州以豕爲貗。”按:“貗”音“之涉反”,即“章移切”之聲轉,是“貗”

即“豟”矣。《廣韵》:“豨,梁之良豕也。”

狗四尺爲獒。《公羊傳》曰:“靈公有害狗,謂之獒也。”《尚書》孔氏傳曰:“犬高四尺曰獒。”即此義。

《尸子》曰:“五尺大犬爲猶。”《顔氏家訓·書證》篇引作“六尺犬爲猶”,《文選·養生論》注引作“五尺大犬爲豫”,並與《爾雅》異也。《説文》:“獒,犬知人心可使者。”引《左傳》“公嗾夫獒”。《公羊宣六年傳》“靈公有周狗,謂之獒”,何休注:“周狗,可以比周之狗,所指如意。”按:此注亦望文生訓。周狗,郭引作“害狗”,“害”與“周”形近,正如古文“周田觀”爲“割申勸”矣(見《禮記·緇衣》注)。臧氏校宋單疏本亦作“害”,毛本、郎本作“善狗”,淺人改也。又引段氏説“《尚書》孔氏傳”下一十五字非郭注,乃後人所益,今校宋單疏本亦無之。

雞三尺爲鶤。陽溝巨鶤,古之名雞。

《説文》:“鶤,鶤雞也。讀若運。”釋文:“鶤,音昆,字或作鵾,同。”《楚辭·九辯》云:“鵾雞啁哳而悲鳴。”《淮南·覽冥》篇云:“軼鶤雞於姑餘。”是“鶤雞”即“鵾雞”。高誘注以“鶤雞”爲鳳皇别名,張揖《上林賦》注又以“昆雞似鶴,黄白色”,並與《爾雅》異也。郭云“陽溝巨鶤”者,《莊子》逸篇云“羊溝之雞,三歲爲株,相者視之則非良雞也,然數以勝人者,以貍膏塗其頭”,注云:“羊溝,鬬雞處。株,魁帥也。雞畏貍也。”《御覽》引《南州異物志》“狼育之雞,特稟異聲”,注云:“狼育,地名。”蓋此地雞特異,故以名傳,亦如羊溝之比。

六畜古本篇末總題“六畜”,《左·桓六年》正義曰:“《爾雅·釋畜》於馬、牛、羊、豕、狗、雞之下題曰‘六畜’。”《昭廿五年》正義亦同,可知古本有此二字,宋本亦然,監本及毛本脱去之耳。六畜有豕,則羊屬之後應有豕屬,今乃廁於《釋獸》"兔子,嬎"之下,不知何時羼錯,遂移畜入獸也。《左傳》正義以爲豕有野豕,故記於《釋獸》,然馬屬亦有野馬,仍列於《釋畜》矣。

爾雅義疏識

先大父蘭皋公《爾雅義疏》，儀徵阮文達刊入《皇清經解》，沔陽陸制府又單刻於金陵，(聯蓀)等僻處山陬，俱未之見。或謂兩刻本皆據高郵王念孫觀察所節本，未爲全書。迨河帥楊至堂先生得足本於錢唐嚴厚民(杰)明經嗣君鶴山許，始屬仁和胡君心耘(珽)鳩合同志，校刊於吳門。乃未幾，又爲粵賊所毀。先大父生平著述十餘種，心力尤萃於此書。先大母臨終猶諄諄以亟覓原本爲誡。(聯蓀)等謹志之勿敢忘。歲乙丑二月，(聯蓀)有事濟南，晤陽湖汪叔明司馬，欣然以所藏楊氏足本相授，且任校讎之役。(聯薇)既刺涿州，謹節廉俸所入爲剞劂之資，閲月九而工始竣。原書譌誤尚多，又經德清鍾舍人(麟)、陽湖周司馬(懋祺)、鍾醛尹(履祥)及汪司馬互相讎勘，是皆有功於是書者，不可以不記。

同治五年二月既望，孫男聯(蓀)、聯(薇)謹識

音序索引

王其和　魯芹　華瓊　編

説　明

一、本索引收録《爾雅》正文中的被釋詞，解釋詞亦儘量收入（語氣詞和部分描述、限定性詞語未收入），所有條目均標明所在頁碼。同一詞條出現多次的，分别標注相應頁碼。

二、所有詞條按漢語拼音順序排列，同音詞按筆畫多少排列，筆畫數相同者，按起筆筆形横竪撇點折的次序排列。起筆筆形相同的，按第二筆筆形依次排列，以此類推。《爾雅義疏》詞語讀音較爲複雜，本索引是爲方便讀者檢索而設，故不對讀音作嚴格的考證。

藹侯 714
鰝 836

hé

合 47
何鼓 579
和 97
410
539
543
郃 47
河 659
662
667
670
河曲 673
河柳 770
河墳 611
曷 373
盍 47
373
荷 715
核 796
敆 47
涸 212
貈 915
貈子 906
蝎 805
822
825
翮 519
闔 486

hè

赫兮烜兮
442
赫赫 420
壑 111
401
謞謞 437

hēi

黑 529
黑虎 903
黑黍 703
黑鰦 835

hén

鞎 511

hèn

恨 385

héng

恒 33
641
恒山 651
橫目 725
衡 641

hōng

烘 345
薨 278
薨薨 415

hóng

弘 6
宏 6
虹 373
565
洪 6
紅 717
閎 484
鴻 215
鴻薈 701

hóu

侯 3
234
272
鍭 525
餱 307

hòu

后 3
後 406
厚 155

hū

忽 101
幠 6
14
292
謼 359

hú

狐 915
胡丘 630
胡蘇 673
壺棗 780
螜 799
縠 101
鶘 398
鵠 522

hǔ

虎杖 684
虎櫐 772
滸 639
659
663

hù

苄 744
岵 649
怙 288
祜 138
155
瓠棲 684
扈 644
鳸 867
穀 907

huā

華 406
755
756
758
759
華之 797

huá

螖蠌 847

huà

化 366
華 641
華山 651
畫 352
畫丘 632
話 159

huái

淮 659
667
槐 784
懷 14
135
171
286
懷羊 692
櫰 784

huài

壞 61
蘾 691

huān

貛 898
鸛鶇 891

huán

峘 644

筆畫索引

王其和　苗傳美　陳　偉　編

説　明

一、本索引收録《爾雅義疏》正文中的被釋詞，解釋詞亦儘量收入（語氣詞和部分描述、限定性詞語未收入），所有條目均標明所在頁碼。同一詞條出現多次的，分别標注相應頁碼。

二、所有詞條按漢字筆畫多少依次排列，筆畫數相同者，按起筆筆形横竪撇點折的次序排列。起筆筆形相同的，按第二筆筆形依次排列，以此類推。

四畫

五畫

七畫

九畫

十畫

十一畫

十二畫

十三畫

十四畫

十五畫

十七畫

十八畫

二十二畫

二十三畫

二十四畫

二十五畫